中国外贸进出口年度报告

Yearly Report on China's Foreign Trade

2014

海关总署综合统计司 编

中国海关出版社

图书在版编目（CIP）数据

中国外贸进出口年度报告 . 2014/海关总署综合统计司编. —北京：中国海关出版社，2014. 5

ISBN 978-7-5175-0023-0

Ⅰ. ①中… Ⅱ. ①海… Ⅲ. ①进出口贸易—研究报告—中国—2014 Ⅳ. ①F752. 6

中国版本图书馆 CIP 数据核字（2014）第 079410 号

中国外贸进出口年度报告（2014）

ZHONGGUO WAIMAO JINCHUKOU NIANDU BAOGAO（2014）

编 者：海关总署综合统计司
责任编辑：左桂月 熊 芬
助理编辑：李璞娜 李 多
出版发行：中国海关出版社
社 址：北京市朝阳区东四环南路甲 1 号 邮政编码：100023
网 址：www. hgcbs. com. cn；www. hgbookvip. com
编 辑 部：01065194242-7527（电话） 01065194231（传真）
发 行 部：01065194221/4238/4246（电话） 01065194233（传真）
社办书店：01065195616（电话） 01065195127（传真）
http：//store. hgbookvip. com
印 刷：北京铭成印刷有限公司 经销：新华书店
开 本：889mm × 1194mm 1/16
印 张：45. 75 字数：1294 千字
版 次：2014 年 5 月第 1 版
印 次：2014 年 5 月第 1 次印刷
书 号：ISBN 978-7-5175-0023-0
定 价：200. 00 元

编写组

总顾问 于广洲

顾问 鲁培军

主编 郑跃声

副主编 黄国华　张炳政

编审组成员 高继波　孟庆勋　彭　莉　钟雁明　林培忠　孙　丹　张　欣　周　浩　刘　颖　潘　晖　肖晓文

编写组成员 曹灶平　彭　筱　黄　勇　林超越　丁玲璘　娄立群　张　靖　邹　薇　解博匀　边　炜　刘丽华　蔡亚军　李英娜　米　学　柳晓春　宗　霞　刘书涛　周　贤　陈家骥　吴溶溶　朱　冰　吉小峰　王　昕　凌徵子　葛一波　林　巍　胡俊飞　陈晓华　赵　锋　杜　宇　周爱滨　林舜水　谢　峰　尚　文　马永胜　刘　芳　王　岩　付喜明　孔维衡　唐　祺　刘拼拼　叶　瑜　黄　欣　江丹丹　张宝闪　邢喜坤　苏　炜　王剑锋　高圣淦　吴剑平　曹海波　王欣宁　黄弘斌　佘晓虹　黄春华　林柏荣　张京宪　黄贞雯　谢　娱　梁少波　吕　丰　刘　强　郭维家　胡　劼　王　铭　大贾措　何　卫　陈国亮　赵　睿　陈晓庆　吴　萍　周　灿

序　　言

2013年我国对外贸易进出口总值定格在4.16万亿美元，首次突破4万亿美元，继2011年之后再次踏上一个新的万亿美元台阶。我国超越美国成为名副其实的全球货物贸易第一大国，这在我国对外贸易发展史上又是一个至关重要的里程碑！

2013年，世界经济复苏缓慢，市场需求不温不火；国内经济稳中向好，发展速度不疾不徐。各地区、各部门和广大外贸企业按照党中央、国务院的决策部署，积极进取，灵活应对，全年货物贸易进出口总值比2012年实现7.6%的增长，为完成“十二五”规划起到了承前启后的关键作用。

成绩的取得，来之不易。2013年下半年以来，国务院出台了《关于促进进出口稳增长、调结构的若干意见》，为促进外贸增长达成了共识，提振了信心。全国海关攻坚克难，在改进监管、提升服务、促进贸易便利与安全等方面做了大量工作，对促进外贸增长发挥了重要作用。同时，国家加大简政放权力度，支持跨境电子商务发展，增强金融服务实体经济功能，启动中国（上海）自由贸易试验区等，使外贸领域的改革红利扑面而来，为推动外贸提升质量和提高效益创造了良好的政策条件。

海关总署作为国家货物贸易进出口统计的法定部门，忠实履行着国家赋予的神圣职责，客观记录和见证着我国对外贸易的发展历程。全国海关统计分析监测预警人员紧紧把握国家改革和发展大局，密切关注对外贸易发展新动向和新问题，加强分析研究和趋势研判，在服务国家宏观经济决策方面群策群力，成绩明显。《中国外贸进出口年度报告（2014）》是全国海关进出口监测预警专业小组又一部新作，报告全面回顾了2013年我国外贸进出口的运行状况，生动反映了我国各省份、主要贸易伙伴、贸易主体、重要贸易方式、重点商品的外贸最新进展情况。此报告的出版，有助于为国家宏观经济调控、外贸政策调整和进一步提高开放型经济水平提供重要的决策参考。

当前，我国改革进入攻坚期，发展处于转型期，构建开放型经济新体制时不我待，对外贸易“转方式、调结构、扩潜力、增效益、提高综合竞争力”迫在眉睫，实现从“贸易大国”向“贸易强国”转变需要稳扎稳打。中国海关将进一步认真贯彻党的“十八大”和十八届二中、三中全会精神，服务大局，创新模式，按照“把好国门、做好服务、防好风险、带好队伍”总体要求，努力营造监管有效、公平公正的通关环境，释放改革红利，为打造中国经济升级版，促进经济社会发展作出新的贡献！

中华人民共和国海关总署署长

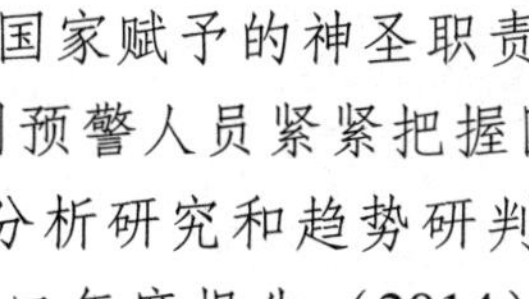

2014年4月

目 录

总论

PANDECT

2013 年的世界经济呈现缓慢复苏态势，国际金融危机的后续效应依然存在，我国经济稳中向好，对外贸易再次迈上一个万亿美元台阶，进出口总值首次突破 4 万亿美元，且超越美国在全球货物贸易进出口中独占鳌头，这是继 2004 年、2007 年、2011 年我国进出口规模先后突破 1 万亿、2 万亿、3 万亿美元之后，外贸发展历程中又一个重要的里程碑。据海关统计，2013 年我国外贸进出口总值为 4.16 万亿美元，比 2012 年增长 7.6%，基本达到预期增长目标。其中，出口 2.21 万亿美元，同比增长 7.9%；进口 1.95 万亿美元，同比增长 7.3%。2013 年，世界贸易组织先后两次调低世界贸易增长率至 2.5%，我国外贸的表现无论与发达经济体抑或其他发展中国家相比，都是可圈可点的。美国、日本、欧盟等发达经济体已经公布的货物贸易统计数据显示，2013 年美国和欧盟的进出口总值同比分别仅增长 0.65% 和 1.1%，日本则下降 8.1%。同期，俄罗斯、南非和印度的进出口总值同比分别下降 10.2%、2.6% 和 0.97%，巴西则仅增长 3.5%。

一、2013 年中国对外贸易发展总体回顾

（一）贸易规模逐季环比增加：季度同比增速探底反弹，12 月份进出口总值再创新高

2013 年，中国对外贸易进出口规模逐季环比增加，进出口同比增速在二季度探底，并在下半年呈现反弹态势。4 个季度的进出口值分别为 9 753.8 亿、1.02 万亿、1.06 万亿和 1.1 万亿美元，同比增速分别为 13.5%、4.3%、6% 和 7.3%。其中，12 月份当月的进出口总值、出口值同时创下历史新高，进出口总值为 3 898.4 亿美元，同比增长 6.2%，环比增长 5.2%；出口在 11 月份首次跃上2 000亿美元台阶后继续探高至 2 077.4 亿美元，同比增长 4.3%，环比增长 2.7%；进口则为历史次高点，达到 1 821 亿美元，同比增长 8.3%，环比增长 8.1%（图 1）。

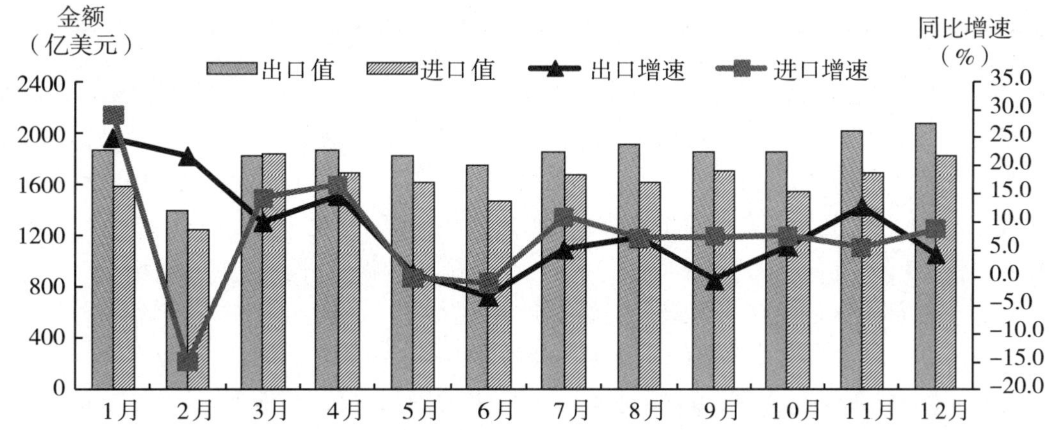

图 1　2013 年我国外贸月度进、出口值及同比增速示意图

（二）外贸依存度持续回落：经济发展由外需拉动向内需驱动转变

按人民币计价，2013 年我国外贸进出口总值为 25.82 万亿元人民币。同期，国家统计局公布数据显示，2013 年我国国内生产总值（GDP）为 56.88 万亿元人民币。依此测算，我国外贸依存度从 2006 年 65.2% 的高点震荡回落至 2012 年的 47% 后，进一步回落至 2013 年的 45.4%。其中，进、出口依存度分别为 21.3% 和 24.1%，较 2012 年均回落 0.8 个百分点。对外部市场的依赖程度回落，表明我国经济发展方式正在由外需拉动向内需驱动转变。

（三）贸易伙伴更趋多元：欧美日传统市场份额下滑，东盟等新兴市场成为新的增长点

2013 年，我国外贸进出口前十大贸易伙伴在进出口总值中的比重为 72.7%，比 2012 年下滑 0.3 个百分点，市场多元化进程稳步推进。其中，欧盟、美国继续保持前两大贸易伙伴的地位，东盟跃升

至第三大贸易伙伴，香港为第四位，日本则降至第五位。2013 年，我国对欧盟、美国的双边贸易额分别为 5 590.6 亿、5 210 亿美元，同比分别增长 2.1%、7.5%；对日本的双边贸易额为 3 125.5 亿美元，同比下降 5.1%，是前十大贸易伙伴中唯一下降的。欧美日合计占我国进出口总值的 33.5%，同比下滑 1.7 个百分点。东盟等新兴市场国家在我国对外贸易中的地位有所上升，双边贸易趋于活跃，2013 年双边贸易增长 10.9%，高出同期进出口总体增速 3.3 个百分点。此外，同属于“金砖国家”的巴西和俄罗斯位居我国前十大贸易伙伴中的最末两位，同比分别增长 5.3% 和 1.1%（表 1）。

表 1　2013 年我国对主要贸易伙伴进出口总值表

国家（地区）	金额（亿美元）				同比（%）			
	进出口	出口	进口	贸易差额	进出口	出口	进口	贸易差额
欧盟	5 590.6	3 390.0	2 200.6	1 189.4	2.1	1.1	3.7	-3.4
美国	5 210.0	3 684.2	1 525.8	2 158.4	7.5	4.7	14.8	-1.4
东盟	4 436.1	2 440.7	1 995.4	445.3	10.9	19.5	1.9	428.7
中国香港	4 010.1	3 847.9	162.2	3 685.7	17.5	19.0	-9.3	20.7
日本	3 125.5	1 502.8	1 622.7	-119.9	-5.1	-0.9	-8.7	-54.0
韩国	2 742.5	911.8	1 830.7	-918.9	7.0	4.0	8.5	13.4
中国台湾	1 972.8	406.4	1 566.4	-1 160.0	16.7	10.5	18.5	21.6
澳大利亚	1 363.8	375.6	988.2	-612.6	11.5	-0.4	16.8	30.6
巴西	902.8	361.9	540.9	-179.0	5.3	8.3	3.4	-5.3
俄罗斯	892.1	495.9	396.2	99.7	1.1	12.6	-10.3	-

（四）贸易区域更趋协调：广东、江苏等七省市对外贸易比重下降，中西部地区贸易活跃

随着我国“西部大开发”、“中部崛起”、“振兴东北老工业基地”等区域发展战略相继实施，我国外贸进出口区域布局更趋协调。2013 年，广东、江苏、北京、上海、浙江、山东和福建七省市进出口值达到 3.29 万亿美元，合计占进出口总值的比重为 79%，比 2012 年回落 0.9 个百分点。作为承接国际和我国东部沿海地区产业转移的基地，中西部地区吸收外资能力显著增长，贸易日益活跃。2013 年，中西部地区的重庆、河南、安徽、云南、陕西、甘肃、贵州等 7 个省市外贸增速都在 15% 以上，合计进出口占进出口总值的比重为 5.7%，比 2012 年提升 0.6 个百分点。

（五）外贸主体结构更趋合理：对外商投资企业依赖减轻，民营企业所占比重提升

尽管外商投资企业仍为中国外贸的主力军，但对其的依赖在逐渐减轻；民营企业所占比重提升，正在成为推动外贸增长的新生力量。2013 年，我国外商投资企业进出口 1.92 万亿美元，同比增长 1.3%，低于总体增速 6.3 个百分点，占进出口总值比重为 46.1%，比 2012 年下滑 2.9 个百分点。民营企业进出口 1.39 万亿美元，同比增长 20.6%，快于同期我国外贸总体增速 13 个百分点，占进出口总值的比重为 33.3%，提升 3.6 个百分点。此外，国有企业进出口7 479.7亿美元，同比下降 0.6%，占进出口总值比重为 18%，下滑 1.5 个百分点。

（六）贸易商品结构进一步优化：机电产品及劳动密集型产品出口稳步增长，消费品、部分资源产品等进口增长较快

在当前外需增长动力仍然相对不足的形势下，我国传统优势产品出口继续稳固，高新技术产品竞争优势不断增强，能源、资源产品的进口也保持较快增长。出口方面，2013 年，机电产品仍为我国主要出口商品，出口 1.27 万亿美元，同比增长 7.3%，低于出口总体增速 0.6 个百分点，占出口总值的57.3%；纺织品、服装、箱包、鞋类、玩具、家具、塑料制品等七大类劳动密集型产品出口4 618.4亿美元，同比增长10.3%，快于出口总体增速2.4个百分点，占出口总值的20.9%，较2012年提升0.5个百分点，保持我国外贸出口稳定器的作用。进口方面，2013年，我国进口消费品1 298.6亿美元，同比增长8.5%；进口原油2.8亿吨，同比增长4%；进口铁矿石8.2亿吨，同比增长10.2%；进口煤炭3.3亿吨，同比增长13.4%（表2、3）。

表2　2013年我国主要出口商品统计表

出口商品	单位	绝对值		同比（%）	
		数量	金额（亿美元）	数量	金额
机电产品	－－	－	12 655.4	－	7.3
其中：电器及电子产品	－－	－	5 615.9	－	15.2
机械设备	－－	－	3 832.1	－	1.9
服装及衣着附件	－－	－	1 770.5	－	11.3
纺织纱线、织物及制品	－－	－	1 069.4	－	11.7
鞋类	－－	－	507.6	－	8.4
家具及其零件	－－	－	518.3	－	6.2
塑料制品	万吨	896.4	352.9	5.3	11.8
箱包及类似容器	－－	－	275.9	－	9.0
玩具	－－	－	123.8	－	8.1
肥料	万吨	1 948.0	63.2	7.1	－14.0
钢材	万吨	6 234.0	532.4	11.9	3.4
汽车（包括整套散件）	万辆	92.0	119.9	－6.7	－5.4
粮食	万吨	243.0	21.8	－12.1	0.6

表3　2013年我国主要进口商品统计表

进口商品	单位	绝对值			同比（%）		
		数量	金额（亿美元）	平均价格（美元/吨、辆）	数量	金额	平均价格
铁矿砂及其精矿	万吨	81 941.0	1 057.3	129.0	10.2	10.4	0.2
煤及褐煤	万吨	32 708.0	290.0	88.7	13.4	1.0	－10.9
原油	万吨	28 195.0	2 196.5	779.1	4.0	－0.5	－4.3
大豆	万吨	6 338.0	379.8	599.3	8.6	8.6	0.0
成品油	万吨	3 959.0	319.3	806.5	－0.6	－3.5	－2.9
初级形状的塑料	万吨	2 462.0	491.0	1 994.2	3.9	6.3	2.3
钢材	万吨	1 408.0	170.5	1 210.9	3.1	－4.2	－7.1
未锻造的铜及铜材	万吨	454.2	354.1	7 795.9	－2.3	－8.3	－6.1
未锻造的铝及铝材	万吨	96.3	40.4	4 191.0	－17.7	－15.7	2.4
机电产品	－－	－	8 400.8	－	－	7.3	－
汽车（包括整套散件）	万辆	119.2	487.3	40 868.5	5.5	2.6	－2.7

（七）对外贸易自主发展能力不断增强：一般贸易比重提升，加工贸易比重减少

相对于加工贸易，一般贸易能够体现一国对外贸易发展的自主性和经济发展实力，贸易增值能力也更强。2013 年，我国产业链长、增值率较高的一般贸易进出口 2.2 万亿美元，同比增长 9.3%，占进出口总值的 52.8%，提升 0.8 个百分点；加工贸易进出口 1.36 万亿美元，同比增长 1%，占进出口总值的 32.6%，比重下滑 2.2 个百分点。同期，我国特殊监管区域进出口货物 4 957.8亿美元，同比增长 20.2%，占进出口总值的 11.9%。

（八）传统贸易竞争优势依然较强：出口产品在主要发达经济体和新兴市场的市场份额均有所提升

据欧美日等经济体的统计数据，2013 年我国产品在主要发达经济体的市场份额均出现提升。其中，2013 年我国出口产品在欧盟进口产品中所占份额为 16.5%，比 2012 年提升 0.4 个百分点。同期，我国出口产品在美国市场的份额由 2012 年的 18.7% 提高到 19.4%；在日本市场的份额由 2012 年的 21.3% 提升至 21.7%。此外，俄罗斯和巴西的统计数据显示，我国出口产品在俄罗斯和巴西等新兴市场的份额也有所上升，2013 年分别为 18% 和 15.6%，较 2012 年分别提高 0.4 个和 0.2 个百分点。

（九）对外贸易效益上升：出口产品价格跌幅小于进口，贸易价格条件有所改善

2013 年，我国出口价格总体下跌 0.6%，进口价格总体下跌 1.7%。由于进口商品价格下跌幅度高于出口，2013 年我国贸易价格条件指数为 1.01，出口一定数量的商品可以多换回 1% 的进口商品，这意味着我国的贸易条件有所改善，贸易利益分配正朝着有利于我国的方向转变，对外贸易的经济效益也在上升。

二、2013 年我国对外贸易增长基本实现预期目标的原因分析

（一）世界主要发达经济体需求有所好转

2013 年以来，世界经济贸易形势总体趋于改善，特别是作为我国主要出口市场的发达经济体，经济好转迹象明显。其中，美国经济增长的内生动力增强，复苏势头稳定，占经济总量约 7 成的个人消费开支增幅在下半年出现扩张，全年 4 个季度的增幅分别为 2.3%、1.8%、2% 和 3.3%；欧洲经济呈现复苏态势，正逐渐摆脱债务危机的最差阶段，走出长达 18 个月的衰退轨迹，前 3 个季度 GDP 环比均为增长；日本在宽松的经济政策刺激下，经济也出现温和复苏，前 3 个季度的 GDP 均呈现增长，同时失业率出现下降，私人消费开始上升，工业生产以平稳速度增长。世界主要经济发达体的缓慢复苏使我国出口外部环境有所改善，从而带动了出口的稳步增长。

（二）国内经济稳中向好助推进口需求稳步增加

2013 年，我国国内生产总值实现 7.7% 的增长，在二季度出现 7.5% 的探底后，三、四季度分别保持 7.8% 和 7.7% 的增幅。尽管全年国内经济下行压力较大，产能过剩矛盾、企业生产经营困难、国内有效需求不强等问题凸显，但在没有出台大规模刺激政策的情况下，依然实现了经济平稳较快增长。这表明我国更加注重平稳健康可持续发展，更加注重发展的质量和效益，更加注重科技进步和技术、工艺、产品创新，更加注重改善需求结构、优化产业结构和促进区域协调发展，为对外贸易进出口实现稳定增长奠定了良好的基础。

（三）大宗商品国际市场价格持续低位运行

2013 年，全球大宗商品价格震荡下行。国际大宗商品价格指数（CRB）在经历了上半年的震荡后，于 8 月底出现快速回落，并在 11 月下旬跌至全年最低。截至 2013 年 12 月份，我国月度进口价格同比已经连续 21 个月下跌。国际市场大宗商品价格持续低位运行，导致我国进口总体价格水平

也维持在较低水平，为我国企业降低进口成本，扩大大宗商品进口力度提供了有利时机。

（四）国内促进外贸稳增长政策措施效果显现

2013 年下半年以来，国务院部署了一系列稳定外贸增长的重要政策措施。7 月份，国务院办公厅下发《关于促进进出口稳增长、调结构的若干意见》，提出 12 项具体措施。此后的 8 月份，又有 1 500 多个税号的出口商品取消检验检疫，降低了企业出口门槛，提高了出口通关效率。同时，国家进一步加大简政放权力度，增强金融服务实体经济功能，提高贸易便利化水平，积极支持跨境电子商务发展，建立中国（上海）自由贸易试验区等，这些及时有效的举措都为外贸发展创造了良好的条件。

三、2014 年我国对外贸易发展环境分析和趋势预测

2014 年，我国对外贸易的外部环境趋于改善，但全球经济复苏进程仍然艰难曲折，新的经济增长点乏善可陈，国内产能过剩问题积重难返，经济结构性调整任重道远。2014 年，我国外贸仍面临复杂的外部环境和交织的内部困境，还要警惕部分不确定因素，这些因素注定当前的外贸发展将步入一个温和增长时期。

（一）积极因素

1. 世界经济回暖迹象明显，全球贸易增长预期好转。在经历了 2012 ~ 2013 年的低迷后，2014 年世界经济或将出现回升。2013 年年底，国际货币基金组织（IMF）和经合组织（OECD）对 2014 年的全球经济增长预期均为 3.6%，高于对 2013 年预期的 2.9% 和 2.7%；世界贸易组织（WTO）对 2014 年的全球贸易增长预期为 3.3%，高于 2013 年的 2.5%。国际机构认为，2014 年世界经济加快增长的主要动力来自发达经济体，以最终消费为主力的国际贸易加快回暖，引领世界经济复苏。因此，作为消费品出口大国，2014 年我国外贸出口的外部环境将出现好转。

2. 国内宏观政策环境不断优化。2014 年我国宏观经济政策将保持连续性和稳定性。十八届三中全会《中共中央关于全面深化改革若干重大问题的决定》提出“构建开放型经济新体制，推动开放型经济的战略创新”，中央经济工作会议对 2014 年经济增长提出了“通过提高经济发展质量和效益，促进经济持续健康发展，实现不会带来后遗症的增长速度”的要求。与此同时，我国进一步调整进出口关税，对 760 多种进口商品实施低于最惠国税率的年度进口暂定税率，平均优惠幅度达 60%，其中新增和进一步降低进口税率的产品包括战略性新兴产业所需的设备、零部件和原材料。这些重要部署的贯彻落实将为我国外贸企业提供政策保障，有利于企业在激烈的国际竞争中形成参与和引领国际经济合作竞争新优势。

3. “走出去”步伐加快，带动与投资相关产品出口的增长。商务部数据显示，2013 年，我国境内投资者共对全球 156 个国家和地区的 5 090 家境外企业进行了直接投资，累计实现非金融类直接投资 901.7 亿美元，同比增长 16.8%。同年，我国对外承包工程业务完成营业额 1 371.4 亿美元，同比增长 17.6%；新签合同额 1 716.3 亿美元，同比增长 9.6%，其中新签合同额在 5 000 万美元以上的项目合同额合计占新签合同总额的 78.5%。对外投资与经济合作的较快增长，将继续带动我国与投资相关的成套设备等产品出口的增长和出料加工贸易的增长。

（二）制约因素

1. 我国外贸成本不断增大，周边国家竞争力快速提升，外贸增长空间受到挤压。受劳动力价格上涨、人民币升值，以及融资成本、环保成本增加等因素的影响，我国劳动密集型产品的竞争力有所减弱，而周边国家的国际竞争力明显提升。目前，东南亚国家正在形成产业集聚发展格局，越南为制鞋基地，孟加拉为制衣基地，柬埔寨为纺织基地，并形成了在欧美日市场对我国产品的替代效

应。这将进一步蚕食我国产品的国际市场份额，抑制我国外贸增长空间。2013 年，我国纺织品、服装、箱包、鞋类、玩具、家具、塑料制品等七大类劳动密集型产品在欧盟、美国和日本的市场份额分别为 42.7%、47.4% 和 62.8%，分别下滑 1.4 个、0.6 个和 1.4 个百分点。同期，土耳其、孟加拉国、韩国和印度同类产品在欧盟的市场份额分别提升 0.3 个、0.6 个、0.3 个和 0.2 个百分点；越南同类产品在美国的市场份额提升 0.8 个百分点；越南、印度尼西亚、孟加拉国在日本的份额分别提升 0.8 个、0.3 个和 0.2 个百分点。此外，贸易保护主义升级，贸易摩擦出现政治化倾向，也在制约我国对外贸易的快速增长。商务部数据显示，2013 年，有 19 个国家或地区对中国出口产品发起救济调查 92 起，同比增长 17.9%，其中反倾销 71 起，反补贴 41 起，保障措施 7 起。值得一提的是，美国对中国的电子、通讯、机械等出口产品发起"337"知识产权调查 17 起，占其同期立案数量的 1/4 以上。

2. *制造业实际使用外资下降及加工贸易进口低迷，外贸出口动力减弱。*目前，我国劳动力成本较缅甸、越南等东南亚国家高出 5 ~7 倍，一些劳动密集型产业已经向东南亚国家转移，尤其是外资企业转移动向更加明显，导致我国制造业实际使用外资金额出现下降。联合国贸易和发展会议发布的《2012 年世界投资报告》显示，2011 年流入东南亚国家的外国直接投资就达到 1 170 亿美元，同比增长 26%。我国商务部数据显示，2013 年，我国制造业实际使用外资金额 455.6 亿美元，同比下降 6.8%。这表明我国制造业的传统竞争优势在减弱，我国出口的发展后劲缺少支撑。2013 年四季度，我国加工贸易进口值仅增长 2.5%，其中 10 月份进口值下降 2.4%，继 8 月份之后再次出现下降，预示着未来一段时间我国加工贸易出口同样不容乐观。

（三）不确定因素

1. *美联储退出量化宽松政策（QE）对全球经济的影响。*2013 年中期，美联储宣布可能提前退出量化宽松政策，这一消息立即引发了新兴市场实体经济和金融市场的双重动荡，这足以说明当前世界经济依然十分脆弱。尽管随后美联储确定了实施退出量化宽松政策，但由此引发的全球市场资本流动收紧情况，对世界经济稳定性的冲击，以及对主要货币的利率、大宗商品的价格和主要经济体复苏进程的影响程度，都仍然是个未知数，对我国外贸进出口来说也是不确定因素。

2. *东海、南海局势前景的不确定性加剧。*周边环境的好坏对一国经济发展的影响最为直接。如果东海、南海问题在 2014 年趋于好转，将为我国外贸发展提供稳定的外部环境；如果趋于恶化，势必直接影响我国与第三大贸易伙伴东盟和第五大贸易伙伴日本之间的双边贸易进程，进而影响我国外贸发展全局。

3. *人民币汇率双向浮动区间将进一步扩大。*人民币汇率自 2005 年 7 月启动改革以来，在不到 10 年的时间里持续升值，对美元汇率在接连跨越"8 时代"、"7 时代"后进入"6 时代"，并在 2013 年年底出现了愈发强烈的"破 6"呼声。然而，未来我国将稳步推进汇率市场化改革，在保持人民币汇率在合理均衡水平上的基本稳定的前提下，有序扩大人民币汇率浮动区间，增强人民币汇率双向浮动弹性。尽管汇率市场化改革将加大外贸企业对人民币汇率走势预期判断的难度，但将有利于不断优化资金配置效率，加快推进经济发展方式转变和结构调整。如果人民币对美元出现一定幅度的贬值，将有利于缓解出口企业成本压力，提升企业在国际市场上的竞争力。

2014 年是我国全面深化改革的开局之年，消化过剩产能、加强节能环保等措施将促进经济社会的科学发展和发展方式的转型升级。我国不仅要千方百计地在国际市场上保持传统的低成本竞争优势，而且要加快培育以"技术、质量、品牌、服务"为核心的外贸竞争新优势，形成具有持续发展动能的能力，适应国际市场瞬息万变的需求。

十八届三中全会《中共中央关于全面深化改革若干重大问题的决定》对"构建开放型经济新体

制”做出重要部署；中央经济工作会议提出，2014 年是我国进入“十二五”规划第四年，对全面完成“十二五”规划至关重要。我国参与经济全球化的物质基础更加坚实，有利条件不断增加，继续推动进出口贸易转型升级，形成参与和引领国际经济合作竞争新优势，为我国经济长远发展再造一个“开放红利期”，真正实现从“贸易大国”向“贸易强国”的转变。从全年来看，2014 年我国对外贸易进出口将保持与国民经济增长相对一致的速度，总体质量和效益也会得到进一步改善。

商品篇

MERCHANDISES

2013 年我国农产品进出口年度报告

农业作为国民经济的基础产业，关系国计民生，农业的健康稳步发展，能够为第二、三产业提供原材料和后续动力。加入世界贸易组织以来，我国外向型农业作为连接“农业、农村、农民”的重要节点，为实现农业结构调整升级、农村稳定和谐、农民增收致富提供了重要的保障。但是，国内居民生活水平和工业需求的不断提高，导致部分农产品品种的供应缺口扩大，进口农产品成为统筹国内外两个市场、两种资源的重要手段。

一、加入世界贸易组织以来我国农产品贸易的总体情况

2001 ~2013 年，我国农业增加值从 1. 58 万亿扩大到 5. 24 万亿，年均增长率达到 11. 5%①。同期，我国农产品贸易规模除 2009 年外持续扩大，2010 年农产品外贸总值首次跨越千亿美元的台阶，到 2013 年我国农产品外贸规模已经达到 1 850. 8 亿美元。其中，出口总值从 2001 年的 159. 8 亿美元增长到 2013 年的 671 亿美元，年均增长率达到 12. 7%；2001 年当年我国农产品进口总值仅为 118. 1 亿美元，2011 年我国已经成为全球最大的农产品进口国，2012 年进口总值就已经突破千亿美元，2013 年进口总值达到 1 179. 8 亿美元的历史新高，年均增长率高达 21. 3%（图 1）。

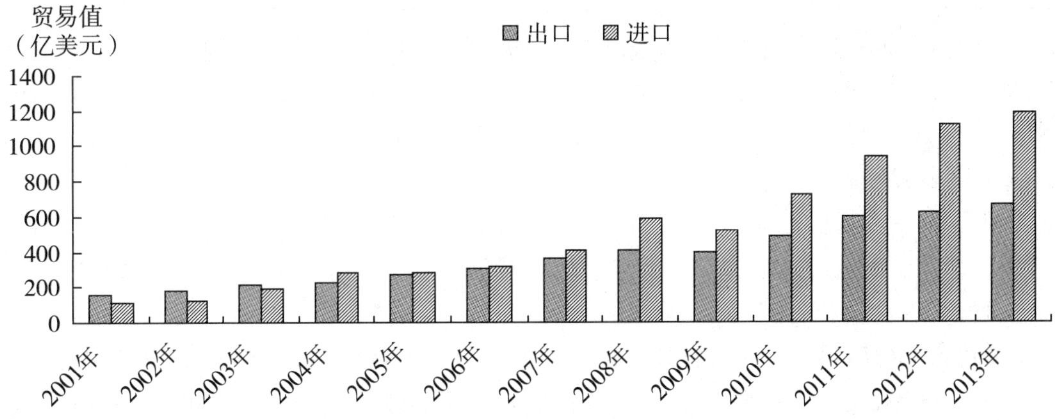

图 1　2001 ~2013 年我国农产品进、出口年度走势图

进口的迅猛增长，导致 2004 年以来我国农产品贸易一直处于逆差的状态，逆差规模从 2004 年的 48. 9 亿美元迅速扩大到 2013 年的 508. 9 亿美元。

二、2013 年我国农产品进出口的主要特点

2013 年，我国农产品进出口总值为 1 851 亿美元，比 2012 年增长 6. 3%。其中，出口 671. 1 亿美元，同比增长 7. 2%；进口 1 179. 9 亿美元，同比增长 5. 8%。农产品项下的贸易逆差为 508. 8 亿美元，同比扩大 4%。

① 农业增加值数据引自国家统计局网站。

（一）农产品进、出口总体较平稳，但均在年末冲高，12月份进、出口值均创历史新高

2013年我国农产品进出口运行基本平稳。2月份受春节假期因素影响，进、出口值双双大幅下滑；3~10月出口值均在50亿至57亿美元之间上下波动；11月份开始，我国农产品月度出口值连续增长；12当月出口70.6亿美元，创历史新高，同比增长9%，环比增长10.1%。进口方面，3~6月进口值在93亿至98亿美元区间波动；7月份大幅上升至109.7亿美元后有所回落；11月份开始进口值攀升；12月进口值达126亿美元，创历史新高，同比增长15.9%，环比增长18.1%（图2）。

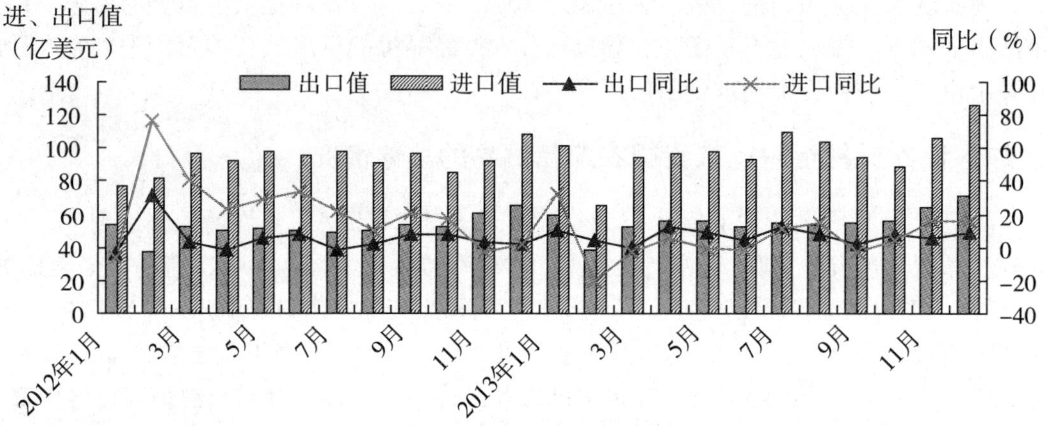

图2　2012年1月~2013年12月全国农产品月度进、出口值及增速走势图

（二）一般贸易方式进、出口占比均逾8成，加工贸易进、出口双双下降

2013年，我国以一般贸易方式出口农产品550.1亿美元，同比增长9.6%，占我国农产品出口总值的82%；以加工贸易方式出口95.2亿美元，同比下降3.5%，占我国农产品出口总值的14.2%；以边境小额贸易方式出口14.6亿美元，同比增长2.1%。

同期，我国以一般贸易方式进口农产品958.1亿美元，同比增长8.3%，占我国农产品进口总值的81.2%；以加工贸易方式和海关特殊监管区域物流货物方式分别进口91.9亿美元和88.3亿美元，同比分别下降2.1%和2.2%。

（三）民营企业稳居进出口首位且进、出口均快速增长，外商投资企业进、出口均有所下降

2013年，我国民营企业出口农产品387.6亿美元，同比增长16.5%，占我国农产品出口总值的57.8%，所占比重比2012年提高4.7个百分点；外商投资企业和国有企业分别出口213.6亿美元和69.7亿美元，同比分别下降1.2%和9.5%。

同期，民营企业进口农产品542.4亿美元，同比增长20.9%，占我国农产品进口总值的46%，所占比重较2012年提高5.8个百分点；外商投资企业和国有企业分别进口374.9亿美元和262.6亿美元，同比分别下降0.9%和8.8%。

（四）东盟取代日本成为我国农产品最大的出口市场；美国仍是我国农产品最大进口来源地，但自其进口下降

2013年，我国对东盟出口农产品118.9亿美元，同比增长17.7%；对日本出口112.4亿美元，同比下降6.2%。涨跌互现之间，东盟取代日本成为我国农产品出口的最大市场。同期，对欧盟出口80.9亿美元，同比增长6.6%；对我国香港地区出口76.8亿美元，同比显著增长19.5%。对上述主要市场出口共占出口总值的58%。

同期，受到自美国进口大豆萎缩的影响，我国自美国进口农产品同比下降7.3%，进口值为

266.3 亿美元；巴西取代美国成为我国大豆进口最大来源地，推动我国自巴西进口农产品迅速增长 20.4%，进口值为 225.1 亿美元；自东盟进口农产品 148.4 亿美元，同比下降 8%；自欧盟进口农产品规模首次突破百亿美元，共进口 102.1 亿美元，同比增长 22.1%。自上述 4 个国家（地区）进口合计占我国农产品进口总值的 62.9%。（表 1）

表 1　2013 年我国农产品主要出口市场、进口来源地统计表

出口市场	出口值（亿美元）	同比（%）	进口来源地	进口值（亿美元）	同比（%）
总计	671.1	7.2	总计	1 179.9	5.8
东盟	118.9	17.7	美国	266.3	-7.3
日本	112.4	-6.2	巴西	225.1	20.4
欧盟	80.9	6.6	东盟	148.4	-8.0
中国香港	76.8	19.5	欧盟	102.1	22.1
美国	72.9	1.5	澳大利亚	85.9	16.0
韩国	43.9	5.6	加拿大	57.7	7.8
中国台湾	21.1	13.2	新西兰	56.1	46.9

（五）东部地区仍是农产品贸易的绝对主力，山东农产品进、出口均居各省份之首，中部农产品贸易迅速发展

我国东部地区农产品贸易的规模优势依旧明显。2013 年，东部地区农产品进、出口在我国农产品贸易中所占的比重分别为 89% 和 79.7%，但增速分别比整体低了 0.6 个百分点和 2 个百分点。中部地区进、出口分别为 45.4 亿美元和 58.7 亿美元，同比分别大幅增长 27.1% 和 35.9%。西部地区进、出口分别为 84 亿美元、77.6 亿美元，同比分别增长 3.5% 和 4.5%。

2013 年，山东以 152 亿美元的出口值居各省份之首，同比增长 1.2%；福建、广东分列第 2、3 位，出口值分别为 82.3 亿美元和 81.3 亿美元，同比分别增长 8.9% 和 8.3%。以上三省合计占同期我国农产品出口总值的 47%。同期，山东以 257.8 亿美元的进口值稳居农产品进口首位，同比增长 19%；广东进口 146.5 亿美元，同比增长 6%；北京进口 140.7 亿美元，同比下降 21.9%。以上三省市合计占同期我国农产品进口总值的 46.2%。

（六）农产品进、出口企业集中度均有所下滑，进口集中度较出口为高

2013 年，我国农产品出口企业中，有 39 家企业出口值超过 1 亿美元，比 2012 年增加 3 家。其中，广东粤港供水有限公司列首位，出口 4.8 亿美元，同比增长 5.8%。排名前 20 位的企业出口值合计仅占农产品出口总值的 6%，比 2012 年下降 0.4 个百分点。

同期，我国农产品进口值在 1 亿美元以上的企业为 189 家，比 2012 年增加 26 家。其中，有 12 家企业进口值超过 10 亿美元，比 2012 年减少 2 家。山东晨曦集团有限公司列进口企业首位，共进口农产品 45 亿美元，同比增长 31.9%。排名前 20 位的企业进口值合计占农产品进口总值的 23.3%，比 2012 年下降 2.2 个百分点。（表 2）

表2　2013年我国农产品主要出口、进口企业统计表

出口企业	出口值（亿美元）	同比（%）	进口企业	进口值（亿美元）	同比（%）
总计	671.1	7.2	总计	179.9	5.8
广东粤港供水有限公司	4.8	5.8	山东晨曦集团有限公司	45.0	31.9
中国烟草云南进出口有限公司	3.5	-2.6	日照昌华海产食品有限公司	20.1	123.1
中粮国际（北京）有限公司	2.5	135.3	中储粮油脂有限公司	19.5	-37.6
巨野县佳农果蔬有限公司	2.2	28.1	临沂盛泉油脂化工有限公司	17.2	56.7
青岛九联集团股份有限公司	2.0	34.2	中粮东海粮油工业（张家港）有限公司	16.4	-9.6
陕西海升果业发展股份有限公司	2.0	-21.9	九三粮油工业集团有限公司	15.3	25.0
云南烟草国际有限公司	1.9	8.9	中国烟草国际有限公司	14.2	12.1
福建省榕江进出口有限公司	1.9	-6.5	中粮粮油有限公司	14.0	5.4
深圳市深国际华南物流有限公司	1.8	4.5	中粮集团有限公司	11.7	-31.6
楚雄博弘进出口贸易有限公司	1.8	60.4	云南惠嘉进出口有限公司	10.6	-10.0
中粮屯河股份有限公司	1.8	-14.8	中纺粮油进出口有限责任公司	10.2	-21.9
福建岳海水产食品有限公司	1.7	-6.8	日照市凌云海糖业集团有限公司	10.1	52.7
福建东山县顺发水产有限公司	1.7	5.8	九三集团天津大豆科技有限公司	10.0	4.8
浙江柳桥实业有限公司	1.6	29.2	大海粮油工业（防城港）有限公司	10.0	-27.2
中国烟草上海进出口有限责任公司	1.6	5.6	广西惠禹粮油工业有限公司	9.4	14.2
贵州茅台酒进出口有限责任公司	1.6	-10.5	重庆红蜻蜓油脂有限责任公司	9.0	28.1
福建福鼎海鸥水产食品有限公司	1.5	69.2	三河汇福粮油集团饲料蛋白有限公司	8.4	28.0
漳州市燕锋水产食品有限公司	1.5	-18.3	山东永飞国际贸易有限公司	8.1	125.2
东山县东亚水产有限公司	1.5	-15.1	中国储备棉管理总公司	7.9	-65.8
安琪酵母股份有限公司	1.4	4.8	中国国投国际贸易有限公司	7.9	84.5

（七）出口以水海产品、蔬菜、鲜（干）水果及坚果和粮食为主，粮食为第一大进口农产品品种

2013年，我国出口水海产品384万吨，同比增加4.2%，价值194.3亿美元，同比增长7.2%；出口蔬菜778万吨，同比增加5.1%，价值90.1亿美元，同比增长19.1%；出口鲜、干水果及坚果298万吨，同比减少2.1%，价值38.3亿美元，同比增长12.4%；出口粮食243万吨，同比减少12.1%，价值21.8亿美元，同比增长0.6%。上述品种出口值合计占我国农产品出口总值的51.3%。

2013年，我国进口粮食8 645万吨，同比增加7.7%，价值456亿美元，同比增长8.2%，占我国农产品进口总值的38.6%。其中，进口大豆6 338万吨，同比增加8.6%，价值379.8亿美元，

同比增长8.6%；进口谷物及谷物粉1 458万吨，同比增加4.3%，价值51亿美元，同比增长6.6%。此外，进口棉花415万吨，同比减少19.2%，价值84.4亿美元，同比下降28.5%；进口食用植物油810万吨，同比减少4.2%，价值80.8亿美元，同比下降16.7%。（表3）

表3　2013年我国主要农产品进出口值统计表

出口农产品	出口值（亿美元）	同比（%）	进口农产品	进口值（亿美元）	同比（%）
总计	671.1	7.2	总计	1179.9	5.8
水海产品	194.3	7.2	粮食	456.0	8.2
冻鱼、冻鱼片	64.7	3.2	大豆	379.8	8.6
活鱼	5.9	16.5	谷物及谷物粉	51.0	6.6
蔬菜	90.1	19.1	小麦	18.8	69.6
鲜或冷藏蔬菜	34.0	7.1	稻谷和大米	10.8	-6.1
干的食用菌类	16.7	106.2	玉米	9.4	-44.5
鲜、干水果及坚果	38.3	12.4	大麦	8.0	2.2
苹果	10.3	7.3	棉花	84.4	-28.5
橘、橙	9.9	18.1	食用植物油	80.8	-16.7
梨	3.6	11.3	棕榈油	40.6	-25.3
粮食	21.8	0.6	菜子油和芥子油	19.1	25.9
豆类	12.1	-6.5	豆油	12.8	-44.0
谷物及谷物粉	6.6	11.9	橄榄油	1.9	12.0
稻谷和大米	4.2	53.1	鲜、干水果及坚果	39.8	8.4
薯类及含有淀粉的块茎	3.1	9.4	鲜龙眼	4.5	13.2
肉及杂碎	19.6	-6.0	香蕉（包括芭蕉）	3.4	-8.3
猪肉	3.3	10.3	酒类	28.7	-3.3
茶叶	12.5	19.6	葡萄酒	24.0	-6.8
果蔬汁	10.4	-20.1	羊毛	27.6	4.7
苹果汁	9.1	-20.6	饲料用鱼粉	16.7	-1.1

三、2013年农产品贸易逆差进一步扩大的原因分析

（一）我国农业结构性特点是贸易逆差的主要原因

目前，我国农业发展的比较优势决定了农产品进出口商品结构，出口方面主要是以劳动密集型的水海产品、蔬菜、水果为主，深加工水平有所提高；进口方面主要是为了满足国内快速增长的消费需求，弥补供应缺口，重点进口大豆、棉花等土地密集型农产品。我国农业种植及加工的结构性特点决定了农产品贸易逆差常态化在所难免。

（二）粮食进口规模扩大是增加逆差的重要因素

我国是世界上人口最多的国家，而国内耕地资源十分有限，有限耕地资源首先要保证水稻、小

麦、玉米等主要农产品的种植，经济类的作物，如大豆、食糖等对国际市场的依存度不断提高。2013 年，我国粮食产量实现“十连增”，全年粮食产量超过 6 亿吨，但粮食进口规模却仍在扩大，这一方面是“结构平衡”式的进口，2013 年由于成长期的霜冻和收成期的雨水影响，国内小麦收成损失严重，所以利用进口小麦来调剂国内供求，保障自身粮食安全，全年进口小麦 553.5 万吨，同比增加 49.6%；另一方面是“需求导向”式的进口，主要体现在大豆进口上，随着国内大豆压榨能力的不断扩张，对出油率较高的进口大豆需求不断提高，直接拉动大豆的进口规模连创纪录，2013 年进口量首次超过 6 000 万吨。

四、农产品进出口的影响因素分析

（一）农产品出口影响因素分析

1. *质量安全问题频发，影响我国农产品出口。*目前，我国农产品质量安全问题在一定程度上影响了我国农产品出口。一是农兽药残留超标，重点是蔬菜限用高毒农药超标和畜禽产品滥用抗生素问题；二是非法添加有毒有害物质，包括生鲜乳添加三聚氰胺、生猪使用“瘦肉精”、饲料添加禁用药物、水产品使用孔雀石绿等；三是产地重金属污染，当前突出的是稻米镉污染。发达国家针对我国出口农产品的贸易壁垒层出不穷，部分发展中国家农产品贸易保护主义也有抬头的趋势，将使我国农产品出口环境更趋严峻。

2. *现代物流发展相对滞后，削弱农产品市场竞争力。*我国农产品产量和贸易量居于世界前列，但农产品流通体系的发展远落后于发达国家。据统计，我国每年约有 4 亿吨生鲜农产品进入流通领域，而因为国内农产品流通主体没有形成规模化、组织化和一体化，农产品交易信息不公开，以及农产品流通渠道信息化水平不高等问题，导致农产品物流成本高企，物流服务质量得不到保证。2013 年年初的数据显示，我国鲜活农产品通过冷链流通的比重偏低，欧洲、美国、加拿大、日本等发达国家和地区果蔬冷链流通率达 95% 以上，而我国仅为 5%，因冷链运输不完善造成我国每年约有 1 200 万吨水果、1.3 亿吨蔬菜的浪费，损失在 1 000 亿元以上①。农产品物流体系不能适应市场需求，不仅削弱了农产品的市场竞争力，也制约了农产品开拓国际市场的步伐。

（二）农产品进口影响因素分析

1. *进口农产品对国内农业及其加工工业造成一定冲击。*在国内消费需求不断增长，需求结构变化等多重因素影响下，2011 年我国就已经成为全球最大的农产品进口国。大规模进口大豆、小麦、玉米等农产品虽然可以缓解国内土地、水资源存量不足的矛盾，但也不可避免地出现了部分低价农产品进口对国内农业造成冲击的现象。以大豆种植为例，作为压榨原料，国产大豆的经济效益明显低于进口大豆，加之国内大豆的种植收益较玉米、水稻等相差巨大，农民改种植大豆为种植玉米、水稻，国产大豆种植面积急剧萎缩，产量持续下滑，部分以国产大豆为压榨原料的加工企业也因利润微薄而停产，进口大豆对整个产业链冲击明显。

2. *部分品种农产品进口依存度过高，市场风险加大。*我国对大豆、棉花、食用植物油、天然橡胶等的进口依存度长期处于高位，而这些品种在国际市场上往往是游资炒作的重点，金融属性的增强使得此类农产品价格可能脱离市场供需，如出现非理性的低价容易对国内农业生产产生冲击，而出现非理性的高价必然严重影响市场供应，对于以上述农产品为原料的下游行业而言，市场风险也大大增加。

---

① 《我国农产品冷链运输严重滞后致巨大损失》，慧典市场研究报告网，2013 年 3 月 6 日。

五、农产品进出口形势展望

我国主要农产品的供给已经由 20 世纪 90 年代中后期的总体平衡，转变为目前的总量基本平衡、结构性紧张状态，确保农产品总量平衡、结构平衡、质量安全的任务十分艰巨。我国拥有良好的农业基础，劳动力价格等优势条件依然存在，水海产品、蔬菜、水果如苹果和梨等出口品种的国际竞争力较强，但当前全球经济复苏的前景依然不明朗，贸易摩擦风险增加，我国农产品出口面临的不确定因素依然较多。从农产品进口来看，在结构性需求驱动下，一段时间内我国农产品进口仍将保持较大规模，如何在主动利用国际国内两个市场、两种资源的同时，既满足国内消费需求，又减小对国内农业的冲击，保证国内的粮食安全，将成为未来一个时期我国农业及相关下游产业调控的重点。

2013年我国大豆进口年度报告

大豆是植物蛋白和食用油的主要来源，也是世界上产量最多的油料作物，可直接食用并被广泛用于制作豆酱、酱油等豆制品，其经过加工后的豆油除作为食用油外，还可作为工业原料和生物燃料。此外，大豆加工产生的豆粕是重要的饲用蛋白原料，磷脂产品可用于食用和饲料添加剂。近年来，随着我国大豆及下游加工业需求的增加，国产大豆减产造成的供需缺口主要依赖进口大豆弥补。我国已连续多年成为全球最大大豆进口国，2011年起我国大豆年度进口量在全球大豆进口量中所占比重已提升至6成以上①。

一、加入世界贸易组织以来我国大豆进口情况

2000年，我国大豆进口量首次超过1 000万吨，加入世界贸易组织以后年度进口量呈现迅速扩大态势，并于2003年、2007年、2009年和2010年先后突破2 000万~5 000万吨整数关口。

2013年，我国大豆进口量比2012年增加8.6%，达到6 337.5万吨的历史高点，并首次突破6 000万吨关口；当年我国大豆进口价值379.8亿美元，同比增长8.6%；进口平均价格为每吨599.4美元，与2012年基本持平（图1）。

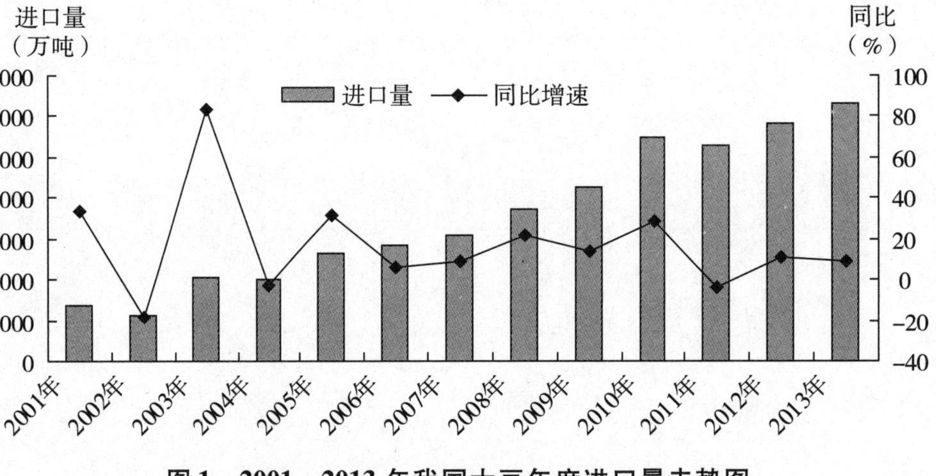

图1　2001~2013年我国大豆年度进口量走势图

二、2013年我国大豆进口的主要特点

（一）单月进口量年内三度刷新最高纪录，月度进口平均价格震荡下滑

2013年，我国大豆月度进口量整体呈“W”形走势。在年初震荡走低后，自3月份起明显回升，6月份、7月份相继打破单月进口量历史最高纪录；其后伴随南美大豆收获季结束，单月进口量逐步回落，至10月份降至418.6万吨；由于美国大豆收获期的到来，年内最后两个月单月进口量再次冲高至600万吨以上，其中12月当月进口量高达740.2万吨，年内第3次刷新单月进口量历

① 数据来源：全球贸易预警系统（GTA）。

史最高纪录，同比增加25.7%，环比增加22.8%。

2013年，受供给面相对宽松影响，大豆国际市场价格整体呈现下滑走势。我国大豆进口均价也从1月份的每吨631.5美元一路回落至5月份的每吨588美元；自6月份起，月度进口均价小幅回升至10月份的每吨613.8美元，但年末两个月再度下滑，12月份跌至每吨570.1美元，为2012年5月份以来最低水平。此外，大豆月度进口均价自8月份起连续5个月同比负增长，11月份同比跌幅达到14.1%（图2）。

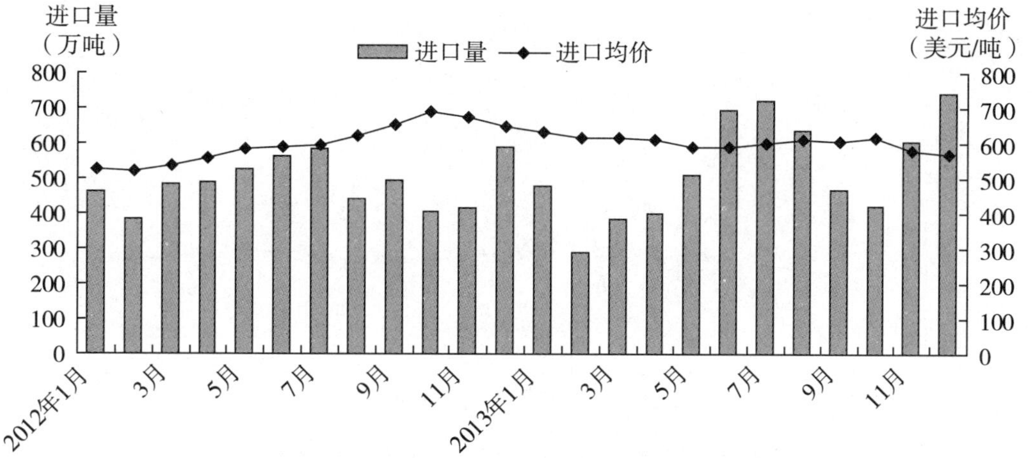

图2　2012年1月~2013年12月我国大豆月度进口量价走势图

（二）一般贸易进口量占绝对主导，加工贸易进口量大幅减少

2013年，我国以一般贸易方式进口大豆6 023.2万吨，同比增加10.8%，占同期我国大豆进口总量的95%。同期，以海关特殊监管区域物流货物方式进口167.5万吨，同比增加6.6%；以加工贸易方式进口70.5万吨，同比减少43.5%。

（三）自巴西进口量超过美国，自美国进口出现减少

长期以来，美国和巴西是全球大豆主要产地，也是我国大豆进口的主要来源地。2013年，我国自巴西进口大豆3 180.9万吨，同比增加33.1%，占我国大豆进口总量的50.2%。同期，自美国进口2 223.4万吨，同比减少14.4%，占我国大豆进口总量的35.1%。此外，自阿根廷进口612.4万吨，同比增加3.9%，占我国大豆进口总量的9.7%（表1）。

表1　2013年我国大豆进口主要来源地分布情况表

进口来源地	进口量（万吨）	同比（%）	进口值（亿美元）	同比（%）
总计	6 337.5	8.6	379.8	8.6
巴西	3 180.9	33.1	191.2	34.0
美国	2 223.4	-14.4	132.9	-13.6
阿根廷	612.4	3.9	36.6	-0.8
乌拉圭	230.0	20.8	13.9	14.8
加拿大	84.0	33.2	5.0	23.9

（四）民营企业进口大幅增长，取代外商投资企业首次位居进口量首位

2013年，我国民营企业进口大豆2 663.2万吨，同比增加32.6%，占我国大豆进口总量的

42%；外商投资企业进口2 524.9万吨，同比减少4.4%，占我国大豆进口总量的39.8%。我国民营企业在2013年终于取代外商投资企业，首次登上后者长期垄断的主导位置。此外，2013年国有企业进口大豆1 149.4万吨，同比减少3.4%，占我国大豆进口总量的18.1%（图3）。

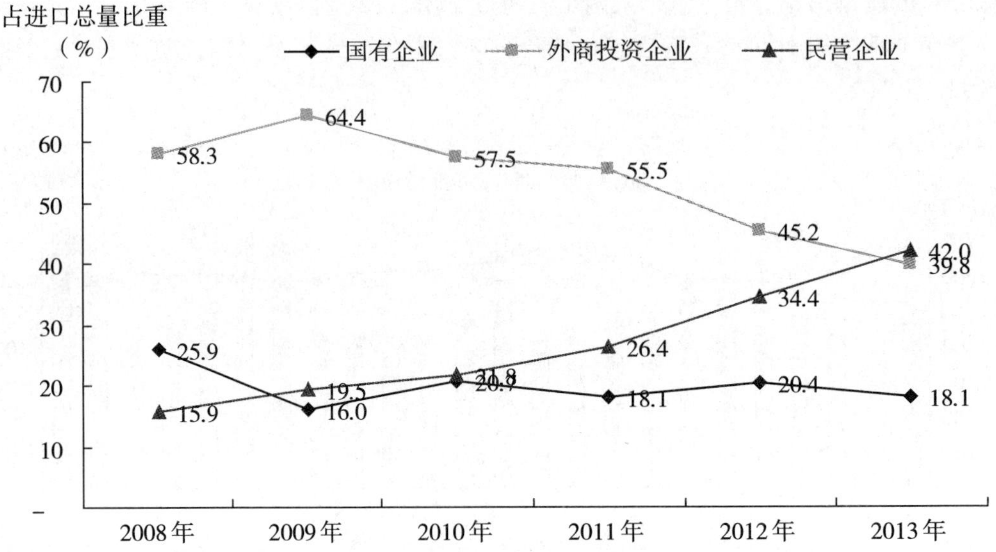

图3　2008～2013年我国大豆进口主要企业类型比重图

（五）山东进口量大幅增加并继续居首位，江苏、广西进口量减少

2013年，全国共有24个省份的企业具有大豆进口记录。其中，山东继续为我国大豆进口量最大的省份，全年累计进口大豆2 363.3万吨，同比增加34.1%，占同期我国大豆进口总量的37.3%。同期，江苏进口456.6万吨，同比减少7.7%；广西壮族自治区进口416.5万吨，同比减少13.3%。上述两省份合计进口量占同期我国大豆进口总量的13.8%。

（六）进口企业数量增加，前20位企业进口量集中度继续下滑

2013年，全国有大豆进口实绩的企业共174家，较2012年增加14家。其中，进口量居前20位企业合计进口3 521.2万吨，占我国大豆进口总量的55.6%；前20位企业进口量集中度较2012年下滑2.8个百分点，该指标自2010年起已连续4年下滑，并已低于2008年水平（图4）。

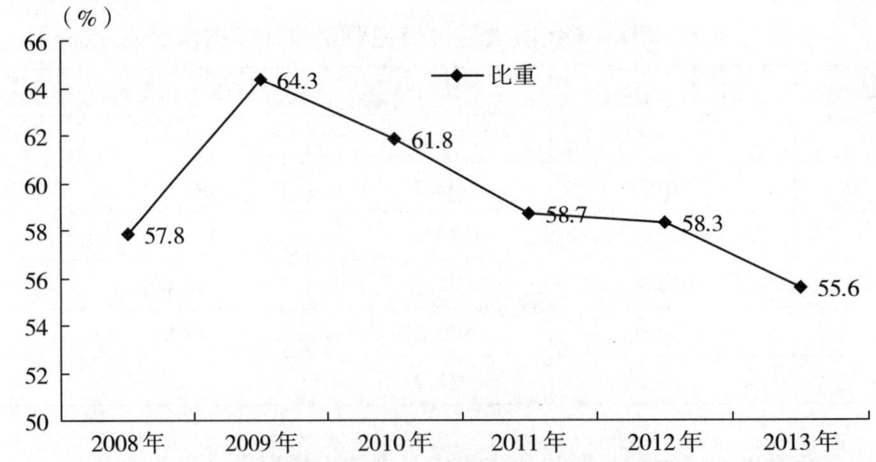

图4　2008～2013年我国大豆进口量前20位企业所占比重走势图

三、2013年我国大豆进口量增价平的原因分析

（一）我国大豆供需巨大缺口依靠进口填补

近年来，我国大豆刚性消费需求逐年攀升。2013年我国大豆消费量约7 900万吨，约为2005年4 000万吨消费量的2倍①。养殖行业方面，豆粕需求稳定增长，截至2013年12月，农业部4 000个监测点的能繁母猪存栏量4 938万头，生猪存栏量为4.58亿头，当年我国饲养需求增速为3%，豆粕库存消费比为3.65%。压榨行业方面，国内豆油年度消费量为1 365万吨，同比增加8.76%，同时压榨利润良好，2013年年末进口大豆压榨利润约为每吨350元，处于年内高点②。然而，面对大豆消费量需求的增加，我国国产大豆年产量却逐年减少，2013年当年预计年产量仅为1 200万吨，较2005年1 700万吨的年产量减少了30%③。国产大豆产量和品质下降，无法满足产业需求，大豆消费供需缺口进一步扩大到6 700万吨，只能依靠增加大豆进口来填补。

（二）全球大豆供需格局偏松，导致进口价格相对平稳

2013年，南北半球大豆主产区天气整体良好，加上南美大豆播种面积创新高，美国农业部供需报告预计2013/2014年度全球大豆产量达到2.85亿吨，为1992/1993年度以来最高水平。同期，全球期末大豆库存增加至7 062万吨，库存消费比提升至0.26%④。由于全球大豆供需向宽松转变，2013年大豆国际市场价格整体呈现震荡下滑走势，芝加哥期货交易所（CBOT）大豆期货价格从年初的每蒲式耳1 412美分下跌至年底的每蒲式耳1 263美分，跌幅为10.6%，年内仅因巴西物流受阻等原因出现几次反弹，但均未能超过年初高点。国际市场大豆价格虽出现下跌，但由于我国大豆进口话语权缺失，我国大豆进口需求持续扩大，进口价格并未出现明显下跌，总体与2012年持平。

四、我国大豆进口的影响因素分析

（一）国内政策调整有望改善国内大豆产业格局

自我国加入世界贸易组织以来，我国大豆及加工产业得到快速发展，但国产大豆产量的下降导致供需缺口长期依赖进口大豆，对外依存度高达80%以上。2013年12月，中央经济工作会议将“切实保障国家粮食安全”列为2014年的第一项任务，提出“必须实施以我为主、立足国内、确保产能、适度进口、科技支撑的国家粮食战略”，表明了中央对农业和粮食安全问题的高度重视。尽管我国大豆供需的巨大缺口短期内难以解决，进口大豆一段时间内仍保持高位运行，但在国家“粮食安全”战略及配套政策下，国产大豆价格运行机制有望回归到由市场起决定性作用，将有助于进一步提高农民种植大豆的积极性，使国产大豆产量稳中有升，适度调节大豆进口数量和节奏，从而使国内大豆产业格局处于合理可控区间。

（二）南美运输受阻等因素或影响大豆进口稳定性

2013年巴西超过美国成为我国大豆进口最大来源地，并占据一半份额。尽管美国、巴西对我国大豆市场份额的争夺，有利于我国大豆进口来源地的均衡，但是当年国际市场大豆价格运行除了受供需基本面、常规天气炒作等影响之外，南美工人罢工、港口火灾所导致的运输受阻等因素也值得关注。2013年第一季度受巴西港口工人罢工，大豆出口装运耽搁影响，国际大豆期价逆势走强，不

---

① 《美豆面临上涨压力，中国可能取消一些大豆订单》，新农网，2013年12月19日。
② 《瑞达期货：豆粕底部抬升 豆油库存仍待消化》，瑞达期货，2014年1月13日。
③ 《美豆面临上涨压力，中国可能取消一些大豆订单》，新农网，2013年12月19日。
④ 《瑞达期货：豆粕底部抬升 豆油库存仍待消化》，瑞达期货，2014年1月13日。

仅影响我国大豆进口企业对价格走势的判断和点价时机，而且直接导致我国自南美进口的大豆滞期到港，造成大豆供应紧张并打乱企业生产计划。随着南美大豆在我国大豆进口中比重的提升，发生概率较高的南美国家罢工等不稳定因素导致运输进度受阻值得我国大豆进口企业关注，并需提前制定预案保证进口稳定性。

五、大豆进口形势展望

2014 年，预计全球大豆将保持丰产态势，市场需求相对稳定，在大豆供需宽松的大格局下，国际大豆期货价格区间或将下移，季节性波动特征将较为明显。国内方面，大豆行业市场需求或保持稳步增长态势。根据海关进出口预警系统数据显示，2013 年各月我国大豆进口量值绝大多数为绿灯，表明当年进口规模处于正常区间。按照上述灯值的预警方向，预计 2014 年我国大豆进口量将仍保持增加态势，国产大豆供给不足的缺口仍将依赖进口大豆弥补，对外依存度保持相对高位，但在国家粮食安全战略等政策的具体实施之下，2014 年我国大豆进口增速和对外依存度或呈现稳中趋缓走势。

2013 年我国五大合成树脂进出口年度报告

聚乙烯（PE）、聚丙烯（PP）、聚氯乙烯（PVC）、聚苯乙烯（PS）及丙烯腈—丁二烯—苯乙烯（ABS）这五大合成树脂，是目前应用最广泛的人工合成高分子聚合物，主要用于制造塑料、合成纤维、涂料及绝缘材料等。随着生产工艺的提高，塑料应用领域被不断拓宽，五大合成树脂在工业生产中的地位和作用越来越重要。尽管近年来我国五大合成树脂生产已经取得了明显进步，但由于起步时间晚、生产工艺不成熟、原料供给受限等因素，我国五大合成树脂的进口量远远高于出口量，而且国内合成树脂产业发展不均衡问题突出，在聚氯乙烯连续多年产能过剩的同时，其余品种仍大量依靠进口。

一、加入世界贸易组织以来我国五大合成树脂进出口基本情况

2001 年，我国五大合成树脂进口量突破 1 000 万吨达到 1 166. 6 万吨，此后一直保持高位运行。2008 年受金融危机影响曾一度降至 1 151. 3 万吨，但是 2009 年即大幅回升至 1 687. 4 万吨，并创出我国五大合成树脂进口的历史最高纪录。近 4 年来进口量则一直保持在 1 600 万吨附近徘徊，2013 年进口量为 1 607. 2 万吨，比 2012 年增加 2. 6%；价值 253. 1 亿美元，同比增长 8. 3%；进口平均价格为每吨 1 574. 8 美元，同比上涨 5. 6%。

2001 年我国五大合成树脂出口量仅为 12. 8 万吨，自 2005 年起经历了连续 3 年的迅速扩张，至 2007 年出口量已经突破 100 万吨，达到 118. 3 万吨，此后受金融危机影响出口步伐有所放缓，2009 年下滑至 70. 9 万吨的低谷后回升。2013 年，在聚氯乙烯出口量大幅增加的带动下，全年五大合成树脂出口量达到 144. 1 万吨的历史峰值，同比增加 14. 4%；价值 20. 6 亿美元，同比增长 14%；出口平均价格为每吨 1 432. 3 美元，同比下跌 0. 4%。

由于进口量远高于出口量，2001 年以来我国五大合成树脂净进口量始终保持在 1 000 万吨以上，2009 年最高纪录曾达到 1 616. 5 万吨，2013 年净进口量为 1 463. 1 万吨，同比增加 1. 7%（图 1）。

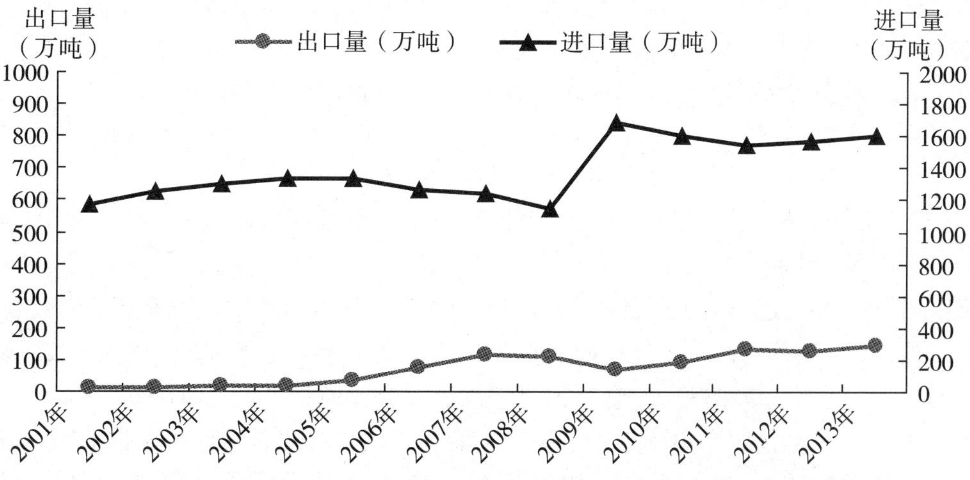

图 1　2001 ~ 2013 年我国五大合成树脂进出口走势图

二、2013 年我国五大合成树脂进出口主要特点

（一）月度进口量前低后高，进口均价持续上涨；出口量前高后低，出口均价先抑后扬

2013 年，我国五大合成树脂月度进口量以增加为主，下半年进口量明显高于上半年。其中，11 月、12 月进口量连续刷新当年单月进口量记录，12 月当月进口量为 158.3 万吨，同比增加 14.7%，环比增加 5.9%，创 2010 年 3 月以来我国五大合成树脂进口量新高。月度进口均价除 5 月份以外均保持同比上涨态势，12 月当月进口均价达到每吨 1 617.5 美元，创我国五大合成树脂进口均价近 29 个月新高。

2013 年，我国五大合成树脂上半年出口情况好于下半年。其中，3 月当月出口量达到 19.7 万吨，为 2011 年 5 月以来新高，此后震荡回落，至 12 月当月出口量降至 9.4 万吨，为 2013 年低谷，同比仍增加 9.2%，环比减少 8.1%。月度出口均价先抑后扬，1～7 月均呈现同比下跌，8 月份止跌回升，此后一直保持上涨势头，12 月当月出口均价为每吨 1565.2 美元，同比上涨 4.8%，环比下跌 2.3%。（图 2）

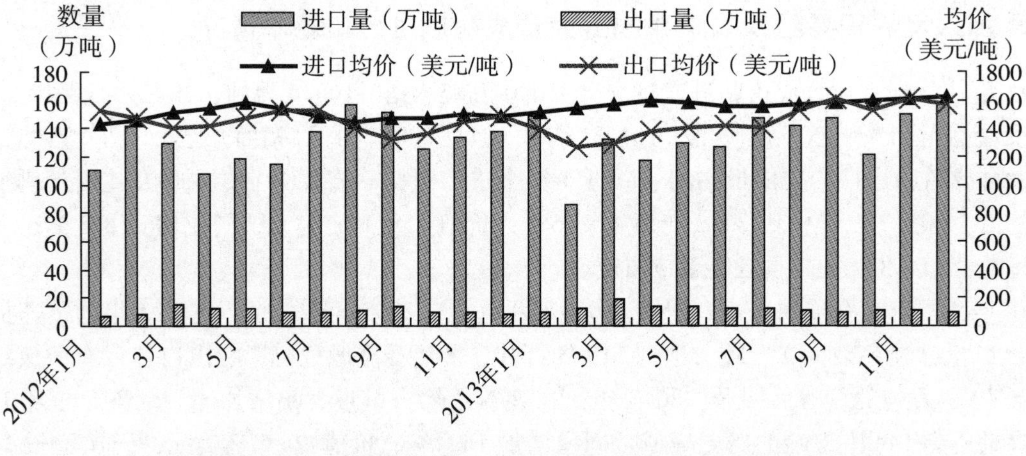

图 2　2012～2013 年我国五大合成树脂进出口月度量价走势图

（二）进出口均以一般贸易方式为主

2013 年，我国以一般贸易方式进口五大合成树脂 805.6 万吨，同比增加 15.4%，占当年我国五大合成树脂进口总量的 50.1%，所占比重提高 5.5 个百分点；以加工贸易方式进口 619.4 万吨，同比减少 6.3%，占当年我国五大合成树脂进口总量的 38.5%。

2013 年，以一般贸易方式出口五大合成树脂 63.7 万吨，同比大幅增加 52.1%，占当年我国五大合成树脂出口总量的 44.2%，所占比重提高 10.9 个百分点；以加工贸易方式出口 60.9 万吨，同比增加 13.2%，占当年我国五大合成树脂出口总量的 42.3%。

（三）进口主要源自韩国、东盟、沙特阿拉伯和我国台湾地区，东盟、印度、我国香港地区和俄罗斯位列出口市场前 4 位

2013 年，我国自韩国进口五大合成树脂 286.5 万吨，同比增加 3%；自东盟、沙特阿拉伯分别进口 259.7 万吨、233.7 万吨，同比分别增加 6.7%、3.8%；自我国台湾地区进口 222.1 万吨，同比增加 2.7%。自上述四大市场进口量合计占当年我五大合成树脂进口总量的 62.3%。

2013 年，我国五大合成树脂主要出口市场有东盟、印度、我国香港地区和俄罗斯。其中，对东盟、印度和俄罗斯分别出口 58.8 万吨、19.8 万吨、17.1 万吨，同比分别增加 58.4%、86.5%、14.8%；对我国香港地区出口 17.3 万吨，同比减少 32.7%。对上述四大市场出口量合计占当年我

五大合成树脂出口总量的 55.6%。(表 1)

表 1　2013 年我国五大合成树脂前 10 位市场进出口情况表

进口来源地	进口量（万吨）	同比（%）	出口市场	出口量（万吨）	同比（%）
韩国	286.5	3.0	东盟	25.8	58.4
东盟	259.7	6.7	印度	19.8	86.5
沙特阿拉伯	233.5	3.8	中国香港	17.3	-32.7
中国台湾	222.1	2.7	俄罗斯	17.1	14.8
伊朗	144.1	25.0	伊朗	9.9	3.0
阿联酋	80.3	-9.2	韩国	6.0	6.6
日本	70.9	-1.5	乌兹别克斯坦	5.8	32.1
美国	69.8	-22.5	哈萨克斯坦	5.3	53.0
卡塔尔	48.8	23.8	巴西	3.5	11.5
欧盟	47.4	26.3	土耳其	2.4	-17.9

（四）民营企业和国有企业分别主导进、出口，外商投资企业进出口双双减少

2013 年，我国民营企业进口五大合成树脂 754.4 万吨，同比增加 13.7%，占当年我国五大合成树脂进口总量的 46.9%，超越外商投资企业成为进口第一大经营主体；外商投资企业进口 695.3 万吨，同比减少 3.3%，占当年我国五大合成树脂进口总量的 43.3%；国有企业进口 156.1 万吨，同比减少 14.4%。

2013 年，我国国有企业出口五大合成树脂 59.6 万吨，同比大幅增加 65.6%，占当年我国五大合成树脂出口总量的 41.4%；外商投资企业出口 52.5 万吨，同比减少 9.4%，占当年我国五大合成树脂出口总量的 36.5%；民营企业出口 32 万吨，同比增加 0.1%。

（五）广东、浙江、上海和山东为主要进口省市，新疆、广东、江苏和浙江位列出口省份前 4 位

2013 年，广东进口五大合成树脂 543.5 万吨，同比减少 6%；浙江、上海分别进口 219.6 万吨、206.4 万吨，同比分别减少 4.2%、4.8%；山东进口 200.1 万吨，同比增加 21.1%。上述四省市进口量合计占当年我国五大合成树脂进口总量的 72.8%。

2013 年，新疆出口五大合成树脂 38.6 万吨，同比增加 72.8%；广东、江苏分别出口 24.7 万吨、20 万吨，同比分别减少 23.6%、9.9%；浙江出口 18.7 万吨，同比增加 33.1%。上述四省份出口量合计占当年我国五大合成树脂出口总量的 70.8%。(表 2)

表 2　2013 年我国五大合成树脂进出口量前 10 位省份情况表

进口省份	进口量（万吨）	同比（%）	出口省份	出口量（万吨）	同比（%）
广东	543.5	-6.0	新疆维吾尔自治区	38.6	72.8
浙江	219.6	-4.2	广东	24.7	-23.6
上海	206.4	-4.8	江苏	20.0	-9.9
山东	200.1	21.1	浙江	18.7	33.1
江苏	131.8	9.2	天津	18.7	73.8

续表

进口省份	进口量（万吨）	同比（%）	出口省份	出口量（万吨）	同比（%）
福建	94.5	12.1	上海	9.1	-25.3
辽宁	42.8	34.7	河北	3.6	32.6
北京	41.1	17.8	山东	3.5	5.2
天津	38.9	6.9	辽宁	1.4	-8.7
河北	23.2	17.7	福建	1.1	46.8

（六）进口以聚乙烯为主，出口以聚氯乙烯为主

2013年，我国进口聚乙烯881.6万吨，同比增加11.7%，占当年我国五大合成树脂进口总量的54.9%；进口聚丙烯359.4万吨，同比减少8.2%，占当年我国五大合成树脂进口总量的22.4%。进口均价除丙烯腈—丁二烯—苯乙烯下跌1%以外，其余均上涨，其中聚苯乙烯进口均价上涨10.1%，涨幅居首（表3）。

表3 2013年我国五大合成树脂分商品进口情况表

商品名称	进口量（万吨）	同比增速（%）	进口均价（美元/吨）	同比增速（%）
聚乙烯	881.6	11.7	1 491.1	7.6
聚丙烯	359.4	-8.2	1 557.2	5.1
丙烯腈—丁二烯—苯乙烯	167.1	0.2	2 152.9	-1.0
聚氯乙烯	104.4	-13.7	1 174.0	4.0
聚苯乙烯	94.7	-3.3	1 844.1	10.1

2013年，我国出口聚氯乙烯73.4万吨，同比大幅增加61.6%，占当年我国五大合成树脂出口总量的50.9%；出口聚苯乙烯32.6万吨，同比减少2.4%，占当年我国五大合成树脂出口总量的22.6%。出口均价除聚氯乙烯下跌1.9%外，其余品种均上涨，其中聚苯乙烯出口均价上涨16.1%，涨幅居首位（表4）。

表4 2013年我国五大合成树脂分商品出口情况表

商品名称	出口量（万吨）	同比增速（%）	出口均价（美元/吨）	同比增速（%）
聚氯乙烯	73.4	61.6	1 031.7	-1.9
聚苯乙烯	32.6	-2.4	1 980.0	16.1
聚乙烯	20.3	-29.6	1 611.1	7.8
聚丙烯	14.7	4.0	1 737.4	6.5
丙烯腈—丁二烯—苯乙烯	3.1	-24.8	2 525.3	3.1

（七）进口企业集中度不断下滑，出口企业集中度有所提升

2013年，我国进口量排名前20位企业共计进口五大合成树脂192.2万吨，占当年我国五大合成树脂进口总量的12%，所占比重较2012年下滑了2.7个百分点。

2013年，我国出口量排名前20位企业共计出口五大合成树脂104.3万吨，占当年我国五大合

成树脂出口总量的72.4%，所占比重较2012年提高了5.9个百分点。（图3）

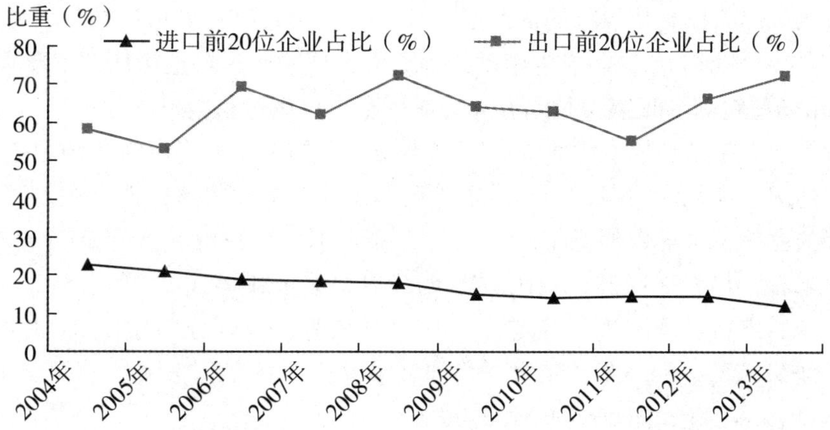

图3　近10年我国五大合成树脂进出口企业集中度情况变化图

三、2013年我国五大合成树脂进出口增加的原因分析

（一）国内合成树脂需求稳步增长但自给能力有限，刺激进口量增加

2013年，我国塑料制品、汽车、家电及房地产等五大合成树脂的主要下游需求产业均维持稳步发展的势头。其中，2013年，我国塑料制品产量达到6 188.7万吨，同比增加8%；主要家电产品如空调、电冰箱、洗衣机产量同比分别增加11.6%、10.6%和8.2%①；房地产开发投资继续保持稳步增长，2013年房屋施工面积和销售面积同比分别增长16.1%、17.3%②。此外，2013年我国汽车产、销量双双超过2 000万辆，同比分别增加14.8%、13.9%③。下游需求行业的良好增势使得国内对合成树脂的需求有所增加，而国内五大合成树脂产量增速明显赶不上市场需求的增加。相关数据显示，2013年除聚氯乙烯国内已经面临产能过剩以外，其余4类合成树脂1~11月累计产量为2 442.7万吨，同比增加8.8%，其中国内需求缺口最大的聚乙烯产量为985.6万吨，同比仅增加5.5%④，这导致2013年我国聚乙烯进口量增加11.7%，成为五大合成树脂中进口量增幅最高的品种。

（二）原料价格走低使得我国聚氯乙烯在国际市场上的价格优势显现

目前，我国80%以上的聚氯乙烯产能是以电石为原料，与其他合成树脂以乙烯、丙烯、苯乙烯等石化下游产品为生产原料相比，基本不受原材料供给不足的困扰。特别是近年来，依托国内电石产能的快速扩张，我国聚氯乙烯产能持续增长，已经连续多年呈现出产能过剩的局面，国内企业努力开拓国际市场，出口规模也在不断扩大。2013年，随着国内大型电石炉技术的逐渐成熟，电石行业开工率有所提升，2013年国内电石产量达到2 234.2万吨，同比增加16.2%⑤。产量的增加使电石价格下滑，2013年国内电石出厂价格在每吨2 600元~2 950元区间徘徊，全年均价为每吨2 800

---

① 《2013年12月主要工业产品产量》，数据国家统计局。
② 《2013年全国房地产开发投资86013亿元》，新华网，2014年1月20日。
③ 《2013年汽车销量2198.41万辆　同比增13.9%》，搜狐网，2014年1月9日。
④ 《2013年11月国内PS、PE、PP、ABS产量统计》，中华商务网，2013年12月16日。
⑤ 《2013年12月电石产量数据》，中华商务网，2014年1月23日。

元，比2012年下跌350元，创近4年的新低①。电石价格的低迷使聚氯乙烯生产成本下降，在国际市场上的价格优势显现，刺激了出口的快速增加。特别是2013年上半年，在国际原油价格高位运行导致乙烯法聚氯乙烯价格高位运行的情况下，我国电石法聚氯乙烯出口迎来大幅增加，上半年出口量达到45.3万吨，激增1.3倍，成为带动我国五大合成树脂出口量增加的主要因素。

（三）新兴市场塑料需求旺盛为我国五大合成树脂出口创造机会

除原材料价格下滑带来的成本优势外，新兴市场需求的大幅扩容也为我国合成树脂出口提供良机。尽管目前发达国家和地区的塑料市场需求已经相对处于饱和状态，但是东盟、印度等新兴市场在经济快速发展的支撑下需求依然保持旺盛增长，并且市场潜力巨大。从2013年我国五大合成树脂出口市场情况来看，尽管对欧洲、我国香港地区出口量分别减少2.2%、32.7%，但是对东盟、印度、非洲等市场的出口量均实现大幅增加，其中对东盟、印度分别出口25.8万吨、19.8万吨，同比分别大幅增加58.2%、86.5%，东盟、我国香港地区跃居我国五大合成树脂出口市场前两位。此外，对非洲出口7.3万吨，同比增加51.5%。

四、我国五大合成树脂进出口的影响因素分析

（一）聚氯乙烯产能过剩不断加剧，抑制了进口促进了出口

尽管我国聚氯乙烯产能已经严重过剩，但西北地区企业凭借资源及成本优势依然陆续上马新项目，部分企业也在追求一体化、大型化而不断扩产，导致我国聚氯乙烯产能在2013年继续增加，截止到年底产能增加260万吨以上，总产能达到2 468万吨（含糊树脂），较2012年增加7.2%。新增产能的释放直接带来产量的增长，尽管2013年我国聚氯乙烯行业平均开工率仅维持在6成左右，但2013年的聚氯乙烯产量依然达到1 529.5万吨，比2012年增加14%②。充裕的供应使得近年来我国聚氯乙烯的进口依存度呈现逐年下降趋势，2010年以后一直维持在10%以内。2013年国际原油高位运行，而原料电石价格持续低位徘徊，进口料成本无明显优势，使得2013年我国聚氯乙烯进口量减少13.7%，成为五大合成树脂中进口降幅最大的品种。同时，在产能过剩的压力下，企业寻求出口的意愿将更加迫切，开拓国际市场的步伐也会不断加快，这在一定程度上促进我国聚氯乙烯的出口。

（二）国内煤制烯烃产业发展迅速，或可缓解我国合成树脂对进口的依赖

与聚氯乙烯产能过剩相比，我国其他合成树脂产品则长期处于供应不足的局面。其中，聚乙烯、聚丙烯、聚苯乙烯及丙烯腈—丁二烯—苯乙烯的产量很大程度上取决于上游乙烯、丙烯、苯乙烯等单体原料的供应情况，而原料自给能力的不足也正是我国合成树脂产能增长的瓶颈。由于我国石油资源储量不足，需要大量依赖进口，在满足国内燃油基本供给平衡的情况下，石油制烯烃的产能非常有限，只能选择直接大量进口。正是在这样的背景下，近年来我国煤制烯烃逐渐成为国内化工行业发展的热点，被看做是降低对外依赖性，有助于烯烃产业安全的新型煤化工路径。煤制烯烃，是指以煤为原料合成甲醇后再通过甲醇制取乙烯、丙烯等烯烃的技术。由于我国煤炭资源丰富，煤制烯烃工艺路线已经比较成熟，在廉价的煤炭和甲醇资源支撑下，煤制烯烃产品比石油制烯烃有一定的价格优势。2013年，我国已投入运行6个煤制烯烃装置，总产能达到276万吨，目前国内在建和拟建的项目多达数十个，到2018年我国煤制烯烃产能将达2 365万吨，其中聚乙烯和聚丙

---

① 《2013年度电石市场影响因素简析》，中国化工产品网，2013年12月27日。

② 《2014年12月PVC产量统计数据》，大连商品交易所网站，2014年2月19日。

烯分别占35%和47%，[①] 预计未来煤制烯烃将成为我国合成树脂供给的重要组成部分，在一定程度上缓解我国对合成树脂进口的依赖程度。

（三）我国乙烯产能快速扩张但成本无优势，将面临激烈的国际竞争

乙烯单体是生产聚乙烯、聚苯乙烯等合成树脂的重要原料，乙烯的生产规模、产量是衡量一个国家化工水平的重要指标。近年来，国内乙烯产能快速扩张，截至2013年11月，国内乙烯产能达到1 823万吨，较2012年增长6.6%[②]。尽管产能的持续扩大增强了国内自给能力，但是我国乙烯产业依然面临着强劲的外部竞争压力。美国页岩气开发的成功为其乙烯产业提供了大量的廉价原料乙烷，令乙烯生产成本大幅降低。据了解，目前我国乙烯装置使用的原料仍以石脑油为主，每吨乙烯所需石脑油成本价格在8 000元以上，而以乙烷为原料的成本则在3 000元左右，我国乙烯及下游合成树脂产业在国际市场的竞争中成本劣势很明显。2013年，美国合成树脂行业的投资持续升温，预计到2014年美国基于页岩气扩产的乙烯产能将超过80万吨，未来2～3年仍有大量产能投产，合成树脂的产能也将相应提高。同时，中东国家凭借着其丰富而廉价的轻烃原料，生产的乙烯及合成树脂产品在国际市场也拥有明显的成本优势，未来中东国家将继续大力发展乙烯工业，由于其本身消费能力有限，产品将主要销往中国和东亚，对我国乙烯及下游合成树脂产业将构成很大冲击。

五、我国五大合成树脂进出口形势展望和对策建议

进口方面，由于国内市场需求体量依然庞大，短期内我国新增产能尚不足以填补供需的缺口，进口依然是市场供给的重要力量，因此未来一段时间我国五大合成树脂的进口量将继续维持高位运行，并且价格将成为影响进口的重要因素，一旦美国、中东地区的产能形成市场规模，其依靠价格的明显优势将有可能大量涌入我国市场，对我国五大合成树脂行业造成一定冲击。

出口方面，当前国际经济持续向好的趋势越来越明显，新兴经济体的塑料和树脂消费需求大幅增加均对我国五大合成树脂出口构成利好，并且在国内聚氯乙烯产能过剩的压力下，企业寻求出口的动力依旧强劲。但是，在全球聚氯乙烯产能已经明显过剩的局面下，我国出口必将面临重重阻碍，因此未来一段时间我国五大合成树脂出口虽仍能维持一定的规模，但预计难以保持稳定的增加。

---

① 《中国煤（甲醇）制烯烃产能2018年将达2365万吨》，《中国证券报》，2013年11月4日。

② 《乙烯产能激增竞争加剧　2014年外部压力继续增加》，中国氯碱网，2014年1月17日。

2013 年我国水海产品出口年度报告

水海产品是海洋和淡水渔业生产的动物及其加工产品的统称。我国是世界上最大的水海产养殖国和出口国，海洋面积达到299.7万平方公里，拥有东海、南海、黄海、渤海四大海域，渔业资源非常丰富，可养殖及捕捞的鱼类有1 700多种，同时，我国内陆河流密布，发展人工养殖的条件优越。自2002年我国首次成为世界第一大水海产品出口国以来，水海产品出口量一直保持全球首位。

一、加入世界贸易组织以来我国水海产品出口情况

加入世界贸易组织以来，我国水海产品产量持续稳定增长，从2001年的4 368万吨增长到2012年的5 906万吨，每年产量均占全球水海产品总产量的30%以上。丰富的品种和强大的产能为我国水产品出口奠定了坚实的基础。2001年以来我国水海产品出口整体保持震荡上行态势，2003年和2010年出口量分别突破200万吨和300万吨大关。其中，2008年、2009年、2012年受金融危机和国际市场需求不振影响，年度出口量出现负增长。2013年，随着国际市场需求缓慢复苏，我国水海产品出口量有所反弹，当年出口量创历史新高（图1）。

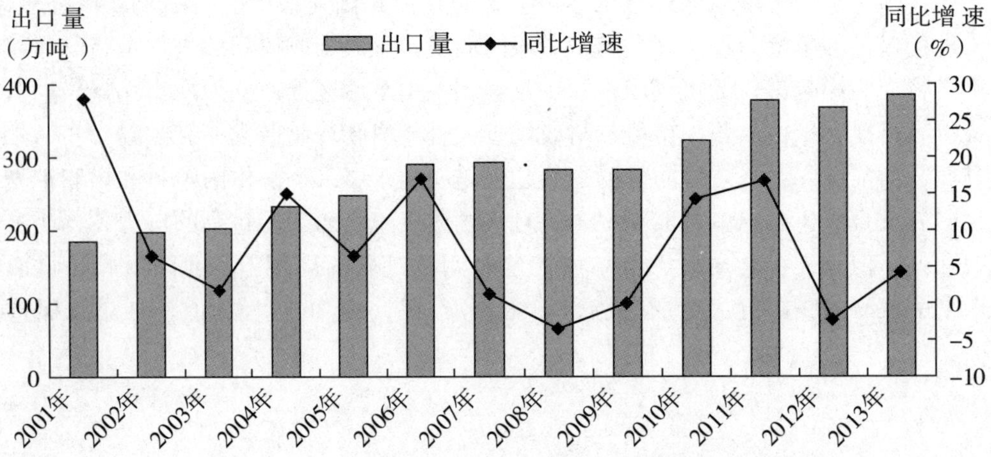

图1　2001~2013年我国水海产品出口量走势图

二、2013年我国水海产品出口的主要特点

2013年，我国出口水海产品383.9万吨，比2012年增加4.2%；价值194.3亿美元，同比增长7.2%；出口平均价格每吨5 061.1美元，同比上涨2.9%

（一）月度出口量震荡上行，12月当月出口均价创历史新高

自2013年3月起，我国水海产品月度出口量呈震荡上行态势，12月当月出口38.6万吨，同比增加1.6%，环比增加4.3%，为2011年2月以来的最高值。同期，月度出口平均价格保持在每吨5 000美元左右的相对高位，12月当月出口均价达到每吨5 172.7美元，同比上涨0.1%，环比上涨3.8%，创历史新高（图2）。

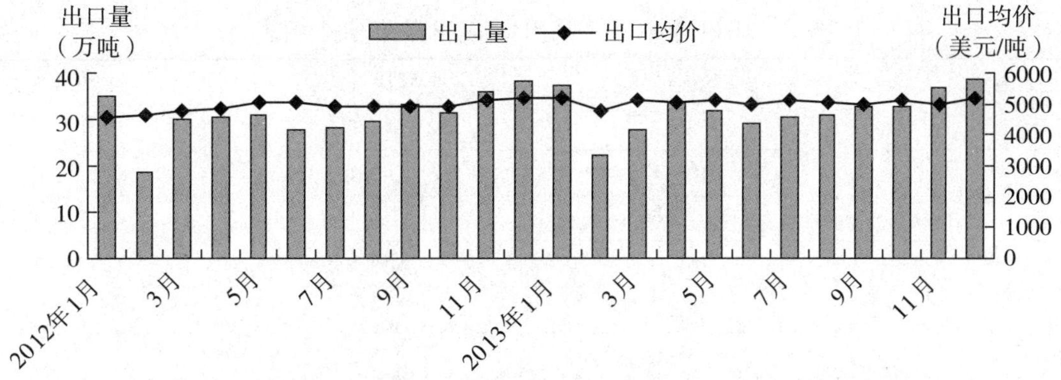

图2　2012 年 1 月 ~ 2013 年 12 月我国水海产品月度出口量价走势图

（二）一般贸易方式主导出口且增速较高

2013 年，我国以一般贸易方式出口水海产品 254. 2 万吨，同比增加 5. 1%，比同期水海产品出口总体增速高 0. 9 个百分点，占同期我国水海产品出口总量的 66. 2%。同期，以加工贸易方式出口 114. 9 万吨，同比增加 3. 1%，占同期我国水海产品出口总量的 29. 9%。

（三）民营企业出口占比逾 6 成，外商投资企业出口逆势小幅减少

2013 年，我国民营企业出口水海产品 238. 3 万吨，同比增加 7. 4%，占同期我国水海产品出口总量的 62. 1%。同期，外商投资企业出口 122 万吨，同比减少 1. 1%，占同期我国水海产品出口总量的 31. 8%；国有企业出口 23. 6 万吨，同比增加 1. 3%，占同期我国水海产品出口总量的 6. 1%。

（四）对日本、东盟、韩国等周边市场出口均有所减少，对欧美市场出口增加

2013 年，我国对日本出口水海产品 60. 3 万吨，同比减少 6. 1%，占同期我国水海产品出口总量的 15. 7%。同期，对美国出口 55. 6 万吨，同比增加 5. 8%，占同期我国水海产品出口总量的 14. 5%；对欧盟出口 55. 6 万吨，同比增加 9%，占同期我国水海产品出口总量的 14. 5%；对东盟出口 48. 2 万吨，同比减少 0. 2%，占同期我国水海产品出口总量的 12. 5%；对韩国出口 40. 1 万吨，同比减少 5. 8%，占同期我国水海产品出口总量的 10. 4%（表 1）。

表 1　2013 年我国水海产品出口主要市场情况表

国别（地区）	出口量（万吨）	同比（%）	占比（%）
总计	383. 9	4. 2	100. 0
日本	60. 3	-6. 1	15. 7
美国	55. 6	5. 8	14. 5
欧盟	55. 6	9. 0	14. 5
东盟	48. 2	-0. 2	12. 5
韩国	40. 1	-5. 8	10. 4

（五）山东、福建和辽宁为出口前三甲

2013 年，山东出口水海产品 108. 5 万吨，同比减少 3. 1%；福建出口 71. 6 万吨，同比增加 5. 1%；辽宁出口 68 万吨，同比增加 8. 5%。上述三者合计占同期我国水海产品出口总量的 64. 6%（表 2）。

表 2　2013 年水海产品出口前 10 位省份排名表

省份	出口量（万吨）	同比（%）	占比（%）
总计	383.9	4.2	100.0
山东	108.5	-3.1	28.3
福建	71.6	5.1	18.7
辽宁	68.0	8.5	17.7
广东	47.7	15.6	12.4
浙江	45.8	6.2	11.9
海南	12.7	-8.3	3.3
广西壮族自治区	10.5	1.0	2.7
江苏	4.6	0.2	1.2
河北	3.8	21.6	1.0
湖北	2.7	22.6	0.7

（六）冻鱼、冻鱼片出口占比过半，活鱼出口增速较高

2013 年，我国出口冻鱼、冻鱼片 193.1 万吨，与 2012 年基本持平，占同期我国水海产品出口总量的 50.3%；出口均价为每吨 3 351.1 美元，同比上涨 3.2%。同期，出口冻虾仁 10.9 万吨，同比增加 5.1%，均价为每吨 9 362.5 美元，同比上涨 9%；出口活鱼 9 万吨，同比增加 12.5%，均价为每吨 6 626.3 美元，同比上涨 3.5%（表 3）。

表 3　2013 年我国水海产品出口主要品种情况表

商品名称	出口量（万吨）	出口增速（%）	出口均价（美元/吨）	均价同比（%）
总计	383.9	4.2	5 061.1	2.9
冻鱼、冻鱼片	193.1	0.0	3 351.1	3.2
冻虾仁	10.2	5.1	9 362.5	9.0
活鱼	9.0	12.5	6 626.3	3.5
鲜、冻对虾	2.5	8.0	9 690.7	13.6

（七）前 20 位出口企业集中度有所下降

2013 年，我国水海产品出口量排名前 20 位的企业共计出口水海产品 50.9 万吨，占同期我国水海产品出口总量的 13.3%，所占比重较 2012 年下滑了 2 个百分点（图 3）。

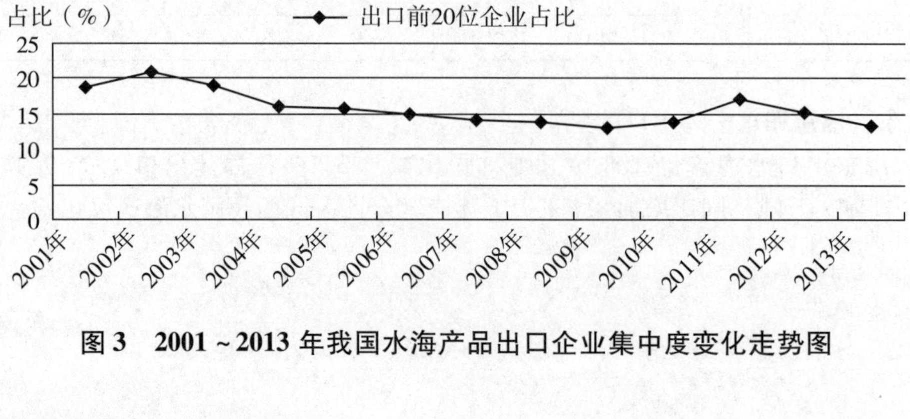

图 3　2001～2013 年我国水海产品出口企业集中度变化走势图

三、2013 年我国水海产品出口量增价扬的主要原因

（一）欧美经济复苏带来的需求增长，带动我国水海产品出口增加

2013 年，我国水海产品对欧美市场出口显著增长，主要得益于欧美经济复苏以及由此带来的消费需求增长。2013 年，美国消费者的信心在不断提升，到 12 月美国消费者信心指数升至 78.1，分项指数也触及 2008 年 4 月以来最高水平，居民对经济前景的看法乐观①。欧元区消费者信心指数也呈上升态势，到 12 月消费者信心指数由 11 月的 -15.4 增至 -13.6，上升至两年来最高水平；零售商信心指数由 -7.8 上升至 -5.1②。在消费环境好转背景下，水海产品贸易也有所增长。美国国家海洋渔业局（NMFS）的数据显示，2013 年前 11 个月美国进口了价值 166 亿美元的海产品，同比增长 7.2%③。

（二）部分亚洲出口国遭遇贸易壁垒，我国水海产品取得一定的出口替代空间

2013 年 1 月 2 日，美国对越南虾提起反补贴诉讼，称越南虾享受资金、土地租赁及其他税费等不合理的政府补贴政策；1 月 17 日，美国指控印度尼西亚政府对虾产品出口进行补贴，导致印尼虾产品价格低于美国虾产品，要求印度尼西亚对进口美国的虾产品实施 0.75% ~8.5% 的补贴差额④。根据越南水产加工出口协会数据显示，2013 年前 10 个月，越南水产品在美国市场份额下降超过 8%⑤。与此同时，因福岛灾难的持续影响，日本福岛周边 12 都县出口至欧美市场的水海产品一直面临严格的食品安全检验。我国水海产品出口取得一定的替代空间。以虾产品为例，2013 年，我国出口冻虾仁和鲜、冻对虾同比分别增加 5.1% 和 8%。

（三）生产成本上涨推高水海产品价格

养殖成本的上涨成为水海产品价格上涨的重要推手。近年来，鱼粉价格持续高位运行，2013 年秘鲁超级蒸汽级别鱼粉报价一度高达 14 500 元/吨。同期，国内劳动力成本呈现快速上涨态势，2013 年广州、深圳和珠海等珠三角地区的最低工资标准再次提升。此外，海关调研显示，辽宁部分水海产品出口企业的用工成本在新《劳动合同法》实施以来呈持续增加态势。

四、影响我国水海产品出口的主要因素

（一）我国水海产品出口企业质量意识提升，有助于进一步拓展国际市场

近几年来，我国水海产品出口企业在扩大生产规模的同时，亦开始注重加强水海产品质量保障体系建设。广东和福建建立了水产品质量安全可追溯管理系统；山东则积极推进出口国产品质量认证，目前已有 239 家水产品出口企业获得美国注册，126 家获得欧盟注册，367 家获得韩国注册⑥。上述与国际接轨的重要举措使得我国水海产品质量安全水平逐渐提高，提升了我国水海产品在国际市场上的竞争力，有助于我国水海产品进一步开拓国际市场。

（二）国际水海产品市场竞争日趋激烈，或挤占我国市场份额

日益高涨的劳动力成本及人民币升值等因素在一定程度上削弱了我国水海产品出口竞争力，加之出口的水海产品又是可替代性较强的初级产品，我国水海产品出口正面临着劳动力成本优势明显

① 《美国：增长引领者》，《经济观察报》，2014 年 1 月 9 日。
② 《欧元区消费者信心指数升至两年来最高 符合预期》，和讯股票，2014 年 1 月 9 日。
③ 《2013 年前 11 个月美国进口海产品数据统计》，中国水产养殖网，2014 年 1 月 15 日。
④ 《美国指控印尼虾产品出口获补贴》，人民网，2013 年 1 月 17 日。
⑤ 《越媒称越南水产品出口面临困境》，中国水产养殖网，2013 年 12 月 25 日。
⑥ 《中国水产品出口企业的 SWOT 分析》，中国水产养殖网，2014 年 1 月 10 日。

的越南、印度等国家的激烈竞争。2013 年越南水产品出口约 67 亿美元，同比增长 10.1%，出口前三大市场分别为美国、欧洲和日本；同期，印度对上述市场的出口也出现增长，印度政府计划投资 1 900 万美元，在未来几年将国内的渔业产量提高到 1 000 万吨①。周边国家争相发展水产养殖业，对我国水海产品在国际市场的份额产生威胁。

（三）产品结构不合理制约出口发展，压缩出口企业利润空间

尽管近年来我国水海产品逐步向半成品加工和精细加工发展，然而加工能力仍然严重不足，高附加值的养殖鱼类尚未形成拳头产品和规模优势。目前，我国水海产品出口仍是以鳗鱼、对虾、冻鱼和冰鲜鱼类为主的半成品和粗加工品，用于加工的水产品仅占水产品总产量的 30% 左右，而发达国家这一比重达到 60% 以上。加工技术落后，冷链物流发展缓慢，使得我国成为其他国家水产品加工行业的原料供给基地，大大压缩了水产品出口企业的利润空间。调查显示，我国水产品加工出口企业的平均利润率仅为 6% 左右②。

五、2014 年我国水海产品出口形势预测

我国对海洋经济历来十分重视，2013 年年初国务院印发的《全国海洋经济发展“十二五”规划》中明确提出，“十二五”期间，海洋生产总值年均增长 8%，2015 年占国内生产总值的比重达到 10%，海洋渔业是其中重要组成部分，2014 年亦是实现目标的关键之年。虽然我国水海产品面临着出口成本上升、市场竞争激烈等诸多不利因素，但随着近海养殖和远洋渔业的蓬勃发展，水海产品深加工能力的逐步提高，企业品牌意识的增强，预计未来一个时期我国的水海产品出口将保持良好的发展态势。

① 《印度政府投资内陆渔业和水产养殖》，中国水产养殖网，2013 年 5 月 10 日。

② 《中国水产品出口企业的 SWOT 分析》，中国水产养殖网，2014 年 1 月 10 日。

2013年我国食用植物油进口年度报告

食用油是人民生活的必需品，我国是世界最大的植物油消费国和第二大食用植物油生产国，但由于国内耕地和水资源有限，油料生产与粮食争地矛盾突出，近年来大豆和油菜等主要油料的种植面积不断下降，为满足人民日益增长的食用油脂需求，唯有不断增加进口，食用植物油对外依存度逐渐攀升。目前，我国是全球第二大棕榈油进口国①和最大的大豆进口国，国内棕榈油供应完全依赖进口，进口大豆在国内市场份额超过8成②。

一、加入世界贸易组织以来我国食用植物油进口情况

随着我国人民生活水平的逐步提高及饮食习惯的逐步改善，我国食用植物油进口量呈螺旋式上升。据海关统计，2001年至2013年进口量年均增长15.1%。加入世界贸易组织之初的2002~2004年，我国食用植物油进口量连续跨越200万吨、400万吨和500万吨台阶，2005年短暂回落后，2006年起再次走高，至2009年首次突破800万吨关口；之后由于国际油价高企，2010年和2011年进口量连续两年下降至600多万吨的水平，2012年再度冲高，并创下845.1万吨的年度进口新高纪录。进入2013年，我国进口食用植物油809.8万吨，比2012年减少4.2%；价值80.8亿美元，同比下降16.7%；进口均价为每吨997.6美元，同比下跌13%（图1）。同年，我国出口食用植物油仅11.5万吨，同比增加16%。2013年，我国净进口食用植物油达798.2万吨，同比减少4.4%。

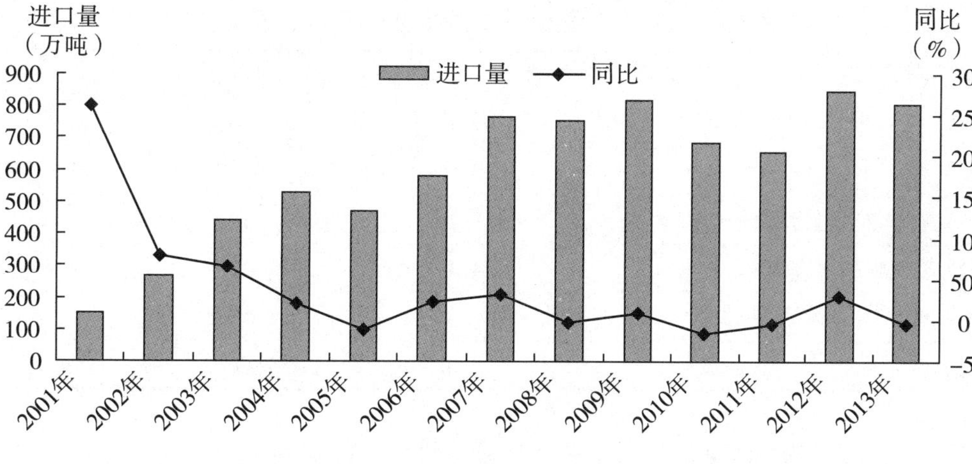

图1　2001~2013年我国食用植物油进口年度走势图

二、2013年我国食用植物油进口的主要特点

（一）月度进口量呈震荡走势，进口均价持续低迷

2013年，我国食用植物油月度进口量呈波浪形震荡走势。其中，6月份进口48.9万吨，为2012年6月以来单月进口量最低点；7月份迅速攀升至年内最高位后连续3个月回落，11月触底反

① 《中国棕榈油进口增幅或创三年来最低》，中国食用油网，2013年10月23日。
② 《洋大豆逼停黑龙江九成榨油厂》，北青网，2013年8月4日。

弹；12 月回升至 80.8 万吨，同比减少 28%，环比增加 5.3%。进口均价方面，与前两年比处于相对低位，2013 年 2 月份跌破每吨 1 000 美元后，连续 4 个月出现回升，7 月份开始一路下滑，12 月份已跌至每吨 911.6 美元，再次刷新 2010 年 11 月以来新低纪录，同比下跌 9.1%，环比下跌 0.8%（图 2）。

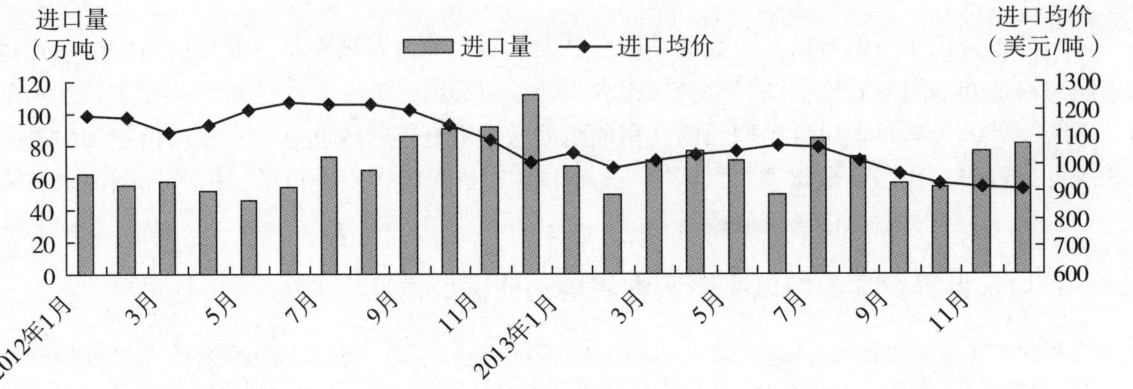

图 2　2012 年 1 月～2013 年 12 月我国食用植物油月度进口量价走势图

（二）一般贸易进口占比近 8 成，海关特殊监管区域物流货物方式进口明显下降

2013 年，我国以一般贸易方式进口食用植物油 630.6 万吨，同比减少 0.8%，占同期我国食用植物油进口总量的 77.9%，比 2012 年上升 2.7 个百分点。同期，以海关特殊监管区域物流货物方式进口 148.4 万吨，同比减少 17%，占同期我国食用植物油进口总量的 18.3%，下滑 2.9 个百分点。此外，以加工贸易方式进口 6.4 万吨，增加 1.3 倍（表 1）。

表 1　2013 年我国食用植物油进口贸易方式结构表

贸易方式	数量（万吨）	数量（同比%）	比重（同比%）
合计	809.8	-4.2	100.0
一般贸易	630.6	-0.8	77.9
海关特殊监管区域物流货物	148.4	-17.0	18.3
保税监管场所进出境货物	24.3	-12.6	3.0
加工贸易	6.4	133.3	0.8
其他贸易方式	0.0	-6.5	0.0

（三）自东盟进口占比逾 6 成，自欧盟和乌克兰进口成倍激增

2013 年，我国自东盟进口食用植物油 487.4 万吨（主要为棕榈油），同比减少 6.8%，占同期我国食用植物油进口总量的 60.2%。同期，自加拿大进口 92.7 万吨（主要为菜子油和芥子油），同比减少 6.1%，占同期我国食用植物油进口总量的 11.4%；自阿根廷进口 68.7 万吨（主要为豆油），同比减少 7%，占同期我国食用植物油进口总量的 8.5%；自巴西进口 45.5 万吨（主要为豆油），同比减少 50.7%，占同期我国食用植物油进口总量的 5.6%；自欧盟进口 41.3 万吨（主要为菜子油和芥子油），同比增加 3.3 倍，占同期我国食用植物油进口总量的 5.1%，其中自荷兰和德国分别进口 19.4 万吨和 15.3 万吨，同比分别增加 3.6 倍和 13.8 倍；自乌克兰（主要为葵花油或红花油）进口 40 万吨，同比增加 3.4 倍，占同期我国食用植物油进口总量的 4.9%。以上六大来源地进口量合计占同期我国食用植物油进口总量的 95.8%（表 2）。

同时，菜子油进口量也迅猛增长，2013 年进口 152.7 万吨，是 2009 年进口量的 3.3 倍。过高的对外依存度，导致原料价格受国际资本市场控制，我国虽是最大大豆进口国却无定价权，国内食用油价格紧随美豆价格变动。作为国家战略性物资之一的食用植物油是民生必需品，对外依存度的持续攀升，将威胁粮食安全。

五、2014 年我国食用植物油进口前景展望

预计 2013 ~2014 年度全球棕榈油、油菜子和大豆丰产。2014 年，印度尼西亚棕榈油产量预计提高 15%①，马来西亚棕榈油产量则可能继 2013 年后再创历史新高②；南美大豆将在 2 ~5 月收割上市，巴西大豆产量预估增长 10.8%，再创历史新高③，阿根廷大豆产量预估增长 13.9%④，而将在 9 ~11 月收割上市的美国大豆，2014 年播种面积将达到 8 190 万英亩，远高于 2013 年的7 650万英亩，将推动大豆产量进一步增加⑤；油菜子最大生产国加拿大产量大幅增加 29.8%⑥。因此，2014 年全球各油料油脂供应将继续保持宽松，加上国内库存高企，预计 2014 年棕榈油、菜子油和豆油进口平均价格保持低位的可能性较大。同时，在国内大豆和油菜子种植面积逐年萎缩情况下，随着人民生活水平和对用油品质要求的提高，食用植物油总体进口量仍有增加的空间，但不排除因进口大豆价格走低、进口量持续增加而导致进口豆油下降的情况。

---

① 《2014 年第 01 周（01.06 -01.10）棕榈油商品情报》，生意社，2014 年 1 月 10 日。

② 《马来西亚棕榈油期货行情评述：棕榈油期货收跌，但令吉疲软遏制跌幅》，大连商品交易所网站，2014 年 1 月 6 日。

③ 《巴西本年度粮食产量将接近 2 亿吨》，新华网，2014 年 1 月 10 日。

④ 《阿根廷大豆现货市场价格保持稳定》，99 期货网，2013 年 12 月 31 日。

⑤ 《豆粕 利空压制 渐显弱势》，《期货日报》，2014 年 1 月 8 日。

⑥ 《粕强油弱 油菜市场冰火两重天》，《期货日报》，2014 年 1 月 1 日。

2013 年我国食糖进口年度报告

食糖是天然甜味剂，是人们日常生活的必需品，同时也是饮料、糖果、糕点等含糖食品和制药工业中不可或缺的原料。我国是重要的食糖生产国和消费国，糖料种植在我国农业经济中占有重要地位。近两年，我国食糖年产量在 1 200 万吨左右，年消费量超过 1 300 万吨，进口食糖在一定程度上弥补了产需之间的缺口，我国已成为世界食糖进口大国。

一、加入世界贸易组织以来我国食糖进口情况

我国对食糖实行关税配额管理，从 1999 年发放 160 万吨进口食糖关税配额，到 2004 年进口食糖关税配额增加到 194. 5 万吨，5 年内配额数量每年增加 5%。2001 年，我国进口食糖 119. 9 万吨，之后的 8 年间，进口量大多在 100 万 ~140 万吨之间波动。2010 年以来，我国食糖进口爆发式增长，2011 年、2012 年和 2013 年连续突破 200 万吨、300 万吨和 400 万吨大关，由 2010 年的 176. 4 万吨快速增加至 2013 年的 454. 6 万吨，每年的同比增速均超过 20%。与此同时，2001 ~2005 年，我国食糖进口价格走势平稳；2006 ~2009 年间，进口均价基本呈现振荡上行走势；2010 ~2011 年，印度、泰国、巴西等主要产糖国受自然灾害影响，食糖产量下降，致使国际糖价连连攀高，我国食糖年度进口均价于 2011 年达到每吨 665. 7 美元的历史高位。之后两年，巴西、泰国甘蔗丰产造成全球食糖供应过剩，国际糖价不断下跌，2012 年和 2013 年我国食糖进口均价连续走低（图 1）。

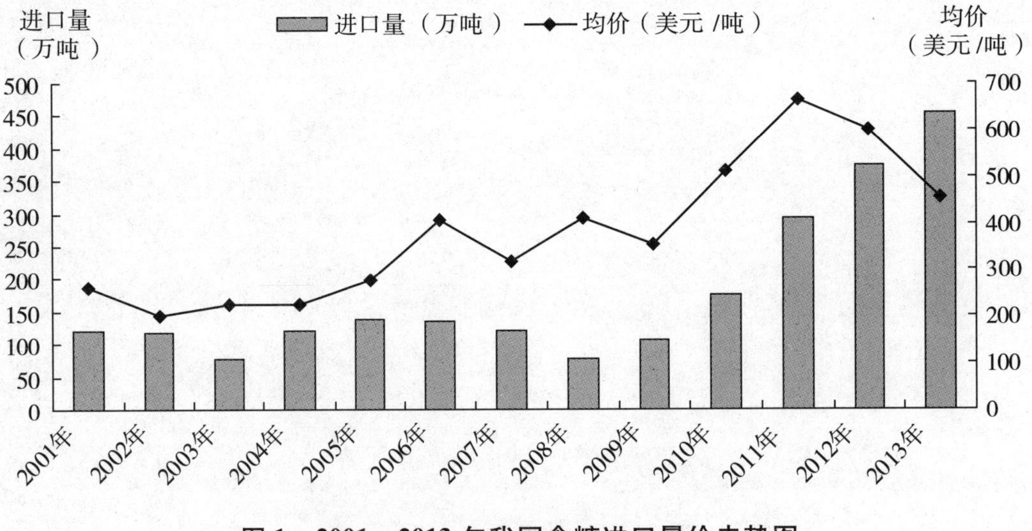

图 1　2001 ~2013 年我国食糖进口量价走势图

二、2013 年我国食糖进口主要特点

2013 年，我国进口食糖 454. 6 万吨，与 2012 年相比增加 21. 3%；价值 20. 7 亿美元，同比下降 7. 8%；进口均价为每吨 455. 1 美元，同比下跌 24%。

（一）月度进口量剧烈波动，进口均价不断走低

2013 年 6 月，我国食糖月度进口量跌至 2011 年 2 月以来最低水平的 4. 1 万吨后，迅速止跌反

弹，并在9月、10月连续刷新月度进口最高纪录，10月进口量为历史最高水平71万吨，随后进口量大幅回落，12月当月进口量为43.5万吨，同比增加62%，环比减少8.6%。与此同时，2013年我国食糖月度进口均价基本呈现震荡走低态势，尤其是下半年月度进口均价一路走低，截至2013年12月，进口均价同比连续21个月出现下跌，环比连续6个月出现下跌（图2）。

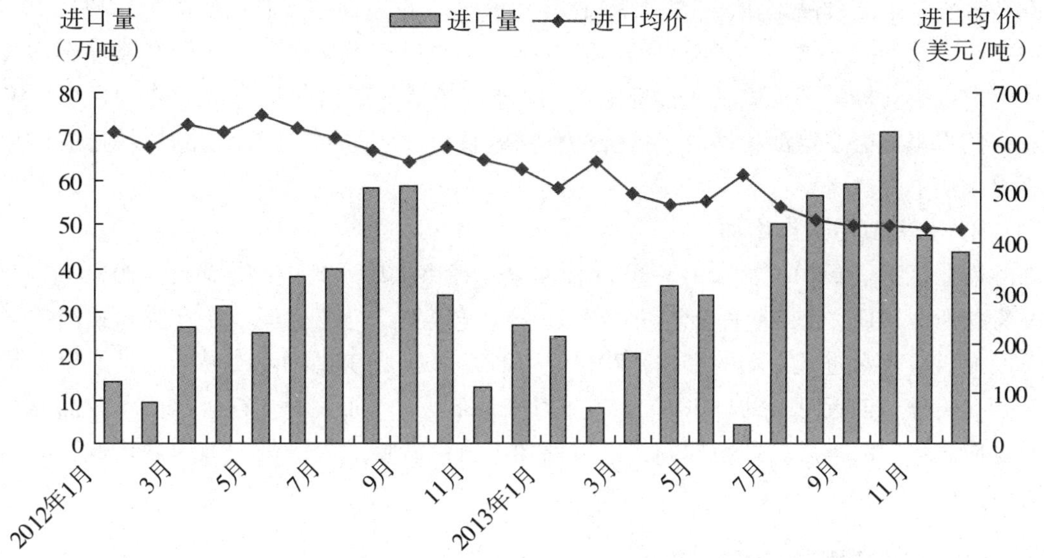

图2　2012年1月~2013年12月我国食糖进口量价走势图

（二）以一般贸易方式进口为主，海关特殊监管区域方式进口倍增

2013年，我国以一般贸易方式进口食糖434.9万吨，同比增加20.5%，占同期我国食糖进口总量的95.7%。同期，以加工贸易方式进口16.1万吨，同比增加18.6%；以海关特殊监管区域方式进口3.7万吨，同比增加10.7倍。

（三）自巴西进口占比超7成且强劲增长，自东盟进口大幅萎缩

2013年，我国自巴西进口食糖329.4万吨，同比增加65.6%，占同期我国食糖进口总量的72.5%；自古巴进口43.6万吨，同比增加2.2%；自危地马拉进口34.1万吨，同比增加3.9倍。同期，自东盟进口大幅萎缩至13.7万吨，同比减少86.4%。

（四）民营企业为进口主力且成倍增长，国有企业进口明显减少

2013年，我国民营企业进口食糖311.3万吨，同比增加1.3倍，占同期我国食糖进口总量的68.5%。同期，国有企业进口124.7万吨，同比减少44.8%，占同期我国食糖进口总量的27.4%；外商投资企业进口18.6万吨，同比增加60.3%，占同期我国食糖进口总量的4.1%。

（五）山东进口量列各省份首位，辽宁、广东进口倍增

2013年，山东进口食糖197万吨，同比增加79.6%，占同期我国食糖进口总量的43.3%。同期，北京进口120.3万吨，同比减少46.7%；辽宁进口60.4万吨，同比增加4.2倍；广东进口50.7万吨，同比增加2.7倍。

（六）前5位企业进口量占比近8成，进口企业集中度高，但较2012年有所下降

2013年，我国有进口食糖记录的企业共有425家，其中进口量前5位企业合计占同期我国食糖进口总量的78.7%，前5位企业集中度较2012年减少9.4个百分点。进口量排名第一的日照市凌云海糖业集团有限公司进口167.4万吨，同比增加58.7%；排名第二的中粮集团有限公司进口107万吨，减少28.5%；排名第三的营口北方糖业有限公司进口39万吨，同比增加6.2倍。

三、2013年我国食糖进口量增价跌的原因

（一）国内市场对食糖需求旺盛

2012年我国食品工业总产值近9万亿元，比2011年增长21.7%①。2013年，食品工业继续保持快速发展势头，中国食品工业协会的数据显示，2013年我国食品工业总产值预计超过10万亿元，糖果、罐头、冷饮、碳酸饮料、速冻食品、乳制品等用糖量较大的食品工业的产量逐年增长。食品工业的快速发展为食糖消费提供了增长空间②。此外，糖精等高倍化学合成甜味剂价格回升，蔗糖价格下跌，使得果葡糖浆等淀粉糖对于低价位食糖的替代效用有限，因而食品饮料行业使用食糖替代品的比重大幅下降。

（二）内外价差刺激进口增加

据国际糖业组织（ISO）称，2013/2014榨季全球糖市供应预计较需求多出470万吨。2013年，美国洲际交易所（ICE）原糖期货全年跌幅约16%，连续第3年下滑③。受巴西和泰国等主要产糖国和出口国的供应大量进入市场的影响，2013年12月18日，美国洲际交易所3月原糖期货一度跌至每磅15.86美分，创近月合约自2010年7月以来最低④。由于国内食糖生产成本较高而国际糖价低廉，配额内进口利润丰厚，即使配额外进口糖加工成白砂糖，价格仍比国内糖价低，因此刺激企业大量进口。

四、食糖进口的影响因素分析

（一）国内食糖生产成本居高不下，国产糖竞争优势减弱

由于良种缺乏、水利基础设施滞后及先天自然条件限制等原因，我国糖料蔗的种植成本已接近每吨400元，而印度、巴西等国糖料蔗成本换算成人民币不足每吨300元，加上近年来劳动力成本大幅提高，我国甘蔗收割人工成本从2010年的每吨80元不断上调至目前的每吨120～130元，导致国内制糖成本远高于国际水平，2012/2013榨季，国内制糖成本每吨高达5 200～5 400元，而同期进口糖价格仅为每吨4 200～4 300元⑤。近年来，在国内外糖市保持较大差价的刺激下，国内糖市供应格局改变，2007/2008榨季，进口糖与国产糖的量比仅为6.2%，国内消费主要依靠国产糖供应，而2013年进口糖与国产糖的量比上升至25%左右⑥。国产糖市场竞争力明显减弱，以食糖主产地广西为例，2013年广西壮族自治区食糖铁路外运量累计达154.5万吨，同比减少32.38%⑦。

（二）糖价一路走低致糖企亏损面持续扩大，打击企业生产和糖料种植积极性

国内糖市价格一路走低，2014年1月6日，昆明现货市场报价下调至4 700元/吨，创下2009年12月以来的新低⑧。但食糖生产中劳动力等成本不降反增，以致食糖生产成本高企，产销价格倒挂，2013年国内制糖业出现大面积亏损。国家统计局的数据显示，截至2013年10月，国内制糖业

① 《2012年食品工业经济运行情况》，中国食品工业协会官网，2013年4月15日。
② 《国内白糖期待走出低迷》，广西糖网，2013年12月30日。
③ 《隔夜ICE原糖期货小幅下跌　2013年跌幅约16%》，云南糖网，2013年12月31日。
④ 《卖盘未见减弱 原糖期货继续下跌》，云南糖网，2013年12月19日。
⑤ 《亏损重压国内糖业 甘蔗直补呼声日盛》，经济参考网，2013年8月28日。
⑥ 《霜冻难撼白糖“熊”市》，广西糖网，2014年1月3日。
⑦ 《12月份广西食糖铁路外运量17.1万吨》，生意社，2014年1月7日。
⑧ 《云南昆明糖价大幅下挫至4700元 创4年新低》，云南糖网，2014年1月6日。

利润总额为 -10.9 亿元，2012 年同期的利润总额为 31.2 亿元，比 2012 年减少 42.1 亿元①。国内糖业亏损打击了制糖企业参与食糖生产的积极性，不利于未来食糖生产的顺利进行，并导致糖料收购价的下跌，从而影响糖农收益，进而打击糖料种植积极性。

（三）国储收购对国内糖市提振作用有限，后续执行效果仍有待观察

2012/2013 榨季，国家出台了总量达 300 万吨的收储计划，并在 2013 年春节前实施了两次收储，共计 150 万吨。其中，制糖企业交储仅为 30 万吨，其余份额被原糖贸易商瓜分，并没有起到减轻制糖企业负担的预计效果。2013 年 5 月 24 日，国家实施 2012/2013 榨季第二次收储，数量为 30 万吨，且明确交储对象为制糖企业，当天收储基础价比当时南宁白糖现货价每吨高出了 630 元，但由于收储量相对于国内产量和进口量仍然较小，并未对长时间处于弱势的食糖价格提供有力支撑，国内糖价仍继续下挫。2014 年，《关于全面深化农村改革加快推进农业现代化的若干意见》提出继续执行食糖临时收储政策。由于目前国储糖库存已近 600 万吨，库容压力空前，收储计划的实际实施效果仍有待观察。

五、食糖进口形势展望

2013 年年底，我国糖料主产区之一的云南省持续出现低温降雨天气，导致全省绝大部分蔗区发生了冰雪霜冻灾害，对甘蔗生产造成了很大的影响②。由于甘蔗受灾面积较大，组织砍运劳力紧张，受灾甘蔗不能及时砍收，病变将逐步由上向下扩展，来年宿根甘蔗势必受到严重影响，从而影响食糖的国内供给。与此同时，国内食糖需求仍将保持较高水平。在国际糖价走低的形势下，预计 2014 年我国仍将保持食糖大规模进口态势。

---

① 《新形势下中国食糖产业展望》，广西糖网，2014 年 1 月 2 日。

② 《截至 12 月 22 日我省甘蔗霜冻受灾情况统计救灾措施》，云南糖网，2013 年 12 月 24 日。

2013年我国棉花进口年度报告

棉花是世界上最主要的农作物之一，产量大、生产成本低且用途广泛，棉纤维能制成多种规格的织物，从轻盈透明的巴里纱到厚实的帆布和厚平绒，适于制作各类衣服、家具布和工业用布。近年来，我国棉花年产量在700万吨左右，而年消费量最高时逾千万吨，供不应求导致我国棉花进口量连年增长，目前我国是世界上最大的棉花生产国、消费国和进口国。

一、加入世界贸易组织以来我国棉花进口情况

自2001年加入世界贸易组织以来，我国纺织工业充分发挥了劳动力优势，释放出巨大的发展能量，纺织生产超常规发展，纺织服装出口保持良好增势，棉花需求量大幅增加，纺纱用棉由2001/2002年度的591万吨增加到2009/2010年度的1 000万吨以上，年均增长9.9%。"十一五"期间的前4年，我国棉花年均产量706万吨，国产棉花自给率仅为70%左右，缺口需靠进口弥补，我国棉花年度进口量呈现波动走高态势。2012年进口棉花513.5万吨，首次突破500万吨大关，创历史新高。但受国内棉花库存高企、国家调整进口配额发放政策和进口棉纱大增等因素影响，2013年我国棉花进口量有所回落，当年进口棉花414.8万吨，比2012年减少19.2%；价值84.4亿美元，同比下降28.5%；进口平均价格为每吨2 035美元，同比下跌11.5%（图1）。

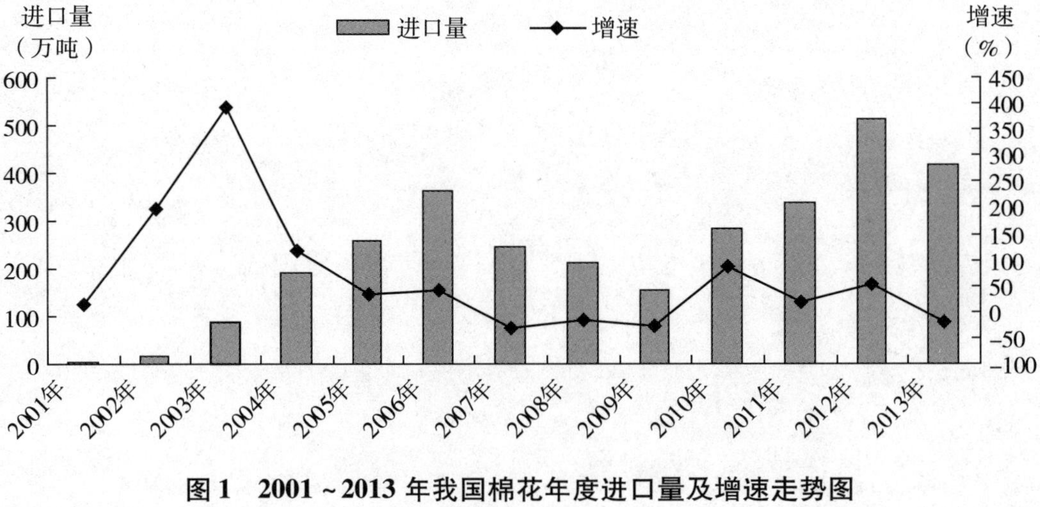

图1　2001～2013年我国棉花年度进口量及增速走势图

二、2013年我国棉花进口的主要特点

（一）月度进口量冲高后波动回落，12月当月进口量反弹至近21个月以来的新高

2013年3月份，我国进口棉花52.9万吨，之后单月进口量持续震荡回落；10月份当月仅进口14.1万吨，是自2011年7月份以来的最低点；12月份进口量迅猛反弹，当月进口60.9万吨，是2012年4月份以来的单月进口量新高，同比增加14.4%，环比增加2.5倍。我国棉花月度进口均价自2012年12月份跌破每吨2 000美元后持续低位运行，但总体呈现稳中趋升态势，2013年5月份

再次回升至每吨2 000美元以上水平，之后逐步趋稳，12月份为每吨2 102美元，同比上涨7.7%，环比下跌6%（图2）。

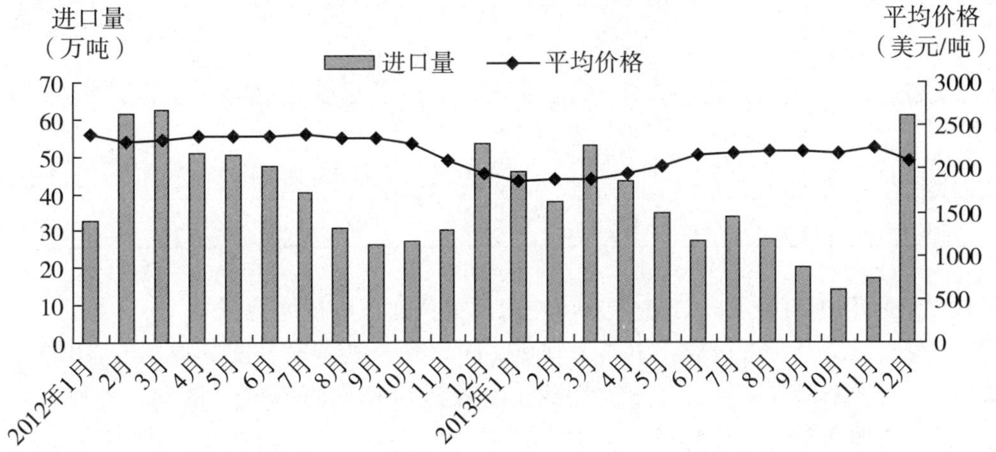

图2　2012年1月～2013年12月我国棉花月度进口量价走势图

（二）以一般贸易和海关特殊监管区域进口为主，但一般贸易进口大幅减少

2013年，我国以一般贸易方式进口棉花176.7万吨，同比减少35.9%；以海关特殊监管区域方式进口143.8万吨，同比微增0.2%。上述两者进口量合计占同期我国棉花进口总量的77.3%。同期，以加工贸易方式进口94.3万吨，同比微增0.2%（图3）。

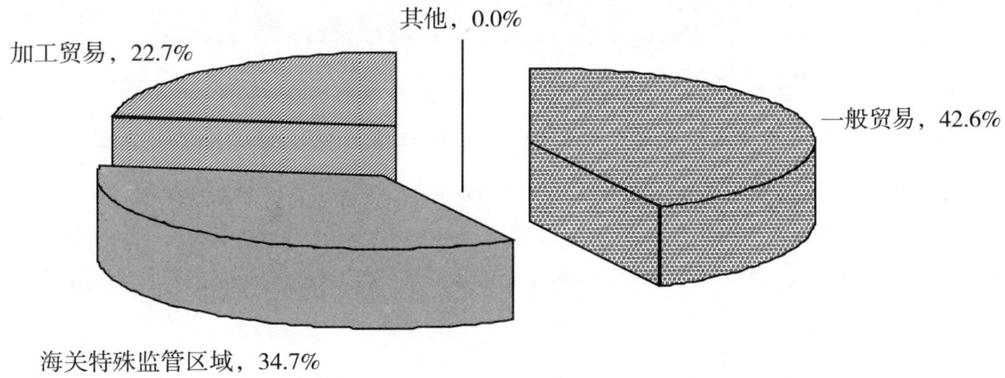

图3　2013年我国棉花进口贸易方式比重对比图

（三）印度超过美国成为我国棉花最大进口来源地

2013年，我国自印度和美国分别进口棉花119.3万吨和115.2万吨，同比分别减少17%和21.3%，分别占同期我国棉花进口总量的28.8%和27.8%，印度超过美国成为我国棉花最大进口来源地。同期，自澳大利亚进口79.6万吨，同比减少2.7%；自乌兹别克斯坦进口27.4万吨，同比减少11.7%（表1）。

表1　2013 年我国棉花进口主要来源地情况表

进口来源地	进口量（万吨）	同比（%）	比重（%）
印度	119. 3	－17. 0	28. 8
美国	115. 2	－21. 3	27. 8
澳大利亚	79. 6	－2. 7	19. 2
乌兹别克斯坦	27. 4	－11. 7	6. 6
巴西	16. 0	－56. 5	3. 8

（四）民营企业和国有企业为进口主力，外商投资企业进口量逆势微增

2013 年，我国民营企业进口棉花 203. 2 万吨，同比减少 10. 9%；国有企业进口 153. 4 万吨，同比减少 32. 6%。上述两者进口量合计占同期我国棉花进口总量的 86%。同期，外商投资企业进口 58. 3 万吨，同比增加 0. 7%（图 4）。

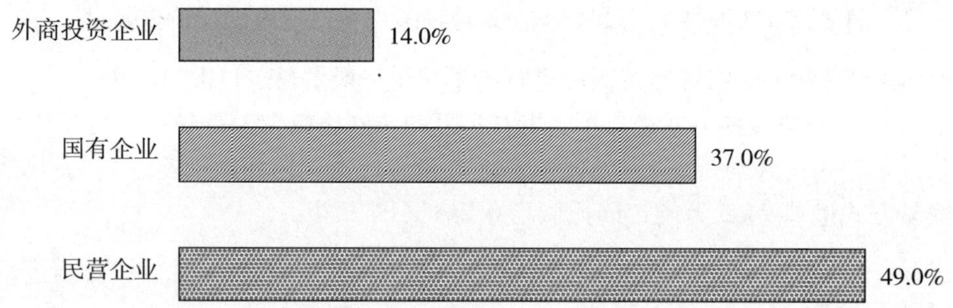

图 4　2013 年我国棉花进口企业性质比重对比图

（五）山东、江苏和北京位居进口前 3 位，其中仅江苏进口量小幅增加

2013 年，山东进口棉花 109. 4 万吨，同比减少 12. 4%；江苏进口 95. 8 万吨，同比增加 3. 5%；北京进口 81. 7 万吨，同比减少 46. 4%。上述三者进口量分别占同期我国棉花进口总量的 26. 4%、23. 1% 和 19. 7%。同期，上海进口 26. 8 万吨，同比减少 13. 7%，占同期我国棉花进口总量的 6. 5%（图 5）。

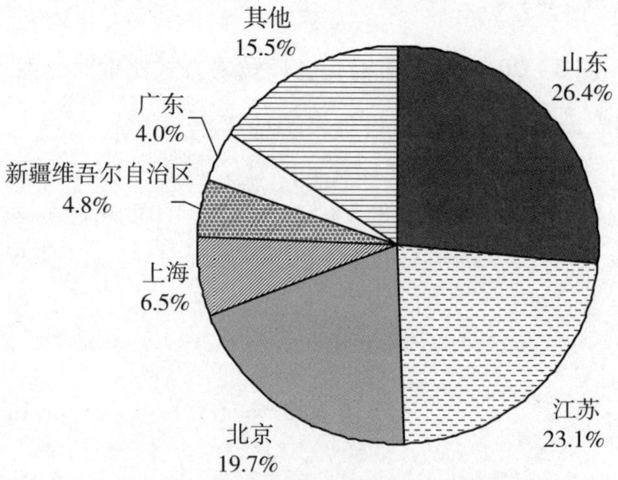

图 5　2013 年我国棉花进口主要省份结构图

（六）进口企业数量增多，进口企业集中度降至 2008 年来最低点

2013 年，我国有棉花进口记录的企业共 792 家，较 2012 年增加 87 家。其中，进口量前 20 位企业合计进口棉花 173.7 万吨，占同期我国棉花进口总量的 41.9%，为 2008 年以来的最低点，较 2012 年下滑 7.4 个百分点（图 6）。

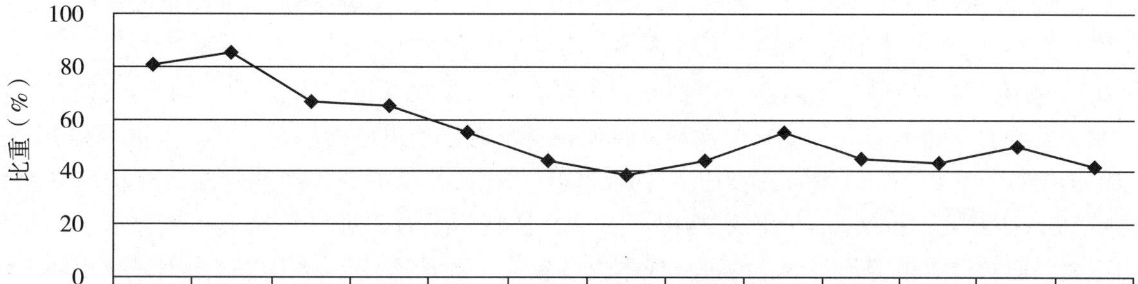

	2001年	2002年	2003年	2004年	2005年	2006年	2007年	2008年	2009年	2010年	2011年	2012年	2013年
占比	80.8	85.4	67.0	65.2	54.8	44.2	38.5	44.4	54.8	44.9	43.3	49.3	41.9

图 6　2001 年以来我国棉花进口量前 20 位企业所占比重走势图

三、2013 年我国棉花进口量减价跌的主要原因分析

（一）进口配额政策调整，抑制棉花进口

2013 年，我国棉花进口关税配额发放量仍为 89.4 万吨，但有相当部分为加工贸易配额，配额内进口量远不能满足需求，多数企业在第一时间就将到手配额用尽。2013 年国储棉抛售实施搭售滑准税配额的方案，企业滑准税配额严格根据拍购国储棉数量按照 1:3 的比例领取，使得一方面企业得到的滑准税配额总量严格控制在抛储量的 1/3；另一方面国储棉大量进入流通，在用棉需求增长不明显的情况下，对进口棉花的需求有所抑制。据海关统计，2013 年我国进口关税配额外暂定税率（滑准税）棉花 189.3 万吨，同比减少 31.7%，占同期我国棉花进口总量的 45.6%。

（二）棉纱进口量大增，对进口棉的替代作用明显

2013 年国内外棉花价格差巨大，使得进口南亚、东南亚等国的低价棉纱成为用棉企业绕开棉花配额管制采购原材料的重要途径。2013 年三季度，我国 32 支纯棉普梳纱价格高于巴基斯坦同类产品约每吨 1 000 元；我国 10 支纯棉转杯纱高于印度同类产品每吨 1 200 元，加之我国与东盟和巴基斯坦签有自由贸易协定，印度、孟加拉国又是亚太贸易协定成员，因此从这些国家进口的棉纱大都能享受比最惠国更为优惠的协定关税税率，有些产品甚至享受零关税，进一步促进了棉纱进口增长。据海关统计，2013 年我国进口棉纱达 210 万吨，为历史新高，同比大幅增加 37.4%。大量廉价棉纱涌入国内市场，对进口棉起到较强的替代作用。

（三）全球棉花总体供过于求，进口棉价下跌

全球棉花供需走势仍然是影响其价格走势的最主要原因。2013 年，全球棉花供过于求，棉花库存屡创新高，直接打压国际棉价运行。美国农业部发布的《12 月棉花展望报告》显示，2013/2014 年度全球棉花期末库存预计为 9 640 万包，较 2012 年度提高 8%，该预期连续第 4 年增长，达到历史新高，是 2009/2010 年度库存水平的 2 倍。尤其是受劳动力成本高企影响，我国服装等下游用棉行业低迷，导致用棉需求萎缩，预计 2013/2014 年度我国棉花库存将达到 5 730 万包，占世界总库存的59%①。全球棉花市场总体供过于求，导致进口棉花价格出现下跌。

四、我国棉花进口的影响因素分析

（一）滑准税上调，一定程度上抑制外棉进口

2013年12月16日，财政部公布了2014年关税实施方案，2014年继续对棉花等7种农产品进口实施关税配额管理。同时，为了保证国内棉花市场的供需基本稳定，对关税配额外进口的一定数量棉花所使用的滑准税做出了调整。调整内容主要有：一是将起征点由每千克14元调整为每千克15元；二是调整滑准税计算公式。此次滑准税调整意味着，当进口棉价大于或等于每千克15元时，滑准税仍按每千克0.57元计算，而当进口棉价格低于每千克15元时，滑准税税额较2013年将约每吨提高200~300元。据测算，此次滑准税调整后，从整体上对于进口每磅110美分以上的高价棉影响不大，而对中等偏低价格棉花的进口成本影响较大，预计这部分棉花进口会因进口成本上涨而受到一定抑制。

（二）直补政策酝酿推出，实施效果将影响我国棉花进口

十八届三中全会以来，农业部、中国纺织工业联合会等相关机构纷纷向外界透露了取消棉花收储，采取国家直补的改革方向，基本可以确定2014/2015棉季，中国棉花临时收储政策将不再实行，并可能在新疆实行直补试点。直补政策的实施，在稳定棉农收入的同时，可以降低棉纺企业原料成本，减轻国内外棉市价格长期“倒挂”导致的进口冲击压力。在棉农直补并未出台之际，市场关于直补实施形式的预期主要有3种：一是按种植面积每亩补贴200元左右；二是按产量进行补贴，每千克棉花补贴0.5~0.8元；三是收储与试点补贴齐头并进，最大限度保障棉农利益②。未来政策推行时间、直补价格、实施形式等细节将直接影响我国棉花价格走势，并将对我国棉花进口产生影响。

五、棉花进口形势展望

实行棉花临时收储3年以来，一方面，国储大量收购国产棉，造成市场供应不足；另一方面，国储高价托市使得国内外棉花价差高企。因此，只要手里有进口配额，国内企业进口棉花热情就会空前高涨。然而，天量的国储棉库存、棉花种植面积逐年减少及内外价差引发的纺织业成本提升的现状，使得国家开始重新审视棉花储备和配额政策：一是2014年滑准税配额发放具体原则虽尚未确定，但业界普遍预计配额发放将较往年收紧，新滑准税方案完税价的基准价上调了每吨1 000元，并且滑准税的公式也进行了微调，旨在缩小内外价差；二是2014~2015棉季，棉花临时收储政策将取消，并将实行直补，因此，新棉上市后将不进行交储而直接进入市场，届时国内棉花供应量可望大幅增加，价格也将逐渐与国际靠拢。上述政策调整将对棉花进口形成打压，因此2014年如果政策调整落实到位，预计我国棉花进口量将进一步缩减。

价格方面，从总体上看2014年全球棉花依然处于供过于求的格局，美国农业部2013年12月份发布的全球棉花供需预测报告预测，2013~2014年度全球棉花产量为2 543.8万吨，消费2 388万吨，期末库存2 099万吨，库存消费比创历史新高至87.31%③。而国内市场，临时收储取消后补贴政策如何落实、抛储搭售配额结束后滑准税配额如何发放等政策仍然悬而未决，大大增加了未来市

---

① 《滑准税上调 进口棉遇冷?》，股城网，2013年12月24日。

② 《棉花收储扑朔迷离 后期重点关注政府直补》，世界服装鞋帽网，2014年1月9日。

③ 《收储政策退出 郑棉迎来“春天”》，和讯期货，2013年12月20日。

场的不确定性。强大的政策压力之下面对巨量的国内库存，业内对未来棉价普遍看跌，假如我国真如外界预测的取消敞开收储政策，超过 600 万吨的棉花直接进入市场流通将大幅提高市场供应量，棉价进一步下跌将是大概率事件。但欧美日等发达经济体经济复苏可能在 2014 年开始提速，相应地会带来一定的纺织品需求增长，这在一定程度上或对国际棉价形成支撑，从而影响棉花波动的幅度。

2013 年我国原木进口年度报告

原木属资源性商品，是建筑、家具、工艺雕刻及造纸等行业的重要原材料。我国是木材消耗大国，但同时也是林木资源相对短缺的国家，人均森林面积不到世界平均水平的 1/4。1998 年实施天然林保护工程以后，国内木材需求的快速增长主要通过发展人工林和进口木材来解决，而人工林因单产低和林龄结构不合理等问题，实际供给能力非常有限，国内木材供需缺口不断扩大，预计到 2015 年，我国的木材缺口将达到 1.5 亿立方米①，对原木的进口依赖居高不下。

一、加入世界贸易组织以来原木进口情况

加入世界贸易组织以来，我国原木进口量大幅攀升，由 2001 年的 1 686.3 万立方米增至 2013 年的 4 515.9 万立方米，年均增速达到 8.6%。其中，2002 年进口量比 2001 年大幅增长 44.3%，2008 年国际金融危机爆发后，原木的进口节奏骤然放缓，进口量连续两年同比下降后逐步回升，2013 年进口量创历史新高，比 2012 年增长 19.2%。与此同时，旺盛的国内需求带动进口平均价格水涨船高，2001 年为每立方米 100.5 美元，之后震荡上行，至 2013 年首次突破 200 美元，达到每立方米 206.3 美元（图 1）。

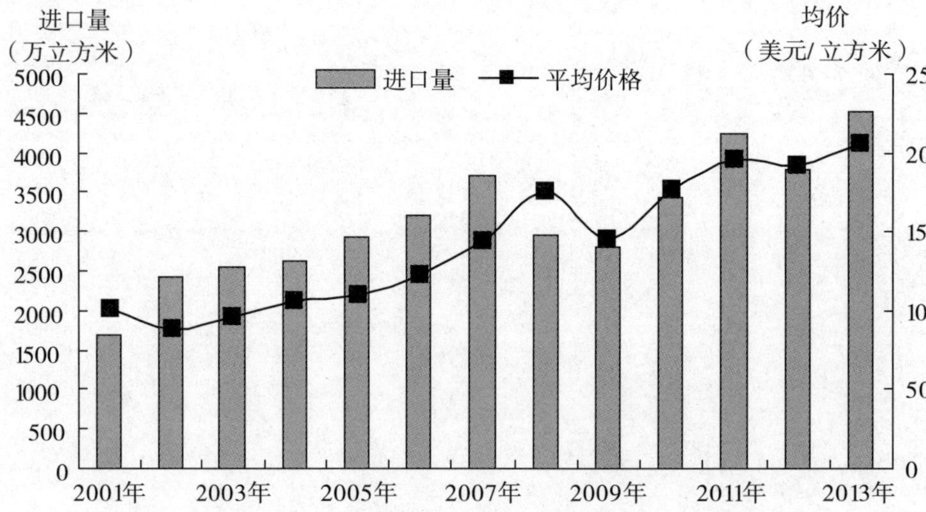

图 1　2001～2013 年我国原木进口量价走势图

二、2013 年我国原木进口的主要特点

2013 年我国进口原木 4 515.9 万立方米，比 2012 年增长 19.2%；进口均价每立方米 206.3 美元，同比上涨 7.8%。

（一）除 2 月份外，月度进口量均高于 2012 年同期，进口均价高位运行

2013 年，除 2 月份进口量为 220.4 万立方米外，其余各月进口量均维持在 330 万立方米之上。

① 《2012 年我国木材进口形式分析》，中国木业网，2013 年 2 月 26 日。

其中，9 月份进口 427.7 万立方米，创历史新高；12 月当月进口 406.9 万立方米，同比增加 29.7%，环比减少 1.9%。与此同时，2 月份之后的月度进口均价始终保持在每立方米 200 美元以上的高位；6 月份达到每立方米 225.3 美元，创历史最高纪录，此后稍有回落；12 月当月为每立方米 218.9 美元，同比上涨 26%，环比上涨 6.2%（图 2）。

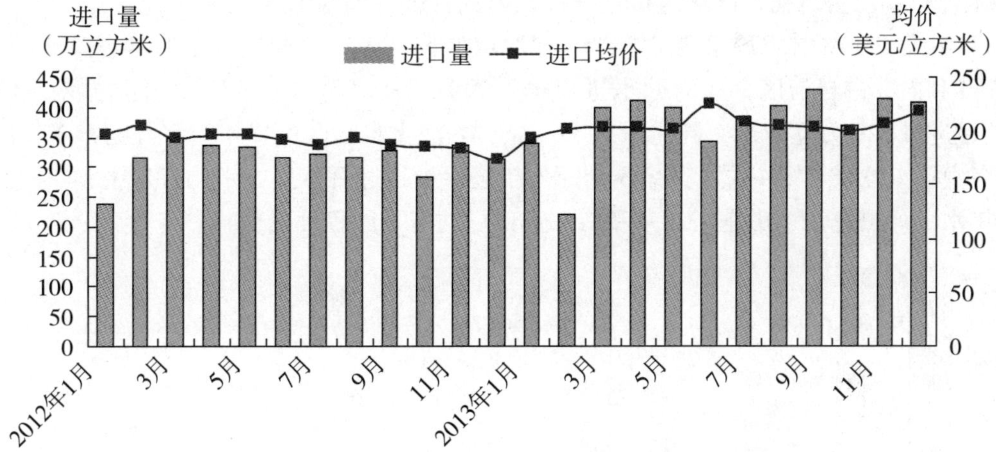

图 2　2012～2013 年我国原木进口月度走势图

（二）一般贸易主导地位愈加稳固，边境小额贸易进口逆势减少

2013 年，我国以一般贸易方式进口原木 3 541 万立方米，同比增加 27.8%，增幅较同期原木进口整体增幅高 8.6 个百分点，占同期全国原木进口总量的 78.4%，比重较 2012 年增加 5.3 个百分点；以边境小额贸易方式进口原木 873.4 万立方米，同比减少 2.5%，降幅较 2012 年收窄 22.7 个百分点，占同期全国原木进口总量的 19.3%，比重较 2012 年减少 4.3 个百分点。

（三）新西兰首度超过俄罗斯成为我国原木进口第一大来源地，自美国进口激增

2013 年，我国自新西兰进口原木 1 150.4 万立方米，同比增加 33.4%，占同期我国原木进口总量的 25.5%，首度赶超俄罗斯，成为我国原木进口的最大来源地。同期，自俄罗斯进口 1 025.8 万立方米，同比减少 8.3%；自美国进口 561 万立方米，同比增加 54.1%。三者合计占同期我国原木进口总量的 60.6%（图 3）。

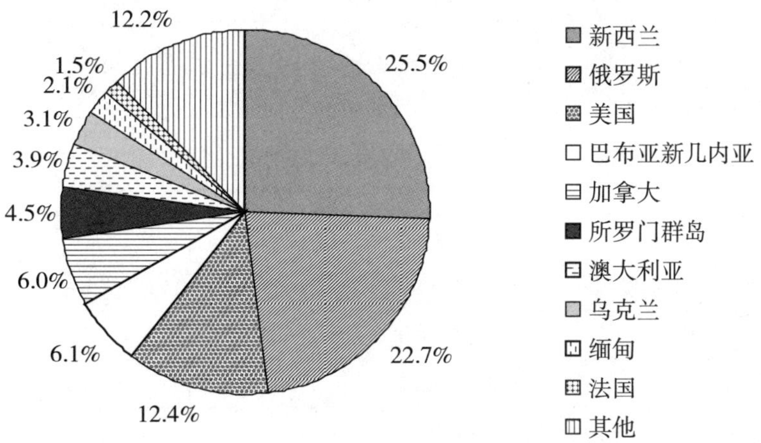

图 3　2013 年我国进口原木主要来源地结构图

(四) 民营企业仍为原木进口主力，但增幅较低

2013 年，我国民营企业进口原木 2 567.1 万立方米，同比增加 7%，比同期我国原木进口总体增幅低 12.2 个百分点，占同期我国原木进口量的 56.8%；国有企业进口 1 635.7 万立方米，同比增加 36.1%；外商投资企业进口 313.1 万立方米，同比增加 65%。

(五) 上海进口增势迅猛，跃居进口第一位，内蒙古进口大幅下降

2013 年，上海进口原木 779.2 万立方米，同比增加 61.9%，占同期我国原木进口量的 17.3%，一举超过江苏和内蒙古自治区，成为原木进口第一大省份；江苏进口 732.8 万立方米，同比增加 19.1%；福建进口 629 万立方米，同比增加 39.4%；内蒙古自治区进口 476.5 万立方米，同比减少 9.7%，排名由第 2 位降至第 4 位。其余 5 个原木年进口量超过百万立方米的省份中，仅浙江进口量低于 2012 年水平，黑龙江、山东、北京和广东进口量均有不同程度增长（图 4）。

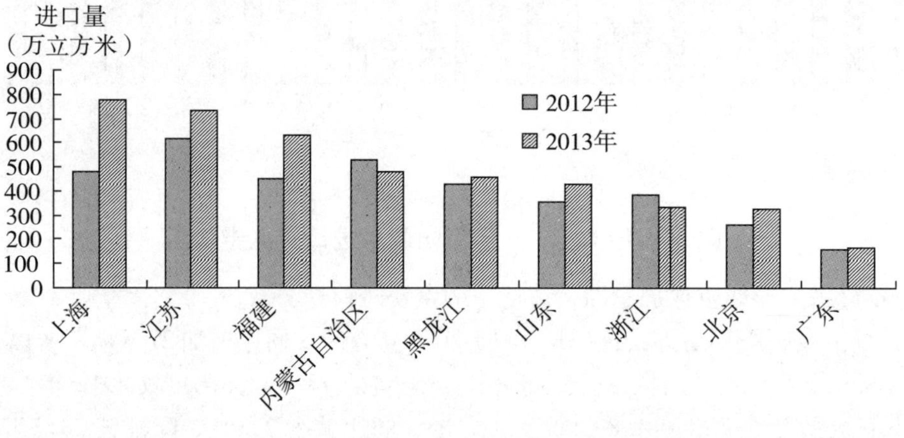

图 4　2012～2013 年原木年进口量百万立方米以上省份分布图

(六) 辐射松原木年进口量突破 1 000 万立方米，红木原木进口增幅最高

2013 年，进口量在百万立方米以上的原木有七大类（表 1），其中辐射松原木进口量连续 3 年排名第一，并于 2013 年首次突破 1 000 万立方米大关，达到 1 233.9 万立方米，同比增加 37.5%，进口均价每立方米 142.9 美元，同比上涨 11.8%。同期，红木原木进口量在主要品种中增幅最高，达到 39.4%，进口价格也远高于其他品种，2013 年进口均价达到每立方米 1 155.1 美元，同比上涨 10.8%。

表 1　2013 年我国原木进口量百万立方米以上品种构成表

商品名称	商品编码	进口量		进口均价	
		万立方米	同比（%）	美元/立方米	同比（%）
总计	–	4 515.9	19.2	206.3	7.8
辐射松原木	44032030	1 233.9	37.5	142.9	11.8
未列名针叶木原木	44032090	742.5	35.1	194.9	19.3
未列名非针叶木原木	44039990	665.9	3.6	247.1	5.0
红松和樟子松原木	44032010	574.9	15.4	132.4	–3.4
白松原木	44032020	521.1	20.4	154.7	10.0
落叶松原木	44032040	220.8	–24.1	132.3	–5.9
红木原木	44039930	105.6	39.4	1155.1	10.8

三、2013 年我国原木进口量增价扬的主要原因

（一）下游产业需求旺盛，带动原木进口量持续增加

2013 年，我国社会固定资产投资保持增长，基础设施建设、建筑业和房地产业稳定发展，家居业逐渐回暖。2013 年前 11 个月，我国新增固定资产投资 20 万亿元，同比增长 22.6%，其中房地产开发新增固定资产投资 3.4 万亿元，同比增长 47.4%①。12 月份建筑业商务活动指数为 62.6%，连续 4 个月位于 60% 以上的较高景气区间；建筑业新订单指数为 55.9%，比 11 月上升 2.1 个百分点，市场需求继续增加②。全年家具零售总额达 1 958 亿元，同比增长 21%。与此同时，欧美主要发达国家房地产市场缓慢回暖，家具等家装产品需求有所增加，2013 年我国共出口家具及其零件 518.3 亿美元，同比增长 6.2%；出口家用或装饰用木制品 16 亿美元，同比增长 7.2%③。下游主要行业需求旺盛，带动与之相关的原木进口需求强劲增长。

（二）全球原木出口限制政策相继出台，供应趋紧，抬高原木市场价格

近年来，国际主要产材国相继出台政策禁止或限制原木的出口，加之《濒危野生动植物种国际贸易公约》（又称 CITES 公约）于 2013 年 6 月 12 日正式生效，列入该公约管制附录的木材树种由 2010 年的 111 种增加至 247 种，国际市场木材供应资源愈加趋紧，使得国际木材价格呈不断上涨态势，继而抬高了我国原木进口价格。

四、影响我国原木进口的主要因素分析

（一）全球资源政策普遍收紧，企业进口成本增加

随着环境和资源保护意识的不断加强，世界各地的产材国对本国森林资源的保护力度也持续加大，限制原木出口，促进本国国内木材加工业发展，扩大高附加值木材产品出口比重成为各主要产材国森林产业的发展趋势。例如，俄罗斯加入世界贸易组织后，利用配额管理对原木出口设限；非洲主要产材国加蓬 2010 年即已全面禁止了原木出口④；2013 年 10 月，非洲六国共同通过了《布拉柴维尔宣言》，遏制刚果盆地的非法木材贸易，热带原木出口受制。2013 年 6 月《濒危野生动植物种国际贸易公约》生效，作为我国传统中式家具代表的红木家具受影响颇大，其用材中有 7 种红木树种进入了一二级保护植物目录，被红木产材国严格控制出口。自 2013 年 5 月起，越南率先对红木原材料出口提税 200%；2013 年 10 月份，越南、老挝先后发出交趾黄檀于 10 月 25 日以后严禁出口的通知⑤；加纳自 2014 年 1 月 1 日起，禁止出口红木木材⑥；缅甸也计划从 2014 年 4 月 1 日开始停止原木的出口⑦。各产材国资源政策收紧，全球木材供应趋紧，国际市场木材交易难度加大，推动国际木材价格上涨，进而提高了国内企业进口的成本。

（二）我国原木对外依存度和进口市场集中度较高，对下游产业造成一定的风险隐患

目前，我国已经成为世界上最大的木业加工国、木制品生产基地和最主要的木制品出口国，受

---

① 《月度数据》，国家统计局网站。
② 《2013 年 12 月中国非制造业商务活动指数为 54.6%》，国家统计局网站，2014 年 1 月 3 日。
③ 《海关统计数据》。
④ 《加蓬 2010 年 1 月起将禁止原木出口》，国家林业局网站，2010 年 8 月 9 日。
⑤ 《红木价格涨得有点“疯狂”木门消费者购买有顾虑》，家具导购网，
⑥ 《行业提示：加纳发布红木出口禁令》，国家质量监督检验检疫总局网站，2013 年 10 月 28 日。
⑦ 《缅甸宣布原木出口截止时间》，商务部网站，2014 年 1 月 8 日。

国内供需缺口限制，原木进口需求强劲，木材进口对外依存度接近50%①。2013年，我国从110个国家和地区进口原木，其中进口量的8成以上集中于7个国家，占同期全部原木进口来源地的6.4%，较2001年的8.3%下降了1.9个百分点②，原木进口来源地更趋集中。原木的大量进口，虽然有效地避免了我国森林资源的过度砍伐，填补了国内的供需缺口，但随着国际原木供应量日趋减少，原料价格上涨，过高的进口依存度和集中度也给我国的下游产业带来了较大的风险隐患，制约了木材加工业的发展。

（三）部分进口原木携带检疫性病虫害，进口检疫环节风险加大

进口原木种类多、来源广，且运输方式多样，虽在进境过程中通过一些技术手段进行了除害处理，但因病虫害较隐蔽，在国内流向复杂，易造成危险性有害生物的扩散，对我国森林、生态环境及旅游资源造成一定的威胁。目前，我国已确认存在544种外来入侵生物，其中大面积发生、危害严重的达100多种③。近年，欧洲部分国家和地区暴发高危险性林业真菌病害“白蜡树枯梢病”，为保护林木资源和生态安全，我国从2013年11月19日起禁止从白蜡树枯梢病发生的26个国家和地区进口白蜡树属原木、锯材④。同年，厦门检验检疫局在进口乌克兰樟子松原木上连续6批次截获多种林木检疫性害虫，为此，国家检验检疫局于2013年9月份发布了“加强进口乌克兰樟子松原木检验检疫的警示通报”⑤。天津检验检疫局在对一船原产于美国俄勒冈州的进口原木实施检验检疫过程中，发现间大小蠹等多种虫态有害昆虫，间大小蠹确认为全国首次截获种类⑥。

五、近期原木市场前景展望

据中国科学院预测，2014年我国GDP增速为7.6%⑦，消费总体上将保持平稳增长，投资增速趋于稳定，固定资产增速将维持在20%左右，与2013年基本持平，基础设施建设继续加强，建筑业和房地产业保持平稳发展态势，因此国内原木需求可能持续增长。此外，下游木制品国际市场需求或将随着欧美等发达经济体的经济复苏而逐渐回暖，势必促进我国木材加工行业需求增长，原木进口需求相应增加。但由于世界各产材国对当地森林资源保护意识不断增强，限制和禁止出口政策集中显效，国际原木交易难度加大，因此，我国原木进口或将持续量增价扬态势。

---

① 《我国木材对外依存度接近50%》，中国木业网，2013年1月31日。
② 《海关统计数据》。
③ 《前三季度江苏太仓截获进境检疫性有害生物2种》，中国新闻网，2013年11月17日。
④ 《检验检疫：欧洲爆发林业高危病害 部分木材禁止进口》，中国广播网，2013年12月8日。
⑤ 《关于加强进口乌克兰樟子松原木检验检疫的警示通报》，中国木材网，2013年11月20日。
⑥ 《天津口岸在进境原木中首次截获间大小蠹》，天津出入境检验检疫局网站，2013年12月4日。
⑦ 《中科院预测2014年中国GDP增速为7.6%》，中商情报网，2014年1月17日。

2013 年我国化肥进出口年度报告

化肥作为农业生产所需的必备品之一，是粮食增产、农民增收的重要保障，也是关系着国计民生的重要基础性产品，被形象地称作“粮食的粮食”。近年来，在国家用电、用气及铁路运输等多项优惠政策“护航”下，仅用了数年时间，我国化肥市场便走过了由短缺到平衡再到过剩的历程，化肥进出口也实现了由依赖进口到大量出口的转变。然而，盲目追求规模的粗放式扩张也使得我国氮磷肥产能过剩日益加剧，出口已经逐渐成为企业消化国内过剩产能的重要途径，而钾肥由于我国钾资源稀缺的限制，对进口的依赖程度依然较高。

一、加入世界贸易组织以来我国化肥进出口情况

2001 年我国化肥出口量仅为 284.8 万吨，而进口量高达 1 087 万吨，净进口 802.2 万吨，2002 年净进口更是达到 1 436.2 万吨的峰值。此后，在国内化肥产业快速发展的带动下，出口量不断增加而进口量持续下滑，至 2007 年我国化肥出口量首次突破 1 000 万吨达到 1 337.9 万吨，当年我国也首次实现化肥净出口 170.5 万吨。为了避免出口井喷式增长影响国内农业生产用肥，2008 年我国对国内用肥旺季时期的化肥出口加征了高达 110% 的特别出口关税，并自 2009 年起形成了目前一直沿用的淡旺季关税政策。政策的收紧在初期确实有效抑制了我国化肥出口的增长步伐，但是随着国内化肥产能的不断扩张，严重的供应过剩使得企业不得不选择出口释放供给压力，因此 2010 年我国化肥出口又重拾增长势头，至 2013 年出口量达到 1 900.9 万吨，比 2012 年增加 8.3%；进口量为 788.9 万吨，同比减少 6%；净出口规模达到 1 112 万吨，同比增加 21.3%，与出口量双双创下历史新高（图 1）。

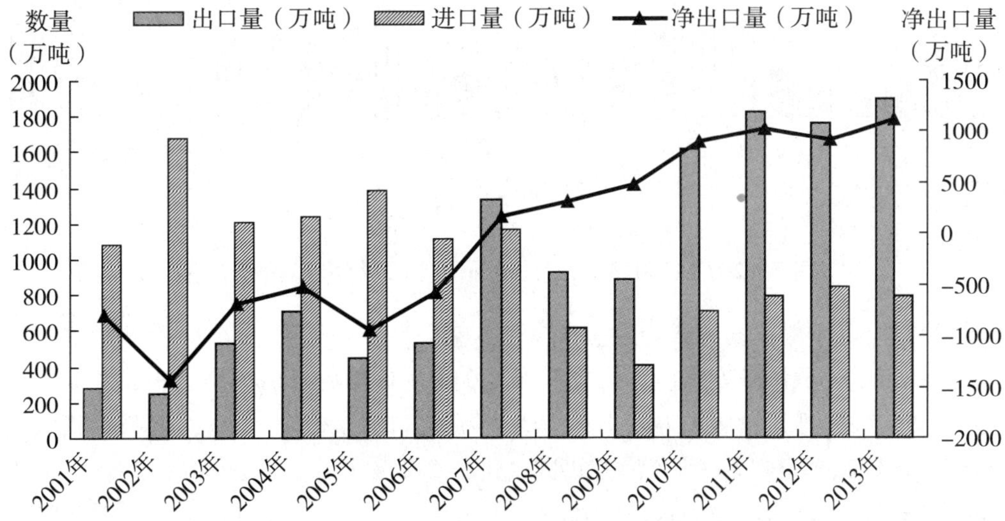

图 1　2001 ~ 2013 年我国化肥进出口年度走势图

二、2013 年我国化肥进出口主要特点

2013 年我国出口化肥 1 900. 9 万吨，同比增加 8. 3%；出口值 62. 4 亿美元，同比下降 13. 5%；出口均价为每吨 328. 4 美元，同比下跌 20. 1%。同期，进口化肥 788. 9 万吨，同比减少 6%；进口值 33. 7 亿美元，同比下降 16. 2%；进口均价为每吨 427. 4 美元，同比下跌 10. 8%。

（一）8 月当月出口量创历史新高，月度进口量冲高回落，出口、进口平均价格均处低位

2013 年，我国化肥出口主要集中在下半年的淡季关税期，其中 8 月份出口量达到 295. 1 万吨，创我国化肥单月出口量历史新高，此后出口量连续 4 个月环比下滑，至 12 月份降至 179. 9 万吨，同比减少 26%，环比减少 13. 5%。同时，出口均价在 2013 年始终保持同比下跌态势，3 月份创下每吨 303. 4 美元的自 2010 年 6 月以来新低，此后震荡上扬，12 月当月出口均价为每吨 323 美元，同比下跌 16. 9%，环比上涨 4. 5%。

进口方面，2013 年上半年在钾肥进口大合同支撑下，我国化肥进口量高位运行，下半年则显著回落，其中 10 月份进口量下滑至 30. 4 万吨，为 2011 年 3 月以来新低，随后触底反弹，12 月份进口量回升至 80. 5 万吨，同比增加 1. 3 倍，环比增加 56. 8%。同时，进口均价一直处于低位运行态势，10 月当月进口均价跌破每吨 400 美元，12 月当月进口均价下跌至每吨 385. 8 美元，创近 3 年来我国化肥单月进口均价新低（图 2）。

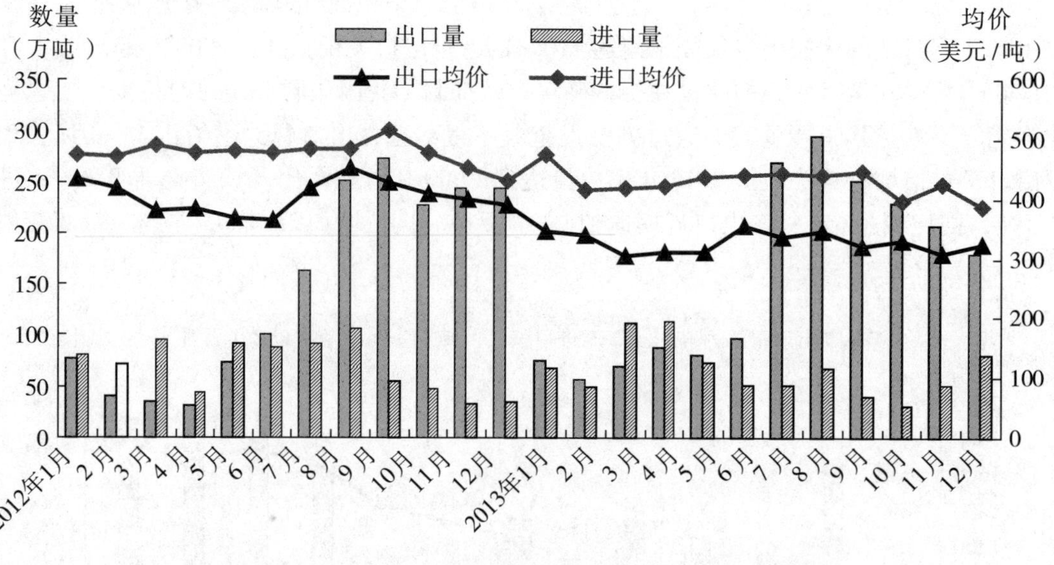

图 2　2012～2013 年我国化肥进出口月度量价走势图

（二）进出口均以一般贸易方式为主

2013 年，我国以一般贸易方式出口化肥 1 663 万吨，同比增加 11. 7%，占当年我国化肥出口总量的 87. 5%；以海关特殊监管区域方式出口 203. 7 万吨，同比减少 9. 3%，占当年我国化肥出口总量的 10. 7%。2013 年，我国以一般贸易方式进口化肥 542. 4 万吨，同比减少 1. 8%，占当年我国化肥进口总量的 68. 7%；以边境小额贸易方式进口 174. 5 万吨，同比减少 6. 4%，占当年我国化肥进口总量的 22. 1%。

（三）印度、东盟和巴西为主要出口市场，进口市场以俄罗斯、加拿大和白俄罗斯为主

2013 年，我国对印度出口化肥 525. 8 万吨，同比减少 20. 8%；对东盟和巴西分别出口 524. 2 万吨和 123. 5 万吨，同比分别增加 14. 1% 和 52. 2%。对上述三大市场出口量合计占当年我国化肥出口

总量的61.7%。2013年，我国自俄罗斯进口化肥307.7万吨，同比减少16.7%；自加拿大进口133.3万吨，同比增加31.3%；自白俄罗斯进口81.5万吨，同比减少2%。自上述三大市场进口量合计占当年我国化肥进口总量的66.2%。（表1）

表1　2013年我国化肥主要进出口市场情况表

出口市场	出口量（万吨）	同比（%）	进口市场	进口量（万吨）	同比（%）
总计	1 900.9	8.3	总计	788.9	-6.0
印度	525.8	-20.8	俄罗斯	307.7	-16.7
东盟	524.2	14.1	加拿大	133.3	31.3
巴西	123.5	52.2	白俄罗斯	81.5	-2.0
巴基斯坦	84.2	58.3	欧盟（28国）	79.6	21.8
墨西哥	64.5	44.2	以色列	77.7	-6.3
美国	61.7	9.2	挪威	35.2	14.8
日本	49.7	18.4	约旦	24.8	-45.9
韩国	48.0	0.6	美国	13.5	-26.1
孟加拉国	42.2	-8.3	智利	12.0	82.3
澳大利亚	36.8	-8.9	摩洛哥	9.4	27.8

（四）国有企业和民营企业为进出口主力

2013年，我国国有企业出口化肥957.3万吨，同比增加2.2%，占当年我国化肥出口总量的50.4%；民营企业出口853.5万吨，同比增加17.7%，占当年我国化肥出口总量的44.9%；外商投资企业出口90.1万吨，同比减少4.2%。2013年，我国国有企业进口化肥359.7万吨，同比减少2.7%，占当年我国化肥进口总量的45.6%；民营企业进口353.9万吨，同比减少12.4%，占当年我国化肥进口总量的44.9%；外商投资企业进口75.3万吨，同比增加14.4%。

（五）北京化肥出口量及进口量均居首位，云南、山东出口量仅次于北京，黑龙江、内蒙古自治区分列进口第2、3位

2013年，北京出口化肥429.1万吨，同比增加14.2%，列我国化肥出口省份第一位；云南出口268.9万吨，同比增加20.3%；山东出口259.2万吨，同比减少8.6%。上述三省份出口量合计占当年我国化肥出口总量的50.4%。2013年，北京进口化肥516.2万吨，同比减少4.3%，占当年我国化肥进口总量的65.4%，以绝对优势位列我国化肥进口第一大省份；黑龙江进口126.5万吨，同比减少10.7%，占当年我国化肥进口总量的16%；内蒙古自治区进口44.4万吨，同比增加2.5%（表2）。

表2　2013年我国化肥进出口主要省份情况表

出口主要省份	出口量（万吨）	同比增速（%）	进口主要省份	进口量（万吨）	同比增速（%）
总计	1 900.9	8.3	总计	788.9	-6.0
北京	429.1	14.2	北京	516.2	-4.3
云南	268.9	20.3	黑龙江	126.5	-10.7
山东	259.2	-8.6	内蒙古自治区	44.4	2.5

续表

出口主要省份	出口量（万吨）	同比增速（%）	进口主要省份	进口量（万吨）	同比增速（%）
江苏	177.8	36.6	广东	31.2	-24.5
湖北	155.7	23.1	山东	23.8	-29.6
贵州	136.6	-35.3	江苏	21.5	35.1
黑龙江	54.4	112.6	四川	13.5	1 868 794.0
辽宁	52.5	3.0	湖北	4.2	-27.5
福建	48.8	0.1	河北	3.8	-0.7
广东	44.7	20.0	新疆维吾尔自治区	3.7	143.9

（六）尿素、磷酸氢二铵和硫酸铵为主要出口品种，进口以氯化钾为主

2013 年，我国出口尿素 826.5 万吨，同比增加 19%；出口磷酸氢二铵 382 万吨，同比减少 2.9%；出口硫酸铵 291.8 万吨，同比大幅增加 35.5%。以上三大品种出口量合计占当年我国化肥出口总量的 78.9%。2013 年，我国进口氯化钾 602.9 万吨，同比减少 4.9%，占当年我国化肥进口总量的 76.4%；进口氮、磷、钾复合肥 134.8 万吨，同比增加 2.2%，占当年我国化肥进口总量的 17.1%。

（七）出口企业集中度显著下滑，进口前 20 位企业占比超过 9 成

我国化肥出口市场竞争激烈，2013 年有出口记录的企业达到 1 118 家，其中出口量前 20 位企业合计出口 1 060.5 万吨，占当年我国化肥出口总量的 55.8%，所占比重较 2012 年显著下滑 8.5 个百分点。出口量最大的中农集团控股股份有限公司出口 273 万吨，同比减少 1%，占当年我国化肥出口总量的 14.4%。进口市场则呈现出高度集中的态势，2013 年，我国化肥进口量前 20 位的企业合计进口 763.6 万吨，占当年我国化肥进口总量的 96.8%，占比与 2012 年基本持平，其中进口量最大的中国中化集团公司进口 193.4 万吨，同比减少 4%，占当年我国化肥进口总量的 24.5%（表 3）。

表 3　2013 年我国化肥进出口量前 20 位企业情况表

出口量前 20 位企业		
企业名称	出口量（万吨）	同比（%）
总计	1 900.9	8.3
中农集团控股股份有限公司	273.0	-1.0
云南云天化联合商务有限公司	126.5	-1.9
烟台海港国际物流有限公司	81.6	-38.6
贵州开磷化肥有限责任公司	71.9	-35.7
瓮福国际贸易股份有限公司	61.5	-35.0
连云港市汇海农资有限公司	60.6	26.5
云南弘祥化工有限公司	57.7	33.1
绥芬河市龙生经贸有限责任公司	40.6	-
中国石化化工销售有限公司江苏分公司	30.8	297.5
北京汇添盛农业生产资料有限公司	29.7	1 044.8

续表

出口量前20位企业		
企业名称	出口量（万吨）	同比（%）
北京兴宜世纪科技有限公司	29.6	149.2
湖北宜化肥业有限公司	26.6	8.7
宜昌东圣磷复肥有限责任公司	22.6	114.9
瑞丽天平边贸有限公司	22.5	-
中化化肥有限公司	22.4	-23.6
五洲丰农业科技有限公司	21.6	659.4
利星行贸易（中国）有限公司	21.2	13.4
福建省农资集团厦门公司	20.5	-19.9
中海石油化学股份有限公司	20.1	10.1
宜昌海利外贸有限公司	19.4	-43.5
进口量前20位企业		
企业名称	进口量（万吨）	同比（%）
总计	788.9	-6.0
中国中化集团公司	193.4	-4.0
中国农业生产资料集团公司	173.8	74.7
华垦国际贸易有限公司	77.0	27.8
中国化工建设总公司	67.6	-9.9
绥芬河市龙生经贸有限责任公司	56.0	-8.2
绥芬河开元经贸有限公司	35.6	12.7
二连浩特市天宇商贸有限责任公司	35.2	-6.4
深圳赤湾港航股份有限公司	31.0	-24.7
绥芬河市广成经贸有限责任公司	18.8	-21.6
埃斯科姆米高（四川）化肥有限公司	12.0	-
优利德（江苏）化工有限公司	10.4	674.6
烟台海港国际物流有限公司	9.6	-48.0
满洲里京铁经贸有限公司	6.5	251.8
绥芬河市石英经贸有限公司	6.4	10.1
江苏奥喜埃化工有限公司	6.2	156.4
众德肥料（烟台）有限公司	5.7	-23.0
黑龙江联合石油化工有限公司	4.9	-64.4
鲁西化工集团股份有限公司	4.7	4.1
中国石油国际事业有限公司	4.3	-0.5
湖北新洋丰肥业股份有限公司	4.2	-27.5

三、2013 年我国化肥出口增加进口减少的主要原因

（一）国内氮磷肥供应过剩的局面未见改观，出口成为企业释放供求压力的重要渠道

2013 年，在淘汰化肥落后产能工作艰难推进的同时，新增产能陆续进场，而国内化肥需求在耕地面积逐渐趋于稳定的情况下已经基本处于饱和状态，氮磷肥市场产能及供给过剩的矛盾越来越突出。以尿素为例，2013 年国内多套新建或扩产尿素装置陆续投产，全年约有 800 万吨新增产能投产，仅下半年就有 500 余万吨产能投产，到年底我国尿素产能已经在 8 000 万吨左右①。尽管市场价格的低迷导致行业开工率不佳，但 2013 年我国尿素（折含氮）产量依然增加 10%，达到 3 333.2 万吨，换算成实物产量高达 7 100 多万吨②，而国内工业及农业的尿素总需求不足 6 000 万吨，供应过剩量超过 1 000 万吨③。磷肥方面，国内磷酸二铵及一铵的合计产能约 4 000 万吨，2013 年全国共生产磷肥（折含五氧化二磷）1 632.9 万吨④，而根据农业部的预计，国内磷肥需求约稳定在 1 200万吨，过剩量超过 400 万吨。在严重过剩的市场大环境下，大量产品只能寻求出口渠道，使得我国化肥出口量在 2013 年创出历史新高。

（二）硫酸铵成我国化肥出口新亮点

硫酸铵作为脱硫环保产品，是重要的氮肥品种，也是目前我国化肥产品中为数不多的出口零关税产品之一。近年来在国内煤制天然气、氨法脱硫和己内酰胺三大领域产能不断扩张的带动下，硫酸铵作为副产品的产量快速增加，2012 年我国硫酸铵产量超过 400 万吨，2013 年预计将超过 500 万吨⑤。产量的不断增加也带动了出口量的增加，我国硫酸铵出口量由 2009 年的 87.9 万吨快速攀升至 2013 年的 291.8 万吨，成为我国化肥出口的一大亮点，对 2013 年我国化肥出口增长的贡献度达到 52.8%。

（三）国内钾肥自给能力提升，对进口的需求有所减弱

我国进口的化肥主要是钾肥，近年来国内钾肥不断扩产，自给率明显提升。数据显示，2013 年国产钾肥总量为 499 万吨（折合成氧化钾），较 2012 年增加了 32%，钾肥自给率达到 53.3%，较 2012 年的 47.8% 提高了 5.5 个百分点⑥。同时，2013 年年初国内结转钾肥库存量达 400 万吨，使得 2013 年国内钾肥市场供应充足。需求方面，由于 2013 年国内外钾肥市场持续低迷，不论是国产钾肥还是进口钾肥报价均不断下跌，使得市场采购积极性明显下降。特别是下半年以来，随着进口大合同基本执行完毕，钾肥进口量大幅下滑，导致 2013 年我国化肥总体进口量有所减少。

四、我国化肥进出口的影响因素分析

（一）出口政策调整对 2014 年我国化肥出口的影响值得关注

2013 年 12 月，财政部公布了 2014 年我国关税实施方案。根据新方案，2014 年化肥出口税率有所下调。其中，主要氮磷肥品种依然实行淡旺季的差异化关税，淡季尿素等氮肥关税为每吨 40 元，磷铵为每吨 50 元，旺季则分别加征 15%，其他小品种的氮磷肥全年执行 5% 出口关税。此次出口关税的下调一定程度上利好我国化肥的出口，特别是旺季期间关税税率大幅调低，使得化肥出口由

---

① 《新增产能持续增加 过剩产能加剧行业“严冬”》，中国化肥网，2013 年 10 月 22 日。

② 《尿素：2013 年 12 月份中国尿素产量按省份统计分析（折含氮）》，中华商务网，2014 年 1 月 24 日。

③ 《2013 年尿素行情回顾——困》，中国化肥网，2014 年 1 月 20 日。

④ 《2013 年我磷肥产量下降 1.37%》，新浪财经，2014 年 2 月 8 日。

⑤ 《“三驾马车”驱动硫酸铵产量大增》，中国农资网，2013 年 2 月 27 日。

⑥ 《2013 年中国钾肥自给率为 53.3%，同比增 5.7 个百分点》，中国农资网，2014 年 1 月 14 日。

此前的基本集中于淡季关税期拓宽到全年均可能出口，有助于化肥企业更好地参与到国际市场竞争之中，生产经营更加灵活。同时，允许适量的出口对化解当前我国氮磷肥产能大量过剩的市场矛盾起到一定的积极作用，有利于国内化肥生产和供给保持连续性和稳定性，更好地保障国内市场用肥。

（二）全球化肥市场竞争日益激烈导致价格一路下滑，我国化肥出口陷入“有量无利”的尴尬境地

随着近年来全球化肥产能的持续扩张，三大肥料均出现产能过剩。据国际肥料工业协会数据显示，2013 年全球化肥产量约为 2.36 亿吨，而需求量约为 2.32 亿吨①。特别是中东地区，依靠丰富而廉价的石油、天然气资源，大规模的尿素、磷肥项目不断上马，由于该地区化肥消费能力有限，其低成本的化肥产品主要面向国际市场，对国际化肥价格造成严重冲击。与此同时，国内企业出口秩序混乱，难以形成有力的对外价格话语权，低价竞销的粗放经营模式也进一步拉低了化肥出口价格。2013 年，我国尿素出口离岸价格由年初的每吨 400 美元左右一路下滑，到 7 月份已经跌破每吨 300 美元，9 月份最低曾降至每吨 280 美元左右，此后虽有所回升但仍处低位，全年跌幅达到 20% 左右②。磷铵价格同样低迷，国际二铵市场价格从 2012 年 9 月份起即下跌不止，2013 年第三季度在我国磷铵出口的淡季关税期，国际二铵价格由每吨 490 美元下滑至 390 美元③，使得我国磷铵出口企业难以赢利。虽然我国化肥出口规模不断扩大，但出口价格不断下滑使得赢利困难，行业陷入“有量无利”的尴尬境地。

（三）钾肥进口大合同价格下跌对进口构成利好的同时，对国内市场的冲击同样不容忽视

2014 年 1 月，以中农、中化为首的钾肥进口商分别与俄罗斯乌拉尔钾肥公司及北美钾肥销售联盟签订了供货量各为 70 万吨的进口大合同，价格为每吨 305 美元，较 2013 年的每吨 400 美元下跌 23.8%，预计仍能保持全球最低的合同价④。尽管钾肥大合同价格的下跌在一定程度上反映了我国在国际钾肥市场话语权的提高，对进口构成一定利好，但是对国内日益增产的钾肥市场的冲击同样不容忽视。数据显示，2012 年我国钾肥进口合同价格为每吨 470 美元，到 2013 年降至每吨 400 美元，下跌了 14.9%，而 2012 年 ~2013 年我国最大钾肥生产企业盐湖股份的氯化钾销售均价由每吨人民币 2 473.6 元降至 2 199.3 元，下跌 11.1%，公司的业绩也一路下滑，至 2013 年三季度已经出现亏损⑤。2014 年每吨 305 美元的进口合同价格换算成人民币约为每吨 1 850 元，加上 150 元的其他费用，进口到国内市场的费用大约为每吨 2 000 元，即使不算上每吨 20 美元的及时装运返利，已经比国产钾肥更具价格竞争优势，这对于已经连续经历了两年低迷的国内钾肥市场来说无疑是“雪上加霜”。预计进口大合同供货会在 2014 年 3 月陆续到港，届时国内钾肥企业将面临严峻考验。

五、我国化肥进出口形势展望

2014 年，在国家不断加大落后产能淘汰力度的压力下，化肥产业产能扩张的速度预计将会逐步放缓，但是要彻底摆脱产能过剩的困扰仍需时日，企业对出口的意愿短期内仍然强烈，在出口关税政策放宽的利好刺激下，预计 2014 年我国化肥出口量将保持高位运行态势，并且存在冲击新高点的可能，但是由于中东、北美等地区化肥产能在不断增加，我国化肥出口面临的竞争也将更加激

① 《化肥产能过剩待解》，中国化肥网，2014 年 2 月 7 日。
② 《尿素：中国出口离岸价下滑　2013 年 12 月第三周》，中华商务网，2013 年 12 月 20 日。
③ 《2013 年磷铵行情总结：苦熬盼春》，中国化肥网，2014 年 1 月 13 日。
④ 《钾肥大合同尘埃落定 新年度供应量仍将较为充足》，中国化肥网，2014 年 1 月 22 日。
⑤ 《钾肥进口大合同敲定 盐湖股份继续承压》，中国化肥网，2014 年 1 月 22 日。

烈。进口方面，随着青海地区钾肥企业的扩产，国内钾肥自给能力明显提升，削弱了我国对进口钾肥的依赖程度，并且价格的持续低迷也将压制企业采购积极性，但由于国内供应缺口仍然存在，预计未来一段时期我国化肥进口量仍将维持一定规模。

2013 年我国铁矿砂进口年度报告

铁矿砂是钢铁生产的重要原材料。我国铁矿资源储量虽然丰富，但贫矿占总储量的 80%，加上多元素共生的复合矿较多，开采难度较大、成本较高，对进口的依存度较高。随着钢铁行业的发展，2003 年起我国超过日本成为世界上最大的铁矿砂进口国，铁矿砂是我国进口量仅次于原油的第二大资源类产品。

一、加入世界贸易组织以来我国铁矿砂进口情况

加入世界贸易组织之初的 2001 年，我国铁矿砂进口量不足 1 亿吨，仅为 9 230.8 万吨，但之后步入长达 10 年的高速增长期，进口量逐年刷新最高纪录。我国铁矿砂进口量自 2002 年首次超过 1 亿吨后，每隔两年依次突破 1 个亿吨整数关口，先后在 2004 年、2006 年和 2008 年突破 2 亿、3 亿和 4 亿吨；在国际金融危机影响最为严重的 2009 年，我国铁矿砂进口依然保持增长态势，并创下 41.5% 的年度进口量最高增速，推动当年进口量跃过 5 亿吨，直接迈上 6 亿吨量级，达到 6.3 亿吨。

经过 2010 年进口量的短暂小幅回调，2011 年起，我国铁矿砂进口进入平稳增长期，2013 年我国铁矿砂进口量再创历史新高，一举跃上 8 亿吨量级，达到 8.2 亿吨，较 2012 年增加 10.2%；价值 1 057.3 亿美元，同比增长 10.4%；进口平均价格为每吨 129 美元，同比微涨 0.2%（图 1）。

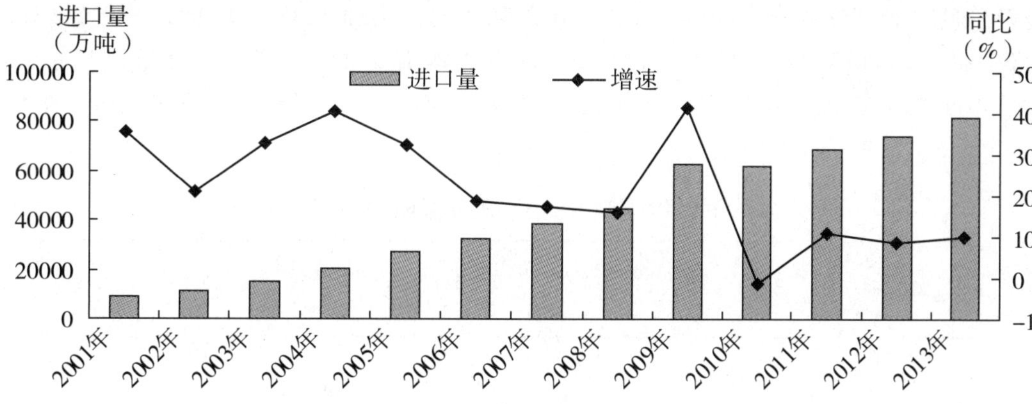

图 1　2001 ~ 2013 年我国铁矿砂进口量值年度走势图

二、2013 年我国铁矿砂进口的主要特点

（一）单月进口量年内 3 次创新最高纪录，9 月份起进口平均价格恢复 2 位数上涨

自 2013 年 3 月份起，我国铁矿砂单月进口量已连续 10 个月保持在 6 000 万吨以上，并在 7 月、9 月和 11 月份 3 次刷新单月进口量最高纪录。其中，11 月单月进口 7 784.4 万吨，12 月单月进口 7 337.8万吨，环比减少 5.7%，同比增加 3.5%。

2013 年 9 月份，我国铁矿砂进口平均价格同比由跌转涨，并连续 4 个月保持 2 位数同比上涨态势，至 12 月份当月进口平均价格为每吨 127.7 美元，同比上涨 10.4%，环比微跌 0.5%（图 2）。

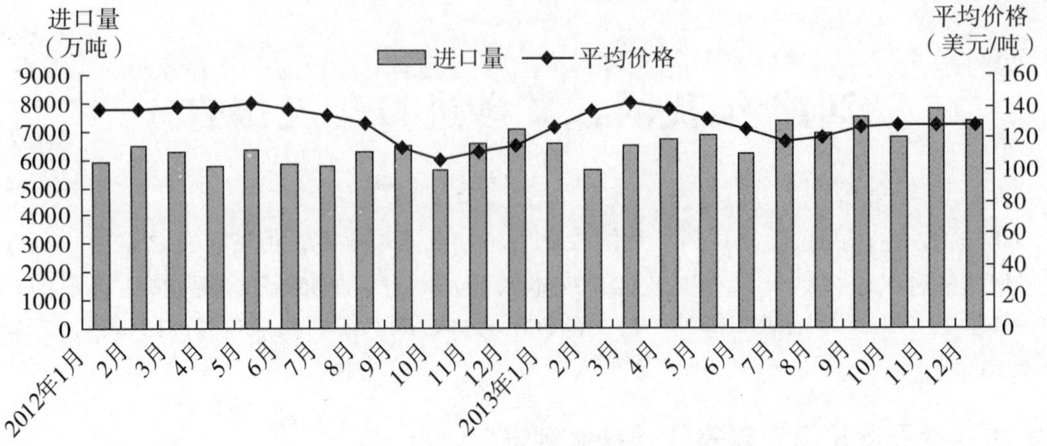

图2　2012年1月~2013年12月我国进口铁矿砂量价走势图

（二）一般贸易进口占绝对主导，边境小额贸易进口快速增加

2013年，我国以一般贸易方式进口铁矿砂7.7亿吨，同比增加10.8%，占同期我国铁矿砂进口总量的94.1%。同期，以边境小额贸易方式进口2 336.6万吨，同比增加22.4%；以保税监管场所进出境货物方式进口2 136.2万吨，同比减少19.3%。

（三）自澳大利亚进口比重超过一半，印度在进口来源国中的排名下滑至第9位

2013年，我国自澳大利亚进口铁矿砂4.2亿吨，同比增加18.7%，占同期我国铁矿砂进口总量的50.9%，比重上升3.6个百分点。同期，自巴西进口1.6亿吨，同比减少5.5%，占同期我国铁矿砂进口总量的18.9%；自南非进口4 302.6万吨，同比增加5.9%，占同期我国铁矿砂进口总量的5.3%。此外，自东盟和伊朗分别进口3 841.5万吨和2 243万吨，同比分别增加63.6%和29.4%；自印度进口仅1 165.4万吨，同比减少64.9%，印度在我国铁矿砂进口来源地中的排名由2012年的第4位下滑至第9位（表1）。

表1　2013年我国铁矿砂进口来源地前10位情况表

来源地	2013年	
	进口量（万吨）	同比（%）
总计	81 941.4	10.2
其中：澳大利亚	41 691.6	18.7
巴西	15 509.5	-5.5
南非	4 302.6	5.9
东盟	3 841.5	63.6
伊朗	2 243.0	29.4
乌克兰	1 563.1	-3.8
加拿大	1 433.4	-10.9
塞拉利昂	1 198.8	203.4
印度	1 165.4	-64.9
秘鲁	1 073.5	16.8

（四）国有企业进口减少，民营企业和外商投资企业进口同时增加

2013 年，我国国有企业进口铁矿砂 4 亿吨，同比减少 4.5%，占同期我国铁矿砂进口总量的 49.4%，比重较 2012 年下滑 7.6 个百分点。同期，民营企业进口 3.2 亿吨，同比大幅增加 40%，占我国铁矿砂进口总量的比重由 2012 年的 30.3% 上升至 38.6%；外商投资企业进口 9 863.2 万吨，同比增加 4.9%，占同期我国铁矿砂进口总量的 12%。

（五）山东进口量居首，河北超过北京上升为进口量第二大省份

2013 年，我国有 28 个省份有铁矿砂进口记录。其中，山东继续位居我国铁矿砂进口量最大省份，共进口 1.6 亿吨，同比增加 35.8%，增幅在进口量超过 500 万吨的省份中亦居首位，占同期我国铁矿砂进口总量的 19.7%，比重上升 3.7 个百分点。同期，河北进口 1 亿吨，同比增加 12.8%，占同期我国铁矿砂进口总量的 12.5%，超过北京成为我国铁矿砂进口量第二大省份；北京进口 8 106.1 万吨，同比减少 25.7%，占同期我国铁矿砂进口总量的 9.9%（表 2）。

表 2　2013 年我国铁矿砂进口量前 10 位省份情况表

进口省份	2013 年	
	进口量（万吨）	同比（%）
总计	81 941.4	10.2
其中：山东	16 123.7	35.8
河北	10 233.5	12.8
北京	8 106.1	-25.7
江苏	7 640.5	14.9
浙江	6 498.0	19.4
天津	6 318.3	28.7
上海	4 356.6	-7.1
辽宁	2 800.2	8.0
山西	2 344.1	-0.9
福建	2 306.1	25.9

（六）进口企业数量急剧增多，前 20 位进口集中度连续第 3 年下滑

2013 年，我国有铁矿砂进口记录的企业共 618 家，较 2012 年激增 337 家。其中，进口量前 20 位企业合计进口 3.3 亿吨，占同期我国铁矿砂进口总量的 40.2%，前 20 位企业进口集中度较 2012 年下滑 2.7 个百分点，该指标已连续第 3 年出现下滑（图 3）。

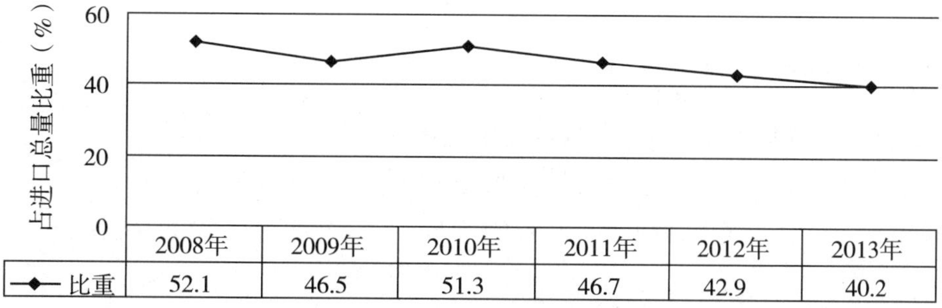

图 3　2008～2013 年我国铁矿砂进口量前 20 位企业所占比重走势图

其中，年进口量在2 000万吨以上的企业共7家。河北钢铁集团有限公司进口铁矿砂2 993.8万吨，同比增加22.4%，超过宝山钢铁股份有限公司成为2013年进口量最大的企业；宝山钢铁股份有限公司进口量同比减少14.5%，为2 980.7万吨，位居次席；江苏沙钢国际贸易有限公司位居第3位，共进口2 609.5万吨，同比增加12.7%，是进口量最大的民营企业（表3）。

表3　2013年我国铁矿砂进口量前20位企业情况表

经营单位		2013年	
中文	代码	进口量（万吨）	同比（%）
总计	–	81 941.4	10.2
河北钢铁集团有限公司	1301910288	2 993.8	22.4
宝山钢铁股份有限公司	3112915006	2 980.7	-14.5
江苏沙钢国际贸易有限公司	3215950214	2 609.5	12.7
天津物产集团有限公司	1201911197	2 433.1	28.9
瑞钢联集团有限公司	1105910279	2 396.7	29.6
中国首钢国际贸易工程公司	1108919010	2 198.9	-5.5
日照钢铁控股集团有限公司	3711950966	2 107.2	13.1
武钢集团国际经济贸易总公司	4201912015	1 641.6	-11.4
山东万宝贸易有限公司	3711960988	1 571.4	71.8
中天钢铁集团有限公司	3204963085	1 360.1	37.3
鞍钢集团国际经济贸易公司	2103910049	1 213.6	5.1
俊安（天津）实业有限公司	1207249476	1 120.6	41.4
日照中瑞物产有限公司	3711960996	1 119.2	42.9
江苏省华贸进出口有限公司	3216961991	1 096.0	74.1
浙江物产国际贸易有限公司	3301932199	1 083.7	19.9
中基宁波集团股份有限公司	33029639FS	1 050.0	4391.1
青岛宝松钢铁炉料有限公司	3702961807	1 008.9	116.5
河北钢铁集团燕山钢铁有限公司	1302960114	994.5	51.9
中钢贸易有限公司	1108919312	990.2	-51.1
山东莱钢国际贸易有限公司	3702915428	981.0	43.1

三、2013年我国铁矿砂进口量增价扬的原因分析

（一）国内钢产量再创新高，对进口铁矿砂需求增加

受信贷扩张和基建支出再度增加的推动，国内钢厂生产积极性较高，2013年2月下旬至12月中旬，国内粗钢日均产量始终保持在200万吨以上①。2013年全年，我国粗钢产量再创历史新高，

① 《环保约束致钢厂减产 粗钢日均产量降至196万吨》，欧浦钢铁网，2014年1月10日。

达到7.52亿吨，同比增加9.35%，增速为4年来最高水平①。特别是年底几个月，为满足冬季生产需求加大原料冬储力度，对铁矿砂进口需求增加，推动我国铁矿砂进口量增价扬。

（二）铁矿砂进口资质放开后，企业进口热情得以释放

2013年6月7日，商务部发布《关于铁矿石和氧化铝自动进口许可证实行网上申领的通知》，要求自7月1日起，对铁矿砂自动进口许可证实行网上申领。这意味着从2006年起开始实行的铁矿砂进口企业资质管理被取消，原来未取得进口资质的企业也可以从事铁矿砂进口，企业的进口热情得以释放。2013年下半年，我国有铁矿砂进口记录的企业数量逐月增多，全年有铁矿砂进口记录的企业多达618家，较2012年激增337家。进口企业数量增多拉动铁矿砂进口量增加，也为国际矿业巨头通过垄断地位提高要价提供了机会（图4）。

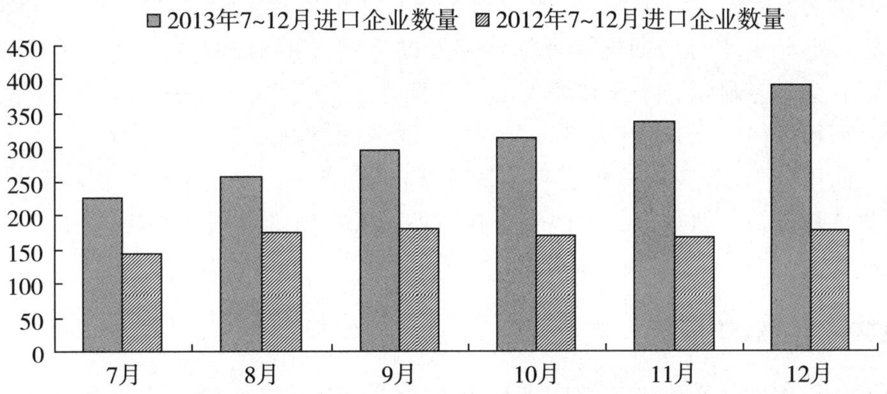

图4　2012年7～12月及2013年7～12月我国铁矿砂进口企业数量月度情况

（三）矿业巨头控制出货节奏和运费，拉高铁矿砂进口均价

铁矿砂进口到岸价格主要包括矿价和运费两部分。虽然总体上铁矿砂产量充足，但三大矿山仍然凭借垄断地位控制出货量，通过大肆租船等手段推动铁矿砂矿价和海运费上涨。2013年11月底以来，波罗的海综合运价指数（BDI）总体呈上涨态势，全年BDI指数平均值为1 205.9，较2012年的920.4点高31%，其中与铁矿砂运输相关的海岬型船指数平均值为2 110.3，比2012年的1 573.3高34.1%②。

四、我国铁矿砂进口平均价格的影响因素分析

（一）国际市场铁矿砂供应充足，但三大矿业巨头对价格的控制能力依然较强

世界主要资源企业在继续扩大产能，预计2014年全球铁矿砂供应增速可能在2013年4.5%的基础上进一步扩张至6%左右，总供给有望超过22亿吨，其中供给过剩3 000万吨，占总需求的1.5%左右③。我国作为全球最大的铁矿砂消费国，进口依存度接近70%，但由于并未掌握定价权，即便在铁矿砂产能过剩已现端倪的情况下，国际矿业巨头仍然可以凭借垄断地位，通过频繁现货招标等炒作手段实现价格的易涨难跌。

（二）主要出口国纷纷出台出口限制政策，进口来源地多元化战略受阻加剧价格谈判难度

实现进口来源地多元化是我国打破三大矿业巨头垄断铁矿砂供应局面的重要策略。目前，伊朗

---

① 《2013年全国粗钢产量增速创4年新高》，《证券时报》，2014年1月10日。
② 《2013年全年BDI指数平均值为1205.86》，中商情报网，2014年1月3日。
③ 《2014年铁矿石价格将进入下跌通道?》，中国钢材网，2014年1月10日。

已经成为继澳大利亚、巴西、南非和东盟之后，我国铁矿砂进口第五大来源地。2013 年，我国自伊朗进口铁矿砂 2 243 万吨，同比增加 29.4%，在我国铁矿砂进口总量中的比重由 2012 年的 2.3% 上升至 2.7%。但伊朗计划从下一财年（始于 2014 年 3 月 21 日）开始对铁矿砂征收 10% 的出口关税，并将税率在未来 3 年内提高至 20%①。在此之前，印度原为我国铁矿砂进口第三大来源地，但其多次出台铁矿砂出口限制政策后，我国自印度进口铁矿砂大幅减少，2013 年印度在我国铁矿砂进口来源地中的排名已下滑至第 9 位。印度、伊朗等主要出口国出台限制措施，我国扩展铁矿砂进口来源地计划受阻，难以打破三大矿业巨头形成的垄断，增加了价格谈判的难度。

（三）我国海外矿业投资步伐放缓，对资源控制能力较差不利于争夺价格话语权

截至 2013 年，我国在国外已经投产的矿山项目仅 13 个，实际形成的权益矿年供应量仅 6 200 万吨，占进口总量的 8.3%，与日本、欧洲等国 50% 以上的比重差距巨大②。由于分头出击，技术、资金力量单薄，且部分企业对前期投资评估不够及缺乏有效的监管，我国企业海外收购仍遭遇瓶颈。中国矿业联合会数据显示，中国在海外的矿业投资，失败率高达 80%③。2013 年 12 月，历经 7 年，中澳铁矿砂项目才生产出首批精矿粉运往中国④。受此影响，2013 年中国企业境外固体矿产投资项目 122 例，同比减少 22.78%；投资额也同比下降了 45%，仅为 49.11 亿美元⑤。在未来我国铁矿砂需求仍将依赖进口的背景下，国内钢企在海外投入产出难成正比，我国铁矿砂定价权被牵制的局面也难以改善。

四、铁矿砂进口形势展望

从国内来看，由于钢铁产能过剩问题得到更大关注，同时受环保政策实施力度不断加大影响，2014 年一季度，钢厂扩张热情明显降低，几乎所有的大中型钢厂都没有扩产计划，国内钢厂的矿石库存已从 2013 年 10 月份以来的 31 天增加到年初的 37 天⑥，预计随着冬储结束，国内对铁矿砂的需求增势有所减缓。从国际市场来看，美国启动量化宽松政策退出，全球货币流动性减少，大宗商品价格将进一步下行，而且全球铁矿砂供给量相对宽松，铁矿砂进口价格大幅上涨缺少必要支撑。但国际矿业巨头对铁矿砂价格的控制能力不容忽视。2013 年我国铁矿砂进口价格与国内钢价的走势表明，进口铁矿砂价格具有跟随国内钢价下跌幅度有限，但追涨反应却很积极的特点。矿业巨头通常会根据国内钢价走势控制出货、租船等节奏进而控制矿价、运费价格。再加上进口资质管理放开后，进口企业数量增多，多头分散进口与三大矿业巨头控制铁矿砂 70% 以上的海运量形成巨大反差，容易给矿业巨头提高要价创造机会，短期内价格上浮的风险仍需关注。

---

① 《伊朗拟再调高铁矿石出口税 中国第四大进口国》，欧浦钢铁网，2014 年 1 月 8 日。

② 《中国钢企海外权益矿供应不足 10%》，《第一财经日报》，2013 年 9 月 25 日。

③ 《中国海外矿业投资失败率高达 80% 投资放缓》，网易财经，2013 年 11 月 3 日。

④ 《中澳铁矿苦战海外》，网易财经，2014 年 1 月 6 日。

⑤ 《2013 年中国企业境外固体矿产投资项目 122 例，同比减少 22.78%》，中国行业研究网，2013 年 12 月 26 日。

⑥ 《铁矿石市场下跌风险正在积累》，中商情报网，2014 年 1 月 16 日。

2013年我国铝进出口年度报告

铝作为一种战略物资，广泛应用于机械、轻工、电力、电子、交通、建筑、冶金、包装、国防和高科技等部门。在全球铝贸易体系中，我国铝进出口规模位居前列。根据贸易地图的数据①显示：2012年我国出口未锻轧铝及铝材（以下简称铝）346万吨，排在俄罗斯的370.3万吨之后居世界第2位，占世界总出口量的9.5%；进口铝117.1万吨，排在世界第9位，占世界总进口量的3.3%。

一、加入世界贸易组织以来我国铝进出口情况

在加入世界贸易组织之前，我国铝贸易长期处于净进口状态。入世后，随着我国铝工业加工能力不断增强，2001~2002年，我国铝净进口量从38.9万吨缩减至8.1万吨。2003~2013年间，除2009年之外，我国均处于铝净出口状态。从出口来看，2001年我国铝出口量仅有54.4万吨，2003年首次超过100万吨，2004年进一步超过200万吨，2005年之后我国铝出口量基本呈现震荡上行态势，2009年因受金融危机影响，当年出口量骤降至170.4万吨，此后出口量迅速回升，2011年达到历史峰值的397.3万吨后有所回落，但仍保持在300万吨以上的高位。入世以来我国铝出口量年均增速为17.1%。从进口来看，2001~2004年我国铝进口处于稳定增长时期；2005~2008年，我国铝进口量出现回落，以年均14.5%的降幅减少到87.9万吨，创1998年以来的最低水平；2009年则以232.1万吨的进口量创出历史新高；2010年之后进口量基本维持在100万吨上下。入世以来我国铝进口量年均增速为0.3%（图1）。

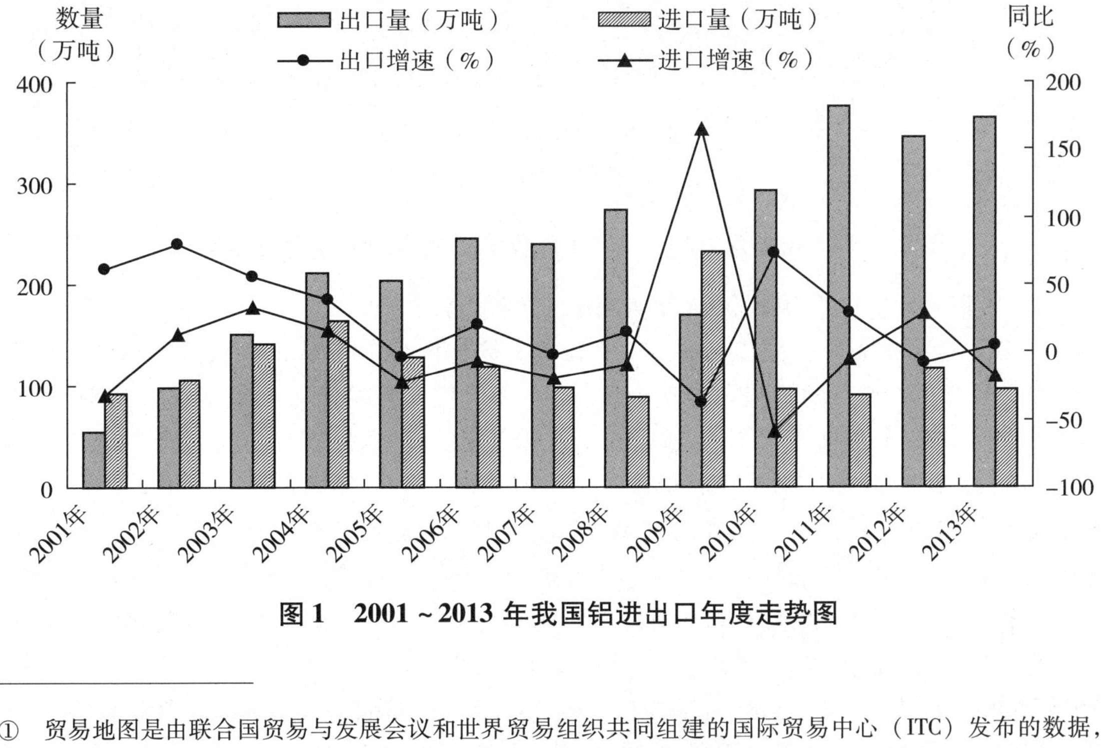

图1　2001~2013年我国铝进出口年度走势图

① 贸易地图是由联合国贸易与发展会议和世界贸易组织共同组建的国际贸易中心（ITC）发布的数据，可以提供图表和地图，并允许基于产品查询，可以分国家和地区的出口或进口。http：//www.trademap.org/，年度数据查询，2014年1月20日。

二、2013 年我国铝进出口主要特点

据海关统计，2013 年我国出口铝 363.7 万吨，与 2012 年相比增加 5.1%，为仅次于 2011 年的历史第二高位；价值 116.9 亿美元，同比增长 3.7%；出口平均价格为每吨 3 213 美元，同比下跌 1.3%。同期，我国进口铝 96.3 万吨，同比减少 17.7%；价值 40.4 亿美元，同比下降 15.7%；进口平均价格为每吨 4 191 美元，同比上涨 2.5%。

（一）出口总体平稳，进口量随着价格回落而逐渐增加

2013 年，我国铝出口量除 2 月份外基本维持在每月 31 万吨上下波动，出口平均价格除 2 月份超过每吨 3 400 美元之外，维持在每吨 3 100 ~ 3 300 美元之间波动，但总体呈稳中有降的趋势。其中，12 月当月出口均价为每吨 3 116.5 美元，同比下跌 4.5%，环比下跌 2.5%，跌至 2011 年 4 月份以来最低点。

同期，月度进口量随着进口价格的走低而逐渐增加，尤其是第四季度，因进口平均价格下行，月度进口量的增加尤其显著。其中，12 月份进口均价为每吨 3 340 美元，为 2010 年 2 月份以来最低点；进口量为 12.5 万吨，是 2009 年 10 月份以来最高月度进口量（图 2）。

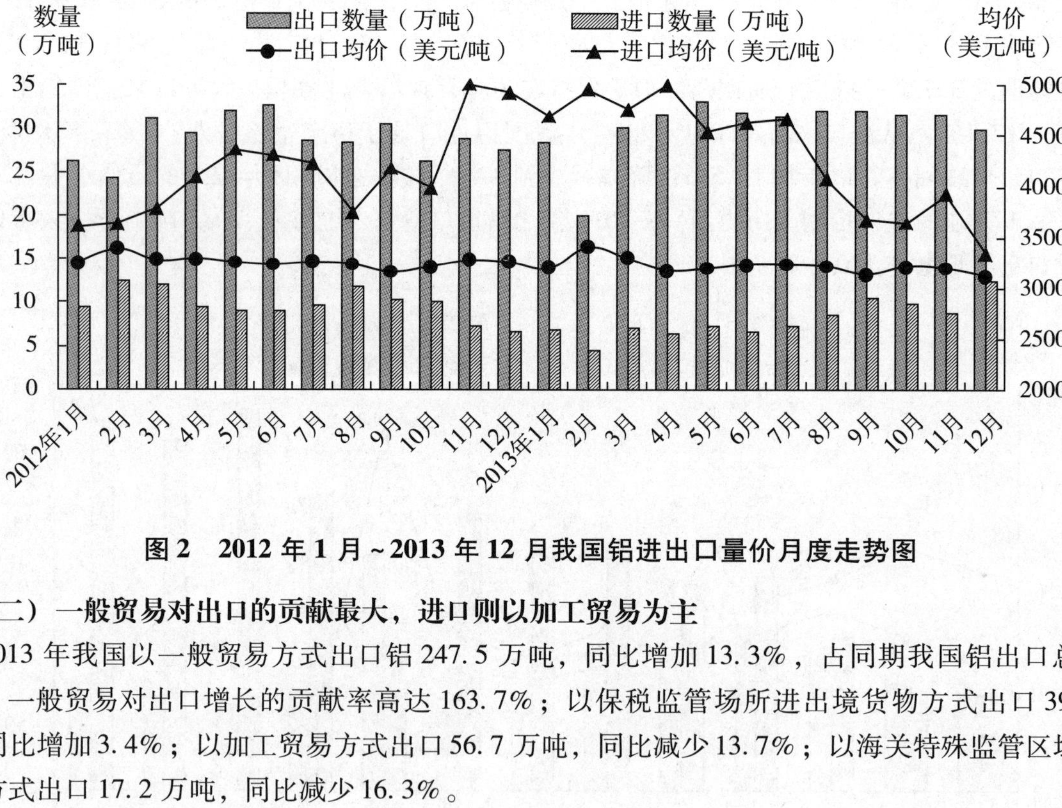

图 2　2012 年 1 月 ~ 2013 年 12 月我国铝进出口量价月度走势图

（二）一般贸易对出口的贡献最大，进口则以加工贸易为主

2013 年我国以一般贸易方式出口铝 247.5 万吨，同比增加 13.3%，占同期我国铝出口总量的 68%，一般贸易对出口增长的贡献率高达 163.7%；以保税监管场所进出境货物方式出口 39.9 万吨，同比增加 3.4%；以加工贸易方式出口 56.7 万吨，同比减少 13.7%；以海关特殊监管区域物流货物方式出口 17.2 万吨，同比减少 16.3%。

2013 年我国以加工贸易方式进口铝 41.1 万吨，同比减少 18.2%，占同期我国铝进口总量的 42.7%；以一般贸易方式进口铝 34.4 万吨，同比减少 4.8%，占同期我国铝进口总量的 35.7%；以保税监管场所进出境货物方式进口 10.9 万吨，同比减少 42.4%；以海关特殊监管区域物流货物方式进口 9.7 万吨，同比减少 16.9%。

（三）东盟、非洲、美国、韩国和欧盟是主要出口市场且对欧盟出口显著下降，自韩国、俄罗斯、澳大利亚、我国台湾地区等主要进口来源地进口均有不同程度下降

2013 年，我国对东盟、非洲、美国、韩国和欧盟分别出口铝 84.1 万吨、36 万吨、30.9 万吨、

29.7 万吨和 28.6 万吨。除对欧盟出口减少 13.1%之外，对东盟、非洲、美国和韩国出口同比分别增加 35.1%、17.2%、40.7%和 29.6%。对上述 5 个市场出口合计 209.3 万吨，占同期我国铝出口总量的 57.5%（图3）。

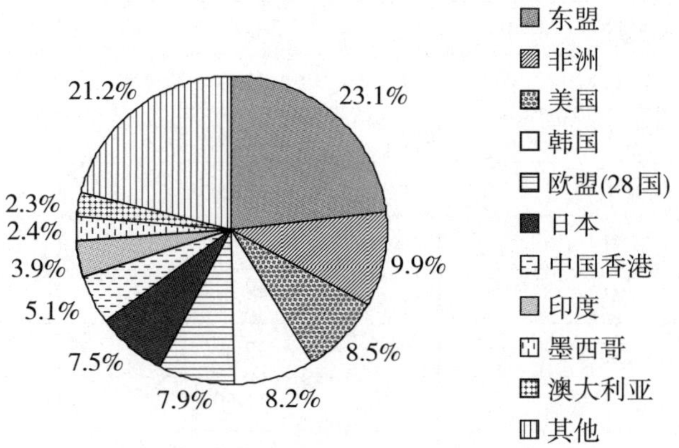

图 3　2013 年我铝出口主要市场结构图

2013 年，我国自韩国、俄罗斯、澳大利亚、我国台湾地区和欧盟分别进口铝 14.6 万吨、12.3 万吨、9.9 万吨、8.6 万吨和 8.1 万吨。除自欧盟进口增加 4.4%之外，自韩国、俄罗斯、澳大利亚和台湾地区进口同比分别减少 9.7%、32.3%、13.6%和 8%。自上述 5 个市场进口合计 53.5 万吨，占同期我国铝进口总量的 55.6%（图4）。

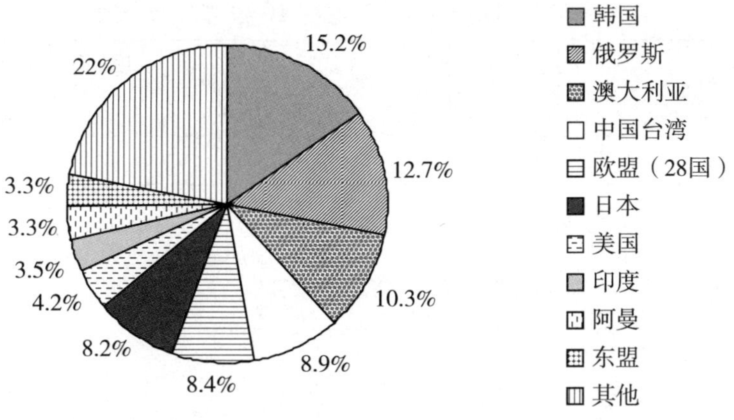

图 4　2013 年我铝进口主要来源地结构图

（四）民营企业是出口主力且增速较高，外商投资企业为进口主体但降幅明显

2013 年我国民营企业（包括集体企业、私营企业及个体工商户，下同）出口铝 224.9 万吨，同比增加 9.5%，占同期我国铝出口总量的 61.8%；外商投资企业出口 113.8 万吨，同比增加 1%，占同期我国铝出口总量的 31.3%；国有企业出口 25 万吨，同比减少 10.6%。

2013 年我国外商投资企业进口铝 58.2 万吨，同比减少 18.3%，占同期我国铝进口总量的 60.4%；民营企业进口 29.7 万吨，同比减少 1.7%，占同期我国铝进口总量的 30.8%；国有企业进口 8.4 万吨，同比减少 46.2%。

（五）广东、江苏和浙江是主要的出口省份，广东、江苏和上海是主要的进口省份

2013 年，广东、江苏和浙江分别出口铝 82.9 万吨、59.8 万吨和 42.3 万吨，同比分别增加 6.4%、8.1%和 18.8%。上述三省份出口合计占同期我国铝出口总量的 50.9%（表1）。

表1　2013年我国铝出口量前10位省份情况表

序号	省份	2013年	
		出口量（万吨）	同比（%）
	总计	363.7	5.1
1	广东	82.9	6.4
2	江苏	59.8	8.1
3	浙江	42.3	18.8
4	上海	36.6	-15.7
5	山东	34.8	29.5
6	辽宁	32.6	2.3
7	福建	21.1	-6.7
8	河南	16.9	21.9
9	天津	7.8	-19.4
10	重庆	4.7	-4.0

2013年，广东、江苏和上海分别进口铝32.1万吨、15.5万吨和11.6万吨，同比分别减少15.2%、1.4%和34.7%。上述三省份进口合计占同期我国铝进口总量的61.5%（表2）。

表2　2013年我国铝进口量前10位省份情况表

序号	省份	2013年	
		进口量（万吨）	同比（%）
	总计	96.3	-17.7
1	广东	32.1	-15.2
2	江苏	15.5	-1.4
3	上海	11.6	-34.7
4	山东	9.7	-35.8
5	福建	9.5	-24.6
6	浙江	3.9	-10.7
7	辽宁	3.5	94.7
8	北京	2.9	-0.1
9	湖北	1.7	14.7
10	天津	1.6	-6.8

（六）出口和进口前20家企业集中度均有所下降

2013年我国有铝出口业绩的企业共10 883家，比2012年减少93家，其中出口量在1万吨以上的企业69家，出口量在10万吨以上的企业仅有2家。2013年，我国铝出口量排在前20家的企业合计出口134.7万吨，占出口总量的37%，比2012年减少2.8个百分点（表3）。

2013年我国有铝进口业绩的企业共6 393家，比2012年减少31家，其中进口量在1 000吨以上的企业172家，进口量在1万吨以上的企业15家。进口量排在前20家的企业合计进口35.1万吨，占全国进口总量的36.4%，比2012年减少4.4个百分点（表4）。

表3　2013年我国铝出口前20家企业情况表

序号	经营单位名称	2013年		
		出口量（万吨）	同比（%）	占出口总量的比重（%）
	总计	363.7	5.1	100.0
1	营口千祥贸易有限公司	28.3	1 358.9	7.8
2	怡球金属资源再生（中国）股份有限公司	13.4	-20.7	3.7
3	烟台锦泰国际贸易有限公司	9.0	-0.2	2.5
4	肇庆市大正铝业有限公司	8.3	3.5	2.3
5	厦门厦顺铝箔有限公司	7.1	26.1	1.9
6	天津博瑞鑫贸易有限公司	6.7	-20.8	1.8
7	杭州鼎胜进出口有限公司	6.6	7.9	1.8
8	亚洲铝业（中国）有限公司	6.4	1 237.7	1.8
9	郑州明泰实业有限公司	5.0	10.0	1.4
10	南通曼特威金属材料有限公司	4.8	33.8	1.3
11	上海新格有色金属有限公司	4.6	-23.0	1.3
12	萨帕铝热传输（上海）有限公司	4.4	5.4	1.2
13	浙江巨科铝业有限公司	4.3	125.1	1.2
14	青岛德诚矿业有限公司	3.9	26.7	1.1
15	中铝瑞闽铝板带有限公司	3.8	-34.6	1.1
16	镇江鼎胜铝业股份有限公司	3.8	159.7	1.1
17	深圳永利兴达贸易有限公司	3.8	24.2	1.0
18	河南明泰铝业股份有限公司	3.5	9.6	1.0
19	江苏中基复合材料有限公司	3.5	24.8	1.0
20	上海锋铂国际贸易有限公司	3.4	-35.0	0.9

表4　2013年我国铝进口前20家企业情况表

序号	经营单位名称	2013年		
		进口量（万吨）	同比（%）	占进口总量的比重（%）
	总计	96.3	-17.7	100.0
1	青岛泰达矿业有限公司	4.1	-	4.2
2	广州畅浩货运代理有限公司	3.7	534.2	3.8
3	厦门厦顺铝箔有限公司	3.3	-34.7	3.5
4	青岛德诚矿业有限公司	3.2	-67.7	3.3

续表

序号	经营单位名称	2013 年		
		进口量（万吨）	同比（%）	占进口总量的比重（%）
5	波尔亚太（佛山）金属容器有限公司	2.9	23.7	3.0
6	镇江鼎胜铝业股份有限公司	2.2	2 007.4	2.3
7	台山市金桥铝型材厂有限公司	1.5	-1.1	1.6
8	波尔亚太（湖北）金属容器有限公司	1.3	8.7	1.4
9	富泰华工业（深圳）有限公司	1.3	-47.4	1.4
10	丹东宝润贸易有限公司	1.3	-	1.4
11	南方铝业（中国）有限公司	1.3	-68.9	1.3
12	SMC（北京）制造有限公司	1.2	54.0	1.2
13	怡球金属资源再生（中国）股份有限公司	1.1	-14.3	1.1
14	珠海鼎立包装制品有限公司	1.0	-34.9	1.1
15	张家港润盛科技材料有限公司	1.0	-2.5	1.0
16	上海浦鸿达金属贸易有限公司	1.0	-21.8	1.0
17	波尔亚太（深圳）金属容器有限公司	0.9	-54.7	1.0
18	漳州灿坤实业有限公司	0.9	78.1	1.0
19	中铝瑞闽铝板带有限公司	0.9	-10.3	0.9
20	世天威物流（上海外高桥保税物流园区）有限公司	0.9	-47.4	0.9

（七）铝材出口所占比重超过 8 成，铝材和未锻造铝进口平分秋色

2013 年我国出口铝材 306.5 万吨，同比增加 8.3%，占同期我国铝出口总量的 84.3%；平均价格为每吨 3 395.2 美元，同比下跌 2%。同期，出口未锻造的铝 57.2 万吨，同比减少 9.3%，占同期我国铝出口总量的 15.7%；平均价格为每吨 2 236.7 美元，同比下跌 3.8%。

2013 年我国进口铝材 48.2 万吨，同比减少 9.3%，占同期我国铝进口总量的 50%；平均价格为每吨6 282.2美元，同比下跌 1.6%。同期，进口未锻造的铝 48.1 万吨，同比减少 24.8%，占同期我国铝进口总量的 50%；平均价格为每吨 2 098.3 美元，同比下跌 4.1%。

三、2013 年我国铝出口低速增长且价格低迷的主要原因

（一）我国铝产量快速增加及国外铝供给减少推动出口增长

国家统计局的数据显示，2013 年我国铝材产量为 3 962.5 万吨，同比增加 24%。国际铝业协会统计数据显示，2013 年我国原铝产量同比增加 11%，而中国之外的市场铝供给合计减少 1%。国外市场供给减少，我国铝产量显著增加，推动了 2013 年我国铝出口增加。

（二）铝内需增加，企业出口动力减弱致增速较低

国家统计局的数据显示，2013 年我国房屋新开工面积 20.1 亿平方米，同比增加 13.5%①。据

① 《2013 年全国房地产开发和销售情况》，国家统计局网站，2014 年 1 月 20 日。

中国汽车工业协会的数据，2013 年我国生产汽车 2 211.7 万辆，同比增加 14.8%①。2013 年铝产品下游的两大支柱产业增速较快，推动国内铝需求增加。国内铝的周库存量从 3 月份的 50 万吨连续 9 个月减少至 12 月末的 18.2 万吨②。铝产品的内需持续增加，导致企业出口动力减弱，出口增速趋缓。

（三）全球铝价低迷，出口价格处于低位

2012 年年末伦敦金属交易所（LME）铝价收于每吨 2 065 美元，而 2013 年该交易所铝价持续走低，3 月初跌破 2 000 美元，4 月初跌破 1 900 美元，2013 年年末该交易所铝价收于每吨 1 800 美元，同比下跌 12.8%，每吨下跌 265 美元。国际市场价格低迷，我国铝出口价格亦处低位。

四、我国铝进出口的影响因素分析

（一）国际铝价屡遭看空，铝出口价格受到抑制

2013 年伦敦金属交易所铝每吨收盘价最高为 2 168 美元，最低为 1 740 美元。12 月 9 日，德国商业银行预计 2014 年铝均价为 1 850 美元的相对低位③。高盛公司长期看空铝价，预计 2014 年铝均价为每吨 1758 美元④。2014 年 1 月，高盛公司进一步下调了 3 ~6 个月的市场预期，其中下调 3 个月铝价格预期 100 美元至每吨 1 700 美元；下调 6 个月铝价格 50 美元预期至每吨 1 700 美元⑤。尽管将 12 个月铝价格预期上调 50 美元至每吨 1 750 美元，但仍然低于 2012 年年末伦敦金属交易所铝 1 800 美元的收盘价。国际投行、机构对铝价的普遍看空，将在较大程度上抑制我国铝出口价格。

（二）原料进口来源地过于集中，印度尼西亚出口禁令或将引发铝产业链连锁反应

2013 年我国进口铝土矿 7 070.3 万吨，其中 67.7% 来自印度尼西亚。同期，我国氧化铝进口的 93.3% 来自澳大利亚，铝行业的原料进口来源集中于少数国家。自 2014 年 1 月 12 日起，印度尼西亚禁止铝土矿出口，将影响我国铝行业的原料供应，不仅铝土矿原料供应缺口拉大，氧化铝进口也出现了借机涨价的迹象，澳大利亚和印度开出 2014 年的氧化铝 FOB 协议价格为伦敦金属交易所期铝的 17.8% ~18.5%，高于 2013 年的 16.1% ~16.3%。原料供应紧张和价格上涨也可能进一步推高未锻造铝进口量，2013 年 12 月份我国进口未锻造的铝 8.6 万吨，同比增加 2.7 倍，环比增加 1.8 倍。

（三）企业集中度明显偏低，较难取得进出口话语权

据统计，目前国内铝行业前 10 名企业集中度不足 40%。进口、出口前 10 家企业所占比重更是仅在 26% 左右。无论是从国内生产企业角度看，还是从进出口企业角度看，我国铝行业的集中度都明显偏低，国内企业之间的无序贸易状态，很难在国际市场上取得贸易话语权。海关 2014 年 1 月对部分氧化铝进口企业的调研显示，部分氧化铝定价模式已从之前的比例价转变为指数定价和现货价采购，这一转变不仅使得国内电解铝企业很难提前锁定成本，增加了经营的风险，而且更便于氧化铝的供货方抬高售价，使得我国铝加工企业在进出口中处于不利的地位。

五、铝进出口形势展望

2014 年 1 月 12 日，印度尼西亚矿石出口禁令正式实行，我国铝土矿进口总量 67.7% 的来源缺

① 《2013 年我国汽车产销超 2000 万辆》，搜狐汽车，2014 年 1 月 9 日。
② 历史数据查询，中铝网，2014 年 1 月 9 日。
③ 《德国商业银行：预计 2014 年铝均价为 1,850 美元》，上海铝行业协会，2013 年 12 月 10 日。
④ 《高盛：2014 年铝均价预计为每吨 1,758 美元》，上海铝行业协会，2013 年 12 月 7 日。
⑤ 《高盛上调 12 个月铝价格预期》，上海铝行业协会，2014 年 1 月 22 日。

口急需尽快弥补，否则将可能对下游氧化铝及电解铝企业的正常生产经营带来一定的负面影响。从出口来看，在铝供给过剩的情况下，国际市场的竞争将会更加激烈，预计 2014 年我国铝出口难以保持较高的增速，国际市场铝价也难以出现较大涨幅，我国铝出口企业的利润空间或将受到挤压；进口方面，由于受到铝土矿贸易政策变化的影响，未锻造铝进口或将有所增长，并可能给国内电解铝企业带来一定的冲击。

2013 年我国煤进出口年度报告

随着经济快速发展，我国对能源需求大幅上升，从抑制“两高一资”产品的大量出口，到鼓励进口能源资源产品，再到直接投资海外资源产地及并购国外能源企业，无不彰显着我国对能源资源的重视。目前，我国工业发展水平仍处于煤炭经济向石油经济转化阶段，油气及新能源在能源消费中的比重不断提升，但 2012 年煤炭在我国一次能源消费总量中的占比仍超过 66%。作为世界上最大的煤生产和消费国，曾经丰衣足食的煤炭已出现区域性供给困难，促使我国煤炭贸易形势发生根本性转变。在出口减少与进口增加的双重助推下，自 2009 年起我国已悄然从煤净出口国转为净进口国，且进口量逐年走高。

一、加入世界贸易组织以来我国煤进出口情况

加入世界贸易组织后，国内经济的快速增长，带动了能源消费量的持续增加，我国煤炭需求不断加大，并出现膨胀性发展局面，煤炭贸易也随之呈现出进口快速增长、出口持续萎缩态势，而近年来“多进少出”的特点愈发明显。特别是国际金融危机发生后，我国煤炭进出口形势发生了根本转变，2009 年我国彻底完成了在国际煤炭贸易市场上的角色转换，从曾经的全球第二大煤炭出口国变身为对国际市场有巨大影响的净进口国，且当年净进口量一举突破亿吨大关。自此，我国煤炭进口“突飞猛进”，2008 ~ 2012 年的 5 年间我国煤炭年进口量平均增幅高达 60. 3%，使得净进口量在数年中连上台阶。2013 年，我国继续扩大净进口量，当年净进口煤 3. 2 亿吨，比 2012 年增加 14. 5%。这也使我国自 2011 年超越日本成为全球煤炭进口第一大国以来，连续 3 年稳居该宝座（图 1）。

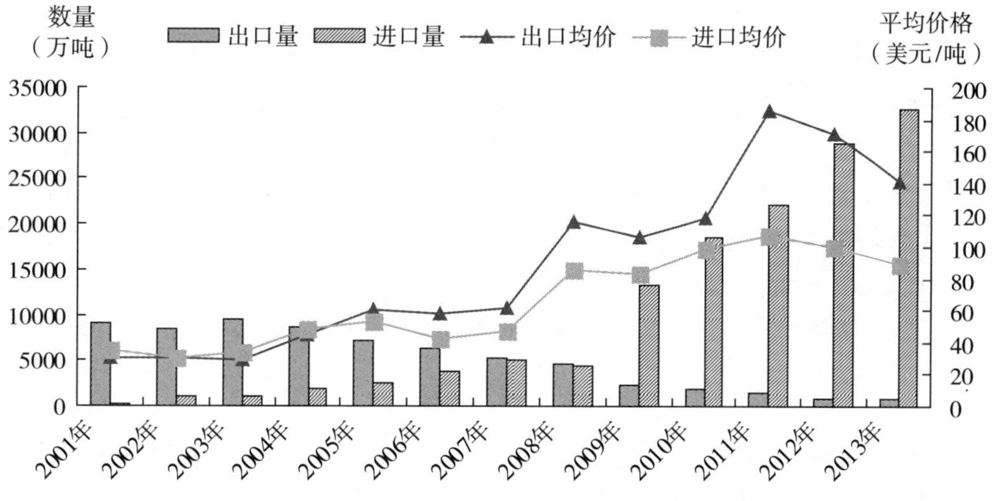

图 1　2001 ~ 2013 年我国煤进出口年度走势图

二、2013 年我国煤进出口的主要特点

2013 年，我国煤炭贸易继续呈现出口减少、进口增加的态势，当年出口煤 750. 9 万吨，比 2012 年减少 19. 1%；价值 10. 6 亿美元，同比下降 33. 1%；出口平均价格为每吨 141. 4 美元，同比下跌

17.4%。同年，我国进口煤3.3亿吨，同比增加13.4%；价值290亿美元，同比增长1%；进口平均价格为每吨88.7美元，同比下跌11%。

（一）全年出口量价低位运行，年末进口量再飙新高

2013年，我国煤出口量始终保持低位运行，全年各月出口量均未超过100万吨，月度出口量最高出现在7月份，当月出口82万吨，而10月份仅出口40.4万吨，为全年最低。同年，各月进口量均维持在2 000万吨以上，并呈现“两头高、中间低”走势，年初1月份和年尾12月份为当年月度进口量的两个高点。最高点的12月份进口煤3 546万吨，同比增加1.1%，环比增加24.7%。价格方面，全年进出口价格均波动走低，出口价格自1月份达到每吨163.4美元后，持续震荡下行，未再超过每吨150美元大关；进口价格则全年未超过每吨95美元，且在11月份仅为每吨82.6美元，为全年最低（图2）。

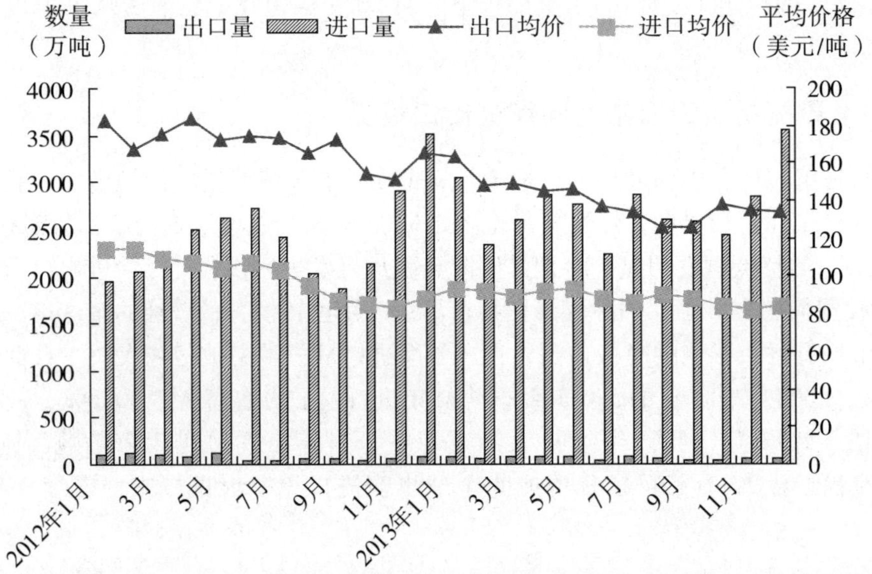

图2 2012年1月~2013年12月我国煤进出口月度走势图

（二）以一般贸易为主要进出口方式，所占比重超过8成

2013年，我国以一般贸易方式出口煤626.7万吨，同比减少22.8%，占同期我国煤出口总量的83.5%；以海关特殊监管区域方式出口119.3万吨，同比增加6.2%，占同期我国煤出口总量的15.9%。同期，我国以一般贸易方式进口煤3亿吨，同比增加17.5%，占同期我国煤进口总量的91.5%；以边境小额贸易方式进口2 261万吨，同比减少18.3%，占同期我国煤进口总量的6.9%。

（三）主要出口至韩国和日本，东盟、澳大利亚、俄罗斯和蒙古位居进口来源地前4位

我国煤炭出口市场相对集中，对日、韩出口合计超过总体出口量的8成。2013年，我国对韩国出口煤335.5万吨，同比减少10.2%；对日本出口312.1万吨，同比减少22.9%。

东盟是我国煤进口最大来源地，占进口总量的近半壁江山。2013年，我国自东盟进口煤1.4亿吨，同比增加2.1%，占同期我国煤进口总量的43.5%；自澳大利亚进口8 819.1万吨，同比增加48.4%，占同期我国煤进口总量的27%；自俄罗斯进口2 727.9万吨，同比增加35.1%，占同期我国煤进口总量的8.3%；自蒙古进口1 749.5万吨，同比减少21%，占同期我国煤进口总量的5.3%（图3）。

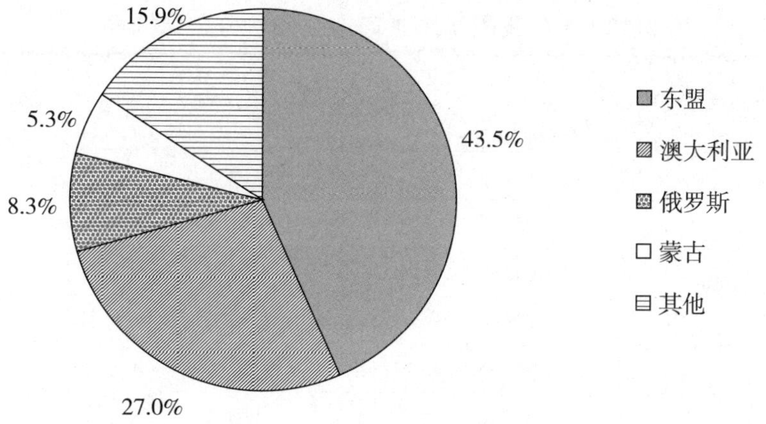

图3　2013 年我国煤进口主要来源地分布图

（四）国有企业主导出口，民营企业为进口主力

2013 年，国有企业仍占据着我国煤炭出口的绝对主导地位，共出口煤 719. 2 万吨，同比减少 21. 1%，占同期我国煤出口总量的 95. 8%。同期，民营企业进口煤 1. 7 亿吨，同比增加 12. 5%，占同期我国煤进口总量的 50. 5%；国有企业进口 1. 4 亿吨，同比增加 17. 7%，占同期我国煤进口总量的 42. 3%。

（五）北京、河北、天津、山西出口超 100 万吨，广东位居进口首位

北京由于拥有众多资源类注册企业，居 2013 年我国煤出口量各省份榜首，共出口煤 280. 4 万吨，同比减少 28. 5%，占同期我国煤出口总量的 37. 3%。此外，河北作为传统工业重地，出口 129. 8 万吨，同比减少 29. 2%，占同期我国煤出口总量的 17. 3%；具有口岸优势的天津出口 116. 9 万吨，同比减少 1. 8%，占同期我国煤出口总量的 15. 6%；传统产地山西出口 105. 2 万吨，同比减少 26. 7%，占同期我国煤出口总量的 14%（表 1）。

表 1　2013 年我国煤炭出口主要省份分布结构表

省份	2013 年		
	出口量（万吨）	同比（%）	比重（%）
总计	708. 7	-22. 2	94. 4
北京	280. 4	-28. 5	37. 3
河北	129. 8	-29. 2	17. 3
天津	116. 9	-1. 8	15. 6
山西	105. 2	-26. 7	14. 0
山东	76. 4	5. 6	10. 2

由于我国用煤大省多为南方沿海地区，而运力的瓶颈导致主产区西部、北部地区的煤炭无法低价高效地运到沿海省市，2013 年广东进口煤 5 951 万吨，同比减少 12%，占同期我国煤进口总量的 18. 2%。此外，北京进口 4 643. 9 万吨，同比减少 12. 9%，占同期我国煤进口总量的 14. 2%；山东进口 4 279. 8 万吨，同比增加 50. 5%，占同期我国煤进口总量的 13. 1%；福建进口 2 753. 5 万吨，同比增加 32. 5%，占同期我国煤进口总量的 8. 4%（表 2）。

表2　2013年我国煤炭进口主要省份分布结构表

省份	2013年		
	进口量（万吨）	同比（%）	比重（%）
总计	20 101.8	10.5	61.5
广东	5 951.0	-12.0	18.2
北京	4 643.9	-12.9	14.2
山东	4 279.8	50.5	13.1
福建	2 753.5	32.5	8.4
天津	2 473.6	110.4	7.6

（六）出口企业集中度较高，进口企业较为分散

我国煤炭出口企业集中度较高，2013年，有出口记录的企业共有139家，出口量前10位企业出口总计685.7万吨，占同期我国煤出口总量的91.3%。其中，我国煤炭出口龙头企业神华煤炭运销公司出口煤252.3万吨，同比减少29.4%，占同期我国煤出口总量的33.6%。此外，第2位天津中煤进出口有限公司出口116.9万吨，同比减少1.7%，占同期我国煤出口总量的15.6%；第3位的中国煤炭工业秦皇岛进出口有限公司出口97.5万吨，同比减少24.1%，占同期我国煤出口总量的13%（表3）。

表3　2013年我国煤主要出口企业情况表

名次	企业名称	2013年		
		出口量（万吨）	同比（%）	比重（%）
	总计	685.8	-18.0	91.3
1	神华煤炭运销公司	252.3	-29.4	33.6
2	天津中煤进出口有限公司	116.9	-1.7	15.6
3	中国煤炭工业秦皇岛进出口有限公司	97.5	-24.1	13.0
4	山西煤炭进出口集团有限公司	93.6	-31.5	12.5
5	中煤能源山东有限公司	35.5	-1.4	4.7
6	营口港务集团保税货物储运有限公司	22.5	-	3.0
7	中国矿产有限责任公司	22.1	-18.2	2.9
8	唐山曹妃甸进出口保税储运有限公司	21.5	187.3	2.9
9	烟台港务货运经营有限责任公司	13.0	-27.2	1.7
10	山煤煤炭进出口有限公司	10.9	68.9	1.5

相比之下，我国煤进口企业集中度则较为分散，2013年我国有煤炭进口记录的企业共864家，前20位企业进口合计也仅占同期我国煤进口总量的32.8%。2013年进口超百万吨的企业达到77家，超千万吨的企业仅有神华销售集团有限公司1家，进口煤1 188.4万吨，同比减少11.2%，占同期我国煤进口总量的3.6%（表4）。

表 4　2013 年我国煤主要进口企业情况表

名次	企业名称	2013 年		
		进口量（万吨）	同比（%）	比重（%）
	总计	10 742.0	33.7	32.8
1	神华销售集团有限公司	1 188.4	-11.2	3.6
2	天津物产集团有限公司	906.9	805.1	2.8
3	中建材集团进出口公司	840.2	5.1	2.6
4	潮州市亚太能源有限公司	782.8	-22.9	2.4
5	中国华能集团燃料有限公司	723.9	577.0	2.2
6	广东省电力工业燃料有限公司	625.5	55.7	1.9
7	华能国际电力燃料有限责任公司	572.9	-27.8	1.7
8	日照市弘鲁电力能源有限公司	550.2	55.6	1.7
9	广州大优煤炭销售有限公司	546.0	-27.1	1.7
10	东莞市辉煌能源有限公司	505.6	426.1	1.5
11	鞍钢集团国际经济贸易公司	439.1	610.7	1.3
12	柳州钢铁股份有限公司	437.3	117.3	1.3
13	天津俊安煤焦化工有限公司	371.7	89.4	1.1
14	华阳电业有限公司	366.3	5.9	1.1
15	乌拉特中旗毅腾矿业有限责任公司	330.9	-2.5	1.0
16	广东大唐国际潮州发电有限责任公司	318.9	9.8	1.0
17	厦门建发能源有限公司	312.0	97.4	0.9
18	中国矿产有限责任公司	311.2	-18.3	0.9
19	山西金石达国际贸易有限公司	308.9	62.0	0.9
20	江苏沙钢国际贸易有限公司	303.3	158.2	0.9

（七）烟煤是主要进出口品种

2013 年我国出口烟煤 450.5 万吨，同比减少 22.8%，占同期我国煤出口总量的 60%。其中，炼焦煤出口 111.1 万吨，同比减少 15.1%；其他烟煤出口 339.4 万吨，同比减少 25%。此外，出口无烟煤 259.3 万吨，同比减少 19.4%，占同期我国煤出口总量的 34.5%（表 5）。

表 5　2013 年我国主要品种煤炭出口情况表

商品名称	2013 年出口			累计同比		
	数量（万吨）	金额（亿美元）	均价（美元/吨）	数量（%）	金额（%）	均价（%）
烟煤	450.5	5.7	126.2	-22.8	-37.0	-18.4
其中：炼焦煤	111.1	1.8	163.0	-15.1	-34.2	-22.6
其他烟煤	339.4	3.9	114.1	-25.0	-38.2	-17.6
无烟煤	259.3	4.3	164.5	-19.4	-32.5	-16.3

2013 年，烟煤仍是我国进口最大煤种，共进口 1.9 亿吨，同比增加 21.9%，占同期我国煤进口总量的 57.6%。其中，炼焦煤进口 7 538.5 万吨，同比增加 40.8%；其他烟煤进口 1.1 亿吨，同比增加 11.8%。此外，进口褐煤 5 993.5 万吨，同比增加 10.7%，占同期我国煤进口总量的 18.3%。我国进口的褐煤 9 成以上来自东盟，2013 自东盟共进口褐煤 5970 万吨，同比增加 11.2%，占同期我国褐煤进口总量的 99.6%（表 6）。

表 6　2013 年我国主要品种煤炭进口情况表

商品名称	2013 年进口			累计同比		
	数量（万吨）	金额（亿美元）	均价（美元/吨）	数量（%）	金额（%）	均价（%）
烟煤	18 845.4	197.2	104.7	21.9	8.8	-10.7
其中：炼焦煤	7 538.5	98.4	130.6	40.8	28.7	-8.6
其他烟煤	11 306.9	98.8	87.4	11.8	-5.7	-15.7
褐煤	5 993.5	31.1	51.8	10.7	-8.8	-17.7
无烟煤	3 966.5	34.6	87.3	15.3	4.2	-9.6
其他煤	3 897.1	27.0	69.2	-13.7	-30.0	-18.8

三、2013 年我国煤进口量增价跌的主要原因分析

（一）需求下降致国际煤价震荡下跌

受主权债务危机等影响，2013 年，世界经济增长动力不足，世界能源需求的增速有限。据预测，全球能源消费在 2013 年增长 3%，比 2010 年在刺激政策驱动下的增长率低了 1.4 个百分点①。与此同时，全球煤炭供应形势偏松，2013 年中期由于欧洲雨水较多影响港口卸货及需求较差影响，国际煤价出现较大降幅，欧洲动力煤到岸价及南非煤炭离岸价均出现 3 美元左右降幅，与亚太区域煤价价差继续拉大。临近年底，国际煤炭市场成交清淡，国际三港动力煤价格指数全线下跌。截至 2013 年 12 月 27 日，澳大利亚纽卡斯尔港动力煤价格指数为每吨 86.3 美元，较上周同期下跌 0.07%；南非理查德港动力煤价格指数为每吨 85.17 美元，跌幅为 0.87%；欧洲 ARA 三港市场动力煤价格指数为每吨 82.97 美元，跌幅为 1.86%②。

（二）国外煤价格优势导致进口量居高不下

我国煤炭储量主要分布在华北和西北地区，近年来煤炭实际需求增长与消费重地则集中在东部沿海经济较发达地区，因此煤炭从产地到消费地的运输瓶颈越发突出。特别是华南地区，从东南亚国家进口外煤比直接采购国产煤更加具有价格和运输优势，广东省便常年占据我国煤进口省份头把交椅，占我国煤进口总量比重保持在 20% 左右。由于国外进口煤具有质优价低的特点，即便加上长途海运费也比采购国内同等质量煤种具有价格优势，是吸引我国大量进口的主要因素。在 2013 年 6 月份国内煤价低点时，澳大利亚 5500 大卡动力煤报价约每吨 83 美元，加上 17% 的增值税，澳大利亚煤运至广东等华南地区的平均价格约每吨 600 元。相比之下，同期环渤海地区同等煤种综合平均价格在每吨 610 元，而从秦皇岛港运至南方港口的运费约每吨 40 元，总成本比较下来澳大利亚煤

① 《全球能源业 2013 展望：能源需求反映经济走势》，人民网，2013 年 5 月 17 日。
② 《国际三港动力煤价全线下跌》，郑州商品交易所网，2013 年 12 月 31 日。

炭价格优势明显。

四、我国煤进出口的影响因素分析

（一）褐煤恢复3%进口关税实施效果有限

褐煤是成熟度最低的一种煤，水分、灰分含量较高，直接燃烧效率低，同时污染物和二氧化硫排放量较大。2009～2013年，我国褐煤进口量由328.5万吨猛增至5 994万吨，占煤炭进口总量的比重则由2009年的7.5%升至2013年的18.3%。我国进口的褐煤几乎完全被电厂用来与其他煤进行配煤后直接燃烧，对我国环境污染产生巨大的负面影响。自2013年8月30日起，我国对褐煤进口关税税率进行调整，取消其零进口暂定税率，恢复实施3%的最惠国税率①。虽然取消了褐煤的零进口暂定税率，但由于我国进口的褐煤9成以上来自东盟，享受零协定税率，只要当地政府开具原产地证明，即可免除3%的进口关税。因此，恢复3%的最惠国税率仅能限制小部分源于蒙古、俄罗斯、美国的褐煤，对自东盟进口褐煤的制约作用相当有限。

（二）加快淘汰落后产能将减少部分用煤需求

2013年，受颗粒污染物排放及冷空气活动偏少等因素影响，全国各地雾霾天气频发，雾霾天气创历史新高。伴随着雾霾问题加重，全社会对这个问题的反应越来越强烈，从中央到地方纷纷出台相应政策，并对雾霾治理提出明确的定时、定量目标。从目前发布的雾霾治理方案来看，压缩和淘汰落后产能仍是治理污染排放的主要手段，而作为煤炭的相关产业，钢铁、水泥、焦炭等产能过剩且污染严重的行业是此次产能淘汰的重点。2013年，山东、河北、北京、甘肃、山西、内蒙古自治区等省份均提出了各自大气污染防治实施方案或意见，有分析认为，各地治理大气问题直接、间接涉及的煤炭消费量约在1.1亿吨，约占我国煤炭消费总量的3%。在中央层面，2013年9月12日国务院发布《大气污染防治行动计划》，除了强化末端减排外，开始从淘汰落后产能、抑制“两高”产业的角度入手，并且首次正式提出了京津冀鲁四省2017年要在2012年的基础上削减燃煤消费8 300万吨。污染行业加快淘汰落后产能将压缩这部分用煤需求，进而对煤进口产生影响。

（三）煤炭瓶颈不解决导致大量进口成为常态

从目前的国内运输格局来看，国内煤炭运输受运力及费用的制约瓶颈仍然严重。铁路方面，预计2013年大秦线完成煤炭运量4.46亿吨，已近其4.5亿吨的饱和发运量。一直以来铁路运输都是制约煤炭运输的瓶颈，正在建设的几条铁路在未来几年将在一定程度上缓解原有大秦线、朔黄线等的运输压力，但建设周期还比较长，短时间内还不能形成运力。海运方面，2013年国内沿海煤炭运费价格呈前低后高走势，特别是10月以后运价始终处于高位震荡。据中国沿海煤炭运价指数（CBCFI）显示，秦沪（4万～5万吨）船型全年平均价为35.03元/吨，同比上涨16.22%；秦广（5万～6万吨）船型全年平均价为42.07元/吨，同比上涨7.84%②。海运费用的上升进一步制约了国内煤炭的运输能力。计算运费后，从经济效益上看，东南沿海使用进口煤比国产煤更具竞争力。这也是目前我国进口煤大量集中于东部沿海地区的主要因素，甚至已出现外来煤在沿海港口转船后沿江逆行至内陆的局面，外来煤对国内煤市的冲击开始向内陆渗透。如果运输瓶颈不能解决，我国煤大量进口的局面仍将为继。

（四）进口量增加带动我国进口价格话语权提升

过去几年，我国从煤出口大国一跃成为进口第一大国，巨大的进口量使我国在世界煤炭市场上

---

① 《褐煤取消零进口暂定税率 恢复实施3%税率》，中国日报网，2013年9月2日。

② 《2013年沿海煤炭海运费市场总结及明年展望》，国际煤炭网，2013年12月31日。

的影响力持续提升。虽然目前我国进口煤炭仍参考澳大利亚、南非、欧洲等国际主流煤炭价格指数，但我国的进口与消费情况已经开始对这些指数产生侧面影响。特别是随着我国进口商购买力的增强，在国际贸易过程中的主动权有所增加。如在国际煤价由升转降的过程中，国内不少电厂或进口商拒绝执行此前与进口贸易商签订的较高价格的合同，双方再次谈判的情况比较普遍，不少年中应当执行的合同推迟到了年底。这也反映了目前我国已经在国际煤炭贸易市场中具有一定的话语权。同时，我国迅速增加的煤炭进口量也对其他主要进口国产生很大影响。如韩国中央银行在2012年4月份发布的报告书《中国煤炭进口迅速增长的背景及启示》中指出，我国为了确保煤炭进口，开始逐渐加强对煤炭出口国的影响力，这有可能成为交易国家之间发生纠纷的契机。日本长久以来一直引领煤炭贸易市场，国际煤炭价格主要由日本和澳大利亚两国决定。不过，我国和印度大幅增加煤炭进口，或许会导致曾是全球最大煤炭进口国的日本丧失价格谈判力。

五、煤进出口形势展望

进口方面，总体来看，若2014年我国经济不出现大幅度波动，加之国内产销地衔接、运输等瓶颈仍难以有效解决，预计2014年我国煤炭进出口仍将保持2013年大量净进口的局面。但作为我国煤炭进口主要地区的华东、华南等经济发达地区，受产业政策、环保要求等影响，用煤量的增长都将受到一定限制，加之2012年起国内煤价持续下跌，外煤价格优势减弱，我国煤炭进口量不太可能出现高速增加态势。由于基数的不断增大，我国煤炭年度进口量同比增幅已经由2010年的40%下降至2013年的13.4%，预计这一指标在2014年将继续回落。

出口方面，严控“两高一资”产品出口仍会是未来一段时间我国出口政策的主要导向，抑制煤炭出口的外贸政策不会放松。虽然近期我国煤炭产能过剩为出口增加提供了一定动力，但总体来看，我国出口煤在国际市场上并没有太多的价格优势，只能出口邻近的日韩等国，加之国务院2013年11月已发出《国务院办公厅关于促进煤炭行业平稳运行的意见》，要求坚决遏制煤炭产量无序增长，国内煤炭产能过剩局面将得到缓解，因此近期我国煤炭出口数量恐难出现快速增加。

2013年我国铅进出口年度报告

铅是十种常用有色金属之一，同时作为一种可再生循环利用的重要金属原材料，被广泛应用于军工、原子能技术、冶金、化工、电子、轻工、农药、医药、石油等部门，用来制造蓄电池、电缆套、防腐材料、红丹铅白、汽油防爆剂、合金、建筑工业隔音、装备上的防震材料、子弹头、原子反应堆及放射性防护材料等。目前，铅酸蓄电池制造是铅消费最主要的领域。

一、加入世界贸易组织以来我国铅进出口情况

加入世界贸易组织以来，我国铅产量和消费量快速增长，2012年铅产量和消费量分别达464.6万吨和451万吨，占全球总产量和消费量的43.7%和43.2%①，比重分别较2001年提升了25个百分点和32个百分点②，我国已成为世界最大的铅生产国及消费国。从对外贸易领域看，加入世界贸易组织以来除2009年和2012年外，我国是铅及铅制品（《中华人民共和国海关统计商品目录》中第七十八章商品，以下简称铅）的净出口国。据海关统计，2001年我国铅进出口51万吨，其中出口47.4万吨，进口3.6万吨，净出口43.8万吨；2006年9月国家取消未锻轧铅的出口退税和下调铅材出口退税率③，实施前的“抢闸出口”拉动当年铅进出口62.5万吨，净出口49.7万吨，均创下历史最高。2007年6月国家进一步限制高耗能、资源型产品出口，对精炼铅开征出口关税④，将部分铅制品列入加工贸易限制类目录⑤，并随后调低直至取消了铅制品的出口退税⑥。受此影响，铅出口锐减，2009年仅出口6.6万吨，同时在价格外弱内强的拉动下，当年铅进口创下历史最高规模21.1万吨，我国首次成为铅净进口国。此后，在国家限制铅出口和国内产量基本满足生产的形势下，铅进出口贸易明显萎缩，2012年铅进出口仅7.6万吨，其中出口创历史最低2.3万吨，继2009年后再次出现净进口局面。2013年我国铅进出口回升至9.9万吨，净出口3.3万吨，仅为2001年净出口规模的7.3%（图1）。

---

① 《结合全球铅市全局看中国铅市近年概况》，长江有色金属网，2014年1月9日。

② 《精炼铅产量和消费量》，《中国有色金属工业年鉴》，2004年。

③ 《关于调整部分商品出口退税率和增补加工贸易禁止类商品目录的通知》，财政部，2006年9月14日。

④ 《国务院关税税则委员会关于调整部分商品进出口暂定税率的通知》，国务院关税税则委员会，2007年6月。

⑤ 商务部、海关总署公告2007年第44号（关于公布加工贸易限制类商品目录），商务部，2007年7月。

⑥ 《关于取消部分商品出口退税的通知》，财政部，2010年6月。

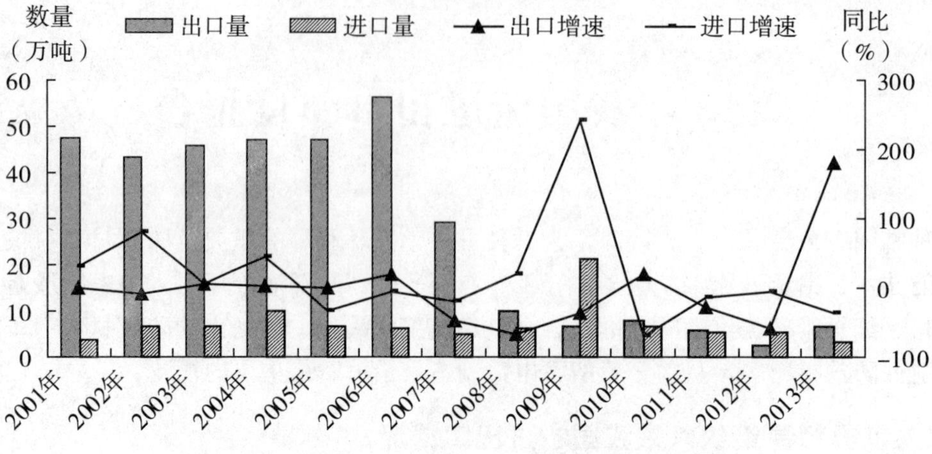

图1　2001～2013年我国铅进出口年度走势图

二、2013年铅进出口的主要特点

2013年，我国出口铅6.6万吨，同比增加1.8倍；进口铅3.3万吨，同比减少36.7%。

(一) 出口较2012年同期大幅回升但增幅波动较大，进口则延续减少趋势且降幅加深

出口方面，2013年月度出口量同比增幅显著，1月份出口达8 551吨，创2010年8月份以来的单月出口量新高，除5月份出口量跌至年度低位3 377.4吨外，其他各月铅出口量均在4 000吨以上，但同比增幅在第四季度明显减缓，12月份出口铅5 894吨，同比增加34.1%，环比增加36%。

进口则延续了2012年的减少态势，3月份仅进口789.4吨，创单月进口量历史新低，月度同比降幅基本上较2012年同期均明显加深。其中，12月份进口铅2 390吨，同比减少51.1%，环比减少38.1%。(图2)

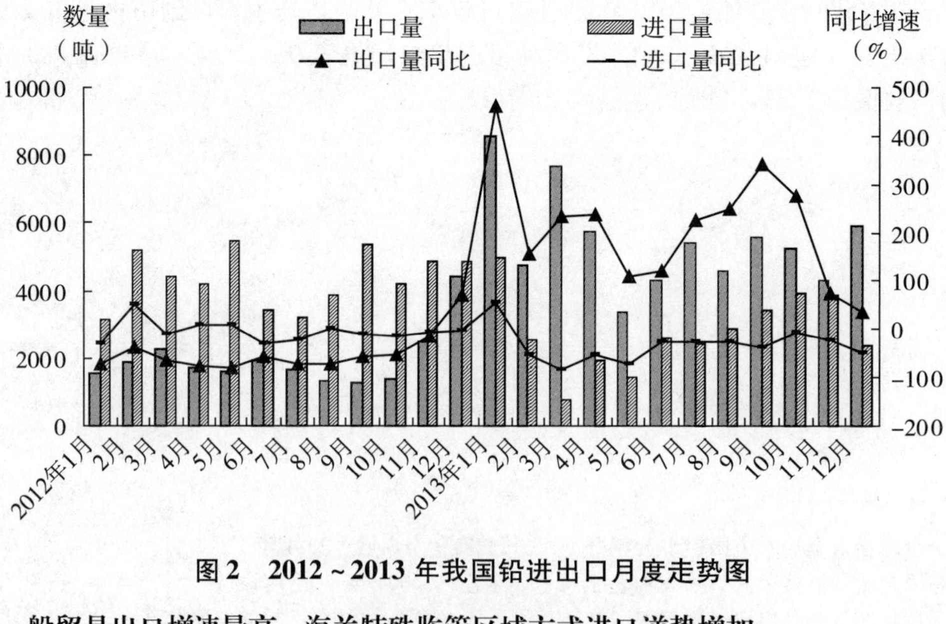

图2　2012～2013年我国铅进出口月度走势图

(二) 一般贸易出口增速最高，海关特殊监管区域方式进口逆势增加

2013年，我国以一般贸易方式出口铅3.3万吨，同比大幅增加2.2倍，高出整体增速39.2个百分点，其中以铅制品出口为主；以加工贸易方式出口3.1万吨，同比增加1.5倍，其中以未锻轧铅出口为主。

同期，以加工贸易方式进口铅 9 683 吨，同比减少 38. 9%；以一般贸易方式进口 9 635 吨，同比减少 51. 5%；以海关特殊监管区域方式进口 9 569 吨，同比逆势增加 22. 4%。上述贸易方式下几乎全部为未锻轧铅进口。

（三）东盟为最大进出口市场，对东盟出口倍增，自东盟进口大幅减少

2013 年，我国对东盟出口铅 3. 2 万吨，同比增加 3. 5 倍，其中对泰国出口 1. 7 万吨，同比大幅增加 6. 9 倍。同期，对我国台湾地区出口铅 1. 6 万吨，同比增加 1. 3 倍。对上述主要市场合计出口占同期我国铅出口总量的 72. 9%。同期，对韩国出口大幅增加 54. 8 倍（图 3）。

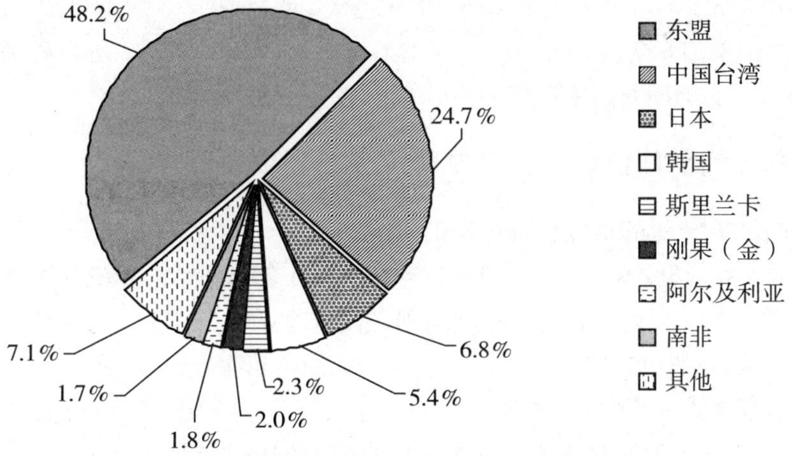

图 3　2013 年我国铅出口主要市场结构图

同期，东盟、加拿大、欧盟为主要进口来源地，我国自上述三地分别进口铅 8 648 吨、6 102 吨和 4 005 吨，自东盟和加拿大进口同比分别减少 51. 3% 和 30. 9%，自欧盟进口同比增加 12. 9%。自上述三大来源地合计进口占同期我国铅进口总量的 56. 7%（图 4）。

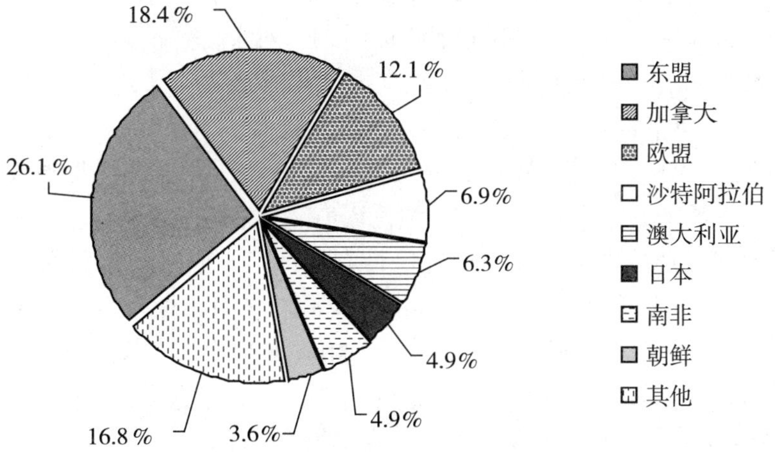

图 4　2013 年我国铅进口主要市场结构图

（四）湖南、河南和上海是主要出口省份，上海、广东和广西是主要进口省份

2013 年，湖南、河南和上海铅出口量超过 1 万吨，分别出口 2. 2 万吨、1. 8 万吨和 1. 1 万吨，同比分别增加 7. 9 倍、146. 4 倍和减少 9. 8%。上述三者合计出口占我国同期铅出口总量的 78. 3%。

同期，上海、广东和广西壮族自治区分别进口铅 1. 1 万吨、4 964 吨和 4 105 吨，同比分别减少

2.3%、59.2%和52.2%。三者合计进口占我国同期铅进口总量的62%。

（五）进出口企业集中度进一步提升，前20位企业进、出口比重均超过9成

2013年，我国有铅出口实绩的企业536家，较2012年增加8家。其中，出口量前20位的企业合计出口量占同期我国铅出口总量的90.3%，较2012年提升6.5个百分点。

同期，我国有铅进口实绩的企业448家，较2012年减少33家。其中，进口量前20位的企业合计进口量占同期我国铅进口总量的90.9%，较2012年提升5.4个百分点。

（六）未锻轧铅出口倍增，进口显著减少

2013年，我国出口铅板2.9万吨，同比增加91.6%，占同期我国铅出口的45%；出口未锻轧铅2.2万吨，同比大幅增加8.9倍，占同期我国铅出口的33.5%。同期，进口各类未锻轧铅3.2万吨，同比减少37.3%，占同期我国铅进口的96.7%。

三、2013年我国铅出口倍增、进口显著减少的主要原因

（一）全球铅市由2012年的供应过剩转为供应短缺

据国际铅锌研究小组（ILZSG）统计，2013年1~11月全球精铅总产量975.1万吨，铅消费量979.2万吨，供应短缺4.1万吨，而2012年同期则是供应过剩7万吨①。供应短缺主要是受到美国两家产能16.5万吨的铅企业出现暂时停产，唯一的一家原生铅企业面临关闭②，以及韩国、墨西哥和日本等主产区产量下滑③的影响。供应短缺也导致铅库存显著下降，2013年年初伦敦金属交易所铅库存为317 700吨，截至12月31日为214 450吨④，降幅达32.5%。全球铅市供应短缺局面刺激了我国铅出口而抑制了铅进口。

（二）国内铅产量平稳增长，下游产业需求不振

据中国有色金属工业协会最新公布的统计数据，2013年1~11月我国铅产量为418.4万吨，同比增加6.1%，尤其在2012年环保核查停产地区陆续复产及新冶炼产能投产的支撑下，上半年铅产量增幅达到了12.4%，其中主要铅产区的河南和湖南产量增幅分别达到了13.4%和21.3%⑤。铅的主要消费领域——铅酸蓄电池行业，自2011年以来国家出台一系列措施对其加以整顿规范后，2013年进入了产能过剩、去库存、行业总体利润下降的时期，对上游铅的需求也相应有所减弱。因此，国内铅产量的平稳增长和下游主要产业需求不振支撑了我国铅出口增长。

（三）铅价沪伦比值⑥下行有利于出口而不利进口

2013年国内外铅价呈现出持续下跌后触底反弹行情，但总体呈现“外强内弱”的走势，铅价沪伦比值一直在7以下波动。2013年2月份，沪伦比值降至月均6.4的低位，进口赢利空间急剧缩小并进一步下滑至盈亏平衡点之下，导致铅进口量大幅回落，同时刺激国内铅大幅出口。受此影响，3月当月我国铅出口量攀升至年内次高点7 676.2吨，进口量缩减至789.4吨。虽然下半年沪伦比值较上半年有所回升，但基本保持在6.8以下，相对2012年年均7.5的比值仍处于低位，较利于出口而不利于进口。

---

① 《2013年1~11月全球铅市供应短缺4.1万吨》，上海有色网，2014年1月16日。

② 《2013年美国两家产能16.5万吨的铅企业出现暂停》，中国铅业网，2014年1月7日。

③ 《2013年10月份铅市场评述及后市展望》，中国有色金属工业协会，2013年11月7日。

④ 《12月31日LME铅库存统计》，长江铅业网，2013年12月31日。

⑤ 《2013年7月份铅市场评述和后市展望》，中国有色金属工业协会，2013年9月9日。

⑥ 沪伦比值：沪市价和伦敦价的比值，反映进口盈亏。

四、2014 年影响铅进出口的主要因素分析

（一）全球铅供应短缺或将延续，有望提高铅生产和出口积极性

2014 年世界经济回暖明显，发达经济体经济复苏进程加快，制造业需求回升，可能进一步拉动铅消费增长。同时，据国际铅锌研究小组（ILZSG）预测，由于 2014 年加拿大、美国和欧洲部分万吨级矿山将继续出现闭坑，铅精矿产出增速将回落 4% ~5%，对应产量为 540 万 ~550 万吨，2014 年全球铅市供应仍将延续短缺格局，或将出现 2.3 万吨缺口①。国际市场持续供应短缺或将提升我国铅生产和出口积极性。

（二）受产能控制政策及下游消费市场需求的影响，国内铅市可能出现产不足需的局面

产能方面，近年来国家出台的一系列涉及有色金属行业节能减排和准入政策等，如 2011 年 12 月出台的《有色金属工业“十二五”发展规划》，明确了 2015 年铅产量控制在 550 万吨，“十二五”期间年增速为 5.2%；2013 年 2 月工信部出台的《有色金属工业节能减排指导意见》，明确了 2015 年淘汰铅（含再生铅）冶炼落后产能 130 万吨。2014 年是“十二五”的第 4 年，可以预见上述政策的后续推进效应将更加明显。需求方面，铅的下游需求行业增速趋稳，2014 年铅酸蓄电池产量估计可增长 10% 左右②。同时，在移动通信设备、电动车和汽车等终端消费领域，对铅酸蓄电池也有着较大刚性需求。2014 年全国 4G 网络基站新建规模或将达到 60 万个③；2013 年我国汽车产销双双超过 2 000 万辆，再次刷新全球汽车产销记录④；电动自行车保有量突破 2 亿辆⑤。上述领域对铅酸蓄电池的新增和更换需求都将进一步拉动对上游铅的消费需求，国内铅市可能出现产不足需的局面从而影响进出口格局。

五、铅进出口形势展望

2014 年，受产业政策后续效应和下游行业实际需求增长的影响，国内或将出现铅供应较为紧张的局面，加上我国继续对铅进出口采取出口征税和不退税、进口征收关税的税收政策，2014 年我国铅进出口贸易总体上仍将处于规模小、活跃度低的态势。

---

① 《铅年报：供应短缺格局延续，2014 年有望逐步上扬》，全球金属网，2014 年 1 月 7 日。

② 《预测 2014 年国内铅供需格局将转变》，中国行业研究网，2014 年 1 月 6 日。

③ 《4G 将引发大数据革命 三大智能行业如虎添翼》，《证券日报》，2013 年 12 月 12 日。

④ 《2013 年中国汽车产销量全球第一》，中国行业研究网，2014 年 1 月 10 日。

⑤ 《电动自行车保有量突破 2 亿辆》，《人民日报》，2013 年 10 月 21 日。

2013 年我国水泥出口年度报告

水泥是建筑工业三大基本材料之一，使用广，用量大，素有“建筑工业的粮食”之称，是国民经济发展、生产建设和人民生活不可缺少的基础性原材料。改革开放以来，我国水泥工业随着国民经济发展而迅速壮大，水泥产量以年均 11% 左右的速度快速增长，并从 1985 年起牢牢占据全球第一大水泥生产国地位，产量始终名列世界第一。2012 年世界水泥总产量约为 39 亿吨，其中我国产量为 21. 8 亿吨，约占全球水泥产量的 56% 。

一、加入世界贸易组织以来我国水泥出口概况

2001 ~2004 年，我国水泥出口相对平稳，年均出口量在 600 万吨左右。随着新型干法水泥生产技术的推广，我国水泥产能迅速扩张，2005 年我国水泥产量首次突破 10 亿吨，在国内固定资产投资增速回调等叠加因素的影响下，当年我国水泥出口量骤增到 2 216 万吨，同比增加 2. 1 倍，2006 年又进一步攀升到 3 613 万吨的出口量历史高点。为了加快经济增长结构的转变，2006 年第三季度起，我国调低了水泥产品的出口退税率，2007 年又进一步取消水泥出口退税政策，导致 2007 年水泥出口量为 5 年来首次负增长，降幅为 8. 6% 。此后，在国际金融危机影响外需，国内“4 万亿”一揽子经济刺激政策拉动内需等政策的持续影响下，我国水泥出口量震荡回落，2011 年出口 1 061 万吨，不到出口高峰时期的 1/3。2012 年之后，我国水泥出口缓慢复苏，至 2013 年已反弹到 1 454. 2万吨，同比增加 21. 2% （图 1）。

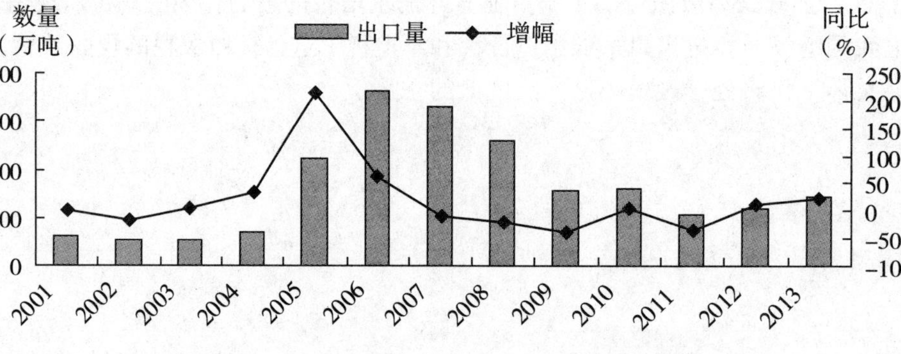

图 1 2001 ~2013 年我国水泥出口走势图

二、2013 年我国水泥出口的主要特点

2013 年，我国共出口水泥 1 454. 2 万吨，同比增长 21. 2% ；价值 8 亿美元，同比增长 16. 4% ；平均价格为每吨 54. 7 美元，同比下跌 3. 9% 。

（一）出口量总体回升，出口价格先抑后扬

2013 年，我国水泥出口量总体延续 2012 年以来的回升走势，全年有 10 个月保持同比增长。其中，8 月份出口量达到 152. 9 万吨，是 2010 年 3 月份以来单月最大出口量，之后出口量因季节因素回落，12 月出口量有所反弹，为 120. 3 万吨，同比增加 23. 9% 。同期，我国水泥出口平均价格自 2 月份起持续震荡走低，并在 9 月份跌至每吨 53. 5 美元，与 2012 年 12 月持平，也是 2011 年 1 月份

以来的最低水平。10 月份之后，我国水泥出口价格开始止跌回升，12 当月出口平均价格为每吨56.3 美元，同比上涨5.1%，环比上涨2.2%（图2）。

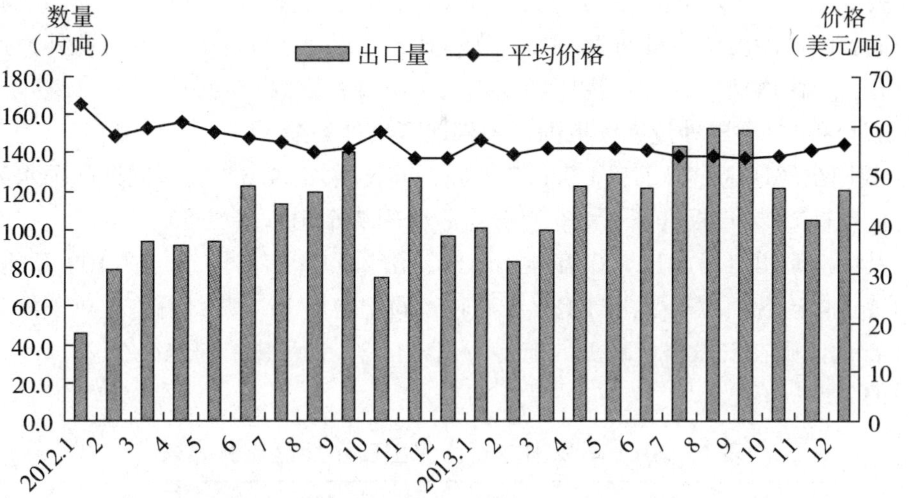

图2　2012～2013 年我国水泥出口月度量价走势图

（二）超过8 成为一般贸易出口，对外承包工程货物出口减少

2013 年，我国以一般贸易方式出口水泥1 212 万吨，同比增加25.1%，占同期我国水泥出口总量的83.4%，占比较2012 年上升了2.6 个百分点；以边境小额贸易方式出口138.3 万吨，同比增加24%，占同期我国水泥出口总量的9.5%；以对外承包工程货物方式出口93.9 万吨，同比减少17.6%，占同期我国水泥出口总量的6.5%。

（三）对非洲市场出口占近半壁江山，对澳大利亚出口倍增

2013 年，非洲仍是我国最大水泥出口市场，对其出口683.7 万吨，同比增加23.1%，占同期我国水泥出口总量的47%，所占比重较2012 年上升了0.7 个百分点；对蒙古出口154.3 万吨，为我国水泥出口第二大市场，同比增加26.6%，占同期我国水泥出口总量的10.6%；对东盟出口141.1 万吨，同比增加11.4%，但增速较2012 年的1.4 倍已大幅放缓，占同期我国水泥出口总量的9.7%。同期，对澳大利亚出口增势迅猛，共出口131.5 万吨，同比增加1.4 倍。此外，美国和欧盟作为金融危机前我国水泥的两大主要出口市场，对其出口依然较为低迷，其中对美国出口有所回暖，共出口48.8 万吨，同比增加22.4%；对欧盟则仅出口2 万吨，同比减少9.8%（图3）。

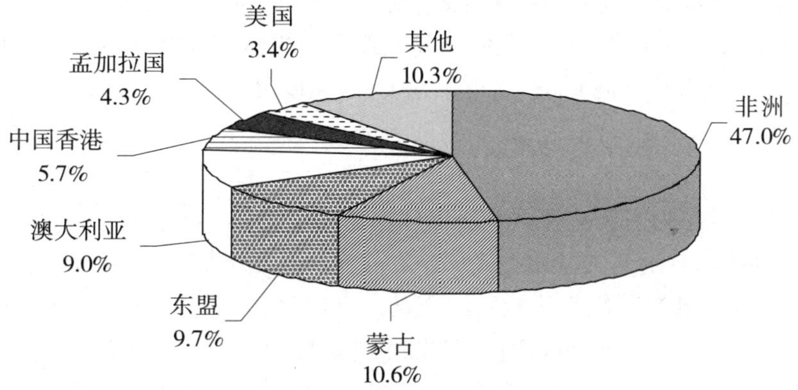

图3　2013 年我国水泥出口市场结构图

（四）国有企业比重下滑但仍为最大出口主体，民营企业出口显著增长

2013 年，我国国有企业出口水泥 665.7 万吨，同比增加 5.5%，占同期我国水泥出口总量 45.8%，占比较 2012 年下降 6.8 个百分点。同期，民营企业出口 564.1 万吨，同比大幅增加 41.4%，占同期我国水泥出口总量的 38.8%，所占比重上升了 5.5 个百分点。此外，外商投资企业出口 223.7 万吨，同比增加 33.6%，占同期我国水泥出口总量的 15.4%。

（五）东部地区出口主导地位继续巩固，中部地区出口萎缩

2013 年，我国东部地区出口水泥 1 240.7 万吨，同比增加 24.3%，占同期我国水泥出口总量的 85.3%，所占比重较 2012 年提升了 2.1 个百分点。全国 7 个出口量在 50 万吨以上省份有 6 个集中在这一地区，其中上海出口量超过 500 万吨，浙江、山东和广东出口量也在 100 万吨以上。同期，西部地区在内蒙古自治区的拉动下出口 180.4 万吨，同比增加 15.3%，所占比重下滑 0.6 个百分点到 12.4%；中部地区则在安徽出口减少的拖累下仅出口 33.1 万吨，同比减少 27.2%，占同期我国水泥出口总量的 2.3%（表 1）。

表 1　2013 年我国主要水泥出口企业区域分布表

区域	出口量（万吨）	同比（%）	占全国比重（%）
东部地区	1240.7	24.3	85.3
其中：上海	558.0	9.1	38.4
浙江	274.4	43.6	18.9
山东	122.6	74.0	8.4
广东	117.8	29.8	8.1
北京	65.3	23.3	4.5
江苏	60.9	45.0	4.2
中部地区	33.1	-27.2	2.3
其中：安徽	22.6	-41.7	1.6
西部地区	180.4	15.3	12.4
其中：内蒙古自治区	121.5	14.7	8.4
合计	1454.2	21.2	100.0

（六）出口企业数量增加，前 20 强企业集中度继续上升

2013 年，我国有出口实绩的水泥企业数 1 020 家，比 2012 年增加了 8 家。其中，出口量在 100 万吨以上的企业 2 家，与 2012 年持平；出口量在 10 万吨以上的企业 17 家，比 2012 年增加了 4 家。前 20 强企业合计出口 1 203.1 万吨，占同期我国水泥出口总量的 82.7%，所占比重较 2012 年提升 1.2 个百分点。

（七）普通硅酸盐水泥为主要品种，熟料出口增速高于整体

2013 年，我国共出口普通硅酸盐水泥 1 078.7 万吨，同比增加 17%，占同期我国水泥出口总量的 74.2%，所占比重较 2012 年下降 1.4 个百分点；出口水泥熟料 359.8 万吨，同比增加 30.5%，增速快于整体 9.3 个百分点，占同期我国水泥出口总量的 24.7%，所占比重较 2012 年上升 1.7 个百分点（图 4）。

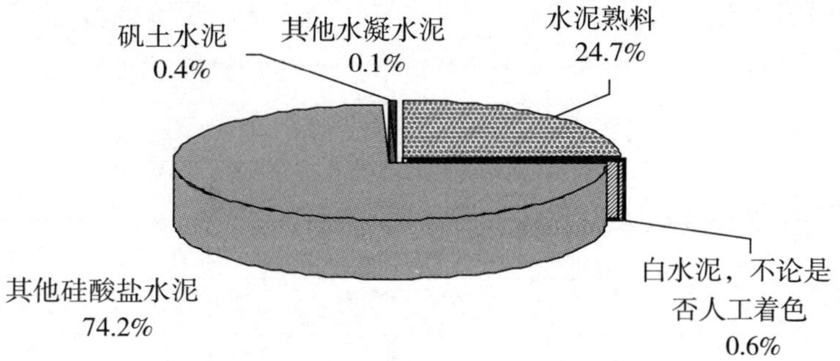

图 4　2013 年我国水泥出口商品结构图

三、2013 年我国水泥出口价格先抑后扬的主要原因

（一）产能过剩及国内需求不振致水泥价格低开

当前我国水泥行业仍处于严重的产能过剩状态，2012 年的产能利用率仅有 72.7%①。2013 年前 3 个季度，我国经济发展总体增速趋缓，固定资产投资增速也呈震荡下行态势，影响了国内水泥需求的增长。如 2013 年前 3 个季度，全国铁路基础建设投资 3 287 亿元，占全年计划总额的 62%②，建设进度缓慢，对国内水泥需求有明显的影响。在产能过剩及需求不振的双重影响下，我国水泥价格长时间处于低迷状态，进而影响出口价格。

（二）第四季度国内供需形势好转拉动价格上涨

2013 年 10 月份后，国内雾霾天气促使多地陆续采取大气污染防治措施，河北石家庄及安徽合肥等地区水泥企业生产受限。11 月以来各地雾霾天气频发，停窑限产范围继续扩大。其中，浙江余杭、湖州等地的水泥企业，限产 15 天；安徽合肥、巢湖等地的水泥企业，因节能减排继续限产 30%；南京地区因治理空气污染也有限产计划③。据国家统计局公布的规模以上工业生产主要数据显示，11 月、12 月国内水泥产量环比分别减少 0.6% 和 8.2%。水泥产量的减少，加上国内经济的回暖及各工程项目在年末普遍加快了施工进度，使得国内水泥供需形势好转，拉动水泥价格的上涨。

（三）第四季度国内煤价快速反弹支撑水泥价格回升

煤炭成本一般占水泥生产成本的 30% ~40%。自 2013 年 10 月中旬以来，环渤海动力煤价格指数连涨 11 周，至 12 月 25 日已涨至每吨 631 元，接近年内最高水平，每吨价格累计上涨 101 元。特别是 11 月下旬到 12 月中旬，每吨较上期涨幅均在两位数（图 5）。煤炭价格的快速反弹，必将增加水泥企业的生产成本，进而支撑水泥价格回升。

---

① 《2012 年建材工业运行情况及 2013 年展望》，工业和信息化部网站，2013 年 2 月 18 日。

② 《2013 年 1 ~9 月全国铁路主要指标完成情况》，中国铁路总公司网站，2013 年 10 月 12 日。

③ 《报道指因雾霾中国多地实施水泥行业限产令》，阿思达克财经新闻，2013 年 12 月 10 日。

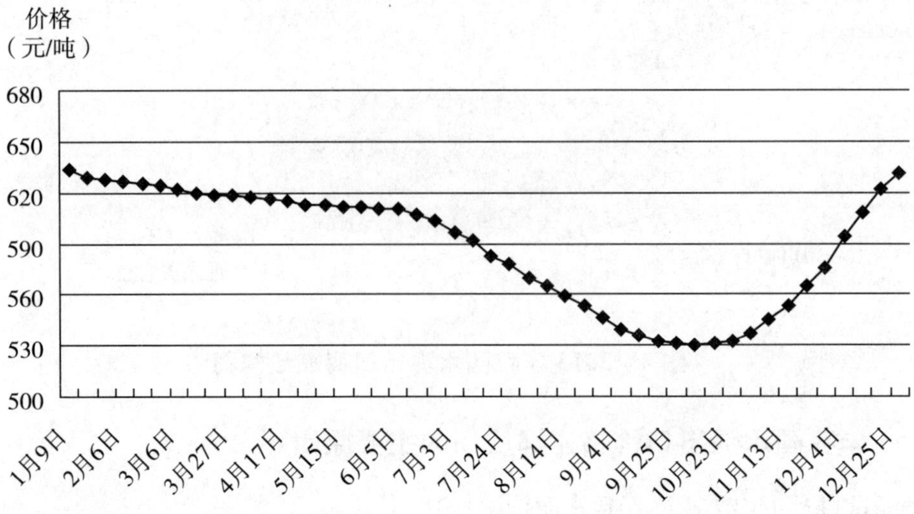

图5　2013 年环渤海动力煤价格指数走势图（5500 大卡）①

四、我国水泥出口的影响因素分析

（一）全球经济继续温和复苏有望增加外部需求

非洲是我国最大的水泥出口市场。根据国际货币基金组织 2013 年 10 月发表的世界经济年度报告，北非地区（利比亚除外）的经济仍然持续增长，撒哈拉以南非洲的经济增长仍保持平稳发展，增长率为 5% 左右。非洲地区经济的持续增长将为我国水泥出口提供稳定的外部需求。此外，随着经济的温和复苏，澳大利亚、美国、新加坡等发达经济体房地产市场也有所回暖，将对我国水泥出口产生拉动作用。据澳大利亚房屋产业协会的报告，2013 年澳大利亚新建房屋销售创近两年半新高②。这也拉动了当年我国对澳大利亚出口水泥的成倍增长。

（二）国内大力治理产能过剩，可能改善供需格局

2013 年 5 月，国家发展改革委和工业和信息化部出台《关于遏制产能严重过剩行业盲目扩张的通知》；10 月，国务院公布《关于化解产能严重过剩矛盾的指导意见》。年内连续出台两份关于抑制水泥等过剩行业产能的文件，显示出国家对产能过剩的高度重视，治理力度也在不断加强。据中国水泥协会统计的数据显示，2013 年前 11 个月全国水泥投资累计完成1 199亿元，同比下降 4. 6%，预计全年投资1 300亿元，将连续 3 年下降③。再加上环保压力的日趋增大，2014 年国内水泥供给能力增加幅度有限，水泥行业供需格局有望得到改善。

（三）环保标准不断提高等因素支撑出口价格

2013 年 12 月 27 日，国家环保部发布了最新的《水泥工业大气污染排放标准》（GB 4915—2013），其中对水泥行业窑尾的氮氧化物排放标准从现行的 800 毫克/立方米收严到 400 毫克/立方米的标准。新标准出台后，一般地区的水泥行业生产执行 400 毫克/立方米的标准，重点地区执行 320 毫克/立方米的标准。新建生产线自 2014 年 3 月 1 日起实施新标准，原有生产线自 2015 年 7 月 1 日起执行新标准。根据这一新标准，我国约有 90% 的水泥生产企业需求进行技术设备改造，将在一定程度上增加了成本，再加上近期煤炭价格反弹等因素，将对我国水泥出口价格形成有力支撑。

---

① 根据每周发布的环渤海动力煤综合指数绘制。

② 《报告显示澳新房销售达 2. 5 年新高　房产市场复苏》，环球网，2014 年 1 月 17 日。

③ 《水泥业投资额连降 3 年　2013 年赢利或达历史第二高峰》，数字水泥网，2014 年 1 月 16 日。

五、我国水泥出口形势展望

2014 年，蒙古、东盟等我国水泥新兴出口市场投资依然旺盛，而且随着全球经济的持续复苏，部分发达经济体房地产市场也有所回暖，水泥出口增长空间将有望得到进一步拓展。与此同时，国内水泥供给能力增速的放缓，将有望改善国内市场供需格局，加上生产成本提高等因素影响，将对我国水泥出口价格形成有力支撑。

2013年我国铜进出口年度报告

铜被广泛地应用于电气、轻工、机械制造、建筑工业、国防工业等领域，在我国有色金属材料的消费中仅次于铝。作为一个铜资源严重缺乏的国家，目前我国的铜消费占全球消费比重近40%，而资源占有率仅为5.5%，且我国铜矿的矿石较差，贫矿储量超过50%，富矿储量又不足10%，铜冶炼企业的原料自给率不足20%，需要从国外大量进口铜精矿和废杂铜①。

一、加入世界贸易组织以来我国铜进出口情况

加入世界贸易给织十余年来，我国未锻造铜及铜材（以下简称铜）进出口得到迅猛发展。据海关统计，2001年我国铜进出口总量仅187.3万吨，至2012年我国铜进出口总量首度突破500万吨，达到541.5万吨，较2011年同期增加14.5%，净进口铜388万吨，比2011年增加13.6%，铜进出口总量和净进口量均为历史最高水平。2013年，我国铜进口小幅减少，出口增速明显回落。全年出口铜78.3万吨，较2012年增加2%，较2012年回落14.8个百分点；价值64.5亿美元，同比下降1%；出口平均价格为每吨8 234美元，同比下跌2.9%。同期，进口铜454.2万吨，同比减少2.3%；价值354.2亿美元，同比下降8.3%；进口平均价格为每吨7 799美元，同比下跌6.1%；累计净进口铜375.9万吨，同比减少3.1%。进出口量和净进口量均为历史次高水平。

此外，2006年对于我国铜进出口而言是较为特殊的一年，自2006年4月10日起国内精炼铜以及铜合金的出口暂定税率由5%上调至10%，直接导致2006年上半年企业突击出口，加之国储物资调节中心集中出口4万吨铜，2006年我国出口铜80.6万吨，比2005年增加32.5%，为历史最高水平；从2006年1月1日起，进口废铜或铜精矿、出口未锻轧铜列入进料加工贸易禁止类目录，不再审批上述品种的加工贸易合同，导致2006年铜进口大幅减少，当年进口铜206.2万吨，比2005年减少18.6%，该数值为2002年以来的最低值。2006年全年净进口铜125.6万吨，为我国加入世界贸易组织以来最低值（图1）。

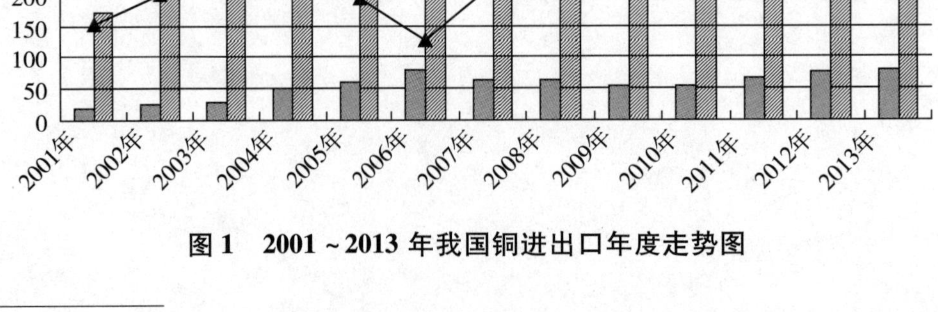

图1　2001～2013年我国铜进出口年度走势图

① 《中国铜产业竞争力分析》，中国网，2012年7月24日。

二、2013 年我国铜进出口的主要特点

（一）全年出口增速明显回落，月度进口前低后高

出口方面，2013 年，我国铜出口总体保持增长，有 3 个月出口减少，其中 5 月份出口减少 57.2%，减幅创 2001 年 1 月份以来最高点，全年出口增速较 2012 年大幅回落 14.8 个百分点。3 月份出口铜 10.4 万吨，为 2012 年 6 月份以来的最高点；9 月份出口铜 4.7 万吨，为 2012 年 9 月份以来的最低点。

进口方面，2013 年，铜进口量呈现前低后高态势，上半年总体在 40 万吨以下，下半年进口基本上都在 40 万吨以上。其中，4 月份进口铜 29.6 万吨，同比减少 21.2%，环比减少 7.5%，为 2011 年 7 月份以来最低点；9 月份进口铜 45.8 万吨，同比增加 16%，环比增加 18.1%，为 2012 年 4 月份以来进口最高。

进口和出口的平均价格均明显走低，1 月份出口均价为每吨 8 436 美元，进口均价为每吨 8 262 美元。此后进出口均价双双下滑，12 月份出口均价仅为每吨 8 055 美元，同比下跌 3%，环比下跌 1.1%，较年初均价每吨下跌 381 美元；进口均价仅为每吨 7 574 美元，同比下跌 8.2%，环比下跌 0.9%，较年初均价每吨下跌 688 美元（图 2）。

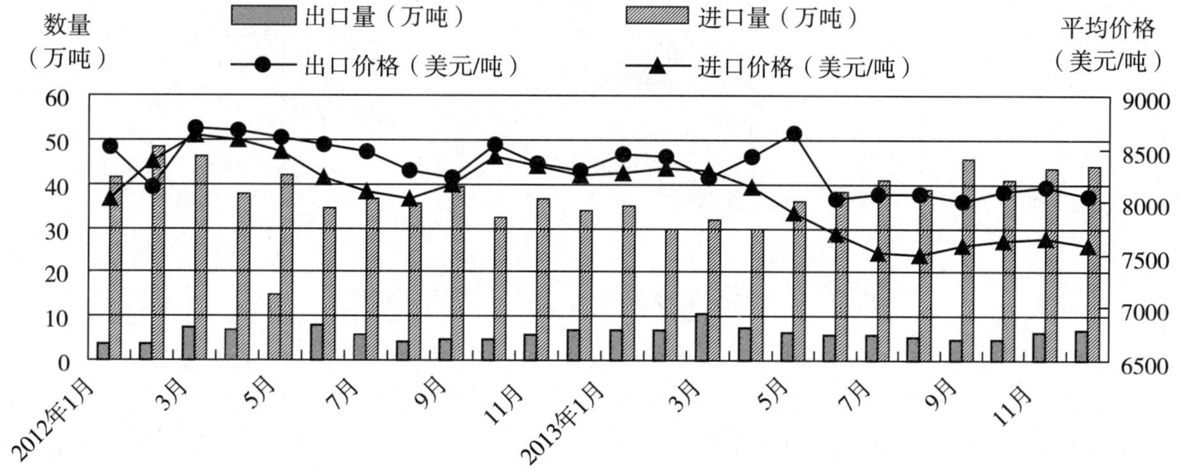

图 2　2012 年 1 月～2013 年 12 月我国铜进出口月度走势图

（二）出口以加工贸易方式为主，进口以一般贸易方式为主

2013 年，我国以加工贸易方式出口铜 43.5 万吨，同比增加 16.8%，占同期我国铜出口总量的 55.6%；以海关特殊监管区域方式出口 22.4 万吨，同比逆势减少 15.8%，占同期我国铜出口总量的 28.6%；以一般贸易方式出口 12.1 万吨，同比减少 4.4%，占同期我国铜出口总量的 15.5%。

同期，以一般贸易方式进口铜 206.6 万吨，同比逆势增加 13.2%，占同期我国铜进口总量的 45.5%；以加工贸易方式进口铜 98 万吨，同比微增 0.5%，占同期我国铜进口总量的 21.6%；以海关特殊监管区域方式进口铜 149.2 万吨，同比减少 19.1%，占同期我国铜进口总量的 32.8%。（表 1）

表 1　2013 年我国铜进出口贸易方式表

贸易方式	出口			进口		
	数量（万吨）	同比（%）	比重（%）	数量（万吨）	同比（%）	比重（%）
加工贸易	43.5	16.8	55.6	98.0	0.5	21.6
海关特殊监管区域	22.4	-15.8	28.6	149.2	-19.1	32.8
一般贸易	12.1	-4.4	15.5	206.6	13.2	45.5

（三）东盟、我国香港和台湾地区是主要的出口市场，智利为最大进口来源地

2013 年，我国对东盟出口铜 22.3 万吨，同比大幅增加 61.4%；对台湾地区出口 9.3 万吨，同比大幅增加 1.6 倍；对香港地区出口 11.1 万吨，同比逆势减少 5.6%。对上述三者出口合计 42.7 万吨，占同期我铜出口总量的 54.5%（图 3）。

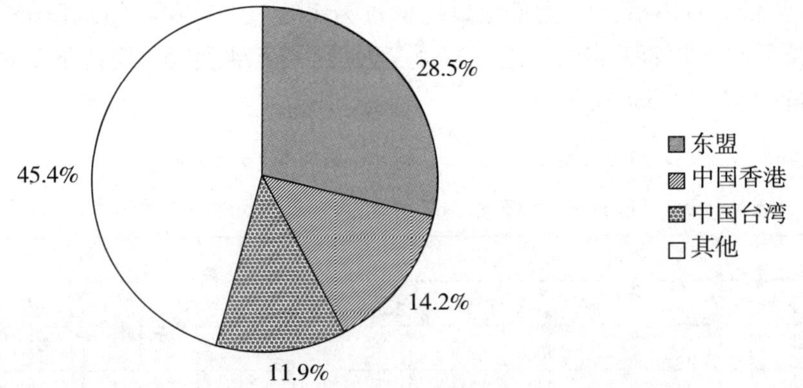

图 3　2013 年我国铜出口主要市场分布图

同期，我国自智利进口铜 131.4 万吨，同比减少 11%，占同期我国铜进口总量的 28.9%；自欧盟进口 44.7 万吨，同比减少 13.2%，占同期我国铜进口总量的 9.8%；自赞比亚进口 39.8 万吨，同比逆势增加 26.3%，占同期我国铜进口总量的 8.8%；自日本进口 32.3 万吨，同比逆势增加 0.6%，占同期我国铜进口总量的 7.1%。自上述四市场进口合计 248.2 万吨，占我国铜进口总量的 54.6%（图 4）。

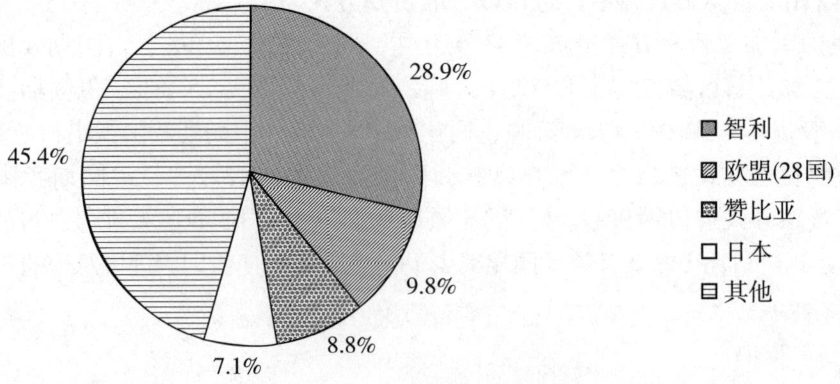

图 4　2013 年我国铜进口主要市场分布图

（四）外商投资企业主导出口，民营企业进口量最大并实现逆势增加

2013 年，我国外商投资企业出口铜 43.3 万吨，同比逆势减少 0.4%，占同期我国铜出口总量的 55.3%；民营企业出口 28 万吨，同比增加 19.2%，占同期我国铜出口总量的 35.8%。

同期，民营企业进口铜 181.5 万吨，同比逆势增加 8.2%，占同期我国铜进口总量的 40%；外商投资企业进口 162.2 万吨，同比减少 4.6%，占同期我国铜进口总量的 35.7%；国有企业进口 110.5 万吨，同比减少 12.9%，占同期我国铜进口总量的 24.3%。（表 2）

表 2　2013 年我国铜进出口企业性质表

企业性质	出口			进口		
	数量（万吨）	同比（%）	比重（%）	数量（万吨）	同比（%）	比重（%）
合计	78.3	2.0	100.0	454.2	-2.3	100.0
外商投资企业	43.3	-0.4	55.3	162.2	-4.6	35.7
民营企业	28.0	19.2	35.8	181.5	8.2	40.0
国有企业	7.0	-28.5	8.9	110.5	-12.9	24.3

（五）上海、广东、浙江和山东是主要的出口省份，上海、广东、山东和浙江是主要的进口省份

2013 年，上海出口铜 16.5 万吨，同比减少 38%；广东出口 13.1 万吨，同比减少 13.2%；浙江出口 12.6 万吨，同比增加 3.2%；山东出口 9.3 万吨，同比大幅增加 1 倍。上述省份合计出口 51.5 万吨，占我国铜出口总量的 65.8%。

同期，上海进口铜 146.2 万吨，同比减少 15.8%；广东进口 88 万吨，同比减少 5.2%；山东进口 63.2 万吨，同比逆势增加 43.1%；浙江进口 38.6 万吨，同比减少 2.8%。上述省份合计进口 336 万吨，占我国铜进口总量的 74%。（表 3）

表 3　2013 年我国铜进出口主要省份分布结构表

省份	出口			进口		
	数量（万吨）	同比（%）	比重（%）	数量（万吨）	同比（%）	比重（%）
合计	78.3	2.0	100.0	454.2	-2.3	100.0
上海	16.5	-38.0	21.1	146.2	-15.8	32.2
广东	13.1	-13.2	16.7	88.0	-5.2	19.4
浙江	12.6	3.2	16.1	38.6	-2.8	8.5
山东	9.3	101.0	11.9	63.2	43.1	13.9

（六）出口企业集中度上升，进口企业集中度下滑

2013 年，我国有铜出口记录的企业共 6 110 家，有进口记录的企业共 8 003 家，但大多企业进出口量较少。其中，出口铜超过 1 000 吨的企业 102 家，排名前 20 位企业出口铜 39.4 万吨，占同期我国铜出口总量的 50.3%，较 2012 年提高 2.5 个百分点。青岛中港仓储有限公司以 4.9 万吨的出口量位居榜首，同比大幅增加 1.1 倍，占同期我国铜出口总量的 6.3%（表 4）。

表4　2013年我国铜主要出口企业情况表

企业名称	2013年		
	出口量（万吨）	同比（%）	比重（%）
合计	78.3	2.0	100.0
青岛中港仓储有限公司	4.9	108.9	6.3
江西铜业股份有限公司	3.8	91.1	4.9
铜陵市华德实业有限责任公司	3.5	–	4.5
金龙精密铜管集团股份有限公司	3.1	-3.0	4
世天威物流（上海外高桥保税物流园区）有限公司	3.0	-49.5	3.8
上海海亮铜业有限公司	2.9	14.9	3.7
浙江海亮股份有限公司	2.5	4.2	3.2
富裕仓储（深圳）有限公司	1.8	63.7	2.3
广东生益科技股份有限公司	1.7	-2.8	2.2
大冶有色金属有限责任公司	1.7	515.3	2.2

2013年，有86家企业进口量超过万吨，排名前20位企业进口铜188.5万吨，占同期我国铜进口总量的41.5%，较2012年回落4.4个百分点。其中，上海同盛物流园区投资开发有限公司进口18.1万吨，为进口量最大企业，同比逆势增加40.9%，占同期我国铜进口总量的4%（表5）。

表5　2013年我国铜主要进口企业情况表

企业名称	2013年		
	进口量（万吨）	同比（%）	比重（%）
合计	454.2	-2.3	100.0
上海同盛物流园区投资开发有限公司	18.1	40.9	4.0
世天威物流（上海外高桥保税物流园区）有限公司	15.1	-52.2	3.3
山东金天地集团有限公司	14.7	53.3	3.2
上海中储临港物流有限公司	14.7	55.1	3.2
江西铜业股份有限公司	14.1	11.6	3.1
上海洋山保税港区世天威物流有限公司	14.0	117.1	3.1
上海外高桥物流中心有限公司	9.9	-14.9	2.2
上海同华储运有限公司	9.5	-32.6	2.1
上海吉开伊物流有限公司	9.2	-23.3	2.0
山东天圆铜业有限公司	8.7	7.4	1.9

三、2013年我国铜出口增加、进口减少的原因分析

（一）国内铜冶炼行业扩张，扩大出口消化过剩产能

由于近年来铜价处于高位，加之国内对铜的消费需求较大，我国铜冶炼产业大量投资，加工产

能增长过快。虽然铜行业整体长期处于70%左右的低开工率，但产能严重过剩。2013年仅前三季度铜冶炼产量就已达495万吨，较2012年同期增加57万吨。此外，新增产能还在持续增加，有机构预测，2013~2015年中国已确定的铜冶炼新增产能超过200万吨①，2015年达到1 000万吨的精炼铜产能已成定局。企业为消化过剩产能积极扩大出口，在一定程度上促进我国铜出口的增加。

（二）国内铜需求放缓，进口动力不足

2013年，国内致力于经济结构调整，减少投资在经济中的比重，对铜的需求驱动力减弱。上海有色网最新调研数据显示，2013年11月份铜杆线企业开工率继续下滑至73.7%，铜板带箔企业开工率已经连续处于60%附近的低位，铜管企业开工率从5月份的90.1%下滑至10月份的73.4%。此外，电网投资同比已经连续两个月下滑，9月份同比下滑14.8%，10月份同比下滑14.4%，由于电力行业是中国铜消费的主要领域，电网投资的持续下滑将削弱国内铜消费②。数据显示，2013年9月份开始，中国铜冶炼产量大幅回升，前11个月铜产量增幅高达14.3%③，供给增加但需求减弱，导致国内铜库存增加，2013年年底上海期货交易所铜库存已经出现了由降转升的逆转。

四、我国铜进出口的影响因素分析

（一）我国铜产业结构渐趋优化，但冶炼投资仍显过大

中国有色金属工业协会数据显示，2013年1~9月，铜行业完成固定资产投资741亿元。其中，铜矿山投资177亿元，同比增长4.5%；铜加工投资380亿元，同比增长17%；铜冶炼投资184亿元，同比增长4.4%④。矿山和加工投资增长幅度明显高于冶炼，铜产业结构正在趋于合理。但是从生产方面看，我国铜生产成本日益提高，原辅材料、能源价格特别是劳动力、财务费用等不断上升，环境保护投入增加，均使我国铜业拥有的比较优势减弱。随着中国经济增长方式的转变，铜消费增速减弱，但目前我国计划和在建（含扩产改造）铜冶炼产能超过200万吨，中国铜产能过剩局面将进一步加剧，或将继续出现出口增加、进口减少走势。

（二）全球铜矿产能增加，铜供应相对充足抑制价格上涨

近年来，受世界性经济危机的后续影响，全球主要经济体重新步入经济的漫长复苏期，这也导致对全球矿产资源的开采力度呈现上升的趋势。根据国际矿业研究机构BrookHunt早前预测数据，2013年全球扩产或新增量大于3万吨的铜矿项目多达22个。整体而言，铜矿已经进入产能释放周期，全球供应将进入相对宽松的格局，铜矿供应虽然存在罢工等风险事件，但趋势上已经难以对铜生产产生瓶颈作用。目前，在中间的精铜冶炼环节方面，我国也处于产能释放期，但铜矿供应的充足能够维持我国产能释放，因此，在全球市场上，铜供应将呈现相对充足态势，价格上涨空间非常有限。

五、我国铜进出口形势展望

一方面，2013年全球铜矿扩张明显加快，2014年将进一步加速，到2016年全球铜矿产能预计增加30%，特别是秘鲁、赞比亚和刚果的铜矿产能扩张迅速。国内方面，由于全球铜精矿供应增加，铜精矿加工费持续高企，刺激国内铜冶炼企业保持较高的产能利用率甚至满负荷运转，因此将

---

① 《2013~2015年中国已确定的铜冶炼新增产能为215万吨》，凤凰网，2013年11月21日。

② 《中国铜企被迫停工》，生意社，2013年12月17日。

③ 《收储预期难解供应困局　铜博士2014年或成“熊博士”》，生意社，2013年12月19日。

④ 《我国铜产业结构渐趋优化》，中国有色网，2013年11月19日。

在一定程度上刺激我国铜进口增加。

另一方面，2014 年国内经济将以调整结构、改善民生及去过剩产能为主，基础设施建设对于铜消费拉动将会持续下滑。以电网投资为例，电网建设的铜消费量占国内铜总消费量的 40% 以上，从基本电网投资来看，2013 年基本电网建设投资增幅连续下滑，未来电网建设对于拉动铜需求的力度正在减弱。

综合供需两方面考虑，2014 年我国铜产能仍将持续扩张，国内需求不足将使铜出口动力增强，因此，预计 2014 年我国铜仍将维持出口增加、进口小幅减少的态势。

2013 年我国稀土出口年度报告

稀土是重要的民用与军用战略资源，当前被广泛应用于电子、石油化工、冶金、机械、能源、轻工、环境保护、农业等领域，被称为“工业维生素”、“工业黄金”。从全球分布来看，我国是名副其实的稀土大国，从稀土储量、产量到消费量、出口量，均居全球榜首席位。据中国稀土行业协会统计，我国稀土储量占全球的 23%，资源供应量占全球的 90% 以上。

一、加入世界贸易组织以来我国稀土出口情况

我国作为稀土资源最为丰富的国家，曾经由于缺少有效的市场资源管理，一度向国际市场廉价供应大量稀土，特别是在加入世界贸易组织后的 2003 年，出口规模更是一度攀升至 7.4 万吨，创下历史最高纪录。伴随着行业快速发展和出口规模的迅速扩大，资源过度开发、生态环境破坏、产品结构不合理、价格背离价值、出口走私频发等问题日益凸显。为此，国家相关部门不断加大对稀土行业的监管力度，对稀土出口实施配额管理，出口总量得到有效控制。海关统计数据显示，2004 ~ 2013 年我国稀土年度出口规模震荡下行，其中 2012 年为 1.6 万吨，为加入世界贸易组织以来出口规模最低水平；2013 年有所回升，出口量达 2.2 万吨。与此同时，近年来稀土产品廉价出口现象也得到一定改善，自 2010 年开始，其年度出口平均价格始终保持在每吨 2 万美元以上水平（图 1）。

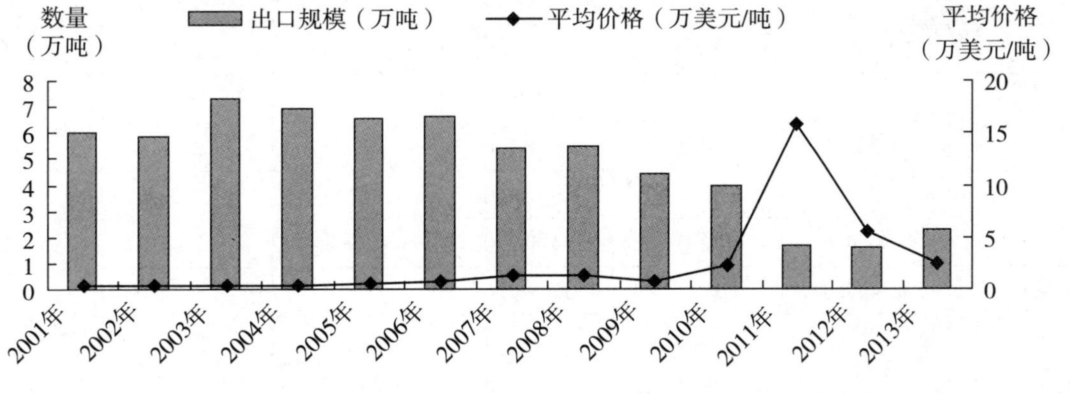

图 1　2001 ~ 2013 年我国稀土出口年度量价走势图

二、2013 年稀土出口的主要特点

据海关统计，2013 年我国出口稀土 2.2 万吨，较 2012 年增加 38.3%；价值 5.8 亿美元，同比下降 37%；其出口平均价格为每吨 2.6 万美元，同比下跌 54.4%。2013 年，我国稀土出口几乎全部以一般贸易方式实现。

（一）12 月份出口量创年内峰值，全年出口均价低位运行

2013 年，我国稀土月度出口量呈震荡上升态势，其中自 8 月份开始连续 4 个月出口量超过 2 000吨，至 12 月份当月达到 2 592 吨，为年内月度出口量最高点，同比减少 20.3%，环比增加 12.6%。与此同时，稀土出口月度均价不及 2012 年同期水平，整体呈现低位运行态势，在经历了

前8个月出口均价震荡走低之后，自9月份开始连续3个月回升，其中11月份达到每吨4.8万美元，为年内价格高点，同比上涨31.4%，环比上涨25.1%（图2）。

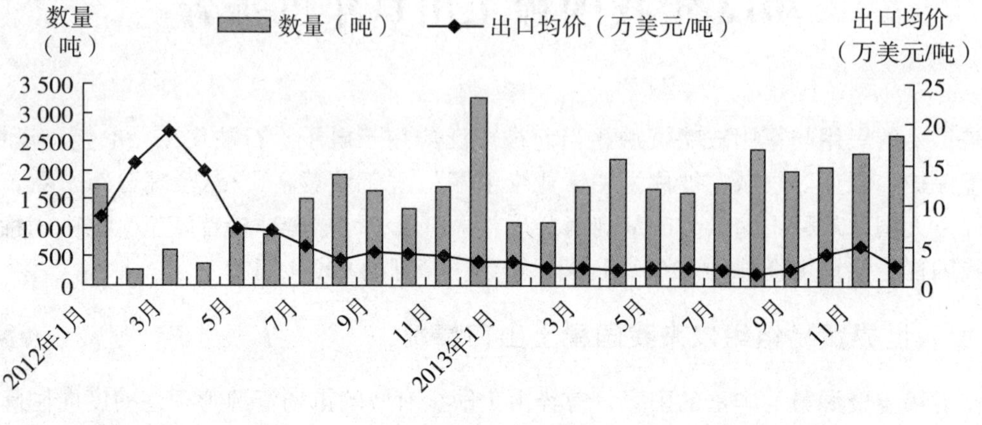

图2 2012年1月~2013年12月我国稀土出口月度量价走势图

（二）美国为最大出口市场，对主要市场出口量普遍增加

2013年，我国对美国出口稀土8 057.5吨，同比增加1.3倍。同期，对日本和欧盟分别出口7 565.1吨和4 345.9吨，同比分别增加14.5%和9.2%。上述三者合计占同期我国稀土出口总量的88.8%。同期，对东盟出口1 374.6吨，同比增加1.2倍（表1）。

表1 2013年我国稀土主要出口市场统计表

国家（地区）	出口量（吨）	同比（%）	美元值（万美元）	同比（%）	出口价格（万美元/吨）	同比（%）
总计	22 493.0	38.3	57 511.0	-37.0	2.6	-54.4
美国	8 057.5	132.8	11 476.0	-21.1	1.4	-66.1
日本	7 565.1	14.5	19 061.0	-50.3	2.5	-56.6
欧盟	4 345.9	9.2	9 698.0	-53.9	2.2	-57.8
东盟	1 374.6	122.5	1 882.0	-39.4	1.4	-72.7
中国香港	447.0	-20.1	12 571.0	48.6	28.1	86.0
韩国	269.7	19.5	1 788.0	-24.7	6.6	-36.9
俄罗斯	135.0	49.4	161.0	-31.4	1.2	-54.0
加拿大	120.3	66.3	131.0	-63.0	1.1	-77.8
中国台湾	104.5	174.1	423.0	15.0	4.0	-58.0
印度	28.9	69.4	112.0	-19.1	3.9	-52.3

（三）国有企业出口为主，外商投资企业出口增长乏力

2013年，我国国有企业出口稀土1万吨，同比增加62.3%，占同期我国稀土出口总量的45.7%。同期，民营企业出口7 138.7吨，同比增加45.1%，占同期我国稀土出口产量的31.7%；外商投资企业出口5 075.2吨，同比增加1.3%，占同期我国稀土出口总量的22.6%。

（四）出口省份相对集中，江苏出口量居首位

2013年，我国共有13个省份有稀土出口记录，江苏出口稀土5 625.1吨，同比增加31.2%；

内蒙古自治区出口稀土5 065.1吨，同比增加52.3%；北京出口稀土2 583.3吨，同比增加42.9%；江西出口稀土2 243.1吨，同比增加24.8%；甘肃出口稀土1979.8吨，同比增加1.9倍。上述主要省份出口合计占同期我国稀土出口总量的77.8%。

（五）近5成出口产品为氧化镧，主要品种平均价格普遍下跌

2013年，我国出口氧化镧1万吨，同比激增1.9倍，占同期我国稀土出口总量的45.3%；出口均价为每吨0.8万美元，同比下跌79.7%。同期，出口碳酸铈2 845.4吨，同比减少37.3%，占同期我国稀土出口总量的12.7%，出口均价为每吨0.9万美元，同比下跌61.1%；出口未列名氧化稀土1 747.9吨，同比减少23%，占同期我国稀土出口总量的7.8%，出口均价为每吨7.4万美元，同比下跌22.5%（表2）。

表2　2013年我国稀土主要出口品种统计表

商品名称	出口量（吨）	同比（%）	美元值（万美元）	同比（%）	均价（万美元/吨）	同比（%）
总计	22 493.0	38.3	57 511.0	-37.0	2.6	-54.4
氧化镧	10 191.7	187.6	8 531.0	-41.5	0.8	-79.7
碳酸铈	2 845.4	-37.3	2 696.0	-75.6	0.9	-61.1
未列名氧化稀土	1 747.9	-23.0	12 945.0	-40.4	7.4	-22.5
镧，未相互混合或相互熔合	1 232.0	-18.5	1 920.0	-67.2	1.6	-59.8
氧化铈	1 142.0	168.5	1 055.0	-30.8	0.9	-74.2
碳酸镧	1 074.5	41.3	691.0	-16.0	0.6	-40.5

（六）出口企业数量减少，前20位出口企业集中度持平

2013年，全国有39家企业出口稀土，较2012年减少4家。其中，出口量超过1 000吨的企业有10家，比2012年增加4家。此外，出口量排名前20位企业合计出口2万吨，占同期我国稀土出口总量的89.8%，集中度与2012年基本持平。

三、2013年我国稀土出口价格低迷的主要原因

（一）市场需求低迷和产能过剩致价格下行

由于世界经济复苏进程缓慢，与工业生产密切相关的稀土需求增速也随之放缓，美国、日本、欧盟等主要稀土进口国持续减少稀土进口。2012年，全球稀土市场需求不足10万吨，2013年增速约为7%，远远不能消化我国现有稀土产能，据估算，我国现有稀土冶炼分离能力为32万吨①。

（二）持续偷挖盗采，扰乱了稀土出口市场秩序

长期以来，在暴利诱使下，稀土产区滥采滥挖现象长期存在，甚至形成了完整的“产业链”，严重破坏了行业正常的出口秩序②。据业内人士估计，超计划、无计划的稀土生产占销售总量的50%。非法生产企业依靠偷挖盗采获取原料，在生产过程中又逃脱环境监管，生产成本极低，使正规产品销售不畅，出口市场秩序被破坏，价格节节走低③。

---

① 《出口量增价跌，三大因素致我国稀土产业疲软》，《中国冶金报》，2014年1月26日。

② 《严查风暴下稀土走私者上游断奶》，和讯网，2013年9月3日。

③ 《出口量增价跌，三大因素致我国稀土产业疲软》，《中国冶金报》，2014年1月26日。

(三) 稀土产品由于技术革新被部分替代，需求减弱难以支撑价格

稀土永磁材料是稀土消费最为重要的领域，随着技术进步，稀土永磁器件正在向轻薄化发展，虽然稀土器件需求量增加，但对稀土总量的需求却不会同步增长，甚至还有所减少。另外，以照明行业为例，2012 年稀土发光材料（超过 90% 用于稀土荧光灯）销量 4 500 吨，比 2011 年下降 43.8%，而同期作为其竞争对手的第三代节能灯 LED 销量大涨 34%，替代作用下稀土用量随之降低①。减弱的消费强度难以对价格形成有力支撑。

四、当前我国稀土出口影响因素分析

(一) 世界贸易组织初裁中方败诉，我国稀土出口政策面临挑战

2013 年 10 月，在因中国稀土出口限制引发的美日欧对华贸易诉讼中，世界贸易组织已基本认可了美日欧的主张，并已向相关国家发出暂定判断通知，认定中国违反了 2001 年加入世界贸易组织时的协议承诺②。稀土国际诉讼的失败意味着我国将可能被迫对现有的稀土出口配额和出口关税政策进行调整。取消稀土出口限制的一个直接后果是可能引发国内稀土矿山和冶炼分离企业盲目扩大产能，由此带来资源无序开采、环境破坏污染严重等诸多问题③。未来一段时间，我国稀土出口可能面临更大的国际市场压力，将对我国稀土行业经营和出口产生较大影响。

(二) 国际稀土供应多元化格局正在形成，我国谋求定价话语权任重道远

为减轻对我国稀土的依赖，国外开发稀土矿和研发稀土替代品的步伐明显加快。如 2013 年年初，澳大利亚莱纳斯公司在马来西亚建造的世界最大的稀土提炼厂已经投产，年产量将达 2.2 万吨④。除了通过稀土再循环进行“节流”外，2013 年 8 月底日本宣布从联合国国际海底管理局获得一处位于太平洋公海海底的稀土矿区专署勘探权，可在未来 15 年内，在位于东京东南大约 2000 公里的南鸟岛附近、面积达 3 000 平方公里的海底区域进行勘探开采⑤。此外，俄罗斯已启动对世界上最大的稀土矿之一——雅库特的托姆托尔稀土矿的开采项目，并制定了到 2020 年前的稀土开发计划，决定投资 1 450 亿卢布，预计到 2020 年俄罗斯的稀土产量将增长 10% ~20%，达到 2 万吨⑥。目前，国外企业建成、在建的稀土产能接近 7 万吨，国际稀土供应的多元化格局正在形成⑦。国际市场供给能力的增强势必影响我国稀土出口的主导地位，进而削弱在定价方面的话语权。

(三) 发达国家企业把持专利授权，我国稀土深加工产业发展受到抑制

由于稀土行业潜藏的巨大利润，美日等发达国家在把持价格话语权的同时，也掌握着稀土产品专利技术的授权。日立金属长期控制高端钕铁硼市场，未购买其专利授权的企业就无法正常出口产品，目前中国仅 8 家企业通过支付高额费用获得了专利授权⑧，日立金属更进而宣布除此 8 家中国企业之外不再授予更多中国企业专利使用权。长期以来，我国企业对创新和专利保护的意识较为淡薄，一些省份在缺乏核心技术的背景下，仍在新建钕铁硼项目，行业内存在较为严重的同质化恶性

---

① 《稀土荧光灯抱团过冬　LED 趁机兴起》，《上海证券报》，2013 年 8 月 20 日。

② 《稀土 WTO 诉讼初步败诉及影响》，中国稀土在线，2013 年 10 月 25 日。

③ 《我国稀土出口管制或终结》，新浪网，2013 年 11 月 2 日。

④ 《世界最大稀土提炼厂投产》，《人民日报》，2013 年 3 月 1 日。

⑤ 《海外“脱稀”加速，中国稀土行业大规模整合即将开启》，《中国有色金属报》，2013 年 9 月 13 日。

⑥ 《俄报：俄启动稀土矿开采计划　与中国争抢市场》，中国稀土在线，2013 年 11 月 1 日。

⑦ 《稀土多元化供应格局现雏形》，新华网，2013 年 8 月 13 日。

⑧ 《高端钕铁硼出口受限　部分稀土企业欲联手破日企专利垄断》，第一财经网，2013 年 8 月 12 日。

竞争，如果日立金属在中国申请的320多项专利一旦被许可，我国绝大多数钕铁硼企业将变成“黑户”①，稀土深加工行业发展将受到抑制。

五、2014年稀土出口形势展望

自2011年《关于促进稀土行业持续健康发展的若干意见》出台后，我国稀土行业整顿力度加强，稀土行业发展秩序有了明显改善。2013年，作为我国稀土行业规范整合的攻坚阶段，国家进一步加快整合步伐，工业和信息化部拟联合12个部委成立部级稀有金属协调机制，对轻、重稀土出口实行差别化管理。同时，相关部门对稀土非法生产也加大了打击力度。2013年8月份，工信部等八部委联合出台打击稀土违法违规行为专项行动方案；9月份开始，工业和信息化部以“专用发票”为线索，对稀土企业逐一排查，并建立“黑白名单”进行分类管理，以打击稀土市场违法违规行为②。在国际经济环境和市场需求持续好转的背景下，随着我国稀土行业监管政策的逐步系统化和完善，以及对非法开采行为的深入打击，我国稀土出口价格或将逐步进入稳定回升的轨道。

① 《日企独霸钕铁硼专利 10余中企欲联手反诉》，《每日经济新闻》，2013年8月12日。

② 《WTO诉讼最快年底见分晓 稀土政策梳理带来大牛市》，中国证券网，2013年9月18日。

2013年我国乳制品进口年度报告

1998～2010年，我国人均乳制品占有量从不足6千克迅速增长到28千克①，乳制品已成为国人日常膳食当中非常重要的组成部分。2012年，我国乳品消费3 778万吨，消费量仅次于印度和美国，居世界第3位②。与此同时，我国也是世界主要的原奶生产大国。2001～2011年，我国原奶产量复合增速达13%，远高于全球复合增速2.1%，从2001年的全球第九大原奶生产国上升到2011年的全球第三大原奶生产国③。

一、加入世界贸易组织以来我国乳制品进口情况

加入世界贸易组织以来至2007年，我国进口乳制品作为国内乳制品生产的有益补充，在总量上一直保持相对平稳的状态，进口同比有增有减。直到2008年“三聚氰胺”事件发生，成为我国乳制品进口的转折点。国产乳制品行业在此后遭遇严重的信任危机，乳制品进口量开始以每年2位数的增幅急速攀升，2011年首次突破100万吨大关。2013年，我国乳制品进口量达179.7万吨，较2012年增加37.2%；价值71.8亿美元，同比增长52.2%；进口平均价格为每吨3 996.4美元，同比上涨10.9%（图1）。

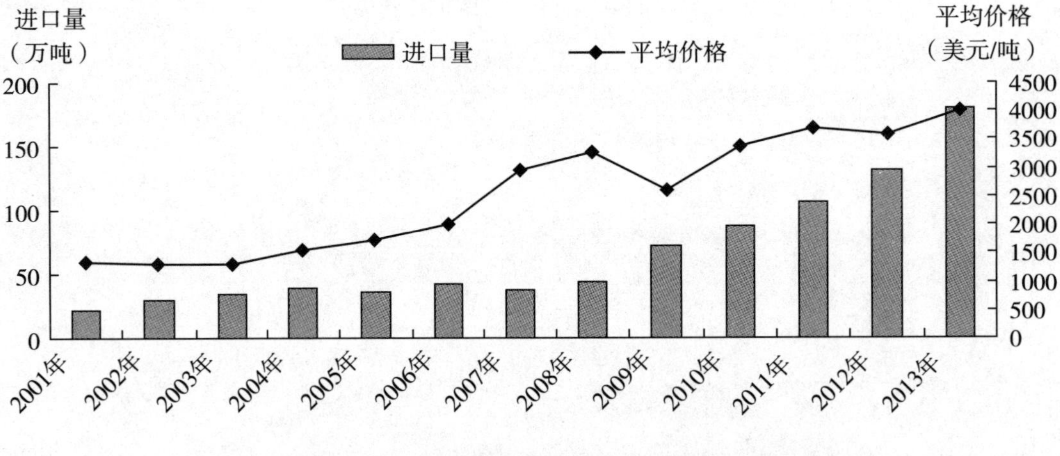

图1　2001～2013年我国乳制品进口量价年度走势图

二、2013年我国乳制品进口的主要特点

（一）年底两个月单月进口量连创历史新高，12月份进口平均价格达最高峰值

2013年，我国乳制品单月进口量在1月、11月和12月单月进口量3次刷新历史最高纪录。其中，12月份进口量首次突破20万吨关口，达到20.3万吨，同比增加62.5%，环比增加3.2%。7月份起，进口平均价格止跌转涨，结束上半年连续6个月的下跌态势，至12月份当月，进口平均

① 《乳制品协会理事长：目前我国乳制品质量历史最好》，央视网，2012年3月30日。

② 《中国乳品行业的昨天今天明天》，慧聪网，2013年4月7日。

③ 《我国原奶行业市场概况分析》，中国饲料行业信息网，2013年5月29日。

价格为每吨 4 726. 5 美元，同比上涨 34. 9%，环比上涨 5%，继 2013 年 9 月、10 月连续刷新单月进口平均价格历史最高值后再创新高（图 2）。

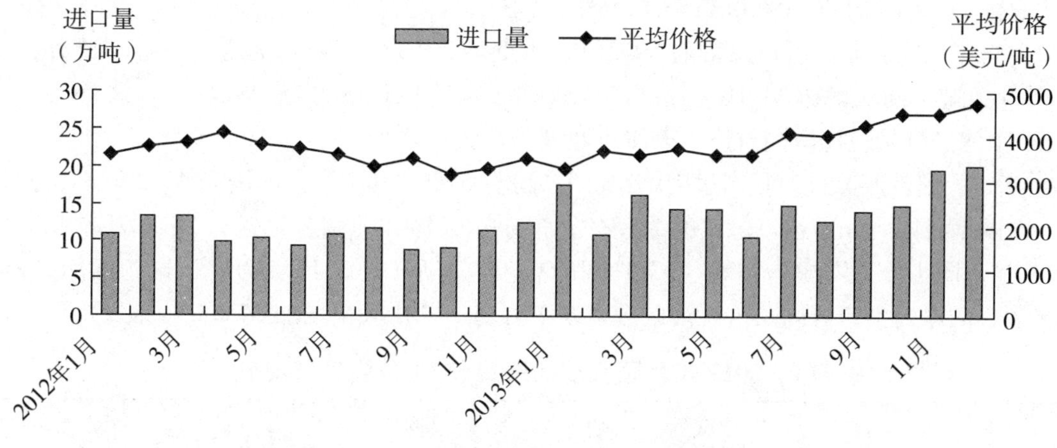

图 2　2012 年 1 月 ~ 2013 年 12 月我国乳制品进口量价走势图

（二）一般贸易进口占主导，海关特殊监管区域物流货物和保税监管场所进出境货物方式进口大幅增加

2013 年，我国以一般贸易方式进口乳制品 145. 5 万吨，同比增加 32. 4%，占同期我国乳制品进口总量的 80. 9%。同期，以海关特殊监管区域物流货物方式进口 26. 1 万吨，同比增加 60. 1%；以保税监管场所进出境货物方式进口 7. 1 万吨，同比大幅增加 90. 1%。

（三）新西兰保持最大进口来源地地位，自欧盟和美国进口提速

2013 年，我国自新西兰进口乳制品 82. 1 万吨，同比增加 34. 4%，占同期我国乳制品进口总量的 45. 7%，保持我国乳制品最大进口来源地地位；自欧盟进口 44 万吨，同比增加 36. 8%，增速提高 9. 3 个百分点，占同期我国乳制品进口总量的 24. 5%；自美国进口 28. 5 万吨，同比增加 33. 1%，增速提高 25. 2 个百分点，占同期我国乳制品进口总量的 15. 9%。

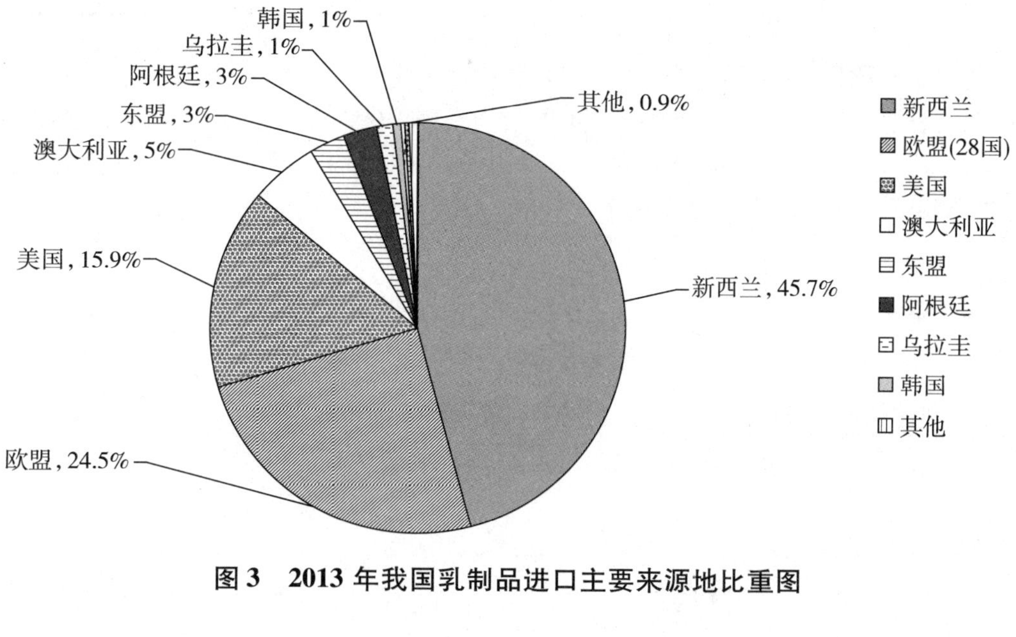

图 3　2013 年我国乳制品进口主要来源地比重图

（四）民营企业进口量及其增速均居首位，外商投资企业进口比重下滑

2013 年，我国民营企业进口乳制品 80.1 万吨，同比大幅增加 52.6%，占当年我国乳制品进口总量的比重由 2012 年的 40.1% 提高至 44.6%。同期，外商投资企业进口 54.3 万吨，同比增加 18.8%，占当年我国乳制品进口总量的 30.2%，比重较 2012 年下滑 4.7 个百分点。此外，国有企业进口 45.3 万吨，同比增加 38.1%，占当年我国乳制品进口总量的 25.2%。

（五）上海进口量位居全国首位，天津、北京进口大幅增加

2013 年，我国乳制品进口量超过 10 万吨的省份有 5 个。其中，上海进口 47.2 万吨，同比增加 42.3%，占同期我国乳制品进口总量的 26.3%；广东、天津和北京分别进口 28.6 万吨、28.1 万吨和 19.9 万吨，同比分别增加 26.1%、67.1% 和 66.3%；浙江进口 16.5 万吨，同比增加 3.1%。此外，我国最大的原奶主产区内蒙古自治区进口 6.5 万吨，同比大幅增加 44.2%（表 1）。

表 1　2013 年我国乳制品进口前 10 位省份情况表

省份	进口量（万吨）	同比（%）	比重（%）
合计	179.7	37.2	100.0
上海	47.2	42.3	26.3
广东	28.6	26.1	15.9
天津	28.1	67.1	15.7
北京	19.9	66.3	11.1
浙江	16.5	3.1	9.2
福建	7.4	17.2	4.1
内蒙古自治区	6.5	44.2	3.6
山东	6.5	0.9	3.6
安徽	4.2	54.2	2.3
江苏	3.9	15.3	2.2

（六）进口企业数量大幅增加，前 20 位进口集中度下滑

2013 年，我国有乳制品进口记录的企业数量首次突破 1 000 家，达到 1 152 家，较 2012 年增加 174 家。其中，进口量前 20 位企业合计进口 70.6 万吨，占同期我国乳制品进口总量的 39.3%，前 20 位企业进口集中度较 2012 年下滑 3.2 个百分点（图 4）。

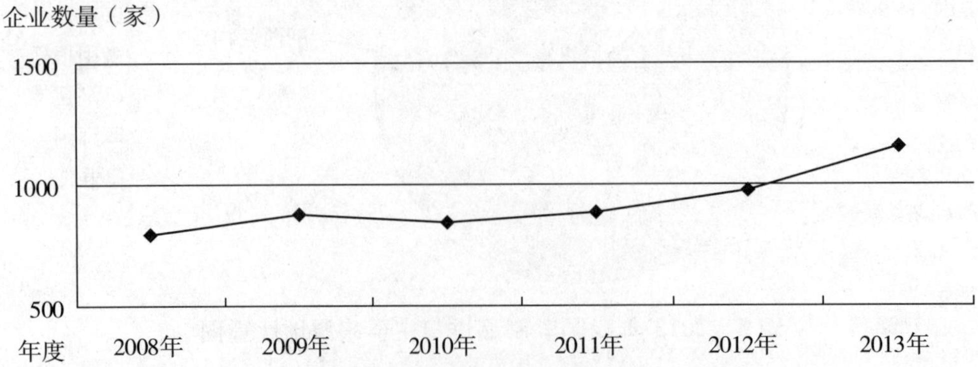

图 4　2008～2013 年我国经营乳制品进口企业数量走势图

（七）奶粉、奶油和乳清为进口主要产品，奶粉进口平均价格上涨明显

2013 年，我国进口奶粉 97.6 万吨，同比增加 46.9%，占同期我国乳制品进口总量的 54.3%；进口乳清 43.1 万吨，同比增加 14.5%，占同期我国乳制品进口总量的 24%；进口未浓缩未加糖的乳及奶油 18.5 万吨，同比大幅增加 96.8%，占同期我国乳制品进口总量的 10.3%。同期，奶粉进口均价为每吨 5 178.2 美元，同比大幅上涨 15.7%；乳清进口均价为每吨 1 937.8 美元，同比下跌 0.8%；未浓缩未加糖的乳及奶油进口均价为每吨 1 270.7 美元，同比上涨 0.3%。

三、2013 年我国乳制品进口量大幅增加的主要原因

（一）国内市场需求旺盛，特别是婴幼儿奶粉需求刚性增长

目前，我国国内人均乳制品消费量尚不到世界平均水平的 1/3[①]，由于消费水平的提高和饮食结构的优化，我国乳制品消费需求大幅增加。同时，近几年我国年出生率稳定在 1.2% 左右，年出生人口约 1 600 万[②]，随着第三个婴儿潮的成员即“80 后”进入婚育高峰期，我国出生人口将稳步增长。国家统计局数据显示，2012 年和 2013 年我国出生人口分别为 1 635 万人[③]和 1 640 万人[④]。由于此轮婴儿潮高峰主要发生在城市地区[⑤]，而目前我国城市地区母乳喂养率只有 16%[⑥]，因此，对奶粉的旺盛需求刺激我国乳制品进口量持续增加。

（二）消费者对国产乳制品的信任仍未恢复，对进口产品的依赖性提高

2008 年“三聚氰胺”事件以来，国产乳制品质量安全负面新闻频发，国内消费者对国产乳制品信心屡遭重创，对进口乳制品更为青睐。中国第一实名产品消费体验分享社区——品评网的奶粉行业数据显示，2013 年，国内消费者对进口品牌评价整体高于国产品牌，综合关注度前 5 位的奶粉品牌中前 4 位均为进口品牌[⑦]。“三聚氰胺”事件之前，中国一类城市进口奶粉占 20%，目前这一比重已达到 75%，二类城市的进口奶粉由原来的 10% 左右增加到 50% 左右[⑧]。国内消费者对进口产品的依赖性提高，推动进口量高居不下。

（三）国内奶源紧缺致生乳价格暴涨，进口奶源性价比优势明显

受养殖与加工成本上升、夏季奶牛单产减少、疫病等影响，我国牛奶产量锐减，国内原奶供应不足，奶价持续攀升。农业部定点监测数据显示，截至 2013 年年底，全国生鲜乳价格已连续 16 个月上涨，其中内蒙古自治区、河北等 10 个奶牛主产省份生鲜乳平均价格自 2013 年 11 月第 4 周上涨至 4.03 元/千克[⑨]后一直维持在每千克 4 元以上高位，至 12 月第 4 周价格更是攀升至每千克 4.16 元，同比上涨 22.7%[⑩]。但是，国际牧场联盟公布的 12 月份全球牛奶价格折合人民币为每千克 3.21 元[⑪]，相比之下，进口奶源质量认可度高且具价格优势，刺激国内乳制品企业进口动力增强。

---

① 《保质量　惠民生　促进乳制品行业持续健康发展》，消费品工业司，2013 年 9 月 14 日。

② 《单独二胎政策各地明年初开始实施》，中国证券网，2013 年 12 月 23 日。

③ 《国家统计局公布 2012 年人民生活和社保情况》，中国经济网，2013 年 2 月 22 日。

④ 《国家统计局：去年全国退休的多了 800 万》，人民网，2014 年 1 月 20 日。

⑤ 《人口出生率趋于反弹》，腾讯财经，2013 年 11 月 5 日。

⑥ 《法新社：中国乳企寻求国际合作挽救形象》，新华网，2013 年 9 月 14 日。

⑦ 《报告称进口奶粉整体较高　是消费者购买首选》，新浪财经，2014 年 1 月 3 日。

⑧ 《贴牌奶粉占有相当市场份额　包装存明显欺诈》，央视网，2013 年 4 月 28 日。

⑨ 《2013 年 11 月份第 4 周畜产品和饲料集贸市场价格情况》，农业部，2013 年 12 月 2 日。

⑩ 《2013 年 12 月份第 4 周畜产品和饲料集贸市场价格情况》，农业部，2013 年 12 月 31 日。

⑪ 《12 月全球奶价 3.21 元/kg，环比增长 4.2%》，荷斯坦奶牛俱乐部网，2014 年 1 月 15 日。

四、我国乳制品进口的影响因素分析

（一）进口乳制品质量问题频出，但消费者对国产乳制品信心依然不足

尽管“三聚氰胺”事件已经过去多年，随着政府加强整改，国产乳制品质量有了明显提高，但“三聚氰胺”事件带来的国产乳制品信任危机阴影至今未散。虽然近年来进口乳制品质量问题频发，部分洋品牌生产工艺也采用双重标准，但国内消费者对进口乳制品的信赖程度仍然较高。2013 年 3 月，“搜狐母婴”发布一项婴幼儿奶粉选购行为调查报告，15 870 人参与此次调查，其中 89.54% 的人选择购买进口品牌奶粉，仅有 10.46% 的父母表示会尝试国产品牌。在选择洋奶粉的原因中，47.86% 的人选择了产品质量①。消费者对国产乳制品的信任不能恢复，进口乳制品保持增长的态势就将延续。而且国内 60% 的奶源来自小规模的牧场（每个牧场不超过 100 头奶牛）②，由此给乳品生产企业带来供应不稳定和成本攀高的风险。相比之下，进口乳制品以其供应和性价的相对稳定深获国内乳品加工企业的信任，除直接进口外，合生元、娃哈哈、澳优、光明等多家乳制品企业均已在国外进行投资和生产③，未来也可能推动进口增长。

（二）奶源供给紧张长期存在，缺口仍需依靠进口弥补

1998 ~ 2008 年，国内奶牛存栏量、总产奶量、国产乳制品人均消费量三大指标综合大致以平均 20% 的速度保持增长，而 2008 年后，整个乳业发展速度大幅下降④。2012 年我国原奶产量同比仅增加 1.1%⑤。由于国内饲料价格、土地价格、物流成本和人工成本的上涨推高生产成本，奶农利润被压缩，因此养殖积极性大幅下降，散户大量退出致使国内奶源供需严重失衡。据业内估算，目前我国原奶供给和乳制品企业加工能力相差 50%，3 年后原奶供给缺口仍将维持在 20% 左右⑥。原奶产量增长速度远落后于国内需求的增长，大量缺口还需靠进口弥补。

（三）国内乳粉质量安全政策连续出台，对我国乳制品进口将产生双重影响

2013 年以来，国家相关部门频频出台提升婴幼儿奶粉质量的政策规定，仅关系质量安全方面的就有 12 次之多⑦。其中 12 月，国家食品药品监督管理总局发布了被业界称为“中国食品安全史上最严标准”的《婴幼儿配方乳粉生产许可审查细则（2013 版）》，其“自建奶源”和“制药标准”两项要求极大提高准入门槛。连续出台的政策或将对我国市场格局产生双重影响。一方面，我国多数中小型乳品企业因难以达标，预计淘汰率近 1/3，从而腾出 20 亿 ~ 30 亿元市场空白⑧。若洋品牌把销售进一步下沉到这些市场，或将进一步蚕食国内乳制品企业的市场份额。此外，随着乳制品行业兼并重组不断深入，企业成本提高令国产奶粉也将进入“涨价模式”，可能进一步凸显进口乳制品的性价比优势，刺激进口量增加。但另一方面，2013 年 6 月、10 月国家两度禁止以贴牌、分装等方式生产婴幼儿配方食品，贴牌生产的洋品牌会被清场，进口格局也将因此出现调整，或为国内乳制品企业利用自有奶源优势收复丢失的市场份额迎来契机。

（四）外资加速进入液态奶市场，液态奶领域面临重大危机

“三聚氰胺”事件导致外资已基本主导国内奶粉特别是高端奶粉市场。在攻占奶粉市场之后，

---

① 《近九成人选择购买进口奶粉：外国的牛生在蓝天下》，人民网，2013 年 5 月 15 日。
② 《中国乳制品进口需求将持续增长》，《中国经济时报》，2013 年 10 月 24 日。
③ 《中国乳制品行业亟待重建信心》，《第一财经日报》，2013 年 7 月 16 日。
④ 《中国乳制品行业亟待重建信心》，《第一财经日报》，2013 年 7 月 16 日。
⑤ 《我国原奶行业市场概况分析》，中国饲料行业信息网，2013 年 5 月 29 日。
⑥ 《奶农收益微薄奶荒加剧蔓延　供给缺口“逼疯”奶价》，新华网，2013 年 12 月 16 日。
⑦ 《透视“史上最严”奶粉标准发布：“十二道禁令”能否管好一桶奶?》，新华网，2013 年 12 月 26 日。
⑧ 《透视“史上最严”奶粉标准发布：“十二道禁令”能否管好一桶奶?》，新华网，2013 年 12 月 26 日。

2013年，外资“液态奶”乘国内出现“奶荒”、国内乳制品企业以涨价应对高价原奶之机，大打促销牌，大量进口，强势进入此前相对封闭的国内液态奶市场。在“一号店”网页搜索“牛奶”，按销量排行前9位的均为进口奶①。作为国内乳制品企业传统领地的液态奶，其市场优势一旦丧失，国内乳制品行业恐将遭遇全产业链被外资控制的被动局面。

五、我国乳制品进口形势展望

随着我国人均收入逐步提高，加上城市化推进及二胎政策的逐步放开，我国乳制品消费量将进一步提升。2013年6月，由恒天然集团和中国消费者协会共同开展的调查预计，到2020年，中国乳品消费量将翻一番，全国每年的牛奶消费总量将超过700亿升②。在我国乳制品消费需求持续增长和原奶供应链结构调整背景下，我国乳制品进口需求增长态势至少在未来2~3年仍将持续，预计我国进口乳制品规模将继续保持增加态势。

在价格方面，由于新西兰2012/2013产季自6月开始单月产量都呈增长趋势③，乳制品进口价格将趋于平稳。2014年1月7日，全球乳制品贸易网上拍卖系统拍卖全部产品已呈现下降趋势，降幅为0.8%，其中脱脂奶粉降幅最大，全部合同平均下降3.4%，全脂奶粉下降0.6%④。此外，由于新西兰恒天然屡曝食品安全方面负面信息⑤，令其在全球乳品贸易中的地位有所动摇，鉴于多家跨国婴幼儿配方奶粉销售商已削减恒天然的供应量⑥，我国乳制品进口来源地也将更趋多元化。

---

① 《多品牌液态奶涨价　外资乳企青睐中国市场》，《中国联合商报》，2013年12月2日。
② 《中国年人均乳品消费量仅32升》，糖酒快讯，2013年6月3日。
③ 《新西兰原奶价格首降6.35%　国际奶粉价格趋降》，中国饲料行业信息网，2014年1月20日。
④ 《新西兰原奶价格首降6.35%　国际奶粉价格趋降》，中国饲料行业信息网，2014年1月20日。
⑤ 《恒天然或涉大肠杆菌污染　频出事恐动摇行业地位》，《第一财经日报》，2014年1月15日。
⑥ 《一年之内四陷丑闻“泥潭”　恒天然饱受质疑》，中国食品机械设备网，2014年1月16日。

2013 年我国太阳能电池出口年度报告

太阳能电池是一种利用太阳光直接发电的光电半导体装置。在电力、煤炭、石油等不可再生能源频频告急，能源问题日益成为制约国际社会经济发展的瓶颈时，越来越多的国家开始实行“阳光计划”，大力开发太阳能资源。在国内政策的积极扶持和国际市场需求增长拉动下，近年来我国太阳能电池产能快速扩张。据统计，2013 年，全球光伏组件产量将达 40GW，同比增加 9%，其中我国光伏组件产量约为 26GW，同比增加 13%，连续 7 年位居全球首位①。如何利用国外、国内两个市场消化产能，是我国太阳能电池行业稳定发展的关键所在。

一、加入世界贸易组织以来我国太阳能电池出口情况

长期以来，我国太阳能电池行业外贸依赖度居高不下，外需市场的变动左右着我国太阳能行业发展的兴衰，我国太阳能电池出口出现由迅猛增长到严重萎缩的“过山车”行情。2009 年，太阳能电池在进出口中开始具体列名统计，当年我国出口太阳能电池 71. 1 亿美元；在欧洲太阳能应用补贴政策的拉动下，2010 年出口值较 2009 年激增 1. 8 倍，首次超过 200 亿美元，达到 201. 9 亿美元，11 月更是创下 30. 5 亿美元的月度历史最高纪录。

但自 2011 年 8 月份起，欧洲多国先后削减甚至退出光伏补贴政策，我国太阳能电池出口出现明显萎缩，但基于前 7 个月的积累，2011 年出口值仍创新高，达到 227. 8 亿美元，较 2010 年增长 12. 8%。进入 2012 年，受欧洲补贴政策退出、欧盟和美国相继对我国太阳能电池启动“双反”贸易救济措施的双重影响，我国太阳能电池出口进一步萎缩，当年出口 127. 7 亿美元，较 2011 年大幅下降 43. 9%（图 1）。

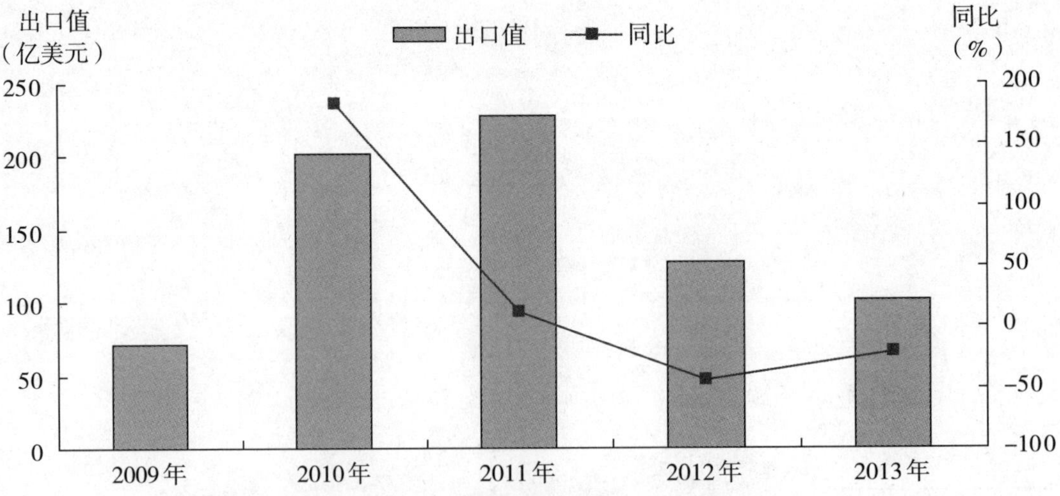

图 1　2009 ~ 2013 年我国太阳能电池出口年度走势图

① 《光伏产业“低调”度过 2013　发展势头向好仍需破局》，新华网，2013 年 12 月 22 日。

二、2013 年我国太阳能电池出口的主要特点

据海关统计，2013 年，我国累计出口太阳能电池 101.5 亿美元，比 2012 年下降 20.5%，降幅收窄 23.4 个百分点。

（一）出口形势有所好转，单月出口值同比 9 月份起恢复增长

我国太阳能电池单月出口值同比在经历自 2011 年 8 月份起的连续 25 个月下降后，于 2013 年 9 月份恢复增长。其中，2013 年 12 月份出口 8.1 亿美元，环比增长 0.9%，同比增长 28.8%（图 2）。

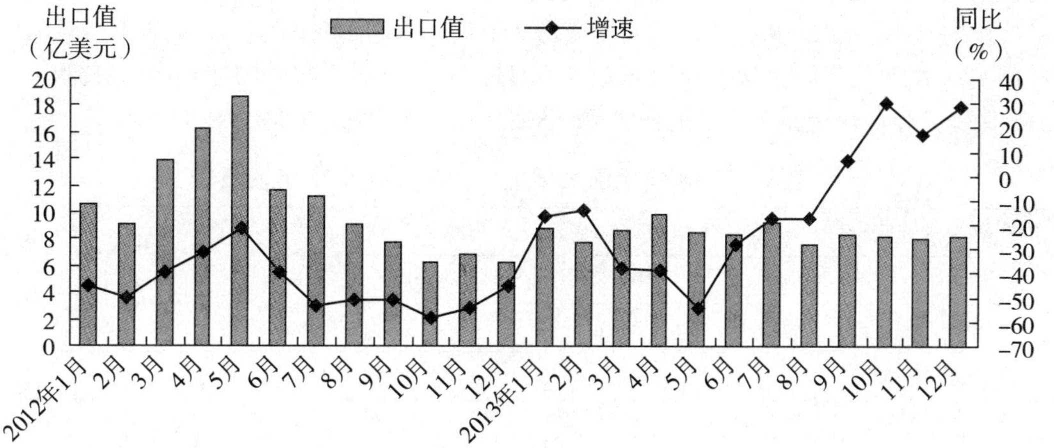

图 2　2012～2013 年我国太阳能电池出口月度走势图

（二）出口平均价格连续 31 个月同比下跌，但 8 月份起环比波动回升

国内太阳能电池产能过剩，出口企业竞争加剧，同时，价格相对较低的太阳能电池片出口增多（电池片和电池组件归入同一税号），导致我国太阳能电池出口平均价格自 2011 年 6 月份起持续呈现同比下跌态势。至 2013 年 8 月份，中欧价格承诺正式实施后，太阳能电池出口平均价格虽同比继续下跌，但环比波动回升。其中，2013 年 12 月份出口平均价格为每个 18.1 美元，同比下跌 7.5%，环比上涨 28.4%（图 3）。

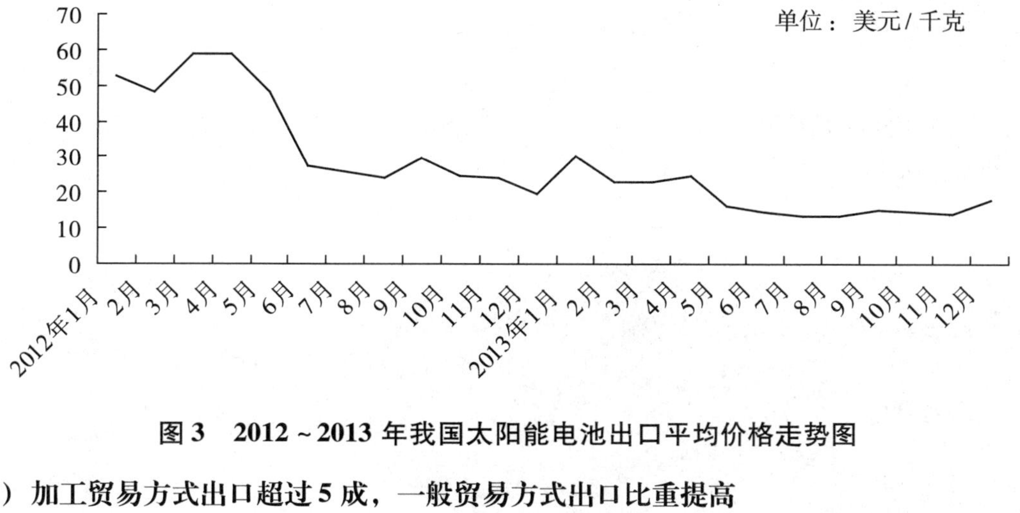

图 3　2012～2013 年我国太阳能电池出口平均价格走势图

（三）加工贸易方式出口超过 5 成，一般贸易方式出口比重提高

2013 年，我国以加工贸易方式出口太阳能电池 52.4 亿美元，同比下降 24.7%，占同期我国太阳能电池出口总值的 51.6%。同期，以一般贸易方式出口 46.3 亿美元，同比下降 17%，占同期我

国太阳能电池出口总值的45.6%，比重较2012年提高1.9个百分点。

（四）外商投资企业出口占主导，民营企业出口降幅最小

2013年，外商投资企业出口太阳能电池62.5亿美元，同比下降21.6%，占同期我国太阳能电池出口总值的61.6%。同期，民营企业出口33.1亿美元，同比下降14%，占同期我国太阳能电池出口总值的32.6%，比重较2012年提高2.5个百分点；国有企业出口5.9亿美元，同比大幅下降37.6%。

（五）对欧美贸易摩擦发生地出口大幅下降，日本超越美国上升为我国第二大出口市场

2013年，我国对欧盟出口太阳能电池29.1亿美元，同比大幅下降64.8%，占我国太阳能电池出口总值的比重由2012年的64.8%急剧下滑到28.7%；对美国出口12.1亿美元，同比下降14%。同期，我国对日本出口27.9亿美元，同比激增2.1倍，占同期我国太阳能电池出口总值的27.5%，日本超越美国成为我国太阳能电池出口第二大市场。此外，对东盟、印度和南非分别出口5.3亿美元、5.1亿美元和4.6亿美元，同比分别激增89.2%、1.6倍和11倍（表1）。

表1　2013年我国太阳能电池主要出口市场情况表

产终国（地区）	出口值（亿美元）	同比（%）	占比（%）
合计	101.5	-20.5	100.0
其中：欧盟	29.1	-64.8	28.7
日本	27.9	212.9	27.5
美国	12.1	-14.0	11.9
东盟	5.3	89.2	5.2
印度	5.1	163.3	5.0
南非	4.6	1101.0	4.5
澳大利亚	4.3	-41.7	4.2
韩国	2.3	114.7	2.3
乌克兰	1.9	-42.7	1.9
加拿大	1.8	93.7	1.7

（六）长三角出口占7成以上，江西和天津出口增长较快

2013年，江苏出口太阳能电池57.5亿美元，同比下降21.7%；浙江和上海分别出口10.5亿美元和8亿美元，同比分别下降31.6%和31.4%。上述三者合计占同期我国太阳能电池出口总值的74.9%（图4）。同期，江西和天津分别出口6.4亿美元和4.8亿美元，同比分别增长26.7%和33.5%。

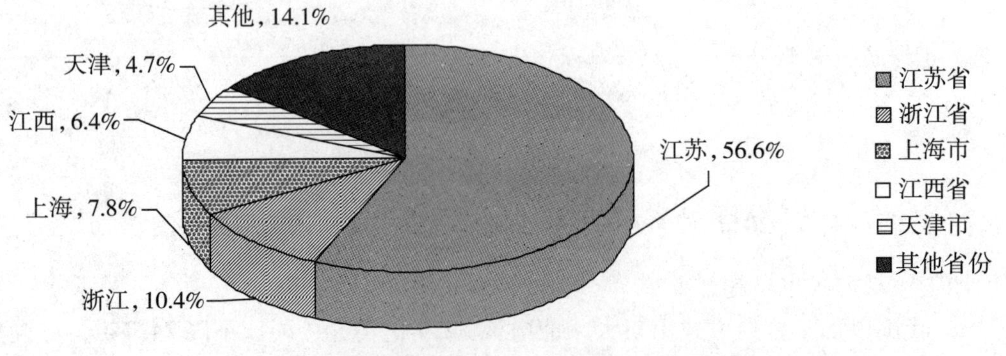

图4　2013年我国各省份企业太阳能电池出口情况图

（七）出口前10位企业集中度有所提高，常州天合超过无锡尚德成为出口值最大企业

2013年，我国太阳能电池出口值位列前10位的企业中有6家为江苏企业，前十大企业集中度由2012年的46%提高到50%。其中，常州天合光能有限公司和浙江昱辉阳光能源江苏有限公司分别出口8.7亿美元和7.9亿美元，同比分别增长3.6%和79%，出口值在全国太阳能电池出口企业中的排名分别由2012年的第3位和第5位跃居第1位和第2位；无锡尚德太阳能电力有限公司出口1.9亿美元，同比下降85.6%，排名由2012年的第1位下滑到第10位（表2）。

表2　2013年我国太阳能电池出口前10位企业情况表

企业名称	出口值（亿美元）	同比（%）
常州天合光能有限公司	8.7	3.6
浙江昱辉阳光能源江苏有限公司	7.9	79.0
韩华新能源（启东）有限公司	7.2	8.7
常熟阿特斯阳光电力科技有限公司	5.8	-34.0
晶科进出口有限公司	4.9	50.0
京瓷（天津）太阳能有限公司	4.8	37.2
上海晶澳太阳能科技有限公司	4.4	1.6
浙江正泰太阳能科技有限公司	2.8	-7.2
泰通（泰州）工业有限公司	2.5	-21.4
无锡尚德太阳能电力有限公司	1.9	-85.6

三、2013年太阳能电池出口出现好转的原因分析

（一）新兴市场需求迅速扩容拉动出口增长，市场布局更趋多元化

随着光伏发电成本的下降及环境保护意识的加强，越来越多的国家加大太阳能等清洁能源的应用力度。如福岛核泄漏事件后，日本陆续关闭核电站，可再生能源市场尤其是光伏市场迅猛增长。2013年，日本光伏安装量达6GW，创历史新高①。据统计，东盟、印度、南非等小型新兴市场的年安装量也从2012年的2.2GW增加到2013年的5.4GW②。新兴市场的崛起在很大程度上抵消了欧美传统市场萎缩对我国太阳能电池出口的不利影响，支撑我国太阳能电池出口恢复增长。2013年，我国对日本、南非、东盟和印度太阳能电池出口均呈现激增态势，其中对日本出口激增2.1倍，日本已经超过美国成为我国太阳能电池出口第二大市场。同时，我国太阳能电池出口市场等价数目③由2012年同期的7.3上升到8.1，表明我国太阳能电池市场多元化程度出现提高，对欧美传统出口市场的依赖有所减弱，市场开拓、应对贸易风险和抵抗外部冲击的能力得到增强。

（二）企业通过承建国外光伏电站，拓展产品出口新渠道

随着光伏技术的快速发展，光伏组件生产门槛快速降低，行业竞争日趋激烈，传统的太阳能组

① 《2013年太阳能多晶硅行业回顾》，中国有色金属工业协会，2014年1月13日。

② 《2014年全球光伏安装量将超40GW》，索比太阳能光伏网，2013年12月31日。

③ 市场等价数目是具有相同出（进）口额的出（进）口市场数目。其计算公式为：出（进）口市场等价数目$=\frac{1}{\sum_{i=1}^{n}\left(\frac{X_i}{X}\right)^2}$。其中，Xi为第i个市场的出（进）口额，X为出（进）口总额。

件制造赢利空间大幅收缩。国内太阳能电池企业纷纷调整经营模式，向下游业务拓展，从单纯的太阳能电池出口商转变为清洁能源开发商与系列能效解决方案提供商，通过参与海外电站建设项目带动太阳能电池出口。海关实地调研了解到，浙江正泰太阳能科技有限公司已在美国、欧洲、非洲、泰国、韩国等地建设了250MW光伏电站，在建的海外光伏电站项目还有100MW，企业生产的晶硅产品中已有50%通过自身光伏电站建设项目消化。国内企业产业链由制造环节逐步向两端延伸，有力地带动光伏产品出口。

（三）中欧贸易争端以价格承诺协议方式解决，对欧出口出现恢复

2011年，对欧盟出口占我国太阳能电池出口总值的74.2%。在欧盟启动“双反”调查后，2013年对欧盟出口在我国太阳能电池出口总值中的比重大幅下滑至28.7%，但仍为我国太阳能电池出口第一大市场。经过多轮磋商，中欧达成光伏贸易价格承诺协议，我国先后有121家光伏企业加入了“价格承诺”，合计占调查期内我国对欧盟光伏产品出口总值的80%左右。2013年8月6日，中欧价格承诺协议正式实施后，我国对欧盟太阳能电池出口有所恢复。海关数据显示，2013年9月份起，我国对欧盟太阳能电池出口值逐月回升，同比降幅明显收窄，12月份对欧盟出口1.7亿美元，较8月份增长3倍，同比降幅由8月份的92.3%收窄至37.2%。中欧贸易争端的友好解决不仅为国内企业保住了欧洲市场，也为今后我国处理类似的贸易摩擦案件提供参考。

（四）企业采取海外代工、境外投资设厂等方式，有效规避美国“双反”影响

2012年3月，美国对我国太阳能电池做出“反补贴”初裁后，我国对美国太阳能电池出口急剧萎缩。但由于美国商务部之前的裁决仅针对中国光伏电池片或使用中国光伏电池片的光伏组件，许多企业在电池片环节选择台湾地区代工产品，从而规避高额惩罚税率，继续保持产品的价格优势①。受此影响，2013年6月份起，我国对美国太阳能电池出口止降转增，并保持较高增速。此外，部分有实力的企业通过境外投资设厂，或是以入股、并购等方式参与欧美光伏企业投资，规避反倾销影响。其中，目前在我国太阳能电池出口值中位列第二的浙江昱辉阳光能源有限公司在波兰、南非、印度均设有代工工厂，合计产能达到500MW②。

四、我国太阳能电池出口的影响因素分析

（一）欧洲传统市场需求明显萎缩，新兴市场需求增长预期不稳定

欧债危机以来，欧盟经济持续低迷，主要国家的上网电价补贴不断下调，市场需求大幅萎缩。预计2014年，欧洲市场的新增装机量将由2013年的13GW左右减少到10.5GW，连续第4年减少③。在传统市场需求萎缩的同时，新兴市场的需求也并不稳定，如近年来增势迅猛的日本市场也面临需求萎缩风险。由于日本国土面积狭小，太阳能应用的发展潜力有限，加之电价上网补贴下调，2014年起日本大型光伏电站市场可能出现萎缩，预计2020年日本大型光伏电站市场规模将由2014年的约230.3亿美元收缩至约20.3亿美元④。受以上因素影响，我国太阳能电池出口继续保持增势面临较大困难。

（二）国外贸易摩擦不断，出口环境依然偏紧

欧盟“双反”措施虽最终以价格承诺协议方式解决，但协议的每瓦0.56欧元的价格较韩国、

① 《光伏出口再遇挑战》，《上海证券报》，2014年1月2日。
② 《昱辉阳光一年半来首度实现盈利》，北极星太阳能光伏网，2013年4月24日。
③ 《2013年欧洲光伏装机占比会下降到35%左右》，中国行业研究网，2013年11月1日。
④ 《日本光伏市场走下坡路2014年衰退开始》，光伏太阳能网，2013年9月30日。

我国台湾地区、马来西亚等地的产品，竞争优势已经明显削弱。同时，美国继续对我国光伏产品执行“双反”措施，特别是针对我国企业采用台湾电池片组装进而规避美国“双反”制裁的做法，2013 年年底，美国部分光伏企业向美国商务部和国际贸易委员会提出申请，要求对自中国大陆和台湾地区进口的太阳能电池产品进行反倾销和反补贴合并调查①。一旦美国扩大光伏产品的“双反”制裁范围，我国输美光伏产品将遭受沉重打击。此外，已和中国企业达成“价格承诺”的欧盟也可能效仿美国做法，导致我国太阳能电池出口环境进一步恶化。

（三）扶持政策相继出台或引发新一轮产能过剩，不利于出口价格回升

为加快国内光伏应用市场的发展，国家和地方相继出台多项调控措施。政府加大补贴力度有利于国内光伏应用市场的逐渐复苏，缓解当前产业困境，但也引发新一轮的市场过热，企业纷纷恢复生产，甚至扩大产能。如英利海南生产基地已由此前的 300MW 左右规模扩至 1GW，晶科能源预计在此前 1. 5GW 产能的基础上扩至 2GW②。企业盲目扩大产能，或导致新一轮产能过剩，加剧光伏企业之间的竞争，从而引发新一轮价格战。过低的价格不仅为国外发动反倾销措施提供了口实，也使得企业在质量和品牌建设方面缺少必要的物质积累，影响后期的发展。

五、太阳能电池出口形势展望

随着中欧贸易争端以价格承诺协议方式解决，我国太阳能电池对欧盟出口出现一定的回升；日本、印度、南非等新兴市场需求的迅速扩容，我国企业“走出去”步伐也在加快，我国出口市场多元化程度不断提高，抵抗市场风险的能力不断增强；国内企业经营模式从出口产品向提供系列能效解决方案转变，产业链参与程度和赢利能力不断提高。这些积极因素都将为我国太阳能电池出口市场空间的增大提供有力支撑。但欧美针对我国太阳能电池的贸易救济措施不断，预计我国太阳能电池出口难以恢复到历史最高峰。

① 《我国光伏产业再遇挫折》，中金在线，2014 年 1 月 2 日。

② 《光伏业倒闭潮后再扩产：组件产能或过剩》，北极星太阳能光伏网，2013 年 11 月 28 日。

2013 年我国平板玻璃出口年度报告

平板玻璃行业是我国重要的原材料工业，其下游消费领域主要为建筑业、汽车行业和出口贸易，分别占玻璃消费总量的75%、10%和5%①。我国是平板玻璃生产和出口大国，2001 年全国累计生产平板玻璃 2. 1 亿重量箱，2012 年全国累计生产平板玻璃 7. 5 亿重量箱②，年平均增长率达 12. 3%，平板玻璃出口贸易规模也随之扩大，2001 年我国平板玻璃累计出口 0. 6 亿平方米，2013 年我国平板玻璃累计出口 2 亿平方米，年平均增长率为 10. 1%。

一、加入世界贸易组织以来我国平板玻璃出口情况

加入世界贸易组织以来，我国平板玻璃出口量呈逐年攀升态势，分别于 2002 年、2006 年、2007 年突破 1 亿、2 亿、3 亿平方米大关。年度出口量的历史高点出现在 2007 年，当年出口平板玻璃 3. 1 亿平方米，较 2001 年增加 4 倍；2009 年受全球金融危机影响，出口量骤减至 1. 7 亿平方米，同比减少 40. 1%。2009 ~2013 年度出口量始终未能突破 2 亿平方米。加入世界贸易组织以来的平板玻璃出口平均价格则经历了一个震荡上行的轨迹，2001 ~2007 年出口平均价格保持低位运行，价格区间维持在每平方米 2 ~3 美元之间；2008 年首次“破 3”，此后站稳每平方米 3 美元底线之上；2013 年出口平均价格创历史新高，达每平方米 5. 3 美元（图 1）。

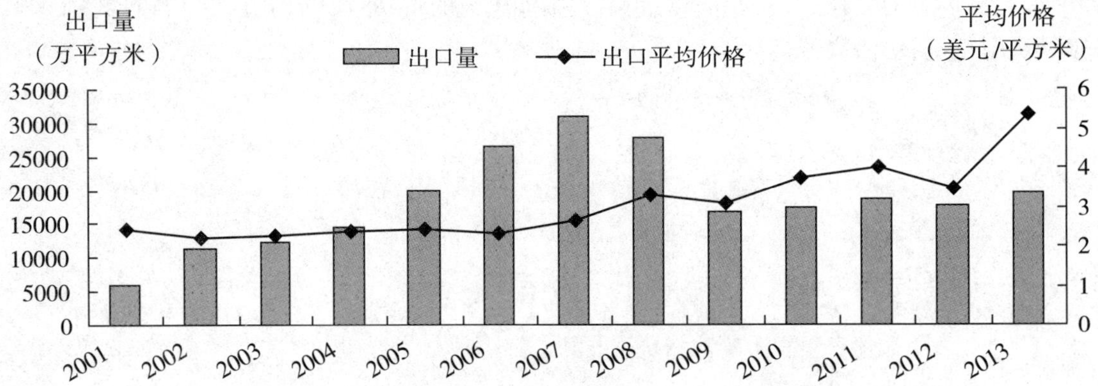

图 1　2001 ~2013 年我国平板玻璃出口年度走势图

二、2013 年我国平板玻璃出口的主要特点

据海关统计，2013 年，我国出口平板玻璃 2 亿平方米，比 2012 年增加 10. 9%；价值 10. 4 亿美元，同比增长 70. 3%；出口平均价格为每平方米 5. 3 美元，同比上涨 53. 6%。

（一）月度出口量高位运行，出口平均价格再创新高

2013 年，我国平板玻璃月度出口总体较为稳定，除春节所在的 2 月份以外，其余月份出口量均实现正增长，下半年各月同比增幅均达到了两位数。月度出口量的年内高点出现在 3 月份，当月出

① 《玻璃行业：低端产能过剩　高端严重不足》，《建筑时报》，2013 年 7 月 15 日。

② 数据来源：国家统计局。

口 1 931. 2 万平方米，同比增加 6. 6%。与此同时，出口平均价格增势强劲，月平均价格均高于 2012 年同期水平，其中 5 ~ 12 月同比增幅超过两位数；下半年以来出口平均价格屡破历史高点，12 月份达每平方米 7. 7 美元，同比上涨 1 倍，环比上涨 14. 3%，创历史新高（图 2）。

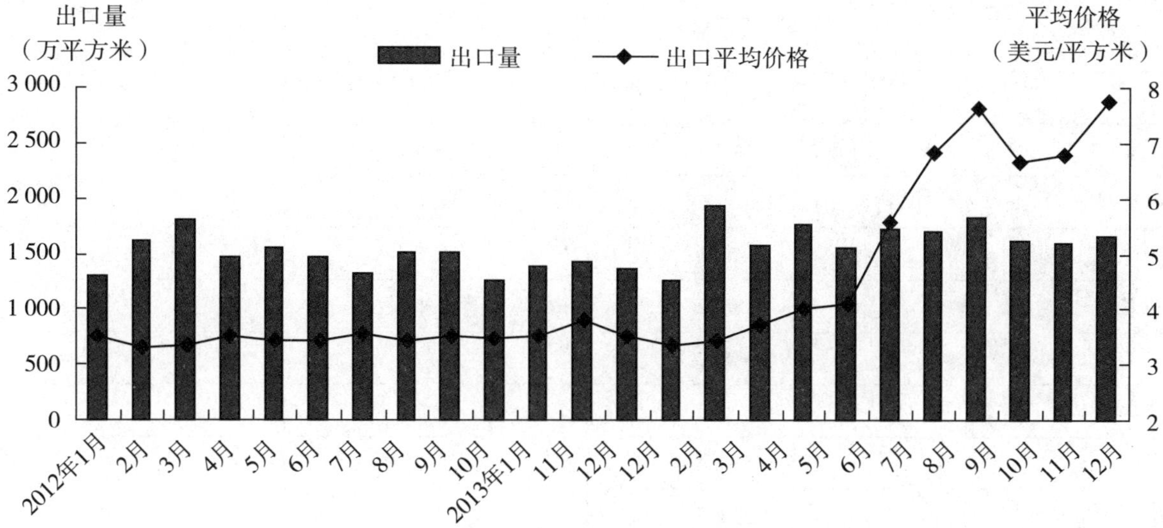

图 2　2012 年 1 月 ~2013 年 12 月我国平板玻璃出口月度走势图

（二）一般贸易出口一枝独秀

2013 年，我国以一般贸易方式出口平板玻璃 1. 8 亿平方米，同比增加 10. 6%，占同期我国平板玻璃出口总量的 93. 9%。同期，以海关特殊监管区域物流货物方式出口 640 万平方米，同比增加 1. 6 倍；以边境小额贸易方式出口 344. 4 万平方米，同比减少 42. 6%。由于自 2010 年 11 月 11 日起，我国将大部分税号的平板玻璃列入加工贸易禁止类目录，使得加工贸易逐渐退出平板玻璃出口舞台，2013 年我国无以加工贸易方式出口平板玻璃的记录。

（三）以民营企业和外商投资企业出口为主，外商投资企业出口增速较高

2013 年，我国民营企业出口平板玻璃 9 035. 6 万平方米，同比增加 5%，占同期我国平板玻璃出口总量的 46. 2%；外商投资企业出口 8 799. 2 万平方米，同比增加 18. 7%，占同期我国平板玻璃出口总量的 45%；国有企业出口 1 711. 5 万平方米，同比增加 5. 9%，占同期我国平板玻璃出口总量的 8. 8%。

（四）东盟仍为最大出口市场，对我国香港地区出口增势迅猛

东盟继续保持我国平板玻璃最大出口市场的位置，2013 年我国累计对其出口 2 371. 9 万平方米，同比增加 22. 6%，在同期我国平板玻璃出口中的比重由 2012 年的 11% 上升至 12. 1%。同期，对其出口量超过千万平方米的还有韩国、印度、尼日利亚和秘鲁，增幅分别为 26. 6%、20. 3%、11. 6% 和 9. 3%。凭借下半年的强劲增势，我国香港地区进入我国平板玻璃出口前十大市场行列，对其出口 564. 5 万平方米，同比增加 22 倍。同期，出口量下降的有俄罗斯、巴西、日本和欧盟，降幅分别为 2. 6%、21. 7%、9. 1% 和 24. 2%（表 1）。

表1　2013 年我国平板玻璃出口前十大贸易伙伴情况表

国别（地区）	出口量（万平方米）	同比（%）	占比（%）
总计	19 546. 4	10. 9	100. 0
东盟	2 371. 9	22. 6	12. 1
韩国	1 653. 1	26. 6	8. 5
印度	1 347. 7	20. 3	6. 9
尼日利亚	1 321. 6	11. 6	6. 8
秘鲁	1 146. 6	9. 3	5. 9
俄罗斯	786. 2	-2. 6	4. 0
巴西	698. 2	-21. 7	3. 6
日本	600. 5	-9. 1	3. 1
欧盟	586. 4	-24. 2	3. 0
中国香港	564. 5	2197. 4	2. 9

（五）山东、河北和广东居出口省份前3位

2013 年，山东出口平板玻璃6 867. 6 万平方米，同比增加 18. 2%；河北出口4 052. 4 万平方米，同比增加4. 4%；广东出口1 883. 4 万平方米，同比增加 20. 9%。上述三地出口合计占同期我国平板玻璃出口总量的65. 4%。此外，前十大出口省份中，增幅最为显著的是四川，出口同比增加 6. 8 倍；江苏出口同比下降34. 8%，为前十大出口省份中唯一出现出口负增长的（表2）。

表2　2013 年我国平板玻璃出口前10 位省份情况表

省份	出口量（万平方米）	同比（%）	占比（%）
总计	19 546. 4	10. 9	100. 0
山东	6 867. 6	18. 2	35. 1
河北	4 052. 4	4. 4	20. 7
广东	1 883. 4	20. 9	9. 6
江苏	1 460. 8	-34. 8	7. 5
天津	1 153. 2	21. 4	5. 9
黑龙江	791. 8	4. 0	4. 1
辽宁	743. 3	55. 6	3. 8
福建	652. 0	10. 8	3. 3
安徽	325. 1	50. 5	1. 7
四川	237. 7	680. 9	1. 2

（六）出口企业数量有所减少，出口集中度略有提高

2013 年，我国有平板玻璃出口实绩的企业为2 367 家，较2012 年减少501 家。出口量最大的前

20 家企业合计出口 1.2 亿平方米，占同期我国平板玻璃出口总量的 59.5%，较 2012 年提高 1.9 个百分点。中玻科技有限公司是 2013 年出口规模最大的企业，当年出口平板玻璃 2 070.6 万平方米，同比增加 1.5 倍（表 3）。

表 3　2013 年我国平板玻璃出口前 20 位企业情况表

企业名称	出口量（万平方米）	同比（%）	占比（%）
总计	19 546.4	10.9	100
中玻科技有限公司	2 070.6	150.7	10.6
青岛金晶股份有限公司	867.7	26.9	4.4
秦皇岛华洲玻璃有限公司	862.4	-20.7	4.4
台玻青岛玻璃有限公司	845.1	15.9	4.3
唐山市蓝欣玻璃有限公司	806.6	0.9	4.1
秦皇岛北方玻璃集团有限公司	587.6	-	3.0
山东金晶科技股份有限公司	568.9	-13.0	2.9
新兴物流（深圳）有限公司	517.1	-	2.6
江苏苏华达新材料有限公司	466.6	-37.0	2.4
滕州金晶玻璃有限公司	462.3	281.4	2.4
秦皇岛市迅发玻璃有限公司	432.7	-1.1	2.2
旭硝子特种玻璃（大连）有限公司	416.8	277.7	2.1
天津耀皮玻璃有限公司	415.6	59.3	2.1
台玻天津玻璃有限公司	379.5	14.6	1.9
旭硝子特种玻璃（苏州）有限公司	358.2	-47.3	1.8
威海蓝星新技术玻璃有限公司	351.8	-42.2	1.8
河北南玻玻璃有限公司	327.0	104.8	1.7
信义玻璃（天津）有限公司	306.9	59.2	1.6
青岛骑士玻璃有限公司	306.3	-21.5	1.6
秦皇岛瑞华玻璃有限公司	286.9	28.9	1.5

（七）浮法玻璃出口比重超 7 成，压延玻璃出口平均价格大幅上涨

2013 年，我国出口浮法玻璃 1.4 亿平方米，同比增加 6%，占同期我国平板玻璃出口总量的 70.9%；出口平均价格为每平方米 4.1 美元，同比上涨 11.5%。同期，出口普通平板玻璃2 560.9 万平方米，同比增加 12.3%；出口平均价格为每平方米 3.1 美元，同比上涨 27.5%。此外，出口压延玻璃 3 130.9 万平方米，同比增加 37.5%；出口平均价格为每平方米 12.8 美元，同比上涨 2.6 倍（表 4）。

表4　2013年我国平板玻璃分品种出口情况表

商品品种	出口			同比（%）		
	数量（万平方米）	金额（万美元）	价格（美元/平方米）	数量	金额	价格
浮法玻璃	13 854.5	56 364.3	4.1	6.0	18.2	11.5
其中：其他非夹丝浮法玻璃板、片等	7 717.7	31 424.9	4.1	6.4	25.7	18.2
整块着色、不透明、镶色等非夹丝玻璃板、片	2 336.1	9 196.2	3.9	-20.7	-17.8	3.5
具有吸收或反射层的非夹丝浮法玻璃板、片等	3 790.7	15 631.6	4.1	32.3	37.8	4.2
夹丝浮法玻璃板、片及磨面或抛光玻璃板、片	10.1	111.6	11.1	4.1	-23.7	-26.7
普通平板玻璃	2 560.9	7 960.7	3.1	12.3	43.2	27.5
其中：其他拉制或吹制的玻璃板、片	2 524.7	7 563.2	3.0	14.0	43.4	25.8
拉制或吹制的整块着色等加工的玻璃板、片	36.2	397.5	11.0	-45.4	39.3	155.0
压延玻璃	3 130.9	40 091.5	12.8	37.5	397.0	261.4
其中：其他铸制或轧制的非夹丝的玻璃板、片	2 632.4	38 142.5	14.5	49.3	558.9	341.2
铸或轧制整块着色等加工的非夹丝玻璃板、片	444.6	1 536.1	3.5	-1.8	-14.7	-13.1
铸制或轧制的夹丝玻璃板、片	54.0	412.9	7.7	-11.3	-13.6	-2.6

三、2013年我国平板玻璃出口量增价扬的主要原因

（一）压延玻璃价格快速上涨，带动平板玻璃出口均价攀升

2013年1~6月，压延玻璃出口平均价格在每平方米3.5~6美元低位区间徘徊。7月份开始，价格进入快速攀升通道，一路升至12月的每平方米20.3美元，且7~12月单月出口平均价格同比涨幅均超过了1倍，全年平均价格同比涨幅达2.6倍。此外，压延玻璃出口量在平板玻璃出口总量中的比重也不断上升，由1月的16.9%上升至12月的23%。与此同时，价格较低的浮法玻璃所占比重不断下降。受压延玻璃价格快速上涨带动，我国平板玻璃出口平均价格快速攀升。

（二）主要出口市场需求稳健增长

2013年，我国平板玻璃出口保持增长的动力主要来自东盟、韩国和印度，对上述3个国家和地区出口增量合计对当年我国平板玻璃出口增量的贡献率达52.9%。2013年，东盟经济企稳，增速约为4.9%，建筑行业也有相应发展，但东盟各国建材工业薄弱，主要依靠进口，自我国进口平板玻璃亦有增加；韩国首尔市在2013年针对现存建筑的老式玻璃门窗进行了节能改造，以节约20%

的能源，该市在2013年已改造4 500户家庭住宅，2014年计划改造1万户①，对建筑玻璃具有稳定的需求；2012～2013财年印度建筑业增长率达到6%，预计2013～2014财年其增长率将达到7.6%②，建筑业的快速发展刺激了印度对玻璃的进口。

四、影响我国平板玻璃出口的主要因素分析

（一）产能持续过剩或将进一步推动出口增长

2013年，我国平板玻璃行业新点火生产线高达34条，新增生产线比2012年多15条；将冷修、停产生产线计算在内，净增日熔量1.99万吨，增幅达14.76%③。在产能释放的带动下，2013年全国累计生产平板玻璃77 898万重量箱，同比增长11.2%④。玻璃新增产能超过市场消化能力，截至2013年12月底，平板玻璃库存4 037万重量箱，同比上升15%⑤，市场供大于求的局面进一步加剧，行业或将继续通过拓宽出口渠道来缓解产能过剩压力。

（二）环保政策收紧促进出口结构调整

2013年10月15日，国务院发布《关于化解产能严重过剩矛盾的指导意见》，要求强化环保硬约束监督管理，并推广应用更加节能、安全、环保、高效的平板玻璃工艺技术；10月22日发布的《建材行业加快与推进节能减排的实施方案》要求浮法玻璃的新型节能窑炉能耗降低15%以上。国际市场也对平板玻璃节能降耗提出了更高的要求，发达国家均以立法的手段强制新建的建筑物必须使用低辐射镀膜中空玻璃以减少能源消耗⑥，深加工玻璃具有广阔的国际市场。国家实施更加严格的环保标准及外部需求推动等因素有利于国内玻璃行业淘汰落后产能，促进出口玻璃产品结构向精深加工、节能环保等战略性新兴产业方向转型升级。

（三）行业集中度较低，出口竞争能力较弱

目前，我国前七大玻璃生产企业产能合计占行业总产能的30%，而发达国家玻璃行业前三大企业产能占比达80%⑦。国际高端玻璃市场几乎被高度集中的大跨国公司所占据，如美国康宁，日本旭硝子、电气硝子和安瀚视特（原板硝子），占据着全球几乎99%的TFT－LCD超薄基板市场份额⑧。我国玻璃行业集中度偏低，影响了行业竞争力，进一步开拓国际市场及进入高端产品市场的难度较大。

五、我国平板玻璃出口形势展望

2014年是世界贸易的恢复年，欧美等发达经济体将维持需求复苏态势，外需形势或将进一步好转，可能带动我国平板玻璃出口进一步增长。此外，目前国内平板玻璃产能集中释放带来的过剩压力仍需通过出口渠道缓解，玻璃厂商或积极开拓国外市场，但出口渠道竞争加剧可能对目前高位运行的出口价格造成一定程度的打压。为贯彻落实国务院《关于化解产能严重过剩矛盾的指导意见》，加快推进水泥、平板玻璃等建材行业化解产能严重过剩的工作，2014年2月，工业和信息化部发布

---

① 《韩国首尔：劲吹“绿色建筑”风》，中国建材网，2013年1月23日。

② 《INDIAN CONSTRUCTION INDUSTRY AT A GLANCE IN 2012 － 2013》，Indian Mirror。

③ 《2013年玻璃市场同比增幅明显　年底僵持下滑》，中国玻璃网，2014年2月14日。

④ 数据来源：国家统计局。

⑤ 《平板玻璃受波及　工信部化解建材业产能过剩》，九正建材网，2014年1月29日。

⑥ 《南玻A：未来节能玻璃市场需求巨大》，凤凰网，2013年11月20日。

⑦ 《精深加工：平板玻璃的康庄大道》，《广东建设报》，2013年12月6日。

⑧ 《新型玻璃的应用与发展方向》，中国建材网，2013年12月12日。

了《化解两行业产能过剩矛盾的工作方案》，该方案明确：到2017年年底，将再淘汰平板玻璃产能3 300万重量箱，届时，平板玻璃行业产能利用率将达到80%以上，平均利润率不低于制造业平均水平①。因此，在未来几年内，我国平板玻璃淘汰产能工作将持续推进，行业产能过剩局面有望逐渐缓解，平板玻璃出口竞争力或将在行业结构调整过程中逐步得到提高。

① 《工信部加快推进水泥、平板玻璃等过剩产能化解》，中国行业研究网，2014年2月12日。

2013年我国机电产品出口年度报告

近年来我国紧紧抓住国际产业转移的机遇，迅速成长为全球最大的制造业生产和出口基地，制造业实力显著提升，机电产品制造业更是个中翘楚，目前我国已成为全球最大的笔记本电脑、手机、家电及太阳能电池等机电产品的生产和出口基地，机电产品占据了我国外贸出口的半壁江山，在我国对外贸易中扮演着举足轻重的角色。

一、加入世界贸易组织以来我国机电产品出口情况

加入世界贸易组织以来，我国机电产品出口规模不断扩大，除2009年受全球金融危机影响出现负增长外，2001～2011年同比增速均保持两位数的高速增长，尤其是2003年和2004年同比增速甚至超过40%，远高于同期我国外贸出口整体增速，2012年之后出口增速虽有所回落，但仍保持稳定增长态势。机电产品出口值也随之连创新高，2011年突破万亿美元大关，达到10 854.3亿美元。在高速增长的推动下，机电产品出口值在出口总值中的比重持续走高，2001～2009年连续8年攀升，至2009年已达59.3%的历史最高水平，此后虽略有回落，但所占比重均超过5成，主体地位依然稳固。在国际市场上，我国机电产品亦扮演着举足轻重的角色，2012年我国的通信电子设备制造业、金属制品业、电气机械制造业等机电产品行业在全球的市场份额均超过20%，机电产品行业外贸竞争力位居全球前列。

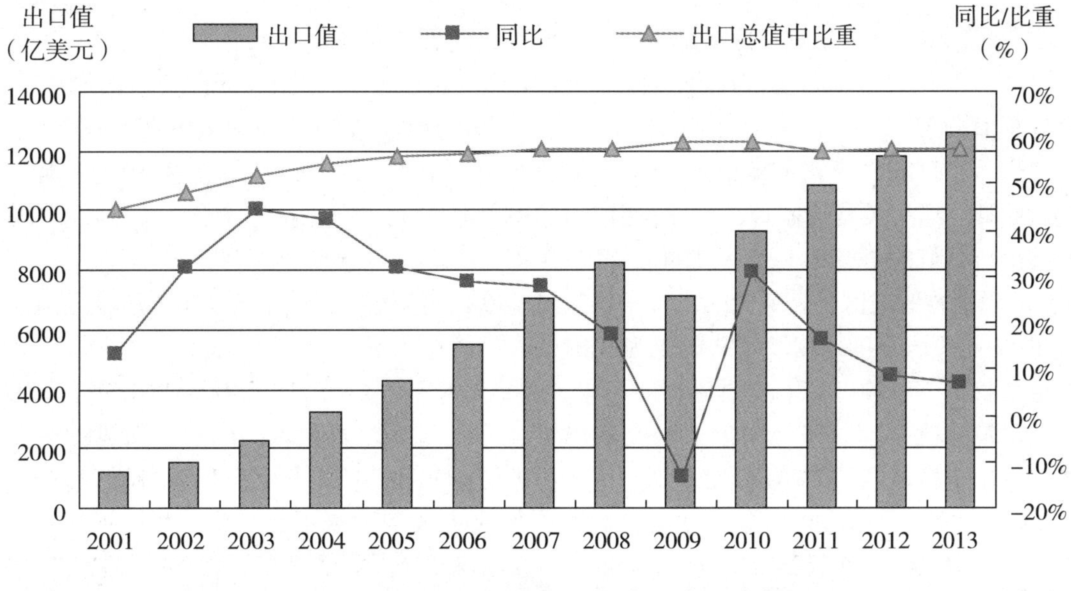

图1　2001～2013年我国机电产品出口走势图

二、2013年我国机电产品出口的主要特点

据海关统计，2013年我国机电产品出口值为12 655.4亿美元，较2012年增长7.3%，较同期外贸出口整体增速略低0.6个百分点，对外贸出口增长的贡献率为53.4%，占同期外贸出口总值的57.3%，这一比重较2012年下降了0.3个百分点。

（一）月度出口规模总体扩张，年末出口动力显著增强

2013 年，除 2 月份和 6 月份外，其余各月我国机电产品出口值均维持在 1 000 亿美元以上的高位运行，而 2012 年仅有 6 个月出口值超过 1000 亿美元。尤其是临近年底，在出口规模季节性冲高和欧美经济显著回暖的影响下，10 月份和 11 月份我国机电产品出口值连续两个月刷新历史纪录，11 月份出口值一度达到 1 186. 3 亿美元；12 月当月出口虽有所回落，但仍维持在 1 176. 6 亿美元的高位，同比增长 2. 3%，环比略降 0. 8%（图 2）。

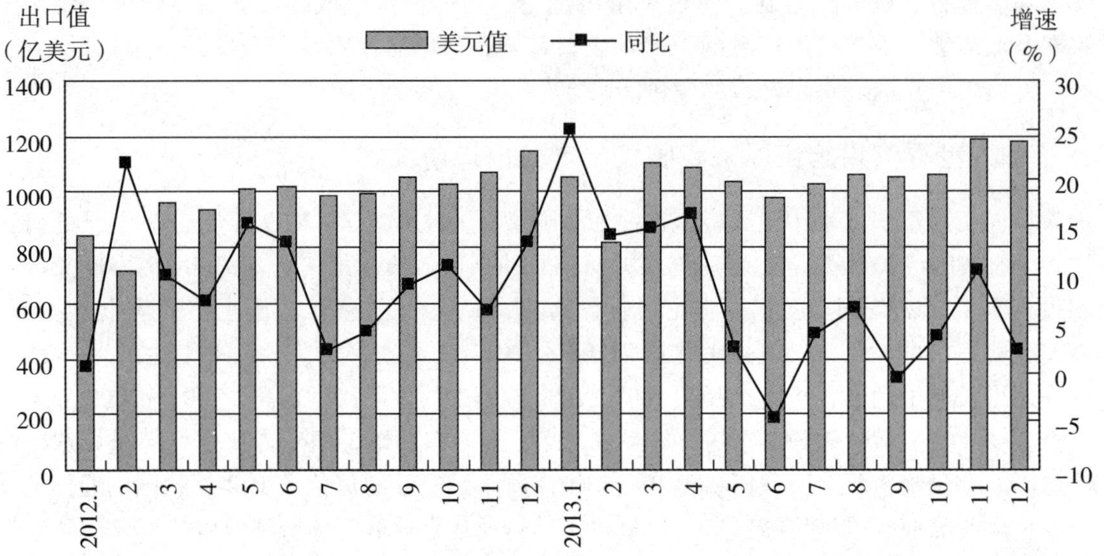

图 2　2012 年 1 月 ~2013 年 12 月机电产品出口月度走势图

（二）加工贸易出口萎缩，特殊监管区域出口快速增长

2013 年，我国以加工贸易方式出口机电产品 6 471. 8 亿美元，同比下降 2%，占同期我国机电产品出口总值的 51. 1%，该比重较 2012 年下降 4. 9 个百分点。同期，以一般贸易方式出口 4 449. 3 亿美元，同比增长 11%，占同期我国机电产品出口总值的 35. 2%，所占比重较 2012 年提升 1. 2 个百分点。此外，以海关特殊监管区域方式出口 1 440. 8 亿美元，同比快速增长 54. 2%，占同期我国机电产品出口总值的 11. 4%，所占比重较 2012 年提升 3. 5 个百分点。

（三）我国香港地区仍为最大的出口市场，对美欧日出口增长乏力，对东盟出口显著增长

自 2012 年我国香港地区取代欧盟成为我国最大的机电产品出口市场后，对香港出口机电产品保持快速增长势头。2013 年，对香港出口机电产品 2 798. 7 亿美元，同比增长 20. 6%，占同期我国机电产品出口总值的 22. 1%，这一比重较 2012 年上升了 2. 4 个百分点。同期，我国对美国、欧盟和日本分别出口机电产品 2 241. 2 亿美元、1 958. 9 亿美元和 788. 2 亿美元，同比分别增长 4. 2%、下降 1. 3% 和增长 1. 4%，在机电产品出口总值中的比重分别下滑了 0. 5 个、1. 3 个和 0. 4 个百分点，机电产品对三大发达经济体出口合计所占比重已不足 4 成。同期，我国对东盟出口机电产品 1 197. 8亿美元，同比增长 14. 9%，占比从 2012 年的 8. 8% 上升至 9. 5%（图 3）。

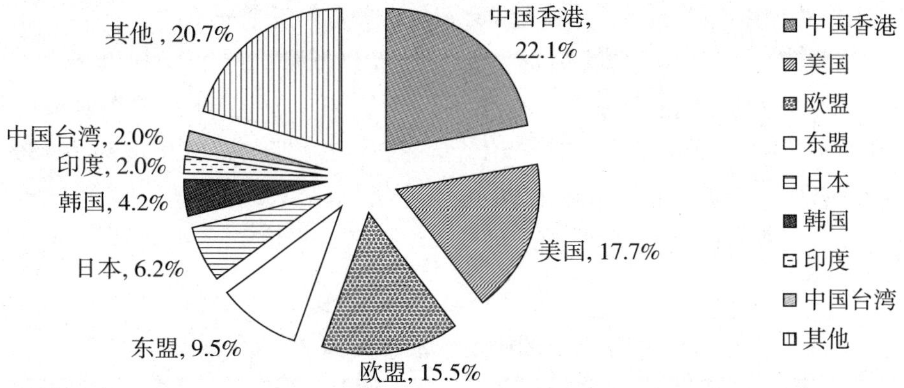

图3　2013 年我国机电产品出口主要市场分布图

（四）外商投资企业是出口主力但比重有所下降，民营企业出口活力旺盛

2013 年，我国外商投资企业出口机电产品 7 748. 1 亿美元，同比增长 2%，在机电产品出口总值中的比重从 2012 年的 64. 4% 降至 61. 2%，虽仍占据 6 成以上份额，但对外资企业的依赖有所减轻。同期，民营企业出口 3 783. 1 亿美元，同比增长 25. 6%，比同期机电产品整体出口增速高出 18. 3 个百分点，在外需不振的背景下表现出较强的市场活力，在机电产品出口总值中的比重从 2012 年的 25. 5% 上升至 29. 9%。此外，国有企业出口 1 122. 2 亿美元，同比下降 5. 2%，占机电产品出口总值的 8. 9%。

（五）泛珠三角继续领跑，中西部地区加快承接制造业转移步伐

2012 年泛珠三角地区重回“领头羊”位置后继续领跑机电产品出口，2013 年出口值为 5 359. 6 亿美元，同比增长 13. 1%，增速遥遥领先于长三角和环渤海地区，在同期全国机电产品出口总值中的比重从 2012 年的 40. 2% 升至 42. 4%。同期，长三角地区出口 4 591. 9 亿美元，与 2012 年持平，占全国机电产品出口总值的 36. 3%；环渤海地区出口 1 337 亿美元，同比微增 1. 5%，占全国机电产品出口总值的 10. 6%。得益于加快承接产业转移步伐，尤其是近年来电子信息产品制造业向中西部地区加速转移的发展态势，重庆、四川、河南等地机电产品出口规模迅速扩张，继 2012 年重庆进入机电产品出口前 10 强省份后，2013 年四川亦进入出口前 10 强，西部地区省份已在前 10 强中占据 2 席，产业转移趋势明显（表 1）。

表 1　2013 年我国机电产品主要出口省份一览表

省份	出口值（亿美元）	同比（%）	比重（%）
总计	12 655. 4	7. 3	100. 0
广东	4 396. 0	12. 9	34. 7
江苏	2 142. 6	-1. 5	16. 9
上海	1 433. 7	-1. 4	11. 3
浙江	1 015. 6	5. 9	8. 0
山东	508. 8	1. 1	4. 0
北京	390. 9	4. 6	3. 1
福建	376. 1	6. 2	3. 0
重庆	350. 2	34. 9	2. 8
天津	341. 8	0. 2	2. 7
四川	271. 1	6. 9	2. 1

(六）企业出口集中度有所下降，出口前20强企业多为代工企业

2013年我国有出口机电产品实绩的企业数量达到16.2万家，较2012年新增7 941家，从事机电产品出口的外贸主体队伍显著扩张，且出口平均规模有所扩大，当年我国企业出口机电产品平均规模为782.7万美元，较2012年扩大2%。2013年前20位企业出口集中度为14.3%，较2012年15.2%的集中度下降0.9个百分点。出口前20强企业榜单显示，除华为一家为自有品牌外，其余均为国际品牌的代工厂或跨国公司在中国的生产基地，国内机电产品企业自主品牌仍待发展壮大（表2）。

表2　2013年全国机电产品出口前20强一览表

企业名称	出口值（亿美元）	同比（%）
合计	12 655.4	7.3
达功（上海）电脑有限公司	209.2	-12.6
鸿富锦精密电子（郑州）有限公司	200.2	27.9
富泰华工业（深圳）有限公司	200.0	-20.7
昌硕科技（上海）有限公司	145.7	-3.7
惠州三星电子有限公司	126.7	34.5
鸿富锦精密电子（成都）有限公司	99.3	-17.2
华为技术有限公司	88.8	4.3
达丰（重庆）电脑有限公司	82.2	26.1
名硕电脑（苏州）有限公司	70.3	8.8
苏州得尔达国际物流有限公司	67.6	9.8
鸿富锦精密工业（深圳）有限公司	62.1	3.5
诺基亚通信有限公司	60.0	12.1
鸿富锦精密电子（烟台）有限公司	53.9	-23.0
仁宝电子科技（昆山）有限公司	53.6	20.4
北京索爱普天移动通信有限公司	52.0	27.9
东莞三星视界有限公司	49.6	7.0
旭硕科技（重庆）有限公司	48.8	407.4
鸿富锦精密电子（重庆）有限公司	45.0	8.3
英顺达科技有限公司	44.7	14.6
伟创力制造（珠海）有限公司	44.5	57.9

（七）电器及电子产品出口规模大、增速高，运输工具出口显著下降

电器及电子产品仍是机电产品中出口规模最大且增速最高的品种。2013年我国出口电器及电子产品5 615.9亿美元，同比增长15.2%，在机电产品出口总值中的比重从2012年的41.3%上升至44.4%。其中，出口手机951亿美元，同比增长17.4%；出口集成电路877亿美元，同比增长64.1%。同期，出口机械设备3 832.1亿美元，同比微增1.9%，占机电产品出口总值的30.3%，所占比重较2012年下降1.6个百分点。其中，出口便携式电脑1 108.1亿美元，同比下降2.6%；

出口打印机 155.8 亿美元，同比下降 2.3%。此外，出口运输工具 1 005.3 亿美元，同比下降 7.3%，在机电产品出口总值中的比重从 2012 年的 9.2% 降至 7.9%。其中，出口船舶 262.5 亿美元，同比下降 27.3%；出口汽车 119.9 亿美元，同比下降 5.4%（表 3）。

表 3　2013 年我国机电产品出口品种一览表

商品名称	出口值（亿美元）	同比（%）	比重（%）
合计	12 655.4	7.3	100.0
金属制品	843.3	6.6	6.7
机械设备	3 832.1	1.9	30.3
电器及电子产品	5 615.9	15.2	44.4
运输工具	1 005.3	-7.2	7.9
仪器仪表	746.6	2.8	5.9
其他机电产品	612.1	9.3	4.8

三、2013 年我国机电产品出口增长的主要原因

（一）美欧等主要市场经济复苏需求回暖

美国和欧洲等主要市场经济回暖是 2013 年我国机电产品出口增长，尤其是年底冲高的主要原因。美国供应管理协会（Institute for Supply Management，ISM）商业调查委员会公布的调查数据显示，除 5 月份外，2013 年其余各月美国 ISM 制造业采购经理指数（PMI）终值均维持在 50 以上的扩张区间，尤其是自 6 月份以来，连续 6 个月攀升，11 月份达到 57.3，创 2011 年 4 月份以来新高。另据数据编撰机构 Markit 公布的数据，欧元区综合 PMI 自 2013 年 4 月份开始连续 6 个月走高，下半年各月均高于 50 的荣枯分水岭，12 月份欧元区 Markit 制造业 PMI 初值为 52.7，更是创下 2011 年 5 月以来新高①。美国和欧元区等主要发达经济体经济复苏，国际市场需求回暖，直接推动了我国机电产品出口增长。在第 114 届广交会上，中国机电商会的调研结果显示，机电产品出口景气指数为 52.3，正处于企稳回升的市场需求环境中②。

（二）贸易环境优化和加快承接产业转移步伐促使对东盟出口快速增长

中国与东盟战略合作伙伴关系不断加强为国内企业开辟东盟市场提供了便利，中国已连续 4 年成为东盟的最大贸易伙伴和第一大出口目的地。2013 年，中国对东盟出口机电产品增速为 14.9%，在主要出口市场中增速仅次于我国香港地区③。凭借更加低廉的劳动力成本优势，近年来东盟承接机电产品制造业尤其是电子信息产业转移的步伐明显加快，英特尔在越南、马来西亚等国均投资设立了芯片封装测试工厂；部分台湾地区电子产品代工企业及日韩等企业均加快了向东南亚等国转移产能的节奏，东盟正在成为新兴的机电产品制造基地，日益深度融入国际产业链，也因此与我国机电产品制造业关联加深，从而在一定程度上扩大了我国对东盟的机电产品出口规模。

---

① 以上数据来源于新华社中国金融信息网。

② 《114 届广交会机电产品出口景气指数向好》，中国行业研究网，2013 年 10 月 24 日。

③ 《2014 年中国与东盟经济合作机遇与挑战并存》，新浪财经，2014 年 1 月 14 日。

四、机电产品出口的影响因素分析

（一）欧美“制造业回流”等影响因素，或致机电产品制造业两头流失

2008 年金融危机后，欧美发达国家将“重塑制造业”视为走出经济困境的重要路径，推出一系列政策积极引导制造业回流。根据 2013 年波士顿咨询集团（BCG）对 200 家大型制造商进行的调查，20% 的企业已搬回美国或计划在未来两年内搬回美国，另有 33% 的企业表示有这方面的考虑，与 2012 年的调查相比比重大幅提高①。同时，根据英国商务部下属的制造业顾问服务协会对 500 家中小企业的调查，15% 的受调查企业计划将位于中国等地的生产转移回英国国内。业内人士分析，虽然“回流”规模还不大，但趋势正在不断加强②。由于我国机电产品出口仍以外商投资企业的加工贸易方式出口为主，因此，欧美“制造业回流”将对我国机电产品尤其是中高端产品出口产生一定的负面影响。此外，在中低端领域，由于成本优势逐渐弱化，我国正面临着东南亚等国的巨大竞争压力。多方面因素或造成我国机电产品制造业处于两头流失的尴尬境地。

（二）贸易摩擦进一步加剧，机电产品出口压力增大

近年来我国机电产品在欧美等主要出口市场遭遇的贸易摩擦日益增多，欧盟继 2012 年启动对自中国进口太阳能电池板进行“双反”调查后，又于 2013 年 11 月公布对华光伏玻璃产品征收反倾销税③。2013 年 8 月底，澳大利亚反倾销委员会宣布对自中国进口的风电塔发起反倾销调查④，是继美国之后又一发达国家市场对我国风电塔产品实施贸易调查。除了传统出口市场外，新兴市场的贸易摩擦也不断加剧。商务部统计显示，2013 年上半年发展中国家对我国发起贸易救济调查高达 22 起，涉案金额 11 亿美元⑤。如阿根廷、埃及、印度等国对自我国进口的机电产品不断发起包括征收反倾销税、非自动进口许可证等贸易救济措施，涉案金额不断上升，涉及商品范围不断扩大。频发的贸易摩擦致使我国机电产品出口压力加大。

（三）技术标准和专利门槛不断提高，阻碍我国机电产品出口

近年来欧美等主要市场不断提高机电产品市场准入门槛，使我国部分机电产品出口受到严重影响。如 LED 行业，自 2012 年以来，美国、欧盟及日本等地相继实施相关标准，不断提高电磁场、能效等方面的标准要求；汽车行业亦是如此，欧盟已宣布其油耗标准体系将向美国标准靠拢，相比之下，我国的汽车油耗标准还明显落后⑥，如果不能满足欧美标准，我国汽车出口将无缘于发达国家市场。此外，“337 条款”作为专利和知识产权“门槛”，也是我国机电产品出口美国市场的主要障碍。2012 年，美国“337”共调查立案 60 起，其中 18 起案件涉及中国产品，电子信息产品是遭遇调查最重要的产品，仅华为和中兴两家公司，自 2011 年 8 月份以来，就连续遭遇 5 起美国“337”调查⑦。

五、机电产品出口形势展望

“十二五”期间，国家产业政策支持新型电子元件及机电产品的发展，以提高装备信息化水平、

---

① 《金融时报称美国制造业正在从中国回流美本土》，环球网，2013 年 9 月 30 日。

② 《英国制造业从中国等国“回流”势头加快》，凤凰网，2013 年 11 月 26 日。

③ 《欧盟将对我部分太阳能板征收两年双反税》，央视网，2013 年 12 月 4 日。

④ 《澳大利亚对我风电塔发起反倾销调查》，中国机电产品进出口商会网，2013 年 8 月 29 日。

⑤ 《新兴市场国家贸易保护愈演愈烈　中国外贸面临新挑战》，中国产业经济信息网，2013 年 7 月 12 日。

⑥ 《技术壁垒成中国汽车产品出口拦路虎》，中国机电产品进出口商会网，2013 年 8 月 21 日。

⑦ 《中兴、华为美国“337 调查”初裁获胜》，中国机电产品进出口商会网，2013 年 9 月 12 日。

系统集成能力和节能水平，部分重点项目将得到国家政策的大力支持。同时，节能减排作为“十二五”规划的重头戏，部分高耗能、高污染和产能过剩严重的机电产品制造行业将被迫加大转型升级步伐，机电产品制造业将继续朝着优化产品结构、提高产品附加值、增强自主创新能力和产业竞争力的方向发展，努力从被动模仿向主动研发转变，提高出口产品竞争能力。与此同时，市场普遍对2014 年欧美经济持乐观态度，欧洲经济有望开始进入正增长，美国经济复苏态势显著，主要发达经济体市场需求或将回暖。综合上述因素，国内产业转型升级和国际需求逐渐回升将会推动 2014 年我国机电产品出口继续保持良好增长势头。

2013年我国钢材出口年度报告

伴随着国民经济的快速增长和工业化的不断推进，我国钢铁工业迅猛发展。1996年，我国粗钢产量突破1亿吨，成为世界第一产钢国以来，我国粗钢产量已连续17年高居世界第一，2012年我国粗钢产量占全球钢铁总产量的46.3%。然而，在钢铁工业快速发展的同时，我国钢铁行业由于盲目投资引发的产能过剩问题日益凸显，截至2012年，我国钢铁行业产能利用率仅为72%，出口成了化解产能过剩的重要途径。

一、加入世界贸易组织以来我国钢材出口情况

加入世界贸易组织以来，我国钢材产量迅速增长，由2001年的1.5亿吨逐年攀升至2012年的9.5亿吨，2013年我国钢材产量又上新台阶，突破10亿吨关口，达到10.7亿吨。我国钢材出口规模也逐渐扩大，2004年我国钢材出口量首次突破1 000万吨；2006年我国钢材出口首次超过进口，正式由钢材“净进口国”逆转为“净出口国”；2007年钢材出口量进一步攀升至6 266万吨的历史峰值。虽然此后在国内出口退税政策调整及国际金融危机等的多重影响下，我国钢材出口规模有所缩减，但2010年之后出口量又进入上行通道（图1）。随着钢材出口规模扩大，我国钢材出口在全球钢材贸易中所占份额也显著提高，2001年，我国出口钢材仅占全球主要国家和地区钢材贸易的1.6%左右，在2007年出口最高峰值期，这一比重上升至15%左右，此后虽然所占比重随出口量降低有所下滑，但在全球钢材贸易中所占比重仍然保持在10%以上。

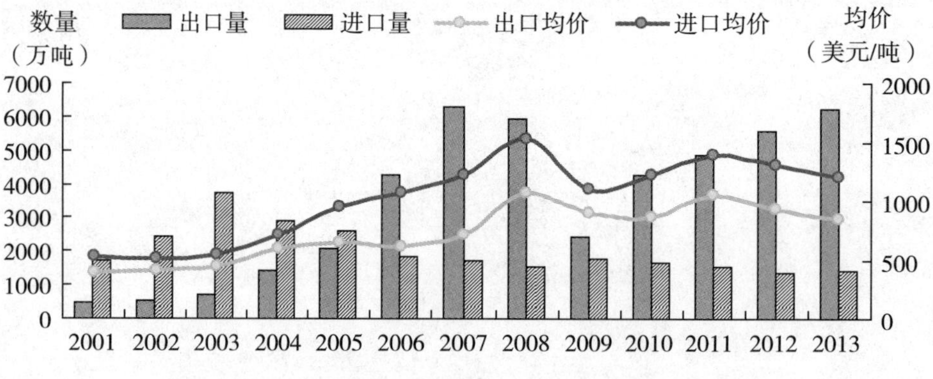

图1 2001～2013年我国钢材进出口量价走势图

二、2013年我国钢材出口主要特点

据海关统计，2013年，我国累计出口钢材6 234万吨，比2012年增加11.9%，逼近2007年6 266万吨的历史高峰值；价值532.4亿美元，同比增长3.4%；出口均价为每吨854美元，同比下跌7.6%。其中，12月当月我国出口钢材536.8万吨，同比增加10.7%，环比增加7.4%；价值45.7亿美元，同比增长8.6%，环比增长7%；出口均价每吨852.1美元，同比下跌1.9%，环比下跌0.5%（图2）。

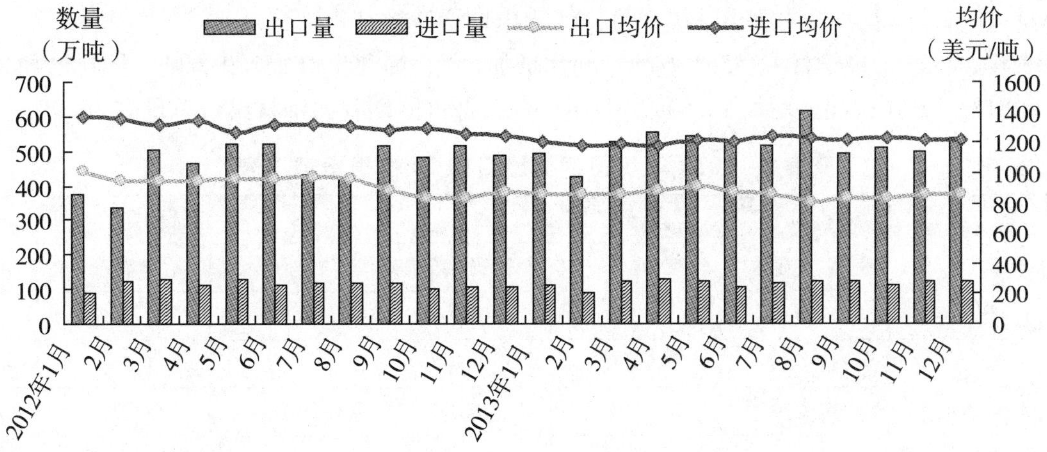

图2　2012年1月～2013年12月我国钢材进出口月度量价走势图

（一）一般贸易方式出口超9成

2013年，我国以一般贸易方式出口钢材5 905.4万吨，同比增加11.6%，占同期我国钢材出口总量的94.7%；一般贸易项下出口平均价格为每吨813.5美元，同比下降7.6%。同期，以加工贸易方式出口钢材143.2万吨，同比增加6.1%。

（二）国有企业居出口首位，民营企业出口显著增加

2013年，我国国有企业出口钢材2 721.5万吨，同比增加11%，占同期我国钢材出口总量的43.7%；民营企业出口2 388.7万吨，同比增加20.2%，占同期我国钢材出口总量的38.3%；外商投资企业出口1 123.1万吨，同比减少1%，占同期我国钢材出口总量的18%。

（三）主要出口至东盟、韩国、拉美和非洲，对东盟出口增幅较高

2013年，我国对东盟出口钢材1 742.5万吨，同比增加22.4%，比同期我国钢材出口平均增速高10.5个百分点；对韩国出口972.4万吨，同比减少2.3%；对拉丁美洲出口648.5万吨，同比增加14.3%；对非洲出口471.9万吨，同比增加40.5%。上述四者合计占同期我钢材出口总量的61.5%（表1）。

表1　2013年我国钢材前10位出口市场情况表

国别（地区）	累计出口			累计同比（%）		
	数量（万吨）	金额（亿美元）	均价（美元/吨）	数量	金额	均价
总计	6 233.8	532.4	854.0	11.9	3.4	-7.6
东盟	1 742.5	125.7	721.6	22.4	10.7	-9.6
韩国	972.4	69.5	714.5	-2.3	-8.1	-5.9
拉丁美洲	648.5	51.3	791.3	14.3	3.9	-9.1
非洲	471.9	40.1	848.9	40.5	30.3	-7.2
欧盟（28国）	365.3	39.5	1 080.4	-8.5	-8.2	0.4
美国	220.8	27.4	1 240.7	11.2	-4.9	-14.5
中国香港	205.5	14.2	693.4	23.9	9.5	-11.6
印度	164.6	16.9	1 028.3	-27.0	-25.4	2.2
中国台湾	156.1	22.4	1 437.2	32.7	21.4	-8.5
沙特阿拉伯	125.5	10.2	811.6	-13.8	-14.3	-0.6

(四)江苏、河北、辽宁列出口前3位,河北出口增速较高

2013 年,江苏出口钢材 1 155.4 万吨,同比增加 9%;河北出口 952.9 万吨,同比增加 30.3%;辽宁出口 818.1 万吨,同比增加 10.8%。上述三者合计占同期我国钢材出口总量的 46.9%(表 2)。

表 2 2013 年我国钢材出口前 10 位省份情况表

省份	累计出口			累计同比(%)		
	数量(万吨)	金额(亿美元)	均价(美元/吨)	数量	金额	均价
总计	6233.8	532.4	854.0	11.9	3.4	-7.6
江苏	1155.4	99.8	864.0	9.0	1.5	-6.9
河北	952.9	63.2	662.8	30.3	13.6	-12.9
辽宁	818.1	54.0	659.6	10.8	0.0	-9.7
山东	589.4	47.6	808.3	11.2	6.5	-4.2
天津	453.0	36.4	803.0	25.0	13.0	-9.6
北京	316.9	31.2	983.7	4.3	7.4	3.1
上海	315.9	34.4	1 088.1	-6.5	-7.9	-1.5
浙江	284.4	33.6	1 182.1	50.0	19.0	-20.6
广东	279.0	37.5	1 343.6	4.6	5.9	1.3
湖北	158.2	11.8	748.5	18.9	0.8	-15.2

(五)钢铁板材为最大出口品种,钢铁棒材出口猛增

2013 年,我国出口钢铁板材 2 764.1 万吨,同比增加 2.5%,占同期我国钢材出口总量的 44.3%;出口钢铁棒材 1 711.1 万吨,同比增加 45.5%,占同期我国钢材出口总量的 27.4%(表 3)。

表 3 2013 年我国主要品种钢材出口情况

商品名称	累计出口			累计同比(%)		
	数量(万吨)	金额(亿美元)	均价(美元/吨)	数量	金额	均价
总计	6 233.8	532.4	854.0	11.9	3.4	-7.6
钢铁板材	2 764.1	223.1	807.1	2.5	-0.1	-2.6
钢铁棒材	1 711.1	103.6	605.7	45.5	26.5	-13.1
角钢及型钢	423.5	26.8	633.0	21.8	13.4	-6.9
钢铁线材	184.4	20.6	1 115.8	2.3	-0.7	-2.9
钢铁管配件	155.8	40.4	2 593.6	0.0	-3.7	-3.7

(六)出口集中度有所下降

2013 年,我国共有钢材出口记录的企业 24 049 家,比 2012 年减少 371 家,同比减少 1.5%。其中,前 10 家出口企业出口量合计占当年我国钢材出口总量的 28.1%,比 2012 年下降 1.4 个百分点(表 4)。

表4 2013年我国钢材出口前10强企业情况表

企业名称	累计出口			累计同比（%）		
	数量（万吨）	金额（亿美元）	均价（美元/吨）	数量	金额	均价
总计	6 233.8	532.4	854.0	11.9	3.4	-7.6
江苏沙钢国际贸易有限公司	229.7	12.8	558.8	-23.6	-28.2	-6.0
本溪北营钢铁集团进出口有限公司	227.3	12.3	539.6	44.4	30.2	-9.8
本钢集团国际经济贸易有限公司	191.4	11.0	576.7	-3.5	-9.9	-6.6
唐山钢铁集团有限责任公司	185.9	10.4	560.0	59.6	38.2	-13.4
日照钢铁轧钢有限公司	181.4	9.6	529.9	13.6	6.4	-6.3
宝山钢铁股份有限公司	173.1	14.8	856.1	-15.1	-19.9	-5.7
江苏永钢集团有限公司	172.4	9.4	544.5	53.0	39.6	-8.8
鞍钢集团国际经济贸易公司	167.4	10.8	644.3	-3.0	-11.3	-8.6
包钢集团国际经济贸易有限公司	123.8	7.3	591.0	26.1	14.2	-9.4
中国首钢国际贸易工程公司	101.7	6.2	610.3	-19.5	-23.8	-5.4

三、2013年我国钢材出口增加的主要原因

（一）国内钢材价格持续低迷提升出口竞争力

受供大于求影响，2013年我国国内钢材价格持续低迷，MySteel国内钢材综合价格指数从2月20日的143.5迅速下滑至6月28日的126.3，下半年虽然略有回升，但是依然维持在130附近的低位波动。国内钢材价格持续低迷带动出口价格的下跌，也在一定程度上提升了我国钢材出口的价格竞争力。2013年12月中旬，我国中厚板和螺纹钢出口报价均为每吨515美元（FOB），而同期独联体中厚板和螺纹钢出口报价分别为每吨545美元（FOB黑海）和每吨590美元（FOB黑海）①，我国钢材出口价格优势显而易见。

（二）新兴市场需求扩大拉动我国钢材出口增加

近年来，新兴市场国家基础设施建设和民用建筑的投资力度不断加大，对钢材特别是建筑钢材的需求明显增加。东南亚钢铁协会（SEASI）预计，2013年东盟钢材需求为6 800万吨左右，同比增长11%左右②；拉美钢协预计，2013年拉美国家钢材表观消费量将同比上涨5.7%，达到6 850万吨③。新兴市场需求扩大拉动我国钢材出口增加。

四、我国钢材出口的影响因素分析

（一）产能过剩压力持续，需通过出口渠道缓解

随着我国经济告别10%左右的高速增长期，进入稳中求进、提质增效的中高速增长新阶段，国

① 《12月16日国际主要钢材市场价格汇总》，我的钢铁，2013年12月16日。
② 《东盟对中国钢产能过剩仍存忧虑》，西本新干线，2013年12月29日。
③ 《拉美钢材市场的机遇与挑战》，钢联资讯，2013年10月25日。

内钢铁市场需求增长也趋于平稳。冶金工业规划研究院预测显示，2014 年实际消费量将同比增长 3.2%，至 7.15 亿吨。但与此同时，超高的钢铁产能及强大的生产惯性，使得我国钢铁产量继续高位运行。据冶金工业规划研究院预测，2014 年我国粗钢产量将达到 8.1 亿吨，超过国内市场实际需求 9 500 万吨，过剩产量较 2013 年的 8 700 万吨，提高 800 万吨。在目前的产能状况下，供给过剩的压力仍需通过出口渠道来缓解。

（二）国际钢材市场需求提升有利于扩大我国钢材出口空间

世界银行 2014 年 1 月 14 日在伦敦发布的《2014 年全球经济展望报告》预测，2014 年全球经济增长速度将从 2013 年的 2.4% 提高至 3.2%。其中，美国经济增速将从 2013 年的 1.8% 提升至 2.8%，欧元区经济增速也将提高至 1.1%①。2014 年全球经济复苏势头加快，将对国际钢材市场形成有力的支撑。国际钢铁协会发布报告称，2014 年全球钢铁需求增速将从 2013 年的 3.1% 提高至 3.3%。其中，美国钢铁需求增长将从 2013 年的 0.7% 提高至 3%，欧盟钢铁需求将从 2013 年的下降 3.8% 转为增长 2.1%②。国际钢材市场需求提升有利于扩大我国钢材的出口空间。

（三）进口铁矿砂价格上涨压缩钢材出口企业赢利水平

2013 年我国国内钢材市场持续低迷，钢材价格明显下滑。据中国钢铁工业协会会长徐乐江 2014 年 1 月 12 日透露，2013 年 1 ~ 11 月国内钢材价格低位运行，与 2012 年同期相比，钢材整体价格水平降幅超过 5%，国内钢材市场价格指数 11 月末为 99.33 点，比 2012 年同月价格下跌 5.69%③。然而，在国内钢材价格明显下跌的背景下，我国铁矿砂进口价格依然坚挺。海关统计数据显示，2013 年我国铁矿砂进口平均价格为每吨 129 美元，同比上涨 0.2%，2013 年 9 月份之后，我国铁矿砂进口平均价格更是连续 4 个月维持在 2 位数以上的涨幅。进口铁矿石价格逆势上涨不断吞噬着我国钢铁行业利润，进一步打压了我国钢材出口企业的赢利水平。

（四）国际贸易壁垒持续升温增加我国钢材出口难度

由于国际市场需求持续不振，2013 年国外钢材贸易壁垒特别是针对我国钢材的贸易救济措施不断升温，全年我国钢铁产品相继遭受加拿大、澳大利亚、欧盟、马来西亚、我国台湾地区、美国、墨西哥等国家或地区启动的 20 起反倾销、反补贴等贸易救济调查，较 2012 年增加 2 起④。与此同时，自 2013 年 10 月 9 日起，哥伦比亚对进口线材征收 21.29% 的临时性保障措施关税⑤；10 月 30 日，土耳其将不锈钢冷轧扁平材产品的进口关税从 2% 提升至 8%⑥；2014 年 1 月初，印度工商联合会致函该国商务部，要求扩大对中国不锈钢产品征税以维护国内产业利益⑦。国际贸易壁垒继续升温在一定程度上制约了我国钢材出口进一步发展。

五、2014 年钢材出口形势展望及相关建议

2014 年是我国全面深化改革的开局之年，化解产能过剩、加大环境治理将成为我国转变经济发展方式的重要抓手。作为产能过剩和环境污染的重灾区，钢铁行业将首当其冲，这有利于倒逼钢铁

---

① 《世界银行：2014 年全球经济增长率将上升至 3.3%》，中国商务部网站，2014 年 1 月 16 日。

② 《国际钢铁协会预计 2014 年全球钢铁需求增长 3.3%》，凤凰财经，2013 年 1 月 9 日。

③ 《徐乐江：钢材整体价格水平降幅超过 5% 2013 年粗钢产量预计可达 7.75 亿吨》，欧浦钢铁，2014 年 1 月 13 日。

④ 中国贸易救济信息网。

⑤ 《哥伦比亚决定对线材征收临时性保障措施关税》，中国钢铁现货网，2013 年 11 月 28 日。

⑥ 《土耳其提高不锈钢冷卷进口关税》，欧浦钢铁，2013 年 10 月 31 日。

⑦ 《印商会呼吁扩大对中国不锈钢扁平材征税》，钢联资讯，2014 年 1 月 6 日。

行业转型升级，缓解行业供求矛盾。同时，随着全球经济复苏步伐的加快，2014 年国际钢材市场需求将进一步增加，我国钢材的出口空间也有望扩大，进而对国内钢材市场产生积极的支撑作用。然而，从行业内部来看，2013 年我国钢铁行业产能过剩问题依然没有得到有效缓解，2014 年仍将继续困扰行业的发展。此外，不断升温的贸易摩擦也将在一定程度上制约我国钢材出口的增长。因此，从总体来看，2014 年我国钢铁行业供需两端有望保持相对稳定，市场价格或将在震荡中有所回升，钢材出口或将持续稳中有升的上行轨迹。

2013年我国汽车进出口年度报告

汽车产业作为一个国家工业发展程度的重要标志，在很大程度上也代表着一个国家经济的发展水平。随着我国汽车产业的快速发展和消费需求的稳步增长，我国继2012年成为全球最大汽车产销国后，2013年汽车产、销量进一步双双突破2 000万辆大关，分别达到2 211.7万辆和2 198.4万辆，继续保持全球最大汽车产销国地位①。

一、加入世界贸易组织以来我国汽车进出口情况

加入世界贸易组织以来，国内汽车产业和消费市场的蓬勃发展对汽车进出口带来了极大的促进作用，我国汽车进出口量自2001年的不足10万辆快速增加，继2008年突破百万辆后，2012年进一步突破200万辆，连续3年创历史新高。2013年，我国进口汽车119.2万辆，较2012年增加5.5%；价值487.3亿美元，同比增长2.6%，年度进口量、值均再创历史新高。同期，出口92.4万辆，同比减少6.7%，价值119.9亿美元，同比下降5.4%，年度出口量、值近4年来均首次出现同比下降。受出口萎缩影响，当年我国累计进出口汽车211.6万辆，同比微减0.2%，为近4年来的首次同比减少；价值607.2亿美元，同比微增0.9%（图1）。

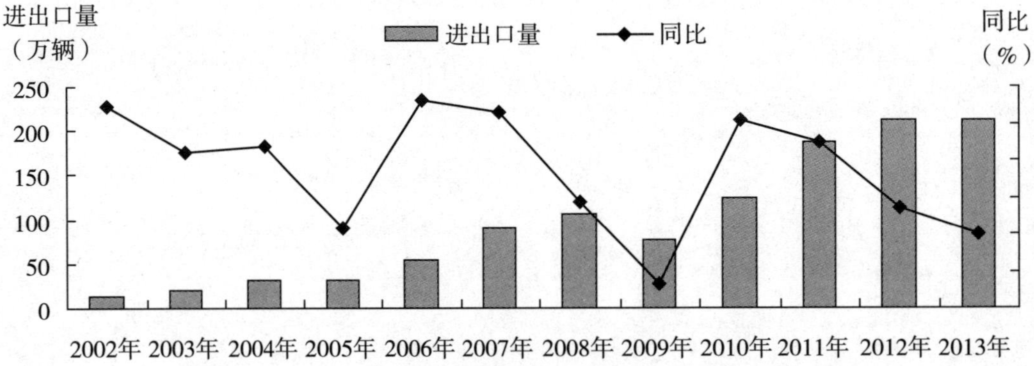

图1 2002~2013年我国汽车进出口量及同比年度走势图

二、2013年我国汽车进出口的主要特点

（一）9月份起单月进口量同比恢复增加，下半年单月出口有5个月同比减少

2013年，前3个季度我国汽车进出口总量分别出现7.4%、1.4%和10.8%的同比减少，至第四季度同比由减转增，增幅达到20.8%。其中，9月份起单月进口量同比连续保持增势，年底两个月进口量更是连创新高，至12月份当月进口12.2万辆，同比增加47.5%，环比增加2%；单月出口量自7月份起连续4个月出现同比减少，11月短暂恢复同比增加后，12月份出口再度出现减少，当月共出口7.4万辆，同比减少8.9%，环比减少17.3%（图2）。

① 《2013年汽车工业经济运行情况》，人民网，2014年1月22日。

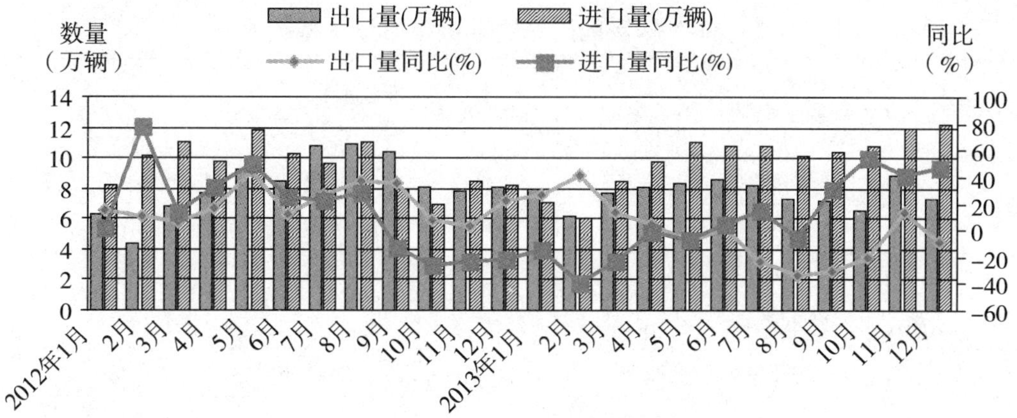

图 2　2012～2013 年我国汽车进出口月度走势图

（二）一般贸易进出口占据绝对主导地位，海关特殊监管区域物流货物方式进口大幅增加

2013 年，我国以一般贸易方式进出口汽车 199.2 万辆，同比减少 1%，占同期我国汽车进出口总量的 94.1%。其中，以一般贸易方式进口 114.2 万辆，同比增加 4.4%，占同期我国汽车进口总量的 95.8%；以一般贸易方式出口 85 万辆，同比减少 7.6%，占同期我国汽车出口总量的 92%。同时，以海关特殊监管区域物流货物方式进口 4.8 万辆，同比增加 40.6%，较同期我国汽车进口量总体增速高出 35.1 个百分点；以加工贸易方式出口 6 万辆，同比增加 18.5%（表 1）。

表 1　2013 年我国汽车进出口主要贸易方式构成表

主要贸易方式	出口			进口		
	数量（万辆）	同比（%）	比重（%）	数量（万辆）	同比（%）	比重（%）
一般贸易	85.0	-7.6	92.0	114.2	4.4	95.8
加工贸易	6.0	18.5	6.4	0.0	80.0	0.0
对外承包工程出口货物	0.6	-1.2	0.7	-	-	-
边境小额贸易	0.6	-43.2	0.7	-	-	-
海关特殊监管区域物流货物	0.1	11.9	0.1	4.8	40.6	4.1

（三）欧日美为前三大进口来源地，对最大出口市场非洲出口由增转减

2013 年，我国自欧盟进口汽车 54 万辆，同比减少 6.9%。其中，自欧盟进口小轿车 31.2 万辆，同比减少 10.1%。同期，自日本进口汽车 24.1 万辆，由 2012 年的减少 7.7% 逆转为增加 3.6%，其中越野车、小轿车和小客车进口量分别增加 9.8%、2.5% 和 0.4%；自美国进口汽车 22.2 万辆，同比增加 31.7%，其中进口越野车 16.6 万辆，同比增加 23%，占同期自美汽车进口总量的 74.8%。自上述三大来源地合计进口量占同期我国汽车进口总量的 84.1%。此外，自韩国进口 9.2 万辆，同比增加 4.6%（表 2）。

表2　2013年我国汽车主要进口市场车型结构表

主要进口市场	单位	总计	小轿车	四轮驱动轻型越野车	小客车	货车
欧盟	进口量（万辆）	54.0	31.2	17.4	4.9	0.5
	同比（%）	-6.9	-10.1	9.8	-13.6	-34.4
日本	进口量（万辆）	24.1	5.7	14.6	3.6	0.1
	同比（%）	3.6	2.5	9.8	0.4	-91.1
美国	进口量（万辆）	22.2	1.5	16.6	3.5	0.3
	同比（%）	31.7	5.1	23.0	133.7	6.1
韩国	进口量（万辆）	9.2	1.4	1.1	6.7	0.0
	同比（%）	4.6	63.6	-30.9	5.8	66.7

同时，我国对最大出口市场非洲出口汽车21.5万辆，由2012年的增加54%逆转为减少14%，占我国汽车出口总量的比重由2012年的25.3%下滑至23.3%。其中，对阿尔及利亚出口11.6万辆，由2012年的增加84.8%转为减少22%。此外，对俄罗斯出口9万辆，同比增加1.4%；对拉丁美洲的智利、秘鲁和哥伦比亚分别出口7.9万辆、3.9万辆和3.7万辆，同比分别增加26.3%、6.6%和19.3%（表3）。

表3　2013年我国汽车主要出口市场情况表

主要出口市场	2013年	
	出口量（万辆）	同比（%）
总计	92.4	-6.7
非洲	21.5	-14.0
其中：阿尔及利亚	11.6	-22.0
俄罗斯	9.0	1.4
智利	7.9	26.3
东盟	6.6	21.2
伊朗	5.1	-29.7
秘鲁	3.9	6.6
哥伦比亚	3.7	19.3
埃及	3.5	2.1
伊拉克	3.3	-62.8
乌拉圭	3.1	94.8

（四）外商投资企业和国有企业分居进、出口量首位，民营企业进出口均保持增势

2013年，我国外商投资企业进出口汽车120.8万辆，同比增加1.7%，占同期我国汽车进口总量的57.1%。其中，进口汽车95.2万辆，同比增加5.1%，占同期我国汽车进口总量的79.9%；出口汽车25.6万辆，同比减少9.2%。同期，国有企业进出口汽车56.4万辆，同比减少7.9%。其中，出口汽车40.3万辆，同比减少12.1%，占我国汽车出口总量的比重由2012年的46.3%下滑至43.6%；进口16.1万辆，同比增加4.5%。此外，民营企业进出口34.2万辆，同比增加8%，占我国汽车进出口总量的比重由2012年的15%提升至16.2%。其中，进口7.7万辆，同比增加14.3%；出口26.5万辆，同比增加6.2%（图3）。

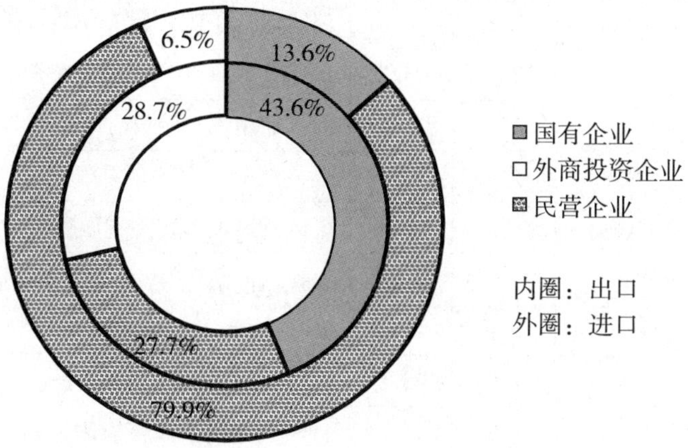

图3　2013年我国汽车进出口主要企业类型结构图

（五）进口企业集中度较高，出口企业数量近4年来首次减少

2013年，我国有汽车进口记录的企业共997家，较2012年增加26家。其中，进口量前20位企业合计进口106.5万辆，占同期我国汽车进口总量的89.4%，前20位企业进口集中度较2012年提高4个百分点。

同年，我国有汽车出口记录的企业共1 421家，较2012年减少101家，出口企业数量自2010年连续3年持续增加以来首次出现减少。其中，出口量前20位企业合计出口66.2万辆，占同期我国汽车出口总量的71.7%，前20位企业出口集中度继2012年下滑2.3个百分点后进一步下滑1.5个百分点；出口量少于百辆的企业数量为1 169家，占同期我国汽车出口企业总数量的82.3%，合计出口1.4万辆，仅占同期我国汽车出口总量的1.5%。（表4）

表4　我国汽车主要进、出口前20位企业情况表

主要出口企业	出口量（万辆）	同比（%）	主要进口企业	进口量（万辆）	同比（%）
上海吉利美嘉峰国际贸易有限公司	11.7	19.1	宝马（中国）汽车贸易有限公司	18.7	-4.0
奇瑞汽车股份有限公司	8.7	-48.4	梅赛德斯—奔驰（中国）汽车销售有限公司	10.4	-13.2
长城汽车股份有限公司	5.7	-23.3	克莱斯勒（中国）汽车销售有限公司	9.5	64.1
安徽江淮汽车股份有限公司	5.3	3.4	中国第一汽车集团进出口有限公司	9.0	-1.6
重庆力帆实业（集团）进出口有限公司	5.2	14.7	大众汽车（中国）销售有限公司	8.6	-16.6
重庆小康进出口有限公司	4.0	-11.7	丰田汽车（中国）投资有限公司	8.5	-4.8
上海通用东岳汽车有限公司	3.4	-10.0	捷豹路虎汽车贸易（上海）有限公司	7.5	39.7
北京福田国际贸易有限公司	2.8	-3.8	沃尔沃汽车销售（上海）有限公司	5.5	684.6

续表

主要出口企业	出口量（万辆）	同比（%）	主要进口企业	进口量（万辆）	同比（%）
上海通用汽车有限公司	2.7	88.4	现代汽车（中国）投资有限公司	4.9	-9.4
本田汽车（中国）有限公司	2.4	-20.8	保时捷（中国）汽车销售有限公司	3.4	1.6
奇瑞海外实业投资有限公司	2.1	94.8	雷诺（北京）汽车有限公司	3.4	30.1
上汽通用五菱汽车股份有限公司	1.9	33.4	上汽通用汽车销售有限公司	2.9	44.7
比亚迪汽车有限公司	1.5	-35.6	福特汽车（中国）有限公司	2.7	231.2
重庆长安汽车国际销售服务有限公司	1.5	116.4	中国进口汽车贸易有限公司	2.3	-0.2
江西江铃进出口有限责任公司	1.5	-12.3	中冀斯巴鲁（天津）汽车销售有限公司	2.1	-7.6
浙江吉奥进出口有限公司	1.4	-35.8	四川一汽丰田汽车有限公司	2.1	4.9
中国第一汽车集团进出口有限公司	1.3	11.6	日产（中国）投资有限公司	1.5	26.8
鄂尔多斯市瑞世国际贸易有限公司	1.3	-	三菱汽车销售（中国）有限公司	1.5	51.6
厦门金龙联合汽车工业有限公司	1.0	20.3	上海汽车进出口有限公司	1.4	13.6
哈飞汽车股份有限公司	1.0	-43.1	天津海天保税物流有限公司	0.9	16.7

（六）北京进口占比逾半数，上海进出口增势显著

2013 年，北京进口汽车 62 万辆，同比增加 1.6%，占同期我国汽车进口总量的 52%，为我国汽车第一大进口省份；上海进口 25.9 万辆，同比增加 41.1%；天津进口 17 万辆，同比减少 2.5%。

同年，安徽出口汽车 16.6 万辆，同比减少 29.6%，占我国汽车出口总量的比重由 2012 年的 23.8% 下滑至 17.9%，仍保持我国汽车第一大出口省份地位；上海出口 15.6 万辆，同比大幅增加 26.1%；重庆出口 11.5 万辆，同比增加 8.7%。上述三省份合计占同期我国汽车出口总量的 47.3%。（表 5）

表 5　2013 年我国汽车进、出口前 10 位省份情况表

主要出口省份	出口量（万辆）	同比（%）	主要进口省份	进口量（万辆）	同比（%）
安徽	16.6	-29.6	北京	62.0	1.6
上海	15.6	26.1	上海	25.9	41.1
重庆	11.5	8.7	天津	17.0	-2.5
河北	6.5	-25.2	吉林	9.0	-1.6
山东	5.8	-6.3	四川	2.1	4.8
北京	4.3	-1.1	辽宁	1.2	-36.8
江苏	3.4	15.0	广东	1.0	-5.9
广东	3.0	-24.4	江苏	0.3	1.4
辽宁	2.5	-1.1	湖南	0.3	-75.7
江西	2.3	-0.4	浙江	0.2	-33.5

（七）中等排量乘用车进口比重逾8成，除小客车外其他主要车型出口均出现2位数减少

2013年，我国进口排量在1.5升～3升的中等排量乘用车（包括小轿车、小客车和越野车）97.6万辆，同比增加14.3%，占我国汽车进口总量的比重由2012年的75.6%进一步提升至81.8%；排量1.5升及以下的小排量乘用车和3升以上的大排量乘用车分别进口5.8万辆和14.6万辆，同比分别减少11.8%和22.7%。

同年，我国出口小轿车42.4万辆，同比减少14.3%，占我国汽车出口总量的比重由2012年的50.1%下滑至46%；出口货车28.5万辆，同比减少11.1%；出口小客车10.3万辆，同比增加44.8%；出口越野车0.3万辆，同比减少37%（图4）。

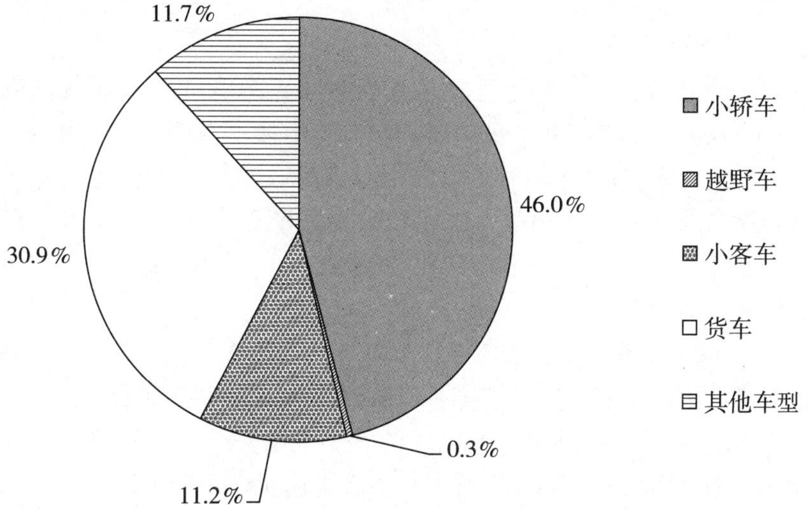

图4　2013年我国汽车出口主要车型比重图

三、2013年我国汽车进口由减转增、出口同比减少的原因分析

（一）进口同比由减转增的主要原因

1. 国内汽车销量增势良好，进口需求保持旺盛。2013年以来，随着国内经济保持稳步增长，汽车消费市场呈现快速回暖势头。特别是受更多城市为解决交通状况和雾霾困扰将实行汽车限购的预期影响，部分消费者提前消费，进一步推动国内汽车销售旺盛。据统计，2013年12月份我国汽车销售量达到213.4万辆，同比增加17.9%，继11月后再次刷新月度销量纪录；全年累计销售2 198.4万辆，同比增加13.9%①，连续5年位居全球第一②。其中，据销售上牌数显示，2013年进口汽车市场销售111.2万辆，同比增长12.6%③。由于市场前景良好，经销商纷纷加大进口力度，进而带动汽车进口恢复增长。自2013年5月份起，我国汽车进口量连续8个月超过10万辆，其中12月单月更是一举突破12万辆。

2. 进口车高库存压力持续缓解，各跨国汽车厂商逐步加大进口。为消化2012年进口车供给大幅增加所带来的高库存压力，各进口品牌经销商纷纷采取降价促销措施。2013年第二季度以来，进口车市场的价格便不断下滑，9月平均优惠幅度从4月的6.4%扩大到9.5%；10月份进口车市场平

① 《2013年汽车产销均超2000万辆　再创新高》，盖世汽车网，2014年1月9日。

② 《车市回暖　销量增长结构优化》，《人民日报》，2013年12月30日。

③ 《进口车年销量将达120万辆》，凤凰网，2014年2月18日。

均优惠为5万元，优惠幅度达8%①。在经历近半年的去库存后，12月中国汽车经销商库存预警指数为40%，比11月下降了8个百分点，连续5个月处在警戒线以下②。随着进口车库存压力的持续缓解，跨国企业逐步加大进口力度，带动我国汽车单月进口量回升。

3. “购岛”事件影响趋淡，自日汽车进口恢复增长。由于钓鱼岛事件，2012年下半年起日系汽车在我国销量大幅下滑。2013年以来，日系车企加大了对中国市场的投入力度，凭借推出新车型、日元贬值等多重有利因素，销量逐渐恢复。2013年，丰田与两家在华合资公司总计在华销售91.75万辆汽车，同比增加9.2%，完成当年销售目标；本田共计销售汽车75.7万辆，同比增加26%③。日系车销售回暖带动自日本进口汽车恢复增长，2013年我国自日本的汽车进口量同比已由减转增。

（二）出口同比减少的主要原因

1. 主要出口市场需求下滑，对汽车出口形成负面影响。2013年以来，我国汽车主要出口市场的汽车销量出现了不同程度的下滑，其中俄罗斯、中东等市场下滑明显④。2013年，俄罗斯轻型车销量为277.7万辆，同比下降5%⑤。同时，主要出口市场政治风险加剧也对我国汽车出口形成负面影响，如由于叙利亚内战和伊朗核问题，中东局势更加紧张，导致我国汽车在该地区销售的下滑。2013年，我国对伊朗和伊拉克汽车出口同比分别减少29.7%和62.8%，二者合计对全年我国汽车出口减少的贡献率高达118.6%。

2. 出口市场频频出台贸易措施，加大汽车出口难度。近年来，出于保护本国汽车工业发展的需要，部分我国汽车出口市场纷纷出台贸易措施。以巴西为例，2012年，巴西宣布上调工业产品税征收比例，增幅高达30%，2013年我国出口至巴西的汽车全部缴纳此项税费，导致我国汽车销售价格被迫上涨从而大幅削弱价格优势，销量出现大幅萎缩。以奇瑞为例，2013年，奇瑞在巴西的销量预计仅为9 000辆，较2012年的1.4万辆大幅减少36.7%⑥。2013年4月起，乌克兰提高外国汽车进口关税，根据汽车发动机排量不同在现有关税基础上增加为期3年的6.46%～12.95%的特别关税，中国经销商被迫提价，导致销售量萎缩⑦。2013年，我国对乌克兰汽车出口增速由2012年的25.9%下滑至0.8%。

3. 人民币汇率屡创新高，进一步削弱我国汽车出口竞争力。2013年，人民币对美元汇率中间价共计41次创历史新高，全年累计升值3%，远超2012年1.03%的升幅⑧。同时，作为我国汽车出口主要竞争对手的日本货币却出现大幅贬值，2013年，日元对美元暴跌21%，创下日元汇率1979年以来最大年度跌幅⑨。人民币升值与日元贬值相叠加，我国产品的价格竞争优势被削弱，日本汽车的价格竞争优势凸显。由于我国汽车出口主要面向发展中国家，价格低廉是汽车出口保持竞争力的主要手段，价格优势的削弱导致出口难度加大。

---

① 《进口车全年增速有望由负转正》，凤凰汽车，2013年12月6日。
② 《2013年12月份库存预警指数为40.0%》，盖世汽车网，2014年1月8日。
③ 《日系车去年在华销量恢复　仍存下滑风险》，《环球时报》，2014年1月9日。
④ 《中国汽车出口持续下滑　趁机抓紧修炼内功》，搜狐汽车，2013年10月10日。
⑤ 《2013年俄罗斯汽车销量排名》，新浪汽车，2014年1月21日。
⑥ 《奇瑞在巴西投多款新车　销量或达今年3倍》，盖世汽车网，2013年12月31日。
⑦ 《贸易壁垒冲击　汽车出口已连续五个月下滑》，搜狐汽车，2013年11月7日。
⑧ 《人民币汇率2013年41次创新高　堪称人民币“升值年”》，人民网，2014年1月13日。
⑨ 《日元全年贬值21%　创34年来最大年度跌幅》，腾讯财经，2014年1月1日。

四、我国汽车进出口的主要影响因素分析

（一）跨国车企纷纷加快全球布局，挤占我国汽车国际市场份额

近年来，为了开拓新兴市场，跨国车企通过并购、降低成本等手段加速抢占非洲、拉美等发展中国家汽车市场份额，对我国汽车出口形成较大的压力。2013 年 1 月份，美国 Group 1 汽车公司收购巴西规模较大的汽车经销商集团 UAB Motors Participacoes S. A. 1；通用汽车扩建其巴西的工厂，计划将其年产量扩大至 6.5 万辆，并考虑在巴西新建一家工厂①；德国大众控股的主要生产货车和客车的子公司斯堪尼亚将 2013 年的销售中心向智利和秘鲁转移②。以巴西为例，2013 年 4 月份，菲亚特、大众、通用和福特等四大跨国车企的汽车销量合计占据巴西 70% 以上的市场份额③，大部分中国车企在巴西的销量急剧下滑，其中奇瑞和哈飞降幅均接近 7 成④。

（二）"低价低档低质"形象难以改变，对欧美日发达市场开拓出现倒退

长期以来，我国自主品牌汽车出口市场集中于非洲、拉丁美洲等低端市场，且出口产品以低档汽车为主，竞争手段也主要凭借价格优势，致使国际社会对我国汽车形成了"低价低档低质"的普遍印象。同时，由于我国的汽车技术标准与出口市场的标准存在差异，国内车企普遍对他国的技术标准不够重视，致使召回事件频发，进一步加深了中国汽车"低质"的国际形象。受此影响，我国自主品牌汽车打入发达国家市场的困难进一步加大。2013 年，我国对欧美日发达市场合计出口汽车 1.9 万辆，同比大幅减少 34%，占我国汽车出口总量的比重由 2012 年的 2.9% 下滑至 2.1%。

（三）自主品牌车企海外营销和服务体系建设严重滞后，影响我国汽车对海外市场的开拓步伐

与跨国车企在进入中国市场时开展大量的调研、分析、策划等前期工作不同的是，不少中国车企出口时，对当地收入水平、购买力、技术标准和还款信誉度等市场均未作深入调查，多数汽车企业海外营销、售后服务等方面严重依赖当地的代理商，存在配件供应紧张、服务响应滞后、维修周期过长等问题。例如，在南非，我国汽车平均维修的时间长达数月。海外营销和服务体系建设滞后，严重影响我国汽车在海外市场的开拓步伐。

（四）自主品牌市场占有率持续下滑，迫使企业加大出口以转移产能压力

2013 年以来，跨国车企为抢占市场纷纷调低市场销售价格，加上各地限购政策进一步提高了消费者购车门槛，消费者更趋向于购买合资或进口车。以北京为例，限购之后汽车销售成交的平均单价大幅上涨 88%，1.6 升及以下排量的轿车占有率下降 17 个百分点⑤。受其影响，我国自主品牌汽车的市场份额进一步下滑。数据显示，2013 年我国自主品牌乘用车累计销售 722.2 万辆，同比增加 11.4%，占同期我国乘用车销售总量的 40.3%，占有率比 2012 年下滑 1.6 个百分点⑥。尤其是在出台汽车限购政策的城市，自主品牌处境更加艰难。据统计，北京、上海、广州 3 个城市限购政策实施后，自主品牌乘用车市场占有率降幅近半，仅维持在 10% 左右⑦。自主品牌在国内市场占有率的持续下滑，迫使企业只能期望通过加大出口以减轻产能压力，但在目前我国汽车主要出口市场需求持续萎靡的情况下，开拓市场的难度较大，或将加剧企业出口竞争程度。

---

① 《通用拟在巴西追加投资　新建汽车工厂》，盖世汽车网，2013 年 2 月 28 日。
② 《中国汽车出口持续下滑　趁机抓紧修炼内功》，搜狐汽车，2013 年 10 月 10 日。
③ 《巴西五月汽车产量创新高　达 34.8 万辆》，环球网，2013 年 6 月 8 日。
④ 《多家中国车企巴西销量下滑　奇瑞哈飞重挫 7 成》，东北网，2013 年 5 月 24 日。
⑤ 《自主品牌汽车夹缝中求生存》，经济观察网，2013 年 11 月 7 日。
⑥ 《2013 中国品牌乘用车占比 40.3%　继续下降》，盖世汽车网，2014 年 1 月 9 日。
⑦ 《自主品牌汽车夹缝中求生存》，经济观察网，2013 年 11 月 7 日。

五、我国汽车进出口形势展望

目前国内汽车市场明显复苏，对进口汽车的需求旺盛，跨国车企对我国汽车市场长期前景依然看好，各地进口汽车经销商对汽车进口保持较高的热情。同时，由于我国主要出口市场需求下滑且贸易限制政策频频出台，对我国汽车出口形成较大制约。综上所述，预计 2014 年我国汽车进口量将保持同比增加态势，而出口量实现由减转增存在困难。

2013 年我国机械设备进出口年度报告

机械设备是国民经济发展的基础性产业，产业关联度高、吸纳就业能力强、技术资金密集，是各行业产业升级、技术进步的重要保障和国家综合实力的集中体现。近年来，我国机械设备制造业与国际先进水平的差距在缩小，国际地位不断提高。

一、加入世界贸易组织以来我国机械设备进出口情况

加入世界贸易组织以来，我国机械设备进出口贸易规模稳步扩大，2001～2013 年间，我国机械设备进出口值年均增长率达 18.2%（图 1）。加入世界贸易组织之初的 2001 年和 2002 年，我国机械设备贸易处于净进口状态，2003 年开始转为净出口且净出口规模逐渐扩大，2013 年我国机械设备净出口值达 2 124.9 亿美元。受我国机械设备行业整体竞争力加强和全球机械产品消费快速增长的影响，我国机械设备出口规模从 2001 年的 335.8 亿美元提升至 2013 年的 3 832.1 亿美元，以年均 22.5% 的速度高速增长。我国机械设备产品占主要出口市场的份额也随之不断提升，2001 年我国机械设备产品在美国和欧盟的市场份额未超过 10%，2013 年 1～10 月我国机械设备产品在美国、欧盟和日本的市场份额分别达到了 32.4%、33.6% 和 50.5%①（图 2）。加入世界贸易组织以来的机械设备进口则经历了一个冲高回落的过程，2011 年进口值达到峰值的 1 993 亿美元，此后逐年回落。

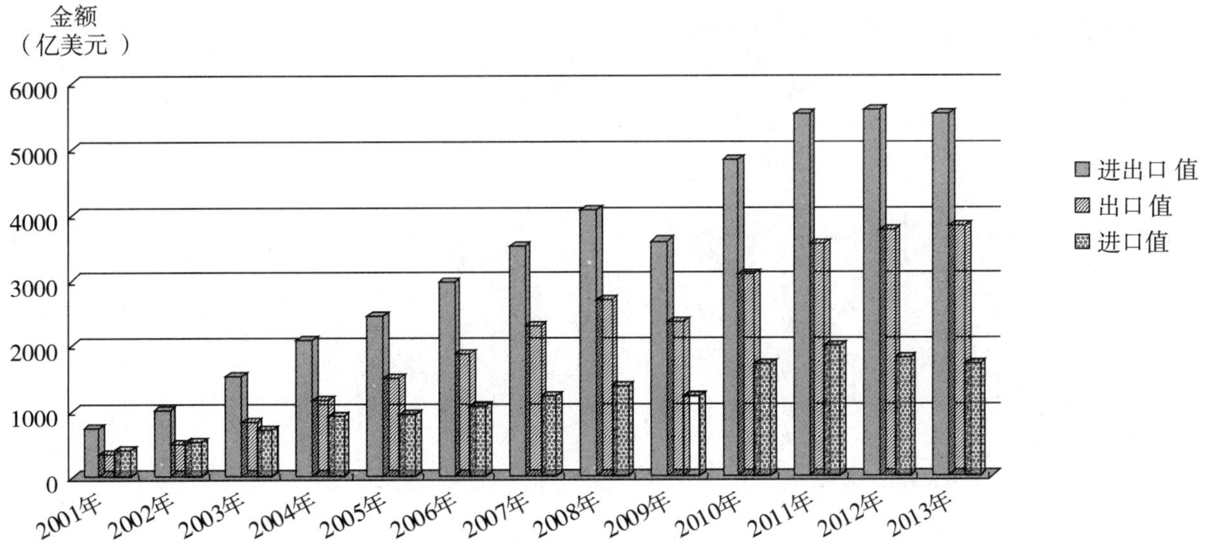

图 1　2001～2013 年我国机械设备进出口年度走势

① 数据由全球贸易信息系统提供。

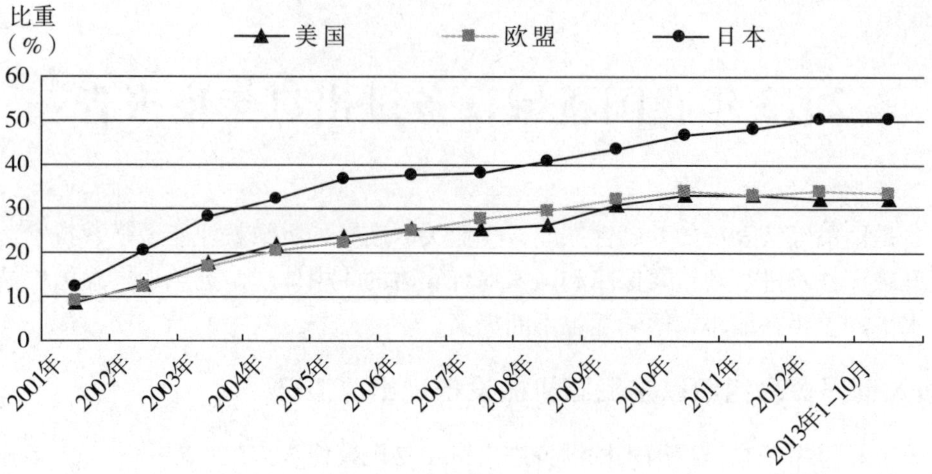

图 2　2001～2013 年 10 月我国机械设备在欧美日市场份额走势图

二、2013 年我国机械设备进出口特点

2013 年，我国机械设备进出口 5 539.3 亿美元，同比下降 0.7%。其中，出口 3 832.1 亿美元，同比增长 1.9%，较 2012 年出口增速下滑 4.3 个百分点；进口 1 707.2 亿美元，同比下降 6.2%，较 2012 年进口降幅收窄 2.5 个百分点。

（一）全年出口增进口减，12 月当月出口值创新高

2013 年我国机械设备月度出口值高位运行，12 月当月出口值冲高至 370.3 亿美元，同比增长 4.6%，创月度出口最高纪录。同期，月度进口值低位徘徊，12 月当月进口 153.3 亿美元，同比增长 2.1%，结束了连续 7 个月的同比下滑态势（图 3）。

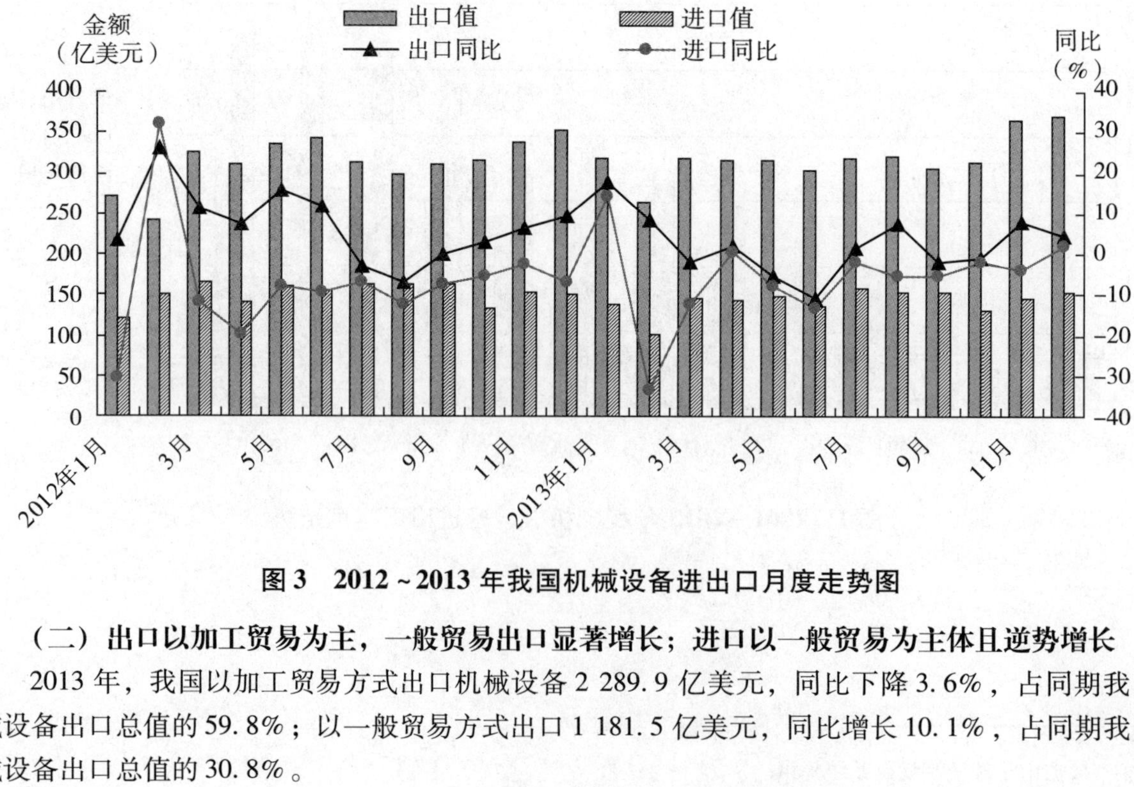

图 3　2012～2013 年我国机械设备进出口月度走势图

（二）出口以加工贸易为主，一般贸易出口显著增长；进口以一般贸易为主体且逆势增长

2013 年，我国以加工贸易方式出口机械设备 2 289.9 亿美元，同比下降 3.6%，占同期我国机械设备出口总值的 59.8%；以一般贸易方式出口 1 181.5 亿美元，同比增长 10.1%，占同期我国机械设备出口总值的 30.8%。

同期，我国以一般贸易方式进口机械设备 911.5 亿美元，同比增长 1.1%，占同期我国机械设备进口总值的 53.4%；以加工贸易方式进口 378.3 亿美元，同比下降 6.2%，占同期我国机械设备进口总值的 22.2%。同期，以海关特殊监管区域方式进口 325.3 亿美元，同比下降 16.7%，占同期我国机械设备进口总值的 19.1%。

（三）外商投资企业主导进出口，民营企业出口表现抢眼

2013 年，我国外商投资企业出口机械设备 2 731.4 亿美元，同比下降 1.1%，占同期我国机械设备出口总值的 71.3%；民营企业出口 771.5 亿美元，同比增长 15%；国有企业出口 328.7 亿美元，同比增长 0.7%。

同期，我国外商投资企业进口机械设备 1 079.9 亿美元，同比下降 8.1%，占同期我国机械设备进口总值的 63.3%；民营企业进口 323.2 亿美元，同比下降 0.9%；国有企业进口 303.1 亿美元，同比下降 4.5%。

（四）出口、进口均以广东、江苏、上海为主，重庆出口激增

2013 年，广东出口机械设备 1 002.4 亿美元，同比下降 0.8%；江苏出口 748 亿美元，同比下降 6.1%；上海出口 672.6 亿美元，同比下降 5.4%。上述三者出口合计占同期我国机械设备出口总值的 63.2%，所占份额较 2012 年下滑 3.8 个百分点。同期，重庆出口机械设备 245.9 亿美元，同比大幅增长 56.5%。

同期，广东进口机械设备 425.8 亿美元，同比下降 7.5%；上海进口 294.9 亿美元，同比下降 12.6%；江苏进口 284.3 亿美元，同比下降 8.9%。上述三者进口合计占同期我国机械设备进口总值的 58.9%。

（五）美国、欧盟和我国香港地区为主要出口市场，欧盟、日本和东盟为主要进口来源地

2013 年，我国对美国出口机械设备 865.9 亿美元，同比增长 0.8%；对欧盟出口 736.6 亿美元，同比增长 0.4%；对香港地区出口 538.5 亿美元，同比下降 0.7%。对上述三大市场出口合计占同期我国机械设备出口总值的 55.9%（表 1）。

表 1　2013 年我国机械设备主要出口市场分布表

国家（地区）	2013 年		
	出口值（亿美元）	同比（%）	占比（%）
总计	3 832.1	1.9	100.0
美国	865.9	0.8	23.8
欧盟	736.6	0.4	22.6
中国香港	538.5	-0.7	19.2
东盟	366.1	11.4	14.1
日本	253.4	-1.5	9.6

同期，我国自欧盟进口机械设备 468.1 亿美元，同比增长 0.4%；自日本进口 249.3 亿美元，同比下降 18.1%；自东盟进口 211.3 亿美元，同比下降 21.1%。自上述三大进口来源地进口合计占同期我国机械设备进口总值的 57%（表 2）。

表2　2013 年我国机械设备主要进口来源地分布表

国家（地区）	2013 年		
	进口值（亿美元）	同比（%）	占比（%）
总计	1 707.2	-6.2	100.0
欧盟	468.1	0.4	27.4
日本	294.3	-18.1	17.2
东盟	211.3	-21.1	12.4
韩国	156.7	10.7	9.2
美国	154.7	5.4	9.1

（六）便携式电脑出口占比近3成且有所下降，进口自动数据处理设备及其部件、零件等均有不同程度下降

2013 年，我国出口便携式电脑 1 108.1 亿美元，同比下降 2.6%，占同期我国机械设备出口总值的 28.9%；出口自动数据处理设备的零件 286 亿美元，同比下降 3.5%，占同期我国机械设备出口总值的 7.5%。同期，出口中央处理部件 138 亿美元，同比显著增长 20.3%（表3）。

表3　2013 年我国机械设备主要出口商品表

商品名称	2013 年		
	出口值（亿美元）	同比（%）	占比（%）
总计	3 832.1	1.9	100.0
便携式电脑	1 108.1	-2.6	28.9
自动数据处理设备的零件	286.0	-3.5	7.5
存储部件	165.9	-11.0	4.3
打印机（包括多功能一体机）	155.8	-2.3	4.1
中央处理部件	138.0	20.3	3.6

2013 年，我国进口自动数据处理设备及其部件、存储部件和自动数据处理设备的零件同比分别下降 16.4%、下降 25.5% 和下降 1.8%。同期，进口金属加工机床 101 亿美元，同比显著下降 26%（表4）。

表4　2013 年我国机械设备主要进口商品表

商品名称	2013 年		
	出口值（亿美元）	同比（%）	占比（%）
总计	1 707.2	-6.2	100.0
自动数据处理设备及其部件	306.8	-16.4	18.0
存储部件	190.6	-25.5	11.2
自动数据处理设备的零件	169.4	-1.8	9.9
金属加工机床	101.0	-26.0	5.9
纺织机械及零件	41.9	0.4	2.5

（七）进、出口企业集中度均现下滑

2013年我国机械设备出口值前20位企业绝大多数为代工企业，合计出口1 075.6亿美元，同比下降6.3%，占同期我国机械设备出口总值的28.1%，所占份额下滑2.5个百分点（表5）。

表5　2013年我国机械设备出口前20位经营单位表

经营单位		出口	
		2013年	
中文	代码	出口值（亿美元）	同比（%）
总计	–	3 832.1	1.9
达功（上海）电脑有限公司	3118540001	202.9	–13.0
鸿富锦精密电子（成都）有限公司	5101640033	99.3	–17.2
富泰华工业（深圳）有限公司	4403948021	84.7	–30.9
达丰（重庆）电脑有限公司	5006640003	81.6	26.4
昌硕科技（上海）有限公司	3116940310	74.2	–17.2
仁宝电子科技（昆山）有限公司	3223640003	52.8	20.3
名硕电脑（苏州）有限公司	3205641024	49.3	29.3
旭硕科技（重庆）有限公司	5012640001	48.7	406.4
英顺达科技有限公司	3111540001	44.6	14.7
苏州三星电子电脑有限公司	3205240470	41.3	–12.7
鸿富锦精密电子（重庆）有限公司	5006640005	35.1	1.5
鸿富锦精密电子（烟台）有限公司	3706548892	34.7	35.6
仁宝信息技术（昆山）有限公司	3223640047	34.5	–20.8
国际商业机器系统集成（深圳）有限公司	4403428003	31.3	1.5
英源达科技有限公司	3111540004	28.4	–13.9
联想信息产品（深圳）有限公司	4403448249	28.1	14.4
戴尔（成都）有限公司	5101644060	28.0	215.8
鸿富锦精密工业（武汉）有限公司	4201336140	26.9	0.0
鸿富锦精密工业（深圳）有限公司	4403944494	25.6	–9.6
英业达（重庆）有限公司	5006640002	23.4	197.5

同期，我国机械设备进口值前20位企业合计出口198.9亿美元，同比下降21.9%，占同期我国机械设备出口总值的11.7%，所占份额下滑2.4个百分点（表6）。

表6　2013年我国机械设备进口前20位经营单位表

经营单位		进口	
		2013年	
中文	代码	进口值（亿美元）	同比（%）
总计	-	1 707.2	-6.2
深圳综合信兴物流有限公司	4403447904	22.4	-6.6
富泰华工业（深圳）有限公司	4403948021	13.7	-18.1
江苏苏美达国际技术贸易有限公司	3201910255	13.1	26.9
鸿富锦精密电子（重庆）有限公司	5006640005	12.9	530.0
一汽—大众汽车有限公司	2201930032	12.1	-37.3
深圳捷递国际物流有限公司	4403137883	10.2	-6.5
全球物流（重庆）有限公司	5006640001	10.0	3.2
英运物流（上海）有限公司	3122442757	9.8	-30.4
深圳市怡亚通供应链股份有限公司	4453066866	9.5	60.4
中国原子能工业有限公司	1102919056	9.5	18.9
伟创力制造（珠海）有限公司	4404942811	9.3	33.7
空中客车（天津）总装有限公司	1210630001	8.1	13.4
合肥鑫晟光电科技有限公司	3401910273	8.1	-
昆山飞力仓储服务有限公司	3223630001	7.9	-57.2
捷普电子（广州）有限公司	4401240197	7.6	14.3
长安福特马自达汽车有限公司	5012230035	7.3	67.7
北京奔驰汽车有限公司	1113230149	6.9	69.4
昆山叶水福物流有限公司	3223660013	6.9	-7.5
高先电子（深圳）有限公司	4403948252	6.8	-62.3
西安恒诚国际物流有限公司	6101530009	6.8	87 226.5

三、我国机械设备出口增速下滑、进口显著下降的主要原因

（一）发达国家再工业化使制造业回流，挤压我国机械设备的国际市场空间

欧美发达国家“再工业化”战略提出的一系列重振制造业发展措施，一方面着眼本土工业，力图通过发展先进制造业，以出口和投资拉动经济复苏；另一方面积极引导海外制造业回归，为发展实体经济、增加就业添加砝码。2013年10月，美国、欧元区工业生产指数较2009年同期分别上升16.7%和4.5%；2013年11月，美国制造业就业人数较2009年同期增加43.7万，制造业失业率从12.5%降至6.2%，制造业产能利用率有所提升①。受此影响，2013年我国外商投资新设立企业2 273家，同比下降8.63%；制造业实际使用外资455.55亿美元，同比下降6.78%。同期，我国外

① 《美国制造业和就业向好　预示2014经济将增长》，凤凰网，2014年1月3日。

商投资企业出口机械设备 2 731.4 亿美元，同比下降 1.1%①。欧美等国制造业回流，一定程度上挤压了我国出口机械设备的国际市场空间。

（二）部分机械设备产品需求放缓和价格下降，抑制进出口规模

2013 年，美国、欧盟和日本等主要消费市场的机械设备进口值同比分别下滑 1.8%、0.4% 和 3.9%②。平板电脑等前期高速增长的行业出现增速放缓的现象，智能设备快速渗透期已经过去，成熟市场智能设备渗透率趋于饱和，价格下行趋势明显，数据显示，2013 年法国平板电脑平均售价比 2012 年下降 56%，降至平均每台 240 欧元③。在需求放缓及价格下行双重因素作用下，机械设备进出口规模受到抑制。

四、影响我国机械设备出口的主要因素分析

（一）中国机械设备国际化进程加速，或将有利于开拓国际市场

2013 年，我国机械设备企业"走出去"步伐加快。联想集团于 2012 年 9 月以 3 亿巴西雷亚尔（1.47 亿美元）收购巴西最大的消费电子产品制造商 Digibras Participacoes SA（CCE），在收购 CCE 之前，联想在当地的份额还不到 3%，CCE 也只有 5% 的份额，2013 年第四季度，联想在巴西的市场份额已经达到了 18.6%；潍柴动力股份有限公司（下称"潍柴动力"）通过行使凯傲认购期权进一步增持凯傲股权，在德国法兰克福证券交易所成功挂牌交易；三一重工旗下全资子公司三一国际发展有限公司出资 5 489.77 万美元收购世界混凝土机械龙头企业——德国普茨迈斯特公司 10% 的股权；柳工机械（波兰）有限责任公司通过收购 ZZN 传动件厂获取了核心零部件的产品研发、生产和测试技术，形成了完整的核心零部件研发和生产体系。一系列海外收购表明中国的机械设备制造商实力逐渐增强，与国际知名设备制造商合作必将带动产品逐渐向高端化发展，或将有利于行业进一步开拓国际市场。

（二）核心技术发展滞后制约机械设备产品竞争力提升

以机械设备和电子产品的核心部件——芯片为例，与欧美发达国家相比，我国的芯片产业起步晚、底子薄，关键设备、原材料等长期依赖国外技术。从产业分工来看，国内从事芯片业务的企业以代工居多，创新能力不足，虽然有中芯国际、宏力半导体、上海华虹 NEC 电子等 50 多家拥有先进芯片制造技术的企业，近 10 多年来我国芯片产能也增长了两倍，但是与国外先进的芯片制造技术相比，我国芯片的制造技术多为中低端，目前国内的芯片产业要整整落后国外先进水平 1 ~2 代。核心技术的发展滞后制约了我国机械设备产品竞争力的提高。

（三）国际市场汇率波动剧烈增加开拓新兴市场难度

由于机械设备具有货值高、生产周期长的特点，出口产品受汇率波动影响更加明显。2013 年以来，多个新兴市场货币贬值，汇率震荡幅度较大，印度卢比对美元值汇率累计贬值 12.3%，南非兰特对美元值汇率累计贬值 20.8%。但与此同时，人民币持续升值，2013 年人民币对美元汇率中间价累计上涨幅度达 3%，41 次创新高④。一贬一升之间，机械设备出口企业利润受到严重挤压。业内调查显示，2013 年，我国中小机械出口制造商的利润仅为 3% 左右⑤。出口风险大利润薄，使得出口企业承接新兴市场订单较为谨慎，新兴市场开拓艰难。

---

① 国家统计局数据。

② 数据由全球贸易信息系统提供。

③ 《2013 年法国平板电脑的销量首次超计算机》，中国网，2014 年 2 月 14 日。

④ 国家外汇管理局数据。

⑤ 《中国出口型中小机械制造商利润十年降 7 成》，财经网，2013 年 7 月 18 日。

五、机械设备出口形势展望

欧美等传统出口市场经济趋于景气，国际货币基金组织（IMF）将发达国家经济2014年的增速较上次预测提升0.2个百分点至2.2%①，这将在一定程度上改善我国机械设备产品出口欧美的市场需求环境。但我国机械设备出口的主打产品是各类型电脑产品及其部件，此类产品受到需求放缓和价格下滑的影响，出口规模或将受到抑制。与此同时，2014年新兴市场需求情况不容乐观，汇丰银行2014年2月10日发布的一项最新调查结果显示，1月新兴市场商业活动增速跌至4个月来的最低点。其中，1月汇丰新兴市场制造业和服务业综合指数为51.4，为连续第2个月下滑，且低于2013年平均值51.7及2013年同期的64.1②。因此，综合各方面因素来看，2014年我国机械设备出口面临的形势较为严峻。

---

① 《IMF两年来首度上调世界经济增长预测》，光明网，2014年1月23日。

② 《汇丰报告：新兴市场商业活动增速跌至四个月来的最低点》，中证网，2014年02月11日。

2013 年我国家电出口年度报告

家用电器（以下简称家电，包括电扇、空调、冰箱、家用电动器具、影碟机、洗衣机、微波炉、电视机、数字式相机等）与人们生活密切相关，也是我国起步较早、发展较快、相对成熟的行业之一，涌现出一批具备国际竞争力的家电巨头，连续多年成为全球家电业制造中心，家电出口规模稳居世界第 1 位。

一、加入世界贸易组织以来我国家电出口情况

加入世界贸易组织后，我国家电出口驶入快车道，年度出口值由 2001 年的 55.2 亿美元增至 2013 年的 453.1 亿美元，年均增长 19.2%。其中，2002 年出口 83.5 亿美元，同比大幅增长 51.2%，同比增速比 2001 年扩大了 24.7 个百分点；2003 年出口速度达到历史最高水平，当年出口规模首次突破 100 亿美元；随后 2004 年、2005 年连续踏上 200 亿美元、300 亿美元台阶，2004 年占同期我国出口比重达到 4.6%，为历年来的最高水平；2006 年，在产能大量释放的背景下产业升级需求增强，处于转型期的家电行业出口形势急转直下，当年出口增速大幅放缓，仅为 2.2%，增速比 2005 年回落了 21.8 个百分点；2008 年，受金融危机引发的全球经济萧条影响，欧美日发达经济体等传统出口市场成为重灾区，我国家电面临复杂而艰难的外部环境，整体出口形势明显恶化，2009 年出现近 10 年的首次同比下降；为抵御外部市场萎缩带来的消极影响，政府出台了家电下乡、节能补贴等强力政策，内部消费迅速升温带旺行业发展，出口也相应受益，2010 年同比增速快速恢复，达到 28.6%。但近两年来，我国家电下乡、节能惠民等扶持政策的相继退出，使家电失去一定的产业支撑，长期“外冷”的局面进一步加深，2013 年，我国出口家电 453.1 亿美元，比 2012 年下降 4%。

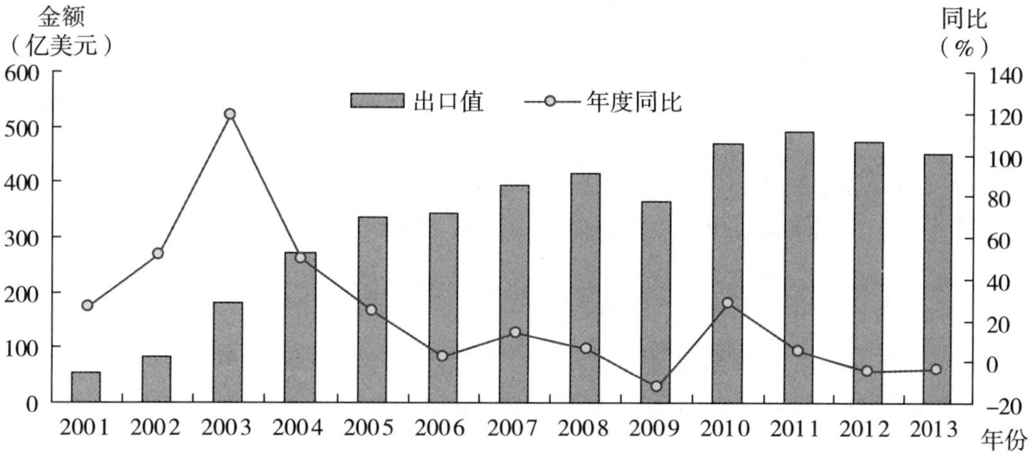

图 1　2001～2013 年我国家电出口年度走势图

二、2013 年我国家电出口的主要特点

（一）12 月份当月出口结束短暂上升，同比再次出现下降

2012 年 5 月份，我国家电单月出口规模达到历史最高位，此后不断震荡下行；单月出口同比自 2012 年 6 月份开始连续半年处于负增长，2012 年 12 月份和 2013 年 1 月份有所反弹，短暂维持 5% 以下的小幅正增长，2013 年 2 月份开始重回下降通道，7 月份和 11 月份分别短暂终止了降势，12 月份出口再次下降，为 34.5 亿美元，同比下降 3.6%，环比下降 8.5%（图 2）。

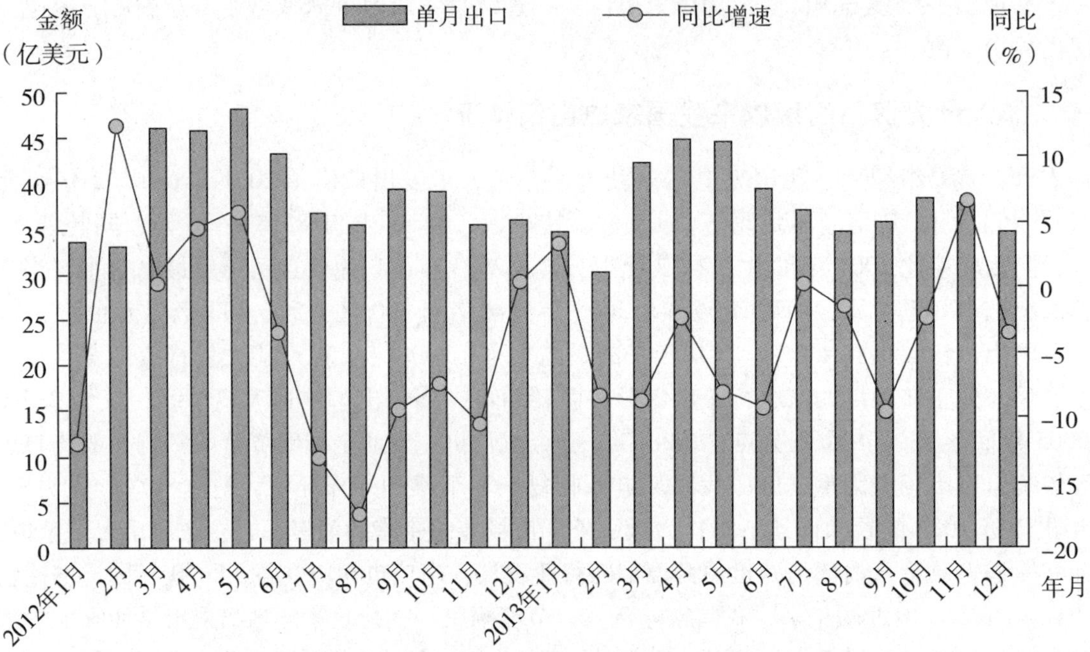

图 2　2012 年 1 月 ~2013 年 12 月我国家电月度出口走势图

（二）以加工贸易出口为主，一般贸易出口逆势增长

2013 年，我国以加工贸易方式出口家电 308.1 亿美元，同比下降 10.1%，降幅比同期我国家电出口总体水平高出 6.1 个百分点，占同期我国家电出口总值的 68%。同期，以一般贸易方式出口 133 亿美元，同比增长 13.8%，占同期我国家电出口总值的 29.3%。

（三）对美日欧等传统市场出口呈不同程度的下滑，对非洲和东盟出口快速增长

2013 年，我国对美国出口家电 111.6 亿美元，同比下降 8.7%；对欧盟出口 60.4 亿美元，同比下降 7.6%；对日本出口 51.8 亿美元，同比下降 14.1%；对我国香港地区出口 24.2 亿美元，同比下降 3.8%。对以上四地出口合计占同期我国家电出口总值的 54.7%。同期，对主要新兴市场出口保持增长。其中，对非洲出口 24.3 亿美元，同比增长 12.2%；对东盟出口 24.8 亿美元，同比增长 20.7%。此外，对拉丁美洲出口 49.1 亿美元，同比下降 1.5%（图 3）。

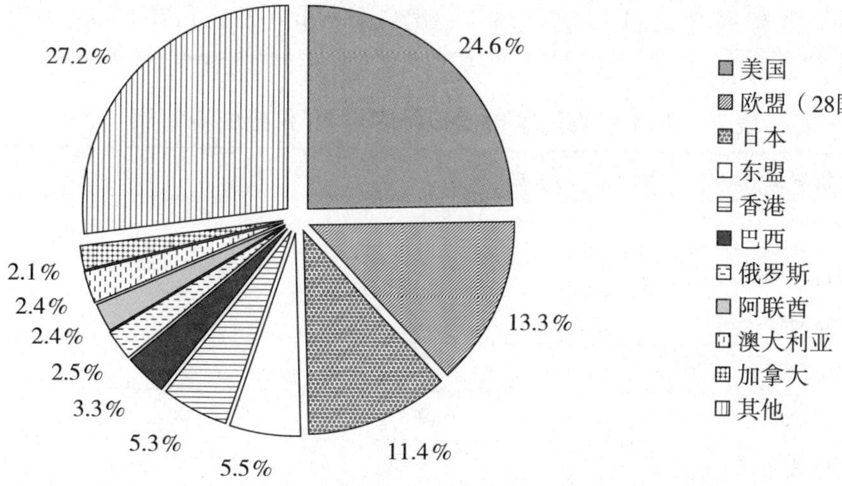

图 3　2013 年我国家电主要出口市场分布统计图

（四）外商投资企业仍为最大出口主体，民营企业出口小幅增长

2013 年，我国外商投资企业出口家电 291.4 亿美元，同比下降 6.3%，占同期我国家电出口总值的 64.3%；民营企业出口 108.2 亿美元，同比增长 6.9%；国有企业出口 53.5 亿美元，同比下降 9.9%。

（五）广东出口占据半壁江山，天津、上海和安徽出口保持增长

2013 年，我国家电出口排名前 10 位的省份中只有浙江、上海和安徽出口保持了增长势头。其中，广东出口 254.2 亿美元，同比微降 1.5%，占同期我国家电出口总值的 56.1%，仍是我国家电出口第一大省；江苏出口 56.6 亿美元，同比下降 17.5%；浙江、上海和安徽分别出口 29.9 亿美元、22.2 亿美元和 14.8 亿美元，同比分别增长 3%、0.1% 和 27.9%（表 1）。

表 1　2013 年我国家电出口排名前 10 位省份统计表

省份	金额（亿美元）	增速（%）	比重（%）
合计	443.4	-4.6	100.0
广东	254.2	-1.5	56.1
江苏	56.6	-17.5	12.5
浙江	29.9	3.0	6.6
上海	22.2	0.1	4.9
天津	17.0	-1.7	3.8
山东	16.0	-11.6	3.5
辽宁	15.7	-3.5	3.5
安徽	14.8	27.9	3.3
福建	13.7	-25.6	3.0
江西	3.1	-41.5	0.7

（六）从事出口的家电企业数量稳定增加，但大企业数量有所减少

2013 年，我国家电出口项下有出口实绩的企业共 11 379 家，同比增加 11.3%。其中，出口值在1亿美元以上的企业有94家，同比减少2.1%；出口值在100万美元以下的企业有9 688家，同比增加11.4%（表2）。

表2　2013年我国家电出口排名前20位企业统计表

经营单位	金额（亿美元）	同比（%）	比重（%）
合计（前20位企业）	149.4	-5.6	12.1
珠海格力电器股份有限公司	19.5	-9.1	4.3
广东美的制冷设备有限公司	18.2	-0.6	4.0
广东美的微波电器制造有限公司	8.6	14.3	1.9
苏州三星电子家电有限公司	7.9	23.8	1.7
苏州乐轩科技有限公司	7.7	-20.4	1.7
广东省东莞机械进出口有限公司	7.2	-34.1	1.6
南京乐金熊猫电器有限公司	7.0	31.7	1.5
乐金电子（天津）电器有限公司	6.8	-6.2	1.5
广东格兰仕微波炉电器制造有限公司	6.4	-0.5	1.4
富士通将军（上海）有限公司	6.0	9.9	1.3
索尼数字产品（无锡）有限公司	5.9	-27.7	1.3
广东志高空调有限公司	5.8	4.2	1.3
佳能珠海有限公司	5.8	-27.8	1.3
青岛海信国际营销股份有限公司	5.4	-9.6	1.2
上海夏普电器有限公司	5.4	17.2	1.2
TCL王牌电器（惠州）有限公司	5.3	4.7	1.2
深圳市兆驰股份有限公司	5.3	-13.5	1.2
天津三星光电子有限公司	5.2	-5.6	1.1
TCL空调器（中山）有限公司	5.0	12.4	1.1
冠捷显示科技（厦门）有限公司	5.0	-20.0	1.1

（七）白色家电出口保持增长，黑色家电出口均呈下降态势

2013年，我国白色家电出口仍保持增势，合计出口151.3亿美元，同比增长3.8%，占同期我国家电出口总值的33.4%。其中，出口空调102.7亿美元，同比增长4%。同期，黑色家电主要品种出口均快速下降，合计出口188.7亿美元，同比下降16.1%，占同期我国家电出口总值的41.6%。其中，彩色电视机出口规模最大，数字式相机出口降幅最深，分别出口110.5亿美元和45.3亿美元，同比分别下降8.7%和28%。此外，电扇、微波炉等小家电实现增长，分别出口41.7亿美元、26.1亿美元，同比分别增长12.7%和0.6%（表3）。

表3 2013年我国家电主要出口品种统计表

商品种类	商品名称	2013年	
		金额（亿美元）	同比（%）
总计		453.1	-4.0
黑色家电	彩色电视机	110.5	-8.7
	数字式相机	45.3	-28.0
	DVD播放机	32.9	-19.7
白色家电	空气调节器	102.7	4.0
	洗衣机	34.3	3.2
	冰箱	14.3	3.2
小家电	电扇	41.7	12.7
	微波炉	26.1	0.6

三、2013年我国家电出口小幅下降的主要原因分析

（一）外部市场需求低迷，影响家电出口整体形势

2013年，金融危机的负面影响仍在持续，市场信心恢复仍然比较脆弱，全球经济继续处于缓慢的复苏过程中。世界银行预测的全球经济增长仅为2.2%，国际货币基金组织（IMF）预测数从3.1%下调至2.9%①。传统市场方面，复苏势头未见起色，美国受财政赤字问题困扰不得不削减开支，预计2013年的经济增长率只有1.7%，2013年12月份非农就业人口严重缩水至7.4万②；欧洲经济受债务危机冲击继续在衰退泥潭中挣扎，2013年经济增长率仍将是负数，约为-0.4%，11月份欧元区失业率为12.1%，同比上升0.3%③，仅次于最高纪录，低通胀高失业的情况在欧元区仍将持续。新兴市场方面，受美联储退出量化宽松货币政策影响，金砖国家中的印度、巴西、南非出现资本集中撤出现象，导致这些国家资产泡沫破灭，经济增长率明显下降，也无法对我国家电出口提供有效的需求支撑。外部消费市场的整体形势未有明显好转，家电出口整体形势难以提振。

（二）技术进步缩短行业周期，市场饱和、价格下滑拉低出口规模

海关数据显示，2013年，技术革新速度相对较快、行业发展较为成熟的黑色家电产品出口大幅下降16.1%，拉低同期我国家电整体出口增速7.7个百分点。其中，彩电产品中平板彩电的影响尤为明显，出口量价分别下降1%和7.9%；数字化视频光盘（DVD）播放机出口量价分别下降14.6%和5.9%。节能补贴政策退出后，前期消费透支的白色家电也面临市场饱和的困局，导致后期出口失去支撑，如洗衣机最大出口品种——干衣量≤10千克滚筒式的全自动洗衣机出口量快速减少13.8%。

四、我国家电出口的影响因素分析

（一）劳动力成本的相对劣势逐渐明显

2013年，全国27个省份调整了最低工资标准，平均调增幅度为17%④，以主要行业沿海地区

---

① 《2013年全球经济回顾及今年展望》，《新民晚报》，2014年1月2日。

② 《美国近期经济形势喜人，但糟糕的12月非农数据带来疑点》，汇金网，2014年1月12日。

③ 《欧元区2013财年11月失业率维持12.1%》，腾讯财经，2014年1月8日。

④ 《今年27地区调整最低工资标准 平均调增幅度17%》，腾讯网，2013年12月26日

的劳动力平均月薪3000元计，比印度尼西亚、泰国、孟加拉等周边东南亚国家分别高2.2倍、2倍和1.8倍[①]。2013年，泰国电器出口总额预计将达到240.5亿~248.5亿美元，同比增长5.5%~9%[②]，与我国家电出口下降形成鲜明对比。

（二）发展中国家的市场开拓难度加大

一方面，当地货币贬值加大进口成本。以老牌彩电企业康佳为例，2013年年初至今，主要出口目的地巴西雷亚尔兑美元汇率大幅下跌15%，探至2009年以来最低水平，导致该国产品进口成本大幅上升，当地企业从我国的采购意愿降低。另一方面，贸易摩擦增多也加大了出口难度。如墨西哥的搅拌器反倾销案、巴西食品处理机反倾销案、土耳其燃气热水器反倾销案等贸易救济措施时有发生。近期，巴西就进口自中国的制冷家电安全玻璃反倾销举行听证会[③]，墨西哥对原产自中国的900瓦以下家用或商用（工业用途除外）榨汁机发起反倾销调查[④]。

（三）能效标准日趋严苛抬高出口门槛

环保压力和本土保护意识，促使各国能效标准和贸易措施将在今后一段时间内保持较高的出台频率。例如，2008年以来，欧盟和美国相继出台和修订了家电能耗标准；2010年，澳大利亚新修订了空调能效标签法则及最低能效标准规定；2011年，俄罗斯出台《节能及提高能源利用效率法》规定，未通过检测的产品将禁止上市销售[⑤]；参照欧洲标准，阿联酋通报了家用制冷器具的能效标签法规草案[⑥]；2013年下半年至今，阿根廷发布两份独立法规，制定了某些洗衣机和制冷设备新的最低能效标准。这些标准和措施的出台一方面促使我国家电行业加快技术革新速度，另一方面也再度提升了行业出口门槛。

（四）企业间竞争进一步加剧

近期，家电的内外资大企业进军专业化领域的步伐加快。以厨电市场为例，美的和海尔从2012年开始便全面加大对厨电的投入力度，海尔基本控股了新西兰的高端厨电巨头斐雪派克，美的则以大厨电战略突破厨电产业的百亿化瓶颈，洋品牌西门子近期也宣布全面实施厨电本土化。专业型企业将遭遇大家电企业在整体规模实力、渠道布局和资源整合能力等方面的强势冲击，本土企业也将面临外资企业在品牌影响力及中西技术融合上的差异化优势，届时的同业竞争将会愈加激烈。

五、我国家电出口形势展望

目前，世界家电行业的竞争主要体现在品牌的竞争。由于金融危机和欧债危机的影响，以欧美为主要市场的传统家电巨头遭受重大打击，我国家电行业在欧美的出口空间也受到明显挤压。但我国家电出口市场相对广泛，国内市场的回旋余地也比较充分，只要国内家电企业加大科研投入，开展技术创新、销售渠道创新和服务方式创新，有效应对国内外能效标准提高的挑战，化解人力等成本的上涨压力，出口的市场结构和产品结构将会出现明显的优化。

---

① 《内外因压力持续增大，下半年纺织出口仍将云雾笼罩》，《中国纺织报》，2013年8月1日。
② 《泰国开拓东南亚电器市场　主要出口空调洗衣机》，《经济日报》，2013年4月27日。
③ 《巴西拟对制冷家电安全玻璃反倾销举行听证会》，商务部网站，2013年8月15日。
④ 《墨西哥对我榨汁机发起反倾销调查》，商务部网站，2013年8月12日。
⑤ 《俄罗斯发布家电电子产品能耗检测新规定》，《日用电器》，2010年第9期。
⑥ 《阿联酋通报家用冰箱能效标签法规草案》，中国家电网，2013年4月15日。

2013年我国手机出口年度报告

手机是现代社会人们生活中必不可少的通信电子产品。20世纪90年代中期，手机开始在中国市场逐渐兴起。1999年国产自主品牌手机登上历史舞台，拉开了我国手机产业的发展大幕，经过十余年的高速成长，我国已成为全球最大的手机制造基地和出口贸易国。

一、加入世界贸易组织以来我国手机出口情况

2000年，我国手机出口量首次突破千万台，达2 288.9万台。加入世界贸易组织后，我国手机出口规模迅速扩大，2001～2006年间，年出口增速均保持在50%以上，其中2004年出口量首次突破1亿台。此后，我国手机出口在高基数上继续保持快速增加，2012年出口量首次超过10亿台，2013年我国手机出口量再度创出历史新高（图1）。

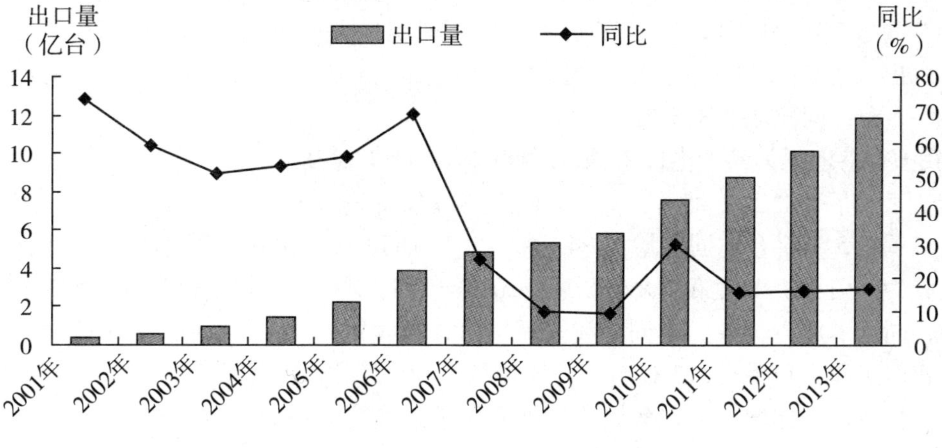

图1　2001～2013年我国手机出口量及增速走势图

二、2013年我国手机出口的主要特点

2013年，我国手机出口继续良好的发展态势，出口量达到11.9亿台，比2012年增加16.9%，连续19年实现同比增加；价值951亿美元，同比增长17.4%；出口平均价格为每台80.2美元，同比微涨0.4%。

（一）11月份出口量创月度历史新高，单月出口平均价格先跌后涨

2013年，我国手机月度出口规模逐渐放大，8月份起月度出口量均保持在1亿台以上。其中，11月份出口量创出了1.3亿台的历史新高。同时，手机出口平均价格年初出现明显下跌，4月份跌至每台68.4美元的年内低价后开始震荡反弹，11月份回升至每台90.9美元的年内高位后，12月小幅回落至每台88.8美元（图2）。

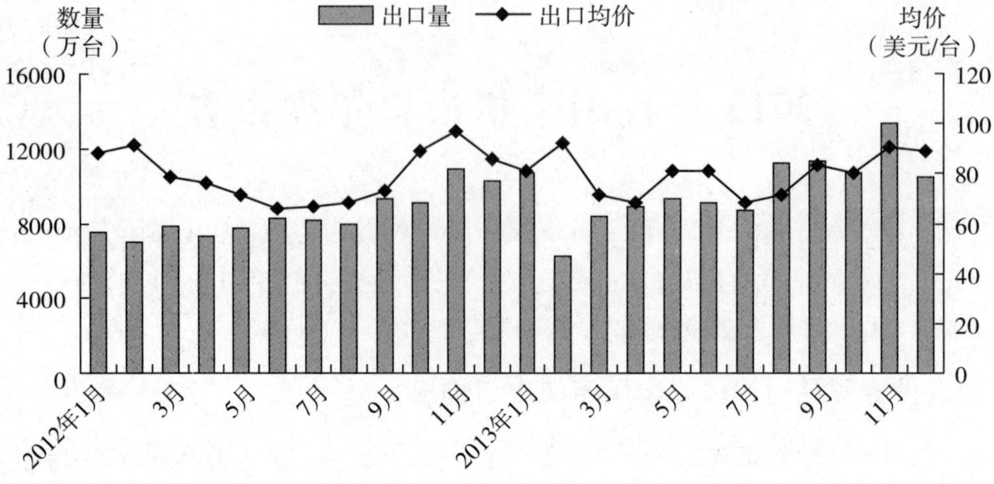

图2　2012年1月~2013年12月我国手机出口量价月度走势图

（二）加工贸易和一般贸易出口比重继续此消彼长，边境小额贸易出口成倍增加

2013年，我国以加工贸易方式出口手机6.7亿台，同比增加7.3%，占同期我国手机出口总量的56.3%，比重较2012年下滑了5个百分点；以一般贸易方式出口5亿台，同比增加31.1%，占同期我国手机出口总量的42.6%，比重较2012年提高了4.7个百分点。此外，以边境小额贸易方式出口265.5万台，同比增加3.5倍。

（三）我国香港地区为最大出口市场，对韩国出口比重提高

2013年，我国香港地区、韩国、美国、欧盟继续保持我国手机出口前四大市场位次。其中，对香港地区出口手机5.7亿台，同比增加24.2%，占同期我国手机出口总量的48.1%；韩国自2012年取代欧盟成为我国手机出口第二大市场后，2013年我国对韩国出口手机继续保持快速增势，共出口1.4亿台，同比增加36.4%，占同期我国手机出口总量的11.7%，比重较2012年提高1.7个百分点。此外，对美国出口手机1.1亿台，同比增加8.6%，占同期我国手机出口总量的9.2%；对欧盟出口手机1亿台，同比增加14.6%，占同期我国手机出口总量的8.5%（表1）。

表1　2013年我国手机出口量前十大市场情况表

出口市场	出口量（万台）	同比（%）	比重（%）
总计	118 588.4	16.9	100.0
中国香港	57 072.2	24.2	48.1
韩国	13 884.0	36.4	11.7
美国	10 905.7	8.6	9.2
欧盟	10 107.1	14.6	8.5
东盟	4 994.7	12.1	4.2
印度	3 218.8	11.9	2.7
日本	2 489.4	20.9	2.1
俄罗斯	1 817.8	51.1	1.5
巴基斯坦	1 779.7	10.4	1.5
阿联酋	1 620.1	8.9	1.4

（四）外商投资企业仍主导出口，民营企业出口明显增加

2013 年，我国外商投资企业出口手机 7.3 亿台，同比增加 11.2%，占同期我国手机出口总量的 61.6%，比重较 2012 年下滑了 3.2 个百分点；民营企业出口 3.8 亿台，同比增加 28.1%，占同期我国手机出口总量的 32.1%，比重较 2012 年提高了 3.6 个百分点。同期，国有企业出口 7 415 万台，同比增加 24.4%，占同期我国手机出口总量的 6.3%（图 3）。

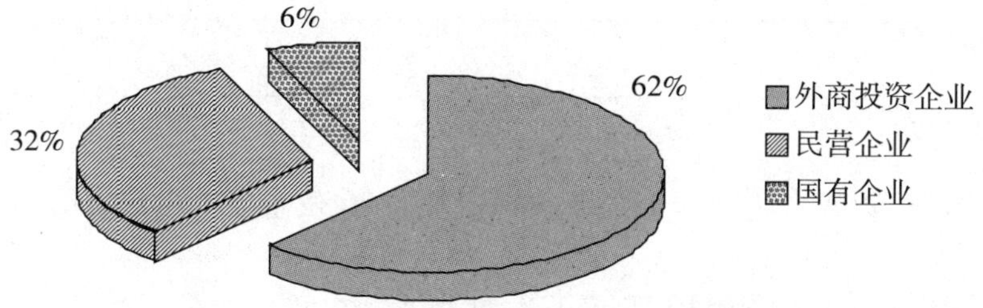

图 3　2013 年我国手机出口企业性质结构图

（五）广东、北京、天津位居出口前 3 位，河南出口快速增加

2013 年，我国有 9 个省份手机出口超过 1 000 万台，广东、北京、天津继续位居前 3 位。其中，广东出口手机 7.4 亿台，同比增加 18.9%，占同期我国手机出口总量的 62.4%；北京出口 1.4 亿台，同比减少 8.6%，占同期我国手机出口总量的 11.6%；天津出口 6 860.9 万台，同比减少 6.5%，占同期我国手机出口总量的 5.8%。同期，在出口量前 10 位省份中，河南承接国内手机制造产业转移，产能释放后出口继续快速增加，全年出口 6 853.7 万台，同比增加 19.9%，基本接近天津年度出口量，位列我国手机出口省份排名第 4 位。此外，山东、福建、山西、浙江 4 个省份出口同比增加迅速（表 2）。

表 2　2013 年我国手机出口量前 10 位省份情况表

省份	出口量（万台）	同比（%）	比重（%）
总计	118 588.4	16.9	100.0
广东	74 024.7	18.9	62.4
北京	13 770.0	-8.6	11.6
天津	6 860.9	-6.5	5.8
河南	6 853.7	19.9	5.8
上海	4 650.9	31.5	3.9
山东	4 633.8	65.0	3.9
福建	2 011.3	151.3	1.7
江苏	1 755.3	10.2	1.5
山西	1 441.7	90.3	1.2
浙江	527.1	205.8	0.4

（六）出口企业数量增加，出口企业集中度下降

2013 年，我国有出口记录的手机企业共 1 052 家，比 2012 年增加 285 家，其中有 2 家企业年度出口量超过 1 亿台，另有 20 家企业出口量在 1 000 万台以上。出口量位居前 20 位的企业合计出口手机 8 亿台，占同期我国手机出口总量的 67.1%，集中度比 2012 年下滑 3.1 个百分点（图 4）。

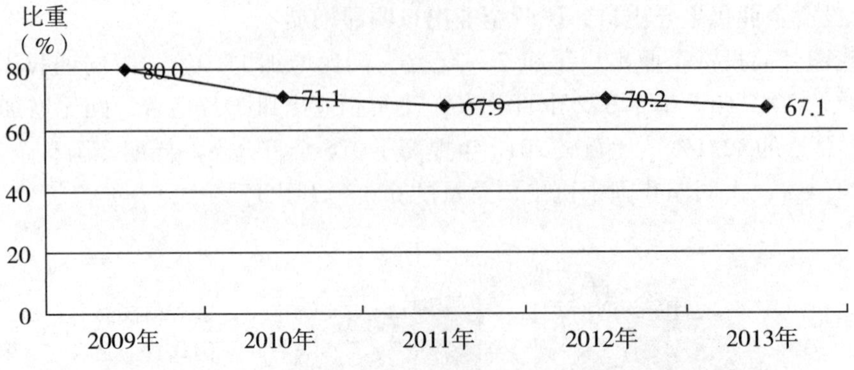

图4　2009～2013年我国手机出口量前20位企业集中度走势图

三、2013年我国手机出口量增加的主要原因分析

（一）全球手机市场需求继续保持稳定增长

2013年，受益于全球移动用户数量继续增加和消费者对手机更新换代需求提升，全球手机消费保持稳定增长。国际电信联盟ITU数据显示，2013年9月，全球移动用户数接近全球人口数，达到71亿，预计2013年全球移动用户增长率为5.4%①。此外，美国市场调查公司IDC预计，2013年全球智能手机出货量将突破10亿台，同比增长39.3%②。市场需求的稳定增长为我国手机出口增加创造了良好环境。

（二）国内手机生产商加快高端品牌建设及国际市场开拓

2013年，国内手机厂商继续加快品牌全球化布局，如中兴通讯美国公司在休斯敦与NBA休斯敦火箭队举行合作签约仪式，华为终端与西班牙足球甲级联赛举行合作签约仪式，联想联合新华社"新华国际"推出定制的"国礼"手机联想S898t等，以提高品牌在国际市场中的影响力。同时，针对海外市场，以"中华酷联"为代表的国产手机厂商发力高端品牌产品，中兴Grand和Nubia、华为Ascend、联想K900及VIBEX、酷派大观4等系列新品不断推出。国内手机生产商加快高端品牌建设和国际市场开拓取得了积极的成效，我国智能手机的全球市场份额迅速上升，已接近20%③。其中，2013年华为智能手机出货量达5 200万部，跻身全球前三大智能手机制造商④；中兴智能手机出货量超过4 000万部，成为全球第五大智能手机制造商，在北美市场年出货量保持在1 000万部以上，稳居市场第三⑤。

四、影响我国手机出口的主要因素分析

（一）全球移动4G网络发展迅速，核心技术缺失导致国产手机厂商竞争优势减弱

当前，全球4G LTE网络发展已驶入快车道，LTE网络规模增长迅速。资料显示，截至2013年8月，全球已经有79个国家部署了206张商用LTE网络，4G用户已经超过了1亿⑥，800家移动运

① 《ITU：2013年全球移动用户数接近全球人口数》，21CN科技，2013年7月9日。
② 《2013年全球智能手机市场出货量预计将超10亿部》，人民网，2013年12月2日。
③ 《国产手机出货量现拐点：品牌全球化扩张成新战场》，C114中国通信网，2013年11月28日。
④ 《华为预报业绩　去年赚近300亿》，《山东商报》，2014年1月17日。
⑤ 《直面痛点：中兴手机转型消费者基因》，通信产业网，2014年1月10日。
⑥ 《LTE快速蔓延　全球4G网络发展现状分析》，中关村在线，2013年10月10日。

营商中20%已开展了LTE网络的部署工作①。随着4G通信技术进入应用，手机在天线设计、支持频段、芯片方案等方面都有着更高的要求，相应技术门槛也有所提升。由于在核心软硬件芯片和操作系统上依然受制于人，严重制约了产业发展，国产手机在3G时代凭借价格建立的竞争优势将在未来一段时间内被大幅削弱。若不加大自主研发的支持力度，与苹果、三星等国际品牌的差距将再次扩大，影响我国手机产品的出口竞争力。

（二）中低端市场竞争加剧，国产手机低价策略面临挑战

我国手机出口仍以中低端产品为主，依靠低价策略开拓新兴市场。2013年我国手机出口平均价格为每台80.2美元，而互联网数据中心（IDC）预测数据显示，2013年全球智能手机平均售价为337美元②。然而，由于新兴市场智能手机销量增长迅速，吸引国际手机品牌厂商参与激烈的竞争，国产手机低价竞争策略面临国际品牌下探带来的挑战。如2013年，三星针对低端市场推出Galaxy star和Galaxy Pocket neo两款手机，苹果、HTC、摩托罗拉等国际品牌也陆续推出中低端产品，凭借低价策略和品牌优势抢占新兴市场。

（三）受制于品牌认知度，国产品牌拓展中高端市场面临困境

目前，国内手机厂商积极开拓欧美等中高端市场，但难以得到当地运营商的大力支持，加之消费者对我国手机品牌的认知度不高，对产品质量及信息安全方面仍存在担忧，导致国产品牌拓展中高端市场困难，市场占有率不高。例如，2013年，中国最大的智能手机出口企业华为在全球范围内的品牌认知度已上升1倍，但在美国和日本两国的品牌认知度仅分别提升5%和9%。据互联网数据中心数据，2013年第三季度，中兴和华为在美国的手机销售中分别占5.7%和3%，而苹果和三星分别占36.2%和32.5%③。

（四）国产手机加快海外扩张，引发贸易摩擦升级影响出口

近年来，随着我国手机出口的快速增加，我国手机产品遭受的贸易摩擦也呈现上升趋势。继2012年5月欧盟对华为、中兴中国电信设备制造商开展大规模的贸易调查，2012年8月华为、中兴生产的智能手机产品在美国遭遇“337调查”后，2014年1月17日，美国国际贸易委员会再次对中兴在美国销售的手机发起“337调查”。根据337条款规定，如果涉案企业被裁定违反条款，美国国际贸易委员会将发布相关产品的排除令和禁止令，这意味着涉案产品将彻底丧失在美国市场销售的资格。

五、我国手机出口前景展望

2014年，全球4G市场将快速发展，虽然成熟市场对智能手机的需求趋于饱和，但由于俄罗斯、印度、印度尼西亚和拉丁美洲国家等新兴市场需求日益增长，全球智能终端市场规模仍将迎来持续增长。据电子时报（Digitimes）研究报告预测，全球智能手机出货量将在2014年达到12.4亿部，同比增长30%④。因此，预计2014年在全球手机市场保持稳定需求的大环境下，我国手机出口规模将继续增加。

同时，随着国产手机品牌加速进军中高端市场及国际强势品牌发力抢占新兴市场，在国际市场上，国产手机将与苹果、三星等知名品牌展开全面竞争，国内手机企业机遇与挑战并存。对此，国

① 《全球LTE发展进入快车道》，中国经济网，2013年7月16日。
② 《2013年全球智能手机市场出货量预计将超10亿部》，人民网，2013年12月2日。
③ 《中国智能手机厂商在美国面临逆境》，路透社，2014年1月11日。
④ 《预计今年全球智能手机出货量将达到12.4亿部》，东北网，2014年1月15日。

产手机只有通过增加手机的科技含量，培养自主的整机设计能力，增强手机业务的核心竞争力，才能在激烈的市场竞争中提升市场份额。国内手机企业应抓住新一代移动通信系统发展的有利时机，加强对手机核心领域的开发，并建立以大企业为龙头的行业创新联盟，通过协作争取在关键技术和重大标准方面实现突破；大力发展自主品牌，加大在产品性能、差异化方面的投入，合理配置研发、市场推广等方面的资源，从产品性能等方面逐步提升品牌影响力和用户忠诚度。

2013 年我国船舶出口年度报告

20 世纪 90 年代开始，我国造船业进入加速发展时期。1995 年，我国造船量首次超过德国，占到世界市场份额的 5%，我国成为世界第三造船大国①；整个“十一五”期间我国造船完工量以年均 43% 的速度增长，到 2005 年首次突破 1 000 万载重吨②；2010 年，我国造船完工量达到 6 560 万载重吨③，造船完工量、新接订单量、手持订单量三大指标分别占世界市场的 43%、54% 和 41%，全面跃居世界首位④。20 年间，我国从一个只能建造沿江、沿海中小型散货船的造船弱国成长为能设计建造液化天然气运输船、大型集装箱船、3 000 米水深海上钻井平台等顶尖产品的造船大国。

一、加入世界贸易组织以来我国船舶出口情况

随着我国造船能力的逐步提升，我国船舶出口规模也迅速增长。海关统计数据显示，我国船舶出口值 2001 年仅为 18.9 亿美元，2007 年突破 100 亿美元，2011 年更是扩张至创纪录的 417.4 亿美元，10 年间年均增速高达 36.3%。虽然我国船舶行业在国际市场上的份额不断上升，但由于国际航运市场景气度不佳、全球运力过剩、成本上升等因素综合影响，近两年来我国船舶工业产值、出口值、利润均出现不同程度的下滑，船舶行业进入结构调整期（图 1）。

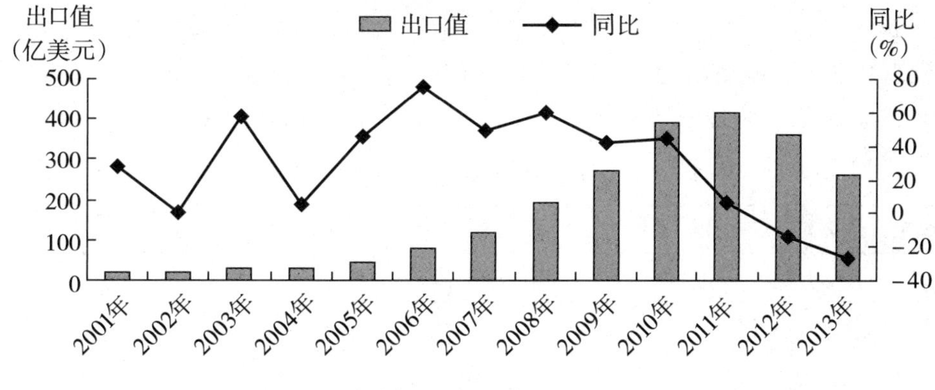

图 1　2001 ~ 2013 年我国船舶出口年度走势图

二、2013 年我国船舶出口的主要特点

据海关统计，2013 年，我国累计出口各类船舶 262.5 亿美元，同比下降 27.3%。

（一）月度出口值低位震荡下行

2013 年以来，我国船舶月度出口值总体呈震荡下行趋势，12 月份出口船舶 17.8 亿美元，同比下降 13.7%，环比下降 17.8%（图 2）。

---

① 《中国船舶工业：从造船大国走向造船强国》，人民网，2004 年 9 月 28 日。

② 《驶向蓝色梦想——中国造船业快速发展纪实》，中国广播网，2011 年 8 月 8 日。

③ 《2010 年全国造船完工量同比增长 54.6%》，中华人民共和国工业和信息化部网站，2011 年 1 月 14 日。

④ 《中国造船业凸显结构性过剩》，《东方早报》，2011 年 11 月 29 日。

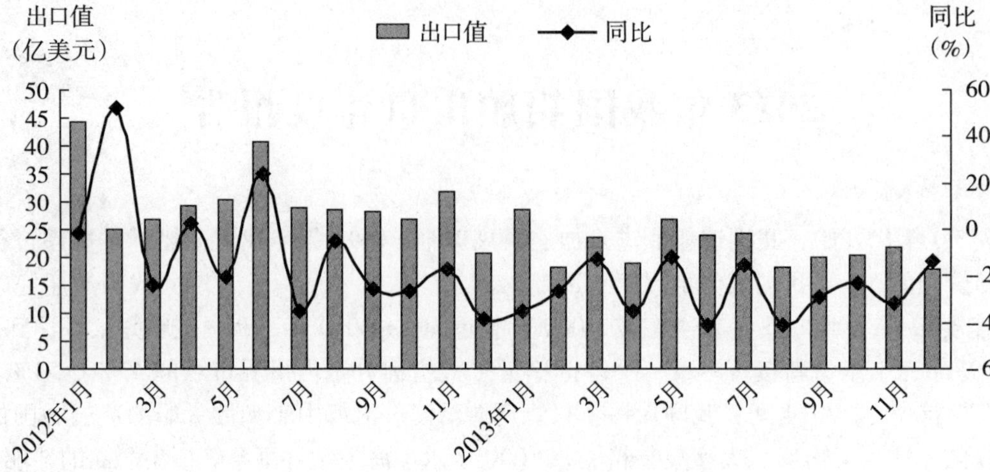

图2　2012~2013年我国船舶出口月度走势图

（二）9成以上为加工贸易方式出口

由于国内配套能力不足等原因，我国出口船舶在建造过程中往往需要进口部分设备，且不论设备进口金额大小，在出口时均视为加工贸易出口，因此船舶出口的贸易方式以加工贸易为主。2013年，我国以加工贸易方式出口船舶244.9亿美元，同比下降27.3%，占同期我国船舶出口总值的93.3%。同期，以一般贸易方式出口船舶9.9亿美元，同比下降26.7%。

（三）主要出口至中国香港、东盟、欧盟、利比里亚和巴拿马

2013年，内地对香港出口船舶71.1亿美元，同比下降27.1%。同期，我国对东盟、欧盟、利比里亚和巴拿马分别出口船舶61.2亿美元、32.4亿美元、14.1亿美元和12.3亿美元，同比分别下降14.4%、43.5%、40.2%和52.4%（表1）。上述五者合计占同期我国船舶出口总值的72.8%。

表1　2013年我国船舶出口主要市场情况表

国家（地区）	出口值（亿美元）	同比（%）
合计	262.5	-27.3
中国香港	71.1	-27.1
东盟	61.2	-14.4
欧盟（28国）	32.4	-43.5
利比里亚	14.1	-40.2
巴拿马	12.3	-52.4
马绍尔群岛	10.7	-28.1
韩国	10.2	-55.4
马耳他	9.5	4.0
巴西	6.1	20 694.4

（四）国有企业出口占据半壁江山，民营企业出口份额下降

2013年，我国国有企业出口船舶126.8亿美元，同比下降27.6%，占同期我国船舶出口总值的48.3%。同期，外商投资企业出口91亿美元，同比下降23.1%，占同期我国船舶出口总值的34.7%。而前期增长较快的民营船舶企业在市场低迷的情况下，资金链承受较大压力，接单能力大大降低。2013 年，民营企业出口 44.7 亿美元，同比下降 34%，占同期我国船舶出口总值的 17%，比重较 2012 年下降 1.7 个百分点。

（五）江苏、上海和浙江居出口前 3 位

2013 年，江苏出口船舶 69.2 亿美元，同比下降 19.5%；上海出口船舶 42.4 亿美元，同比下降 10.8%；浙江出口船舶 34.5 亿美元，同比下降 39.6%；此外，辽宁出口船舶 32.9 亿美元，同比下降 35.4%。上述四者合计占同期我国船舶出口总值的 68.2%（表 2）。

表 2　2013 年我国船舶出口主要省份表

省份	出口值（亿美元）	同比（%）
合计	262.5	-27.3
江苏	69.2	-19.5
上海	42.4	-10.8
浙江	34.5	-39.6
辽宁	32.9	-35.4
北京	23.6	0.7
广东	21.0	-30.6
山东	10.7	-33.1
福建	10.6	-11.6
湖北	9.6	-41.4
安徽	2.8	38.9
天津	1.9	-75.6

（六）出口企业平均出口规模缩小，海洋工程类船舶出口企业出口值逆势增长

2013 年，我国船舶出口企业共有 1 426 家，较 2012 年增加 7 家，但由于全球航运市场不景气，船舶出口值出现下滑，企业平均出口规模急剧缩小，2013 年船舶出口企业的平均出口规模为 1 841 万美元，同比下降 27.7%。同期，前 20 位船舶出口企业出口集中度由 2012 年的 52.9% 下降至 51.2%。同期，在传统船舶出口企业出口萎缩之际，以出口海洋工程产品为主的企业船舶出口值则出现大幅增长，如排名第 6 位的浙江造船有限公司和第 12 位的上海振华重工（集团）股份有限公司，其船舶出口值同比分别增长 1.5 倍和 6.2 倍（表 3）。

表 3　2013 年我国船舶出口前 20 强企业表

企业名称	出口值（亿美元）	同比（%）
合计	262.5	-27.3
大连船舶重工集团有限公司	17.0	-23.0
上海外高桥造船有限公司	10.2	-17.8
江苏天元船舶进出口有限公司	10.0	-19.0
南通中远川崎船舶工程有限公司	9.5	-4.7
中国船舶重工国际贸易有限公司	8.3	-25.7

续表

企业名称	出口值（亿美元）	同比（%）
浙江造船有限公司	7.0	149.5
上海江南长兴造船有限责任公司	6.8	-30.5
沪东中华造船（集团）有限公司	6.4	-31.0
常石集团（舟山）造船有限公司	6.4	-13.6
江苏熔盛重工有限公司	5.8	-32.8
扬州大洋造船有限公司	5.7	-0.4
上海振华重工（集团）股份有限公司	5.7	624.7
江苏新时代造船有限公司	5.7	-48.7
中国长江航运集团对外经济技术合作有限公司	5.4	-54.6
浙江欧华造船有限公司	4.8	-0.9
扬帆集团股份有限公司	4.4	-37.4
渤海船舶重工有限责任公司	4.0	25.8
福建省东南造船厂	3.9	435.6
STX（大连）造船有限公司	3.8	-75.9
中国船舶工业贸易公司	3.7	58.3

（七）散货船出口比重显著下滑，大型集装箱船出口倍增

随着全球船舶和航运市场进入低潮期，国际船舶市场的需求结构也在发生变化，我国船舶企业积极调整出口产品结构以适应国际市场需求，2013 年以来高附加值船舶出口比重明显上升。2013 年，我国出口散货船 123.8 亿美元，同比下降 41.7%，占同期我国船舶出口总值的 47.2%，比 2012 年显著下滑 11.6 个百分点。同期，出口集装箱船 37.6 亿美元，同比增长 23.9%，占同期我国船舶出口总值的 14.3%，比重上升 5.9 个百分点；其中出口 6 000 标箱以上集装箱船 12.5 亿美元，同比激增 1.7 倍。此外，出口液货船 31.2 亿美元，同比下降 18.7%，占同期我国船舶出口总值的 11.9%，比重上升 1.3 个百分点；其中出口载重 30 万吨以上原油船 18.1 亿美元，同比增长 67.1%。

三、2013 年我国船舶出口持续低迷的主要原因分析

（一）造船完工量和行业经济效益持续下滑

2013 年，我国造船完工 4 534 万载重吨，同比下降 24.7%，其中完工出口船 3 573 万载重吨，同比下降 27.9%，直接影响船舶出口增长①。与此同时，重点监测企业工业总产值、经济效益、船舶出口值等指标均不同程度下降。2013 年 1～11 月份，船舶行业 80 家重点监测企业实现主营业务收入 2 174 亿元，同比下降 15.8%；利润总额 46.6 亿元，同比下降 63.5%②。

（二）航运市场供需矛盾制约我国船舶出口

2013 年下半年以来，尽管国际航运市场出现一些积极因素，但需求不足与运力过剩状况总体并

① 《2013 年船舶工业经济运行分析》，中国船舶在线，2014 年 1 月 23 日。
② 《2013 年 1～11 月份船舶工业经济运行情况》，中国船舶在线，2013 年 12 月 20 日。

未改观。世界贸易组织预测数据显示，预计2013年全球贸易额将增长约2.5%，低于2013年4月预测的3.3%①。研究机构克拉克松预测数据显示，2013年干散货海运需求增幅在4%左右，而全年运力将增长6%左右②。集装箱运力方面矛盾表现尤为突出，据Alpha－liner统计，2013年集装箱船运力将净增7%，高于需求4%～6%的增幅，明年集装箱船运力还将净增7%③。

四、我国船舶出口的影响因素分析

（一）我国船舶行业产品结构呈现积极变化

国际金融危机爆发以来，国际船舶市场对高技术含量、高附加值的超大型集装箱船、液化天然气（LNG）船、海洋工程产品等的需求明显增大，我国大型骨干船舶企业紧跟市场需求，成功制造并出口万标箱大型集装箱船、大型液化天然气船、大型钻井平台等海洋工程产品。海关在江苏船舶行业调研中了解到，2012年9月，中远船务成功交付了世界最大的深水半潜式钻井平台；2013年南通中远川崎已经成功建造两艘13 000标箱集装箱船，液化天然气船技术储备已经成型；熔盛重工旗下的熔盛海事与两家船东各签订了一座CJ－46型自升式钻井平台总包合同，建造即将实质性启动。大型骨干企业积极主动的结构调整和转型升级将有力提升我国船舶行业承接国际市场高端船型订单的能力。

（二）接单难、交船难有所改观，融资难、盈利难日益突出

2013年10月《中国船舶报》对江苏省扬州市、泰州市、南通市3地的船舶工业管理部门和骨干船舶企业的调研显示，一度重压船企的接单难、交船难、融资难、盈利难问题，前两项有不同程度的改观，而后两项严峻程度有所加剧。调研显示，研发实力较强的企业所接订单均可满足明后年生产任务的需要，有的企业订单排到了2016年④。从全国范围来看，2013年全国承接出口船订单6 474万载重吨，同比增长333%⑤；在交船问题上，前一段时间积压的船舶多数都已交出。而在融资方面，受造船成本大幅上升、金融机构收紧银根等因素的影响，船舶企业融资仍然普遍困难；企业盈利状况则更为严峻，从全国范围来看，2013年1～11月份，船舶行业80家重点监测企业利润总额46.6亿元，同比下降63.5%⑥。大部分船企接单的船价均处微利水平，有的甚至亏本造船，不利于船舶行业生产和出口的可持续发展。

（三）造船行业隐现复苏迹象，但产能过剩形势仍然严峻

2013年以来，全球新造船市场持续保持活跃状态。克拉克松数据显示，2013年1～11月，全球新船累计成交1 912艘、1.2亿载重吨、899亿美元，同比分别增长48.2%、157.6%、12.9%⑦；新船造价综合指数在年初的基础上持续小幅回升；11月月末，克拉克松新造船指数达到了132点，为2012年6月以来最高水平⑧。但从产能指标来看，当前全球造船能力达2亿载重吨左右，2013年新船订单虽较2012年的4 686万载重吨大幅增长，但产能过剩现象依然突出。我国的国内产能情况也与此相似，我国船舶产能约8 010万载重吨，而前三季度产能利用率仅为50%～55%，较2012

---

① 《世贸组织报告称今年全球贸易额将增长2.5%》，中国日报网，2013年9月23日。

② 《台州港航探索船舶行业复苏之路》，浙江省交通运输厅网，2013年8月28日。

③ 《2013年全球集装箱船交付量将创新高》，国际船舶网，2013年3月14日。

④ 《江苏扬泰通三地主要船企近况调查》，《中国船舶报》，2013年12月20日。

⑤ 《2013年船舶工业经济运行分析》，中国船舶在线，2014年1月23日。

⑥ 《2013年1～11月份船舶工业经济运行情况》，中国船舶在线，2013年12月20日。

⑦ 《长线投资造船股机会来临》，国际船舶网，2013年12月19日。

⑧ 《长线投资造船股机会来临》，国际船舶网，2013年12月19日。

年75%的利用率低了约20个百分点，远低于国际造船业通常的水平①，产能过剩仍是困扰行业发展的主要矛盾。

（四）国际市场海工需求有所放缓，我国海工产品竞争力有待进一步提升

克拉克松数据显示，2013年前三季度全球海工及特种船舶订单在全部订单中所占比率从2012年的47%下降到28%，需求放缓。而近年来在“海工热”的浪潮下，我国船企纷纷进军海工行业，接单能力显著提升。2013年1~10月份，我国船舶企业海工接单约128亿美元，占全球市场份额26%，份额比2012年提高了1倍②。但和主要竞争对手相比，我国海工产品低端化倾向仍然严重，核心竞争力亟待提升。产品通常是附加值较低的通用型设备，大多数配套设备依然依赖国外进口，如半潜式钻井平台采用的国产设备在数量上占比为8%，在价值上占比不到3%；浮式生产储存卸货装置，能够实现本土化配套的仅是门、灯具等简单的舾装件，价值占比不足5%③，海工产业链整体竞争力有待大幅提升。

五、我国船舶出口形势展望

2013年以来，国内新承接船舶订单大幅增加，但常规船型需求量下降，订单的增加主要集中在部分高附加值船型，同时也不排除船东存在“抄底”订制常规船型的因素，当前增加的订单所形成的运力将在2~3年后集中释放，届时运力过剩局面可能会进一步加剧。因此，船舶市场趋势性好转的态势并不明朗，总体低迷或将持续至2015年前后。全球船舶工业还需进行深度调整，围绕技术和产品的全方位竞争将日趋激烈。可以预见的是，随着我国船舶行业转型升级步伐的加快，附加值较高的大型集装箱船、液化天然气船和海洋工程等船舶产品的出口仍有望成为我国船舶出口新的增长点，并在一定程度上带动我国船舶出口走出低谷。

---

① 《船舶行业规范条件发布　行业面临新一轮洗牌》，新华网，2013年11月14日。
② 《海工装备业复苏：前十月我国企业获订单128亿美元增51%》，凤凰网，2013年12月4日。
③ 《海工“深度”观察》，中国船舶在线，2013年12月21日。

2013 年我国纺织服装出口年度报告

作为一个劳动力资源丰富的发展中国家，密集使用劳动力要素的纺织服装产品一直是我国出口的传统大宗商品，也是我国国民经济传统支柱产业和重要的民生产业。经过多年的发展，中国纺织工业规模已位居全球首位，在国际市场上具有较强的竞争优势，对我国整体出口水平和国内经济具有十分重要的影响，同时纺织服装的进出口也是我国对外贸易顺差的重要来源之一。

一、加入世界贸易组织以来我国纺织服装出口情况

加入世界贸易组织以后，我国开始逐步享受全球纺织服装贸易一体化的待遇。自 2002 年起，由于欧盟和美国分别对纺织服装的 30 个和 55 个类别全部或部分取消了配额限制，我国纺织服装出口明显提速，2002～2004 年年均增速达 24.1%，拉动出口规模实现阶梯式跨越增长。2005 年作为全球纺织服装配额取消的第 1 年，设限国全部取消剩余 49% 的配额，当年我国纺织服装出口 1 150 亿美元，比 2004 年增长 20.9%，延续了连续 6 年的增长态势。

2007 年爆发的金融危机对我国纺织行业带来重创，受国际需求大幅萎缩影响，2007～2009 年，我国纺织服装出口增速呈现明显的下滑态势。2009 年，我国纺织服装出口 1 671 亿美元，同比下降 10%，为 2000 年以来的首次同比下降。随着全球经济的缓慢复苏和国家相关鼓励政策的扶持下，我国纺织服装出口逐渐走出低谷。自 2010 年我国纺织服装出口止降回升以后，其后各年出口规模均屡创历史新高。2013 年是中国纺织行业“十二五”规划实施的重要一年，也是中国纺织行业进入深度调整的重要时期。随着美欧日等主要经济体继续推行量化宽松政策以推动经济复苏，全球经济发展环境有所改善，由此带来的外需增加也带动我国纺织服装出口呈现复苏态势。据海关统计，2013 年，我国出口纺织服装 2 839.9 亿美元，同比增长 11.4%。其中，出口纺织纱线、织物及制品 1 069.4亿美元，同比增长 11.7%，出口值首次突破千亿美元大关；出口服装 1 770.5 亿美元，同比增长 11.3%（图 1）。

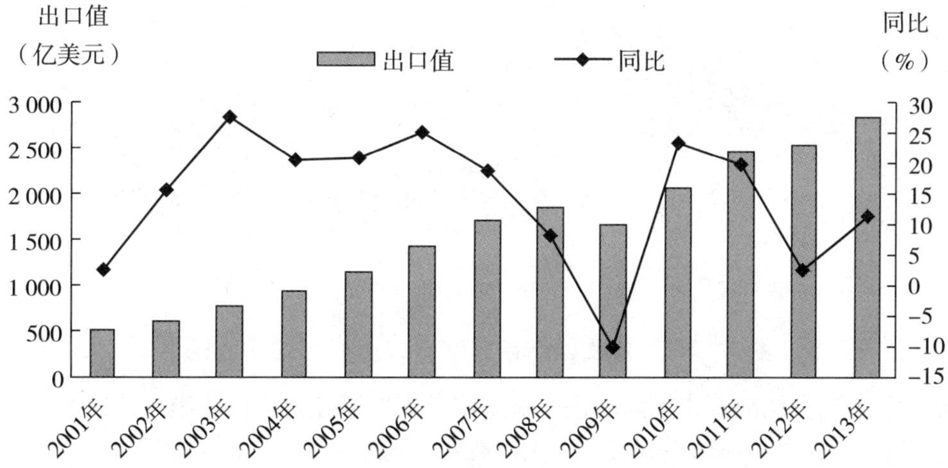

图 1　2001～2013 年我国纺织服装出口年度走势图

二、2013 年我国纺织服装出口的主要特点

（一）出口呈现明显的复苏态势，8 月份创月度出口峰值

2013 年，我国纺织服装出口增长 11.4%，增速不但较 2012 年提高 8.6 个百分点，也较同期我国外贸出口整体增速高出 3.5 个百分点。从月度出口情况来看，自 2013 年 2 月份起，我国纺织服装月度出口呈现逐步环比回升态势，下半年单月出口值呈现明显的“V”形走势。其中，2013 年 8 月份出口 280.3 亿美元，创我国纺织服装月度出口历史新高（图 2）。

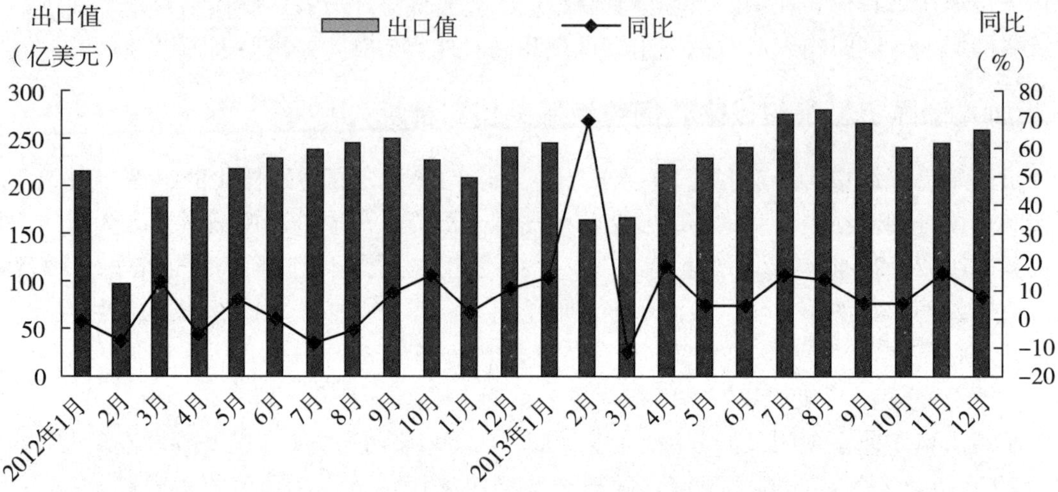

图 2　2012 ~ 2013 年我国纺织服装出口月度走势图

（二）一般贸易出口占主导地位，加工贸易出口份额有所下降

2013 年，我国以一般贸易方式出口纺织服装 2 140 亿美元，同比增长 12%，占同期我国纺织服装出口总值的 75.4%。同期，以加工贸易方式出口 417.7 亿美元，同比小幅增长 2.5%，占同期我国纺织服装出口总值的 14.7%，比重较 2012 年下降 1.3 个百分点；以边境小额贸易方式出口 155.4 亿美元，同比增长 33.4%，占同期我国纺织服装出口总值的 5.5%（图 3）。

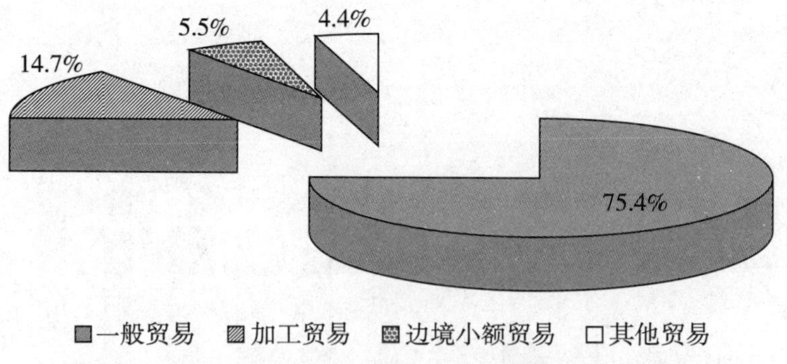

图 3　2013 年我国纺织服装出口贸易方式构成图

（三）欧盟和美国位居出口市场前两位，对东盟、俄罗斯等新兴市场出口快速增长

2013 年，我国对欧盟出口纺织服装 516.5 亿美元，同比增长 9.3%；对美国出口 416.1 亿美元，同比增长 6.9%；对东盟出口 341.9 亿美元，同比增长 28.3%；对上述 3 个市场出口合计占同期我国纺织服装出口总值的 44.9%。此外，出口前八大市场中，对东盟和俄罗斯出口增长均超过 25%（表 1）。

表 1　2013 年我国纺织服装主要出口市场情况表

主要市场	2013 年		
	出口值（亿美元）	同比（%）	所占比重（%）
欧盟	516.5	9.3	18.2
美国	416.1	6.9	14.7
东盟	341.9	28.3	12.0
日本	269.6	-0.9	9.5
中国香港	195.4	20.0	6.9
俄罗斯	124.2	35.8	4.4
阿联酋	79.1	13.7	2.8
韩国	67.9	16.6	2.4

（四）民营企业出口快速增长，所占份额超过 6 成

2013 年，我国民营企业出口纺织服装 1 778.3 亿美元，同比增长 17.7%，占同期我国纺织服装出口总值的 62.6%。同期，外商投资企业出口 690.0 亿美元，同比增长 1.6%，占同期我国纺织服装出口总值的 24.3%；国有企业出口 371.6 亿美元，同比增长 3.3%，占同期我国纺织服装出口总值的 13.1%（表 2）。

表 2　2013 年我国纺织服装出口企业性质结构表

企业性质	2013 年		
	出口值（亿美元）	同比（%）	所占比重（%）
民营企业	1 778.3	17.7	62.6
外商投资企业	690.0	1.6	24.3
国有企业	371.6	3.3	13.1
总计	2 839.9	11.4	100.0

（五）浙江、广东和江苏出口值遥遥领先，出口前 10 位省份中广西壮族自治区增速最高

2013 年，我国纺织服装出口超过 50 亿美元的省份有 10 个，浙江、广东和江苏出口均超过 400 亿美元。其中，浙江以 672.6 亿美元的出口值遥遥领先，同比增长 12.5%，占同期我国纺织服装出口总值的 23.7%；广东出口 449.0 亿美元，同比增长 5.3%；江苏出口 437.1 亿美元，同比增长 6.1%。此外，出口前 10 位的省份中，广西壮族自治区出口增速最高，达到 33.4%（表 3）。

表 3　2013 年我国纺织服装出口前 10 位省市情况表

省份	2013 年		
	出口值（亿美元）	同比（%）	所占比重（%）
浙江	672.6	12.5	23.7
广东	449.0	5.3	15.8
江苏	437.1	6.1	15.4

续表

省份	2013 年		
	出口值（亿美元）	同比（%）	所占比重（%）
福建	229.6	22.3	8.1
山东	215.9	9.3	7.6
上海	205.0	0.5	7.2
新疆维吾尔自治区	82.1	15.3	2.9
河北	62.8	17.9	2.2
辽宁	60.8	16.5	2.1
广西壮族自治区	57.0	33.4	2.0

（六）出口企业数量继续增加，企业出口集中度仍然偏低

2013 年，我国有出口记录的纺织服装企业数量由 2012 年的 83 431 家增加至 84 464 家；年出口值在 100 万美元以下的中小企业数量为 53 066 家，占同期纺织服装出口企业总数的 62.8%；年出口值超过 1 亿美元的企业仅 251 家，较 2012 年增加 30 家。同时，出口值居前 20 位的企业合计出口纺织服装 115 亿美元，占同期我国纺织服装出口总值的 4.1%，比重与 2012 年基本持平，出口集中度依然偏低。

（七）出口品种繁多，其中出口值前 5 位全部为服装产品

2013 年，我国出口纺织服装涉及的品种（按 HS8 位编码统计）达 1 080 个。其中，出口值超过 20 亿美元以上的品种有 31 个（表 4），合计出口值达 1 183.3 亿美元，占同期我国纺织服装出口总值的 41.7%，较 2012 年的比重上升 5.6 个百分点；出口值位列前 5 位的产品全部为服装产品。其中，化纤制针织钩编套头衫、开襟衫、外穿背心位列首位，出口 104.6 亿美元，同比增长 4.9%；棉制针织钩编的套头衫、开襟衫、外穿背心出口 79.1 亿美元，同比增长 3.1%；棉制女裤出口 78.1 亿美元，同比增长 5%（表 4）。

表 4　2013 年我国纺织服装出口主要品种情况表

商品编码		2013 年 1 ~ 12 月	
代码	中文	出口值（亿美元）	同比（%）
61103000	化纤制针织钩编套头衫、开襟衫、外穿背心等	104.6	4.9
61102000	棉制针织钩编的套头衫、开襟衫、外穿背心等	79.1	3.1
62046200	棉制女裤	78.1	5.0
61043200	棉制针织或钩编的女式上衣	75.3	24.9
62034290	棉制其他男裤	53.9	13.7
54075200	聚酯变形长丝≥85%的染色布	52.5	10.7
61046200	棉制针织或钩编的女裤	49.7	3.7
61099090	未列名纺材制针织或钩编 T 恤衫、汗衫、背心	45.3	21.3
61091000	棉制针织或钩编的 T 恤衫、汗衫、背心	43.7	4.5
63079000	6301 至 6307 的未列名制成品，包括服装裁剪样	39.7	13.8

续表

商品编码		2013 年 1~12 月	
代码	中文	出口值（亿美元）	同比（%）
62029390	未列名化纤女式带风帽防寒短上衣、防风衣等	37.8	26.9
62019390	未列名化纤男式带风帽防寒短上衣、防风衣等	36.8	12.0
61034200	棉制针织或钩编的男裤	33.9	15.8
61043300	合成纤维制针织或钩编的女式上衣	33.7	15.0
61046300	合成纤维制针织或钩编的女裤	31.3	31.0
63014000	合成纤维制毯子及旅行毯	30.1	20.5
62052000	棉制男衬衫	28.7	3.2
61033200	棉制针织或钩编的男式上衣	28.1	24.8
61159600	合成纤维制其他袜	27.6	9.6
62121010	化纤制胸罩	26.7	23.1
60063200	合成纤维制染色其他针织或钩编织物	26.3	23.2
65050099	针织的帽类及用成匹的花边、毡呢或其他纺织物制成的帽类	25.5	11.9
52081100	含棉量≥85%未漂平纹布，每平方米重量≤100 克	23.5	69.2
62104000	5903、5906 或 5907 的织物制其他男式服装	23.5	10.4
61159500	棉制其他袜	22.1	15.0
52085200	含棉量≥85%印花平纹布，100 克<每平方米重量≤200 克	21.5	12.1
61044300	合成纤维制针织或钩编的女式连衣裙	21.2	3.3
61034300	合成纤维制针织或钩编的男裤	21.0	15.5
43031010	毛皮衣服	20.9	28.4
61112000	棉制针织或钩编的婴儿服装及衣着附件	20.8	6.0
62034390	合成纤维制其他男裤	20.4	3.4

三、2013 年我国纺织服装出口复苏的主要原因分析

（一）全球经济温和复苏带动消费市场的回暖

随着全球主要经济体推行量化宽松政策影响，2013 年以来全球经济发展环境有所改善，制造业温和复苏。从失业率、消费者信心指数、制造业采购经理指数（PMI）等指标来看，发达经济体均传达了经济复苏的积极信号。美国 2013 年 12 月 PMI 为 57.0，处于荣枯分水线 50 之上，消费者信心指数也由 11 月份的 72 上升至 78.1①；欧元区 2013 年 12 月 PMI 终值为 52.7，创 31 个月以来最高水平，分项数据中，新订单指数创下 2011 年 4 月以来最高②，消费者信心指数回升至 -13.6，好于预期③；日本刺激政策收到一定成效，2013 年 12 月 PMI 为 57.0，扩张速度为 7 年多来最快，增长

① 《世界主要经济体制造业活力强劲》，人民网，2014 年 01 月 06 日。
② 《欧元区 12 月经济景气指数继续上升》，新华网，2013 年 12 月 17 日。
③ 《欧元区 12 月份消费者信心指数回升至 -13.6，好于预期》，新浪网，2013 年 12 月 20 日。

信心有所提振①。欧盟、美国和日本是全球主要的纺织服装消费市场，2013 年我国对上述 3 个市场出口纺织服装占同期我国纺织服装出口总值的比重高达 42.4%，主要出口市场经济的复苏带动了我国纺织服装出口的持续增长。

（二）对新兴市场的开拓成效显著

我国纺织行业对东盟、俄罗斯、南亚等新兴市场的开拓成效显著。首先，受惠于贸易便利化及产业优势互补，中国与东盟在纺织服装行业的合作潜力全面释放，2013 年我国对东盟出口纺织服装增速高达 28.3%，较同期我国纺织服装出口的整体增速高出 16.9 个百分点。其次，受俄罗斯加入世界贸易组织关税降低影响，纺织服装企业抢抓机遇，出口大幅增长，2013 年我国对俄罗斯出口纺织服装大幅增长 35.8%。

四、影响我国纺织服装出口的主要因素分析

（一）国内成本优势弱化，订单转移情况明显

近年来，各省不断上调最低工资标准，导致人工成本大幅增加。截至 2013 年 12 月 26 日，全国共有 27 个地区调整了最低工资标准，平均调增幅度为 17%②。由于目前国内纺织业平均利润率仅为 3.9%，工资性支出占企业全部支出的 25% 左右，日益增加的人力成本使得微薄的企业利润承受巨大压力。同时，融资成本急剧攀升、用电成本及环保成本等一系列因素的叠加影响，也造成我国纺织产品比较优势渐失，导致不少企业尤其是跨国公司的订单加速向越南等东南亚国家转移。

（二）进口低价棉花和棉纱大量流入国内市场，对相关行业造成冲击

棉花作为棉纺织生产企业的主要原料，占成本的 70% 以上，棉花的价格、流通问题是影响棉纺织经济运行的重要因素。我国自 2010 年以来实施的棉花临时收储政策，导致境内棉价受收储价的支撑相较境外棉价出现明显的“剪刀差”。2013 年我国进口棉花的平均价格为 2 035.4 美元/吨，而 2013 年我国棉花的收储价格高达 20 400 元/吨，每吨的价差高达数千元③。同时，由于棉花进口实行配额管理，难以有效满足市场需求，导致进口南亚、东南亚等国的低价面纱成为用棉企业绕开配额管制采购原材料的重要途径。2013 年我国进口棉纱 210 万吨，同比增长高达 37.4%。由于进口低价棉花和棉纱大量流入国内市场，棉纱生产行业和农民种棉积极性遭遇重创，国内棉花种植面积持续下滑。据中国棉花协会调查，2013 年我国棉花种植面积同比下降 6.8% 至 6 818 万亩，为近 10 年来首次跌破 7 000 万亩④。

（三）人民币持续快速升值，对纺织服装出口形成负面影响

2013 年以来，在新兴经济体货币普遍贬值的背景下，人民币汇率依然保持坚挺走势。据统计，2013 年人民币汇率中间价共计 41 次创下新高，累计升值幅度 3%，大大超过 2012 年 1.03% 的全年升值幅度。人民币的快速升值对纺织服装企业出口签约和利润已经产生了比较明显的负面影响。据调查，受人民币汇率波动影响，2013 年有近 80% 的外贸企业的订单额并未出现增长，其中近 3 成企业甚至出现了下降⑤。进口商观望心态明显，多采取订单分拆的做法，短暂的订单增多，规模相对稳定的长单比例在下降。随着纺织企业毛利水平的不断降低，企业接单信心锐减，出口形势严峻。

① 《日本一系列宏观数据向好，美元对日元再创五年新高》，汇金网，2013 年 12 月 27 日。
② 《最低工资上调倒逼微利企业升级》，《工人日报》，2014 年 1 月 7 日。
③ 《直补政策出台　棉价水分将被挤干》，新华网，2014 年 1 月 13 日。
④ 《国内种棉面积创十年新低》，《上海证券报》，2013 年 3 月 29 日。
⑤ 《粤企代工广交会 20% 订单被拒　中小代工企或被洗出局》，《南方都市报》，2013 年 11 月 4 日。

（四）贸易摩擦频发，加大纺织服装出口难度

在国际贸易保护主义回潮的背景下，针对中国产品的贸易摩擦有增无减。竞争力较强的纺织服装、玩具等我国传统出口大宗商品首当其冲。2013 年 9 ~ 11 月，欧盟非食品类消费品快速预警系统（RAPEX）对中国产品的通报达 359 起，通报量同比增加 43%，其中被通报最多的是纺织服装、玩具等①。同时，技术性贸易措施不断抬高准入门槛，如 2013 年 4 月 1 日起，欧盟新版“生态纺织品标准 100”正式实施，使得纺织企业通过认证的难度进一步增加，纺织品进入欧盟市场的门槛进一步提高。此外，由于相似的产业结构和出口导向型特征，新兴市场国家和地区不少产业与我国存在较强的竞争，由新兴市场发起的贸易救济措施也在不断增加，如印度、巴西等国近期就我国出口的纺织服装产品发起的反倾销调查。贸易措施数量和种类的增加在一定程度上加大了我国纺织产品的出口难度。

五、我国纺织服装出口前景展望

2013 年以来，美国经济持续回升奠定了全球经济景气回升的主基调，全球经济出现了明显的复苏现象。2014 年，由美国引领的全球经济趋势性回暖还将持续，全球经济将在 2013 年越过拐点之后进入复苏之年。联合国经济与社会事务部预测全球经济 2014 年将增长 3%，而国际货币基金组织预测 2014 年全球经济增长率预计为 3.6%，比 2013 年有微弱提升。全球经济的持续好转预计会对我国的纺织服装出口有进一步的促进，2014 年中国纺织服装出口市场形势要好于 2013 年，出口有望再创历史新高。同时，2014 年棉花直补政策将逐步推行，临时收储政策可能结束，将为行业带来利好，国内外棉价差缩窄，国内纱线价格与国际市场相比差额将有所减小，市场景气度及信心将逐渐恢复，将有利于我国纺织业国际竞争力提升。同时，由于国内劳动力成本上涨态势依旧，加上原材料、汇率等生产要素的上涨，以及贸易保护逐渐成为各国加速本国经济复苏的长期措施，由成本优势减弱带来的订单流失将仍是我国纺织服装企业面临的严峻考验。在以上因素综合作用下，2014 年我国纺织服装出口行业面临的形势依然复杂多变，中小纺织服装企业生存压力依然较大。

---

① 《四大原因导致出口产品遭欧盟 RAPEX 通报》，新华网，2013 年 12 月 10 日。

2013 年我国家具出口年度报告

近年来，我国家具行业快速发展，已连续多年位居世界家具生产和消费第一大国，我国家具产品出口规模也随之迅速扩大。但近年来，我国家具出口面临着传统市场消费疲弱、新兴经济体竞争加剧等挑战，特别是在人民币持续升值、国内劳动力和原材料成本快速上升的冲击下，出口增速有所放缓，行业也面临着较大的生产经营困难。

一、加入世界贸易组织以来我国家具出口情况

2001～2012 年，我国家具出口除 2009 年外，均保持了 10% 以上的增速，其中 2004 年出口值首次突破 100 亿美元大关，2007 年再上台阶，出口值突破 200 亿美元关口。2008 年及 2009 年受国际金融危机影响，我国家具出口增速放缓甚至出现负增长，2009 年当年家具出口值下降 6%。2010 年家具出口再次发力增长，当年出口一举突破 300 亿美元关口，此后延续迅猛增长势头，并在 2012 年跨越 400 亿美元，达 488.2 亿美元。2001～2012 年我国家具出口年均增速高达 25.7%，2013 年出口增速虽然大幅回落至 6.2%，但全年仍以 518.3 亿美元的出口值创历史新高（图 1）。

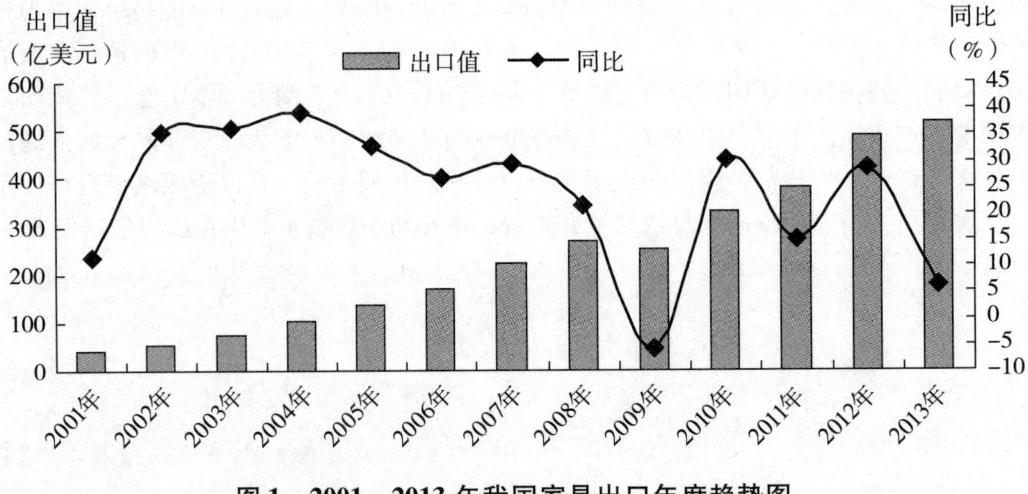

图 1　2001～2013 年我国家具出口年度趋势图

二、2013 年我国家具出口的主要特点

2013 年，我国出口家具 518.3 亿美元，同比增长 6.2%。

（一）第四季度月度出口值持续反弹

2013 年，我国家具月度出口值波动较大，1 月份出口值达到 54.2 亿美元的年内高点，此后迅速回落并呈现低位震荡态势，10 月份开始，月度出口值持续反弹，12 月当月出口值达到 52.8 亿美元，同比下降 6.8%，环比增长 7.1%（图 2）。

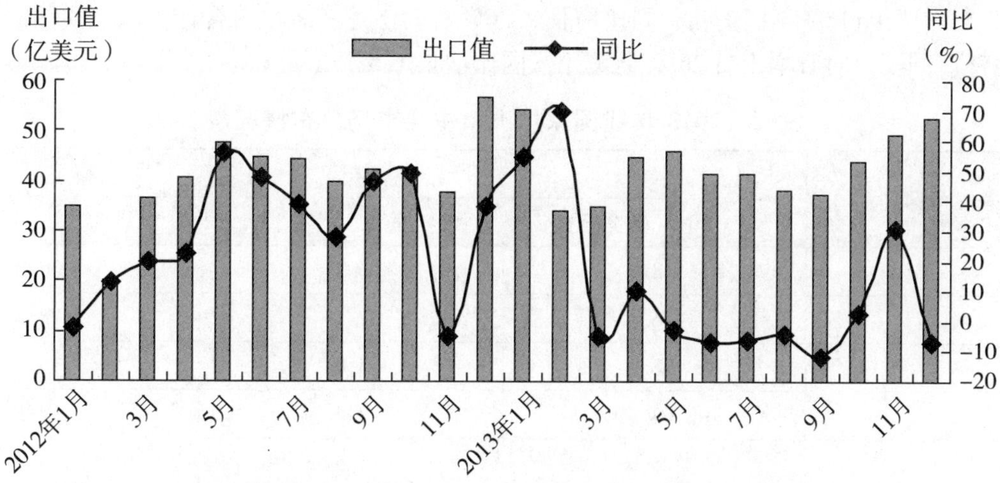

图 2　2012～2013 年我国家具出口月度趋势图

（二）一般贸易出口占 8 成以上，加工贸易出口小幅下降

2013 年，我国以一般贸易方式出口家具 440.6 亿美元，同比增长 7.3%，占同期我国家具出口总值的85%。同期，以加工贸易方式出口62.2 亿美元，同比下降3.6%，占同期我国家具出口总值的 12%（图3）。

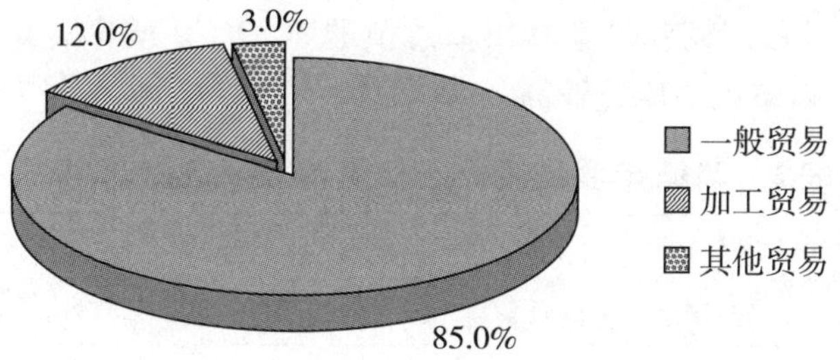

图 3　2013 年我国家具出口主要贸易方式情况图

（三）民营企业主导出口且增幅较高

2013 年，我国民营企业出口家具 338.5 亿美元，同比增长 8.6%，比同期我国家具出口平均增速高 2.4 个百分点，占同期我国家具出口总值的 65.3%。同期，外商投资企业出口 153.2 亿美元，同比增长 2.1%，占同期我国家具出口总值的 29.6%；国有企业出口 26.6 亿美元，同比微增 0.2%，占同期我国家具出口总值的 5.1%（图 4）。

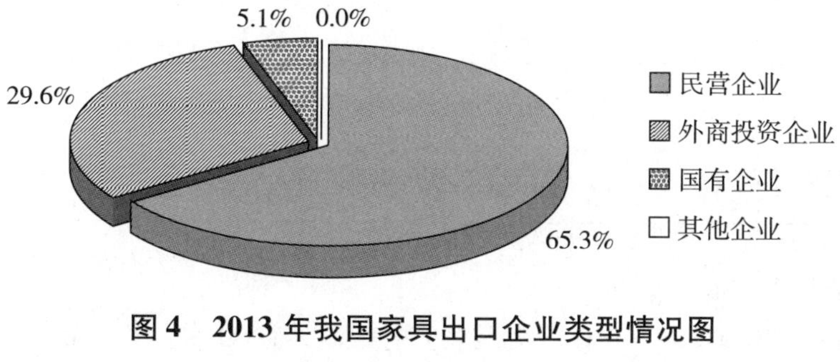

图 4　2013 年我国家具出口企业类型情况图

（四）欧盟、美国、东盟为主要出口市场，对东盟出口增长较快

2013 年，我国对美国出口家具 146.3 亿美元，同比增长 7.1%；对欧盟出口 98.2 亿美元，同比下降5%；对东盟出口63.4亿美元，同比增长28.6%；对上述三者出口合计占同期我国家具出口总值的59.4%。同期，对日本出口26.9亿美元，同比增长1.5%（表1）。

表1　2013年我国家具出口主要市场分布情况表

国家（地区）	2013年		
	出口值（亿美元）	同比（%）	比重（%）
总计	518.3	6.2	100.0
美国	146.3	7.1	28.2
欧盟	98.2	-5.0	19.0
东盟	63.4	28.6	12.2
日本	26.9	1.5	5.2
非洲	26.4	-4.3	5.1
拉丁美洲	24.0	-21.8	4.6
澳大利亚	18.6	-0.1	3.6

（五）广东和浙江为主要出口省份，辽宁出口增速较高

2013年，广东出口家具174.5亿美元，同比增长13.2%；浙江出口89.3亿美元，同比增长10.5%；上述两者出口合计占同期我国家具出口总值的50.9%。同期，辽宁出口18.7亿美元，同比增长20.3%，在主要出口省市中增速较高（表2）。

表2　2013年我国家具出口值前10位省市情况表

省份	2013年		
	出口值（亿美元）	同比（%）	比重（%）
总计	518.3	6.2	100.0
广东	174.5	13.2	33.7
浙江	89.3	10.5	17.2
江苏	37.3	-14.3	7.2
福建	33.9	-12.5	6.5
上海	28.7	1.4	5.5
山东	23.0	13.7	4.4
辽宁	18.7	20.3	3.6
江西	17.3	14.3	3.3
重庆	12.6	-42.3	2.4
四川	11.0	13.1	2.1

（六）出口企业集中度低

2013年，我国家具出口值在5 000万美元以上的企业共有93家。出口值前20位的企业合计出口家具39.1亿美元，占同期我国家具出口总值的7.5%。在出口值前20位企业中，广东7家，浙江5家，上海3家，江苏2家，福建、江西、贵州各1家（表3）。

表3　2013年我国家具出口值前20位企业情况表

企业名称	代码	出口值（亿美元）	同比（%）
总计	–	518.3	6.2
敏华家具制造（惠州）有限公司	4413940675	4.0	17.1
广东省宜华木业股份有限公司	4405932032	3.8	14.9
浙江永强集团股份有限公司	3311965033	3.7	17.2
万福阁家具（昆山）有限公司	3223941286	2.7	-9.8
明门（中国）幼童用品有限公司	4419940124	2.3	18.0
深圳市一达通企业服务有限公司	4403160056	1.8	140.0
基胜工业（上海）有限公司	3120940205	1.7	-5.5
汇森家具（龙南）有限公司	3607946030	1.7	14.4
浙江泰普森休闲用品有限公司	3305930946	1.7	18.5
高峰创建家私（深圳）有限公司	4403945080	1.7	20.2
上海延锋江森座椅有限公司	3116930331	1.5	9.8
华达利家具（中国）有限公司	3223940094	1.5	-20.5
浙江恒林椅业股份有限公司	3305960042	1.4	4.9
深圳嘉晟供应链股份有限公司	4453167988	1.4	95.5
台升实业有限公司	3304940343	1.4	-1.5
东莞市润兴进出口有限公司	4419963618	1.4	201.1
贵州南方石油（集团）股份有限公司	5201911450	1.4	281.9
纳图兹家具（中国）有限公司	3117540009	1.4	-0.1
来福太（厦门）塑胶制品有限公司	3502945250	1.3	2.1
顾家家居股份有限公司	3301230167	1.3	13.0

三、2013年我国家具出口再创新高的主要原因

（一）美国房地产市场逐渐复苏

2013年，我国家具最大的出口市场——美国表现出了良好的复苏势头。数据显示，2013年12月美国NAHB（美国房屋建筑商协会）房地产市场指数升至58，创4个月新高，较2012年12月上升11点，表明越来越多的建筑商看好未来的房地产市场；2013年11月房屋开工增长22.7%，创1990年1月来最大增幅，新屋销售37.7万套，环比涨幅4.4%①。正是得益于美国房地产市场的明显回暖，2013年我国对美国家具出口同比增长了7.1%。

（二）对东盟市场的开拓成效显著

2013年，我国家具行业对东盟市场的开拓成效显著。受惠于贸易便利化及产业优势互补，中国与东盟家具贸易的合作潜力逐渐释放，我国的家具出口企业主要集中于广东、浙江等东南沿海一带，对东盟出口具有较为明显的运输优势，同时，东盟市场目前对家具贸易的限制较少，为我国家具进入东盟市场提供了便利条件。2013年，我国对东盟家具出口同比增长高达28.6%，对我国家

① 《高盛：美国房地产市场已见复苏》，《北京商报》，2013年12月24日。

具出口增长的贡献率达 46.8%。

四、当前我国家具出口的主要问题

（一）生产成本持续快速上升，产品国际竞争力下滑

近年来，家具企业生产成本不断上升。原材料方面，2012 年以来家具板材、油漆、胶水等家具原辅材料成本持续攀升；劳动力成本方面，截至 2013 年 12 月 26 日，全国共有 27 个地区调整了最低工资标准，平均调增幅度为 17%①，家具生产企业多为劳动密集型企业，劳动力成本上升对其影响很大。此外，2013 年人民币加速升值，全年中间价共计 41 次创下新高，累计升值幅度 3%，大大超过 2012 年 1.03% 的全年升值幅度②，人民币快速升值迫使企业谨慎接单，利润空间受到严重压缩。在多重因素叠加影响下，我国出口家具国际竞争力下滑。

（二）国际市场贸易技术壁垒增加，家具出口难度加大

2013 年我国家具出口贸易壁垒显著增加，继 2013 年 3 月欧盟对木材和木制品开始实施森林（FSC）认证之后，5 月月底美国环保局（EPA）又提出两项拟议法规，以确保其国内生产和进口的复合木制品符合国会确定的甲醛释放标准，该法案的复合木制品甲醛释放量要求，远远高于欧盟、日本及我国的标准，被称为史上最为苛刻的环保法案。经过初步评估，如果按美方新标准生产，预计人造板的成本将提高 30% ~50%，以人造板为基材的木制家具成本将提高 15% ~20%③。欧美连续抬高木制品进口门槛，大大增加了我国家具出口欧美市场的成本，增加了出口难度。

（三）品牌建设严重滞后，出口附加值低影响竞争力

我国家具行业多数以代工生产为主，缺乏自主的质量标准体系、原创性的产品设计和有竞争力的自主品牌。过去我国家具行业的高速发展主要依赖于扩大规模的粗放式生产经营，产业聚集程度较低，上下游产业链之间连接不够紧密，行业成本较高，虽然初步形成了一批产业集群但大部分处于全球产业链低端的制造环节，缺乏产业链上游的研发、设计环节，以及下游的营销及服务等延伸，大部分企业缺乏自主品牌，出口产品附加值不高，同质化严重，影响了我国家具企业在国际市场上的竞争力。

五、2014 年我国家具出口前景展望

从 2014 年的家具行业及市场情况来看，虽然我国家具行业面临的成本压力增大、贸易技术壁垒增加等问题仍然严峻，但欧美等主要市场正在释放出一系列利好信号，2014 年美国房地产市场仍将延续向好势头，而欧盟市场则有望逐渐摆脱困境，据 Markit/CIPS 数据显示，经季节调整后，英国 2013 年 12 月建筑业采购经理指数（PMI）由 11 月所创 2007 年 8 月以来高位 62.6 微降至 62.1，仍高于市场预期，并已数月处于扩张区间④。美国和欧盟作为我国家具出口的主要市场，其房地产市场逐渐向好，将带动我国家具出口的增长。新兴市场方面，由于我国家具产品物美价廉，已经赢得了东欧、中东、南美等消费者的青睐。同时，目前我国已与东盟、巴基斯坦、新西兰、智利、秘鲁、哥斯达黎加等国家签订了自由贸易协定，在关税方面给予极大优惠，将进一步刺激企业加大对上述市场的开发力度。综合上述因素，2014 年我国家具出口将有望保持稳定增长势头。

---

① 《最低工资上调倒逼微利企业升级》，《工人日报》，2014 年 1 月 7 日。

② 《外媒：料人民币 2014 年将继续升值 但涨幅将不及去年》，FX168 网，2014 年 1 月 7 日。

③ 《木制家具甲醛超标 出口企业不容轻视》，中国质量新闻网，2013 年 10 月 28 日。

④ 《英国 12 月建筑业 PMI 由近六年半高微降至 62.1 胜预期》，腾讯财经网，2014 年 1 月 6 日。

2013年我国玩具出口年度报告

玩具泛指用于“玩”的器具物品。国际标准化组织（ISO）在2009年发布的ISO 8124－1:2009《玩具安全—第1部分：机械和物理性能方面的安全》中对玩具的定义是：“设计或预定为14岁以下儿童玩耍的所有产品和材料”。目前我国为全球最大的玩具制造国和出口国，占全球玩具贸易份额在7成以上。玩具出口的稳定增长，对拉动国内上下游产业发展、解决劳动力就业等都起着积极作用。

一、加入世界贸易组织以来我国玩具出口情况

加入世界贸易组织后，我国国际贸易环境得到进一步改善，2001～2013年，玩具出口值以年平均7.6%的增速稳步增长，其中仅2009年因国际金融危机造成全球需求低迷出现出口下滑，2010年玩具出口即强劲反弹，当年出口规模突破百亿美元，达到100.9亿美元，同比增长29.6%。随后3年，我国玩具出口规模逐年扩大，不断刷新历史高点（图1）。

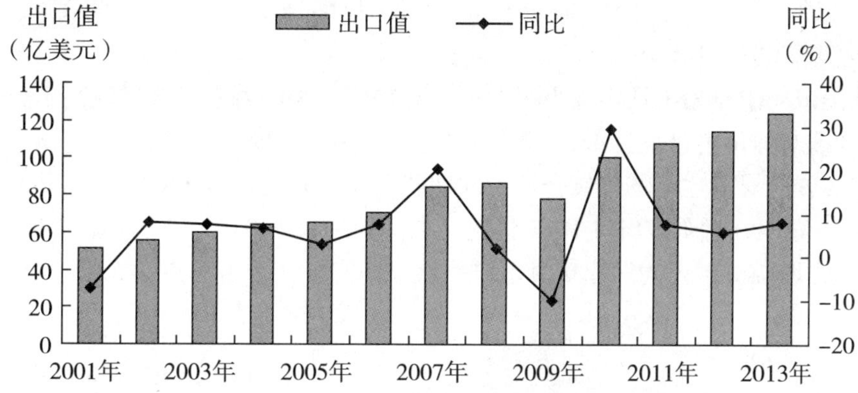

图1　2001～2013年我国玩具出口年度走势图

二、2013年我国玩具出口的主要特点

据海关统计，2013年我国出口玩具123.8亿美元，同比增长8.1%，增速比2012年提高了2.3个百分点。

（一）月度出口季节波动明显，旺季出口规模同比增长较快

受到销售淡旺季影响，2013年我国玩具出口总体呈现前低后高的走势。1～6月份单月出口值均不足10亿美元；下半年起随着销售旺季到来，出口规模明显扩大，7～10月份单月出口值连续保持在10亿美元以上水平，其中10月份达到15.6亿美元，为年内峰值，同时也创下单月出口值历史新高；随后月度出口规模减小，12月当月出口值为8.9亿美元，同比下降1.2%，环比下降9.5%。与此同时，旺季出口增速明显高于2012年同期水平，7月及8月份同比增速比2012年同期分别高15.4个百分点和11.3个百分点（图2）。

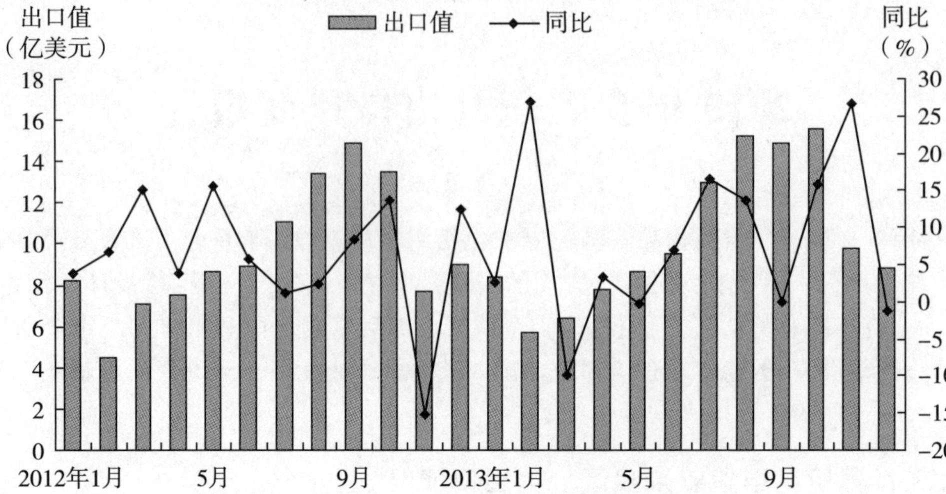

图2　2012～2013年我国玩具出口月度走势图

（二）一般贸易出口增长较快且比重提升，加工贸易出口增长乏力

2013年，我国以一般贸易方式出口玩具56.2亿美元，同比增长14.1%，增幅高于同期我国玩具出口总体增速6个百分点，占同期我国玩具出口总值的45.4%，所占比重较2012年提高2.4个百分点；同期，以加工贸易方式出口51.4亿美元，同比略增1.8%，占同期我国玩具出口总值的41.5%，所占比重较2012年下降2.6个百分点。

（三）对欧美市场出口为主且实现小幅增长，对东盟、中国香港出口增速高于总体

2013年，我国对美国出口玩具43.1亿美元，同比增长6.9%；对欧盟（28国）出口27.8亿美元，同比增长5.9%；对上述市场出口合计占同期我玩具出口总值的57.3%，所占比重比2012年下降0.9个百分点。同期，对东盟出口10.3亿美元，同比增长14.3%，对中国香港出口8.9亿美元，同比增长10.5%，增幅分别比同期我玩具出口总体增速高6.2个百分点和2.4个百分点（图3）。

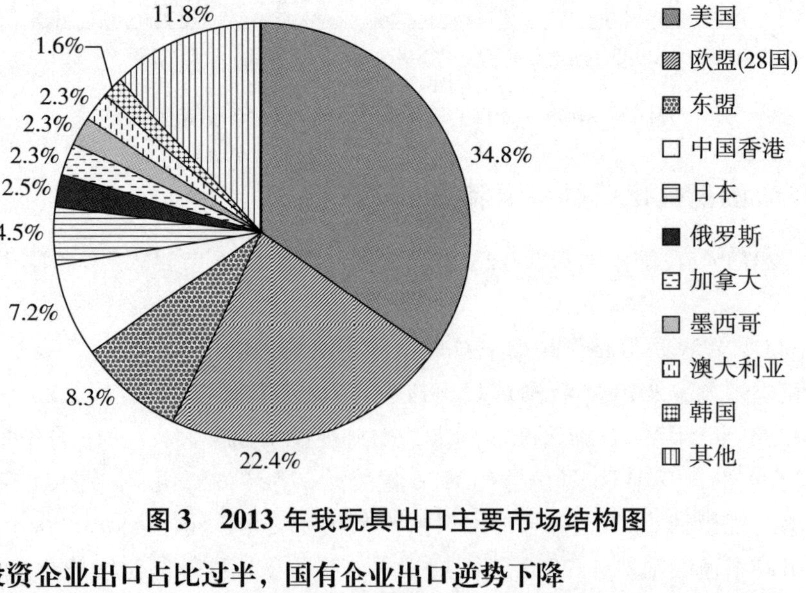

图3　2013年我玩具出口主要市场结构图

（四）外商投资企业出口占比过半，国有企业出口逆势下降

2013年，我国外商投资企业出口玩具62.4亿美元，同比增长9.6%，增幅略高于同期我国玩具出口总体水平1.5个百分点，占同期我国玩具出口总值的50.4%，所占比重比2012年提高0.7个百分点；民营企业出口46.2亿美元，同比增长12.5%，增幅高于总体水平4.4个百分点，占同期我国玩具出口总值的37.3%，所占比重比2012年提高1.4个百分点；国有企业出口15.2亿美元，同比逆势下降7.7%，占同期我国玩具出口总值的12.3%。

（五）广东居出口首位，浙江出口增速大幅领先于总体水平

2013年，广东出口玩具84.6亿美元，同比增长8%，占同期我国玩具出口总值的68.3%，所占比重与2012年持平；浙江出口13.3亿美元，同比快速增长26.9%，比同期我国玩具出口总体增速高18.8个百分点；江苏出口10.7亿美元，同比小幅增长3.4%；上海、福建、山东分别出口4.2亿美元、3亿美元、2.7亿美元，同比逆势下降6.2%、2.1%、3.6%（表1）。

表1　2013年我国玩具出口值前10位省份统计表

省份	2013年		
	出口值（亿美元）	同比（%）	比重（%）
总计	123.8	8.1	100.0
广东	84.6	8.0	68.3
浙江	13.3	26.9	10.7
江苏	10.7	3.4	8.6
上海	4.2	-6.2	3.4
福建	3.0	-2.1	2.4
山东	2.7	-3.6	2.2
江西	2.1	12.1	1.7
安徽	1.5	4.8	1.2
广西	0.3	55.9	0.2
北京	0.3	-10.6	0.2

（六）出口企业集中度略有下降，小型企业仍占多数

2013年，我国有玩具出口记录企业合计5 928家，比2012年增加318家；其中出口值前20名企业合计出口23.3亿美元，占同期我国玩具出口总值的18.8%，所占比重较2012年减少1.8个百分点，出口集中度略有下降；同时，出口值在100万美元以下的小型企业4 267家，比2012年增加174家，占同期我国有玩具出口记录企业总数的72%。

（七）最大品种动物玩具出口小幅增长，成套玩具、带动力装置的玩具等出口均不同程度增长

2013年，我国十二大类（按HS 8位编码统计）玩具出口涨跌互现，其中出口动物玩具17.4亿美元，同比小幅增长2.2%，占同期我国玩具出口总值的14.1%，为出口值最大的单一品种；同期，带动力装置的玩具及模型、组装成套的玩具分别出口13.4亿美元、13亿美元，同比分别增长9.2%、34.3%；三轮车等带轮玩具、智力玩具分别出口10.6亿美元、10.2亿美元，同比分别增长10.8%、12.5%；此外，电动火车仅出口3 257万美元，同比下降24.6%（表2）。

表2　2013 年我国玩具出口品种统计表

商品代码	中文	2013 年		
		出口值（亿美元）	同比（%）	比重（%）
95030089	其他玩具	45.9	4.1	37.1
95030021	动物玩具	17.4	2.2	14.1
95030082	其他带动力装置的玩具及模型	13.4	9.2	10.9
95030081	其他玩具，组装成套或全套的	13.0	34.3	10.5
95030010	三轮车、踏板车和类似的带轮玩具；玩偶车	10.6	10.8	8.6
95030060	智力玩具	10.2	12.5	8.3
95030029	玩偶	6.7	0.0	5.4
95030090	品目 9503 所列货品的零件、附件	3.0	18.3	2.4
95030039	其他缩小（按比例缩小）的全套模型组件	2.1	4.5	1.7
95030050	玩具乐器	1.0	9.1	0.8
95030031	电动火车	0.3	-24.6	0.3
95030040	其他建筑套件及建筑玩具	0.1	-10.3	0.1

三、2013 年我国玩具出口增长原因分析

（一）欧美经济复苏拉动玩具出口增长

玩具是需求弹性较大的商品，贸易情况较易受到经济发展和消费环境的影响。2013 年，欧美受经济复苏带动，市场需求有较明显回暖，2013 年 11 月份美国商业库存环比增长 0.4%，同比增长 4%；商业销售环比增长 0.8%，同比增长 4%①。欧元区 12 月份消费者信心指数则由 11 月的 -15.4升至 -13.6 的近两年高位②。海关数据显示，2013 年我国对美国、欧盟两大传统市场玩具出口均实现同比增长，增幅分别为 6.9% 和 5.9%。

（二）玩具出口价格上涨推动出口规模扩大

2013 年，国际原油价格总水平虽较 2012 年有所回落，但在欧美等主要经济体复苏的带动下，仍维持在每桶 100 美元以上，这是自 2011 年突破 100 美元后连续第 3 年保持较高位置③，玩具生产主要原料之一的塑料颗粒价格也随之居高不下，国内编制的中国塑料价格指数由 2013 年 1 月 4 日的 960.93 升至 12 月 31 日的 1 009.96。参加 2013 年秋季广交会的国内玩具厂商表示 2013 年以来制造成本大约上涨了 15%，不得不上调产品价格④。我国玩具出口价格上涨也对出口规模扩大起到一定的推动作用。

---

① 《美国去年 11 月份企业库存环比上升 0.4%》，新华网，2014 年 1 月 15 日。
② 《欧元区消费者信心指数升至两年来最高，符合预期》，和讯网，2014 年 1 月 9 日。
③ 《2013 年石油和化工行业经济运行回顾与展望》，《中国能源报》，2014 年 1 月 20 日。
④ 《广交会玩具成交“寒意”浓　买卖双方分毫必争》，《第一财经日报》，2013 年 10 月 28 日。

四、当前我国玩具出口影响因素分析

（一）发达国家调高技术准入标准引发新兴市场频频效仿

近年来，欧美日等传统市场纷纷以维护消费者安全为由调高其进口玩具的标准，如日本于2013年1月1日正式生效的玩具标准ST2012明确规定了玩具产品的各类测试标准及测试环节，其中化学指标是重要检测方面①；2013年年中，欧盟宣布正式实施《欧盟玩具安全新指令》，该指令被行业认为是世界上最严格的玩具安全标准②；与此同时，类似的政策收紧也正逐渐由传统市场向新兴市场蔓延，如韩国已采用类似欧盟REACH法规对化学物质和下游产品进行管理，将使产品成本平均提高1至2成；乌克兰决定收紧玩具法规以确保与欧盟玩具安全指令保持一致③；菲律宾批准了玩具和游戏用品安全法案，规定玩具和游戏用品必须符合安全标签和制造商标记要求④。我国玩具出口国际市场难度增加，成本提高。

（二）劳动力成本增加、人民币持续升值等多方面因素加大出口企业经营压力

据统计，我国沿海主要出口行业劳动力月平均工资已超3 000元⑤，企业生产成本大幅增加，“招工难”的问题日益突出。2013年第三季度末，广东制造业员工比2012年年末减少26.39万人，是各行业中减员最多的⑥。作为国内玩具重要加工生产地之一的深圳将于2014年2月份实施新的最低工资标准，调整至每月1 808元，涨幅超过13%，明显高于2013年逾6%的增幅⑦。随着生产企业劳动力成本优势渐失，我国出口玩具价格的竞争力逐渐减弱。与此同时，人民币升值步伐加快令企业经营压力进一步加大，截至2013年12月31日，人民币对美元汇率中间价在2013年度已41次刷新“汇改新高”，年内累计升幅将近3%左右⑧。研究机构报告指出，由于人民币的连续升值，在受调查的1 302个中小微外贸生产企业中，有两成企业不得不因汇率波动推掉部分订单⑨。而玩具生产企业以中小微企业为主，因人民币升值承受较大的经营压力。

（三）出口产品因质量问题屡遭通报召回，有损产品国际市场声誉

2013年9～11月，欧盟非食品类消费品快速预警系统（RAPEX）对中国产品的通报达359起，通报量同比增加43%⑩。由于欧盟对玩具的安全性要求日趋严格，产自中国的多个塑料玩具产品遭到预警通报，其中中国产“CIGIOKI”品牌的塑料娃娃，因头部含有28.3%的“塑化剂”双酞酸酯实施召回；一款中国产带有糖果的玩具因产品部件易脱落导致儿童误食，被发出消费者警告⑪；一款中国产橡皮鸭因化学品超标，被发出消费者警告⑫。我国出口玩具屡屡因质量安全问题遭进口地通报或强制召回，对我国玩具制造行业声誉造成损害，将影响行业进一步开拓国际市场。

---

① 《各国加强玩具安全法规限制，旨在遏制缺陷产品》，玩具谷网，2014年1月8日。
② 《各国加强玩具安全法规限制，旨在遏制缺陷产品》，玩具谷网，2014年1月8日。
③ 《儿童用品贸易壁垒全面升级》，中国产业安全指南网，2013年12月3日。
④ 《各国加强玩具安全法规限制，旨在遏制缺陷产品》，玩具谷网，2014年1月8日。
⑤ 《我国出口要以新比较优势赢得主导权》，新浪财经，2013年12月20日。
⑥ 《制造企业裁员要规避法律风险》，中外玩具网，2013年12月30日。
⑦ 《深圳最低工资调至1 808元》，新浪财经，2013年12月27日。
⑧ 《人民币收获今年第41个新高　年内累计升值近3%》，搜狐网，2013年12月31日。
⑨ 《广东中小微外贸企业中两成曾因汇率波动而推掉订单》，新华网，2013年10月11日。
⑩ 《我出口产品频遭欧盟RAPEX通报》，中国产业安全指南网，2013年12月18日。
⑪ 《欧盟对塑料玩具的安全性要求日趋严格》，中外玩具网，2013年12月12日。
⑫ 《欧盟对中国产橡皮鸭发出消费者警告》，技术壁垒资源网，2014年1月10日。

五、我国玩具出口形势展望及对策建议

2014年，针对我国出口玩具的技术性壁垒仍有增加态势，国内玩具生产企业面临的出口环境将更趋严峻，同时，东南亚及拉美等新兴市场发展劳动密集型产业的势头强劲，不断分流国际市场订单，但由于我国产业链优势较为明显，玩具制造业在国际市场中的领先地位仍会在一定时期内保持稳固。从总体来看，得益于欧美等传统市场的逐步复苏和国内制造业升级优化的不断推进，我国玩具出口仍有望在2014年保持稳定增长。

2013 年我国便携式电脑出口年度报告

便携式电脑主要分为笔记本电脑和平板电脑两大类。其最大特点是机身小巧，相比台式机携带方便，主要用于日常操作、基本商务和娱乐休闲。随着技术革新，便携式电脑发展趋势是体积越来越小，重量越来越轻，功能越来越强大，其科技含量高，产销量受技术变革影响显著。目前我国是全球便携式电脑出口第一大国，但出口量主要集中在为知名品牌电脑代工和跨国企业直接在华投资建厂。目前全球五大个人电脑代工企业均来自我国台湾，其代工厂多建于我国东部地区，承担了全球 9 成以上电脑加工业务，是我国便携式电脑出口的主要力量。

一、加入世界贸易组织以来我国便携式电脑出口情况

我国加入世界贸易组织之初的 2001 ~2003 年正是便携式电脑技术实现技术飞跃阶段，技术革新全面开启了便携式电脑存储高容量与高速时代。在这 3 年间我国便携式电脑出口量增势迅猛，出口量分别为 74 万台、262 万台和 1 329 万台，同比分别增长 5. 4 倍、2. 5 倍和 4. 1 倍。2005 年我国将便携式电脑出口退税率由原来的 13% 提高至 17% ，为出口量继续增加创造有利条件，至 2008 年出口量首次超过 1 亿台。2010 年，由于苹果公司 iPad 出现，掀起新一轮以平板电脑为主的便携式电脑消费热潮，当年我国出口量达 1. 9 亿台，同比大幅增长 55. 2% 。2013 年，出口量达 3. 3 亿台，同比增长 13. 4% ，出口量创历史新高（图 1）。

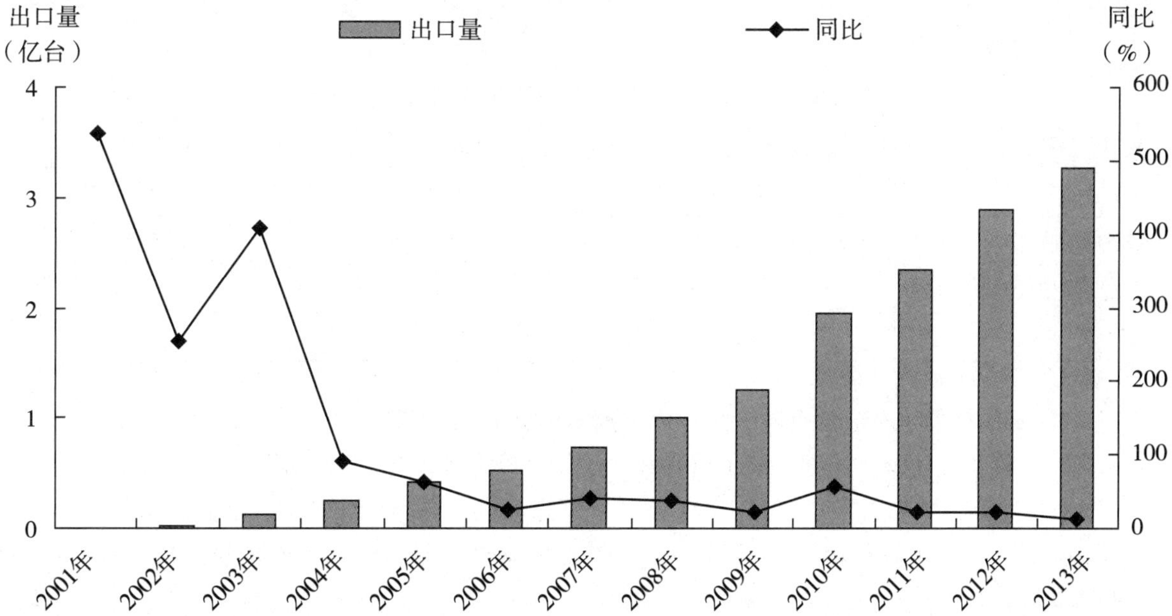

图 1　2001 ~2013 年我国便携式电脑出口年度走势图

二、2013 年我国便携式电脑出口的主要特点

（一）总体呈增长趋势，11 月份创 2012 年以来单月出口量最高

2013 年，我国便携式电脑出口量除 5 月和 6 月份同比各小幅减少 2. 8% 外，其他月份同比均呈

增加态势，其中8个月份同比增长达到10%以上。1月份出口量为2 722万台，同比增长70.4%，增幅最大；11、12月份出口量最大，分别为3 875万台和3 611万台（图2）。

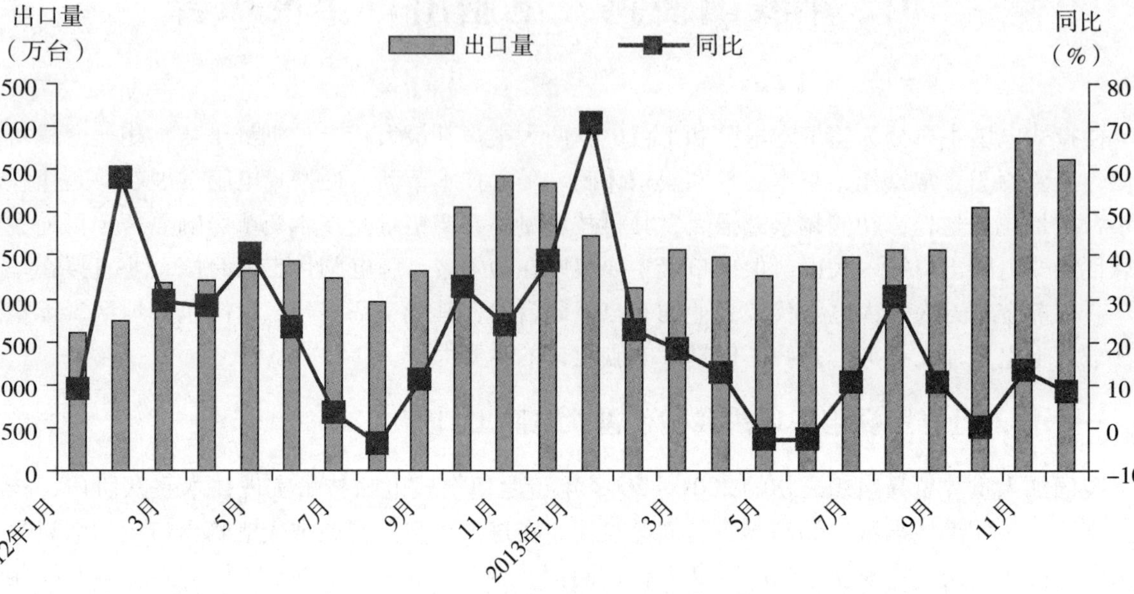

图2　2012～2013年我国便携式电脑出口月度走势图

（二）加工贸易出口占绝对优势，一般贸易出口激增

2013年，我国以加工贸易方式出口便携式电脑2.6亿台，同比增长0.1%，占同期我国便携式电脑出口总量的78.8%；以一般贸易方式出口5 162万台，同比增长1.5倍，占同期我国便携式电脑出口总量的15.2%（表1）。

表1　2013年我国便携式电脑出口贸易方式结构表

贸易方式	出口量（亿台）	同比（%）	比重（%）
加工贸易	2.6	0.1	78.8
一般贸易	0.5	154.2	15.2
海关特殊监管区域	0.2	63.7	6.0
总计	3.3	13.4	100.0

（三）美国、欧盟主导地位有所下降，内地对香港出口表现活跃

2013年，我国对美国出口便携式电脑9 408万台，同比增长5.3%；对欧盟出口7 333万台，同比增长3.7%；两者合计占同期我国便携式电脑出口总量的51.2%，较2012年下滑4.5个百分点。同期，内地对香港出口便携式电脑7 300万台，同比大幅增长30.1%，占同期我国便携式电脑出口总量的22.3%（图3）。

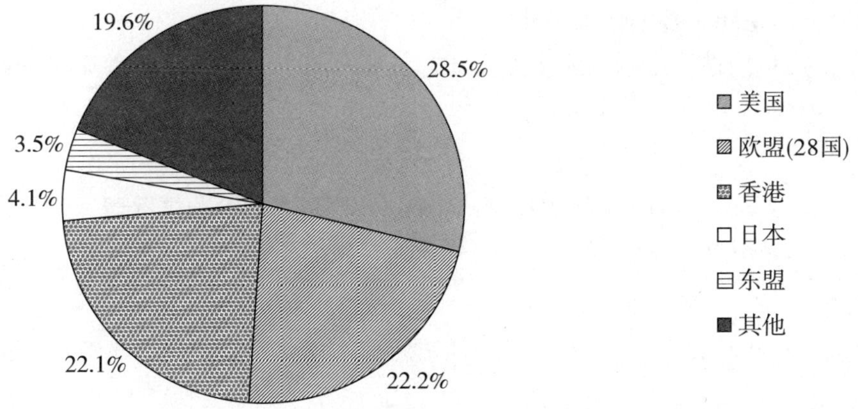

图 3　2013 年我国便携式电脑出口主要市场分布图

(四) 外商投资企业仍为出口绝对主力，民营企业出口大幅增加

2013 年，我国外商投资企业出口便携式电脑 2.6 亿台，同比增长 2.4%，占同期我国便携式电脑出口总量的 78.8%。同期，民营企业出口 0.4 亿台，同比增长 88.7%，占同期我国便携式电脑出口总量的 12.1%，比重上升 5.2 个百分点（表 2）。

表 2　2013 年我国便携式电脑出口企业性质结构表

企业性质	出口量（亿台）	同比（%）	比重（%）
外商投资企业	2.6	2.4	78.8
民营企业	0.4	88.7	12.1
国有企业	0.3	163.2	9.0
总计	3.3	13.4	100.0

(五) 出口主力集中在东南沿海地区，广东一跃成为出口最大省份

2013 年，我国便携式电脑出口量排名前 3 位的省市分别为广东、江苏和上海，三省出口量合计占同期我国便携式电脑出口总量的 68.9%。其中，广东出口 1 亿台，同比增长 57.1%，占同期我国便携式电脑出口总量的 30.3%，比重上升 8.6 个百分点，在各省市便携式电脑出口量的排名中由 2012 年的第 3 位上升至首位；江苏、上海分别出口 6 454 万台、6 294 万台，同比分别下降 16.6%、9.3%（图 4）。

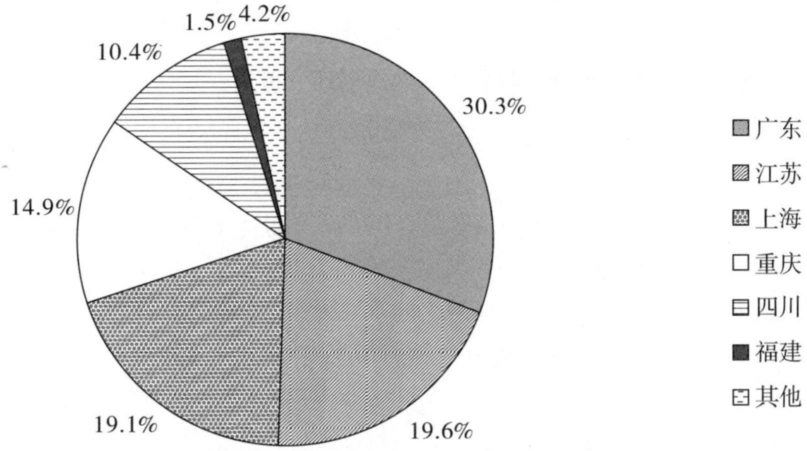

图 4　2013 年我国便携式电脑出口主要省份分布图

（六）台系企业占主导，多为代工企业

2013 年，我国出口便携式电脑企业多达 1 500 余家，其中出口量排名前 20 位的企业中，17 家为台资或与台资关联企业，分属于富士康、华硕、广达和仁宝等几大集团。2013 年，前 20 位企业共出口便携式电脑 2. 1 亿台，占同期我国便携式电脑出口总量的 63. 7%（表 3）。

表 3　2013 年我国便携式电脑出口前 20 位企业情况表

企业名称	出口量（万台）	同比（%）
鸿富锦精密电子（成都）有限公司	2 782. 3	-13. 9
昌硕科技（上海）有限公司	2 293. 5	34. 7
达功（上海）电脑有限公司	2 200. 1	-21. 2
达丰（重庆）电脑有限公司	2 008. 1	10. 5
富泰华工业（深圳）有限公司	1 976. 4	-29. 3
深圳中电投资股份有限公司	1 338. 1	170. 5
达富电脑（常熟）有限公司	905. 5	-52. 2
仁宝信息技术（昆山）有限公司	839. 3	-24. 1
旭硕科技（重庆）有限公司	802. 1	248. 5
苏州三星电子电脑有限公司	742. 3	-19. 6
仁宝电子科技（昆山）有限公司	713. 3	28. 7
英业达（重庆）有限公司	694. 5	181. 9
仁宝电脑（重庆）有限公司	688. 4	99. 0
纬智资通（昆山）有限公司	572. 5	1. 9
戴尔（成都）有限公司	538. 4	217. 4
仁宝资讯工业（昆山）有限公司	484. 8	-14. 0
名硕电脑（苏州）有限公司	430. 4	304. 1
达丰（上海）电脑有限公司	408. 3	-62. 1
英顺达科技有限公司	408. 2	1. 6
纬创资通（昆山）有限公司	403. 2	-15. 6

三、2013 年我国便携式电脑出口量增长的原因分析

（一）平板电脑受追捧，为便携式电脑市场注入新活力

近年来，平板电脑已经成为全球消费者热捧的电子产品。2013 年，全球平板电脑销量合计达 2. 54 亿台，同比增长 63. 9%，而传统笔记本销售量约为 2. 07 亿台①，平板电脑首次超越笔记本电脑成为市场第一大主体。我国是便携式电脑最大出口国，出口量与全球市场变化休戚相关，以苹果、三星为代表的跨国电子巨头纷纷扩大在华的平板产能，以满足对新品的强劲需求。平板电脑的出现从根本上改变了使用电脑的娱乐休闲模式，使用电脑的黄金时间延长，使用地点从桌前转移至

① 《2013 年白牌平板计算机出货上看 9,860 万台　全球品牌与白牌机种合计将达 2. 54 亿台》，与非网，2013 年 5 月 17 日。

更舒适的床上和沙发上以及户外交通工具上。以观看视频为例，平板电脑的使用频率是桌面电脑的两倍，使用时长是桌面电脑的1.5倍。为满足用户对平板电脑更轻、更薄、更易携带的需求，小尺寸平板电脑越来越多，引发全球平板电脑市场持续增长。苹果在2013年第二财季（1月至3月）期间，共销售了1 950万台iPad平板电脑，而其中的1 250万台为iPad mini平板电脑①。平板电脑在一定程度上取代了电子阅读器、便携式游戏机、小屏幕电视（24寸以下）及MP3播放器等。近年来全球热卖的苹果电脑大部分由我国华硕、富士康、广达等几家台资企业代工，拉动我国平板电脑的出口。

（二）廉价平板电脑抢占低端市场成为新增长点

平板电脑的核心部件微处理器的性能每隔18个月提高1倍（或价格下降一半），产能扩大和工艺提升使得平板电脑主要零部件价格不断下降，整机成本随之减少。采用安卓系统的廉价平板电脑广受欢迎，逐渐侵蚀iPad为代表的高价平板电脑市场。国际数据公司（IDC）的数据显示，2013年第三季度iPad在全球平板电脑市场的占有率从2012年同期的40.2%降至29.6%，创有史以来最低水平②。各大品牌平板电脑采取低价策略，价格由原先199美元/台左右直接降至149美元/台，甚至将进一步下探至99美元/台。除知名品牌外，一些白牌平板电脑（较不知名的品牌或山寨品牌的平板电脑产品）纷纷参与平板电脑市场角逐，积极抢占低端平板电脑市场。白牌平板电脑最低入门机种零售价格仅为40美元/台③。大量廉价平板电脑的出现满足了低端客户的需求，成为新的增长点。以深圳为主要产地的白牌平板电脑主要销往以印度、巴西、俄罗斯、中东、东南亚地区为主的新兴市场。2013年，广东电脑出口量大增，拉动了民营企业以一般贸易方式出口，主要归功于白牌平板电脑的热销。

（三）代工企业压缩利润空间抢夺出口订单

按出货量计算，全球五大PC代工厂商均来自于中国台湾，分别是广达、仁宝、和硕联合、纬创和英业达。在全球销售的笔记本电脑当中，90%以上出自这五家公司。这些公司大多将工厂设立在劳动力成本较低的中国大陆。这类企业被称做“原设计制造商”（ODM）。大品牌电脑公司通常会给出一款电脑的大体设计框架，然后把设计和生产的细节交由ODM负责。而有些电脑的设计则从头至尾由ODM完成，然后被交给大品牌公司④。这些工厂通过加工贸易方式为知名品牌代工，成为我国便携式笔记本电脑出口的绝对主力。目前知名品牌电脑公司同一款产品的代工计划会交给多家代工厂，在保证相同质量的前提下出价便宜的工厂赢得更多订单，这种非固定式的代工策略加剧了代工厂之间竞争，各企业通过压低利润空间赢得出口量增长。市场研究机构IHS iSuppli公布的最新数据显示，2002年这5家公司的毛利率平均为9.36%，但2013年却骤降至4.2%⑤。

四、我国便携式电脑出口的影响因素分析

（一）民营企业主导的白牌平板电脑兴起，将为国内计算机产业转型发展注入活力

目前便携式电脑短期内难以出现跨越式技术革新，市场对高端新产品反应逐渐趋于平静，廉价平板电脑将成为未来发展主流，到2013年年底小尺寸廉价平板产品占据美国65%的市场份额⑥。

① 《销量高出近一倍　iPad mini抢占全尺寸iPad市场》，比特网，2013年5月3日。

② 《iPad第三季度市场占有率跌破30%　安卓平板受惠》，环球网，2013年11月3日。

③ 《平板电脑市：品牌价格战从处理器开始》，中国电科信息网，2013年5月29日。

④ 《PC销量下跌，品牌厂商开始抢代工企业的饭碗》，搜狐网，2013年2月28日。

⑤ 《富士康：别让代工成“怠工”》，比特网，2013年3月25日。

⑥ 《白牌平板潜力大　国产平板电脑市场解析》，比特网，2013年7月19日。

低端市场的白牌电脑凭借其低廉的价格，成为全球平板电脑成长最为快速的一部分。由于白牌平板电脑采用主流品牌商淘汰的较次面板，这些二级市场的面板使白牌平板电脑非常具有价格竞争力。尽管白牌平板电脑存在一些质量问题，但对于学生等注重性价比的消费群体来说仍有较大吸引力。同时，白牌平板电脑以其价格优势进入新兴国家地区并取得了初步成功，亚太、拉美、欧洲、中亚部分地区等新兴市场正在采用这类平板电脑。未来几年全球平板电脑的销量将持续上升，2017 年将超过 4 亿台。为应对知名品牌加入价格厮杀战局，抢占低端市场，压缩其成长空间，白牌平板电脑厂商除了压低价格外，品质与规格也开始力求提升，全面提高竞争力，白牌产品与低价品牌机界线逐渐模糊。2013 年，民营企业出口量达 4 358 万台，同比增长 88.7%，而民营企业多为白牌电脑生产企业，良好的发展态势有利于该类企业未来成长为具有自主品牌的民族企业，全面带动我国电脑制造行业发展，摆脱代工地位。

（二）变形平板或为下一个增长点，出口量随技术革新出现跨越式增长

苹果 iPad 以 Apple A4 1GHz 处理器，支持多点触控，内建 16GB/32GB/64GB 存储空间等技术在全球掀起热潮，成功地开辟了平板电脑市场，其他厂商看到平板电脑这个潜在的发展领域后，迅速作出了反应。三星、摩托罗拉等厂商跟进，三星 Galaxy Tab、摩托罗拉 XOOM、联想乐 Pad 等产品就是这个时期的产物。目前平板电脑同质化严重，除尺寸、重量和内存等指标外，功能基本相同，即使主打科技创新的苹果公司新近发布的产品也进入了微创新时代。目前市场出现的变形平板或将成为一种新趋势。变形平板是指配备了键盘基座等配件的平板电脑，它能瞬时变成一款具有 PC 形态的“笔记本”。尤其是搭载了 Windows 系统的变形本的实用性与兼容性更符合消费者的使用习惯，也更易令消费者接受。未来平板电脑领域和传统 PC 领域会由于变形平板的盛行而有一定的交集。随着技术更加成熟，变形平板有望引领下一轮追捧热潮，技术的革新将成为我国电脑生产企业增产的原动力。

五、我国便携式电脑出口前景展望

我国作为全球便携式电脑代工厂的地位短期不会动摇，出口量将与全球市场需求紧密关联，平板电脑仍为主要增长点，随着平板电脑更加普及，未来几年各大品牌出货量将保持稳定增长。平板电脑由于其更偏重于娱乐功能，工作、学习等用途仍有待发掘。一旦市场饱和，消费者更新换代的积极性要低于传统电脑，因此平板电脑销量在达到一定水准后就会停滞不前。随着低成本优势丧失，代工企业将由东部沿海地区向中西部转移，甚至加速外迁步伐。民营企业或将把握低价电脑全面崛起的商机，赢得一席之地。值得关注的是，尽管我国本土白牌企业相对薄弱，企业规模小，抵御风险能力差，但考虑到未来发展潜力应鼓励白牌企业发展，给予资金和政策扶持，努力培养自主品牌，既发展民族工业又抵御外资企业外迁的风险。

贸易伙伴篇

PARTNERS

2013 年中国对欧盟贸易进出口年度报告

欧盟是世界上最大的发达国家集团，中国是世界上最大的发展中国家，中欧之间的经贸往来由来已久。进入 21 世纪，随着中国成功加入世界贸易组织，以及欧盟内部逐渐形成统一大市场与欧元的成功启动，双方经贸交流发展进一步加快，贸易规模持续扩大，欧盟已连续 10 年成为中国最大贸易伙伴，而中国则是欧盟的第二大贸易伙伴。在经济全球化进程日益加速的今天，进一步发展与加强中欧之间的双边经贸关系，符合中欧双方的共同利益。

一、2001 年以来我国对欧盟进出口概况

据中国海关统计，2001 年我国对欧盟（为便于历史数据横向对比，本文所列海关数据均以 28 国为统计口径）进出口 810. 7 亿美元；2003 年双方正式建立全面战略伙伴关系，中欧贸易实现了跨越式发展，当年首次突破 1 000 亿美元大关，为 1 341 亿美元，同比增长 44. 5%；随后在 2005 年突破 2 000 亿美元、2007 年突破 3 000 亿美元，至 2008 年进一步攀高至 4 275. 9 亿美元，增长势头迅猛。但受金融危机影响，2009 年我国对欧盟进出口在经历连续高速增长后出现下滑，为 3 650. 8 亿美元，同比下降 14. 6%。2010 ~2011 年，全球经济有所复苏，中欧贸易得到恢复发展，2011 年达到5 687. 5亿美元的历史高位；但 2012 年欧洲主权债务危机进一步恶化，这对欧盟整体经济产生持续负面影响，中欧贸易同比小幅下降 3. 8%，为 5 474. 1 亿美元。

2001 ~2013 年，我国对欧盟贸易累计进出口 4. 3 万亿美元，年均增长 17. 5%。其中，对欧盟累计出口 2. 7 万亿美元，年均增长 18. 4%；自欧盟累计进口 1. 6 万亿美元，年均增长 16. 2%。

二、2013 年我国对欧盟进出口的主要特点

2013 年是我国和欧盟建立全面战略伙伴关系 10 周年，双边贸易在困境中出现回暖企稳迹象，全年我国对欧盟进出口总值 5 590. 6 亿美元，同比增长 2. 1%，占同期我国外贸进出口总值的 13. 4%，欧盟继续保持我国第一大贸易伙伴地位，领先第二大贸易伙伴美国 380. 6 亿美元。其中，我国对欧盟出口3 390. 1亿美元，同比增长 1. 1%，落后美国 294 亿美元，欧盟仍为我国第二大出口市场；自欧盟进口 2 200. 5 亿美元，同比增长 3. 7%；贸易顺差 1 189. 6 亿美元，收窄 3. 4%（图 1）。

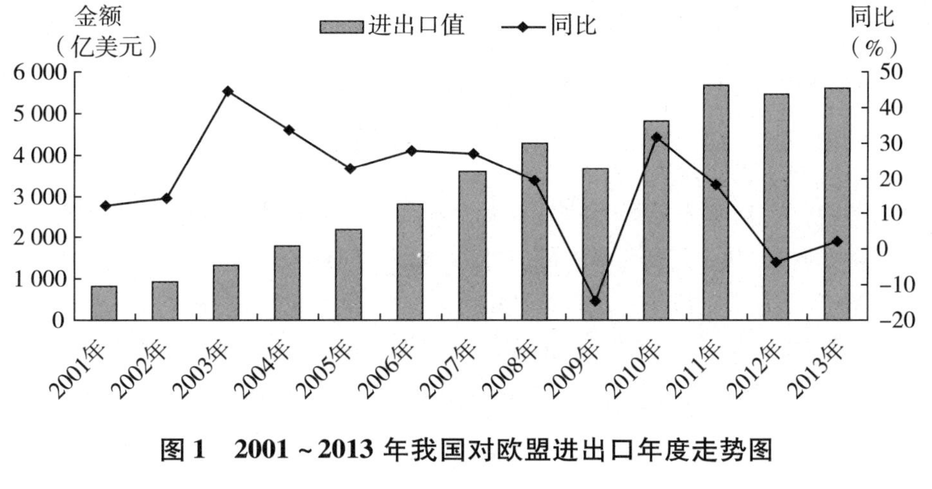

图 1　2001 ~2013 年我国对欧盟进出口年度走势图

根据欧盟数据统计，2013 年前 11 个月（全年数据未公布）欧盟对我国进出口 5 191.8 亿美元，同比增长 0.7%，我国继续保持欧盟第二大贸易国地位（与位列榜首的美国相差 670.6 亿美元）。其中，欧盟自我国进口 3 404.4 亿美元，同比下降 1.5%，占同期欧盟外贸进口总值的 16.4%，提升 0.4 个百分点；欧盟对我国出口 1 787.4 亿美元，同比增长 5.2%，占同期欧盟外贸出口总值的 8.4%，下滑 0.1 个百分点。欧盟对我国贸易逆差 1 617 亿美元，收窄 7.9%。

（一）对欧贸易逐月震荡回升，自欧月度进口突破 200 亿美元

2013 年 2 月我国对欧盟进出口 352.4 亿美元，随后在欧洲内部经济复苏刺激下，进出口逐月震荡回升，在 7 月份重新升至 500 亿美元水平，12 月份更是达到 530.4 亿美元的历史第 2 高位。与此同时，随着我国制造业情况恢复向好，对欧盟先进技术和设备的需求上升，全年有 9 个月进口为正增长，4 个月增长幅度达到双位数，其中 7 月份进口值首次突破 200 亿美元，8 月份达到 204.5 亿美元（图 2）。

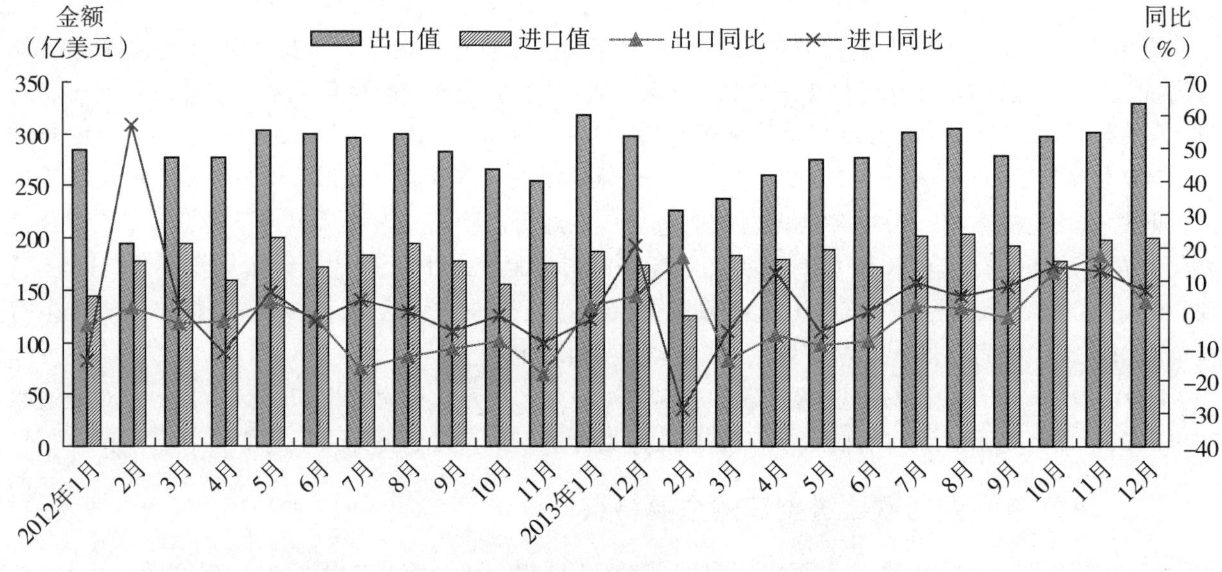

图 2　2012～2013 年我国对欧盟进出口月度走势图

（二）一般贸易进出口占 6 成以上，海关特殊监管区域物流货物快速增长

2013 年，我国以一般贸易方式对欧盟进出口 3 496.7 亿美元，同比增长 5.2%，占同期我国对欧盟进出口总值的 62.5%。其中，出口 1 889.1 亿美元，同比增长 5.5%；进口 1 607.6 亿美元，同比增长 4.8%。同期，以加工贸易方式进出口 1 553.4 亿美元，同比下降 4.7%，占同期我国对欧盟进出口总值的 27.8%。其中，出口 1 317 亿美元，同比下降 6.5%；进口 236.4 亿美元，同比增长 6.8%。此外，以海关特殊监管区域物流货物方式进出口 300.1 亿美元，同比增长 16.1%。

（三）我国对欧盟主要贸易伙伴呈增长态势，对法国进出口逆势下降

2013 年，我国对德国进出口 1 615.6 亿美元，同比增长 0.3%，占同期我国对欧盟进出口总值的 28.9%，德国是我国在欧盟成员国中的第一大贸易伙伴国。其中，对德国出口 673.6 亿美元，同比下降 2.7%；自德国进口 942 亿美元，同比增长 2.5%。同期，对荷兰、英国、意大利分别进出口 701.5 亿美元、700.4 亿美元、433.3 亿美元，同比分别增长 3.8%、11%、3.9%；对法国、比利时分别进出口 498.3 亿美元、254.3 亿美元，同比分别下降 2.3%、3.5%（表 1）。

表 1　2013 年我国对欧盟主要成员国进出口情况表

国别	进出口		出口		进口	
	金额（亿美元）	同比（%）	金额（亿美元）	同比（%）	金额（亿美元）	同比（%）
德国	1 615.6	0.3	673.6	-2.7	942.0	2.5
荷兰	701.5	3.8	603.2	2.4	98.3	13.0
英国	700.4	11.0	509.5	10.0	190.9	13.6
法国	498.3	-2.3	267.2	-0.7	231.1	-4.2
意大利	433.3	3.9	257.6	0.4	175.8	9.4
比利时	254.3	-3.5	155.6	-5.0	98.7	-1.0
西班牙	249.3	1.4	189.4	3.9	59.8	-5.5
波兰	148.1	3.0	125.7	1.5	22.4	12.0
瑞典	137.8	3.3	68.0	6.0	69.8	0.9
芬兰	97.4	-13.6	58.3	-21.6	39.1	2.0

（四）外商投资企业、国有企业进出口下降，民营企业进出口增幅高于整体

2013 年，我国外商投资企业对欧盟进出口 2 988.1 亿美元，同比微降 0.6%，占同期我国对欧盟进出口总值的 53.4%。其中，出口 1 701.7 亿美元，同比下降 3.1%；进口 1 286.4 亿美元，同比增长 3%。同期，民营企业进出口 1 824.2 亿美元，同比增长 8.9%，占同期我国对欧盟进出口总值的 32.6%，增速高于整体 6.8 个百分点。其中，出口1 358.6亿美元，同比增长 9.6%；进口 465.6 亿美元，同比增长 7%。此外，国有企业进出口 774.7 亿美元，同比下降 1.9%，占同期我国对欧盟进出口总值的 13.9%。其中，出口 329.4 亿美元，同比下降 7.3%；进口 445.3 亿美元，同比增长 2.4%。

（五）广东、上海和江苏位居进出口前 3 位，部分中西部省市进出口增长势头较好

2013 年，广东对欧盟进出口 965 亿美元，同比增长 1.6%，广东为我国对欧盟进出口第一大省份；上海对欧盟进出口 916.5 亿美元，同比增长 1.6%；江苏对欧盟进出口 812.7 亿美元，同比下降 5.9%；上述三省市合计占同期我国对欧盟进出口总值的 48.2%。同期，浙江、山东、福建和天津分别对欧盟进出口 646.5 亿美元、292.5 亿美元、234.8 亿美元和 196 亿美元，同比分别增长 5.3%、4.5%、7.4% 和 8.2%。此外，部分中西部省份对欧盟贸易发展势头较好，重庆、河南、湖北分别对欧盟进出口 140.9 亿美元、93.1 亿美元、63.8 亿美元，同比分别增长 16.9%、10.4%、10.6%（表 2）。

表 2　2013 年我国主要省份对欧盟进出口情况表

省份	进出口		出口		进口	
	金额（亿美元）	同比（%）	金额（亿美元）	同比（%）	金额（亿美元）	同比（%）
广东	965.0	1.6	711.7	3.6	253.4	-3.5
上海	916.5	1.6	362.5	-7.4	554.0	8.6
江苏	812.7	-5.9	571.2	-9.7	241.5	4.2
浙江	646.5	5.3	544.7	6.6	101.8	-1.2
北京	410.6	-1.2	78.3	-0.7	332.3	-1.4
山东	292.5	4.5	212.1	3.4	80.4	7.5

续表

省份	进出口		出口		进口	
	金额（亿美元）	同比（%）	金额（亿美元）	同比（%）	金额（亿美元）	同比（%）
福建	234.8	7.4	190.7	10.1	44.1	-3.1
天津	196.0	8.2	59.4	-11.8	136.6	20.1
辽宁	176.4	7.7	87.1	13.2	89.3	2.8
吉林	145.3	2.2	9.5	23.5	135.8	1.0
重庆	140.9	16.9	116.6	17.8	24.3	12.9
河南	93.1	10.4	78.9	19.4	14.2	-22.0
湖北	63.8	10.6	39.6	3.9	24.2	23.7

（六）机电产品是最大进出口商品，传统劳动密集型产品出口、汽车零件进口均表现较佳

2013 年，我国对欧盟出口机电产品 1 958.9 亿美元，同比下降 1.3%，占同期我国对欧盟出口总值的 57.8%；合计出口七大类主要劳动密集型产品① 873.7 亿美元，同比增长 6.6%。具体出口品种方面，出口自动数据处理设备及其部件 434.4 亿美元，同比下降 2.7%；出口电话机 145.9 亿美元，同比增长 18%；此外，分别出口农产品、灯具、食品 80.9 亿美元、69.3 亿美元和 67.4 亿美元，同比分别增长 6.6%、19.4% 和 3.6%。

同期，我国自欧盟进口机电产品 1 418.4 亿美元，同比增长 3%，占同期我国自欧盟进口总值的 64.5%。同期，进口汽车 277.2 亿美元，同比下降 4.8%；进口汽车零件 119.5 亿美元，同比增长 13.7%；分别进口农产品、医药品、计量检测分析自控仪器及器具 102.1 亿美元、101.3 亿美元和 96.1 亿美元，同比分别增长 22.1%、18% 和 2.8%（表 3）。

表 3　2013 年我国与欧盟主要进出口商品情况表

出口			进口		
商品	金额（亿美元）	同比（%）	商品	金额（亿美元）	同比（%）
自动数据处理设备及其部件	434.4	-2.7	汽车（包括整套散件）	277.2	-4.8
服装及衣着附件	399.3	9.8	汽车零件	119.5	13.7
电话机	145.9	18.0	农产品	102.1	22.1
纺织纱线、织物及制品	117.1	7.4	医药品	101.3	18.0
鞋类	105.1	11.7	计量检测分析自控仪器及器具	96.1	2.8
家具及其零件	98.2	-5.0	食品	77.0	24.2
农产品	80.9	6.6	飞机	71.4	-4.1
灯具、照明装置及类似品	69.3	19.4	集成电路	55.8	1.9
食品	67.4	3.6	通断保护电路装置及零件	54.2	15.0
箱包及类似容器	63.5	1.1	废金属	44.1	-20.3

① 七大类主要劳动密集型产品包括服装，纺织纱线、织物及制品，家具，箱包，鞋类，塑料制品和玩具等七类商品。

三、2013 年我国对欧盟进出口增长的原因分析

（一）欧盟经济好转及增长预期助推双边经贸发展

得益于欧盟持续进行的财政整固和结构性改革，2013 年欧洲金融局势渐趋平静，整体经济迈入温和复苏，第二季度欧元区经济环比增长 0.3%，为 2011 年第四季度以来的首次增长①；欧洲主权债务危机治理也取得重大进展，欧元区各国平均财政赤字降至约 4%，2013 年前三季度贸易盈余 1 096亿欧元，大大超过 2012 年的 502 亿欧元②。欧洲央行预计欧元区经济 2014 年将增长 1.1%，2015 年继续增长 1.5%③。欧盟经济持续转好及增长预期助推双边经贸发展。

（二）我国制造业稳中有增及消费升级支撑自欧盟进口增长

2013 年 12 月中国制造业采购经理指数（PMI）为 51，连续 15 个月位于荣枯分水线上，显示我国制造业继续保持增长态势；生产指数和新订单指数保持在荣枯分水线以上，表明制造业生产继续保持向好趋势。同时，国内消费不断升级，对欧盟汽车、农产品、医药品等商品需求旺盛，支撑自欧盟进口增长。

四、当前影响中欧贸易发展的主要问题

（一）欧盟失业状况恶化将加剧中欧贸易回暖的不确定性

法国、德国和意大利统计机构公布的一份联合研究报告显示，欧元区经济 2014 年上半年将温和增长，但难以创造更多就业机会，失业率居高不下仍是欧元区经济面临的严重问题之一④。统计数字显示，2013 年 11 月欧盟和欧元区的失业总人数分别为 2 655.3 万人和 1 924.1 万人，失业率分别为 10.9% 和 12.1%，欧元区失业率已经连续几个月处于 12% 的历史高位，欧盟失业状况短期内难以得到明显改善。同时，欧盟青年（25 岁以下）失业率远远高于平均水平，青年失业率长期居高不下已经成为影响社会稳定的一大隐患。2013 年 11 月，欧盟和欧元区的青年失业人数分别为 566.1 万人和 357.5 万人，青年失业率分别由 2012 年同期的 23.4% 和 23.9% 上升到 23.6% 和 24.2%⑤。欧盟失业状况恶化，经济复苏势头减弱，会对下一步的双边贸易造成影响。

（二）欧盟加快自由贸易谈判进程使得我国面临的外贸环境更加复杂

为挖掘新的经济增长点，近年来欧盟积极实施自由贸易区政策，加大开拓贸易伙伴市场的力度。2013 年 6 月，美欧正式宣布启动“跨大西洋贸易与投资伙伴协议”（TTIP）谈判，这将是世界上最大的自由贸易协议，覆盖约 50% 的全球经济产出、30% 的全球贸易和 20% 的全球对外直接投资⑥。在欧盟自由贸易战略的布局中，亚洲国家被列为重点对象。2011 年，欧盟与韩国的自由贸易协定正式生效实施，这是欧盟与亚洲国家缔结的第一个自由贸易协定。此后，欧盟与新加坡、马来西亚也签署了自由贸易协定，与泰国、印度、日本等几大贸易伙伴的自由贸易谈判也在加紧推进。欧盟委员会公布的欧盟对外商签自由贸易区情况报告指出，今后几年全球新增需求的 90% 来自欧盟以外地区，欧盟应高度重视与重要国家商签自由贸易协定⑦。欧盟、美国、日本和东盟等地区均为

---

① 《2013 年全球经济非均衡性温和复苏》，网易，2014 年 1 月 10 日。
② 《欧盟观察：总结盘点 2013 年欧元区经济情况》，中华人民共和国驻欧盟使团，2014 年 1 月 3 日。
③ 《欧元区 12 月经济景气指数继续上升》，新华网，2013 年 12 月 17 日。
④ 《欧元区经济 2014 年上半年将温和增长》，腾讯财经，2014 年 1 月 13 日。
⑤ 《欧盟失业状况恶化　短期内难以明显改善》，《经济日报》，2014 年 1 月 9 日。
⑥ 《美国欧盟开启自由贸易协定谈判》，《新京报》，2013 年 7 月 9 日。
⑦ 《欧盟对外商签自由贸易区情况》，中华人民共和国外交部，2013 年 8 月 6 日。

我国重要贸易伙伴，欧盟的自由贸易政策将使我国面临的外贸环境更加复杂。

（三）贸易摩擦频发加大双边贸易增长难度

近年来，欧盟贸易保护主义明显抬头，我国已经成为欧盟进行“双反”调查和实施“双反”贸易保护措施的主要目标国。2013年8月，欧盟发表的贸易报告显示，前7个月欧盟发起的4起“双反”调查案全部针对中国产品。确定实施征收“双反”惩罚性关税的案件有7起，其中5起针对中国产品；2013年5月，欧盟委员会还宣布对产自中国的无线通信网络与关键设备开展“双反”调查，开创了没有企业申请而欧盟自行立案调查的先例①。中欧贸易摩擦不断，双边贸易环境更加复杂，势必对双边贸易造成影响。

五、中欧贸易形势展望

（一）中欧双边关系升温为未来中欧经贸稳定发展奠定良好基础

2013年是中国和欧盟建立全面战略伙伴关系10周年，双方高层互访频繁，释放出将全面深化合作的信号。李克强总理任后首次出访便选择了瑞士、德国。2013年11月李克强总理还首次访问中东欧国家，出席中国—中东欧国家领导人会晤，更加全面完善对欧交往；2013年12月欧盟成员国领导人也频繁访问中国，英国首相戴维·卡梅伦、法国总理让-马克·埃罗先后对中国进行了正式访问。此前，中欧在北京举行了第十六次中国欧盟领导人会晤，李克强总理与欧洲理事会主席范龙佩、欧盟委员会主席巴罗佐共同发布了《中欧合作2020战略规划》，确定了中欧在和平与安全、繁荣、可持续发展、人文交流等领域加强合作的共同目标。中欧领导频繁互访将为未来中欧经贸稳定发展奠定良好基础。

（二）中欧启动投资协定谈判将促进投资便利化

中欧贸易关系密切，双边贸易总额持续扩大，双边的投资发展速度也不断加快，但是投资规模却与贸易规模不相匹配，欧盟委员会贸易委员指出，欧洲的海外直接投资，只有2%左右在中国大陆，而在美国的同一数据是30%。中国的海外直接投资，只有1%在欧洲，而在美国的同一数据是20%②。在此背景下，2013年11月，中欧领导人共同宣布即将启动中欧投资协定谈判（BIT），共同支持贸易投资自由化便利化；2014年1月，中国—欧盟投资协定第一轮谈判已在北京举行，中欧双方将就谈判安排、谈判可能涉及的议题等内容开展充分磋商。可以预见，如果BIT谈判成功，将为中欧双向投资提供公平、透明的制度框架，促进和便利相互投资，也将为全球投资规则的进一步完善做出贡献。

（三）中欧“光伏战”落下帷幕为双方解决贸易争端提供样板

近年来，欧盟贸易保护主义有所抬头，加之中国产业升级和产能过剩对欧洲冲击巨大，因此中国日益成为欧盟贸易的防范对象。2012年起中欧贸易争端开始明显增多，同年9月，欧盟向中国驻欧盟使团发出照会，确认将对中国企业出口到欧盟的太阳能电池及其组件发起反倾销调查，涉案金额高达210亿欧元，这是中欧贸易史上涉案金额最大的贸易摩擦案件，经过近一年时间的磋商谈判，双方最终就光伏产品达成价格承诺协议。此次中欧光伏贸易争端的和平解决，不仅遏制了欧盟保护主义的发展势头，维护了我国企业的切身利益，同时也将推动双方进一步消除分歧、建立互利互信关系，为解决全球贸易争端提供了样板。

---

① 《欧盟为何频舞贸易保护大棒》，《经济日报》，2013年9月11日。

② 《为中欧经贸合作增添新动力》，《经济日报》，2013年11月22日。

（四）中欧签署双边本币互换协议为贸易、投资便利化保驾护航

2013 年 10 月 9 日，中国人民银行与欧洲中央银行签署了规模为 3 500 亿元人民币/450 亿欧元的中欧双边本币互换协议，旨在为双边经贸往来提供支持，并维护金融稳定。互换协议有效期三年，经双方同意可以展期①。此次通过与欧洲中央银行建立双边本币互换安排，可为欧元区人民币市场的进一步发展提供流动性支持，促进人民币在境外市场的使用，也有利于贸易和投资的便利化。我国出口企业可以收到人民币计值的货款，可以有效规避汇率风险、降低汇兑费用，进一步促进中欧贸易发展。

展望 2014 年，对中欧经贸关系而言注定将是不平凡的一年。它将是中欧践行《中欧合作 2020 战略规划》的元年，更是构建全面战略伙伴关系第 2 个 10 年的开局之年，加之我国规划在 2020 年全面建成小康社会，欧盟也在加紧实施“欧洲 2020 战略”，这两大进程存在诸多契合之处，为中欧合作提供了难得的历史机遇。双方应当牢牢把握机遇，充分发挥已有的多个对话机制作用，推进投资协定谈判，扩大贸易和投资合作，反对各种形式的贸易保护主义，推动中欧合作向更高、更新、更前沿领域迈进。

① 《中欧货币互换推进人民币国际化》，《证券时报》，2013 年 10 月 14 日。

2013 年中国对美国贸易进出口年度报告

美国是我国最重要的贸易伙伴之一。2001 年年底中国加入世界贸易组织以来，中美贸易不断深化发展，美国一直位居我国第二大贸易伙伴的地位。2013 年，随着两国高层领导人的多次会晤，中美关系进入共同构建新型大国关系的新时期，双边贸易继续顺利发展。

一、2001 年以来我国对美国进出口概况

中国加入世界贸易组织后，中美贸易总体保持了逐年增长的势头。2003 年、2005 年和 2007 年，我国对美国进出口总值分别突破 1 000 亿美元、2 000 亿美元和 3 000 亿美元。进入 2009 年，受全球金融危机影响，中美双边贸易遭遇我国加入世界贸易组织以来的首次负增长，但并未改变两国贸易持续扩张的总体趋势。2010 年起，中美贸易重回增长通道，并在 2011 年和 2013 年相继突破 4 000亿美元和 5 000 亿美元（图 1）。

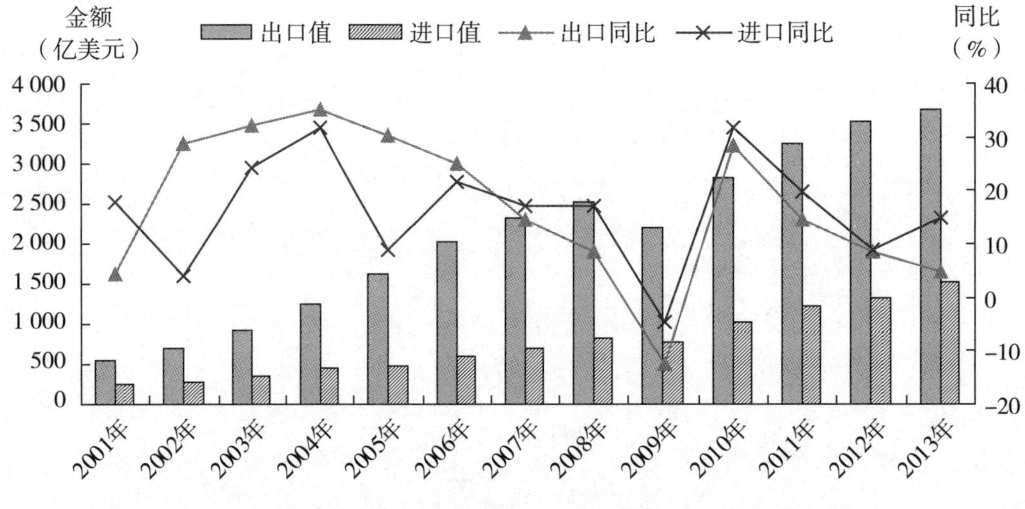

图 1　2001～2013 年我国对美国贸易进出口走势图

同期，我国对美国贸易顺差总体呈扩张态势，继 2005 年首次突破 1 000 亿美元后，2011 年突破2 000亿美元。2013 年，我国对美国贸易顺差继 2009 年后再次出现回落，当年实现贸易顺差 2 158. 6亿美元，同比下降 1. 4%，占同期我国贸易顺差总值的 83. 1%。其中，加工贸易项下顺差 1 650. 7亿美元，同比微增 0. 2%，占同期我国对美国贸易顺差的 76. 5%。

据中国海关统计，2001～2013 年，我国对美国贸易累计进出口 37 195. 6 亿美元，年均增长 16. 8%。其中，对美国累计出口 27 418. 3 亿美元，年均增长 17. 3%；自美国累计进口 9 777. 3 亿美元，年均增长 15. 8%。

二、2013 年我国对美国进出口的主要特点

据中国海关统计，2013 年我国对美国进出口 5 210 亿美元，同比增长 7. 5%，占同期我国外贸进出口总值的 12. 5%，美国继续保持我国第二大贸易伙伴地位（与位列榜首的欧盟相差 380. 6 亿美元）。其中，自美国进口 1 525. 7 亿美元，同比增长 14. 8%，占同期我国外贸进口总值的 7. 8%，美

国是我国进口第六大来源地（国货复进口除外）；对美国出口 3 684.3 亿美元，同比增长 4.7%，占同期我国外贸出口总值的 16.7%，美国是我国最大出口市场。

根据美方数据统计，2013 年美国对我国进出口 5 624.5 亿美元，同比增长 4.9%，我国继续保持美国第二大贸易国地位（与位列榜首的加拿大相差 698.7 亿美元）。其中，美国自我国进口 4 404.3亿美元，同比增长 3.5%，占同期美国外贸进口总值的 19.4%，提升 0.7 个百分点，我国连续 5 年成为美国最大进口来源地；美国对我国出口1 220.2亿美元，同比增长 10.4%，占同期美国外贸出口总值的7.7%，提升 0.5 个百分点，连续4 年达到7%以上，我国连续 7 年位居美国第三大出口市场（位列加拿大和墨西哥之后）。

（一）12 月份进出口值创历史新高

2013 年，除 2 月份外，其余各月我国对美国月度进出口值均保持在 400 亿美元以上。12 月份，我国对美国进出口总值创历史新高，达到 488.5 亿美元，同比增长 6.1%，环比增长 0.7%。其中，对美国出口在 11 月份创历史新高后小幅回落，12 月份当月出口 333.4 亿美元，同比增长 3%，环比下降 6%；自美国进口自 5 月份开始震荡攀升，12 月份当月进口 155.1 亿美元，同比增长 13.4%，环比增长 18.9%，月度进口值为历史次高（图 2）。

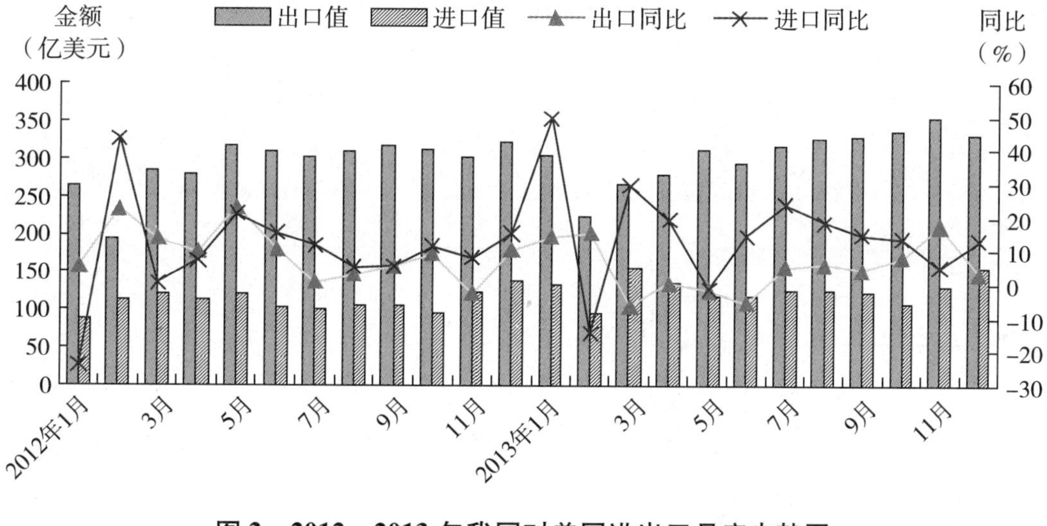

图 2　2012～2013 年我国对美国进出口月度走势图

（二）一般贸易进出口占近 5 成，海关特殊监管区域进出口大幅增长

2013 年，我国以一般贸易方式对美国进出口 2 569.3 亿美元，同比增长 6.5%，占同期我国对美国进出口总值的 49.3%。其中，出口 1 619.9 亿美元，同比增长 7%；进口 949.4 亿美元，同比增长 5.5%。同期，以加工贸易方式对美国进出口 2 082.8 亿美元，同比增长 1.9%，占同期我国对美国进出口总值的 40%。其中，出口1 866.8亿美元，同比增长 1.2%；进口 216 亿美元，同比增长 9.2%。此外，以海关特殊监管区域方式对美国进出口 489.4 亿美元，同比大幅增长 41.1%，高出同期我国对美国进出口总体增速 33.6 个百分点，占同期我国对美国进出口总值的 9.4%。其中，出口 194 亿美元，同比增长 25.7%；进口 295.4 亿美元，同比增长 53.5%。

（三）外商投资企业主导进出口，民营企业进出口所占比重提升

2013 年，我国外商投资企业对美国进出口 2 935.2 亿美元，同比增长 4.3%，占同期我国对美国进出口总值的 56.3%。其中，出口 2 258.3 亿美元，同比增长 2.7%；进口 676.9 亿美元，同比增长 10%。同期，我国民营企业对美国进出口 1 570.7 亿美元，同比增长 16.8%，高出同期我国对美国进出口总体增速 9.3 个百分点，所占比重由 2012 年的 27.8% 提升至 30.1%。其中，出口

1 112.1亿美元，同比增长11.6%；进口458.6亿美元，同比增长31.5%。此外，我国国有企业对美国进出口635.3亿美元，同比增长0.2%，占同期我国对美国进出口总值的12.2%。其中，出口312.8亿美元，同比下降2.8%；进口322.5亿美元，同比增长3.4%。

（四）广东、江苏和上海位居对美国进出口前3位

2013年，我国对美国进出口值排名前3位的省市依次是广东、江苏和上海。其中，广东对美国进出口1 188.6亿美元，同比增长8.7%；江苏对美国进出口819.9亿美元，同比增长4.9%；上海对美国进出口733.8亿美元，同比增长4.6%。上述三省市合计占同期我国对美国进出口总值的52.6%。

（五）机电产品和劳动密集型产品在出口中所占比重此消彼长

2013年，我国对美国出口机电产品2 241.2亿美元，同比增长4.2%，占同期我国对美国出口总值的60.8%，比重较2012年下降0.3个百分点。其中，出口自动数据处理设备及其部件552.1亿美元，同比下降2.6%；出口电话机206.6亿美元，同比增长14.8%。同期，我国七大类主要劳动密集型产品合计对美国出口892.1亿美元，同比增长5.6%，占同期我国对美国出口总值的24.2%，比重较2012年上升0.2个百分点。其中，出口服装309.6亿美元，同比增长6.7%；出口家具146.3亿美元，同比增长7.1%；出口纺织纱线、织物及制品106.5亿美元，同比增长7.7%；出口玩具43.1亿美元，同比增长6.9%；增幅均高于同期对美国出口平均增速（表1）。

表1　2013年我国对美国出口主要商品表

商品名称	金额（亿美元）	同比（%）
自动数据处理设备及其部件	552.1	-2.6
服装及衣着附件	309.6	6.7
电话机	206.6	14.8
家具及其零件	146.3	7.1
鞋类	132.5	2.6
纺织纱线、织物及制品	106.5	7.7
塑料制品	91.5	4.2
汽车零件	84.0	11.1
箱包及类似容器	62.5	0.8
灯具、照明装置及类似品	57.6	17.6

（六）机电产品进口快速增长，农产品进口下降

2013年，我国自美国进口机电产品760.9亿美元，同比增长33.6%，占同期我国自美国进口总值的49.9%，比重较2012年大幅提高7个百分点。其中，进口集成电路142.1亿美元，同比增长1倍。同期，我国自美国进口农产品266.3亿美元，同比下降7.3%。其中，进口粮食155.3亿美元，同比下降10.2%；进口棉花24.3亿美元，同比下降34%（表2）。

表 2　2013 年我国自美国进口主要商品表

商品名称	金额（亿美元）	同比（%）
粮食	155.3	-10.2
集成电路	142.1	103.2
飞机	129.7	85.8
汽车（包括整套散件）	95.6	29.2
计量检测分析自控仪器及器具	64.1	7.6
废金属	48.0	0.0
初级形状的塑料	38.8	0.1
医疗仪器及器械	27.9	13.3
废纸	27.0	-2.4
棉花	24.3	-34.0

三、2013 年我国对美国进出口保持增长的主要原因

（一）美国经济保持缓慢复苏势头是我国对美国进出口保持增长的主要原因

2012 年第四季度以来，美国经济总体保持缓慢复苏势头。根据美国商务部发布的数据显示，从 2012 年第四季度至 2013 年第三季度，美国 GDP 四个季度的增幅分别为 0.1%、1.1%、2.5% 和 4.1%，处于节节攀升的状态①。此外，2014 年 1 月 10 日美国劳工部公布的数据显示，2013 年 12 月份美国非农部门新增就业岗位 7.4 万个，失业率从前一个月的 7% 降至 6.7%②。由于美国家庭对经济前景看法好转，消费者信心有所增加，2013 年 12 月份美国密歇根大学消费者信心指数终值为 82.5，高于同年 11 月份的 75.1，创 5 个月来新高③。美国经济缓慢复苏、失业率下降和消费者信心增加，为我国对美国进出口保持平稳增长提供了内在条件。

（二）中美进入共同构建新型大国关系新时期，助推双边贸易顺利发展

2013 年 6 月，国家主席习近平在美国加利福尼亚州安纳伯格庄园同美国总统奥巴马举行中美元首会晤，双方就各自国家的内外政策、中美新型大国关系以及共同关心的重大国际和地区问题坦诚深入交换意见，并达成重要共识，中美关系进入新时期④。2013 年，习近平主席同奥巴马总统两次会晤，拜登副总统访华，两国第五轮战略与经济对话、第四轮人文交流高层磋商成功举行，中美双边投资协定谈判进入实质性阶段，中美新型大国关系的内涵正在不断得到充实。两国政治关系的稳定，为双边贸易的顺利开展提供了有力的保障。

四、我国对美国进出口的影响因素分析

（一）人民币持续升值挤压外贸企业出口利润，影响企业经营积极性

金融危机以来，为促进美国经济复苏，美联储采取大规模的量化宽松措施，人民币升值压力持

① 《美复苏加速，中美“舞步”能否和谐》，人民网，2014 年 1 月 13 日。
② 《美国 2013 年 12 月份失业率降至 6.7%》，新华网，2014 年 1 月 11 日。
③ 《美国 12 月消费者信心创 5 个月新高》，人民网，2013 年 12 月 24 日。
④ 《中美元首同意共同构建新型大国关系》，《新华每日电讯》，2014 年 1 月 15 日。

续增长。尽管在2013年12月19日美联储宣布将开始缩小量化宽松规模，但人民币升值势头难以很快扭转①，2013年12月31日美元对人民币中间价升破6.1，再创2005年汇改以来新高。据统计，2013年人民币汇率中间价已经累计41次创新高，升值幅度几乎是2012年的3倍②。人民币升值给外贸企业带来了不小的挑战，企业出口利润被吞噬，盈利空间越来越小，经营信心不足，不敢贸然接长单。

（二）美国贸易保护主义持续升温，不利于我国产品出口

2013年以来，美国不断对中国出口产品高筑贸易壁垒，发起多起反倾销、反补贴调查，涉及产品包括钢产品、手机电子设备产品、冰冻温水虾、热轧碳钢、铝型材、聚酯短纤、亚硝酸钠等。此外，2013年美国还发起42起“337调查”，其中涉及中国企业17起，占比达40.5%③。除上述传统的贸易保护措施外，2013年3月美国总统奥巴马签署了一项政府支出法案，以“维护美国国家安全”为由，限制许多美国政府机构在本财年结束前购买与中国政府有关公司的信息技术产品，法案要求在未获得美国联邦调查局（FBI）或其他执法机构事前批准的情况下，美国国家航空航天局（NASA）、司法部、商务部和国家科学基金会（NSF）禁止购买中国政府拥有、管理或资助的企业所生产、制造或组装的信息技术设备④。美国贸易保护主义呈升温态势，影响我国商品对美国正常出口。

（三）美国加快推进跨太平洋伙伴关系协定谈判，其亚太战略调整值得关注

为分享亚洲经济增长带来的效益，促进对外贸易发展，近年来美国加快推进跨太平洋伙伴关系协定（TPP）谈判，并将其作为“两洋战略”的重要组成部分。2013年4月，日本首相安倍晋三宣布日、美政府就相关预备磋商达成协议，日本走上了加入TPP谈判的快车道⑤。2013年11月，韩国政府也决定参加TPP谈判，在获得日美等谈判参加国的同意后，最快将于2014年春天开始参加谈判⑥。尽管TPP的初衷在于推动区域贸易自由化发展，但中国作为亚太重要贸易国被排斥在营造TPP贸易标准及机制的进程之外，不仅不利于中美贸易长期健康发展，也将为亚太贸易自由化的未来埋下荆棘。

（四）美联储宣布削减量化宽松货币政策，或将对中美贸易造成冲击

2013年12月，美联储发表声明，宣布将从2014年1月起削减长期债券购买计划，将目前每月850亿美元的债券购买额调整为750亿美元，标志着金融危机后实施5年的三轮量化宽松货币政策开始进入退出过程。同时，美联储在声明中强化了利率政策“前瞻指引”，暗示将在更长时间内维持超低利率⑦。美联储退出量化宽松，一方面将使美国总体消费量削减，影响我国对美国出口；另一方面，随着消费缩减，美国为实现本国经济平衡，将增加实体经济在国民经济中的比重，加快制造业回流步伐，也会对中美双边贸易造成冲击。

五、我国对美国贸易进出口形势展望

中国是世界上最大的发展中国家，美国是最大的发达国家，双方都是世界经济增长的重要引

① 《QE退出打压人民币　人民币稳步升值仍是今年主基调》，环球网，2014年1月10日。
② 《2013年人民币汇率41次创新高　今年或仍将升值》，看看新闻网，2014年1月5日。
③ 《今年美国发起涉华337调查17起　电子产品是重灾区》，新浪财经，2013年12月13日。
④ 《美国贸易保护现两大新趋势》，新华网，2013年5月20日。
⑤ 《对美互作让步　日本加速TPP谈判》，新华网，2013年4月15日。
⑥ 《韩国将参加TPP谈判》，日经中文网，2013年11月29日。
⑦ 《美联储宣布削减量化宽松规模》，《人民日报》，2013年12月20日。

擎。2013 年中美贸易保持了稳定发展的势头。2014 年是中美建交 35 周年，双边经贸合作将面临新的发展机遇，两国在自然资源、人力、市场、资金、技术等方面具有很强的互补性，同时在经贸、安全、环境保护等领域有着广阔的合作空间。展望未来，尽管存在贸易摩擦等问题及美联储缩减量化宽松等新情况带来的不确定性，但中美两国经济贸易往来不断深化的大方向符合两国的共同利益，是发展两国整体双边关系的重要途径，也是全球经济贸易稳定发展的有力保障。

2013 年中国对日本贸易进出口年度报告

中国和日本作为全球第二和第三大经济体，对全球经济发展起着举足轻重的作用。目前，中国继续保持日本第一大贸易伙伴地位，日本仍是中国第五大贸易伙伴，中日贸易互补性强，双边贸易关系的发展既有利于提升中国工业化水平，也促进日本产业结构的调整。但 2012 年以来中日政治关系日趋紧张，影响到中日贸易发展。2013 年，中国进出口贸易总额首次突破 4 万亿美元大关，中日双边贸易额却同比下降 5.1%，连续两年同比下降。

一、2001 年以来我国对日本进出口概况

我国加入世界贸易组织为中日贸易发展带来了良好契机，中日双边贸易额由 2001 年的 877.3 亿美元跃升到 2011 年的 3 428.3 亿美元，除 2009 年受金融危机影响下降外，双边贸易整体呈逐年增长态势。2002 年，中日贸易首次突破 1 000 亿美元，贸易逆差也自这一年开始持续至今；2011 年，双边贸易额达到3 428.3亿美元的历史峰值。然而 2012 以来，受日本国内经济放缓、对外关系紧张、投资转移等多重因素影响，中日贸易额逐年回落，2013 年降幅较 2012 年扩大 1.2 个百分点，其中我国自日进口总值下降明显，2012 年和 2013 年同比降幅分别达到 8.6% 和 8.7%。据中国海关统计，2001 ~2013 年，我国对日本贸易累计进出口 28 968.7 亿美元，年均增长 11.2%。其中，对日本累计出口12 891.9亿美元，年均增长 10.6%；自日本累计进口16 076.8亿美元，年均增长 11.7%（图1）。

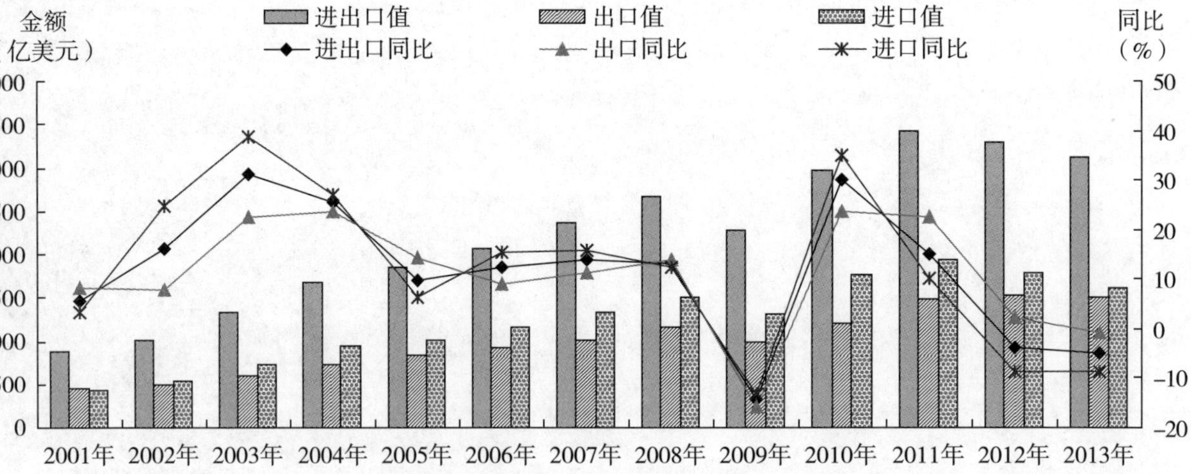

图1　2001 ~2013 年中日贸易进出口年度走势图

根据日方数据统计，自 2007 年开始，我国超越美国连续 7 年保持日本第一大贸易伙伴地位。2013 年，日本对我国进出口3 098.9亿美元，同比下降 6.8%，占同期日本外贸进出口总值的 20%，所占比重较 2012 年提升 0.2 个百分点。其中，日本自我国进口 1 807.6 亿美元，同比下降 4.1%，占同期日本外贸进口总值的 21.7%，提升 0.4 个百分点，我国连续 12 年成为日本最大进口来源地；同期，日本对我国出口 1 291.3 亿美元，同比下降 10.4%，占同期日本外贸出口总值的 18.1%，与 2012 年持平，中国自 2009 年起历时 4 年的日本第一大出口国地位也在同年被美国重新夺回。

二、2013 年我国对日本进出口的主要特点

2013 年，我国对日本进出口 3 125.5 亿美元，同比下降 5.1%，占同期我国外贸进出口总值的 7.5%。其中，对日本出口 1 502.7 亿美元，同比下降 0.9%；自日本进口 1 622.8 亿美元，同比下降 8.7%；对日本贸易逆差 120.1 亿美元，收窄 54.1%。日本继续为我国第五大贸易伙伴和第五大出口市场，在我国进口来源地的排名被韩国超越，降为第 4 位。

（一）单月对日本进出口同比降幅逐渐收窄，第四季度扭转为正增长

2013 年，我国对日本月度进出口延续了 2012 年多呈下降的趋势，自 2 月份开始连续 8 个月同比下降，但降幅基本呈收窄之势，10 月份开始扭负为正。12 月，我国对日本进出口 284.5 亿美元，同比增长 6.8%，增幅较 11 月扩大 4.2 个百分点。其中，出口 134.8 亿美元，同比增长 5.6%，连续 4 个月增长；进口 149.7 亿美元，同比增长 7.9%，连续两个月保持增长（图 2）。

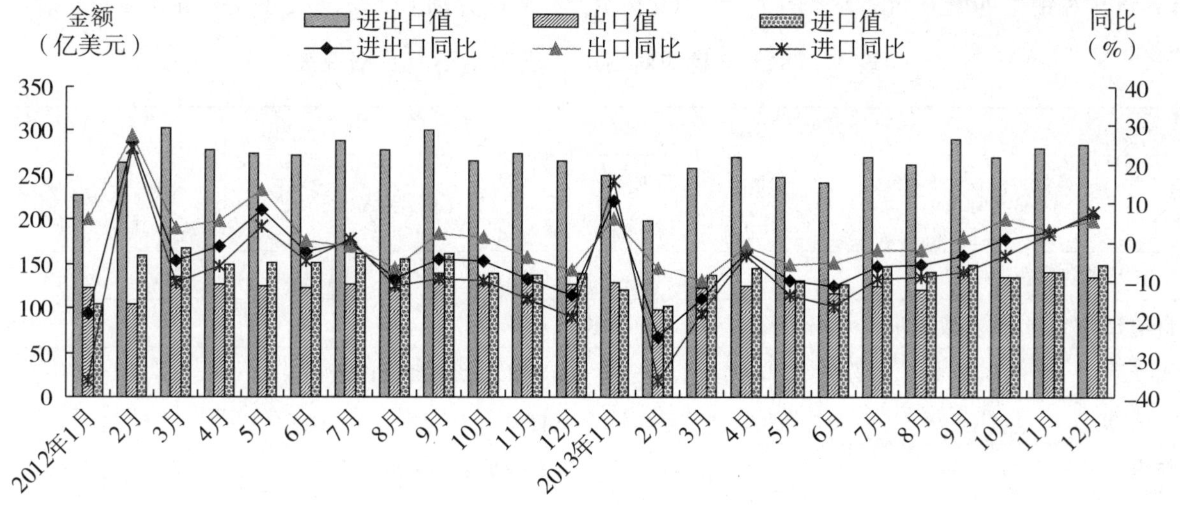

图 2　2012～2013 年中日贸易进出口月度走势图

（二）一般贸易和加工贸易进出口双双下降

2013 年，我国以一般贸易方式对日本进出口 1 499 亿美元，同比下降 3.3%，占同期我国对日本进出口总值的 48%。其中，出口 669.6 亿美元，同比增长 0.8%；进口 829.4 亿美元，同比下降 6.5%。同期，以加工贸易方式进出口 1 322.6 亿美元，由 2012 年的同比增长 0.9% 转为同比下降 6.5%，占同期我国对日本进出口总值的 42.3%。其中，出口 758.6 亿美元，同比下降 3.4%；进口 564 亿美元，同比下降 10.3%。

（三）外商投资企业进出口比重减少，民营企业进出口逆势增长

2013 年，我国外商投资企业对日本进出口 2 166.1 亿美元，同比下降 7.3%，占同期我国对日本进出口总值的 69.3%，比重较 2012 年减少 1.7 个百分点。民营企业对日本进出口 650.9 亿美元，同比增长 6%，占同期我国对日本进出口总值的 20.8%，比重较 2012 年提高 2.2 个百分点。此外，国有企业对日本进出口 306.6 亿美元，同比下降 10.1%。

（四）主要省市对日本贸易均呈下降趋势，广东、江苏、上海继续领跑

2013 年，前 6 位省市对日本进出口呈现下降趋势，其中广东对日本进出口 679.3 亿美元，同比下降 5.7%；江苏、上海紧随其后，分别进出口 610.1 亿美元和 550 亿美元，同比分别下降 3.4% 和 4%；上述三地合计占同期我国对日本进出口总值的 58.9%。同期，浙江、山东、北京对日本分别

进出口234.6亿美元、223.1亿美元和169.5亿美元，同比分别下降5%、7.9%和8.7%。

（五）农产品出口下降明显，二极管及类似半导体器件出口成倍增长

2013年，我国对日本出口商品结构有所优化，其中出口机电产品788.2亿美元，同比增长1.4%，占同期我国对日本出口总值的52.4%，比重上升1.2个百分点。在前10位具体出口商品中，分别出口服装、自动数据处理设备及其部件和农产品221.1亿美元、113.5亿美元和112.4亿美元，同比分别下降0.7%、1.1%和6.2%。此外，分别出口电话机和二极管及类似半导体器件64.6亿美元和35.6亿美元，同比分别增长28.5%和1.2倍（表1）。

（六）主要商品进口均呈下降态势

2013年，我国自日本进口机电产品1 056.5亿美元，同比下降11.7%，占同期我国自日本进口总值的65.1%，比重减少2.2个百分点。从具体商品看，进口值前8位商品均出现下降，其中进口集成电路128.7亿美元，同比下降10.9%，占同期我国自日本进口总值的7.9%；分别进口汽车零件、汽车和钢材74亿美元、71.7亿美元和66亿美元，同比分别下降5.5%、5.7%和10.3%（表1）。

表1　2013年我国对日进、出口主要商品情况表

出口			进口		
商品名称	金额（亿美元）	同比（%）	商品名称	金额（亿美元）	同比（%）
服装及衣着附件	221.1	-0.7	集成电路	128.7	-10.9
自动数据处理设备及其部件	113.5	-1.1	汽车零件	74.0	-5.5
农产品	112.4	-6.2	汽车（包括整套散件）	71.7	-5.7
电话机	64.6	28.5	钢材	66.0	-10.3
纺织纱线、织物及制品	48.5	-2.1	通断保护电路装置及零件	55.0	-8.2
二极管及类似半导体器件	35.6	124.5	液晶显示板	54.1	-2.7
汽车零件	28.7	10.9	计量检测分析自控仪器及器具	50.9	-8.7
鞋类	27.9	3.3	初级形状的塑料	47.0	-4.4
家具及其零件	26.9	1.5	二极管及类似半导体器件	34.2	4.9
塑料制品	25.7	4.8	二甲苯	33.3	20.9

三、2013年中日贸易进出口下降的主要原因

（一）中日关系摩擦不断，双边贸易明显受阻

2013年8月日本贸易振兴机构（JETRO）对中国主要城市居住市民的抽样调查结果显示，超过7成的中国消费者抑制购买日本商品①；2013年11月日本企业信用调查机构调查结果显示，33.7%的日本近畿地区企业表示因中日关系恶化受到了负面影响，比此前实施的同类调查高了4.1个百分点②。中日双边关系缺乏互信基础，导致贸易往来明显受阻，日本产品在中国市场的销售不断萎缩。

① 《日本调查称7成中国消费者因钓鱼岛问题减少买日货》，中国新闻网，2013年9月24日。

② 《松下东芝等日企或受拜鬼影响　中国业务再遇乌云》，中国经济网，2013年12月31日。

（二）日元持续贬值削弱我国部分产品出口竞争力

为提振日本国内需求和促进出口，2012 年年底日本推出新的货币宽松政策，2013 年 4 月起又实施了明确的超宽松货币政策和日元贬值政策，并在 2013 年 12 月 20 日决定维持政策不变①，受此影响 2013 年日元对人民币累计下跌 20.9%②。日元对人民币的快速贬值极大地削弱了我国产品在日本市场上的价格竞争优势，加大了我国对日本出口难度，尤其是价格敏感的劳动密集型产品对日本出口更为艰难，如 2013 年我国对日服装和纺织纱线出口同比分别下降 0.7% 和 2.1%。

（三）日企对华投资回落和采购转移导致自日本进口下降

近年来，日企投资转移和回流现象增多，投资规模有所回落，2013 年前 11 个月日本对华投资仅增长 2.3%，远低于 2012 年 16% 的增速③。与此同时，以制造业为首的诸多日企纷纷将采购基地从中国转向东南亚，直接影响中日贸易发展。以大型体育用品企业美津浓为例，其计划将东南亚的采购比率从 2013 年的约 40% 增加至 2016 年的约 60%，同时将来自中国的采购比率从约 40% 下调至约 20%④。调查显示，日本国内制造业界认为在海外业务方面有希望的国家和地区中，中国排名自 1992 年调查开始以来首次由第 1 位下降至第 4 位，印度尼西亚、印度和泰国分列前 3 位⑤。

四、当前影响中日贸易发展的主要问题

（一）中日关系持续紧张影响双边贸易

自 2012 年 9 月日本政府“购岛”事件以来，中日关系始终处于紧张状态。政治摩擦不断导致中日关系缺乏互信基础，对双边贸易造成明显冲击。如果单纯考虑经济因素，2013 年全球经济形势总体好转，中国进出口贸易总额扣除汇率因素实现 7.6% 的增长，日本同期的经济增长和总体对外贸易情况也都好于 2012 年，中日贸易应有所反弹。但两国政治关系恶化向经济领域传导，中日贸易因此也逆势下降。

（二）日本加强与东盟的合作力度，挤压中日贸易增长空间

由于中日关系持续紧张，2013 年以来日本努力开拓新合作伙伴，尤其重视与东南亚的合作关系。2013 年 11 月日本首相安倍晋三访问柬埔寨和老挝，完成了他上任 11 个月内访遍东盟 10 国的目标⑥。在市场吸引和日本政府的推动下，日本企业对东盟地区的经贸合作不断深化。据统计，2013 年，日企针对东南亚企业的并购案例增至 99 件，并购金额达 9 534 亿日元，同比分别增长 26.9% 和 3.4 倍⑦。在日本企业海外并购总额中，东盟所占比率已从 2012 年的 2.8% 大幅提高至 16.7%⑧。日本加大对东盟的开拓力度，旨在降低我国对日本经济的影响力，同时也挤压了未来中日贸易的增长空间。

（三）日本加入 TPP 协定意愿日趋强烈，中日韩 FTA 谈判进展相对缓慢

为降低对中日贸易的依赖程度，日本加入以美国为主导的跨太平洋伙伴关系协定（TPP）的意愿强烈，日本政府在谈判进程中不惜作出妥协。据日本《产经新闻》报道，2013 年 8 月 28 日日本

---

① 《日本央行维持大规模货币宽松　经济形势评估不变》，中国新闻网，2013 年 12 月 20 日。

② 根据中国银行网站 2013 年 1 月 1 日和 12 月 31 日的相关外汇牌价计算。

③ 《数据简报：外商在华直接投资月度数据汇总》，中国经济网，2013 年 12 月 19 日。

④ 《日本大型体育用品企业纷纷将采购基地从中国转向东南亚》，《日本经济新闻》，2014 年 1 月 3 日。

⑤ 《日本企业海外业务意向调查：中国由首位降至四位》，人民网，2013 年 12 月 2 日。

⑥ 《安倍访遍东盟 10 国　日本借力东南亚拉动经济》，人民网，2013 年 11 月 18 日。

⑦ 《2013 年日本企业东南亚并购创新高》，网易财经，2014 年 1 月 7 日。

⑧ 《日企在东盟并购创新高　积极争取巨大潜力市场》，环球网，2013 年 12 月 17 日。

政府决定提高 TPP 谈判中关税撤销品目的比率至 90% 左右，其中包括农林水产品与矿工业品等①。此外，受政治关系恶化影响，2013 年中日、韩日贸易额出现了不同程度的下降，为此，中韩两国提出了“优先中韩 FTA 谈判”的设想，原计划在 2014 年年底达成共识的中日韩 FTA 谈判将难以全面实现②。

五、对中日贸易形势展望

经过 40 多年的正常发展，中日双方一度营造出互利互惠的贸易环境，双边的经济关联度相应增强。中日两国产品结构仍存在较大互补性，日本拥有国内部分行业技术升级亟需的技术和先进设备，两国在汽车等领域的产业合作已经比较全面，双方在贸易上的相互需求很难在短期内扭转，这在 2013 年第四季度双边贸易有所复苏上得到体现。但受日元贬值、投资转移、日本经济增速放缓等因素的影响，尤其是日本首相安倍晋三在中日领土争端及历史问题上采取错误立场导致高层往来中断，2013 年 10 月份以来稍有复苏的中日经贸势头或因此中断，双边贸易发展的困难加剧。

2013 年，日本的经济刺激政策尽管在短期内对其国内经济起到一定提振作用，但许多实体经济指标并未出现明显改善。随着金融手段的影响逐渐弱化，日本经济复苏后劲不足的现象逐渐显现。2013 年第三季度日本经济增速仅 1.1%，宏观经济复苏显示出“冲高回落”势头③，而受经济结构性改革前景未明的拖累及日本消费税将上升等因素影响，世界银行作出 2014 年及 2015 年日本经济增速将放缓的预测④，日本经济增长前景暗淡也会对中日贸易发展带来负面影响。

面对日益复杂的中日贸易局面，一是应进一步加强对日本经济政策的跟踪和研究，在日元大幅贬值的背景下鼓励企业适时引进一些比较先进的设备和技术，以较低的成本推进升级改造；二是积极引导企业拓展新市场，构筑对外贸易多元化的格局和路径，降低我国外贸对日本的依赖程度，规避结构性风险；三是及时关注中日韩三国政治经济关系变化，通过外交渠道就中日两国争端开展对话沟通，妥善解决争端，增强两国互信合作，促进双边贸易正常发展。

---

① 《日本政府提高 TPP 谈判贸易自由化率》，商务部驻大阪总领馆经商室网站，2013 年 8 月 30 日。
② 《日媒：东亚贸易大动脉正发生变化》，《环球时报》，2014 年 1 月 8 日。
③ 《2013 年度日本经济增长或将达到 2.5%》，《经济参考报》，2014 年 1 月 14 日。
④ 《世行预计今明两年日本经济增速将放缓》，新华网，2014 年 1 月 15 日。

2013 年内地对港澳地区贸易进出口年度报告

香港，全球重要的金融、服务业和航运中心，享有“东方之珠”的美誉；澳门，以博彩业闻名于世，轻工业、旅游业也具备相当知名度。凭借独特优越的地理位置、中西方文化交融中心和自由港的独特优势，港澳地区一直扮演着内地对外贸易窗口和桥梁的角色，其中香港市场一直是内地前三大出口市场之一，而内地丰富的资源和广阔的市场则为港澳地区经济贸易发展提供了坚实后盾和广阔空间。内地加入世界贸易组织及此后内地与港澳《关于建立更紧密经贸关系的安排》（以下简称 CEPA）和合作框架协议的签署实施，使得内地与港澳地区贸易便利化程度持续提升，经济融合步伐不断加快，经贸关系的广度和深度不断加强。

一、2001 年以来内地对港澳地区进出口概况

（一）与香港地区贸易规模总体呈不断扩大态势，出口在贸易中的比重不断提高，贸易顺差快速增长

据内地海关统计，2001 ~ 2013 年，内地对香港地区累计进出口 2.5 万亿美元，年均增长 17.8%。其中，对香港地区出口 2.3 万亿美元，年均增长 19.2%；自香港地区累计进口1 623.5亿美元，年均增长 4.6%。其间受金融危机影响，2008 年内地对香港地区贸易增速仅为 3.3%，2009 年同比下降 14.1%，除此之外，其余年份均保持两位数的快速增长（图 1）。

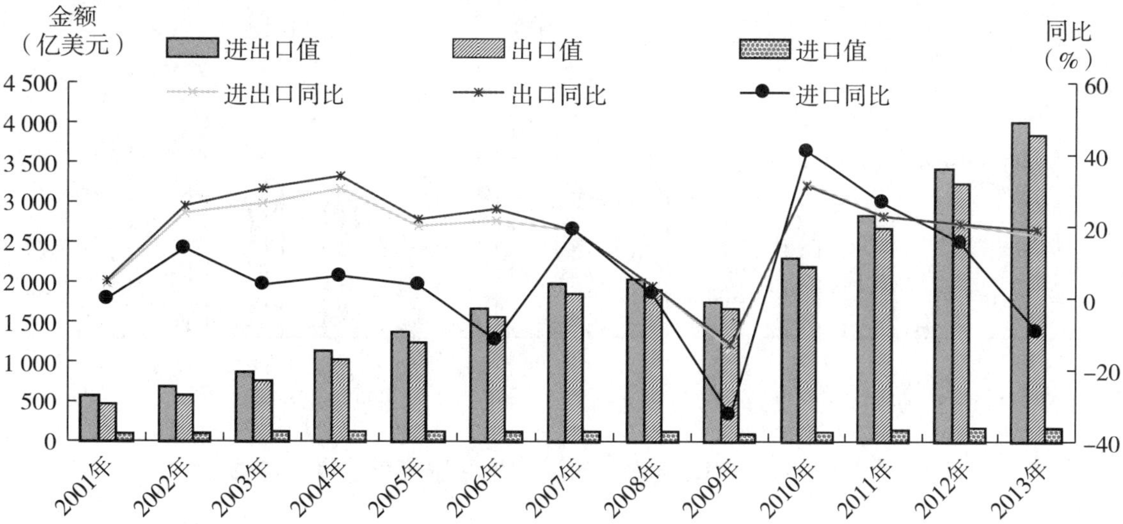

图 1　2001 ~ 2013 年内地对香港地区进出口年度走势图

2001 年内地对香港的进出口值仅为 559.6 亿美元，2004 年、2008 年、2012 年分别突破1 000亿美元、2 000亿美元、3 000亿美元。2013 年，内地对香港地区进出口规模再上一个台阶，达4 010.1 亿美元，同比增长 17.5%，占同期内地外贸总值的 9.6%，提升 0.8 个百分点。其中，出口3 847.9 亿美元，同比增长 19%，占同期内地外贸出口总值的 17.4%，提升 1.6 个百分点；进口 162.2 亿美元，同比下降 9.3%，占同期内地外贸进口总值的 0.8%，下降 0.2 个百分点。香港地区继续保持内地第四大贸易伙伴地位，出口市场排名则从 2012 年的第 3 位上升至第 1 位。

据香港地区统计，2013 年香港地区对内地进出口 5 791.5 亿美元，同比增长 9%，内地继续保持香港地区第一大贸易伙伴地位。其中，香港地区对内地出口 3 208 亿美元，同比增长 12.8%，占同期香港地区外贸出口总值的 59.9%，提升 2.2 个百分点，内地继续保持香港第一大出口市场地位。同期，香港地区自内地进口 2 583.5 亿美元，同比增长 4.6%，占同期香港地区外贸进口总值的 41.5%，同比下降 3 个百分点，内地继续保持香港最大进口来源地。

2001 ~2013 年，出口在内地对香港地区进出口中的比重不断提高，由 83.2%提高至 96%。随着贸易值的快速增长，内地对香港地区贸易顺差规模不断扩大。2001 年贸易顺差规模仅为 371.2 亿美元，2005 年、2010 年和 2012 年分别突破1 000亿美元、2 000亿美元和3 000亿美元。2013 年顺差为3 685.8亿美元，比 2012 年增加 630.3 亿美元。香港地区是内地贸易顺差的主要来源地。

（二）与澳门地区贸易持续增长势头被金融危机中止后现加速回升势头，出口在进出口贸易中占绝对比重

2001 ~2013 年，内地对澳门地区累计进出口 287.5 亿美元，年均增长 12.6%。其中，对澳门地区累计出口 257.8 亿美元，年均增长 12.9%；自澳门地区累计进口 29.7 亿美元，年均增长 10.3%。受金融危机影响，内地对澳门地区贸易分为明显的两个阶段。2001 ~2007 年，内地对澳门地区贸易规模逐年扩大，进出口值从 2001 年的 8.6 亿美元扩大至 2007 年的 29.2 亿美元；受金融危机影响，2008 年和 2009 年出现负增长，自 2010 年起，内地对澳门地区贸易恢复增长，并且增速逐年加快。2010 ~2012 年，内地对澳门地区贸易增速分别为 8%、11.2%、18.7%。2013 年，进出口值突破 30 亿美元，达 35.7 亿美元，同比增长 19.4%，增速进一步加快。其中，出口 31.8 亿美元，同比增长 17.4%，占同期内地对澳门地区进出口总值的 89.1%；进口 3.9 亿美元，同比增长 38.7%（图 2）。

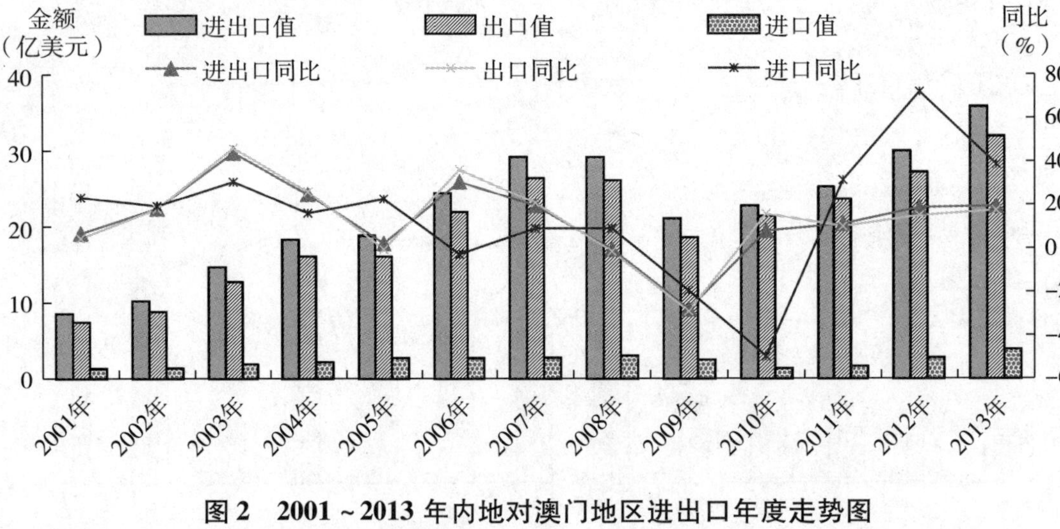

图 2　2001 ~2013 年内地对澳门地区进出口年度走势图

二、2013 年内地对港澳地区进出口的主要特点

（一）内地对香港地区进出口特点

1. 月度进出口规模呈“U”形走势。受套利贸易的影响，2013 年前 4 个月，内地与香港贸易规模被“放大”，其中 3 月进出口规模创出历史新高。随着国家加强综合治理，进出口秩序趋于正常，进出口规模随之明显回落，并自当年 5 月份起基本恢复正常，11 月和 12 月则在季节因素影响下出现持续回升；进出口增速自 2013 年 3 月份的高点回落后，7 月份起在低位维持窄幅震荡。2013 年 12 月，内地对香港地区进出口 395.7 亿美元，同比下降 0.2%，环比增长 8.7%（图 3）。

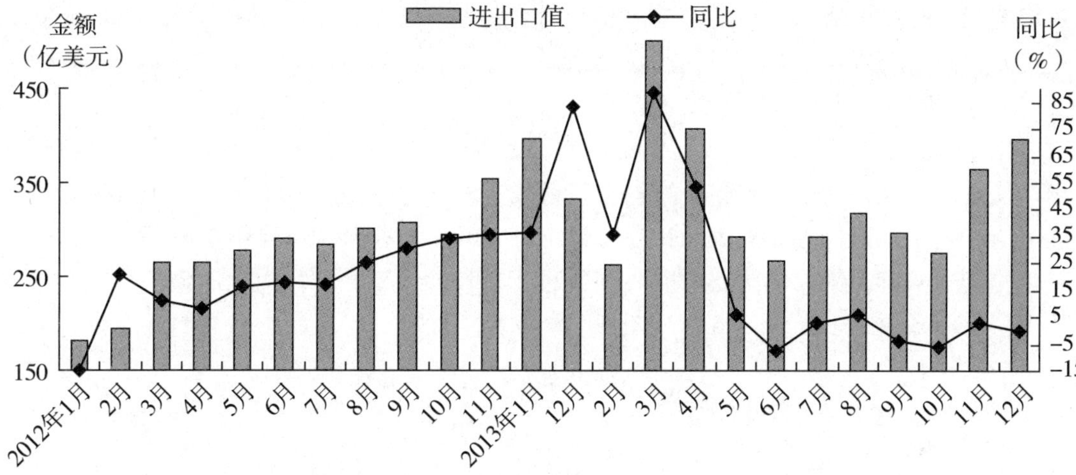

图 3　2012～2013 年内地对香港地区进出口月度走势图

2. 以加工贸易方式进出口为主，一般贸易和海关特殊监管区域物流货物进出口快速增长。2013 年，内地以加工贸易方式对香港地区进出口2 161.9亿美元，同比增长 1.4%，占同期内地对香港地区进出口总值的53.9%；以一般贸易方式进出口 873.1 亿美元，同比增长25.8%，占同期内地对香港地区进出口总值的 21.8%；以海关特殊监管区域物流货物方式进出口 869.6 亿美元，同比增长 76.6%，占同期内地对香港地区进出口总值的 21.7%。

3. 外商投资企业是进出口主力，民营企业进出口大幅增长。2013 年，内地外商投资企业对香港地区进出口 2 090.9 亿美元，同比增长 5.1%，占同期内地对香港地区进出口总值的 52.1%；民营企业进出口 1 528.7 亿美元，同比增长 46.7%，占同期内地对香港地区进出口总值的 38.1%；国有企业进出口 301.3 亿美元，同比下降 1.1%。

4. 广东与香港进出口贸易占逾 6 成。2013 年，广东对香港地区进出口2 687.8亿美元，同比增长 18.1%，占同期内地对香港地区进出口总值的67%；江苏对香港进出口 374.5 亿美元，同比增长 9%，占同期内地对香港地区进出口总值的 9.3%；此外，上海、福建和北京对香港进出口值分别为 174.9 亿美元、110.4 亿美元和 102 亿美元，同比分别增长 4.5%、24.9% 和 6.8%。

5. 机电产品是主要出口商品，主要劳动密集型产品出口快速增长。2013 年，内地对香港出口机电产品 2 798.7 亿美元，同比增长 20.6%，占同期内地对香港出口总值的 72.7%。其中，出口电器及电子产品 1 861 亿美元，同比增长 34.4%；出口机械设备 538.5 亿美元，同比下降 0.7%。出口高新技术产品（与机电产品有交叉）2 115 亿美元，同比增长 24.3%。其中，计算机与通信技术和电子技术产品分别出口 1 115.6 亿美元和 807 亿美元，同比分别增长 8.5% 和 64.2%。出口主要劳动密集型产品（玩具、家具、箱包、塑料制品、鞋、纺织纱线织物及制品、服装）290.7 亿美元，同比增长 29.1%。其中，服装和纺织纱线织物及制品分别出口 106.4 亿美元和 89 亿美元，同比分别增长 26% 和 13.5%。出口成品油 52 亿美元，同比增长 14%。

6. "三废"是内地自香港进口最大商品。2013 年，内地自香港进口"三废"（废金属、废塑料、废纸）29.9 亿美元，同比下降 38.3%，占同期内地自香港进口总值的 18.5%。其中，进口废金属 21.9 亿美元，同比下降 43%。进口机电产品 24.1 亿美元，同比下降 14.3%，占同期内地对香港地区进口总值的 14.8%。其中，电器及电子产品和机械设备分别进口 16.7 亿美元和 4.5 亿美元，同比下降 17.8% 和 1.9%。进口高新技术产品 20.9 亿美元，同比下降 14.9%，占同期内地对香港地区进口总值的 12.9%。其中，进口计算机与通信技术 10 亿美元，同比增长 3.9%；进口电子技术产品5.3亿美元，同比下降42.4%。进口初级形状的塑料6.3亿美元，同比下降0.9%。进口纺织品3.3亿美元，同比下降8.8%。

（二）内地对澳门地区进出口特点

1. 下半年月度进出口值震荡回升，但同比增速震荡下行。2013年上半年，内地对澳门进出口月度进出口值震荡较大，其中1月和4月进出口值均为3.7亿美元，明显高于年内其他月份，2月受春节因素影响进出口值仅为2亿美元，在历经5月、6月份进出口值连续下降后，下半年月度进出口值总体呈震荡回升态势，但同比增度震荡下行。2013年12月份，内地对澳门进出口3.2亿美元，同比下降12.6%，环比增长9.3%（图4）。

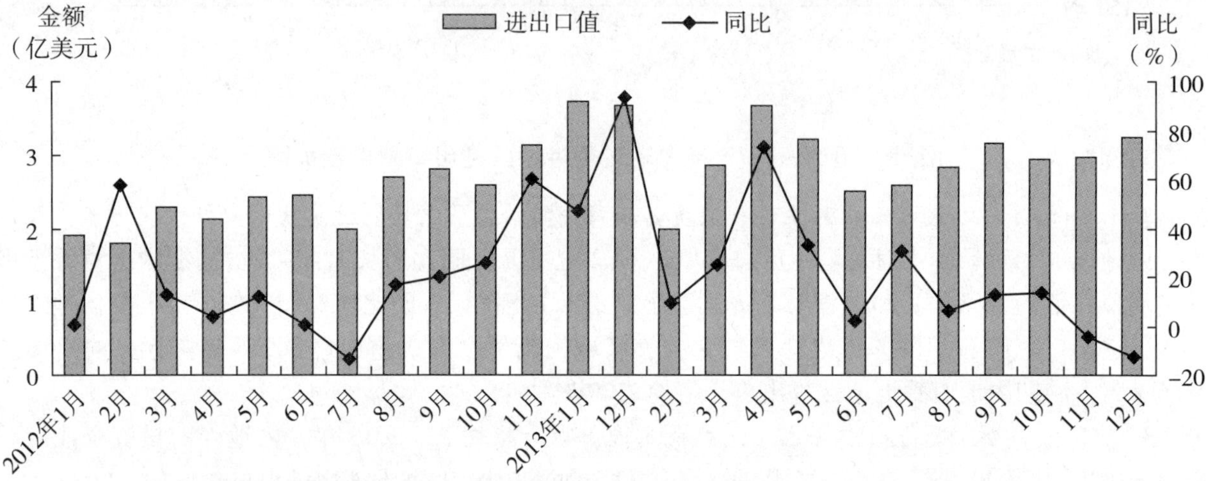

图4　2012~2013年内地对澳门地区进出口月度走势图

2. 一般贸易进出口占主导，海关特殊监管区域物流货物进出口倍增。2013年，内地以一般贸易方式对澳门进出口25.3亿美元，同比增长29%，占同期内地对澳门进出口总值的71%；以加工贸易方式进出口8.8亿美元，同比下降2.3%，占同期内地对澳门进出口总值的24.6%；以海关特殊监管区域物流货物方式进出口0.8亿美元，同比增长1.2倍。

3. 民营企业进出口大幅增长，国有企业进出口下降。2013年，内地民营企业对澳门进出口17.6亿美元，同比大幅增长44.3%，占同期内地对澳门进出口总值的49.3%；外商投资企业进出口9.9亿美元，同比增长7.2%，占同期内地对澳门进出口总值的27.7%；国有企业进出口8.1亿美元，同比下降3%，占同期内地对澳门进出口总值的22.7%。

4. 广东主导对澳门贸易，四川、江苏和江西对澳门贸易快速增长。2013年，广东对澳门进出口21.4亿美元，同比增长13.6%，占同期内地对澳门进出口总值的60%；北京对澳门进出口3.5亿美元，同比微降0.8%，占同期内地对澳门进出口总值的9.8%。同期，四川、江苏和江西分别对澳门进出口1.8亿美元、1.5亿美元和1.1亿美元，同比分别增长84.7%、33.8%和95.6%。

5. 机电产品出口比重最大，成品油、电力出口稳定增长。2013年，内地对澳门出口机电产品9.1亿美元，同比增长27.8%，占同期内地对澳门出口总值的28.6%；其中分别出口电器及电子产品和机械设备3.5亿美元和1.2亿美元，同比分别增长3.7%和35.8%。出口高新技术产品2.5亿美元，同比下降11.9%；其中出口计算机与通信技术产品1.7亿美元，同比下降23.6%。出口纺织纱线织物及制品2.2亿美元，同比增长8.7%。出口服装1.3亿美元，同比下降16.9%。出口电力4.2亿美元，同比增长7%。出口成品油3.1亿美元，同比增长3.6%。

6. “三废”是主要进口商品，其中废塑料进口倍增。2013年，内地自澳门进口“三废”3.2亿美元，同比增长50.8%，占同期内地自澳门进口总值的82.1%。其中，进口废塑料1.6亿美元，同比增长1.4倍；进口废金属1.5亿美元，同比增长11.7%；进口废纸809万美元，同比增长6.2%。

三、2013年内地对港澳地区贸易增长的原因

（一）内地进出口贸易规模扩大推动内地对港澳地区贸易增长

港澳地区是内地对外贸易的重要窗口和桥梁，内地对外贸易规模的扩大会推动内地进出口货物通过我国港澳地区贸易的增长。2013年，我国进出口贸易继续保持了较好的增长态势，进出口总值为41 603.3亿美元，同比增长7.6%。内地对外贸易规模的持续扩大为内地与港澳地区贸易的增长提供了坚实的基础。

（二）内地及港澳地区经济的持续增长推进贸易往来

2013年，内地、香港和澳门的GDP继续保持较好的增长态势，内地GDP增长7.7%①，香港GDP增长为2.9%，澳门GDP增长为11.9%。港澳经济的持续增长拉动了内地日常生活保障用品及基建材料对港澳的出口，而内地则对质量较高的港澳食品的进口需求增加。如，2013年内地对香港和澳门出口水海产品同比分别增长23.3%、27.8%，出口猪肉同比分别增长16%、12.7%，出口钢材同比分别增长9.5%、58.8%；对香港蔬菜出口同比增长74.1%；内地自香港和澳门进口食品同比分别增长3.5%、26.7%，其中自香港进口奶粉同比增长1.2倍。

四、当前影响内地与港澳地区贸易发展的主要问题

（一）内地生产要素成本快速上升，导致部分劳动密集型企业及加工贸易货物经港澳地区进出口呈下降态势

2013年，内地劳动力成本进一步上升，如广东省最低工资平均涨幅19%②；与此同时，人民币汇率升值3.09%③。成本上升和人民币升值，使得劳动密集型企业生存境况恶化，一些企业倒闭或被迫转移至成本更加低廉、受贸易壁垒影响较小的越南、柬埔寨等东南亚发展中国家，导致内地加工贸易方式项下经我国港澳地区转口再出口的贸易活动减少。由于内地对香港加工贸易进出口比重仍然高达5成，这给内地与港澳，特别是与香港的经贸发展带来了较大的冲击。2013年内地对香港加工贸易进出口增速明显放缓，较2012年下降5.9个百分点，与澳门加工贸易进出口则继续呈负增长态势。

（二）内地经济开放程度逐步加大，港澳窗口桥梁作用被弱化

20世纪90年代初，经香港转口的进出口货物，曾一度占内地对外贸易总额的近一半，而到了2011年这一比重已下降至16%左右④。2013年，我国进一步提高开放型经济水平，加快实施自由贸易区战略，当年8月份上海自由贸易区成立，将对国内的转口贸易、离岸贸易产生极大促进作用，但同时也将对香港的转口贸易产生一定的分流作用⑤。随着内地经济开放程度的进一步加大及港口、航运等基础设施日趋发达，港澳地区作为内地对外贸易的窗口、桥梁作用正逐步被弱化。

---

① 《去年中国GDP同比增长7.7%》，和讯网，2014年1月21日。

② 《广东5月调低最低工资标准　穗1550元居全国之首》，新浪网，2013年2月6日。

③ 《央行：2013年外汇储备为3.82亿美元　人民币升值3.09%》，人民网，2014年1月15日。

④ 《中国内地经香港转口比例下降未影响香港国际贸易中心地位》，香港贸易发展局，2011年4月2日。

⑤ 《上海自由贸易区！香港边缘化?》，搜狐网，2013年9月11日。

五、内地与港澳地区贸易形势展望

金融危机后，随着全球经济的逐步复苏，内地与港澳地区贸易再度步入增长轨道，且推动增长的部分有利因素还在不断增加和累积。一是全球经济将进一步回暖。国际货币基金组织（IMF）预计2014年世界经济将增长3.6%，世界贸易组织预计世界贸易量增长4.5%，均快于2013年①；而内地积极实施经济结构调整和中西部地区大开发等战略，GDP保持平稳较快增长，国内外经济环境总体趋好，拓宽了投资内地的港澳企业发展空间。二是CEPA“补充协议十”于2014年1月1日生效，同时内需拉动经济增长已作为内地今后经济发展的长期战略，CEPA的持续深化和内地扩大内需为港澳产品扩大内地市场提供了良好的政策环境，也有利于内地扩大进口所需的关键性技术设备和港澳优质产品，实现内地消费和产业升级与港澳经济持续繁荣的双赢局面。三是内地扩大开放进程，提速为内地与港澳贸易增加新动力，有利于港澳地区企业发挥自身优势，参与内地自由贸易区的建设，实现内地与港澳地区经济的共同繁荣。如广州南沙、珠海横琴和深圳前海的建设将进一步有力促进粤港澳服务贸易自由化，并实现投资便利化，强化粤港澳国际贸易功能集成和优势互补。展望未来，上述利好因素将进一步推动内地与港澳地区经贸的发展。

① 《2014年世界贸易量增长4.5%均快于2013年》，中国报告大厅，2014年1月2日。

2013 年中国对东盟贸易进出口年度报告

2013 年是中国与东盟建立战略伙伴关系 10 周年，随着中国与东盟不断深化合作，双边贸易平稳发展。目前，中国—东盟自由贸易区是世界上最大的发展中国家自由贸易区，中国是东盟的最大贸易伙伴，东盟是中国的第三大贸易伙伴。2013 年 9 月，在出席第十届中国—东盟博览会和中国—东盟商务与投资峰会期间，李克强总理提出要打造中国—东盟自由贸易区升级版，力争到 2020 年双边贸易额达到 1 万亿美元，今后 8 年新增双向投资 1 500 亿美元。

一、2001 年以来我国对东盟进出口概况

加入世界贸易组织以来，中国进口增速领先世界，东盟则是中国进口高增长的最大受益者之一，10 余年来东盟是中国最大贸易逆差来源地，自东盟进口增速在多数年份高于对东盟出口增速。直到 2012 年，中国对东盟贸易首次出现了 83. 6 亿美元顺差。据中国海关统计，2001 ~ 2013 年，我国对东盟贸易累计进出口 2. 7 万亿美元，年均增长 21. 8%。其中，对东盟累计出口 1. 3 万亿美元，年均增长 24. 1%；自东盟累计进口 1. 4 万亿美元，年均增长 19. 6%。

自 2002 年 11 月我国与东盟各成员国共同签署《全面经济合作框架协议》起，2003 年双边贸易实现历史性突破，达 782. 5 亿美元；2004 年开始实施早期收获计划，双边贸易首次突破千亿美元大关，达1 058. 7亿美元；2010 年 1 月 1 日自由贸易区正式建成，双边贸易的平均关税水平大幅降低，“零关税”将双边贸易额推到了一个新的高点，继 2011 年突破 3 000 亿美元大关后，2012 年跃上 4 000亿美元台阶。2013 年我国对东盟进出口创 4 436. 1 亿美元的新高，同比增长 10. 9%，高出同期我国外贸总体增速 3. 3 个百分点，占同期我国进出口总值的 10. 7%，东盟为我国的第三大贸易伙伴。其中，我国对东盟出口2 440. 7亿美元，同比增长 19. 5%；我国自东盟进口 1 995. 4 亿美元，同比增长 1. 9%；贸易顺差扩增至 445. 3 亿美元，同比增长 4. 3 倍。同时，双方在农业、能源、基础设施、制造和加工业等领域的合作不断加强，双边经贸合作关系不断深化，我国与东盟良好战略合作关系及互补性贸易极大地丰富了双边市场（图 1）。

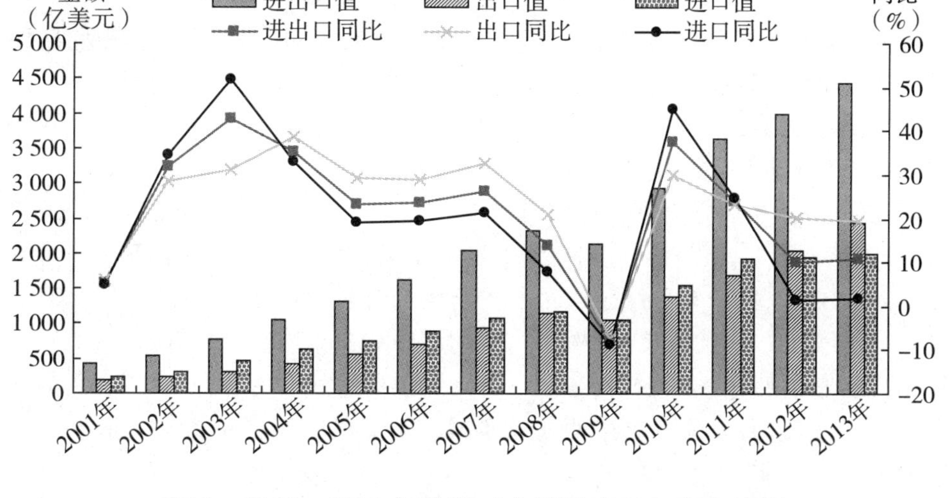

图 1　2001 ~ 2013 年我国对东盟进出口年度走势图

二、2013 年我国对东盟进出口的主要特点

2013 年，我国对东盟进出口占同期我国外贸进出口总值的 10.7%，提升 0.3 个百分点，东盟继续保持我国的第三大贸易伙伴地位。其中，我国自东盟进口占同期我国外贸进口总值的 10.2%，下滑 0.5 个百分点，东盟仍为我国进口第二大来源地；我国对东盟出口占同期我国外贸出口总值的 11%，提升 1.1 个百分点，继续为我国出口第四大市场。

（一）月度进出口持续增长，12 月份创出历史新高

自 2012 年 4 月以来，我国对东盟进出口值持续保持增长，2013 年 11 月首次攀上 400 亿美元台阶，达 403 亿美元，同比增长 11.6%。2013 年 12 月我国对东盟进出口值达到 443.7 亿美元，同比增长 10.1%。其中，我国对东盟出口 240.7 亿美元，同比增长 13.5%；我国自东盟进口 203 亿美元，同比增长 6.4%（图 2）。

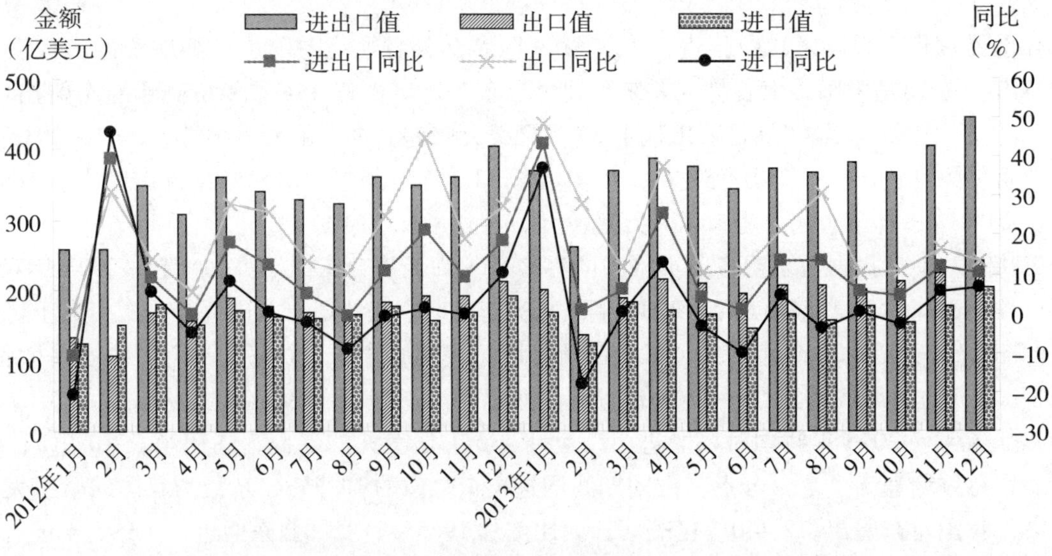

图 2　2012～2013 年我国对东盟进出口月度走势图

（二）一般贸易占主导，边境小额贸易增势强劲

2013 年，我国以一般贸易方式对东盟进出口 2 357.2 亿美元，同比增长 15.6%，占同期我国对东盟进出口总值的 53.1%。其中，出口 1 431.4 亿美元，同比增长 21.6%；进口 925.8 亿美元，同比增长 7.4%。同期，以加工贸易方式进出口 1 188.6 亿美元，同比增长 3%，占同期我国对东盟进出口总值的 26.8%；以海关特殊监管区域方式进出口 666.2 亿美元，同比增长 3.2%；以边境小额贸易方式进出口 152.2 亿美元，同比增长 40.9%。

（三）以外商投资企业为主，民营企业快速增长

2013 年，我国外商投资企业对东盟进出口1 915.5亿美元，同比增长 1.1%，占同期我国对东盟进出口总值的 43.2%。同期，民营企业对东盟进出口 1 831.1 亿美元，同比增长 26.4%，快于同期我国对东盟进出口总体增速 15.6 个百分点，占同期我国对东盟进出口总值的 41.3%；国有企业对东盟进出口 684.5 亿美元，同比增长 5.2%，占同期我国对东盟进出口总值的 15.4%。

（四）马来西亚为最大贸易伙伴，对越南、缅甸进出口后劲十足

2013 年，我国对东盟旧 6 国（马来西亚、泰国、印度尼西亚、新加坡、菲律宾、文莱）合计进出口 3 614.6 亿美元，同比增长 6.9%。其中，对马来西亚进出口 1 060.7 亿美元，同比增长 11.8%，占同期我国对东盟进出口总值的 23.9%。同期，对东盟新 4 国（越南、缅甸、柬埔寨、老

挝）合计进出口 821.5 亿美元，同比增长 32.4%。其中，对越南进出口 654.8 亿美元，同比增长 29.8%；对缅甸进出口 101.5 亿美元，同比增长 45.6%（表1）。

表1　2013 年我国对东盟各成员国进出口情况表

国别	金额（亿美元）			同比（%）		
	进出口	出口	进口	进出口	出口	进口
马来西亚	1 060.7	459.3	601.4	11.8	25.7	3.1
新加坡	759.2	458.6	300.6	9.6	12.6	5.3
泰国	712.6	327.4	385.2	2.2	4.9	-0.1
印度尼西亚	683.6	369.4	314.2	3.2	7.7	-1.6
越南	654.8	485.9	168.9	29.8	42.1	4.1
菲律宾	380.7	198.4	182.3	4.6	18.5	-7.2
缅甸	101.5	73.4	28.1	45.6	29.4	116.5
柬埔寨	37.7	34.1	3.6	29.0	25.9	67.9
老挝	27.4	17.2	10.2	59.2	84.2	29.8
文莱	17.9	17.0	0.9	10.3	36.0	-75.9

（五）劳动密集型产品出口增势良好，资源型产品进口涨跌互现

2013 年，我国对东盟出口机电产品 1 197.8 亿美元，同比增长 14.9%；纺织纱线 200.2 亿美元，同比增长 26.8%；服装及衣着附件 141.7 亿美元，同比增长 30.5%；钢材 125.7 亿美元，同比增长 10.7%；农产品 118.9 亿美元，同比增长 17.7%。同期，我国自东盟进口成品油 101.1 亿美元，同比增长 21.4%；初级形状的塑料 74.6 亿美元，同比增长 9.5%；铁砂矿及其精矿 28.6 亿美元，同比增长 46%；分别进口煤及褐煤、天然橡胶和原油 93 亿美元、63.2 亿美元和 22.5 亿美元，同比分别下降 15%、6.4%和 26%（表2）。

表2　2013 年我国对东盟进出口主要商品情况表

进口			出口		
商品名称	金额（亿美元）	同比（%）	商品名称	金额（亿美元）	同比（%）
机电产品	955.1	-2.5	机电产品	1 197.8	14.9
农产品	148.4	-8.0	纺织纱线、织物及制品	200.2	26.8
成品油	101.1	21.4	服装及衣着附件	141.7	30.5
煤及褐煤	93.0	-15.0	钢材	125.7	10.7
初级形状的塑料	74.6	9.5	农产品	118.9	17.7
天然橡胶（包括胶乳）	63.2	-6.4	成品油	90.3	47.1
铁矿砂及其精矿	28.6	46.0	家具及其零件	63.4	28.6
纺织纱线、织物及制品	22.8	31.6	鞋类	39.3	45. 8
原油	22.5	-26.0	陶瓷产品	35.4	53.9

(六)广东继续领跑对东盟贸易,中西部地区表现活跃

2013年,广东对东盟进出口1 022.1亿美元,同比增长10.7%;江苏对东盟进出口564.4亿美元,同比微降2.5%;上海对东盟进出口539.1亿美元,同比下降5.5%;上述3省市进出口合计占47.9%。同期,广西、重庆、四川、云南分别对东盟进出口159.1亿美元、121.8亿美元、114.4亿美元和109亿美元,同比分别增长32.1%、24%、37.3%和61%。

三、2013年我国对东盟进出口快速增长的原因

(一)东盟多数成员国经济稳定发展助推双边贸易增长

在世界经济总体低迷的大环境下,多数东盟国家经济仍保持增长。世界银行预计2013年柬埔寨经济将增长7%①;老挝官方统计数据显示,2013财年老挝国内生产总值增长超过8%,增长率在世界范围内名列前茅。东盟各国经济稳定发展为双边贸易发展提供了良好环境和广阔市场。

(二)双向投资合作高速增长推动贸易发展

近年来,伴随着中国—东盟经贸关系的深入发展,中国与东盟双向投资呈现高速增长态势。截至2012年年底,中国与东盟累计双向投资达1 007亿美元,2013年1~11月中国对东盟的投资实现了35.3%的高速增长②。双向投资的不断加大及东盟的高速发展,促进了中国与东盟的贸易不断发展。东盟一直是中国名列前茅的贸易伙伴,且对东盟贸易增速快于中国贸易整体增幅,推动双边贸易在我国进出口总值比重不断提升。

(三)互补性的贸易模式促进贸易发展

我国和东盟各国在经贸方面各具优势,双方在自然资源、生产能力和产业结构上存在差异并各有所长,形成了较强的贸易互补性。如,我国对东盟初级原材料的进口需求旺盛,2013年我国自东盟进口成品油、铁矿砂快速增长;而东盟受其经济快速增长、国内需求日益增加的影响,对我国农副产品、化肥、纺织品、建筑材料、机械设备、电子设备等均呈现较大的需求。中国与东盟的互利分工模式进一步促进了进出口增长③。

四、当前我国对东盟贸易面临的主要问题

(一)南海冲突时有发生,制约中国与东盟关系进一步深化

2013年,在南海问题呈现升温之时,美、日一直通过各种方式介入,企图打压和围堵中国。某些东盟国家在外部势力的支持和怂恿下,将自身利益凌驾于东盟整体利益之上,试图以南海问题绑架中国与东盟双边关系,将南海领土问题国际化、复杂化④。这导致南海冲突时有发生,干扰和影响中国与东盟关系的深入稳定发展。

(二)东盟自由贸易建设进程加快,或将挤压我国外贸进出口空间

近年来东盟积极实施自由贸易区政策,加大贸易伙伴市场开拓的力度。除与中国签订自由贸易区外,还与日本、韩国、印度、新西兰、澳大利亚、欧盟等地签订或将签订自由贸易区协定,区域内新加坡还与美国签订自由贸易协定,而这些国家或地区均是我国的主要贸易伙伴,这将挤压我国企业开拓东盟市场乃至国际市场的空间。

---

① 《世行预计柬埔寨经济2013年将曾行7%》,新华网,2013年10月7日。

② 《中国—东盟双向投资增色“钻石十年”》,中新财经,2014年1月9日。

③ 《中国与东盟:建设自由贸易区首选合作伙伴》,《上海证券报》,2013年11月7日。

④ 《社评:中国与东盟关系需跨越南海问题》,香港中评社,2013年9月17日。

五、我国与东盟贸易形势展望

（一）中国与东盟双边战略合作关系进入快速发展成熟期，致力打造自由贸易区升级版

中国与东盟走过了战略伙伴关系的“黄金十年”，双边经贸合作取得累累硕果，战略互信不断加强，再创“钻石十年”是深化中国与东盟双边关系的必然选择。2013 年 9 月，李克强总理出席中国—东盟博览会期间，提出要打造中国—东盟自由贸易区升级版，力争到 2020 年双边贸易额达到 1 万亿美元，今后 8 年新增双向投资 1 500 亿美元①。据悉，目前双方已就启动升级版谈判的时间、具体内容进行了磋商②。未来，借助中国—东盟升级版自由贸易区平台，双边将进一步降低关税，削减非关税措施，积极开展新一批服务贸易承诺谈判，推动投资领域的实质性开放，这会给中国和东盟带来更多机遇、更大的市场，势必推动双边贸易关系迈上新台阶。

（二）中国与东盟互联互通进程加快，推动双边合作共赢

新加坡作为东盟唯一的国际性金融中心，2013 年 4 月其建设离岸人民币中心取得突破，成为拥有人民币清算银行的金融中心。随着中国和东盟进一步扩大双边本币互换的规模和范围，扩大跨境贸易本币结算试点，中国—东盟自由贸易区内贸易和投资的汇率风险和结算成本将进一步降低③。此外，鉴于地缘上紧密相接的优势，2013 年 12 月湄公河上连通泰国清孔和老挝会晒的跨湄公河大桥正式贯通，标志着昆曼公路的最后一个瓶颈被破除，昆明至曼谷的“大湄公河次区域南北经济走廊”初步建成④。中国与东盟各国以及东盟各国之间互联互通合作走向纵深，双边贸易发展前景看好。

2013 年 9 月，在落实《南海各方行为宣言》第六次高官会上，南海行为准则的磋商正式启动，展示了中国与东盟各国和平处理纠纷的决心，这一方面反映了中国与东盟都意识到南海问题不应成为双方进一步发展关系的阻碍；另一方面也会有效减轻南海问题对双边经贸关系带来的干扰，深化多领域、全方位的战略合作，进一步推动中国与东盟双边贸易向好发展。

---

① 《李克强出席第十届中国—东盟博览会开幕式并演讲》，中央政府门户网站，2013 年 9 月 3 日。

② 《中国东盟将推动升级版自由贸易区建设 》，新华网，2014 年 1 月 19 日。

③ 《新加坡建设离岸人民币中心提速》，《金融时报》，2013 年 4 月 12 日。

④ 《昆曼公路全线贯通　大湄公河次区域经济增添新动力》，《人民日报》，2013 年 12 月 12 日。

2013 年我国大陆对台湾地区贸易进出口年度报告

祖国大陆与宝岛台湾一脉相传。我国加入世界贸易组织以来，两岸贸易快速发展，交流合作成果斐然，展现出较好的和平发展新局面。我国大陆是我国台湾地区重要的贸易伙伴。2005 年，我国大陆超越日本成为我国台湾地区最大的贸易伙伴；2008 年至今，大陆一直是台湾地区最大贸易伙伴、第一大出口市场和第二大进口来源地。2013 年，台湾地区是大陆的第七大贸易伙伴、第九大出口市场和第五大进口来源地。

一、2001 年以来大陆对台湾地区进出口概况

据大陆海关统计，2001 ~ 2013 年，大陆对台湾地区累计进出口 14 443. 3 亿美元，年均增长 16. 3%。其中，对台湾累计出口 2 834. 6 亿美元，年均增长 19. 1%；自台湾累计进口 11 608. 7 亿美元，年均增长 15. 7%。

2001 年，大陆对台湾地区进出口总值 323. 4 亿美元，之后连续 6 年增幅均超百亿美元。2006 年大陆对台湾地区进出口值首次突破千亿美元，达到 1 078. 3 亿美元；受全球金融危机影响，2009 年大陆对台湾地区出现自 1988 年以来的首次下降，之后两岸进出口值不断增长，2010 ~ 2013 年连续 4 年创出新高，贸易逆差也随之不断上升。2013 年，两岸贸易逆差首次突破千亿美元，创下 1 160 亿美元的新高，大陆成为台湾地区最大的贸易顺差来源地，台湾地区成为大陆最大的贸易逆差来源地(图 1)。

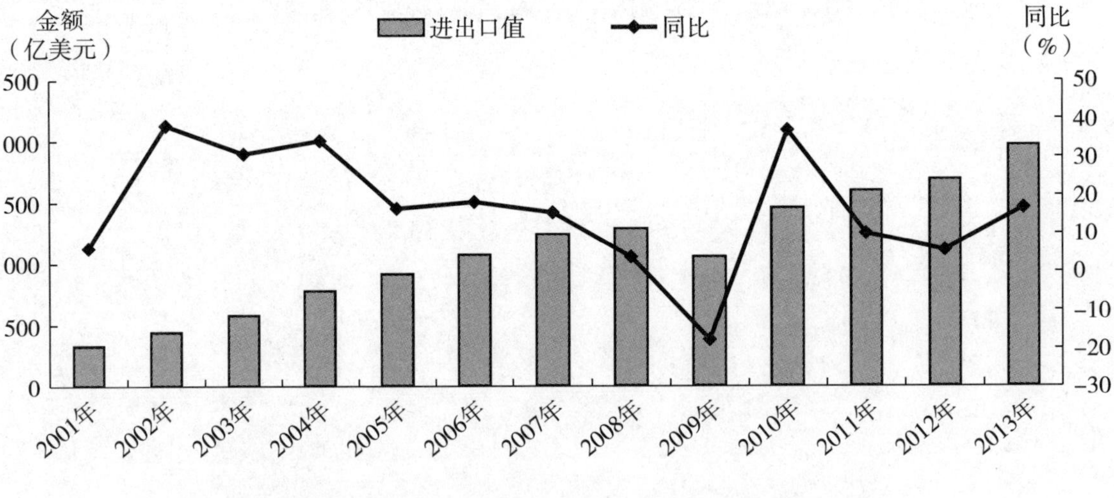

图 1　2001 ~ 2013 年大陆对台湾地区进出口年度走势图

2013 年，大陆对台湾地区进出口总值 1 972. 8 亿美元，同比增长 16. 7%，增速比 2012 年提升 11. 1 个百分点，占同期大陆外贸进出口总值的 4. 7%，所占比重较 2012 年提升 0. 3 个百分点。其中，大陆对台湾地区出口 406. 4 亿美元，同比增长 10. 5%，增速较 2012 年提升 5. 8 个百分点，占同期大陆出口总值的 1. 8%；自台湾地区进口 1 566. 4 亿美元，同比增长 18. 5%，增速较 2012 年提升 12. 6 个百分点，占同期大陆进口总值的 8%。

据台湾地区统计，2013 年 1 ~ 11 月台湾地区对大陆进出口 1 088. 5 亿美元，同比增长 2. 1%，

大陆继续保持台湾地区最大贸易国地位。其中，台湾地区自大陆进口 385.8 亿美元，同比增长 3.3%，占同期台湾地区外贸进口总值的 15.7%，提升 0.7 个百分点，大陆连续 6 年位居台湾地区第二大进口来源地（位列日本之后）；同期，台湾地区对大陆出口 702.7 亿美元，同比增长 1.4%，占同期台湾地区外贸出口总值的 26.8%，提升 0.1 个百分点，大陆连续 6 年成为台湾地区最大出口市场。

二、2013 年大陆对台湾地区进出口的主要特点

（一）月度进出口值高位回落后企稳

2013 年 3 月，大陆对台湾地区进出口月度值首次突破 200 亿美元，创下 223.8 亿美元的历史新高，同比增长 61.9%，之后连续 3 个月环比回落，6 月份仅为 141.6 亿美元。2013 年下半年各月进出口值均保持在 160 亿美元上下波动，12 月份当月大陆对台湾地区贸易值 165.5 亿美元，同比下降 2.2%，环比增长 0.7%。其中，对台湾出口 34.6 亿美元，同比下降 17.4%；自台湾进口 130.9 亿美元，同比增长 2.9%（图 2）。

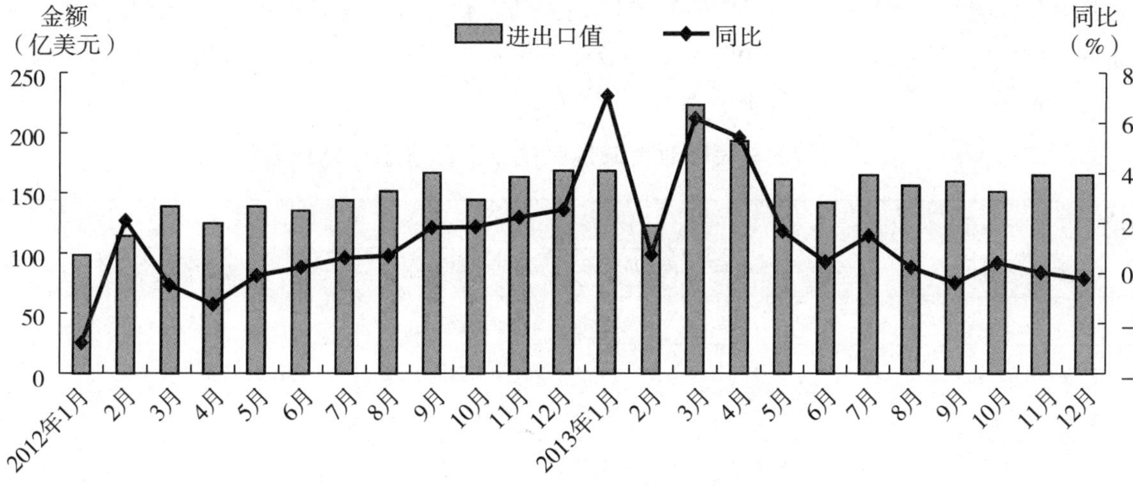

图 2　2012～2013 年大陆对台湾地区进出口月度走势图

（二）加工贸易占主导地位，海关特殊监管区域进出口大幅增长

2013 年，大陆以加工贸易方式对台湾地区进出口 890.9 亿美元，同比增长 5.2%，占同期大陆对台湾地区进出口总值的 45.2%。其中，出口 166.1 亿美元，同比增长 2.8%；进口 724.8 亿美元，同比增长 5.8%。以一般贸易方式进出口 594.5 亿美元，同比增长 15.6%，占同期大陆对台湾地区进出口总值的 30.1%。其中，出口 172.4 亿美元，同比增长 12.1%；进口 422.1 亿美元，同比增长 17.1%。以海关特殊监管区域方式进出口 472.2 亿美元，同比增长 51.4%，占同期大陆对台湾地区进出口总值的 23.9%，所占比重较 2012 年增加 5.4 个百分点。其中，出口 65.5 亿美元，同比增长 29.2%，进口 406.7 亿美元，同比增长 55.7%。

（三）外商投资企业进出口所占比重逾 6 成，民营企业进出口增长明显，国有企业进出口下降

2013 年，大陆外商投资企业对台湾地区进出口 1 236.6 亿美元，同比增长 4.9%，占同期大陆对台湾地区进出口总值的 62.7%。其中，出口 241.6 亿美元，同比增长 4.7%；进口 995 亿美元，同比增长 5%。民营企业进出口 625.1 亿美元，同比增长 56.5%，占同期大陆对台湾地区进出口总值的 31.7%，所占比重较 2012 年提升 8.1 个百分点。其中，出口 132.8 亿美元，同比增长 27.1%；进口 492.3 亿美元，同比增长 66.9%。国有企业进出口 110.3 亿美元，同比下降 0.9%，占同期大

陆对台湾地区进出口总值的5.6%。其中，出口31.8亿美元，同比下降1.4%；进口78.5亿美元，同比下降0.7%。

（四）对台贸易主要集中在东南沿海省份，重庆、陕西和云南对台贸易表现突出

2013年，广东、江苏、上海、浙江和福建对台湾进出口值分别为752.8亿美元、431.2亿美元、220.2亿美元、136.2亿美元和128.5亿美元，同比分别增长28.4%、5.4%、8.8%、3.1%和7.4%；上述五省市对台湾进出口值合计占同期大陆对台湾地区进出口总值的84.6%。值得一提的是重庆、陕西和云南对台湾贸易表现突出，分别对台湾进出口26.9亿美元、20.7亿美元和11亿美元，同比分别增长73.6%、1.2倍和3倍。

（五）集成电路是最大的进出口商品，自动数据处理设备出口下降，进口以机电类商品和原材料为主

2013年，大陆对台湾地区出口集成电路76.2亿美元，同比增长27.3%，高出同期大陆对台湾出口整体增速16.8个百分点，占同期大陆对台湾地区贸易出口总值的18.8%；出口钢材22.4亿美元，同比增长21.4%；出口自动数据处理设备17.6亿美元，同比下降2.4%。同期，自台湾进口集成电路721.3亿美元，同比增长44.3%，高出同期大陆自台湾进口整体增速25.8个百分点，占同期大陆自台湾地区贸易进口总值的46%；进口液晶显示板154.4亿美元，同比下降1.9%；进口初级形状的塑料82.6亿美元，同比增长6.9%（表1）。

表1　2013年大陆对台湾地区主要商品进出口情况表

出口			进口		
商品名称	金额（亿美元）	同比（%）	商品名称	金额（亿美元）	同比（%）
集成电路	76.2	27.3	集成电路	721.3	44.3
钢材	22.4	21.4	液晶显示板	154.4	-1.9
自动数据处理设备及其部件	17.6	-2.4	初级形状的塑料	82.6	6.9
液晶显示板	9.6	1.1	二极管	40.0	37.3
印刷电路	8.6	-25.2	纺织纱线、织物及制品	31.6	1.7
未锻造的铜及铜材	7.3	127.0	印刷电路	31.1	-3.0
服装及衣着附件	6.9	8.8	二甲苯	26.4	106.7
手机	6.1	28.9	未锻造的铜及铜材	23.6	2.9
纺织纱线、织物及制品	5.2	4.1	钢材	18.6	-2.8
二极管	5.0	-0.5	乙二醇	13.4	10.1

三、2013年大陆对台湾地区进出口快速增长的主要原因

（一）国共两党高层互动频繁，两岸政治互信不断加深

2013年2月25日，中共中央总书记习近平在北京人民大会堂会见了来访的中国国民党荣誉主席连战，这是十八大后两岸高层首度会晤；2013年4月8日，习近平总书记在博鳌会见台湾两岸共同市场基金会荣誉董事长萧万长，双方就两岸经济合作特别是经济政策的协调方面交换了意见；2013年6月13日，习近平总书记在北京会见了中国国民党荣誉主席吴伯雄和他率领的中国国民党访问团全体成员；此外，2013年大陆政府官员赴台经贸、文化或农业的交流团多达20余个。大陆

和台湾地区高层接触不断，为持续推进两岸交流，深化经济合作，厚植共同利益营造了稳定的政治环境。

（二）两岸经贸合作持续升温，投资和服务协议加速贸易自由化进程

2013 年 1 月 30 日，中国机电产品进出口商会台北办事处正式挂牌设立，其成为在台设立办事机构的首家大陆经贸社团，两岸经贸社团实现互设办事机构，这是两岸开展经贸往来 30 多年来的历史性突破，将对深化两岸经贸合作、加强业界交流发挥积极作用。2013 年 2 月 1 日，《海峡两岸投资保护和促进协议》、《海峡两岸海关合作协议》正式生效，协议的实施将有助于更强有力地保护两岸投资者权益，逐步减少投资限制，创造公平的投资环境。2013 年 6 月 21 日，《海峡两岸服务贸易协议》完成签署，大陆对台湾地区开放达 80 条，台湾地区对大陆开放 64 条，协议有助于加速两岸服务业融合互补，服务贸易自由化进程不断加速，共同提升两岸服务业的国际竞争力，也有助于扩大两岸民众的受惠面。

（三）ECFA 早期收获计划全部货品实现零关税，减税规模倍增助推外贸发展

2013 年 1 月 1 日，《海峡两岸经济合作框架协议》（以下简称 ECFA）货物贸易早期收获计划启动第三阶段降税，两岸双方 806 项早收货品至此全部实现零关税，减税利好刺激两岸贸易持续增长。自台湾进口方面：2013 年大陆自台湾进口 ECFA 协议税率受惠商品 113.1 亿美元，比 2011 年（ECFA 协议实施的第一年）增长 1.7 倍；税收优惠更加明显，同期减免税款 49.1 亿人民币，比 2011 年增长 4.4 倍。对台湾出口方面：据台湾地区经济部门统计，2013 年上半年，列入早收清单的台湾产品出口大陆同比增加 9.18%，远优于台湾地区对大陆整体出口 3.03% 的增幅。此外，据台湾海关统计，2013 年 1～10 月，台湾地区自大陆进口 ECFA 早收货品共减免关税逾 5 000 万美元，累计减税金额逾 1.2 亿美元①。ECFA 协议生效实施 3 周年来，两岸货物贸易规模持续扩大，产业合作进一步密切。

（四）台湾地区外销订单增加，在一定程度上拉动两岸贸易增长

台湾企业多采用“台湾接单—大陆生产—海外销售”的经营模式，而且订单主要来自在美、日、欧等发达国家。2013 年世界经济虽然仍处调整期，但下半年主要经济体复苏势头较好，美国制造业和消费者的信心指数显著回升，欧元区的经济景气指数达到近两年来的最高点。受此影响，2013 年 7～10 月，台湾地区外销订单总额连续 4 个月同比增长，其中 10 月份外销订单总额 395.9 亿美元，同比增长 3.2%，对美国和欧洲接单同比分别增长 9% 和 7.6%②。台湾地区外销订单增加带动大陆台资企业自台原材料和零配件进口增长。

四、大陆对台湾地区贸易影响因素分析

（一）台商对大陆投资初显疲态

随着台湾地区完成劳动密集型产业的转移及大陆企业持续产业升级，两岸产业分工已经不再是单纯的上下游承接关系，大陆部分产业已经开始和台资企业正面竞争，台商对外投资也开始转向东南亚等新兴地区，对大陆投资出现下降。商务部统计数据显示，近 3 年大陆批准台商投资项目个数同比连续减少，投资金额也有两年出现同比下降，2013 年 1～11 月大陆共批准台商投资项目 1 804 个，同比下降 9.3%；实际使用台资 18.9 亿美元，同比下降 26.3%③（表 2）。据台湾地区统计，

① 《早收全免税届满周年　ECFA 红利充分显现》，《人民日报·海外版》，2014 年 1 月 2 日。

② 《手持装置新品上市加持　台湾外销订单连续 4 月增长》，中国台湾网，2013 年 11 月 20 日。

③ 数据来源：商务部网站。

2013 年前 11 个月，台商对大陆投资方面，投资项目个数仅为 394 个，同比下降 7.94%；核准投资金额 76.37 亿美元，同比下降 22.28%①。

表 2　2009～2013 年台商投资大陆统计表

时间	项目数		实际使用台资金额	
	个数（个）	同比（%）	金额（亿美元）	同比（%）
2009	2 555	8.3	18.8	-1.0
2010	3 072	20.2	24.8	31.9
2011	2 639	-14.1	21.8	-12.1
2012	2 229	-15.5	28.5	30.7
2013 年 1～11 月	1 804	-9.3	18.9	-26.3

（二）高贸易逆差影响双边贸易稳定

我国加入世界贸易组织以来，台湾地区一直是大陆最大的贸易逆差来源地，且逆差呈逐年大幅增长趋势。导致大陆对台湾地区巨额贸易逆差主要有三方面原因。一是台湾方面实施限制性经贸政策导致大陆对台出口未能正常增长。台湾方面对大陆一直实行“宽出严进”的贸易政策，严格限制大陆产品进口，虽经多次调整，但到目前为止，台湾地区 8 726 项进口产品中仍有 2 000 多项产品未对大陆开放。二是大陆对台湾地区积极开放的经贸政策及多种单方面优惠贸易政策的实施，对两岸贸易逆差的形成及发展起了较为重要的促进作用。三是两岸产业分工不同。当前台湾地区比较优势主要集中于产品与技术研发、中高端产品制造及上游原料与零组件生产，大陆则承接了台湾地区转移的传统产业，两岸形成了自台湾进口原料，在大陆加工成成品后出口海外的分工合作局面，从而导致对台湾贸易逆差。2013 年，大陆对台湾地区贸易逆差首次突破千亿美元，达1 160亿美元，同比增长 21.6%，连续 4 年创下新高。随着贸易逆差的增加，两岸贸易失衡导致的不良影响将逐渐显现，未来或有可能引发更多的贸易摩擦，不利于两岸贸易的持续稳定发展。

五、大陆对台湾地区贸易前景展望

当前，大陆和台湾地区都面临着国际经济形势深刻变化带来的机遇和挑战，面临着转变经济发展方式、推动经济转型升级的重要任务。在两岸经济已经形成密不可分、互补互利格局的基础上，只有更加积极主动地推进合作，才能更好地整合优势要素，有效应对挑战，实现互利双赢、共同发展。大陆经济持续发展，经济结构加速调整，城镇化、信息化深入推进，居民收入稳步较快增长，将创造巨大的市场需求，为扩大深化两岸经济合作提供更大空间和有力支撑，也将使台湾企业的独特优势得到充分发挥。同时，两岸经济合作委员会的运作和相关协商的推进，也将为深化双方经济合作提供更多机制化保障。随着两岸签署货物贸易协议和争端解决协议，台商在大陆的市场空间将进一步扩大，投资兴业的制度环境将更加完善。

2014 年，两岸关系将进入一个新的阶段，政治互信将进一步深化，两岸经贸关系将进一步推进，人员往来交流将更加频繁，两岸同胞应当把握时代发展趋势，牢牢抓住机遇，加快推动经济合作迈上新台阶，更好地共同应对外部挑战，开辟中华民族经济繁荣振兴的新前景。

---

① 《台湾对大陆投资“却步”前 11 个月“双减”》，国务院台湾事务办公室，2013 年 12 月 27 日。

2013 年中国对韩国贸易进出口年度报告

中韩两国一衣带水，随着经贸往来的不断发展，中韩两国贸易规模不断扩大，尤其是中国加入世界贸易组织以来，中韩外贸进出口年均增速达到了 18.5%①。目前中国已成为韩国第一大贸易伙伴、第一大出口市场和第一大进口来源国，而自 2003 年以来，韩国一直保持我国第六大贸易伙伴地位。

一、2001 年以来我国对韩国进出口概况

据中国海关统计，2001 年中韩两国外贸进出口总值仅为 359 亿美元，2005 年突破1 000亿美元大关，2010 年又迈上了2 000亿美元的台阶。2013 年是中韩两国走过 20 年合作历程，再谱新篇的开局之年，中韩外贸进出口总值再创历史新高，达到2 742.5亿美元，同比增长 7%。其中，出口 911.8 亿美元，同比增长4%；进口1 830.7亿美元，同比增长8.5%；贸易逆差为918.9 亿美元，同比增长 13.4%（图 1）。

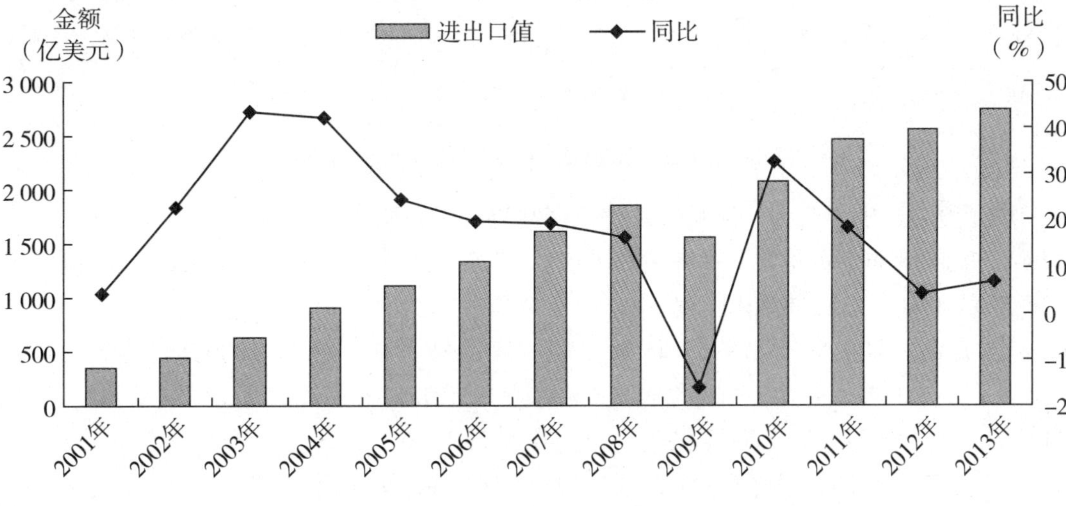

图 1　2001～2013 年我国对韩国进出口年度走势图

据韩国统计数据，自 2004 年开始，我国一直保持韩国第一大贸易伙伴地位。2013 年，韩国对我国进出口2 289.2亿美元，同比增长6.4%，占同期中韩双边贸易总值的21.3%，所占比重较2012 年提升 1.1 个百分点。其中，韩国自我国进口 830.5 亿美元，同比增长 2.8%，占同期韩国进口总值的 16.1%，提升 0.6 个百分点，我国连续 7 年成为韩国最大进口来源地。同期，韩国对我国出口 1 458.7亿美元，同比增长 8.6%，占同期韩国出口总值的 26.1%，提升 1.5 个百分点，我国连续 11 年位居韩国第一大出口市场。

① 计算期间为 2001～2013 年。

二、2013 年我国对韩国进出口的主要特点

（一）月度出口值相对平稳，进口值波动上行

2013 年，我国对韩国贸易月度出口值有 7 个月呈现同比增长。总体来说，月度出口规模相对稳定，有 7 个月保持在 70 亿 ~80 亿美元区间内。我国自韩国月度进口规模仍维持在 100 亿美元以上，自 7 月份起保持在 150 亿美元上方。进口同比增长的月份达到 11 个，其中 12 月份进口 168.7 亿美元，创历史新高。全年各月均为逆差，12 月份逆差 98.3 亿美元，为历史最高点（图 2）。

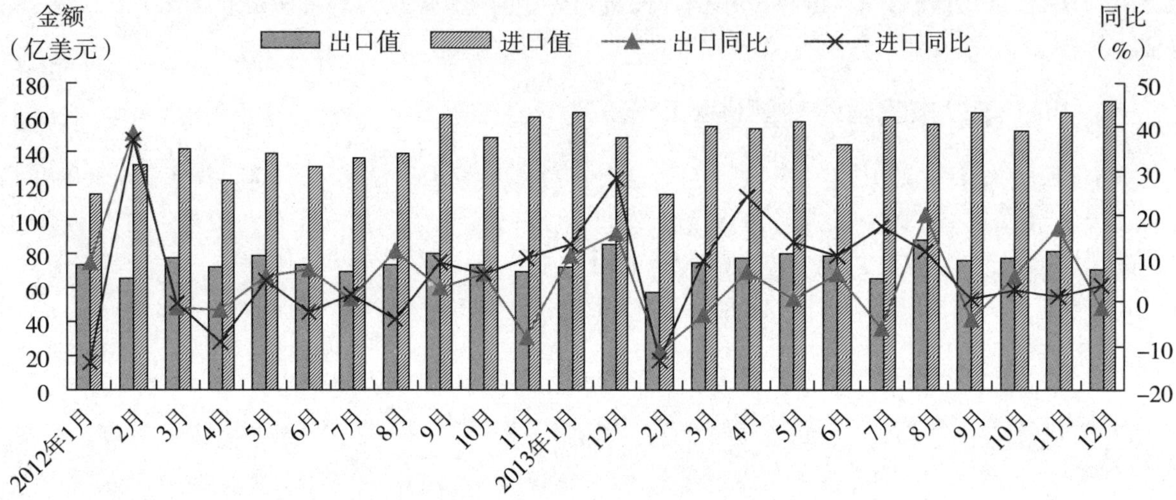

图 2　2012 ~ 2013 年中韩贸易月度走势图

（二）加工贸易进出口乏力，海关特殊监管区域进口增长明显

2013 年，我国以加工贸易方式对韩国进出口1 343.4亿美元，同比增长 3.4%，占同期我国对韩国进出口总值的 49%，比重较 2012 下降 1.7 个百分点。其中，出口 472 亿美元，同比增长 2.4%；进口 871.4 亿美元，同比增长 3.9%。同期，以一般贸易方式进出口1 009.1亿美元，同比增长 8.6%。其中，出口 384 亿美元，同比增长 6.6%；进口 625.1 亿美元，同比增长 9.8%。此外，以海关特殊监管区域方式进出口 368.6 亿美元，同比增长 14.6%，高于总体增速 7.6 个百分点。其中，出口 54.5 亿美元，同比下降 0.7%；进口 314.1 亿美元，同比增长 17.8%。

（三）外商投资企业主导进出口，民营企业进出口表现活跃

2013 年，我国外商投资企业对韩国进出口 1 861.4 亿美元，同比增长 3.9%，占同期我国对韩国进出口总值的 67.9%。其中，出口 576.1 亿美元，同比增长 1.8%；进口 1 285.3 亿美元，同比增长 4.9%。同期，民营企业进出口 604.7 亿美元，同比增长 26.1%，高于总体增速 19.1 个百分点。其中，出口 245.7 亿美元，同比增长 15.7%；进口 359 亿美元，同比增长 34.4%。此外，国有企业进出口 274.4 亿美元，同比微增 0.4%。

（四）广东、江苏为进出口“领头羊”，上海、北京、浙江进出口下降

2013 年，我国对韩国进出口贸易额排名前两位的省市分别为广东和江苏。其中，广东对韩国进出口 702.3 亿美元，同比增长 13.3%；江苏对韩国进出口 582.6 亿美元，同比增长 6.1%；上述两地合计占同期我国对韩国进出口总值的 46.9%。同期，山东对韩国进出口 294.5 亿美元，同比增长 4.1%；上海对韩国进出口 239 亿美元，同比下降 2.1%；天津对韩国进出口 217.2 亿美元，同比增长 11.1%。此外，北京、浙江对韩国分别进出口 151.6 亿美元和 132.9 亿美元，同比分别下降

7.4%和4.9%。

（五）劳动密集型产品出口回暖，船舶出口明显下降

2013年，我国对韩国出口机电产品537.1亿美元，同比增长5.5%，占同期我国对韩国出口总值的58.9%；出口高新技术产品（与机电产品有交叉，下同）356.7亿美元，同比增长12.2%。上述两者出口增速较2012年分别下降10.3个百分点和12.9个百分点。从具体商品看，排名榜首的电话机出口值为114.9亿美元，同比增长31.2%；出口钢材69.5亿美元，同比下降8.1%。同期，分别出口农产品，服装及衣着附件，纺织纱线、织物及制品43.9亿美元、39.5亿美元和28.4亿美元，同比分别增长5.6%、21.1%和10.9%（表3）。此外，对韩国出口船舶10.2亿美元，同比下降55.4%。

表3　2012年和2013年我国对韩国出口主要商品情况表

2012年			2013年		
商品名称	金额（亿美元）	同比（%）	商品名称	金额（亿美元）	同比（%）
机电产品 *	508.8	15.8	机电产品 *	537.1	5.5
高新技术产品 *	317.9	25.1	高新技术产品 *	356.7	12.2
电话机	87.6	113.0	电话机	114.9	31.2
钢材	75.6	-13.7	钢材	69.5	-8.1
农产品	41.6	-0.5	农产品	43.9	5.6
自动数据处理设备及其部件	36.5	-9.7	集成电路	40.1	21.6
集成电路	33.0	-13.1	服装及衣着附件	39.5	21.1
服装及衣着附件	32.6	-7.2	自动数据处理设备及其部件	38.7	6.0
纺织纱线、织物及制品	25.6	-12.4	纺织纱线、织物及制品	28.4	10.9
液晶显示板	25.0	2.0	液晶显示板	22.3	-10.7
船舶	23.0	11.2	电线和电缆	15.0	7.0
未锻造的铜及铜材	16.8	80.0	汽车零件	13.2	16.7

注：*“机电产品”和“高新技术产品”包括表中已列明的有关商品。

（六）进口主要为电子零部件，液晶显示板和成品油进口下降

2013年，我国自韩国进口机电产品1 240.6亿美元，同比增长11.6%，占同期我国自韩国进口总值的67.8%，所占比重较2012年提高1.9个百分点；进口高新技术产品985.8亿美元，同比增长14.7%，占同期我国自韩国进口总值的53.8%，占比较2012年提高2.9个百分点。从具体商品看，集成电路仍是我国自韩国进口的第一大商品，进口值为474.7亿美元，同比增长20.2%；其次是液晶显示板，进口180.6亿美元，同比下降3.9%。同期，进口初级形状的塑料86.9亿美元，同比增长6.8%；成品油79.6亿美元，同比下降13.4%（表4）。

表 4　2012 年和 2013 年我国自韩国进口主要商品情况表

2012 年			2013 年		
商品名称	金额（亿美元）	同比（%）	商品名称	金额（亿美元）	同比（%）
机电产品 *	1 112.0	6.4	机电产品 *	1 240.6	11.6
高新技术产品 *	859.2	11.8	高新技术产品 *	985.8	14.7
集成电路	395.0	17.2	集成电路	474.7	20.2
液晶显示板	187.9	-5.1	液晶显示板	180.6	-3.9
成品油	92.0	-10.9	初级形状的塑料	86.9	6.8
初级形状的塑料	81.4	-5.0	成品油	79.6	-13.4
钢材	41.8	-12.5	二甲苯	43.7	44.1
二甲苯	30.3	43.8	钢材	41.9	0.4
印刷电路	29.9	19.2	汽车零件	34.7	21.3
对苯二甲酸	29.5	-21.9	印刷电路	33.7	12.6
汽车零件	28.6	5.1	自动数据处理设备及其部件	28.6	39.5
纺织纱线、织物及制品	23.3	-5.0	纺织纱线、织物及制品	22.8	-2.1

注：*“机电产品”、“高新技术产品”包括表中已列明的有关商品。

三、2013 年中韩双边贸易进出口的增速趋缓的原因分析

2013 年，我国对韩国贸易延续 2012 年的乏力走势，进出口同比仅为个位数增长，尤其是加工贸易进、出口不畅，增速进一步萎缩至 3.9% 和 2.4%。

（一）国内投资环境优势减弱，影响我国承接韩国产业转移进程

随着人民币升值和劳动力、土地、物流等成本不断上升，我国投资环境优势减弱，并对吸收外资产生了负面影响。与此同时，2012 年 4 月，韩国政府出台企业回国支援方案，不少在华投资企业撤回。2013 年 1 月，韩国知识经济部发布的调查结果显示：电子零部件、电脑、影像、音像、通讯设备等进军中国的五大类行业有望短期内重返韩国①。这些企业多以中国作为生产加工基地，最终组装和出口在韩国国内进行，销售市场面向世界。此外，韩国也在积极开拓中国以外的其他市场，把生产基地转移至越南、泰国等劳动成本较低的东南亚国家。受此影响，我国承接韩国产业转移进程遇阻，2013 年我国对韩国加工贸易进出口增速进一步下滑。

（二）韩国对农产品保护力度加大，加剧我国出口难度

农产品是我国对韩国出口的重要商品之一，虽然 2013 年我国对韩国出口农产品同比增长 5.6%，扭转了 2012 年下降的颓势，但是出口步伐仍显缓慢。韩国为了提高本国的农业生产力，对国内农业生产者实施高额的补贴政策，提高国内农产品价格，建立农产品出口支持体系，并通过市场准入配额管理来限制农产品进口。当进口量超过限定额时，须缴纳较高的配额外关税，我国大部分具有竞争力的农产品均受到影响。此外，韩国还对进口农产品采取了严格的技术性壁垒，不断提

① 《韩国调查在中国投资韩企　列出有望回韩发展行业》，中华网，2013 年 1 月 9 日。

高检验、检疫和安全标准，韩国关税和技术壁垒使得我国原本占据竞争优势的出口农产品在韩国难以获得更大的市场份额。

四、中韩贸易面临的机遇和挑战

（一）自由贸易区谈判取得阶段性成果，将为双边贸易打开广阔前景

在中韩双方经济结构变化、相互竞争加剧、国际市场萎缩的情况下，推动中韩缔结自由贸易区协定（FTA）一直是两国政府的战略共识。自由贸易区建设不仅有利于减少和消除两国间的关税和非关税壁垒，促进贸易和投资，也有利于提升双方在国际经济体系中的地位。截至2013年，中韩FTA已举行了八轮谈判①，谈判也已取得了阶段性成果，双方已就货物贸易降税及协定谈判范围达成共识，最终实现自由化的产品应该占全部商品税目的90%，涵盖进口总额的85%②。中韩两国产业间和产业内贸易日益普遍，彼此互为出口市场的潜力巨大，自由贸易区将为两国贸易打开更为广阔的前景。

（二）货币互换结算稳步推进，有助于两国企业规避汇率波动风险

中韩贸易一度超过95%以美元作为结算货币，汇率浮动给两国企业带来了很大风险。2013年1月“韩中货币互换资金支援贸易结算制度”正式启动，此举直接有利于稳定韩元兑人民币汇率，有效规避了第三方货币结算的汇率波动风险。同时，使用韩元结算减少一次汇兑环节，约可节省汇兑成本的2%③。自1994年起人民币成为韩国跨境交易货币之一，2012年人民币结算量所占比重为0.2%，2013年上半年增至0.4%，结算总额为11.3亿美元④，进入韩国十大跨境交易货币行列，位列第八。积极构筑中韩贸易货币结算系统，降低双方贸易商的交易成本和汇兑风险，提高双边贸易的便利性，有助于促进中韩两国进一步扩大双边贸易。

（三）环渤海毗邻优势逐渐削弱，韩资流向东盟等成本洼地

中韩建交后，我国环渤海地区利用与韩国毗邻的地理优势迅速发力，在吸引韩国投资和开展对韩贸易方面牢牢占据制高点。近年来，随着国内投资经营成本不断增加，环渤海地区在中韩经贸合作中的近水楼台优势正逐渐弱化，2013年，环渤海地区对韩国出口在2012年下降8.4%基础上再度下降0.9%。与此同时，韩国—东盟自由贸易协议签订后，在货物贸易、服务贸易和直接投资等方面的合作正逐渐升级，韩国的制造业投资向要素成本更低的印度尼西亚、越南、泰国等东盟国家转移已经成为趋势，目前东盟已经成为韩国第一大投资目的地和第二大贸易伙伴⑤。

（四）中韩出口商品结构相似，国际竞争日益强烈

韩国的电子制造、机械设备和基础化工行业十分发达，尤其在行业上游优势更为明显。而近年来随着工业化的发展及产业结构的调整与升级，我国在航空航天、微电子技术、生物工程等尖端技术的研究和开发上已经具备了一定优势，一些技术含量和附加值高的产品日益受到国际市场的青睐，中韩两国的贸易结构正从互补转为同领域的竞争。2012年，中韩两国十大出口商品中有半数相互重叠，分别为船舶、半导体、平板显示器、无线通信设备和电子应用设备⑥。中韩企业在汽车、钢铁、电子、造船、IT等行业承接境内外订单和市场开拓方面的竞争加剧。

① 《韩国有意加入TPP贸易协定　对中韩自由贸易区谈判无影响》，中国经济网，2013年12月4日。
② 《中韩之间90%贸易商品可望“零关税”》，中新网，2013年9月18日。
③ 《韩元结算节省汇兑成本约2%》，中国网，2013年9月11日。
④ 《韩媒：人民币成为韩国第八大交易货币》，人民网，2013年9月11日。
⑤ 《东盟分别与日、韩、美举行领导人会议》，网易，2013年10月10日。
⑥ 《中韩十大出口项目多重叠　竞争激烈》，人民网，2013年2月19日。

五、中韩贸易进出口展望

2013 年是中韩合作走过 20 年之后，再谋发展的开局之年。2013 年 6 月韩国总统朴槿惠访华，中韩战略伙伴关系得到进一步巩固和充实。中韩双方提出为实现 2015 年贸易额达到 3 000 亿美元目标，将持续扩大两国间贸易往来，并在产业、技术、能源、金融、海关等领域签署了 7 项谅解备忘录。

2014 年是建成中韩自由贸易区的关键之年，虽然中韩自由贸易区仍处于谈判阶段，韩国方面担心中国农产品竞争力强，可能冲击韩方市场；中国方面也担心韩国微电子和重化工产品较发达，可能冲击中方市场。但建立中韩自由贸易区，促进两国间的贸易和投资，提升双方在国际经济体系中的地位是大势所趋。中韩自由贸易区的建成将推动中韩贸易重上快速发展的轨道，也会产生良好的示范效应，并将有利于东亚地区经济平稳和谐发展。

2013年中国对俄罗斯贸易进出口年度报告

2001年7月16日，中俄签署《中俄睦邻友好合作条约》，将两国“世代友好，永不为敌”的和平思想用法律的形式确定下来，促使两国关系进入了一个崭新的历史阶段。经过十多年的发展，两国政治关系日益紧密，尤其是能源领域合作不断深化，助推中俄贸易规模逐步壮大。2013年3月22～24日，国家主席习近平就任后首次出国访问即选定俄罗斯，表明中国对发展中俄关系的重视，充分体现了中俄关系的高水平和特殊性。其间，中俄签署《中华人民共和国和俄罗斯联邦关于合作共赢、深化全面战略协作伙伴关系的联合声明》，批准《〈中俄睦邻友好合作条约〉实施纲要（2013年至2016年）》行动计划。中俄全面战略伙伴关系有望深入发展，两国各领域双边合作将不断加强，中俄贸易有望得到新的发展空间。

一、2001年以来我国对俄罗斯进出口概况

据中国海关统计，2001～2013年，我国对俄罗斯贸易累计进出口5 781.4亿美元，年均增长19.4%。其中，对俄罗斯累计出口2 916.6亿美元，年均增长27.4%；自俄罗斯累计进口2 864.8亿美元，年均增长14.3%。

2001年，我国对俄罗斯贸易进出口突破100亿美元；2004年，突破200亿美元。2006～2008年，我国对俄罗斯贸易进出口连续突破300亿美元、400亿美元、500亿美元三个关口；2009年、2010年，在国际金融危机冲击下，中俄贸易出现下滑。2011年1月1日，中俄原油管道正式投入运行，助推对俄罗斯贸易突破700亿美元关口；2012年8月22日，俄罗斯正式加入世界贸易组织，提振中俄贸易突破800亿美元关口，再创新高（图1）。2001～2013年，俄罗斯在我国贸易伙伴中的排名相对比较稳固，保持在8～11名之间。2013年，中国继续保持俄罗斯第一大贸易国地位，俄罗斯则是中国第十大贸易伙伴。

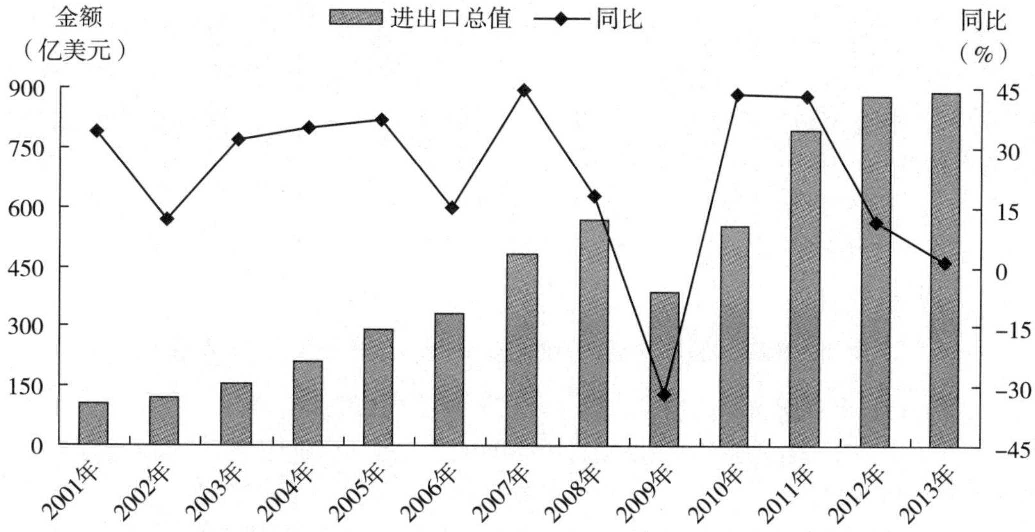

图1　2001～2013年我国对俄罗斯贸易进出口年度走势图

2013 年，我国对俄罗斯贸易进出口 892.1 亿美元，再创历史新高，同比增长 1.1%，低于同期我国进出口整体增速 6.5 个百分点，占同期我国外贸进出口的 2.1%。其中，对俄罗斯出口 495.9 亿美元，同比增长 12.6%；自俄罗斯进口 396.2 亿美元，同比下降 10.3%。2013 年，我国对俄罗斯贸易顺差 99.7 亿美元，时隔两年再次实现对俄罗斯贸易顺差，且顺差额创历史新高。

根据俄方统计数据，2013 年，俄罗斯对我国贸易进出口 683.3 亿美元，同比下降 9%，占同期俄罗斯外贸进出口总值的 11.8%，提升 0.1 个百分点。其中，俄罗斯自我国进口 516.9 亿美元，同比增长 1.3%，占同期俄罗斯外贸进口总值的 18%，提升 0.4 个百分点；俄罗斯对我国出口 166.4 亿美元，同比下降 30.8%，占同期俄罗斯外贸出口总值的 5.7%，下滑 1.1 个百分点。

二、2013 年我国对俄罗斯进出口主要特点

（一）12 月份出口总值创月度新高，下半年进口鲜有增长

2013 年，中俄双边贸易总体呈增长态势，除 2、3 月份外，其余各月进出口均高于 70 亿美元，其中 12 月份进出口 81.3 亿美元，创月度进出口历史新高。从出口看，上半年月度出口整体低于下半年，仅有两个月份的出口超 40 亿美元，且均低于下半年各月总值，2 月份仅出口 30.6 亿美元，为年内最低值；3 月份下降 0.2%，是年内唯一同比下降的月份；12 月份出口 50.3 亿美元，首超 50 亿美元，创月度出口历史新高。从进口看，上半年月度进口整体高于下半年，3 月份下降 26.7%；4 月份进口 37.2 亿美元，为年内最高值；6 月份增长 10.8%，是上半年唯一增长的月份；7 月份增长 9.6%，是下半年唯一增长的月份；9 月份仅进口 28 亿美元（图 2）。

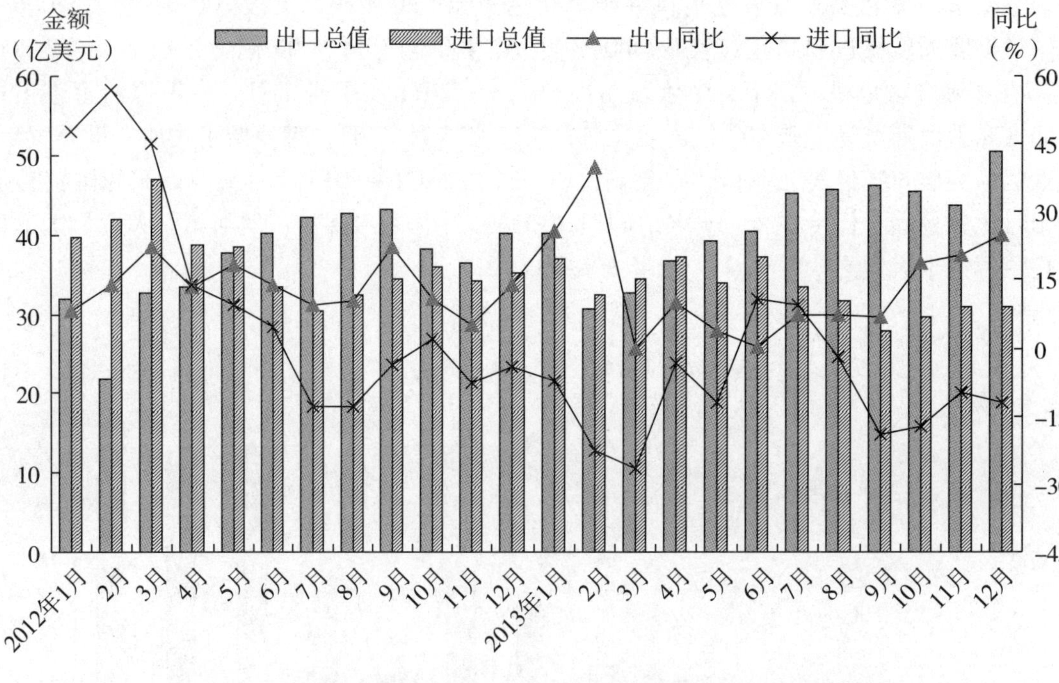

图 2　2012～2013 年我国对俄罗斯贸易进出口月度走势图

（二）一般贸易进出口所占比重超过 6 成，加工贸易进出口略有下降

2013 年，我国以一般贸易方式对俄罗斯进出口 604.3 亿美元，同比增长 5%，占同期我国对俄罗斯贸易进出口总值的 67.7%。其中，出口 328.6 亿美元，同比增长 15.3%；进口 275.7 亿美元，同比下降 5.1%。同期，以加工贸易方式进出口 103.2 亿美元，同比下降 9.5%，占同期我国对俄罗斯贸易进出口总值的 11.6%；以边境小额贸易方式进出口 103 亿美元，同比下降 0.6%，占同期我

国对俄罗斯贸易进出口总值的11.6%。

（三）民营企业引领出口，国有企业主导进口

2013年，我国民营企业对俄罗斯贸易进出口426.6亿美元，同比增长8.2%，占同期我国对俄罗斯贸易进出口总值的47.8%。其中，对俄罗斯出口312.7亿美元，同比增长19.4%；自俄罗斯进口113.9亿美元，同比下降14%。同期，国有企业对俄罗斯贸易进出口303.1亿美元，同比下降4.3%，占同期我国对俄罗斯贸易进出口总值的34%。其中，对俄罗斯出口58.5亿美元，同比增长14.2%；自俄罗斯进口244.6亿美元，同比下降7.8%。此外，外商投资企业对俄罗斯贸易进出口162.4亿美元，同比下降5.1%，占同期我国对俄罗斯贸易进出口总值的18.2%。

（四）黑龙江、浙江、北京和广东位居进出口前四强

2013年，黑龙江对俄罗斯贸易进出口223.6亿美元，同比增长5.8%；浙江进出口106.1亿美元，同比增长10.2%；北京进出口103.7亿美元，同比下降13.2%；广东进出口79.9亿美元，同比增长3%。上述四省（市）进出口合计占同期我国对俄罗斯贸易进出口总值的57.5%。此外，山东、江苏和上海对俄罗斯进出口分别为77.9亿美元、57.8亿美元和45.8亿美元，同比分别下降7.9%、10.1%和12.9%。

（五）机电产品出口雄踞榜首，原油进口独占鳌头

2013年，我国对俄罗斯出口机电产品226.2亿美元，同比增长2.4%，占同期我国对俄罗斯出口总值的45.6%；服装及衣着附件、鞋类、电话机、箱包及类似容器的出口增速均超20%，同比分别增长45.4%、20.4%、49.2%和76.2%；自动数据处理设备及其部件、汽车（含整套散件）的出口降幅明显，同比分别下降22.6%和22%。同期，我国自俄罗斯进口原油197.4亿美元，同比下降3.6%，占同期我国自俄罗斯进口总值的49.8%；成品油、铁矿砂及其精矿、肥料的进口降幅均超20%，同比分别下降33.5%、20.4%和27.9%；煤及褐煤是唯一实现两位数增长的进口商品（表1）。

表1　2013年我国对俄罗斯贸易出口、进口主要商品情况表

出口			进口		
商品名称	金额（亿美元）	同比（%）	商品名称	金额（亿美元）	同比（%）
机电产品	226.2	2.4	机电产品	2.9	-10.2
服装及衣着附件	92.7	45.4	原油	197.4	-3.6
纺织纱线、织物及制品	31.5	13.8	成品油	41.0	-33.5
鞋类	31.3	20.4	煤及褐煤	27.8	15.8
农产品	21.0	8.2	农产品	15.7	0.9
自动数据处理设备及其部件	20.4	-22.6	铁矿砂及其精矿	14.1	-20.4
电话机	13.0	49.2	原木	14.1	-9.9
钢材	11.0	12.6	锯材	13.6	6.1
汽车零件	11.0	5.0	冻鱼	13.0	1.6
汽车（包括整套散件）	9.5	-22.0	肥料	12.1	-27.9
箱包及类似容器	7.3	76.2	纸浆	5.9	-17.4

三、2013 年我国对俄罗斯进出口小幅增长的原因分析

（一）我国部分产品对俄罗斯出口仍有竞争优势和举办索契冬奥会，支撑中俄贸易稳步发展

长期以来，我国以传统劳动密集型产品为代表的商品在俄罗斯市场具有一定价格优势，成为我国对俄罗斯贸易稳定增长的“压舱石”，如 2013 年我国对俄罗斯出口服装及衣着附件、鞋类、电话机、箱包及类似容器的增速高出总体 32.8 个、7.8 个、36.6 个和 63.6 个百分点。而俄罗斯在 2014 年 2 月举办索契冬季奥林匹克运动会也刺激相关产品需求上升，如 2013 年我国对俄罗斯出口体育用具及设备 2.3 亿美元，同比增长 3.2%；钢材和花岗岩石材及制品出口分别为 11 亿美元、0.8 亿美元，同比分别增长 12.6% 和 7.4%。

（二）国内经济处于结构调整和转型升级期在一定程度上影响自俄进口量

我国正处于从投资促进增长向内需拉动增长转变的经济转型期，也主动下调了经济增速。2012 年，我国 GDP 增长 7.7%。据初步核算，2013 年第一季度，我国 GDP 增长 7.7%，第二季度增长 7.5%，第三季度增长 7.8%，全年增长 7.7%①。2013 年 10 月 14 日，中国社科院发布了中国经济形势分析与预测 2013 年秋季报告。报告预计 2014 年增长 7.5% 左右②。国内经济处于结构调整和转型升级期，市场需求扩张动力总体略显不足，抑制进口需求，尤其是成品油、铁矿砂及其精矿、纸浆、肥料、原木等大宗商品进口出现明显下降，拖累了自俄罗斯进口贸易增长。海关统计数据显示，2013 年，我国自俄罗斯成品油进口量减少 29.7%；铁矿砂及其精矿进口量减少 19.3%；纸浆进口量减少 17.2%；肥料进口量减少 16.7%；原木进口量减少 8.3%。

四、我国对俄罗斯贸易进出口的影响因素分析

（一）俄罗斯经济增速放缓，制约中俄贸易快速发展

2013 年，俄罗斯经济发展部三次下调了经济增长预期，将 2013 年经济增速由年初的 3.6% 分别下调至 2.4%、1.8%、1.4%（普京上台以来的最低水平）。同时，将 2014 年和 2015 年的俄罗斯经济增速最终分别下调至 2.5%、2.8%。这意味着俄罗斯将在一段较长的时期里陷入经济停滞局面③。与此同时，世界银行也将俄罗斯 2013 年的经济增长预期由此前的 1.8% 和 2.3% 最终下调至 1.3%，将 2014 年俄罗斯经济增长预期由 3.1% 下调至 2.2%，两者均低于俄罗斯经济发展部的预测水平④。俄罗斯经济 2013 年经历了国际金融危机以来的最差表现，增长速度远低于预期。鉴于俄罗斯经济结构失衡状况仍无改观，并面临资本外流、预算赤字压力增大等问题，俄罗斯经济未来可能进入低增速区间⑤。

（二）俄罗斯贸易壁垒频出，制约中俄贸易有序发展

虽然俄罗斯已加入世界贸易组织，但是其贸易壁垒在短期内不会消除，关税壁垒逐渐减弱，非关税壁垒将不断增强。2013 年，俄罗斯实行的进口限制措施高于 2012 年⑥。据西伯利亚海关网站消息，自 2014 年 1 月 1 日起，进口到俄罗斯的汽车环保标准需达到欧Ⅴ，否则俄罗斯海关将不予发

---

① 《前三季度我国 GDP 同比增长 7.7%　经济增速实现回升》，新民网，2013 年 10 月 19 日。
② 《社科院预测中国今年 GDP 增 7.7%　增速与上年持平》，中国新闻网，2013 年 10 月 14 日。
③ 《俄罗斯下调未来两年经济增长预期》，腾讯财经，2013 年 12 月 4 日。
④ 《世界银行再度下调俄罗斯经济增长预期》，新浪财经，2013 年 12 月 16 日。
⑤ 《结构失衡制约俄罗斯经济增长》，新华网，2013 年 12 月 27 日。
⑥ 《入世后俄罗斯加强产品进口限制》，东北网，2013 年 10 月 29 日。

放交通工具证①。2013 年，我国对俄罗斯出口汽车（含整套散件）9.5 亿美元，同比下降22%；汽车零件出口 11 亿美元，同比增长 5%。这一政策的实施将加剧我国汽车行业开拓俄罗斯市场的难度。另据俄罗斯 prime 网站 2013 年 12 月 16 日报道，俄罗斯工贸部拟定法令草案，拟禁止国家权力机关及国防部门购买外国生产的纺织面料及半成品。禁令涉及面料、鞋袜、服装、皮草、橡胶制品等。俄罗斯轻工纺织协会表示，俄罗斯强令机构采购的国内产品份额由 2011 年的 30% 上升到 2012 年的 70%，预计 2013 年这一比率将达 85%②。俄罗斯凭借其先进的技术优势、较高的环境意识，制定出相对苛刻的技术标准，且呈现不断更新强化之势，致使我国企业处于明显的被动适应地位，不利于我国产品出口，同时也对中俄双边贸易的可持续发展构成障碍。

五、我国对俄罗斯贸易进出口形势展望

尽管中俄贸易增速有所下降，但是中国已连续四年成为俄罗斯第一大贸易伙伴，俄罗斯继续保持中国前十大贸易伙伴地位，表明中俄贸易依然保持着向好的发展势头，而持续升温的两国关系也为中俄贸易发展营造了良好氛围。中俄互利性和经济互补性决定了双方合作意愿依然强烈。

（一）中俄能源领域合作前景可期

2013 年，中俄能源领域合作取得了突破性进展。在原油合作领域，6 月份，中石油与俄罗斯石油公司签署增供原油长期贸易合同，俄罗斯将在目前中俄原油管道（东线）1 500 万吨/年输油量的基础上逐年向中国增供原油，到 2018 年达到 3 000 万吨/年，增供合同期 25 年，可延长 5 年；通过中哈原油管道（西线）于 2014 年 1 月 1 日开始增供原油 700 万吨/年，合同期 5 年，可延长 5 年。此外，中俄合资天津炼厂建成投运后，俄罗斯将向其供应原油 910 万吨/年③。在天然气合作领域，6 月份，中石油与俄罗斯第二大天然气生产商诺瓦泰克公司签署收购亚马尔 LNG 项目 20% 股份框架协议④；9 月份，中石油与俄罗斯天然气工业股份公司签署通过东线管道向中国供应天然气的框架协议，并与俄罗斯诺瓦泰克公司签署液化天然气股权合作协议⑤。规划中的中俄西线天然气管道输气量可达 300 亿立方米/年，东线天然气管道可达 380 亿立方米/年，目前双方正在加紧价格方面的谈判，希望在 2015 年实现通气⑥。此外，2013 年 10 月 15 日俄新网报道，俄罗斯统一电力系统国际公司计划在阿穆尔州建设燃煤电站，用以对华电力出口⑦；2013 年 10 月 19 日俄罗斯燃料元件公司（TVEL）在北京与中核集团签署了价值 10 多亿美元的田湾核电站第三和第四发电机组核燃料供应合同⑧。

（二）俄罗斯远东地区出台外资投资免税新政

远东地区位于俄罗斯的最东部，自然资源极其丰富。俄罗斯高度重视远东地区开发。2012 年 5 月，俄罗斯成立远东发展部。这是俄罗斯对接亚太经济崛起、加大远东开发力度的重要举措⑨。有关部门正在酝酿关于远东联邦区引进专家以及完善移民政策的有关方案，还将提交在远东实施税收

---

① 《2014 年 1 月 1 日起俄进口汽车环保标准需达到欧 5》，驻俄罗斯联邦经商参处，2013 年 12 月 20 日。
② 《俄工贸部建议政府采购禁买外国产服装》，驻俄罗斯联邦经商参处，2013 年 12 月 17 日。
③ 《中俄签署增供原油长期贸易合同　天然气谈判有望突破》，《经济参考报》，2013 年 6 月 25 日。
④ 《中俄签署增供原油长期贸易合同　天然气谈判有望突破》，《经济参考报》，2013 年 6 月 25 日。
⑤ 《中俄天然气东线管道框架协议签署》，新华网，2013 年 9 月 6 日。
⑥ 《中俄贸易逆势增长　合作优势凸显》，新华网，2013 年 1 月 18 日。
⑦ 《俄罗斯希望扩大对华电力出口》，商务部网站，2013 年 10 月 16 日。
⑧ 《中核集团与俄原子能公司签订燃料供应合同》，商务部网站，2013 年 10 月 22 日。
⑨ 《俄罗斯将加大远东矿产资源勘探投资》，新华网，2013 年 11 月 8 日。

优惠等建议，俄罗斯远东地区将迎来新一轮发展机遇①。俄罗斯远东滨海边疆区立法会议通过决议，从2014年1月1日起，将对投资该区的企业实施免税政策。零征税优惠政策针对在滨海边疆区实施投资项目的企业。企业为开展投资项目而购买的资产，三年内不少于1.5亿卢布，或五年内不少于5亿卢布，资产自列入企业资产平衡表之日起五年内实现零征税，五年后下一个五年内税率将为0.5%。该政策将于2014年1月1日起执行，其中包括2013年1月1日以后开始实施投资项目的企业②。

（三）中俄经贸合作正向纵深推进

2013年3月，国家主席习近平访问俄罗斯；2013年10月，俄罗斯总理梅德韦杰夫访问中国，参加中俄总理第十八次定期会晤，并同国家主席习近平会晤。这为中俄经济关系带来了质的飞跃。除了能源领域等传统的货物贸易之外，中俄在改善双边贸易结构，提升合作质量上也取得了积极进展。2013年5月，中国长江中上游地区与俄罗斯伏尔加河沿岸联邦区地方领导人座谈会在武汉举行。两国地区合作从边境相邻地区向内地的扩展是两国务实合作发展的新方向和新亮点，对于提升两国合作质量具有重要意义③。2013年12月5日，在俄罗斯首都莫斯科召开的国际交通论坛上，中国、俄罗斯、哈萨克斯坦三国共同签署了建立交通走廊的系列协定。建立中俄哈交通走廊，可将我国货物通过哈萨克斯坦运输至俄罗斯的时间缩短至10天，这将是关税同盟内主要运输大动脉之一，必将有力促进双边贸易的增长④。2013年12月初，黑龙江省绥芬河市正式被国务院批复为中国首个卢布使用试点市。这是新中国成立以来，首次允许一种外币在我国某个特定领域行使与主权货币同等功能。从短期看，有助于活跃中俄边境地区贸易的发展；从长期看，有助于产生人民币和卢布之间的汇率形成机制，从而对两国贸易和大项目合作产生积极的推动作用⑤。中俄在投资、科技、金融、地区合作等领域的诸多成果为双边经贸合作注入了强劲的发展动力，有助于增强中俄贸易抵御外部不利因素的能力。

---

① 《俄或将陆续出台系列支持远东发展的优惠政策》，商务部网站，2013年11月14日。

② 《俄远东出台外资投资免税新政　对俄投资企业亟须跟进》，黑龙江省人民政府办公厅《专送信息》2013年第830期，2013年12月24日。

③ 《2013年中俄贸易有“加”有“减”》，新华网，2013年12月30日。

④ 《中俄哈签署建立交通走廊系列协定》，商务部网站，2013年12月10日。

⑤ 《2013年中俄贸易有“加”有“减”》，新华网，2013年12月30日。

2013 年中国对澳大利亚贸易进出口年度报告

澳大利亚领土面积全球第六，国土辽阔，且物产丰富，是南半球经济最发达的国家，全球第十二大经济体系和第四大农产品出口国，也是多种矿产出口量全球第一的国家。2013 年，澳大利亚是中国的第八大贸易伙伴、第十大出口市场和第七大进口来源地。

一、2001 年以来我国对澳大利亚进出口概况

中澳双边贸易合作密切，互动频繁，保持着良好的发展势头。2003 年中澳两国签订了中澳经贸合作框架协议，推动双边矿业、农业、服务业、投资、知识产权保护等 16 个领域合作；2005 年，两国启动中澳自由贸易区谈判，现已展开第 19 轮谈判。据中国海关统计，自 2001 年以来我国对澳大利亚贸易值从 2001 年 90 亿美元攀升至 2013 年的 1 363. 8 亿美元，进出口规模实现逐年递增，2001 ~2013 年累计进出口 7 408. 8 亿美元，年均增速达 25. 4%。其中，我国自澳大利亚进口从 2001 年的 54. 3 亿美元增至 2013 年的 988. 2 亿美元，累计进口 4 956. 4 亿美元，年均增长 27. 4%。对澳大利亚出口从 2001 年的 35. 7 亿美元增至 2013 年的 375. 6 亿美元，累计出口2 452. 4亿美元，年均增长 21. 7%。2013 年，我国对澳大利亚进出口 1 363. 8 亿美元，同比增长 11. 5%，占同期我国外贸进出口总值的 3. 3%。其中，对澳大利亚出口 375. 6 亿美元，同比下降 0. 4%；自澳大利亚进口 988. 2 亿美元，同比增长 16. 8%；贸易逆差 612. 6 亿美元，同比增长 30. 6%（图 1）。

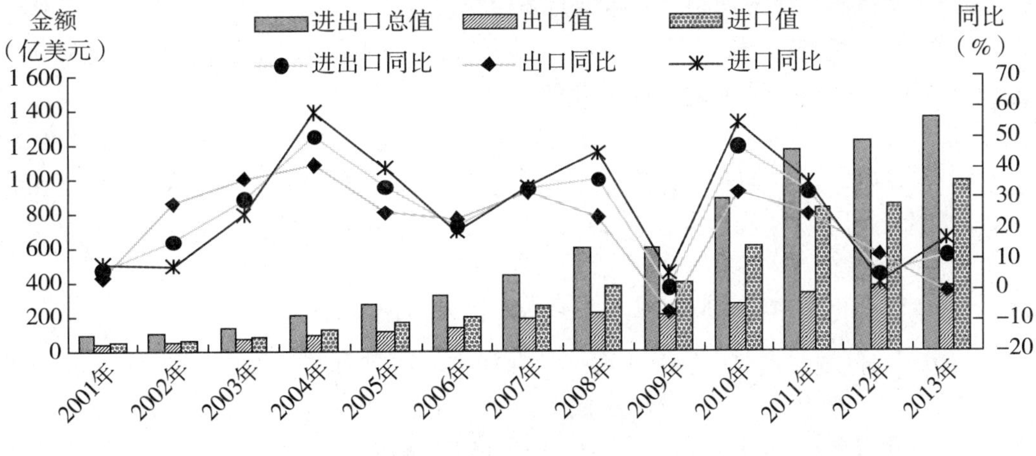

图 1　2001 ~2013 年我国对澳大利亚贸易进出口年度走势图

据澳方数据统计，2013 年，澳大利亚对我国进出口 1 364. 4 亿美元，同比增长 12. 3%，占同期澳大利亚贸易进出口总值的 28. 1%，提升 4. 1 个百分点。其中，澳大利亚对我国出口 909. 9 亿美元，同比增长 20. 5%，占同期澳大利亚出口总值的36%，提升 6. 6 个百分点；澳大利亚自我国进口 454. 5 亿美元，同比下降 1. 3%，占同期澳大利亚进口总值的 19. 5%，提升 1. 1 个百分点。我国是澳大利亚的第一大贸易伙伴、第一大进口来源地和第一大出口市场。

二、2013 年我国对澳大利亚进出口的主要特点

（一）月度进出口连续 13 个月保持增长，进口占比超七成

2013 年，除 2 月份因春节因素，我国对澳大利亚进出口值仅 85. 5 亿美元外，其余各月我国对

澳大利亚进出口值均超过100亿美元；11月份达130.2亿美元，同比增长14.6%，为历史峰值；12月份冲高回落，为123.8亿美元，同比增长12.3%，其中出口31.2亿美元，同比下降1%，进口92.6亿美元，同比增长17.6%。自2012年11月份以来，随着铁矿石价格上涨，进口在我国对澳大利亚贸易进出口中所占比重持续上升，2013年各月进口占比基本维持70%以上（图2）。

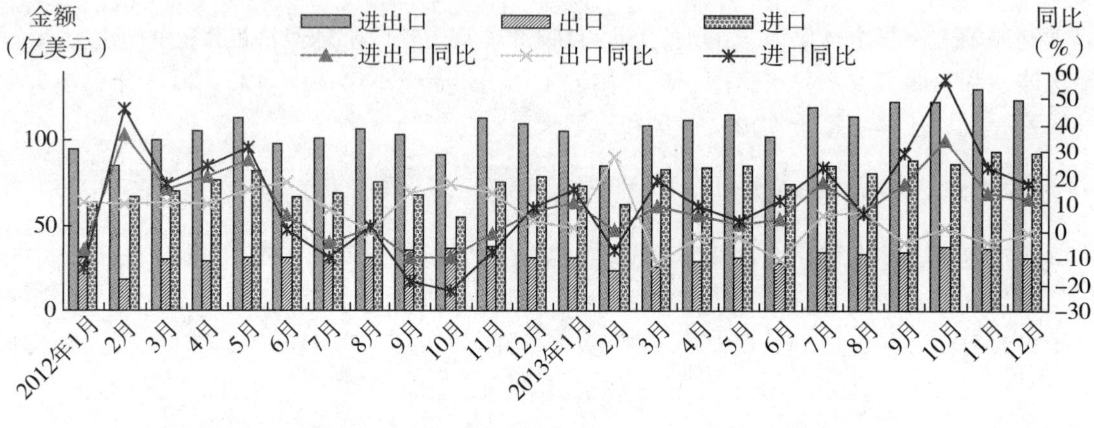

图2　2012～2013年我国对澳大利亚贸易进出口月度走势图

（二）一般贸易进出口占主导地位

2013年，我国以一般贸易方式对澳大利亚进出口1 128.5亿美元，同比增长15.3%，占同期我国对澳大利亚进出口总值的82.7%。其中，出口219.8亿美元，同比增长2%；进口908.7亿美元，同比增长19%。此外，以加工贸易方式进出口159.2亿美元，同比下降3.3%。

（三）民营企业进出口快速增长，超越国有企业跃居首位

2013年，民营企业对澳大利亚进出口505.3亿美元，同比增长31%，高于我国对澳大利亚进出口增速19.5个百分点，占同期我国对澳大利亚进出口总值的37%。其中，进口348.9亿美元，同比增长43.7%；出口156.4亿美元，同比增长9.5%。国有企业对澳大利亚进出口460.2亿美元，同比增长0.6%。其中，进口411.7亿美元，同比增长1.4%；出口48.5亿美元，同比下降5.9%。外商投资企业对澳大利亚进出口329.1亿美元，同比增长2.6%。其中，进口158.4亿美元，同比增长14.9%；出口170.7亿美元，同比下降6.7%。

（四）山东快速增长跃居我国对澳进出口首位，广东稳居出口第一

2013年，山东、江苏、北京、广东、上海、浙江六省市对澳大利亚进出口合计占同期我国对澳大利亚进出口总值的66.4%，其中山东对澳大利亚进出口196.4亿美元，同比增长40.7%，从2012年的第3位跃居首位；江苏对澳大利亚进出口158亿美元，同比增长1.8%；北京对澳大利亚进出口154.2亿美元，同比下降17%；广东、上海排位不变，浙江首次突破100亿美元。出口方面，广东以76.2亿美元的出口规模继续位居对澳大利亚出口第一大省，同比增长3.9%。进口方面，山东以163.7亿美元的进口规模领先其他省市，同比增长47%，高出我国对澳大利亚进口整体增速30.2个百分点；此外，天津、河北进口同比分别增长71.9%和26.8%，分别高出我国对澳大利亚进口整体增速55.1和10个百分点。

（五）机电产品出口占据半壁江山

2013年，我国对澳大利亚出口机电产品201.5亿美元，同比下降1.2%，占同期我国对澳大利亚出口总值的53.6%，比2012年回落0.5个百分点。其中，出口机械设备72.8亿美元，同比增长4.9%；出口电器及电子产品55.4亿美元，同比下降7.8%；出口金属制品30.6亿美元，同比增长

9%；出口运输工具22.5亿美元，同比下降10.9%。出口高新技术产品（与机电产品有交叉）75.1亿美元，同比下降5.5%，其中出口计算机与通讯技术55.9亿美元，同比下降4.3%。从具体出口品种看，出口自动数据处理设备及其部件36.6亿美元，同比增长3.3%。同期，我国传统优势产品对澳大利亚出口快速增长，七大类劳动密集型产品合计对澳大利亚出口93.5亿美元，同比增长5%，占同期我国对澳大利亚出口总值的24.9%，上升1.3个百分点（表1）。

表1　2012年、2013年我国对澳大利亚出口主要商品情况表

商品名称	2013年			2012年		
	金额（亿美元）	同比（%）	占比（%）	金额（亿美元）	同比（%）	占比（%）
机电产品	201.5	-1.2	53.6	204.1	10.9	54.1
服装及衣着附件	38.2	7.6	10.2	35.5	6.9	9.4
自动数据处理设备及其部件	36.6	3.3	9.8	35.5	-10.3	9.4
家具及其零件	18.6	-0.1	5.0	18.6	28.3	4.9
纺织纱线、织物及制品	12.1	2.1	3.2	11.8	3.4	3.1
塑料制品	10.3	6.3	2.7	9.7	30.2	2.6
农产品	10.0	11.2	2.7	9.0	0.1	2.4

（六）进口主要为大宗资源商品，铁矿砂进口快速增长拉动增长步伐

2013年，我国自澳大利亚进口铁矿砂549.4亿美元，同比增长22.1%，占我国自澳大利亚进口总值的55.6%；进口煤及褐煤100.7亿美元，同比增长30.2%；进口农产品85.9亿美元，同比增长16%；进口原油25.4亿美元，同比下降22.3%（表2）。

表2　2012年、2013年我国自澳大利亚进口主要商品情况表

商品名称	2013年				2012年			
	金额（亿美元）	同比（%）	重量（万吨）	同比（%）	金额（亿美元）	同比（%）	重量（万吨）	同比（%）
铁矿砂及其精矿	549.4	22.1	41 691.6	18.7	449.0	-9.5	35 138.8	18.5
煤及褐煤	100.7	30.2	8 819.1	48.4	77.3	50.0	5 946.0	82.6
农产品	85.9	16.0	-	-	74.1	15.0	-	-
原油	25.4	-22.3	302.5	-18.6	32.7	-1.3	371.5	-9.0
未锻造的铜及铜材	19.2	52.8	25.5	63.3	12.5	-7.4	15.6	0.2
羊毛	19.0	-0.7	18.2	4.8	19.1	-9.5	17.3	-4.1
棉花	17.6	-8.1	79.6	-2.7	19.1	23.6	81.8	54.6
铜矿砂及其精矿	16.7	7.4	89.2	46.8	15.5	-5.3	60.8	4.9
氧化铝	12.5	-22.9	357.5	-23.2	16.2	133.1	465.7	154.1
锰矿砂及其精矿	11.7	33	485.7	15.7	8.8	-16.2	419.9	-4.0

三、2013年我国对澳大利亚贸易进出口快速增长的原因

中澳两国资源禀赋的高互补性为两国经贸发展奠定了坚实的基础。澳大利亚是我国最大的铁矿

砂进口来源国，2013 年中澳贸易在铁矿砂进口量价齐增的拉动下保持了快速增长。2013 年我国自澳大利亚进口铁矿砂 4.2 亿吨，同比增加 18.7%。同时，国内加大了冶金矿上游治理整顿力度，国内不少矿山关停或减产，短期产生供需缺口，推高国内对进口铁矿砂的需求。

四、当前影响中澳贸易发展的主要问题

（一）澳大利亚贸易政策的调整将给双边贸易发展带来新的变数

2013 年 7 月澳大利亚总理陆克文称，澳大利亚经济已走到十字路口，不能再依靠中国，需要选择新的合作对象，急需加强与亚洲其他国家，尤其是印度尼西亚的合作，并称 2013 年澳大利亚经济依靠与中国贸易的高速增长期已经结束，尽管向中国出口的资源和商品量有所增长，但是收益却减少了 25%，并且可能会继续减少①，澳大利亚此举或将给双边贸易发展带来新的变数。

（二）澳方诸多贸易保护措施制约双边贸易快速发展

澳大利亚与中国的贸易关系是典型的上下游贸易关系，澳大利亚向中国出口铁矿石、石油、羊毛和其他初级原材料，而中国向澳大利亚出口制成品。为保护其经济利益，澳大利亚每年都会出台诸多贸易保护措施，如 2013 年 2 月澳大利亚对原产于中国等国家的热轧钢板进行反倾销立案调查，并对原产于中国的热轧钢板进行反补贴立案调查，2013 年 12 月 19 日澳大利亚对此做出反倾销和反补贴终裁②。澳方的贸易保护措施加重我国外贸企业的进出口成本，制约着双边贸易的发展。此外，2013 年我国铁矿砂 50.9% 的进口量来自澳大利亚，且铁矿砂进口值占到我国对澳大利亚进口总值的 55.6%，铁矿砂进口成为了双边贸易的重要风向标，直接影响着双边贸易值的走势。近几年国际铁矿砂价格剧烈波动，我国对澳大利亚铁矿砂的强依赖性影响中澳双边贸易的稳定持续发展。

五、中澳贸易进出口前景展望

（一）中国需求依然是推动双边铁矿石贸易发展的重要因素

有赖于中国快速增长的需求，澳大利亚各大铁矿石供应商纷纷计划提高产能。力拓集团计划 2017 年之前将西澳大利亚州的皮尔巴拉地区的铁矿石产能从目前的 2.37 亿吨提高至 3.5 亿吨以上，铁矿石的生产能力将比 2012 年增长 50%；2014 财年必和必拓公司也将把西澳大利亚的铁矿石产能从 2012 财年的 1.87 亿吨提高至 2.12 亿吨；澳大利亚的大型铁矿石企业 FMG 集团计划 2014 年 3 月之前，将铁矿石年出口量从 2012 财年的 8 090 万吨提高至 1.55 亿吨③。澳大利亚各大铁矿石巨头针对中国市场的增产计划势必将带动双边铁矿石贸易的持续快速发展。

（二）澳大利亚光伏电站建设计划为我国光伏产业提供了新的市场机会

充足的阳光、广阔的国土空间使澳大利亚成为非常适合建设太阳能光伏发电站的国家。2013 年 8 月澳大利亚政府宣布，将在国内建设两个太阳能光伏发电站，其中一个 102 兆瓦的太阳能光伏电站将成为南半球最大的太阳能发电站④。因此，我国光伏企业可将更多目光投向这一新的市场以降低对欧美市场的依存度，这也会为中澳双边贸易带来新的贸易增长点，使得双边贸易更趋于多元化和健康发展。

---

① 《陆克文称澳大利亚经济面临新选择　不能只靠中国》，环球网，2013 年 7 月 11 日。

② 《澳大利亚对华热轧钢板作出反倾销和反补贴终裁》，中国贸易救济信息网，2013 年 12 月 19 日。

③ 《瞄准中国需求　铁矿石巨头纷纷增产》，中国贸易救济信息网，2014 年 1 月 7 日。

④ 《澳大利亚将建最大光伏电站新兴市场机会显现》，中国贸易救济信息网，2013 年 8 月 13 日。

2013年中国对印度贸易进出口年度报告

2008年国际金融危机以来，中国和印度无疑是全球经济舞台上最耀眼的两颗明星，两国经贸合作具有战略意义和全球影响。虽然在战略合作伙伴关系的框架下，两国关系整体朝着积极的方向不断迈进，但是近两年受印度经济增长疲软及一系列干扰因素影响，中印贸易持续下滑，目前尚不足700亿美元，与两国的经济总量与贸易地位存在较大差异。

一、2001年以来我国对印度进出口概况

据中国海关统计，2001～2013年，我国对印度贸易累计进出口4 747.6亿美元，年均增长27.4%。其中，对印度累计出口3 101.8亿美元，年均增长31%；自印度累计进口1 645.8亿美元，年均增长21.2%。

2001～2011年，中印贸易基本实现跨越式发展。继2004年首次突破百亿美元关口后，我国对印度贸易进出口快速增容，2011年达739.1亿美元，创历史新高。但近两年，随着印度经济增速回落再加上双边经贸中的干扰因素影响，中印贸易呈现萎缩态势。2013年，我国对印度贸易进出口654.7亿美元，在2012年同比下降10.1%的基础上再降1.5%，印度连续两年成为与我国双边贸易总值唯一呈下降态势的“金砖国家”。其中，我国对印度出口484.4亿美元，同比增长1.6%；自印度进口170.3亿美元，同比下降9.4%；贸易顺差314.1亿美元，同比增长8.8%（图1）。

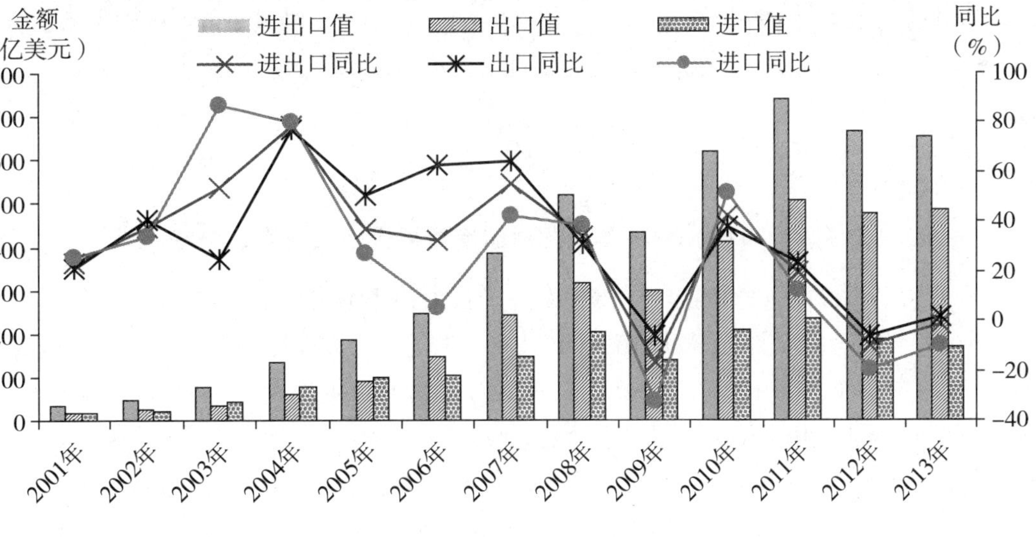

图1　2001～2013年我国对印度贸易进出口年度走势图

2013年，我国对印度进出口占同期我国外贸进出口总值的1.6%，下滑0.1个百分点，印度连续两年保持我国第十二大贸易伙伴地位。其中，我国自印度进口占同期我国外贸进口总值的比重为0.9%，下滑0.1个百分点，印度在我国进口来源地排名退后两位仅排至第19位；我国对印度出口占同期我国外贸出口总值的2.2%，下滑0.1个百分点，印度在我国出口市场排名退后1位至第8位。

根据印度统计数据，2013年1～11月，印度对我国贸易进出口600.4亿美元，同比下降2.8%。其中，印度自我国进口472.5亿美元，同比下降1.9%，占同期印度外贸进口总值的11%，提升

0.2个百分点；印度对我国出口127.9亿美元，同比下降5.7%，占同期印度外贸出口总值的4.5%，下滑0.5个百分点；我国维持印度的第二大贸易国（与位列榜首的阿联酋仅差1.5亿美元）、第一大进口来源地和第三大出口市场的地位。

二、2013年我国对印度进出口主要特点

（一）进、出口走势迥异，9月份起进口快速增长推动第四季度进出口回暖上升

2013年1～11月，我国对印度单月进出口规模基本在55亿美元上下小幅波动，12月份升至62.2亿美元，尚未恢复至2011年下半年水平。前三季度，多数月份延续下降态势，但降幅呈收窄之势，第四季度恢复增长。其中，进、出口表现迥异，月度出口规模前高后低，8月份起持续5个月下降；而进口则走势相反，6月份筑底回升，受上年同期基数较小影响，9月份起月度进口同比恢复增长，且均超过25%。12月份，我国对印度出口40.6亿美元，同比下降4.8%；自印度进口21.6亿美元，同比增长61.6%（图2）。

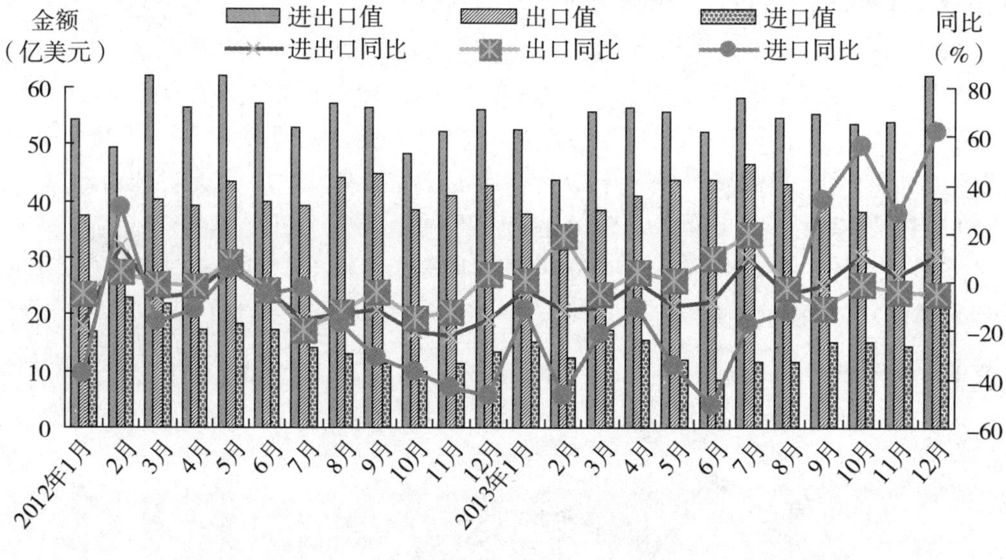

图2　2012～2013年我国对印度贸易进出口月度走势图

（二）一般贸易进口所占比重持续下滑，对外承包工程货物出口下降超4成

2013年，我国以一般贸易方式对印度进出口444.3亿美元，同比微增0.1%，占同期我国对印度进出口总值的67.9%。其中，出口345.2亿美元，同比增长4.8%，占同期我国对印度出口总值的71.3%，所占比重比2012年提升了2.2个百分点；进口99.1亿美元，同比下降13.4%，占同期我国自印度进口总值的比重由2008年的83.2%逐年降至58.2%。同期，我国以加工贸易方式对印度进出口138.5亿美元，同比增长3.7%，占同期我国对印度进出口总值的21.2%。其中，出口100.3亿美元，同比增长1.8%；进口38.2亿美元，同比增长8.8%。同期，对印度承包工程出口货物13.3亿美元，在2012年下降34.4%的基础上再降42.8%。

（三）民营企业逆势增长，国有企业持续大幅下滑

2013年，我国民营企业对印度进出口306.8亿美元，同比增长8.6%，占同期我国对印度进出口总值的46.9%，所占比重较2012年提升4.4个百分点。其中，出口233.3亿美元，同比增长14%；进口73.5亿美元，同比下降5.4%。同期，外商投资企业对印度进出口218.2亿美元，基本与2012年持平，占同期我国对印度进出口总值的33.3%。其中，出口165.6亿美元，同比增长

0.5%；进口52.6亿美元，同比下降1.8%。此外，国有企业对印度进出口129.6亿美元，在2012年下降27.3%的基础上再降21%，占同期我国对印度进出口总值的19.8%。其中，出口85.5亿美元，同比下降20.3%；进口44.1亿美元，同比下降22.2%。

（四）广东、江苏、浙江、上海和山东居进出口前列

2013年，我国对印度进出口贸易值超50亿美元的省市仅广东、江苏、浙江、上海和山东五地。其中，广东和浙江分别进出口100.7亿美元和86.4亿美元，同比分别增长0.3%和3.9%；江苏、上海和山东分别进出口99.9亿美元、72.7亿美元和56.4亿美元，同比分别下降1.9%、11.7%和14.5%。上述五省市对印度进出口合计占同期我国对印度进出口总值的63.6%。

（五）对印出口自动数据处理设备、电话机、服装增长，肥料、钢材下降明显

2013年，我国对印度出口机电产品258.6亿美元，同比下降1.4%，占同期我国对印度出口总值的53.4%。其中，自动数据处理设备及其部件、电话机和二极管及类似半导体器件出口保持较好的增势，而家电出口值同比下降12.6%。同期，我国对印度出口肥料和钢材降幅超过20%，服装出口同比增长61.8%（表1）。

（六）铁矿砂进口地位持续下降，进口棉花下降但纺织纱线激增

由于近年来印度限制铁矿砂出口，我国自其进口铁矿砂量连续4年减少，2013年自印度进口铁矿砂1 165.4万吨，同比减少64.9%，价值14.7亿美元，同比下降60%，占同期自印度进口总值的比重降至8.6%，比2012年下滑11个百分点，而2008年这一比重高达66.1%。2013年，境内外棉花及棉纱差价受国家收储政策托底影响日益扩大，因棉花进口受到配额限制，我国服装企业转而直接从境外采购具有价格优势且不受配额限制的棉纱，导致自印度进口棉花下降，而进口纺织纱线激增。2013年，自印度进口棉花119.3万吨，同比减少17%，价值22.4亿美元，同比下降26.1%。因棉花在自印度进口农产品总值的比重近7成，从而导致农产品进口同比下降19.8%，但仍位列进口值第一。进口纺织纱线21.3亿美元，同比增长92.2%，跃升为自印度进口第二大商品。同期，自印度进口钻石17.1亿美元，同比快速增长36.6%。未锻造的铜及铜材进口值降幅在两位数以上。此外，自印度进口机电产品13.2亿美元，同比增长9%，占自印度进口总值的7.7%（表1）。

表1　2013年我国对印度进、出口主要商品统计表

出口				进口			
商品名称	金额（亿美元）	同比（%）	占比（%）	商品名称	金额（亿美元）	同比（%）	占比（%）
自动数据处理设备及其部件	32.5	13.6	6.7	农产品	32.9	-19.8	19.3
纺织纱线、织物及制品	29.3	9.6	6.1	纺织纱线、织物及制品	21.3	92.2	12.5
肥料	19.1	-35.7	3.9	未锻造的铜及铜材	18.7	-13.7	11.0
钢材	16.9	-25.4	3.5	钻石	17.1	36.6	10.0
电话机	14.5	38.4	3.0	铁矿砂及其精矿	14.7	-60.0	8.6
医药品	12.7	4.3	2.6	初级形状的塑料	5.4	-8.9	3.2
服装及衣着附件	8.4	61.8	1.7	二甲苯	2.8	-17.2	1.6
家电	7.8	-12.6	1.6	牛皮革及马皮革	2.3	4.1	1.4
二极管及类似半导体器件	7.3	109.9	1.5	服装及衣着附件	1.1	-10.5	0.7
家具及其零件	7.2	15.2	1.5	成品油	1.0	-76.9	0.6

三、2013年中印贸易增长疲弱的原因分析

（一）印度经济表现欠佳，制约双边贸易扩容

2011财年以来，印度经济增速一路下滑。2012财年印度经济增速为5%，创下10年来最低。2013年，受到美国退出量化宽松货币的政策预期影响，大量资本从新兴市场撤出，引起印度卢比大幅贬值、通胀高企，同时印度还面临着高财政赤字和经常账户赤字等风险，诸多经济难题致使其经济增速进一步放缓。据印度政府公布的数据，2013财年第一季度（4~6月份）经济增速为4.4%，第二季度（7~9月份）为4.8%①。世界银行2014年1月14日发布的最新报告显示，印度经济2013~2014财年预计增长4.8%②。同时，中国在外部需求减弱和内部宏观调控大背景下，经济增速放缓，2013年我国国内生产总值增速为7.7%，这是1999年以来最低值。两国经济目前均面临诸多挑战。

（二）印度加强对本国资源的管控，对中印贸易产生直接影响

为振兴本国制造业，印度近年来逐步加强对本国资源的控制力度，导致铁矿石出口已连续数年下滑。据2014年1月15日印度《商业标准报》报道，印政府2012年下半年开始对果阿邦采矿及出口实施禁令，再加上之前对卡纳塔克邦出口的禁令尚未完全松绑，使得2013年印度铁矿石出口雪上加霜，全年出口量为1 410万吨，同比下降52.5%，仅为峰值2009年的1/10③。国际贸易中心数据显示，2002~2010年间印度均为全球仅次于澳大利亚和巴西的铁矿石第三大出口国，2011年被南非超越成为第四，2012年降至第六，2013年这一排名持续下滑。而中国是全球最大的铁矿石消费国，铁矿石曾经作为中印贸易最重要的商品，仅铁矿砂进口一项，直接导致2013年我国自印度进口同比下降11.7个百分点，印度在我国铁矿石进口来源地按量排名骤降至第九。虽然果阿铁矿2014年有望重新获得出口许可，但是由于印度可能更多地限制或禁止铁矿石的生产和出口，印度将难以恢复全球第三大铁矿石出口国地位④。

（三）中印贸易结构竞争性大于互补性，导致中印贸易难以向纵深发展

中印两国贸易结构存在一定的相似性，其竞争性大于互补性。作为同是劳动力充裕的发展中国家，中印两国产品特别是劳动密集型产品在双边贸易及第三国市场上均存在竞争。与此同时，中印都是能源消费大国，印度对石油和煤炭等资源性产品需求快速增加。据印度统计数据，2013年1~10月份，印度进口协调制度（HS）第二十七章矿物燃料、矿物油及其产品、沥青等商品值占其进口总值的比重为38.9%，2011年和2012年全年这一比重分别为33.9%和37.4%。两国贸易互补性的欠缺再加上竞争性增强，使双边贸易难以向纵深方向发展。

四、中印贸易的影响因素分析

（一）印度取消棉花、棉纱等产品出口激励政策，恐对我国自印进口产生影响

据2014年1月1日印度有关报道，印度财政部决定，棉花、棉纱、肉类和肉制品将不再享受出口激励政策。在出口激励政策的支持下，这些产品的出口量已明显激增，2013年4~11月份印度出口棉纱93.7万吨，增幅高达42%⑤，印度棉纱已占中国进口棉纱总量的近3成。2013年我国自印

---

① 《印度：破解经济难题需深化改革》，《金融时报》，2014年1月15日。

② 《印财长：印度经济将在三年内回归高增长》，中国驻印度使馆经商参处，2014年1月16日。

③ 《印度2013年铁矿石出口下降52%》，中国驻印度使馆经商参处，2014年1月15日。

④ 《印度2013年铁矿石出口下降52%》，中国驻印度使馆经商参处，2014年1月15日。

⑤ 《印度取消棉花、棉纱、肉类和肉制品出口激励政策》，中国驻印度使馆经商参处，2014年1月2日。

度进口棉花119.3万吨，印度超过美国，成为我国棉花第一大进口来源国。其中，2013年12月，受滑准税配额即将到期、储备棉投放等级较低、印度棉集中大量上市等因素影响①，我国自印度进口棉花34.2万吨，同比增加1.6倍，带动了我国自印度进口值的回升。若印方取消上述产品出口激励政策，恐对我国自印度进口产生影响。

（二）印度市场开放程度不高，对华贸易救济措施频发，挤压我国产品的出口空间

目前，印度政府对经济行政干预过多，行政审批程序繁杂，政策透明度不高，投资环境不够完善②。而由于中印两国产品结构同质化严重，且印度对中国贸易逆差日趋扩大，加剧了双边贸易摩擦。2011年至今，印度对我国发起反倾销调查的品种已超过30种，如受调查的钢材产品2013年对印度出口16.9亿美元，同比下降25.4%。此外，印度还不断对中国出口产品采取多种形式的贸易歧视措施，如不合理的征税、配额、禁止进口等。以印度、巴西等为首的发展中国家对中国产品发起的贸易救济案件数量和涉及金额均超过发达国家，呈现出单个案件涉案金额小、总体规模大的特点，其对我国发起贸易救济调查的产品大都集中在中国传统优势领域，轻工产品、钢铁等首当其冲③。而目前，印商会呼吁扩大对华平板不锈钢产品征税，并申请对我国塑料加工机械、聚酯纱线、维生素E等多项产品发起反倾销日落复审调查④。市场开放度不高以及频发的贸易摩擦，不利于中印经济发展与合作，给中印贸易带来负面影响。

（三）非经济因素时有干扰，给双边贸易蒙上阴影

边境问题始终是中印之间尚未解决的棘手问题，影响两国关系的发展。2013年4月份，中印边界发生了“帐篷对峙”事件。虽然双方都从两国关系大局出发，本着建设性的合作态度，保持克制，通过高层接触、外交和边防会晤等渠道，使得对峙事件趋于缓和。与官方冷静态度相比，印度媒体对此进行了连篇累牍的报道，并借此渲染“中国入侵论”，其对双边经贸关系的负面制约作用，也不可忽视⑤。

五、中印贸易前景展望

（一）中印两国深化改革，为两国经贸关系提供新的动力

目前，中印两国均分别制定了本国的“十二五”规划。中共十八届三中全会掀起了我国新一轮改革浪潮，致力于构建开放型经济新体制，实现更高水平的对外开放。同时，为改善经济状况，印度政府从2013年9月份以来采取了一系列措施，如放宽外资对电信、保险、零售和民航领域投资限制等。2014年5月份，印度将举行全国大选，一向主张推行强力改革的印度人民党候选人莫迪有可能上台，这可能有利于印度改革深化，形成经济快速发展的环境⑥。随着两国在向更完善的市场经济迈进，中印两国的进一步改革与发展，必将为中印互利合作提供更广阔的空间。

（二）中印政治高层互访，助推双边经贸合作

目前，中印两国高层互动密切频繁，战略互信不断加强。国家主席习近平和印度总理辛格在南非金砖峰会和20国集团峰会期间两度会晤，为中印关系未来发展勾勒了宏伟蓝图；李克强总理上任后首次出访，第一站就是印度，充分体现出新一届中国政府对中印关系的高度重视。随后，印度

---

① 《中国棉花进口月度报告（2013年12月）》，中国棉花协会，2014年1月17日。

② 《国别贸易投资环境报告2013年》，商务部，2013年4月18日。

③ 《国外对华贸易救济案件数量金额高位运行》，《中国贸易报》，2013年12月26日。

④ 资料来源于中国驻印度使馆经商参处。

⑤ 《中印帐篷对峙事件回顾》，中国经济网，2013年5月7日。

⑥ 《印度：破解经济难题需深化改革》，《金融时报》，2014年1月15日。

总理辛格访问中国，实现了自1954年以来两国总理的首次年内互访。此外，中印第5轮战略对话、中印缅孟经济走廊联合工作小组第一次会议等也先后举行，两国务实合作从商品贸易、工程承包向服务贸易等领域拓展，并就在印度建设工业园区、开展铁路合作、加强投资合作达成原则共识，有利于早日实现中印经贸平衡发展和本地区共同繁荣①。

2014年是中印友好交流年，也是和平共处五项原则发表60周年，中印双方本着互利共赢的原则深入推进两国经贸关系，围绕丝绸之路经济带、中印缅孟经济走廊、海上丝绸之路经济带等重大经济体系建设恰当的合作机制，将促使两国贸易再上新台阶。

① 《魏苇大使在〈印度教徒报〉发表文章〈开辟中印关系发展新篇章〉》，中国驻印度大使馆，2014年1月6日。

2013年中国对加拿大贸易进出口年度报告

自1970年中国与加拿大建交并于1973年签订政府间贸易协定以来，两国贸易往来日益密切，对外贸易一直是两国之间经济增长的重要推动力。近年来，中加经济贸易关系已从单一的商品贸易发展到全方位、多领域、多元化的贸易和经济技术合作格局，并带动了两国进出口规模不断扩大。2013年，我国已成为加拿大第二大贸易伙伴①，而加拿大也成为我国第十五大贸易伙伴②。

一、2001年以来我国对加拿大进出口概况

据中国海关统计，加入世界贸易组织以来，我国对加拿大进出口值由2001年的73.7亿美元持续攀升，自2003年突破百亿美元大关后，进出口增速连续6年保持在两位数以上。2009年，由于全球金融危机的冲击，中加贸易出现负增长；随着金融危机影响逐渐消退，2010年中加贸易再次进入快车道。2012年，我国对加拿大进出口值首次突破500亿美元。2013年，我国对加拿大进出口544.4亿美元，同比增长6%，占同期我国外贸进出口总值的1.3%，所占比重与2012年基本持平（微降0.02个百分点）。其中，我国对加拿大出口292.2亿美元，同比增长3.9%；我国自加拿大进口252.2亿美元，同比增长8.7%；实现贸易顺差40亿美元，同比下降18.6%。2001～2013年，我国对加拿大贸易累计进出口3 680.5亿美元，年均增长18.1%。其中，对加拿大累计出口2 122.7亿美元，年均增长19.8%；自加拿大累计进口1 557.8亿美元，年均增长16.5%（图1）。

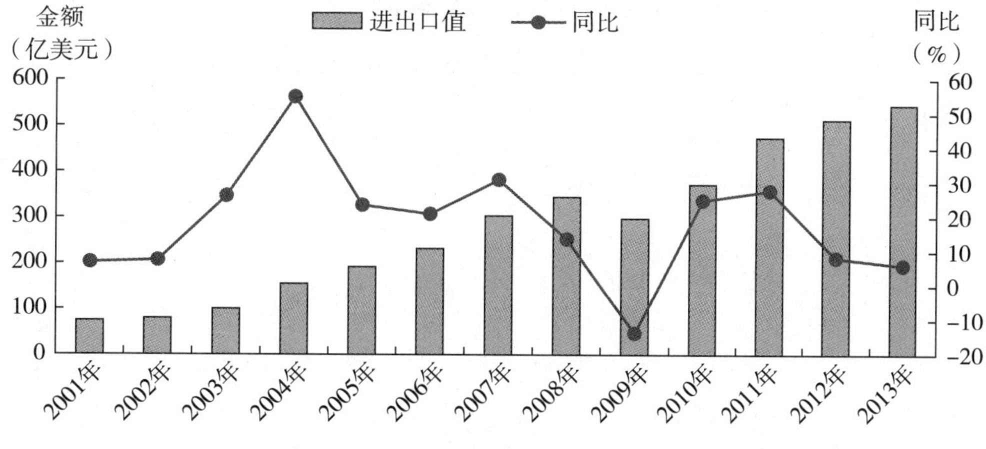

图1　2001～2013年我国对加拿大进出口年度走势图

与此同时，凭借长期稳定的增长速度，加拿大对我国进出口贸易在加拿大对外贸易中的比重也逐年提升。根据加拿大统计数据，2013年加拿大对我国进出口710.5亿美元，同比增长1.3%，占同期加拿大对外贸易总值的7.7%，比2012年提升0.1个百分点，我国也继续保持加拿大第二大贸易伙伴国的地位（仅次于美国）。其中，加拿大自我国进口511.4亿美元，同比增长0.7%，占同期加拿大外贸进口总值的11.1%，提升0.1个百分点；加拿大对我国出口199.1亿美元，同比增长

① 根据加拿大统计的货物贸易数据。

② 根据中国统计的货物贸易数据（欧盟和东盟作为整体计算）。

2.7%，占同期加拿大外贸出口总值的4.4%，提升0.1个百分点。

二、2013年我国对加拿大进出口的主要特点

（一）12月份进出口值创历史新高

由于春节因素影响，2013年2月份我国对加拿大进出口大幅回落，此后开始震荡反弹，12月份进出口值升至51.3亿美元，创历史新高，同比增长5.8%，环比增长4.7%。其中，对加拿大出口在2013年下半年呈波动趋势，12月份出口值为26.7亿美元，同比增长4.6%，环比增长0.5%；12月份自加拿大进口24.6亿美元，同比增长7.1%，环比增长9.5%（图2）。

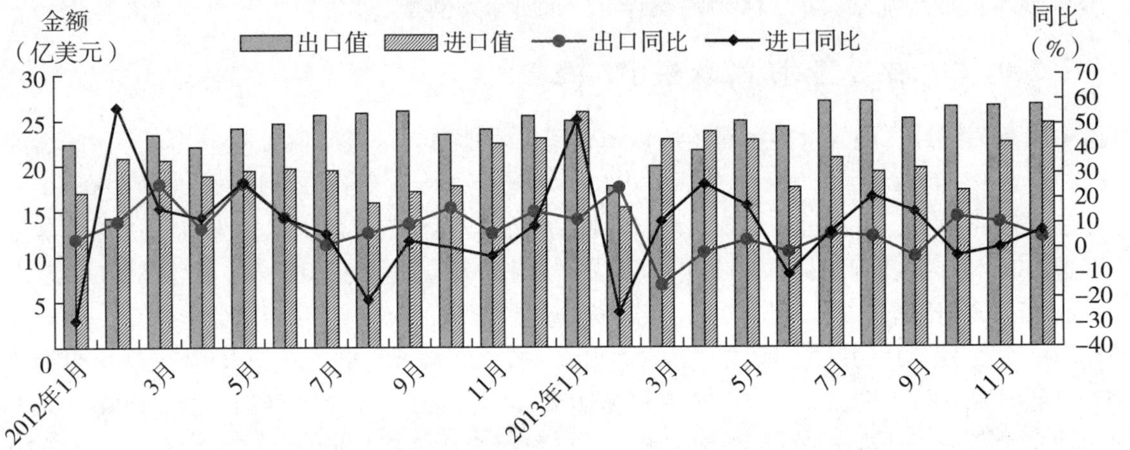

图2　2012～2013年我国对加拿大进出口月度走势图

（二）一般贸易进出口为主，加工贸易进出口增长乏力

2013年，我国以一般贸易方式对加拿大进出口369.6亿美元，同比增长6.5%，占同期我国对加拿大进出口总值的67.9%。其中，出口172亿美元，同比增长5.6%；进口197.6亿美元，同比增长7.3%。同期，以加工贸易方式对加拿大进出口130.5亿美元，同比增长2.4%，占同期我国对加拿大进出口总值的24%。其中，出口105.6亿美元，同比增长1.9%；进口24.9亿美元，同比增长4.4%。

（三）外商投资企业与民营企业份额此消彼长

2013年，我国外商投资企业对加拿大进出口215.9亿美元，同比下降0.8%，占同期我国对加拿大进出口总值的39.7%，所占比重比2012年下降2.7个百分点；民营企业对加拿大进出口204.2亿美元，同比增长14.7%，所占比重由2012年的34.7%上升至37.5%；国有企业对加拿大进出口114.3亿美元，同比增长0.6%，占同期我国对加拿大进出口总值的21%。

（四）广东、江苏、浙江和上海居进出口前4位

2013年，广东对加拿大进出口96.8亿美元，同比增长6.7%；江苏78.2亿美元，同比增长1%；浙江61.6亿美元，同比增长8.3%；上海56.9亿美元，同比增长5%。上述四地合计占同期我国对加拿大进出口总值的53.9%。

（五）出口商品中机电产品占半壁江山，劳动密集型产品普遍增速较快

2013年，我国对加拿大出口机电产品149.4亿美元，同比增长3.2%，占同期我国对加拿大出口总值的51.1%。其中，机械设备47.9亿美元，同比下降0.9%；电器及电子产品45.8亿美元，同比下降0.1%。同期，对加拿大出口的劳动密集型产品中，除家具外其余商品出口增速普遍高于整体。其中，服装及衣着附件31.8亿美元，同比增长11.2%；纺织纱线、织物及制品10.6亿美元，同比

增长 8.1%；塑料制品 9 亿美元，同比增长 10.4%；鞋类 8.3 亿美元，同比增长 7.6%（表 1）。

（六）进口商品主要为农产品、机电产品、纸浆和铁矿砂等

2013 年，我国自加拿大进口农产品 57.7 亿美元，增长 7.8%，占同期我国自加拿大进口总值的 22.9%。其中，粮食 13.8 亿美元，同比增长 46.4%；食用植物油 11.7 亿美元，同比下降 8.4%。同期，进口机电产品 39.9 亿美元，同比增长 12.1%；分别进口纸浆、铁矿砂及其精矿 27.1 亿美元和 21 亿美元，同比分别下降 0.3% 和 12.2%（表 1）。

表 1　2013 年我国对加拿大进、出口主要商品情况表

出口			进口		
商品	金额（亿美元）	同比（%）	商品	金额（亿美元）	同比（%）
机电产品	149.4	3.2	农产品	57.7	7.8
服装及衣着附件	31.8	11.2	机电产品	39.9	12.1
家具及其零件	16.5	-3.8	纸浆	27.1	-0.3
纺织纱线、织物及制品	10.6	8.1	铁矿砂及其精矿	21.0	-12.2
农产品	9.5	-5.3	煤及褐煤	17.4	18.0
塑料制品	9.0	10.4	锯材	15.5	22.8
鞋类	8.3	7.6	铜矿砂及其精矿	11.4	21.9
钢材	6.2	-18.7	乙二醇	7.4	27.9
箱包及类似容器	4.9	5.9	肥料	5.4	11.5
新的充气橡胶轮胎	4.4	-7.8	原木	5.4	35.6

三、2013 年我国对加拿大进出口增长的主要原因

（一）中加经济互补性较强，为双边贸易发展提供了良好基础

我国与加拿大资源禀赋和经济结构的高互补性是两国间贸易规模不断扩大的基础。从两国各具竞争优势产品的种类来看，我国具有竞争优势的产品主要为服装、纺织品和机械设备等，而加拿大具有竞争优势的产品主要为能源、矿产品和农林产品等，双边货物贸易体现出较强的互补关系。从生产和消费市场来看，我国庞大的商品和服务需求市场给加拿大提供了众多出口机会，而加拿大进口我国物美价廉的制成品，也能弥补加拿大人口较少所导致的劳动密集型商品不足和价格相对较高的问题。

（二）两国双边合作不断深入，推动中加贸易持续发展

近年来，在一系列双边合作协议及谅解备忘录框架下，中加两国加快推进中加战略伙伴关系建设，在科学技术、能源、林业、清洁技术、农业开发、生命科学、海运等领域进行了广泛合作。2012 年 9 月，我国与加拿大签署了中加双边投资促进和保护协定，该协定有助于进一步促进中加两国企业双向投资，深化中加经贸合作。加拿大统计局数据显示，截至 2012 年年底，中国对加拿大直接投资额累计达 120.37 亿加元，同比增长 4.6%；加拿大对华直接投资额累计为 42.39 亿加元，同比增长 35.2%①。中加双向投资和合作不断加强，为中加贸易持续发展提供强劲动力。

① 《中国—加拿大经济互补性研究》，中加经济伙伴关系工作组，2012 年。

四、当前中加贸易值得关注的问题

（一）加拿大与欧盟达成贸易协议，中加贸易将面临更复杂局面

自2009年起，加拿大与欧盟之间开启了长期贸易会谈，2013年10月，欧委会和加拿大就《全面经济贸易协定（CETA）》的关键条款达成政治协议并签署了相关文件。在政治协议的基础上，双方谈判人员将很快解决剩下的技术性问题，之后在得到欧洲议会、欧盟成员国及加拿大确认之后生效。欧加贸易协议将消除双边贸易中99%的关税，给彼此的服务和投资提供新的市场准入，为欧盟和加拿大的企业带来许多重要的新机遇。据欧盟委员会估计，协议有望促进欧加双边贸易和服务增长23%或260亿欧元。在对加拿大的进出口贸易结构上，我国与欧盟存在竞争关系，如对加拿大出口的机械设备、自加拿大进口的能源和矿产品等，欧加贸易协定的达成，将使我国对加拿大贸易形势面临更复杂的局面。

（二）加拿大诸多的贸易保护措施制约我对加拿大市场开拓进程

2013年，加拿大陆续公布了对进口自我国的金属硅、铜管、碳钢焊接钢管等多种商品的反倾销和反补贴产业损害终裁结果，同时还对我国产铝制单元式幕墙、不锈钢水槽等产品启动双反调查。除了贸易救济措施，加拿大还采取技术性贸易标准加强对我国的机电和玩具等产品的进口限制。同时，由于文化和意识形态等诸多差异，我国企业在加拿大投资仍面临阻碍。如，中国海洋石油有限公司虽然成功完成对加拿大尼克森公司的收购，但其间加拿大政府在“中国投资威胁论”的压力下两次延长审批期限，而在批准收购案的同时，加拿大政府也宣布了有关外国企业投资加拿大的新规定，特别对外国国有企业投资加拿大能源行业设置了新的障碍①。贸易和投资摩擦的存在，对中加贸易的长期发展构成阻碍。

（三）加拿大中小企业对华市场开拓能力不足

目前，中小企业是加拿大经济发展的主要力量，占加拿大企业总数的90%以上，完成加拿大经济总量的60%②。近年来，随着加拿大加快开拓中国和印度等新兴市场，其出口企业规模小、资金实力弱的缺陷也逐渐暴露。如，在双方合作发展较快的清洁技术行业，受规模所限，加拿大中小企业无法提供中国客户所寻找的完整解决方案，尤其是无法与中方的需求规模相称。同时，受资源和资金所限，加拿大企业在获取我国政策和市场信息、销售渠道建设等方面困难重重，导致尽管我国清洁技术市场提供了广阔的市场机遇，加拿大已研发的解决方案也不断增多，但在华经营的加拿大相关公司数量有限，份额也不大。

五、中加贸易形势展望

中国和加拿大互补性的经贸结构为扩大双边贸易和直接投资奠定了坚实基础，也决定了经贸合作多元化的发展方向。但应当注意到的是，尽管近年来中加双边贸易额保持增长态势，但两国贸易和投资占各自整体国际经济活动的比例仍然相对较小，说明两国贸易增长潜力尚未被完全开发。作为全球最大的发展中国家和世界上主要的发达国家之一，中加两国应通过适当的双边机制继续深化和加强两国贸易投资关系，在更加广泛的领域开展战略合作，进一步挖掘双边经贸潜力，以期未来两国经贸规模实现跨越式发展。

---

① 《中国与加拿大贸易互补性及潜力实证研究》，《中国经贸导刊》，2008年。

② 《中国—加拿大贸易发展潜力分析》，商界论坛，2012年。

2013 年中国对非洲贸易进出口年度报告

2013 年，国际形势发生深刻复杂变化，新兴和发展中经济体成为推动世界经济发展的重要力量。中国与非洲国家顺应形势变化，在中非合作论坛框架内不断深化中非新型战略伙伴关系，大力推动经贸合作，积极探索符合中非实际的共同发展之路。中非经贸合作的发展，促进了非洲国家民生的改善和经济的多元化发展，为中国经济社会发展提供了有力支持，也为促进发展中国家间的经济技术合作与世界经济的平衡发展作出了积极贡献。

一、2001 年以来我国对非洲进出口概况

据中国海关统计，加入世界贸易组织以来，我国对非洲贸易进出口总值从 2001 年的 108 亿美元快速攀升至 2013 年 2 102.4 亿美元，累计进出口 1.1 万亿美元，年均增长 28.1%。其中，对非洲累计出口 5 297.7 亿美元，年均增长 25.6%；自非洲累计进口 6 107.3 亿美元，年均增长 30.5%。自 2005 年我国给予 28 个非洲国家部分对华出口商品免关税待遇后，中非双边贸易规模以年均百亿的增量不断扩大，2005 ~ 2007 年期间先后跨越了 300 亿、500 亿和 700 亿，2008 年跨越 1 000 亿美元台阶。但受国际金融危机冲击，2009 年我国对非洲贸易下滑到 910.7 亿美元，同比下降 15.1%，成为 2001 ~ 2013 年间唯一下降的年份。但在 2009 年，我国成为非洲第一大贸易伙伴，此后 4 年间，中非经贸合作不断涌现新的合作契合点和增长点，中非贸易实现跨越式增长。2013 年 3 月，国家主席习近平访问非洲，宣布一系列支持非洲发展的新举措，为推动中非经贸关系迈上新台阶注入了强大动力。2013 年，我国对非洲进出口 2 102.4 亿美元，同比增长 5.9%。其中，出口 928.1 亿美元，同比增长 8.8%；进口 1 174.3 亿美元，同比增长 3.7%。中非贸易总值突破 2 000 亿美元，是 2001 年的 19.5 倍。2013 年中非贸易逆差 246.2 亿美元，比 2012 年减少 33.2 亿美元。随着中非双方多层次、有重点、宽领域、全覆盖的经贸合作格局逐步完善，中非贸易比重稳步增长，2001 ~ 2013 年，中非贸易占中国对外贸易总值的比重从 2.1% 增加到 5.1%。其中，我国对非洲出口比重从 2.3% 增加到 4.2%；自非洲进口比重从 2% 增加到 6%（图 1）。

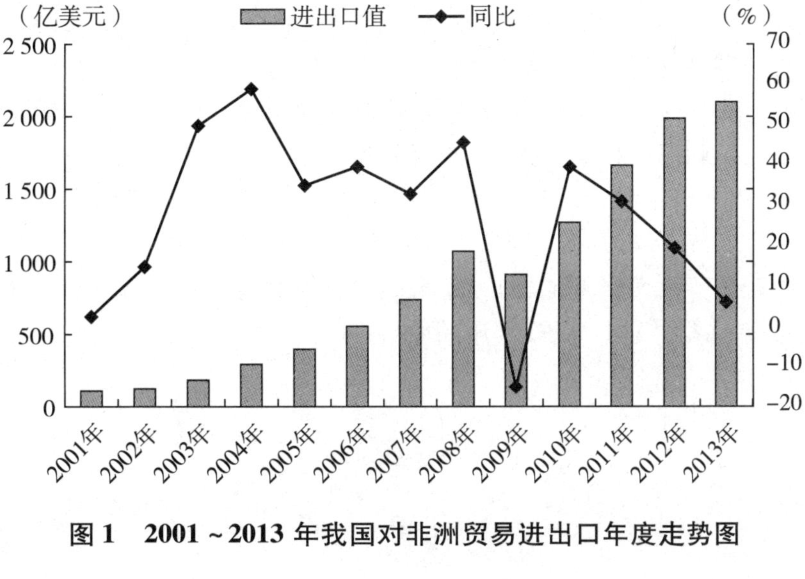

图 1　2001 ~ 2013 年我国对非洲贸易进出口年度走势图

二、2013 年我国对非洲进出口的主要特点

（一）全年月度进出口规模平稳扩大，12 月份进口优于出口

2013 年 1 月起我国对非洲进出口值持续攀升至 3 月份 204.5 亿美元的年内最高点，增幅连续 3 个月实现两位数增长，之后月度规模小幅收窄，降至 6 月份年内月度最低点后，月度规模稳步上升，至 12 月单月进出口总值为年内月度次高点。12 月当月，进出口值 192.9 亿美元，同比增长 4.6%，环比增长 6.9%；其中出口 81.5 亿美元，同比下降 6%，环比下降 4.3%；进口 111.4 亿美元，同比增长 13.9%，环比增长 16.9%（图 2）。

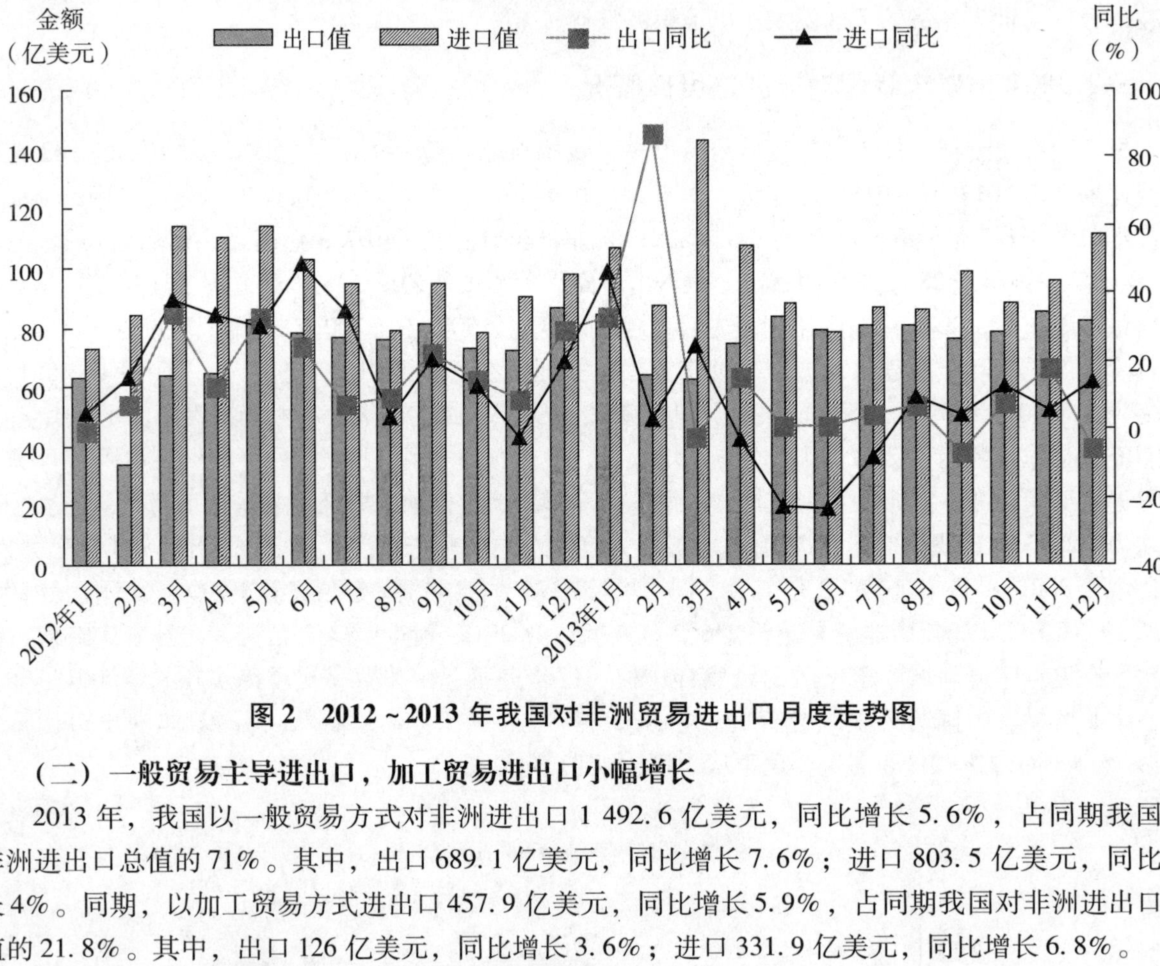

图 2　2012 ~ 2013 年我国对非洲贸易进出口月度走势图

（二）一般贸易主导进出口，加工贸易进出口小幅增长

2013 年，我国以一般贸易方式对非洲进出口 1 492.6 亿美元，同比增长 5.6%，占同期我国对非洲进出口总值的 71%。其中，出口 689.1 亿美元，同比增长 7.6%；进口 803.5 亿美元，同比增长 4%。同期，以加工贸易方式进出口 457.9 亿美元，同比增长 5.9%，占同期我国对非洲进出口总值的 21.8%。其中，出口 126 亿美元，同比增长 3.6%；进口 331.9 亿美元，同比增长 6.8%。

（三）南非、安哥拉和尼日利亚为前三大贸易伙伴

2013 年，我国对南非进出口 651.5 亿美元，同比增长 8.6%，占同期我国对非洲进出口总值的 31%；对安哥拉进出口 359.4 亿美元，同比下降 4.4%，占同期我国对非洲进出口总值的 17.1%；对尼日利亚进出口 135.9 亿美元，同比增长 28.5%，占同期我国对非洲进出口总值的 6.5%；对上述三国进出口合计占同期我国对非洲进出口总值的 54.6%（表 1）。

表 1　2013 年我国对非洲主要贸易伙伴情况表

国家（地区）	进出口			出口			进口		
	金额（亿美元）	同比（%）	比重（%）	金额（亿美元）	同比（%）	比重（%）	金额（亿美元）	同比（%）	比重（%）
南非	651.5	8.6	31.0	168.3	9.8	18.1	483.2	8.2	41.1
安哥拉	359.4	-4.4	17.1	39.7	-1.8	4.3	319.7	-4.7	27.2
尼日利亚	135.9	28.5	6.5	120.5	29.6	13.0	15.4	21.2	1.3
埃及	102.1	7.0	4.9	83.6	1.7	9.0	18.5	40.2	1.6
阿尔及利亚	81.9	6.0	3.9	60.3	11.3	6.5	21.6	-6.4	1.8
刚果（布）	64.9	27.8	3.1	7.8	49.1	0.8	57.1	25.3	4.9
加纳	51.5	-5.3	2.4	39.5	-17.6	4.3	12.0	86.7	1.0
利比亚	48.7	-44.4	2.3	28.3	18.8	3.1	20.4	-68.0	1.7
苏丹	45.0	20.5	2.1	24.0	10.1	2.6	21.0	35.2	1.8
赞比亚	38.1	12.5	1.8	7.3	4.7	0.8	30.8	14.5	2.6

（四）国有企业引领进出口，民营企业进出口增势良好

2013 年，我国国有企业对非洲进出口 798.2 亿美元，与 2012 年基本持平，占同期我国对非洲进出口总值的 38%。其中，出口 183.1 亿美元，同比增长 3.2%；进口 615.1 亿美元，同比下降 0.9%。同期，民营企业对非洲进出口 724.2 亿美元，同比增长 13.5%，占同期我国对非洲进出口总值的 34.4%。其中，出口 578.8 亿美元，同比增长 11.6%；进口 145.4 亿美元，同比增长 21.7%。此外，外商投资企业对非洲进出口 272.8 亿美元，同比增长 4.9%，占同期我国对非洲进出口总值的 13%。其中，出口 166.1 亿美元，同比增长 5.9%；进口 106.7 亿美元，同比增长 3.4%。

（五）机电产品为主要出口商品，进口以资源类产品为主

2013 年，我国对非洲出口机电产品 421.2 亿美元，同比增长 7.6%，占同期我国对非洲出口总值的 45.4%；出口服装、纺织纱线、鞋类、玩具、家具、塑料制品和箱包等传统七大类劳动密集型产品合计 257.2 亿美元，同比增长 3.9%，占同期我国对非洲出口总值的 27.7%。同期，我国自非洲进口则以资源类产品为主，其中进口原油 510.1 亿美元，同比下降 5.4%；进口铁矿砂及其精矿 89.1 亿美元，同比增长 24.3%；进口未锻造的铜及铜材 40.8 亿美元，同比下降 10.1%。上述三者进口合计占同期我国自非洲进口总值的 54.5%（表 2）。

表 2　2013 年我国对非洲进出口前 10 类商品情况表

出口			进口		
商品名称	金额（亿美元）	同比（%）	商品名称	金额（亿美元）	同比（%）
纺织纱线、织物及制品	99.4	8.7	原油	510.1	-5.4
服装及衣着附件	66.4	2.5	铁矿砂及其精矿	89.1	24.3
钢材	40.1	30.3	未锻造的铜及铜材	40.8	-10.1
鞋类	34.5	10.4	农产品	30.3	8.3

续表

出口			进口		
商品名称	金额（亿美元）	同比（%）	商品名称	金额（亿美元）	同比（%）
农产品	28.0	12.9	钻石	25.7	59.0
汽车（包括整套散件）	26.5	-2.6	锰矿砂及其精矿	16.2	61.1
家具及其零件	26.4	-4.3	液化石油气及其他烃类气	14.5	117.3
船舶	21.8	-19.7	原木	12.4	7.0
陶瓷产品	19.5	17.4	铬矿砂及其精矿	11.9	30.2
新的充气橡胶轮胎	18.1	0.7	煤及褐煤	11.6	-27.7

（六）北京、广东、浙江、山东和江苏五省市对非洲进出口规模居前列，其中浙江和山东增长较快

2013 年，我国对非洲进出口贸易排名前 5 位的省市依次为北京、广东、浙江、山东和江苏。其中，北京对非洲进出口 597.8 亿美元，同比下降 2.1%；广东、浙江、山东和江苏分别进出口 447.4 亿美元、224.3 亿美元、146.3 亿美元和 118.9 亿美元，同比分别增长 8.1%、24.6%、21% 和 2%，上述五省市对非洲进出口合计占同期我国对非洲进出口总值的 73%。

三、2013 年中非贸易进出口增长的原因分析

（一）中非新型战略伙伴关系促进双边经贸关系平稳发展

近年来，随着北非、西非国家局势趋稳，非洲区域经济一体化进程加速，非洲国家内部普遍实施宽松的财政政策，并加大对基础设施建设投入的力度，这些因素均有力推动中非贸易持续增长，尤其是随着中非合作论坛、金砖国家峰会的召开，中非新型战略伙伴关系取得了长足发展。建立在互利共赢基础上的中非经贸合作为中非进出口贸易平稳发展提供了有力支持。2013 年，中非双边贸易结构继续不断优化，技术含量和附加值较高的机电、高新技术产品快速增长。2013 年，我国对南非出口高新技术产品 73.9 亿美元，同比增长 11.3%，增速高于同期对非洲出口整体增速 3.7 个百分点，所占比重由 2012 年的 7.8% 上升至 2013 年的 8%。同期，非洲的钢材、铝材等工业制成品也加快进入中国市场。有关数据显示，2013 年，自非洲进口铝材 3 840.6 万美元，同比增长 23.5%；进口角钢及型钢 94.7 万美元，同比增长 67.7%；进口钢铁制标准紧固件 27.4 万美元，同比增长 60.6%。我国还通过给予埃塞俄比亚、贝宁、布隆迪等非洲最不发达国家 95% 税目输华产品零关税待遇，进一步向非洲开放了市场，有力促进了非洲商品对我国的出口增长。

（二）受我国产业结构调整等因素影响，自非进口煤炭等能源类产品结构趋于优化

在我国加大对钢铁、水泥和电解铝等高耗能和过剩行业的能源消费总量的控制，积极转变能源消费方式，加快大气雾霾治理的背景下，我国能源消费结构逐步改变。根据 2013 年 9 月发布的《大气污染防治行动计划》，国家要求大幅削减燃煤，增加新能源的供应和煤改气的比重①。据国家能源局初步统计数据显示，2013 年煤炭消费占一次能源消费的比重为 65.7%，同比下降 0.9 个百分点。受此影响，2013 年我国自非洲进口煤炭 11.6 亿美元，同比减少 27.7%。同期，自非洲进口液化石油气及其他烃类气 14.5 亿美元，同比增长 1.2 倍，我国自非洲进口的能源类产品结构趋于优化。

① 《2013 年非化石能源占比提高至 9.8%》，《21 世纪经济报道》，2014 年 1 月 14 日。

四、中非贸易进出口的影响因素分析

（一）我国传统制造业成本上升，出口订单有所转移，需着力保持对非贸易稳定可持续性

随着国内企业生产成本的不断上涨，中国制造业大国的地位有所弱化，发达国家制造业已出现向越南、印度等国转移的趋势，我国对非洲出口传统优势产品的竞争力也在减弱。2013 年，我国对非洲出口劳动密集型产品增速明显放缓，其中服装及衣着附件出口增速由 2012 年的 33.7% 下降至 2013 年的 2.5%，鞋类出口增速由 33.9% 下降至 10.4%，箱包出口增速由 21.6% 下降至 0.4%，家具和塑料制品出口则由增长转为下降。同时，来自非洲市场的部分劳动密集型产品订单出现了转移至其他新兴国家的迹象。据南非统计数据显示，我国鞋类产品在南非的市场份额已由 2011 年的 74.3% 下降至 2013 年的 70.5%，同期，越南、印度尼西亚鞋类产品在南非的市场份额则分别由 8.8%、4.6% 上升至 11.2%、5.5%。此外，由于非洲贸易商来华采购的商品主要为初级机电产品和劳动密集型商品，其制造工艺流程较简单，小型生产厂家众多，而非洲贸易商本身普遍呈现规模小且较为分散的状态，倾向于多样性小批量购买。对非洲出口贸易多以短期单次交易为主，难以形成长期订单客户，且订单易受国际经贸形势波动影响，诸多因素或对中非贸易的持续稳定发展造成不利影响。

（二）我国对非洲经贸活动范围依然偏窄

2013 年，我国对非洲贸易仅占同期我国对外贸易总值的 5.1%，虽比 2012 年有所提高但相差不大。此外，非洲各国资源不尽相同，但受地缘及各国政治因素影响，目前我国对非洲各贸易对象分布仍存在较大的地域不平衡性。我国与非洲的贸易伙伴主要集中在南非、安哥拉、尼日利亚、埃及、阿尔及利亚、刚果（布）、加纳、利比亚等沿海国家，2013 年对上述八国进出口总值为1 495.8 亿美元，占同期我国对非洲进出口总值的 71.1%。而资源丰富的非洲内陆国家所占比重较低，可见，我国对非洲经贸活动范围依然偏窄。近年来，非洲消费市场容量逐年扩大，据联合国《2013 年世界经济形势与展望报告》（WESP）估计，到 2015 年非洲市场将出现 2.21 亿基本需求型消费者，中非贸易的总体规模提升仍具较大空间。

（三）南非等我国主要贸易伙伴结构性问题逐步显现，影响双边贸易可持续发展

近年来，在非洲经济快速发展的同时，其地区经济结构单一，较依赖资源出口和外来投资等结构性问题逐步显现，特别是以南非、尼日利亚、安哥拉等多个撒哈拉以南地区以原油等资源类产品为主的国家，其经济的脆弱性将影响中非双边贸易稳定发展。如，我国在非洲的最大贸易伙伴南非于 2012 年被国际信用评级机构标准普尔下调其评级前景；2013 年 1 月，评级机构惠誉将南非评级从BBB + 调降至 BBB①；2013 年 3 月，标准普尔重申对南非主权信用的 BBB 评级及对这个评级的负面展望②。2013 年，我国对南非贸易总值增速已由 2012 年的 31.9% 下降至 8.6%。此外，美联储将于 2014 年逐渐退出量化宽松，如果美元利率上升过快，国际资本在撒哈拉以南地区将有可能从流入变为流出，加之全球油气市场供需关系变化及中东局势缓和或将导致油气价格下跌，诸多不利因素恐使我国对非洲主要贸易伙伴如南非、尼日利亚、安哥拉等国家陷入货币贬值、外汇储备缩水的危机③，上述国家经济的下行性预期，加大了中非双边贸易发展的不确定性。

---

① 《惠誉调降南非信用评级至 BBB》，新浪财经，2013 年 1 月 11 日。

② 《标普重申南非 BBB 主权评级　展望负面》，腾讯财经，2013 年 3 月 14 日。

③ 《新华国际时评：2014 三重挑战考验非洲》，新华网，2014 年 1 月 7 日。

五、中非贸易进出口形势展望

当前，中非经贸合作正处于加速发展的机遇期和转型升级的关键期，虽然当前全球复苏基础仍显脆弱，中国与非洲的经济贸易均面临着严峻的内外部挑战，但非洲经济一体化为双方在更广领域、更高层次开展合作开辟了新的空间，中非共同肩负着发展使命，共同利益和相互需求会进一步增多。2013 年 3 月，我国国家主席习近平对坦桑尼亚、南非和刚果民主共和国等 3 个非洲国家进行了访问①，推动中非经贸合作进入高速发展的新时代。展望 2014 年，随着世界经济逐渐走出金融危机的阴霾，非洲的资源优势将得以发挥，中非经贸关系将朝着合作共赢、共圆梦想的方向快速前行。

① 《习近平主席访问非洲成果丰硕》，《人民日报》，2013 年 4 月 11 日。

2013年中国对拉丁美洲贸易进出口年度报告

拉丁美洲共有34个国家和地区，幅员辽阔，人口众多，拥有丰富的自然资源，但大多为发展中国家，经济水平较低，主要以农业生产为主，工业以初级加工为主。我国与广大拉丁美洲国家同属发展中国家，虽然两地相距遥远，在社会制度、文化传统、自然条件等方面也存在很大不同，但是近年来政府和企业往来密切，政治关系乃至经贸关系不断得到加强。

一、2001年以来我国对拉丁美洲进出口概况

加入世界贸易组织以来，我国与拉丁美洲贸易快速增长，据中国海关统计，2001~2013年，我国对拉丁美洲累计进出口超过1.5万亿美元，年均增长26.9%。其中，对拉丁美洲累计出口7 710.4亿美元，年均增长26.2%；自拉丁美洲进口7 651.3亿美元，年均增长27.8%。加入世界贸易组织当年我国与拉丁美洲外贸进出口总值仅为149.4亿美元，2005年、2007年和2011年进出口值分别突破500亿、1 000亿和2 000亿美元关口。2013年，我国与拉丁美洲贸易再创新高，全年进出口总值达到2 615.7亿美元，同比增长0.1%，增幅较前几年明显收窄。其中，出口1 342.7亿美元，同比下降0.7%；进口1 273亿美元，同比增长1%；贸易顺差为69.7亿美元，缩小23.8%（图1）。

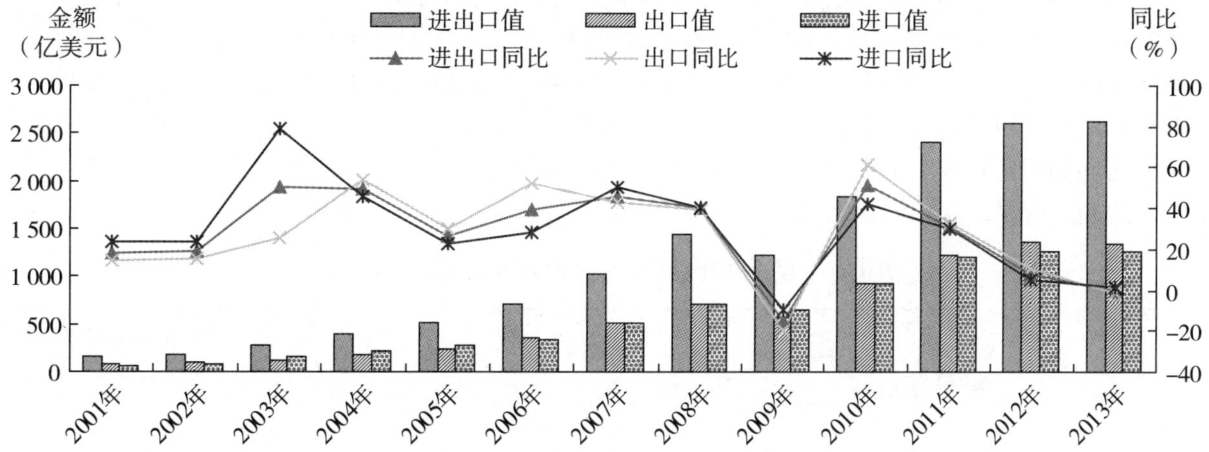

图1　2001~2013年我国对拉丁美洲进出口年度走势图

二、2013年我国对拉丁美洲进出口的主要特点

（一）月度出口值低位运行，进口值下半年回升明显

2013年，我国对拉丁美洲月度进出口保持相对平稳运行，全年共7个月实现同比增长，但增速较低，仅11月份当月进出口231.8亿美元，实现14.8%的增速，其余6个月增速均低于4%。2013年全年出口值仅3个月保持同比增长，其余各月呈现不同程度的负增长，月度出口值较2012年呈现低位运行态势。同期，我国自拉丁美洲进口下半年明显强于上半年，自6月份开始各月进口均实现正增长，其中7月份进口131.5亿美元，创历史新高（图2）。

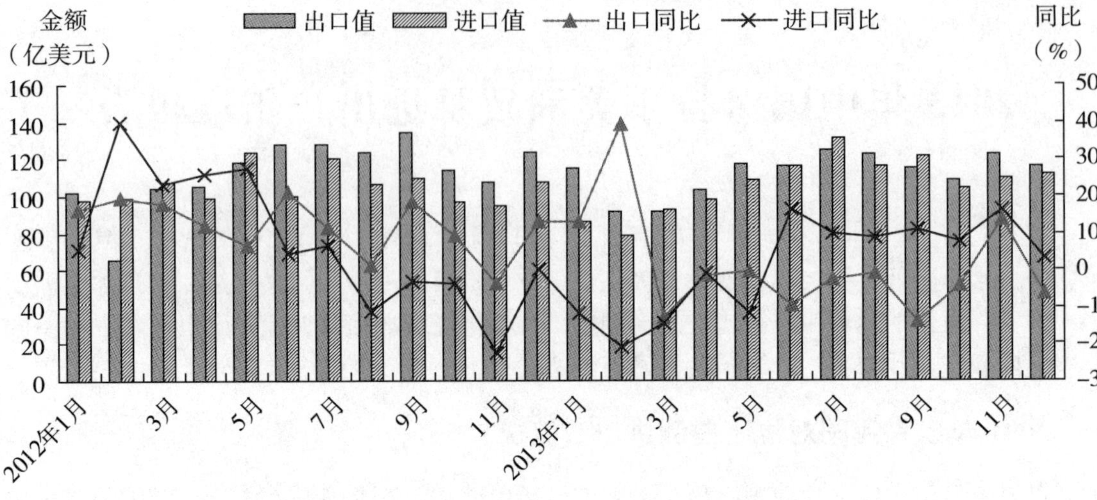

图 2　2012～2013 年我国对拉丁美洲进出口月度走势图

（二）一般贸易进出口增长乏力，加工贸易进口增长显著

2013 年，我国以一般贸易方式对拉丁美洲进出口 1 817 亿美元，同比增长 0.7%，占同期我国对拉丁美洲进出口总值的 69.5%，比重较 2012 年上升 0.5 个百分点。其中，出口 850.9 亿美元，同比增长 0.7%；进口 966.1 亿美元，同比增长 0.7%。同期，以加工贸易方式进出口 515.2 亿美元，同比增长 5%。其中，出口 380.9 亿美元，与 2012 年基本持平；进口 134.3 亿美元，同比增长 22.3%。

（三）巴西、墨西哥和智利为我国与拉丁美洲前三大贸易伙伴

2013 年，我国对巴西、墨西哥和智利分别进出口 902.8 亿美元、392.2 亿美元和 338.1 亿美元，同比分别增长 5.3%、6.9% 和 1.7%，合计占同期我国对拉丁美洲进出口总值的 62.4%。同期，我国对委内瑞拉、阿根廷、秘鲁、巴拿马和哥伦比亚进出口均超百亿美元，对其合计进出口 701.9 亿美元，占同期我国对拉丁美洲进出口总值的 26.8%。其中，对哥伦比亚进出口 104.5 亿美元，贸易规模首次超过百亿美元，同比增长 11.3%（表 1）。

表 1　2013 年我国对拉丁美洲国家进出口情况表

国家（地区）	金额（亿美元）	同比（%）	占同期我国与拉丁美洲进出口总值的比重（%）
巴西	902.8	5.3	34.5
墨西哥	392.2	6.9	15.0
智利	338.1	1.7	12.9
委内瑞拉	192.4	-19.3	7.4
阿根廷	148.4	2.8	5.7
秘鲁	146.2	6.0	5.6
巴拿马	110.4	-28.1	4.2
哥伦比亚	104.5	11.3	4.0

（四）民营企业进口表现抢眼，国有企业进出口全面下降

2013 年，我国民营企业对拉丁美洲进出口 1 001.5 亿美元，同比增长 6.1%，占同期我国对拉丁美洲进出口总值的38.3%。其中，出口609.8亿美元，同比微降0.5%；进口391.7亿美元，同比增长18.3%。同期，外商投资企业对拉丁美洲进出口894.5亿美元，同比增长2.7%。其中，出口518.9亿美元，同比增长3.6%；进口375.6亿美元，同比增长1.4%。此外，国有企业进出口719.4亿美元，同比下降9.8%。其中，出口214亿美元，同比下降10.4%；进口505.4亿美元，同比下降9.6%。

（五）广东、山东和浙江列进出口前三甲，北京、上海进出口下降较快

2013年，广东对拉丁美洲进出口374.6亿美元，同比小幅下降1.5%，为我国与拉丁美洲进出口贸易额最大省份；山东和浙江分别对拉丁美洲进出口331.9亿美元和302.1亿美元，同比分别增长18.7%和4.9%；三地合计占同期我国对拉丁美洲进出口值的38.6%。同期，北京、上海和福建对拉丁美洲进出口值均超过百亿美元。其中，北京和上海分别对拉丁美洲进出口293.1亿美元和227.8亿美元，同比分别下降17.3%和11.6%；福建对拉丁美洲进出口121.7亿美元，同比增长3.8%。

（六）机电产品和高新技术产品为主要出口产品，劳动密集型产品出口遇冷

2013年，我国对拉丁美洲出口机电产品751.1亿美元，同比增长1.3%，占同期我国对拉丁美洲出口总值的55.9%。其中，出口电器及电子产品265亿美元，同比增长10.3%。同期，出口高新技术产品（与机电产品存在交叉，下同）309.1亿美元，同比增长9.5%。同期，出口七大类劳动密集型产品合计273.4亿美元，同比下降6.3%。其中，出口服装及衣着附件89亿美元，同比下降5.5%；出口纺织纱线、织物及制品81亿美元，同比增长0.6%。

（七）农产品为最大进口商品，矿砂、原油等资源性商品进口涨跌互现

2013年，我国自拉丁美洲进口农产品329.5亿美元，同比增长15.4%，占同期我国自拉丁美洲进口总值的25.9%。其中，进口大豆241.7亿美元，同比增长26%，占同期我国自拉丁美洲农产品进口值的73.4%。同期，我国自拉丁美洲分别进口铁矿砂和原油258.4亿美元和187.6亿美元，同比分别下降2.2%和5.4%；进口铜矿砂113.4亿美元，同比增长19%。

三、2013年我国与拉丁美洲贸易增长缓慢的原因分析

拉丁美洲作为重要的新兴市场，在经历了2012年上半年出口快速增长后陷入低增长，乃至负增长的泥潭。同时，我国自拉丁美洲国家进口自2012年8月开始步入下降通道后，直至2013年6月才扭转颓势，进入同比回升区间，导致2013年我国与拉丁美洲进出口基本与2012年持平。

（一）拉丁美洲制造业崛起，降低对我国机电产品的需求

在过去10年间，我国制造业成本不断上升，要素比较优势逐步弱化和丧失。而拉丁美洲国家作为地理上最接近美国的地区，具有相当的地缘优势，以墨西哥为例，墨西哥现在已经是世界最大的平板电视、黑莓手机和双开门电冰箱出口国，在汽车、飞机和其他领域的出口也在攀升①。英国《经济学人》杂志甚至预测以目前的速度，到2018年墨西哥将取代中国成为美国最大的进口国。近几年拉丁美洲地区投资增长率不断刷新历史纪录，这将极大促进其制造业的崛起②，对我国机电产品的外部需求形成替代，这将挤压我国机电产品出口空间。有关数据显示，金融危机后我国对拉丁美洲机电产品出口增速逐年收窄，2010~2013年同比分别增长57.7%、27.3%、11.1%和1.3%。

① 《2018“墨西哥制造”将在美取代“中国制造”》，新华网，2012年11月29日。
② 《下一个十年属于拉丁美洲》，人民网，2011年7月18日。

（二）我国经济增速放缓对初级产品进口带来明显影响

初级产品在我国自拉丁美洲进口商品中占主导地位。2013 年，我国自拉丁美洲进口产品中，农产品、铁矿砂、原油、铜矿砂、未锻造铜等初级产品占比达 78%。2013 年第一季度国内经济增长率从 2012 年第四季度的 7.9% 回落至 7.7%，此后第二季度信贷的收紧导致经济增速快速下滑，第二季度单季 GDP 增长触及 7.5% 下限，随后国家出台支持小微企业、支持外贸出口等一系列稳增长政策，国内经济在第三、四季度企稳回升①。受此影响，2013 年上半年我国自拉丁美洲进口 579 亿美元，同比下降 7.4%；下半年我国自拉丁美洲进口 694 亿美元，同比增长 9.3%，呈现迅速反弹态势。国内经济增速的放缓对我国自拉丁美洲进口产生较大的影响。

四、当前影响我国与拉丁美洲贸易发展的主要问题

（一）拉丁美洲局势波动风险会影响和制约双边经贸发展

虽然当前拉丁美洲政局相对稳定，但仍存在不少风险和隐患，如委内瑞拉、厄瓜多尔、智利和洪都拉斯等国长期存在的“左、右翼”之争，均可能对拉丁美洲的整体政治格局产生一定影响。此外，制度改革的压力也依然存在，主权与民主的关系尚未完全理顺，未来拉丁美洲国家在有效化解安全风险、改善执政环境和推进制度改革方面仍有很长的路需要走。全球经济波动对拉丁美洲经济的影响亦逐步显现，未来拉丁美洲政治局势波动的风险会影响和制约双边经贸发展②。

（二）我国对拉丁美洲直接投资的增加将对未来自拉丁美洲进口产生影响

自 2010 年开始，我国对拉丁美洲直接投资呈明显增长态势，其中 90% 以上涉及自然资源采掘，主要涵盖石油和天然气行业以及采矿业，如中国石油化工集团公司以 71 亿美元的价格收购了雷普索尔 YPF 巴西公司 40% 的股份等。直接投资主要流向巴西、阿根廷和秘鲁等与我国贸易关系较稳固的拉丁美洲大国。直接投资的增长，使得我国与拉丁美洲国家的贸易链得以延伸，经贸往来继续深化，我国对原材料和矿产资源需求的日益增长将支撑未来自拉丁美洲进口贸易的发展③。

（三）贸易保护频发抑制我国对拉丁美洲国家出口

一直以来拉丁美洲针对我国的贸易保护之风正出现蔓延态势，2013 年首月阿根廷一天发起 3 项反倾销调查，均涉及中国产品；2013 年 1 月 3 日巴西发展、工业和外贸部发布公告，决定对进口自中国的液态环氧树脂启动反倾销调查④。虽然 2013 年我国对拉丁美洲出口仅占我国出口总值的 6.1%，但是贸易摩擦的频发一方面阻碍了我国企业对拉丁美洲国家新兴市场的开拓步伐，另一方面也可能引起贸易保护的连锁反应，恐对未来出口态势形成抑制。

五、我国与拉丁美洲贸易形势展望

2013 年，中拉关系持续升温。政治上，中拉领导人频繁接触，墨西哥、秘鲁、委内瑞拉、乌拉圭、玻利维亚等国总统相继访华；习近平主席在金砖峰会和 20 国集团会议上分别与巴西总统和阿根廷总统会面；2013 年 5 月 31 日 ~6 月 6 日，习近平主席对特立尼达和多巴哥、哥斯达黎加、墨西哥进行国事访问，为中拉关系发展开启新篇章。经济上，近年来中国经济的快速发展带动了拉丁美洲国家大宗商品的出口，帮助拉丁美洲国家在国际金融危机中保持了稳定的增长，极大改善了拉丁

① 《回顾经济形势　2013 是中国式宏观调控的终结年》，搜狐网，2013 年 12 月 19 日。

② 《拉丁美洲和加勒比发展报告（2012 ~ 2013）》，中国拉丁美洲研究网，2013 年 6 月 3 日。

③ 《改善拉丁美洲与中国的经济和贸易关系》，《CEPAL Review》中文版特辑。

④ 《应对贸易摩擦动态—2013 年第 1 期》，商务部网站，2013 年 4 月 27 日。

美洲国家的财政和社会福利。随着我国经济技术实力增强和产业结构升级，中拉合作的重点和方式也在经历调整，由过去重资源、轻市场，重贸易、轻投资，转向资源与市场并重，贸易与投资并举。随着双边政治经济关系的进一步深化，未来中国与拉丁美洲外贸进出口将得到更为长足的发展。

地区篇

AREAS

北京市

北京是全国的政治、文化中心。近年来，北京市以科技创新、文化创新“双轮驱动”为发展战略，汇集国内外资本、技术、人才等资源，大力推进“世界城市”建设。2013 年，伴随北京市 72 小时过境免签、北京首都国际机场汽车整车进口口岸等新政策的落地实施，北京对外经济贸易发展取得新的进步。2013 年，北京市生产总值（GDP）19 500.6 亿元，占全国的 3.4%，北京市（包含中央在京单位）进出口贸易总值占全国进出口贸易总值的 10.3%，外贸依存度为 136.3%，是环渤海地区外贸发展主力，在全国外贸整体中也占据较为重要的位置。

一、加入世界贸易组织以来北京市外贸发展总体情况

据海关统计，加入世界贸易组织以来北京市外贸进出口整体保持了快速增长态势。2001 年北京市进出口值仅为 518 亿美元，随后逐年提升至 2005 年首次突破 1 000 亿美元大关，2007 年外贸规模突破 2 000 亿美元，此后在经历了 2008 年金融危机外贸规模下降之后，于 2010 年迅速恢复并突破 3 000亿美元，时隔两年后 2012 年外贸规模再次突破 4 000 亿美元大关。2013 年，北京市外贸进出口总值 4 291 亿美元，在全国各省份中排名第 4 位，同比增长 5.1%，低于全国整体增幅 2.5 个百分点。其中，年度出口规模首次突破 600 亿美元，达到 632 亿美元，同比增长 6.1%；进口 3 659 亿美元，同比增长 5%；贸易逆差 3 027 亿美元，同比增长 4.8%。年度进出口、进口及贸易逆差规模同样刷新了历史最高纪录。2001 ~ 2013 年，北京市外贸进出口年均增速达 19.3%（图 1）。

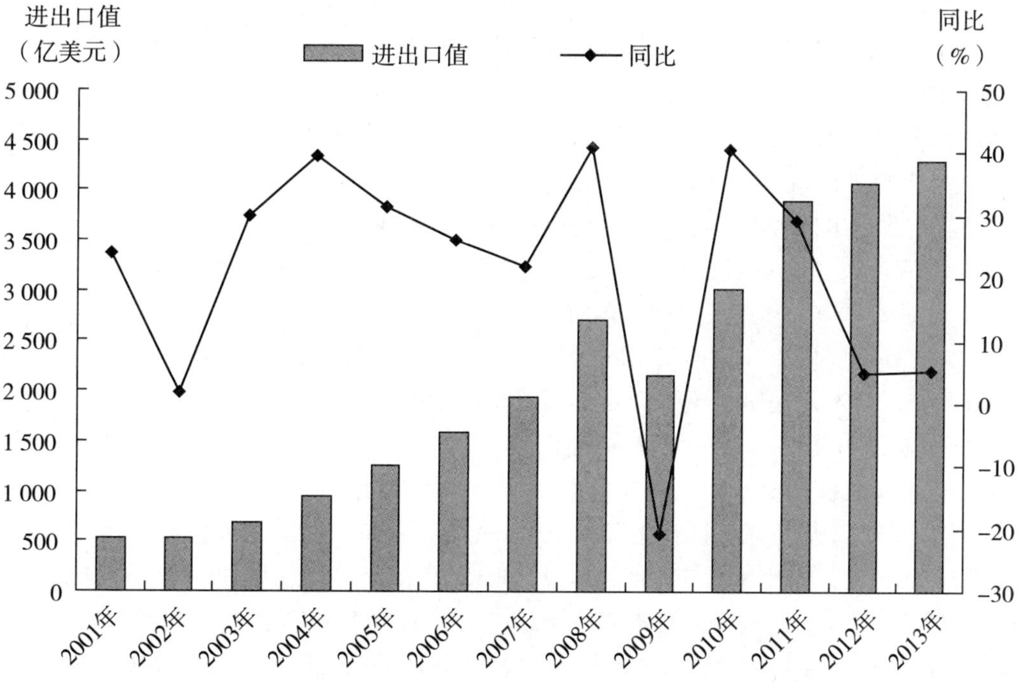

图 1　2001 ~ 2013 年北京市外贸进出口年度走势图

二、2013 年北京市外贸发展的主要特点

(一) 月度进出口整体呈现稳步增长态势

2013 年，北京市外贸运行整体呈现稳步增长态势，月度进出口规模均在 300 亿美元以上，最低和最高点分别位于 2 月份和 3 月份，12 月份当月在翘尾因素拉动下以 382.1 亿美元位居年内次高点(图 2)。出口方面，除 2 月份以外，其他各月出口规模均保持在 50 亿美元以上且走势较为平稳，12 月份出口 53.7 亿美元，当月同比下降 3.2%，为年内唯一一次月度出口负增长。进口方面，月度进口规模波动幅度较大，全年有 8 个月实现同比正增长。

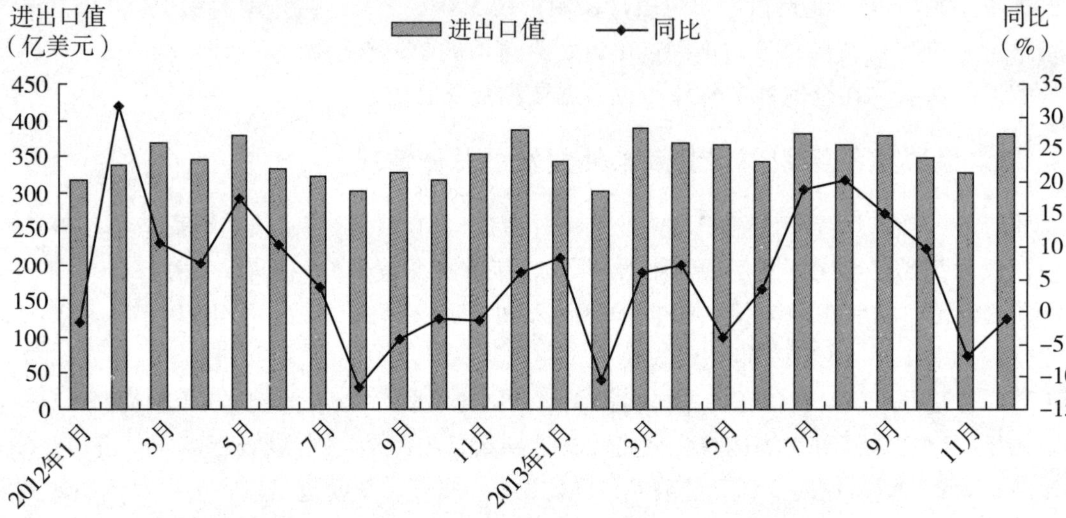

图 2　2012 ~ 2013 年北京市外贸进出口月度走势图

(二) 一般贸易进出口为主，加工贸易和海关特殊监管区域物流货物明显增长

2013 年，北京市以一般贸易方式进出口 3 542 亿美元，同比增长 4.2%，占同期北京市进出口总值的 82.5%。同期，以加工贸易方式进出口 463.1 亿美元，同比增长 18.6%；以海关特殊监管区域物流货物贸易方式进出口 28 亿美元，同比增长 57.9%。

(三) 民营企业进出口表现良好，各类型企业出口均实现增长

2013 年，北京市民营企业进出口 201.7 亿美元，同比增长 4.6%，其中出口同比增长 8.2%，高出整体出口增速 2.1 个百分点。同期，国有企业进出口 2 821 亿美元，同比下降 1.4%，其中出口同比增长 5.4%；外商投资企业进出口 746.2 亿美元，同比微增 0.2%，其中出口同比增长 6.6%。

(四) 对欧盟、日本双边贸易下降，对美国贸易平稳增长

2013 年，欧盟仍为北京市第一大贸易伙伴，双边贸易进出口 410.6 亿美元，同比下降 1.2%，占同期北京市进出口总值的 9.6%，较 2012 年下滑 0.6 个百分点。其中，出口 78.4 亿美元，同比下降 0.7%；进口 332.2 亿美元，同比下降 1.4%。同期，北京市与第二大贸易伙伴——美国双边贸易进出口 353.5 亿美元，同比增长 3.6%。其中，出口 57.1 亿美元，同比增长 14.4%；进口 296.4 亿美元，同比增长 1.7%。此外，与日本双边贸易进出口为 169.5 亿美元，同比下降 8.7%，所占比重较 2012 年下滑 0.6 个百分点至 4%。其中，出口 49.2 亿美元，同比增长 3.9%；进口 120.3 亿美元，同比下降 13%。

(五) 科技文化产品出口贡献率高，原油进口超过 4 成

2013 年，北京市“双轮驱动”发展战略在外贸出口领域作用凸显。当年北京市出口高新技术

产品203.5亿美元，同比增长7%，占同期北京市出口总值的32.2%，对北京市出口增长贡献率为37%。其中，出口手机110.9亿美元，同比增长9.7%；集成电路18.2亿美元，同比增长14.1%；液晶显示板5.9亿美元，同比增长17.2%。同期，文化产品出口2.9亿美元，增速高达85%，其以0.5%的出口比重对出口整体增长贡献了3.7%。

进口方面，我国三大石油公司总部均在北京，原油进口规模仍然占据北京市进口总规模的4成以上。2013年，进口原油1 589亿美元，同比微增0.1%；进口汽车（包括整套散件）227.7亿美元，同比下降1.8%。此外，2013年北京市进口文化产品6.2亿美元，同比增长39.2%，占同期全国文化产品进口总值的29.8%，位居首位（表1）。

表1　2013年北京市主要出口、进口商品统计表

出口			进口		
商品名称	金额（亿美元）	同比（%）	商品名称	金额（亿美元）	同比（%）
手机	110.9	9.7	原油	1 589.8	0.1
成品油	79.5	32.7	汽车（包括整套散件）	227.7	-1.8
钢材	31.2	7.4	农产品	140.7	-21.9
船舶	23.6	0.7	铁矿砂及其精矿	104.4	-25.8
服装及衣着附件	18.7	1.2	成品油	76.1	-12.5
集成电路	18.2	14.1	液化石油气及其他烃类气	65.6	3.9
肥料	13.8	-9.1	计量检测分析自控仪器及器具	47.6	3.6
农产品	12.9	-4.1	集成电路	40.5	-5.2

三、2013年北京市对外贸易增长的主要原因

（一）现代物流等生产性服务业拉动对外贸规模扩大

依托首都国际机场空港航线资源丰富、北京天竺综合保税区政策创新等区位优势，现代物流成为北京市“十二五”时期生产性服务业重点发展领域。从外贸指数上看，年度数据显示2013年北京市进、出口物量指数分别为107.3和106.1，即实际进、出口量分别增加7.3%和6.1%，反映出当年北京市企业对外贸易业务进展相对稳定，总部经济和现代物流优势具备竞争力。

（二）“双轮驱动”战略提升外贸发展质量和效益

2013年，北京市出口规模首次超过600亿美元，实现了规模上的突破，其增长动力主要来自科技和文化产品。2013年，出口高新技术产品203.5亿美元，同比增长7%，高出同期出口整体增速0.9个百分点；进口文化产品6.2亿美元，同比增长39.2%，高出同期进口整体增速34.2个百分点。北京市科技创新、文化创新“双轮驱动”的发展战略有效提升了进出口质量和效益。

四、2014年北京市外贸形势展望及相关建议

（一）国内外经济形势向好营造良好外贸环境

北京市对外贸易总部经济特色显著，中央在京单位进出口规模比重占7成，北京市进口规模在全国进口规模中也占据两成，外贸运行与国内外宏观形势联系较为紧密。从国际看，2014年世界经济仍然延续缓慢复苏的态势，外部市场环境将有望好于2013年；从国内看，十八届三中全会和中

央经济工作会议对外向型经济做出了新的部署，外贸发展的国内环境依然宽松。

（二）APEC 峰会在北京举办将促进首都开放型经济发展

2008 年北京奥运会的成功举办让北京为世界所瞩目，当年北京市对外贸易也达到了金融危机全面影响前的历史高点。2014 年亚太经合组织（APEC）峰会将在北京举办，这将是继 2001 年上海之后我国再次承办 APEC 峰会。以举办 APEC 为契机，北京与亚太国家（地区）人员交往和经济贸易将进一步密切，也将进一步加快北京建设世界城市的步伐，对北京市进出口贸易和首都开放型经济发展将起到积极的促进作用。

为此建议，一是充分抓住举办 APEC 的机遇，争取对外贸易规模取得新突破；二是继续贯彻“双轮驱动”战略，进一步提高外贸发展质量和效益；三是继续在环渤海经济区发挥重要作用，探索京津“双城记”合作新模式。

天津市

天津市地处环渤海中心地带，不仅毗邻首都，拥有国家级的综合改革配套试验区——滨海新区，还是华北、西北广大地区的出海口，是亚欧大陆桥中国境内距离最短的东部起点，具有优越的地理区位。天津港腹地和周边地区自然资源丰富，三大产业发达，外向型经济活跃，信息和高科技产业发展势头强劲，是我国外向型经济发展最快的区域之一。2013 年，天津市经济总量（GDP）为 12 885. 2亿元，同比增长 7.5%，占全国的 2. 5%，进出口贸易总值占全国进出口贸易总值的 3%；同期的外贸依存度为 61. 8%。

一、加入世界贸易组织以来天津市外贸总体情况

据海关统计，2001 年天津市的进出口值仅为 182 亿美元，而之后增长迅速，除 2009 年受金融危机的影响，进出口值环比下降，其余年份的进出口值均增长明显。2011 年天津市进出口值突破了千亿美元大关，达到 1 034 亿美元，2013 年更是跃上了 1 200 亿美元的台阶。2013 年，天津市进出口1 285. 3亿美元，占同期全国进出口总值的 3. 1%，同比增长 11. 2%，高出全国总体增速 3. 6 个百分点。其中，出口 490. 3 亿美元，占同期全国出口总值的 2. 2%，同比增长 1. 5%，低于全国总体增速 6. 4 个百分点；进口 795 亿美元，占同期全国进口总值的 4. 1%，同比增长 18. 1%，高出全国总体增速 10. 8 个百分点。2013 年，天津市进出口总值在全国 31 个省、直辖市（不含港澳台）中位列第八，进出口增速和进口增速在前十大外贸省市中位列第二（图 1）。

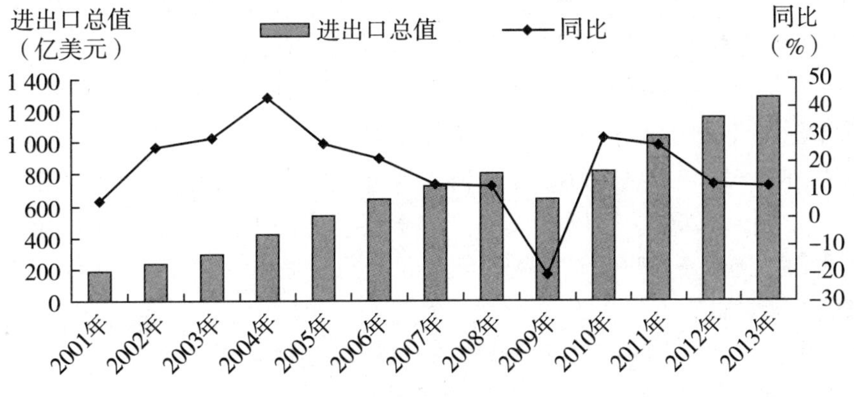

图 1　2001 ~ 2013 年天津市对外贸易年度走势图

二、2013 年天津市对外贸易发展的主要特点

（一）进出口整体呈增长的趋势

2013 年天津市进出口相比 2012 年整体呈增长的趋势，除 2 月份外，全年各月进出口值同比都保持增长。2013 年天津市季度进出口值同比均实现正增长，分别为 4. 5%、12. 9%、9. 6% 和 17. 5%，但前三季度进出口规模逐季环比增加，第四季度环比出现下降，下降幅度为 6. 4%（图 2）。

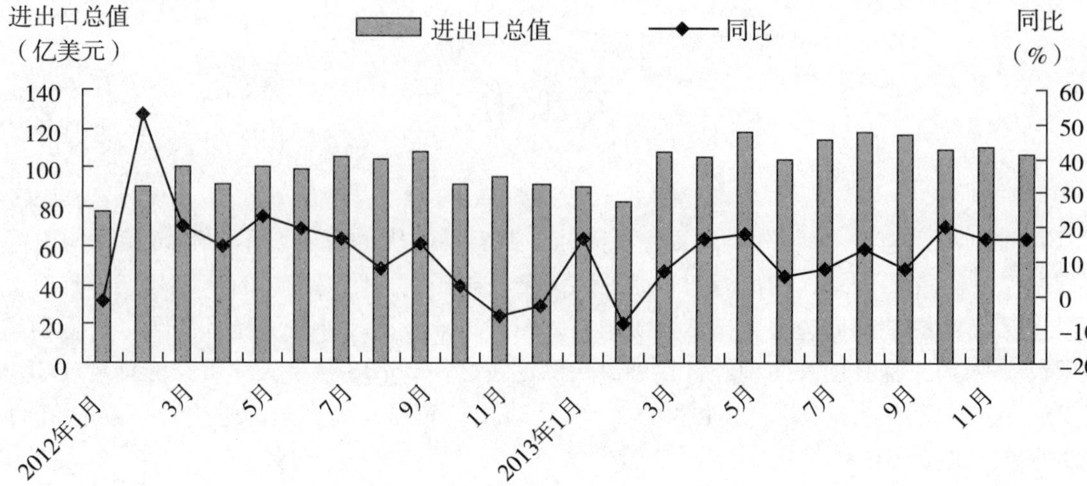

图2　2012～2013年天津市对外贸易月度走势图

（二）一般贸易进出口占近5成，加工贸易占比下降

2013年，天津市以一般贸易方式进出口619.5亿美元，同比增长11.4%，占同期天津市进出口总值的48.2%，基本与2012年持平，这一比重较全国低4.6个百分点。其中，进口413.1亿美元，同比增长11.6%；出口206.4亿美元，同比增长11%。2013年，天津市以加工贸易方式进出口449.9亿美元，同比增长7.9%，占同期天津市进出口总值的35%，比2012年回落1.1个百分点，但高出全国平均水平2.4个百分点。其中，出口250.4亿美元，同比下降2.3%；进口199.5亿美元，同比增长24.1%。2013年，天津市以海关特殊监管区域方式进出口200亿美元，同比增长22.1%，占同期天津市进出口总值的15.6%，比2012年增加1.4个百分点，高于全国3.7个百分点。其中，出口25.9亿美元，同比下降4.7%；进口174.1亿美元，同比增长27.5%。

（三）对外资的依赖有所减弱，民营企业和国有企业进出口增长较快

外商投资企业是天津市外贸发展的重要支柱，但对其依赖有所减弱。2013年，天津市外商投资企业进出口801.5亿美元，同比增长3.5%，较同期天津市进出口总体增速低7.6个百分点，占同期天津市进出口总值的62.4%，比2012年下降4.5个百分点。2013年，天津市民营企业进出口249.1亿美元，同比增长26.6%，占同期天津市进出口总值的19.4%，比2012年增加2.3个百分点。此外，同期天津市国有企业进出口234.5亿美元，同比增长26.9%，占同期天津市进出口总值的18.2%，比2012年增加2个百分点。

（四）韩国、欧盟、美国为前三大贸易伙伴，对日本双边贸易出现下降

2013年，韩国、欧盟和美国为天津市前三大贸易伙伴，双边贸易值分别为217.2亿美元、196亿美元和192.2亿美元，同比分别增长11.1%、8.2%和16.4%，其中对欧盟和美国出口下降。日本是天津市传统的重要贸易伙伴，受“钓鱼岛”风波及日本首相安倍晋三拒不承认历史罪责，悍然参拜靖国神社等举动导致中日关系恶化，2013年天津市对日本贸易值为127.8亿美元，同比下降7%，拉低同期天津市外贸总体增速，占同期天津市进出口总值的比重由2012年的11.9%下降至9.9%（表1）。

表1　2013年天津市与主要贸易伙伴进出口情况表

国家（地区）	金额（亿美元）			同比（%）		
	进出口	出口	进口	进出口	出口	进口
总计	1 285.3	490.3	795.0	11.1	1.5	18.1
韩国	217.2	51.9	165.3	11.1	7.8	12.2
欧盟	196.0	59.4	136.6	8.2	-11.8	20.1
美国	192.2	84.4	107.8	16.4	-0.7	34.5
东盟	141.8	70.1	71.7	16.9	15.0	18.7
日本	127.8	37.5	90.3	-7.0	-6.7	-7.1
澳大利亚	77.5	7.5	70.0	55.7	-17.3	71.9
中国香港	41.8	32.9	8.9	6.4	7.0	4.1
巴西	36.8	12.6	24.2	0.8	28.1	-9.3

（五）手机出口下降明显，主要进口商品增长明显

2013年，天津市出口机电产品341.8亿美元，同比增长0.2%，其中电器及电子产品205.1亿美元，同比增长0.8%。出口手持或车载无线电话机48.8亿美元，同比下降29.2%，这是下降幅度最大的主要出口商品。同期，天津市进口机电产品479亿美元，同比增长19.3%。此外，大宗商品进口快速增长，进口铁矿砂81.1亿美元，同比增长35%；集成电路76.3亿美元，同比增长15%（表2）。

表2　2013年天津市主要进出口商品一览表

出口商品	出口值（亿美元）	同比（%）	进口商品	进口值（亿美元）	同比（%）
机电产品	341.8	0.2	机电产品	479.0	19.3
其中：电器及电子产品	205.1	0.8	铁矿砂及其精矿	81.1	35.0
金属制品	20.1	1.9	集成电路	76.3	15.0
手持或车载无线电话机	48.8	-29.2	汽车	70.8	-1.2
钢材	36.4	13.0	飞机	68.8	198.7
二极管及半导体	18.2	6.7	农产品	58.9	5.8
服装及衣着附件	14.4	0.5	煤及褐煤	25.9	77.1
集成电路	13.0	1.2	成品油	16.5	35.8

（六）滨海新区进出口占全市总值近7成

天津市滨海新区是国家级综合改革配套试验区，是天津市对外开发开放的前沿阵地。2013年，天津市滨海新区进出口890.2亿美元，同比增长12.1%，占同期天津市进出口总值的69.3%。其中，出口305.5亿美元，同比增长1.8%；进口584.7亿美元，同比增长18.3%。滨海新区是拉动天津市进出口的重要区域。

三、2013年天津市外贸增长的主要原因

（一）政策优势使东疆保税港区成为新的增长极带动进出口增长

天津是目前我国拥有特殊监管区域种类最为齐全的地区，尤其是东疆保税港区正式运作以来，借助海关特殊监管区域的政策，创新融资租赁模式，逐步建成了中国融资租赁产业聚集区。2013年，东疆保税港区进出口119.5亿美元，同比增长1.2倍，成为了天津滨海新区新的增长极。同时，东疆保税港区作为国务院批准的唯一飞机租赁试点区域，政策优势明显，随着国内旅客更多将航空作为出行方式，国内航空业对租赁进口飞机需求稳步上升。

（二）大型制造业跨国公司和外贸企业的带动作用明显

天津是我国对外开放程度较高的城市，经过多年发展，部分外资企业成为全球性行业领军企业。目前占据天津市加工贸易进出口绝对份额的主要是三星、富士康、空客等大型制造业跨国公司。其中，2013年三星旗下多家公司进出口253.4亿美元，占同期天津市进出口总值的比重为19.7%，同比增长13.3%，高于天津市平均增速1.1个百分点。部分外贸企业的进出口表现也十分突出，世界500强企业天津物产集团2013年进出口值为43.1亿美元，在天津市位列第三，同比增长70.3%，大大高于天津市平均增速，对天津市进出口拉动作用明显。

四、影响天津市外贸发展的因素

（一）大批高端项目落户助推天津市外贸经济发展

2012年以来，大批高端项目落户天津，对外贸经济的促进作用明显。2013年，英利集团作为全球最大的光伏组件供应商，在天津建立了光伏产业基地，并成立了天津英利新能源有限公司，由此产生的强大聚集效应使一批世界级光伏企业纷纷落户天津，使天津光伏产业发展涵盖了整条产业链的各个领域，具有其他地区不可比拟的优势；天津经纬新型纺织机械有限公司成功争取到集团高端项目，使中国恒天GINAF矿用卡车生产项目战略落户天津，有效助推传统行业转型升级，开拓了天津市国产高端矿用卡车的新纪元；三井化学无纺布（天津）有限公司在天津投资建厂，成为我国北方第一家高品质无纺布生产厂家。

（二）大型电商和物流企业聚集为发展跨境电子商务提供平台

天津市武清区依托得天独厚的区位交通优势，已经成为大型电商和物流企业的聚集区，其中包括亚马逊、阿里巴巴、当当网、京东商城、苏宁易购、国美假日、凡客诚品等。目前武清区已将跨境电子商务纳入下一步的发展重点，预计到2015年，武清区电子商务及相关产业营业收入将突破500亿元，创造数万个就业岗位。大型电商聚集区、口岸物流优势等要素的化学反应正在进一步酝酿，其将对天津市外贸产生的强劲推动力。

（三）对日贸易将继续影响天津市进出口贸易发展

日本是天津市重要贸易伙伴，2013年受其国内经济低迷和其他政治因素影响，天津市对日贸易下降。“钓鱼岛”风波及日本首相安倍晋三拒不承认历史罪责，悍然参拜靖国神社等举动导致中日关系恶化，日本经济复苏缓慢、人民币对日元汇率升值等因素将进一步影响2014年天津市对日进出口贸易。

五、2014年天津市外贸形势展望

2013年12月27日，李克强总理到天津市滨海新区考察时表示国务院将定位天津建立中国第一个投资和贸易便利化综合改革创新区，享受并超过上海自由贸易区所有政策。综合改革创新区将突

出贸易自由、投资便利、金融服务完善、高端产业聚集、法制运行规范、监管透明高效、辐射带动效应明显等内容，进一步推进金融服务便利化，探索建立一些产业社区，重点解决中小企业、民营企业发展过程中的需求；进一步拓宽租赁产品范围和融资渠道，开展跨境、跨关区的海关异地代监管的租赁业务；进一步探索制造业转型发展，建立新型贸易业态，在服务业方面做大做强等。综合改革创新区的建立势必将会对滨海新区，乃至整个天津市的外贸发展带来积极的影响。

为此建议：一是以建立投资和贸易便利化综合改革创新区为契机，结合天津市实际情况加快构建改革创新的顶层设计，促进天津市经济快速发展；二是加快发展高新技术产业，改造和提升传统产业，培育新兴产业，促进产业结构调整，加速产业集群建设；三是充分利用天津市处于环渤海经济圈中心的优越地理位置，进一步加强港口建设，重点发展国际中转、国际配送、国际采购、国际转口贸易等业务，逐步向自由贸易港区发展，成为我国最重要的贸易集散地。

上海市

上海市地处长江入海口，东向东海，南濒杭州湾，西与江苏、浙江两省相接，共同构成我国最大经济区“长三角经济圈”。作为全国最大的经济中心和贸易港口，2013 年上海港货物吞吐量完成 7.76 亿吨，再创历史新高，同比增长 5.5%；同期，集装箱吞吐量完成 3 361.7 万标准箱，连续 4 年位居世界第一，同比增长 3.3%①。目前，上海市正致力于在 2020 年建成国际经济、金融、航运和贸易中心。2013 年，上海市经济总量（GDP）为 21 602.1 亿元，占全国的 3.8%，进出口贸易占全国进出口总值的 10.6%。

一、加入世界贸易组织以来上海市外贸发展总体情况

2001 ~ 2013 年，除金融危机影响最为严重的 2009 年及 2012 年外，上海市外贸进出口均呈现同比增长态势，年进出口规模从加入世界贸易组织初的 608.8 亿美元快速放大，2003 年首次突破 1 000亿美元，之后分别于 2006 年、2008 年和 2011 年依次再上一个千亿美元台阶。自 2011 年站上 4 000亿美元台阶后，上海市外贸规模进入平稳期，连续 3 年稳定在 4 400 亿美元附近。12 年间年均增长率 17.9%，其中出口规模由 276.2 亿美元扩大至 2 042 亿美元，年均增长 18.1%；进口规模由 332.6 亿美元扩大至 2 370.3 亿美元，年均增长 17.8%（图 1）。

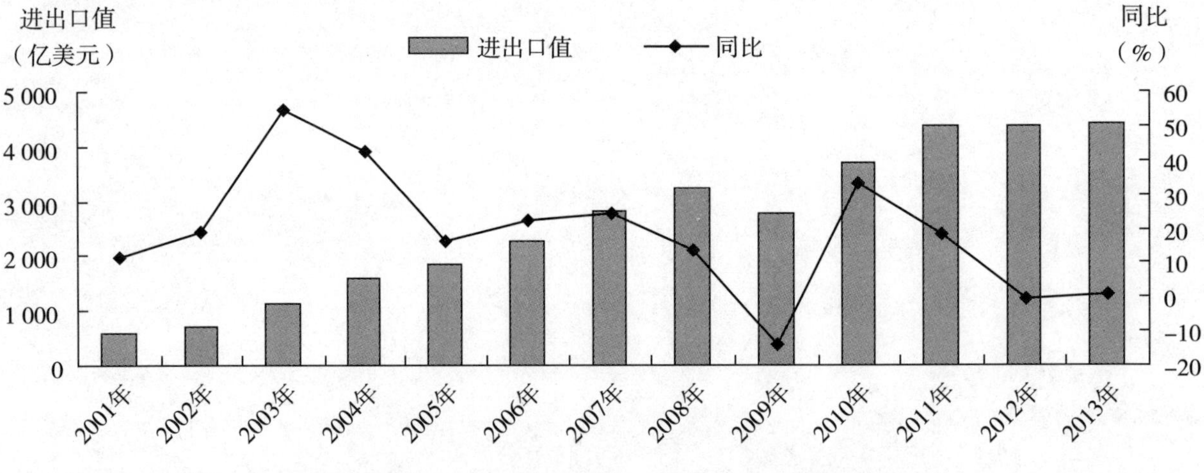

图 1　2001 ~ 2013 年上海市外贸进出口年度走势图

二、2013 年上海市外贸发展的主要特点

2013 年，上海市外贸进出口总值 4 412.3 亿美元，同比增长 1.1%，占同期全国进出口总值的 10.6%，位列全国第 3 位。其中，出口 2 042 亿美元，同比下降 1.2%，占同期全国出口总值的 9.2%；进口 2 370.3 亿美元，同比增长 3.1%，占同期全国进口总值的 12.2%。

① 《上海港集装箱吞吐量“领跑”全球》，《浦东时报》，2014 年 1 月 7 日。

（一）下半年外贸形势明显好转，12 月份进口值创历史新高

2013 年上半年，上海市外贸进出口连续出现同比下降，第一、二季度降幅分别为 1.2% 和 6%，下半年起对外贸易形势明显好转，第三季度进出口同比由第二季度的下降逆转为增长，增幅达 3.3%，第四季度增速进一步加快至 8.1%。其中，12 月份当月进出口 399.5 亿美元，环比微降 0.5%，同比增长 8.5%；当月出口 176.2 亿美元，环比下降 7.6%，同比增长 2.5%，已连续 5 个月保持同比增长；进口 223.3 亿美元，环比增长 5.9%，同比增长 13.8%，增幅较 11 月份继续扩大 0.8 个百分点，单月进口值创历史新高（图 2）。

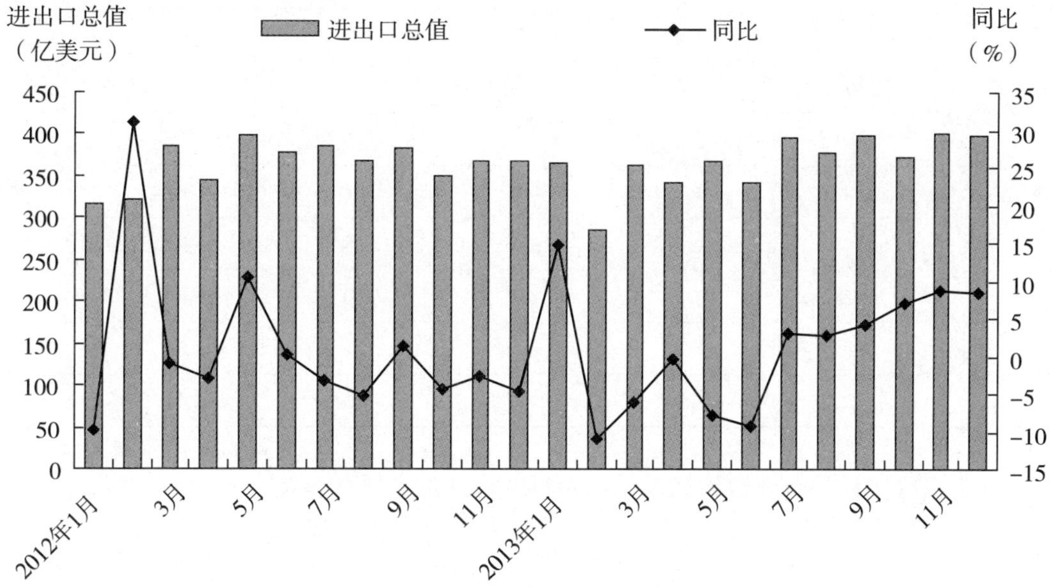

图 2　2012～2013 年上海市外贸进出口月度走势图

（二）一般贸易和加工贸易一增一降，贸易自主发展能力增强

相比加工贸易，一般贸易更能够体现一个国家或地区对外贸易发展的自主性和经济发展的实力，贸易增值能力通常也更强。2013 年，上海市以一般贸易方式进出口 2 016.2 亿美元，同比增长 9.5%，占同期上海市进出口总值的 45.7%，比重上升 3.5 个百分点。同期，上海市以加工贸易方式进出口 1 291.1 亿美元，同比下降 7%，占同期上海市进出口总值的 29.3%，比重回落 2.5 个百分点。此外，以海关特殊监管区域物流货物方式进出口 888.9 亿美元，同比下降 5.3%。

（三）贸易伙伴更趋多元化，对主要市场的依赖程度下降

2013 年，衡量上海市进出口市场多元化程度的等价数目指标①由 2012 年的 15.8 提高到 15.9。其中，对欧盟、美国、日本、东盟和韩国等前五大贸易伙伴合计进出口 2 978.4 亿美元，同比下降 0.4%，占同期上海市外贸进出口总值的 67.5%，比重较 2012 年回落 1 个百分点。对主要贸易伙伴的依赖程度下降，开拓新兴市场和抵御个别市场局部动荡风险的能力得到增强（表 1）。

① 市场等价数目是具有相同出（进）口额的出（进）口市场数目。其计算公式为：出（进）口市场等价数目 $=\frac{1}{\sum_{i=1}^{n}\left(\frac{X_i}{X}\right)}$，其中 X_i 为第 i 个市场的出（进）口额，X 为出（进）口总额。

表1 2013 年上海市与主要贸易伙伴进出口一览表

国家（地区）	进出口值（亿美元）	同比（%）	出口值（亿美元）	同比（%）	进口值（亿美元）	同比（%）
合计	4 412.3	1.1	2 042.0	-1.2	2 370.3	3.1
欧盟	916.5	1.6	362.6	-7.4	553.9	8.6
美国	733.8	4.6	506.5	1.0	227.3	13.6
日本	550.0	-4.0	248.9	-0.2	301.1	-6.9
东盟	539.1	-5.5	214.0	2.3	325.1	-10.0
韩国	239.0	-2.1	62.1	-10.5	176.9	1.3
中国台湾	220.2	8.8	57.9	1.6	162.3	11.6
中国香港	174.9	4.5	167.7	5.5	7.2	-14.7
澳大利亚	142.3	9.8	58.2	0.5	84.1	17.4
瑞士	89.7	99.1	5.0	18.8	84.7	107.4
印度	72.7	-11.7	41.1	-16.5	31.6	-4.6

（四）有进出口实绩的企业数量增加，其中近三分之二为民营企业

2013 年，上海市有进出口实绩的企业数量由 2012 年的 3.3 万家增加至 3.5 万家。其中，民营企业进出口 749.1 亿美元，同比增长 10.9%，较同期上海市进出口总体增速高出 9.9 个百分点，占上海市进出口总值的比重由 2012 年的 15.5% 提升至 17%。在 2013 年新加入外贸进出口领域的 0.6 万家企业中，64.4% 为民营企业。

（五）7 成以上出口产品为机电产品，劳动密集型产品出口保持增长

2013 年，上海市出口机电产品 1 433.7 亿美元，同比下降 1.4%，占同期上海市出口总值的 70.2%。其中，自动数据处理设备及其部件出口 426.6 亿美元，同比下降 9.2%；集成电路出口 126.9 亿美元，同比增长 14.3%；电话机出口 83.9 亿美元，同比增长 13.3%。同期，上海市服装及衣着附件、纺织品、家具、塑料制品、箱包、鞋类、灯具、床垫寝具和玩具等 9 类劳动密集型商品合计出口 308.2 亿美元，同比增长 2.1%。

（六）高新技术产品进口比重下滑，消费品进口增速进一步加快

2013 年，上海市进口高新技术产品 791.9 亿美元，同比下降 3.8%，占同期上海市进口总值的比重由 2012 年的 35.8% 下滑至 33.4%。其中，进口集成电路 345.6 亿美元，同比下降 7.7%；进口自动数据处理设备及其部件 58.4 亿美元，同比下降 38.7%。同期，上海市进口消费品 371.7 亿美元，增速由 2012 年的 14% 提升至 18.6%。其中，进口汽车 116.8 亿美元，同比增长 27.7%，增速加快 7.6 个百分点（表2）。

表 2　2013 年上海市外贸进出口主要商品一览表

出口			进口		
商品	金额（亿美元）	同比（%）	商品	金额（亿美元）	同比（%）
自动数据处理设备及其部件	426.6	-9.2	集成电路	345.6	-7.7
服装及衣着附件	140.5	0.1	汽车（包括整套散件）	116.8	27.7
集成电路	126.9	14.3	未锻造的铜及铜材	112.1	-20.7
电话机	83.9	13.3	初级形状的塑料	88.2	5.6
纺织纱线、织物及制品	64.4	1.5	计量检测分析自控仪器及器具	67.5	9.0
船舶	42.4	-10.8	铁矿砂及其精矿	59.9	-8.7
汽车零件	38.4	9.3	医药品	59.6	23.7
自动数据处理设备的零件	35.8	5.0	自动数据处理设备及其部件	58.4	-38.7
钢材	34.4	-7.9	通断保护电路装置及零件	44.7	2.3
通断保护电路装置及零件	33.7	8.3	飞机	41.4	28.4

三、2013 年下半年以来上海市外贸恢复增长的主要原因

（一）国际国内经济环境改善推动外贸向好

从国际看，2013 下半年以来，全球主要经济体经济复苏势头良好。欧美市场占上海市对外贸易的 37.4%，这一比重较全国高出 11.4 个百分点，外部市场条件的改善促使上海市对主要市场进出口呈现了全面回升的态势。以第四季度为例，上海市对欧盟、美国的进出口同比分别增长 6.7% 和 9.9%，对日本的进出口也由之前的同比下降 7.1% 转为当季度增长 1.1%。从国内看，2013 年全年，我国经济运行情况良好，同时，国内消费不断升级，对汽车、医药品等商品需求旺盛，进口值年内屡创新高。2013 年，上海市进口消费品 371.7 亿美元，增速由 2012 年的 14% 提升至 18.6%，占同期我国消费品进口总值的比重由 2012 年的 26.2% 提升至 28.6%，超越北京成为进口值最大省份，消费品进口直接拉动上海市外贸进口增速提高 2.4 个百分点。

（二）自由贸易试验区挂牌以来新注册企业成倍激增，进出口恢复增势

中国（上海）自由贸易试验区自 2013 年 9 月 29 日挂牌以来至 12 月 31 日，区内海关新注册企业数为 592 家，同比增长两倍，占该区域全年新注册企业总数的 50.6%；新注册企业挂牌以来进出口总值已达到 2 亿美元。截至 12 月 31 日，自由贸易试验区海关注册企业达 5 872 家，全年合计进出口 1 134 亿美元，同比增长 0.4%，其中第四季度进出口 295.5 亿美元，同比由挂牌前的前三季度下降 0.9% 成功反转为增长 4.3%，示范带动作用明显。

四、影响上海市外贸进出口因素分析

（一）外贸发展环境将有利上海外贸发展

首先，国际需求状况明显改善，国际货币基金组织（IMF）预计，2014 年世界经济增长将比 2013 年提速 0.7 个百分点，其中发达经济体经济将提速 0.8 个百分点，欧美日占上海市外贸进出口半壁江山，比重比全国平均高 16.4 个百分点，将面临更多市场机遇；其次，十八届三中全会对构

建开放型经济作出最新部署，中国（上海）自由贸易试验区建设步伐将进一步加快，投资与贸易便利等制度安排将为上海外贸发展注入更多活力；再次，美国启动量化宽松政策退出程序，全球流动性收紧，将抑制全球大宗商品价格上涨，有利于降低企业进口成本，为企业扩大进口力度、加大资源储备提供有利时机。

（二）国外对华贸易摩擦对上海市的影响首当其冲

2013 年前三季度，17 个国家（地区）对我国出口产品发起贸易救济调查 63 起，同比增长 10. 5%；美国对我国的电子、通讯、机械等出口产品发起 337 知识产权调查 15 起，占其同期立案数量的 1/4 以上。目前相对高端的机电产品已取代劳动密集型产品成为国外对华贸易摩擦的重点。2013 年，机电产品占上海市出口总值的 70. 2%，比重较同期全国平均水平高 12. 9 个百分点。由于出口产品结构相对高端，上海市受国外贸易摩擦的影响可能愈发明显。

（三）上海市作为改革开放前沿率先遭遇成长困境

作为国内经济最发达的城市之一，上海市的劳动力、土地等要素成本明显高于中西部地区。如，当前上海市的月最低工资标准为 1 620 元，为全国最高，比中西部地区重庆市和四川省分别高出 54. 2% 和 35%。在 2013 年 12 月对上海市 290 家外贸企业问卷调查中，有 201 家企业反映出口综合成本持续上升，占受访企业总数的 69. 3%。高企的要素成本使得上海市制造业优势减弱，较高的基数下增长压力加大，城市亟待转型发展。

五、形势展望和政策建议

随着全球经济复苏回暖、国内宏观经济企稳向好、上海自由贸易区各项推进工作不断深入，以及一系列稳定外贸增长的政策措施的逐步到位，2014 年上海市对外贸易环境较 2013 年将明显改善，预计 2014 年上海市外贸进出口总体仍将延续小幅温和增长态势。

为此建议：一是坚持出口和进口并重，推动对外贸易平衡发展；二是深化推进贸易伙伴多元化战略，优化对外贸易布局；三是在适当巩固传统产品国际竞争优势的同时，加快推进战略性新兴产业发展；四是加大对中小微进出口企业的扶持力度，增强市场主体活力。

重庆市

重庆地处成渝经济区的中心地带，是我国最年轻的直辖市，拥有国家级统筹城乡综合配套改革试验区和我国内陆第一个国家级新区——两江新区。重庆不仅拥有长江航道的天然水运优势和西部航空枢纽的航运优势，还拥有渝新欧国际货运大通道的铁路运输优势，并且具备中西部唯一集保税港区和综合保税区为一体的开放平台。作为国家重要的现代制造业基地，重庆工业基础雄厚，近年来重庆市外向型经济发展迅速，特别是电子信息产业发展势头强劲，据统计，2013 年重庆市 GDP 为 1.3 万亿元，外贸依存度为 32.7%。2010～2012 年，重庆市外贸依存度分别为 10.6%、18.9% 和 29.3%，呈现快速上升的态势。

一、加入世界贸易组织以来重庆市外贸发展总体情况

2001 年重庆市外贸进出口值仅为 18.3 亿美元，经过 5 年的稳步增长，到 2006 年，重庆外贸进出口值突破 50 亿美元，达到 54.7 亿美元；2010 年，重庆市外贸进出口值突破 100 亿美元，并在此之后呈现跨越式增长的态势。2011 年为 292.2 亿美元，同比增长 1.4 倍，接近 300 亿大关。2012 年突破 500 亿美元大关，达到 532 亿美元，同比增长 82.2%。2013 年突破 650 亿美元大关，达到 687 亿美元，同比增长 29.1%（图 1）。

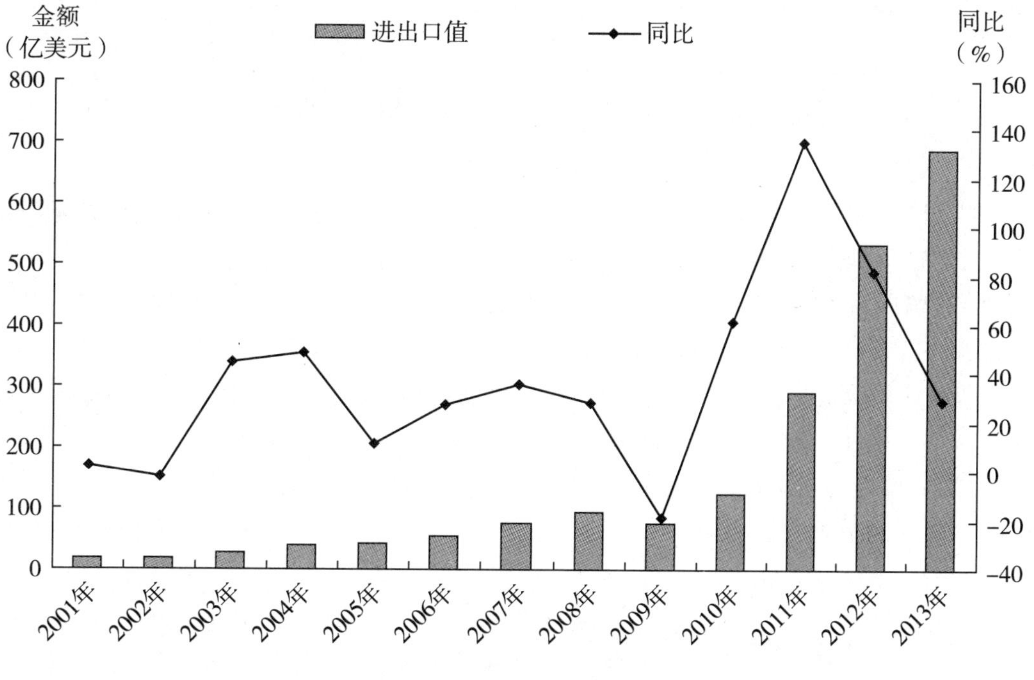

图 1　2001～2013 年重庆市外贸进出口年度走势图

二、2013 年重庆市外贸进出口的主要特点

据海关统计，2013 年重庆市进出口总值 687 亿美元，同比增长 29.1%，高出同期全国进出口增速 21.5 个百分点，进出口总值在全国位列第 10 位，在西部 12 省市中位列第一。其中，出口 468

亿美元，同比增长21.3%，高出全国出口增速13.4个百分点，占同期全国出口总值的2.1%；进口219亿美元，同比增长49.7%，高出全国进口增速42.4个百分点，占同期全国进口总值的1.1%。

（一）上半年逐月增长，下半年震荡走高

2013年上半年，重庆市外贸进出口值呈现明显的逐月增长的态势，并在6月份达到创纪录的76.1亿美元，增速呈现高位回落趋稳的走势。下半年，重庆市外贸进出口总体呈现在波动中平稳增长的态势，且增速逐月加快（图2）。

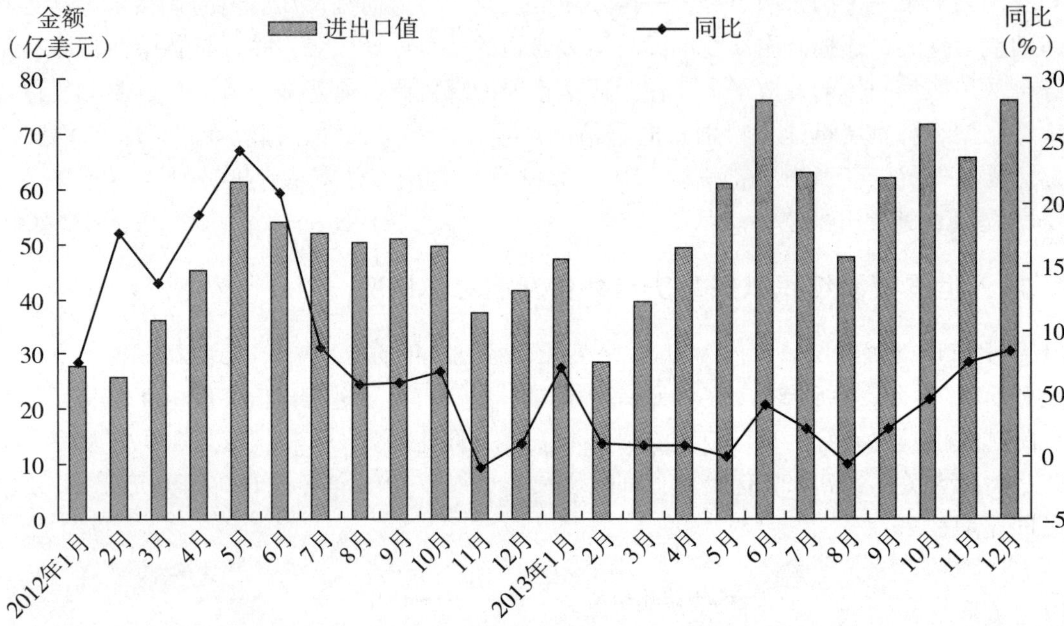

图2　2012～2013年重庆市外贸进出口月度走势图

（二）加工贸易占比近5成，一般贸易进出口下降

2013年，重庆市以加工贸易方式进出口328.2亿美元，同比增长89.6%，占同期重庆市外贸进出口总值的47.8%。其中，出口266.6亿美元，同比增长73.5%；进口61.6亿美元，同比增长2.2倍。以一般贸易方式进出口264.2亿美元，同比下降5.5%，占同期重庆市外贸进出口总值的38.5%。其中，出口188.6亿美元，同比下降13.1%；进口75.6亿美元，同比增长21.3%。同期，以海关特殊监管区域物流货物方式进出口86.4亿美元，同比增长31.8%，占同期重庆市外贸进出口总值的12.6%。其中，出口7.4亿美元，同比增长1.4倍；进口79亿美元，同比增长26.5%。

（二）外商投资企业进出口占比超过5成，民营企业进出口小幅下降

2013年，重庆市外商投资企业进出口376.5亿美元，同比增长50.9%，占同期重庆市外贸进出口总值的54.8%。其中，出口258.1亿美元，同比增长59.7%；进口118.4亿美元，同比增长34.8%。民营企业进出口245.2亿美元，同比下降1.9%，占同期重庆市外贸进出口总值的35.7%。其中，出口198.9亿美元，同比下降6.7%；进口46.3亿美元，同比增长25.4%。此外，国有企业进出口43.8亿美元，同比增长34.5%。其中，出口10.9亿美元，同比增长0.1%；进口32.9亿美元，同比增长51.8%。

（三）欧盟、东盟、美国为前三大贸易伙伴

2013年，重庆市对欧盟实现进出口值140.9亿美元，同比增长16.9%，其中出口116.6亿美元，同比增长17.8%，进口24.3亿美元，同比增长12.9%；对东盟进出口121.8亿美元，同比增长24%，其中出口61.9亿美元，同比增长22.3%，进口59.9亿美元，同比增长25.9%；对美国进出口106.5亿美元，同比增长14.3%，其中出口90.8亿美元，同比增长12.3%，进口15.7亿美元，同比增长27.5%。此外，对我国香港地区进出口63.7亿美元，同比增长5.4倍；对我国台湾地区进出口2.7亿美元，同比增长73.6%。

（四）机电产品进出口增长迅速，便携式电脑出口近200亿美元

2013年，重庆市出口机电产品350.2亿美元，同比增长34.9%，占同期重庆市出口总值的74.8%。其中，出口便携式电脑4 868万台，同比增加37.4%，价值198.1亿美元，同比增长58%；出口打印机1 778万台，同比增长1.5倍，价值21.7亿美元，同比增长1.6倍；出口摩托车363.9万辆，同比下降0.2%，价值17亿美元，同比增长2.8%；出口灯具、照明装置8亿美元，下降38.7%；出口汽车11.5万辆，同比增长8.7%，价值7.8亿美元，同比增长26.1%。

同期，重庆市进口机电产品154.1亿美元，同比增长34.8%。其中，进口集成电路59.7亿美元，同比增长46.3%；进口自动数据处理设备及其部件20.4亿美元，同比增长26.3%；进口印刷、装订机械及零件12.8亿美元，同比增长97%；进口汽车零件11.9亿美元，同比增长56.2%。此外，进口大豆144.4万吨，同比增长21.2%，价值8.8亿美元，同比增长19.5%；进口铁矿砂606.4万吨，同比增长77.6%，价值8.1亿美元，同比增长79.1%（表1）。

表1 2013年重庆市主要商品进出口总值表

出口			进口		
主要商品	金额（亿美元）	同比（%）	主要商品	金额（亿美元）	同比（%）
便携式电脑	198.1	58.0	集成电路	59.7	46.3
打印机	21.7	164.1	自动数据处理设备及其部件	20.4	26.3
摩托车	17.0	2.8	印刷、装订机械及零件	12.8	97.0
灯具、照明装置及类似品	8.0	-38.7	汽车零件	11.9	56.2
汽车	7.8	26.1	粮食	9.1	16.9
家具及其零件	12.6	-42.3	铁矿砂及其精矿	8.1	79.1
服装及衣着附件	12.4	19.5	自动数据处理设备的零件	6.7	61.6
塑料制品	8.7	-49.4	计量检测分析自控仪器及器具	4.9	11.4
箱包及类似容器	7.1	-42.4	金属加工机床	3.6	-33.1
纺织纱线、织物及制品	6.9	15.1	初级形状的塑料	3	67.8

三、2013年重庆市外贸增长的主要原因

（一）以便携式电脑产业为主的内陆加工贸易发展迅速

经过近3年的快速发展，以便携式电脑产业为主的重庆加工贸易体系已经发展成熟，成为了全国重要的便携式电脑制造加工基地。目前，重庆已经聚集了包括惠普、宏基、华硕、东芝等全球主要便携式电脑品牌厂商，富士康、达丰、英业达、仁宝、纬创等全球主要便携式电脑代工企业和众多的配套企业，并基本上已经实现大规模的量产，产业体系逐年成熟稳定并平稳较快增长，同时，打印机、液晶显示器项目也先后实现量产，成为推动重庆外贸发展的最主要动力。

(二)两个海关特殊监管区域的集聚效应日益发挥

重庆是目前我国中西部拥有特殊监管区域层次水平较高的地区，两路寸滩保税港区和西永综合保税区经过多年的发展和运作，目前产业聚集效能发挥明显，众多便携式电脑代工、配套企业及大批保税物流、保税加工企业已经集聚于此。据海关统计，2013 年，重庆市海关特殊监管区域内企业实现进出口总值 316 亿美元，同比增长 98%，占同期重庆市进出口总值的 46%。

(三)内陆开放新区的辐射带动功能日益显现

作为内陆的第一个国家级新区，3 年多来，重庆两江新区发展迅速，产业聚集效能日益明显，世界 500 强企业入驻数量从新区成立初的 54 家增加到现在的 118 家，是成立之初的两倍。两江新区连续两年实际利用外资额超过 30 亿美元①，区内的汽车、电子信息、医药化工及通用航空产业发展迅速。2013 年，重庆两江新区实现进出口额 305.1 亿美元，同比增长 43%，高于同期重庆市外贸进出口 29.1% 的整体增速，占同期重庆市外贸进出口总值的 44.4%。

四、2014 年重庆市外贸进出口形势展望

十八届三中全会提出未来要构建内陆开放新格局，作为西部唯一的直辖市，重庆市在新一轮开放中面临着前所未有的机遇。目前依托两个海关特殊监管区域，重庆已取得铁路口岸临时开放试点，并成功获批进境肉类和水果指定口岸，海关特殊监管区域的保税物流和集散分拨功能正日益发挥作用，汽车整车进口口岸的申请正加快推进。同时，跨境电子商务试点有序推进，进口商品保税展示交易、委内加工、非国产货物入区维修等新业态不断发展壮大，渝新欧国际铁路联运大通道每周 3 班常态开行并开通回程货班列，国家层面的丝绸之路经济带、海上丝绸之路和长江经济带建设也将给重庆带来前所未有的机遇。重庆市外贸进出口发展的产业支撑进一步牢固和壮大，通过近年引进的一批电子信息产业关键零部件配套项目，目前重庆市便携式电脑、打印机和手机呈现集群发展态势，已经成为国家重要的电子信息产业制造基地，国家互联网骨干直联点和国家首批互联网与工业融合创新试点省市，并正积极建设大数据应用基地。与此同时，重庆市的传统优势产业汽车、摩托车、冶金等产业也持续发展壮大，为未来重庆市外贸进出口持续快速健康发展提供了良好的产业支撑，预计全市外贸进出口将有望继续保持平稳较快增长态势。

① 《招商 118 家世界 500 强落户》，《重庆晨报》，2013 年 6 月 14 日。

河北省

河北省地处京津腹地及环渤海经济圈中心，已基本形成新能源、汽车、电气、煤炭、纺织、冶金、建材、化工、机械、电子、石油、轻工、医药等优势产业。2013 年，河北省经济总量（GDP）为 28 301.4 亿元人民币，同比增长 8.2%，约占全国经济总量的 5%，在全国 31 个省、直辖市（不含港澳台）中居第 6 位，外贸依存度为 12%，处于全国中上游的水平。

一、加入世界贸易组织以来河北省外贸总体情况

加入世界贸易组织以来，河北省经济的外向型程度逐渐加深，进出口由加入世界贸易组织之初的 57.3 亿美元增长至 548.8 亿美元，年均增速 20.7%，其中进口由加入世界贸易组织之初的 17.8 亿美元增长至 239.2 亿美元；年均增速 24.2%；出口由加入世界贸易组织之初的 39.5 亿美元增长至 309.6 亿美元，年均增速 18.7%。

从具体年份看，2001 ~ 2008 年河北省外贸进入持续快速增长阶段。其中，2004 年外贸总值突破 100 亿美元，2007 年突破 200 亿美元达 255 亿美元，2008 年一举突破 300 亿美元达到 384 亿美元。在 2008 年年底全球遭遇金融危机后，2009 年是经受最为严峻考验的一年，成为加入世界贸易组织以来外贸下降最快的年份，当年降幅达到 22.9%；2010 年、2011 年呈恢复性增长，分别突破 400 亿美元和 500 亿美元大关。2012 ~ 2013 年河北省经历了后金融危机时代的探索发展阶段。其中，在 2011 年高位运行后，2012 年又小幅回落了 5.7%，但依然维持在 500 亿美元以上规模；2013 年借助于进口的大幅增长，外贸总体保持了较快增长，但出口增长依然较慢（图 1）。

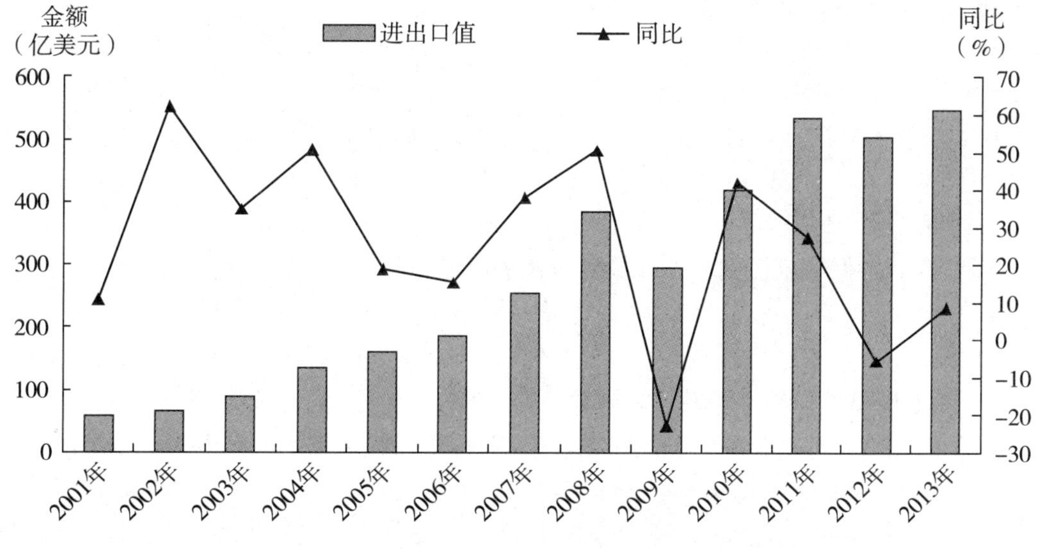

图 1　2001 ~ 2013 年河北省对外贸易年度走势图

二、2013 年河北省对外贸易发展的主要特点

据海关统计，2013 年河北省外贸进出口 548.8 亿美元，占全国进出口贸易总值的 1.3%，贸易规模在全国居第 13 位，贸易增速在全国居第 21 位。

（一）月度进出口规模平稳波动，年末出口逐月下滑、进口持续扩大

除2月份受春节因素影响进出口达到年内最低值外，2013年河北省月度进出口值保持在43亿~50亿美元的范围内上下波动。其中，出口增长劲头较弱，3个月份出现同比下滑，第四季度出口逐月下滑，12月份出口25.8亿美元，同比增长7.9%，环比下降1.4%；而5~11月份月度进口同比连续7个月保持两位数的快速增长，12月份同比增速虽有所放缓，但进口规模仍继续扩大，进口23亿美元，同比增长8.4%，环比增长19%（图2）。

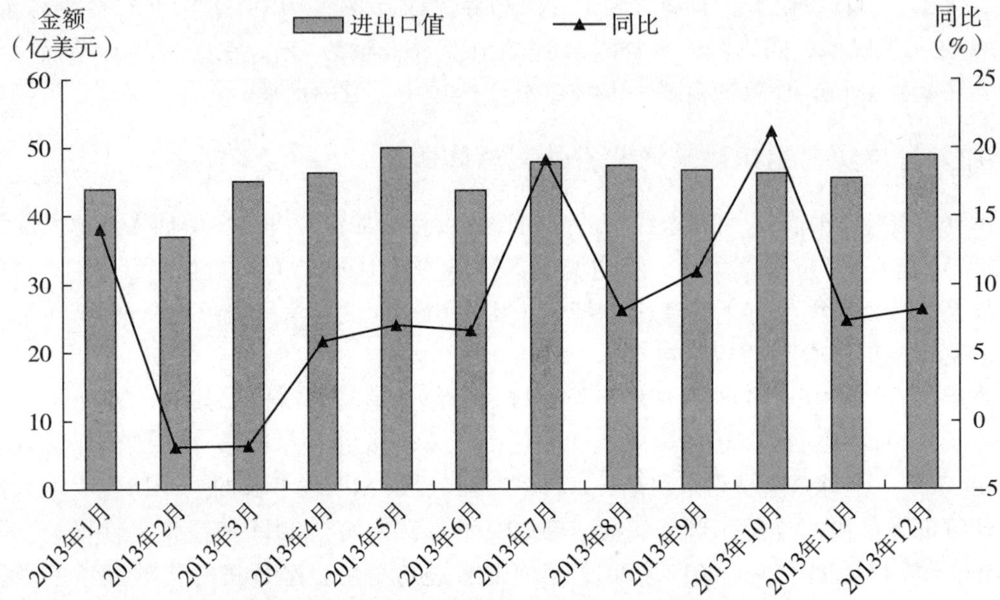

图2　2013年河北省对外贸易月度走势图

（二）一般贸易主导进出口，加工贸易增速较慢

2013年，河北省以一般贸易方式进出口470.9亿美元，同比增长8.9%，占同期河北省进出口总值的85.8%，高出全国该贸易方式所占比重33个百分点。其中，出口261.2亿美元，同比增长4.9%；进口209.7亿美元，同比增长14.4%。此外，以加工贸易方式进出口62.2亿美元，同比增长3.9%，占同期河北省进出口总值的11.3%。其中，出口41.1亿美元，同比下降0.6%；进口21.1亿美元，同比增长14.1%。

（三）民营企业占据半壁江山，外商投资企业进出口下降

2013年，河北省民营企业进出口272.3亿美元，同比增长21.8%，占同期河北省进出口总值的49.6%。其中，出口173亿美元，同比增长12.4%；进口99.3亿美元，同比迅猛增长42.6%。同期，外商投资企业进出口159.8亿美元，同比下降10%，占同期河北省进出口总值的29.1%。其中，出口84.7亿美元，同比下降10.1%；进口75.1亿美元，同比下降9.8%。此外，国有企业进出口116.7亿美元，同比增长11.6%，占同期河北省进出口总值的21.3%。其中，出口52亿美元，同比增长8.5%；进口64.7亿美元，同比增长14.2%。与此同时，企业参与出口的行为也更加积极，2013年河北省有出口实绩企业8 292家，较2012年增加409家，其中出口额超亿美元企业35家，累计出口85.5亿美元，占同期河北省出口总额的27.6%。

（四）传统贸易伙伴中澳大利亚稳居首位，欧盟和美国紧随其后

依赖于铁矿砂进口，澳大利亚和巴西分别成为河北省第一大和第二大进口来源地，也成为第一大贸易伙伴和第四大贸易伙伴，分别进出口89亿和51.5亿美元，同比分别增长26.8%和25%。传统市场方面，2013 年河北省对欧盟进出口 68.6 亿美元，同比下降 3%，对美国进出口 56.8 亿美元，以上两地分别为河北省第二大和第三大贸易伙伴，进出口合计占同期河北省进出口总值的 22.8%。

（五）传统出口商品快速增长，能源、资源性商品占据进口约 6 成比重

河北省出口商品中机电产品和传统劳动密集型产品（包含纺织品、服装、家具、塑料制品、箱包、鞋类、玩具）出口占同期全省出口总值的 5 成以上。2013 年，河北省机电产品出口 95.5 亿美元，同比下降 3.7%，占同期河北省出口总值的 30.9%；传统劳动密集产品合计出口 74.6 美元，同比增长 17.4%。此外，农产品、钢材、汽车、光伏、医药行业均为河北省的传统优势产品，但近两年光伏产品频受夹击，医药和钢材行业产能过剩问题较为严峻，一定程度上抑制了传统产品出口快速增长。

河北省进口则以能源、资源性商品为主，铁矿砂及其精矿、煤、初级形状的塑料、纸浆和钢材合计进口占同期河北省进口总值的 60.5%，其中仅铁矿砂及其精矿就占据 5 成以上比重，量价齐升推动整体进口规模的扩大，进口量 10 233 万吨，同比增加 12.8%；平均价格为 131.3 美元/吨，同比上涨 2.8%。同时，农产品和粮食进口均保持高速增长，而机电产品则呈现下降态势（表 1）。

表 1　2013 年河北省外贸进出口主要商品一览表

出口			进口		
商品	金额（亿美元）	同比（%）	商品	金额（亿美元）	同比（%）
机电产品	95.52	-3.7	铁矿砂及其精矿	134.37	15.9
其中：			机电产品	25.83	-8.5
金属制品	23.78	0.7	其中：金属制品	1.41	-8.22
机械设备	22.56	5.78	机械设备	11.24	-13.19
电器及电子产品	24.04	-15.46	电器及电子产品	8.42	-0.81
运输工具	19.28	-5.44	运输工具	2.56	-7.85
仪器仪表	3.13	7.90	仪器仪表	2.04	-12.57
其他机电产品	2.73	10.05	农产品	32.17	36.3
劳动密集型产品	74.59	17.40	煤	15.30	30.8
其中：服装及衣着附件	44.80	20.08	粮食	18.00	51.4

三、2013 年河北省外贸平稳增长的主要原因

（一）政策扶持效应不断释放，传统行业有所回升带动出口增长

2013 年，政策效应不断显现使得河北省外贸企稳回升。以河北省支柱产业纺织业为例，2013 年河北省 9 家企业被列入淘汰落后产能计划，节能环保转型升级的压力增大，而促进外贸的系列政策更有助于减轻当地纺织业的成本压力，带动行业出口快速增长，前三季度，河北 1 027 家规模以上纺织企业累计完成工业总产值 1 501.7 亿元，同比增长 12.6%；纺织行业实现利润 82.86 亿元，同比增长 25.18%，比上半年增速提高 5.4%，亏损企业亏损总额 5.4 亿元，同比下降 8.4%。

（二）省内工业经济增长，带动能源、资源性商品进口动力

2013 年，河北省工业经济运行平稳，工业企业质量效益持续回升，规模以上工业企业利润增幅始终保持在 13% 以上，亏损企业亏损面逐月下降，由年初的 18.6% 降至 11.5%，光伏企业也基本

走出困境，制造业行为的活跃带动上游原料的进口需求。加上省内加大了对冶金矿上游治理整顿力度，国内很多矿山关停或减产，而国内钢铁产量持续增加，导致国内矿短期产生供需缺口，加大了对河北省最大进口商品铁矿砂的需求，促进全省进口动力进一步增强。

四、影响河北省外贸发展的因素

订单不足和环保压力增大，钢铁业面临困境。钢铁行业作为河北省重要的产业支柱，也是治理污染重点行业之一。2013 年 10 月份，河北省钢铁行业的 PMI 连续收缩，为 43.5%，环比下降 0.4 个百分点，其中产出指数为 39.1%，环比下降 5.3 个百分点，由于钢材供过于求的局面仍然严重，订单不足和环保压力增大导致钢厂减产面积继续扩大，经营状况继续恶化，后期动力减弱对全省出口形成一定程度的制约。此外，河北省本地产业整体技术水平较低、技术升级落后，高新技术产业发展缓慢。2013 年，河北省高新技术产品出口 28.1 亿美，同比下降 9.5%；进口 11.4 亿美元，同比小幅增长 1.8%；进出口形势均明显劣于同期全省整体水平。

五、2014 年河北省外贸展望和政策建议

作为环京津大省，河北省具备区域和政策的双重优势，拥有唐山港、秦皇岛港等大型港口以及新兴港口黄骅综合大港等丰富的港口资源。但经济实力在环渤海经济带中处于下游水平，在出口中占据主导地位的多是传统产业，蕴含着高科技、高附加值的战略性新兴产业发展薄弱，对先进技术的引进也相对滞后。

为此建议：抓住京津辐射外溢和渤海湾开放重点的双重机遇，借势京津、置身沿海对于促进全省外贸发展向更深层发展；相关部门通过洽谈招商引资等方式引进有条件的大型优质企业入驻，多元化产业结构，分散市场风险，进一步打开开放型经济大发展格局。

参考文献：

1. 《国务院关于化解产能严重过剩矛盾的指导意见》，人民网，2013 年 10 月 15 日。
2. 《李克强主持召开环渤海省份经济工作座谈会》，新华网，2013 年 6 月 8 日。

河南省

河南省地处我国中东部、黄河中下游，是我国重要的经济大省、交通中心和物流枢纽。2013 年河南省生产总值（GDP）为 3.22 万亿元，位列全国第 5 位，居中西部第一。河南省的有色金属冶炼、汽车工业和纺织服装等劳动密集型产业为传统支柱产业，近年来随着富士康集团的入驻投产，以手机为代表的电子信息产业已取代传统产业成为河南省外贸新的增长点。2013 年，河南省外贸进出口总值达 599.5 亿美元，外贸依存度达到 11.5%。

一、加入世界贸易组织以来河南省外贸发展总体情况

加入世界贸易组织以来，河南省外贸进出口除受国际金融危机影响的 2009 年同比下降之外，其余各年份进出口规模均呈逐年扩大趋势，外贸规模从 2001 年的 27.8 亿美元攀升至 2013 年的 599.5 亿美元，屡创历史新高。加入世界贸易组织 13 年来河南省外贸进出口的年均增速达到 29.2%，尤其是 2011 年起，河南省外贸连续迈上新台阶，2011 年河南省外贸进出口总值首次突破 300 亿美元，2012 年首次突破 500 亿美元，2013 年已近 600 亿美元（图 1）。

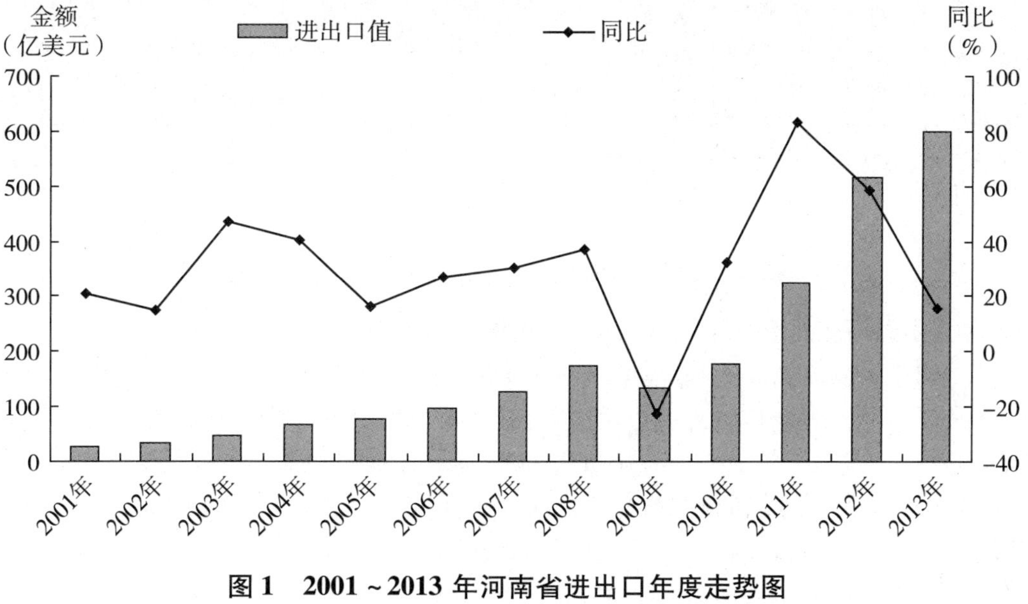

图 1　2001～2013 年河南省进出口年度走势图

二、2013 年河南省外贸发展的主要特点

据海关统计，2013 年河南省进出口总值 599.5 亿美元，同比增长 15.9%。其中，出口 359.9 亿美元，同比增长 21.3%；进口 239.6 亿美元，同比增长 8.6%；贸易顺差 120.3 亿美元，同比扩大 58%。2013 年，河南省外贸进出口规模继续保持中部六省第一，占中部进出口总值的 27.3%；全年外贸进出口增速列全国第 8 位，进出口规模列全国第 12 位。继 2012 年外贸进出口历史性首次突破 500 亿美元关口之后，2013 年的进出口总值已近 600 亿美元大关，再创历史新高。

（一）月度进出口运行呈整体上扬态势

2013 年除 1 ~2 月份受春节因素影响进出口起伏较大之外，3 ~11 月份均呈现整体上扬态势。其中，自 7 月份开始，月度进出口值连续 5 个月环比增长，11 月份达到 81.6 亿美元，同比增长 5.3%，环比增长 42.8%，创历史新高。12 月份当月进出口 73.4 亿美元，同比增长 35.1%，环比下降 10.1%；其中进口 27 亿美元，同比增长 15.5%，环比下降 12.8%；出口 46.4 亿美元，同比增长 50%，环比下降 8.4%（图 2）。

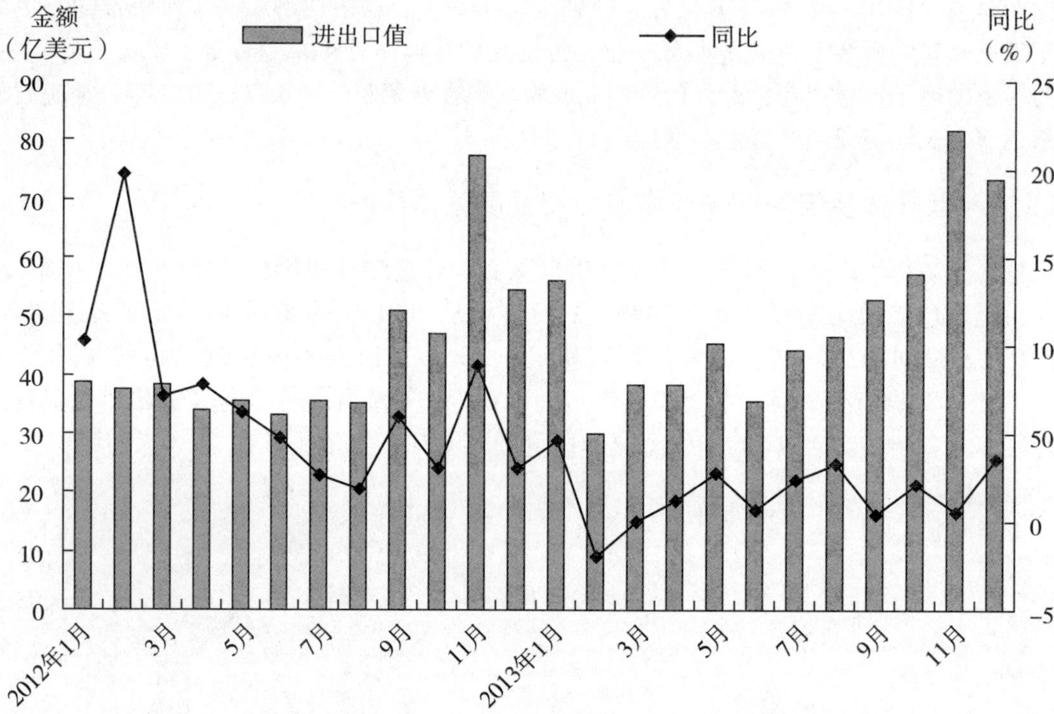

图 2　2012 ~2013 年河南省进出口月度走势图

（二）加工贸易增速高于全国平均水平，一般贸易小幅增长

2013 年，河南省以加工贸易方式进出口 384.4 亿美元，同比增长 26.7%，增速高出全国平均水平 25.7 个百分点，占同期河南省外贸进出口总值的 64.1%，较 2012 年提高 5.5 个百分点。其中，进口 156.2 亿美元，同比增长 29.7%；出口 228.2 亿美元，同比增长 24.7%；进口、出口增速分别高出全国平均水平 26.4 个百分点和 25 个百分点。同期，河南省以一般贸易方式进出口 189.3 亿美元，同比增长 5.7%，占同期河南省外贸进出口总值的 31.6%，较 2012 年下降 3 个百分点。

（三）美国、欧盟、韩国、东盟和日本为河南省主要贸易伙伴

美国是河南省最大贸易伙伴，2013 年河南省对美国进出口 122.6 亿美元，同比增长 38%。其中，出口 110 亿美元，同比大幅增长 45.8%；进口 12.6 亿美元，同比下降 5.8%。同期，河南省对欧盟进出口 93.1 亿美元，同比增长 10.4%。其中，出口 78.9 亿美元，同比增长 19.4%；进口 14.2 亿美元，同比下降 22%。此外，同期对韩国、东盟和日本分别进出口 62.1 亿美元、52.2 亿美元和 48.8 亿美元，同比分别增长 27.4%、12% 和下降 15.4%。河南省与上述 5 个市场的进出口值合计 378.8 亿美元，占同期河南省进出口总值的 63.2%（表 1）。

表1　2013年河南省与主要贸易伙伴进出口一览表

国家（地区）	金额（亿美元）			同比（%）		
	进出口	出口	进口	进出口	出口	进口
总计	599.5	359.9	239.6	15.9	21.3	8.6
美国	122.6	110.0	12.6	38.0	45.8	-5.8
欧盟	93.1	78.9	14.2	10.4	19.4	-22.0
韩国	62.1	7.4	54.7	27.4	10.6	30.0
东盟	52.2	24.6	27.6	12.0	24.1	3.0
日本	48.8	30.2	18.6	-15.4	10.1	-38.5
非洲	25.1	19.6	5.5	35.9	24.1	106.5
中国台湾	24.7	4.9	19.8	43.2	31.1	46.6
澳大利亚	20.5	4.5	16.0	-12.2	-47.2	7.8
巴西	16.0	5.9	10.1	51.9	105.4	31.8
中国香港	14.6	14.4	0.2	-25.8	36.2	-25.5

（四）机电产品为进出口主要商品，劳动密集型产品出口增长

2013年，河南省出口机电产品245亿美元，同比增长26.4%，占同期河南省出口总值的68.1%，其中出口电话机196.9亿美元，同比增长26.4%。此外，出口发制品16亿美元，同比增长7.2%；出口农产品13.8亿美元，同比增长37%；出口纺织纱线10.5亿美元，同比增长12.6%；出口服装10.1亿美元，同比增长21.3%；出口轮胎6.1亿美元，同比下降2.3%。

同期，河南省进口机电产品171.1亿美元，同比增长9.3%，占同期河南省进口总值的71.4%，其中进口集成电路86.3亿美元，同比增长28.9%。此外，进口铁矿砂20.1亿美元，同比增长31%；进口农产品16.1亿美元，同比增长6.2%；进口铅矿砂7.1亿美元，同比下降32.3%；进口纸浆3.3亿美元，增长22.6%（表2）。

表2　2013年河南省主要进出口商品一览表

出口			进口		
商品	金额（亿美元）	同比（%）	商品	金额（亿美元）	同比（%）
电话机	196.9	26.4	集成电路	86.3	28.9
人发制品	16.0	7.2	铁矿砂及其精矿	20.1	31.0
纺织纱线、织物及制品	10.5	12.6	电视摄像机、数字照相机及视频摄录一体机	16.8	25.3
服装及衣着附件	10.1	21.3	计量检测分析自控仪器及器具	9.0	-6.6
新的充气橡胶轮胎	6.1	-2.3	大豆	6.6	6.7
汽车（包括整套散件）	5.9	1.7	铅矿砂及其精矿	7.1	-32.3

续表

出口			进口		
商品	金额（亿美元）	同比（%）	商品	金额（亿美元）	同比（%）
蔬菜	4.8	103.1	绵羊或羔羊生皮	3.4	7.2
铝材	4.6	15.7	纸浆	3.3	22.6
家具及其零件	4.4	66.1	棉花	2.9	-13.6
鞋类	4.3	17.2	印刷电路	2.8	14.8

三、2013 年河南省外贸增长的主要原因

龙头企业大力拉动加工贸易增长。富士康代工苹果手机项目落户河南，对河南外贸的拉动作用明显。2013 年，仅富士康集团下属河南省企业进出口就达到354.9 亿美元，同比增长20.7%，占同期河南省进出口的59.2%，外贸贡献率达到74.2%，拉动全省外贸增长 11.8 个百分点，其是推动河南省外贸增长的最重要力量。在龙头企业的拉动下，河南省加工贸易发展迅速。2013 年，河南省以加工贸易方式进出口 384.4 亿美元，同比增长 26.7%，在全国 31 个省市区（不含港澳台地区）中排名第9 位，比2012 年提高一位，比第 10 位的辽宁省高出 16.6 亿美元，稳居全国加工贸易外贸前十强；在中部六省中排名第一，高出第 2 位的湖北省 291.2 亿美元。2013 年，河南省加工贸易对全省进出口的贡献率高达98.6%。

四、影响河南省外贸发展的因素及相关建议

（一）外贸发展过度依赖大企业

近年来，河南省外贸企业组成结构逐渐呈现出“大企业独占鳌头、小企业小而多”的特点。2013 年，河南省有进出口业务记录的企业达 4 690 家，较 2012 年增加 484 家。但全省进出口值在 10 亿美元以上的大型企业仅有两家，而规模在 1 000 万美元以下的小型企业多达 4 295 家，进出口总值所占全省的比重却仅为 8.9%。

（二）物流条件显著改善

2013 年 3 月，国务院正式批复《郑州航空港经济综合实验区发展规划》，目前实验区已开通国际航线 144 条，覆盖除非洲和南美洲以外的全球主要经济体，以郑州为综合交通枢纽特征的国家级中心的战略规划初步形成①。同时，自 2012 年 8 月郑州成为跨境贸易电子商务首批试点城市以来，截至 2013 年年底以集放模式验放进出口货物包裹已达 1.4 万余件，为今后建设电子商务中心和跨境网购物品集散分拨中心奠定了基础②。2013 年 7 月，轨道上的“丝绸之路”——郑欧国际铁路货运班列正式开通，现已实现常态化、多线路和多口岸运营，对河南省与欧洲之间的外贸交流将起到重要的承接作用。河南省日益完善的外贸基础建设为外贸进出口奠定了良好的基础，为打造中原外贸开放高地提供了必要的保障。

为此建议：一是对小企业积极实施财税、金融支持政策，鼓励企业开展跨区域、跨所有制的兼

① 《郑州航空港起步区全域城镇化》，新浪网，2013 年 12 月 12 日。

② 《郑州市跨境贸易电子商务试点海关工作汇报》，郑州海关。

并重组，提高产业集中度，形成在全国有影响力、有国际竞争力的优势产业集群；二是充分发挥航空港经济综合实验区和综合保税区的承接产业转移示范的平台作用，完善产业链条，调整商品结构；三是加强电子商务平台建设，积极推进跨境电子商务试点工作，鼓励企业运用电子商务平台开展对外合作，发挥电子商务在品牌培育、宣传推介方面的作用和优势，有效推进河南省贸易方式多元化。

山东省

山东省外贸区位优势显著，是承接日本、韩国的贸易桥梁，也是东北亚重要的交通枢纽。作为我国重要的沿海省份，山东省在我国对外贸易中发挥着重要的作用。山东省工农业发达，2013 年全省 GDP 为 5.5 万亿元，占我国 GDP 总量的 1/9 强，仅次于广东和江苏，是我国第三大经济强省，全年外贸依存度为 30.1%。

一、加入世界贸易组织以来山东省外贸发展总体情况

据海关统计，除 2009 年外，加入世界贸易组织以来山东省外贸进出口值屡创年度新高，于 2007 年和 2011 年分别突破 1 000 亿美元和 2 000 亿美元大关，2013 年进出口值达 2 671.6 亿美元。受国际金融危机影响，2009 年山东省外贸进出口值比 2008 年有所下降，其余 12 年均实现同比增长，其中多数年份进出口增速均达两位数。2001 年以来，山东省连续 13 年稳居全国省市外贸进出口值第 6 位，占全国外贸总值比重呈上升趋势，于 2008 年突破 6 个百分点，2013 年所占比重为 6.4%（图 1）。

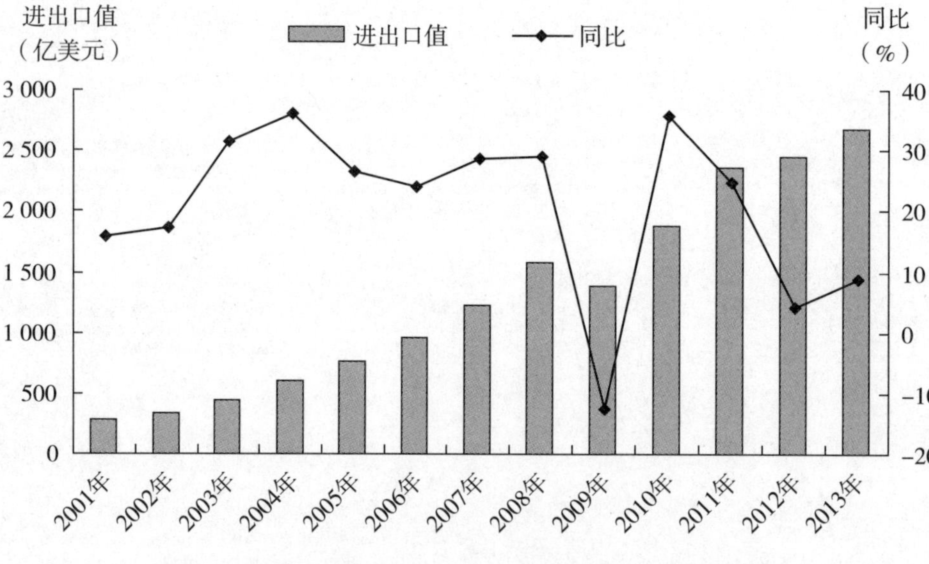

图 1　2001 ~ 2013 年山东省外贸进出口年度走势图

二、2013 年山东省外贸发展的主要特点

2013 年，山东省外贸进出口总值为 2 671.6 亿美元，再创年度历史新高，同比增长 8.8%。其中，出口 1 345.1 亿美元，同比增长 4.5%；进口 1 326.5 亿美元，同比增长 13.5%；贸易顺差 18.6 亿美元，同比下降 84.3%。

（一）月度进出口值屡创新高，下半年增速明显加快

2013 年下半年以来山东省月度进出口值加速增长，12 月份增势尤为突出，当月进、出口值均创新高。12 月当月进出口值为 274.2 亿美元，同比增长 23%，环比增长 9.8%。其中，出口值为

137.7 亿美元，同比增长 16.5%，环比增长 9.7%；进口 136.5 亿美元，同比增长 30.3%，环比增长 10%（图 2）。

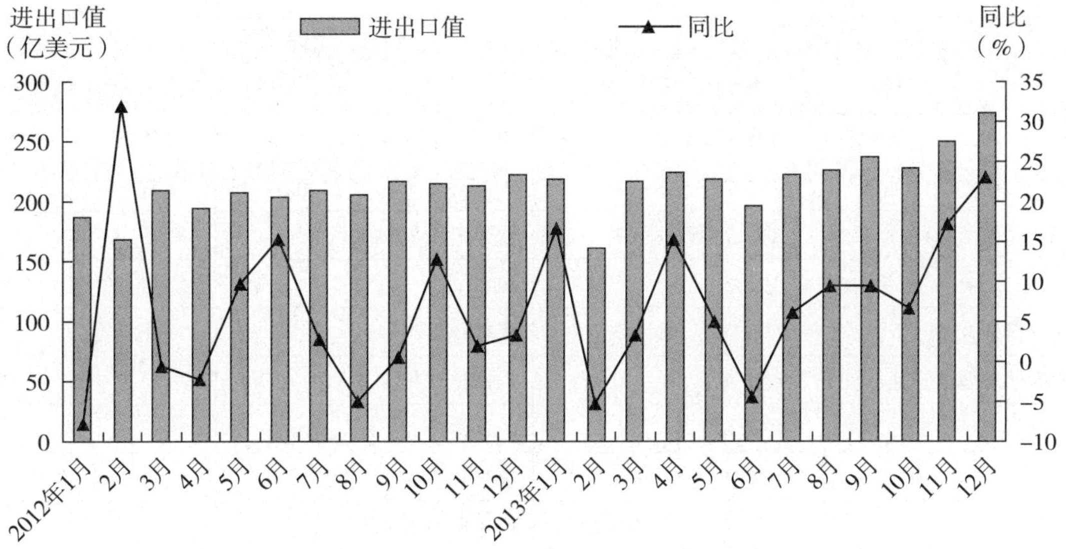

图 2　2002～2013 年山东省外贸进出口月度走势图

（二）一般贸易为主要进出口方式且迅速增长，加工贸易进出口值小幅下降

2013 年，山东省以一般贸易方式进出口 1 669.5 亿美元，同比增长 16.8%，占同期山东省进出口总值的 62.5%。其中，出口 760.4 亿美元，同比增长 10.6%；进口 909.1 亿美元，同比增长 22.5%。同期，以加工贸易方式进出口 787.4 亿美元，同比下降 2.6%，占同期山东省进出口总值的 29.5%。其中，出口 525.9 亿美元，同比下降 3.2%；进口 261.5 亿美元，同比下降 1.4%。

（三）民营企业进出口占半壁江山，增幅近两成

2013 年，山东省民营企业进出口 1 354.8 亿美元，同比增长 19.6%，占同期山东省进出口总值的 50.7%。其中，出口 646 亿美元，同比增长 15.7%；进口 708.8 亿美元，同比增长 23.3%。同期，外商投资企业进出口 1 014.4 亿美元，同比下降 0.5%，占同期山东省进出口总值的 38%。其中，出口 585.4 亿美元，同比下降 3.2%；进口 429 亿美元，同比增长 3.4%。国有企业进出口 295 亿美元，同比增长 0.6%。其中，出口 113.2 亿美元，同比下降 7.9%；进口 181.8 亿美元，同比增长 6.7%。

（四）美国为最大贸易伙伴和最大出口市场，东盟为最大进口来源地

2013 年，山东省对美国进出口贸易增势良好，进出口值为 349.7 亿美元，同比增长 10.3%，占同期山东省进出口总值的 13.1%。其中，出口 215.3 亿美元，同比增长 5.8%；进口 134.4 亿美元，同比增长 18.3%。同期，对东盟进出口 309.6 亿美元，同比增长 4.5%，占同期山东省进出口总值的 11.6%。其中，出口 123.3 亿美元，同比增长 14.1%；进口 186.3 亿美元，同比下降 1.1%。对韩国和欧盟进出口平稳增长，进出口值分别为 294.5 亿美元和 292.5 亿美元，同比分别增长 4.1% 和 4.5%。对日本进出口持续下降，进出口值为 223.1 亿美元，同比下降 7.9%。

（五）机电产品和农产品出口微增，机电产品、农产品和铁矿砂为主要进口商品

2013 年，山东省出口机电产品 508.8 亿美元，同比增长 1.1%，占同期山东省出口总值的 37.8%；出口农产品 152 亿美元，同比增长 1.2%。进口方面，2013 年山东省进口机电产品 272.5 亿美元，同比增长 8.7%；进口农产品 257.8 亿美元，同比增长 19%；进口铁矿砂 209.9 亿美元，同比增长38.9%。上述三者进口值合计占同期山东省进口总值的55.8%（表1）。

表1　2013年山东省前10位主要进出口商品值统计表

出口商品	出口值（亿美元）	同比（%）	进口商品	进口值（亿美元）	同比（%）
机电产品*	508.8	1.1	机电产品*	272.5	8.7
农产品*	152.0	1.2	农产品*	257.8	19.0
服装及衣着附件	113.7	7.4	铁矿砂及其精矿	209.9	38.9
纺织纱线、织物及制品	102.3	11.6	粮食	154.1	31.3
新的充气橡胶轮胎	86.3	5.0	集成电路	56.1	13.9
自动数据处理设备及其部件	51.4	0.8	未锻造的铜及铜材	48.0	32.4
钢材	47.6	6.5	成品油	47.4	-28.6
水海产品	46.3	-3.7	煤及褐煤	41.0	25.1
电话机	36.7	110.1	铜矿砂及其精矿	39.5	-2.1
蔬菜	32.7	11.9	原油	38.6	18.4
汽车零件	29.2	16.5	初级形状的塑料	38.3	21.6

注：*“机电产品”、“农产品”表示该商品包括表中已列明的有关商品。

（六）列前3位的青岛、烟台和日照进出口值合计占6成

2013年，青岛、烟台、日照为山东省进出口规模最大的3个地区，其进出口值分别为779.1亿美元、493.1亿美元和330.4亿美元，同比分别增长6.4%、3.2%和30.6%，这3地区合计占同期山东省进出口总值的60%。此外，日照、滨州和德州进出口值增速均在30%以上。

三、2013年山东省外贸增长的主要原因

（一）“稳增长、调结构”政策助推进出口增长

2013年9月4日，山东省出台关于促进进出口稳增长、调结构的实施意见，提出规范和减少进出口环节收费、加快出口退税进度、扩大出口信用保险支持、加快开拓国际市场、提高贸易融资服务水平、创新外汇管理服务、提高贸易便利化水平、完善多种贸易方式、支持民营外贸企业加快发展和积极扩大进口等十大举措，切实缓解了外贸企业困难，减少了进出口环节的时间和费用，助推山东省进出口规模持续扩大。此项政策实施以来，山东省外贸快速增长，自10月份起进出口逐月走高，第四季度进出口值为752.3亿美元，比第三季度增长9.7%。

（二）充分发挥港口、物流优势，大宗商品进口增速进一步加快

近年来，山东省将发展临港产业作为助推“蓝色经济”发展的重要动力，充分发挥在大宗散货、液态化工品进口、仓储、物流方面的已有优势，大力发展港口周边的冶金、石化、粮油加工行业，不断延伸下游产业链。目前，山东省的铁矿砂、粮食、铝矿砂进口量在全国居于首位，成品油和煤的进口量也位居前列。2013年，山东省铁矿砂、粮食、未锻造的铜及铜材（以下简称铜材）等商品进口猛增，支撑山东省进口值保持在高位，分别进口铁矿砂、粮食和铜材209.9亿美元、154.1亿美元和48亿美元，增幅分别为38.9%、31.3%和32.4%。

四、影响山东省外贸的主要因素

（一）山东省外贸支柱产业增长乏力

2013 年，山东省最大的出口商品机电产品出口值仅增长 1.1%。尽管目前山东省仍为全国最大的农产品出口省份，但受水海产品出口持续下降的影响，2013 年山东省农产品出口值也仅增长 1.2%，远远低于全国 7.2% 的平均增速。此外，对 2013 年山东省出口增长拉动较大的纺织服装出口大幅增长的原因主要是 2012 年出口下降幅度较大，仍处于恢复性增长阶段。因此，为了确保外贸出口增长的稳定性和可持续性，山东省必须不断挖掘新的出口增长点。

（二）山东省对韩贸易仍有进一步发展空间

山东省发展对韩经贸合作的优势十分突出，山东省是韩国对华最早开始投资和投资最为集中的地区，韩国曾连续 9 年保持山东省最大贸易伙伴地位。但受金融危机及韩国对我国投资策略发生转变等因素的影响，近几年山东省对韩贸易陷入低迷，反弹乏力，使得韩国从保持了多年的山东省第一大贸易伙伴的位置滑落至第 3 位。2013 年，山东省自韩国进口形势较好，但出口继续下降。“中日韩地方经济合作示范区”对山东省对韩贸易的促进作用尚未完全显露。

五、2014 年山东省外贸形势展望和相关建议

随着欧美国家经济步入全面复苏轨道，2014 年山东省外贸出口的外部环境将进一步好转，有利于出口增长。但人民币升值、劳动力价格上涨等因素将进一步降低山东省的出口竞争力，部分企业陆续将生产线迁往东南亚地区或国内中西部地区，使得山东省的出口增长仍面临一定压力。进口方面，2014 年随着国际市场供应量的持续增加，国际大宗商品价格除个别种类会由于供求关系的变化而走强外，大部分商品的价格面临继续下调的压力。国际市场大宗商品价格的回落，有利于山东省进一步扩大大宗散货进口规模。对于山东省内而言，2014 年在积极推进青岛自由贸易港区申报工作的过程中，将继续依托中日韩自由贸易区谈判、中韩自由贸易区谈判，突出山东的区位特点及政策优势，形成具有山东特色的核心优势。

为此建议：一是依托中日韩自由贸易区谈判、中韩自由贸易区谈判，争取将谈判中涉及的金融、保险、物流等领域的政策在山东省先试先行，通过提升对韩经贸合作的质量，促进山东省外经贸发展；二是立足临港、涉海、海洋产业发达的“蓝色经济”优势，在海洋高端装备制造、海洋生物医药、海洋新能源、海产品精深加工等领域，打造具有国际先进水平的高端海洋产业基地，推动山东省产业结构调整升级；三是巩固山东省大宗散货和液态化工品进口的国内领先地位，充分发挥在矿石、原油、成品油、农产品等大宗商品的仓储、物流等方面的优势，打造全国乃至东北亚的大宗货物集散交易中心。

江西省

江西省为长江三角洲、珠江三角洲和闽南三角洲的腹地，与上海、广州、厦门、南京、武汉、深圳、福州、长沙等重镇、港口的直线距离大多在600~700公里之内，是我国经济增长极之一长江中游城市群的重要组成部分。近年来，江西省主攻工业，铜、航空、汽车、纺织服装、电子信息、稀有金属、生物制药、光伏等产业均在全国占据重要地位。2013年，江西省经济总量（GDP）达14 338.5亿元，占同期全国生产总值的2.5%；外贸依存度15.9%，较2012年略降0.4个百分点。

一、加入世界贸易组织以来江西省外贸发展总体情况

加入世界贸易组织以来，江西省外贸总量迅速增长，进出口总值由2001年的15.3亿美元上升至2013年的367.4亿美元，增长24倍，年均增长30.3%，仅次于重庆、西藏，是全国发展最快的地区。其中，出口值由10.4亿美元上升至281.7亿美元，年均增长31.7%；进口值由4.9亿美元上升至85.7亿美元，年均增长26.9%。江西省外贸规模在全国31个省、自治区、直辖市（不含港澳台）中的排名相应由加入世界贸易组织之初的第26位跃升至第16位，在中部6省的排名由最后1位上升至第3位，实现了跨越式发展。2011年后，在金融危机的深层影响下，江西省外贸发展速度明显减缓，连续两年进出口增速都低于10%，2013年进出口增长9.9%，贸易增幅居全国第15位、中部地区倒数第2位（图1）。

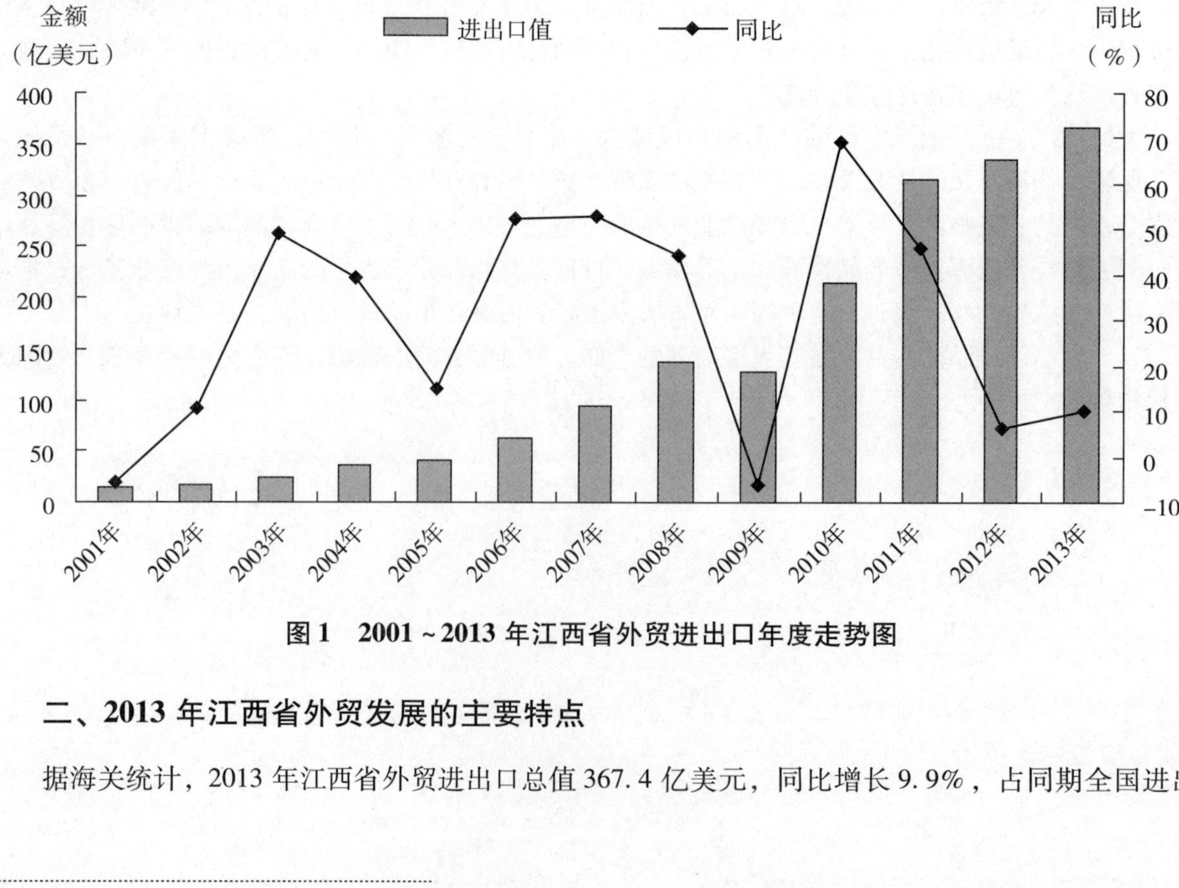

图1　2001~2013年江西省外贸进出口年度走势图

二、2013年江西省外贸发展的主要特点

据海关统计，2013年江西省外贸进出口总值367.4亿美元，同比增长9.9%，占同期全国进出

口总值的 0.9%。其中，出口 281.7 亿美元，同比增长 12.2%；进口 85.7 亿美元，同比增长 3.2%。

（一）出口增速放缓，进口步伐加快

2013 年，江西省出口呈现前高后低走势，前两个月出口成倍增长，之后增速快速回落，8 月份在连续 3 个月同比下滑后有所回升，月度出口规模降至 20 亿美元左右，至年底 5 个月的月均出口规模低于年初 7 个月月均水平 26.1%。与此同时，进口呈现回升态势，月度进口规模从 1 月份的 5.8 亿美元升至 12 月份的 10.5 亿美元，创出单月历史新高；9 月份起进口同比转为正增长，且逐月加快，12 月份同比增长 38.3%，比 9 月份加快了 20 个百分点（图 2）。

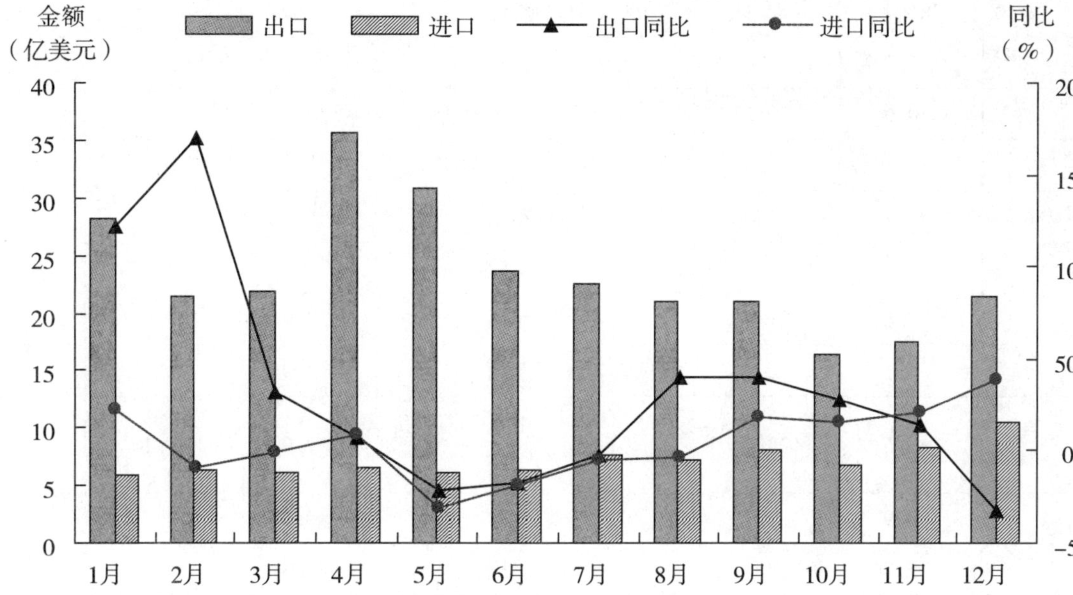

图 2　2013 年江西省外贸进出口月度走势图

（二）外贸内生动力增强，一般贸易进出口比重及进料加工占加工贸易比重均稳步提升

2013 年，江西省以一般贸易方式进出口 272.6 亿美元，同比增长 23.1%，占同期江西省进出口总值的 74.2%，比 2012 年提升了 8 个百分点。其中，以一般贸易方式出口 233.9 亿美元，同比增长 34.8%，占同期江西省出口总值的 83%，比 2012 年提升了 13.9 个百分点，成为拉动出口稳定增长的主要力量。同期，以加工贸易方式进出口 84.9 亿美元，同比增长 7.9%，其中外方主导的来料加工装配贸易下降较大，降幅为 41.9%，而更为自主的进料加工方式进出口增长 15.6%，占加工贸易的比重由 2012 年的 86.7% 升至 92.8%。

（三）民营企业外贸主体地位进一步增强

2013 年，民营企业进出口 222.6 亿美元，同比增长 20.5%，占同期江西省进出口总值的 60.6%，比 2012 年提升了 5.3 个百分点；外商投资企业作用下降，进出口 128 亿美元，同比下降 3.8%，比重较 2012 年减少了 5 个百分点。

（四）市场结构更趋多元化，对欧美日市场依赖下降

2013 年，东盟超过欧盟和美国，首次占据江西省最大贸易伙伴和出口市场地位，双边贸易额 62.9 亿美元，同比增长 60.4%，其中出口 57.7 亿美元，同比增长 68.3%。从出口市场分布看，对我国香港地区、印度、阿联酋、我国台湾地区和南非等市场出口也均实现 20% 以上的增长，开拓新兴市场成效明显。与此同时，对美国、欧盟、日本市场的依赖下降，其中对美国出口 37.4 亿美元，同比增长1.5%；对欧盟、日本分别出口40亿美元和7.8亿美元，同比分别下降2.7%和21.2%，以上3地合计出口占同期江西省出口总值比重由2012年的34.9%降至30.2%。从进口市场分布看，铜铁矿产资源的主产国智利、澳大利亚分别是江西省第一大和第三大进口来源地；而我国台湾地区、东盟、日本等周边电子制造业生产国也在主要进口市场中占据一席之地（表1）。

表1 2013年江西省前十大进、出口市场一览表

出口市场	金额（亿美元）	同比（%）	比重（%）	进口市场	金额（亿美元）	同比（%）	比重（%）
总计	281.7	12.2	100.0	总计	85.7	3.2	100.0
东盟	57.7	68.3	20.5	智利	20.3	15.2	23.7
欧盟	40.0	-2.7	14.2	中国台湾	10.8	3.5	12.7
美国	37.4	1.5	13.3	澳大利亚	8.0	0.8	9.3
中国香港	36.1	34.0	12.8	欧盟	6.9	-12.7	8.1
印度	11.8	64.2	4.2	东盟	5.2	5.7	6.1
日本	7.8	-21.2	2.8	秘鲁	5.0	-27.9	5.9
韩国	7.6	2.6	2.7	巴西	4.9	3.5	5.7
阿联酋	6.5	23.4	2.3	中华人民共和国	3.9	9.1	4.6
中国台湾	5.9	82.1	2.1	日本	3.5	17.0	4.1
南非	5.7	28.5	2.0	美国	3.3	8.0	3.9

（五）出口商品结构出现优化，资源性商品仍占据进口半壁江山

2013年，江西省机电产品出口105.7亿美元，同比增长12.9%，占同期江西省出口总值的37.5%。其中，汽车及零部件出口7.5亿美元，同比增长28.4%；光伏产业出口开始走出低谷，太阳能电池出口6.4亿美元，同比增长26.7%。传统劳动密集型产品继续保持出口优势，前十大商品合计出口118.5亿美元，同比增长20.3%，占同期江西省出口总值的42.1%，其中纺织服装、家具、鞋、灯具等产品增长较快。此外，江西农产品出口4.8亿美元，同比增长25.2%；铜材出口3.4亿美元，同比增长69.4%；钢材出口6.6亿美元，同比增长1.4%；稀土、钨均出现较大幅度下降。

江西省进口商品结构较为单一，其中铜矿砂进口21.1亿美元，同比下降2.7%；铁矿砂进口10亿美元，同比下降1.7%；未锻造的铜及铜材进口11.4亿美元，同比增长0.8%。三者合计占同期江西省进口总值的近5成。同期，机电产品进口23.1亿美元，同比下降1.7%，占同期江西省进口总值的27%，其中机械设备和仪器仪表同比分别下降6.8%和11.2%，表明新增投资进口需求仍然较弱（表2）。

表2　2013年江西省主要进出口商品一览表

出口			进口		
商品名称	金额（亿美元）	同比（%）	商品名称	金额（亿美元）	同比（%）
机电产品	105.7	12.9	机电产品	23.1	-1.7
其中：电器及电子产品	36.6	15.6	其中：电器及电子产品	13.6	0.3
机械设备	18.8	19.7	机械设备	5.9	-6.8
金属制品	17.7	1.8	仪器仪表	2.4	-11.2
纺织服装	48.4	34.4	铜矿砂	21.1	-2.7
家具	17.3	14.3	未锻造的铜及铜材	11.4	0.8
鞋类	13.3	37.8	铁矿砂	10.0	-1.7
塑料制品	11.6	7.7	集成电路	9.9	3.3
箱包及类似容器	10.6	-6.2	废金属	2.3	-9.8
灯具、照明装置及类似品	9.8	43.7	农产品	2.0	118.6
陶瓷产品	8.5	19.9	纸浆	1.9	12.0
汽车及零部件	7.5	28.4	纺织纱线、织物及制品	1.2	39.9
太阳能电池	6.4	26.7	二极管及类似半导体器件	1.1	75.9
钢材	6.6	1.4	饲料用鱼粉	0.8	119.4
汽车及零部件	7.5	28.4	初级形状的塑料	0.8	6.2
农产品	4.8	25.2	汽车零件	0.8	37.3

三、2013年江西省外贸增速放缓的主要原因

（一）外部环境恶化贸易摩擦升级制约外贸增长空间

2013年，金融危机余波犹存，世界经济复苏缓慢，美、欧、日虽经济好转，但经济回升的基础仍不稳固，并由此引发新兴经济体金融动荡、经济下滑，国际市场需求减弱。在此背景下，各国加大对本国市场的保护，贸易摩擦进一步升级，导致我国光伏、纺织品、陶瓷等重点产品出口受到抑制，其中光伏产业成为重灾区，对美出口几近停滞，对欧盟出口下降近3成。

（二）经济发展的边际效益递减加大进出口难度

随着劳动力成本、原材料成本、环境承载能力等要素成本优势的快速削弱，江西省外贸粗放型增长方式的弊端日益凸显，缺乏创新、品牌、技术、金融和渠道优势使转型升级之路充满坎坷，产业发展举步维艰，企业倒闭和停产增多，在中国出口先导指数抽样调查企业中，江西原先的13家中已有4家倒闭或停产。同时，新增投资增速下降，投资边际效应减弱，在缺少新项目持续跟进的情况下，外贸保持高速增长的难度加大。

（三）高铁、空港建设滞后区位优势得不到发挥影响外贸发展后劲

京广、京沪高铁的开通，使武汉、长沙、合肥到上海、广州等地的时间大为缩短，再次拉大了江西省在交通物流方面的差距，毗邻长珠闽的区位优势受到削弱。同时，江西国际空港物流发展缓

慢，至今全省没有国际货运航班，不利于对运输时间要求较高的高新技术产业的发展。此外，江西省在辐射内地市场方面也不如湖北、河南、四川、重庆等省市，承接面向国内市场的产业转移也处于劣势。

四、影响江西省外贸发展的因素分析

（一）进出口商品的技术水平较低，用于提升产业升级的关键部件和设备进口不足

出口方面，尽管江西省出口规模和增速都位居中西部前列，但传统劳动密集型产品和以劳动密集型加工组装产品为主的机电产品占据主要份额。进口方面，不仅进口规模处于全国落后位置，且以铜矿砂、铁矿砂等资源性产品居多，机电产品进口比重偏低，特别是用于带动产业升级的核心部件和机械设备进口不足，2013 年机电产品进口 23.1 亿美元，同比下降 1.7%，落后中西部平均水平 17.5 个百分点，占同期江西省进口总值的27%，落后中西部平均水平 18.1 个百分点，对提升科技水平和促进产业转型升级的作用有限。

（二）经济发展仍然滞后，承接产业转型升级步伐较慢

尽管开放型经济一直是江西省的主旋律，但广度和深度都十分有限，“外商投资企业 + 加工贸易”模式在对外贸易中仍占据较小的比重，已有承接的产业转移皆为产业片段，其产业核心研发与销售都在省外。而参与外贸的企业类型中，生产型企业出口比重也偏低，2013 年出口 108.1 亿美元，仅为同期江西省出口总值的 38.3%，发展速度也落后总体进度 13 个百分点。

五、2014 年江西省外贸形势展望

展望 2014 年，我国全面深化改革的战略部署全面实施，国际经济形势有所好转，贸易保护正寻求妥善应对的途径和方法，国家支持区域协调发展的力度不断加大；2014 年年初，江西省通过了《关于全面扩大开放加快开放型经济发展生机的意见》，突出了招大引强、转变外贸发展方式、加快走出去的重点任务，将提升建设昌九扩大开放试验区、产业承接平台、国际经贸平台、口岸服务平台、对外交流平台等五大交易平台，并首次提出要引进国际大型跨国企业入赣等，在这些政策措施推动下，江西省外贸发展环境将会得到进一步改善。同时也应该看到，发达国家正在推动国际贸易规则重塑、我国传统竞争优势减弱、产业转移出现新动向等，都对外贸发展提出了新的挑战。因此，应进一步扩大改革开放，改善投资创业环境，在大力发展和承接先进制造业的同时，超前发展以跨境电子商务、服务贸易为代表的新型贸易方式，进而带动传统产业结构和外贸结构转型升级，提高内生发展的动力和能力。

福建省

福建省东与我国台湾地区一水相隔，北承长江三角洲，南接珠江三角洲，是我国沿海经济带的重要组成部分，在海峡西岸经济区中居主体地位，具有对台交往的独特地理优势。福建省内拥有国家最早的四个经济特区之一的厦门经济特区，以及定位于发展两岸经贸关系先行先试的平潭综合实验区。福建省腹地和周边地区自然资源丰富、民营经济活跃、信息和高科技产业发展势头强劲、外贸依存度较高，是我国经济发展较快的区域之一。2013 年，福建省经济总量（GDP）为21 759.64 亿元，外贸依存度为 48.2%。

一、加入世界贸易组织以来福建省对外贸易发展总体情况

2001 年以来，福建省外贸进出口迅速增长，由 2001 年的 226.3 亿美元逐年攀升至 2008 年的 848.2 亿美元，2009 年受金融危机影响出现下降后，2010 年迅速恢复增长并突破 1 000 亿美元大关，此后逐年攀升。从年度增速来看，2003 年起，福建省外贸进出口增速连续 6 年落后于全国平均水平，自 2009 年起年度增速则持续高于全国平均水平；与此相对应的是，福建省进出口总额占全国进出口总额的比重自 2003 年起逐步下降，2008 年比重达到 3.3% 的低点，2009 年起，比重逐步回升，2012 年重新回升至 4% 水平以上，2013 年福建省进出口总额占全国进出口总额的 4.1%（图 1）。

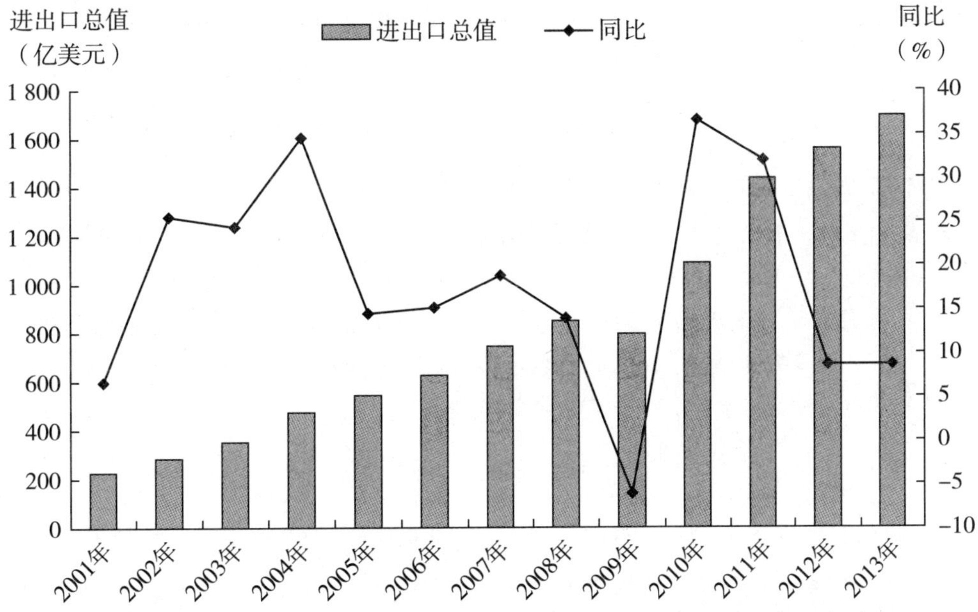

图 1　2001 ~ 2013 年福建省外贸进出口年度走势图

二、2013 年福建省外贸进出口的主要特点

2013 年，福建省对外贸易进出口总值 1 693.5 亿美元，同比增长 8.6%。其中，出口1 065亿美元，同比增长 8.9%；进口 628.5 亿美元，同比增长 8.2%。当年进出口、出口、进口分别位列全国

第7、第6和第8位。

（一）月度进出口规模高开低走

2013年前7个月，福建省进出口总体保持两位数增幅，8月份因进口增幅由7月份的20.6%大幅回落至2.3%，且出口增幅也比7月份回落1.5个百分点至5.3%，导致进出口整体增幅下滑至4.2%；9月份进口、出口增幅则分别反弹至10.4%和12.2%，带动进出口整体增幅迅速回升至11.5%；10月份因受2012年同期出口基数高的影响出现年内首次下降，为下降13.3%，11月、12月份降幅迅速收窄，分别下降2%和0.6%。12月份，福建省外贸进口增长0.2%，出口下降1%（图2）。

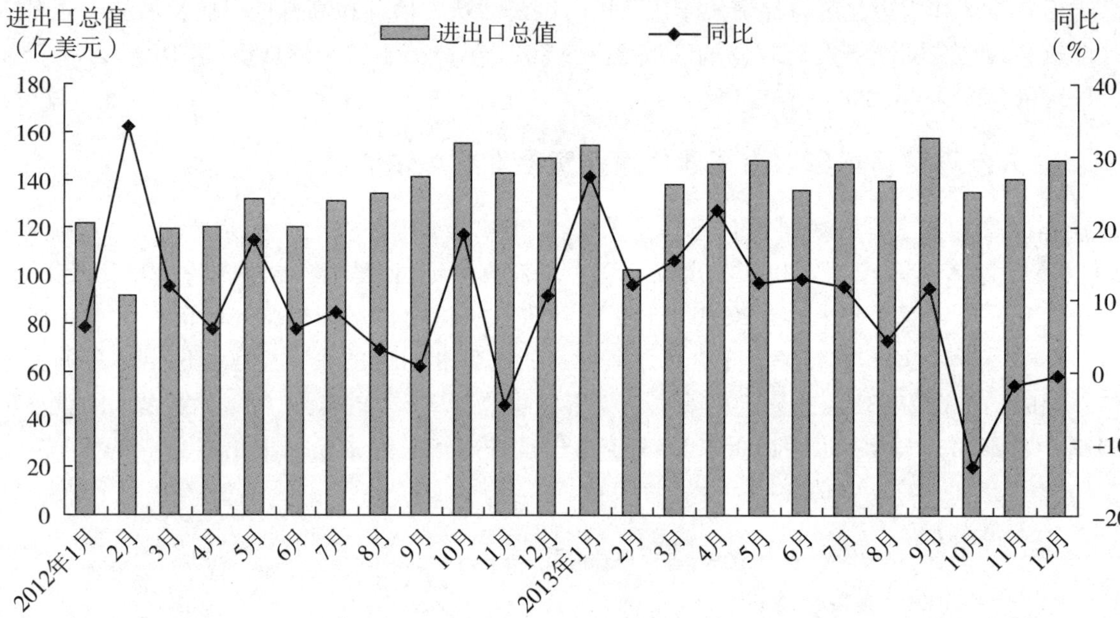

图2　2012～2013年福建省外贸进出口月度走势图

（二）一般贸易进出口占近7成，加工贸易增长较为缓慢

2013年，福建省以一般贸易方式进出口1 164.5亿美元，同比增长10.1%，占同期福建省外贸进出口总值的68.8%。其中，出口750亿美元，同比增长11%；进口414.5亿美元，同比增长8.4%。同期，以加工贸易方式进出口432.8亿美元，同比增长5.3%，占同期福建省外贸进出口总值的25.6%。其中，出口268亿美元，同比增长5%；进口164.8亿美元，同比增长5.9%。

（三）外商投资企业占比逾4成，民营企业增长迅速

2013年，福建省外商投资企业进出口754.7亿美元，同比增长2.1%，占同期福建省外贸进出口总值的44.6%。其中，出口416.7亿美元，同比增长6.5%；进口338亿美元，同比下降2.8%。民营企业进出口709.5亿美元，同比增长15.3%，占同期福建省外贸进出口总值的41.9%。其中，出口560.9亿美元，同比增长13.5%；进口148.6亿美元，同比增长22.5%。国有企业进出口186.5亿美元，同比下降1%，占同期福建省外贸进出口总值的11%。其中，出口87.4亿美元，同比下降6%；进口99.1亿美元，同比增长3.8%。

（四）美国位居首位，对东盟、中国香港进出口增长迅速

2013年，福建省对美国、东盟、欧盟、我国台湾地区和我国香港地区分别进出口244.6亿美元、242.8亿美元、234.8亿美元、128.5亿美元和110.4亿美元，同比分别增长8.3%、12.7%、7.4%、7.4%和24.9%；5者合计占同期全省进出口总值的56.8%（表1）。

表1　2013 年福建省对主要贸易伙伴进出口值一览表

国家（地区）	金额（亿美元）			同比（%）		
	进出口	出口	进口	进出口	出口	进口
总计	1 693.5	1 065.0	628.5	8.6	8.9	8.2
美国	244.6	184.4	60.2	8.3	3.0	28.4
东盟	242.8	163.2	79.6	12.7	14.8	8.6
欧盟	234.8	190.7	44.1	7.4	10.1	-3.1
中国台湾	128.5	32.2	96.3	7.4	4.4	8.4
中国香港	110.4	105.6	4.8	24.9	26.7	-5.1
日本	96.4	64.8	31.6	-0.3	3.6	-7.4
沙特阿拉伯	81.5	11.0	70.5	-16.1	-2.3	-17.9
韩国	63.0	29.0	34.0	0.4	1.6	-0.6
巴西	39.8	19.1	20.7	35.8	15.3	62.2
澳大利亚	37.2	16.4	20.8	2.4	-3.3	7.5

（五）劳动密集型产品出口增势较好，资源性产品进口快速增长

2013 年，福建省出口机电产品 376.1 亿美元，同比增长 6.2%，占同期福建省出口总值的 35.3%；出口服装、鞋、纺织品、家具、塑料制品、玩具和箱包等七大类劳动密集型产品 430.1 亿美元，同比增长 11.9%，占同期福建省出口总值的 40.4%。同期，福建省进口机电产品 198.3 亿美元，同比增长 3.7%，占同期福建省进口总值的 31.5%；进口原油 71.2 亿美元，同比下降 17.3%，占同期福建省进口总值的 11.3%；进口农产品 58.2 亿美元，同比增长 21.6%，占同期福建省进口总值的 9.3%；进口铁矿砂 28.7 亿美元，同比增长 24.6%，占同期福建省进口总值的 4.6%（表 2）。

表2　2013 年福建省主要进出口商品一览表

主要出口商品	金额（亿美元）	同比（%）	主要进口商品	金额（亿美元）	同比（%）
总计	1 065.0	8.9	总计	628.5	8.2
机电产品	376.1	6.2	机电产品	198.3	3.7
其中：液晶显示板	41.5	39.0	其中：液晶显示板	49.0	13.6
自动数据处理设备	39.2	-7.3	集成电路	31.3	19.7
服装及衣着附件	164.7	19.3	原油	71.2	-17.3
鞋	112.0	13.4	农产品	58.2	21.6
农产品	82.3	8.8	其中：粮食	28.1	30.4
其中：水海产品	50.6	6.8	铁矿砂及其精矿	28.7	24.6
纺织纱线、织物及制品	64.9	30.5	初级形状的塑料	25.4	11.3
家具及其零件	33.9	-12.5	煤及褐煤	20.3	13.3

三、2013 年福建省外贸增长的主要原因

（一）民营经济活跃，带动全省外贸发展

2013 年，福建省在延续 2012 年各项扶助中小企业政策的基础上，进一步优化民营企业发展的体制环境，在税收、融资、品牌建设等方面对民营企业予以支持。通过扶持重点出口行业转型升级、建立外贸企业贷款风险补偿资金池、设立福建省民营企业发展基金等有利举措，大力支持民营企业品牌建设和产业核心竞争力提升，政策效果明显。受益于国家和福建省鼓励性外贸政策以及海关、国检、税务等相继出台的一系列扶持措施，民营企业在福建省外贸中表现抢眼，2013 年福建省民营企业进出口、出口、进口增幅分别高达 15. 3%、13. 5% 和 22. 5%，较全省进出口、出口、进口增幅分别高出 6. 7 个、4. 6 个和 14. 3 个百分点。民营企业活力的激发有力带动了福建省外贸经济的良性发展。

（二）发挥独特优势加强与东盟交流合作，带动双边贸易良性发展

随着中国—东盟自由贸易区的建立，以及“10 +1”对话会、“10 +3”会议、东亚峰会等交流的不断加强，我国与东盟在经贸、投资等领域的合作取得了丰硕成果。而福建与东盟国家在资源构成、产业结构等方面有一定的互补性，加之东盟国家福建籍侨商众多，东盟国家聚居的 2 000 多万华侨华人中，祖籍福建的约 800 多万人，新出炉的闽商百强排行榜中，前三甲由华裔闽商包揽，且都来自东盟国家。闽籍商人在东盟拥有较强的经济实力和影响力，凭借亲情、语言、文化相通等优势，闽商在推动东盟与福建省双边贸易中发挥着重要作用。2013 年，福建省对东盟进出口、出口、进口增幅均高于全省同期整体水平。

（三）海外投资增长延长企业贸易链

截至 2013 年 6 月，福建省累计核准设立境外企业和分支机构 1 457 家，对外投资总额 41. 13 亿美元，分布在 85 个国家和地区。其中，民营企业约占所有对外投资企业总数的 9 成①。2013 年，福建省共组织 130 家企业的 300 多名代表参加投洽会、中国—亚欧博览会等 30 多场对外投资促进活动，出台相关扶持政策，扩大扶持范围，提高资金扶持比例，鼓励和服务企业“走出去”。截至 2013 年年底，福建省核准对外直接投资项目 142 个，核准对外投资额 6. 99 亿美元。福建省“走出去”战略的推进，使省内企业特别是民营企业更多地参与国际贸易，充分利用国内国际两个市场，大力发展海外销售与技术服务的辐射平台，提高品牌知名度，对产业链掌控能力有所增强。

四、影响福建省外贸进出口发展的主要因素

（一）铁路、港口建设同步推进，福建省口岸对内地辐射作用将进一步增强

2013 年 9 月，客货兼运的高速铁路干线昌福线、永莆线正式通车，构成我国中西部地区至东南沿海港口运输大通道的骨干铁路线，形成“武汉南昌—福州与湄洲湾”的国家综合运输大通道。配套的港口铁路支线如湄洲湾、江阴港铁路支线建设建成或接近尾声，海铁联运的基本条件已形成，将改善沿线地区陆路以公路运输为主的格局，极大地延伸了福建口岸对腹地的辐射范围。同时，福建省港口建设也同步推进，在 2013 年新增 2 200 万吨港口通过能力的基础上，2014 年计划增加 3 000万吨的港口通过能力②。物流基础设施的进一步完善，有助于福建省形成具有较强竞争力的东

---

① 《华侨华人助力福建民企走出去　占对外投资总数九成》，中国新闻网，2014 年 1 月 14 日。

② 数字来源于《关于福建省 2013 年国民经济和社会发展计划执行情况及 2014 年国民经济和社会发展计划草案的报告》。

南沿海港口航运服务体系，将进一步加大对中西部地区的辐射作用，推动福建省外贸快速发展。

（二）平潭综合试验区“封关运作”在即，将成为福建外贸新的增长突破点

自平潭综合实验区设立以来，国家连续出台包括贸易投资、人员往来、金融服务、旅游购物和就业生活等多方面的便利政策。目前，平潭的封关运行进入了倒计时阶段。封关后，平潭本岛324平方公里都将成为海关特殊监管区，将实施“一线放宽、二线管住、人货分离、分类管理”的分线管理模式，国家赋予的免税、保税、退税，以及“选择性征收关税”等税收优惠政策将得到落实，并成为福建外贸新的增长突破点。

（三）劳动密集型产品出口比重较大，综合成本上涨压力尤为突出

2013年，福建省服装、鞋、纺织品、家具、塑料制品、玩具和箱包等七大类劳动密集型产品出口值占全省出口总值的40.4%，这一比重较2012年上升了1.1个百分点，高出同期全国平均水平19.5个百分点。福建省外贸出口中劳动密集型产品比重较大，经济转型过程中新产业增长点不明显，在当前国内劳动力成本快速上涨、原材料价格上升、融资成本高企，以及人民币持续升值等背景下，福建省外贸企业面临的困难尤为突出。

五、福建省进出口形势展望及相关建议

展望2014年，福建省外贸发展将受益于我国经济发展基本面良好、国际经济趋于改善的宏观环境。与此同时，随着2013年昌福线、永莆线、厦深线正式通车，以及福州港、湄洲湾港和厦门港等三大港口群设施进一步完善，福建省在海峡西岸经济区中的主体地位更加稳固，经济腹地和区域协作半径不断扩大，这将有力带动福建省外向型经济的发展。此外，福建省对民营企业的持续引导和扶持将继续深入激发民营经济的活力，2013年8月成立的福建省民营企业发展基金首期募集资金约3亿元，计划通过发挥基金管理公司的专业化能力，为福建省民营企业发展提供综合金融服务，促进福建省民营企业实现产业升级、跨越发展和可持续发展①，为福建外贸发展注入更强劲的动力。综合来看，2014年福建省对外贸易在外部环境和内生动力的支撑下，进出口将继续保持稳中有升的良好态势。

---

① 《福建民营企业发展基金首募3亿》，新民网，2013年8月2日。

四川省

四川省地理上位于西南、西北和中部地区的结合地，承接华南华中，连接西南西北，沟通中亚南亚东南亚，交通干线密集。截至2013年12月31日，四川省已吸引了包括252家世界500强在内的众多企业落户，逐步形成了以电子信息和高端装备制造等为主的外贸优势产业，外贸进出口规模多年位于中西部前列。2013年，四川省全年实现地区生产总值（GDP）26 260.8亿元，按可比价格计算，比2012年增长10%，增速比全国平均水平高2.3个百分点①，排名中西部第二；同期四川省外贸进出口总值占全国进出口贸易总值的1.6%，外贸依存度为15.2%。

一、加入世界贸易组织以来四川省外贸发展总体情况

2001年以来，四川省外向型经济快速发展，外贸进出口规模由2001年的31亿美元逐年攀升到2013年的645.9亿美元，年均增长28.8%。其中，2001～2006年是四川省外贸快速发展阶段，增速始终保持两位数增长，在2006年首次突破100亿美元大关；2007～2009年遭遇全球金融危机进入盘整阶段，2009年外贸增速为9.3%，而同期全国整体外贸增速为负增长，四川省是全国8个外贸增速为正增长的省份之一；2010～2013年四川省承接东部产业转移步伐加快，大项目、龙头企业带动作用明显，外贸规模连续4年每年攀升一个亿美元台阶，2013年突破600亿美元大关（图1）。

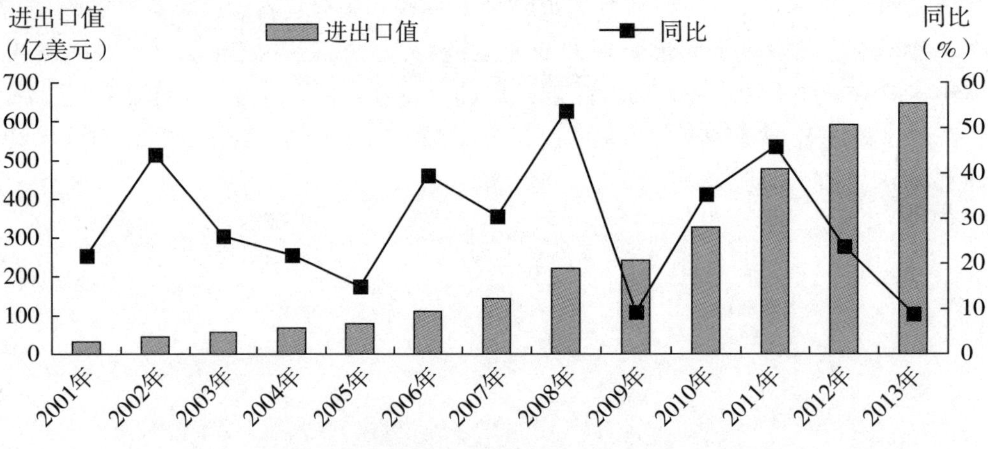

图1　2001～2013年四川省外贸进出口年度走势图

二、2013年四川省外贸进出口的主要特点

据海关统计，2013年四川省进出口总额645.9亿美元，同比增长9.2%，高出同期全国整体进出口增速1.6个百分点，四川省外贸规模首次攀上600亿美元台阶，再创历史新高。其中，出口总值为419.5亿美元，同比增长9.1%，高出同期全国整体出口增速1.2个百分点；进口总值为226.4亿美元，同比增长9.5%，高于同期全国整体进口增速2.2个百分点。2013年，四川省外贸进出口总值列全国第11位，其中出口总值列全国第11位，进口总值列全国第13位。

① 《四川去年GDP逾2.6万亿元　增速高于全国平均水平2.3%》，人民网，2014年1月21日。

（一）进出口同比增速 5 月和 6 月出现负增长，下半年呈现快速反弹态势

从月度看，2013 年四川省外贸呈现前低后高的态势，其中在第二季度，进出口一度走低，5 月和 6 月两个月出现了进出口负增长，其中 6 月同比下降到 25%。下半年外贸形势出现了快速反弹的良好表现，年底两个月外贸进出口值更是达到历史高值，11 月份月度贸易进出口值创下了 68.6 亿美元的历史新高，12 月当月虽回落至 62.7 亿美元，同比增长 14.4%，但仍处于历史较高水平（图 2）。

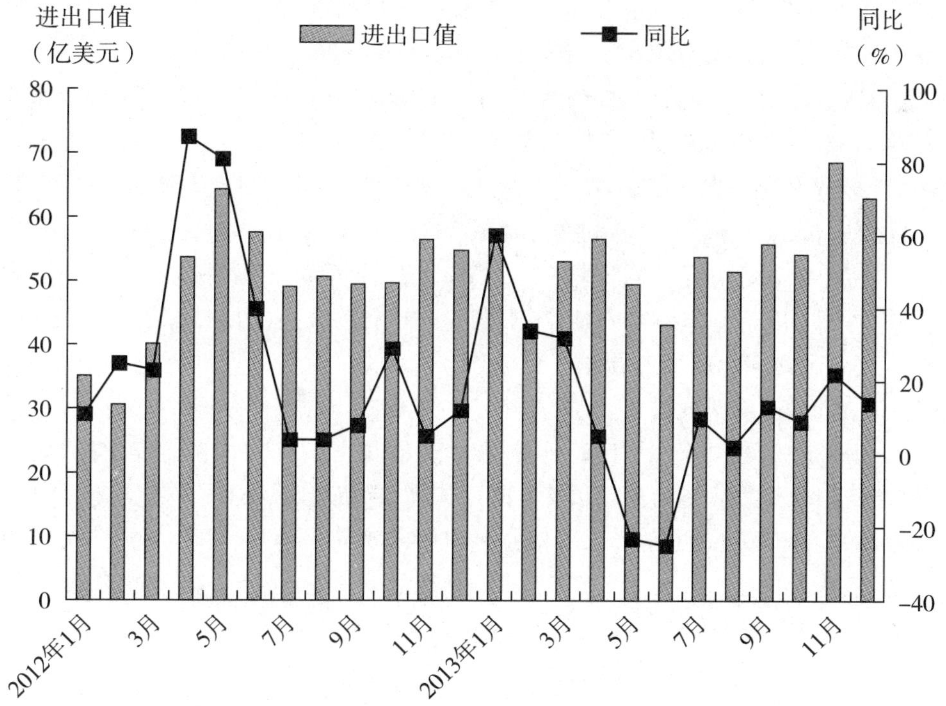

图 2　2012 ~ 2013 年四川省外贸进出口月度走势图

（二）一般贸易比重上升，海关特殊监管区域物流货物激增

2013 年，四川省以一般贸易方式进出口 272.4 亿美元，同比增长 14.3%，高出外贸整体增速 5.1 个百分点，占同期四川省进出口总值的 42.2%，比重较 2012 年提高了 1.9 个百分点。其中，出口 193.4 亿美元，同比增长 18.3%；进口 79 亿美元，同比增长 5.6%。同期，以加工贸易方式进出口 271.6 亿美元，同比下降 5.4%，占同期四川省进出口总值的 42.1%，比重较 2012 年下降了 6.5 个百分点。其中，出口 168 亿美元，同比下降 7.2%；进口 103.6 亿美元，同比下降 2.2%。此外，以海关特殊监管区域物流货物方式进出口 65.5 亿美元，同比激增 1.7 倍，占同期四川省进出口总值的 10.1%，比重较 2012 年提高了 6 个百分点。其中，出口 35.5 亿美元，同比激增 2.1 倍；进口 30 亿美元，同比激增 1.3 倍。

（三）外商投资企业增速放缓，民营企业增长迅速

2013 年，四川省外商投资企业进出口值为 313.7 亿美元，同比增长 3.9%，增速较 2012 年下降了 25.4 个百分点，占同期四川省进出口总值的 48.6%，所占比重较 2012 年下降了 2.5 个百分点。其中，出口 190.8 亿美元，同比增长 4.5%；进口 122.9 亿美元，同比增长 3%。同期，民营企业迅猛发展，进出口总值达 208.3 亿美元，同比增长 25.9%，高出同期四川省整体进出口增速 16.7 个百分点。其中，出口 165.5 亿美元，同比增长 23.3%；进口 42.8 亿美元，同比增长 37.2%。此外，国有企业进出口 98.1 亿美元，同比下降 4.7%。其中，出口 50.3 亿美元，同比下降 12.3%；进口

47.8 亿美元，同比增长 4.9%。

（四）与欧美日等发达经济体双边贸易规模全线下滑，与新兴经济体快速增长

2013 年，四川省与美国、欧盟和日本双边贸易额分别为 118.4 亿美元、97.3 亿美元和 37 亿美元，同比分别下降了 4.7%、4% 和 15.7%，与上述三大经济体的贸易合计占同期四川省进出口总值的 39.1%，该比重较 2012 年减少了 6.5 个百分点。同期，四川省与东盟、中国香港地区和中国台湾地区双边贸易额分别为 114.4 亿美元、49.4 亿美元和 24.1 亿美元，同比分别增长 37.3%、69.4% 和 9.9%。此外，与阿联酋、俄罗斯、土耳其、印度等新兴市场的双边贸易规模虽不大，但增长迅速，2013 年其增速分别为 66.6%、64.4%、40.8% 和 20.7%。

（五）机电产品出口比重下降，主要传统劳动密集型商品出口增速快于全国整体水平

2013 年，四川省出口机电产品 271 亿美元，同比增长 6.8%，占同期四川省出口总值的 64.6%，下降 1.3 个百分点。其中，便携式电脑出口 127 亿美元，同比下降 1.3%；集成电路出口 30.3 亿美元，同比增长 38.9%。此外，主要传统劳动密集型产品出口增速快于全国增长水平，如出口服装及衣着附件 19.7 亿美元，同比增长 43.3%，高出同期全国增速 32 个百分点；出口鞋类 13.6 亿美元，同比增长 17.5%，高出同期全国增速 9.1 个百分点；出口家具及其零件 11 亿美元，同比增长 13.1%，高出同期全国增速 6.9 个百分点。

（六）机电产品进口占逾 7 成份额

2013 年，四川省进口机电产品 165 亿美元，同比增长 7.2%，占同期四川省进口总值的 72.9%，较 2012 年 74.4% 的比重有所下降。同期，进口有机化学品 11.8 亿美元，同比增长 20%，其中进口苯乙烯 2.9 亿美元，同比激增 1.1 倍；进口甲苯 1.6 亿美元，同比增长 99.8%。此外，进口金属矿砂 10.6 亿美元，同比增长 11.7%；进口农产品 4.2 亿美元，同比增长 49%；进口钢材 1 亿美元，同比减少 12.6%（表 1）。

表 1　2013 年四川省主要进出口商品一览表

出口			进口		
主要商品	金额（亿美元）	同比（%）	主要商品	金额（亿美元）	同比（%）
合计	419.5	9.1	合计	226.4	9.5
机电产品	271.0	6.8	机电产品	165.0	7.2
其中：便携式电脑	127.0	-1.3	其中：集成电路	85.9	15.8
集成电路	30.3	38.9	印刷电路	30.3	-28.3
劳动密集型产品	71.2	17.3	飞机	71.2	25.5
其中：服装衣着附件	19.7	43.3	有机化学品	19.8	20.0
鞋类	13.6	17.5	金属矿砂	10.6	11.7
纺织纱线及制品	12.1	10.0	农产品	4.2	49.0
家具及其零件	11.0	13.1	钢材	1.0	-12.6

三、2013 年四川省外贸增长的主要原因

（一）电子信息等优势产业带动进出口继续增长

近年来，四川省在承接东部产业转移过程中，逐步形成了电子信息、高端装备制造等外贸增长

优势产业，特别是电子信息产业已基本形成从核心部件封装测试至终端产品生产的完整产业链，产业集群效应不断凸显。2013 年，电子信息产业进出口规模继续增长，对四川省外贸进出口增长的带动效应进一步显现。以集成电路为例，2013 年四川省进出口集成电路 116.2 亿美元，同比增长 21.2%，远远高于同期四川省整体外贸增速 12 个百分点，对全省外贸贡献率达 37.1%。

（二）贸易便利化程度的提高降低企业物流成本

2013 年，四川省内海关主动优化监管与服务，全面深化改革创新，推出一系列提升通关效率、降低通关成本的优化措施。例如，牵头以“全域通”为支撑的关区通关一体化建设，完成全国海关首个特殊监管区域之间点对点的“区间结转”等均创新了通关模式，给予企业便利。成都海关还进一步加强与新疆、内蒙古等地口岸海关的协作，强化物流通道建设，支持“蓉欧快铁”做大做强，“蓉欧快铁”运行 7 个月，其货运集装箱数量已经占据“新丝绸之路”国际货运专列四成比重。

四、影响四川省外贸进出口的因素及形势展望

四川省参与外贸的主体队伍仍然较小，尤其是参与外贸的民营企业数量少，外贸增长主要依赖大企业、大项目。2013 年，四川省共有 3 841 家企业有实际进出口实绩，前 10 位企业的进出口合计占同期四川省进出口总值的 44.1%，前 20 位企业进出口就已占据四川省外贸半壁江山。高度依赖龙头企业将不利于外贸健康、可持续性发展。2013 年，受鸿富锦精密电子（成都）有限公司进出口同比下降 21.1% 的影响，四川省整体外贸增速被拉低 6 个百分点。此外，由于国内生产要素成本不断上涨，部分加工贸易产业开始出现向劳动力更为低廉的东南亚国家转移的情况。在承接产业转移的浪潮中，东南亚国家和我国中西部地区有较为直接的竞争关系。2013 年，四川省加工贸易订单有所减少，导致进出口值出现明显下降，这将不利于四川省加工贸易的转型升级。

2014 年，四川省出口的外部环境将有所改善，同时国内宏观经济和政策环境也在向好，四川省委省政府将进一步加强对外开放载体和平台建设，加强外贸主体和出口基地建设，加大招商引资力度，积极推进跨境电子商务，这些对四川省外贸增长都将产生积极的影响。但另一方面，四川省内各地市州外贸发展不平衡的现象依然存在，与新兴市场双边贸易增长迅速但也面临着同质化竞争与贸易摩擦增多的风险，同时，综合成本上升快、流动资金紧张、融资成本高等问题也会影响到四川省外贸的快速增长。

辽宁省

辽宁省位于中国东北的南部，与吉林、内蒙古、河北等省区接壤，东南隔鸭绿江与朝鲜为邻。辽宁省的四大经济支柱产业为装备制造业、冶金、石化和农产品加工，辽宁省是东北经济区和环渤海经济区的重要结合部。2013 年，辽宁省经济总量为 2. 7 万亿元，同比增长 8. 9%，外贸依存度为 26. 1%。加入世界贸易组织以来，辽宁省经济保持平稳较快的增长。

一、加入世界贸易组织以来辽宁省对外贸易发展总体情况

加入世界贸易组织以来，辽宁省进出口规模逐渐扩大，据海关统计，辽宁省进出口总值由 2001 年的 197. 8 亿美元逐年攀升至 2013 年的 1 142. 8 亿美元，年平均增长速度为 15. 7%。除受国际金融危机等因素影响的 2009 年进出口同比下降 13. 1% 外，其余 12 年的外贸进出口均保持增长。2013 年，辽宁省外贸总值为1 142. 8亿美元，同比增长 9. 8%，占 2013 年全国外贸总值的 2. 7%，在全国各省份排名第 9 位，与 2012 年同期持平。其中，出口 645. 4 亿美元，同比增长 11. 4%，排名第 7 位；进口 497. 4 亿美元，同比增长 7. 8%，排名第 9 位（图 1）。

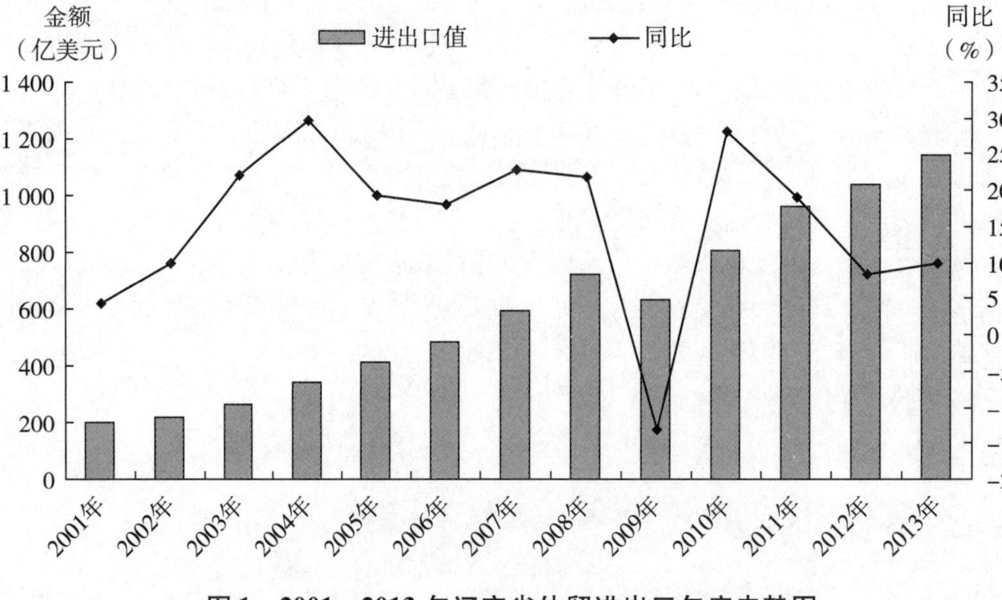

图 1　2001 ~ 2013 年辽宁省外贸进出口年度走势图

二、2013 年辽宁省外贸发展的主要特点

（一）进出口呈震荡格局，11 月份创历史新高

2013 年，辽宁省各月进出口持续波动，呈震荡格局。由于原油、粮食等商品进口大幅增长和机电产品出口增加幅度较大等因素，11 月份辽宁省进出口 123. 6 亿美元，同比增长 23. 2%，创月度进出口历史新高，其中出口 73 亿美元，进口 50. 6 亿美元（图 2）。

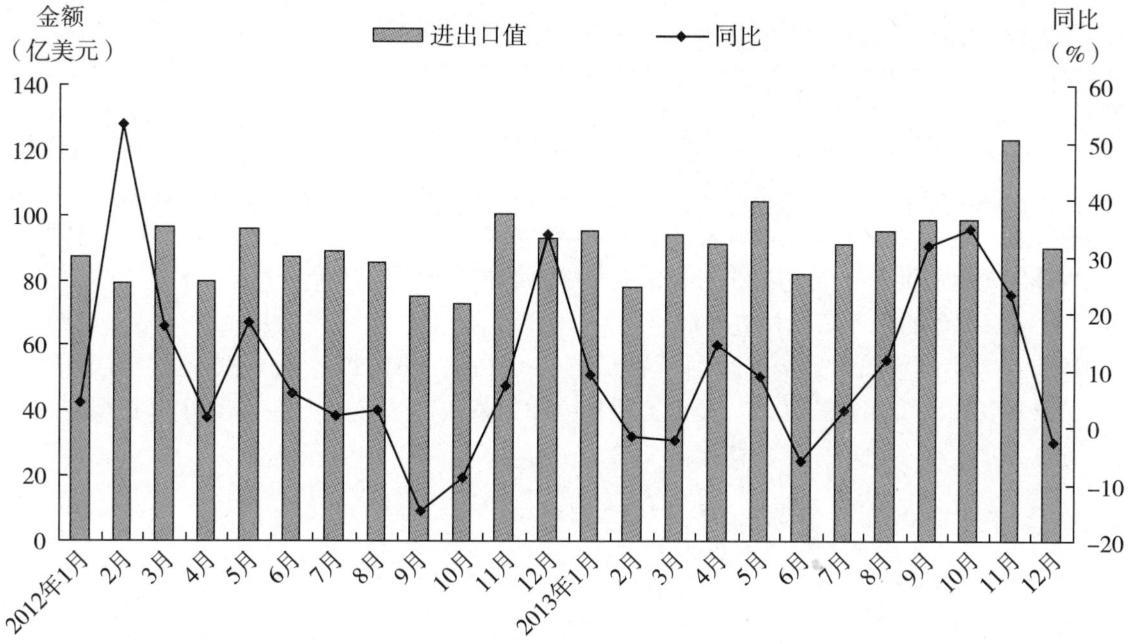

图 2　2012 年～2013 年辽宁省外贸进出口月度走势图

（二）一般贸易出口快速增长，加工贸易进出口发展缓慢

2013 年，辽宁省以一般贸易方式进出口 648.8 亿美元，同比增长 16.5%，占同期辽宁省进出口总值的 56.8%。其中，出口 365.2 亿美元，同比增长 23.5%，高出同期整体出口增速 12.1 个百分点；进口 283.6 亿美元，同比增长 8.6%。同期，以加工贸易方式进出口 367.7 亿美元，同比增长 2.6%，低于整体增速 7.2 个百分点，占同期辽宁省进出口总值的 32.2%。其中，出口 227.8 亿美元，同比下降 1.3%；进口 139.9 亿美元，同比增长 9.6%。

（三）进口以外商投资企业为主，出口以民营企业为主

2013 年，辽宁省外商投资企业进出口 450.2 亿美元，同比下降 4.3%，占同期辽宁省进出口总值的 39.4%。其中，出口 219.2 亿美元，同比下降 6.7%，进口 231 亿美元，同比下降 1.8%。同期，民营企业进出口 419.4 亿美元，同比增长 34.7%。其中，出口 295.7 亿美元，同比大幅增长 36.3%；进口 123.7 亿美元，同比大幅增长 31%。同期，国有企业进出口 272.3 亿美元，同比增长 5.6%。其中，出口 130 亿美元，同比增长 2%；进口 142.3 亿美元，同比增长 9.1%。

（四）对日韩出口下降，自主要市场进口不同程度增长

2013 年，辽宁省对东盟、欧盟和美国分别出口 116.8 亿美元、87.1 亿美元和 79.4 亿美元，同比分别增长 45%、13.2% 和 15.6%；对日本和韩国分别出口 101.2 亿美元和 54 亿美元，同比分别下降 0.1% 和 3%。同期，欧盟、日本和沙特阿拉伯为辽宁省前三大进口来源地，全年自上述三市场分别进口 89.3 亿美元、55.1 亿美元和 42.4 亿美元，同比分别增长 2.8%、0.9% 和 24%。

（五）机电产品仍占主导，农产品进口增长较快，成品油出口大幅增长

2013 年，辽宁省出口机电产品 261.5 亿美元，同比增长 1.8%，占同期辽宁省出口总值的 40.5%；进口机电产品 134.7 亿美元，同比下降 6.2%，占同期辽宁省进口总值的 27.1%。此外，石化和农产品进出口保持良好的增长态势。其中，农产品出口 51.3 亿美元，同比增长 7.3%，进口 55.7 亿美元，同比大幅增长 22.9%；原油成品油出口 46.2 亿美元，同比增长 45.2%，进口 122 亿美元，同比增长 9.7%。

三、2013 年辽宁省外贸进出口平稳增长的原因

（一）支柱产业拉动辽宁省外贸增长效果显著

辽宁省作为东北老工业基地，装备制造业长足发展，技术和资本密集程度较高，具有承接大型工程的能力。辽宁省借助众多政策的支持，充分发挥自身优势，大力发展装备制造业，在船舶、机械制造等优势产业上形成具有品牌效应的产业集群。同时，近年来辽宁省大力发展现代农业，国家级现代农业示范区有 8 个。支柱产业对辽宁省外贸增长的拉动效果显著。

（二）贸易平台的提升拓展外贸发展空间。

2009 年 7 月，辽宁沿海经济带开发开放战略正式实施；2010 年 4 月，国家新型工业化综合配套改革试验在沈阳经济区正式开始。开发开放战略和改革试验的推进，进一步提升了贸易平台，为辽宁省外贸发展提供了更为广阔的空间。

四、影响辽宁省外贸发展的因素及相关建议

（一）对日贸易低迷

日本是辽宁省重要贸易伙伴，受 2012 年以来中日关系恶化和日本企业推进零部件和材料的本土化采购等因素影响，辽宁与日本双边贸易在低位徘徊。2013 年辽宁省与日本进出口 156.3 亿美元，同比仅增长 0.3%，比 2011 年贸易值下降 10.1%。据日本贸易振兴机构统计，2013 年中国的日资企业的原材料和零部件的当地采购率从 2010 年的 58% 提高至 64%①。

（二）支柱产业国际竞争力有待提高

辽宁省高附加值、高技术含量的成套设备出口比较少。目前，辽宁出口商品普遍缺乏核心技术，主要以加工贸易贴牌出口为主，产品同质化严重，附加值低，企业研发、设计等核心竞争力不强，行业协调能力和政府参与国际贸易规则制定的能力不强，上述问题长期制约着辽宁省出口质量的提高和规模的扩大。

为此建议：一是以海关特殊监管区域建设为载体，积极发挥海关特殊监管区域的功能，引进适用海关特殊监管区域的龙头企业和重大项目，促进辽宁省外贸发展；二是完善政策支持体系，加快交通运输、通信、公共服务等基础设施体系的建设，推进大连东北亚国际航运中心建设；三是积极推动装备制造业和冶金产业等支柱产业的转型升级，向高端智能化制造和技术制造转变，提高支柱产业的国际竞争力。

---

① 《日媒：东亚贸易大动脉正发生变化》，中国经济网，2014 年 1 月 9 日。

湖南省

湖南省位于我国南方中部，面积21万平方公里，北靠长江，南临广东、广西，紧靠沿海开放带和港澳地区，为长江流域经济带的重要一环，地理位置优越。2007年12月长株潭城市群获批全国两型社会建设综合配套改革试验区，2011年10月湘南承接产业转移示范区获批国家级承接产业转移示范区，在两大国家级试验区（示范区）的引领下，湖南省经济正在转型升级之路上加速前行。2013年，湖南省经济总量（GDP）为2.45万亿元，同比增长10.2%，占全国GDP的4.3%，但外贸进出口值仅占全国进出口总值的0.6%，外向型经济发展仍较为缓慢，外贸依存度仅为6.4%，落后于湖南经济发展整体水平。

一、加入世界贸易组织以来湖南省进出口发展总体情况

自加入世界贸易组织以来，湖南省对外贸易快速发展，进出口年均增幅为20.2%。2001年湖南省外贸进出口仅为27.6亿美元，此后稳步增长，至2008年增至125.5亿美元，这是湖南省外贸进出口首次突破100亿美元大关。受全球金融危机影响，2009年有所下滑，但随后迅速回升，每年均保持增速两位数的快速增长态势，2012年突破200亿美元大关，达到219.5亿美元，2013年进一步增至251.6亿美元（图1）。

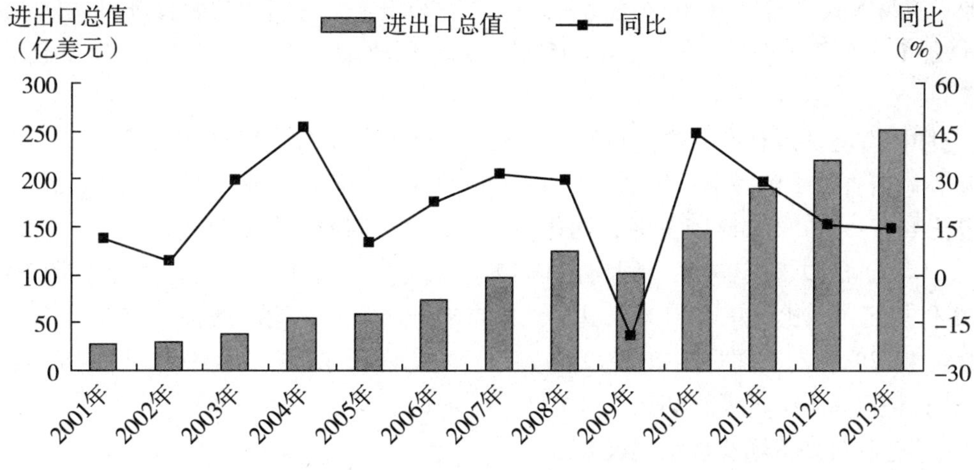

图1　2001～2013年湖南省外贸进出口年度走势图

二、2013年湖南省外贸发展的主要特点

2013年，湖南省进出口总值251.6亿美元，列全国第22位，中部六省第5位，同比增长14.7%，较全国平均增速高出7.1个百分点，增速列全国第10位，中部六省第3位。其中，出口148.2亿美元，同比增长17.6%；进口103.4亿美元，同比增长10.7%。

（一）前8个月进出口规模平稳运行，年末冲高

2013年前8个月，湖南省外贸月度进出口规模运行平稳，除3月份和6月份有所回落外，基本均维持在20亿美元左右，至年底传统外贸旺季，11月份和12月份湖南省外贸进出口规模均超过30

亿美元，12 月份达到 30. 2 亿美元，但同比仍下降 13. 1%（图 2）。

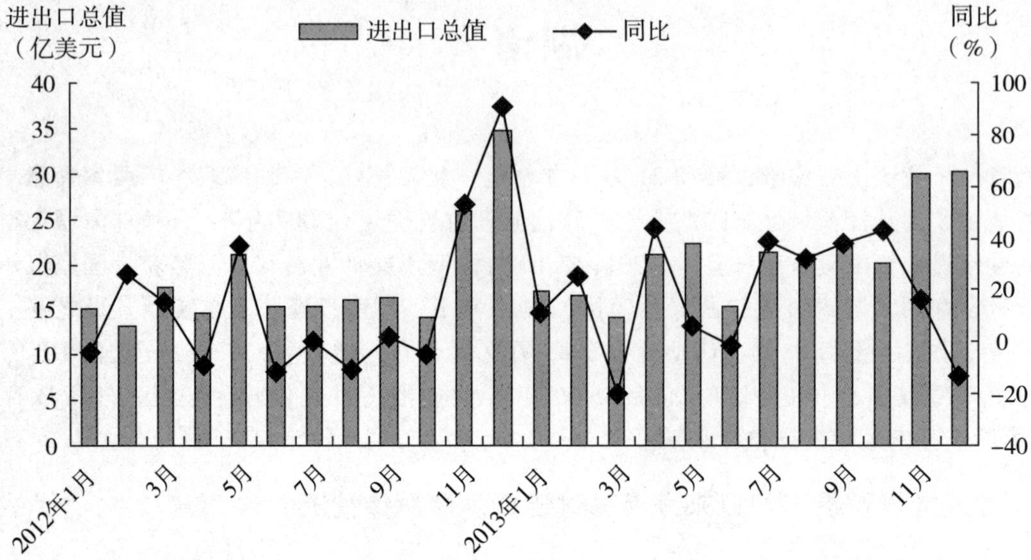

图 2　2012～2013 年湖南省外贸进出口月度走势图

（二）加工贸易快速增长，在外贸中所占比重持续提升

2013 年，湖南省以一般贸易方式进出口 170. 3 亿美元，同比增长 11. 5%，占同期湖南省进出口总值的 67. 7%。其中，出口 101. 1 亿美元，同比增长 16. 8%；进口 69. 2 亿美元，同比增长 4. 6%。同期，以加工贸易方式进出口 76. 6 亿美元，同比增长 20. 3%，占同期湖南省进出口总值的 30. 4%，比 2012 年增加 1. 5 个百分点。其中，出口 45 亿美元，同比增长 17. 4%；进口 31. 6 亿美元，同比增长 24. 6%。

（三）与中国香港地区和南非进出口快速增长，与欧盟和东盟进出口增长乏力

2013 年，湖南省与中国香港地区进出口 43. 1 亿美元，同比增长 44. 3%。其中，出口 42. 9 亿美元，同比增长 44%；进口 2 247 万美元，同比激增 1. 5 倍。同期，与欧盟进出口 33. 1 亿美元，同比增长 4. 2%。其中，出口 17 亿美元，同比增长 17. 6%；进口 16. 1 亿美元，同比下降 7%。与南非进出口 22. 2 亿美元，同比增长 40. 1%。其中，出口 1. 8 亿美元，同比增长 33. 5%；进口 20. 4 亿美元，同比增长 40. 7%。与东盟进出口 21. 9 亿美元，同比增长 4. 2%。其中，出口 18. 8 亿美元，同比增长 6. 7%；进口 3. 1 亿美元，同比下降 8. 7%。

（四）民营企业对外贸增长贡献超过 8 成

2013 年，湖南省民营企业进出口 116. 1 亿美元，同比增长 29. 8%，占同期湖南省进出口总值的 46. 1%，对全省外贸增长的贡献度达 82. 9%。其中，出口 92. 7 亿美元，同比增长 41. 3%；进口 23. 4 亿美元，同比下降 1. 8%。同期，外商投资企业进出口 63. 6 亿美元，同比增长 1. 2%。其中，出口 33 亿美元，同比增长 12. 4%；进口 30. 6 亿美元，同比下降 8. 6%。国有企业进出口 57. 1 亿美元，与 2012 年持平。其中，出口 20. 6 亿美元，同比下降 30. 7%；进口 36. 5 亿美元，同比增长 33. 2%。

（五）钢材出口下降，服装、烟花爆竹等劳动密集型产品出口快速增长，进口资源性产品为主

2013 年，湖南省出口钢材 9. 8 亿美元，同比下降 26%；出口汽车、服装、烟花爆竹、陶瓷分别为 6 亿美元、5. 5 亿美元、4. 2 亿美元和 4. 2 亿美元，同比分别增长 30. 6%、48%、12. 6% 和 18. 8%。

2013 年，湖南省进口铁矿砂 24 亿美元，同比增长 22. 2%；进口原油 5. 1 亿美元，同比增长 5. 9 倍；进口汽车 3. 3 亿美元，同比大幅下降 68. 4%（表 1）。

表 1　2013 年湖南省主要进出口商品一览表

出口商品	金额（万美元）	同比（%）	进口商品	金额（万美元）	同比（%）
钢材	98 044	-26.0	铁矿砂及其精矿	239 684	22.2
汽车（包括整套散件）	59 909	30.6	原油	50 550	591.4
服装及衣着附件	54 787	48.0	汽车（包括整套散件）	33 416	-68.4
烟花、爆竹	42 395	12.6	铅矿砂及其精矿	30 783	-18.8
陶瓷产品	41 792	18.8	汽车零件	19 026	29.7
鞋类	38 601	44.2	计量检测分析自控仪器及器具	18 846	14.6
家具及其零件	34 653	46.7	纸浆	14 863	-8.5
纺织纱线、织物及制品	30 726	8.1	粮食	14 855	70.8
肉及杂碎	27 839	25.7	集成电路	14 121	-41.0
箱包及类似容器	27 398	44.9	金属加工机床	13 682	-26.0

三、影响湖南省外贸进出口发展的因素

（一）综合成本上升，外贸企业对未来预期不乐观

在劳动力成本上涨、原材料价格上升、物流成本居高不下、融资困难、国际贸易摩擦频发的背景下，外贸企业转型升级困难。根据“中国外贸出口先导指数”调查问卷对湖南省 11 家样本企业的调查分析显示，2013 年湖南省多数企业处于订单减少、成本上升的状态，外贸企业对未来预期不容乐观。

（二）钢铁等行业产能过剩，缺乏出口竞争力

钢材是湖南省最大宗的出口商品，但湖南省钢铁行业发展方式粗放，产业集中度过低，没有形成由优强企业主导的产业发展格局，几大钢材企业基本处于零利润或亏损状态，行业无序竞争、重复建设严重，产品缺乏核心竞争力。2013 年，湖南省出口钢材同比大幅下降 26%，拖累了全省外贸整体出口。

四、2014 年湖南省外贸进出口形势展望及建议

2014 年，国际经济形势虽仍存在诸多的不确定性，但总体上世界经济形势有望进一步改善，整体经济复苏步伐将加快。湖南省委经济工作会议要求，2014 年要坚持稳中求进工作总基调，着力激发市场活力，着力转方式调结构，着力推进节能环保，切实提高经济发展质量和效益，促进经济持续健康发展；但湖南省仍存在经济结构不优、创新能力不强、发展基础不牢、要素供应不足、城镇化水平不高等突出问题。总体上判断，2014 年湖南省外贸仍将保持平稳增长的态势。

为此建议：一是加大承接东部产业转移力度，与技术改进、产业升级相结合，注重引进产业转移企业上下游相关企业，形成优势产业集群和较为完整的产业链；二是利用衡阳综合保税区封关运行契机，充分利用出口加工区、保税物流中心、综合保税区政策优势，促进企业向海关特殊监管区域聚集，形成集群效应；三是加强口岸大通关建设，落实简政放权措施，降低企业贸易和物流成本，促进贸易便利化。

湖北省

湖北省居于中国大陆经济地理中心，是长江流域工农业大省及我国中部崛起战略的重要支点。全省重点培育发展了汽车、农副食品加工、化工、钢铁、电力、建材、纺织、通用设备制造、电子信息、医药等十大产值超过1 000亿元的“千亿元行业”。湖北省现有东湖综合保税区、武汉出口加工区和东西湖保税物流中心等3个海关特殊监管区域；拥有武汉港、黄石港、武汉机场、宜昌机场等4个一类口岸及9个二类口岸。全省口岸数量在中部乃至内陆地区都处于较为领先的位置。湖北省产业布局具有面向国内市场的特点，外贸进出口比重明显偏低，对外开放仍然是湖北省经济发展中的薄弱环节。2013年，湖北省经济总量（GDP）为2.5万亿元，占全国的4.4%，居全国第9位；但对外贸易额不足400亿美元，在全国居第17位，年度外贸依存度为9%。

一、加入世界贸易组织以来湖北省外贸发展总体情况

2001年以来，湖北省对外贸易发展迅速，进出口总值由2001年的35.8亿美元提升到2013年的363.9亿美元，增长9.2倍，年均增速达到21.3%。其中，2006年进出口总值突破100亿美元，2008年突破200亿美元，2011年突破300亿美元。2008～2011年湖北省进出口总值居中部六省首位，2012～2013年居中部六省第4位。

2013年，湖北省进出口总值363.9亿美元，同比增长13.8%，贸易规模创历史新高，占同期全国外贸总值的0.9%，居全国第17位，进出口增速居全国第11位。其中，出口228.4亿美元，居全国第16位，同比增长17.7%，出口增速居全国第10位；进口135.5亿美元，居全国第18位，同比增长7.8%，进口增速居全国第15位（图1）。

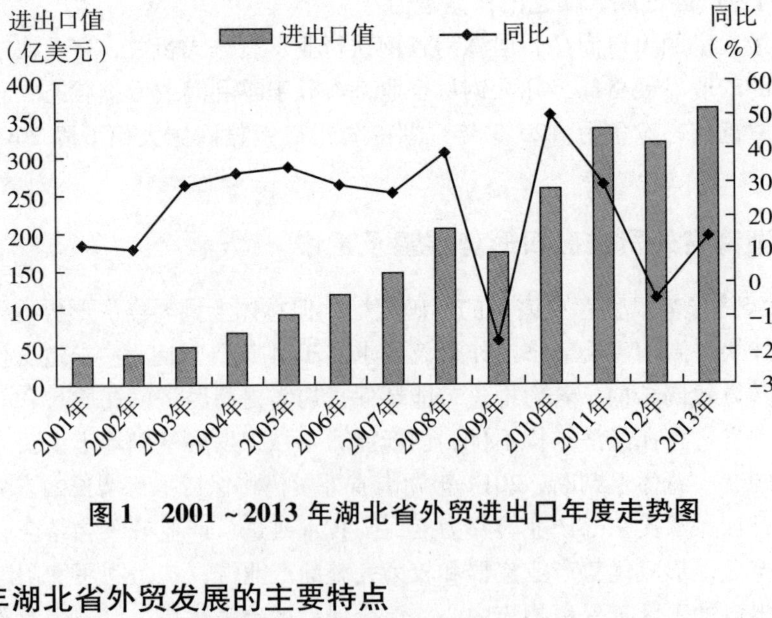

图1　2001～2013年湖北省外贸进出口年度走势图

二、2013年湖北省外贸发展的主要特点

（一）月度进出口值下半年显著高于上半年

2013年，湖北省进出口值除春节所在的2月份为19.6亿美元外，上半年其他各月保持在20余

亿美元，下半年各月进出口值则提升到30余亿美元，显著高于上半年各月（图2）。

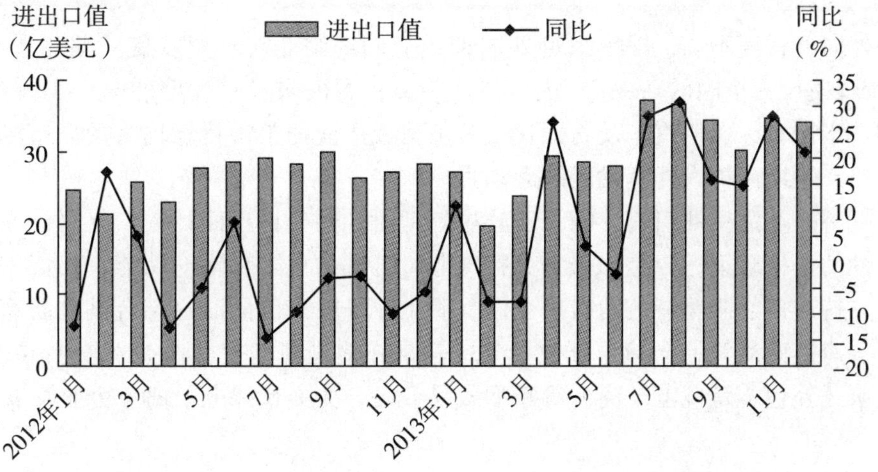

图2　2012~2013年湖北省外贸进出口年度走势图

（二）一般贸易出口大幅增长，加工贸易出口下降

2013年，湖北省以一般贸易方式进出口252.1亿美元，同比增长20%，高出整体增速6.2个百分点。其中，出口152亿美元，同比增长31.9%，高出整体增速14.2个百分点；进口100.1亿美元，同比增长5.5%。同期，以加工贸易方式进出口93.2亿美元，同比增长4.5%。其中，出口63.2亿美元，同比下降4.5%；进口30亿美元，同比增长30.7%。

（三）外商投资企业进出口小幅增长，民营企业进出口增长迅速，国有企业进出口下降

2013年，湖北省外商投资企业进出口140.5亿美元，同比增长1.5%。其中，出口73.3亿美元，同比下降3.9%；进口67.2亿美元，同比增长8.2%。民营企业进出口121.7亿美元，同比增长57.6%。其中，出口102.3亿美元，同比增长60.5%；进口19.4亿美元，同比增长43.9%。国有企业进出口98亿美元，同比下降5.9%。其中，出口52.7亿美元，同比下降3.5%；进口45.3亿美元，同比下降9.5%。

（四）东盟成为湖北省最大出口市场

2013年，湖北省与欧盟、东盟、美国、我国香港地区、日本、澳大利亚等6个贸易伙伴的双边贸易值均超过了20亿美元，合计进出口226.6亿美元，占同期湖北省外贸总值的62.3%。其中，与我国香港地区、东盟的双边贸易增长较快，增幅分别达96.9%和46.2%。全年对我国香港地区出口21.8亿美元，同比增长73.2%；进口3.6亿美元，同比增长10.2倍。同期，对东盟出口41亿美元，同比增长55.9%，进口12.3亿美元，同比增长21%；对欧盟出口39.6亿美元；东盟取代欧盟成为湖北省最大的出口市场。

（五）出口以机电产品、纺织服装、农产品和钢材为主，机电产品和铁矿砂、铜矿砂是主要进口商品

2013年，湖北省出口机电产品、纺织服装、农产品和钢材合计159.7亿美元，占同期湖北省出口总值的69.9%。其中，出口机电产品102.5亿美元，同比增长3.5%；出口纺织服装26.5亿美元，同比增长16.4%；出口农产品18.9亿美元，同比增长63.9%；出口钢材11.8亿美元，同比增长0.8%。同期，全省进口机电产品、铁矿砂、铜矿砂合计102亿美元，占同期湖北省进口总值的75.3%。其中，进口机电产品63.2亿美元，同比下降0.4%；进口铁矿砂价值27.1亿美元，同比下降9.7%；进口铜矿砂价值11.7亿美元，同比增长1.1倍。

三、下阶段影响湖北省外贸的因素及政策建议

全省经济外向型程度不高，缺乏大型外向型企业制约湖北省外贸发展。湖北省 GDP 占全国的 4.4%，而外贸规模仅占全国的 0.9%，内贸特征明显，省内未吸引大型外向型实体产业项目落地，近年来引进的雷诺汽车、通用汽车及石油化工等项目或产业的销售目标均为国内市场。缺乏大型外向型的支撑项目，短期内扩大外贸发展缺乏动力。

为此建议：一是加强招商引资，制订实施更具针对性的项目招商计划，并对已在湖北投资的企业加强有针对性的扶持政策；二是加强海关特殊监管区域的集聚和辐射功能，拓展东西湖保税物流中心功能，在支持进口红酒等特色消费品仓储、展示业务发展的同时，结合湖北省产业优势，探索开展医药设备、冷链商品等的仓储、分拨业务；三是在促进新型贸易业态发展上寻求新的增长点，积极研究试点服务外包、跨境电子商务等新型贸易业态，大力扶持电子商务企业发展。

海南省

海南省于1988年建立，北以琼州海峡与广东省划界，西临北部湾与广西壮族自治区和越南相对，东濒南海与我国台湾地区相望，东南和南边在南海中与菲律宾、文莱和马来西亚为邻，是我国最年轻的省份，也是全国唯一的省级经济特区。近年来，海南省集约发展的石化工业、浆纸一体化产业、太阳能光伏产业等初具规模，拉动了对外贸易的快速发展。2013年，海南省经济总量（GDP）为3 146.5亿元，同比增长9.9%，外贸依存度为29.5%。

一、加入世界贸易组织以来海南省外贸总体情况

2001~2006年，海南省对外贸易以年均10.3%的速度不断扩大，由于起步阶段的商品结构单一，进出口规模受个别品种波动影响较大，进口集中在飞机、汽车零件、植物油等商品，出口集中在天然气、农产品、尿素、硅锰铁等。其中，2004年进口飞机数量同比增加1.1倍，拉动当年进出口值达到34亿美元的峰值，但2005~2006年，随着飞机进口的减少，全省进出口值随即回落至30亿美元以下；2007年以来，海南省政府实施的“大企业进驻、大项目带动”工业发展战略成效逐步显现，当年进出口值回升至35.2亿美元，到2009年的三年内年均增长19.7%；2010年，海南国际旅游岛建设正式上升为国家发展战略，为海南外向型经济带来了新的发展机遇，加上海南炼化项目生产所需石油进出口业务在下半年逐步转由海南本地子公司经营，在受金融危机冲击持续疲软的全国外贸背景下，海南省外贸进出口仍保持快速增长，2011年海南对外贸易额首次突破100亿美元关口达到127.6亿美元，同比增长47.5%，石油也一跃成为海南对外进出口的最主要商品。2013年，海南对外贸易进出口值已达到149.8亿美元，同比增长4.6%，低于全国平均水平3个百分点，加入世界贸易组织以来，海南省的进出口年均增幅为19.6%。其中，出口37.1亿美元，同比增长18.2%，快于同期全国出口增速10.3个百分点，加入世界贸易组织以来的出口年均增幅为13.7%；进口112.7亿美元，同比增长0.8%，慢于同期全国进口增速6.5个百分点，加入世界贸易组织以来的进口年均增幅为22.9%。

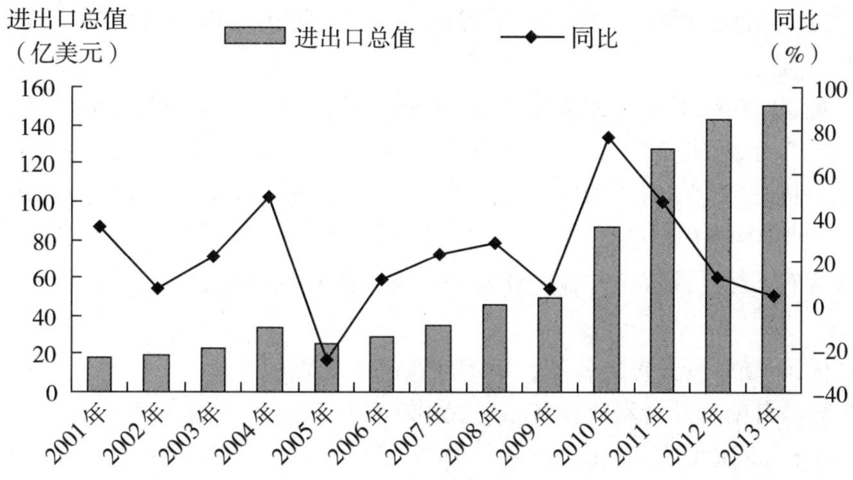

图1　2001~2013年海南省对外贸易年度走势图

二、2013 年海南省外贸发展的主要特点

据海关统计，2013 年海南省对外贸易进出口达到 149. 8 亿美元，同比增长 4. 6%，贸易规模在全国 31 个省份（不含港澳台地区）中居第 25 位，在西部 12 个省份（不含港澳台）中居第 6 位；贸易增速居全国第 27 位，在西部地区中仅快于西藏自治区。

（一）进出口值先抑后扬，12 月份进出口值创历史新高

第一季度的全省进出口值为 35. 6 亿美元，同比增长 12. 3%；第二季度的进出口值为 37 亿美元，增速有所下滑，仅增长 5. 8%；受海南炼化项目停产大修影响，第三季度同比下降 20. 6%，仅进出口 29. 4 亿美元，其中 7 月份进出口减至 7. 6 亿美元，为 2010 年 3 月份以来的最低水平；进入第四季度，随着国内外经济形势的向好、海南炼化项目生产的恢复及一些新项目的投产，进出口值迅速反弹至 47. 8 亿美元，同比增长 20. 6%，环比增长 63%，其中 12 月份进出口 24 亿美元，创单月进出口历史新高，同比增长 66. 3%，环比增长 63. 5%（图 2）。

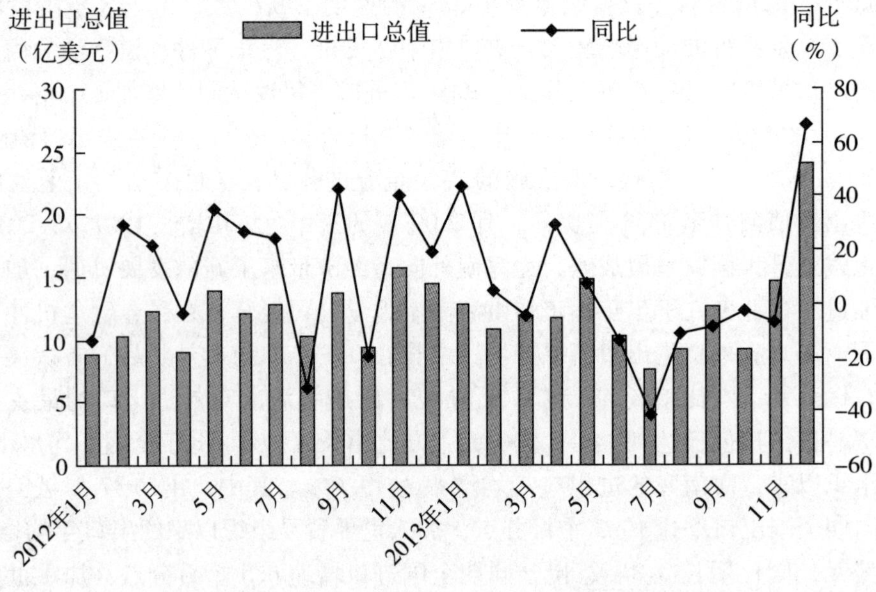

图 2　2012 ~ 2013 年海南省对外贸易月度走势图

（二）一般贸易主导地位继续下滑，加工贸易、保税监管场所进出境货物、边境小额贸易等方式快速发展

2013 年，海南省以一般贸易方式进出口 92. 9 亿美元，同比下降 2%，在同期全省进出口总值中所占的比重从 2012 年的 66. 2% 进一步下降至 62%。其中，出口 18. 2 亿美元，同比增长 12. 5%；进口 74. 7 亿美元，同比下降 5%。同期，以加工贸易方式进出口 40. 9 亿美元，同比增长 15. 2%；保税监管场所进出境货物进出口 4. 8 亿美元，同比增长 11 倍；以边境小额贸易方式进口 3. 8 亿美元，同比增长 24. 4%。这三种贸易方式合计在海南省对外贸易中所占比重达到 33%，较 2012 年提升了 5. 8 个百分点。

（三）东盟取代阿曼成最大贸易伙伴，对美欧贸易差异发展

2013 年，东盟是海南最大贸易伙伴和第二大出口市场，进出口 27. 4 亿美元，同比增长 62. 3%，其中出口 9. 2 亿美元，同比增长 53. 6%，进口 18. 2 亿美元，同比增长 67. 2%；阿曼是海南第二大贸易伙伴和最大进口来源地，进出口 22. 2 亿美元，同比下降 17. 7%，其中出口仅为 197. 6 万美元，其余全部为进口；美国是海南第三大贸易伙伴，进出口 21. 5 亿美元，同比增长 60. 8%，其中出口

4.8亿美元，同比增长40.5%，进口16.7亿美元，同比增长67.7%。此外，对欧盟进出口14.1亿美元，同比下降3.4%，其中出口3.7亿美元，同比下降15.5%，进口10.4亿美元，同比增长1.9%；对我国香港地区进出口10.4亿美元，同比增长6.1%，除286.5万美元为进口外，其余全部为出口，我国香港地区是海南省最大出口市场；对日本进出口4亿美元，同比下降14.1%（表1）。

表1　2013年海南省与前十大贸易伙伴进出口一览表

国别（地区）	进出口值（亿美元）	同比（%）	出口值（亿美元）	同比（%）	进口值（亿美元）	同比（%）
总计	149.8	4.6	37.1	18.2	112.7	0.8
东盟	27.4	62.3	9.2	53.6	18.2	67.2
阿曼	22.2	-17.7	0.0	468.0	22.2	-17.8
美国	21.5	60.8	4.8	40.5	16.7	67.7
安哥拉	16.9	12.3	0.0	14.8	16.9	12.3
欧盟	14.1	-3.4	3.7	-15.5	10.4	1.9
中国香港	10.4	6.1	10.4	5.9	0.0	123.3
利比亚	4.3	-76.2	0.0	313.6	4.3	-76.3
日本	4.0	-14.1	1.1	-24.4	2.9	-9.0
阿联酋	4.0	38.4	0.3	114.1	3.7	34.9
阿尔及利亚	3.7	213.5	0.1	-13.5	3.6	240.7

（四）外商投资企业进出口比重减少但仍占7成以上，民营企业增势迅猛

2013年，海南省外商投资企业进出口109.4亿美元，同比下降4.7%，占同期全省外贸总额的73%，比重较2012年减少了7.1个百分点。其中，出口18.6亿美元，同比增长15.7%；进口90.8亿美元，同比下降8%。同期，民营企业进出口37.4亿美元，同比大幅增长46.1%，比全省进出口整体增速快41.5个百分点，对进出口增长的贡献率高达182%。其中，出口16.4亿美元，同比增长23.3%；进口21亿美元，同比增长70.7%。此外，国有企业进出口2.9亿美元，同比增长5.9%。其中，出口2亿美元，同比增长4.1%；进口0.9亿美元，同比增长10.3%。

（五）工业制成品出口增速快于总体出口水平，进口6成为资源性商品

出口方面，2013年海南省工业制成品出口17.5亿美元，同比增长26.4%，比同期全省出口总体增速快8.2个百分点。其中，二极管及类似半导体器件出口同比小幅增长；传统劳动密集型商品出口强劲，家具及其零件同比迅猛增长1.3倍。同期，初级产品出口19.5亿美元，同比增长11.7%，占同期全省出口总值的52.7%，比重较2012年减少了3.1个百分点，其中成品油出口12.3亿美元，同比增长36.2%；农产品出口6亿美元，同比略降0.6%；天然气出口1.2亿美元，同比下降50%。

进口方面，2013年石油、煤炭、矿产等资源性商品进口值约占进口总值的6成。其中，原油进口59.3亿美元，同比下降21.6%；二甲苯进口4.3亿美元，同比增长8.2倍；成品油进口3.7亿美元，同比增长5.7倍；钢材进口2亿美元，同比下降9.6%。此外，飞机进口18.2亿美元，同比增长33%；机械设备进口3.6亿美元，同比增长39.5%（表2）。

表2　2013年海南省前十大进出口商品统计表

出口				进口			
商品名称	金额（亿美元）	同比（%）	比重（%）	商品名称	金额（亿美元）	同比（%）	比重（%）
总计	37.1	18.2	100.0	总计	112.7	0.8	100.0
成品油	12.3	36.2	33.3	原油	59.3	-21.6	52.6
农产品	6.0	-0.6	16.1	飞机	18.2	33.0	16.2
水海产品	5.3	-0.2	14.2	二甲苯	4.3	817.7	3.8
二极管及类似半导体器件	3.0	6.4	8.0	成品油	3.7	573.9	3.3
纸及纸板	2.5	63.1	6.7	钢材	2.0	-9.6	1.8
服装及衣着附件	1.6	18.6	4.3	纸浆	1.8	41.2	1.6
天然气	1.2	-50.0	3.2	农产品	1.8	7.0	1.6
肥料	1.1	-13.5	2.8	煤及褐煤	1.7	-18.1	1.5
纺织纱线、织物及制品	0.9	75.8	2.6	船舶	1.2	19.3	1.0
家具及其零件	0.9	132.2	2.3	天然橡胶	0.9	119.3	0.8

三、2013年海南省对外贸易保持增长的主要原因

（一）新增项目陆续投产、已有项目的扩能拉动出口步伐加快

随着海南“两大一高”① 工业发展战略的有效实施，海南省经济步入高速发展的快车道，2012年、2013年连续被海南省政府确定为“项目建设年”，基础建设和大项目建设力度空前，2013年349个重点项目完成投资1 796.92亿元，比2012年增长31.1%，完成年度计划投资的119.4%。随着新增项目的不断增多，海南对外贸易也相应获得了较快的发展。如，2012年年底投产的洋浦逸盛PTA项目和2013年11月投产的洋浦成品油保税仓库项目，均对海南的化工产品及成品油进口有着明显的拉动。此外，英利太阳能项目及洋浦金海文化纸项目的成功扩能，也是拉动海南省外贸出口增长的重要力量。

（二）省内外贸主要商品波动影响进出口

一是成品油出口配额增加推高总体出口规模。2013年，国家有关部门批复给海南炼化项目以加工贸易方式出口的成品油配额高达158万吨，同比增加79.1%，当年共出口成品油120.2万吨，同比增长40.4%，价值12.3亿美元，同比增长36.2%，仅成品油出口量增加便拉动全省外贸出口增长11.7个百分点。二是炼化项目周期性大修拖累原油进口步伐。原油是海南省最大进口商品，占据进口总值过半比重。2013年，海南炼化项目恰逢四年一度的周期性大修，自7月月底开始进行了为期50多天的停产检修，拖累了全年外贸进口增长的步伐。2013年，海南省仅原油进口量减少便影响当年进口值减少了15.3亿美元，占同期进口总值的13.6%。

① “两大一高”，2004年海南省正式提出“两大”工业发展战略，即“大企业进驻、大项目带动”，重点发展大企业、大项目；2007年在原“两大”后面进一步补充“一高”，即“大企业进驻、大项目带动、高科技支撑”。

四、影响海南省外贸发展的因素

（一）经济基础依然薄弱，产业结构单一

海南省是我国最大的经济特区，但由于历史原因其经济基础薄弱。近年来，海南省经济发展速度虽然有所加快，但经济总量依然较小，2013 年全省 GDP 在全国排名依旧靠后，三次产业结构也由 2012 年的 24.9∶28.2∶46.9 调整为 24.0∶27.7∶48.3，第一、二产业所占比重分别下降 0.9 个和 0.5 个百分点，第三产业提高 1.4 个百分点，货物贸易要实现快速发展缺少强有力的根基。与此同时，海南相对欠发达的经济基础，使得当地对外贸易发展严重依赖于大企业、大项目，而这些大企业、大项目的经营状况，也成为影响海南对外贸易发展的决定性因素，抵抗市场风险能力也相应减弱。

（二）外贸基础建设发展滞后制约进出口

海南虽然四面环海，但由于港口物流发展相对滞后，特别是海上境外航线稀少，对全球绝大多数地区均没有直达航线，即使仅有的少数直达航线也存在航班周期长的不足，导致海南进出口货物大多需要经香港中转，不但增加了进出口企业的物流成本，更影响了企业的收发货周期，对海南外贸的发展形成较大的制约。

五、2014 年海南省外贸展望及相关建议

从海南省自身情况来看，海南炼化项目在完成停产检修后产能将有所增加，2013 年年底投产的洋浦成品油保税仓储和中转业务也会持续运行。随着“项目建设年”后续效应的继续发挥，将给海南外贸带来新的增长动力。

为此建议：一是充分发挥海南省经济特区和国际旅游岛建设的政策红利，加强改革创新，进一步加大招商引资力度，不断夯实海南省的经济基础；二是紧抓“海洋强国”和“海上丝绸之路”战略实施契机，充分发挥得天独厚的区位优势和有效利用发展港航业的资源条件，加快面向东南亚的航运枢纽和物流中心建设，把海南打造成具有全球航运资源配置能力的区域性航运中心和国际物流配送中心。

江苏省

江苏省地处我国长江下游的平原地区，地势平坦，交通便捷，跨江濒海，河湖众多，水网密布，拥有得天独厚的沿海沿江优势；同时，处于我国经济最发达地区之一的长三角地区，综合经济实力在全国一直处于前列，2013 年江苏省地区生产总值（GDP）达 5.9 万亿，排名全国第二。同时，江苏省依靠经济基础、地理条件和政策优势等成为外向型经济发展最快的地区之一，不仅拥有 IT、船舶等传统优势产业，而且逐渐形成了新能源、新材料、新医药、生物技术和节能环保等新兴产业。实际利用外资连续 11 年保持全国第一，外贸进出口规模连续 11 年排名全国第二，2013 年外贸依存度为 57.8%。

一、加入世界贸易组织以来江苏省外贸总体情况

2001 年以来，江苏省外向型经济蓬勃发展，外贸进出口规模由 2001 年的 513.5 亿美元逐年攀升至 2008 年的 3 923 亿美元，年均增长 30.9%，外贸在全国的比重由 2001 年的 10.1% 逐年攀升至 2006 年的 16.1%，进出口外贸依存度由 2001 年的 44.9% 逐年攀升至 2006 年的 102%，其间的 2003 年，江苏省进出口总值首次超过上海市，成为我国外贸进出口第二大省份，并一直稳居第二。金融危机使得 2009 年江苏省外贸出现 21 世纪以来的首次同比下降，降幅为 13.6%。之后两年经过恢复性增长至 2011 年江苏省进出口规模达 5 399 亿美元，同比增长 15.8%。2012 年以来，受国际制造业转移、船舶、光伏等原有优势行业出口受阻、转型步伐加快等一系列因素影响，江苏省进出口增速明显放缓，2013 年也仅有 0.5% 的微幅增长（图 1）。

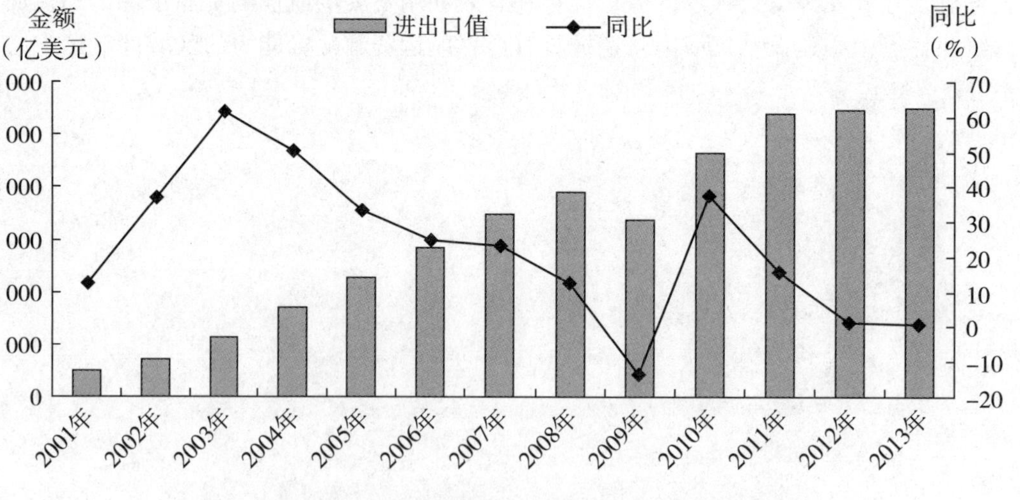

图 1　2001 ~ 2013 年江苏省外贸进出口年度走势图

二、2013 年江苏省外贸发展的主要特点

2013 年，江苏省外贸进出口 5 508.4 亿美元，同比增长 0.5%，低于同期全国进出口增速 7.1 个百分点，占同期全国外贸进出口的比重由 2010 年的 15.7% 逐年下降至 2013 年的 13.2%。其中，出口3 288.5亿美元，同比增长 0.1%；进口 2 219.9 亿美元，同比增长 1.2%。

（一）月度进出口稳中有升，12 月进口创历史新高

除了 2 月份受春节因素影响外，2013 年江苏省外贸总体运行平稳，尤其是下半年以来，更是呈现稳中有升的态势，显示出江苏省外贸发展基本面稳定向好。12 月份，江苏省外贸进出口 491.2 亿美元，同比下降 5.2%，环比下降 0.6%。其中，出口 285.3 亿美元，同比下降 10.5%，环比下降 4.1%；进口 205.9 亿美元，同比增长 3.3%，环比增长 4.7%，创单月进口历史新高（图 2）。

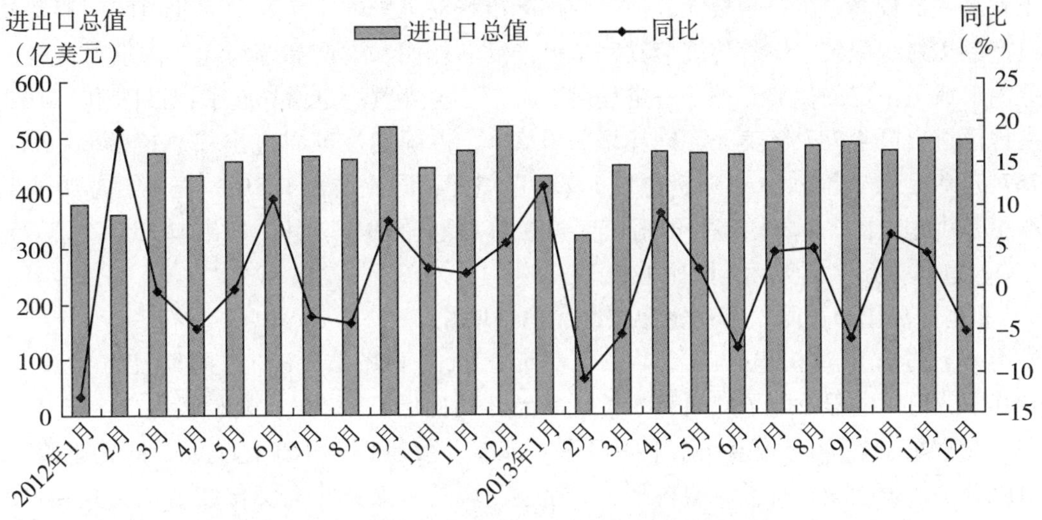

图 2　2012～2013 年江苏省外贸进出口月度走势图

（二）加工贸易占比逐年下降，一般贸易规模直逼加工贸易

2013 年，江苏省以加工贸易方式进出口 2 337 亿美元，同比下降 5.2%，占同期江苏省进出口总值的 42.4%，所占比重比 2012 年下降 2.5 个百分点，为 2005 年以来连续第 8 年持续下降。其中，出口1 501亿美元，同比下降 6.3%；进口 836 亿美元，同比下降 3%。同期，以一般贸易方式进出口 2 332 亿美元，仅比加工贸易少 5 亿美元，同比增长 6.4%，占同期江苏省进出口总值的 42.3%。其中，出口1 455亿美元，同比增长 4.3%；进口 877 亿美元，同比增长 10%。此外，以特殊监管区域物流货物方式进出口 624.3 亿美元，同比增长 7.7%。其中，出口 291.8 亿美元，同比增长 18%；进口 332.5 亿美元，同比微降 0.1%。

（三）外商投资企业主导地位下降，民营企业活力彰显

由于外需不振及跨国公司部分投资转向，江苏省外商投资企业进出口明显下降。2013 年，江苏省外商投资企业进出口 3 394 亿美元，同比下降 5.1%，占同期江苏省进出口总值的 61.6%，占比较 2012 年下降 3.7 个百分点。其中，出口 1 942 亿美元，同比下降 5.1%；进口 1 452 亿美元，同比下降 5.2%。同期，江苏省民营企业进出口在 2012 年快速增长 31.3% 的基础上，2013 年继续保持了强劲的增长势头，当年进出口 1 641 亿美元，同比增长 12.7%，占同期江苏省进出口总值的 29.8%，所占比重比 2012 年提高 3.2 个百分点。其中，出口 1 059 亿美元，同比增长 10%；进口 582 亿美元，同比增长 18.1%。同期，国有企业进出口 466.7 亿美元，同比增长 4.7%。其中，出口 287.6 亿美元，同比增长 4.3%；进口 179.1 亿美元，同比增长 5.5%。

（四）对美、欧、日贸易比重下降，对新兴市场开拓成效显著

2013 年，江苏省对美国、欧盟和日本分别进出口 819.9 亿美元、812.7 亿美元和 610.1 亿美元，同比分别增长 4.9%、下降 5.9% 和下降 3.4%，对三大传统市场进出口合计占同期江苏省进出口总值的 40.7%，所占比重较 2012 年下降 0.8 个百分点，其中美国首次超过欧盟成为江苏省第一大贸

易伙伴。同期，江苏省对中东、大洋洲和非洲分别进出口218亿美元、186.9亿美元和118.9亿美元，同比分别增长4.5%、5.6%和2%。此外，对我国台湾地区和香港地区分别进出口431.2亿美元和374.5亿美元，同比分别增长5.4%和9%。

（五）苏南地区进出口保持稳定，苏中地区进出口明显增长

江苏省苏南地区主要以便携式电脑、集成电路、液晶显示板、太阳能电池等机电产品出口为主，加工贸易占比较高，出口规模大，但易受国际市场需求影响。而苏中苏北地区一般贸易占比较重，出口产品以纺织服装、鞋等传统劳动密集型产品、船舶和农产品等为主，需求弹性较低，苏中苏北和苏南形成了一定的优势互补，一定程度上对江苏省外贸稳定增长起了积极作用。2013年，江苏省苏南地区进出口4 747亿美元，同比增长0.5%，占同期江苏省进出口总值的86.2%。其中，出口2 757亿美元，同比增长0.1%；进口1 990亿美元，同比增长1.3%。同期，苏中地区进出口497.6亿美元，同比增长6.2%，占同期江苏省进出口总值的9%。其中，出口351.2亿美元，同比增长3.6%；进口146.4亿美元，同比增长13.2%。

（六）机电产品出口下降，劳动密集型产品出口增长

2013年，江苏省出口机电产品2 143亿美元，同比下降1.5%，占同期江苏省出口总值的65.2%。其中，出口电器及电子产品900.4亿美元，同比增长7.5%；机械设备748亿美元，同比下降6.1%；运输工具180.8亿美元，同比下降6.8%；仪表仪器163亿美元，同比下降16%。同期，出口服装、纺织纱线、鞋类、塑料制品、箱包、玩具、家具等七类传统劳动密集型产品566.1亿美元，同比增长2.5%；出口农产品31.6亿美元，同比增长3.1%。

（七）集成电路和铁矿砂进口明显增长，大豆、棉花等农产品进口明显下降

2013年，江苏省进口集成电路416.2亿美元，同比增长15%；进口液晶显示板130.5亿美元，同比下降13.8%；进口铁矿砂105.9亿美元，同比增长17.9%。同期，进口农产品105.3亿美元，同比下降3.9%，其中进口大豆27.6亿美元，同比下降7.8%；进口棉花19.3亿美元，同比下降6.4%。同期，部分化工品进口明显增长，进口乙二醇47亿美元，同比增长13.6%；进口苯乙烯32.2亿美元，同比增长18.6%；进口二甲苯28.4亿美元，同比增长17.7%（表1）。

表1　2013年江苏省主要出口、进口商品一览表

出口			进口		
商品名称	金额（亿美元）	同比（%）	商品名称	金额（亿美元）	同比（%）
自动数据处理设备及其部件	396.1	-14.3	集成电路	416.2	15.0
集成电路	247.9	31.2	液晶显示板	130.5	-13.8
服装及衣着附件	246.9	4.5	铁矿砂及其精矿	105.9	17.9
纺织纱线、织物及制品	190.2	8.3	农产品	105.3	-3.9
钢材	99.8	1.5	初级形状的塑料	54.3	4.1
液晶显示板	93.6	-23.6	电视摄像机、数字照相机及视频摄录一体机	47.3	238.3
二极管及类似半导体器件	75.7	-21.5	乙二醇	47.0	13.6
船舶	69.2	-19.5	自动数据处理设备及其部件	41.5	-22.4
太阳能电池	57.5	-21.7	二极管及类似半导体器件	39.5	-3.6
家电	56.6	-17.5	计量检测分析自控仪器及器具	36.3	-4.1

三、2013 年江苏省进出口增速低于全国的主要原因

（一）作为利用外资第一大省，江苏受外资投资减少影响较大

受全球经济复苏乏力、需求不振，以及跨国公司将部分产能转移至东南亚、南亚等国家的影响，外商投资企业对我国投资有所放缓。2013 年 1 ~ 11 月份，江苏省新批协议注册外资 341.3 亿美元，同比下降 18.8%，实际到账注册外资 249.8 亿美元，同比下降 9.9%。作为实际利用外商直接投资第一大省，外商投资减少对江苏省的影响显著高于其他省市。2013 年，江苏省外商投资企业进出口下降 5.1%，对江苏总体外贸进出口拖累明显。

（二）加工贸易转移步伐加快，进出口下降拖累总体

加工贸易曾一直是江苏省外向型经济的主导贸易方式，在江苏省外贸进出口中的比重曾高达 64.5%，但随着中西部地区的资源及劳动力成本等优势逐渐显现及国家区域平衡战略引导，加工贸易向中西部转移步伐逐渐加快。2013 年江苏省加工贸易继续下降，降幅达 5.2%，所占比重进一步萎缩到 42.4%，而同期中部和西部地区加工贸易进出口分别增长 22.4% 和 25.3%，其中河南、重庆、安徽和陕西加工贸易进出口增幅分别高达 26.7%、89.6%、42.3% 和 76.4%。江苏省加工贸易进出口下降对整体体进出口造成较大拖累。

（三）优势产品便携式电脑、船舶、太阳能电池出口下降

便携式电脑、船舶、光伏这三大行业是近年来江苏省开放型经济发展过程中表现最活跃的行业，其主要出口产品便携式电脑、船舶和太阳能电池这三大产品也经历了一个爆发式的增长过程，在江苏省出口总值中所占比重从 2001 年的 1.2% 激增至 2010 年的 22.2%，但随着 IT 产业大幅西移、船舶出口受阻、太阳能电池产能过剩、贸易摩擦不断等因素影响，三大产品出口深度下滑，2013 年江苏省分别出口便携式电脑、船舶和太阳能电池 259.2 亿美元、69.2 亿美元和 57.5 亿美元，同比分别下降 14.9%、19.5% 和 21.7%，三者合计占江苏省出口的比重下滑至 11.7%，比 2012 年减少 2.4 个百分点。以上三项产品出口下降亦对江苏省出口造成一定的不利影响。

四、2013 年下半年以来江苏省外贸出现的新情况

（一）加工贸易进口有所好转将带动后期加工贸易企稳

2013 年上半年，江苏省加工贸易进出口规模一直呈现萎缩的态势，而且降幅较大，但自 7 月份以来降幅明显收窄，下半年，江苏省加工贸易进出口 1 205.3 亿美元，同比下降 2.1%，降幅比上半年收窄了 6.1 个百分点。其中，加工贸易进口更是表现出逐月稳步回升的态势，下半年江苏省加工贸易进口一举扭转了上半年明显下降（下降 9.1%）的态势，转为增长 3.2%，12 月份增幅更是达到 10.4%。作为加工贸易出口的先行指标，加工贸易进口有所好转预示着后期江苏省加工贸易出口规模将有所扩大。

（二）太阳能电池出口出现好转迹象，依赖单一市场格局有所改观

随着国内相关扶持政策的陆续出台和新兴市场需求的快速成长，2013 年下半年江苏省光伏企业订单开始持续增加，出口逐渐呈现好转迹象。自 9 月份开始，江苏省太阳能电池出口值在 25 个月之后重回正增长。同时，江苏省光伏产品出口过度依赖欧盟市场的格局出现较大改观，出口多元化格局正在形成。2013 年江苏省对欧盟出口太阳能电池 18.3 亿美元，占同期江苏省太阳能电池出口总值的 31.8%，2011 年和 2012 年这一比重分别高达 73% 和 69%。出口市场结构由过度依赖欧盟向多元化转变，2013 年江苏省对日本、印度和南非出口太阳能电池同比分别增长 3 倍、2.1 倍和 13 倍。

五、2014 年江苏省外贸形势展望

从国际环境看，世界经济仍然延续缓慢复苏的态势，外部市场环境将有望好于 2013 年。从国内环境看，外贸发展的国内环境依然宽松。但受劳动力成本上涨、人民币升值及融资成本、环保成本增加因素的影响，也存在着外贸成本不断上升，与周边国家竞争力有所下降，外贸增长空间受到挤压的不利局面。从省内情况看，江苏省外向型经济多年的蓬勃发展，进出口规模已经处于高位，外贸发展也面临着土地、劳动力、能源等要素成本高企、与中西部相比政策优势消失殆尽等困境，甚至会受到上海自由贸易区的虹吸效应影响，外商投资减少在短期内难以得到实质性改善，同时也面临着转型升级和结构调整的压力，外贸规模难以大幅增加。

广西壮族自治区

广西壮族自治区（以下简称广西）南濒北部湾，西接越南，与东盟既陆路相连又海上相通，是我国西南、中南地区的出海大通道，是中国—东盟自由贸易区重要地理枢纽，在我国与东盟的经济交往中占有重要地位。2013 年广西生产总值（GDP）为 1.4 万亿元，占全国 2.5%；进出口贸易总值 328.4 亿美元，占全国进出口贸易总值的 0.8%，外贸依存度为 14.5%。

一、加入世界贸易组织以来广西外贸发展总体情况

加入世界贸易组织以来，广西外贸进出口总值从 2001 年的 18 亿美元增加到 2013 年的 328.4 亿美元，增长 17.2 倍，年均增长 27.4%。其中，出口从 12.4 亿美元增加到 187 亿美元，增长 14.1 倍，年均增长 25.4%；进口从 5.6 亿美元增加到 141.4 亿美元，增长 24.2 倍，年均增长 30.8%。进出口总值继 2008 年突破 100 亿美元以来，分别于 2011 年、2013 年突破 200 亿美元和 300 亿美元大关。2013 年广西外贸进出口总值 328.4 亿美元，同比增长 11.4%，居全国各省市第 18 位，在西部地区排名第三。其中，出口 187 亿美元，同比增长 20.9%；进口 141.4 亿美元，同比增长 0.9%（图 1）。

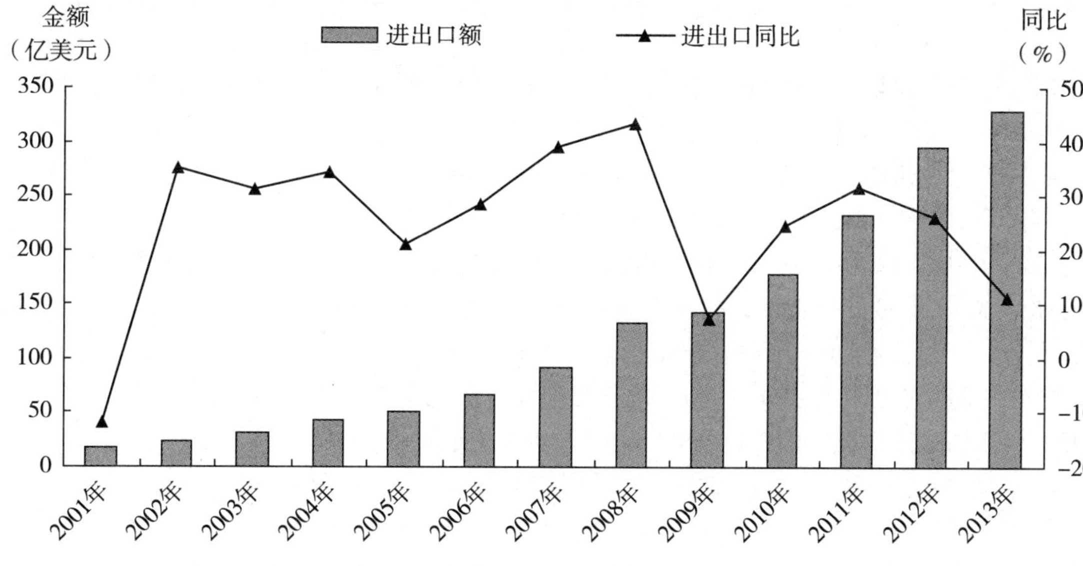

图 1　2001 ~ 2013 年广西外贸进出口年度走势图

二、2013 年广西外贸进出口的主要特点

（一）全年走势先抑后扬，12 月创单月历史新高

2013 年上半年广西外贸走势较为平稳，月度进出口值保持在 30 亿美元以下；下半年出口规模扩大，7 月、8 月、9 月进出口规模连续 3 个月均超过 30 亿美元，12 月迅猛增长，创月度历史新高，进出口值达 43.6 亿美元（图 2）。

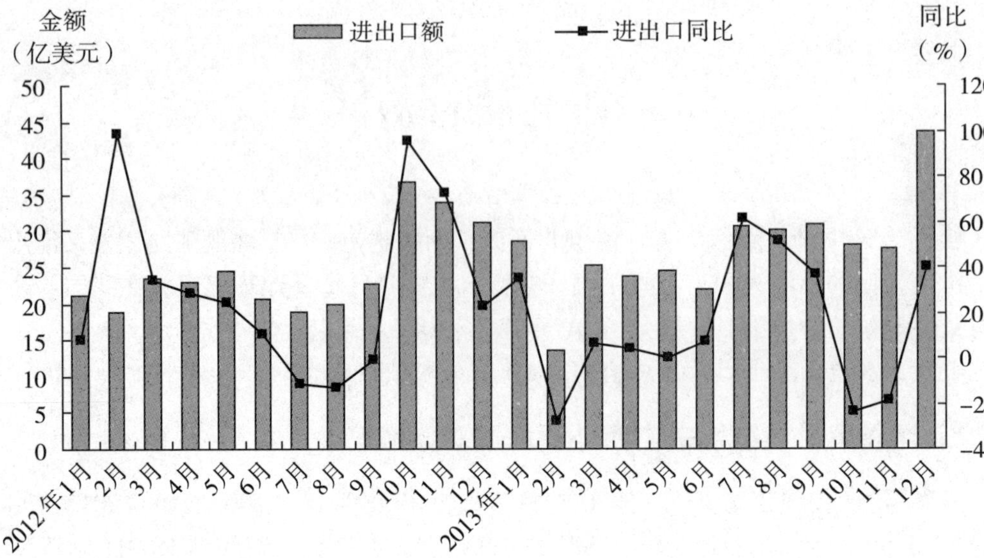

图2　2012年1月~2013年12月广西外贸进出口月度走势图

（二）一般贸易出口增长乏力，边境小额贸易出口强劲增长

2013年广西一般贸易进出口总值为149.1亿美元，同比增长3%。其中，出口50亿美元，与2012年基本持平；进口99.1亿美元，同比增长4.6%。边境小额贸易进出口总值为115.1亿美元，同比增长37.9%。其中，出口104.7亿美元，同比增长44.5%，高出同期广西整体外贸出口增速23.6个百分点，占同期广西出口总值的56%；进口10.4亿美元，同比下降5.8%。同期，广西加工贸易进出口总值为51.3亿美元，同比增长1.7%。其中，出口29.2亿美元，同比增长1%；进口22.1亿美元，同比增长2.6%。

（三）民营企业进出口占半，外商投资企业进出口小幅下降

2013年广西民营企业进出口总值为163.3亿美元，同比增长22.3%，占同期广西进出口总值的49.7%。其中，出口126.4亿美元，同比增长32.7%；进口36.9亿美元，同比下降3.5%。外商投资企业进出口总值为94.7亿美元，同比下降1.6%。其中，出口36.7亿美元，同比增长3.5%；进口58亿美元，同比下降4.6%。国有企业进出口总值为70.3亿美元，同比增长8.1%。其中，出口23.8亿美元，基本与2012年持平；进口46.5亿美元，同比增长13%。

（四）对东盟进出口显著增长，美国成为第二大贸易伙伴

东盟是广西最大的贸易伙伴，2013年广西对东盟进出口总值为159.1亿美元，同比增长32.1%，占同期广西进出口总值的48.4%。其中，出口125.8亿美元，同比增长34.8%；进口33.3亿美元，同比增长22.8%。2013年美国取代巴西成为广西第二大贸易伙伴。当年广西对美国进出口总值为24.8亿美元，同比增长2.9%。其中，出口11.9亿美元，同比下降9.5%；进口12.9亿美元，同比增长17.6%。对巴西进出口17.9亿美元，同比下降27.8%。其中，出口0.8亿美元，同比增长1.5%；进口17.1亿美元，同比下降28.8%。此外，广西与澳大利亚双边贸易高速增长，自我国香港地区进口倍增。

（五）机电产品、纺织服装等传统优势商品出口增势良好，资源性产品进口涨跌互现

2013年广西出口机电产品74.1亿美元，同比增长27.2%，占同期广西出口总值的39.6%；服装及衣着附件出口48.2亿美元，同比增长32.6%；农产品出口15.7亿美元，同比增长8.7%。同期，广西进口大豆24.9亿美元，同比下降14.7%；进口煤及褐煤14.2亿美元，同比下降7.1%；

进口石油原油10.5亿美元，同比增长10.8%（表1）。

表1　2013年广西进出口主要商品情况表

出口			进口		
商品名称	金额（亿美元）	同比（%）	商品名称	金额（亿美元）	同比（%）
机电产品	74.1	27.2	大豆	24.9	-14.7
服装及衣着附件	48.2	32.6	煤及褐煤	14.2	-7.1
农产品	15.7	8.7	铁矿砂及其精矿	13.5	-20.6
纺织纱线、织物及制品	8.8	37.8	石油原油	10.5	10.8
水海产品	5.0	27.1	油菜子	9.0	16.6
成品油	4.2	36.7	锰矿砂及其精矿	5.0	9.8
鞋类	2.7	73.7	鲜、干水果及坚果	3.2	27.1
陶瓷产品	1.3	-20.1	镍矿砂及其精矿	1.7	42.8

三、2013年广西外贸增长的原因

（一）中国—东盟自由贸易区运行良好推动双边贸易发展

自2010年1月中国—东盟自由贸易区全面建成至今，双方对90%以上的产品已实行零关税，有力推动了双边贸易快速增长。广西与东盟各国在经贸方面各具优势，双方在自然资源、生产能力和产业结构上存在差异并各有所长，形成了较强的贸易互补性。广西对东盟在机电产品、高新技术产品和纺织服装等产品的出口及自东盟对农产品、成品油、废金属等商品的进口的高速增长成为广西外贸增长的强劲动力。

（二）物流体系建设稳步推进，贸易便利化水平提高

2012年8月，南宁至越南河内的直达国际道路运输线路正式开通；2012年年底，广西德保至靖西铁路的开通运营，使得广西对接东盟又多了一条铁路干道；广西沿海港口至新加坡、马来西亚、泰国、越南等东盟国家的多个港口航线相继开通；南宁和桂林先后开通的航线，基本覆盖了所有东盟国家。同时，广西省内产业配套能力逐渐增强，海关等口岸部门出台的多项贸易便利化措施，使贸易效率显著提高，促进了进出口的增长。

四、影响广西外贸的因素分析

（一）贸易伙伴相对集中，市场拓展潜力有限

东盟连续13年保持为广西第一大贸易伙伴，尤其是2010年以来，随着中国—东盟自由贸易区的正式建成，广西与东盟的贸易额更是迅速增加，所占比重也逐年攀升，在对东盟的贸易中，越南市场所占比重高达8成。过度依赖单一市场加大了广西对外贸易的风险。如2013年7月，越南工贸部决定对自中国大陆进口的冷轧不锈钢产品发起反倾销调查；8月，泰国商业部外贸厅发布公告，中国出口的高碳钢盘条产品被征收16.14%至33.98%的反倾销税。东盟作为广西最大的钢材出口市场，2013年广西对东盟钢材出口下降18.9%。

（二）区位优势突出，贸易平台得以提升

国家“十二五”规划纲要指出，要将广西建设成为与东盟合作的新高地，其中提出将启动中国

—东盟自由贸易区升级版谈判，力争使双边贸易额在2020年达到1万亿美元。广西作为我国与东盟合作平台的核心区域，在区域全面合作中将发挥更大的作用。《云南省广西壮族自治区建设沿边金融综合改革试验区总体方案》的出台，将增强人民币在东盟和南亚国家的竞争力、影响力和辐射力，全面提升广西对外开放和贸易投资便利化水平。同时，广西—东盟经济开发区升级为国家级经济技术开发区，定名为“广西—东盟经济技术开发区”，我国目前唯一一家国家级的面向东盟的技术转移中心落户广西。

五、2014年广西外贸形势展望和政策建议

随着广西在我国外贸战略地位的不断提升，国家多项支持政策将切实提升广西外贸综合竞争力，使广西成为我国西南、中南地区开放发展新的战略支点。

为此建议：一是以打造21世纪海上丝绸之路、中国—东盟自由贸易区全面升级为契机，发挥沿边金融综合改革试验区、跨境经济合作区等重大平台的推动作用，为全省对外贸易注入新活力；二是深入推进实施北部湾经济区与西江经济带共同发展战略，提升北部湾经济区开放开发水平，加快交通运输、通信、公共服务等基础设施体系的建设，完善沿海、沿江、沿边和内陆有机联系、相互促进的全方位开放新格局；三是充分发挥行业协会的作用，加强市场预警，规避贸易风险，帮助企业运用法律救济渠道和世贸组织争端解决机制积极应对贸易摩擦，提高国际竞争力。

安徽省

安徽省位于我国东南部，是华东地区跨江近海的内陆省份，与外贸大省江苏、浙江、山东相邻，紧靠以上海为中心的长江三角洲经济区，在中部六省中占有得天独厚的地理优势。安徽省境内资源条件优越，煤、铁、铜、硫铁矿等矿产资源保有储量在全国名列前茅，同时，汽车、家电、机械、农产品加工等行业在全国也占有重要位置。2013 年，安徽省生产总值（GDP）达到 1. 9 万亿元，同比增长 10. 4%，增幅在全国 31 个省份中居第 11 位，外贸依存度为 14. 9%，在全国处于中下游的水平。

一、加入世界贸易组织以来安徽省外贸总体情况

加入世界贸易组织以来，安徽省对外贸易发展良好。2013 年进出口总值、进口值、出口值均创自 2001 年以来的历史新高，进出口总值由加入世界贸易组织之初的 36. 2 亿美元增至 456. 3 亿美元，年均增速 23. 5%。其中，出口由加入世界贸易组织之初的 22. 8 亿美元增至 282. 5 亿美元，年均增速 23. 4%，进口由加入世界贸易组织之初的 13. 4 亿美元增至 173. 8 亿美元，年均增速 23. 8%（图 1）。

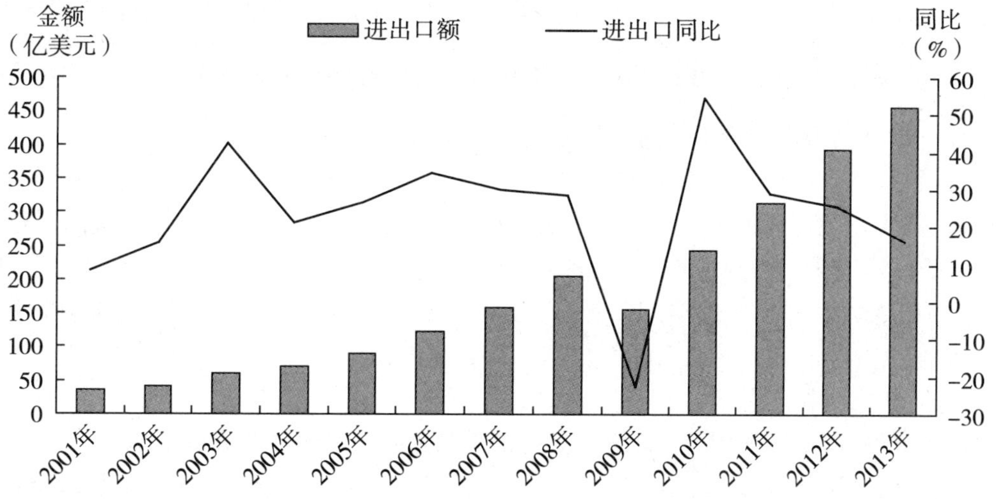

图 1　2001 ~ 2013 年安徽省对外贸易年度走势图

二、2013 年安徽省外贸主要特点

据海关统计，2013 年安徽省外贸进出口总值 456. 3 亿美元，同比增长 16. 2%，高于同期全国增速 8. 6 个百分点，贸易规模在全国居第 14 位，在中部地区仅次于河南，居第 2 位；贸易增速居全国第 7 位、中部第 1 位。其中，出口 282. 5 亿美元，同比微增 5. 6%，出口规模居全国第 14 位，但出口增速居第 24 位，是中部地区增长最慢的省份；进口 173. 8 亿美元，同比增长 38. 6%，规模居全国第 16 位，但增幅居第 3 位，是中部地区增长最快的省份；同期贸易顺差 108. 7 亿美元，同比下降 23. 2%。

(一) 月度进口强势运行，出口年中回落后有所反弹

2013 年安徽省进出口值保持高位震荡运行，除 2 月份以外均达到 10 亿美元以上，12 月为月度峰值，进出口 48. 2 亿美元，同比增长 55. 3%，环比增长 19. 6%。同时，自 3 月份起月度进口值同比保持 2 位数的快速增长，其中 12 月进口 18. 8 亿美元，同比增长 51. 8%，环比增长 29. 5%，为全年最高值。出口方面，2 月出口 31. 9 亿美元，同比激增 2. 5 倍，从 6 月起连续 4 个月出口同比下降，10 月开始反弹，12 月出口 29. 4 亿美元，同比增长 57. 6%，环比增长 14. 4%（图 2）。

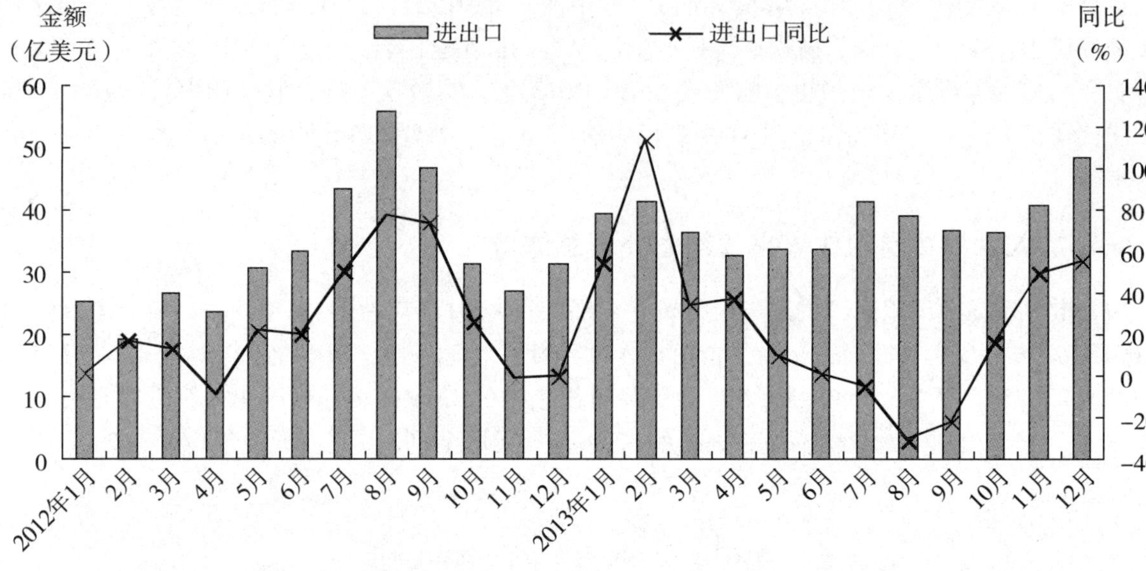

图 2　2012 ~ 2013 年安徽省进出口贸易月度走势图

(二) 以一般贸易为主，加工贸易增长迅速

2013 年安徽省以一般贸易方式进出口 351 亿美元，同比增长 15. 3%，占同期安徽省进出口总值的 76. 9%。其中，出口 221. 7 亿美元，同比增长 7. 7%；进口 129. 3 亿美元，同比增长 31%。以加工贸易方式进出口 89. 5 亿美元，同比大幅增长 42. 3%，占同期安徽省进出口总值的 19. 6%。其中，出口 53. 4 亿美元，同比增长 31. 3%；进口 36. 1 亿美元，同比增长 62. 5%。此外，特殊监管区货物进出口总值 9. 6 亿美元，同比大幅增长 4. 3 倍。其中，出口 3. 5 亿美元，同比增长 6. 1 倍；进口 6. 1 亿美元，同比增长 3. 6 倍。

(三) 欧盟传统市场仍位于出口前列，智利和澳大利亚分居前两大进口来源地

出口市场方面，2013 年欧盟、美国两大传统市场仍稳居第一、第二大出口市场地位，两大市场出口合计占同期安徽省出口总值的 32%；对周边亚洲国家或地区出口增长相对较快，对东盟、日本和韩国出口合计占同期安徽省出口总值的 21%。此外，在前十大出口市场中，对我国香港地区出口增幅最大，进口额为 13. 2 亿美元，同比大幅增长 98. 7%；对印度、巴西等新兴市场出口出现小幅下滑。进口方面，铜矿主产国智利、铁矿主产国澳大利亚分居安徽省第一大和第二大进口来源地，进口合计占据同期安徽省进口总值的 25. 6%；东盟升至第三大进口来源地，进口额为 17. 8 亿美元，同比大幅增长 67. 5%（表 1）。

表 1　2013 年安徽省前十大进出口市场一览表

出口市场	金额（亿美元）	同比（%）	比重（%）	进口市场	金额（亿美元）	同比（%）	比重（%）
总计	282.5	5.6	100.0	总计	173.8	38.6	100.0
欧盟	48.1	2.5	17.0	智利	23.8	64.6	13.7
美国	42.2	7.7	15.0	澳大利亚	20.7	25.1	11.9
东盟	38.4	14.7	13.6	东盟	17.8	67.5	10.2
中国香港	13.2	98.7	4.7	欧盟	15.8	17.0	9.1
日本	12.6	8.9	4.5	日本	14.0	22.7	8.1
韩国	8.1	41.5	2.9	美国	13.3	35.2	7.7
印度	7.0	-3.8	2.5	韩国	12.8	74.5	7.4
巴西	6.5	-5.9	2.3	秘鲁	12.0	51.2	6.9
俄罗斯	6.2	8.2	2.2	中国台湾	10.0	39.9	5.7
伊朗	5.9	11.6	2.1	巴西	6.7	22.3	3.9

（四）民营企业是最大贸易主体，国有企业转降为增

2013 年安徽省民营企业进出口 206.1 亿美元，同比增长 10.9%，占同期安徽省进出口总值 45.2%，比重较 2012 年回落 2.1 个百分点。其中，出口 117.7 亿美元，同比增长 6.3%；进口 28.4 亿美元，同比增长 51.9%。2012 年，安徽省国有企业进出口为负增长，2013 年，国有企业进出口 130.4 亿美元，同比增长 21.7%。其中，出口 52.2 亿美元，同比下降 4%；进口 78.2 亿美元，同比增长 48.1%。外商投资企业进出口 129.8 亿美元，同比增长 20.1%，占安徽省进出口总值的 26.3%。其中，出口 52.7 亿美元，同比增长 14.7%；进口 67.1 亿美元，同比增长 24.7%。

（五）机电产品出口平稳增长，但汽车出口明显下滑，铜矿砂进口势头迅猛

2013 年安徽省机电产品出口 127 亿美元，同比增长 12.1%，增速高于全省同期出口增速 6.5 个百分点，占同期安徽省出口总值的 44.9%。其中，汽车出口 13.4 亿美元，同比下降 24.9%。同时，传统劳动密集型商品出口表现突出，占据了前十大出口商品中的多数席位。同期，进口以资源性商品为主。其中，铜矿砂和铁矿砂为前两大进口品种，分别进口 48.3 亿美元、19.9 亿美元，同比增长 68.8% 和 6.2%，二者合计占同期安徽省进口总值的 39.3%。而机电产品进口也保持较快增长，进口 46.8 亿美元，同比增长 49.5%，占全省进口总值的 26.9%（表 2）。

表 2　2013 年安徽省前十大进出口商品贸易值一览表

出口				进口			
商品名称	金额（亿美元）	同比（%）	比重（%）	商品名称	金额（亿美元）	同比（%）	比重（%）
总计	282.5	5.6	100.0	总计	173.8	38.6	100.0
服装及衣着附件	23.9	0.3	8.5	铜矿砂	48.3	68.8	27.8
纺织纱线、织物及制品	15.3	10.8	5.4	铁矿砂	19.9	6.2	11.5

续表

出口				进口			
商品名称	金额（亿美元）	同比（%）	比重（%）	商品名称	金额（亿美元）	同比（%）	比重（%）
汽车	13.4	-24.9	4.7	农产品	17.4	42.8	10.0
农产品	11.2	18.0	4.0	未锻造的铜及铜材	6.5	53.4	3.7
家具及其零件	10.5	-7.7	3.7	制造平板显示器用的机器及装置	5.9	675.4	3.4
塑料制品	8.9	-21.5	3.1	食用植物油	5.8	45.4	3.3
鞋类	8.3	8.8	2.9	集成电路	5.0	153.1	2.9
箱包及类似容器	8.1	-4.2	2.9	初级形状塑料	3.6	42.1	2.1
自动数据处理设备及其部件	7.6	625.7	2.7	粮食	3.5	162.9	2.0
钢材	6.9	-21.4	2.4	计量检测分析自控仪器及器具	3.3	33.1	1.9

三、2013 年安徽省外贸增长的主要原因

（一）促进外贸的系列措施出台，为进出口提供了有力的政策支持

2013 年安徽省先后出台了促进实体经济发展 30 条建议、保持外贸发展 17 条具体措施，如对开拓国际市场等进行补贴，支持企业转移新兴市场，并有针对性地对出口额 4 500 万美元以下的中小企业申请国际认证、专利、商标等发生的费用及参加境外展览、电子商务等项目发生的费用给予 30% ~60% 的补助。同时，着力减少企业出口成本，当年 3 月 28 日，芜湖、蚌埠、马鞍山下放了汽车、柠檬酸、废纸等商品进出口许可证出证打印权限，进一步提升外贸便利化水平。而目前信用保险“统保”政策的适用范围也拓展至全省各地，惠及 570 多家小微企业，有力地支持了安徽省出口企业深耕国际市场。

（二）龙头企业的技术带动力增强，高新技术产品推动外贸增长

安徽是中部崛起战略的重要着力点，为了有序推进产业转移，促进我国区域经济格局的变化，安徽建立了皖江城市带承接长三角产业转移示范区。凭借原有的工业基础和产业转移带来的技术转移，安徽省的高新技术产品进出口值增势强劲，成为推进全省外贸的一大动力，2013 年高新技术产品进口翻番，增速高出同期全省进口增长水平 65.9 个百分点，与此同时，高新技术产品出口同比大幅增长 69.4%，高出同期全省出口增速 63.8 个百分点。高新技术产品进出口增长对全省外贸增长的拉动力达到 40.8%，而格力、新联、联宝等大型机电企业出口成倍大幅增长，龙头带动作用得到进一步发挥。

（三）铜冶炼及深加工项目的推进，增强进口动力

随着新能源、新材料等节能环保需求的增强，安徽依托铜基地的产业优势，形成了七大重点铜基新材料产业链，加快了铜基新材料产业发展的步伐。铜陵市铜基新材料产业“十二五”发展规划的制定，更有力推动了整个铜加工产业的技术进步，2013 年铜陵有色集团新增“双闪”项目，即采用世界最先进的闪速熔炼、闪速吹炼工艺技术处理铜精矿。铜冶炼工艺技术升级改造项目的推

进，加之下游电器、汽车等制造需求不减，带动了全省第一大进口商品铜的快速进口，海关数据显示，铜矿砂、未锻造铜及铜材合计进口同比迅猛增长66.8%，对同期全省进口增长的贡献高达45.4%。

四、影响安徽省外贸发展的因素

（一）外部环境低迷使安徽省外贸支柱产业面临发展瓶颈

汽车是安徽省外贸的支柱产业，省内拥有芜湖、合肥国家级汽车及零部件出口基地和蚌埠市、宁国市汽车零部件等省级出口基地。发达国家经济复苏乏力，新兴市场的增长动力下降，主要汽车消费国家需求萎缩，导致安徽省重要的自主汽车产业的海外之路并不顺畅，加上贸易壁垒和企业产能转移等因素交叉影响，出口面临较大压力。2013年奇瑞汽车月度出口多数下滑，且下降幅度呈不断扩大的趋势，对主要市场出口不同程度减少，奇瑞长期稳居的出口销量第一位的地位被吉利超越。此外，2013年家电下乡、节能减排等惠民政策的退出，使安徽省家电出口增长失去有力支撑，当年安徽家电出口额占全国比重仅3.3%，远低于广东的56.1%，也低于浙江、江苏和上海，家电出口表现与全国第二大家电生产基地的地位相差甚远。

（二）对区域转移的承接和先进技术的引进仍然滞后，加工贸易仍在产业链中低端水平

2013年，安徽省加工贸易占全省外贸总值的比重在中部地区处于末位。虽然加工贸易已出现向技术、资本密集产业链延伸发展的趋势，但仍处在产业链的中低端水平，整体研发和设计水平相对薄弱，只有极少数加工贸易企业拥有自己的研发和设计中心，高附加值产品的开发不足和核心技术缺失延滞了整个地区加工贸易的产业升级。当前安徽省外贸出口仍主要依赖家电、轮胎、冶炼、纺织服装等传统产业，缺乏IT业、高端制造业等新兴产业的支撑。在外需增长空间受限的情况下，国内东部沿海地区的要素成本上升，劳动密集型产业订单向周边国家转移明显，安徽省亟待充分利用靠近长三角的地缘优势承接产业的梯度转移，通过引进外资的方式提升本土竞争力，完善周边的配套水平。

五、2014年安徽省外贸展望及建议

近年来，安徽省对外贸易积累了良好的发展基础，在传统市场维持、新兴市场开拓、支柱产业扩大和新产品开发上均有所成效，但2013年主要支柱产业发展呈现一定程度的放缓，加上全球经济仍处危机后的调整期，出口劲头略显不足。

为此建议：一是继续优化投资环境，依托地缘优势，加强外贸基础设施建设，同时，加大政策宣传力度，吸引更多优质企业入驻；二是继续加快合肥综合保税区报批的收尾工作，做好信息沟通和跟进对接，将综合保税区与上海自由贸易区在区域合作、政策配套、监管模式和人才引进上的接轨建设到位，积极打造对安徽省有较强带动作用的进出口基地，还应积极引导企业在保税区域场所设立采购中心、分拨中心和配送中心，深化建设长三角腹地功能，进一步提升经济开放水平；三是优化出口商品结构，引导企业选择目标海外市场需求的产品，打造有竞争力的拳头产品，在加强对拉美、东欧、非洲、海湾地区等区域市场开发的同时，积极探索进入欧美高端市场，提升市场份额；四是进一步落实走出去战略，促进贸易方式从一般贸易向海外建厂等方式转变，通过技术、资本输出等多种渠道和产品、员工、合作方式的本地化，深层拓展海外市场，减少贸易摩擦的产生。

内蒙古自治区

内蒙古自治区（以下简称内蒙古）位于中国北部边疆，东、西、南与八省区毗邻，靠近京津，北部同蒙古、俄罗斯接壤，国境线长4 200公里，是国家向北开放的桥头堡。内蒙古资源丰富，在已查明的140多种矿产中，内蒙古已发现120多种，其中煤炭资源极其丰富，目前储量在10亿吨以上的大煤田有15个，100亿吨以上的有6个。能源、冶金建材、化工、机械制造、农畜产品加工和高新技术是内蒙古的六大支柱产业，支撑着全区工业体系的发展。2013年内蒙古生产总值（GDP）1.7万亿元，同比增长9%，外贸依存度为4.4%。

一、加入世界贸易组织以来内蒙古外贸发展总体情况

加入世界贸易组织以来，内蒙古外向型经济迅速发展，2001年内蒙古外贸进出口值为20.1亿美元，此后连续7年稳步增长，且均保持2位数增速的快速增长势头，至2008年进出口总值增至89.2亿美元。2009年受全球金融危机影响，内蒙古外贸进出口出现下降，当年降幅为24.1%，此后两年快速回升，并于2011年首次突破100亿美元大关，达到119.3亿美元，创历史新高，当年外贸增速达36.7%。2012年和2013年，内蒙古外贸进入盘整阶段，2012年进出口总值下滑至112.6亿美元，2013年重回2011年水平，达到119.9亿美元，再创历史新高（图1）。

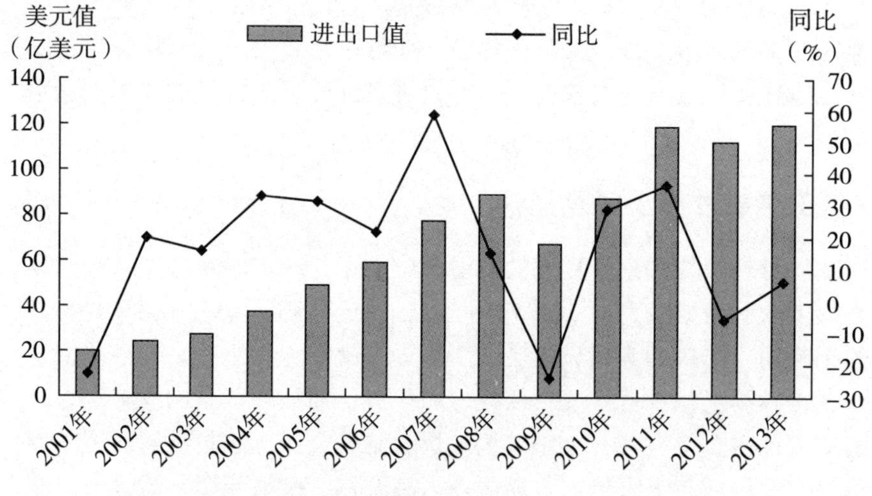

图1　2001～2013年内蒙古外贸进出口年度走势图

二、2013年内蒙古对外贸易主要特点

2013年内蒙古实现对外贸易进出口值119.9亿美元，同比增长6.5%。其中，出口40.9亿美元，同比增长3.1%；进口79亿美元，同比增长8.4%。2013年，内蒙古进出口值在西部12省份中列第7位，其中出口列第9位，进口列第6位。

（一）月度进出口值运行平稳，年底略升

2013年内蒙古月度进出口值呈现平稳运行态势，除2月份因春节因素有所回落，进出口仅7.4亿美元外，其余月份均维持在10亿美元上下。12月当月进出口值11.8亿美元，同比增长38.8%，

为2012年7月以来最高值。2013年内蒙古对外贸易季度走势呈现稳步递增态势。第一季度进出口25.6亿美元，同比增长0.4%；第二季度进出口29.7亿美元，同比下降4.5%；第三季度进出口31.1亿美元，同比增长14.3%；第四季度进出口33.5亿美元，同比增长27.9%（图2）。

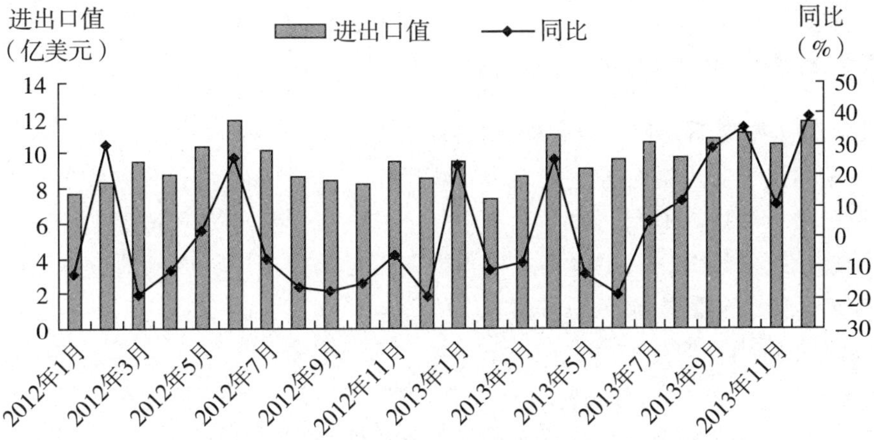

图2　2012～2013年内蒙古外贸进出口月度走势图

（二）一般贸易快速增长，边境小额贸易进出口下降

2013年内蒙古一般贸易进出口总值66.6亿美元，同比增长27.6%，占同期内蒙古外贸进出口总值的55.5%，所占比重较2012年同期提升了9.1个百分点；边境小额贸易进出口40.3亿美元，同比下降14.8%，占全自治区外贸进出口总值的33.6%，较2012年同期回落了8.4个百分点。同期，保税监管场所进出境货物3.3亿美元，同比增长2.3倍，占全自治区外贸进出口总值的2.8%，较2012年同期上升1.9个百分点；加工贸易进出口2.8亿美元，同比下降42.6%，占全自治区外贸进出口总值的2.3%，较2012年同期下降1.9个百分点。

（三）民营企业增长乏力，国有企业大幅增长，外商投资企业下降

2013年内蒙古民营企业进出口75.1亿美元，同比增长1.8%，占同期自治区进出口总值的62.7%，比重较2012年同期下滑2.9个百分点；国有企业进出口28.5亿美元，同比增长44.8%，占全自治区进出口总值的23.8%，比重较2012年同期上升6.3个百分点；外商投资企业进出口16.3亿美元，同比下降6.9，占全自治区进出口总值的13.6%，比重较2012年同期下滑1.9个百分点。

（四）与蒙古和俄罗斯等主要贸易伙伴进出口下降

2013年内蒙古与蒙古进出口31.6亿美元，同比下降3.1%，占全自治区进出口总值的26.4%，比重较2012年同期下滑2.5个百分点；与俄罗斯进出口26.3亿美元，同比下降3.7%，占全自治区进出口总值的21.9%，比重较2012年同期下滑2.3个百分点。同期，由于自日本和韩国进口半导体元件、集成电路及平板显示器大幅增长，与日、韩双边贸易成倍增长。2013年内蒙古自治区与日本进出口7.8亿美元，同比增长1.2倍，日本从2012年的第五大上升至第三大贸易伙伴。此外，与韩国进出口6.6亿美元，同比增长1倍，韩国从2012年的第六大上升至第四大贸易伙伴。

（五）除钢材外主要出口商品出口值不同程度下降，进口以资源性商品为主

2013年内蒙古出口纺织服装9.4亿美元，同比下降5.1%；出口钢材8.5亿美元，同比增长19.7%；出口稀土5.9亿美元，同比下降26.3%；出口机电产品5.2亿美元，同比下降1.9%；出口农产品3.5亿美元，同比下降12.5%。2013年内蒙古进口煤炭13.1亿美元，同比下降26.4%，进口均价为每吨72.6美元，同比下跌9.6%；进口铁矿砂及其精矿8.5亿美元，同比增长2.4%，进口均价为每吨104.9美元，同比下跌7.9%；进口锯材7.5亿美元，同比下降1.3%，进口均价为每立方米177.6美元，同比下跌6.7%；进口铜矿砂7.3亿美元，同比增长35.2，进口均价为每吨1773.4美元，同比下跌3.3%；进口原木6.3亿美元，同比下降14.9%，进口均价为每立方米132.6美元，同比下跌5.5%。

三、内蒙古对外贸易发展的主要问题

（一）现代流通体系尚不完善，企业物流成本较高

内蒙古拥有满洲里、二连浩特等重要沿边开放口岸，是我国向北开放的前沿，但口岸基础设施建设和园区建设仍相对滞后，仓储、加工、配送、分拣、包装、信息等相关配套服务功能发展落后，物流运作的规模效益较低，口岸经济发展与内蒙古自治区口岸大区的地位不相适应。

（二）对外贸易主体队伍薄弱，抗风险能力差

2013年内蒙古有进出口实绩的企业共1 270家，外贸主体队伍尚显单薄，其中进出口规模超过10亿美元的企业1家，超过1亿美元的企业22家，百万美元以下的企业672家。参与外贸的企业数量少，规模较小，且普遍缺乏核心竞争力，尚未形成配套完善的产业链和产业集群，缺乏规模效应，应对国际市场抗风险能力弱，严重制约了内蒙古自治区对外贸易的良性发展。

四、2014年内蒙古对外贸易展望及相关建议

2012年8月，俄罗斯加入世界贸易组织后，将逐步下调商品关税，且国内市场也会更加开放，贸易和投资自由化进程加快。同时，《中国东北地区同俄罗斯远东及东西伯利亚地区合作规划纲要（2009～2018）》稳步实施，《内蒙古自治区推进对俄经贸合作转型升级方案》等相关措施出台，将推动内蒙古自治区和俄罗斯的双边经贸往来，借助区位优势和较强的贸易互补性，内蒙古与俄罗斯进出口规模有望快速增长。同时，2014年内蒙古还将进一步加强区域合作，推进向北开放，统筹做好利用外资和境外投资工作，全面提高对外开放水平，对外贸易规模有望实现较快增长。

为此建议：一是发挥内蒙古资源优势和区位优势，重点发展能源、冶金、稀土应用、化工和农畜产品加工等行业，积极推进资源优势向经济优势的转变；二是努力改善软、硬件条件，加强物流环境建设，充分利用国际国内两个市场，促进对外贸易快速增长；三是进一步放宽非公有制经济的准入领域和准入条件，充分发挥市场机制作用，积极支持非公有制经济做大做强。

广东省

广东是我国第一大经济和外贸大省，2013 年广东省生产总值（GDP）和进出口总值双双突破万亿美元①，其中 GDP 总量为 6.23 万亿人民币，成为全国首个万亿美元区域经济体，外贸进出口总值10 916亿美元，占全国进出口总值 26.2%。作为我国的外贸重镇，广东省外贸依存度长期高于 100%。2004 ~2007 年间，广东外贸依存度连续 4 年高于 150%。近年来，随着国民经济发展和外贸产业结构的调整优化，广东外贸依存度出现明显回落，2013 年外贸依存度已回落至 108.8%。

一、加入世界贸易组织以来广东省外贸发展总体情况

2001 年广东省外贸进出口总值 1 765 亿美元，同比增长 3.8%，占同期全国进出口总值的 34.6%。此后连续 6 年，广东省外贸增幅均超过 2 位数，期间年均增速为 23.8%，至 2007 年进出口总值达到 6 347 亿美元，占同期全国的 29.2%。此后，受全球经济危机影响，广东省外贸增速明显回落，2009 年甚至出现了 10.8% 的下降。2010 ~2011 年，广东省外贸恢复增长，但增速逐步回落，2012 年广东省外贸规模增至 9 839 亿美元，距离万亿大关仅一步之遥。2013 年广东省外贸历史上首次突破万亿大关，进出口总值为 10 915.7 亿美元，同比增长 10.9%，比全国增幅高出 3.3 个百分点，占同期全国的 26.2%。其中，出口 6 364 亿美元，同比增长 10.9%，比全国同期出口增幅高出 3 个百分点；进口 4 551.7 亿美元，同比增长 11%，比全国同期进口增幅高出 3.7 个百分点（图 1）。

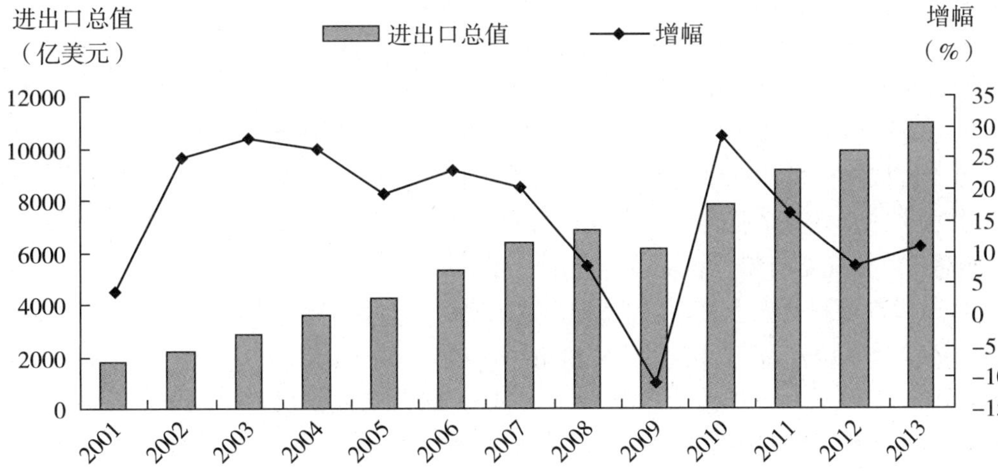

图 1　2001 ~2013 年广东省外贸进出口年度走势图

二、2013 年广东省外贸发展的主要特点

（一）月度走势呈现先扬后抑的态势

2013 年 1 ~4 月，广东省外贸的月度同比增速均超过 2 位数，除 2 月份受春节假期的因素影响

① 《广东 GDP 总量和进出口总额预计双双突破万亿美元》，《广州日报》，2014 年 1 月 9 日。

同比增幅仅为10.2%外，其他3个月份的同比增幅均超过30%，其中3月份的进出口规模达到1 220.9亿美元，为历史高点。从5月份开始，广东省外贸月度增速大幅回落，甚至有4个月份出现下降，月度贸易规模也明显回落（图2）。

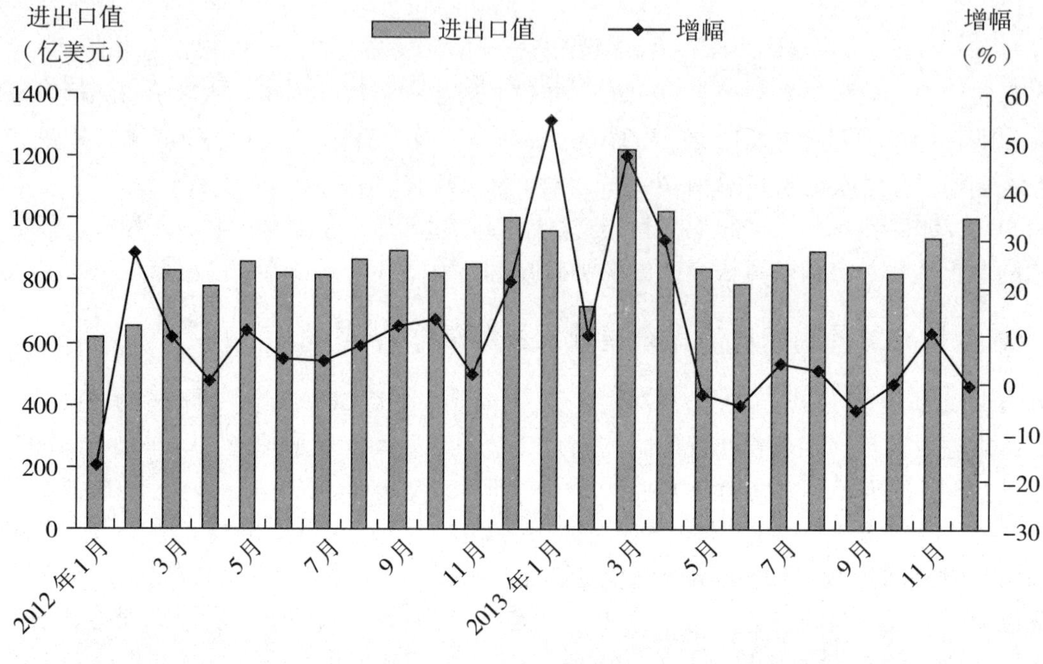

图2　2012年1月~2013年12月广东省外贸进出口月度走势图

（二）加工贸易小幅下降但仍占据半壁江山，海关特殊监管区域物流货物增长超8成

2013年广东省加工贸易进出口5 267.6亿美元，同比下降0.6%，占同期广东省进出口总值的48.3%。其中，出口3 234.4亿美元，同比下降0.4%；进口2 033.2亿美元，同比下降0.8%。同期，一般贸易进出口3 687.7亿美元，同比增长12%，占同期广东省进出口总值的33.8%。其中，出口2 145.8亿美元，同比增长12.7%；进口1 541.9亿美元，同比增长11%。此外，2013年广东省海关特殊监管区域物流货物进出口1 456.5亿美元，同比增长82.9%，占同期广东省进出口总值的13.3%。其中，出口718.3亿美元，同比增长95.6%；进口738.2亿美元，同比增长72.1%。

（三）外商投资企业略有增长，民营企业增长超3成

2013年广东省外商投资企业进出口5 921.1亿美元，同比增长3.7%，低于广东省外贸整体增速7.2个百分点，占同期广东省进出口总值的54.2%。其中，出口3 573.3亿美元，同比增长4.9%；进口2 347.8亿美元，同比增长1.8%。同期，民营企业进出口3 749.6亿美元，同比增长30.6%，高于广东省外贸整体增速19.7个百分点，占同期广东省进出口总值的34.4%。其中，出口2 284.7亿美元，同比增长25.9%；进口1 464.9亿美元，同比增长38.7%。国有企业进出口903.5亿美元，同比下降3.3%，低于广东省外贸整体增速14.3个百分点，占同期广东省进出口总值的8.3%。

（四）除日本外与其他主要贸易伙伴进出口规模均增长，东盟超越欧盟成为第三大贸易伙伴

2013年广东省前三大贸易伙伴分别是我国香港地区、美国和东盟，贸易额分别为2 687.8亿、1 188.6亿和1 022.1亿美元，同比分别增长18.1%、8.7%和10.7%，其中东盟超过欧盟，首次成为广东省第三大贸易伙伴。同期，广东省与欧盟、我国台湾地区和韩国贸易额分别为965亿、752.8亿和702.3亿美元，同比分别增长1.6%、28.4%和13.4%。值得关注的是，广东省与日本贸易额同比下降5.7%，降至679.3亿美元，日本由第五大降至第七大贸易伙伴（表1）。

表1　2013年广东省与主要贸易伙伴进出口情况表

贸易伙伴	进出口		出口		进口	
	金额（亿美元）	同比（%）	金额（亿美元）	同比（%）	金额（亿美元）	同比（%）
中国香港	2 687.8	18.1	2 622.2	19.2	65.6	-14.7
美国	1 188.6	8.7	937.0	2.9	251.6	38.0
东盟	1 022.1	10.7	456.2	14.9	565.9	7.5
欧盟	965.0	1.6	711.6	3.5	253.4	-3.5
中国台湾	752.8	28.4	80.6	11.0	672.2	30.8
韩国	702.3	13.4	238.4	15.1	463.9	12.5
日本	679.3	-5.7	264.0	-1.6	415.3	-8.1
南非	296.3	7.5	31.2	10.8	265.1	7.1
澳大利亚	144.4	8.4	76.2	3.9	68.2	13.7
伊朗	119.9	23.7	20.5	53.8	99.4	18.9

（五）深圳是推动广东整体增长的主要地区

2013年深圳进出口5 373.6亿美元，同比增长15.1%，高于广东省整体增速4.2个百分点，占同期广东省进出口总值的49.2%，对2013年广东省进出口增长的贡献率高达65.6%，拉动广东省整体增长7.2个百分点。同期，东莞、广州和佛山进出口值分别为1 530.7亿、1 188.9亿和639.4亿美元，同比分别增长5.9%、1.5%和4.7%（表2）。

表2　2013年广东省主要地市进出口情况表

地市	进出口		出口		进口	
	金额（亿美元）	同比（%）	金额（亿美元）	同比（%）	金额（亿美元）	同比（%）
合计	10 915.7	10.9	6 364.0	10.9	4 551.7	11.0
深圳	5 373.6	15.1	3 057.2	12.7	2 316.4	18.5
东莞	1 530.7	5.9	908.6	6.8	622.1	4.6
广州	1 188.9	1.5	628.1	6.6	560.8	-3.7
佛山	639.4	4.7	425.2	5.9	214.2	2.4
惠州	573.9	16.0	333.2	14.1	240.7	18.6
珠海	541.7	18.6	266.1	23.0	275.6	14.6
中山	356.3	6.3	264.8	7.4	91.5	3.1
江门	197.3	5.1	140.0	7.9	57.3	-1.2

（六）机电产品出口增速超过整体，传统劳动密集型产品出口普遍增长

2013年广东省机电产品出口4 396亿美元，同比增长12.9%，高出同期广东省出口整体增速2个百分点，占同期广东省出口总值的69.1%，所占比重较2012年提高1.3个百分点。其中，电器及电子产品出口2 600.6亿美元，同比增长20.9%。同期，广东省传统劳动密集型产品出口普遍增长。其中，服装、家具和鞋类分别出口331.1亿、174.5亿和144.7亿美元，同比分别增长5.4%、13.2%和5.1%；纺织纱线、织物及其制品出口117.9亿美元，同比增长5%；塑料制品、玩具和箱包分别出口88.4亿、84.6亿和78.2亿美元，同比分别增长15.5%、8%和11.7%。

（七）高新技术产品进口增长较快，能源及资源产品进口增减不一

2013年广东省进口高新技术产品2 186.7亿美元，同比增长17.5%，高于同期广东进口整体增速6.5个百分点，占同期广东省进口总值的48%，所占比重较2012年提高2.7个百分点。其中，电子技术产品进口1 228.6亿美元，同比增长32.1%，其项下的集成电路、二极管等零件进口均增长明显。同期，进口农产品146.5亿美元，同比增长6%；进口初级形状塑料809.3万吨，同比下降2.7%；进口原油1 417.8万吨，同比增长19%；进口铜及铜材88万吨，同比下降5.2%；进口废金属309.2万吨，同比下降11.2%；进口钢材471.5万吨，同比增长3.3%；进口成品油576.2万吨，同比增长36.1%；进口煤及褐煤5 951万吨，同比下降12.1%（表3）。

表3　2013年广东省主要进出口商品情况表

出口			进口		
商品	出口值（亿美元）	同比（%）	商品	进口值（亿美元）	同比（%）
自动数据处理设备及其部件	494.7	-4.4	集成电路	1 006.3	35.9
电话机	421.7	15.9	液晶显示板	229.1	2.2
集成电路	385.4	138.8	初级形状的塑料	162.5	1.3
服装及衣着附件	331.1	5.4	自动数据处理设备及其部件	132.9	-10.1
贵金属或包贵金属的首饰	257.7	18.9	二极管及类似半导体器件	124.9	36.8
家具及其零件	174.5	13.2	原油	109.6	15.4
液晶显示板	147.6	3.5	变压、整流、电感器及零件	90.2	65.0
鞋类	144.7	5.1	自动数据处理设备的零件	86.7	2.2
自动数据处理设备的零件	137.7	-4.9	通断保护电路装置及零件	76.8	4.6
纺织纱线、织物及制品	117.9	5.0	纺织纱线、织物及制品	76.3	7.5

三、2013年广东省外贸进出口增长的主要原因

（一）贸易结构进一步优化，对外贸易自主发展能力有所提升

广东省具有充分自主权的一般贸易出现较快增长，对加工贸易的依赖进一步减弱。2013年广东省一般贸易进出口增长超过整体水平，占广东省进出口总值比重有所提高，由2012年的33.4%上升至33.8%，2001年这一比重仅为22.4%。同期，加工贸易进出口出现小幅下降，所占比重由2012年的53.9%降至48.3%，这是该比重2001年以来首次降至50%以下，2001年这一比重高达71.9%。

（二）机电产品和高新技术产品进出口快速增长，拉动广东省外贸增长

机电产品和高新技术产品是广东省进出口的重点大类商品。2013年，这两大类商品的进出口增幅均超过两位数，是推动广东省外贸进出口增长超过一成的重要原因，同时，也是2013年广东对我国香港地区和台湾地区贸易增长较快的主要原因。此外，传统劳动密集型产品出口保持稳定增

长，原油、成品油等能源产品进口大幅增长，也是保障广东省外贸稳定增长的因素。

四、影响广东省外贸进出口的因素

（一）地缘政治、领土纠纷及冲突不断，广东省外贸受到明显影响

东亚及东南亚政治局势动荡不断，我国与日本、东盟部分国家的政治、领土纠纷导致的冲突升级，广东省对这两个地区的贸易受到明显影响。2013 年，广东省对日本贸易逆势下降，对东盟贸易的增幅也低于整体水平。同时，作为主要出口市场的欧盟和美国，经济状况虽有复苏的迹象，但进展缓慢，且贸易保护措施日渐增多，同时人民币持续升值，导致产品出口难度增大。

（二）加工贸易转型升级推进艰难

现阶段广东省外贸产业水平仍处于中低端，加工贸易还是主要贸易方式，机电产品的简单加工装配占有较大份额。在经济低迷时期，推动加工贸易转型升级非常艰难。2013 年，在广东省进出口整体增长一成的情况下，加工贸易进出口反而出现了下降，反映出加工贸易面临的环境恶劣，转型升级推进艰难。

五、广东省外贸发展形势展望

2014 年，商事制度改革试点进一步铺开，商事改革的深度进一步增强，便于企业运营的措施不断推出，企业成本将有效降低，竞争力得到提高。口岸监管和服务进一步优化，大口岸大通关建设得到加强，分类通关、通关无纸化改革、关检联合“三个一”等改革措施的推进，进一步提高了通关效率。此外，广东省正在积极争取“粤港澳自由贸易区”的设立，一旦得到批准，将成为广东省外贸发展的又一助力。

黑龙江省

黑龙江省是东北亚与环日本海地区陆路通往俄罗斯和欧洲大陆的重要桥梁，与俄罗斯远东地区五个州区接壤，是我国对俄罗斯出口的最大通道，已与俄罗斯多个州区建立了良好的合作关系。作为对俄罗斯经贸合作的前沿地带，黑龙江省拥有国家一类口岸25个，其中15个是对俄边境口岸，是我国对俄口岸最多的省份。近年来，黑龙江省经贸取得长足发展，装备、石化、能源、食品成为省内四大主导产业，2013年全省生产总值（GDP）预计达到1.48万亿元，外贸依存度为16.3%。

一、加入世界贸易组织以来黑龙江省对外贸易总体情况

2001~2013年，黑龙江省累计进出口2 395.1亿美元，年均增长22.6%。其中，累计出口1 285亿美元，年均增长21.2%；累计进口1 110.1亿美元，年均增长23.7%。2006年黑龙江省进出口首次突破百亿美元关口；2008年，突破200亿美元关口；2011年，突破300亿美元关口，占同期我国进出口的比重由最低的0.6%上升到1.1%，达到历史最高峰。2013年，黑龙江省进出口388.8亿美元，同比增长3.4%，增速比2012年增长了5.8个百分点，低于同期我国进出口增速4.2个百分点，占同期我国进出口总值的0.9%，贸易规模在全国31个省份中居第15位，贸易增速居第28位。其中，出口162.3亿美元，同比增长12.4%，高出同期我国出口增速4.5个百分点；进口226.5亿美元，同比下降2.2%，低于同期我国进口增速9.5个百分点；贸易逆差64.2亿美元，同比下降26.4%（图1）。

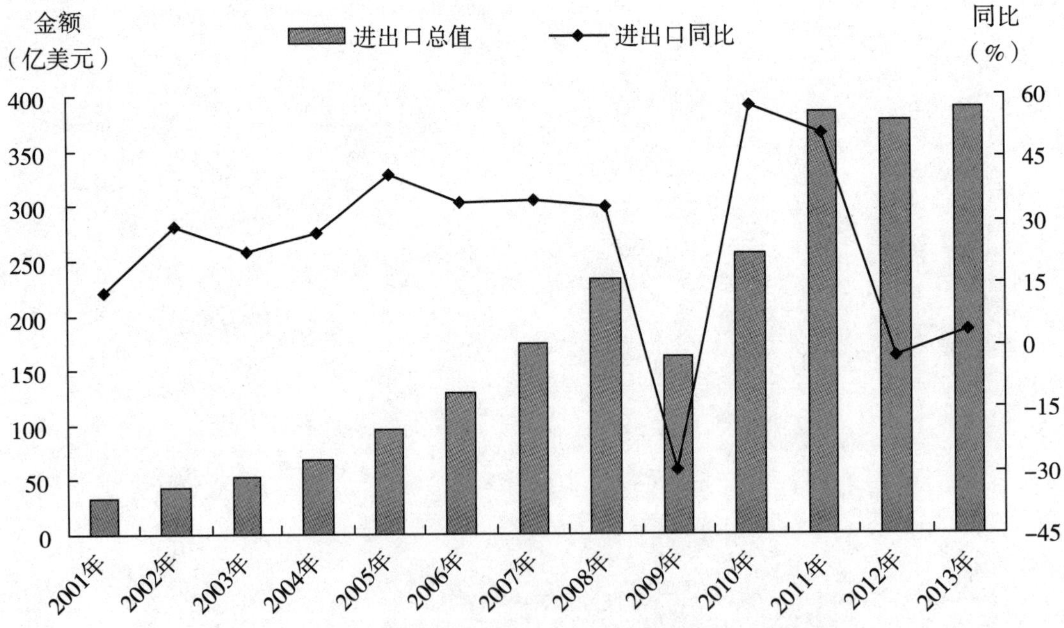

图1　2001~2013年黑龙江省对外贸易年度走势图

二、2013 年黑龙江省外贸发展的主要特点

（一）上半年出口和进口走势相似，下半年出口和进口走势相悖

出口方面，年中出现高峰后迅速回落。其中，2 月份出口 6.3 亿美元，为单月出口规模的年内最低值，4、5 月份出口迎来高峰期，均超 20 亿美元，分别为 21.5 亿美元、27.1 亿美元，同比增长 1.4 倍和 2.2 倍，也是年内实现倍增的月份，其中 5 月份单月出口规模和同比均为年内最高值，11 月份降至年内次低点后，12 月份回调至 15.8 亿美元。

进口方面，2 月份进口 16.5 亿美元，单月进口规模为年内最低值；进入下半年，进口冲高后再次回落，11 月份进口 22.2 亿美元，同比增长 34.5%，单月进口规模和同比均为年内最高值；12 月份进口 17.6 亿美元，同比下降 21.6%，为年内同比次低值（图 2）。

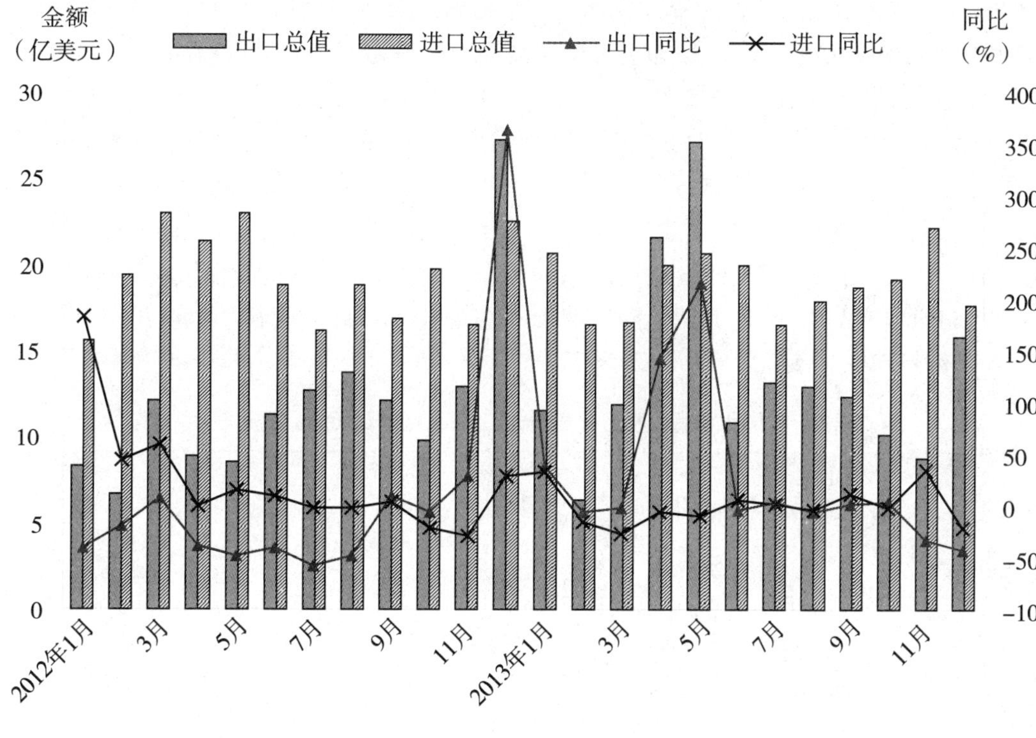

图 2　2012～2013 年黑龙江省对外贸易月度走势图

（二）以一般贸易进出口为主，边境小额贸易微幅增长

2013 年黑龙江省以一般贸易方式进出口 279.8 亿美元，同比增长 1.8%，占同期黑龙江省进出口总值的 72%。其中，出口 90.1 亿美元，同比增长 1.7%；进口 189.7 亿美元，同比增长 1.9%。同期，以边境小额贸易方式进出口 78.9 亿美元，同比增长 0.8%，占同期黑龙江省进出口总值的 20.3%。其中，出口 46 亿美元，同比增长 25.5%；进口 32.9 亿美元，同比下降 20.9%。同期，加工贸易进出口 8.1 亿美元，同比增长 4.9%；对外承包工程出口 3.5 亿美元，同比下降 10%。

（三）民营企业进出口占据半壁江山，外商投资企业进出口增长较快

2013 年黑龙江省民营企业进出口 196.1 亿美元，同比增长 0.3%，占同期黑龙江省进出口总值的 50.4%。其中，出口 137 亿美元，同比增长 12.9%；进口 59.1 亿美元，同比下降 20.2%。同期，国有企业进出口 178.5 亿美元，同比增长 5%，占黑龙江省进出口总值的 45.9%。其中，出口 19.5 亿美元，同比增长 12%；进口 159 亿美元，同比增长 4.2%。同期，外商投资企业进出口 14.1

亿美元，同比增长35.3%。

（四）对第一大贸易伙伴俄罗斯进出口保持增长，对传统发达市场进出口较为低迷，对部分新兴市场进出口明显增长

2013年黑龙江省对俄罗斯进出口规模创历史新高，为223.6亿美元，同比增长5.8%，高于同期黑龙江省进出口增速2.4个百分点，占同期黑龙江省进出口总值的57.5%，俄罗斯仍为第一大进出口市场，同时，占同期我国对俄罗斯进出口总值的25.1%，位居全国第一。其中，对俄罗斯出口69.1亿美元，同比增长34%；自俄罗斯进口154.5亿美元，同比下降3.3%。在黑龙江省其他传统贸易伙伴中，主要的传统发达国家市场表现低迷，其中对欧盟进出口同比增长1.9%，对美国进出口同比下降7.4%，对韩国、日本进出口分别同比下降43.5%和23.2%，且韩国、日本均已跌出前十大进出口市场的行列。而对新兴市场进出口增势明显，其中对安哥拉、印度进出口小幅增长，对东盟、巴西进出口增势明显，对伊拉克、我国香港地区进出口实现倍增。

（五）机电产品和劳动密集型产品为主要出口商品，原油为第一大进口商品

2013年机电产品仍是黑龙江省最大出口商品，出口47.9亿美元，同比增长9.2%，占同期黑龙江省出口总值的29.5%。在前十大主要出口品种的出口中，除鞋类略降、钢材小幅下降外，其他品种均不同程度的增长。其中，服装及衣着附件、纺织纱线织物及制品、塑料制品的增幅均在20%以上。2013年黑龙江省的前十大主要进口商品仍以资源性产品为主。其中，进口原油153.6亿美元，同比下降6.7%，占同期黑龙江省进口总值的67.8%；同期，进口农产品21.8亿美元，同比增长37.9%；进口机电产品15.9亿美元，同比增长22.1%；铁矿砂、肥料和纸浆进口同比分别下降8.1%、22.4%和13.2%（表1）。

表1　2013年黑龙江省前十大出口、进口商品情况表

出口			进口		
商品名称	金额（亿美元）	同比（%）	商品名称	金额（亿美元）	同比（%）
总计	162.3	12.4	总计	226.5	-2.2
机电产品	47.9	9.2	原油	153.6	-6.7
服装及衣着附件	32.4	38.0	农产品	21.8	37.9
纺织纱线、织物及制品	12.4	31.6	机电产品	15.9	22.1
鞋类	10.7	-0.4	原木	6.5	7.4
农产品	9.0	12.1	铁矿砂及其精矿	6.1	-8.1
箱包及类似容器	7.4	3.1	肥料	4.7	-22.4
家具及其零件	7.2	2.1	煤及褐煤	3.6	70.1
塑料制品	4.9	24.4	锯材	3.2	1.0
文化产品	3.9	11.9	纸浆	1.9	-13.2
钢材	3.8	-10.9	电流	1.9	51.5

三、2013年黑龙江省对外贸易增长乏力的主要原因

国际油价下调拉低第一大进口商品原油进口规模。作为黑龙江省第一大进口商品，原油进口在

黑龙江省对外贸易中举足轻重。2013 年，国际油价震荡下行，进口平均价格下跌拉低整体进口规模，同时非俄罗斯产的原油进口动力明显不足。海关数据显示，2013 年，黑龙江省进口非俄罗斯产原油 368. 5 万吨，同比减少 20. 2%，进口总值 28. 4 亿美元，同比下降 27. 1%；进口俄罗斯产原油 1 565. 2 万吨，同比增加 1. 9%，进口总值 125. 2 亿美元，同比下降 2%。

四、影响黑龙江省外贸发展的因素分析

（一）俄罗斯经济形势和外贸政策对黑龙江省外贸影响较大

首先，2013 年俄罗斯将 2014 年和 2015 年的俄罗斯经济增速最终分别下调至 2. 5%、2. 8%①。与此同时，世界银行也将 2014 年俄罗斯经济增长预期由 3. 1% 下调至 2. 2%②。俄罗斯是黑龙江省最大进出口市场，其国内经济低迷会相应降低生产消费需求，抑制未来进出口空间。其次，2013 年 4 月初，《远东和贝加尔地区社会经济发展国家计划》生效，意味着酝酿已久的俄罗斯远东地区发展战略进入实施阶段③。俄罗斯远东地区对我国消费品有巨大需求，我国高科技产品和资源加工企业可以到俄罗斯远东投资兴业④。随着俄罗斯远东地区发展战略的深入实施，中俄贸易与投资合作将会更具规模。作为黑龙江省第一大贸易伙伴，俄罗斯经济形势和外贸政策将对黑龙江省外贸产生重大影响。

（二）沿边开发开放战略将会给对外贸易增添活力

2013 年 8 月，国务院批复了《黑龙江和内蒙古东北部地区沿边开发开放规划》，并将之上升为国家战略，给黑龙江省带来了新的发展机遇。根据规划，黑龙江和内蒙古东北部地区被定位为我国沿边开放新高地、面向俄罗斯及东北亚开放的重要枢纽站、沿边重要经济增长区域。预计到 2020 年，全国对俄罗斯及东北亚沿边开放重要的桥头堡和枢纽站基本建成，成为全国沿边地区重要经济增长区域，外向型产业体系基本建立，适应对外开放的基础设施体系基本建成，对外合作将得到进一步深化，对俄投资年均增长将达到 20% 以上⑤。

（三）中俄能源合作的多元化格局逐步形成，将加强原油进口动力

2013 年 3 月，中俄签订一揽子协议，双方积极落实并达成一系列重要共识，推动 16 个领域近 50 项合作取得实际成果和积极进展，尤其是能源领域合作驶入快车道。其中，俄罗斯石油公司和中国石油天然气公司签署合作协议，2018 年前俄对华石油供应量将达到每年 3 700 万吨（每日 74. 3 万桶）⑥；合作扩建斯克沃罗季诺—漠河石油管道（东西伯利亚—太平洋石油管道支线），逐年扩大向我国的输油量⑦；从 2018 年开始，俄罗斯将通过拟建的东线天然气管道每年向中国提供 380 亿立方米天然气，按照设想，俄对华提供的天然气最终将达到每年 600 亿立方米⑧。

五、2014 年黑龙江省外贸展望

2014 年，我国与周边国家或地区的经贸合作将会进一步铺开，黑龙江省的开放型经济格局将逐

① 《俄罗斯下调未来两年经济增长预期》，腾讯财经，2013 年 12 月 4 日。
② 《世界银行再度下调俄罗斯经济增长预期》，新浪财经，2013 年 12 月 16 日。
③ 《俄罗斯加快开发远东有望培育中俄经贸新增长点》，新华网，2013 年 6 月 16 日。
④ 《专家：俄罗斯远东开发提速为中国投资者带来新机遇》，新华网，2013 年 6 月 21 日。
⑤ 《〈黑龙江和内蒙古东北部地区沿边开发开放规划〉解读》，黑龙江日报，2013 年 9 月 16 日。
⑥ 《外媒评五年后中国将成为俄罗斯石油第一大进口商》，商务部网站，2013 年 4 月 9 日。
⑦ 《俄罗斯确定向中国增供石油路径》，黑河市政府网站，2013 年 10 月 17 日。
⑧ 《中俄密切能源合作谋求互利共赢》，新华网，2013 年 4 月 10 日。

步建立。如中国哈尔滨国际经济贸易洽谈会[①]升级为两国政府主办的国家级博览会，其作为中俄间贸易、投资平台的功能将进一步加强，地方间合作领域会更加广泛，在推动落实《中国东北地区与俄罗斯远东及东西伯利亚地区合作规划纲要（2009~2018年）》方面将发挥积极作用[②]。此外，黑龙江省将加强跨境通道建设，打通一条起自黑龙江通达俄罗斯和欧洲腹地的新“丝绸之路”，力争开工建设同江铁路大桥，加快推动黑河公路大桥前期工作，推进东宁—乌苏里斯克铁路对接和绥芬河跨境铁路线路改造；积极探索建立哈尔滨、黑河、绥芬河对俄自由贸易区，完善绥芬河综合保税区功能，争取设立哈尔滨综合保税区。在国家政策的有力支持下，黑龙江省对外贸易的规模和质量将向纵深方向推进。

① 中国哈尔滨国际经济贸易洽谈会（简称“哈洽会”）：自1990年创办至今，已经连续举办了24届，秉承“突出俄罗斯、面向东北亚、辐射全世界、服务全中国”的办会宗旨，在俄罗斯、独联体及东欧、东北亚国家和地区具有较大的影响力和知名度，是唯一被写入中俄两国元首会晤联合公报的展会。目前，哈洽会已经成为中国对外开放的窗口和开展与东北亚及世界各国经贸合作的重要平台、对俄经贸科技合作第一展会。

② 《“哈洽会”升级为中国—俄罗斯博览会》，中华工商时报，2013年10月28日。

吉林省

吉林省地处东北地区中部，拥有丰富的自然资源及雄厚的工业、农业基础，是全国重要的商品粮生产基地，同时是国家重要的汽车工业基地，汽车产业已经成为吉林省重要支柱产业。吉林省与俄罗斯、朝鲜毗邻相接，边境贸易活跃。2013 年吉林省国内生产总值（GDP）达 12 981.5 亿元，比 2012 年增长 8.3%，对外贸易进出口总值为 258.5 亿美元，同比增长 5.2%，占全国对外贸易总值的 0.6%，在 31 个省份中排名第 20 位，外贸依存度为 12.3%。

一、加入世界贸易组织以来吉林省对外贸易发展总体情况

加入世界贸易组织以来吉林省对外贸易快速发展，规模不断提升，全省进出口总值从 2001 年的 32.1 亿美元增长至 2013 年的 258.5 亿美元，年均增幅达到 19%，特别是 2007 年至 2011 年，吉林省对外贸易进入快速增长阶段，除 2009 年因全球经济危机导致外贸负增长外，全省外贸增速均保持在 30% 左右。2012 年欧债危机导致全球经济疲软，加之我国汽车销售告别高速增长阶段，汽车进口节奏逐渐平稳，吉林省对外贸易增长逐步放缓，2012 年实现 11.4% 的增长，2013 年增速仅为 5.2%，吉林省对外贸易进入平稳增长阶段（图 1）。

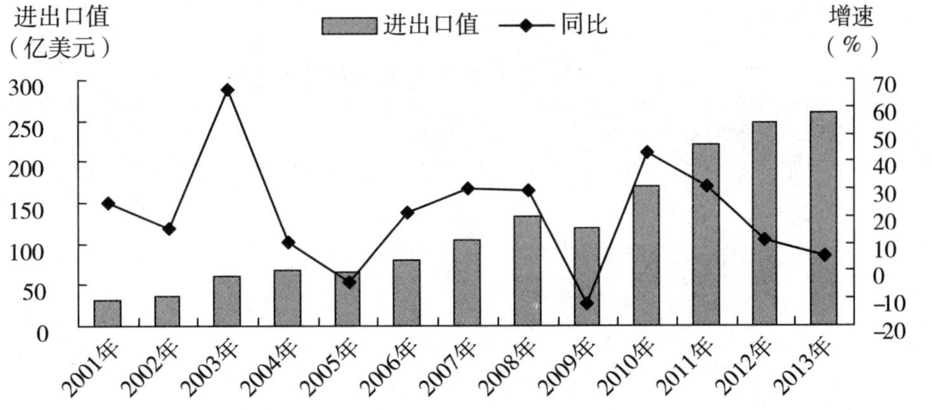

图 1　2001 ~ 2013 年吉林省外贸进出口年度走势图

二、2013 年吉林省外贸发展的主要特点

2013 年吉林省对外贸易进出口总值 258.5 亿美元，同比增长 5.2%。其中，出口 67.5 亿美元，同比增长 12.9%；进口 191 亿美元，同比增长 2.8%。

（一）月度进口增速持续加快，出口增速走高后回落，对外贸易企稳回升趋势明显

受春节因素影响，2 月份吉林省进出口规模一度跌至 14.5 亿美元的低点，此后持续回升，5 月份达到 25.2 亿美元高位，此后下半年运行较为平稳。12 月份吉林省进出口规模 22 亿美元，同比下降 4.4%，环比增长 2.3%。其中，出口 7 亿美元，同比下降 29.9%；进口 15 亿美元，同比增长 15.4%（图 2）。

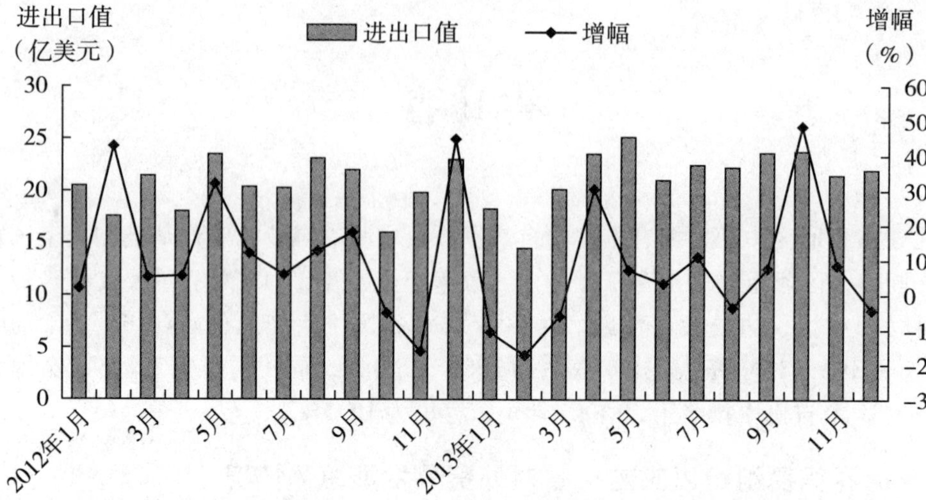

图2　2012～2013 年吉林省外贸进出口月度走势图

（二）对欧盟、日本、东盟、美国等主要贸易伙伴进出口增长，对俄罗斯持续下降

2013 年欧盟是吉林省最大的贸易伙伴，吉林省对欧盟进出口 145.3 亿美元，同比增长 2.2%。其中，出口 9.5 亿美元，同比增长 23.5%；进口 135.8 亿美元，同比增长 1%。同期，吉林省对日本进出口 30 亿美元，同比增长 6.5%。其中，出口 7 亿美元，同比下降 4.6%；进口 23 亿美元，同比增长 10.5%。吉林省对东盟进出口 11.9 亿美元，同比增长 20.6%；对美国进出口 10.5 亿美元，同比微增 0.7%；对韩国进出口 6.6 亿美元，同比增长 9.1%。此外，对俄罗斯进出口持续下降，2013 年吉林省对俄罗斯进出口 7 亿美元，同比下降 14.8%（表 1）。

表 1　2013 年吉林省与主要贸易伙伴进出口一览表

国家（地区）	进出口值（亿美元）	同比（%）	出口值（亿美元）	同比（%）	进口值（亿美元）	同比（%）
总计	258.5	5.2	67.5	12.9	191.0	2.8
欧盟	145.3	2.2	9.5	23.5	135.8	1.0
日本	30.0	6.5	7.0	−4.6	23.0	10.5
东盟	11.9	20.6	9.0	62.9	2.9	−32.9
美国	10.5	0.7	5.7	54.3	4.8	−28.6
俄罗斯	7.0	−14.8	6.1	−10.5	0.9	−35.4
巴西	6.8	25.9	0.7	−61.2	6.1	67.3
澳大利亚	6.8	3.4	4.3	13.1	2.5	−9.6
韩国	6.6	9.1	3.5	−4.2	3.1	30.0
南非	3.4	59.7	1.3	10.0	2.1	120.0
印度	2.8	41.9	2.4	41.2	0.4	46.4

（三）一般贸易保持增长，加工贸易下滑

2013 年吉林省一般贸易进出口 230.7 亿美元，同比增长 10.1%，占全省进出口总值的 89.2%；加工贸易进出口 15.8 亿美元，同比下降 16.3%；边境小额贸易进出口 5.3 亿美元，同比增长 13%；其他贸易进出口 3.8 亿美元，同比下降 14.8%。此外，2013 年吉林省海关特殊监管区域物流货物进出口增长迅猛，共7 067万美元，同比增长18.8倍。

（四）外商投资企业进出口下降，民营企业进出口大幅增长

2013年吉林省外商投资企业进出口107.3亿美元，同比下降2.8%，占同期全省进出口总值的41.5%。其中，出口13亿美元，同比下降13.1%；进口94.3亿美元，同比下降1.1%。国有企业进出口100.5亿美元，同比微增0.6%，占全省进出口总值的38.9%。其中，出口15.9亿美元，同比下降12.6%；进口84.6亿美元，同比增长3.6%。民营企业进出口50.7亿美元，同比增长43.3%，占全省进出口总值的19.6%。其中，出口38.7亿美元，同比增长45%；进口12亿美元，同比增长38%。

（五）劳动密集型商品出口快速增长，机电产品进口小幅增长

2013年吉林省出口机电产品24.2亿美元，同比增长11.5%。其中，出口铁道及电车道机车5亿美元，同比下降26.2%；出口汽车2.3亿美元，同比下降10.8%；出口汽车零件1.4亿美元，同比增长2.4%。同期，出口服装、胶合板、家具、纺织物、塑料制品、鞋类、灯具和箱包等八大类劳动密集型商品20.5亿美元，同比增长31.3%，拉动吉林省出口增长8.2个百分点；出口农产品12.2亿美元，同比增长1.2%。

2013年吉林省进口机电产品161.2亿美元，同比增长2.7%，占同期全省进口总值的84.4%。其中，进口汽车零件52.7亿美元，同比增长19.5%；进口汽车50.6亿美元，同比微增0.1%；进口汽车发动机及其零件11.3亿美元，同比增长8.6%。以上三大类汽车产品合计进口114.6亿美元，同比增长9.1%（表2）。

表2　2013年吉林省主要进出口商品一览表

出口商品	出口值（亿美元）	同比（%）	进口商品	进口值（亿美元）	同比（%）
服装及衣着附件	6.6	9.0	汽车零件	52.7	19.5
胶合板及类似多层板	3.6	5.2	汽车（包括整套散件）	50.6	0.1
家具及其零件	2.5	136.0	汽车发动机及零件	11.3	8.6
纺织纱线、织物及制品	2.3	0.8	计量检测分析自控仪器及器具	9.5	1.8
汽车（包括整套散件）	2.3	-10.8	粮食	8.5	12.2
塑料制品	1.8	182.7	电视、收音机及电讯设备的零附件	3.8	-2.2
鲜、干水果及坚果	1.5	24.2	通断保护电路装置及零件	3.1	22.1
粮食	1.5	-13.3	铁矿砂及其精矿	2.9	27.0
汽车零件	1.4	2.4	金属加工机床	2.9	-46.6
鞋类	1.4	3.3	钢铁制标准紧固件	2.0	15.8

三、影响吉林省对外贸易的因素

（一）外贸发展对汽车产业的过度依赖仍未改观

汽车产业是吉林省进口增长的最大支柱，汽车产品进口占吉林省进口总值的比重也逐年提升，2013年吉林省进口汽车、汽车零件、汽车发动机及其零件共114.6亿美元，同比增长9.1%，占全省进口总值的比重达60%，占全省进出口总值44.3%。吉林省外贸发展对汽车产业的高度依赖使得其面临的市场风险较大，易受单一产业的影响出现大幅波动，尤其是当前国内汽车市场进入平稳增长阶段，国内汽车保有量不断提升，市场趋于饱和，汽车消费的高速增长期已基本结束，汽车产品进口规模的快速扩张阶段也已过去，依靠汽车产品拉动进口难度加大。

（二）加工贸易发展缓慢，特色产业发展滞后

吉林省加工贸易不仅比重低，且呈逐年下降态势，2010 年加工贸易进出口占全省进出口总值的 9.4%，至 2013 年已降至 6.1%。中草药、延边朝鲜族自治州的水海产品和通化地区的松子仁都是吉林省的特色产业，有较强的市场竞争力，延边朝鲜族自治州还是全国第三批加工贸易梯度转移重点承接地，享受国家西部大开发优惠政策，但 2013 年吉林省水海产品加工贸易值仅有 7 306 万美元，同比下降 25.4%。特色产业发展滞后，产业优势未能转化为外贸优势，吉林省加工贸易发展之路仍然漫长。

（三）兴隆保税区正式启动，珲春出口加工区转型升级为吉林省外贸发展带来新契机

在吉林省政府的全力支持下，长春兴隆综合保税区在 2013 年 10 月 31 日已通过正式验收，业务准备工作已全部完毕，兴隆综合保税区启动后，将为培育吉林省对外贸易新增长点提供契机。吉林省全力推动珲春出口加工区升级为综合保税区，目前已经完成招商和项目落实工作，综合保税区为带动“长吉图区域”对外贸易的发展带来了新契机。

浙江省

浙江是工业大省，也是外贸依存度和经济开放度非常高的省份，工业和出口在浙江经济发展中具有举足轻重的地位。自2011年以来，国务院陆续批复了义乌国际贸易综合改革试点、浙江海洋经济发展示范区、舟山群岛新区、温州金融综合改革试验区“四大国家战略举措”，为浙江省进一步扩大开放提供了重要的战略机遇。2013年，浙江省生产总值（GDP）为3.8万亿元，占全国的6.7%，进出口贸易总值占全国进出口贸易总值的8.1%，外贸依存度为54.8%。

一、加入世界贸易组织以来浙江省外贸发展总体情况

浙江省外贸进出口从2001年的328亿美元增长到2013年的3 358.5亿美元，其中2008年前年均增长30.5%，受金融危机影响2009年同比下降11.1%，之后的2010年和2011年外贸进出口快速恢复，同比分别增长35.1%和22%。2012年进出口增速仅为0.9%，2013年年度进出口增速恢复到了7.5%的较快增长水平（图1）。

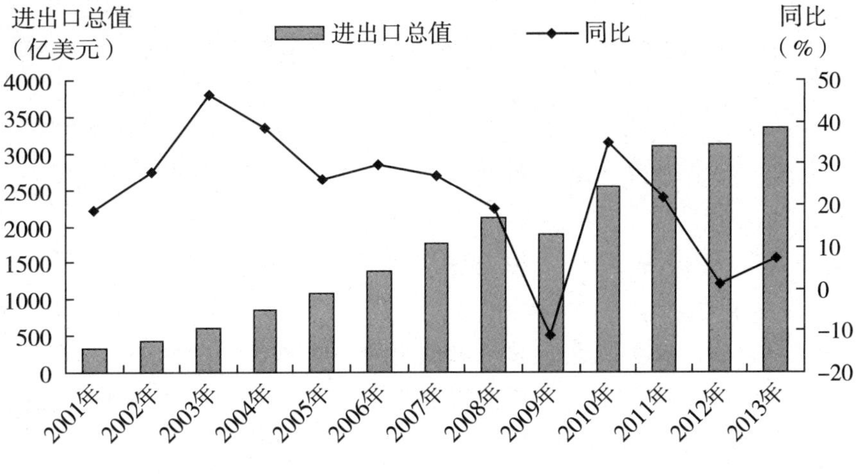

图1　2001～2013年浙江省外贸进出口年度走势图

二、2013年浙江省外贸进出口主要特点

据海关统计，2013年浙江省进出口总值3 358.5亿美元，同比增长7.5%，低于全国进出口增速0.1个百分点，进出口增速居全国各省份第22位。其中，出口2 488.1亿美元，同比增长10.8%；进口870.4亿美元，同比下降0.96%。2013年，浙江省进出口值、出口值和进口值分列全国各省份的第5位、第3位和第6位，排名自2011年以来未有变化。

（一）月度进出口值波动较大，季度稳向上

2013年浙江省外贸起伏较大，其中1月、7月、12月外贸均创当时月度外贸历史新高，而其余月份外贸规模相对较小，月度外贸规模波动明显。在9月、10月两月出口连续出现下降后，年末浙江省出口大幅反弹，继11月份出口同比增长18%之后，12月份出口增速进一步加快，达21.7%，12月当月，浙江省进出口值和出口值均创历史新高（图2）。

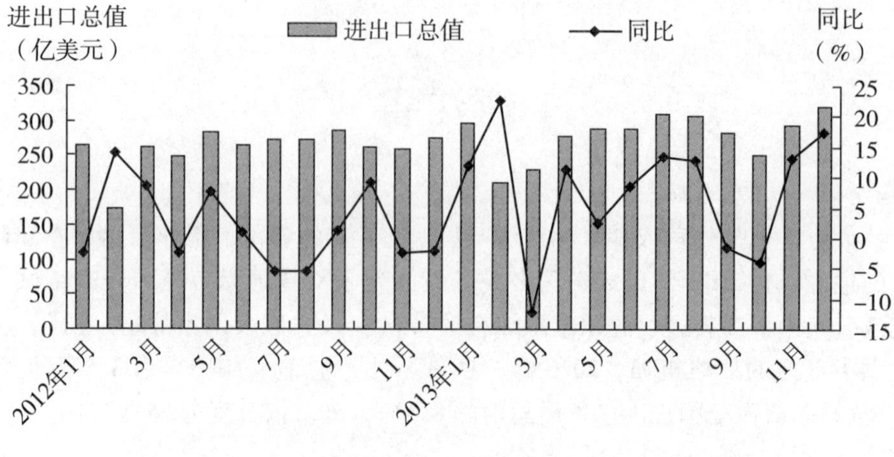

图2　2012～2013 年浙江省外贸进出口月度走势图

（二）一般贸易主导进出口，“义乌小商品”异军突起

2013 年浙江省以一般贸易方式进出口 2 595.4 亿美元，同比增长 7.2%，占全省进出口总值的 77.3%。其中，出口 1 963.4 亿美元，同比增长 9.3%，占全省出口的 78.9%；进口 632 亿美元，同比增长 1.2%，占全省进口的 72.6%。同期，以加工贸易方式进出口 467.1 亿美元，同比下降 6.5%，占全省进出口总值的 13.9%，所占比重跌至 20 年来最低水平。其中，出口 322.6 亿美元，同比下降 7%，占全省出口的 13%；进口 144.5 亿美元，同比下降 5.4%，占全省进口的 16.6%。

2013 年，浙江省出口“义乌小商品”（以监管方式代码“0139”报关出口的货物，简称“义乌小商品”）153 亿美元，同比增长 1.9 倍，占全省出口总值的 6.1%，对 2013 年全省出口增长的贡献率为 41.3%。同期，全国出口“义乌小商品”184.4 亿美元，同比增长 18.4%，浙江占全国“义乌小商品”出口的比重由 2012 年的 33.8% 提高到 2013 年的 82.9%。

（三）民营企业进出口占六成以上，外商投资企业和国有企业进出口下降

2013 年浙江省民营企业进出口 2 068.6 亿美元，突破 2 000 亿美元关口，同比增长 15.3%，高于全省进出口增速 7.8 个百分点，占全省进出口总值的 61.6%。其中，出口 1 672.8 亿美元，同比增长 18.8%，占全省出口总值的 67.2%；进口 395.8 亿美元，同比增长 2.8%，占全省进口总值的 45.5%。同期，外商投资企业和国有企业进出口 997.8 亿美元和 289.3 亿美元，同比分别下降 3.3% 和 2.4%。其中，出口 620.8 亿美元和 193.3 亿美元，同比分别下降 1.4% 和 6.1%；进口 377 亿美元和 96 亿美元，同比分别下降 6.2% 和增长 6.2%。

（四）对欧美市场进出口稳步增长，对东盟贸易快速增长

欧盟、美国和东盟是 2013 年浙江省前三大贸易伙伴，欧盟是最大出口市场，东盟是最大进口来源地。2013 年，浙江省对欧盟、美国和东盟分别进出口 646.5 亿美元、479.6 亿美元和 318.3 亿美元，同比分别增长 5.3%、5.7% 和 12.5%。其中，出口 544.7 亿美元、414 亿美元和 201.3 亿美元，同比分别增长 6.6%、8.4% 和 18.7%；进口 101.8 亿美元、65.6 亿美元和 117 亿美元，同比分别下降 1.2%、9% 和增长 3.2%。

此外，2013 年浙江省对俄罗斯、印度、巴西和南非分别进出口 106.1 亿美元、91.2 亿美元、86.4 亿美元和 39.8 亿美元，同比分别增长 10.2%、2.7%、3.9% 和 11.6%。其中，出口 93.1 亿美元、69.4 亿美元、72.6 亿美元和 29.9 亿美元，同比分别增长 16.6%、16.7%、12% 和 12.5%；进口 13 亿美元、21.8 亿美元、13.8 亿美元和 9.9 亿美元，同比分别下降 20.9%、25.7%、24.7% 和增长 9%。

（五）传统劳动密集型产品引领出口增长，原材料资源性商品进口下降

2013年浙江省出口纺织品、服装、箱包、鞋类、玩具、家具、塑料制品等七大类传统劳动密集型产品970.5亿美元，同比增长14.7%，高出全省整体出口增速3.9个百分点，占全省出口总值的39%，占全国传统劳动密集型产品出口总值的21%，比2012年提高0.8个百分点。此外，浙江省出口机电产品1 015.6亿美元，同比增长5.9%；出口农产品51.9亿美元，同比增长10%；出口钢材33.6亿美元，同比增长19%。

同期，浙江省进口铁矿砂、废金属、初级形状的塑料等二十大类原材料资源性商品472亿美元，同比下降2.9%，占全省进口总值的54.2%。此外，进口机电产品149.6亿美元，同比下降6%（表1）。

表1　2013年浙江省主要进出口商品情况表

出口			进口		
商品	出口值（亿美元）	同比（%）	商品	进口值（亿美元）	同比（%）
机电产品	1 015.6	5.9	机电产品	149.6	-6.0
纺织纱线、织物及制品	353.7	13.1	铁矿砂及其精矿	77.2	17.7
服装及衣着附件	318.9	11.7	高新技术产品	76.7	-12.4
高新技术产品	142.8	-3.6	初级形状的塑料	67.8	3.7
家具及其零件	89.3	10.5	废金属	63.5	-6.6
鞋类	88.8	17.5	农产品	51.9	-3.5
塑料制品	65.2	33.4	成品油	49.9	16.9
农产品	51.9	10.0	二甲苯	44.1	18.5
汽车零件	51.8	11.3	未锻造的铜及铜材	27.8	-10.1
箱包及类似容器	41.3	28.0	乙二醇	26.4	-8.4

（六）宁波外贸首超千亿美元，舟山外贸大幅下降

宁波、杭州和金华是2013年浙江省前三大外贸进出口地区，进出口值分别为1 003.3亿美元、650.7亿美元和342.7亿美元，同比分别增长3.9%、5.5%和50.8%，宁波成为浙江省首个外贸进出口超千亿美元的地区。此外，舟山进出口126.7亿美元，同比下降18.7%，是浙江省唯一一个外贸下降的地区。其中，出口66.5亿美元，同比下降27.8%；进口60.2亿美元，同比下降5.4%。

三、2013年浙江省外贸增长的主要原因

（一）新型贸易方式赋予传统商品竞争新优势

自2013年4月18日起，浙江省义乌市试行市场采购贸易方式。市场采购贸易方式的试行，以及义乌市和海关、国税、人民银行、工商管理、检验检疫等部门配套措施的出台，有效推动了浙江省"义乌小商品"的出口。2013年，在市场采购新型贸易方式下，浙江省"义乌小商品"出口同比增长1.9倍，对全省出口增长的贡献率达41.3%。市场采购新型贸易方式带来的低成本优势、集聚效应、贸易效率提升赋予了浙江省传统劳动密集型产品新的竞争优势。2013年浙江省"义乌小商品"出口中，传统劳动密集型产品出口达55亿美元，同比增长1.9倍，占"义乌小商品"出口的

36%，对全省传统劳动密集型产品出口增长的贡献率达 29.2%。

（二）新增外贸企业活力有效激发

2013 年国务院部署的一系列稳定外贸增长的政策措施有效激发了企业经营活力，浙江省外贸企业数量进一步增加。2013 年，浙江省有外贸进出口实绩的企业共 5.66 万家，其中新增有外贸实绩的企业 0.96 万家，新增企业 2013 年进出口值达 236.3 亿美元，对 2013 年全省外贸增长的贡献率达 100%。

四、影响浙江省外贸发展的因素

（一）国际市场竞争激烈冲击省内传统优势产品

目前，我国周边国家的外贸竞争力在快速提升，我国外贸增长空间受到挤压。在原料和劳动力成本上涨、人民币升值等因素影响下，我国出口产品价格优势逐渐消失。一些欧美订单正流向越南、柬埔寨、孟加拉国等劳动力更为低廉的国家。目前，东盟等周边国家在制造业上的竞争优势增强，特别是纺织服装、箱包、鞋等劳动密集型产品的制造从我国转移的趋势日益明显，作为浙江省的出口传统优势产品，这些商品对浙江省外贸出口影响较大。

（二）跨境电子商务等多项改革举措将为浙江外贸发展注入更多活力

2012 年，国家启动跨境贸易电子商务试点工作，杭州市和宁波市成为首批试点城市。在五个试点城市中，杭州市率先开展跨境贸易电子商务服务试点实体运作，其跨境电子商务出口海关监管模式得到海关总署的认可，并上升为全国海关跨境电子商务出口监管推广模式。杭州跨境贸易电子商务产业园自 2013 年 7 月 8 日开园至 2014 年 1 月 8 日，共签约电商企业 5 家，其中 3 家正式入园运作，2 家正在进行系统对接，杭州海关监管验放邮包货值共 367.6 万美元，日均邮件处理量由开园初期的 600 个提升到目前的 3 000 个以上，试点成效初步显现。2014 年浙江省将进一步完善电子商务发展政策体系，健全跨境电子贸易服务和监管体系，这将使跨境电子商务成为浙江省贸易增长的新亮点。

五、2014 年浙江省外贸的政策建议

一是进一步深化经济体制改革，最大限度激发民间活力，着力推动省内各项改革试点有效开展，切实加快外贸发展方式转变，继续深化义乌国际贸易综合改革试点，促进跨境电子商务发展；二是密切关注上海自由贸易区和“丝绸之路”经济带建设进展，有针对性地研究制定错位发展战略，努力开拓国际经贸合作新领域；三是加大“走出去”步伐，带动出口稳定增长，充分发挥“走出去”对出口的带动作用，拓展企业出口途径，绕开各种贸易保护障碍，降低企业负担。

云南省

云南省位于中国西南边陲，与缅甸、老挝、越南接壤，以澜沧江—湄公河与泰国、柬埔寨相连通，是我国与东盟各国交往最便捷的陆路通道。云南也是我国面向南亚国家开放的窗口和门户，处于孟中印缅经济走廊的重要支点，自古就是南方丝绸之路上连接西南地区与南亚、西亚，通达欧洲的重要贸易枢纽。作为泛珠三角区域“9+2”中的西部省份，云南省加强与区域内省份及香港、澳门特别行政区的物流及经贸合作，积极发挥贸易通道和辐射作用，不断加快对外开放和桥头堡建设步伐。近年来，云南省在以磷化工和有色金属为主的传统产业、以水能为主的电力业基础上，着力发展高原特色农产业和具有民族特色的文化产业，积极打造现代商贸物流及战略性新兴产业。2013年，云南省生产总值（GDP）为1.2万亿元，占同期国内生产总值的2.1%，进出口贸易值占全国进出口贸易总值的0.6%。同时，产业发展的加快带动对外贸易步伐，年度外贸依存度呈现稳中有升的态势，2013年云南外贸依存度为13.3%，在2010年的基础上提升了1.1个百分点。

一、加入世界贸易组织以来云南省外贸总体情况

据海关统计，加入世界贸易组织以来，云南省对外贸易得到了长足发展，进出口值从2001年的19.8亿美元增至2013年的258.3亿美元，年均增长23.9%。其中，出口值从2001年的12.4亿美元增至2013年的159.6亿美元，年均增长23.7%；进口值从2001年的7.4亿美元增至2013年的98.7亿美元，年均增长24.1%。2002～2008年间，云南省进出口值逐年稳步攀升，年平均增速为25.3%。金融危机爆发后，2009年云南省外贸一度受到严重冲击，出口、进口均明显下挫，2010年外贸复苏回升势头强劲，云南省进出口值首次突破100亿美元大关，时隔一年再次跨越200亿美元大关，连年创新高。2013年云南省进出口258.3亿美元，比2012年增长22.9%，又一次刷新年度外贸纪录，贸易规模在全国31个省份（不含港澳台）中居第21位，在西部地区排名中落后于重庆、四川、广西和新疆，居第5位。其中，出口同比增长59.3%，增速居全国之首，而进口同比下降10.2%（图1）。

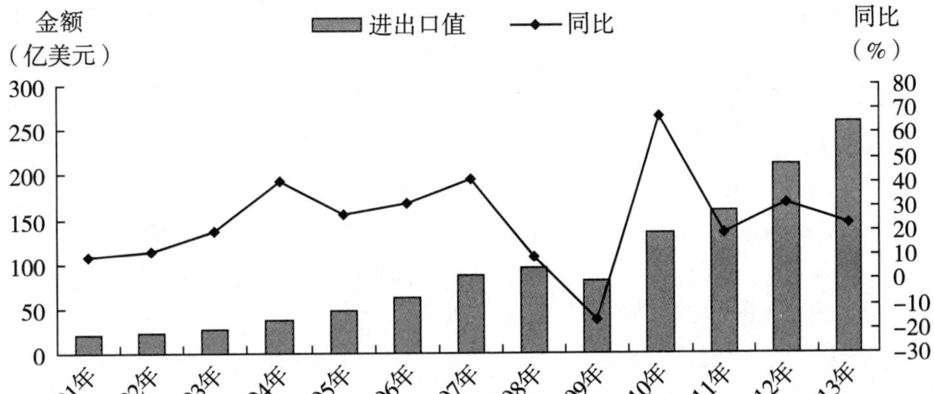

图1　2001～2013年云南省对外贸易进出口年度走势图

二、2013 年云南省对外贸易发展的主要特点

（一）月度进出口值前低后高，贸易增幅先抑后扬

2013 年上半年，云南省外贸整体形势低迷，出口、进口同比增速均明显放缓，其中 5 月份进出口 11.6 亿美元，为全年最低点。7 月份后，云南省外贸整体实现回升，其中月度出口规模不断扩大，而月度进口同比持续下降。12 月份呈现爆发式增长，进出口 52.2 亿美元，为全年最高点。其中，出口 35.2 亿美元，进口 17 亿美元，双双打破历史同期最高纪录（图 2）。

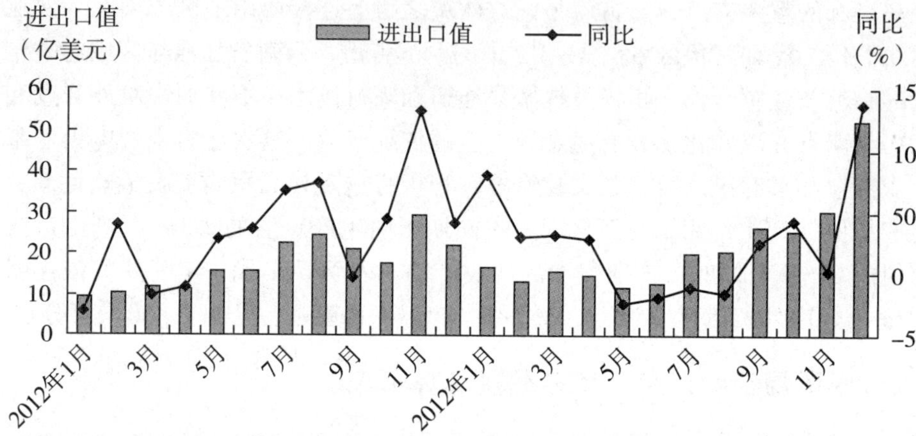

图 2　2012～2013 年云南省对外贸易月度走势图

（二）一般贸易出口成为外贸增长主要推手，加工贸易进出口大幅下降，海关特殊监管区贸易方式进出口增长最快

2013 年云南省一般贸易进出口 142.1 亿美元，同比增长 25.9%，占同期云南省外贸总值的 55%。其中，出口 102.1 亿美元，同比增长 1.1 倍；进口 40 亿美元，同比下降 38.1%。同期，云南省加工贸易进出口 49.8 亿美元，同比下降 27.7%，占全省外贸总值的 19.3%。此外，边境小额贸易进出口 33.3 亿美元，同比增长 55.1%，占全省外贸总值的 12.9%。以海关特殊监管区贸易方式进出口快速增长，由 2012 年 4.3 亿美元增加到 28.4 亿美元，是增长最快的贸易方式。

（三）民营企业外贸比重逾七成，国有企业进出口规模不断萎缩

2013 年云南省民营企业进出口 197.3 亿美元，同比增长 85.3%，占同期全省外贸总值的比重由 2012 年的 50.6% 上升至 76.4%。同期，国有企业进出口 42.4 亿美元，同比下降 35.4%，占全省外贸总值的比重由 2012 年的 31.2% 回落至 16.4%。此外，外商投资企业保持较快发展势头，进出口 8.4 亿美元，同比增长 35.3%，占全省外贸总值的 3.3%，贸易规模依然较小。

（四）对东盟贸易比重提升，与欧盟、美国、我国台湾地区和韩国进出口均迅猛增长

2013 年云南省对东盟进出口 109 亿美元，同比增长 61%，占云南省外贸总值的比重由 2012 年的 32.2% 上升至 42.2%。同期，云南省与欧盟和美国两大发达市场贸易值分别为 17.6 亿美元和 12.4 亿美元，同比分别增长 54.7% 和 1.3 倍，对两大发达市场贸易合计占全省外贸总值的比重由 2012 年的 7.8% 上升至 11.6%；对我国台湾地区、韩国贸易值分别由上年的 2.7 亿美元和 1.3 亿美元增加到 11 亿美元和 10.2 亿美元；对印度贸易值 5.6 元，同比增长 22.3%。

（五）机电产品进出两旺，特色商品出口增幅明显，原材料进口增减互现

2013 年在集成电路及微电子组件等产品进出口快速增长的带动下，云南省出口机电产品 50.7 亿美元，同比增长 2 倍，进口机电产品 20.1 亿美元，同比增长 1.4 倍。云南省出口农产品 24.3 亿

美元，同比增长18.5%；出口有色金属2.5亿美元，同比增长1.4倍；出口电力2.2亿美元，同比增长27.9%；其他商品如纺织品及服装、家具、灯具、宝石或半宝石等出口也有较快增长。同期，云南省进口农产品16亿美元，同比下降3.3%；进口铜矿砂10.8亿美元，同比下降50.8%。而云南省宝石或半宝石进口值由2012年的2 216万美元增加到11.8亿美元；锡矿砂、原木及锯材进口也实现倍增；进口复合橡胶4.2亿美元，同比增长34.6%（表1）。

表1　2013年云南省进出口主要商品一览表

出口			进口		
商品名称	金额（亿美元）	同比（%）	商品名称	金额（亿美元）	同比（%）
机电产品	50.7	204.0	机电产品	20.1	141.0
农产品	24.3	18.5	农产品	16.0	-3.3
纺织品及服装	13.1	177.4	宝石或半宝石	11.8	5 238.5
化肥	9.9	-1.4	铜矿砂及其精矿	10.8	-50.8
家具	4.4	403.1	原木及锯材	6.2	117.0
灯具	3.7	997.7	铁矿砂及其精矿	4.8	4.4
宝石或半宝石	3.6	--	复合橡胶	4.2	34.6
有色金属	2.5	135.9	锡矿砂及其精矿	2.6	180.2
电力	2.2	27.9	天然橡胶	1.9	22.8

三、2013年云南省外贸快速增长的主要原因

（一）物流便利化带动云南省与周边贸易伙伴进出口增速加快

近年来，云南省积极扩大沿边开放，加快省内边境地区社会经济发展，以5个边境经济合作区、3个跨境经济合作区的建设①为带动，对外交通、口岸等基础设施不断改善，进一步拓宽了沿边经济发展领域。2013年云南省与周边国家间国际大通道建设取得实质进展②，昆曼公路全线贯通，成为连接新加坡、马来西亚的公路网，云南与东盟贸易迎来加速发展期，缩短了区域间通关时间，进一步降低了物流成本，在与东中西部地区互联互通，形成铁路、陆路及海陆联运互补互动上初见成效。云南省与其最大进出口市场东盟进出口步伐进一步加快，与毗邻的缅甸、老挝和越南边境小额贸易值均保持快速增长势头，其中对缅甸进出口值同比增长83.6%。全省边境小额贸易占同期全国边境小额贸易进出口总值的7.4%，居全国第5位，成为推动外贸整体增长的重要因素。从具体品种看，受缅甸国内放宽通讯设备、纺织品等进口限制③的利好影响，云南省对缅甸出口手机及通讯设备、纺织服装均成倍增长；由于缅甸禁止原木出口的预期增强④，进口缅甸原木及木材的步伐明显加快。同期，以机电、家具、灯具、纺织品及陶瓷产品为出口主要增长点，云南省对马来西亚出口值也同比迅猛增长2.1倍。

① 《聚焦云南关于加快推进边合区建设意见》，云南网，2012年8月22日。

② 《昆曼公路全线贯通 中国—东盟互联互通即将迈入新时代》，新华网云南频道，，2013年12月13日。

③ 《缅甸允许进口手机》，缅甸金凤凰网，2013年2月27日；《缅甸放松纺织品等318种商品可自由进出口》，中国棉纺织信息网，2013年3月10日。

④ 《缅甸计划禁止原木进口》，中国林业网，2013年1月30日。

（二）承接东部地区产业转移，保税物流贸易迅猛发展进一步推进整体贸易

2013年云南省继续完善外贸基础环境建设，优化外贸通关环境，提升贸易便利化水平，加大与周边国家农产品检疫合作和质量安全认证，推动区域一体化通关，大力承接东部地区产业转移。昆明、文山、临沧、昭通等州市已经吸引了一大批从事电子信息、玉石、玩具及鞋类等劳动密集行业的沿海企业入驻。2013年云南省集成电路及微电子组件保税贸易值同比增长4.9倍，而宝石或半宝石保税贸易值占比为25.3%，成为2013年云南省企业经营的新增保税贸易商品。

四、影响云南省对外贸易的因素

尽管云南省外贸整体增速较快，但贸易质量和效益仍处于较低水平，贸易结构单一，限制了未来进出口空间。一是贸易方式集中，增值空间低。当前云南省外贸发展仍依靠数量型驱动，易受到贸易壁垒、政策调控、市场价格波动影响。金属冶炼、化工等是云南省传统行业，导致一般贸易方式居主体地位、资源性商品为主导的进口特征明显，初级产品、原材料出口比重也较高，能耗高，可持续性差，增值水平有限，而海关特殊监管区、对外承包工程出口货物、租赁贸易等方式整体规模较小，发展不稳定。二是市场集中度高，抵御风险能力弱。2013年云南与缅甸贸易集中度继续加大，而缅甸国内政治经济发展水平落后，发展环境不稳定，使云南省面临较大的贸易风险。同时，欧盟、美国等发达市场贸易份额依然较低，对我国香港地区、澳大利亚、日本等传统市场进出口下滑明显，与拉丁美洲、非洲等新兴市场贸易份额也出现萎缩，多元化进程的拓展仍然存在一定难度。

五、2014年云南省外贸展望

2013年，中缅油气管道建成运营对云南工业化发展起到积极促进作用，有效改善全省能源基础薄弱现状，带动化工、轻纺等产业快速发展。同时，消费需求也会进一步释放，如对加快产业转型升级所急需的机电、先进技术装备及与云南农产品形成互补的热带水果、农副产品进口将会保持较快增长。从外贸基础设施建设看，云南省积极参与到国家建设丝绸之路经济带、21世纪海上丝绸之路发展战略中，对外路网及口岸基础建设将会不断加强，国内国际贸易区域一体化、通关便利化进程加快；各类海关特殊监管区能效也会进一步发挥，已正式获批的红河综合保税区将助推开放性经济发展，成为产业转型升级，聚集、扩大经济产值的引擎，带动高附加值制造业入驻，加快提升全省产业整体实力水平。随着云南省继续推进桥头堡战略建设，2014年全省对外开放水平将会进一步提升，毗邻东南亚、南亚的区位优势将在进出口贸易中得到不断体现，云南省在连接西南内陆省份与东盟、南亚国家的陆路经贸走廊中将进一步发挥物流枢纽和辐射作用。

山西省

山西地处黄河流域中部，多山地丘陵，工业基础薄弱，经济发展较为滞后，是地处内陆的资源富集型地区。省内矿产资源丰富，已发现的矿种达120种，保有资源储量居全国前10位的有36种，具有资源优势并在经济社会发展中占有重要地位的矿产有13种。近年来，山西省对外贸易和招商引资工作取得了积极成效，但发展中的不平衡、不协调和不可持续的问题还比较突出，特别是对外开放程度不高，经济外向度依然偏低。2013年，山西省生产总值（GDP）为12 602.2亿元，同比增长8.9%，高于全国平均水平1.2个百分点，进出口贸易总值仅占全国外贸进出口总值的0.4%，外贸依存度为7.8%。

一、加入世界贸易组织以来山西省外贸发展总体情况

加入世界贸易组织之初，2001年山西省外贸进出口值仅19.4亿美元。其中，出口14.7亿美元，进口4.7亿美元，进出口值在全国居第21位。加入世界贸易组织后，进出口值保持稳定增长态势，至2007年，在焦炭出口和铁矿砂进口大幅增长的带动下，全省外贸进出口值大幅攀升至115.9亿美元，首次突破100亿美元大关，当年增速居全国第1位，2008年进一步增至144亿美元。此后受全球金融危机和我国加大对资源性产品出口限制的影响，2009年山西省进出口大幅下降，其中焦炭、煤等资源性产品出口大幅萎缩，外贸发展进入升级转型期。2010以来，山西省外贸结构调整步伐加大，进出口稳步回升，2011年回升至金融危机之前的水平，2013年进出口值达到158亿美元，再创历史新高（图1）。

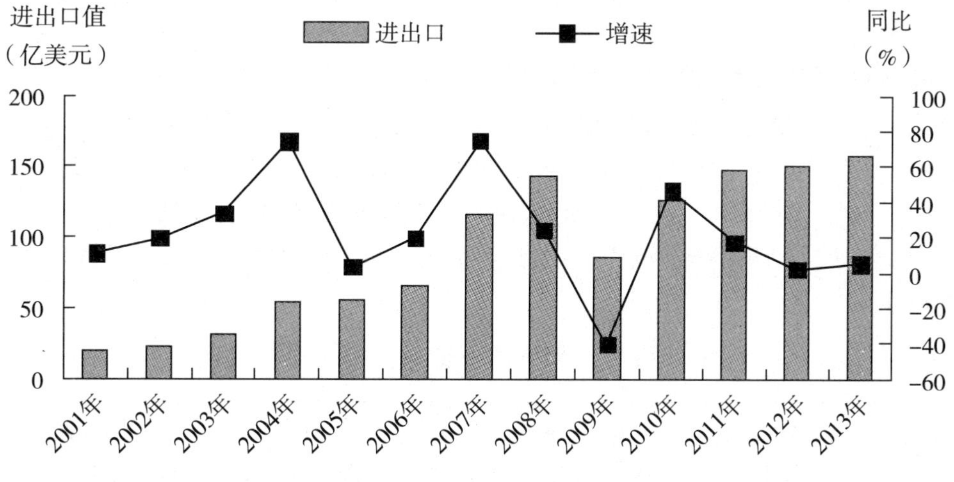

图1　2001～2013年山西省外贸进出口年度走势图

二、2013年山西省外贸进出口主要特点

2013年山西省进出口总值158亿美元，比2012年增长5%，再创历史新高，进出口值居全国第24位。其中，出口80亿美元，同比增长14%；进口78亿美元，同比下降2.8%。全年贸易顺差2亿美元。

(一)月度出口上半年持续走高，下半年回落，进口略有波动，整体平稳

2013 年上半年，山西省月度出口规模基本呈持续走高态势，从 2 月份开始，连续 5 个月增长，从 4 亿美元增至 7 月份的 11.8 亿美元，创单月出口值新高，7 月份出口同比增速高达 1.1 倍，此后出口明显回落，下半年山西省月度出口规模基本维持在 6 亿 ~7 亿美元之间。同期山西省月度进口规模则基本保持平稳运行，除 2 月份因春节因素较低外，其余月份均在 6 亿美元上下。

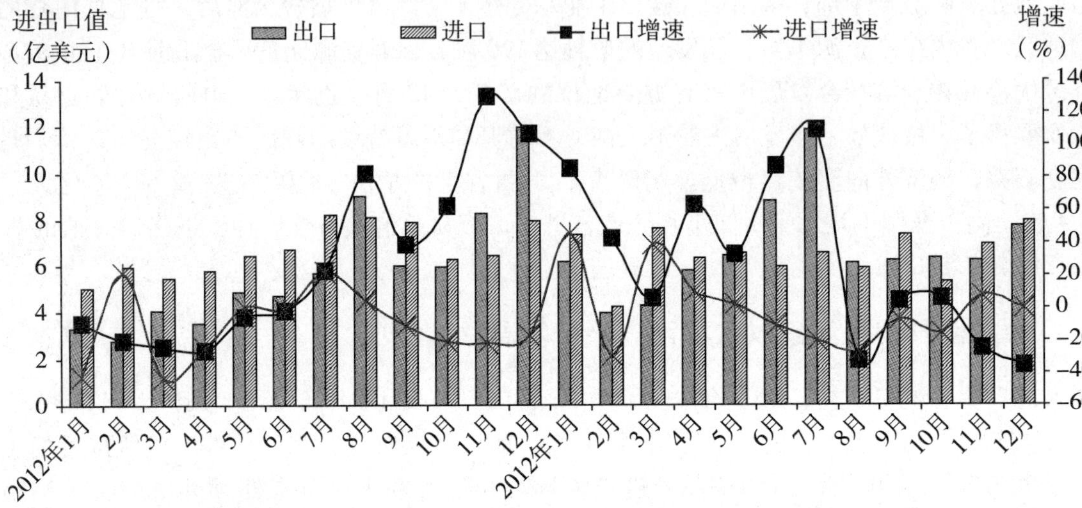

图 2　2012 ~ 2013 年山西省外贸进出口月度走势图

(二)一般贸易进出口下降，加工贸易快速增长

2013 年山西省以一般贸易方式进出口 90.4 亿美元，同比下降 7%，占同期全省外贸总值的 57.2%；同期，以加工贸易方式进出口 57 亿美元，同比增长 28.9%，占全省外贸总值的 36.1%，该比重较 2012 年增加 6.7 个百分点，较 2011 年增加 16.4 个百分点，比重创历史新高。此外，保税仓库进出境货物进出口 9.6 亿美元，同比增长 32.1%，占全省外贸总值的 6.1%。

(三)与欧盟双边贸易快速增长，与美国贸易下降

2013 年山西省对欧盟进出口 31.5 亿美元，同比增长 24.9%。其中，出口 22 亿美元，同比增长 40.8%；进口 9.5 亿美元，同比略降 0.9%。同期，对澳大利亚进出口 20.9 亿美元，同比增长 3.2%。其中，出口 1.5 亿美元，同比下降 18.6%；进口 19.4 亿美元，同比增长 5.4%。对美国进出口 17.1 亿美元，同比下降 3%。其中，出口 15.1 亿美元，同比增长 3.7%；进口 2 亿美元，同比大幅下降 34.3%。

2013 年山西省主要贸易伙伴一览表

国家(地区)	进出口(亿美元)	出口(亿美元)	进口(亿美元)	同比		
				进出口(%)	出口(%)	进口(%)
总计	158.0	78.0	80.0	5.0	14.0	-2.8
欧盟	31.5	22.0	9.5	24.9	40.8	-0.9
澳大利亚	20.9	1.5	19.4	3.2	-18.6	5.4
美国	17.1	15.1	2	-3.0	3.7	-34.3
巴西	11.9	1.8	10.1	10.8	-18.8	18.2

续表

国家（地区）	进出口（亿美元）	出口（亿美元）	进口（亿美元）	同比		
				进出口（%）	出口（%）	进口（%）
东盟	11.3	6.9	4.4	-1.1	9.6	-14.1
韩国	8.7	5.9	2.8	1.7	-7.2	26.9
日本	6.2	2.4	3.8	-30.0	-10.1	-38.5
印度	5.2	4.3	0.9	62.9	87.0	1.9
中国香港	3.6	3.6	0.0	24.7	24.9	-5.2
中国台湾	3.6	2.3	1.2	-17.3	-4.1	-34.5

（四）民营企业是最大外贸主体，外商投资企业进出口快速增长

2013 年山西省民营企业进出口 56.8 亿美元，同比增长 5.3%，占全省外贸总值的 35.9%，比重较 2012 年提高 0.1 个百分点，其中出口 26.7 亿美元，进口 30.1 亿美元；外商投资企业进出口 54.2 亿美元，同比增长 22.3%，占全省外贸总值的 34.3%，比重较 2012 年提高 4.8 个百分点，其中出口 36 亿美元，进口 18.2 亿美元；国有企业进出口 46.9 亿美元，同比下降 10%，占全省外贸总值的 29.7%，比重较 2012 年下降 4.9 个百分点，其中出口 17.2 亿美元，进口 29.7 亿美元。

（五）机电产品出口快速增长，进口以资源型产品为主，机电产品进口下降

2013 年山西省出口机电产品 46.5 亿美元，同比增长 35.2%，其中出口手机 1 442 万台，价值 28.9 亿美元，同比分别增加 90.3% 和增长 77.7%。同期，出口钢材 12.9 亿美元，同比下降 1.1%；出口煤、焦炭为主的初级产品 5.5 亿美元，同比下降 21.7%，仅占全省出口总额的 6.9%，比重较 2012 年下降 3.2 个百分点。

2013 年山西省进口铁矿砂 29.6 亿美元，同比增长 2.6%；进口机电产品 21.3 亿美元，同比下降 19.3%；进口铁合金 7.5 亿美元，同比下降 10.2%；进口煤及褐煤 3.8 亿美元，同比下降 2.1%；进口铬矿砂 3.1 亿美元，同比增长 27.3%。

三、影响山西省对外贸易进出口发展的因素

（一）山西省外贸发展缓慢，与中西部其他省份差距拉大

近年来，部分中西部省份紧紧抓住承接东部产业转移的机遇，加速发展外向型经济，对外贸易规模迅速扩大，而山西省受制于物流成本高、工业基础薄弱、配套产业不完善等因素，对外贸易发展速度不仅落后于重庆、四川等省份，也落后于内蒙古、新疆等地。2013 年，我国中部和西部地区外贸进出口同比分别增长 13.6% 和 17.7%，而山西省增速仅为 5%。外贸依存度从 2010 年的 9.4% 降到 2011 年的 8.6%，2013 年更是进一步降至 7.8%。

（二）外贸主体队伍薄弱，外贸发展过于依赖龙头企业

山西省参与对外贸易的企业数量少，且普遍规模小，缺乏外贸专业人才，外贸主体队伍薄弱，不仅严重制约了外贸发展步伐，也造成了山西省外贸过度依赖龙头企业的局面，不利于外贸健康可持续发展。2013 年山西省进出口规模最大的前两家企业进出口合计就占同期山西省进出口总值的 41.8%，外贸发展对龙头企业的依赖程度过高。

四、2014 年山西省外贸进出口展望及相关建议

随着欧美经济的回暖和国内宏观经济向好，2014 年山西省外贸面临的内外部发展环境将略好于

2013 年，但风险和不确定因素依然很多。从出口看，2014 年山西省面临较为严峻的考验，富士康项目产能基本释放完毕，新的增长点还没有形成，预计 2014 年山西省出口将难以维持 2013 年的快速增长态势；从进口看，中条山铜冶炼项目和太钢新增产能项目的投产将带动原料进口大幅提升，预计 2014 年山西省进口将实现一定幅度的增长。综合来看，2014 年山西省外贸将保持稳定增长势头，但增幅不会太大。

为此建议：一是发挥综合保税区政策优势和航空口岸辐射能力，培育新的竞争优势，积极推进武宿综合保税区项目入区和功能拓展，引进大型物流企业，整合优化各类口岸功能并形成合力，为山西省培育新的竞争优势；二是增强外贸政策措施的针对性，对重点行业、重点企业采取有针对性的措施，着力发展具有地方特色的外贸竞争优势。

陕西省

陕西省是西部装备制造业、高新技术产业、医药制造业、软件服务外包业等产业的重要基地，其中以光伏、新能源汽车、新材料、生物医药、新兴信息产业、高端装备制造业等为代表的一大批战略性新兴产业项目已经相继在陕西落户，为陕西外向型经济发展奠定了基础。2013 年，陕西省各项经济指标都有了较大幅度提高，全省生产总值（GDP）达到 16 045 亿元，同比增长 11%，占同期全国经济总量的 2. 8%。2013 年陕西省外贸依存度为 7. 7%，较 2012 年提高 1. 2 个百分点。

一、加入世界贸易组织以来陕西省外贸发展总体情况

2001 年以来，陕西省外贸发展有了长足进步。据海关统计，全省进出口总值由 2001 年的 20. 6 亿美元增长到 2013 年的 201. 3 亿美元，年均增长 20. 9%。其中，2010 年陕西省外贸进出口总值突破 100 亿美元，2013 年突破 200 亿美元，达到 201. 3 亿美元，位居全国第 23 位，较 2012 年提高 1 位，比 2012 年增长 36%，增速居全国第 2 位。其中，出口 102. 3 亿美元，同比增长 18. 2%，高出全国出口增速 10. 3 个百分点；进口 99 亿美元，同比增长 61. 1%，高出全国进口增速 53. 8 个百分点，进口增速居全国各省份首位。

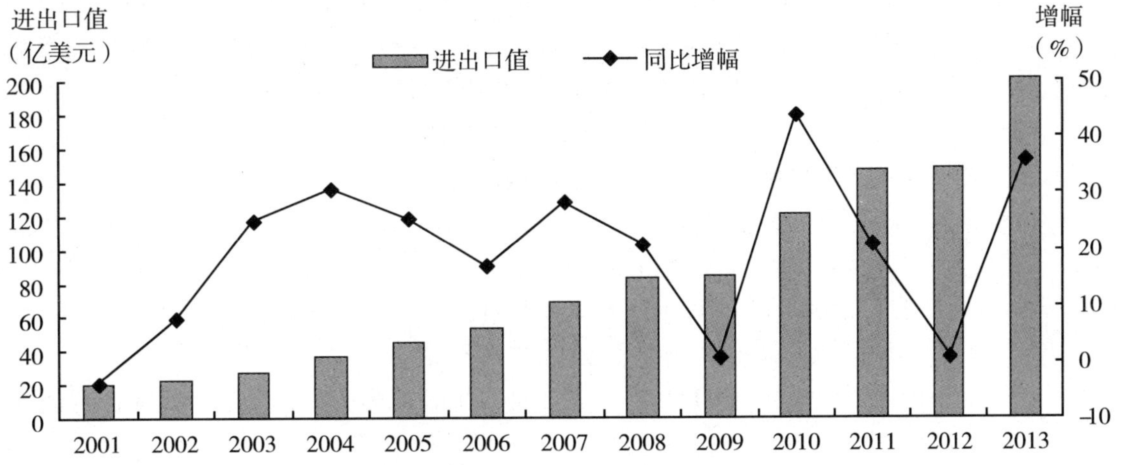

图 1　2001 ~ 2013 年陕西省对外贸易年度走势图

二、2013 年陕西省外贸发展的主要特点

（一）下半年外贸增速明显加快，单月进出口值再创新高

2013 年下半年，陕西省外贸进出口同比增长 44. 5%，增速较上半年提高 19. 2 个百分点，8 月份、11 月份进出口均超 20 亿美元。其中，11 月份进出口 24. 8 亿美元，创单月进出口历史新高（图 2）。

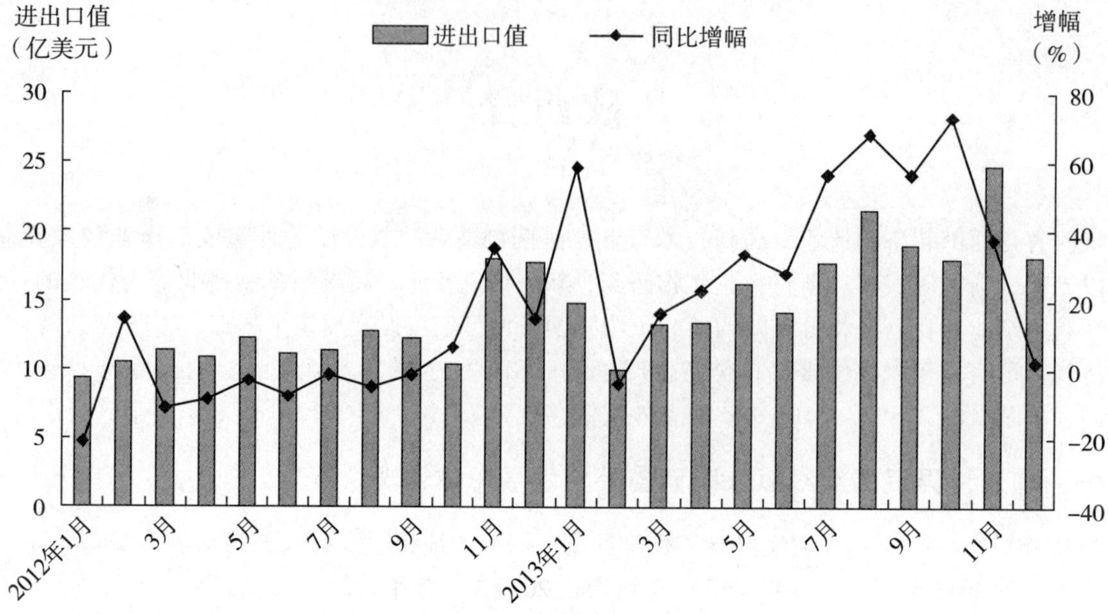

图 2　2012～2013 年陕西省对外贸易月度走势图

（二）一般贸易出口下降，加工贸易进出口强劲增长

2013 年陕西省一般贸易进出口 84.6 亿美元，同比增长 2.1%，占同期全省外贸总值的 42%，该比重较 2012 年下滑 14 个百分点。其中，出口 51.1 亿美元，同比下降 5.8%；进口 33.5 亿美元，同比增长 17.2%。加工贸易进出口 77.4 亿美元，同比增长 76.4%，占全省外贸总值的 38.5%，较 2012 年提高 8.8 个百分点。其中，出口 32.9 亿美元，同比增长 77.1%；进口 44.5 亿美元，同比增长 75.9%。此外，对外承包工程出口货物 1.9 亿美元，同比增长 62.1%。

（三）外商投资企业进出口增势明显，国有企业进出口下降

2013 年陕西省外商投资企业进出口 110 亿美元，同比增长 78.9%，占同期全省外贸总值的 54.7%，该比重较 2012 年上升 13.1 个百分点；民营企业进出口 52.5 亿美元，同比增长 19.6%，占同期全省外贸总值的 26.1%，较 2012 年下滑 3.6 个百分点；国有企业进出口 37.1 亿美元，同比下降 12.8%，占同期全省外贸总值的 18.4%，较 2012 年下滑 10.4 个百分点。

（四）美国、香港、欧盟为主要出口市场，主要进口来源地为美国、欧盟、我国台湾地区和韩国

2013 年美国仍为陕西省第一大贸易伙伴，同时也是最大的出口地和进口来源地。随着对欧盟出口的下降，我国香港地区超过欧盟成为陕西第二大出口市场。2013 年，陕西省对美国、我国香港地区、欧盟出口分别为 20.4 亿美元、17.6 亿美元和 12.8 亿美元，同比分别增长 31.4%、74.2% 和下降 7.6%。

进口方面，自我国台湾地区和韩国进口成倍增长。其中，自美国、欧盟、我国台湾地区、韩国进口值分别为 20.1 亿美元、17.2 亿美元、15.1 亿美元和 14 亿美元，同比分别增长 12.1%、25.8%、127.9% 和 472.1%。

（五）农产品、纺织服装出口下降，机电产品进出口增长迅速

2013 年陕西省机电产品出口 68.9 亿美元，同比增长 31.3%，占同期全省出口总值的 67.4%。农产品出口 7 亿美元，同比下降 14.2%，其中苹果汁出口 4.6 亿美元，同比下降 19.1%。此外，纺织服装出口 3.6 亿美元，同比下降 28.1%；矿产品出口 3.1 亿美元，同比增长 3.8%；有机化学品出口2.9亿美元，同比下降12.2%；钢材出口2.3亿美元，同比下降5.4%。同期，进口机电产品72.6亿美元，同比增长63.5%，占同期全省进口总值的73.3%；矿砂进口7.3亿美元，同比增长11.5%，占同期全省进口总值的7.3%。此外，未锻轧铜进口6.2亿美元，同比增长4.7倍；药品进口1.7亿美元，同比增长12.3%；有机化学品进口1.3亿美元，同比增长0.1%；多晶硅进口1.1亿美元，同比下降20%；大豆进口0.8亿美元，同比增长2.1倍（表1）。

表1　2013年陕西省主要进、出口商品情况表

出口			进口		
商品名称	金额（亿美元）	同比（%）	商品名称	金额（亿美元）	同比（%）
机电产品	68.9	31.3	机电产品	72.6	63.5
其中：集成电路	23.7	118.9	其中：集成电路	37.0	80.5
硬盘	4.1	77.7	未锻轧铜	6.2	468.1
农产品	7.0	-14.2	铁矿砂	5.5	42.3
其中：苹果汁	4.6	-19.1	药品	1.7	12.3
纺织服装	3.6	-28.1	有机化学品	1.3	0.1
矿产品	3.1	3.8	锌矿砂	1.1	-45.5
有机化学品	2.9	-12.2	多晶硅	1.1	-20.0
钢材	2.3	-5.4	大豆	0.8	210.7

三、2013年陕西省外贸增长的主要原因

（一）海关特殊监管区域建设加速，带动全省外贸增长

2013年西安出口加工区进出口100亿美元，同比增长1.2倍，占同期全省进出口总值的49.7%，在全国出口加工区中排名第4位，提高3位。2013年下半年，西安综合保税区、西安高新综合保税区顺利通过验收，其中西安综合保税区已封关运行，标志着陕西省海关特殊监管区域发展进入新阶段。

（二）省内进出口支柱商品增长强劲

随着国际市场智能手机等消费类电子产品需求的上升，2013年陕西集成电路、存储芯片、固态硬盘等电子产品进出口值成倍增长，成为陕西省外贸发展的支柱产品。同时，国家对基础设施建设的投入继续保持增长，国内钢铁、有色金属等需求上升，带动陕西省精炼铜、铁矿砂等资源性产品进口量大幅增加。

四、陕西省进出口形势展望及相关建议

2013年9月份，国家主席习近平出访中亚四国时，提出了共建“丝绸之路经济带”的新主张，为陕西走出封闭、走向开放带来了重大历史机遇。陕西将争取到更加有力的对外开放政策，与西部大开发、关天经济区等优惠政策叠加形成新的优势，实现陕西“连接东西、向西开放”的战略构想，拓展新的战略发展空间。

为此建议：一是抓住建设“丝绸之路经济带”的重大机遇，针对开放型经济新格局和陕西所处新阶段，制定“丝绸之路经济带”开放型经济发展战略规划；二是发挥陕西辐射西部内陆的重要区

位优势，吸引聚集上游配套企业，以潜力巨大的西部内销市场吸引东部加工贸易产业转移；三是拓展国际航线，完善空港功能，打造西北空运、陆运物流枢纽中心，使陕西成为面向中亚的新起点和桥头堡，成为连接东西的枢纽节点。

甘肃省

甘肃省地处黄河上游，位于我国的地理中心，文明中外的古丝绸之路和新亚欧大陆桥横贯全境，是西北地区连接中、东部地区的桥梁和纽带，是西北乃至全国的重要生态安全屏障，是全国重要的新能源基地、有色冶金新材料基地和特色农产品生产与加工基地。长期以来，不临边、不靠海、经济欠发达等因素制约着甘肃外贸的发展，2013 年甘肃省生产总值（GDP）为 6 300 亿元，占全国的 1.1%，外贸依存度为 10.1%。

一、加入世界贸易组织以来甘肃省外贸发展总体情况

加入世界贸易组织以来，甘肃进出口由加入世界贸易组织之初的 7.65 亿美元增至 2013 年的 102.8 亿美元，年均增速 24.2%。其中，进口由加入世界贸易组织之初的 2.96 亿美元增至 56 亿美元，年均增速 27.7%；出口由加入世界贸易组织之初的 4.69 亿美元增至 46.8 亿美元，年均增速 21.1%。2003 年甘肃进出口突破十亿美元关口，至此，甘肃省对外贸易进入了快速发展通道；2007 年突破 50 亿美元大关，年均增速达 38.9%，2008 年金融危机爆发，导致对外贸易受到重创，2009 年更是出现了 21 世纪以来的首次下降，下降幅度达 36.6%，2010 年出现恢复性增长，增速高达 91.3%，甘肃省对外贸易重新进入稳步、快速发展的通道。2013 年甘肃省进出口总值 102.8 亿美元，同比增长 15.5%，高于全国总体增速 7.9 个百分点。其中，出口 46.8 亿美元，同比增长 30.9%，高于同期全国出口增长水平 23 个百分点；进口 56 亿美元，同比增长 5.1%，低于同期全国进口增长水平 2.2 个百分点（图 1）。

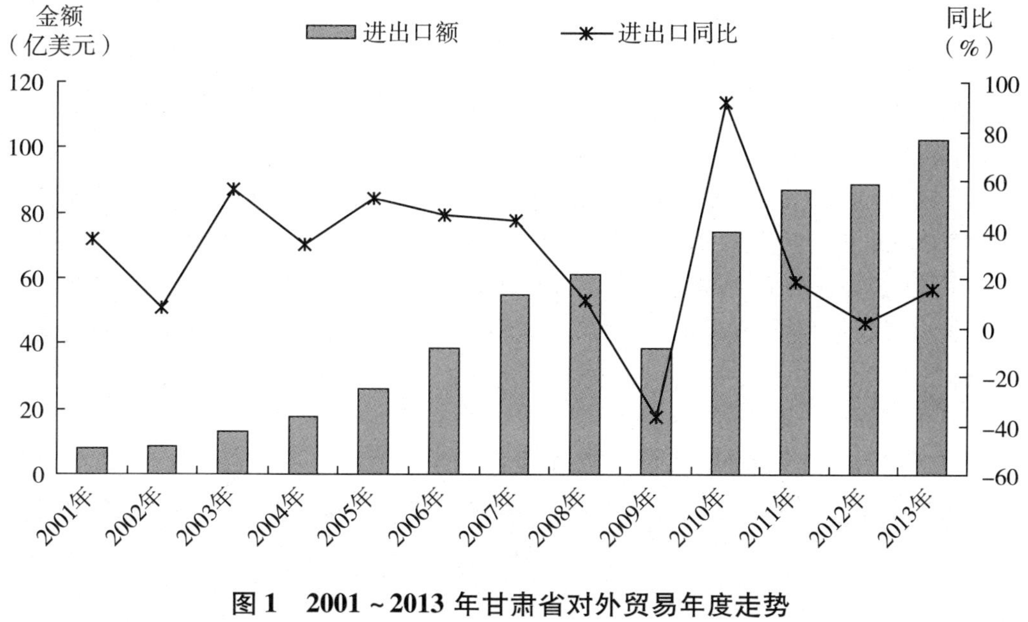

图 1　2001～2013 年甘肃省对外贸易年度走势

二、2013 年甘肃省对外贸易发展的主要特点

据海关统计，2013 年甘肃省进出口贸易总值首次突破百亿美元大关，达 102.8 亿美元，比 2012

年增长15.5%，贸易规模在全国31个省份中居第27位，在西部12个省份中居第8位，贸易增幅居全国第9位、西部地区第6位。

（一）月度进出口呈上扬态势，月度出口波幅较大且步伐不断加快

除2012年5月和2013年10月的进出口量出现高点外，甘肃省外贸月度进出口总体上呈现快步增长的趋势，2013年的月均进出口规模在2012年基础上扩大了1.2亿美元。其中，月度进口同比增减互现，单月进口规模多数维持在3亿～4亿美元之间；而月度出口规模在1亿～10亿美元之间大幅波动，且出口步伐明显加快，5个月份出现同比倍增的迅猛发展态势（图2）。

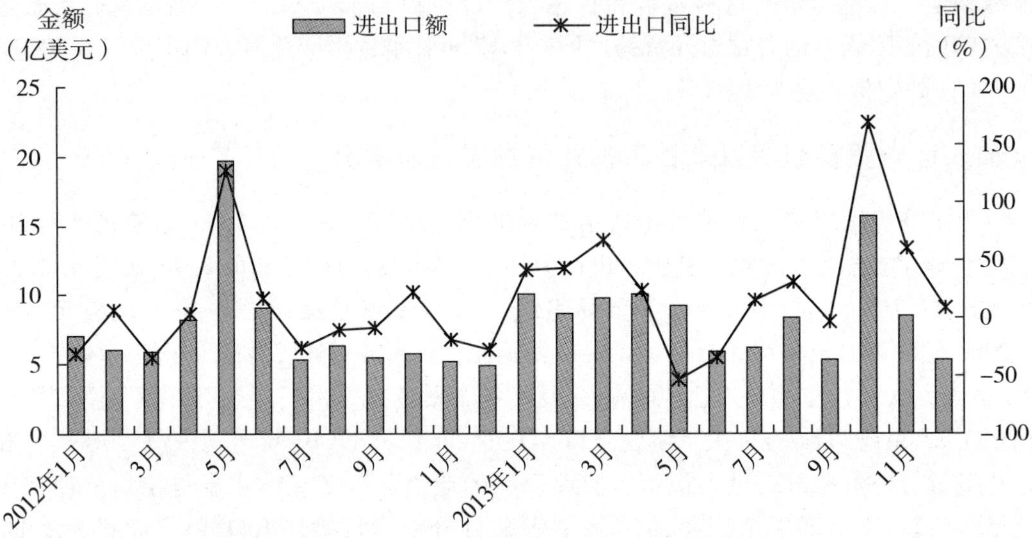

图2 2012～2013年甘肃省对外贸易月度走势图

（二）一般贸易主导进出口，加工贸易进出口倍增

2013年甘肃省以一般贸易方式进出口89.7亿美元，同比增长17.1%，占同期甘肃省进出口总值的87.2%。其中，进口46.6亿美元，同比下降5.9%；出口43.1亿美元，同比增长59%。同期，以加工贸易方式进出口10.5亿美元，同比增长1.4倍，占全省进出口总值的10.2%，比重较2012年增加了5.4个百分点。

（三）民营企业最大出口主体地位进一步巩固，国有企业仍在进口中占据主导地位

2013年甘肃省民营企业进出口48.5亿美元，同比增长24.3%，占同期甘肃省对外贸易总值的47.2%。其中，民营企业出口43.4亿美元，同比增长35.4%，占同期甘肃省出口总量的93%，比重较2012年提升了3.3个百分点，成为甘肃外贸发展的重要增长极。同期，国有企业进出口54.2亿美元，同比增长8.5%，占同期甘肃省进出口总值的52.7%。其中，国有企业进口50.9亿美元，同比增长10%，占同期甘肃省进口总量的90.8%，国有企业在甘肃外贸进口的主导地位不断加强。

（四）澳大利亚为最大贸易伙伴，东盟为最大出口市场

2013年甘肃省进出口涉及的国家和地区共181个，较上年减少6个，其中对66个国家和地区进出口总值超过1 000万美元。澳大利亚作为国际重要矿产品输出国，一直保持甘肃省最大进口来源国地位，且在进口规模上处于不断走高的态势。2013年甘肃自澳大利亚进口11亿美元，同比增长17.9%，占同期甘肃省进口总值的19.6%，比重较2012年提升了2.2个百分点。东盟是甘肃省最大的出口市场，2013年甘肃对东盟出口12.8亿美元，同比迅猛增长1.4倍，占同期甘肃省外贸出口总值的27.3%；欧盟、美国紧随其后，其中美国出口同比快速下滑23%（表1）。

表1　2013 年甘肃省前十大进出口市场一览表

出口市场	金额（亿美元）	同比（%）	比重（%）	进口市场	金额（亿美元）	同比（%）	比重（%）
总计	46.8	30.9	100.0	总计	56	5.1	100.0
东盟	12.8	138.2	27.3	澳大利亚	11.0	17.9	19.6
欧盟	6.4	2.8	13.7	智利	7.5	34.2	13.4
美国	4.8	-23.0	10.3	哈萨克斯坦	7.5	3.5	13.3
印度	2.8	205.2	6.0	蒙古	4.3	25.5	7.7
中国香港	2.2	63.9	4.7	秘鲁	2.9	41.6	5.1
多哥	1.8	162.4	3.8	墨西哥	2.3	85.8	4.2
韩国	1.2	49.4	2.6	欧盟	2.3	2.1	4.1
阿联酋	1.2	38.7	2.5	东盟	2.2	20.2	3.9
苏丹	1.1	513.4	2.4	毛里塔尼亚	1.9	31.5	3.4
沙特阿拉伯	0.9	34.0	2.0	刚果	1.7	-79.2	3.1

（四）劳动密集型商品出口大幅增长，传统出口商品比重出现不同程度收窄

2013 年甘肃省机电产品出口总值 13.9 亿美元，同比增长 28.9%，占同期甘肃省出口总值的 29.7%。同时，劳动密集型商品出口增势迅猛，如服装及衣着附件出口 6.5 亿美元，同比增长 1.7 倍，灯具、照明装置及类似品出口 2.7 亿美元，同比增长 1.1 倍。与此同时，甘肃省传统出口产品出口出现不同程度的收窄，如农产品出口 3.4 亿美元，同比下降 11.8%，占全省出口总值的 7.3%，较 2012 年减少了 2 个百分点。

（五）进口以矿产品为主，主要品种平均价格纷纷下跌

甘肃外贸进口集中在以矿产品为主的资源性商品上。2013 年主要矿产品进口均呈现量增价跌态势。其中，铜矿砂、镍矿砂、铁矿砂及其精矿分别进口 143.6 万吨、53.3 万吨、644.5 万吨，同比分别增加 94.1%、11.9% 和 19%；受国际市场大宗商品价格下跌影响，进口平均价格分别为每吨 1 912美元、每吨 9 420 美元、每吨 1 228 美元，同比分别下跌 5.5%、2.7% 和 4.3%；进口价值合计占同期甘肃省进口总值的比重为 39.4%，较 2012 年提高 9.6 个百分点（表 2）。

表2　2013 年甘肃省前十大进出口商品一览表

出口				进口			
商品名称	金额（亿美元）	同比（%）	比重（%）	商品名称	金额（亿美元）	同比（%）	比重（%）
总计	46.8	30.9	100.0	总计	56.0	5.1	100.0
服装及衣着附件	6.5	173.8	13.8	铜矿砂及其精矿	27.5	83.9	49.2
农产品	3.4	-11.8	7.2	铁矿砂及其精矿	7.9	13.6	14.1
灯具、照明装置及类似品	2.7	113.3	5.8	未锻造的铜及铜材	3.5	-72.5	6.3

续表

出口				进口			
商品名称	金额（亿美元）	同比（%）	比重（%）	商品名称	金额（亿美元）	同比（%）	比重（%）
家具及其零件	2.5	-3.7	5.3	成品油	2.0	-56.5	3.6
塑料制品	2.2	-8.1	4.7	集成电路	0.8	43.8	1.4
箱包及类似容器	2.0	14.1	4.3	农产品	0.4	38.6	0.8
陶瓷产品	1.9	57.2	4.0	乙二醇	0.3	165.4	0.6
集成电路	1.2	30.3	2.6	计量检测分析自控仪器及器具	0.3	-7.2	0.6
鞋类	1.2	12.8	2.5	粮食	0.2	61.8	0.4
纺织纱线、织物及制品	1.1	26.1	2.3	铬矿砂及其精矿	0.1	353.2	0.2

三、2013 年甘肃省外贸增长的主要原因

促进外贸配套政策的出台，有利于龙头企业的发展壮大及转型升级，为全省贸易规模扩大贡献了主要力量。近年来，随着西部大开发战略的逐层深入，甘肃省充分发挥兰州等中心城市辐射带动作用，积极打造陇东、河西两大能源基地，实施以优势资源开发转化为重点的产业发展战略，加快建设能源化工、有色冶金、装备制造、农产品生产与加工等产业基地。甘肃目前已拥有国家级的有色金属冶炼企业，并在此基础上着力发展新能源、新材料，全面推进区域协调发展。2013 年，为促进外贸稳定增长，深化外向型经济建设，甘肃省出台了《关于贯彻落实国务院促进进出口稳增长调结构若干意见的实施意见》，对促进外贸增长进行具体部署，在促进贸易便利化、落实转型跨越发展和推动非公有制经济发展等方面着力。结构调整使金川公司、酒钢公司稳步跨入千亿级企业阵营，兰州石化公司实力增强，白银公司重组步伐加快，5 个千亿级企业初具雏形，10 个千亿级产业链培育工作全面启动，平凉、庆阳煤电化冶千亿级循环经济产业链进入实施阶段，兰州新区等 10 个千亿级产业集聚区建设加快推进。

四、影响甘肃省外贸发展的因素

（一）产业结构单一，贸易集中导致国际市场风险增加

目前甘肃省进口仍以资源性产品为主，具有进口时间集中、产品结构单一的特征。由于矿产品被国际买家高度垄断，作为下游需求方，进口计划变动频繁，在成交价格协定上缺乏主动权，受国际市场波动影响大。"两高一资"的工业结构使甘肃省外贸面临着较大的国际市场风险，且甘肃省产业布局分散，产业结构趋同，产业协同效应较差，多数企业处于产业链、价值链的中低端环节，整体发展质量和效益较差，抵抗市场风险能力也偏弱。相关数据显示，2013 年前 10 个月，作为全省重点支柱的有色、冶金、煤炭三大行业，利润分别较 2012 年同期下降 61.9%、217% 和 47.9%，导致全省工业实现利润增速下降 18.3%。而目前全省规模以上工业企业研发投入占主营业务收入的比重也只有 0.43%，仅相当于全国平均水平的二分之一，有研发机构的企业仅占 7%，开展研发活动的占 10.2%，仅相当于全国平均水平的三分之一。

（二）承接产业转移步伐滞后，贸易主体多元化进程仍需加快

虽然近几年甘肃省大规模开展招商引资，积极引强入甘，但与西部地区其他省份相比，承接东部沿海地区产业转移进程仍较为落后，一般贸易仍占据进出口主导地位，工业发展主要依靠央企和省属企业支撑的局面依然没有改变。2013 年前 11 个月，中央企业占规模以上工业增加值 41.9%，但同比仅微增 0.3%，对全省外贸发展贡献率也仅有 0.9%；省属企业占规模以上工业增加值 24.4%，同比增长 19.7%，对全省贡献率为 38.8%；非公有制企业占规模以上工业增加值的比重最小，但对全省的贡献率达到 43.8%。非公经济虽然发展提速，但规模较小，产品科技含量不高，经营管理水平较低，发展活力和空间没有得到充分释放。

五、2014 年甘肃省外贸展望

目前，国内产业结构调整的步伐正在加快，扩大进口、促进贸易平衡等转变外贸增长方式的宏观调控政策陆续实施。2014 年是甘肃省外贸突破百亿大关后的首年。一方面，甘肃省将紧紧围绕“丝绸之路经济带”建设，逐步扩大与中西亚国家的经贸合作，充分挖掘甘肃在丝绸之路上的战略通道潜力，培植一批面向中西亚及中东欧市场的生产基地和加工贸易基地，推进“向西开放”外贸发展战略，提升外向型经济水平；另一方面，随着东部产业结构优化升级的步伐加快，甘肃省将更加主动地吸收外来先进技术，承接更多资源、劳动密集型产业的加工制造环节转移，延伸产业链条，发展产业集群，营造多元、健康的外贸发展环境。

贵州省

贵州省位于西南地区的东南部，东毗湖南，南邻广西，西连云南，北接四川和重庆。贵州省以水能和煤炭资源为主，具有水煤结合、水火并济的特点，能源资源优势明显，在已发现的128种矿产中，汞矿、重晶石、磷矿、锰矿等多种矿产资源储量位居全国前列，为贵州省发展以磷为重点的化工业、以铝为主的有色金属业及建材业提供了资源基础。近年来贵州省确立了“加速发展，加快转型，推动跨越”的主基调，重点实施工业强省战略和城镇化带动战略，有力地促进了全省经济社会的快速发展。“泛珠三角”区域间经济合作和“中国—东盟自由贸易区”的全面启动给贵州省外向型经济发展带来了便利条件，使贵州省在与东南亚、南亚等国家经贸关系中的区位优势日趋明显，成为重要的资源性商品出口省份。2013年，贵州省生产总值为8 006.79亿元，占全国的1.4%，进出口总值82.9亿美元，占全国进出口总值的0.2%，外贸依存度为6.4%。

一、加入世界贸易组织以来贵州省外贸总体情况

加入世界贸易组织之初的2001年，贵州省对外贸易尚处于起步阶段，外贸规模小，进出口总值仅6.5亿美元，外贸依存度为4.7%。随着2003年京瓷振华手机、2004年南方汇通微硬盘生产项目的落户，贵州省外贸发展取得了长足进步。2004年贵州省外贸进出口突破10亿美元大关，进出口增速当年排名全国第一，外贸依存度上升为7.5%。此后2005～2009年间，除2005年受全国出口退税政策变动和2009年受全球金融危机影响全省外贸进出口值同比下降外，其余年份贵州省外贸规模均呈良好增长态势，外向型经济处于平稳增长阶段。2007年贵州省外贸进出口规模突破20亿美元，进出口增速列全国第六位，外贸依存度为6.3%，2008年跨上30亿美元台阶，进出口增速列全国第五位，其中进口增速列全国第一，外贸依存度为7.1%。2010～2013年间，贵州省外贸驶入“快车道”，连续3年增速保持20%以上，外贸规模年年创新高，至2013年贵州省外贸进出口总值已突破80亿美元大关（图1）。

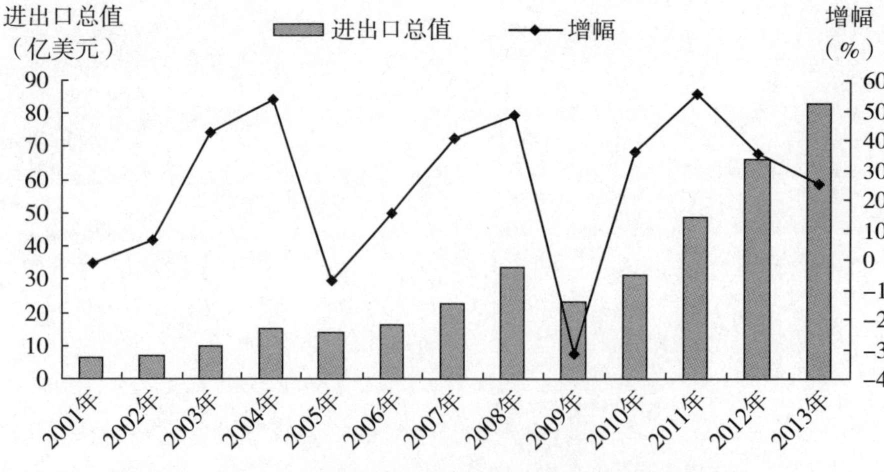

图1　2001～2013年贵州省外贸进出口年度走势图

二、2013 年贵州省外贸进出口的主要特点

2013 年贵州省外贸进出口总值 82.9 亿美元，比 2012 年增长 25%，高出全国外贸总体增速 17.4 个百分点，进出口值及其同比增速在全国 31 个省份中分列第 28 位和第 4 位，居西部 12 省份的第 9 位和第 3 位。其中，出口 68.9 亿美元，同比增长 39%，高出全国平均增速 31.1 个百分点，出口增幅居全国第 3 位；进口 14 亿美元，同比下降 16.4%，低于全国平均增速 23.7 个百分点，进口增幅居全国第 30 位。

（一）年中滑至低谷，年末冲高回落

2013 年开年伊始，贵州省进出口总值一度在 1 月份达到 9.2 亿美元的高点，但此后大幅回落，4 月份时跌至 2.9 亿美元，是 2012 年 3 月以来的新低。从 7 月份开始，贵州省外贸形势显著回暖，当月进出口值达到 10.3 亿美元的高点，之后虽略有回落，但在 11 月份达到 16.3 亿美元，创下贵州省进出口月度历史新高，12 月份再次大幅回落至 6 亿美元（图 2）。

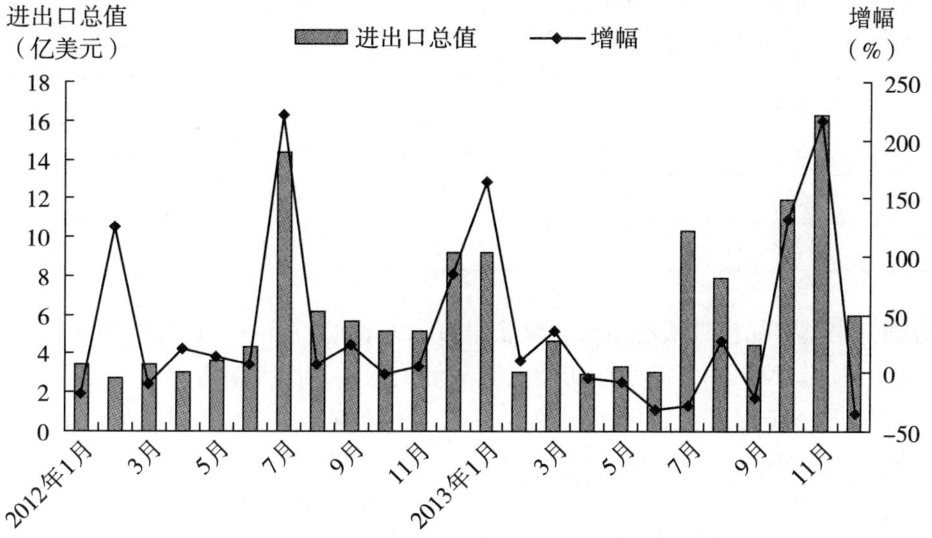

图 2　2012 ~ 2013 年贵州省外贸进出口月度走势图

（二）一般贸易占主导地位，加工贸易发展迟缓

2013 年贵州省以一般贸易方式进出口 77 亿美元，同比增长 29.8%，占全省进出口总值的 92.9%。其中，出口 64.4 亿美元，同比增长 45.7%；进口 12.6 亿美元，同比下降 16.8%。同期，以加工贸易方式进出口 5.1 亿美元，同比增长 2%，占全省进出口总值的 6.1%。其中，出口 3.8 亿美元，同比增长 7.9%；进口 1.3 亿美元，同比下降 11.9%。

（三）民营企业对外贸易发展迅猛，国有企业进出口大幅萎缩

2013 年贵州省民营企业对外贸易快速增长，成为贵州省外贸最大亮点。民营企业当年实现进出口值 52.9 亿美元，同比大幅增长 87.6%，占全省进出口总值的 63.8%，比 2012 年提高 21.2 个百分点。其中，出口 50.8 亿美元，同比增长 91.7%；进口 2.1 亿美元，同比增长 24%。而同期国有企业进出口大幅萎缩，2013 年贵州省国有企业进出口值为 27.8 亿美元，下降 23.3 %，占全省进出口总值的 33.5%，比 2012 年下降 21.1 个百分点。其中，出口 17 亿美元，同比下降 22.1%；进口 10.8 亿美元，同比下降 25%。此外，外商投资企业进出口 2.2 亿美元，同比增长 15.6%，占全省进出口总值的 2.7%，比 2012 年减少 0.3 个百分点。其中，出口 1 亿美元，同比下降 11.4%；进口

1.2 亿美元，同比增长 59.3%。

（四）东盟为最大贸易伙伴，与欧美双边贸易大幅增长

2013 年贵州省与东盟双边贸易值为 21.2 亿美元，同比增长 22.9%。其中，出口 18.5 亿美元，同比增长 29.8%；进口 2.7 亿美元，同比下降 9.7%。同期，贵州省与欧盟和美国双边贸易大幅增长，双边贸易值分别为 11.7 亿美元和 10.9 亿美元，同比分别增长 94.8% 和 49.6%（表 1）。

表 1　2013 年贵州省与主要贸易伙伴进出口值一览表

国别（地区）	金额（亿美元）			同比（%）		
	进出口	出口	进口	进出口	出口	进口
总计	82.9	68.9	14.0	25.0	39.0	-16.4
东盟	21.2	18.5	2.7	22.9	29.8	-9.7
欧盟	11.7	10.3	1.4	94.8	97.1	79.6
美国	10.9	9.7	1.2	49.6	70.7	-23.6
澳大利亚	4.8	1.5	3.3	-9.6	9.3	-16.4
印度	4.8	4.5	0.3	-25.6	-28.3	104.5
中国香港	3.6	3.6	0.0	42.4	42.4	-55.5
沙特阿拉伯	2.0	1.7	0.3	71.5	149.0	-35.0
南非	2.5	1.0	1.5	18.0	35.7	8.1

（五）劳动密集型产品出口快速增长，化肥出口大幅萎缩，进口以资源性产品为主

2013 年贵州省出口家具、灯具及照明装置 9.9 亿美元，同比大幅增长 1.1 倍，占全省出口总值的 14.4%；出口化肥 5.6 亿美元，同比下降 46.1%，占全省出口总值的 8.1%；出口塑料及其制品 4.1 亿美元，同比增长 91.8%，占全省出口总值的 6%。2013 年贵州省进口铁矿砂 5 亿美元，同比下降 33.7%，占全省进口总值的 35.7%；进口橡胶 1.6 亿美元，同比下降 27.6%，占全省进口总值的 11.3%；进口硫磺 1.3 亿美元，同比下降 46.2%，占全省进口总值的 9.3%。

三、2013 年贵州省进口下降的主要原因

（一）钢铁行业产能过剩，铁矿砂进口萎缩

2013 年铁矿砂进口值占贵州省进口总值的 35.3%，是贵州最重要的进口商品。2013 年受国内钢铁产能过剩、企业利润减少影响，贵州钢铁企业生产压力加大，企业对铁矿砂进口需求减弱，进口规模大幅缩减。同时，国际市场铁矿砂供给充足，市场价格上涨动力不足，铁矿砂进口价格高位略有回落。2013 年贵州省铁矿砂进口数量同比下降 31.8%，进口价格同比下跌 2.9%，拉低贵州省进口总值 15.1 个百分点。

（二）国际橡胶价格下跌，橡胶进口下降

2013 年贵州省橡胶制品企业一方面受欧美市场需求不振和企业库存高企影响，进口数量同比下降了 12.3%；另一方面，需求低迷和部分东盟国家下调橡胶出口关税使国际天然橡胶供大于求，供求矛盾加剧，国际原油价格下滑引起合成橡胶价格下跌并带动天然橡胶价格进一步下跌。2013 年贵州省橡胶进口值下降，拉低贵州省进口总值 3.6 个百分点。

四、影响贵州省外贸发展的因素

（一）区域发展不平衡

2013 年贵州外贸虽然取得了较快发展，但各地区外贸发展极不均衡。外贸进出口规模排名前三位的贵阳市、黔东南州和六盘水市进出口合计 78 亿美元，占全省进出口总值的 94.1%，其中贵阳市所占比重高达 80.4%，而外贸规模最小的铜仁市在贵州省进出口份额中的比重仅为 0.2%，地区间发展不平衡现象突出。

（二）外贸主体队伍薄弱

贵州省外贸主体队伍小、龙头企业外贸规模不大、企业集中度高的现状也制约着贵州省外向型经济的持续发展。2013 年，贵州省有实际进出口的企业 479 家，其中进出口规模过亿美元的企业只有 31 家，仅进出口榜首企业跻身全国外贸 500 强，且仅居第 478 位。

（三）承接加工贸易产业转移步伐较慢

相较于西南其他省份，贵州省承接东部加工贸易产业转移步伐较慢。2013 年贵州省加工贸易进出口值占全省进出口总值的比重仅为 6.1%，较 2012 年下降 1.4 个百分点，远低于全国平均水平 26.5 个百分点，加工贸易方式对贵州省整体外贸增长贡献率只有 0.2%。与加工贸易发达地区相比，贵州省从事加工贸易企业数量少，企业之间产业关联度不高，尚未形成成熟的产业链和产业集群。

五、2014 年贵州省外贸形势展望和相关建议

2012 年《国务院关于进一步促进贵州经济社会又好又快发展的若干意见》颁布后，贵州省经济呈现加速发展态势，各级政府对外贸工作重视程度不断提高。目前贵阳综合保税区、贵安新区的获批，富士康项目的落户均为贵州省外向型经济迎来发展空间。同时，受益于国家对部分化肥品种下调关税和淡季出口征收从量税、旺季加征 15% 等关税政策，部分化肥品种由旺季的禁止性改为限制性出口，将一定程度缓解贵州省化肥企业出口不断下滑的局面。进入 2014 年，贵州省工业化、城镇化建设的积极推进，投资力度和招商引资力度不断加大，特别是国际大型加工贸易企业的入驻，将给贵州省外贸经济发展带来巨大的空间与潜力。

为此建议：一是继续加大招商引资力度，改善投融资环境，加快贵阳综合保税区和贵安新区建设，吸引优质企业和项目落户；二是积极培育新兴支柱产业、特色产业，积极谋划搭建特色商品信息资源数据平台和特色产品出口示范基地；三是以贵阳市创建国家电子商务示范城市为契机，加快贵州省跨境电子商务发展，促进外贸多元化发展。

西藏自治区

西藏自治区（以下简称西藏）位于我国西南边疆，分别与印度、尼泊尔、不丹、缅甸和锡金等国家和地区接壤，边境线全长近4 000公里，占我国陆疆总里程的17%。近年来，随着边境口岸和交通运输条件的不断改善，我国外贸企业开拓南亚市场的力度不断加大，西藏成为我国商品出口南亚地区的主要陆路桥头堡之一。2013年西藏生产总值约为802亿美元，与2012年相比增长12.5%，外贸依存度为25.6%。

一、加入世界贸易组织以来西藏外贸发展总体情况

据海关统计，2001年西藏外贸进出口值不足1亿美元，仅为9 291万美元，是全国外贸进出口规模最小的省份。此后9年，西藏进出口规模均保持在10亿美元以下，2011年进出口首次超过10亿美元，达到13.6亿美元，2012年西藏外贸进出口实现跨越式增长，当年进出口值达到34.2亿美元，同比增长1.5倍，2013年较2012年略有下降，是全国唯一一个进出口值出现下降的省份，全年进出口33.2亿美元，同比下降3.1%，在全国31个省份中排名第29。其中，出口32.7亿美元，同比下降2.6%；进口0.5亿美元，同比下降27%（图1）。

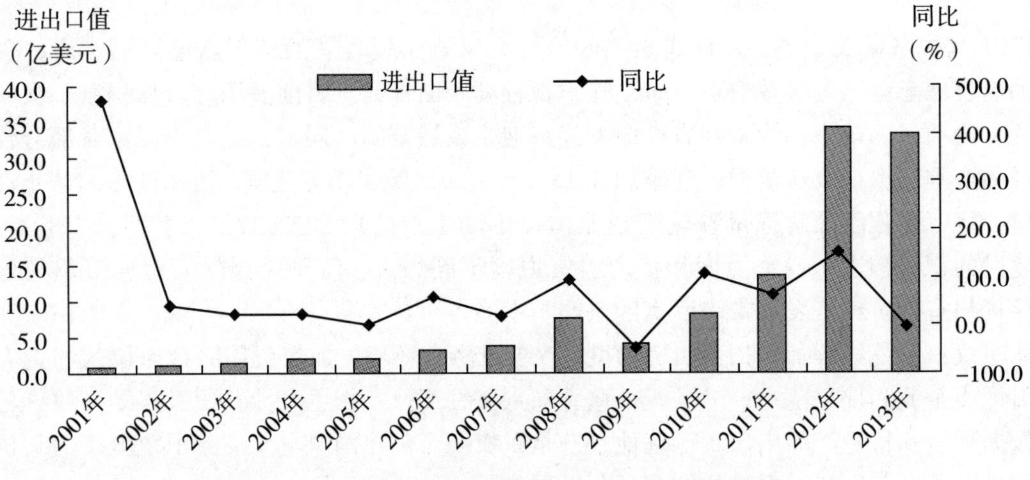

图1　2001～2013年西藏外贸进出口年度走势图

二、2013年西藏外贸发展的主要特点

（一）2月起进出口值明显回落

从月度趋势看，西藏外贸月度进出口总值起伏较大。2013年1月份，西藏月度外贸进出口总值达到历史峰值，为6.9亿美元，同比增长8.6倍，2月份出现较大下滑，当月进出口4.4亿美元，同比增长5.6倍，环比下降36.2%，5月份为全年最低值，当月进出口仅为1亿美元，同比下降64%，环比下降52.4%。下半年月度进出口趋于平稳（图2）。

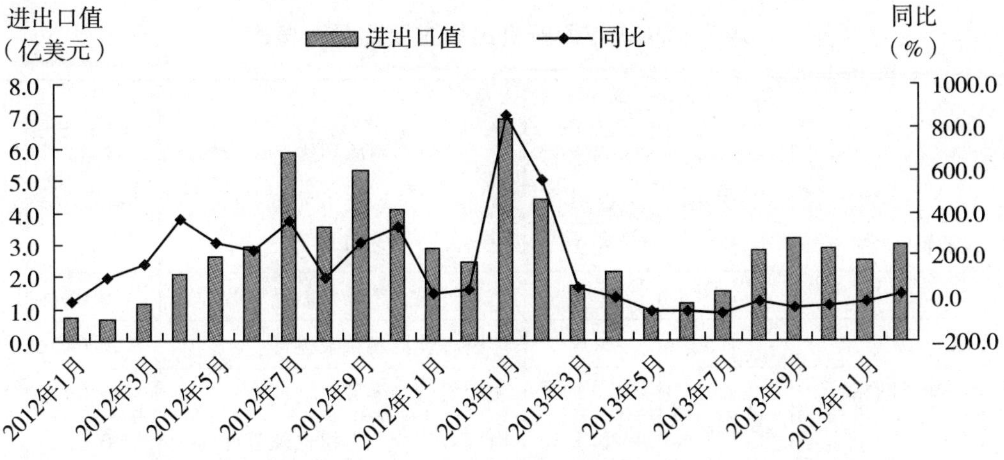

图2　2012～2013 年西藏外贸进出口月度走势图

（二）边境小额贸易保持稳定增长，一般贸易下降明显

2013 年西藏外贸进出口以边境小额贸易和一般贸易为主，以上两种贸易方式进出口总值合计占同期西藏进出口总值的 99.7%。全年边境小额贸易继续保持平稳增长势头，进出口贸易值达 19.2 亿美元，同比增长 14.1%，占西藏进出口总值的 57.8%。其中，出口 19.1 亿美元，进口 0.1 亿美元，同比分别增长 14.1% 和 9.2%。同期，一般贸易进出口值 13.9 亿美元，同比下降 19.4%，降幅高出同期西藏外贸整体水平 16.3 个百分点，占西藏进出口总值的 41.9%。其中，出口 13.5 亿美元，同比下降 19%；进口 0.4 亿美元，同比下降 31.3%。

（三）民营企业占据主导地位，其出口微幅下降

民营企业是 2013 年西藏最大对外贸易主体，全年民营企业进出口总值达 31.3 亿美元，同比下降 0.4%，占同期西藏进出口总值的 94.3%。其中，出口 31 亿美元，同比下降 0.9%；进口 0.3 亿美元，同比增长 1.4 倍。同期，国有企业进出口 1.8 亿美元，同比下降 33.5%。其中，出口 1.6 亿美元，同比下降 26.3%，进口 0.2 亿美元，同比下降 61.8%。

（四）尼泊尔是最大的贸易伙伴，双边贸易逆势增长

2013 年尼泊尔为西藏最大的贸易合作伙伴，全年双边贸易值 19.5 亿美元，同比增长 13.8%，占同期西藏外贸总值的 58.4%。其中，出口 19.3 亿美元，同比增长 13.8%；进口 0.2 亿美元，同比增长 6%。同期，与西藏双边贸易值超过 1 亿美元的还有五个国家和地区。其中，对东盟进出口 4 亿美元，同比下降 34%；对欧盟进出口 2.7 亿美元，同比下降 5.7%；对马来西亚进出口 2 亿美元，同比下降 10.8%；对美国进出口 1.8 亿美元，同比增长 3.7%；对新加坡进出口 1 亿美元，同比增长 45. 6%。

（五）出口商品以传统劳动密集型商品为主，机电产品为最大类进口商品

出口方面，2013 年西藏出口商品以传统劳动密集型商品为主。其中，出口服装 15 亿美元，同比增长 6.9%；出口鞋类 2.3 亿美元，同比增长 37%；出口家具及其零件 1.5 亿美元，同比下降 3.6%；出口纺织纱线、织物及制品 1.4 亿美元，同比下降 14.3%；出口箱包 1.3 亿美元，同比下降 10.5%。此外，2013 年西藏出口机电产品 6.3 亿美元，同比下降 11.7%。

进口方面，2013 年机电产品为西藏最大类进口商品，进口值为 0.4 亿美元，同比大幅下降 35.3%。从具体品种看，涡轮喷气发动机为最大进口品种，进口 0.1 亿美元，同比增长 31.2 倍。同期，纺织纱线、织物及制品进口 0.05 亿美元，同比增长 0.1%（表 1）。

表1　2013年西藏进出口主要商品一览表

商品种类	出口		商品种类	进口	
	金额（亿美元）	同比（%）		金额（亿美元）	同比（%）
服装及衣着附件	15.0	6.9	涡轮喷气发动机	0.1	3120.1
鞋类	2.3	37.0	纺织纱线、织物及制品	0.05	0.1
家具及其零件	1.5	-3.6	印刷、装订机械及零件	0.04	39.4
纺织纱线、织物及制品	1.4	-14.3	纺织机械及零件	0.03	
箱包及类似容器	1.3	-10.5	橡胶或塑料加工机械及零件	0.02	
灯具、照明装置及类似品	1.0	-8.7	机械提升搬运装卸设备及零件	0.02	
塑料制品	1.0	-31.9	医药品	0.02	988.7
陶瓷产品	0.8	1.6	农产品	0.01	-26.2
农产品	0.5	20.2	计量检测分析自控仪器及器具	0.01	107.1
玻璃制品	0.3	-28.4	饮料及液体食品灌装设备	0.01	-73.5

三、影响西藏外贸的因素及进出口形势展望

西藏的社会经济发展为边境地区外贸发展提供了有力支持。近年来，西藏交通运输条件、口岸建设、仓储物流等基础设施得到较快发展。2006年7月1日青藏铁路全线开通运营，至2013年已开通七条列车线路，始发站分别为北京、上海、广州、成都、重庆、兰州和西宁，涉及26个城镇，物流运输能力明显提升；2010年，连通我国东西部、中尼国际公路我国境内主要组成部分的上海—拉萨—聂拉木国道318全线完成黑化硬化；主要边境贸易口岸（樟木口岸）仓储吞吐能力随着新的监管仓库的建设和运行得到明显增强；口岸相关部门的执法服务水平提升，有效提高了通关效率和质量，促进了贸易便利。

随着西藏—尼泊尔交通运输、物流能力的增强和贸易条件的持续改善，以及“藏青工业园区”、“达孜工业园区”和“拉萨经济技术开发区”建设力度的不断加大和项目逐步实施，以边境小额贸易为主的西藏外贸今后将继续出现比较稳定的增长。

宁夏回族自治区

宁夏回族自治区（以下简称宁夏）是中国5个少数民族自治区之一，是我国唯一省级建制的回族自治区，处在西部黄河上游地区，毗邻陕西省、甘肃省和内蒙古。2013年，宁夏生产总值（GDP）为2 600亿元，占全国的0.5%。宁夏对外经济贸易起步晚，起点低，但发展较快。从1958年宁夏成立到1979年，宁夏利用外资和对外经济技术合作均为空白。改革开放给宁夏外贸带来了质与量的飞跃，2013年宁夏已与168个国家（或地区）发展了贸易往来，市场分布也打破了单一局面。2013年宁夏外贸依存度为7.7%，处于全国下游水平。

一、2013年宁夏外贸发展概况

加入世界贸易组织以来，除2002年、2009年及2012年外，宁夏外贸进出口均呈现同比增长态势，据海关统计，宁夏年度进出口值由加入世界贸易组织之初的5.3亿美元增至32.2亿美元，年均增速16.2%，其中2006年首次突破10亿美元，之后分别于2011年、2013年连续两次突破十亿整数关口。2013年宁夏进出口总值32.2亿美元，比2012年增长45.2%，高出全国总体增速37.6个百分点。在全国31个省份和西部13个省份（不含港澳台）中居倒数第2位，贸易增幅在全国居首。其中，出口25.5亿美元，同比增长55.5%，高出全国出口总体增速47.6个百分点，增速排第2位；进口总值6.7亿美元，同比增长15.6%，高出全国进口总体增速8.3个百分点，增速排第6位（图1）。

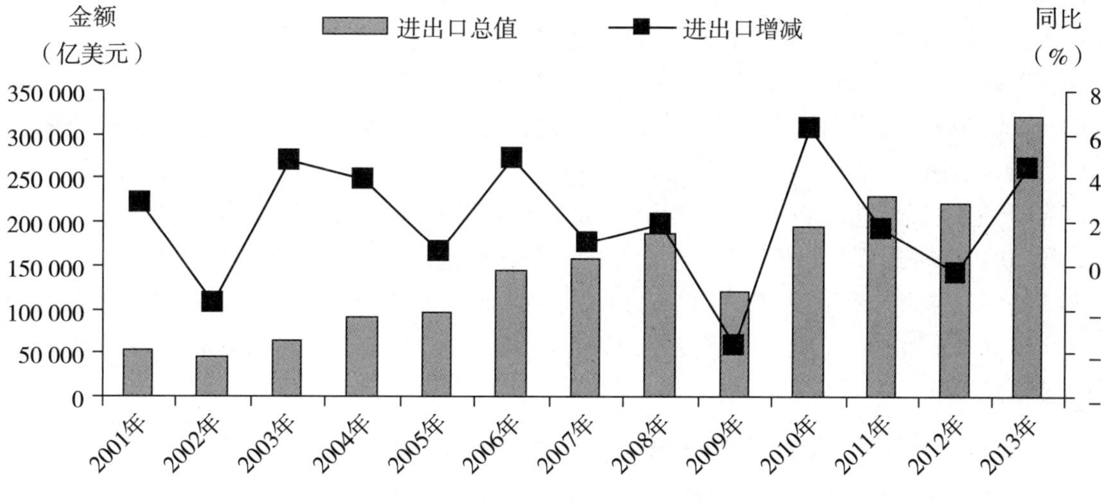

图1　2001～2013年宁夏进出口年度走势图

二、2013年宁夏外贸发展特点

（一）5月份进出口规模达到高点后逐步回落

2013年，宁夏月度平均进出口额为2.7亿美元。其中，4月、5月进出口额同比增势迅猛，5月份更是达到了6亿美元的月度进出口规模历史峰值，之后月度进出口回落，在2亿美元上下波动，12月份的进出口规模已经连续第4个月收窄，为1.6亿美元，同比增长28.7%，环比下降

17.1%（图2）。

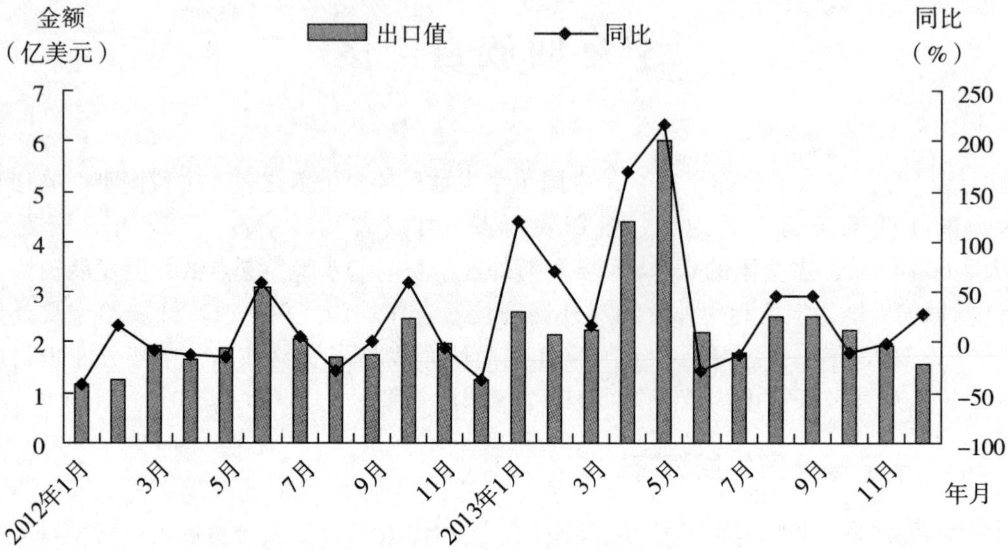

图2　2012～2013年宁夏对外贸易月度走势图

（二）一般贸易占据进出口主导地位

2013年宁夏一般贸易进出口额31亿美元，同比增长41.6%，占同期宁夏进出口总额的96.3%。其中，出口25亿美元，同比增长53.7%，占同期宁夏出口总额的98%；进口6亿美元，同比增长6.6%。同期，加工贸易进出口1 160.8万美元，同比下降58.4%。

（三）民营企业是最大进出口主体，国有企业进口下降

2013年民营企业是宁夏最大进出口主体，进出口值21.3亿美元，同比迅猛增长92.1%，占同期宁夏进出口总值的66.1%。国有企业进出口总值7.4亿美元，同比下降5%。其中，进口2.3亿美元，同比下降18%；出口5.1亿美元，同比增长1.8%。

（四）东盟的第一大进出口市场地位巩固，欧盟紧随其后，美国、日本进出口有所下滑，对新兴市场出口增长迅速

2013年宁夏对东盟进出口6.4亿美元，同比迅猛增长1.2倍，占同期宁夏进出口总值的19.8%，较2012年提升了7个百分点；欧盟是宁夏第二大进出口市场，进出口值为5.7亿美元，同比增长21.4%，主要增长产品为羊绒衫、钽粉；而对美国、日本分别进出口2.7亿美元、2.2亿美元，同比下降5.6%和10%。此外，宁夏对新兴市场出口增长明显，对阿联酋和秘鲁同比均出现成倍增势（表1）。

表1　2013年宁夏前十大进出口市场一览表

出口市场	金额（亿美元）	同比（%）	比重（%）	进口市场	金额（亿美元）	同比（%）	比重（%）
总计	25.5	55.5	100.0	总计	6.7	15.6	100.0
东盟	5.4	109.4	21.2	欧盟	1.1	-20.0	16.5
欧盟	4.6	38.9	18.1	东盟	0.9	263.3	14.1
美国	2.4	-6.7	9.4	澳大利亚	0.9	-22.4	13.8

续表

出口市场	金额（亿美元）	同比（%）	比重（%）	进口市场	金额（亿美元）	同比（%）	比重（%）
印度	2.0	48.2	7.8	日本	0.8	-17.6	11.6
日本	1.4	-5.9	5.5	加纳	0.7	57.2	10.8
韩国	1.2	81.9	4.7	朝鲜	0.4	-	6.1
中国香港	1.1	34.2	4.5	卢旺达	0.4	1 513.1	5.7
俄罗斯	0.7	71.1	2.8	美国	0.2	5.6	3.7
阿联酋	0.5	132.3	1.9	韩国	0.2	182.2	3.2
秘鲁	0.4	1 397.5	1.7	巴西	0.2	4.3	2.8

（五）劳动密集型商品出口增势强劲，医药品与上年持平，主要资源性商品占进口 3 成比重

出口方面，劳动密集型商品成为宁夏主要出口商品。服装及衣着附件、纺织纱线、织物及制品、家具、塑料制品、箱包、灯具、陶瓷制品和鞋类的出口规模均位居前列且增势强劲；传统重点出口行业及商品形势不佳，医药品与 2012 年基本持平；铁合金、增炭剂、石墨及制品、除草杀虫剂、红霉素、无毛绒、饲料添加剂和双氰胺等降幅均超过了 20%。此外，农产品出口 0.9 亿美元，同比增长 34%，主要出口产品枸杞、饲料添加剂分别出口 2 123 万美元、1 977 万美元，同比增长 51%、10%，蜂蜜、蔬菜种子出口值达 500 万，增幅在 35% 以上。

进口方面，锰矿砂及其精矿、氧化铝位居前两大进口商品。其中，氧化铝进口同比快速下降 33%；而铬矿砂及其精矿进口激增，升至第四大进口商品。以上 3 种商品进口值合计占同期宁夏进口总值的 30%。此外，机电产品进口 2.1 亿美元，同比下降 9.7%（表 2）。

表 2　2013 年宁夏前十大进出口商品一览表

出口				进口			
商品名称	金额（亿美元）	同比（%）	比重（%）	商品名称	金额（亿美元）	同比（%）	比重（%）
服装及衣着附件	3.7	108.5	14.4	锰矿砂及其精矿	1.0	41.8	15.1
纺织纱线、织物及制品	1.5	103.9	6.0	氧化铝	0.8	-33.0	11.4
医药品	1.3	0.7	4.9	服装及衣着附件	0.4	11 122.7	6.1
家具及其零件	1.1	193.5	4.3	铬矿砂及其精矿	0.2	2 379.1	3.5
塑料制品	1.0	238.5	3.7	橡胶或塑料加工机械及零件	0.2	-	3.0
箱包及类似容器	0.7	96.6	2.8	计量检测分析自控仪器及器具	0.2	2.9	2.6
灯具、照明装置及类似品	0.7	171.4	2.7	纸浆	0.2	-64.2	2.4

续表

出口				进口			
商品名称	金额（亿美元）	同比（%）	比重（%）	商品名称	金额（亿美元）	同比（%）	比重（%）
陶瓷产品	0.6	274.0	2.3	通断保护电路装置及零件	0.1	-36.0	2.2
鞋类	0.5	174.1	1.9	印刷、装订机械及零件	0.1	860.1	1.6
山羊绒	0.4	-35.0	1.7	合成橡胶	0.1	932.1	1.4

三、影响宁夏外贸发展的因素

宁夏当地产业发展和外贸基础设施建设均滞后，仍是当前及未来一段时期内宁夏外贸发展的短板。宁夏进出口商品均以初级产品或附加值较低的劳动密集型商品为主，而电子产品核心部件和用于制造业扩大再生产的机械设备进口甚至出现下降。2013 年 12 月 29 日银川综合保税区已经封关运营，实现了“当年建设、当年验收、当年运营”的良好效果，但新的配套政策改革还未出台，特殊监管区域之间、特殊区域与一般口岸之间适用区域通关业务尚未有明确的操作规范。宁夏的外贸发展及与之相关的基础建设步伐仍然滞后。

四、2014 年宁夏外贸发展展望

近年来，宁夏把转变对外贸易发展方式作为对外贸易发展的主线，坚持科技创新，出口产品由“黑色系列”扩大到新材料、特色医药、冶金、机电、纺织和农产品等领域的近千种商品，并培育出钽铌制品、硅铁、羊绒及制品、金属镁等出口上亿美元的产业，开始改变宁夏以原料出口为主的结构。2013 年借助中阿博览会平台，宁夏更是加快了向西开放脚步，阿联酋、沙特、卡塔尔、巴林、阿曼、科威特等 6 个海合会成员国成为宁夏对阿主要贸易伙伴。

展望 2014 年，宁夏在促进外贸发展的物流条件、基础建设等方面均会有所改善：1 月 2 日，海关总署批准银川市开展跨境贸易电子商务试点工作，宁夏欲充分发挥地域优势，充分利用开展跨境贸易电子商务试点先行先试的政策支持，打造一个覆盖西部内陆，连接阿拉伯国家和穆斯林地区清真食品、穆斯林用品的商业服务平台；与此同时，银川—哈萨克斯坦国际货运包机开通，该航线搭建了宁夏与中亚国家经贸往来的新平台，是宁夏推动丝绸之路经济带建设的重要内容，将促进宁夏与中亚国家和地区物流、资金流、信息流的全面交流和合作。在新兴贸易业态发展推动和交通物流条件改善的背景下，宁夏的开放型经济建设将会迈上一个新的台阶。

青海省

青海省地处青藏高原，深居内陆，交通不便，经济相对落后，对外贸易发展起步晚、水平低。青海省经济发展以能源、原材料的开发生产为基础，重化工和高耗能产业在工业经济中占有较大比重。2013 年，青海省生产总值（GDP）为 2 101 亿元，占全国的 0.4%，外贸进出口值占全国进出口总值的 0.03%，外贸依存度为 4.1%，是全国外贸规模最小的省份。

一、加入世界贸易组织以来青海省外贸发展情况

加入世界贸易组织以来，青海省对外贸易迅速发展，尤其是 2003 年，进出口规模首次突破 3 亿美元大关，2004 年再次突破 5 亿美元，2005 年有所回落，2006 年再次登上 6 亿美元台阶，此后进入盘整阶段，连续三年进出口维持在 6 亿美元的规模，2009 年受全球金融危机影响下滑，但在 2010 年迅速回升，并一举突破 7 亿美元大关。此后的三年中，青海省对外贸易均保持了两位数的快速增长态势，分别跨上 9 亿、11 亿和 14 亿美元台阶，至 2013 年，进出口规模已达 14 亿美元，加入世界贸易组织以来年均增长率为 17.4%（图 1）。

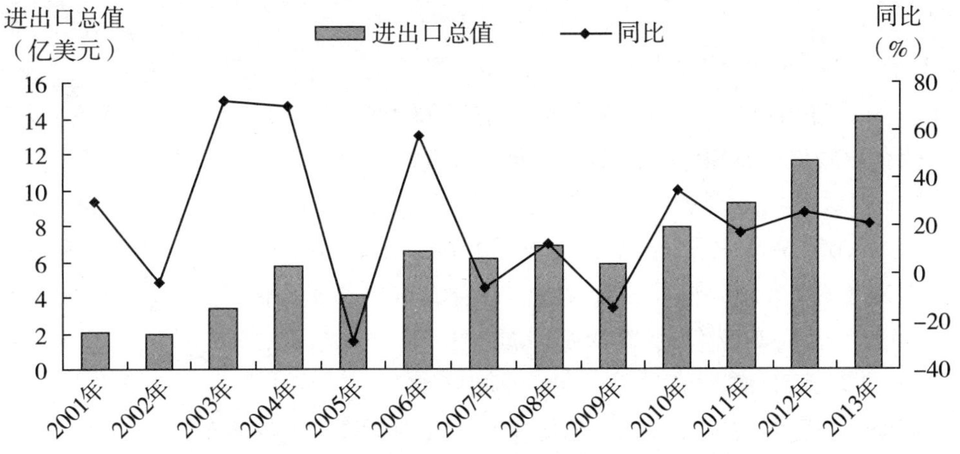

图 1　2001～2013 年青海省外贸进出口年度走势图

二、2013 年青海省对外贸易发展的主要特点

2013 年青海省对外贸易进出口总值 14 亿美元，比 2012 年增长 21.2%，高出全国总体增速 13.6 个百分点，进出口贸易值在全国 31 个省份中列末位，外贸依存度为 4.1%，较上年上升 0.2 个百分点。其中，进口 5.5 亿美元，同比增长 29.5%；出口 8.5 亿美元，同比增长 16.3%；实现贸易顺差 3 亿美元。

（一）8 月进出口值冲高，年底有所回升

2013 年前 8 个月，青海省对外贸易月度进出口规模保持较为平稳的运行态势，到 8 月份，大幅冲高至 2.5 亿美元，同比激增 1.3 倍，环比激增 1.5 倍，创历史新高，此后迅速回落，10 月份一度跌至 8 372 万美元的低谷，年底两个月略有回升，12 月进出口值为 1.8 亿美元，同比仍下降 12.4%（图 2）。

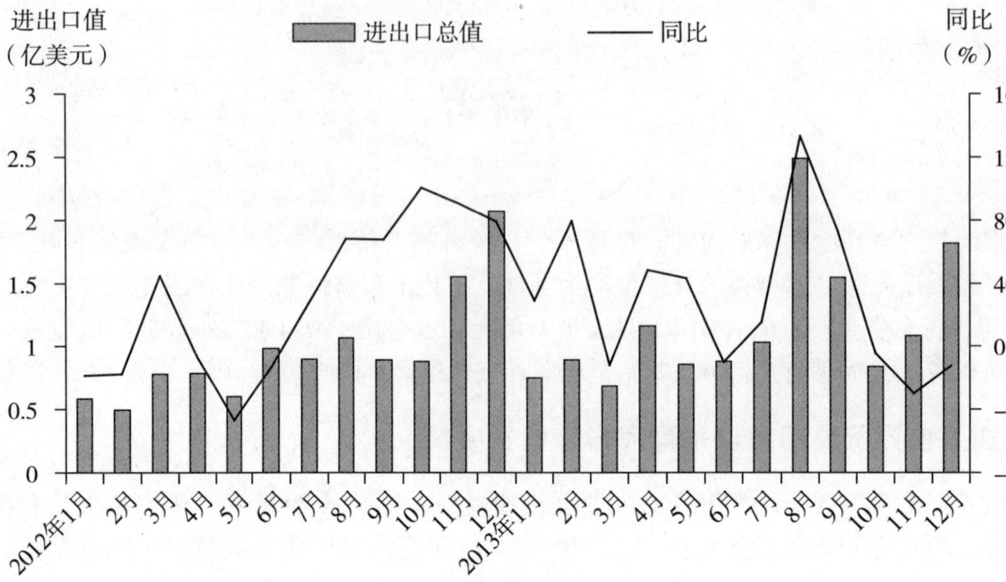

图2　2012～2013年青海省外贸进出口月度走势图

（二）8成为一般贸易，其他贸易成倍增长

2013年青海省以一般贸易方式进出口11.2亿美元，同比增长1.4%，占同期青海省外贸进出口总值的80%。其中，出口5.7亿美元，同比下降16.9%；进口5.5亿美元，同比增长31.1%。同期，以其他贸易方式进出口2.4亿美元，同比激增12倍，占青海省外贸进出口总额17.1%。此外，以加工贸易方式进出口3 522万美元，同比增长23.6%。

（三）民营企业进出口快速增长，国有企业比重大幅下滑

2013年青海省民营企业进出口11.5亿美元，同比增长43.6%，占同期全省外贸总值的82.1%，该比重较2012年上升12.8个百分点。其中，出口8.3亿美元，同比增长18.7%；进口3.2亿美元，同比激增2.1倍。同期，青海省国有企业进出口1.6亿美元，同比大幅下降47%，在全省外贸总值中的占比从2012年的26.4%下降到2013年的11.6%。其中，出口548.2万美元，同比下降21.1%；进口1.55亿美元，同比大幅下降47.6%。

（四）与欧盟、东盟双边贸易增长，与日本、澳大利亚等进出口下降

2013年青海省与欧盟进出口2.2亿美元，同比增长9.8%。其中，出口0.9亿美元，同比增长13.4%；进口1.3亿美元，同比增长7.3%。同期，青海省与东盟进出口2.1亿美元，同比大幅增长92.5%。其中，出口0.4亿美元，同比下降29.6%；进口1.7亿美元，同比激增2.3倍。与日本进出口1.4亿美元，同比下降24.3%。其中，出口1.2亿美元，同比下降34.3%；进口0.2亿美元，同比激增3倍。与澳大利亚进出口1.2亿美元，同比下降27.5%。其中，出口932万美元，同比下降35.1%；进口1.1亿美元，同比下降26.8%。

（五）劳动密集型产品出口快速增长，煤炭、铅矿砂等资源性产品进口激增

青海省出口商品主要为传统劳动密集型产品和资源性产品。2013年青海省出口纺织品1.8亿美元，同比增长35.2%；出口机电产品1.5亿美元，同比增长30.6%；出口铁合金1.4亿美元，同比下降31.4%；出口服装及衣着附件0.9亿美元，同比增长22.2%。

2013年青海省进口煤及褐煤2亿美元，同比激增3.6倍；进口机电产品1.6亿美元，同比下降21.8%；进口氧化铝0.8亿美元，同比下降25%；进口铅矿砂0.5亿美元，同比激增7.9倍。

三、影响青海省外贸发展的因素

（一）外贸主体队伍薄弱

青海省外贸主体队伍以民营中小企业为主，数量少，且普遍规模较小，抵御市场风险能力较弱，在国际国内市场竞争中缺乏优势。在吸引外资方面，青海省仍处于起步阶段，外资企业数量少，实际利用外资规模小、项目少，2013 年外商投资企业在进出口总值中的比重仅为 6.3%，对外向型经济推动作用相当有限。

（二）出口产品结构有待改善

青海省外贸出口产品仍以劳动密集型产品为主，产品技术含量不高，附加值较低。由于工业基础薄弱，产业发展缓慢，青海省外贸出口中具有较强核心竞争力的产品比重小。2011～2013 年青海省高新技术产品进出口值分别为 1 347 万美元、3 575 万美元和 5 099 万美元，仅占全省同期进出口总值的 1.5%、3% 和 3.6%。与传统产业相比，青海省高新技术产业发展的时间短，比重低，对省内相关产业的直接拉动作用有限。

四、2014 年青海省外贸展望

近年来，青海省充分利用现有发展基础和资源优势，将发展产业集群作为产业结构转型的突破口。柴达木循环经济试验区正成为循环经济发展的高地，西宁经济技术开发区“一区四园”各具特色，特色和战略性新兴产业不断发展，海东工业园区也逐渐成为推进东部城市群建设的产业支撑。此外，青海省坚持新型工业化与特色经济相结合，产业结构由依赖单一资源开发向综合开发转变。相关部门积极引导企业发挥自身产品优势促进外贸转型，利用多年来形成的块状经济、特色产业集群优势推动国家级、省级“特色优势产品出口基地”建设。目前，青海省“南川工业园区藏毯基地”和“海西州柴达木绿色食品保健品基地”均获得了“国家级外贸转型升级专业型示范基地”称号。另外，具有鲜明产业特色的“青海穆斯林民族服饰及用品产业出口基地”等基地正在培育、建设中。这些地区的持续健康发展将在很大程度上改变青海省外贸发展结构相对单一的局面，2014 年青海省外贸进出口有望保持较快增长势头。

新疆维吾尔自治区

新疆维吾尔自治区（以下简称新疆）位于亚欧大陆腹地，与8个国家接壤，是中国面积最大、交界邻国最多、陆地边境线最长的省区。得天独厚的地缘优势及丰富的资源优势使新疆成为向西开放的前沿，为新疆实施全方位对内、对外开放创造了条件。2013年，新疆生产总值（GDP）为8 510亿元，占同期全国经济总量的1.5%。同期，新疆进出口总值占全国进出口贸易总值的0.7%，外贸依存度为20.1%。

一、加入世界贸易组织以来新疆外贸发展总体情况

据海关统计，2001年新疆外贸进出口值仅为17.7亿美元，随着国家西部大开发战略的逐步推进，新疆各项经济指标有了较大幅度的提高，外贸发展也进入快车道，2001年至2013年的12年间年均增速达到25.7%。2013年外贸进出口达到275.6亿美元，比2012年增长9.5%，高出全国整体水平1.9个百分点，列全国第19位，增长速度列第17位，在西部12省份中，居重庆、四川、广西之后，列第4位（图1）。

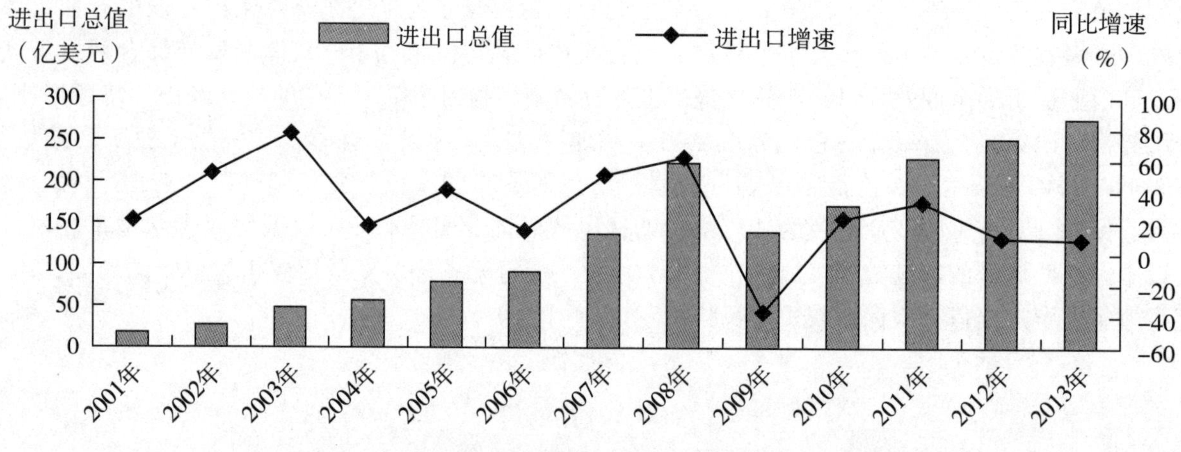

图1　2001～2013年新疆外贸进出口年度走势图

二、2013年新疆外贸进出口的主要特点

（一）12月进出口达年内最高值

2013年新疆进出口总体保持增长态势，其中第四季度进出口值逐月走高，12月进出口39亿美元，同比增长37.8%，达到年内高点（图2）。

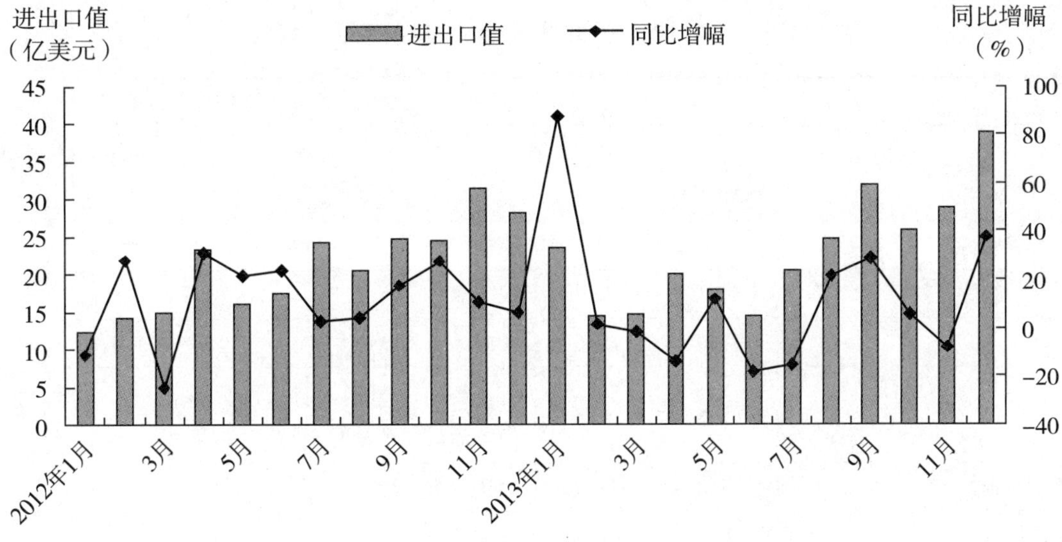

图 2　2012～2013 年新疆外贸进出口月度走势图

（二）边境小额贸易占半壁江山，加工贸易大幅增长

2013 年新疆以边境小额贸易方式进出口 143.6 亿美元，同比增长 10.4%，占同期新疆进出口总值的 52.1%；一般贸易进出口 95.1 亿美元，同比增长 12.6%，占同期新疆进出口总值的 34.5%；同期，加工贸易进出口 5.1 亿美元，同比增长 96.8%，占同期新疆进出口总值的 1.9%；以海关特殊监管区域方式进出口 3.8 亿美元，同比增长 7.6%，占同期新疆进出口总值的 1.4%。

（三）民营企业主导进出口，国有企业进出口小幅增长

2013 年新疆民营企业进出口 201.2 亿美元，同比增长 11.7%，占同期新疆外贸总值的 73%。其中，出口 193.4 亿美元，同比增长 12.2%；进口 7.8 亿美元，同比增长 1.3%。同期，国有企业进出口 71.9 亿美元，同比增长 4.5%，占同期新疆外贸总值的 26.1%。其中，出口 28.1 亿美元，同比增长 44.3%；进口 43.8 亿美元，同比下降 11.2%。

（四）与中亚五国贸易占比近 70%，对伊朗贸易激增

2013 年新疆对中亚五国（哈萨克斯坦、吉尔吉斯斯坦、塔吉克斯坦、乌兹别克斯坦和土库曼斯坦）进出口 190.3 亿美元，同比增长 8.2%，占同期新疆对外贸易总额的 69%。其中，对哈萨克斯坦进出口 122.5 亿美元，同比增长 9.7%，占新疆对外贸总值的 44.4%；对吉尔吉斯斯坦、塔吉克斯坦、乌兹别克斯坦、土库曼斯坦进出口值分别为 41.7 亿美元、15.9 亿美元、8.7 亿美元和 1.5 亿美元，同比分别增长 3.3%、12.6%、4.9% 和 9.9%。同期，新疆对伊朗贸易激增，全年进出口 10.5 亿美元，同比增长 24.2 倍。

（五）机电产品出口稳步增长，原油等资源类商品进口回落

2013 年新疆机电产品出口继续保持增长态势，出口 56.6 亿美元，同比增长 27%。传统大宗商品出口涨跌不一。其中，服装及衣着附件出口 60.4 亿美元，同比增长 18.3%；鞋类出口 17.4 亿美元，同比下降 18.6%；纺织纱线、织物及制品出口 21.6 亿美元，同比增长 7.7%；家具出口 6.6 亿美元，同比下降 1.3%。

进口方面，2013 年新疆进口原油 29.1 亿美元，同比下降 5.2%；进口铁矿砂 5.1 亿美元，同比下降 27.6%；进口成品油 1.3 亿美元，同比下降 40.7%。同期，国际煤炭市场价格持续下滑，形成国内外价格倒挂形势，推动煤炭进口快速增加，2013 年新疆进口煤炭 0.3 亿美元，同比增长 1.2 倍（表 1）

表1　2013 年新疆外贸进出口主要商品一览表

出口			进口		
商品	金额（亿美元）	同比（%）	商品	金额（亿美元）	同比（%）
服装及衣着附件	60.4	18.3	原油	29.1	-5.2
纺织纱线、织物及制品	21.6	7.7	农产品	5.9	-1.7
鞋类	17.4	-18.6	铁矿砂及其精矿	5.1	-27.6
农产品	8.5	0.3	机电产品（包括本目录已具体列名的机电产品）	4.4	-18.9
箱包及类似容器	7.8	34.2	棉花	4.1	-16.6
家具及其零件	6.6	-1.3	成品油	1.3	-40.7
塑料制品	5.8	5.9	高新技术产品	1.1	-0.4
灯具、照明装置及类似品	5.3	38.6	钢材	0.9	-47.4
汽车零件	5.2	33.7	计量检测分析自控仪器及器具	0.7	-11.7

三、2013 年新疆外贸增长的主要原因

（一）良好的外贸发展环境，奠定了外贸发展基础

新疆目前已初步形成以中亚五国、俄罗斯为中心的边贸市场格局，边贸方式囊括边境小额贸易、易货贸易、旅游购物、工程承包等种类，并呈现多元化趋势。“渝新欧”的运营，增强了新疆与境外周边地区在产品和经济结构方面的互补性，为多边贸易及过境运输奠定了更加坚实的基础。与此同时，新疆会展业的快速发展进一步拓宽了外贸发展空间，中国—亚欧博览会、中国新疆喀什—中亚南亚商品交易会等大型会展及特色交流活动的举办为新疆外贸创造了良好的外部环境。

（二）持续性的政策支持，助推新疆外贸平稳增长

2013 年随着《关于支持和促进新疆外贸稳定增长的十二项措施》的进一步实施，新疆外贸实现持续性增长。通过施行各项优惠政策，如本地企业进口国内不能生产的自用设备、国家鼓励发展的内外资项目和中西部地区外商投资优势产业项目可享受相应的税收优惠政策等，加快推动了新疆加工贸易承接转移，支持企业利用好国际和国内两个市场。

四、影响新疆外贸进出口的因素

（一）出口商品单一，外贸企业规模偏小

新疆出口商品种类比较单一，多以农产品和低附加值的劳动密集型百货为主。其中，出口的农产品主要为番茄酱、水果等。除农产品外，大部分出口商品为科技含量低、市场竞争力较弱、利润少的加工制成品，如服装、日用百货、箱包等，与国内外同类产品相比，竞争力较弱。与此同时，新疆外贸企业普遍规模偏小，民营企业占比较大，民营企业缺乏拓展国际市场的专门人才，导致企业市场开拓、竞争能力不足。

（二）出口市场集中，抵御风险的能力低

新疆对外贸易的市场主要集中在中亚，特别是哈萨克斯坦，对哈贸易占新疆对外贸易的近 5

成，截至目前，哈萨克斯坦已连续十多年成为新疆第一大贸易伙伴。出口市场过于集中，一方面说明新疆的外贸企业开拓国际市场的能力不足，另一方面则会使新疆对外贸易对个别国家依赖性过大，容易受到对方国家经济社会政策波动影响，出口贸易面临较大风险和不确定性。

五、2014 年新疆外贸形势展望及建议

随着丝绸之路经济带、海上丝绸之路建设的推进，新疆地区外贸将迎来新一轮的开发机遇。为此建议：一是发挥区位优势，加快保税物流、特殊监管区域及交通大通道的建设，在不断完善中心城市和口岸的物流服务功能的基础上，形成综合交通运输网络；二是实施市场多元化战略，进一步开拓国际市场，实施以亚太地区和周边国家为重点的多元化战略；三是优化进出口商品结构，大力发展传统特色农业，走规范化、基地化、产业化和优势化道路，提升产品技术含量，发展特色农产品加工；四是实施品牌化战略，鼓励企业做大做强，同时加强外贸人才培养，为对外贸易的顺利进行提供保障。

贸易方式篇

CUSTOMS REGIMES

2013 年我国边境小额贸易进出口年度报告

边境小额贸易是指我国沿陆地边境线经国家批准对外开放的边境县（旗）、边境城市辖区内经批准有边境小额贸易经营权的企业，通过国家指定的陆地口岸，与毗邻国家边境地区的企业或其他贸易机构之间进行的贸易活动。边境小额贸易是我国对外贸易发展的重要补充。作为边境地区主要贸易方式，边境贸易的发展促进了边境地区的经济繁荣，增强了各民族之间的团结友爱，维护了边疆和谐稳定，改善了我国与周边国家睦邻友好的国际关系。党的十一届三中全会以来，我国实行对外开放政策，先后出台了一系列有关扶持、鼓励边境贸易和边境地区发展对外经济合作的政策措施，特别是 1996 年 1 月国务院发布的《关于边境贸易有关问题的通知》（国发〔1996〕2 号），进一步促进了我国边境贸易的规范发展，使边贸规模和质量有了质的飞跃。我国加入世界贸易组织以后，参与经济全球化的进程不断深入，为应对新形势、新问题，国家对边境小额贸易政策进行了重大调整，下发《财政部、海关总署、国家税务总局关于促进边境贸易发展有关财税政策的通知》（财关税〔2008〕90 号），使边境小额贸易面临前所未有的挑战和转型。2013 年中国国家主席习近平在哈萨克斯坦作重要演讲，提出共同建设“丝绸之路经济带”。丝绸之路经济带，是在古丝绸之路概念基础上形成的一个新的经济发展区域，包括西北五省份陕西、甘肃、青海、宁夏、新疆，以及西南四省份重庆、四川、云南、广西。“丝绸之路经济带”概念的提出使边境地区在贸易和投资上再度活跃，边境小额贸易将赢得快速发展的历史机遇，展现出新的生机。

一、加入世界贸易组织以来我国边境小额贸易进出口基本特点

加入世界贸易组织使我国边境地区外贸发展得到更多机会，随着边境地区交通状况的改善，口岸建设的加快，边境小额贸易作为我国外贸颇具特色的一种贸易方式，保持了快速增长势头，成为拉动边境地区外贸增长的重要力量。2001 年以来，我国边境小额贸易以年均 22% 的增速一路突破，2005 年，贸易额首次越过 100 亿美元台阶，为 131.3 亿美元，2007 年实现了第 2 个百亿美元的突破，贸易额达到了 213.1 亿美元，2008 年完成第 3 个百亿美元突破，全年贸易额达到 308.8 亿美元。其后受国际金融危机影响，2009 年我国边境小额贸易进出口出现明显下滑，当年进出口总值为 209.5 亿美元，同比下降 32.2%。2010 年至 2012 年，我国边境小额贸易均保持两位数增长，在恢复中得以快速发展。2013 年我国边境小额贸易额为 449.9 亿美元，同比增长 13.9%，实现第 4 个百亿美元的突破（表 1）。

表 1　2001～2013 年我国边境小额贸易进出口年度情况统计表

年份	进出口		出口		进口	
	金额（亿美元）	增速（%）	金额（亿美元）	增速（%）	金额（亿美元）	增速（%）
2001 年	41.2	-6.6	8.4	-30.4	32.8	2.4
2002 年	56.9	38.0	18.3	117.2	38.6	17.8
2003 年	77.8	36.6	34.8	90.4	43.0	11.3
2004 年	94.7	21.8	44.3	27.5	50.4	17.2

续表

年份	进出口		出口		进口	
	金额（亿美元）	增速（%）	金额（亿美元）	增速（%）	金额（亿美元）	增速（%）
2005 年	131.3	38.6	74.1	67.2	57.2	13.5
2006 年	161.6	23.0	99.5	34.2	62.1	8.6
2007 年	213.1	31.9	137.1	37.9	76.0	22.3
2008 年	308.8	44.9	219.0	59.8	89.8	18.1
2009 年	209.5	-32.2	137.5	-37.2	72.0	-19.8
2010 年	260.5	24.4	164.1	19.4	96.4	33.9
2011 年	346.5	33.0	202.0	23.1	144.5	49.9
2012 年	395.1	14.0	242.2	19.9	152.9	5.8
2013 年	449.9	13.9	309.3	27.7	140.6	-8.0

二、2013 年我国边境小额贸易进出口主要特点

2013 年我国边境小额贸易继续保持稳定增长态势，全年进出口 449.9 亿美元，同比增长 13.9%，高出同期我国进出口增幅 6.3 个百分点，占同期我国外贸进出口总值的 1.1%。其中，出口 309.3 亿美元，同比增长 27.7%；进口 140.6 亿美元，同比下降 8%。

（一）月度进出口规模震荡走高，12 月出口创历史新高

2013 年，我国边境小额贸易进出口整体呈上升态势，10 月份冲至年内高点 57.6 亿美元，之后略有回落，12 月份再次冲破 50 亿美元，达到 50.8 亿美元，同比增长 31.8%。其中，12 月份出口更是达到 37.9 亿美元，创我国单月边境小额贸易出口值历史新高（图 1）。

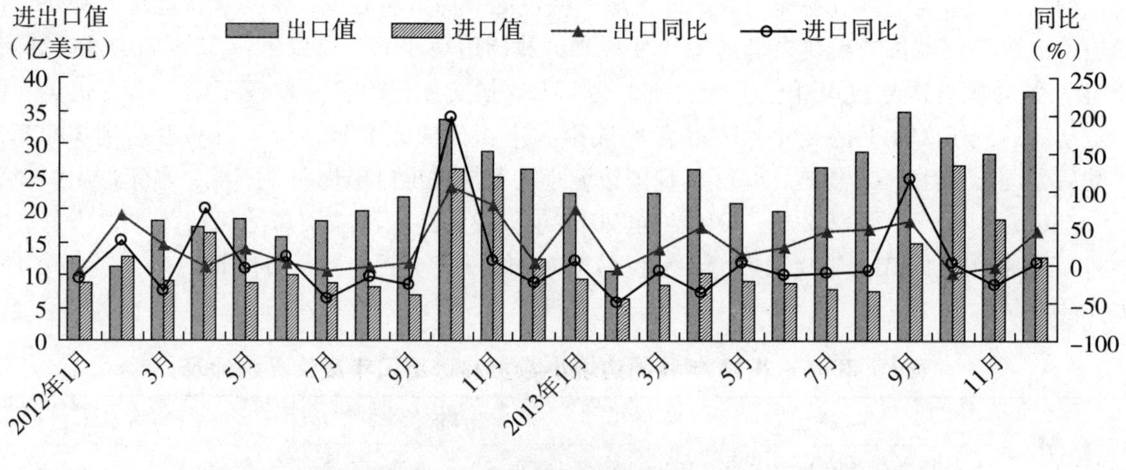

图 1　2012～2013 年我国边境小额贸易进出口月度走势图

（二）民营企业占据进出口主导地位，国有企业进出口下降

2013 年民营企业成为推动边境小额贸易增长的主力军，进出口 375 亿美元，同比增长 19.3%，占同期我国边境小额贸易进出口总值的 83.4%，对边境小额贸易发展的贡献率为 110.8%。同期，国有企业以边境小额贸易方式进出口 74.9 亿美元，同比下降 7.2%，占同期我国边境小额贸易进出口总值的 16.6%，较 2012 年减少 3.8 个百分点（表 2）。

表 2　2013 年我国各类型企业边境小额贸易进出口统计表

企业性质	进出口		出口		进口	
	金额（亿美元）	增速（%）	金额（亿美元）	增速（%）	金额（亿美元）	增速（%）
国有企业	74.9	-7.2	20.8	27.0	54.1	-15.9
民营企业	375.0	19.3	288.5	27.8	86.5	-2.3

（三）越南超越俄罗斯成为我国最大的边境小额贸易伙伴，前十大贸易伙伴中仅对俄罗斯和蒙古出现下降

2013 年，越南、俄罗斯、哈萨克斯坦、吉尔吉斯斯坦和缅甸位列我国前五大边境小额贸易伙伴，我国与上述 5 国以边境小额贸易方式进出口 380.5 亿美元，占同期我国边境小额贸易进出口总值的 84.6 %，所占比重较 2012 年微增 0.1 个百分点。2013 年，我国与越南边境小额贸易进出口 122.2 亿美元，同比增长 37.6 %，占同期我国边境小额贸易进出口总值的 27.2%，较 2012 年增加 6.2 个百分点，越南超越俄罗斯成为我国最大的边境小额贸易伙伴。同期，我国与俄罗斯边境小额贸易进出口 103 亿美元，同比微降 0.6%；与缅甸边境小额贸易进出口 28.2 亿美元，同比增长 56.2%，缅甸为主要贸易伙伴中增幅最大的国家；与蒙古边境小额贸易进出口 19.2 亿美元，同比下降 22.1%（表 3）。

表 3　2013 年我国边境小额贸易进出口前 10 位贸易伙伴统计表

国别（地区）	进出口合计		出口		进口	
	金额（亿美元）	同比（%）	金额（亿美元）	同比（%）	金额（亿美元）	同比（%）
越南	122.2	37.6	106.2	43.3	16.0	9.1
俄罗斯	103.0	-0.6	48.5	23.1	54.5	-15.1
哈萨克斯坦	90.5	10.8	55.3	29.3	35.2	-9.5
吉尔吉斯斯坦	36.6	3.6	36.2	4.0	0.4	-24.2
缅甸	28.2	56.2	16.7	40.0	11.5	87.8
尼泊尔	19.2	14.0	19.1	14.1	0.1	1.9
蒙古	19.2	-22.1	2.9	25.9	16.3	-27.1
朝鲜	14.9	6.0	9.9	10.3	5.0	-1.6
塔吉克斯坦	13.2	31.1	13.1	33.4	0.1	-73.4
老挝	1.8	54.5	0.2	-31.0	1.6	86.9

（四）新疆和广西边境小额贸易超百亿美元，云南省进出口大幅增长

2013 年，从事边境小额贸易的经营单位主要集中在新疆、广西、黑龙江省、内蒙古和云南省。2013 年，新疆边境小额贸易进出口 143.6 亿美元，同比增长 10.4%，占同期我国边境小额贸易进出口总值的 31.9%，继续保持我国边境小额贸易第一大省（自治区）的位置；广西进出口 115.1 亿美元，同比增长 37.9%；黑龙江省进出口 78.9 亿美元，同比增长 0.8%；内蒙古进出口 40.3 亿美元，同比下降 14.8%；云南省进出口 33.3 亿美元，同比增长 55.1%。上述 5 省（自治区）边境小额贸易进出口值占同期我国边境小额贸易进出口总值的 94.1%，较 2012 年上升了 2.9 个百分点（图 2）。

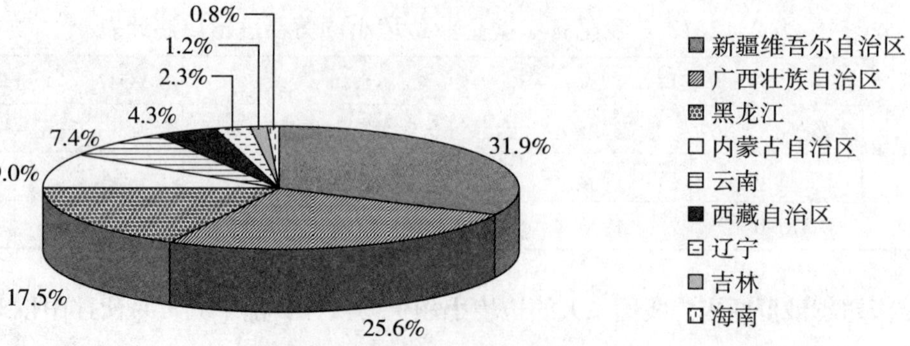

图2　2013年我国各主要省份边境小额贸易进出口份额统计图

（五）进口以能源资源性产品为主，出口主要为纺织服装和机电产品

2013年，我国边境小额贸易方式项下进口值居前5位的商品分别为原油、铁矿砂及其精矿、原木、煤炭、锯材。其中，进口原油38亿美元，同比下降21.3%；进口铁矿砂及其精矿21.5亿美元，同比增长8.9%；进口原木15.9亿美元，同比增长15.6%；进口煤炭15.7亿美元，同比下降28.9%；进口锯材11.2亿美元，同比增长4.4%。上述5类商品合计进口102.3亿美元，占同期我国边境小额贸易进口总值的72.8%。出口方面，2013年我国边境小额贸易方式项下出口值居前5位的商品分别为服装及衣着附件、机电产品、纺织纱线织物及制品、鞋类、农产品。其中，出口服装及衣着附件118.1亿美元，同比增长36.9%；出口机电产品76.8亿美元，同比增长41.1%；出口纺织纱线、织物及制品37.2亿美元，同比增长23.5%；出口鞋类22.4亿美元，同比下降4.2%；出口农产品14.6亿美元，同比增长2.1%。上述5类商品合计出口269.1亿美元，占同期我国边境小额贸易出口总值的87%（表4）。

表4　2013年我国边境小额贸易主要进出口商品统计表

商品名称	进口		商品名称	出口	
	金额（亿美元）	同比（%）		金额（亿美元）	同比（%）
原油	38	-21.3	服装及衣着附件	118.1	36.9
铁矿砂	21.5	8.9	机电产品	76.8	41.1
原木	15.9	15.6	纺织纱线、织物及制品	37.2	23.5
煤	15.7	-28.9	鞋类	22.4	-4.2
锯材	11.2	4.4	农产品	14.6	2.1
农产品	6.7	12.0	高新技术产品	12.4	114.8
肥料	6.5	-18.7	箱包及类似容器	8.6	122.9
成品油	3.3	-15.8	汽车零件	5.6	33.8
纸浆	1.6	-3.3	钢材	4.1	4.2
天然橡胶	1.1	-10.5	玻璃制品	3.0	16.7

注：高新技术产品与机电产品有交叉。

三、2013 年我国边境小额贸易保持快速增长的主要原因

（一）地缘优势明显，贸易商品互补性强

我国是世界上陆地边界线最长、周边邻国最多的国家之一，边境地区与内地相比，发展边境小额贸易具有距离国外市场近、运费低、经贸交往方便的地缘优势。我国边境小额贸易出口以轻工产品为主力，而进口以大宗资源、能源性商品为主，与毗邻国家边境贸易互补性较强，促进了我国边境小额贸易的发展。

（二）我国经济平稳增长是我国边贸发展的原动力

2013 年我国经济持续增长，国内生产总值达到 56.9 万亿元，比 2012 年增长 7.7%，边境省份大多保持了高于全国平均增速的发展态势。我国经济的平稳增长带动了对各类资源、能源性商品需求的增长，同时我国生产的轻工业产品、机电产品物美价廉，在周边国家具有较强的市场竞争力。伴随着我国经济的不断前行，边境小额贸易规模也不断扩大。

（三）边境地区开放程度不断提高助推边贸发展

随着我国改革开放的不断深入，国内对部分产业重新布局，加大了对中部、西部地区的政策倾斜、资金投入和开放程度，特别是 2013 年提出的共同建设"丝绸之路经济带"的构想将西北五省份、西南四省份划入"丝绸之路经济带"范畴，作为我国边境小额贸易主要省份的新疆、广西、云南等省份首先得益。边境地区开放程度的不断提高助推我国边境小额贸易的发展。

四、2013 年我国边境小额贸易面临的主要问题和情况

（一）毗邻国家政策多变，加大对资源性产品保护

与我国开展边境小额贸易的周边国家多为非世界贸易组织成员国，其贸易活动不受世界贸易组织规则约束，贸易管制措施的随意性强，政策变化比较频繁，给边境小额贸易带来负面影响。如越南财政部从 2013 年 6 月 9 日起修改出口关税表中的一些矿产品类的出口税率，锰矿、铜矿、铅矿、锌矿等商品的出口税率从 30% 提升至 40%①；自 2013 年 7 月 7 日起，将煤炭、煤砖、煤球和煤炭制成的硬质燃料，已结块或未结块的焦炭、半焦炭、褐煤或泥煤等的出口税率提高到 13%（上调了 3 个百分点）②。另据哈萨克斯坦媒体阿斯塔纳报道，哈萨克斯坦政府从 2013 年 7 月 1 日起禁止出口部分石油产品。除特殊汽油、特殊轻馏分油和家庭取暖用油以外，哈萨克斯坦将禁止出口轻馏分油及其产品、煤油、粗柴油和其他石油产品③。俄罗斯也不断上调原木、原油出口税率，这将使我国边贸进口可能面临萎缩的局面。

（二）边境口岸发展不平衡、硬件设施落后等问题仍然突出

我国边境口岸分布广而多，但由于历史、自然及资金等因素的影响，不少口岸规模偏小，基础设施落后，交通道路复杂，口岸功能无法得到有效发挥。如黑龙江仅绥芬河口岸开通铁路运输，其他口岸只能通过公路、水路方式进行贸易，部分沿江口岸还有半年的封关期；而广西边贸口岸大都没有火车，运输能力十分有限；新疆连接中国和巴基斯坦的喀喇昆仑公路部分路段受洪灾影响形成堰塞湖，目前仅能靠轮渡摆渡通行。口岸设施落后、道路交通不便等因素导致贸易成本高企，出口企业利润受压，出口动能不足。

---

① 《越南将对一些矿石种类征收 40% 的出口税》，中越科技贸易网，2013 年 5 月 8 日。

② 《越煤炭出口税上调至 13%》，中越科技贸易网，2013 年 5 月 28 日。

③ 《哈萨克斯坦禁止出口部分石油产品》，中国国际招标网，2013 年 8 月 14 日。

（三）边境贸易推动本地经济发展的作用减弱

虽然近年来边境小额贸易总体保持较快发展，但由于一些边贸企业只是将边境口岸作为一个“过货通道”，利用优惠政策进口货物后就直接将货物销售到内地进行深加工，未能有效借助国家税收优惠政策建立本地生产链，推动本地区的产业结构升级，导致边境地区经济水平仍然相对较低，边境地区企业业绩较多依赖于政府政策推动。企业为享受地方补贴，利用政策优惠，往往采取非正常贸易手段，造成贸易值虚高。这种“通道主导、政策支撑”的发展模式不利于边贸的长远发展。

（四）边贸企业素质亟待提高

我国边贸企业绝大部分是代理进出口，不参与国外供（购）货商的贸易洽谈，仅收取代理国内外客户清关的代理费。而实体边贸企业的经营规模普遍偏小，实行分散性、盲目性、粗放性经营，没有形成集中发展的合力，抵御风险的能力较差。一些从事边贸的小企业为了得到短期利益，竞相压价，甚至通过倒卖侵权、伪劣产品等恶性竞争手段参与经营，对我国的出口产品形象造成了许多负面的影响。而且从事边境经济贸易活动的人员中，特别是在少数民族地区，专业的国际贸易人才短缺，导致企业缺乏专业化、集团化经营能力，市场竞争力不强。

五、形势展望和政策建议

随着“世界上最长、最具有发展潜力的经济大走廊”——“丝绸之路经济带”的贯通，以及我国中西部大开发步伐的不断加快，我国边贸小额贸易将焕发勃勃生机，迎来新的历史性发展机遇。预计 2014 年我国边境小额贸易依然保持快速增长态势，增速将有望保持在两位数。因此建议：

（一）建立监测预警体系，完善风险防范机制，营造良好的外部环境

建立健全对外贸易的监测预警体系，积极关注周边国家动态，建立并完善中越、中俄、中哈、中吉、中缅等稳定长效的双边贸易合作机制，提升合作规模和水平，为我国边境小额贸易稳定发展创造良好的外部环境。针对毗邻国家政策多变、限制资源性产品出口等情况，完善进出口风险防范机制，加强监测预警，规范贸易秩序，把握好进出口规模，减少摩擦并为中小企业提供必要的法律援助。

（二）加大边境小额贸易口岸投资力度，优化口岸综合效能

目前，大部分边境口岸落后的基础设施和交通状况，已成为制约边境地区经济发展的“瓶颈”，相关部门应加强对边境小额贸易口岸的规划和管理，加快边境口岸建设步伐，改善货物进出的硬环境，同时积极联系协调口岸单位，完善公路设施，加大铁路运力，优化服务管理，提升服务水平，降低企业通关成本，解决企业实际困难，提升企业竞争力，创造有利于边境小额贸易发展的软硬环境。

（三）鼓励和促进边境地区发展加工工业，推动产业升级

大力发展我国边境地区的出口加工基地建设，采取技术和税收方面的优惠措施，大力鼓励和促进边境地区发展加工型企业，就地消化边境小额贸易进口物资，促进当地物流业的发展，活跃边境地区经济。引导企业用好、用活国家给予的特殊政策，鼓励企业以多种方式发展与毗邻国家的贸易，加强面向周边市场的境外投资，将传统边境小额贸易提升到双方产业链的相互依赖与合作的层次。

（四）强化企业管理，提升企业素质，实现边境小额贸易的“质”“量”腾飞

利用政策、地缘优势积极培育一批有竞争力、有地方特色的企业，树立品牌意识，优化出口结构，提高出口效益。稳定和引导边贸企业从事大宗商品、先进技术设备、关键零部件和能源原材料进口，扩大消费品进口。对边境贸易企业进行科学管理，引进专业人才，提高企业素质，规范竞争秩序，促使从事边境小额贸易的企业告别“游击”，实现“质”“量”腾飞。

参考文献

1. 海关总署综合统计司．“十一五”期间中国对外贸易监测报告．北京：中国海关出版社，2011.

2. 海关总署综合统计司．改革开放三十年中国对外贸易监测报告．北京：中国海关出版社，2009.

2013年我国海关特殊监管区域进出口年度报告

海关特殊监管区域（以下简称“特殊监管区域”）是经国务院批准，设立在中华人民共和国关境内，被赋予特殊功能和政策，由海关实施封闭监管的特殊经济区域，是继经济特区、沿海开放城市和经济技术开发区之后，我国在深化改革开放进程中设立的第4类先导区。从1990年国家批准设立上海外高桥保税区以来，经过23年的发展，我国特殊监管区域发展成为包括保税区、出口加工区、保税物流园区、保税物流中心、保税港区、跨境工业园区和综合保税区等六大类，覆盖我国沿海、沿江、沿边和内陆地区重要港口和中心城市的特殊经济区域，在承接国际产业转移、扩大对外开放等方面都做出了巨大贡献。截至2013年年底，我国共有特殊监管区域103个。随着我国加工制造业和保税物流业的持续快速发展，特殊监管区域在我国经济发展方式调整和产业结构转型中的先导、辐射及拉动等作用日益增强。

一、2001年以来我国特殊监管区域进出口总体情况

2000年4月，国务院批准设立全国第一批17个出口加工区以来，特别是加入世界贸易组织以来，我国特殊监管区域进出口进入快速发展阶段。2001年，我国特殊监管区域进出口规模仅为201.9亿美元，2004年首次突破1 000亿美元，达1 097亿美元，年均增长75.8%，特殊监管区域进出口占同期我国进出口的比重也由2001年的4%逐年攀升至2004年的9.5%。在2005年6月国务院批准设立第一个保税港区之后，特殊监管区域进出口规模于2006年首次突破2 000亿美元，达2 025亿美元，占全国进出口的比重上升至11.5%。2006年12月份首个综合保税区——苏州工业园区综合保税区成立，给我国特殊监管区域进出口带来新的活力。尽管经受了国际金融危机的冲击和全球经济低迷的影响，但我国特殊监管区域进出口依然保持较快增长，进出口规模由2010年的3 810亿美元攀升至2013年的7 075亿美元，4年间年均增长26.2%，占我国进出口的比重也由2010年的12.8%上升至2013年的17%，特殊监管区域功能优势和政策优势愈发明显（图1）。

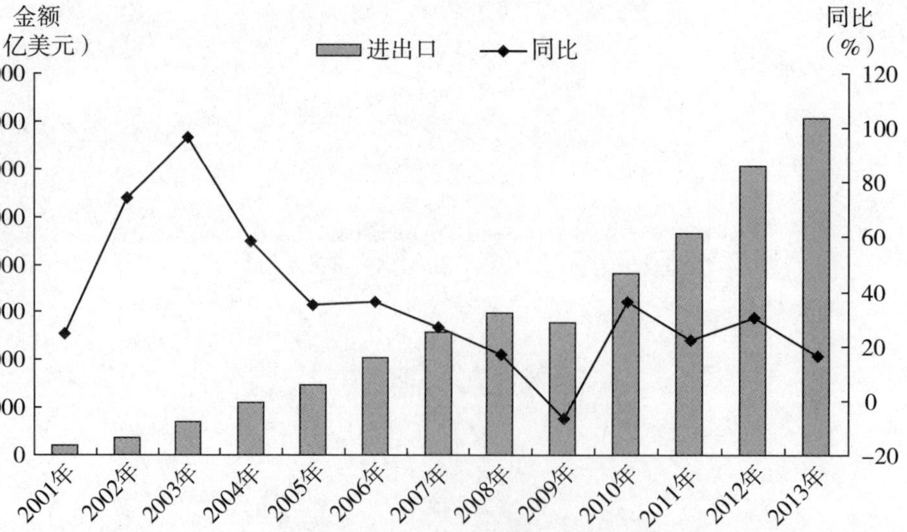

图1 2001~2013年我国特殊监管区域进出口趋势图

二、2013 年我国特殊监管区域进出口的主要特点

2013 年，我国特殊监管区域实现进出口 7 075 亿美元，比 2012 年同期增长 16.6%，高出同期我国进出口增幅 9 个百分点，占同期我国进出口总值的 17%。其中，出口 3 529 亿美元，同比增长 19.4%，较我国整体出口增幅高 11.5 个百分点；进口 3 546 亿美元，同比增长 13.9%，较我国整体进口增幅高 6.6 个百分点。

（一）月度进出口值冲高回落

继 2012 年 12 月份首次突破 600 亿美元大关之后，2013 年 3 月份我国特殊监管区域进出口创下 923 亿美元的历史新高。2013 年 5 月份以来我国特殊监管区域月度进出口规模陡然回落并保持在 550 亿美元左右，而进出口同比增速也自 3 月份的 81.5% 迅速下滑，6 月、9 月和 12 月甚至出现同比下降的局面，分别下降 10.1%、5.5% 和 2.1%（图 2）。

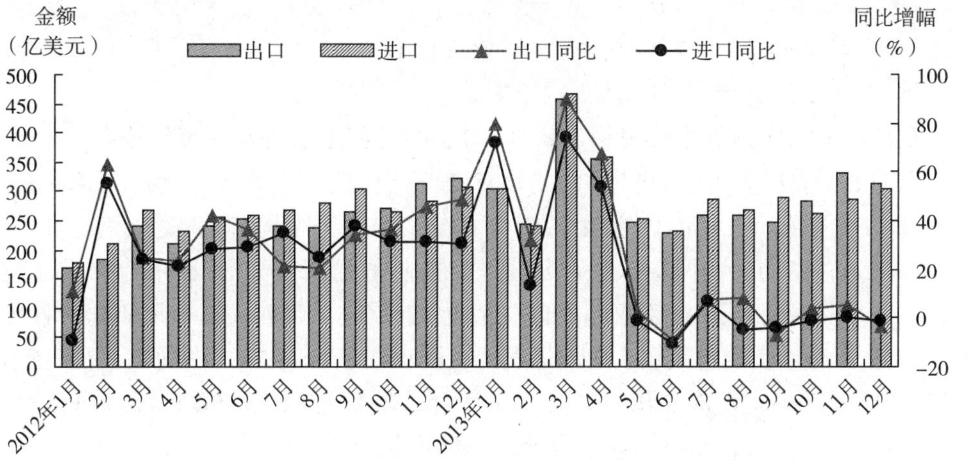

图 2　2012 ~ 2013 年我国特殊监管区域进出口月度走势图

（二）保税区和保税港区进出口快速增长，出口加工区进出口明显下降

2013 年，我国保税区和综合保税区分别进出口 3 170 亿美元和 1 895 亿美元，同比分别增长 25% 和 10.5%，二者合计占同期我国特殊监管区域进出口总值的 71.6%。同期，功能较全的保税港区发展迅速，进出口 583.2 亿美元，同比增长 67.3%。传统的出口加工区发展受限，2013 年进出口 1 169 亿美元，同比下降 10.3%，占特殊监管区域进出口总值的 16.5%（表 1）。

表 1　2013 年我国各类特殊监管区域进出口统计表

	进出口值（亿美元）	出口值（亿美元）	进口值（亿美元）	同比（%）		
				进出口	出口	进口
保税区	3 170.2	1 251.6	1 918.6	25.0	43.0	15.4
综合保税区	1 895.3	1147.1	748.2	10.5	10.0	11.5
出口加工区	1 168.5	738.7	429.8	-10.3	-9.6	-11.5
保税港区	583.2	249.4	333.8	67.3	84.1	56.7
保税物流园区	153.6	90.8	62.8	-7.2	6.6	-21.8
珠澳跨境工业园区	2.0	0.8	1.2	64.6	95.6	48.6

（三）一半以上以特殊监管区域物流货物方式进出口，加工贸易方式进出口增长乏力

2013 年，我国特殊监管区域以特殊监管区域物流货物方式进出口 3 602 亿美元，同比增长 28.8%，占同期我国特殊监管区域进出口总值的 50.9%。其中，出口 1 418 亿美元，同比增长 49.8%；进口 2 184 亿美元，同比增长 18%。同期，以加工贸易方式进出口 2 941 亿美元，同比增长 4.6%，占同期我国特殊监管区域进出口总值的 41.6%。其中，出口 1 974 亿美元，同比增长 3.3%；进口 967 亿美元，同比增长 7.5%。此外，以一般贸易方式进出口 441.3 亿美元，同比增长 17.7%。其中，出口 111.8 亿美元，同比增长 24%；进口 329.5 亿美元，同比增长 15.7%。

（四）外商投资企业为进出口主力，民营企业进出口迅猛增长

2013 年，我国特殊监管区域内外商投资企业进出口 4 213 亿美元，同比增长 2.6%，占同期我国特殊监管区域进出口总值的 59.6%。其中，出口 2 304 亿美元，同比增长 5.9%；进口 1 909 亿美元，同比下降 1.1%。同期，民营企业进出口 2 265 亿美元，同比增长 57.9%，占特殊监管区域进出口总值的 32%。其中，出口 1 073 亿美元，同比增长 66.3%；进口 1 192 亿美元，同比增长 51%。同期，国有企业进出口 397.1 亿美元，同比增长 12.5%。其中，出口 148.9 亿美元，同比增长 12.8%；进口 248.2 亿美元，同比增长 12.3%。

（五）广东超越上海成为进出口第一大省（市），中西部地区进出口表现抢眼

2013 年，广东的特殊监管区域进出口 2 102 亿美元，同比增长 53%，超越上海位列首位，占同期我国特殊监管区域进出口总值的比重由 2012 年的 22.6% 提升至 29.7%；上海进出口 1 626 亿美元，同比下降 4.5%，占同期我国特殊监管区域进出口总值的 23%；江苏进出口 1 213 亿美元，同比下降 4%，占同期我国特殊监管区域进出口总值的 17.1%。同期，受产业梯度转移因素的带动，中西部地区特殊监管区域实现进出口 1 225 亿美元，同比增长 38.8%，占同期我国特殊监管区域进出口总值的 17.3%。其中，重庆进出口 402.8 亿美元，同比增长 78.3%；河南进出口 361.5 亿美元，同比增长 24.5%；陕西进出口 100 亿美元，同比增长 1.2 倍。

（六）机电产品为主要进出口产品

2013 年，我国特殊监管区域出口机电产品 3 036 亿美元，同比增长 20.6%，占同期我国特殊监管区域出口总值的 86%；出口高新技术产品（与机电产品有交叉）2 624 亿美元，同比增长 21.4%。其中，出口便携式电脑 797.3 亿美元，同比下降 1.8%；出口集成电路 675.2 亿美元，同比增长 81.8%；出口手机 232.1 亿美元，同比增长 27.3%；出口液晶显示板 105.9 亿美元，同比下降 1.2%。同期，出口贵金属或包贵金属的首饰 104.2 亿美元，同比增长 40.1%；出口服装及衣着附件 42.3 亿美元，同比增长 26.6%。

2013 年，我国特殊监管区域进口机电产品 2 588 亿美元，同比增长 18%，占同期我国特殊监管区域进口总值的 73%；进口高新技术产品 2 107 亿美元，同比增长 19.8%。其中，进口集成电路 1 169亿美元，同比增长 29.1%；进口存储部件 103.1 亿美元，同比下降 31.5%；进口液晶显示板 123 亿美元，同比增长 1.4%；进口汽车 119.1 亿美元，同比增长 6.7%。同期，进口农产品 124.1 亿美元，同比增长 9.7%；进口未锻造的铜及铜材 103.8 亿美元，同比下降 24.5%。

三、我国特殊监管区域进出口快速增长的主要原因

（一）功能不断强化和完善促进特殊监管区域进出口较快发展

在保税区、出口加工区等功能相对有限的海关特殊监管区域先期运行的基础上，国家先后设立了保税港区、综合保税区等功能政策更加齐全和优惠的海关特殊监管区域，并允许出口加工区拓展物流、研发、检测和境外物品入区维修等功能，使得国内特殊区域功能不断强化和完善，不仅形成

了区域间互动协作格局，也进一步增强了特殊监管区域的整体效能对周边地区的产业辐射能力，对海关特殊监管区域进出口持续稳定发展发挥了积极支撑作用。2013 年，我国保税港区进出口在 2012 年增长 54.4% 的基础上继续增长 67.3%，综合保税区进出口也在 2012 年增长 50.7% 的高基础上增长了 10.6%，成为特殊监管区域进出口快速增长重要推动力量。

（二）中西部特殊监管区域迅猛发展产生积极拉动作用

近年来我国不断加大中西部地区的开发力度，大力投入基础设施建设，加快特殊监管区域设立，进一步增强了中西部地区承接产业转移的吸引力。随着重庆西永综合保税区、成都高新综合保税区、郑州新郑综合保税区、广西钦州保税港区、重庆两路寸滩保税港区等的先后设立，西安综合保税区、武汉东湖综合保税区先后获批，广西凭祥综合保税区一期正式封关运营，为中西部地区特殊监管区域的发展增添了新的活力，截至 2013 年中西部已封关运作的特殊监管区域达到 19 个，进出口规模从 2009 年的 87.3 亿美元扩大至 2013 年的 1 225 亿美元。

（三）国内配套服务能力增强，为区内企业缩减成本、提高竞争力提供保障

伴随我国大规模承接全球制造业转移，一大批知名跨国物流运营商纷纷入驻我国海关特殊监管区域，为制造企业提供“贴身”专业服务，在推动国内物流配送功能快速发展的同时，也相应缩减了制造企业的物流运营成本。美国伯灵顿物流、德国丹沙物流和荷兰世天威等国际知名物流企业已经先后入驻国内特殊监管区域，为区内企业提供服务。

（四）“套利贸易”因素在一定程度上推动特殊监管区域贸易超常增长

在外部需求不振、外贸进出口整体放缓的背景下，我国特殊监管区域进出口迅猛增长，除了国家扶持政策和企业业务发展等合理动力的拉动，也在较大程度上受到了部分企业利用特殊监管区域相关政策进行“套利贸易”的影响。例如，2013 年 1 月至 4 月，内地特殊监管区内企业以特殊监管区域物流方式对我国香港地区进出口 484.4 亿美元，同比激增 6.5 倍，这里面不排除有一定的套利贸易因素。不过，在经历了 5 月份国家外汇管理局等多个部门的联合打击之后，5 月份之后国内企业贸易套利行为明显减少，月度进出口值也由 3 月份的 923 亿美元回落至 550 亿美元左右的正常水平。

四、当前我国特殊监管区域发展存在的主要问题

（一）政策功能创新不足制约特殊监管区域发展空间

我国特殊监管区域设立之初主要是面向国际市场，吸引“两头在外”的加工贸易企业入区发展，区内优惠政策主要是围绕鼓励扩大出口进行设计，例如入区退税等。但随着外需持续疲软及转型升级不断加快，区内企业对内需的兴趣日益提高，企业发展模式逐渐由两头在外的“V”型向内购、内销、外购、外销相结合的“X”型转变。但是与此同时，特殊监管区域功能和政策调整却相对滞后，严重阻碍了区内企业内购、内销的发展。比如，根据现行法规，除保税区外的其他 5 类特殊区域内企业均不具有一般纳税人资格，无法开具增值税发票，这使得区内企业难以开展国内贸易分销业务。此外，特殊监管区域内企业以人民币结算方式从国内采购货物直接（加工）出口后无法获得出口退税，以人民币结算方式从国内采购原材料加工成品后返销国内仍需要缴纳进口关税、增值税等政策规定，也在很大程度上限制了特殊监管区域的溢出效应。

（二）中西部特殊监管区域对大型加工企业的依赖程度较大

在中部崛起、西部大开发等相关政策的推动下，近年来，西部地区特殊监管区域发展迅猛，重庆西永综合保税区、成都高新综合保税区、新郑综合保税区等特殊监管区域在承接东部地区产业转移方面成效显著。与此同时，承接转移中出现了不同程度的重复建设、无序竞争等问题，导致资源

浪费，降低了转移的效益。目前中西部地区的特殊监管区域中，绝大部分以承接东部特殊监管区域大型电子代工企业作为主要方向。2013 年，中西部地区特殊监管区域出口计算机与通信技术产品 591.8 亿美元，同比增长 32.1%，占同期中西部特殊监管区域出口总值的 82.3%。其中，出口便携式电脑 329.8 亿美元，同比增长 30%，出口手机 196.3 亿美元，同比增长 26.8%，两者合计占同期中西部特殊监管区域出口总值的 73.2%，反映出当前中西部特殊监管区域对大型加工企业的依赖程度较大，且承接转移的加工产品均以电子类产品为主。

（三）东部地区特殊监管区域转型步伐缓慢

随着土地、劳动力、环保等成本的不断增加，近年来东部省市特殊监管区域加工贸易企业外流现象日趋突出。海关统计数据显示，2013 年东部地区特殊监管区域加工贸易进出口 1 940 亿美元，同比下降 6.7%。为了弥补加工贸易外流的空间，东部地区特殊监管区域积极发展展会、维修等功能，探索特殊监管区域转型方向。然而，在对企业调研时获悉，虽然企业对在特殊监管区域开展全球维修业务热情较高，但是业务开展却并不顺利。例如，苏州地区部分企业申请在苏州高新综合保税区建立全球电子产品维修中心，但由于资金、监管等条件限制，特别是对新型贸易业态，以及对服务贸易的配套扶持政策未能及时跟上，使区内企业尚未能开展新业务。业务拓展空间受限导致东部特殊监管区域转型步伐缓慢，不利于特殊监管区域的可持续发展。

（四）技术溢出和产业辐射效应不足，制约产业的转型升级

虽然目前我国特殊监管区域已成为承接产业转移、吸引外资的重要平台，但是不可否认，特殊监管区域内大部分制造企业仍处于技术含量较低、劳动密集的产业链末端环节，技术溢出效应、产业辐射能力及产品附加值都极为有限，而且实际利润率普遍较低，例如，昆山地区部分电子代工企业反映行业净利润率仅在 3% 左右。而且，由于外商对国内知识产权保护、国产产品质量等方面持保留态度或者存在一定的误解，导致区内企业在研发设计、国内原材料采购等方面的主动性不足，海关特殊监管区域内企业的转型升级及对外辐射作用难以拓展，自国内采购料件仍集中在产品机构料和包装物料等非主要构件。

五、特殊监管区发展形势展望

（一）上海自由贸易区建设为海关特殊监管区域发展提供新思路

2013 年 9 月 29 日，中国（上海）自由贸易试验区正式挂牌，范围包括上海外高桥保税区、外高桥保税物流园区、洋山保税港区和上海浦东机场综合保税区等 4 个海关特殊监管区域，并将在行政、投资、贸易、金融及法制等五个领域进行改革创新。在特殊监管区域发展放缓及框架内优惠政策基本穷尽的背景下，上海自由贸易区建设将给我国特殊监管区域发展带来新的思路。虽然自由贸易区的发展模式目前还不具备普遍适用性，但是作为我国进一步推进改革开放的“试验田”，上海自由贸易区试点形成的可复制、可推广的经验、政策、制度、管理模式必将逐步向全国推广。而特殊监管区域恰恰可以充当政策、制度推广的“排头兵”。例如，经过实践的贸易转型升级政策措施，可以率先在特殊监管区域进行推广；准备建设的海关、质检、工商、税务、外汇等各部门的信息共享平台，引进社会第三方组织协管，组建统一高效的口岸监管机构等监管模式也可以首先复制到特殊监管区域中来。

（二）服务贸易为特殊监管区域结构转型升级提供新方向

国际金融危机以来，全球经济复苏步伐缓慢且诸多波折，国际贸易保护主义和美欧再工业化使得以制造业为代表的货物贸易遭遇诸多增长瓶颈。而与此同时，服务贸易却凭借其后发优势，迎来了有利的发展契机，在国际贸易中的份额逐渐扩大。面对国际贸易新形势，特殊监管区域需打破传统体制机制约束，建立有利于服务贸易发展的政策环境。海关进行企业调研时获悉，随着土地、环保、劳动力成本的提高，我国特别是东部地区特殊监管区域对加工贸易的吸引力明显下降，相反，区内企业对开展全球维修、检测、展销等服务型业务热情较高。可以预见，随着服务贸易快速发展，未来服务贸易有望成为特殊监管区域转型升级的新方向。

（三）跨境电子商务为特殊监管区域外贸增长带来新动力

随着互联网逐渐渗透到商务流通领域，近年来全球跨境电子商务迅猛发展，我国跨境电商平台企业已超过5 000家，境内通过各类平台开展跨境电子商务的企业已超过20万家。2012年我国跨境电子商务交易额已达2万亿元。2013年9月初，国务院办公厅转发了由商务部等九部门制定的《关于实施支持跨境电子商务零售出口有关政策意见》，并于10月1日起在全国有条件的地区全面推广。该意见将跨境电子商务零售出口纳入海关的出口贸易统计，提出了对跨境电子商务零售出口的支持政策及出口检验、收结汇等6项具体措施。国家大力扶持跨境电子商务将为特殊监管区域外贸增长带来新动力。同时，入区退税、进区保税等政策优势及较为成熟的仓储体系也使得特殊监管区域对跨境电子商务具有较强的吸引力。比如，2013年3月份宁波市政府在宁波保税区现有政策优势的基础上积极打造电子商务进口商品分销基地，就取得了一定的成效。

2013 年我国加工贸易进出口年度报告

改革开放以来，加工贸易一直是我国外向型经济高速发展的重要动力引擎。加工贸易是建立在产业内分工基础上的一种贸易方式，是跨国公司在全球布局供应链的一种生产模式。我国开始承接、发展加工贸易始于1978 年，是我国利用国内国际两种资源、两个市场，促进国内产业集群形成和增强国际竞争力的重要方式。东莞家具、苏州笔记本电脑、环渤海的白色家电等一大批具有竞争力的产业群不断发展壮大，珠三角、长三角成为重要的“世界工厂”，加工贸易在其中发挥着重要的助推作用。

一、近年来我国加工贸易发展总体状况

2001 年至2013 年，尽管加工贸易在全国外贸中所占比重有所下降，但其仍是进出口贸易发展的主要带动力量，在我国外贸中依然占据举足轻重的地位。从规模、比重上看，12 年间，我国加工贸易进出口规模从2 414. 1 亿美元增加至13 578. 1 亿美元，年均增速为15. 5%，在我国外贸进出口中所占的比重由47. 4% 下降至32. 6%。其中，2002 年至2007 年是我国加工贸易的高速成长期，期间年均增速高达26. 7%，但2008 年开始，加工贸易进出口增幅开始收窄，当年同比仅增长6. 8%。2009 年，席卷全球的金融危机使我国加工贸易进出口出现多年来的首次下降，当年同比下降13. 7%。虽然2010 年我国加工贸易进出口得到了恢复性的增长，但欧债危机的持续发酵导致的外需不振又为我国加工贸易的发展前景蒙上阴霾，加上我国综合生产成本上升等因素的影响，加工贸易进出口增速明显放缓，2012 年、2013 年我国加工贸易进出口增速回落至3% 和1% （图1）。

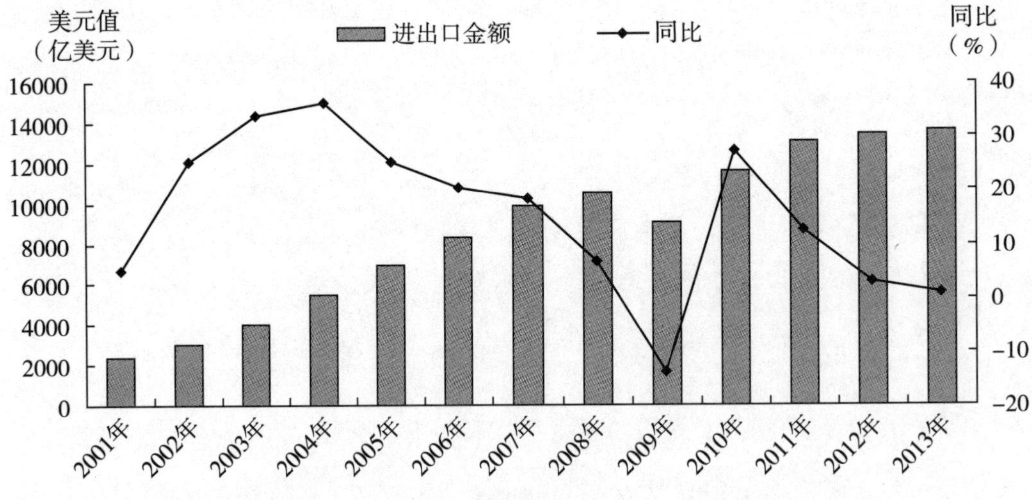

图1　2001 ~2013 年我国加工贸易进出口年度走势图

二、2013 年我国加工贸易进出口情况

2013 年我国加工贸易进出口13 578. 1 亿美元，比2012 年同期增长1%，增幅较同期我国外贸整体增幅低6. 6 个百分点，占同期我国外贸进出口总值的32. 6%。其中，出口8 608. 2 亿美元，同比下降0. 2%；进口4 969. 9 亿美元，同比增长3. 3%。

（一）月度进出口规模震荡走高，12 月份进出口值冲高回落

2013 年，我国加工贸易月度进出口值呈现震荡走高态势，在 11 月份创历史新高后，12 月份进出口值小幅回落，当月进出口 1 271.5 亿美元，同比增长 3.3%，环比下降 0.2%。其中，出口 798.6 亿美元，同比增长 0.4%，环比下降 3%；进口 472.9 亿美元，同比增长 8.7%，环比增长 5%（图 2）。

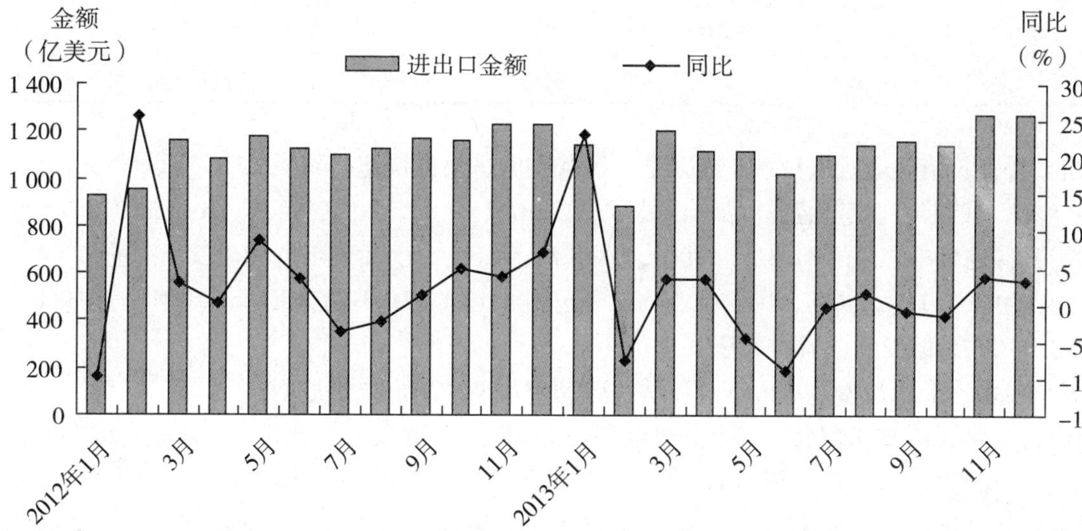

图 2　2012 ~ 2013 年我国加工贸易进出口月度走势图

（二）广东、江苏、上海进出口居前 3 位，西部地区和中部地区进出口保持快速增长

2013 年，广东加工贸易进出口 5 267.6 亿美元，同比下降 0.6%；江苏加工贸易进出口 2 336.5 亿美元，同比下降 5.2%；上海加工贸易进出口 1291.1 亿美元，同比下降 7%。上述三省市进出口合计占同期我国加工贸易进出口总值的 65.5%。同期，西部地区①加工贸易进出口 802.3 亿美元，同比增长 25.3%；中部地区②加工贸易进出口 785.5 亿美元，同比增长 22.4%。

（三）我国香港地区、美国、欧盟、日本和韩国为主要贸易伙伴

2013 年，我国加工贸易前五大贸易伙伴依次为我国香港地区、美国、欧盟、韩国和日本，对上述五地合计进出口 8 464.1 亿美元，同比下降 0.7%，合计占同期我国加工贸易进出口总值的 62.3%。其中，我国香港地区为我国加工贸易最大出口市场，韩国为最大进口来源地（国货复进口除外，表 1）。

表 1　2013 年我国加工贸易主要贸易伙伴情况统计表

贸易伙伴	进出口合计		出口		进口	
	金额（亿美元）	同比（%）	金额（亿美元）	同比（%）	金额（亿美元）	同比（%）
中国香港	2 161.9	1.4	2 103.5	1.2	58.4	5.9
美国	2 082.8	1.9	1 866.8	1.2	216.0	9.2
欧盟	1 553.4	−4.7	1 317.0	−6.5	236.4	6.8

① 西部地区：四川、陕西、广西、重庆、内蒙古、甘肃、云南、贵州、新疆、宁夏、青海、西藏。

② 中部地区：湖北、江西、安徽、河南、山西、湖南。

续表

贸易伙伴	进出口合计		出口		进口	
	金额（亿美元）	同比（%）	金额（亿美元）	同比（%）	金额（亿美元）	同比（%）
韩国	1 343.4	3.4	472.0	2.4	871.4	3.9
日本	1 322.6	-6.5	758.6	-3.4	564.0	-10.3
东盟	1 188.6	3.0	665.4	7.1	523.2	-1.8
中国台湾	890.9	5.2	166.1	2.8	724.8	5.8

（四）外商投资企业进出口占8成以上，民营企业进出口快速增长

2013年，我国外商投资企业以加工贸易方式进出口11 005.7亿美元，同比增长0.2%，占同期我国加工贸易进出口总值的81.1%。其中，出口7 132.6亿美元，同比下降0.3%；进口3 873.1亿美元，同比增长1.1%。同期，民营企业加工贸易进出口1 321.3亿美元，同比增长10.9%；国有企业进出口853.5亿美元，同比下降2.3%。

（五）机电产品出口份额小幅下滑，传统劳动密集型产品出口快速增长

2013年，我国以加工贸易方式出口机电产品6 471.8亿美元，同比下降2%，占同期我国加工贸易出口总值的75.2%，比重较2012年下滑1.4个百分点；合计出口服装、纺织纱线、鞋类、塑料制品、家具、玩具、箱包等七大类传统劳动密集型产品763.5亿美元，同比增长1.7%，占同期我国加工贸易进出口总值的8.9%（表2）。

表2　2013年我国加工贸易出口机电产品及传统劳动密集型产品统计表

商品	2013年		2013年12月	
	金额（亿美元）	同比（%）	金额（亿美元）	同比（%）
机电产品	6 471.8	-2.0	601.8	-1.2
其中：电器及电子产品	2 993.5	2.6	271.6	-1.7
机械设备	2 289.9	-3.6	226.6	-0.6
服装及衣着附件	248.2	-1.3	19.9	-4.2
纺织纱线、织物及制品	169.5	8.6	15.3	12.9
鞋类	108.4	-1.4	10.6	-4.8
塑料制品	87.9	7.8	8.1	5.9
家具及其零件	62.2	-3.6	5.8	-6.9
玩具	51.4	1.8	3.1	-18.7
箱包及类似容器	35.9	-3.0	3.2	-3.8

（六）机电产品进口小幅增长，份额下滑

2013年，我国以加工贸易方式进口机电产品3 101.7亿美元，同比增长1.2%，占同期我国加工贸易进口总值的62.4%，比重较2012年下滑1.3个百分点。同期，加工贸易进口额前3位具体列名商品分别为集成电路、液晶显示板和原油。其中，进口集成电路1 083.7亿美元，同比增长5.4%；进口液晶显示板335.3亿美元，同比下降5.9%；进口原油223.8亿美元，同比增长32.3%

（表3）。

表3　2013年我国加工贸易进口主要商品统计表

商品	2013年		2013年12月	
	金额（亿美元）	同比（%）	金额（亿美元）	同比（%）
机电产品	3 101.7	1.2	296.8	6.6
其中：电器及电子产品	2 152.2	3.7	210.6	10.3
仪器仪表	485.1	-4.5	42.4	-3.1
集成电路	1 083.7	5.4	105.5	15.2
液晶显示板	335.3	-5.9	29.7	-3.3
原油	223.8	32.3	19.6	33.6
初级形状的塑料	169.8	-2.7	15.4	9.4
纺织纱线、织物及制品	121.7	-2.1	10.0	-3.1
二极管及类似半导体器件	104.4	5.4	10.7	22.1
印刷电路	100.9	-11.0	9.5	0.9

三、当前我国加工贸易面临复杂的发展环境和挑战

（一）世界经济贸易和外部市场面临诸多困难和风险，但危机的倒逼机制亦给转型升级拓展出新的战略空间

在各国宽松政策的刺激下，2014年世界经济形势有望进一步改善，整体经济复苏步伐将可能加快。国际货币基金组织预计，2014年世界经济同比将增长3.6%，增速比2013年提高0.7个百分点，并认为这一增长率属于“偏低的中期增长轨迹”①。但未来世界经济仍处于金融危机后的深度调整期，面临着复苏基础不稳、增长动力不足、发展速度不均等问题，复苏进程难以一帆风顺。美国即将退出量化宽松货币政策，将对全球经济和金融市场带来重大影响，这已成为世界经济和国际金融最大的风险源。发达国家经济仍低于潜在增长率，部分新兴大国经济增长放缓，金融风险上升，世界经济贸易形势依然错综复杂，不排除经济贸易形势出现反复，我国加工贸易出口形势不容乐观。但危机是把双刃剑，换个思考角度，低速也是机遇，低速也给调得快、调得稳提供了好的契机。“危”“机”相倚，危机的倒逼机制亦给转型升级拓展出新的战略空间和机遇。

（二）综合成本全面上涨，中低端制造产能加速外移，加工贸易产业格局面临新考验

近年来我国制造业受到劳动力成本快速上涨、人民币持续升值、原材料价格急剧攀升等众多不利因素的制约，不少加工贸易企业经营陷入困境。2013年人民币对美元中间价共计41次创下新高，累计升值3%，受此影响，企业普遍对于远期经营信心不足，出口订单多为短单。在2013年的春交会和秋交会上，中、短单所占比重已分别高达83.7%和83.8%②。与此同时，2013年全国超过20个省份调整了最低工资标准，平均增长约18%③。在综合成本高企的压力下，部分中低端产能在无

① 《2013—2014年世界经济形势分析与展望》，常驻联合国工业发展组织代表处，2013年12月30日。

② 《人民币一年升3%，逼近5时代，出口企业有单不敢接》，华夏时报，2014年1月6日。

③ 《中国22地最低工资标准涨近两成 企业成本增长待消化》，中国新闻网，2013年8月25日。

法“转型”的情况下，不得不选择“转移”海外。据全球贸易信息系统显示，在日本，中国服装和鞋的市场份额分别下滑2.42个和2.38个百分点，而印度尼西亚分别提升0.62个和0.8个百分点，越南分别提升0.84个和0.53个百分点；在美国，中国鞋的市场份额下滑3.11个百分点，越南和印度尼西亚则分别提升1.65个和0.82个百分点①。加工贸易转型升级不是简单地放弃低端制造业，而应该是“高低并举”，在发展高端制造业的同时，提高传统产品的质量标准和技术含量，继续赢得国际市场，否则容易形成高不成、低不就的尴尬局面。

（三）贸易保护主义持续升温已成为加工贸易发展的障碍

国际金融危机爆发以来，针对中国的贸易保护主义行动愈演愈烈，不仅案件数越来越多，金额越来越高，而且还呈现出领域性和地域性。从调查发起的国家或地区来看，既包括美国、欧盟等发达经济体，也包括巴西、印度、南非等新兴经济体；涉案产品也从传统的农产品、低附加值工业品拓展到大型企业及高附加值产品。2013年前三季度，17个国家和地区对中国出口产品发起救济调查63起，同比增长10.5%，其中美国对中国的电子、通讯、机械等出口产品发起“337知识产权调查”15起，占其同期立案数量的1/4以上，涉及中国不少战略性新兴产业的大型龙头企业②。与此同时，新兴经济体经济放缓，一些产业发展面临困难，与中国的贸易摩擦呈增多之势。2013年前三季度发展中国家对中国产品发起的贸易救济案件数量和金额均超过发达国家，应对难度明显增大，拉美市场的贸易保护程度甚至超过欧美③。

（四）加工贸易仍处于产业链的中低端，效益不高状况没有本质改观

虽然目前我国加工贸易已出现向产业链上游技术密集环节延伸发展的趋势，但由于贴牌加工仍然是企业的主要经营模式，很多大型外商投资企业，尤其是高新技术类的外商投资企业，放在国内的主要是生产和加工环节，使国内产业总体上仍处于“加工厂”的境地。这种通过加工组装方式参与出口的制造环节，付出的只是土地、厂房、设备、水电等物化要素成本和简单的劳动成本，投入大，但增值率和贸易竞争力低，可替代性高。如东莞大东骏通公司专门接受索尼电脑订单，近几年公司设立了技术研发部门，但设计产品主要是为了增加企业接单的竞争力，而不是创立自主品牌，其加工的单个产品利润率由五年前的5%下降到2012年的1%～1.2%；东莞美泰公司生产在全球十分受欢迎的芭比娃娃玩具，单个芭比娃娃玩具在终端市场的售价在20美元以上，而该工厂仅仅得到3%左右的加工费。中国成为“世界工厂”，给全球贡献物美价廉产品的同时，也大量消耗着宝贵的资源和能源，损害着脆弱的生态环境。

（五）内需市场的开拓仍受制于诸多因素

由于内贸和外贸的运营体系、管理机制和政策导向不同，加工贸易企业转内销，必须适应与熟悉订单的规模及结算问题、渠道问题、流通问题、品牌问题等，这既需要外贸企业在营销理念与管理手段上解放意识大胆探索，也需要政府在内外贸体系对接上建立长效机制，充分发挥“指路子、搭台子、架梯子”的职能作用，为企业打开国内市场提供公平的贸易环境与完善的政策配套。然而，目前部分企业面对资金、技术、品牌创建、营销网络等方面的难题力不从心，不敢试水国内市场。此外，本地企业配套自主性往往偏弱，在分工格局中处于被动地位，一旦下游公司产品出口受到外界市场萎缩的影响，国内众多上游的原材料供应企业就会成批倒闭，反过来又影响到下游公司的生产。

---

① 日本数据统计时间段为2013年1～11月，美国为2013年1～10月。

② 《贸易摩擦形势依然严峻，外贸风险依然较多》，人民网，2013年11月8日。

③ 《新兴市场频反倾销，中国企业1个多月遭数十起调查》，每日经济新闻，2013年10月18日。

四、加工贸易发展形势展望及相关政策建议

“十二五”期间，中央强调要加快推进经济结构战略性调整，推动产业转型升级，加工贸易转型升级的顺利与否直接关乎我国经济发展方式转变的进程。目前，国际经济环境有所改善但基础仍不稳固，欧元区国家深层次矛盾难以根除，美国量化宽松退出与财政困境等问题增加了全球经济的不确定性，部分新兴经济体经济下行压力较大，世界经济贸易格局处在一个寻找再平衡的调整过程中。我国加工贸易转型升级虽然已取得可喜成绩，但要根本完成加工贸易转型升级的要求，仍然任重道远。

为此，提出如下建议：一是进一步落实《促进加工贸易转型升级的指导意见》，推进加工贸易企业开展转型升级；二是落实对中小型企业融资方面的优惠政策，降低企业生产成本，增强产品出口竞争力；三是实施多元化市场战略，巩固和开拓新兴市场，同时进一步拓宽内销渠道；四是加强对境外贸易壁垒的监测预警分析，引导和帮助加工贸易企业积极应对各类贸易壁垒和摩擦。

贸易主体篇

ENTERPRISES

2013 年我国国有企业进出口年度报告

国有企业是我国国民经济的支柱，在关系国家安全、国民经济命脉的重要行业和关键领域发挥着重要作用。近年来，国有企业凭借其突出表现，在国际竞争中成绩斐然，《财富》世界500强榜单中，我国国有企业入榜数量由2009年的33家快速增加至2013年的79家，企业排位也呈节节攀升势头①。在外贸领域，国有企业承担着大部分能源、矿产、粮食等关系国计民生的重要产品进出口任务，其对于保持我国对外贸易稳定发展、不断提高对外开放水平意义重大。

一、近年来我国国有企业进出口情况

加入世界贸易组织以来，随着外商投资企业和民营企业的快速发展，国有企业在外贸领域的主导地位逐步被弱化，其进出口值占我国外贸进出口总值的比重由2001年的42.8%逐步下滑至2013年的18.5%，但其整体仍保持较快发展，进出口总值也不断刷新历史纪录。其中，2011年国有企业进出口7 608.9亿美元，创历史最高纪录，比2001年增长2.5倍，年均增长率达13.4%。出口方面，2001年至2011年间国有企业出口值基本保持稳步增长，2012年起连续两年小幅回落；进口方面，除2009年外，均保持同比正增长，2001年至2013年的年均增长率为14%。此外，自2003年以来，国有企业外贸由贸易顺差转为贸易逆差，且逆差数额逐年扩大，自2011年起，该逆差均保持2 000亿美元以上水平（图1）。

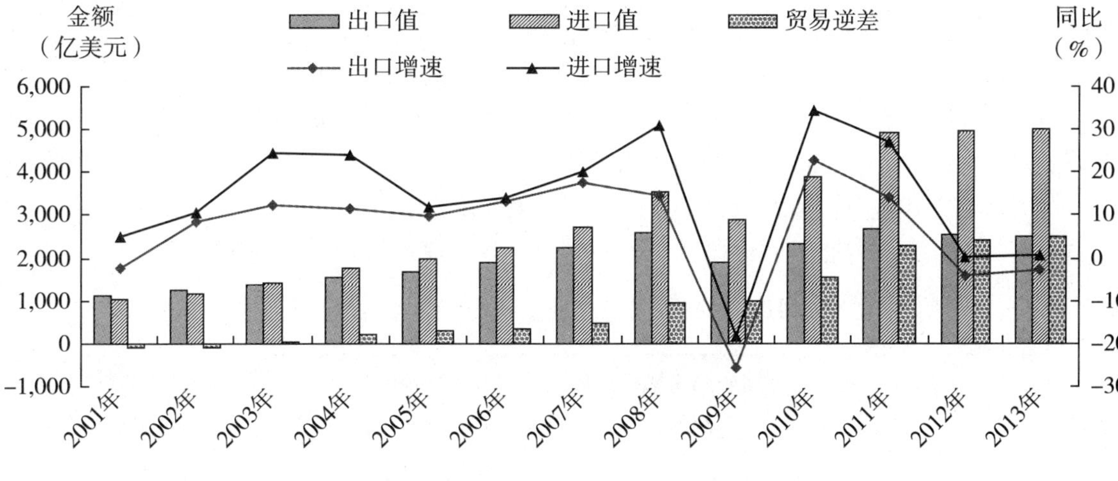

图1　2001～2013年我国国有企业进出口及贸易逆差走势图

二、2013年我国国有企业进出口的主要特点

据海关统计，2013年我国国有企业进出口7 479.7亿美元，比2012年同期下降0.5%。其中，出口2 489.9亿美元，同比下降2.8%；进口4 989.8亿美元，同比增长0.6%；贸易逆差2 499.9亿美元，同比增长4.4%。

---

① 《2013年国企大盘点》，《国企》杂志，2014年1月6日。

(一) 月度出口先扬后抑，进口震荡走高

2013 年，我国国有企业月度出口规模整体呈先扬后抑走势：在 2 月份受春节因素影响降至 161.7 亿美元的低点后，出口值震荡走高，至 8 月份达到 225.4 亿美元，为 2012 年 10 月份以来最大规模，此后，月度出口规模高位回落，至 12 月呈现止跌回升态势，当月出口 220.2 亿美元，同比下降 1.6%，环比增长 8.9%。

进口方面，国有企业月度进口规模高位震荡，2013 年全年共有 9 个月达到 400 亿美元以上水平。其中，12 月份当月进口 468.3 亿美元，同比增长 6.7%，环比增长 11.1%，为 2012 年 6 月份以来月度进口最高值（图 2）。

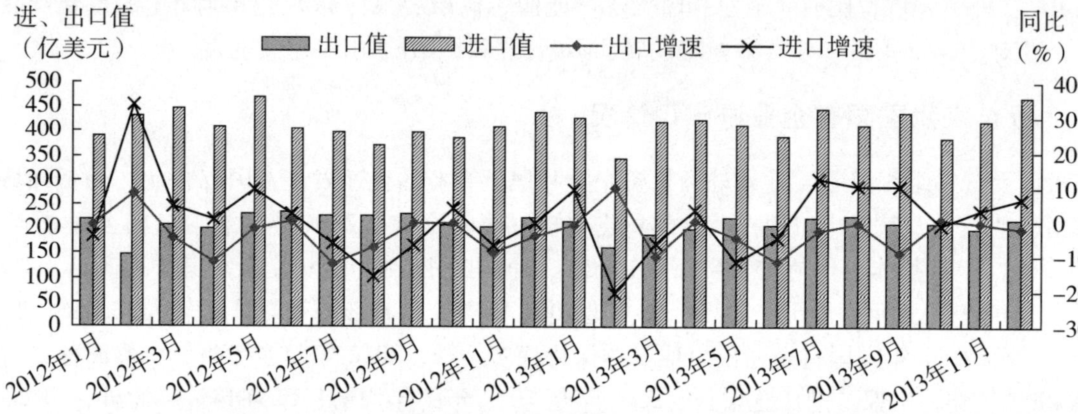

图 2　2012～2013 年我国国有企业月度进出口走势图

(二) 一般贸易主导进出口，海关特殊监管区域物流货物进出口增长显著

2013 年，我国国有企业以一般贸易方式出口 1 449.4 亿美元，同比下降 3.6%，占同期我国国有企业出口总值的 58.2%；加工贸易出口 508.7 亿美元，同比下降 10%，占国有企业出口总值的 20.4%。同期，我国国有企业以一般贸易方式进口 4 015.1 亿美元，同比增长 0.4%，占同期我国国有企业进口总值的 80.5%；加工贸易方式进口 344.8 亿美元，同比增长 12%。此外，以海关特殊监管区域物流货物方式进出口增幅明显。其中，出口 135.1 亿美元，同比增长 15.2%；进口 210 亿美元，同比增长 11.3%（表 1）。

表 1　2013 年我国国有企业进出口贸易方式统计表

贸易方式	进出口金额（亿美元）	同比（%）	出口金额（亿美元）	同比（%）	进口金额（亿美元）	同比（%）
一般贸易	5 464.5	-0.7	1 449.4	-3.6	4 015.1	0.4
加工贸易	853.5	-2.3	508.7	-10.0	344.8	12.0
其中：来料加工装配贸易	388.4	3.3	175.8	-3.5	212.6	9.7
进料加工贸易	465.0	-6.5	332.8	-13.2	132.2	15.8
海关特殊监管区域	871.3	2.1	350.5	8.7	520.8	-1.9
其中：保税监管场所进出境货物	525.6	-3.9	215.4	5.0	310.2	-9.2
海关特殊监管区域物流货物	345.1	12.8	135.1	15.2	210.0	11.3

（三）东盟、欧盟和美国为前三大出口市场，资源主产国为主要进口来源地

2013 年，我国国有企业与前十大贸易伙伴合计进出口 4 393 亿美元，占同期国有企业进出口总值的 58.7%。

出口方面，东盟、欧盟和美国为前三大出口市场。其中，对东盟出口 365.2 亿美元，同比增长 8.9%；对欧盟出口 329.4 亿美元，同比下降 7.3%；对美国出口 312.8 亿美元，同比下降 2.8%。三者合计占同期国有企业出口总值的 40.5%。

进口方面，自欧盟进口 445.3 亿美元，同比增长 2.4%，占同期国有企业进口总值的 8.9%。此外，由于国有企业在资源性产品进口中位居主导地位，澳大利亚、沙特阿拉伯等资源主产国在进口贸易伙伴的排名也相应靠前。其中，自澳大利亚进口 411.7 亿美元，自沙特阿拉伯进口 337.6 亿美元，同比分别增长 1.4% 和 4.2%，占同期国有企业进口总值的 8.3% 和 6.8%（表 2）。

表 2　2013 年我国国有企业进出口前十大贸易伙伴统计表

贸易伙伴	进出口金额（亿美元）	同比（%）	贸易伙伴	出口金额（亿美元）	同比（%）	贸易伙伴	进口金额（亿美元）	同比（%）
欧盟	774.7	-1.9	东盟	365.2	8.9	欧盟	445.3	2.4
东盟	684.5	5.2	欧盟	329.4	-7.3	澳大利亚	411.7	1.4
美国	635.3	0.2	美国	312.8	-2.8	沙特阿拉伯	337.6	4.2
澳大利亚	460.2	0.6	中国香港	288.3	-2.1	美国	322.5	3.4
沙特阿拉伯	364.9	2.2	日本	116.5	-13.9	东盟	319.4	1.4
日本	306.6	-10.1	韩国	89.6	-8.2	安哥拉	277.5	-6.4
俄罗斯	303.1	-4.3	印度	85.5	-20.3	俄罗斯	244.6	-7.8
中国香港	301.3	-1.1	俄罗斯	58.5	14.2	巴西	195.5	-18.7
安哥拉	288.0	-6.9	澳大利亚	48.6	-5.9	日本	190.1	-7.6
韩国	274.4	0.4	巴西	48.0	2.7	韩国	184.8	5.2

（四）机电产品占据出口 4 成以上份额，传统劳动密集型产品出口逆势增长

2013 年，国有企业出口机电产品 1 222.2 亿美元，同比下降 5.2%，占同期国有企业出口总值的 45.1%。同期，出口传统劳动密集型产品① 499.4 亿美元，同比增长 1.7%，占同期国有企业出口总值的 20.1%。其中，出口纺织服装 371.6 亿美元，同比增长 3.3%；出口鞋类 45 亿美元，同比下降 1.7%。此外，出口高新技术产品（与机电产品有交叉）372.4 亿美元，同比增长 8.9%（表 3）。

① 传统劳动密集型产品包括纺织服装、家具、箱包、鞋类、塑料制品和玩具 6 类商品。

表3　2013年我国国有企业出口主要商品情况统计表

商品	出口金额（亿美元）	同比（%）	所占份额（%）
机电产品	1 122.2	-5.2	45.1
其中：船舶	126.8	-27.6	5.1
汽车	53.6	-8.7	2.2
家电	53.5	-9.9	2.1
传统劳动密集型产品	499.4	1.7	20.1
其中：纺织服装	371.6	3.3	14.9
鞋类	45.0	-1.7	1.8
高新技术产品	372.4	8.9	15.0
其中：集成电路	48.5	49.3	1.9
钢材	204.5	1.4	8.2
成品油	180.5	14.3	7.2
农产品	69.7	-9.5	2.8

（五）原油为第一大进口商品，液化石油气及其他烃类气进口增速高于整体水平

2013年，资源性产品继续为国有企业主要进口商品，在国有企业进口前十大商品中，一半为该类产品。其中，进口原油2 481.2万吨，同比增加5.9%，价值1 926.4亿美元，同比增长1.3%，占同期国有企业进口总值的38.6%；进口液化石油气及其他烃类气102.4亿美元，同比增长31.1%，增速高出整体30.5个百分点。同期，进口农产品262.6亿美元，同比下降8.8%，占国有企业进出口总值的5.3%（表4）。

表4　2013年我国国有企业进口主要商品情况统计表

商品	进口金额（亿美元）	同比（%）	所占份额（%）
原油	1 926.4	1.3	38.6
机电产品	925.7	0.8	18.6
其中：飞机	120.9	16.4	2.4
汽车	84.0	3.7	1.7
高新技术产品	536.1	5.0	10.7
其中：集成电路	105.7	20.0	2.1
铁矿砂及其精矿	530.5	-4.6	10.6
农产品	262.6	-8.8	5.3
成品油	167.5	0.5	3.4
煤及褐煤	129.7	6.4	2.6
液化石油气及其他烃类气	102.4	31.1	2.1

三、2013 年我国国有企业出口下降、进口增长的主要原因

（一）国际经济环境形势严峻，出口难度提升

2013 年，在国际金融危机后续效应的影响下，世界经济复苏缓慢。尽管美国经济形势有所向好，在 2013 年第三季度 GDP 增速达到 4.1%，但其“低增长、高失业率、高赤字、高负债”并存的格局没有根本改变，国际货币基金组织（IMF）预计 2013 年美国政府负债率高达 106%①。另外，数据显示，2013 年 12 月份美国劳动参与率仅 62.8%，为 1978 年以来的最低水平②。与此同时，2013 年欧盟经济复苏进展较不顺利，其中德国 GDP 仅增长 0.4%，为 2010 年以来最小增幅③，并且欧元区失业率同样居高不下，其中希腊和西班牙 2013 年 11 月份失业率分别达到 27.3% 和 26.7%④。作为主要出口市场，美国和欧盟经济表现不佳制约我国国有企业出口。

（二）国内供应缺口及国际市场的价格优势推动资源性产品进口增加

随着国内经济企稳向好，在稳增长措施的拉动作用下，2013 年我国原油需求有所升温，数据显示，2013 年我国原油表观消费量为 4.87 亿吨，同比增长 2.8%⑤。而目前国内每年 2 亿吨左右的石油产量不足以满足国内需求⑥。天然气方面，由于煤改气等环保需求拉动，2013 年我国天然气表观消费量达到 1 692 亿立方米，超越伊朗成为世界第三大天然气消费国⑦，但国内供给不足，若完全满足用气需求，全年供需缺口达 220 亿立方米⑧。受此影响，国内市场对进口原油、天然气等资源性产品需求大幅提升。除供应方面存在缺口外，2013 年，原油、煤等资源性产品国际价格的下滑，也进一步推动进口增加。数据显示，2013 年布伦特原油年均价为每桶 108.7 美元，同比下降了 2.56%⑨。国内外煤炭价格倒挂严重，仅 11 月份国内煤炭港口价格和进口煤到岸价格就有 80 元/吨的价差⑩。国有企业作为我国资源性产品进口主力军，其进口量的增加推动国有企业进口整体保持增长。

四、国有企业进出口的影响因素分析

（一）贸易壁垒层出不穷，增加企业外贸压力

近年来，国际贸易保护主义呈现抬头趋势，我国产品在出口中屡遭起诉和调查。2013 年，美国对我国多次发起反倾销、反补贴调查，涉及钢产品、冰冻温水虾、热轧碳钢、铝型材、聚酯短纤、亚硝酸钠等各类产品，并且全年发起的“337 调查”中涉及我国企业的共 19 起⑪，居涉案国之首，其中电子信息产品仍是遭遇“337 调查”的“重灾区”。欧盟方面，相关数据显示，2013 年前三季度，欧盟非食品类消费品快速预警系统（RAPEX）对华产品通报 805 项，占同期欧盟通报总数的

---

① 《2013～2014 年世界经济形势分析与展望》，中华人民共和国商务部，2013 年 12 月 30 日。
② 《斯蒂格利茨：今年美国经济或难强劲复苏》，新浪财经，2014 年 1 月 14 日。
③ 《德国 GDP 去年仅增长 0.4%，创 2010 年以来最差表现》，华尔街日报，2014 年 1 月 15 日。
④ 《2013 年全球经济非均衡性温和复苏》，网易财经，2014 年 1 月 10 日。
⑤ 《2014 年中国油气需求将持续增长》，中国经济时报，2014 年 1 月 16 日。
⑥ 《2013 年中国石油产量世界第四》，河南电力网，2014 年 1 月 10 日。
⑦ 《发改委：2013 年中国天然气产量同增 9.8%》，发改委网站，2014 年 1 月 23 日。
⑧ 《成为天然气第三大消费国 今年我国石油需求或增 4%》，中国证券报，2014 年 1 月 16 日。
⑨ 《2013 我国原油进口量突破 2.8 亿吨 需求仍旺盛》，新华社，2014 年 1 月 13 日。
⑩ 《2013 年中国煤炭进口量同比增长 13.4%》，中商情报网，2014 年 1 月 14 日。
⑪ 《2013 年中国依然是贸易保护主义的最大受害国》，商务部，2014 年 1 月 16 日。

60.9%，高居首位，其中涉及服装的有215起，占全部被通报产品的26.7%[①]。此外，2014年1月，欧盟ECHA成员国委员会（MSC）确定7种物质作为高关注度物质，将授权候选清单上物质增加至151种[②]，进一步加大企业出口难度。反观进口，相关国家也纷纷出台针对资源性产品出口的保护措施，如印度自2012年年底起将铁矿石出口关税从20%提升至30%[③]，印度尼西亚自2014年1月12日起禁止出口包括镍矿和铝土矿在内的65种原矿[④]。国际上频繁的贸易壁垒和摩擦，给国有企业进出口带来不利影响。

（二）“走出去”步伐加快，并购质量有待提高

自2000年我国首次将“走出去”提升至国家战略高度以来，以国有企业为主的中国企业对外投资快速发展，2013年共实现直接投资901.7亿美元，同比增长16.8%[⑤]，中海油更是以151亿美元收购加拿大尼克森公司[⑥]。在国有企业海外扩张取得重大进展的同时，其反映出来的问题也不容忽视。一方面，由于缺乏并购技巧及受到西方国家猜忌等因素影响，海外并购失败率居高不下，矿业领域失败率甚至达到80%[⑦]；另一方面，由于投资地区和行业扎堆，甚至出现国内企业竞相抬价的情形，导致海外并购溢价偏高，相关数据显示，2012年我国海外并购溢价为38%，高于世界平均水平6个百分点，溢价记录也屡屡刷新，如三峡集团收购葡萄牙电力溢价53%，中海油收购尼克森溢价65%，中石化收购加拿大日光能源溢价72%[⑧]。

五、国有企业进出口形势展望及相关建议

随着美国等发达经济体复苏步伐加快，2014年世界经济形势有望进一步改善，国际货币基金组织预计2014年世界经济将增长3.6%，增速比2013年提高0.7个百分点[⑨]。与此同时，十八届三中全会《中共中央关于全面深化改革若干重大问题的决定》对于国有企业改革提出了明确目标，2013年12月17日，上海市公布“国资国企改革20条”，为地方国企改革带来示范效应[⑩]。2014年，在一系列政策带动下，国有企业在股权多元化、有效激励、国资管理体制上的改革有望拉开序幕，或将进一步助推国有企业出口发展。进口方面，2013年我国石油和天然气的对外依存度分别达到了58.1%和31.6%[⑪]。随着国内能源改革继续推进，2014年我国石油需求小幅回升，天然气需求继续快速增长。在需求的带动下，国有企业进口有望进一步扩大。

但值得注意的是，随着我国外贸不断发展，国际贸易壁垒不减，国有企业进出口仍存在诸多难题。为此建议：一是完善国有资产管理机制，深化国有企业改革，推动国有企业完善现代企业制度，培育具有国际竞争力和影响力的企业集团；二是建立健全行业运行和产品进出口的监测预警机制，提高企业应对贸易摩擦的能力；三是完善企业境外投资决策和风险评估机制，优化投资方式，严格投资经营效益考评，稳步提升企业国际化经营能力和水平。

---

① 《2013年前三季度欧盟RAPEX对华产品通报综诉》，中国贸易救济信息网，2013年12月6日。
② 《REACH再增七种授权候选物质》，国际商报，2014年1月3日。
③ 《印度政府排除削减铁矿石出口关税》，中国钢铁电子交易中心，2013年10月14日。
④ 《印尼原矿出口禁令生效 中企或遭“无米下锅”困境》，中国环境报，2014年1月16日。
⑤ 《2013年中国对外直接投资901.7亿美元 同比增16.8%》，中国新闻网，2014年1月16日。
⑥ 《中海油超级并购收官》，新浪财经，2014年1月6日。
⑦ 《海外并购不仅是“走出去”并购失败率50%~70%之间》，中国企业报，2014年1月7日。
⑧ 《中国企业“走出去”：冲动后的反思》，经济观察报，2013年9月13日。
⑨ 《2014年世界经济走势分析》，半月谈网，2014年1月17日。
⑩ 《国企改革引发舆论持续关注》，电力决策与舆情参考，2014年1月16日。
⑪ 《成为天然气第三大消费国 今年我国石油需求或增4%》，中国证券报，2014年1月16日。

2013 年我国外商投资企业进出口年度报告

经过改革开放 30 多年来的发展，我国对外开放和利用外资的战略适应了我国经济社会发展总目标，外资在经济发展各个阶段都发挥了积极作用，外商投资企业已成为我国国民经济的重要组成部分。截至 2013 年年底，我国已累计批准设立外商投资企业约 78 万家，实际使用外资近 1.4 万亿美元。我国产业要进一步做强，必须进一步融入全球产业，吸纳整合全球产业资源。过去 30 多年我国主要通过引进外资参与全球产业的整合，优化资源配置，与全球经济互动发展，外商投资企业已经成为我国外贸发展的重要力量。

一、加入世界贸易组织以来我国外商投资企业进出口概况

外商投资企业在我国对外贸易中一直占据着非常重要的地位。我国加入世界贸易组织后，凭借良好的投资环境与完善的产业链条继续吸引大量外商投资企业来华投资，外商投资企业进出口也更趋活跃，2001 年至 2011 年间除 2009 年受国际金融危机影响进出口出现下降外，其他年度进出口均保持两位数增长，年均增速达到 21.8%。2001 年外商投资企业进出口占我国外贸进出口值的比重首次突破 50%，此后该比重一度升至 2006 年的 58.9%，之后这一比重呈逐渐下滑趋势。2012 年外商投资企业进出口明显放缓，该年出口值虽突破万亿美元大关，但进出口总体仅同比增长 1.8%，占我国外贸进出口值的比重也回落至 50% 以下，仅为 49%。2013 年，外商投资企业进出口增幅进一步收窄，全年合计进出口 19 191 亿美元，比 2012 年仅增长 1.3%，占同期全国外贸进出口总体比重也进一步滑落至 46.1%（图 1）。

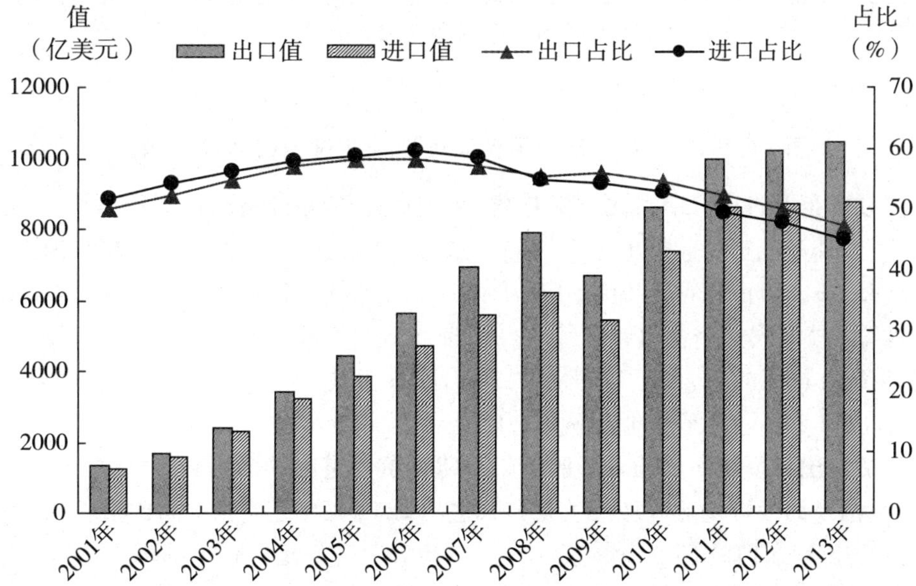

图 1　2001 ~ 2013 年我国外商投资企业进出口及占外贸总体比重走势图

二、2013 年我国外商投资企业进出口的主要特点

2013 年，我国外商投资企业进出口 19 191 亿美元，比 2012 年增长 1.3%，略低于 2012 年的增

幅（1.8%），占同期全国外贸进出口总值的46.1%，所占比重比2012年减少2.9个百分点。其中，出口10 443亿美元，同比增长2.1%，占同期全国出口总值的47.3%；进口8 748亿美元，同比增长0.4%，占同期全国进口总值的44.9%。

（一）除2月外其余月份进出口均超1 500亿美元，12月份进出口值再创历史新高

2013年，除2月份受春节因素影响外，其他各月进出口值均在1 500亿美元以上，11月开始进出口规模明显放大，单月突破1 700亿美元。12月份当月进出口1 786.5亿美元，再创历史新高，同比增长5.2%，环比增长0.6%。其中，出口964.3亿美元，同比增长2.4%，环比下降2.7%；进口822.2亿美元，同比增长8.6%，环比增长4.9%（图2）。

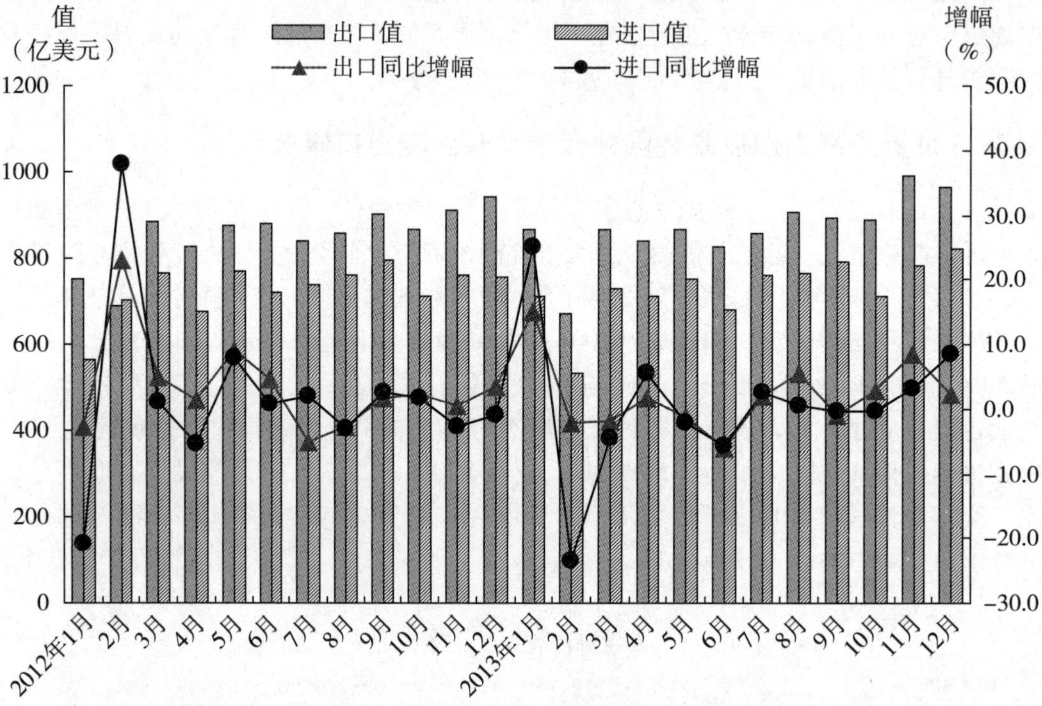

图2　2012～2013年我国外商投资企业进出口月度走势图

（二）外商独资企业进出口所占比重略有减少，中外合资企业进出口平稳增长

2013年，我国外商独资企业进出口13 100亿美元，同比增长0.2%，占同期我国外商投资企业进出口总值的68.3%，所占比重比2012年减少0.7个百分点。其中，出口7 277亿美元，同比增长1.2%，占同期我国外商投资企业出口总值的69.7%；进口5 823亿美元，同比下降1%，占同期我国外商投资企业进口总值的66.6%。同期，中外合资企业进出口5 851亿美元，同比增长4.1%；中外合作企业进出口240亿美元，同比下降1.8%。

（三）加工贸易出口呈现负增长，一般贸易及租赁贸易进出口增幅高于总体

2013年，我国外商投资企业以加工贸易方式进出口11 006亿美元，同比增长0.2%，占同期我国外商投资企业进出口总值的57.3%。其中，出口7 133亿美元，同比下降0.3%，占同期我国外商投资企业出口总值的68.3%；进口3 873亿美元，同比增长1.1%，占同期我国外商投资企业进口总值的44.3%。

同期，我国外商投资企业以一般贸易方式进出口6 225亿美元，同比增长4.3%；以海关特殊监管区域方式进出口1 806亿美元，增幅与上年持平；外商投资企业作为投资进口的设备、物品显著减少，共进口98.3亿美元，同比下降26.7%；以租赁贸易方式进出口27.6亿美元，同比大幅增长73%。

（四）美国、我国香港地区、欧盟和日本为主要出口市场，欧盟、韩国、日本和东盟为主要进口来源地

2013年，外商投资企业对美国出口2 258亿美元，同比增长2.7%；对香港地区出口2 055亿美元，同比增长6%；对欧盟出口1 702亿美元，同比下降3.1%；对日本出口1 010亿美元，同比下降2%。对上述四者出口值均超过千亿美元，合计占同期全国外商投资企业出口总值的67.3%。

同期，外商投资企业自欧盟进口1 286亿美元，同比增长3%；自韩国进口1 285亿美元，同比增长4.9%；自日本进口1 157亿美元，同比下降11.5%；自东盟进口1 053亿美元，同比下降4.5%。上述四者合计占同期全国外商投资企业进口总值的54.7%。同期，国货复进口1 021亿美元，同比增长2.6%。

（五）东部地区进出口所占比重继续减少，中西部地区进出口增幅明显

2013年，我国东部地区①外商投资企业进出口17 356亿美元，同比下降0.2%，占同期我国外商投资企业进出口总值的90.4%，所占比重比上年减少1.3个百分点。东部地区中有4个省市的外商投资企业进出口值超千亿美元，分别为广东、江苏、上海和山东。除广东进出口为增长外，其他3个省市进出口均出现不同程度的下降。其中，广东为5 921亿美元，同比增长3.7%；江苏为3 394亿美元，同比下降5.1%；上海为2 886亿美元，同比下降0.5%；山东为1 015亿美元，同比下降0.5%。此外，浙江为997.8亿美元，同比下降3.3%。

同期，中西部地区外商投资企业进出口增幅明显增长。西部地区②外商投资企业进出口929.5亿美元，同比增长25.2%，整体规模已超越中部地区③，占同期我国外商投资企业进出口总值的4.8%，所占比重比上年提升0.9个百分点；中部地区外商投资企业进出口905.3亿美元，同比增长10.9%，占同期全国外商投资企业进出口总值的4.7%，所占比重比上年提升0.4个百分点。

（六）机电产品为主要进出口产品，劳动密集型产品出口增幅略高于总体

2013年，我国外商投资企业出口机电产品7 748亿美元，同比增长2%，占同期我国外商投资企业出口总值的74.2%，所占比重比上年减少0.1个百分点；进口机电产品5 652亿美元，同比增长0.5%，占同期我国外商投资企业进口总值的64.6%，所占比重比上年微增0.1个百分点。

2013年，我国外商投资企业出口高新技术产品（与机电产品有交叉）增速高出同期进口增速1.9个百分点，出口4 818亿美元，同比增长2.4%，占同期全国外商投资企业出口总值的46.1%；进口3 675亿美元，同比增长0.5%，占同期我国外商投资企业进口总值的42%。

2013年，我国外商投资企业出口传统劳动密集型产品（包括家具、箱包、纺织服装、塑料制品、鞋类和玩具）1 224亿美元，同比增长2.6%，增幅略高于总体。

三、2013年我国外商投资企业进出口增速继续放缓的主要原因

（一）成本上扬，赢利下降，外商投资企业扩大投资意愿减弱

近年来，我国劳动力成本、原料价格均出现较大幅度上涨，人民币汇率也有较大提高，企业生产成本有所提高。据人力资源部和社会保障部的数据显示，2008年以来，全国最低工资标准年均增

---

① 本文所称“东部地区”包括广东、浙江、江苏、上海、福建、山东、黑龙江、吉林、辽宁、河北、天津、北京、海南13个省（直辖市）。

② 本文所称“西部地区”包括新疆维吾尔自治区、内蒙古自治区、四川、广西壮族自治区、重庆、陕西、云南、甘肃、宁夏回族自治区、贵州、青海、西藏12个省（自治区、直辖市）。

③ 本文所称“中部地区”包括湖南、安徽、山西、湖北、江西、河南6个省。

幅为12.6%，2013年全国有26省份调整了最低工资标准，以主要行业沿海地区的劳动力平均月薪3 000元计，比印尼、泰国、孟加拉等周边东南亚国家分别高224.8%、195.3%和182%①。外商投资企业特别是以加工贸易为主的外商投资企业在华发展意愿有所减弱，加上外资企业在税费方面也不再享受“超国民待遇”，部分企业将生产基地转向菲律宾、越南等东南亚国家。海关统计数据也显示，2013年全年，我国有进出口记录的外商投资企业94 388家，比2012年减少了818家，显示外商投资企业外贸活跃度略有减弱。

（二）外需疲软，价格走跌，外商投资企业出口受到影响

2013年，世界经济出现一些好转迹象，发达经济体经济复苏势头虽略有增强，年内美国和欧盟等我国主要出口市场的消费者信心指数分别从年初的58.4及－23.9回升至年末的70.4及－13.6，但从整体来看，全球经济复苏基础不稳，动力不足，速度不均，国际市场需求低迷连带拖累发展中经济体经济增速明显放缓。由于外商投资企业外贸活动多以两头在外的加工贸易方式进行，外需疲软在影响了出口的同时也对外商投资企业进口需求造成了影响。加上我国外商投资企业出口商品主要为手机、笔记本电脑等消费类电子产品，更新换代时间短，价格下跌较快，如海关统计数据显示，2013年我国外商投资企业出口的笔记本电脑价格平均下跌了6.9%，在外需没有明显增长的大背景下，出口价格走跌也对外商投资企业的出口造成一定影响。

（三）内销趋旺，转型加快，外商投资企业对国外市场依赖度逐步减弱

当前我国经济正在由外需依赖型向内需拉动型转变，随着国有和私营等内资企业参与进出口贸易的活跃及加工贸易国内配套能力的增强，“外商投资＋加工贸易”模式的主导地位逐渐弱化。同时随着国内市场的迅速发展，外商投资企业不再过度依赖加工贸易的出口，导致2013年加工贸易出口呈现下降趋势，同期外商投资企业一般贸易出口增长加快，也在积极开拓国内市场方面取得进展。据海关统计，2013年我国外商投资企业以一般贸易方式出口2 710亿美元，同比增长5.6%，增幅比总体增幅高出3.5个百分点，占同期全国外商投资企业出口总值的25.9%，所占比重比上年提升0.8个百分点；全国加工贸易内销为381.9亿美元，同比增长4.8%。种种迹象表明，外商投资企业对国外市场的依赖正在逐步减弱。

四、当前我国外商投资企业进出口面临的挑战

（一）贸易摩擦频发对相关产品出口产生影响

由于全球经济复苏进程缓慢，新兴经济体也开始陷入经济不振的泥潭，在国际贸易保护主义回潮的背景下，针对中国产品的贸易摩擦有增无减。2013年全年共有19个国家及地区对我国发起了贸易救济调查92起，同比增长17.9%。其中，反倾销调查有71起，反补贴调查有14起，保障措施有7起。除此之外，美国还对我国发起了“337调查”19起，同比增长5.6%。贸易限制的手段由传统的反倾销、反补贴等向打击面更大的“337调查”等方式转变，涉案产品范围由传统劳动密集型产品向新能源和高科技产业扩大，发起主体由发达经济体向新兴工业国家和发展中国家转变。贸易摩擦频发，对相关产品出口造成影响，如近两年美国和欧盟先后针对我出口的光伏产品采取双反等措施，对我国的太阳能电池出口造成很大的冲击，2013年我国对欧盟和美国共出口太阳能电池41.2亿美元，同比下降57.4%，其中我国外商投资企业所占比重由2012年的62.3%降至54.7%。

（二）加工贸易进口低迷对未来出口增长带来影响

目前我国外商投资企业仍是以“大进大出”的加工贸易方式为主从事外贸进出口活动，加工贸

---

① 《24省市上调最低工资标准》，中新网，2013年9月1日。

易前期进口低迷，对未来短期内的加工贸易出口将造成一定影响。据海关统计，2013 年第 4 季度外商投资企业加工贸易进口同比增长仅 1.3%，预计在 2014 年第 1 季度外商投资企业加工贸易出口增幅不会出现明显增长。同时，据商务部公布的数据，2013 年我国制造业实际使用外资金额为 455.6 亿美元，同比下降 6.8%，对中远期的出口或将造成一定负面影响。

（三）发达国家推动国际贸易规则重塑，或影响外资流向

近年来，美国积极推动跨太平洋伙伴关系协议（TPP）、跨大西洋贸易与投资伙伴协议（TTIP）及国际服务贸易协定（TISA），这些协定将涉及在竞争政策、贸易便利化、原产地标准、劳工标准、市场开放、环境产品等领域形成最新规则，表明美欧等国试图推动建立超越世界贸易组织（WTO）之外的规则体系，这些规则一旦建立，WTO 多边体系规则或将面临挑战并面临调整的可能性，从而形成全球国际贸易投资新规则。这些协定皆将中国排除在外，中国即使未来加入 TPP，也面临市场开放和适应新规则的诸多挑战，很难发挥在参与制定新的全球贸易投资规则方面的话语权，或在一定程度上撼动中国国际工厂的地位，对国际投资流向产生一定的影响。以 TPP 为例，目前我国周边的日本、韩国及东盟部分国家先后加入及准备加入 TPP 谈判。据越南计划投资部的统计，2013 年越南外商直接投资新设和增资 216.28 亿美元，比 2012 年增长 54.5%，外资项目实际到位资金达 115 亿美元，同比增长 9.9%①；马来西亚截至 2013 年第三季度，共签署了 205 亿林吉特的投资额，其中 142 亿林吉特已经落实到位，占总协议投资额的 69%②。

五、未来我国外商投资企业进出口形势展望及有关建议

2014 年，中国外贸发展面临的内外部环境可能略好于 2013 年，但不确定因素依然较多：从国际看，世界经济复苏步伐有所加快，但仍低于潜在增长率，新兴经济体经济也难以恢复到前两年的高增速，因此全球贸易增长虽将有所回升，但国际市场需求总体仍无法快速反弹，贸易摩擦形势依然严峻；从国内看，新一届政府实施更加积极主动的开放战略，中国经济正平稳实现从高速增长阶段到中高速增长阶段的转换，有利于激发市场活力，提振广大进出口企业的信心，但传统制造业产能普遍过剩，人口红利逐步减弱，外贸企业仍将面临较大的困难。

总体来看，虽然外商投资企业进出口在我国整体外贸进出口中所占比重有所下滑，但其增长方式和质量有明显改善：一般贸易进出口所占比重增加，有利于产业转型升级和结构调整，也有利于促进国内相关配套产业的发展；中西部增速加快，显示区域转移更为明显等。可以预见，随着我国政策引导力度的加强和投资环境的不断改善，我国外商投资企业对外贸易将会朝着持续稳定优质增长的方向发展。

因此建议：一是转变招商引资思路，结合我国产业分布及特点，提高外资进入门槛，加快产业转型升级；二是加快解决当前招商引资环节存在的问题，做好服务工作，做到该管的管、该放的放，提升我国吸引外资的软实力；三是加大对现有外商投资企业招商推荐力度，鼓励企业扩大在华投资和设立外资研发中心。

---

① 《2013 年太原省成为越南吸引外资最多的地方》，越南中国商品网，2014 年 1 月 17 日。

② 《马来西亚三年吸引外资 2193 亿林吉特》，中国经济网，2013 年 12 月 18 日。

2013 年我国民营企业进出口年度报告

改革开放以来，随着我国社会主义市场经济体制逐步确立和完善，一场场政策“好雨”使民营企业如雨后春笋破土而出。民营企业由于经营方式灵活，具有较强的适应市场变化的能力，逐渐在经济领域崭露头角，加入世界贸易组织以来更是在外贸领域异军突起，成为拉动我国外贸发展的重要“引擎”。据海关统计，2013 年，民营企业出口对我国整体出口增长的贡献率高达 90. 9%，其进口对我国整体进口增长的贡献率达 68%，民营企业成为我国加入世界贸易组织后外贸进出口最闪耀的明星。

一、自 2001 年以来民营企业进出口总体情况

2001 年中国加入世界贸易组织，承诺降低外贸经营权门槛，民营企业当年进出口 309. 3 亿美元。2004 年，我国允许个人从事外贸经营，民营企业当年进出口迈上千亿美元台阶。2005 年，《关于鼓励支持和引导个体私营等非公有制经济发展的若干意见》出台，民营企业进出口再跨越一个千亿美元台阶。接下来的三年，民营企业进出口均以一年一个千亿美元步伐向前迈进，在 2008 年达到5 360亿美元，2009 年受国际金融危机影响，进出口轻微回落，2010 年又恢复蓬勃生机，其后每年均跨越两个千亿美元台阶，2012 年民营企业进出口更是突破万亿美元大关，2013 年达到13 860亿美元。

二、2013 年我国民营企业外贸进出口主要特点

2013 年，我国民营企业进出口 13 860 亿美元，比 2012 年同期增长 20. 6%，高于同期我国外贸总体增速 13 个百分点，占同期我国进出口总值的 33. 3%，比上年提升了 3. 6 个百分点。其中，出口9 148亿美元，同比增长 19. 1%；进口 4 712 亿美元，同比增长 23. 5%。

（一）各月进出口均保持不同程度增长势头，12 月进出口值创历史新高

2013 年，除 2 月份受春节因素影响外，其余月份我国民营企业进出口均在 1 000 亿美元以上，在 12 月进出口达 1 333. 3 亿美元，同比增长 9. 4%，创我国民营企业单月进出口历史新高。其中，当月出口 891. 5 亿美元，同比增长 8. 2%；进口 441. 8 亿美元，同比增长 11. 8%。增长速度方面，2013 年前 4 个月，民营企业进出口均保持 40% 以上的高速增长，5 月份、6 月份增速回落至个位数，7 月份、8 月份又回升至 10% 以上，9 月份增速略有回落，10 月份、11 月份又保持两位数的增长。其中，进口方面，除 2 月份、6 月份增速为个位数以外，其余月份均保持两位数的高速增长（图 1）。

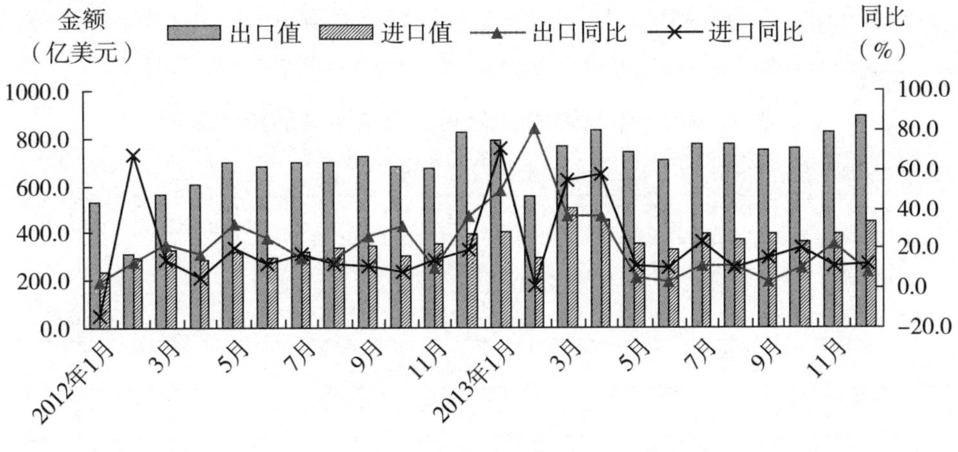

图1　2012～2013 年我国民营企业进出口月度走势图

（二）海关特殊监管区域进出口增长迅猛，边境小额贸易和对外承包工程成为民营企业出口亮点

2013 年，我国民营企业以一般贸易方式进出口 9 614 亿美元，同比增长 15.6%，占同期我国民营企业进出口总值的 69.4%。同期，民营企业以海关特殊监管区域方式进出口 2 276 亿美元，同比增长 55.9%，占同期民营企业进出口总值的 16.4%。其中，出口 937.7 亿美元，进口 1 338.3 亿美元，同比分别增长 72.5% 和 46.1%。民营企业以加工贸易方式进出口 1 321 亿美元，同比增长 10.9%，占同期民营企业进出口总值的 9.5%。

民营企业凭着在市场中的应变能力敏锐洞察国际市场变化，成为边境小额贸易进出口的主力军，边境小额贸易也成为民营企业进出口的亮点之一。2013 年，民营企业以边境小额贸易方式进出口 375 亿美元，同比增长 19.3%。其中，边境小额贸易出口 288.5 亿美元，同比增长 27.8%，占同期我国边境小额贸易出口的 93.3%。

2013 年，我国民营企业对外承包工程出口货物 11.1 亿美元，同比大幅增长 1.4 倍。

（三）东盟取代欧盟成为我国民营企业最大进出口市场，民营企业自我国台湾进地区口增长迅猛

2013 年，我国民营企业对东盟、欧盟、美国分别进出口 1 831 亿美元、1 824 亿美元和 1 571 亿美元，同比分别增长 26.4%、8.9% 和 16.8%，东盟取代欧盟成为我国民营企业最大进出口市场。

2013 年，民营企业最大的进口来源地是东盟，自东盟进口 621.1 亿美元，同比增长 15.2%；自我国台湾地区进口增长迅猛，2013 年自我国台湾地区进口 492.3 亿美元，同比增长 66.9%，我国台湾地区已经成为我国大陆民营企业第二大进口来源地。

2013 年，民营企业最大的出口市场是我国香港地区，对香港出口 1 491 亿美元，同比增长 50.1%。

（四）民营企业机电产品、高新技术产品出口快速增长，传统劳动密集型产品出口保持稳定快速增长成为亮点

2013 年，我国民营企业机电产品、高新技术产品（与机电产品有交叉）出口值分别为 3 783 亿美元和 1 412 亿美元，同比分别增长 25.6% 和 46.7%，分别占同期民营企业出口总值的 41.4% 和 15.4%。

2013 年，民营企业在拉动我国传统劳动密集型产品出口稳定增长方面发挥了积极的作用，全年民营企业出口传统劳动密集型产品 2 895 亿美元，同比增长 15.6%，占同期我国传统劳动密集型产品出口总值的 62.7%，对我国传统劳动密集型产品出口增长的贡献率达 90.9%。2013 年，民营企业出口七大类传统劳动密集型产品中，除了家具出口同比增长 8.6% 以外，其余六大类产品出口均保持两位数的快速增长态势（表 1）。

表 1　2013 年我国民营企业出口主要商品统计表

主要出口商品	金额（亿美元）	同比（%）
服装及衣着附件	1 094.8	18.3
纺织纱线、织物及制品	683.5	16.8
集成电路	474.4	130.8
农产品	387.6	16.5
家具及其零件	338.5	8.6
食品	334.8	16.0
鞋类	322.4	14.2
塑料制品	222.9	14.8
钢材	212.9	11.4
箱包及类似容器	187.1	13.4

（五）民营企业机电产品、高新技术产品进口高速增长，铁矿砂、大豆、奶粉进口增长迅猛，煤、固体废物、石油、棉花进口回落

2013 年，我国民营企业机电产品、高新技术产品（与机电产品有交叉）进口值分别为 1 818 亿美元和1 369亿美元，同比分别增长 42% 和 52.2%，分别占同期我国民营企业进口总值的 38.6% 和 29.1%。

2013 年，民营企业铁矿砂、大豆、奶粉的进口值分别为 400.9 亿美元、159.4 亿美元和 25.4 亿美元，同比分别增长 41.5%、31.3% 和 1.1 倍。

同期，民营企业煤及褐煤、固体废物、成品油、原油的进口均回落，进口值分别为 139.2 亿美元、192.2 亿美元、82.1 亿美元和 56.6 亿美元，同比分别下降 1.6%、6.6%、10.8% 和 1.2%（表 2）。

表 2　2013 年我国民营企业进口主要商品统计表

主要进口商品	金额（亿美元）	同比（%）
集成电路	709.4	91.6
农产品	542.4	20.9
食品	432.6	25.7
铁矿砂及其精矿	400.9	41.5
初级形状的塑料	180.3	16.2
煤及褐煤	139.2	-1.6
未锻造的铜及铜材	134.8	0.2
废金属	127.4	-6.0
液晶显示板	91.0	16.6
自动数据处理设备及其部件	82.2	8.8

（六）民营企业进出口前九大省份增长均超过1成，中西部和东北地区民营企业进出口增势喜人

2013年，我国西部地区、中部地区、东北地区民营企业分别进出口1 308亿美元、852.7亿美元和666.3亿美元，同比分别增长22.3%、21.4%和22.9%，分别高于全国民营企业进出口整体增幅1.7、0.8和2.3个百分点。

2013年，民营企业进出口前九大省份进出口均实现两位数以上的增长，其中广东、浙江、江苏分列民营企业进出口前3位，进出口值分别为3 750亿美元、2 069亿美元和1 641亿美元，同比分别增长30.6%、15.3%和12.7%，上述3个省合计占同期全国民营企业进出口总值的53.8%。

（七）民营企业进出口队伍数量快速扩张，但在进出口规模上仍有待发展壮大

2013年，我国有进出口实绩的民营企业数量达23.8万家，比2012年增加1.7万家，占同期我国有进出口实绩的企业总数的69.3%，较2012年提高2个百分点。虽然民营企业数量上占了我国进出口企业总数的近7成，但多而不大，例如在反映进出口实力的中国外贸200强企业中，民营企业仅有34席，而且排位还普遍靠后。

三、2013年民营企业进出口保持快速增长的原因

（一）政府推出多项支持政策，经营环境不断优化

在2013年，我国政府出台了一系列政策措施支持民营企业发展：3月，工业和信息化部发布《扶助小微企业专项行动实施方案》，将支持500家以上担保（再担保）机构为小微企业提供担保服务；7月，国务院常务会议密集出台了暂免征收部分小微企业增值税和营业税、促进贸易便利化等一系列政策措施；8月，国务院办公厅公布《国务院办公厅关于金融支持小微企业发展的实施意见》，全力支持小微企业良性发展；同期，商务部公布《关于实施支持跨境电子商务零售出口有关政策的意见》，明确对跨境电子商务零售出口的具体支持政策等①。政府对民营企业不断加大扶持力度，有力促进了民营企业对外贸易的发展。

（二）民营企业加速海外投资有力拉动进出口增长

2013年，中国民营企业加入了海外并购热潮。2013年9月26日，双汇集团完成对全球最大的猪肉生产商史密斯菲尔德公司的收购程序，这起高达71.2亿美元的收购成为中美历史上最大宗的并购案。② 根据《2013中国地区企业并购回顾与2014年前瞻报告》，2013年下半年，民营企业的海外并购活动十分活跃，参与了88宗海外并购交易并创半年度历史新高。③ 随着“走出去”战略的推进，我国民营企业对产业链掌控能力有所增强，获得了更多跨国贸易的话语权，进而推动外贸的增长。

（三）国内经济保持良性增长，推动民营企业进口增长

2013年我国经济持续增长，国内生产总值达到56.9万亿元，比2012年增长7.7%，且全年采购经理人指数（PMI）和新订单指数均保持在50%的上方，显示制造业及总体经济保持平稳增长，这支撑了对进口商品特别是资源性产品的需求，与此同时，国内消费能力有所增强，也有力拉动进口增长。

---

① 《中国出台支持外贸电商政策以提振出口》，中国新闻网，2013年8月29日。

② 《双汇在美收购案获美方股东批准 收购程序今天完成》，京华时报，2013年9月26日。

③ 《普华永道：去年下半年中企海外并购再创新高》，经济观察报，2014年1月23日。

四、当前我国民营企业外贸发展存在的问题

（一）民营企业经营范围受限，发展领域有待进一步拓宽

虽然近年来国家出台系列政策使得一些民间投资禁区开始“破冰”，民间投资的领域和空间大大拓宽，但是，我国民营企业还没有完全享受到其应有的市场准入权、平等经营权和公平竞争权，其所处的生存和发展环境仍然比较严峻。国有资本在部分重要领域的长期垄断，对于生产要素资源的长期控制及政策优惠的得天独厚条件，在很大程度上抑制了民营经济的发展空间。

（二）经营成本上升，国际竞争力有待提高

我国生产要素成本持续上升，传统比较优势弱化。其中，劳动力等要素成本持续上涨，我国民营企业多以劳动密集型产业为主，其产品出口竞争力进一步下降，部分出口订单流失，部分产能向周边国家转移。纺织品、服装等劳动密集型产品对欧、美、日出口低速增长，市场份额持续下降。中国新能源、新兴信息技术等战略性新兴产业出口增长较快，但一些产业核心竞争力不强，关键技术受制于人，可持续发展能力不强。在营销、品牌、服务等方面，民营企业与发达国家竞争对手相比，还有较大差距。

（三）中小民营企业融资困难，发展潜力受到制约

资金是中小民营企业发展的基本要素，尤其是高新技术民营企业，更需要较大量的资金投入。目前融资问题仍是众多民营企业尤其是中小民营企业的难题。当前中小民营企业普遍出现流动资金紧张现象，亟须获得融资方面的支持，但是由于中小民营企业发展的不稳定性及缺乏获取贷款所需的基本担保抵押，不少银行采取只收不贷或多收不贷的政策，致使一些中小民营企业流动资金缺乏。半数中小民营企业通过民间借贷完成融资，但民间借贷成本巨大，风险较高，一旦企业资金链出现问题，将产生严重的经营甚至生存困难。

五、形势展望和政策建议

2014 年我国外贸发展面临的内外部环境可能略好于 2013 年。近年来国家出台了一系列促进外贸发展的政策措施，贸易便利化水平不断提高，跨境电子商务等新型贸易方式发展很快，不少民营企业主动转型升级，正在孕育出口竞争新优势。但从全球贸易大环境来看，风险和不确定因素依然较多，特别是当前经济环境错综复杂，小微企业利润下滑，经营管理难度加大。在成本上升和人民币持续升值的压力下，企业利润进一步下降，生产经营压力增大，出口恐难保持快速增长。为此建议：

（一）优化发展环境，为民营经济的发展提供保障

最大限度减少对生产经营活动、一般投资项目和资质资格等的许可、审批，加快企业工商登记等制度改革，创新和改善政府管理，切实加强市场监管，营造公平竞争的市场环境。按照经济社会综合效益双提高的标准，合理配置公共资源，在土地供给、政府采购、财税支持等方面为民营企业提供公平发展机会。

（二）加大金融创新，破解民营企业融资难问题

引导金融机构建立区别于大企业的中小企业评估体系和授信标准，下放审贷权限，调动基层银行支持民营企业融资的积极性。加大推广商业承兑汇票贴现业务、融资业务，对信誉好、现金流和产供销关系稳定的企业，给予产业链上下游一体化的信贷支持，缓解民营企业流动资金不足问题。允许规模较大、经济效益好、诚信度高的企业，在银行、财政、担保等部门的参与配合下，面向社会发放中小企业集合融资债券，以拓宽融资渠道。

（三）鼓励民营企业苦练内功，提高企业核心竞争力

鼓励民营企业增强创新意识，加大科技研发力度，努力提高产品质量，并逐步建立自身品牌，用质量、品牌、服务去占领市场；逐步淘汰家族式管理模式，加快人才发展战略，形成权责明确、管理科学的新型企业内部管理体制，从而实现现代企业管理。

联合调研篇

JOINT RESEARCH

2013 年我国外贸发展质量和效益取得积极进展

2013 年，我国进出口规模首次突破 4 万亿美元，同时外贸发展的质量和效益进一步提升，对外贸易转方式、调结构取得积极进展。据海关统计，2013 年全年，我国累计实现进出口总值 4.2 万亿美元，比 2012 年增长 7.6%，增速提高 1.4 个百分点。其中，出口 2.2 万亿美元，同比增长 7.9%；进口 2 万亿美元，同比增长 7.3%。

一、2013 年我国外贸发展质量和效益取得积极进展

（一）对外需依赖程度减弱：外贸依存度持续回落，经济发展由外需拉动向内需驱动转变

我国外贸依存度①在经历了加入世界贸易组织初期的快速攀升后，从 2006 年 65.2% 的高点开始回落。2013 年，我国外贸依存度较 2012 年进一步回落 1.6 个百分点，降至 45.4%。其中，进口、出口依存度分别为 21.3% 和 24.1%，较 2012 年均回落 0.8 个百分点。对外部市场的依赖程度回落，我国经济发展更加依赖内需驱动（图 1）。

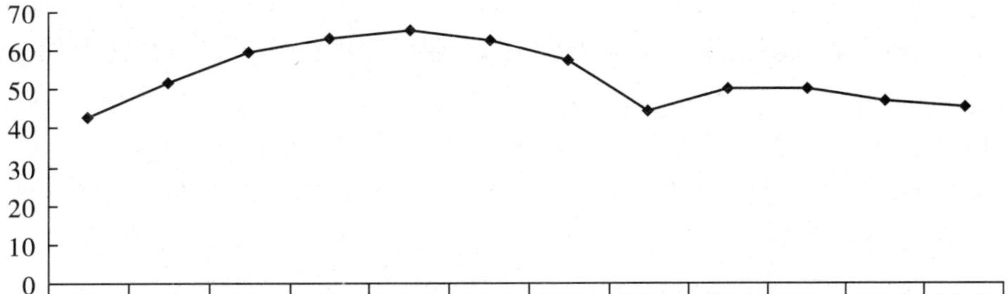

	2002	2003	2004	2005	2006	2007	2008	2009	2010	2011	2012	2013
—◆— 外贸依存度	42.7	51.9	59.8	63.2	65.2	62.8	57.3	44.2	50.2	50.0	47.0	45.4

图 1　2002 ~ 2013 年我国外贸依存度走势图

（二）自主发展能力增强：一般贸易进出口增速显著高于加工贸易，加工贸易比重明显回落

相对于加工贸易，一般贸易更能够体现一国对外贸易发展的自主性和经济发展实力，贸易增值能力也更强。2013 年，剔除对港异常增长的部分后，我国以一般贸易方式进出口 21 674.7 亿美元，同比增长 9%，占同期我国进出口总值的 54.9%，所占比重较 2012 年提升 1.1 个百分点；以加工贸易方式进出口12 512.2亿美元，同比增长 1%，占我国进出口总值 31.7%，比重较 2012 年回落 1.8 个百分点。

（三）加工贸易稳步转型：进料加工比重上升，内销市场方兴未艾

我国加工贸易在规模不断扩大的同时，产业分工格局也开始从以加工装配为主的低附加值环节向研发设计、品牌等高增值产业链环节延伸，逐渐实现从委托性来料加工为主向自营性进料加工（法人）为主的运作方式的转变。2013 年，我国进料加工进出口值为 11 777.9 亿美元，占同期我国加工贸易进出口总值的 86.7%，比 2002 年提升 13.8 个百分点，比 2012 年提升 0.4 个百分点。与

① 外贸依存度是进出口总额与国内生产总值的比值，是反映一国经济对国际市场即外需状况依赖程度的重要指标。

此同时，企业自主运营能力增强，带动加工贸易从“以外为主”逐步向“内外兼修”转型。2013年，我国加工贸易内销值为381.9亿美元，同比增长4.8%，内销值约相当于加工贸易总体市场规模（外销+内销）的4.2%。

（四）产品结构优化升级：初级产品出口比重下降，进口替代能力进一步增强

2013年，反映出口产品技术含量和附加值高低的我国出口产品高度指标①由2012年的50.5进一步上升至50.6。其中，出口初级产品1 072.8亿美元，同比增长6.7%，比同期我国出口总体增速低1.2个百分点，占我国出口总值的比重由2012年的4.9%下滑至4.8%。随着国内制造能力和水平的进一步提升，过去我国严重依赖进口的资本技术密集型产品如今不仅实现了部分进口替代，而且还能够远销海外市场。以便携式电脑为例，2013年，我国便携式电脑出口量为3.3亿台，同比增加13.4%，为同期我国便携式电脑进口总量的88.8倍。

（五）贸易伙伴更趋多元化：对发达市场依赖程度降低，对自由贸易协定地区进出口增长明显

近年来，我国在全球贸易多边合作框架推进缓慢的情况下，加快推进自由贸易区建设，大力开拓新兴市场。2013年，与我国有进出口往来记录的国家（或地区）② 共237个。其中，对欧盟、美国和日本三大发达经济体合计进出口13 926.2亿美元，同比增长2.3%，占我国外贸进出口总值的比重由2012年的35.2%回落至33.5%。同期，对东盟、智利、巴基斯坦等9个与我国签署自由贸易协定的国家（或地区）③ 合计进出口5 502.7亿美元，同比增长17.4%，比同期我国外贸进出口总体增速高9.8个百分点，占我国外贸进出口总值的比重由2012年的12.1%提升至13.2%。

（六）市场主体表现活跃：参与进出口的企业数量继续增多，最具活力的民营企业进出口比重上升

2013年，我国有进出口实绩的企业数量由2012年的32.8万家增加至34.4万家，其中2013年以来新加入外贸进出口领域的企业共6.4万家，比2012年增加1.6万家，民营企业的表现尤为突出。2013年，民营企业进出口13 859.6亿美元，同比增长20.6%，比同期我国进出口整体增速高出13个百分点，占我国进出口总值的比重由2012年的29.7%提升至33.3%，对同期我国进出口总值增长的贡献率达到80.6%。

（七）地区布局协调推进：中西部地区进出口快速发展，承接产业转移效果显现

随着我国“西部大开发”、“中部崛起”、“振兴东北老工业基地”等区域发展战略相继实施，我国外贸进出口地区布局进一步优化。2013年，中、西部地区（共18省份）进出口同比分别增长13.6%、17.7%，比同期我国进出口总体增速分别高出6个和10.1个百分点，中西部地区合计占我国进出口总值的比重由2012年的11.1%提升至12%。作为承接国际和我国东部沿海地区产业转移的基地，中西部地区吸收外资能力显著增长，出口产品结构日益优化。2013年，中西部地区外商投资企业进出口逆势同比快速增长17.7%，增速高出全国外商投资企业进出口总体增速16.4个百分点。同期，中西部地区笔记本电脑和手机的出口值同比分别增长30.5%和34.3%，占我国同类产

---

① 出口产品高度指标可以直观反映出口产品的技术含量或附加值，该指标得分越大，表示产品技术水平或附加值越高，单位产品所消耗的资源越少。产品高度指标得分的计算依据及方法为：依据联合国《国际贸易标准分类(SITC)》按照产品的加工程序进行分类，加工程序高意味着产品的技术水平或技术含量较高。在计算上，按照SITC的分类标准，对各章出口产品进行正向的高度化赋值（将81～85章的杂项制品插入69章之后，依次类推），再根据该产品的出口份额进行加权汇总得分。

② 欧盟28个成员国和东盟10个成员国均作为单一个体参与计算。

③ 目前我国已和东盟、智利、巴基斯坦、新西兰、新加坡、秘鲁、哥斯达黎加、冰岛及瑞士签订了自由贸易协定。

品出口总值的比重分别由 2012 年的 22.5% 和 21.8% 提升至 30.2% 和 24.9%。

（八）对外贸易效益上升：出口产品价格跌幅小于进口，贸易价格条件有所改善

2013 年，我国出口价格总体下跌 0.6%，进口价格总体下跌 1.7%。由于进口商品价格下跌幅度高于出口，2013 年我国贸易价格条件指数为 1.01，出口一定数量的商品即可以多换回 1% 的进口商品，意味着我国的贸易条件有所改善，对外贸易的经济效益上升（图 2）。

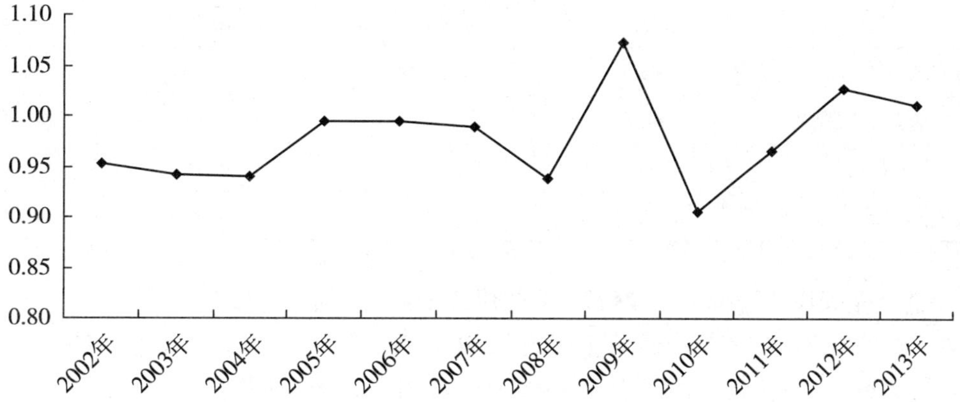

图 2　2002 ~ 2013 年我国净贸易条件走势图

二、2013 年我国外贸发展质量和效益方面存在的问题

（一）高新技术产品的国际竞争优势不升反降，“两高一资”产品出口明显反弹

尽管机电产品在我国出口总值中的比重有所提升，但其国际竞争力仍然偏弱。根据衡量国际贸易竞争力的净出口比率指数①，2013 年，我国该指数达到 0.7 以上（即表明具有比较强的国际竞争优势）的仍是服装、鞋类、玩具、家具、寝具等劳动密集型产品，机电产品、高新技术产品的净出口比率分别仅为 0.2 和 0.08，均处于国际竞争优势较弱的区间（表 1）。同时，“两高一资”产品出口量同比增速由 2012 年的 1% 提升至 15.6%。其中，根据 WTO 裁定，我国取消对 9 种工业原材料征收出口关税后，2013 年，9 种工业原材料出口量同比由 2012 年的减少 36.4% 逆转为增加 82.3%，其中 5 种原材料产品出口平均价格出现下跌，我国仍为发达国家的廉价原料供应地。

表 1　2013 年我国主要商品净出口比率指数

商品	2013 年出口值（万美元）	2013 年进口值（万美元）	2013 年净出口比率指数	2012 年净出口比率指数
机电产品	12 655.3	8 400.8	0.20	0.20
高新技术产品	6 603.3	5 581.9	0.08	0.08
服装及衣着附件	1 770.5	53.2	0.94	0.94
纺织纱线、织物及制品	1 069.4	216.8	0.66	0.66

① 净出口比率（Net Trade Ratio，简称 NTR）=（出口 - 进口）/（出口 + 进口），是衡量一国某类商品比较优势或竞争力的重要指标。一般认为，NTR≥0.7 表明该商品具有较强的出口竞争优势，0.4 < NTR < 0.7 表明该商品的出口竞争优势一般，0 < NTR≤0.4 表明该商品的出口竞争优势较弱，竞争力系数≤0 表明该商品的出口竞争优势极弱。

续表

商品	2013 年出口值（万美元）	2013 年进口值（万美元）	2013 年净出口比率指数	2012 年净出口比率指数
家具及其零件	518.3	23.5	0.91	0.92
鞋类	507.6	19.6	0.93	0.93
塑料制品	352.9	45.0	0.77	0.75
箱包及类似容器	275.9	15.6	0.89	0.89
灯具、照明装置及类似品	246.6	4.5	0.96	0.95
玩具	123.8	3.2	0.95	0.95
床垫、寝具及类似品	76.7	0.8	0.98	0.98

（二）民营企业规模普遍偏小，议价及抵抗国际市场风险的能力较差

2013 年，我国有进出口记录的民营企业共 23.8 万家。其中，进出口值低于 100 万美元的民营企业多达 14.1 万家，占同期我国民营进出口企业总数的 59.2%。同期，我国民营企业平均进出口规模仅为每家 582.5 万美元，比国有企业和外商投资企业平均进出口规模分别低 92.7% 和 71.4%。规模偏小、集中度低，使得民营企业在国际贸易价格谈判中常常处于弱势地位，更容易陷入“买涨卖跌”的恶性循环，甚至一个合同的失败就可能导致企业面临生存危机。尤其是在当前国际市场需求持续低迷的背景下，外商延迟付款甚至拒绝履行合同的现象增多，民营企业的经营风险进一步加大。2012 年有进出口实绩的 3.5 万家民营企业在 2013 年停止了进出口业务，占 2012 年民营进出口企业总数的 15.9%。

三、进一步提高我国外贸发展质量和效益的对策与建议

（一）切实落实国务院促外贸的若干意见，坚持出口和进口并重

切实落实国务院下发的关于促进外贸进出口稳增长、调结构的若干意见，在确保出口稳增长的同时，积极扩大进口；通过结构性减税等措施推进经济结构调整，积极扩大先进技术设备、关键零部件、能源原材料和紧缺消费品进口；增加安排进口促进支持资金，为国家鼓励类产品的进口提供贴息支持；加强对国内国际经济形势和进出口态势的跟踪监测，及时发布预警信息，防止衰退性贸易顺差过快增长。

（二）巩固传统劳动密集型产品国际竞争优势，加快推进战略性新兴产业发展

正确认识劳动密集型产业在国内经济社会发展中的作用，通过差别化、品牌化发展，形成与发展中国家的错位竞争关系，确保我国产品在国际市场上的竞争优势和市场份额；加快培育和发展新兴战略性产业，扶持引导企业增加研发投入，加强自主创新和自有品牌建设，提高产品的附加值和核心竞争力；加大对落后产能的淘汰力度，防止低水平重复建设，遏制“两高一资”产品出口反弹。

（三）加大对中小微进出口企业的扶持力度，增强市场主体活力

加快落实“新 36 条”实施细则，进一步降低市场、资本、技术等行业准入标准，为民营企业开放更多的投资领域及进出口渠道，提供良好的外部条件；加大对民营企业特别是中小型企业的税收优惠力度，建立扶持民营中小企业发展专项资金；优化融资环境，加快金融创新和资本市场制度建设，切实解决中小企业融资难题；对重点企业出口实行免检或减少检验检疫、便利通关、方便结售汇的优惠待遇，进一步激发市场主体参与外贸进出口的活力。

2013 年我国加工贸易转型升级调研报告

改革开放以来，加工贸易一直是我国外向型经济高速发展的重要动力引擎，但 2008 年国际金融危机的到来，不仅使我国外贸发展减速，也使加工贸易在高速发展过程中隐藏的“对外依存度较高、核心竞争力缺失”等一系列问题集中暴露。在此情况下，依靠改革开放打下的坚实基础，我国充分利用危机冲击形成的倒逼机制，积极推进加工贸易转型升级，取得了显著成效，各地在实践中也逐步形成一些既有本地特色又有示范意义的思路和探索措施。例如，广东在建设加工贸易转型升级示范区过程中，坚持走新型工业化发展道路，积极发展生产性服务业，致力于完善产业链；着力推动加工贸易市场结构向兼顾国际国内两个市场转变；提供专项资金，鼓励支持企业从非法人结构转为法人结构，吸引内资进入产业链；推动企业生产组织方式从贴牌加工到设计制造再到自主品牌营销转变，提高加工水平和产品增值率；设立跨地区合作建设的产业转移园区，通过“腾笼换鸟”推动产业向其他地区转移。又如，中西部地区的成都、重庆、西安、郑州等地，积极利用区域资源和比较优势，依托海关特殊监管区域引导产业集聚发展，成为实现产业本地配套和本地增值的典范。

据海关统计，2013 年，我国加工贸易进出口 13 578.1 亿美元，比 2012 年增长 1%，增幅低于同期我国外贸整体增幅 6.6 个百分点，占同期我国外贸总值的 32.6%。其中，出口8 608.2亿美元，同比下降 0.2%；进口 4 969.9 亿美元，同比增长 3.3%（图 1）。

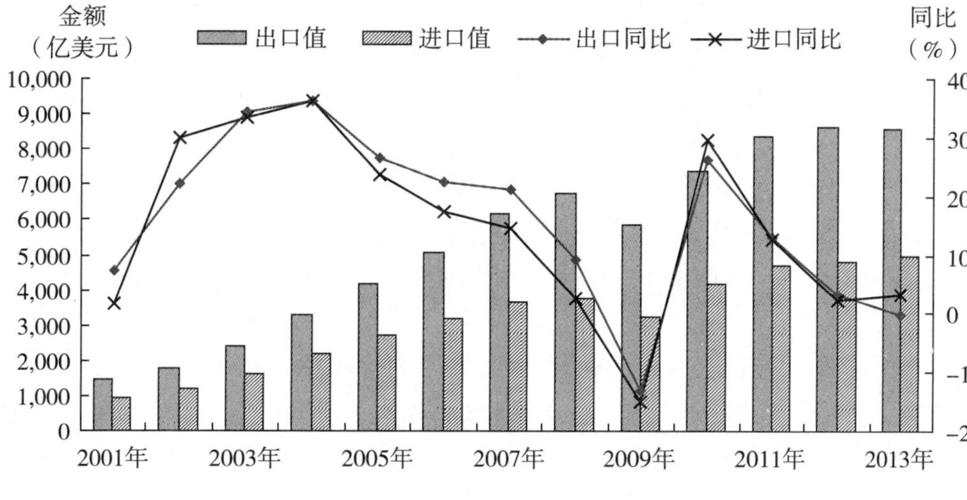

图 1　2001 ~ 2013 年全国加工贸易进出口年度趋势图

一、2013 年我国加工贸易转型升级情况

（一）经营主体明显优化，配套体系逐步向研发设计、品牌运营等高端延伸

2013 年，我国进料加工进出口值为 11 777.9 亿美元，同比增长 1.5%，增速较同期全国加工贸易进出口整体高 0.5 个百分点，占加工贸易进出口总值的 86.7%，比 2003 年提升 9.8 个百分点，比 2012 年提升 0.4 个百分点，自营性进料加工（法人）的比重继续上升。以全国加工贸易转型升级示范城市东莞为例，截至 2013 年年底，东莞市非法人企业累计转型法人企业 4 300 多家，经营主

体更加优化，企业转型获得良好成效。同时，越来越多的企业在国内设立研发机构，加工贸易自主品牌拥有量、新增外资企业研发机构数量不断增多，目前东莞实有外资企业研发中心和机构917家，全市加工贸易自主品牌数量达到6 780个。

（二）梯度转移成效逐步显现

1. *中西部地区加工贸易稳步增长*。广东省与长三角地区是我国加工贸易最为发达的地区，经过30多年发展，其土地、资源、环境承载能力已经接近饱和，随着沿海地区企业经营成本的不断上升，加工贸易向中西部转移的步伐进一步加快。2013年，广东加工贸易继续保持龙头地位，进出口5 267.6亿美元，同比下降0.6%，占全国加工贸易进出口总值的38.8%；长三角地区①紧跟其后，进出口4 094.7亿美元，同比下降5.9%，占全国加工贸易进出口总值的30.2%。同期，西部地区②加工贸易进出口802.3亿美元，同比增长25.3%，占全国加工贸易进出口总值的5.9%，其中重庆加工贸易进出口同比大幅增长89.6%。中部地区③加工贸易进出口785.5亿美元，同比增长22.4%，占全国加工贸易进出口总值的5.8%，其中安徽加工贸易进出口增长42.3%，河南加工贸易进出口增长26.7%。山西、重庆、河南加工贸易对其外贸增长的贡献度分别达到169.4%、100.1%和98.6%，加工贸易梯度转移对中西部进出口的拉动作用逐步显现。

2. *大型企业对中西部地区资源的整合与带动效应不断加强*。以郑州富士康项目为例，此项目不仅为郑州提供了22万多个就业岗位，还带动100多个产业、400多个配套企业落户河南，同时富士康集团还不断挖掘地区产业优势，在洛阳、南阳、新乡和鹤壁等地区开展精密仪器、LED、电池和铝镁项目的产业合作，盘活了当地的优势资源，形成“众星拱月”的地区产业格局。此外，2009年8月，惠普、富士康先后进入重庆设厂，形成年产2 000万台外销笔记本电脑的生产能力。两大公司的进驻，吸引了仁宝、纬创、和硕三个世界级代工厂商和100多家零部件厂商的跟进，大批国际信息产业巨头投资还催生200多家新企业，吸纳超过40万从业人员。重庆璧山县以“璧山—西永综合体”作为国际高端电子信息产业的承接平台，在承接鞋业转移的基础上，2009年起主推“3+6+700”的模式，即抓住3家品牌“龙头”企业（HP、ASUS、ACER），依托6家代工工厂，带动700家加工配套企业，力促区域内电子信息业的快速发展和加工贸易的整体转型升级。西飞集团则积极利用为波音、空客代工重要零部件的契机，持续借鉴吸收，实现了显著的技术溢出和管理溢出效应，有效推动了我国商用大飞机项目的顺利进展。

（三）加工贸易企业进出口规模不断扩大，利用国内国际“两个市场、两种资源”的能力不断增强

2013年，我国有加工贸易进出口实绩的企业数量达44 029家，加工贸易企业平均进出口规模从2012年的每家2 902.2万美元上升至每家3 083.9万美元，加工贸易进出口超亿美元企业数量达1 819家。在国内推进加工贸易企业内销的政策鼓励下，部分企业利用国内国际“两个市场、两种资源”的趋势明显，加工贸易从“以外为主”转型至“内外兼修”的步伐明显加快。2013年我国加工贸易内销值达381.9亿美元，同比增长4.8%，高于同期全国加工贸易出口增速5个百分点，一定程度上缓解了企业出口不振的压力。

（四）民营企业加工贸易进出口占比逐年增长，对加工贸易进出口的贡献大幅提高

近年来，随着外贸经营权的开放，外贸行业的进入门槛不断降低，作为外贸领域新生力量的民

① 长三角地区包括上海、江苏、浙江。

② 西部地区包括内蒙古、广西、重庆、四川、贵州、云南、西藏、陕西、甘肃、青海、宁夏、新疆。

③ 中部地区包括山西、安徽、江西、河南、湖北、湖南。

营企业发展尤为迅猛。2013 年，全国民营企业（包括集体、私营企业及个体工商户）加工贸易进出口 1 321.3 亿美元，同比增长 10.9%，高于同期全国加工贸易进出口整体增速 9.9 个百分点，占同期全国加工贸易进出口总值的 9.7%，占比较金融危机前的 2007 年提高 4.1 个百分点。

（五）加工贸易出口产品以机电产品和高新技术产品为主，部分战略性新兴产业产品出口增长较快

2013 年，全国以加工贸易方式分别出口机电产品和高新技术产品（与机电产品互有交叉）6 471.8亿和4 314.2亿美元，分别占同期全国加工贸易出口总值的 75.2% 和 50.1%。同时，部分战略性新兴产业产品加工贸易出口增长较快。其中，出口材料技术产品 25 亿美元，同比增长 6.2%；出口航空航天技术产品 22.4 亿美元，同比增长 2.7%。

（六）海关特殊监管区域进出口快速增长，在推动加工贸易转型升级中发挥了重要作用

近年，我国加大了综合保税区等特殊监管区域的建设和整合力度。截至 2013 年 6 月，全国共有各类海关特殊监管区域 111 个，保税物流中心 B 型 21 个。2013 年全国海关特殊监管区域（包括保税物流园区、综合保税区、出口加工区、跨境工业园区和保税港区等海关特殊监管区域）加工贸易进出口 2 941.1 亿美元，同比增长 4.6%，占全国加工贸易进出口总值的 21.7%。特殊监管区域和保税物流服务的逐步壮大，对企业降低物流成本、提高加工附加值、加速转型升级发挥了重要作用。

二、我国加工贸易转型升级面临复杂的发展环境和挑战

（一）外部市场需求疲弱仍是制约加工贸易增长的主要因素

从外部需求看，虽然发达经济体经济进一步下行的风险有所缓解，但消费需求仍然较弱。国际货币基金组织预计，2014 年世界经济将增长 3.6%，增速比 2013 年提高 0.7 个百分点，并认为这一增长率属于“偏低的中期增长轨迹”①。但未来世界经济仍处于金融危机后的深度调整期，面临着复苏基础不稳、增长动力不足、发展速度不均等问题，复苏进程难以一帆风顺。美国即将退出量化宽松货币政策，将对全球经济和金融市场带来重大影响，这已成为世界经济和国际金融最大的风险源。发达国家经济仍低于潜在增长率，部分新兴大国经济增长放缓，金融风险上升，世界经济贸易形势依然错综复杂，不排除经济贸易形势出现反复的可能性，我国加工贸易出口形势不容乐观。但换个思考角度思考，危机是把双刃剑，危机的倒逼机制也给转型升级拓展出新的战略空间和机遇。

（二）“候鸟式”转移使转型升级的各类发展风险逐步累积

部分地方政府招商引资手段单一，更多停留在单纯减税费的层面，而欠缺甚至无视对项目的投资强度、技术水平、环保标准、财政贡献、产业配套等的整体规划，有的地区甚至遭遇“旧鸟已飞，新鸟未至”的尴尬。部分加工贸易企业转移是冲着优惠政策而来，哪里的优惠多就奔向哪里。在这种“候鸟式”的转移模式下，政府和企业间并不是互惠互利、共同发展的关系，而是企业利用政府资金、土地和税收优惠赚“快钱”。实践中，部分中西部地区急于发展经济、实现赶超，为积极争夺有限的大企业、大项目资源，常常不惜血本。部分企业乘机夸大投资计划，向政府申请高额补贴和配套资金，然后将低成本获得的土地资产等，抵押银行获得贷款。这类“候鸟式”企业一旦再度转移到其他地方，将对转出地的就业、规划等造成严重影响甚至冲击，不利于承接地经济稳定发展，反而使当地经济发展陷入被动。此外，个别地区过度依赖单一项目的引进，如果这些项目效益下滑，必然会影响和冲击到当地经济。如河南，2012 年鸿富锦精密电子（郑州）有限公司进出

---

① 《2013～2014 年世界经济形势分析与展望》，常驻联合国工业发展组织代表处，2013 年 12 月 30 日。

口282.6亿美元，其进出口额占河南省外贸总值的54.6%，仅鸿富锦一家公司对河南省外贸进出口增长的贡献率就达到144%。2013年，受全球消费类电子竞争格局的影响，苹果产品在全球销售低于预期，其订单大幅回落，鸿富锦公司外贸增速从2012年的37.3倍回落到24.6%，河南省的整体外贸增速也因此从58.6%回落到15.9%。

（三）警惕加工贸易转移重走沿海地区先污染、再治理的老路

我国传统加工贸易中高耗能、高污染产业比重较大。尤其在改革开放之初，由于过于注重短期经济效应和扩大就业率，加上我国环保法规不健全，加工技术落后，我国加工贸易在引进和发展过程中，对自然环境造成了严重的负面影响。据测算，中国消耗了全球30%~40%的资源只生产了全球5%左右的GDP；世界各国工业化过程中原煤、电力消耗对GDP增长的弹性系数一般保持在0.8~1.0之间，而我国原煤、电力等能源消耗的增幅很多年份明显高于GDP增速，消耗弹性系数呈不断扩大趋势，该系数已经提高到1.6左右。如郴州市国达有色金属有限责任公司位于湖南郴州出口加工区，以加工贸易方式进口银精矿，冶炼加工后出口白银，加工过程中外发至区外第三方公司进行冶炼，过程中有污染排放，此类加工贸易两头在外，唯独把污染留在了国内。2013年，该公司以来料加工方式进出口3.1亿美元，同比增长16.9%。在加工贸易梯度转移过程中，部分地区出于政绩冲动，再度出现“先发展、后治理”的观念和苗头，对此要高度警惕，防止招商引资领域的冒进行为。不加甄别的简单引进发达地区关停淘汰的项目，违背了梯度转移的初衷，削弱了梯度转移的成效。

（四）综合成本全面上涨，中低端制造产能加速外移，加工贸易产业格局面临新考验

首先是用工成本快速上升。2013年全国超过20个省份调整了最低工资标准，平均增长约18%①，《促进就业规划（2011~2015年）》明确我国将深入推进工资收入分配制度改革，2011年到2015年，最低工资标准年均增长率要大于13%。其次是中小微企业融资困难的问题依然突出。中小微企业发展一直受到资金短缺的困扰，融资难问题至今没有得到根本解决，在多重因素制约下，企业经营利润备受挤压，生存状况日益艰难。再次是人民币持续升值的困扰。2013年人民币对美元中间价报共计41次创下新高，累计升值3%。综合成本上升使得我国加工贸易出口产品的国际市场竞争力受到削弱，当前外贸订单分流至东南亚地区的迹象愈发明显。数据显示，过去10年的大部分时间里，越南纺织品和服装等劳动密集型产业的出口增速都超过中国。全球贸易信息系统显示：在日本，中国服装和鞋的市场份额分别下滑2.42个和2.38个百分点，而印度尼西亚分别提升0.62个和0.8个百分点，越南分别提升0.84个和0.53个百分点；在美国，中国鞋的市场份额下滑3.11个百分点，越南和印度尼西亚则分别提升1.65个和0.82个百分点②。

（五）加工贸易大部分仍处于产业链的中低端，效益不高状况没有本质改观

虽然目前我国加工贸易已出现向产业链上游技术密集环节延伸发展的趋势，但由于贴牌加工仍然是企业的主要经营模式，很多大型外商投资企业，尤其是高新技术类的外商投资企业，放在国内的仍主要是生产和加工环节。这种通过加工组装方式参与出口的制造环节，付出的只是土地、厂房、设备、水电等物化要素成本和简单的劳动成本，投入大但增值率和贸易竞争力低，可替代性高。如东莞大东骏通公司专门接受索尼电脑订单，近几年公司设立了技术研发部门，设计产品主要是为了增强企业接单的竞争力，而不是创立自主品牌，其加工的单个产品利润率由五年前的5%下降到2012年的1%~1.2%；东莞美泰公司生产在全球十分受欢迎的芭比娃娃玩具，单个芭比娃娃

---

① 《中国22地最低工资标准涨近两成 企业成本增长待消化》，中国新闻网，2013年8月25日。

② 日本数据统计时间段为2013年1~11月，美国为2013年1~10月。

玩具在终端市场的售价在20美元以上，而该工厂仅仅得到3%左右的加工费。

（六）内需市场的开拓仍受制于诸多因素

由于内贸和外贸的运营体系、管理机制和政策导向不同，加工贸易企业转内销，必须适应与熟悉订单的规模及结算、渠道、流通、品牌等问题，这既需要外贸企业在营销理念与管理手段上解放意识大胆探索，也需要政府在内外贸体系对接上建立长效机制，充分发挥“指路子、搭台子、架梯子”的职能作用，为企业打开国内市场提供公平的贸易环境与完善的政策配套。然而，目前部分企业面对资金、技术、品牌创建、营销网络等方面的难题力不从心，不敢试水国内市场。此外，本地企业配套自主性往往偏弱，在分工格局中处于被动地位，一旦下游公司产品出口受到外界市场萎缩的影响，国内众多上游的原材料供应企业就会成批倒闭，反过来又影响到下游公司的生产。

（七）贸易保护主义持续升温已成为加工贸易发展的重要障碍

资料显示，2008年国际金融危机爆发以来，全球40%的贸易保护主义措施针对中国。2012年，21个国家对中国产品发起77起贸易救济调查，涉案金额277亿美元，分别比上年增长11.6%和369%。2013年，19个国家和地区对中国出口产品发起救济调查89起，涉案金额36.2亿美元，其中美国对中国的电子、通讯、机械等出口产品发起“337知识产权调查”17起，占其同期立案数量的1/4以上，涉及中国不少战略性新兴产业的大型龙头企业。与此同时，新兴经济体经济放缓，一些产业发展面临困难，对中国的贸易摩擦呈增多之势。2013年发展中国家对中国产品发起的贸易救济案件数量和金额均超过发达国家，应对难度明显增大，拉美市场的贸易保护程度甚至超过欧美①。

三、进一步推进我国加工贸易转型升级的建议

（一）进一步推进产业升级

一是要按照产业发展规划搞好招商选资工作，着力引进国际优质要素，大力发展先进制造业、战略性新兴产业和现代服务业，用增量优化存量，争创产业发展新优势。二是既要利用市场形成的倒逼机制，因势利导逐步缩减低附加值产业和落后产能，通过“腾笼换鸟”为高端产业腾出发展空间，又要经由“扩笼壮鸟”的方式推动传统加工贸易的自我提升，注意发挥传统劳动密集型产业在“稳增长、保就业”方面的积极作用。三是要对沿海和中西部地区的产业发展给予分类指导，鼓励各地积极承接适合各自发展层次的加工贸易产业。中西部地区要充分利用后发优势，以便利优惠政策和完善的基础设施吸引高层次产业进入，从引进单个项目向引进完整产业链转变，形成国内增值、国内配套、两个市场兼顾的产业新格局。同时，对于带来“二次污染”和“两高一资”的产业要防止其向中西部地区转移。

（二）进一步创新管理理念

创新管理理念，完善保税政策体系，大胆突破不适应经济发展和转型升级需求的现行管理体制和政策，以改革促发展，经由加工贸易转型升级的“顶层设计”来获取新的制度和改革“红利”，培育发展我国加工贸易转型升级的“新比较优势”。在加强引导保税加工产业转型升级的同时，要加大对保税物流、保税服务的鼓励和支持，运用保税政策工具积极引导和推动保税加工、保税物流及保税服务的结构优化调整。如通过将现有适用于货物贸易的保税政策进一步扩大到服务贸易的范畴，加大对战略性新兴产业的政策支持；加快制定对企业开展研发、试制和检测、维修、展示和贸易等生产性服务业和对其他保税服务的相应的管理政策和监管措施，推动我国从“世界工厂”向“世界办公室”转变。

① 《新兴市场频反倾销，中国企业1个多月遭数十起调查》，每日经济新闻，2013年10月18日。

（三）进一步提升产业附加值

通过深加工结转、外发加工及原材料和零部件的国内供给，促进从单一企业加工向多企业的生产联合体深加工方向的转变；通过科技创新和品牌建设，增强设计研发能力，创造自主品牌，提升营销能力，提高产品质量和附加值，向产业链前端的研发设计、高级原材料生产、复杂零部件生产和产业链后端的市场营销、品牌运作等营销环节延伸。逐步形成深度关联、相互配套的产业集群，发展加工贸易企业的产业配套，加深与国内产业的关联程度和技术溢出效应，不断实现产业增值。

（四）进一步强化载体建设

加大力度优化海关特殊监管区域布局，整合和提升特殊监管区域功能。加强出口加工区、物流园区、综合保税区等园区的规划建设，从园区的规划开始瞄准高端，着眼长远，适度超前，既要有利于园区企业节省物流、生产成本，又方便企业运作，形成产业聚集效应。针对区外加工贸易企业布局分散的特点，运用物联网等现代科技手段对企业实施“电子围网”，破解“物理围网”外加工贸易企业的监管难题。

（五）进一步优化政府服务

切实加强加工贸易管理部门之间的协调力度，按照权责一致的原则，理顺各部门职责，提高对加工贸易转型升级的综合服务水平。加快加工贸易管理部门间的联网步伐，在实现企业与外经贸部门、海关联网监管的基础上，逐步实现与外汇、税务、检验检疫等部门的统一联网，形成信息化的“大通关”的机制，提高口岸整体通关效能。深化行政审批制度改革，提高办事效率和服务水平，努力营造低成本、高效率和诚实、守信、安全、文明的投资环境，为加工贸易企业创造良好的发展软环境。

（六）进一步促进内销便利化

通过简化手续支持加工贸易内销，方便企业内销业务的顺利开展；进一步规范国内市场的经营行为，加强知识产权保护，提高加工贸易企业扩大内销、开拓国内市场的意愿和积极性。

建立固体废物综合管理体系，促进循环经济产业及生态建设协调发展

——从固体废物进口角度看循环经济产业发展

进入21世纪以来，我国把实施循环经济、环境保护与再生资源利用、生态建设作为可持续发展战略目标深入落实，寻求技术含量高、经济效益好、资源消耗低、环境污染少、人力资源优势得到充分发挥的新型工业化道路。随着国内经济的快速发展，国内各行业对资源性生产资料的需求日益高涨，国内相对短缺的自然资源已越来越不能满足经济社会发展需要，国外可用作原料的固体废物①便成为弥补国内需求的重要资源。加入世界贸易组织以来，我国固体废物进口量快速增加，从2001年的2 217.3万吨增长到2013年的4 849.9万吨，年均增长率达6.7%。

据海关统计，2013年，我国固体废物进口量总体呈小幅减少态势。全年累计进口4 849.9万吨，比2012年减少5.7%；价值323.3亿美元，同比下降7.1%；进口均价为每吨666.5美元，同比下跌1.6%。三大主要固体废物品种中，除废纸进口量减价跌外，废塑料及废金属进口均呈量减价扬态势（表1）。

表1　2013年我国固体废物进口品种情况表

品种	进口量（万吨）	同比（%）	价值（亿美元）	同比（%）	平均价格（美元/吨）	同比（%）
合计	4 849.9	-5.7	323.3	-7.1	666.5	-1.6
废塑料	788.2	-11.2	60.5	-5.5	767.5	6.4
废纸	2 923.7	-2.8	59.3	-5.5	202.8	-2.8
废金属	1 138.0	-8.7	203.5	-8.0	1 788.0	0.7
废钢	446.5	-10.2	26.0	-15.9	582.0	-6.3
废铜	437.3	-10.0	137.7	-7.2	3 148.4	3.1
废铝	250.4	-3.4	39.2	-5.1	1 563.7	-1.8

一、2013年我国固体废物进口的主要特点

（一）有10个月的进口量同比减少，进口均价震荡走高

从月度进口数据来看，除1月份和10月份外，其余各月月度进口量均呈现同比减少态势。12月份当月进口固体废物426.9万吨，同比减少9.4%，环比增加2.4%，月度进口量居2013年各月第4位。进口价格方面，月度进口均价在每吨628~712美元之间波动，4月份进口均价跌至年内低点每吨628.9美元，之后逐月上升，至11月份回升至每吨711.4美元，达到全年月度进口价格峰值，12月份进口均价回落至每吨690.9美元，同比上涨6.2%，环比下跌2.9%（图1）。

① 本文的固体废物包括“三废”，即废塑料、废纸和废金属。

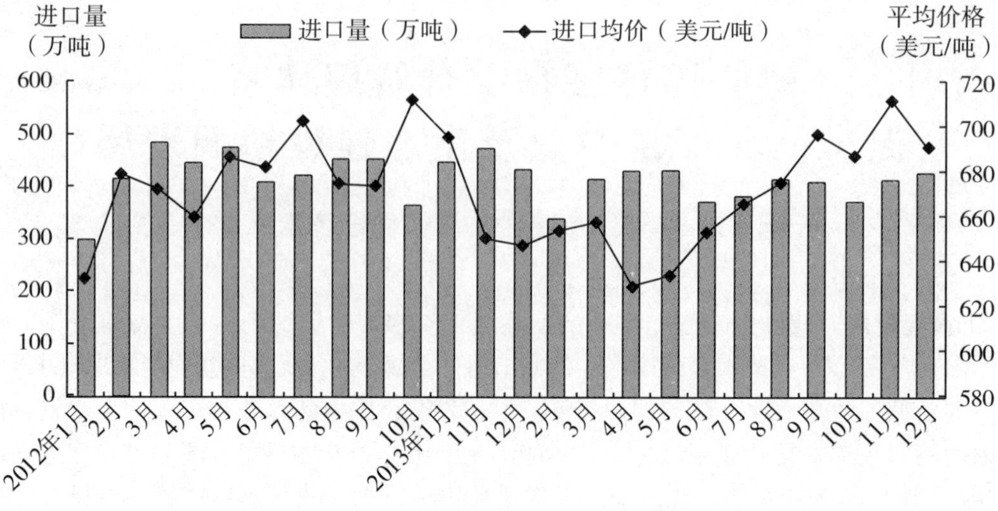

图1　2012～2013年我国固体废物月度进口量价走势图

（二）一般贸易进口占主导，加工贸易及保税监管场所进出境货物进口增加。

2013年，我国以一般贸易方式进口固体废物4 317.3万吨，同比减少8.8%，降幅大于同期固体废物进口整体降幅3.1个百分点，占同期我国固体废物进口总量的89%。同期，以加工贸易方式进口固体废物471.5万吨，同比增加22.2%，占固体废物进口总量的9.7%；以保税监管场所进出境货物方式进口固体废物57.8万吨，同比增加2.5倍，占固体废物进口总量的1.2%。

（三）外商投资企业进口微幅增加，民营企业及国有企业进口减少

2013年，我国外商投资企业进口固体废物2 722.7万吨，同比增加0.4%，占同期我国固体废物进口总量的56.1%。同期，民营企业进口固体废物1 806.5万吨，同比减少10.1%，占我国固体废物进口总量的37.2%；国有企业进口固体废物320.7万吨，同比减少23.3%，占我国固体废物进口总量的6.6%。

（四）主要自美国、欧盟、日本进口，自东盟进口快速增加

2013年，美国、欧盟和日本为我国固体废物前三大进口来源地，我国自上述三地分别进口固体废物1 687.8万、1 162.1万和762万吨，同比分别减少0.4%、15.7%和8.3%，三者合计占同期我国固体废物进口总量的74.5%。同期，自东盟进口快速增加，进口量达259.9万吨，同比增加54.5%，占我国固体废物进口总量的5.4%。此外，在前十大进口来源地中，自澳大利亚、加拿大、墨西哥、我国澳门地区进口增加（表2）。

表2　2013年我国固体废物前十大进口来源地情况表

进口来源地	进口量（万吨）	同比（%）	价值（亿美元）	同比（%）
美国	1 687.8	-0.4	81.4	-2.3
欧盟	1 162.1	-15.7	73.0	-20.0
日本	762.0	-8.3	42.9	-5.5
中国香港	283.3	-29.7	29.9	-38.3
东盟	259.9	54.5	32.7	62.3
澳大利亚	196.2	2.5	17.5	16.7
加拿大	186.7	9.3	8.0	-1.8

续表

进口来源地	进口量（万吨）	同比（%）	价值（亿美元）	同比（%）
韩国	70.9	-10.9	5.0	-11.7
墨西哥	55.4	19.1	6.5	-2.1
中国澳门	32.1	60.7	3.2	50.8

（五）广东、浙江及江苏进口量居前3位，部分西部省份进口稳步增加

2013年，广东、浙江及江苏分别进口固体废物1 688.1万、1 075万和677.4万吨，同比分别减少1.6%、7.3%和7.6%，三省进口量合计占同期我国固体废物进口总量的70.9%。部分西部省份进口稳步增加。其中，重庆进口固体废物76.3万吨，同比增加8.2%，占固体废物进口总量1.6%；广西进口固体废物46.6万吨，同比增加17%，占固体废物进口总量1%。此外，中部的江西进口固体废物快速增加，进口量为25.3万吨，同比增加69.1%，占固体废物进口总量0.5%。

二、2013年我国固体废物进口减少的主要原因

（一）国内经济增长自主减速，对进口固体废物需求下降

固体废物作为再生资源对我国资源不足起到了较好的补充作用。但2013年我国经济增长自主减速。从制造业运行情况看，受基础设施和房地产投资放缓等因素影响，包括钢铁、有色、建材和化工在内的原材料工业生产趋缓；装备制造业经济运行呈现低迷状态，生产增速快速回落，主要产品中较多产品产量同比出现下降。下游市场需求萎缩直接抑制固体废物进口。

（二）发达国家经济不振，固体废物供应量减少

当前全球经济增长放缓，特别是欧美等发达国家经济不景气，消费能力降低，各类产品的淘汰速度放缓，全球固体废物供应量增长放缓甚至出现减少，进而拉低各类固体废物的供应量。在欧盟、美国等国家开始采取措施限制固体废物出口的同时，日本、韩国等资源相对稀缺国家已经通过一些政策或协议，规定了固体废物再利用实行“国内优先”。此外，印度、越南等发展中国家，在海外市场与我国形成较强的竞买关系，导致固体废物国际市场供应日趋紧张。

三、当前我国固体废物行业值得关注的问题

（一）大量进口固体废物危害国内生态环境

出于对资源不足的有效补充，近年来，我国固体废物进口快速增加。“十一五”期间累计进口固体废物22 152.1万吨，同比增加3.1%；2011年和2012年分别进口4 983.2万吨和5 140.7万吨，同比分别增加9.6%和3.2%。尽管进口固体废物缓解了国内资源短缺问题并降低了企业生产成本，但由于其废物属性，在分拣、回炉过程中处理不当产生的有害物质对环境存在较大危害。

（二）进口固体废物综合管理体系尚不完善，产业健康发展受到制约

固体废物从进口到生产，环节众多，且涉及环保、海关、质检、商务、工商等多个部门，综合管控难度很大，在顶层设计、制度执行、协作配合、行业监管和产业发展等方面还存在“重证件发放、轻生产监管和环保控制”等问题。

1. 分类管理制度机制存在漏洞。我国将固体废物分为禁止进口、限制进口和自动许可进口三大类，对限制类固体废物进口采用许可证管理，但是按照现行审批思路及做法，有关部门对许可证的发放主要考虑申请企业的生产能力及是否具有相应的污染防治设备，多采用核定总额按年发放的方式，对固体废物入境后的流向等也主要依靠书面审查，缺少实地检查，导致许可证核发企业的固体

废物进口及处置行为基本游离于环保部门的实质监控之外，为企业倒卖倒买提供了空间。

2. 进口监管环节面临诸多困难。目前固体废物定性较为困难，且存在鉴定权和执法权互不协调的问题。对于固体废物的鉴别，只有现行的《固体废物鉴别导则》（试行）可借鉴，同时鉴定机构对固体废物鉴定没有法定义务，存在鉴定难、鉴定时间跨度大等现实问题，因而完善固体废物鉴别标准、回收利用标准及环境保护标准且使之能在进口监管环节快速有效运作势在必行。

3. “圈区管理”效果不甚理想。目前，我国已建成有宁波镇海、浙江台州、天津子牙等多个大型再生资源加工园区，全国待建、在批的加工园区还有几十家。然而“圈区管理”对加强进口固体废物后续管理、促进再生资源利用及产业健康发展效果不甚理想。一是缺乏有效的政策支持；二是园区内企业成为监管重点，区外反而成监管盲点；三是区内技术装备水平较落后；四是园区内未形成从回收、拆解到深加工的循环产业链，没有真正形成园区循环经济；五是园区面临原料来源不足的困境，近来由于成本较高、发达国家限制出口及周边国家竞买等因素，很多园区内企业面临“吃不饱”甚至“无米下锅”的困境。

四、固体废物循环利用产业前景展望及相关建议

发展循环经济，实现可持续发展，是我国的一项基本国策。进口有利用价值的固体废物在一定程度上能够缓解国内资源短缺的矛盾，促进了循环经济的发展。未来，我国应加快建立固体废物综合管理体系，促进固体废物循环利用产业健康发展。为此建议：一是健全法律体系，完善进口环节立法，合理界定环保、海关、商务、检验检疫等各部门职责，加强多部门齐抓共管效能，确保将进口固体废物的危害最小化；二是加大实施循环经济力度，加快产业的技术投入，制定健全、完善的固体废物鉴别标准、回收利用标准及环境保护标准，保护生态环境安全；三是加强行业引导和监管，加强对企业的技术指导，鼓励企业用好用足国内国外两个市场，加强政策扶持，创造良好的发展环境，鼓励再生资源加工产业健康发展。

2013 年我国资源性产品进出口调研报告

金融危机以来，全球经济不景气导致制造业发展放缓，资源性产品市场需求随之减弱。数据显示，2008 年全球资源性产品①国际贸易总值5.1 万亿美元，2009 年同比大幅下降73%，此后连续两年大幅反弹。2012 年在欧债危机等不稳定因素影响下，当年全球资源性产品国际贸易总值6 万亿美元，增速放缓至2.1%，进入2013 年，资源性产品市场表现仍显疲态，产品价格低位震荡，前3 季度贸易总值仅为4.2 万亿美元（图1）。

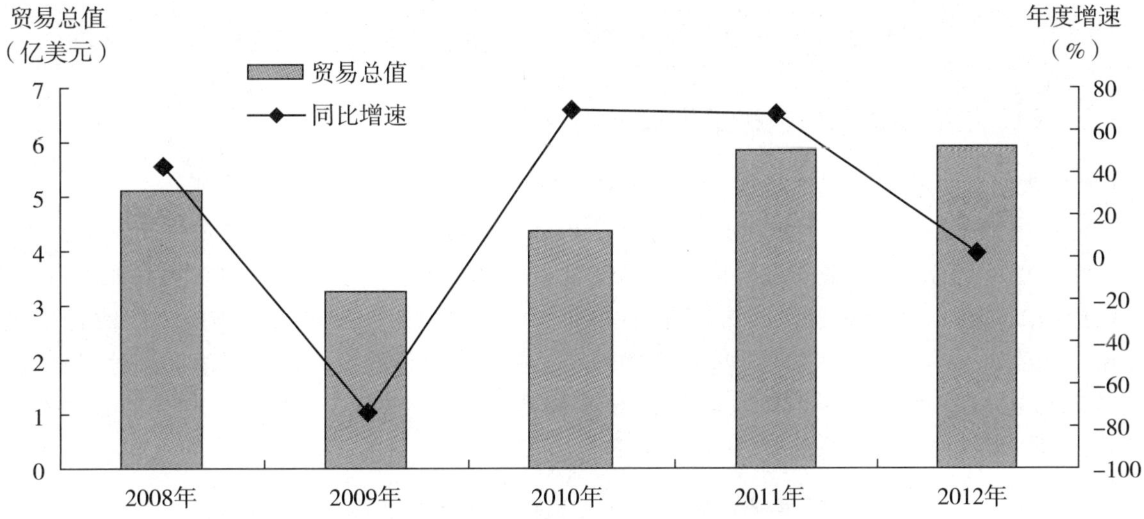

图1　2008～2012 年全球资源产品年度外贸走势图

国内方面，近年来，随着对不可再生资源保护力度的不断加强，我国资源性产品出口增速呈现回落态势。与此同时，为缓解国内经济增长所造成的资源供需矛盾，我国原油、煤炭等资源性产品进口规模逐年增加，2012 年我国首次超过美国，成为全球最大资源性产品进口国。2013 年，我国进出口资源性产品② 16.6 亿吨，同比增加12.3%，价值4 096.6 亿美元，同比增长3.1%，占全国进出口总值的9.8%。其中，进口15.9 亿吨，同比增加12%，进口均价同比下跌7.7%；出口6801.4 万吨，同比增加21.8%，出口均价同比下跌24.7%；累计净进口量为15.2 亿吨（图2）。

① 全球“资源性产品”参数范围为HS 码为第25 至28 章，数据来源为GTA。

② 资源性产品参数为查询系统“2013 年出口商品参数库1”中“资源性产品”，包括原油、焦炭、煤、铁矿砂、稀土等品种。

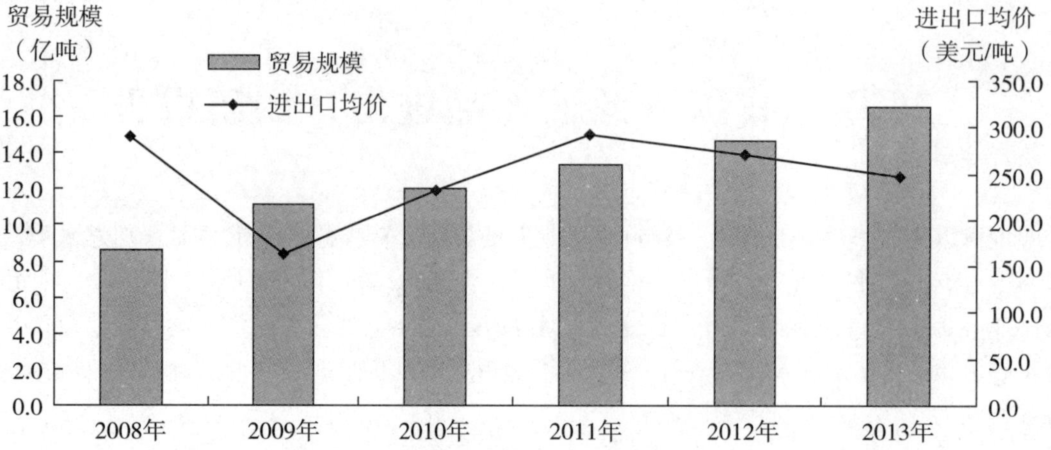

图 2　2008～2013 年我国资源性产品进出口年度量价趋势图

一、2013 年我国资源性产品进出口主要特点

（一）进出口贸易伙伴高度集中

按进口量排序，2013 年，澳大利亚、东盟、巴西、南非和俄罗斯是我国资源性产品主要进口来源地，自上述市场合计进口量占我国同类产品进口总规模的 67.6%。其中，自澳大利亚进口 5.3 亿吨，同比增加 23%，占资源性产品进口总规模的 33.5%。同期，按出口量排序，我国香港地区、我国台湾地区、日本、韩国和东盟是我国资源性产品主要出口目的地，对上述市场合计出口量占我国同类产品出口总规模的 81.4%。其中，对我国香港地区出口 2 048.7 万吨，同比大幅增加 90.1%，占资源性产品出口总规模的 30.1%（表 1）。

表 1　2013 年我资源性产品进出口主要贸易伙伴情况统计表

进口来源地	进口量（亿吨）	增速（%）	比重（%）	出口目的地	出口量（万吨）	增速（%）	比重（%）
澳大利亚	5.3	23.0	33.5	中国香港	2 048.7	90.1	30.1
东盟	2.5	19.4	15.5	中国台湾	1 760.4	4.1	25.9
巴西	1.6	-5.3	10.3	日本	818.4	-12.6	12.0
南非	0.7	7.1	4.3	韩国	538.2	-4.6	7.9
俄罗斯	0.6	7.0	4.0	东盟	368.2	13.4	5.4

（二）原油、铁矿砂为主要进口产品

2013 年，我国进口的资源性产品主要为原油、铁矿砂、煤及褐煤、铜矿砂和镍矿砂等，上述产品进口合计量、值均占同年我国资源性产品进口总量、值的 94% 以上。其中，从进口量看，铁矿砂位居头名，其进口规模达到 8.2 亿吨，同比增加 10.2%，占资源性产品进口总量的 51.6%；从进口值看，原油占据榜首，进口价值 2 196.5 亿美元，同比下降 0.5%，占资源性产品进口总值 54.8%。总体来看，2013 年度我国主要资源性产品进口量均有所增加，除铁矿砂外的各项产品进口均价则出现不同程度的下跌（表 2）。

表2　2013年我国主要资源性产品进口情况统计表

进口产品	进口量（万吨）	增速（%）	进口值（亿美元）	增速（%）	进口均价（美元/吨）	增速（%）
原油	28 195.2	4.0	2 196.5	-0.5	779.0	-4.4
铁矿砂及其精矿	81 941.4	10.2	1 057.3	10.4	129.0	0.2
煤及褐煤	32 708.0	13.4	290.0	1.0	0.1	-11.0
铜矿砂及其精矿	1 007.4	28.7	196.7	16.1	2.0	-9.8
镍矿砂及其精矿	7 129.2	14.2	51.4	-2.1	0.1	-14.3

（三）氢等非金属、煤及褐煤为主要出口产品

2013年，我国出口的资源性产品主要包括氢等非金属、原油、焦炭及半焦炭、煤及褐煤及稀土，上述产品合计出口值占同年资源性产品出口总值近7成。其中，从出口量看，煤及褐煤高居首位，出口量为750.9万吨，同比减少19.1%，占资源性产品出口总量的11%；从出口货值看，氢等非金属名列前茅，其出口货值17.6亿美元，同比增长24.3%，占资源性产品出口总值的20.2%。总体来看，2013年，我国主要资源性产品出口规模增减不一，其中焦炭和稀土保持增长态势，但各项产品出口均价则呈现下跌形态（表3）。

表3　2013年我国主要资源性产品出口情况统计表

出口产品	出口量（万吨）	增速（%）	出口值（亿美元）	增速（%）	出口均价（美元/吨）	增速（%）
氢、稀有气体及其他非金属	-	-	17.6	24.3	-	-
原油	161.7	-33.5	14.6	-34.6	0.9	-1.6
焦炭、半焦炭	467.2	358.1	11.3	154.8	0.2	-44.4
煤及褐煤	750.9	-19.1	10.6	-33.1	0.1	-17.4
稀土	2.2	38.3	5.8	-37.0	25.6	-54.4

二、2013年我国资源性产品进出口面临的问题和挑战

（一）进口来源地高度集中，易受地缘政治动荡影响

作为全球最大的资源性产品进口国，我国海外进口货源地长期高度集中。其中，原油主要来自中东和非洲地区，煤炭主要来源于印度尼西亚和澳大利亚，铁矿砂主要依赖澳大利亚、巴西和南非市场。高度集中的市场来源易使我国资源性产品进口受制于人，以原油为例，作为我国原油主要进口来源地的中东地区，是国际政治局势最为复杂多变的区域，伊朗受欧盟、美国制裁被限制出口，叙利亚、伊拉克、埃及等国家冲突不断，地缘政治的动荡不仅影响国际油价走势，很大程度上也影响我国原油供应的稳定性和安全性。此外，我国进出口资源性产品的运输路线相对固定，如85%以上的进口原油要经过马六甲海峡，且国际运输多由国外船队承运，运输风险相对较高。

（二）定价权和话语权缺失导致贸易成本高企

尽管我国多项大宗商品需求量和贸易量位居全球前列，但受贸易金融定价权竞争力不强、国内期货市场发展不成熟、多头分散进口模式固有缺陷等因素影响，我国在资源性产品国际贸易价格谈

判中始终处于弱势地位，话语权和定价权与进口大国地位不符。据测算，我国影响石油定价权的权重不足0.1%，铁矿砂进口价格更是始终受制于资源垄断方。价格话语权的缺失，导致我国进口资源成本偏高。资源性产品国际价格上涨时，进口成本飙升并挤压下游行业利润；价格下跌时，“买涨不买跌”心态则使企业普遍观望。与此同时，定价权的缺失也很大程度上限制了我国资源性产品在出口领域的获利空间。例如，2013年，为使我国在国际稀土领域占有相对稳定的市场地位，国内企业“低价”竞争，“赔本赚吆喝”的现象大量存在，全年稀土出口平均价格下跌超过50%，企业出口收益随之大幅收窄。

（三）国际贸易保护主义抬头增加我国外贸压力

近年来，我国在资源性产品进出口领域面对的外贸摩擦愈发频繁。出口方面，欧美日就我国稀土出口政策联合向世界贸易组织提出诉讼，称我国对稀土的出口限制违反世贸规则①；而在世界贸易组织裁决的中国限制9种原材料出口案中，世界贸易组织认定我国部分出口政策违反世贸组织相关规则②。反观进口，各国纷纷加大对资源性产品的保护力度。其中，澳大利亚征收矿产资源租赁税和碳税，印度提高铁矿石出口关税，印尼对煤炭等限制出口，越南提高铜矿砂等商品出口税率③。因此，在上述以“绿色壁垒”为主的贸易保护主义措施下，我国在资源性产品国际贸易当中面临着“进出两难”的尴尬境地。

（四）消费结构升级缓慢，致使综合效能偏低

尽管2012年我国首次超过美国成为全球第一大能源消费国，但是从能源消费结构上看，我国仍以传统的煤炭消费为主。数据显示，2012年我国煤炭消费量占全国能源消费总量的68.6%，占全球煤炭消费比例50.2%，而同年以天然气为代表的新型能源消费比例仅占4.7%，远低于23.9%的全球平均水平④。2013年，根据国家能源局初步统计显示，煤炭消费占一次能源消费的比重为65.7%，同比仅下降0.9个百分点；非化石能源消费占一次能源消费比重也仅由上年的9.1%提高到9.8%⑤。以煤炭为主的能源结构，决定了我国单位GDP能耗较高，能源综合效能偏低。

（五）管理调控机制滞后，难以及时反映市场变化

一直以来，我国能源资源产品的生产、贸易属于国家严格管理的行业，且从事资源性产品生产和贸易的多为国有（中央）企业，国家有关部门通过指令、配额等手段对进出口产品加以调控。上述管理模式在一定程度上有利于规范行业的生产秩序，有效贯彻落实环境保护措施，促进进出口贸易的稳定发展。但是，在国际市场竞争当中，市场才是供需的主要调节力量，多变的价格使得市场机会稍纵即逝，而相关企业却常常因为“跑计划”、“等配额”等行政审批手续而耽误了进口、出口的最佳时机，从而带来交易成本的上升和利润的下降。

三、对我国资源性产品及其对外贸易发展的建议

（一）完善能源资源战略布局及保障能力

针对我国能源资源产品对外依存度不断提高、进口来源地高度集中等特点，我国需要完善与经济地位相适应的能源资源战略布局，建立更高级别的安全供应保障体系。例如，促进原油等产品进口来源的多元化，提高自俄罗斯、中美洲等国家和地区的进口比重；拓宽油气运输渠道和能力，充

---

① 《稀土出口配额将成美欧日靶心》，人民网，2012年7月。

② 《WTO终裁中国限制9种原材料出口违规》，新京报网，2012年2月。

③ 《澳大利亚开征最贵碳税：矿业繁荣前景蒙上阴影》，凤凰网，2012年7月。

④ 英国石油公司《2013年世界能源统计》，《中国石油和化工经济分析》，2013年8月。

⑤ 《2013年非化石能源占比提高至9.8%》，21世纪经济报道，2014年1月。

分利用西南海运通道和中俄、中哈、中缅等管道运输油气，提高对油气运输安全的控制能力。同时，还应加快相关法律法规建设，明确储备制度，推进商业储备和战略储备齐头并进，建立稳定的石油、天然气等重点资源储备。

（二）提高我国国际贸易话语权和控制力

针对我国在国际资源性产品市场定价权的缺失，一是产业整合重组和行业协会联络沟通渠道双管齐下，形成一致对外的议价模式，从而切实把进出口的规模优势转化为议价优势；二是大力发展国内期货市场，建立资源类大宗商品期货市场和信息共享平台，通过金融渠道降低、消化国际市场价格异动风险；三是加快企业“走出去”步伐，鼓励企业通过绿地投资、股权渗透、联合开发等多种方式加强与资源供应方的融合程度，从而将国际市场中的“中国因素”转变为“中国力量”，全面提升我国在该领域的话语权和控制力。

（三）完善中国贸易摩擦合作机制及救济体系

针对我国资源性产品在国际市场中争端、摩擦常态化的趋势，相关部门亟须建立多方合作应对机制。一方面，应进一步完善与国际贸易摩擦相关的法律法规；另一方面，充分发挥行业协会协调作用，发挥其连接政府和企业的“桥梁”功能，使其主动介入并协助企业应对贸易争端。此外，在实现政府、协会和企业之间信息共享、多方合作的基础上，尽快建立起一套符合国际惯例且适合我国经贸发展特点的贸易摩擦监测预警工作机制和救济体系。

（四）加大技术创新，优化能源消费结构

党的十八大首次提出“把生态文明建设放在突出地位”，优化我国能源消费结构正是生态文明建设的应有之义。因此，针对我国煤炭、原油消费量比重较高的实际情况，一方面应大力发展以核能、风能、太阳能等为代表的新能源；另一方面，则应通过技术创新，提高原煤洗入率和燃烧比例，发展清洁、高效的燃烧技术和尾气排放、利用技术，综合提升煤炭和原油等传统能源的使用效能。

（五）落实民营资本参与能源资源行业政策

随着国家对民营经济发展的逐步重视，民营资本也被逐步允许参与到能源资源行业当中。2013年8月1日《国务院办公厅关于促进进出口稳增长、调结构的若干意见》中明确提出“赋予符合质量、环保、安全及能耗等标准的原油加工企业原油进口及使用资质”，这意味着在政策层面为民营企业进口原油松绑，将有利于提高石油行业竞争度，形成公平公正有序的石油市场。尽管这一准入机制刚刚起步，但相信随着政策利好效应的不断释放，相关部门及业内企业的积极落实，其必将进一步促进我国资源行业的可持续发展，有效提升我国在国际资源领域的吸引力和影响力。

充分发挥长三角、珠三角、环渤海自身优势，“三大引擎”继续引领中国外贸快速发展

以都市圈的形成为核心驱动力的区域经济一体化，是与经济全球化并行的另一股潮流。随着1980年广东、福建率先享受“特殊政策”和“灵活措施”，1990年上海浦东开发开放及2005年天津滨海新区纳入国家发展战略，珠三角、长三角和环渤海经济圈（以下简称三大经济圈）自南而北梯次形成，以全国9.42%的土地面积，34.23%的人口成为全国对外贸易的领跑力量。党的“十八大”报告中规划“继续实施区域发展总体战略，充分发挥各地区比较优势，促进区域协调发展”，如何落实并继续发挥外贸引擎的强大引领作用，是历史赋予三大经济圈光荣而艰巨的使命。

一、三大经济圈外贸发展的主要特点

（一）三大经济圈进出口值占全国外贸总值近8成，外贸规模不断扩大但增速放缓

2001年至2008年，三大经济圈外贸快速发展，2009年、2010年，受金融危机的影响，其外贸发展在“急挫”后“大幅反弹”，此后逐渐步入平稳发展期（下图）。2001～2013年，珠三角、长三角、环渤海外贸年均增速分别为16.4%、20.3%和19.4%，同期全国外贸年均增长19.1%。

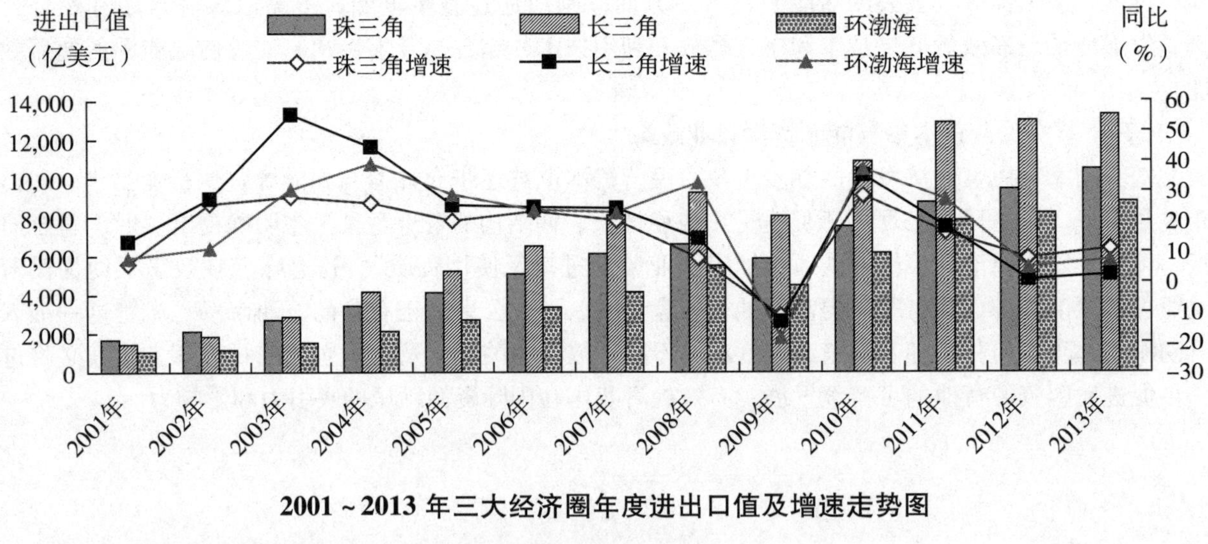

2001～2013年三大经济圈年度进出口值及增速走势图

2013年，珠三角、长三角和环渤海地区实现贸易进出口总额32 547.9亿美元，同比增长6.4%，占全国进出口总额的78.2%，对全国外贸增长的贡献率达66.3%。其中，出口16 667.5亿美元，同比增长5.9%，占全国的75.4%；进口15 880.4亿美元，同比增长6.8%，占全国的81.4%（表1）。

表 1　三大经济圈 2001～2013 年外贸平均增速及 2013 年对外贸易规模及增速统计表

地区	2001～2013 年平均增速（%）			2013 年					
	进出口	出口	进口	进出口值（亿美元）	同比（%）	出口值（亿美元）	同比（%）	进口值（亿美元）	同比（%）
全国	19.1	19.3	18.9	41 603.3	7.6	22 100.4	7.9	19 502.9	7.3
三大经济圈	18.7	18.7	18.6	32 547.9	6.4	16 667.5	5.9	15 880.4	6.8
珠三角	16.4	17.1	15.5	10 472.0	11.0	6 071.5	10.9	4 400.5	11.2
长三角	20.3	21.0	19.3	13 279.2	2.4	7 818.6	2.9	5 460.6	1.7
环渤海	19.4	16.7	21.0	8 796.7	7.3	2 777.4	4.3	6 019.3	8.7

（二）三大经济圈所辖城市占据外贸百强城市半壁江山

凭借政策先行的“天时”背景、四衢通达的“地利”环境和精英汇聚的“人和”优势，在 2012 年中国外贸百强城市中，三大经济圈中共有 49 座城市入选我国外贸综合竞争力百强城市，占据半壁江山。其中，长三角 25 座城市中有 23 座入选，占据百强近 1/4 的席位，珠三角、环渤海均有半数企业入选。从水平、结构等分项指标来看，各经济圈城市也都有不俗表现（表 2）。

表 2　三大经济圈 2012 年外贸分项竞争力百强城市分布表

地区（所含上榜城市数量）	水平竞争力（座）	结构竞争力（座）	效益竞争力（座）	发展竞争力（座）	潜力竞争力（座）	综合竞争力（座）
珠三角（21 座）	14	6	9	12	10	10
长三角（25 座）	13	22	20	17	19	23
环渤海（30 座）	16	18	12	17	15	16

2013 年，三大经济圈所辖城市中深圳表现最为抢眼。深圳以 5 373.6 亿美元的外贸总值和同比 15.1% 的增幅拔得头筹，同期上海进出口 4 412.3 亿美元，名列次席，同比增长 1.1%。三大经济圈进出口值前 10 位城市中，珠三角地区的深圳、东莞、广州外贸总值位列第 1、第 5、第 7 位，长三角地区的上海、苏州、宁波、无锡位列第 2、第 4、第 8、第 10 位，环渤海地区的北京、天津、青岛位列第 3、第 6、第 9 位。

（三）三大经济圈在对外贸易方式方面各具特色

作为“中国制造”的典型代表，珠三角地区外贸长期以加工贸易为主，但随着一般贸易的日趋活跃和特殊监管区域贸易的不断成长，加工贸易的比重呈现逐年降低趋势。2001 年到 2013 年，珠三角加工贸易进出口值从 1 241.3 亿美元增至 5 135.5 亿美元，所占比重则由 73.6% 下降到 49%；一般贸易和特殊监管区域进出口比重则分别提高了 11.7 个和 15.5 个百分点。

长三角地区，一般贸易方式一直占据其外贸发展半壁江山。2013 年，一般贸易和加工贸易方式分别进出口 6 943.8 亿美元和 4 094.7 亿美元，所占比重分别为 52.3% 和 30.8%；同期特殊监管区域进出口比重提高了 9.9 个百分点。

环渤海地区，一般贸易方式的霸主地位不断扩大。2013 年一般贸易进出口 6 302.1 亿美元，占环渤海地区进出口总值的 71.6%，比 2001 年提高 9.6 个百分点；加工贸易比重则从 2001 年的 29.6% 下降到 2013 年的 20%。

（四）外商投资企业占据主体地位，民营企业增势强劲

“珠三角模式”区别于其他发展模式的最大特征，在于它几十年来一直保持着吸引外资的绝对领先地位。2001 年到 2013 年，珠三角外商投资企业进出口值由 945.7 亿美元增长到 5 711.7 亿美元，年均增长 16.2%。同时，民营企业在该经济圈中也越来越活跃，民营企业进出口由 87.8 亿美元增长到3 555.1亿美元，年均增长 36.1%，所占比重比 2001 年提高 28.7 个百分点。

长三角地区较早以集体和私营经济的“苏南模式”和“温州模式”为主体，近年来外商投资企业在该经济圈中发挥着越来越重要的角色。2001 年到 2013 年，长三角地区外商投资企业进出口值由 828.5 亿美元增长到7 277.1亿美元，年均增长 19.9%。民营企业进出口值由 107.7 亿美元增长至4 458.3亿美元，年均增长 36.4%。

环渤海经济圈多属我国的老工业基地，传统计划体制的惯性影响较大，国有经济比重相对较高。2001 年到 2013 年，环渤海经济圈国有企业进出口值由 568.7 亿美元达到3 466.9亿美元，年均增长 16.3%，所占比重较 2001 年减少 15.1 个百分点，降至 39.4%，但国有企业仍是最主要企业类型。外商投资企业和民营企业进出口值年均增幅分别为 17.1% 和 37.3%，所占比重较 2001 年分别回落 8.4 个百分点和上涨 19.2 个百分点。

2013 年，三大经济圈中外商投资企业进出口 15 710.9 亿美元，占三大经济圈外贸总值的 48.3%，占全国外商投资企业外贸总值的 81.9%。

表 3　2013 年三大经济圈各类型企业进出口值统计表

地区	外商投资企业			国有企业			民营企业		
	进出口值（亿美元）	同比（%）	本地区内占比（%）	进出口值（亿美元）	同比（%）	本地区内占比（%）	进出口值（亿美元）	同比（%）	本地区内占比（%）
三大经济圈	15 710.9	-0.2	48.3	5 798.5	-1.1	17.8	10 091.3	20.5	31.0
珠三角	5 711.7	3.6	54.5	867.3	-3.5	8.3	3 555.1	31.6	33.9
长三角	7 277.1	-3.1	54.8	1 464.3	-3.8	11.0	4 458.3	13.6	33.6
环渤海	2 722.1	0.2	30.9	3 466.9	0.7	39.4	2 077.9	19.0	23.6

（五）以机电产品出口为主，劳动密集型产品出口比重明显减少

机电产品为三大经济圈主要出口品种。2001 年到 2013 年，珠三角机电产品出口值由 466.8 亿美元增长至4 306.3 亿美元，年均增长 20.3%，所占比重由 51.3% 提高至 70.9%。长三角地区机电产品出口值由 285.5 亿美元增长至 4 591.9 亿美元，年均增长 26%，所占比重由 35.9% 提高至 58.7%。环渤海机电产品出口值由 126.3 亿美元增长至 1 337 亿美元，年均增长 21.7%，所占比重由 29.1% 提高至 48.1%。同期，传统劳动密集型产品①在出口中所占比重呈大幅减少态势。2013 年，珠三角、长三角和环渤海劳动密集型产品分别出口 897.1 亿美元、1 826.3 亿美元和 433.8 亿美元，所占比重分别为 14.8%、23.4% 和 15.6%，分别比 2001 年减少 10.7 个、13.6 个和 10.7 个百

① 本文所述传统劳动密集型产品主要包括纺织服装、家具及其零件、箱包及类似容器、鞋类、塑料制品、玩具等。

分点。

（六）珠三角和长三角进口以机电产品为主，原油为环渤海地区最大类进口商品

2013 年，珠三角和长三角地区机电产品分别进口 2 804.7 亿美元和 2 720.5 亿美元，所占比重分别为 63.7% 和 49.8%，分别比 2001 年提高 26.8 个和 5.6 个百分点。同期，环渤海地区第一大类进口商品为原油，共进口 1 628.4 亿美元，所占比重由 2001 年的 13.6% 增长至 2013 年的 27.1%；进口机电产品 1 492.9 亿美元，比重则由 2001 年的 40.6% 下降至 24.8%；进口农产品和铁矿砂的比重分别比 2001 年提高 0.9 个和 7.5 个百分点，增长至 8.1% 和 8.8%。

二、三大经济圈经贸发展存在的主要问题

（一）三大经济圈龙头和引擎作用发挥未达预期

20 纪 80 年代以来，利用国家的政策优势和有利的区位条件，三大经济圈顺势崛起，成为带动我国经济发展的龙头。2008 年金融危机以来，国际经济持续低迷，三大经济圈外贸受到冲击，增速明显放缓。2013 年三大经济圈外贸总值占全国外贸总值的比重为 78.2%，但对我国外贸增长的贡献率仅为 66.3%。其中，除珠三角地区外，长三角、环渤海地区外贸增速分别比同期全国增速低 5.2 和 0.3 个百分点，对我国经济的引擎作用有所下降，对全国进出口总值增长的贡献率分别为 10.6% 和 20.4%。

（二）经济圈内中心城市综合辐射和影响力不突出

经济圈内中心城市是经济圈发展的主要力量，其对周边城市产生的辐射和影响力有利于资金、科技、人才等资源在各城市间自由合理流动，从而由点到面，带动圈内良性互动，整体发展。但 2012 年外贸百强城市中，除长三角 25 座城市共有 23 座城市入选外，珠三角和环渤海地区仅有其一半的城市入选。而 2013 年，深圳、东莞和广州三城市的进出口值占珠三角经济圈外贸总值的 77.3%，其他 18 座城市外贸总值仅占该经济圈外贸总值的 22.7%，中心城市对圈内其他城市的辐射和影响力还不明显。

（三）经济圈内部各自面临发展瓶颈

珠三角经济圈以劳动密集的加工型产业为主导，其面临的劳动力成本上升及因此带来的用工荒问题已成为制约其外贸发展的重要因素。而长三角地区，在土地、人力和环境等要素约束偏紧情况下，高新技术产业发展也有所放缓。2013 年，该地区加工贸易进出口同比下降 5.9%，机电产品出口值同比仅增长 0.1%，高新技术产品出口值同比下降 2.5%。环渤海经济圈是我国重化工业、装备制造业和高新技术产业基地，其产业优势也随之带来日趋严重的环境污染。此外，由于环渤海发展起步较晚，其外贸总值低于珠三角和长三角地区，如何制定正确的区域发展战略和有效治理环境等是环渤海地区所面临的问题。

三、三大经济圈外贸发展的建议和展望

（一）“机器换人工”，以效率替代劳力促进经济圈产业转型升级

调整外贸发展观念尤其是出口观，加大投资的同时进一步稳增长、保份额，用技术投入、设备投入来提高劳动生产率，缓解用工荒，促进产业转型升级。珠三角以外向型的高新技术制造业和劳动密集的加工型产业为主导，其目标定位为全球最大的电子和日用消费品生产和出口基地之一，应加强自主创新和自由品牌建设，指定一批具有一定经营规模和品牌知名度、拥有自主核心技术和研发能力的本土企业作为重点对象，从资金、技术、品牌、知识产权保护等方面予以支持，培育发展成为有竞争力的跨国公司，将主要以成本为依托的比较优势升级为主要以知识为依托的竞争优势。

由于上海、无锡和杭州已被确定为国家级 IC 设计产业化基地，长三角地区应发挥其高科技、高新技术优势，以加快突破核心技术瓶颈、显著增强科技竞争力为目标，积极承担国家重大科技专项和重大科技联合攻关项目，研制一批具备先进水平的重大战略产品，推动建立长三角地区区域产业技术联盟，推动该地区经济外贸快速发展。

（二）科学合理设计国家产业布局，促进区域内经济协调发展

三大经济圈要全面展现其经济发展的实力，必须形成完整的、有竞争力的产业体系、公共设施体系，既与世界经济和全国市场有开放的联系，又有相当的区域特色，这是实现区域经济快速发展的重要思路。因此，国家在产业布局上特别是重大项目布局上应充分考虑三大经济圈自身优势，做好产业布局的协同工作，逐渐形成并且保持各区域自身特色产业，在合理布局的基础上，重视其发展附带的环境保护问题，对环渤海等地区雾霾问题提出针对性、前瞻性解决办法，加强环境治理，促进区域经济可持续发展。

（三）进一步延伸经济圈的辐射和带动作用，发挥引擎作用带动周边地区经济全面发展

紧密联系经济圈地区周边经济贸易欠发达地区，进一步延伸三大经济圈的辐射与产业链延伸功能，在经济圈自身发展的同时带动“外延”中、西部等地区共同发展。2003 年我国提出“泛珠三角经济区”概念，依靠珠三角经济发展带动周边福建、广西等 9 省全面发展。长三角、环渤海也可以此为经验，建立“泛长三角”、“泛环渤海”经济区。长三角地区应带动安徽、湖南、湖北等地，发挥土地、劳动力和能源资源优势，建立长三角地区优质农产品、能源、先进制造业基地和承接劳动密集型产业转移基地；利用浙西南地区民营经济发达的优势和山区资源条件，建设长三角地区先进制造业基地、绿色农产品基地和生态休闲旅游基地，为长三角地区未来发展培育更为广阔的腹地空间。环渤海地区可带动整个东三省、陕西、内蒙古等周边地区的协调发展。对于以重型机械、造船、化工等为主体的重型工业区辽东半岛，在原油工业的基础上，积极推进东三省改造传统产业，提高制造业的生产效益，达到资源的优化配置。此外山东半岛在石油、石化与海洋化工、机械制造、电子、轻纺等领域有较好的产业整合机会，应通过调整重组、企业搬迁和产业调整，辐射带动山西、陕西等地经济全面发展。

专题篇

SPECIALS

2012 年中国外贸进出口企业 200 强

表 1　2012 年中国出口 200 强企业

名次	企业	出口值（百万美元）
1	富泰华工业（深圳）有限公司	25 222
2	达功（上海）电脑有限公司	23 950
3	鸿富锦精密电子（郑州）有限公司	15 735
4	昌硕科技（上海）有限公司	15 143
5	鸿富锦精密电子（成都）有限公司	11 994
6	惠州三星电子有限公司	9 422
7	华为技术有限公司	8 555
8	鸿富锦精密电子（烟台）有限公司	6 999
9	名硕电脑（苏州）有限公司	6 664
10	达丰（重庆）电脑有限公司	6 518
11	苏州得尔达国际物流有限公司	6 200
12	鸿富锦精密工业（深圳）有限公司	6 042
13	诺基亚通信有限公司	5 356
14	中兴通讯股份有限公司	5 166
15	苏州三星电子电脑有限公司	5 055
16	东莞三星视界有限公司	4 632
17	仁宝信息技术（昆山）有限公司	4 479
18	仁宝电子科技（昆山）有限公司	4 454
19	天津三星通信技术有限公司	4 240
20	鸿富锦精密电子（重庆）有限公司	4 152
21	北京索爱普天移动通信有限公司	4 067
22	东莞市对外加工装配服务公司	3 964
23	中国国际石油化工联合有限责任公司	3 962
24	英顺达科技有限公司	3 898
25	华为终端有限公司	3 574
26	昆山世远物流有限公司	3 511
27	仁宝资讯工业（昆山）有限公司	3 504
28	英源达科技有限公司	3 491
29	纬新资通（昆山）有限公司	3 477

续表

名次	企业	出口值（百万美元）
30	深圳市宝安外经发展有限公司	3 463
31	国际商业机器系统集成（深圳）有限公司	3 416
32	达丰（上海）电脑有限公司	3 024
33	鸿富锦精密工业（武汉）有限公司	2 901
34	伟创力制造（珠海）有限公司	2 818
35	深圳中外运物流有限公司	2 806
36	乐金显示（广州）有限公司	2 780
37	纬智资通（昆山）有限公司	2 740
38	联想信息产品（深圳）有限公司	2 714
39	摩托罗拉移动技术（中国）有限公司	2 653
40	达富电脑（常熟）有限公司	2 637
41	深圳嘉泓永业物流有限公司	2 503
42	深圳中电投资股份有限公司	2 497
43	纬创资通（昆山）有限公司	2 482
44	珠海格力电器股份有限公司	2 414
45	纬创资通（中山）有限公司	2 242
46	晟碟半导体（上海）有限公司	2 218
47	福建捷联电子有限公司	2 211
48	大连船舶重工集团有限公司	2 202
49	希捷科技（苏州）有限公司	2 195
50	捷普电子（广州）有限公司	2 048
51	昆山飞力仓储服务有限公司	2 044
52	高先电子（深圳）有限公司	2 043
53	广东美的制冷设备有限公司	2 037
54	海太半导体（无锡）有限公司	1 990
55	天津三星视界移动有限公司	1 932
56	富士施乐高科技（深圳）有限公司	1 927
57	宝山钢铁股份有限公司	1 859
58	深圳市深国际华南物流有限公司	1 855
59	上海浦东国际机场进出口有限公司	1 839
60	英特尔产品（成都）有限公司	1 817
61	广州盛科电子有限公司	1 810
62	深圳龙岗区对外经济发展有限公司	1 810
63	招商局保税物流有限公司	1 810

续表

名次	企业	出口值（百万美元）
64	鸿富泰精密电子（烟台）有限公司	1 801
65	江苏沙钢国际贸易有限公司	1 790
66	中国中化集团公司	1 765
67	乐金显示（南京）有限公司	1 708
68	美光半导体（西安）有限责任公司	1 674
69	富士康精密电子（太原）有限公司	1 666
70	丹沙物流（上海）有限公司	1 648
71	深圳市卓领实业有限公司	1 630
72	大连西太平洋石油化工有限公司	1 623
73	上海振华重工（集团）股份有限公司	1 619
74	宸鸿科技（厦门）有限公司	1 600
75	友达光电（苏州）有限公司	1 584
76	中石化浙江舟山石油有限公司	1 583
77	STX（大连）造船有限公司	1 578
78	深圳市亿宝隆珠宝首饰有限公司	1 576
79	富华杰工业（深圳）有限公司	1 574
80	深圳市中隆基珠宝首饰有限公司	1 571
81	深圳宝华行珠宝首饰有限公司	1 499
82	苏州佳世达电通有限公司	1 478
83	广东省东莞机械进出口有限公司	1 451
84	珠海三美电机有限公司	1 445
85	深圳盐田港普洛斯物流园有限公司	1 425
86	深圳市金运达国际物流有限公司.	1 417
87	上海近铁国际物流有限公司	1 416
88	深圳市信利康供应链管理有限公司	1 410
89	昱科环球存储产品（深圳）有限公司	1 408
90	天津三星电子有限公司	1 366
91	友达光电（厦门）有限公司	1 365
92	无锡尚德太阳能电力有限公司	1 352
93	佳能（苏州）有限公司	1 344
94	深圳市一达通企业服务有限公司	1 344
95	苏州市东吴仓储有限公司	1 332
96	深圳市高彩珠宝有限公司	1 329
97	浪潮乐金数字移动通信有限公司	1 316

续表

名次	企业	出口值（百万美元）
98	中化兴中石油转运（舟山）有限公司	1 313
99	南海奇美电子有限公司	1 302
100	金宝电子（中国）有限公司	1 299
101	爱普生技术（深圳）有限公司	1 285
102	上海电气集团股份有限公司	1 279
103	群康科技（深圳）有限公司	1 269
104	无锡夏普电子元器件有限公司	1 267
105	富泰京精密电子（北京）有限公司	1 266
106	深圳市朗华供应链服务有限公司	1 253
107	星科金朋（上海）有限公司	1 251
108	仁宝电脑（重庆）有限公司	1 251
109	希捷国际科技（无锡）有限公司	1 247
110	上海外高桥造船有限公司	1 236
111	江苏安普供应链管理有限公司	1 235
112	鞍钢集团国际经济贸易公司	1 234
113	江苏天元船舶进出口有限公司	1 229
114	本钢集团国际经济贸易有限公司	1 225
115	苏州乐轩科技有限公司	1 222
116	华宝通讯（南京）有限公司	1 210
117	佛山裕顺福首饰钻石有限公司	1 204
118	宁波奇美电子有限公司	1 203
119	英华达（上海）科技有限公司	1 197
120	中国石油技术开发公司	1 195
121	三星电子（山东）数码打印机有限公司	1 194
122	中国长江航运集团对外经济技术合作总公司	1 187
123	精成科技电子（东莞）有限公司	1 165
124	深圳市盐田港出口货物监管仓有限公司	1 154
125	中国机械设备工程股份有限公司	1 154
126	营口千祥贸易有限公司	1 143
127	深圳开发微电子有限公司	1 142
128	惠州 TCL 移动通信有限公司	1 140
129	中国船舶重工国际贸易有限公司	1 129
130	中农集团控股股份有限公司	1 122
131	英业达科技有限公司	1 120

续表

名次	企业	出口值（百万美元）
132	佳能珠海有限公司	1 107
133	深圳市奇石多彩珠宝有限公司	1 107
134	江苏新时代造船有限公司	1 106
135	东芝信息机器（杭州）有限公司	1 103
136	奇瑞汽车股份有限公司	1 095
137	叶水福洋山物流（上海）有限公司	1 088
138	深圳市金宝昌珠宝首饰有限公司	1 088
139	徐州工程机械集团进出口有限公司	1 081
140	苏州三星电子家电有限公司	1 079
141	东莞航天电子有限公司	1 076
142	恩斯迈电子（深圳）有限公司	1 064
143	冠捷显示科技（厦门）有限公司	1 062
144	威宏电子（上海）有限公司	1 062
145	帝艾斯光电（苏州）有限公司	1 060
146	牧田（昆山）有限公司	1 058
147	舟山中远船务工程有限公司	1 057
148	东莞创机电业制品有限公司	1 047
149	佛山市工艺总厂有限公司	1 041
150	飞思卡尔半导体（中国）有限公司	1 033
151	云南红河金泽鑫珠宝首饰有限公司	1 023
152	苏州三星显示有限公司	1 016
153	深圳市意大隆珠宝首饰有限公司	1 009
154	深圳市星宝珠宝首饰有限公司	1 006
155	中国船舶燃料有限责任公司	1 004
156	中国石油集团川庆钻探工程有限公司	1 001
157	戴尔（厦门）有限公司	999
158	国基电子（上海）有限公司	999
159	南通中远川崎船舶工程有限公司	998
160	日月光封装测试（上海）有限公司	992
161	深圳捷递国际物流有限公司	987
162	联众（广州）不锈钢有限公司	986
163	京瓷办公设备科技（东莞）有限公司	984
164	海尔集团电器产业有限公司	983
165	东芝物流（上海）有限公司	982

续表

名次	企业	出口值（百万美元）
166	广碁科技（中山）有限公司	979
167	上海江南长兴造船有限责任公司	975
168	苏州工业园区得信国际物流有限公司	973
169	住友电工电子制品（深圳）有限公司	973
170	乐金电子（天津）电器有限公司	972
171	深圳光汇石油集团股份有限公司	968
172	宁波申洲针织有限公司	964
173	旭硕科技（重庆）有限公司	962
174	山东电力基本建设总公司	957
175	杭州中策橡胶有限公司	954
176	深圳市伟禄科技股份有限公司	944
177	沪东中华造船（集团）有限公司	943
178	本溪北营钢铁集团进出口有限公司	942
179	安靠封装测试（上海）有限公司	941
180	山东玲珑轮胎股份有限公司	940
181	深圳嘉里盐田港物流有限公司	939
182	东北中石油国际事业有限公司	935
183	昆山正天物流有限公司	932
184	山西太钢不锈钢股份有限公司	925
185	东莞万士达液晶显示器有限公司	923
186	深圳市德信通供应链管理有限公司	922
187	佳能（中山）办公设备有限公司	913
188	中国石化海南炼油化工有限公司	909
189	深圳赛意法微电子有限公司	905
190	日照钢铁轧钢有限公司	904
191	理光（深圳）工业发展有限公司	904
192	捷普科技（上海）有限公司	904
193	达运精密工业（厦门）有限公司	900
194	深圳市雅俪金饰品有限公司	889
195	珠海紫翔电子科技有限公司	888
196	戴尔（成都）有限公司	886
197	广东美的微波电器制造有限公司	883
198	东莞晶达电子科技有限公司	882
199	三角轮胎股份有限公司	880
200	常熟阿特斯阳光电力科技有限公司	876

表2　2012年中国进口200强企业

名次	企业	进口值（百万美元）
1	中国国际石油化工联合有限责任公司	10 1911
2	中国联合石油有限责任公司	30 773
3	富泰华工业（深圳）有限公司	16 215
4	中化石油有限公司	14 210
5	丹沙物流（上海）有限公司	13 111
6	鸿富锦精密电子（郑州）有限公司	12 611
7	中国石油国际事业有限公司	12 334
8	大庆中石油国际事业有限公司	10 780
9	宝马（中国）汽车贸易有限公司	8 633
10	惠州三星电子有限公司	8 597
11	福建联合石油化工有限公司	8 522
12	珠海振戎公司	7 716
13	中国石化海南炼油化工有限公司	7 567
14	昆山飞力仓储服务有限公司	7 400
15	一汽—大众汽车有限公司	7 392
16	中国第一汽车集团进出口有限公司	6 498
17	梅赛德斯—奔驰（中国）汽车销售有	6 250
18	中海油中石化联合国际贸易有限责任公司	6 224
19	宝山钢铁股份有限公司	6 201
20	大连西太平洋石油化工有限公司	5 724
21	鸿富锦精密工业（深圳）有限公司	5 298
22	鸿富锦精密电子（成都）有限公司	4 931
23	黑龙江联合石油化工有限公司	4 605
24	乐金显示（广州）有限公司	4 565
25	天津三星通信技术有限公司	4 522
26	鸿富锦精密电子（烟台）有限公司	4 487
27	深圳综合信兴物流有限公司	4 385
28	深圳嘉泓永业物流有限公司	4 260
29	大众汽车（中国）销售有限公司	4 181
30	江苏沙钢国际贸易有限公司	4 106
31	中国石化集团石油商业储备有限公司	3 916
32	中建材集团进出口公司	3 904
33	三星电子（苏州）半导体有限公司	3 895

续表

名次	企业	进口值（百万美元）
34	山东晨曦集团有限公司	3 720
35	中国首钢国际贸易工程公司	3 674
36	东莞三星视界有限公司	3 623
37	英特尔产品（成都）有限公司	3 587
38	达功（上海）电脑有限公司	3 571
39	全球物流（上海）有限公司	3 534
40	丰田汽车（中国）投资有限公司	3 512
41	世天威物流（上海外高桥保税物流园区）有限公司	3 502
42	全球物流（重庆）有限公司	3 479
43	河北钢铁集团有限公司	3 452
44	东北中石油国际事业有限公司	3 447
45	江西铜业股份有限公司	3 428
46	金川集团股份有限公司	3 405
47	国航进出口有限公司	3 393
48	昌硕科技（上海）有限公司	3 212
49	中储粮油脂有限公司	3 122
50	捷豹路虎汽车贸易（上海）有限公司	3 028
51	保时捷（中国）汽车销售有限公司	3 006
52	华晨宝马汽车有限公司	2 993
53	日照钢铁控股集团有限公司	2 919
54	武钢集团国际经济贸易总公司	2 816
55	深圳市中兴康讯电子有限公司	2 811
56	阳谷祥光铜业有限公司	2 734
57	中海石油气电集团有限责任公司	2 691
58	东方航空进出口有限公司	2 662
59	华为终端有限公司	2 649
60	东莞市对外加工装配服务公司	2 634
61	北京索爱普天移动通信有限公司	2 629
62	中钢贸易有限公司	2 621
63	上海浦东国际机场进出口有限公司	2 603
64	友达光电（厦门）有限公司	2 584
65	中国船舶燃料有限责任公司	2 583
66	苏州得尔达国际物流有限公司	2 578
67	上海新金桥国际物流分拨有限公司	2 553

续表

名次	企业	进口值（百万美元）
68	天津物产集团有限公司	2 522
69	东营方圆有色金属有限公司	2 458
70	中国南航集团进出口贸易有限公司	2 405
71	瑞钢联集团有限公司	2 369
72	中国烟草国际有限公司	2 343
73	中国储备棉管理总公司	2 320
74	名硕电脑（苏州）有限公司	2 319
75	无锡夏普电子元器件有限公司	2 263
76	苏州三星显示有限公司	2 246
77	英运物流（上海）有限公司	2 245
78	乐金显示（南京）有限公司	2 244
79	美光半导体（西安）有限责任公司	2 235
80	中化兴中石油转运（舟山）有限公司	2 218
81	佳能（中国）有限公司	2 184
82	伟创力制造（珠海）有限公司	2 163
83	宁波奇美电子有限公司	2 130
84	中国原子能工业有限公司	2 126
85	中国石化青岛石油化工有限责任公司	2 070
86	北京奔驰汽车有限公司	2 042
87	南海奇美电子有限公司	2 037
88	天津三星视界移动有限公司	2 036
89	金隆铜业有限公司	2 033
90	深圳市九立商贸有限公司	2 032
91	日照昌华海产食品有限公司	1 973
92	张家港保税区长江国际港务有限公司	1 958
93	上海大众汽车有限公司	1 933
94	柳州钢铁股份有限公司	1 931
95	中航油进出口有限责任公司	1 898
96	晟碟半导体（上海）有限公司	1 894
97	霍尔果斯中石油国际事业有限公司	1 883
98	高先电子（深圳）有限公司	1 823
99	中粮东海粮油工业（张家港）有限公司	1 814
100	中国矿产有限责任公司	1 803
101	青岛益佳经贸实业进出口有限公司	1 791

续表

名次	企业	进口值（百万美元）
102	漠河中石油国际事业有限公司	1 787
103	深圳市信利康供应链管理有限公司	1 781
104	云南铜业股份有限公司	1 775
105	深圳市宝安外经发展有限公司	1 771
106	全球物流（深圳）有限公司	1 765
107	深圳市怡亚通供应链股份有限公司	1 762
108	纬创资通（中山）有限公司	1 717
109	华为技术有限公司	1 717
110	中粮集团有限公司	1 704
111	捷普电子（广州）有限公司	1 703
112	深圳市富森供应链管理有限公司	1 692
113	宸鸿科技（厦门）有限公司	1 687
114	广州市东风南方实业有限责任公司	1 667
115	广州盛科电子有限公司	1 654
116	中博世金科贸有限责任公司	1 633
117	鞍钢集团国际经济贸易公司	1 631
118	空中客车（天津）总装有限公司	1 622
119	华岳集团有限公司	1 622
120	深圳市华富洋供应链有限公司	1 611
121	东莞金鹰仓储有限公司	1 604
122	东莞市南信实业发展有限公司	1 549
123	星科金朋（上海）有限公司	1 532
124	安靠封装测试（上海）有限公司	1 530
125	中海石油化工进出口有限公司	1 522
126	深圳市普路通供应链管理股份有限公司	1 492
127	深圳市卓领实业有限公司	1 491
128	江苏苏美达国际技术贸易有限公司	1 486
129	天津三星电子有限公司	1 483
130	重庆飞力达供应链管理有限公司	1 479
131	环旭电子股份有限公司	1 448
132	乐金显示（烟台）有限公司	1 432
133	友达光电（苏州）有限公司	1 426
134	天津叶水福物流有限公司	1 389
135	中天钢铁集团有限公司	1 379

续表

名次	企业	进口值（百万美元）
136	海南航空股份有限公司	1 372
137	大海粮油工业（防城港）有限公司	1 369
138	阿斯利康制药有限公司	1 368
139	大连福佳．大化石油化工有限公司	1 360
140	鸿富锦精密工业（武汉）有限公司	1 356
141	东莞晶达电子科技有限公司	1 350
142	浙江逸盛石化有限公司	1 349
143	达丰（上海）电脑有限公司	1 340
144	富华杰工业（深圳）有限公司	1 334
145	苏州三星电子电脑有限公司	1 332
146	中粮粮油有限公司	1 324
147	中纺粮油进出口有限责任公司	1 312
148	SK 海力士半导体（中国）有限公司	1 308
149	苏州市东吴仓储有限公司	1 303
150	振华石油控股有限公司	1 302
151	昆山世远物流有限公司	1 301
152	联峰钢铁（张家港）有限公司	1 283
153	中基宁波集团股份有限公司	1 268
154	紫金铜业有限公司	1 264
155	深圳市朗华供应链服务有限公司	1 242
156	群康科技（深圳）有限公司	1 237
157	山东天圆铜业有限公司	1 234
158	济钢集团国际贸易有限责任公司	1 232
159	长安福特马自达汽车有限公司	1 232
160	九三粮油工业集团有限公司	1 225
161	中国外运山东有限公司	1 221
162	唯佳物流（深圳）有限公司	1 218
163	天津一汽丰田汽车有限公司	1 215
164	神华销售集团有限公司	1 211
165	乐金化学（南京）信息电子材料有限公司	1 207
166	中国进口汽车贸易有限公司	1 207
167	克莱斯勒（中国）汽车销售有限公司	1 197
168	金宝电子（中国）有限公司	1 188
169	富泰京精密电子（北京）有限公司	1 181

续表

名次	企业	进口值（百万美元）
170	飞力达物流（深圳）有限公司	1 181
171	云南惠嘉进出口有限公司	1 177
172	上海同华储运有限公司	1 171
173	唐山国丰钢铁有限公司	1 169
174	苏州新宁公共保税仓储有限公司	1 164
175	金鹰国际货运代理有限公司	1 163
176	上海通用汽车有限公司	1 149
177	山东万宝贸易有限公司	1 144
178	沃尔沃汽车销售（上海）有限公司	1 141
179	厦门国贸集团股份有限公司	1 133
180	青岛益佳海业贸易有限公司	1 130
181	深圳捷递国际物流有限公司	1 130
182	太仓新港物流管理中心有限公司	1 129
183	中国金山联合贸易有限责任公司	1 122
184	常熟威特隆仓储有限公司	1 119
185	达富电脑（常熟）有限公司	1 116
186	马钢国际经济贸易总公司	1 111
187	洋山申港国际石油储运有限公司	1 111
188	国家物资储备局上海七处（保）	1 102
189	上海大众国际仓储物流有限公司	1 096
190	临沂盛泉油脂化工有限公司	1 095
191	青岛新兴东方进出口有限责任公司	1 094
192	威宏电子（上海）有限公司	1 093
193	东明中油燃料石化有限公司	1 092
194	达伟（上海）物流仓储有限公司	1 089
195	中国石化湛江东兴石油化工有限公司	1 079
196	上海近铁国际物流有限公司	1 079
197	希捷国际科技（无锡）有限公司	1 078
198	瑞仪光电（苏州）有限公司	1 072
199	上海外高桥物流中心有限公司	1 071
200	浙江物产国际贸易有限公司	1 070

从金融风暴到欧债危机，近年来国际贸易环境扑朔迷离，中国外贸企业军团在一轮又一轮市场洗礼中愈挫愈勇，面对国际市场的危机四伏与自身生存发展的如饥似渴，不仅融入国际贸易链条中的企业数量继续增加，而且不断刷新我国外贸进出口的总值纪录。据海关统计，2012 年，我国有进出口实绩的企业共 32. 9 万家，比 2011 年增加 5. 7%。在全球经济复苏步伐放缓与国内经济自主减速“双碰头”的背景下，我国企业累计实现外贸进出口总值 38 667. 8 亿美元，比 2011 年增长 6. 2%，虽未达到年初预计的 10% 增长目标，但仍在各主要经济体中力压群雄。

“沧海横流方显英雄本色”。在世界经济进入新一轮调整周期之时，国际产业链条出现了更多“停摆”与“断点”现象，我国参与国际分工的低成本光环也逐渐褪色，我国进出口规模最大的 200 家企业作为外贸企业集群的先锋与舵手，毅然担起破浪前行的领航使命，喊着“更快、更高、更难、更稳、更活”的号子勇立潮头。

一、总论

（一）更快

2012 年，外贸出口前 200 强企业合计实现出口值 4 540. 5 亿美元，同比增长 14. 3%，比当年我国 27 万家外贸出口企业总体平均增速高出 6. 4 个百分点，占当年我国出口总值的 22. 2%；外贸进口前 200 强企业合计实现进口值 6 648. 8 亿美元，同比增长 10. 8%，比当年我国 16. 2 万家外贸进口企业总体平均增速高出 6. 6 个百分点，占当年我国进口总值的 36. 6%。

（二）更高

2012 年，我国外贸进出口 200 强企业榜单的入围底线双双再创历史新高。其中，出口 200 强企业榜单的上榜底线由 2011 年的 8 亿美元提高至 8. 8 亿美元，进口 200 强企业榜单的入围底线由 10. 3 亿美元提高至 10. 7 亿美元。其中，领跑军团的入场券更显“洛阳纸贵”。2012 年，达丰（重庆）电脑有限公司出口比 2011 年激增 2. 4 倍，从 2011 年出口企业排名第 57 位上升至第 10 位，并将我国出口前 10 强企业的门槛由 2011 年鸿富锦精密电子（烟台）有限公司实现的 60. 2 亿美元提高至 65. 2 亿美元。惠州三星电子有限公司 2012 年进口值翻番，取代鸿富锦精密工业（深圳）有限公司成为 2012 年我国外贸进口前 10 强企业的新榜尾，也将我国进口前 10 强企业的门槛从 2011 年的 72. 6 亿美元跨越式提高至 86 亿美元。连续多年位居我国进口企业榜首的中国国际石油化工联合有限责任公司不断刷新冠军进口的新纪录，2012 年该企业进口值同比增长 4. 1%，达到 1 019. 1 亿美元，成为我国首个进口值突破千亿美元的企业。

（三）更难

1. *企业保持名次及席位难度加大*。在“不进则退”的白热化市场竞争中，难有常胜的英雄。即便曾经是 200 强榜单的“座上宾”，喘息之间也会被紧锣密鼓、高速前行的“后继者”取代。此前连续 3 年蝉联我国出口企业冠军的达功（上海）电脑有限公司 2012 年出口值 239. 5 亿美元，同比下降 15. 3%，被 2011 年紧随其后的富泰华工业（深圳）有限公司超越而退居次席。更为残酷的是，对照 2012 年的 200 强榜单，2011 年还榜上有名的 42 家出口企业与 42 家进口企业如今已悄然谢幕，出口 200 强和进口 200 强榜单更新率均为 21%，比 2011 年分别高出 2. 5 个百分点和 2 个百分点。有实力连续 2 年在外贸进出口 200 强榜单上“金榜题名”的出口、进口企业均仅 158 家。

2. *区域拥有上榜企业的难度增大*。2012 年，我国外贸进出口 200 强企业分布范围同时收缩。其中，出口 200 强上榜企业分布的省份由 2011 年的 20 个缩减至 18 个。海南虽凭中国石化海南炼油化工有限公司出口值增长 90. 3% 达到 9. 1 亿美元，列出口企业排名第 188 位而成为出口 200 强榜单上的新面孔，但 2011 年分别依靠英利能源（中国）有限公司、晶科进出口有限公司和瓮福国际贸易股份有限公司在出口200强榜单上斩获一席之地的河北、江西和贵州，则由于“独苗”企业的落榜而同时在2012年的榜单上消失。相比之下，进口200强榜单上不仅没有新贵企业为所在省份实现“零的突破”，甚至还出现“双保险”企业同时失灵导致所在省份被淘汰出局的现象。2011年，湖南依靠湖南华菱涟钢进出口有限公司和湖南华菱湘潭钢铁有限公司两家企业同时上榜，而成为与江西、湖北和安徽齐名的上榜企业数量“中部之王”，但在2012年因这两家企业悉数落榜而风光不再。同样是由于钢铁企业进口乏力而出局的还有山西，其“独苗”上榜企业、2011年位居第161位的太原钢铁（集团）国际经济贸易有限公司2012年进口同比下降20.7%，由2011年的高出进口200强入围底线1.7亿美元逆转为低于入围底线1.2亿美元。湖南、山西企业在进口200强榜单上的集体销声匿迹，导致进口上榜企业分布的省份由2011年的26个减少至24个，再加上江西入围企业由2家减少至1家，中部地区有实力荣膺2012年我国外贸进口200强榜单的企业数量由2011年的10家减少至6家。

（四）更稳

多年来征战国际市场的历练使得我国外贸进出口200强企业阵营更趋稳健，无论是新上榜企业的“首秀”成绩，还是连续上榜企业的排名上升，都多了一份稳扎稳打的沉淀与累积，“一夜蹿红”、“一步登天”的难度增加。与2011年相比，2012年新入围我国出口200强榜单的43家企业中，排名最高的是昆山世远物流有限公司，年出口35.1亿美元，同比激增5.7倍，列出口企业排名第26位，而2011年排名最高的新上榜企业为鸿富锦精密电子（成都）有限公司，列当年出口企业排名第7位，比昆山世远物流有限公司的首秀成绩高出19个席位。2012年新入围我国进口200强榜单的42家企业中，排名最高的企业同样来自江苏，是年进口值同比激增7.7倍达到25.8亿美元的苏州得尔达国际物流有限公司，列进口企业排名第66位，这一首秀战绩较2011年更是相去甚远。2011年排名最高的新上榜进口企业为大庆中石油国际事业有限公司，首次上榜即高居第5位。连续2年进入出口200强榜单的企业中，2011年进步最快的是排名第45位的东莞三星视界有限公司，前进146个席位，而2012年获此殊荣的是STX（大连）造船有限公司，由2011年的第195位挺进至第77位，上升118个席位，前进步幅与所处席位均逊于前者。同时，在连续2年入围进口200强榜单的企业中，上升步幅超过90个席位的企业数量由2011年的2家减少至2012年的1家。

（五）更活

1. *新的经营主体更趋活跃。*改革开放最早试水国际贸易的国有企业虽在2011年我国外贸进出口200强榜单上强力扩张版图，但2012年并未完全守住收复的失地，出口200强榜单势力范围“按兵不动”，仍保持39个席位，入围进口200强榜单的企业数量却由68席减少至64席。随着外贸经营权逐步向民营经济开放，自20世纪90年代以来进出口增速就连年高居各类型企业之首的民营企业，成为我国本土企业在进出口200强榜单上攻城略地的新锐力量。2012年，我国民营企业累计进出口总值首次超过1万亿美元，达到1.1万亿美元，同比增长18.6%，增速仍处领先位置，占我国进出口总值的比重由2011年的26.6%提高至29.7%。如果说最初的“高增速”主要是源自“低基数”的话，那么如今民营企业在万亿美元量级的基数上依然保持高增速则显难能可贵，这也使得进出口民营企业中的翘楚脱颖而出。比2011年仅在进口200强榜单上扩张版图更进一步，2012年民营企业在外贸进口、出口200强2份榜单中赢取的入场券喜获“双丰收”，入围企业数量同时大幅度增加。尤其在2012年出口200强榜单上，民营企业的上榜席位迅猛翻番，由2011年的13家企业增加至29家，合计实现出口值458.6亿美元，比2011年增长81.7%，在我国出口同比增速总体回落12.4个百分点的大环境下，依然实现增长提速，比2011年上榜民营企业出口增速高出48.3个百分点，占我国出口200强企业出口总值的比重首次超过10%，达到10.1%，比2011年提高4.6个百分点。新上榜民营出口企业斩获的位次也逐年靠前，2010年排名最高的新上榜民营企业为舟山金海湾船业有限公司，列当年出口200强榜单第87位，这一首秀最佳成绩在2011年被深圳嘉泓永业物流有限公司提升至第65位后，2012年被昆山世远物流有限公司再度改写为第26位，比当年新上榜的外商投资企业和国有企业最高排名分别高出37个席位和99个席位。同时，进入2012年进口200强榜单的民营企业数量由2011年的23家增加至32家，合计实现进口值588.5亿美元，同比增长23.5%，占当年进口200强企业进口总值的比重连续第5年上升，达到8.9%，比2011年再提高1.3个百分点。其中，连续2年上榜的17家民营企业中，8家企业在进口200强榜单上的排名出现上升。上升步幅最快的当属深圳市怡亚通供应链股份有限公司，2012年共进口17.6亿美元，同比增长54.4%，排名由2011年的第173位前进至第107位，上升了66个席位，上升步幅比2011年获此殊荣的同城同业企业——深圳市信利康供应链管理有限公司高出16个席位。国有经济体制改革的深入与民营经济的活力释放，都减轻了我国外贸发展对外商投资企业的依赖程度。2012年，外商投资企业在我国外贸进出口总值中的比重首次低于50%，仅为49%；进入当年我国外贸出口200强和进口200强榜单的外商投资企业数量分别由2011年的148家和109家减少至132家和104家。

2. *新的产业集聚区初具规模*。我国最早承接国际产业转移的东部沿海地区最先遭遇成本上升等“成长的烦恼”，广阔的内陆腹地则成为承接国内产业梯度转移的重要阵地，也逐步形成了我国外贸进出口持续快速发展的新“增长极”。随着鸿海、广达、英特尔等跨国公司相继将部分生产线迁至成都、重庆等地，我国西部地区企业实力明显提升，2012年合计实现进出口总值2 363.8亿美元，同比增长28.5%，占我国进出口总值的比重由2011年的5%提高至6.1%。外贸进出口200强榜单上的西部明星异军突起。2012年我国外贸出口200强榜单上共有西部地区企业10家，比2011年增加3家。其中，重庆和成都上榜出口企业数量均由2家翻番至4家，继续并列为西部上榜出口企业最多的省份。继鸿富锦精密电子（成都）有限公司后，达丰（重庆）电脑有限公司也成功跻身我国出口前10强行列，前者更将西部地区出口企业最高上榜成绩进一步提升至第5位。尽管西部地区出口企业的崭露头角未能撼动东部沿海地区企业把持榜单大半边天的固有格局，但对长三角、珠三角等地区的挑战已经浮出水面。2012年，广东、江苏、上海仍为出口200强榜单上入围企业数量遥遥领先的3个省份，广东入围企业数量由2011年的71家增加至75家，江苏和上海的入围席位则分别由2011年的42家和28家减少至37家和25家。同时，入围2012年我国外贸进口200强的西部地区企业由2011年的9家增加至12家。其中，出口排名最高的鸿富锦精密电子（成都）有限公司同时为进口排名最高的西部企业，共进口49.3亿美元，同比增长97.9%，列进口200强榜单第22位，比2011年前进13个席位。尽管中部地区在进出口200强榜单上的总体席位减少，但并未掩盖单个企业的“惊艳”表现。2011年为河南填补进口200强榜单空白的鸿富锦精密电子（郑州）有限公司，2012年进口值飙升2.5倍达到126.1亿美元，成为首个进口值超过100亿美元的中西部企业，在进口200强榜单上的排名由2011年的第45位跃升至第6位，刷新中西部地区企业在进口200强榜单上的最高上榜纪录。广东和北京依然是2012年进口200强上榜企业数量最多的两个省份，但进口上榜企业数量分别为40家和36家，较2011年减少5家和2家，上海上榜进口企业数量由2011年的26家增至28家。

3. *海关特殊监管区域日臻繁荣*。一般认为，加工贸易比重过高，不能完全体现一国生产、贸易发展的真实水平和自主能力，因此获得的贸易收益也非常有限。2012年，我国外贸进出口200强企业合计以加工贸易方式进出口5 046.8亿美元，占当年外贸200强企业进出口总值的45.1%，这一比重比2011年下滑2.5个百分点；依靠加工贸易式大进大出同时立足进口和出口200强两张榜单的企业数量由2011年的78家减少至69家，同时，榜单上利用新兴贸易业态、新型贸易区域成长的企业数量增多。2012年，我国外贸进出口200强企业合计以海关特殊监管区域物流货物方式进出口值达到1 009.7亿美元，首次迈上千亿美元台阶，占外贸200强企业进出口总值的比重由2011年的6.6%提高至9%。入围出口200强榜单的海关特殊监管区域企业由2011年的47家增加至61家；进入进口200强榜单的海关特殊监管区域企业由上年的37家增加至40家，平均进口规模由每家25.9亿美元提高至29亿美元。

二、争雄——点击计算机出口10强企业

表3 2012年中国出口计算机10强企业

名次	企业	出口值（亿美元）	在200强中名次
1	达功（上海）电脑有限公司	220.7	2
2	鸿富锦精密电子（成都）有限公司	119.7	5
3	富泰华工业（深圳）有限公司	112.3	1
4	昌硕科技（上海）有限公司	88.8	4
5	达丰（重庆）电脑有限公司	63.1	10
6	苏州三星电子电脑有限公司	42.8	15
7	仁宝信息技术（昆山）有限公司	41.7	17
8	仁宝电子科技（昆山）有限公司	39.8	18
9	英顺达科技有限公司	38.8	24
10	仁宝资讯工业（昆山）有限公司	34.6	27

2012年，在平板电脑需求井喷式增长和产品价格滑梯式下行的浪潮中，我国计算机出口延续2007年以来的量增价跌趋势，出口量虽同比快速增长20.7%，跨越3亿台大关，达到3.1亿台，但连续6年逐年下跌的出口平均价格已降至每台400美元以下，导致出口值仅小幅增长6%，升至1 220.5亿美元。更新换代速度的不断加快及基础技术的日臻成熟，使得过去个别企业、个别地区“独领风骚”的时代一去不返，我国计算机出口企业掀开“群雄争霸”的新局面。

展开2012年计算机出口前10强企业榜单，榜首企业与榜尾企业的差距由2011年的224.5亿美元缩小至186.1亿美元，冠、亚军企业之间的差距由171亿美元缩小至101亿美元，显示行业翘楚之间的差距在缩小。随着技术的成熟及信息时代技术传播的快捷，越来越多的企业加入计算机这个过去高不可攀的行业。2012年，我国计算机出口领域的赫芬达尔—赫希曼指数（HHI）① 进一步出现下滑，由2011年的812.5下滑至686.2，自2009年以来首次降到700之下。2012年，前10强企业合计出口计算机1.6亿台，价值802.2亿美元，数量和金额分别占全国计算机出口总量值的53.1%和65.7%，比重较2011年分别下滑6.9个和2.2个百分点。

计算机出口企业中“强者恒强”的游戏规则正在被改写，企业长期独占鳌头的难度与日俱增。

① 赫芬达尔—赫希曼指数（HHI），是一种测量产业集中度和竞争程度的综合指数。其计算方法是将某一市场上50家最大企业（如果少于50家企业就是所有企业）每家企业市场占有份额（取百分之的分子）的平方数相加。通常，HHI数值越大，表示市场集中程度越高，垄断程度越高。其中，当HHI≥1000时，该市场结构为寡占型；当HHI<1000时，该市场结构为竞争型。

2012 年，我国计算机出口前 10 强企业的入围门槛从 2011 年的 34.9 亿美元下滑至 34.6 亿美元。台湾广达集团旗下的达功（上海）电脑有限公司虽连续第 5 年位居计算机出口企业榜首，但当年出口量价双双下滑，出口值由 2011 年的 259.4 亿美元降至 220.7 亿美元，降幅达 14.9%，这是加入世界贸易组织以来我国计算机出口企业冠军纪录首次出现同比下降，其在我国外贸出口 200 强总榜单中也未能捍卫连续 3 年的冠军宝座，转而屈居亚军。与其同门的达丰（上海）电脑有限公司计算机出口值继续下降 52.8%，在 2011 年下跌至第 8 名之后进一步下滑，已跌出 10 强之列。

在达功（上海）电脑有限公司、达丰（上海）电脑有限公司这两位“带头大哥”出口下降的同时，它们的同根生“晚辈”——广达集团在重庆设立的达丰（重庆）电脑有限公司却“异军突起”，2012 年以出口量值均 2 倍以上的增幅大跨步前进，在计算机出口企业中的排名从 2011 年的第 17 位首次挺进 10 强，名列第 5 位，在外贸出口 200 强总榜单上的位次也从第 57 位急升至第 10 位。而另一家代工大牌鸿海科技集团旗下的鸿富锦精密电子（成都）有限公司也实现了计算机出口量倍增，超越“前辈”富泰华工业（深圳）有限公司，从 2011 年计算机出口企业前 10 强榜单的第 4 位跃至亚军，在外贸出口 200 强总榜单上的排名也再进步 2 位，达到第 5 位，再次刷新西部企业上榜名次的最高纪录。

从 2011 年鸿富锦精密电子（成都）有限公司的首次“破冰之旅”，到 2012 年达丰（重庆）电脑有限公司的紧随其后，西部企业在我国计算机出口前 10 强榜单乃至外贸出口前 10 强总榜单上均已斩获 2 个席位，“双雄”引领的磅礴气势如日中天。目前，成渝地区以“垂直整合”模式先后引进了惠普、宏碁、华硕等多家品牌厂商，重庆已经形成 500 家笔记本电脑配套企业的产业集群①，“重庆高新区计算机及外部设备创新型产业集群”已被科技部确定为首批重点扶持的千亿级产业集群②，“中国电子谷”正在成渝经济区快速崛起。

西部计算机出口企业在 10 强榜单上闪亮登场既是我国产业梯度转移、“西部大开发”战略的重要成果，也从另一个层面折射出东部沿海地区制造业成本高企的现实。2012 年，与西部地区企业计算机出口值激增 1 倍形成鲜明反差的是，江苏、上海企业计算机出口值同比分别下降 15.6% 和 6.6%。“西移”可喜，但“外迁”正成忧。一方面，跨国企业在将计算机产业从高成本的长三角和珠三角地区迁至西部腹地后，还加紧在成本更低的其他发展中国家布局，其中富士康继在巴西建立的 IPAD 组装工厂投入使用后，又宣布将斥资 10 亿美元在印度尼西亚建厂③。另一方面，为了降低国内居高不下的失业率，以及重夺国际制造业竞争主导权，2010 年以来，欧美国家相继提出“再工业化”、“本土化制造”口号，并逐步引导先进制造业回流，这成为高悬在我国计算机企业头上的“达摩克利斯之剑”。2012 年以来，佳顿、卡特彼勒等企业将中国的代工生产线搬回美国④。近日，苹果 CEO 蒂姆·库克表示，苹果打算把设在中国的部分产品生产线转移回美国国内。据美国咨询公司埃森哲调查，受访的北美制造业经理人有约 61% 表示，正在考虑将制造产能迁回美国⑤。部分高新制造业加快回流本土，不仅不利于我国产业转型升级，“欧美制造”也将挤占我国产品的市场份额，并可能引发更为激烈的贸易摩擦。

从在我国“扩编”到从我国“收编”，发达国家仍然牢牢把握着全球计算机行业发展的命脉，但这并未扼杀本土企业艰苦卓绝的反扑。如深圳易方数码科技股份有限公司依靠其生产的立足于安

---

① 《变幻四月天 重庆走出招商阴霾》，中国经营报，2012 年 5 月 4 日。
② 《重庆高新区：“三次创业”踏征程》，人民网，2012 年 4 月 6 日。
③ 《富士康斥资 10 亿美元印尼建厂 将创造百万岗位》，凤凰网，2012 年 7 月 23 日。
④ 《中国制造遭遇新挑战 贸易战略需深度调整》，经济参考报，2012 年 8 月 31 日。
⑤ 《高新制造业回流美国对中国影响有多大》，网易财经，2012 年 12 月 12 日。

卓系统的低价无牌平板电脑，2012年出口量值均激增2倍以上，是屈指可数的有实力进入计算机出口企业前50强的民营企业。尽管这样的尝试尚显低端和稚嫩，但也彰显了本土企业向“自主创造”靠拢的意愿和努力。当前也许需要更多的强有力政策引导和资源整合手段，促使以本土企业为主角的技术研发项目早日步入正轨，在“群雄争霸”的多方“角力”中找到突围的方向。

三、突破——点击手机出口10强企业

表4　2012年中国手机出口10强企业

名次	企业	出口值（亿美元）	在200强中名次
1	鸿富锦精密电子（郑州）有限公司	155.6	3
2	富泰华工业（深圳）有限公司	99.5	1
3	惠州三星电子有限公司	86.4	6
4	昌硕科技（上海）有限公司	61.1	4
5	诺基亚通信有限公司	45.1	13
6	北京索爱普天移动通信有限公司	39.6	21
7	天津三星通信技术有限公司	39.0	19
8	摩托罗拉移动技术（中国）有限公司	25.5	39
9	中兴通讯股份有限公司	17.5	14
10	富士康精密电子（太原）有限公司	16.2	69

2012年，在各大手机企业纷纷推出新一代旗舰机的“军备竞赛”升级战中，我国手机出口从总量到结构均取得突破性进展。一方面，随着我国智能手机出货量达到2.24亿部，超过美国成为全球最大的智能手机生产国，我国手机出口量首次突破10亿台，达到10.1亿台，价值810.4亿美元，比2011年分别增长15.9%和29.1%；另一方面，本土企业中兴通讯股份有限公司继2010年首次突破手机出口前10强被外商投资企业垄断的“铁板一块”的局面后，2011年惜别榜单，2012年强势回归，并直取手机出口企业榜单第9位，再度突破本土企业上榜最高纪录。

在中兴通讯股份有限公司的带领下，以“中华酷联”为代表的国产手机品牌在2012年实现了全面崛起。在国内市场，联想和中兴一举超越苹果，相继成为占中国手机市场份额排名第二和第三的智能手机制造商；在国际市场，虽然面临美国政府“安全威胁论”多番调查的压力，华为、中兴两家公司在2012年第四季度的手机出货量依然保持增势，分别达到1 080万和950万，以4.9%和4.3%在全球市场份额分列第3位和第5位，将LG和HTC拉出了市场占有率前5席。

2012年年初，联发科技股份有限公司（MTK）推出MT6575芯片并提供完整芯片解决方案，打破了高通、三星和德州仪器等传统芯片厂商的垄断，不仅降低了智能手机的门槛，同时也把整个手机芯片价格拉下“神坛”，国内手机企业因此受益，无数手机品牌如雨后春笋般崛地而起。国产手机集体发力，对“外资军团”的统治地位形成挑战。2012年，外商投资企业出口手机6.6亿台，占同期我国手机出口总量的64.8%；价值700.3亿美元，占同期我国手机出口总值的86.4%。出口量和值所占比重分别比2011年下滑6.3和1.4个百分点。虽然外商投资企业的出口比重出现下滑，但其在中高端市场的统治地位依然无法动摇。在手机出口企业的排名中，外商投资依然占据着前10强中的9席，前50强中的33席。

其中，“苹果系”企业依然是手机出口前10强榜单上最大的赢家。自9月份苹果公司发布了iPhone5以来，虽然各方评论褒贬不一，但iPhone5还是引发全球热潮。苹果公司在2012年第四季度共出货5 200万部iPhone手机，比第三季度增加93%，比2011年同期增加41%，其中3 500万是iPhone5，占据iPhone总出货量的67.3%。在全球智能机市场，苹果已将份额提升至21%，稳坐第2名的宝座。受惠“苹果”热销，国内4大苹果手机代工企业——鸿富锦精密电子（郑州）有限公司、富泰华工业（深圳）有限公司、昌硕科技（上海）有限公司、富士康精密电子（太原）有限公司在2012年均跻身手机出口前10强。其中，同属于鸿海科技集团旗下的鸿富锦精密电子（郑州）有限公司和富泰华工业（深圳）有限公司包揽手机出口企业榜单前两位，全年分别出口手机5 703万台和3 606万台，价值155.6亿美元和99.5亿美元，在当年我国外贸出口200强总榜单上分别高居第3位和第1位；昌硕科技（上海）有限公司和富士康精密电子（太原）有限公司2012年手机出口值分别为61.1亿美元和16.2亿美元，在手机出口前10强榜单中分居第4位和第10位。值得一提的是，“苹果”的强大还体现在其代工企业的布局足以影响到手机出口前10强榜单的排名。随着富士康将苹果手机代工业务从深圳向中部地区转移，与2011年相比，2012年鸿富锦精密电子（郑州）有限公司和富泰华工业（深圳）有限公司在手机出口榜单上的排名互易，前者上升为我国手机出口值最高的企业，富士康精密电子（太原）有限公司也首次入围手机出口10强榜单。

苹果手机销售可圈可点，其最大的竞争对手三星的表现同样风生水起。凭借年内发布的“Galaxy”等系列产品，2012年三星智能手机的出货量达到2.15亿部，占全球份额的31%，成为2012年全球手机和智能手机出货量的双料冠军。其国内“代言人”——惠州三星电子有限公司和天津三星通信技术有限公司2012年分别出口手机1亿台和5 653万台，价值分别为86.4亿美元和39亿美元，在手机出口前10强中分列第3位和第7位，在出口200强中的位次也分别由2011年的第19位和第21位提升至第6位和第19位。

2012年，我国有手机出口实绩的企业达到767家，比2011年增加62家，其中319家为新加入手机出口行列的企业，同时也有257家企业退出出口行列。衡量手机出口集中度的赫芬达尔—赫希曼指数（HHI）为804.6，比2011年下降79.3，竞争程度进一步加剧。相对于苹果、三星的强势表现，昔日霸主诺基亚仍未能重振雄风。在放弃Symbian系统后，诺基亚将全部筹码压在Windows Phone系统上，但效果并未达预期。虽然2012年第四季度诺基亚销售了440万台Lumia手机，依靠2.02亿欧元的净利润结束了长达1年半的亏损局面，但全年运营亏损仍达到23.03亿欧元。2012年，诺基亚通信有限公司出口手机1.1亿台，出口量虽位列首位，但出口产品中智能机比例不高，出口值仅为41.5亿美元，在2012年我国手机出口前10强榜单中的排名比2011年下滑2个位次，降至第5位，在当年我国外贸出口200强总榜单中的排名也下滑4个位次降至第13位。此外，索尼、摩托罗拉、LG等过去曾“红极一时”的品牌如今也深陷亏损泥沼，三大品牌在国内的主要出口企业——北京索爱普天移动通信有限公司、摩托罗拉移动技术（中国）有限公司和浪潮乐金数字移动通信有限公司表现平平，在2012年我国手机出口企业排行榜中分别列第6位、第8位、第12位。

四、加挡——点击汽车出口10强企业

表5　2012年中国汽车出口10强企业

名次	企业	出口值（亿美元）	在200强中名次
1	奇瑞汽车股份有限公司	10.7	136
2	长城汽车股份有限公司	6.8	—

续表

名次	企业	出口值（亿美元）	在 200 强中名次
3	上海吉利美嘉峰国际贸易股份有限公司	6.7	—
4	本田汽车（中国）有限公司	4.7	—
5	安徽江淮汽车股份有限公司	4.4	—
6	徐州工程机械集团进出口有限公司	4.4	139
7	郑州宇通客车股份有限公司	4.3	—
8	北京福田国际贸易有限公司	3.7	—
9	陕西重型汽车进出口有限公司	3.5	—
10	重庆力帆实业（集团）进出口有限公司	3.1	—

2012 年，我国汽车产销量双双超过 1 900 万辆，连续第 4 年位居全球首位。潜力巨大的国内市场吸引了跨国车企竞相涌入，在深耕二、三线城市的同时，甚至不惜通过降价与自主品牌汽车展开正面竞争。全年我国汽车累计进口量达 113 万辆，较 2011 年增加 9.1%；价值 474.9 亿美元，同比增长 10%。受此影响，当年我国自主品牌乘用车市场占有率下跌 0.4 个百分点降至 41.9%①。为给庞大产能另谋出路，加之主要出口市场汽车销售回暖，其中俄罗斯跃居欧洲第二大汽车市场②，我国汽车出口加挡前进，当年出口近百万辆，达到 99 万辆，同比增加 20.1%，价值 126.7 亿美元，同比增长 27.5%。

涌上出口通道的国内企业继续增多，2012 年，我国有汽车出口实绩的企业数量由 2011 年的 1 389家增加至 1 522 家，汽车行业出口领域的赫芬达尔—赫希曼指数（HHI）也由 2011 年的 250.5 回落至 235.5，竞争程度加剧。

“路遥知马力”，企业在不断的市场竞争中历练壮大。2012 年，进入我国汽车出口前 10 强企业的最低“挡位”由 2011 年的 2.3 亿美元提高至 3.1 亿美元，前 10 强汽车出口企业合计出口汽车 51.1 万辆，同比增加 18.2%，价值 52.2 亿美元，同比增长 31.5%，分别占当年我国汽车出口总量、值的 51.6% 和 41.2%。其中，2011 年重回出口 200 强行列的奇瑞汽车股份有限公司，顶住主攻市场巴西“国产化”政策导致其出口大幅萎缩的压力，及时调整征战方向，转攻伊朗等中东地区市场，拓展非洲及其他拉美国家市场，最终以年度汽车出口 10.7 亿美元，同比增长 5.1% 的业绩，继续稳坐我国汽车出口企业“头把交椅”，也保住了其在出口 200 强总榜单上的一席之地，列第 136 位。与奇瑞多次代表汽车行业入围出口 200 强总榜单的“老资格”不同，全球工程机械行业龙头企业——徐州工程机械集团进出口有限公司则作为“黑马”闯入 2012 年汽车出口前 10 强榜单，列第 6 位，全年出口汽车 2 059 辆，同比增加 22.1%，而且避开了乘用车市场价格战的血雨腥风，以出口起重车③等特殊用途的机动车辆为主，汽车出口平均价格同比大幅上涨 75.4%，量增价扬拉动出口值激增 1.1 倍，达到 4.4 亿美元，占该企业出口总值的比重由 2011 年的 30.8% 升至 40.6%，对企业年度出口值增长的贡献率高达 56.5%，汽车业务成为其首次荣登出口 200 强总榜单就取得第 139 名好成绩的重要支柱。

① 《2012 年汽车产销双超 1900 万辆 增幅高于上年》，腾讯汽车，2013 年 1 月 11 日。

② 《2012 全球车市晴雨表：销量前十位市场盘点》，盖世汽车网，2013 年 1 月 30 日。

③ 税则编码：8705。

没能进入出口200强的其他汽车出口企业也同样加挡提速。2012年，我国汽车出口前10强榜单中出口值同比增长超过30%的企业有6家。除徐州工程机械集团进出口有限公司外，位列第3位的上海吉利美嘉峰国际贸易股份有限公司和第7位的郑州宇通客车股份有限公司也实现出口值倍增。其中，作为吉利控股集团唯一的进出口平台，2011年刚刚进入汽车出口前10强榜单的新贵——上海吉利美嘉峰国际贸易股份有限公司在2012年继续以出口值成倍增长的姿态高歌猛进，全年汽车出口值同比增速比2011年还加快84.4个百分点，仅用两年时间即以6.7亿美元的业绩完成进入前10强、跻身前三甲的跨越。而客车出口企业的代表——郑州宇通客车股份有限公司在2012年也强势回归汽车出口前10强行列，年出口汽车4.3亿美元，同比增长1.2倍，增速较2011年提高73.5个百分点，由2011年的汽车出口企业排名第12位提升至第7位。

然而，并非所有加速驶入出口通道的汽车企业都能畅行无阻，国际贸易保护主义成为部分企业"翻车"的飞天横祸。巴西于2011年12月起对国产化率不足65%的汽车的进口关税提高30个百分点，俄罗斯于2012年9月1日起对进口新车和二手车征收2万卢布至190万卢布不等的汽车报废回收税，厄瓜多尔等发展中国家开始实行汽车进口配额制度等准入措施。2012年，我国对巴西汽车出口量大幅减少79.6%，巴西占我国汽车出口总量的比重由2011年的12.5%急剧下挫至2.1%，我国乘用车在巴西进口量中的份额也由2011年的8.9%迅速下滑至1.5%①。其中，安徽江淮汽车股份有限公司因巴西市场的冷暖交替而马力不足，在巴西提高汽车准入门槛前突击出口。2011年该司对巴西出口汽车激增83.7倍，并得益于此在当年汽车出口前10强榜单中直取探花席位，但2012年由于未能有效寻找到替代市场，受对巴西汽车出口大幅减少75.2%所累，成为2012年度汽车出口前10强企业中唯一出现出口负增长的企业，所处席位也退居至第5名。

此外，国外同行的竞争也是我国汽车出口通道拥挤的重要因素。2012年现代、三菱等日韩企业纷纷宣布在俄罗斯等出口目的地建立汽车组装厂，将散件出口至俄罗斯进行组装以享受免税政策。同时，我国汽车的国际市场价格优势有所渐弱，2012年我国汽车出口平均价格为每辆1.3万美元，同比上涨6.2%，其中小轿车、轻型越野车出口平均价格分别上涨3.8%和19.9%。再加上我国部分出口汽车因石棉问题发生召回事件②所带来的"信任危机"，我国在拓展国际汽车市场份额方面的难度继续增加。

2012年11月，国务院正式批准北京首都国际机场等4个口岸为汽车整车进口口岸，全国汽车整车进口口岸增加至14个，通关便利化的提高将进一步提振我国汽车进口热情。而据预测，2013年我国汽车产量将会比2000年超出10倍，并将首次超过欧洲。面对竞争更加激烈的国内市场，自主品牌汽车也将更为倚重出口业务，为符合出口目的地愈益严苛的贸易政策，又将倒逼我国汽车生产企业在产品设计、技术、质量及售后服务、市场布局等各个方面注入更多心血和资本，并通过在国际市场树立起品牌口碑和信任度，为赢回国内市场份额提供助力。只有拥有国内外市场双向车道，我国汽车产业才能继续加挡前行，抵达国内汽车业崛起道路上的下一座里程碑。

---

① GTA数据，"乘用车"税则编码为8703。

② 《因使用石棉 奇瑞海外再召回约2万辆汽车》，盖世汽车网，2012年8月30日。

五、跑偏——点击钢材出口10强企业

表6　2012年中国钢材出口10强企业

名次	企业	出口值（亿美元）	在200强中名次
1	宝山钢铁股份有限公司	18.5	57
2	江苏沙钢国际贸易有限公司	17.9	65
3	本钢集团国际经济贸易有限公司	12.3	114
4	鞍钢集团国际经济贸易公司	12.2	—
5	联众（广州）不锈钢有限公司	9.9	162
6	本溪北营钢铁集团进出口有限公司	9.4	178
7	山西太钢不锈钢股份有限公司	9.3	184
8	日照钢铁轧钢有限公司	9.0	190
9	中国首钢国际贸易工程公司	8.1	—
10	唐山钢铁集团有限责任公司	7.5	—

在世界经济复苏步伐趋缓的拖累下，2012年全球钢材需求“焖炉熄火”，钢材市场价格明显下跌。CRU国际钢材价格综合指数从2012年年初的189.3震荡下跌至年末的175，降幅为7.6%。为了保住市场份额，消化过剩产能，钢材出口企业不得已纷纷走上降价竞销、低端产品主打市场的“偏路”，直接导致我国钢材出口继2010年之后再次重蹈量增价跌覆辙。据海关统计，2012年，我国累计出口钢材5 573万吨，比2011年增加14%，但出口平均价格却从2011年的每吨1 049美元下跌至每吨923.8美元，跌幅达11.9%，出口值为514.8亿美元，同比微增0.5%。

在全球钢材需求明显放缓的同时，我国钢铁消费也明显不振，预计2012年全年粗钢表观消费量为6.79亿吨，同比仅增长1.8%左右，增幅降至21世纪以来最低值。但我国钢铁行业产能却与需求“背道而驰”，迅速扩张。2012年，我国钢铁行业固定资产投资继续高位运行，黑色金属冶炼及压延加工业投资达5 055亿元，投产炼钢转炉38台，新增粗钢产能约4 500万吨。新增产能远高于新增需求，整个钢铁行业产能过剩矛盾进一步加剧。而且，从行业固定资产投资结构来看，不同类型企业出现分化。其中，重点大中型钢铁企业投资同比降低27.8%，非重点企业投资增长17.4%，非重点企业占钢铁行业固定资产投资比重达到83.6%，远超重点大中型企业。

出现分化的不仅是投资主体结构，还有我国钢材龙头企业的出口业绩。2012年，我国钢材出口前10强企业合计出口钢材114亿美元，同比增长0.8%，占同期我国钢材出口总值的22.2%。低迷市场需求下，中高端钢材产品首当其冲。2012年，在我国钢材出口前10强企业中，宝山钢铁股份有限公司、联众（广州）不锈钢有限公司、山西太钢不锈钢股份有限公司等主打中高端钢材产品的企业出口值均出现大幅下降。其中，宝山钢铁股份有限公司出口18.5亿美元，同比大幅下降25%，虽勉强保住了钢材出口企业冠军宝座，但在我国外贸出口200强总榜单中的排名却从2011年的第41位下滑至第57位，钢铁龙头企业跻身我国外贸出口企业前50名的风光不复存在。联众（广州）不锈钢有限公司和山西太钢不锈钢股份有限公司也分别因出口值大幅下降17.3%和15.6%，而在我国钢材出口前10强企业排行榜上分别下挫1个、2个席位，降至第5位和第7位，在外贸出口200强总榜单上的位次也分别由2011年的第114位、第126位滑落至第162位和第184位。

而具有低成本优势的中低端钢材产品却趁机扩大了市场份额。2012 年，在我国钢材出口前 10 强榜单上，江苏沙钢国际贸易有限公司、本钢集团国际经济贸易有限公司、本溪北营钢铁集团进出口有限公司和日照钢铁轧钢有限公司等以中低端产品为主的企业出口业绩大幅提升。其中，江苏沙钢国际贸易有限公司不仅以 17.9 亿美元的钢材出口值夺得了我国钢材出口企业的“榜眼”，并且在外贸出口 200 强总榜单上前进 42 个席位，从 2011 的第 107 位飙升至第 65 位，在连续上榜的民营出口企业中上升步幅最快。本钢集团国际经济贸易有限公司则以出口 12.3 亿美元、增长 17% 的业绩首次打进我国钢材出口企业前三甲行列，在外贸出口 200 强总榜单中的排名也较 2011 年上升 24 个席位，达到第 114 位。本溪北营钢铁集团进出口有限公司和日照钢铁轧钢有限公司分别出口钢材 9.4 亿美元和 9 亿美元，仅凭钢材出口单项就双双历史性地进入外贸出口 200 强总榜单，分别列第 178 位和 190 位。

然而，低端低价竞争策略的负面影响也显而易见，国外同行要求本国政府限制中国钢材产品的呼声日益高涨。2012 年，我国钢材产品在国际市场遭遇的贸易摩擦此起彼伏，全年针对我国钢材产品发起的反倾销、反补贴等贸易救济调查达 18 起，为 2011 年的 2 倍。其中，不仅发达国家，我国钢材出口量增价跌态势也引起越来越多的新兴发展中国家警惕，在 2012 年我国遭遇的 18 起贸易救济调查中，巴西占 5 起，泰国占 3 起，墨西哥 2 起，印度、土耳其各 1 起。

“杀敌一千，自损八百。”低价竞争对我国钢铁行业自身的伤害亦不容忽视。中钢协数据显示，2012 年我国 80 余家会员企业累计实现销售收入 35 441 亿，但实现利润仅为 15.1 亿，同比下降 98.2%。其中，累计亏损企业 23 户，亏损面达 28.75%。2012 年第四季度以来我国钢材市场开始回暖，钢厂经营困境有所缓解。但随着钢材产量增加，铁矿砂的需求开始回升，铁矿砂进口价格就立即追涨，2012 年 9 月份以来，低迷 1 年多的进口铁矿砂再次成为“疯狂的石头”，截至 2013 年 1 月中旬，品位 63.5% 的进口铁矿石价格已逼近每吨 160 美元。对于经营状况刚刚出现好转迹象的国内钢材企业而言，飙升的铁矿砂价格再次拉大了市场回暖与扭亏为盈之间的距离。

俗话说“抱团取暖好过冬”，兼并重组似乎是“抱团取暖”的好办法，但对于钢铁行业来说却没那么简单。作为劳动、资金密集型产业，钢铁企业跨区域兼并重组将直接影响地方政府的财政、税收和就业。2012 年，我国钢铁业并购步伐明显放缓，重组案例大幅减少，跨区域兼并重组“坚冰”难以破解。2012 年，在钢铁生产领域，我国钢产量最大的 10 家企业合计仅占全国钢产量的 45.9%，较 2011 年下滑 3.3 个百分点；在钢材出口领域，衡量企业集中度的赫芬达尔—赫希曼指数（HHI）从 2011 年的 74.9 降至 2012 年的 72.5，出口企业更为分散。

为了重启兼并重组步伐，2013 年 1 月 22 日，工业和信息化部、国家发展改革委等 12 个部委联合发布《关于加快推进重点行业企业兼并重组的指导意见》，要求到 2015 年前 10 家钢铁集团产业集中度达到 60% 左右。但从以往的实践来看，兼并重组的过程往往伴随着企业产能的大幅扩张，可能带来更为严重的供过于求。如何平衡兼并重组和产能扩张之间的关系，避免产能发展偏离政策调控初衷，是我国钢铁行业回归健康发展正道的当务之急。

六、搁浅——点击船舶出口10强企业

表7　2012年中国船舶出口10强企业

名次	企业	出口值（亿美元）	在200强中名次
1	大连船舶重工集团有限公司	22.0	48
2	STX（大连）造船有限公司	15.7	77
3	上海外高桥造船有限公司	12.4	110
4	江苏天元船舶进出口有限公司	12.3	113
5	中国长江航运集团对外经济技术合作总公司	11.9	122
6	中国船舶重工国际贸易有限公司	11.1	129
7	江苏新时代造船有限公司	11.1	134
8	南通中远川崎船舶工程有限公司	10.0	159
9	上海江南长兴造船有限责任公司	9.8	167
10	沪东中华造船（集团）有限公司	9.3	177

2010年我国全面超越韩国成为世界第一造船大国的风光历历在目，但随着金融海啸以来订单潮的消退，过去“水涨船高”的我国船舶出口遭遇“搁浅”迹象。2012年，我国累计出口各类船舶361.2亿美元，较2011年下降13.5%，这是2001年以来我国船舶出口首次出现同比下降，此前连续11年增长的势头被终结。特别是2012年下半年以来，我国船舶出口值同比连降6个月，低迷态势前所未有。

“覆巢之下，安有完卵”，我国船舶龙头企业也未能幸免。2012年，我国船舶出口值前10强企业合计出口船舶125.5亿美元，同比下降8.6%。市场竞争如逆水行舟，不进则退。2012年，船舶出口前10强企业的入围门槛虽由2011年的8.2亿美元升至9.3亿美元，前10强企业也悉数携手入围2012年我国外贸出口200强总榜单，但所处位次明显下滑。在2012年出口200强总榜单上，排名前100位的船舶出口企业由2011年的5家减少至2家。其中，排名最靠前的大连船舶重工集团有限公司已坐拥船舶出口行业三连冠，但在200强总榜单上的排名由第37位下滑至第48位；上海外高桥造船有限公司、中国长江航运集团对外经济技术合作总公司、江苏新时代造船有限公司3家公司在出口200强总榜单上的排名均由前70位跌至100位开外，跌幅最大的江苏新时代造船有限公司2012年船舶出口值同比下降38.4%，由2011年的船舶出口“亚军”跌至第7位，在出口200强总榜单上的排名则由2011年的第61位直线跌至第134位。

船舶出口值下滑的首要“外患”是出口订单的大幅缩水。2012年，国际波罗的海综合运费指数（BDI）均值为920点，创25年来的最低水平。船东难以赢利，新船订单自然“应声回落”。据统计，2012年，全球新船订单连续第2年萎缩，仅为1 095艘，较2011年又减少35.5%。在全球新船订单“大蛋糕”缩小的同时，市场需求也悄然发生结构性变化——超大型集装箱船、大型液货船及海上钻井平台等高技术、高附加值船舶开始主导世界新船市场，散货船订单急剧下降近60%。散货船一直是我国出口的主力船型，占我国船舶出口总值的58.8%，因此我国船舶出口受到的冲击也较为严重，2012年，我国约有1/3的造船厂在新船市场上“颗粒无收”，全年我国新承接船舶订单量为2 041万载重吨，同比下降43.6%，截至12月底，手持船舶订单为10 695万载重吨，同比

下降28.7%。在2012年船舶出口10强企业中，排名下滑较快的3家企业——上海外高桥造船有限公司、中国长江航运集团对外经济技术合作总公司和江苏新时代造船有限公司均以散货船出口为主，其散货船出口值分别下降34.9%、42%和35.1%，导致其船舶出口总值分别下降29%、28.8%和38.4%。

除了订单减少，出口价格下跌是我国船舶出口值下降的另外一个重要因素。目前国内船厂出口的船舶大部分为金融危机后承接的订单，价格普遍较低，而航运市场的持续低迷也对国际船价产生进一步打压。2012年12月，克拉克松全球新船价格指数跌至126点，创2004年2月以来新低。其中，散货船、油船及集装箱船三大主流船型的新船造价指数同比分别下跌8.5%、5.8%和19.8%。比“外患”更令人担忧的是“内耗”。近年来我国沿海地区造船项目一哄而上，产能过剩矛盾凸显。2012年，我国船舶出口领域赫芬达尔—赫希曼指数（HHI）仅为185.7，在激烈的市场竞争中，企业为争夺有限的新船订单竞相降价，一再拉低船舶成交价格。2012年，我国出口量最大的船型——载重量15万吨以下的机动散货船出口平均价格下跌10.8%，小型原油船和成品油船的出口平均价格分别下跌20.9%和17.1%，部分船型的出口平均价格甚至遭遇“腰斩”，跌至成本线下。

此外，金融危机以来的“融资难”、“交船难”现象还在蔓延，成为我国船舶出口的“险滩”。造船业是典型的资本密集型行业，资金问题关系着企业的“生死存亡”。2011年以来，由于国内银根收紧，企业融资难度加大，融资成本上升，行业的不景气使得银行对造船企业变得更为“吝啬”，部分银行甚至将造船业列入贷款“黑名单”，融资难成为多数造船企业面临的普遍问题。更为严重的是，缺钱的不仅是造船企业，还有众船东。航运市场的低迷加剧运力过剩危机，船东为逃避“接船即亏损”的窘境，开始不断将经营压力转嫁给造船企业，祭出双道“杀手锏”。一是以外观瑕疵等原因故意拖延交船日期和要求降价，船企“交船难”现象愈演愈烈；二是不断压低预付款比例，部分企业甚至不得不承接“零首付”的新船订单。船企垫付的资金比例过高，一旦遭遇弃船，轻则成本无法收回，重则资金链断裂而倒闭破产。2012年，我国造船企业因船东弃船导致破产的情况屡见不鲜，其中不乏东方造船厂、金港船业、惠港船厂等曾经的“明星”船企。残酷的竞争之下，许多没有获得订单的中小企业直接被淘汰出局。对比2011年，2012年我国有800家企业停止了船舶出口业务，占2011年有船舶出口记录企业总数的57.6%，其中大部分为中小企业。

虽然半数企业触礁搁浅，但仍不乏船舶出口企业迎合市场导向而平稳驶入“深水良港”。近几年，国际海事组织等海事机构不断推出有关节能减排、绿色环保、安全可靠等一系列强制性国际造船新规范、新标准，STX（大连）造船有限公司不断加大造船技术革新和设计投入，完成船型节能开发，以绿色环保赢得了船东的广泛认可，收获了大量国际订单，成功实现“弯道超车”，晋升为我国船舶出口“新贵”。2012年，STX（大连）造船有限公司船舶出口值达到15.7亿美元，以91.9%的高速增长傲视群雄，首次入围我国船舶出口前10强就摘得“榜眼”，在我国出口200强总榜单上的排名由2011年的第195位飙升至第77位。

2012年，我国造船业新船订单量连续第2年低于韩国，再次屈居世界第二。并且，由于我国新船订单量长期低于造船完工量，多数造船企业面临订单归零的严峻考验，出口低迷似乎远未见底。今年年初工业和信息化部、国家发展改革委等12个部委联合发布九大产业兼并重组目标，对船舶行业明确提出“到2015年前10家造船企业造船完工量占全国总量的70%以上，进入世界造船前10强企业达到5家以上”的目标，而2012年我国出口前十大船舶企业仅占我国船舶出口总值的34.8%，要走的路还很长。“大海航行靠舵手”，期待前10强企业由大做强，引领我国船舶出口乘风破浪济沧海。

七、恶化——点击家电出口10强企业

表8　2012年中国家电出口10强企业

名次	企业	出口值（亿美元）	在200强中名次
1	珠海格力电器股份有限公司	20.3	44
2	广东美的制冷设备有限公司	18.3	53
3	广东省东莞机械进出口有限公司	10.9	83
4	苏州乐轩科技有限公司	9.7	115
5	苏州三星电子家电有限公司	9.2	140
6	富泰华工业（深圳）有限公司	9.1	1
7	海尔集团电器产业有限公司	7.8	164
8	广东美的微波电器制造有限公司	7.5	197
9	乐金电子（天津）电器有限公司	7.2	170
10	广东格兰仕微波炉电器制造有限公司	6.4	—

为期5年的家电下乡政策于2012年11月30日在10省份如期落幕，受政策“盛宴”终结与外需市场降温的叠加影响，我国家电行业在前期市场需求透支后，国内旺盛的生产活动迅速降温，出口形势出现恶化，产能过剩的困局扑面而来。2012年，中国累计出口家电产品（包括电视、录放像机、空调、冰箱、洗衣机、微波炉等）390.4亿美元，同比下降4.3%。其中，黑色家电出口领降，彩色电视机和录放像机出口值同比降幅分别高达11.4%和16.7%，白色家电全年出口值虽保持同比增长，但增速较2011年回落15个百分点，仅为5.6%，且增势未能贯穿始终，在12月份出现2.1%的下降。

2012年，我国2 549家2011年有出口实绩的企业停止了家电出口业务，家电出口领域的赫芬达尔—赫希曼指数（HHI）较2011年降低6.5，仅为126.2，竞争进一步白热化。标杆企业亦未能在恶化的行业大背景下独善其身，家电出口前10强榜单的入围门槛从由2011年的7.2亿美元下降至6.4亿美元，10强企业合计出口家电106.5亿美元，同比下降10.3%，占当年我国家电企业出口总值的27.3%，该比重较2011年降低1.8个百分点。出口时艰也使家电出口龙头企业进入洗牌阶段，出口前10强企业榜单更新率由2011年的20%提高至30%，又恢复至2010年的动荡水平。

2012年，在家电出口前10强企业榜单上，5家企业出口出现下降，特别是经历多年高速增长的空调出口，同时遭遇欧美日发达国家市场和新兴市场需求的持续低迷，企业出口业绩今非昔比。其中，广东美的制冷设备有限公司虽然于2011年收购UTC下属开利拉美空调业务公司51%权益，2012年对拉美地区出口同比增长5.9%，但由于对中东和美国市场出口快速下降，公司家电整体出口同比下降13.5%，不得不拱手让出2011年刚刚获得的家电出口企业冠军头衔，再次屈就于亚军，在当年外贸出口200强总榜单上的位置也由第42位降至第53位。乐金电子（天津）电器有限公司的空调出口值同比下降25.2%，直接拖累该企业整体家电出口值同比下降14.5%，在家电出口10强榜单中下滑2个席位降至第9位，在我国外贸出口200强总榜单上回落42个席位，降至第170位。

比空调出口形势更为严峻的还有彩色电视机。2012年，我国对第二大市场日本出口彩色电视机11亿美元，大幅萎缩65.2%。2011年家电出口前10强榜单中的仁宝光电科技（昆山）有限公司、

南京夏普电子有限公司和大连东芝电视有限公司3家企业，均由于对日本出口彩色电视机大幅下降，直接消失在2012年的家电出口10强榜单上。而连续2年位居我国家电出口季军位置的广东省东莞机械进出口有限公司，彩色电视机出口占其家电出口总值的8成，对日本彩色电视机出口大幅下降，直接导致该公司出口总值下降22.5%，在我国外贸出口200强总榜单上的位置也由2011年的第55位退后至第83位。出口10强榜单上另一家“代工”彩色电视机的苏州乐轩科技有限公司，也因彩色电视机单项拖累整体家电出口，出口值同比下降28%，在出口200强总榜单中的位置由2011年的第84位下滑至第115位。

“家家有本难念的经”。不仅倚重单一产品出口的家电企业遭遇重创，走“全面开花”全产品路线的企业也难逃“厄运”。其中，2012年，海尔集团电器产业有限公司冰箱、电视机、空调、洗衣机出口全面下降，家电合计出口值下降11.5%，仅7.8亿美元，在家电出口前10强企业榜单中下滑1个席位，降至第7位，在外贸出口200强总榜单中下滑33个席位，降至第164位。

“时势造英雄”。面对恶化的出口形势，也不乏依靠领先的核心技术与完善的产业链的典范。连续两年进入我国家电出口前10强榜单的7家企业中，仅珠海格力电器股份有限公司和广东美的微波电器制造有限公司在2012年延续家电出口值增长态势。其中，“掌握核心科技”的珠海格力电器股份有限公司，凭着对日本和美国出口30%以上的增速拉动企业空调出口整体增长6.4%，超越广东美的制冷设备有限公司，问鼎我国家电出口企业冠军，在出口200强总榜单上的位置也由2011年的第49位上升至第44位，排位连续3年逐年上升。广东美的微波电器制造有限公司家电出口增长4.1%，从家电出口前10强榜单的末席上升至第8位，连续4年稳居外贸出口200强总榜单内。此外，苏州三星电子家电有限公司依靠价格取胜，2012年，其冰箱、洗衣机、空调的出口平均价格均远高于家电出口前10强企业的平均出口价格水平，拉动公司家电出口值增长11.9%，达到9.2亿美元，成为我国家电出口前10强榜单上的“新贵”，其家电出口占公司出口总值的85.5%，带动该企业在外贸出口200强总榜单中的排名也上升36个席位，升至第140位。

也许出口形势的恶化才刚刚开始。随着代工成本提升、人民币持续升值，跨国家电企业已着手改变全球产业布局，将生产重心迁出我国。以通用电气为代表的美国公司已经将部分生产线从中国转回美国，日本家电厂商纷纷在新兴发展中国家设立新的家电生产基地。如松下继在越南投资兴建的冰箱和洗衣机生产厂于2012年10月份运行投产后，12月又在印度兴建年产能分别为100万台和40万台的空调和洗衣机新工厂，还计划在泰国投建年产量150万台的冰箱厂，东芝也于2012年11月在印度尼西亚建成洗衣机生产厂。一旦这些新增产能逐步释放，我国家电出口将面临较大的竞争压力。我国企业只有深耕市场，苦练内功，才能扭转出口形势恶化的局面。

八、变天——点击纺织服装出口10强企业

表9　2012年中国纺织服装出口10强企业

名次	企业	出口值（亿美元）	在200强中名次
1	宁波申洲针织有限公司	9.6	172
2	互太（番禺）纺织印染有限公司	6.8	—
3	东莞德永佳纺织制衣有限公司	6.1	—
4	二连市吉利贸易有限责任公司	6.0	—
5	青岛即发进出口有限公司	5.8	—

续表

名次	企业	出口值（亿美元）	在200强中名次
6	广东溢达纺织有限公司	5.7	—
7	新疆三宝实业集团有限公司	5.5	—
8	龙州县对外经济贸易公司	5.3	—
9	魏桥纺织股份有限公司	5.0	—
10	江苏国泰国际集团国贸股份有限公司	4.8	—

2012年，我国纺织服装出口2 549.2亿美元，同比增长2.8%，较2011年纺织服装出口增速回落17.2个百分点，比当年我国外贸出口整体增速低5.1个百分点。比速度下滑更可怕的是国际市场份额的“变天”，长期以来独霸世界的我国纺织服装产品正越来越深切地感受到后起竞争对手的挑战。据欧、美、日官方统计，2012年前11个月，我国纺织服装占欧盟、美国、日本进口市场的份额分别为41.8%、38.2%、78.3%，比2011年同期分别下滑2.1个、0.1个和2.8个百分点。而同期，越南、孟加拉、印度尼西亚等周边发展中国家同类产品在欧、美、日市场的份额各有不同程度提升。

不仅是来自国外对手的竞争加剧，国内企业之间的竞争也始终激烈。2012年，我国有出口记录的纺织服装企业数量由2011年的80 162家增加至83 431家；纺织服装出口前10强企业合计出口纺织服装60.7亿美元，仅占当年我国纺织服装出口总值的2.4%；衡量企业竞争程度的赫芬达尔—赫希曼指数（HHI）仅为1.2，虽较2011年回升0.1，但仍远低于于其他行业的企业集中程度，这也使得“优胜劣汰”的竞争法则在纺织服装出口领域表现得更加淋漓尽致。2012年，我国新加入纺织服装出口行列的企业多达19 732家，但同时也有16 463家2011年有出口实绩的企业停止了纺织服装出口步伐，占2011年该行业出口企业总数的20.5%。

蛋糕的缩小是企业竞争升级的“导火索”。2012年，欧盟和美国位列我国纺织服装产品出口前两位，分别占当年我国纺织服装出口总值的18.5%和15.3%。但2012年前3个季度，美国从全球进口的纺织品服装总值同比下降0.6%，欧盟纺织品服装进口总值下降14.5%。更为严峻的是，随着人民币连年升值及劳动力、原材料、物流等要素成本的快速上涨，我国从事纺织服装等劳动密集型产业的优势正在逐步弱化。以近年上涨最为迅猛的劳动力成本为例，2012年以来，我国又有18个省份上调最低工资标准，平均上调幅度为19.4%，而印度、越南、巴基斯坦等国家的用工成本只相当于中国的38%。同时，这部分国家的原料成本仅相当于我国的70%。其中，2012年国内外市场棉花价差不断拉大，国际市场棉花价格较国内棉花市场价格每吨低5 000元左右。成本的上升严重削弱了我国纺织服装在国际市场上的价格竞争力。周边发展中国家纺织服装出口报价比我国低10%，更具成本优势的周边发展中国家开始动了原本属于我国的“奶酪”，发达国家的订单正在加速向其他发展中国家转移。2012年7月，在华16年的阿迪达斯（Adidas）与其中国300家代工厂终止合作，正式退出中国，在2012年年底把总部迁往东南亚。不仅国外巨头，部分国内品牌企业也开始在海外寻找成本更低的代工企业。如著名电商凡客诚品自2011年起就已逐渐在衬衫、休闲裤和毛衫等基础品类产品的生产上与海外代工厂合作，节省成本达3成左右。

低成本优势渐失所引发的订单转移，进一步加剧了外需萎缩的冲击，龙头企业也未能幸免。以欧盟市场为例，2012年，我国对欧盟出口纺织服装同比下降11.9%，其中纺织服装出口前10强企业对欧盟出口下降9.9%。在金融危机影响最为严重的2009年，能够入围我国外贸出口200强总榜单的纺织服装企业尚有4家，2012年则仅余宁波申洲针织有限公司一家，但其纺织服装出口值仅增长 1.6%，其中对日本和欧盟出口分别下降 12.1% 和 8.3%，在外贸出口 200 强总榜单上的位置由 2011 年的第 159 位下滑至第 172 位。同样是由于对欧美日发达市场出口萎缩，2011 年排名纺织服装出口值第 3 位的魏桥纺织股份有限公司，2012 年出口值同比下降 19.2%，在当年纺织服装出口企业中排名直落至第 9 位，青岛即发进出口有限公司和江苏国泰国际集团国贸股份有限公司纺织服装出口值同比分别下降 3.9% 和 1.5%，在纺织服装出口前 10 强榜单上的排名也分别比 2011 年下滑 1 位和 3 位。

然而，“几家欢乐几家愁”。在发达市场需求不景气拖累部分企业排名下滑的同时，也有企业因积极开拓新兴消费市场而一跃成为纺织服装出口企业前 10 强榜单上的“新贵”。其中，二连浩特市吉利贸易有限责任公司专一对蒙古出口纺织服装，新疆三宝实业集团有限公司大力开发中亚市场，龙州县对外经济贸易公司专一出口越南，3 家公司纺织服装出口值同比分别大幅增长 51.9%、44.5% 和 89.6%，均首次进入纺织服装出口企业前 10 强榜单，分别列居第 4 位、第 7 位和第 8 位。此外，2011 年从纺织服装出口企业 10 强榜单第 4 位落至榜尾的东莞德永佳纺织制衣有限公司，2012 年凭借对东南亚、拉丁美洲等新兴市场出口成倍增长的不俗表现，全年纺织服装出口值激增 2.3 倍，达到 6.1 亿美元，成为 2012 年纺织服装出口 10 强榜单中增长最快的企业，排名也由 2011 年的第 10 位跃至第 3 位。

在国内企业苦苦征战国际市场的“后方”，国内市场的巨大需求也成为国外企业觊觎的重点。作为全球纺织服装生产第一大国，近年来我国纺织服装进口也保持连续增长态势。2012 年，我国进口纺织服装 244.5 亿美元，同比增长 6.1%。其中，纺织纱线、织物及制品进口 199.3 亿美元，同比增长 4.7%；服装及衣着附件进口 45.2 亿美元，同比增长 12.8%。除了日本、我国台湾地区、韩国、意大利等传统纺织服装生产或品牌发达国家和地区，巴基斯坦、印度和越南等周边发展中国家在我国纺织服装进口来源地中的实力也不断增强。2012 年，我国自上述三国进口纺织服装分别大幅增长 56.4%、61.9% 和 28.9%，合计占我国纺织服装进口总值的比重由 2011 年的 12.5% 提升至 17.6%。

2012 年 11 月初结束的广交会数据显示，纺织服装出口成交额下降 15.5%，其中对欧美日等传统市场成交量降幅较为明显。“变天”的时候更需要有备无患，不能一味依赖低成本优势。整体产业链配套能力强的优势还在，转型升级形成新的竞争优势并非遥不可及。既在国际竞争中保住来之不易的市场份额，又通过深耕国内市场提升发展潜力，纺织服装企业仍有希望撑起我国劳动密集型产品出口的“半边天”。

九、失宠——点击太阳能电池出口 10 强企业

表 10　2012 年中国出口太阳能电池 10 强企业

名次	企业	出口值（亿美元）	在 200 强中名次
1	无锡尚德太阳能电力有限公司	13.5	92
2	常熟阿特斯阳光电力科技有限公司	8.8	200
3	常州天合光能有限公司	8.4	—
4	韩华新能源（启东）有限公司	6.6	—
5	浙江昱辉阳光能源江苏有限公司	4.4	—
6	上海晶澳太阳能科技有限公司	4.3	—

续表

名次	企业	出口值（亿美元）	在200强中名次
7	京瓷（天津）太阳能有限公司	3.5	—
8	晶科进出口有限公司	3.2	—
9	泰通（泰州）工业有限公司	3.1	—
10	江阴海润太阳能电力有限公司	3.1	—

过去几年，从国内产业政策扶持下的产能扩张，到国外应用补贴政策推动下的需求扩容，集“万千宠爱于一身”的我国太阳能电池出口一路高歌猛进。但国内应用始终未能追上产能扩张的步伐，为我国太阳能光伏产业发展埋下高度依附于外需市场的隐患。所谓“成也萧何，败也萧何”，外需市场从“阳光灿烂”到“疾风骤雨”，甚至还夹杂贸易保护的“晴天霹雳”，2012年我国太阳能电池出口一蹶不振，出口值比2011年大幅下降43.9%，仅为127.8亿美元。

那些昔日跻身我国外贸出口200强总榜单的“宠儿”，如今黯然退步甚至成了榜单的“弃儿”。我国太阳能电池出口前10强企业榜单的入围门槛由2011年的4.2亿美元下降到2012年的3.1亿美元。这10家企业中，除新近上榜的浙江昱辉阳光能源江苏有限公司和京瓷（天津）太阳能有限公司外，其余8家企业太阳能电池出口值均不同程度下降，其中位列榜单第9位的泰通（泰州）工业有限公司降幅最小，但也达到了2位数，同比下降12.3%。2011年共有5家太阳能电池出口企业位列出口200强的总榜单中，至2012年仅剩2家，且位次直线下滑。其中，无锡尚德太阳能电力有限公司虽仍贵为太阳能电池出口行业的龙头老大，但其2012年太阳能电池出口值大幅下降50.1%，仅为13.5亿美元，在我国外贸出口200强总榜单的排名由2011年的第35位下滑至第92位。常熟阿特斯阳光电力科技有限公司虽超过常州天合光能有限公司上升为太阳能电池出口行业的新科“亚军”，但其排名上升也并非因其出口保持强劲增势，而仅仅是其出口值下降36.3%，低于后者55.7%的下降幅度。该公司2011年冲进我国外贸出口企业前100名，位列出口榜单第93位的风光不再，虽还勉强保留在2012年我国外贸出口200强总榜单上，也仅是垫底的“孙山”，被其超越的常州天合光能有限公司2012年出口太阳能电池8.4亿美元，不足2011年的一半，降幅在前10强企业中位居首位，2011年还高居我国外贸出口200强总榜单第58位，如今却已“榜上无名”。

“没有最惨，只有更惨”。与上述上榜企业相比，浙江正泰太阳能科技有限公司、常州亿晶光电科技有限公司和赛维LDK太阳能高科技（南昌）有限公司3家企业则已跌出我国太阳能出口前10强企业榜单①。

“屋漏偏逢连夜雨”。如果说欧盟多国下调乃至取消光伏产品补贴，疲态尽显的市场需求再也拉不动我国太阳能电池出口这架马车尚在意料之中的话，那么发达国家轮番升级的贸易保护大棒则进一步挫伤太阳能电池出口企业的“元气”。作为2011年占我国太阳能电池出口值74.2%份额的最大出口市场，欧盟于2012年9月6日和11月8日相继对我国光伏产品发起反倾销和反补贴调查；曾经被我国企业视为最有潜力接替欧洲的光伏应用新兴市场美国，于11月7日终裁决定对我国光伏产品征收18.32%至249.96%的反倾销税及14.78%至15.97%的反补贴税。受其影响，2012年，我国对欧盟出口太阳能电池82.7亿美元，同比下降51%；对美出口14亿美元，同比下降43.8%。以美国市场为例，上海海关在对位列2012年我国太阳能电池出口企业第6名的晶澳太阳能科技有

① 2011年榜单上位列第4名的“江苏林洋新能源有限公司”已更名为“韩华新能源（启东）有限公司”。

限公司实地调研中了解到，自2012年3月份美国对我国太阳能电池出口作出“反补贴”初裁后，该司已几乎停止对美国市场的出口步伐。11月份美国对我国光伏产品征收反倾销税和反补贴税后，我国对美太阳能电池出口更是急剧萎缩，12月份仅出口3 332万美元，不到“双反”实施前的10月当月出口值的一半。

面对突然生变的外需市场，太阳能光伏企业集群膨胀的步伐却仍未停止。据统计，仅国内160多家光伏电池及组件公司的总产能就已超过40GW，远远高于30GW左右的全球需求。光鲜的新能源外衣依旧吸引着众多的企业挤入本已臃肿不堪的出口大军之中。2012年，我国有太阳能电池出口记录的企业数量超过2 600家，达到2 607家，较2011年净增加495家，这一增加速度甚至超过了2011年。2011年我国净增加了440家太阳能电池出口企业。用以衡量产业集中度的赫芬达尔—赫希曼指数（HHI）更是由2011年的344下滑至316。严重的供过于求及其引发的市场恐慌，使得太阳能电池价格持续走低，2012年，我国太阳能电池出口平均价格为每个35美元，大幅下跌48%。其中，6月份起出口平均价格始终在每个30美元下方徘徊，12月份的出口平均价格已跌破每个20美元，仅为每个19.6美元。

出口价格“断崖式”下跌的“始作俑者”，除了本土企业的竞争外，还包括国外巨头对太阳能电池上游原材料——多晶硅的价格垄断与倾销。由于我国多晶硅生产企业主要采用“改良西门子法”提纯技术，生产成本高，耗能大，竞争力不如国外产品。目前，美国、欧盟和韩国高度垄断国际多晶硅市场，2012年，我国近9成的进口多晶硅源自上述三地。尤其是近年来美韩等国给予本国多晶硅企业诸多优惠政策，甚至是提供巨额的政府补贴，为多晶硅巨头通过低价竞销策略抢占中国市场提供了助力，对我国多晶硅行业产生了严重冲击，危及我国整个太阳能光伏产业链的发展安全。在我国投产改良西门子法工艺的多晶硅企业中，有90%左右的企业停产检修或半停产，仅维持系统运作，并已波及国内的龙头企业。江西赛维自2012年年中完全停产后，一直没有开工。11月份，大全、特变电工等国内多晶硅龙头企业已基本停产，亚洲硅业和江苏中能的产能利用率也仅在50%左右①。

为此，2012年7月20日起，商务部陆续开始对美、韩、欧太阳能级多晶硅进行反倾销、反补贴或追溯征税调查，这既是对深受进口低价倾销其害的上游多晶硅企业的有力“救赎”，也是对欧美动辄动用贸易救济措施的及时回击，对太阳能光伏产业链条的上下游企业均有裨益。政策的阳光正在驱赶发展路上的雾霾，但“打铁还需自身硬”，希望经过此番洗礼，我国太阳能光伏产业能从依附外人的“宠物”成长为自强不息的新能源时代骄子。

十、平手——点击大豆进口10强企业

表11　2012年中国大豆进口10强企业

名次	企业	进口值（亿美元）	在200强中名次
1	山东晨曦集团有限公司	34.0	34
2	中储粮油脂有限公司	19.1	49
3	中粮东海粮油工业（张家港）有限公司	16.0	99
4	九三粮油工业集团有限公司	12.2	160

① 《多晶硅价格“跌跌不休”，停产风暴愈演愈烈》，北极星太阳能光伏网，2012年12月12日。

续表

名次	企业	进口值（亿美元）	在200强中名次
5	临沂盛泉油脂化工有限公司	10.9	190
6	大海粮油工业（防城港）有限公司	10.4	137
7	广州植之元油脂实业有限公司	9.9	—
8	中纺粮油进出口有限责任公司	9.6	147
9	九三集团天津大豆科技有限公司	9.5	—
10	嘉吉投资（中国）有限公司	8.9	—

2012 年，随着大豆消费量的不断增加，我国大豆进口量已逼近 6 000 万吨关口，达到 5 839 万吨，同比增加 11.2%；进口值 350 亿美元，同比增长 17.7%。面对我国大豆进口依存度高达 8 成的现实，大豆进口量值再创新高似乎并无悬念，同时，进口对粮食安全保障的影响，内、外资企业对进口掌控能力的问题也随之浮现。2012 年，占我国大豆进口总量 20.1% 的前 10 强企业榜单中，内资企业增加 1 枚入场券，所占席位终于与外商投资企业打成“平手”，双方各占 5 个席位。

内资企业不仅在前 10 强榜单上占据半壁江山，进口企业数量、增速、比重等多项指标也取得长足进展。2012 年，我国有大豆进口实绩的企业由 2011 年的 125 家增加至 160 家，其中国有和民营企业共 108 家，占进口企业总数的 67.5%，比重较 2011 年提高 11.5 个百分点。同时，在外商投资企业大豆进口量同比减少 9.4% 之际，民营企业和国有企业进口量同比分别增加 45% 和 25.3%，分别达到 1 189.4 万吨和 2 009.1 万吨，占我国大豆进口总量的 20.4% 和 34.4%，比重分别提升 2.3 个和 8 个百分点。

2012 年，大豆进口 10 强企业中有 7 家进入当年外贸进口 200 强总榜单，较 2011 年增加 1 家。其中，排名最高的山东晨曦集团有限公司为民营企业，其所进口的大豆以国内贸易销售为主，自营加工为辅①。该企业继 2011 年首次问鼎头名后，2012 年再度蝉联大豆进口企业冠军，当年进口大豆 34 亿美元，同比增长 58.2%，成为我国首家大豆年进口值超过 30 亿美元的企业。大豆进口占该企业进口总值的 9 成以上，确保其在 2012 年外贸进口 200 强总榜单上的排名大幅提升 29 个席位，上升至第 34 位。2012 年大豆进口 10 强榜单上表现最抢眼的“黑马”当属中储粮油脂有限公司。这家大型国有企业近年来积极开拓经营性业务，依托遍布全国的仓储和加工网络，大幅提高油脂加工能力，并于 2012 年推出自有品牌食用油产品，正式进入高端市场。油脂压榨生产之需使其 2012 年大豆进口量同比激增 1.7 倍，达到 346.7 万吨，并以 19.1 亿美元的进口业绩从 2011 年大豆进口企业排名的第 14 名攀升至第 2 位，在进口 200 强总榜单上的排名从第 165 位飙升至第 49 位，上升幅度高达 116 个席位。

与内资企业的跃升相比，外商投资企业在 2012 年的表现则略显黯淡。其中，外商独资的中粮东海粮油工业（张家港）有限公司继 2011 年让出榜首位置之后，2012 年大豆进口值为 16 亿美元，在大豆进口 10 强榜单上的排名再退后 1 个席位，降至第 3 名，在进口 200 强总榜单上的排名也下滑 14 个席位，降至第 99 位。大豆进口前 10 强榜单上的其他外资控股企业，如大海粮油工业（防城港）有限公司、九三集团天津大豆科技有限公司的上榜位次也有所下滑。2011 年列大豆进口榜单第 6 位的日照昌华海产食品有限公司 2012 年大豆进口量锐减 46%，按进口值排序，已无缘 10 强榜单，

① 由企业所提供的材料，自述 90% 用于国内贸易销售。

跌至大豆进口企业排名第20位。

在大豆进口10强榜单上，内外资企业打了个平手，但这不意味着国产大豆与进口大豆在市场竞争中也势均力敌。无论内外资企业大豆进口比重如何此消彼长，都不能改变我国大豆进口量屡创新高并冲击国产大豆的事实。随着享有补贴的低价转基因大豆滚滚而来，近年来我国大豆种植面积逐年减少，2012年大豆总种植面积较上年又减少10.8%，其中主产区黑龙江省大豆种植面积降幅甚至超过31%①，国产大豆产量已从2004年1 800万吨的高点下滑至2012年的约1 200万吨②，这与同年我国7 207万吨的大豆年消费量、1.3亿吨③的油脂年压榨能力差距悬殊。

与我国庞大进口量极不相称的还有我国在国际上的价格话语权。虽然我国一家独占全球大豆贸易总量的6成以上，但我国在大豆定价权上却受制于人，经营风险难以控制。2012年4月以来，美国农业部先后以"农民将转而种植利润更高的玉米"、"美国大豆种植区遭遇50年以来最严重干旱"为由进行炒作，预测2012年美国大豆种植面积将下降1.4%，成为过去5年以来的最低水平。国际市场大豆价格应声上涨，CBOT大豆期货价格自当年4月份的每蒲式耳1 411美分震荡上扬至9月4日的每蒲式耳1 738.7美分，创下历史新高，区间涨幅达23.3%。2012年9月中旬，在现货疲软及收割压力等因素影响下，大豆期价已开始回落，而美国农业部于当年10月"如期"连续数月上调美豆产量，大豆期价进一步下行，至2012年年末以每蒲式耳1 401.9美分收盘，距最高点已下跌19.4%。国际市场大豆价格在数月之内演绎的从暴涨到暴跌的轮回，迅速传导至我国。2012年5月我国大豆月度进口均价才恢复同比上涨，为每吨581.8美元，此后数月持续上扬，同、环比涨幅不断扩大，至2012年10月达到每吨692.4美元的高点，同比上涨21%，而随后两个月即遭遇"两连跌"，至2012年12月已回落至每吨650.6美元，较当年10月份高点下跌了6.1%。由于我国企业完成"订单、开证、装船、点价、到港"等大豆进口流程约耗时3个月④，我国企业前期高位买入的大豆尚未装船即遭遇2012年第四季度的价格大跌，运回国内销售已无利可图，企业为减少损失而选择在装船地将大豆回售给供货商，2012年年底有近100万吨原计划输入中国的美国大豆被取消订单，涉及金额近50亿元人民币⑤，"洗船"现象令中国企业蒙受了巨大损失。

"历史总是惊人的相似"。早在2003年8月，美国农业部就以天气影响为由，将大豆库存数据调整到20多年来最低点，引导大豆价格出现疯涨。在供应紧张的忧虑下，我国压榨企业纷纷加大采购力度，在每吨4 300元的价格高位抢购了800多万吨大豆。但随后自2004年4月起，国际大豆价格快速回落近50%，我国国内大豆加工业也因此坐上了由赢利变为全行业亏损的"过山车"，国内部分企业特别是实力稍逊的民营企业，不得不放弃原先在高价位签订的采购合同和定金。这是我国出现最早的一次大规模"洗船"现象。气候、运输、生物能源消耗等因素一直是大豆价格操控者的常用手段。每当美国大豆订货周期来临，都会有下调当年全球大豆产量预期的舆论甚嚣尘上，达到炒高价格的目的，而到了南美大豆上市之际，这一轮价格炒作又会宣告结束，使国际市场价格出现回落，在成功打压南美竞争对手的同时，也"忽悠"中国"大买家"成为高价大豆的接盘者。

"痛定思痛"。除价格话语权外，我国失守的还有整个大豆加工产业链。ADM、邦吉、嘉吉和路易达孚四大跨国粮商控制我国3/4以上的油脂市场，并参股或控股了国内97家大型油脂企业中的

① 《市场关注：进口大豆增加 国产大豆缩量减产之惑》，中国大豆网，2012年11月11日。
② 《国产大豆减产 期价上涨可期》，和讯网，2012年10月22日。
③ 《期市分析：加工企业及贸易商看淡油脂后市》，中华粮网，2012年11月23日。
④ 数据来自企业调研
⑤ 《大豆大规模洗船事件重现2000亿话语权缺失》，新浪财经，2013年1月20日。

64家，占总股本的66%①。2012年，衡量大豆进口企业集中度的赫芬达尔—赫希曼指数（HHI）由2011年的233提升至272.7，显示大企业的控制能力还在增强。更多的内资企业在大豆进口前10强榜单上取得一席之地，有利于全产业的持续安全发展，但与百年经营的国际粮商相比，内资企业对大豆市场价格变化的敏感度和风险控制能力仍然是“小巫见大巫”。作为全球大豆最大的买家，也许中国内资企业只有获取与其进口量相称的定价话语权，在大豆全产业链上与外资企业“平起平坐”的时代才算真正到来。

十一、择食——点击煤炭进口10强企业

表12　2012年中国煤炭进口10强企业

名次	企业	进口值（亿美元）	在200强中名次
1	神华销售集团有限公司	12.1	164
2	潮州市亚太能源有限公司	9.1	—
3	中建材集团进出口公司	7.6	32
4	神华煤炭运销公司	7.6	—
5	华能国际电力燃料有限责任公司	7.0	—
6	广州大优煤炭销售有限公司	5.9	—
7	广东省电力工业燃料有限公司	4.0	—
8	华阳电业有限公司	3.9	—
9	广东蓝粤能源发展有限公司	3.8	—
10	柳州钢铁股份有限公司	3.8	94

作为世界第一产煤大国，2012年我国煤炭产量达到36.6亿吨②，比上年增长4%。但许多国内企业却“舍近求远”，“择食”质优价廉的进口煤。我国继2009年煤炭进口量首次突破1亿吨，由煤净出口国转变为净进口国后，进口量逐年攀升。2012年，我国煤及褐煤（以下简称煤）进口规模已接近3万吨，达到2.9万吨，价值287.1亿美元，同比分别增长29.8%和20.2%，其中12月单月进口量更是创下3 511万吨的历史新高。

国内企业择食进口煤的原因有两个方面。一方面，国内煤价在资源税的支撑下长期“高高在上”，2012年3月中旬后国内动力煤价格连续7周走出小幅上涨态势③。与之形成鲜明对比的是，反映国际煤炭价格的巴罗扬克指数价格从年初的每吨117.55美元最低下跌至每吨80.35美元，跌幅达31.6%④。2012年，我国煤进口平均价格下跌7.4%，国内外市场煤价差一度拉大至近每吨70元⑤，外煤的价格优势成为吸引国内企业的巨大磁极。另一方面，国内运力建设与煤炭产需增长的不匹配加大了地区间调拨难度，国内产煤地与用煤地之间的“天堑”仍未打通，导致“远亲不如近邻”，企业反而更钟情于来自周边国家的进口煤。2012年毗邻我国的东盟地区仍是煤进口最大来源

① 《外资巨头全产业链控制中国大豆 助推食用油涨价》，人民网，2012年6月6日。
② 《2012年全国煤炭经济运行情况》，中国煤炭工业网，2013年1月31日。
③ 《低价进口煤搅动煤市 动力煤价终结“七连涨”》，经济参考报，2012年5月4日。
④ 《煤炭进口激增是喜是忧?》，中国经济网，2013年1月23日。
⑤ 《中煤协：2013年煤炭进口量仍将保持高位》，中商情报网，2012年12月25日。

地，占到我国进口总量的48.3%。

在价格低廉和运输便利的双重吸引力下，“倾倒”于外煤优势而加入进口行列的企业集群不断扩张。2012年，有煤进口记录的企业数量从2011年的732家增加至835家，煤进口领域的赫芬达尔—赫希曼指数（HHI）从2011年的103.1下降至83.5，显示进口集中度进一步下降。其中，煤进口前10强企业合计进口煤6 718.1万吨，价值64.8亿美元，分别占当年我国煤进口总量、总值的23.3%和22.6%，比重比2011年分别下降4.6个和2.8个百分点。激烈的竞争也造就了企业的进口实力。2012年，煤进口10强企业中有3家入围全国进口200强总榜单，比2011年增加1家，且所处位次相比2011年均有明显提升。其中，神华集团年内与贵州省政府签署战略合作框架协议，计划推进煤炭资源深加工、页岩气勘探开发等项目①，尽管拥有自有煤矿，但还是“大手笔”加快进口煤炭储备，麾下2家企业入围煤进口10强榜单。神华销售集团有限公司煤进口量从2011年的36万吨激增至2012年的1 344万吨，是前10强榜单上增速最高的企业，超越2011年冠军潮州市亚太能源有限公司，成为我国煤进口新科状元，仅凭煤进口一项就杀入2012年我国外贸进口200强总榜单，占据第164位。神华煤炭运销公司也连续2年进入煤进口前10强榜单，名列第4位。

电力行业对动力煤的炽热需求也是拉动煤进口增长的大“食客”。由于久悬未决的电煤矛盾问题继续横亘在电煤两大利益集团之间，电煤重点合同越来越像“空中楼阁”，执行率进一步走低。此前电力企业利润较高，尚能勉强接受“重点合同”指定的高煤价，2012年在我国经济发展自主减速，制造业发展趋缓，发电量增速创2008年来新低的背景下，电企普遍陷入亏损局面，在有限的资金下，价格成为企业选择原料的重要参考因素，部分电企甚至主动毁约与国内煤企签订的重点合同，转而投向价格更为低廉的进口煤怀抱②。在2012年煤进口10强榜单中，有3家电力企业，2家为新上榜企业，另外1家连续上榜企业的排名上移。其中，国内电力巨头华能集团早在2005年便率先成了吃“海外收购煤矿”螃蟹的第一人。作为引领煤炭进口的“先行者”，2012年该集团进口煤同比增长40.4%，为集团节约13.5亿美元的燃料采购成本③，其旗下的华能国际电力燃料有限责任公司在2012年首次进入煤进口行列，全年进口规模就达到793.1万吨，价值7亿美元，列我国煤进口企业排名第5位。同时，原属广东省粤电集团有限公司的广东省电力工业燃料有限公司进口煤401.7万吨，价值4亿美元，同比分别增长2.3倍和1.8倍，在我国煤进口企业中的排名从2011年的第44位飞速上升至第7位。经营漳州后石电厂的华阳电业有限公司连续第二年入围煤进口10强榜单，进口值达到3.9亿美元，名次前进1位，从2011年的第9位挺进至第8位。

同样是深陷行业性亏损，另一煤炭消费大户钢铁行业对外煤的“偏爱”也殊途同归，有增无减。尽管需求低迷，但钢铁行业的生产热情却未停歇。尤其是2012年9月份以来钢价出现上涨，沉寂多时的国内钢市迎来回暖迹象，钢厂复产动力强劲。随着国内炼焦煤市场的活跃，国内煤企趁机“坐地起价”，山西焦煤集团继10月份宣布取消上月的铁运优惠政策后，决定再度将焦煤和喷吹煤售价每吨上调30~70元④，而我国进口炼焦煤价格自10月份起连续3个月出现2位数的快速下跌。两形相较，低廉的进口煤自然成为钢企扭亏的理智选择。其中，2012年，柳州钢铁股份有限公司进口煤201.2万吨，同比激增4.1倍，在煤进口企业的排名从2011年的第77位快速上升至第10位，在进口200强总榜单中也从2011年的第121位上升至第94位；宝山钢铁股份有限公司进口煤数量同

① 《贵州省政府与神华集团签署战略合作框架协议》，新民网，2012年10月29日。

② 《进口煤比国产煤便宜18%电企主动毁约电煤合同》，北京商报，2012年8月7日。

③ 《华能2012年进口煤炭同比增40.4%，节约燃料采购成本13.5亿元》，大智慧财经中心，2013年1月31日。

④ 《山西焦煤集团近日将提价，西山煤电或受益》，中国网，2012年10月29日。

比大幅增长55.3%，价值3.7亿美元，列煤进口企业第11位，仅以539万美元的差距与10强榜单“失之交臂”。

各方企业争先恐后进口煤的热情虽然有助于以更低成本满足国内煤炭消费需求，但进口依存度的持续攀升无异于将自身资源安全置于国外矿商的“股掌”之间。2012年，在煤进口量同比增长29.8%的同时，我国煤出口量却进一步下降36.7%，降至1 000万吨以下，仅为927.8万吨，煤净进口规模连续第3年扩张，达到2.8亿吨，同比增长34.5%。净进口快速增长对国内产业带来的冲击“触目惊心”。2012年，我国煤炭行业赢利能力明显下滑，大型企业利润下降23.4%，市场景气指数也持续处于负值。进口煤的大量涌入使得国内煤企“消食”困难，库存居高不下，2012年年末煤企存煤8 500万吨，同比增长58%①，强烈的去库存化压力下煤企难以实现扭亏为盈的“轻盈”转身。

在迫在眉睫的电煤矛盾和愈演愈烈的市场化呼声面前，国家加快电煤价格联动步伐，在2012年末及时出台了《关于深化电煤市场化改革的指导意见》，宣布自2013年起取消重点电煤合同，实施电煤价格并轨，鼓励煤企和电企自主衔接签订合同和自主协商确定价格②。执行了十余年的重点电煤合同终于成为历史，煤价的“指挥棒”被重新交还到市场手中，相信随着价格机制的逐步理顺，国内长期扭曲的煤供求关系有望修复，国产煤与进口煤一样都会成为企业的“盘中餐”。

十二、换角——点击铜进口10强企业

表13　2012年中国铜进口10强企业

名次	企业	进口值（亿美元）	在200强中名次
1	世天威物流（上海外高桥保税物流园区）有限公司	25.5	41
2	金川集团股份有限公司	12.7	46
3	上海同华储运有限公司	11.3	172
4	江西铜业股份有限公司	10.9	45
5	上海同盛物流园区投资开发有限公司	10.3	—
6	上海吉开伊物流有限公司	9.6	—
7	上海外高桥物流中心有限公司	9.3	199
8	山东金天地集团有限公司	7.8	—
9	上海国储仓储有限公司	7.8	—
10	上海中储临港物流有限公司	7.6	—

2012年，我国共进口铜464.8万吨，价值385.9亿美元，较2011年分别增长14.1%和4.9%，进口量、值双创历史新高。然而，与往年不同的是，2012年我国铜进口贸易结构发生重大改变，海关特殊监管区域方式与一般贸易方式进口增减互现，前者取代后者成为我国铜进口的“主角”。其中，以海关特殊监管区域方式进口铜184.5万吨，同比大幅增加55.5%，占当年我国铜进口总量的39.7%，对我国铜进口增长的贡献度高达114.6%；以一般贸易和加工贸易方式分别进口铜182.6万吨和97.5万吨，同比分别减少0.4%和7.3%。

铜进口贸易方式的结构性变化也引发我国铜进口10强榜单的“大换血”。2012年，我国铜进

① 《2012年全国煤炭经济运行情况》，中国煤炭工业网，2013年1月31日。
② 《电煤价格并轨出台 电企消纳煤价变动比例下调》，中国证券报，2012年12月26日。

口前10强榜单的入围门槛随铜进口创新高而“水涨船高”，由5.9亿美元跃升至7.6亿美元，并且前10强企业在进口200强总榜单上继续保有5个席位。受海关特殊监管区域方式进口激增的影响，保税物流仓储企业“异军突起”，一举夺得铜进口前10强榜单上的7个席位，较上年增加3个，入围当年进口200强总榜单的企业数量也由2个增加到3个。其中，世天威物流（上海外高桥保税物流园区）有限公司以进口铜25.5亿美元、增长27.8%的成绩，蝉联我国铜进口10强“冠军”，但由于该公司铜以外其他进口总值出现下降，其在进口200强总榜单上的排名由第39位下滑至第41位；上海同华储运有限公司铜进口值飙升2.6倍，首次入围铜进口前10强榜单就摘得“探花”，并成功跻身我国进口200强总榜单，列第172位；上海外高桥物流中心有限公司铜进口值同比增长26.4%，在铜进口前10强榜单上由第9位上升至第7位，搭上进口200强总榜单的“末班车”，列第199位。同时，上海同盛物流园区投资开发有限公司、上海吉开伊物流有限公司、上海国储仓储有限公司3家企业铜进口值分别大幅增长3.6倍、1.8倍和4.9倍，携手晋升为我国铜进口前10强榜单上的“新贵”。由于国内保税物流公司在铜进口业绩上“大获丰收”，我国铜进口企业集中度得到提升。2012年，我国铜进口领域的赫芬达尔—赫希曼指数（HHI）达到138.7，较2011年提高32.3。

与物流仓储企业的“强势崛起”相比，过去主营铜传统业务的企业2012年表现不利，在铜进口10强榜单上的席位由6个缩减至3个，在进口200强总榜单上的席位也由3个减少至2个。其中，金川集团股份有限公司依靠铜进口值48.3%的增速荣膺铜进口10强榜单的“亚军”，但由于该公司铜矿进口表现不佳致进口总值下降19.9%，在进口200强总榜单上的排名也由第28位下滑至第46位；江西铜业股份有限公司铜进口值下降8.3%，在铜进口10强榜单上由第2位降至第4位，在进口200强榜单上的排名也由第36位下滑至第45位。

进口铜的消费需求淡化而金融属性增强，是2012年我国铜进口市场“换角”的主要原因。铜的需求常被视为一国经济活力的“晴雨表”，是一国经济活力的重要指标。2012年，我国经济增长明显降速，GDP增速降至近13年来最低的7.8%，而制造业也迎来后金融危机时期最严峻挑战，主要铜下游需求行业普遍增速放缓，部分行业甚至出现萎缩。2012年我国铜消费量增速预计仅为4.8%，创金融危机来的最低水平。其中，占我国铜消费量过半比重的电力行业2012年完成投资7 465亿元，仅增长1%，而家电、汽车等用铜大户也表现不佳。国内空调产量10 050万台，减少8.6%；家用电冰箱产量8 427万台，减少3.1%；汽车产量1 927万辆，仅增加4.6%。下游需求放缓的同时，国内铜产量却在铜矿加工冶炼费上涨的带动下一路“高歌猛进”，特别是第四季度连续刷新纪录高位，12月达到58万吨的历史新高，全年累计产量606万吨，同比增长10.8%。此外，2012年进口铜价格始终高于国内价格，企业进口一吨铜的亏损最高达4 000元，最低也在1 000元左右。在需求增速放缓、国内自给量增加及进口价格不具竞争优势的叠加效应下，进口铜在国内消费市场上沦为“配角”在所难免。

在消费市场受挫的进口铜，却得益于期货保税交割业务启动和融资铜需求旺盛，在金融市场上“大放异彩”。一方面，期货保税交割是以海关特殊监管区域或保税监管场所内处于保税监管状态的货物作为交割标的物的一种销售方式。2011年8月，上海期货交易所首次完成了铜期货保税交割业务的全流程操作，标志着我国期货保税交割业务的成熟。保税货物首次被纳入国内期货市场交割范畴，不仅打破了国内期货市场相对封闭的现状，初步实现了与国际期货市场价格接轨，为国内期货市场的国际化搭建了一座桥梁，增强了中国价格的世界影响力，也为海关特殊监管区域功能拓展增添了浓墨重彩的一笔，成为我国海关特殊监管区域铜进口的新增长极。另一方面，由于国内银根收紧，不少企业陷入资金困境，企业用信用证进口铜放入国内特殊监管区域，然后抵押给银行获得贷款成为一种新兴的融资方式，这部分进口铜被称作“融资铜”。由于融资成本低，少量铜即可撬动大量资金，加上变现能力强、易存储等优势，融资铜成为金融市场上“炙手可热”的“香饽饽”，深受国内企业的青睐。

企业以融资为目的进口铜，对国内铜市场供求状况及进口价格盈亏缺乏考量，大量融资性铜形成了我国铜进口市场的“堰塞湖”，在市场需求放缓的情况下不断推高铜库存，使铜市场背负上了沉重“包袱”。目前国内保税区铜库存量创纪录的达到100万吨，上海期货市场的铜库存量也达到20万吨以上的高位，再加上国内铜预计至少300万吨以上的隐形库存，铜库存消费量高达140天，远远高于国际市场20天的正常水平。而且，融资铜从简单的“信用证+抵押”模式向高风险的“信用证+重复抵押”模式转化，部分企业甚至冒着“血本无归”的风险涉足民间借贷领域。一旦融资铜失去生存土壤，囤积的巨量库存必将“决堤而出”，对我国铜市造成巨大冲击。

欣慰的是，融资铜已经开始破题，2012年下半年国内银行开始管控铜进口信用证的发放及抵押贷款的审批，加上国内融资环境的改善，我国融资铜进口的步伐已经明显放缓，第四季度我国铜进口量减少23.5%。“冰冻三尺非一日之寒”，只有因势利导，兼顾铜的金融属性与实体需求双重角色，才能确保我国铜进口既健康有序发展，又成为金融服务实体经济的试验先锋。

十三、亮剑——点击液晶显示板进口10强企业

表14　2012年中国液晶显示板进口10强企业

名次	企业	进口值（亿美元）	在200强中名次
1	乐金显示（广州）有限公司	44.7	24
2	友达光电（厦门）有限公司	20.6	64
3	苏州三星显示有限公司	20.4	76
4	乐金显示（南京）有限公司	20.3	78
5	宁波奇美电子有限公司	19.7	83
6	南海奇美电子有限公司	18.0	87
7	无锡夏普电子元器件有限公司	17.0	75
8	昆山飞力仓储服务有限公司	10.6	14
9	天津三星电子有限公司	10.3	129
10	东莞晶达电子科技有限公司	10.2	141

在全球移动终端市场爆发性增长的带动下，2012年液晶显示板行业再次迎来发展的“黄金期”。我国作为平板电脑和智能手机等移动终端的重要“世界工厂”，对于国外大尺寸面板产品的依赖性较高，下游产业出口需求回暖带动我国液晶显示板进口在经历2011年的平稳增长后又再亮锋芒。2012年，我国液晶显示板进口量快速增长27.1%，跨越30亿大关达到35.8亿个，虽然进口值在进口价格2位数下跌的拖累下仅小幅增长6.6%，但也跃上500亿美元量级，达到503亿美元。

2012年，我国液晶显示板进口前10强企业全部入围全国进口200强总榜单，其中8家企业总排名提升，跻身全国外贸进口前100名行列的液晶显示板进口企业数量达到8家，比2011年增加2家。这10强企业合计进口液晶显示板191.8亿美元，占我国液晶显示板进口总值的38.1%。

在液晶显示板进口连年快速增长的同时，国内企业也未“等闲视之”，积极推进进口替代战略。目前我国国内已建、在建或将建的8.5代面板生产线已有5条。其中，LG在华投资最大的项目LG

Display 广州 8.5 代液晶面板项目于 2012 年 5 月 22 日正式奠基动工；原定于 2013 年 1 月才能实现达产的华星光电 8.5 代面板项目，2012 年 9 月份就达到了 10.8 万片的生产量，以 17 个月建成投产、10 个月爬坡满产的惊人速度创造了面板行业发展史上的一个奇迹①。按每条线年产 2 000 万片 32 英寸面板计算，我国液晶显示板已达到 1 亿片的年产能，南京中电熊猫还酝酿上马 10 代线计划②。预计随着我国新建液晶面板线产能陆续释放，我国液晶面板产业将分别超过我国台湾地区和日本成为世界第 2 大液晶面板制造基地③。

面对我国多条液晶面板线的集中上马和可能带来的市场份额争夺，国外大牌厂商纷纷采取各种手段对国内面板企业进行打压，我国仍然难以在短时间内摆脱国外面板巨头在国内布下的“天罗地网”。2012 年，我国液晶面板进口前 10 强阵营仍被外商投资企业垄断，其中前 6 位均为外商独资企业。其中，乐金、奇美、三星 3 家国际巨头旗下各有 2 家企业入围，友达光电、夏普也分别分得一杯羹。龙头企业除了通过在进口渠道长期形成的全线垄断势力控制我国液晶显示板进口节奏外，还主导我国液晶显示板出口，液晶显示板进口 10 强企业也悉数进入当年我国外贸出口 200 强总榜单，名次前移的企业数量同样是 8 家。更为严峻的是，国外巨头凭借自身强大实力发起多轮“咄咄逼人”的降价攻势，依靠低价来争夺国内市场份额。2009 年起，我国液晶显示板进口平均价格就延续逐年下跌态势，2012 年跌幅达 16.1%。液晶显示板进口前 10 强企业榜单上，有 7 家企业的进口平均价格出现下降。其中，LG 集团旗下乐金显示（广州）有限公司连续两年成为我国液晶显示板进口企业冠军，2012 年液晶显示板进口平均价格却下跌 3.2%，进口量增加至 5 553 万个，进口值 44.7 亿美元；乐金显示（南京）有限公司进口平均价格下跌 6%，进口量反而激增 40%，达到 1.2 亿个，进口值为 20.3 亿美元，排名从 2011 年的第 6 位上升至第 4 位。依靠“价跌量增”模式上位的还有天津三星电子有限公司，其液晶显示板进口平均价格下跌 15.8%，进口量却快速增长 86.6%，由于进口量增幅显著高于进口平均价格下跌幅度，其进口值增长 57.2% 达到 10.3 亿美元，排名从 2011 年的第 14 位上升至第 9 位。

为保护刚刚起步的国内液晶面板制造业，我国政府“自卫反击”组合政策先后“亮剑”。2012 年 4 月，我国将 32 英寸以上液晶面板的进口关税由 3% 提高到 5%，当月液晶显示板进口量出现同比 5.7% 的下降。针对自 2006 年 12 月以来多次收到的反映三星、LG、奇美、友达等液晶面板企业在中国实施价格垄断行为的举报，在长达数年的立案调查之后，2013 年 1 月 4 日，国家发展改革委终于对韩国三星、LG 等六家企业以合谋操纵液晶面板价格为由开出价值 1.44 亿元的反垄断史上最高“罚单”，包括责令退还、没收和罚款在内的总制裁额达到 3.53 亿元④，打响了我国对境外企业实施价格垄断处罚的第一枪。

尽管当前国家反垄断政策利剑在对国内彩电等下游企业权益进行有效保护的同时，也将为境内面板厂商争取到更为宝贵的发展时间与机遇，但在不断变化的技术潮流面前，“亦步亦趋”的跟随式发展和单纯的全盘引进模式不仅不能真正增进核心竞争力，大量生产线的集中上马还可能引发产能过剩隐忧。在三星、LG 等厂商的推动下，新一代有机液晶面板“OLED”已经悄然来袭，国内液晶面板在一味追赶高世代生产线的同时，更应该紧紧抓住行业发展趋势，致力于核心技术的全面提升，只有专心走出一条真正属于自己的发展道路，方能在群雄论剑的战场上更胜一筹。

---

① 《国产面板崛起 仍难掩监视器面板需求之困》，安防知识网，2012 年 11 月 8 日。

② 《内地液晶面板产能过剩将成现实 企业竞争升级》，前瞻网，2012 年 5 月 24 日。

③ 《中国将成为全球第二大液晶面板制造基地》，中商情报网，2012 年 10 月 16 日。

④ 《六外企合谋操纵液晶面板价格 发改委开上亿元罚单》，新浪财经，2013 年 1 月 5 日。

2012年中国城市外贸竞争力研究报告

表1 2012年中国城市外贸综合竞争力前100强排名

城市名称	综合得分	综合排名	城市名称	综合得分	综合排名
广东省深圳市	82.5	1	江苏省连云港市	70.2	51
江苏省苏州市	79.6	2	河北省石家庄市	70.2	52
上海市	78.4	3	浙江省绍兴市	70.2	53
广东省东莞市	77.1	4	黑龙江省哈尔滨市	70.2	54
福建省厦门市	75.6	5	辽宁省营口市	70.1	55
广东省珠海市	75.6	6	山东省东营市	70.1	56
北京市	74.4	7	湖南省长沙市	70.1	57
天津市	74.3	8	福建省龙岩市	70.1	58
辽宁省大连市	74.2	9	山东省淄博市	70.1	59
浙江省宁波市	74.2	10	黑龙江省牡丹江市	70.0	60
广东省广州市	74.0	11	四川省达州市	70.0	61
江苏省无锡市	73.1	12	山东省滨州市	70.0	62
浙江省舟山市	73.1	13	山东省聊城市	69.9	63
山东省青岛市	72.9	14	浙江省台州市	69.8	64
浙江省杭州市	72.6	15	江苏省徐州市	69.8	65
江苏省常州市	72.4	16	黑龙江省大庆市	69.8	66
广东省佛山市	72.4	17	辽宁省铁岭市	69.8	67
河南省郑州市	72.4	18	河北省唐山市	69.8	68
重庆市	72.3	19	湖南省株洲市	69.7	69
广东省惠州市	72.2	20	四川省巴中市	69.7	70
江苏省南京市	72.2	21	广西壮族自治区柳州市	69.7	71
山东省烟台市	72.0	22	安徽省淮南市	69.7	72
四川省成都市	71.8	23	甘肃省兰州市	69.6	73
广东省中山市	71.8	24	浙江省湖州市	69.6	74
辽宁省沈阳市	71.7	25	山西省太原市	69.6	75
江西省新余市	71.6	26	广东省清远市	69.6	76
江苏省镇江市	71.5	27	江西省九江市	69.6	77
浙江省嘉兴市	71.5	28	新疆维吾尔自治区乌鲁木齐市	69.6	78

续表

城市名称	综合得分	综合排名	城市名称	综合得分	综合排名
湖北省武汉市	71.2	29	江苏省盐城市	69.5	79
陕西省西安市	71.1	30	山东省日照市	69.5	80
安徽省马鞍山市	71.1	31	四川省绵阳市	69.5	81
福建省泉州市	71.1	32	安徽省安庆市	69.5	82
安徽省芜湖市	71.0	33	辽宁省辽阳市	69.5	83
内蒙古自治区包头市	71.0	34	江苏省淮安市	69.4	84
安徽省铜陵市	71.0	35	内蒙古自治区鄂尔多斯市	69.4	85
辽宁省盘锦市	71.0	36	江苏省泰州市	69.4	86
广东省江门市	71.0	37	浙江省温州市	69.4	87
吉林省长春市	70.9	38	湖北省黄石市	69.4	88
安徽省合肥市	70.9	39	河北省廊坊市	69.3	89
辽宁省鞍山市	70.8	40	山西省临汾市	69.3	90
山东省济南市	70.8	41	黑龙江省七台河市	69.3	91
山西省长治市	70.6	42	浙江省衢州市	69.2	92
江苏省南通市	70.6	43	西藏自治区拉萨市	69.2	93
浙江省金华市	70.6	44	广东省潮州市	69.2	94
福建省福州市	70.5	45	山西省运城市	69.2	95
江西省鹰潭市	70.4	46	河南省济源市	69.2	96
江苏省扬州市	70.4	47	辽宁省丹东市	69.2	97
辽宁省本溪市	70.4	48	山东省潍坊市	69.2	98
江西省南昌市	70.3	49	山东省泰安市	69.2	99
山东省威海市	70.3	50	安徽省滁州市	69.2	100

表2　2012年各直辖市、副省级城市、省会城市外贸分项与综合竞争力排名表

行政级别	城市名称	水平排名	结构排名	效益排名	发展排名	潜力排名	综合排名	排名升降
直辖市	上海市	4	88	5	5	2	3	0
	北京市	6	31	43	11	23	7	4
	天津市	12	45	69	8	11	8	1
	重庆市	38	135	13	16	19	19	0
副省级城市	广东省深圳市	1	138	1	2	1	1	0
	福建省厦门市	7	19	32	12	3	5	0
	辽宁省大连市	13	97	70	6	10	9	1
	浙江省宁波市	11	5	15	43	9	10	-3
	广东省广州市	10	28	19	36	6	11	-3
	山东省青岛市	17	10	54	39	13	14	0
	浙江省杭州市	33	4	11	50	32	15	0
	江苏省南京市	19	48	40	32	33	21	-1
	四川省成都市	31	175	84	9	51	23	-10
	辽宁省沈阳市	37	22	46	34	52	25	4
	湖北省武汉市	39	104	63	33	36	29	-3
	陕西省西安市	42	73	162	26	60	30	3
	吉林省长春市	165	67	99	15	106	38	18
	山东省济南市	114	14	33	60	85	41	-5
	黑龙江省哈尔滨市	117	36	98	75	70	54	19
其他省会城市	河南省郑州市	15	236	143	3	54	18	23
	安徽省合肥市	116	6	41	94	46	39	6
	福建省福州市	78	54	145	85	27	45	-14
	江西省南昌市	169	7	113	74	76	49	-1
	河北省石家庄市	66	21	111	86	109	52	-3
	湖南省长沙市	81	43	122	78	83	57	-6
	甘肃省兰州市	132	30	56	140	105	73	-10
	山西省太原市	28	188	132	35	290	75	-14
	新疆维吾尔自治区乌鲁木齐市	144	89	106	135	31	78	-8
	西藏自治区拉萨市	52	142	9	280	196	93	102
	广西壮族自治区南宁市	77	192	204	71	97	115	73
	海南省海口市	67	224	166	55	154	119	-51
	内蒙古自治区呼和浩特市	75	170	217	90	102	133	-48
	青海省西宁市	161	116	77	223	116	135	44
	云南省昆明市	58	248	216	57	58	138	-56
	宁夏回族自治区银川市	191	124	214	132	41	147	-12
	贵州省贵阳市	170	154	187	142	91	170	-46

表 3　2012 年我国各地区外贸分项竞争力进入前 100 名的城市分布表

地区名称（所含城市数量）	水平竞争力	结构竞争力	效益竞争力	发展竞争力	潜力竞争力	综合竞争力
东南沿海地区（55 座）	31	34	31	34	32	37
其中：长三角地区（25 座）	13	22	20	17	19	23
珠三角地区（21 座）	14	6	9	12	10	10
海峡西岸经济区（9 座）	4	6	2	5	3	4
环渤海地区（30 座）	16	18	12	17	15	16
东北地区（34 座）	10	11	13	12	13	14
中部地区（81 座）	15	27	24	21	20	21
西南地区（47 座）	18	6	14	10	10	6
西北地区（44 座）	10	4	6	6	10	6

注：东南沿海地区包括长三角、珠三角和海峡西岸经济区 3 个地带，其中，长三角地区包括江苏、浙江、上海，珠三角地区包括广东，海峡西岸经济区包括福建，简称“海西”；

环渤海地区包括北京、天津、山东、河北；

东北地区包括黑龙江、辽宁、吉林；

中部地区包括山西、安徽、江西、河南、湖南、湖北；

西南地区包括重庆、四川、贵州、云南、广西、海南；

西北地区包括内蒙古、甘肃、新疆、陕西、青海、宁夏、西藏；

文中所指的东部沿海地区包括东南沿海和环渤海地区；

文中所指的内陆地区包括东北、中部、西南以及西北地区。

一、总论

从 2008 年美国华尔街投行神话终结、欧债危机浮出水面到 2012 年各国反危机政策的隔靴搔痒，从市场失灵到政府失灵，从低开高走伊始到以抛物线式的下滑结束，一条金融泡沫破灭的导火索燃烧了过半的世界版图，甚至金砖五国的 GDP 增速也探至近年来的最低水平，我国城市参与外贸的广度和深度均发生着一定程度的改变。一方面，外患内忧的双重夹击，促使加快转变经济发展方式、提高外贸增长质量效益成为当务之急，在“在发展中促转变，在转变中谋发展”的政策指引下，我国城市外贸整体布局逐步优化，入围门槛由 2008 年四川达州的 8 525 万美元提升至 2012 年四川巴中的 1.2 亿美元，榜首城市由 2008 年上海的 3 221 亿美元提升至 2012 年深圳的 4 668 亿美元，平均每座上榜城市的进出口规模年均扩大了 10.6%；与此同时，整体规模提升带动城间差距也相应拉大，由 2008 年的 32.5 亿美元扩大至 2012 年的 47.1 亿美元；纵观金融危机以来五年间，中国城市外贸综合竞争力（以下简称“外贸综合竞争力”）百强榜单的稳定性也逐年增强，更新率由 2009 年的 23% 降低至 2012 年的 15%。另一方面，大环境复杂深刻的变化，时刻考验并牵动着我国城市外贸的神经，从外贸分项竞争力与综合竞争力的关联度变化看，依靠结构和效益等外贸分项质量指标跻身外贸综合竞争力百强榜单的城市数量大幅减少，2012 年，入围外贸综合竞争力 30 强的城市中，结构、效益竞争力对综合竞争力的解释与贡献作用日渐式微，跻身结构竞争力前 30 强的关联城市数量在 2008 年 18 座基础上减少 7 座，跻身效益竞争力前 30 强的关联城市数量在 2011 年减少 1 座后继续减少了 4 座，5 年间缩水 50%。相比之下，外贸规模、水平、政策和基础建设优势成为保障城市上榜的安全牌、风雨飘摇中的定心丸，多达 20 座城市跻身水平和潜力竞争力前 30

强，关联城市数量分别比2008年增加4座和5座；19座城市跻身发展竞争力前30强，与2008年基本持平。

大浪淘沙始见金。纵观金融危机以来的5年期间，外贸综合竞争力百强中62座城市坚如磐石。持续上榜的百强城市必须具备以下资质：

（一）充足的外贸底气

坚实的基底成为城市外贸大厦不断搭高的保证，较快的前进步伐为晋级榜单提供可能。2012年，我国进出口规模排在前100名的地级城市中，78座挤进外贸综合竞争力百强，在2008年基础上增加5座，其余落于外贸综合竞争力百强之外的22座城市中，10座城市的外贸综合竞争力排名也稳定在第150名之前，即便是进出口规模排百名之外的22座百强城市，10座城市的外贸增长水平也超过了100%。所属水平分项竞争力的“人均进出口规模”、“外贸依存度”、“外贸总值占全国的比重”3项指标的前百名城市进入外贸综合竞争力百强席位的比重分别高达78%、70%和78%；所属效益分项竞争力的“出口收益率”前百名城市进入外贸综合竞争力百强席位的比重也达到了74%。

高上榜率同时也保障了高稳定性，具备雄厚外贸实力是城市在竞争力榜单上屹立不倒的前提。2012年，我国外贸综合竞争力与进出口规模均排在前100名的地级市中，74.4%的城市是近5年发挥稳定、持续上榜的资优生。而剩余进出口规模排在百位之外的22座外贸综合竞争力百强城市中，近半城市的在榜停留时间不到2年，只有内蒙古包头、辽宁辽阳、浙江衢州、江西新余、广西柳州5座城市凭借外贸规模水平之外领域的突出发挥深深扎根在外贸综合竞争力百强榜单。

（二）先行的政策资源

优厚的外贸资源通过行政权力的配置，更容易集中在发展相对成熟的大中城市，因此，大中城市通常能够获得政策执行的先机，在此影响下，城市行政级别高低对外贸综合竞争力呈现正向贡献的关系。2012年，在我国参与外贸综合竞争力评比的292座地级城市中，副省级以上城市19座，全部属于持续上榜的外贸综合竞争力百强城市，其汇聚了全国13.7%的人口，拥有全国56%的进出口规模、29.3%的GDP、46.4%的外商直接投资，占据44.3%的特殊经济区、23.3%的国家一类二类口岸，它们经济实力强、人口密度大、全球知名度高，相对竞争优势突出。2008～2012年间，除哈尔滨以第54名的成绩垫后外，其余副省级以上城市始终处于外贸综合竞争力百强榜单的前段班，囊括了前30强近一半的席位，更是在前10强中占据7席（表2），成都、西安和长春由于发展竞争力的优化带动外贸综合竞争力排名迅速提升。以经济带的中心城市划分，除苏州、东莞外，副省级以上城市基本成为东部地区外贸增长引擎，如广州、深圳是珠三角地区的外贸中心，上海、宁波是长三角地区的外贸中心，北京、天津、青岛是环渤海地区的外贸中心，厦门是海峡西岸地区的外贸中心，具备雄厚工业基础的大连、沈阳、哈尔滨是东北地区的外贸中心。这些副省级以上城市始终身处我国外贸的前排阵营，集海岸与水道于一身、拥有得天独厚的地理条件、享受政策先行的特殊权力是其长期保持外贸综合竞争力前15位的制胜法宝。

相比之下，行政级别较低的省会城市基本处于外贸综合竞争力百强榜单的后段班。5年前跻身30强的合肥于2012年淡然退出，连同南昌、长沙等中部崛起战略重点城市的位次也出现不同程度的下滑，只有郑州受益于富士康iphone生产线的迁入，排名仍稳定在前30位的行列，初步具备龙头资质的中部外贸中心武汉，结构竞争力排名也被抛至百名之后。与此同时，地域最辽阔、自然地理与人文环境最复杂、既远离海洋又面对经济落后的沿边国家的西部地区，对外贸易因先天不足导致发育不良：尽管成都、重庆、西安等成渝经济区中心城市取得长足进步，均跻身前30位，但只能独善其身，不能兼济西部，多年来个别城市单打独斗的局面仍未发生根本性改观，其他7座省会城市的外贸综合竞争力排名更是滑落于百名开外。外贸500强企业在全国分布的73座城市中，仅

21 座来自中西部地区，占所有参与评比的中西部城市的 12.1%。由于缺乏领军人物，中西部城市在外贸综合竞争力百强榜单上频繁变脸。

（三）优越的地缘环境

具备政策先行的“天时”优势之外，“地利”因素也必不可少。2012 年，在“区位优势”指标排名前 100 名的城市中，进入外贸综合竞争力百强的比重达到 64%，在持续上榜城市中占据 85.5% 的席位。从地理位置看，我国点缀在海岸线的各大东部港口城市（东南沿海和环渤海地区）充当了这支常胜军的主力，其累计势力范围超过了内陆地区的 2 倍，其中，长三角占据近 1/3 的席位，连同珠三角、环渤海和海西其他 3 个经济带，占近 5 年外贸综合竞争力百强持续上榜城市的比重分别比 2012 年外贸综合竞争力百强所占席位比重高出 10 个、3 个、2 个和 1 个百分点，而 2012 年外贸综合竞争力百强榜单中仅 2 座东部沿海城市为新晋成员，无缘榜单的江苏淮安和江苏徐州，曾经的在榜时间也长达 4 年和 2 年之久。

相应地，中西部和东北地区占近 5 年外贸综合竞争力百强持续上榜城市的比重分别低于 2012 年外贸综合竞争力百强比重 12 个和 4 个百分点。虽然内陆城市能单纯依靠某项指标的突出表现在综合评比中扬眉吐气，但因缺乏应对和抵御外贸风险的能力，部分城市成为上榜成绩不稳定的偏科生，缺乏位居外贸综合竞争力前列的持续性和分项竞争力间的平衡性。尽管东北、中西部中小型外贸城市在 2012 年外贸综合竞争力百强榜单上占据近半席位，但频频上演“变奏曲”。相对于东部沿海地区坚实的经济力量和贸易基础，内陆地区起步晚、底子薄、积累少、上榜稳定性差，与 2011 年相比，除广东东部个别欠发达城市外，2012 年外贸综合竞争力百强榜单新晋与落榜城市均集中在中西部和东北地区，在位次发生变动的 15 座城市中，以上三地就合计拥有 12 个新晋城市和 14 个落榜城市（图 1）。

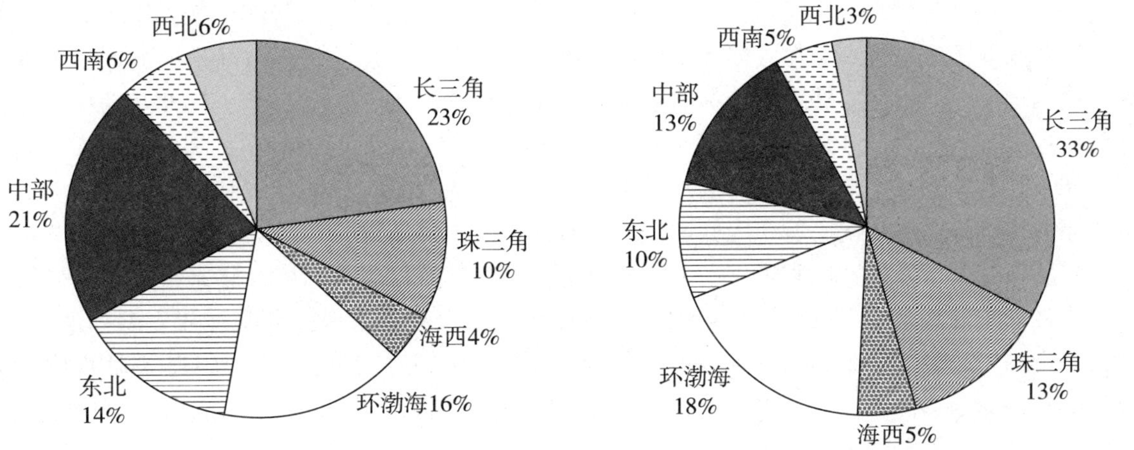

图 1　2012 年外贸综合竞争力百强与近 5 年外贸综合竞争力百强持续上榜城市的地区分布对比图

发挥沿海城市外贸先行优势的带动作用，弱化与内陆城市的地缘差距，提高区域发展协调性，是加快转变经济发展方式的重要内容，但在金融风暴的侵袭中实现弯道超车的城市少之又少，“东暖西凉”的外贸格局短期内难以撼动。以 2009 年为转折点，在遭受冲击的被动退步和内陆地区寻求提升的主动变革双重作用下，沿海地区这条最亮丽的风景线也有所逊色，2012 年 4 个经济带（长三角、珠三角、海峡西岸、环渤海）的外贸综合竞争力百强上榜城市数量比 2008 年减少了 8 个席位。其中，长三角外贸综合竞争力百强城市上榜率最高且表现最为稳定，5 年来上榜城市数量波动幅度仅 1 席，即便在 2009 年东部沿海地区外贸综合竞争力百强版图大幅缩水的背景下，仍保持

45.1%的占有率，高出2008年6.1个百分点。东北和西南地区外贸综合竞争力百强版图相应明显扩大，分别比2008年增加了5个和6个席位，东北、中西部合计占据外贸综合竞争力百强席位半壁江山。随着金融危机后实施的刺激内需政策对经济和外贸的驱动力减弱，部分曾经受益的中西部内源型、资源型城市退出榜单，“西暖东凉”的外贸气候轻微回调，2011年中西部地区占领的3个席位于2012年重新被东南沿海地区挤占，珠三角、环渤海地区丧失地盘的困境有所缓解，其中以东南沿海内生经济强势崛起最为明显，“内资企业对外贸增长的贡献”指标的前30位重新洗牌，长三角和珠三角合计占据前段班过半的席位，中部和西南入围城市相应分别减少1座和3座（图2）。

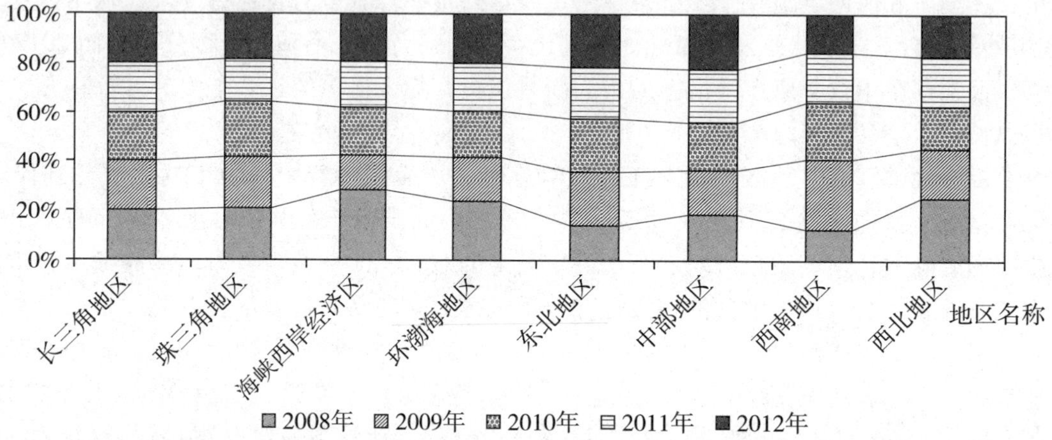

图2　2008～2012年我国外贸综合竞争力百强城市地区分布走势图

（四）2012年亮点

由于先天条件欠佳，内陆城市与“双高”（高上榜率与高稳定性）特征无缘，榜单表现一向低调。但近年来我国区域发展总体战略和主体功能区规划的政策叠加，正为内陆地区的厚积薄发蓄积动能，中西部和东北地区主要发展指标增速均高于全国平均水平，各具特色、良性互动的区域格局潜移默化地形成。尽管“东暖西凉”的城市外贸分布特征仍十分惹眼，但在传统外贸强市持续上榜的主基调下，主动升级与被动转变的双重需求正催化着新兴竞争优势的显现和新生力量的崛起，其中有9座城市凭借结构均衡、有5座城市凭借效益提升挤入外贸综合竞争力百强榜单。内蒙古的包头和鄂尔多斯受益于发展速度和未来潜力的推动上榜。除广东清远外，近5年来首次进入外贸综合竞争力百强榜单的其余4座城市均来自内陆：在传统边贸市场和出口商品基地轰轰烈烈的建设下，西藏拉萨进出口总值创本市历史新高的同时增幅也跃居全国第一，净出口对GDP贡献程度的显著增强让其初尝露面的滋味；出口产品和市场结构的优化带动四川巴中、黑龙江七台河携手走进百强；贸易条件的改善和加工增值空间的延伸，使山西长治实现历史性的金榜题名。

有别于东南沿海地区在水平、发展、潜力分项竞争力中具备的压倒性优势，中部和西部地区与之在效益竞争力榜单上逐渐形成三足鼎立的局面：即便在外贸结构竞争力30强中，东南沿海也只占据了不及一半的席位；在24项三级指标中，10项指标呈现与外贸综合竞争力“东高西低”迥然相异的分布格局，中西部城市独当一面，其在“净出口增长对GDP增长贡献率”指标榜单上变身主角、改写区域格局；“一般贸易出口产品高度化”指标发生逆袭，中西部城市榜单占有率首次超越东部沿海地区；而中部的特殊经济区个数比重成为上榜数量唯一与沿海经济区齐平的内陆地区；在“人均货运量”指标上遭遇瓶颈的同时，东南沿海地区的“贸易条件指数”表现依旧期待零的突破。

2012年，持续释放的流动性导致大宗商品价格戏剧性波动，投资和消费乏力，“以邻为壑”的对外经济政策引发贸易争端不断，更为重要的是，日益逼近的财政悬崖像悬在美国经济上空的一把达摩克利斯之剑，历经3年多的欧洲主权债务危机仍未能止血，国际货币基金组织频频下调增速预期，全球经济正面临着前所未有的机遇和风险。在外部经济增长下行压力不断增大的背景下，我国建设性地提出“全面提高开放型经济水平”的政策思路，将外贸发展重心定位于优化结构、拓展深度、提升质量，寻求东中西部地区的资源优化配置。然而，要达到互利共赢、多元平衡、安全高效的最终目标，我国就必须把握重要的战略机遇期，突破以规模水平和发展潜力为侧重评价的城市外贸布局，破解“东暖西凉”的区域发展难题，利用市场倒逼机制促进优胜劣汰，使外贸后发城市拥有启动内力、二次蜕变的能力。

二、水平篇

表4　2012年中国城市外贸水平竞争力前30强排名

城市名称	企业平均进出口规模		人均进出口额		外贸依存度		外贸总值占全国比重		变差优势		外贸平衡度		分项得分	分项排名	综合排名
	得分	排名	得分	排名	得分	排名	得分	排名	得分	排名	得分	排名			
广东省深圳市	62.0	37	100.0	1	100.0	1	100.0	1	65.7	151	92.1	52	84.9	1	1
广东省东莞市	61.8	47	100.0	2	88.1	3	70.3	5	65.6	159	91.4	58	78.2	2	4
江苏省苏州市	62.1	34	81.9	3	85.9	5	83.8	4	65.2	185	93.0	42	77.8	3	2
上海市	61.5	68	73.3	7	79.9	8	96.7	2	64.8	224	97.4	13	77.7	4	3
广东省珠海市	62.0	36	79.5	4	90.3	2	63.1	20	64.2	242	97.4	14	74.8	5	6
北京市	63.8	11	73.9	6	82.3	6	93.8	3	65.0	205	69.7	219	74.0	6	7
福建省厦门市	61.1	109	78.0	5	86.8	4	65.1	9	65.4	168	89.4	79	73.5	7	5
广东省惠州市	62.5	26	65.9	13	80.8	7	63.3	17	66.9	92	91.4	59	71.1	8	20
浙江省舟山市	65.8	7	66.5	11	77.0	10	61.0	38	66.6	101	90.3	70	70.6	9	13
广东省广州市	61.6	60	65.9	14	67.5	28	68.2	6	65.2	187	99.8	2	70.4	10	11
浙江省宁波市	60.8	137	66.9	9	73.3	12	66.7	8	65.0	206	87.0	98	69.5	11	10
天津市	61.6	59	64.7	15	68.2	24	68.1	7	65.6	158	92.0	53	69.4	12	8
辽宁省大连市	61.1	105	64.4	16	68.4	21	64.4	12	65.7	147	96.0	22	69.2	13	9
新疆维吾尔自治区博尔塔拉蒙古自治州	62.0	39	62.0	30	73.6	11	60.2	115	67.2	82	95.3	27	69.1	14	139
河南省郑州市	62.5	25	61.4	42	65.7	38	62.4	21	73.5	11	93.5	37	69.0	15	18
江苏省无锡市	61.2	94	66.2	12	68.3	22	64.8	11	64.7	228	91.9	54	68.9	16	12
山东省青岛市	60.5	199	63.9	17	69.0	19	65.0	10	65.0	208	94.4	32	68.8	17	14
山西省长治市	63.2	17	60.1	158	60.7	175	60.1	161	100.0	1	76.5	157	68.8	18	42
江苏省南京市	61.6	56	63.5	20	67.2	31	63.7	15	65.2	195	92.4	48	68.2	19	21
甘肃省金昌市	100.0	1	63.0	23	72.2	15	60.2	96	60.3	288	60.8	276	68.2	20	103
山东省烟台市	61.5	1	62.9	24	67.8	26	63.2	18	65.4	170	91.0	64	68.0	21	22
广东省佛山市	61.5	67	66.7	10	67.4	29	64.1	14	65.1	198	85.2	108	68.0	22	17
广东省中山市	61.6	63	69.3	8	72.7	13	62.2	22	64.9	211	78.5	148	67.9	23	24

续表

城市名称	企业平均进出口规模		人均进出口额		外贸依存度		外贸总值占全国比重		变差优势		外贸平衡度		分项得分	分项排名	综合排名
	得分	排名	得分	排名	得分	排名	得分	排名	得分	排名	得分	排名			
福建省泉州市	61.3	90	61.4	41	64.6	48	61.7	29	66.0	132	99.4	4	67.9	24	32
黑龙江省牡丹江市	61.7	51	61.7	36	69.9	17	60.8	45	66.2	115	91.4	56	67.9	25	60
山西省大同市	61.2	97	60.1	202	60.4	207	60.0	208	75.9	7	96.5	21	67.9	26	125
湖南省郴州市	62.5	28	60.2	136	61.6	124	60.2	109	70.4	25	98.6	8	67.7	27	150
山西省太原市	61.7	55	60.8	62	63.1	71	60.6	58	66.5	106	100.0	1	67.6	28	75
广东省汕尾市	61.9	40	60.3	106	64.0	56	60.2	108	66.0	129	98.4	9	67.4	29	178
辽宁省本溪市	66.1	6	60.9	54	63.0	72	60.3	89	66.8	94	91.3	61	67.3	30	48

表5　2012年与2011年各地区水平竞争力单项指标进入前30名的城市分布表

单位：座

地区名称（所含城市数量）	外贸总值占全国比重		企业平均进出口规模		人均进出口额		外贸依存度		变差优势		外贸平衡度	
	2012年	2011年	2012年	2011年	2012年	2011年	2012年	2011年	2012年	2011年	2012年	2011年
东南沿海地区（55座）	21	21	2	3	18	20	17	17	2	2	8	6
其中：长三角地区（25座）	11	12	1	2	10	10	8	8	1	1	2	1
珠三角地区（21座）	7	7	1	1	7	8	8	7	0	1	5	5
海峡西岸经济区（9座）	3	2	0	0	1	2	1	2	1	0	1	0
环渤海地区（30座）	5	5	3	3	7	7	5	4	0	0	3	7
东北地区（34座）	1	1	4	5	1	1	2	4	3	2	3	4
中部地区（81座）	1	1	9	9	0	1	1	1	14	13	7	4
西南地区（47座）	2	2	7	4	1	0	2	2	6	5	5	6
西北地区（44座）	0	0	5	6	3	1	3	2	5	8	4	3

（一）水平分项竞争力评价体系构建意义：衡量城市外贸水平不等同于单纯的规模比拼，需要从企业平均实力、相对发展速度、进出口平衡度、经济外向度等多维度多角度进行综合评价。

1. 稳定是榜单主旋律，外贸大市常青、中小城市频繁更迭。2012年水平竞争力30强榜单上出现7个新面孔，较2011年减少1个，稳定性有所提升。由于外贸总值、外贸依存度、人均进出口额等指标优势突出，东部沿海外贸传统强市连续5年入围水平竞争力30强榜单，并垄断了前12强的前段班位置，深圳、东莞、苏州、上海等明星城市在水平竞争力榜单上的龙头地位无可撼动。与之相反，榜单后段班露脸的多是新面孔，凭借个别指标的突飞猛进得以晋级，如山西长治出口增速全国最快、变差优势居首促使其水平分项竞争力排名由2011年的第271位攀升至2012年的第18位，其余6座新面孔城市分别排名第24～29位，综合实力不济使中小城市在水平竞争力榜单上难以“更上一层楼”。纵观近5年的入选情况，共计56座城市入围过水平竞争力30强榜单，外贸强市固若金汤，内陆中小城市昙花一现，连续5年入围与仅入围过一次的城市分别占据入围总数的33.9%和46.4%，单次入围城市的平均进出口规模仅相当于持续入围城市平均水平的5.6%。东部沿海地区包揽19座“常青树”中的17座，长三角、珠三角地区各有6座持续登榜，环渤海4座，海西1座，综合实力显露无遗，东北地区只有渤海湾畔的辽宁大连凭借良好的地域港口优势连续入选，而西部地区只有甘肃金昌依仗企业平均进出口规模指标的优异表现得以连年榜上有名。相比之下，昙花一现的城市也多达26座，集中在内陆地区，沿海地区明显较少，如珠三角地区仅有2座城市近5年来仅单次入围水平竞争力30强榜单，长三角地区在此项数据上保持着零纪录。

2. *沿海城市稳若泰山、实力雄厚，“东高西低”格局依旧。*2012年水平竞争力30强榜单仍延续着“东高西低”格局：东部沿海地区凭借强大的外贸综合实力仍然牢牢把持榜单前排，珠三角、长三角、环渤海及海西地区席卷30强榜单中的20个席位，其中，珠三角延续着霸主地位，深圳以有3项指标排名第一的绝对优势继续领跑榜单，东莞成功超越苏州、上海一举登上亚军宝座，而汕尾的入围使珠三角地区入围总量增至8座，整体优势进一步扩大；长三角地区入围的6座城市与上年相同，虽然上海、宁波、无锡、南京在榜单中的排位小幅下滑，但仍对“第一集团”珠三角地区形成强大压力；山东东营与山东日照退出榜单使得环渤海地区入围城市数量降至4座，与珠三角、长三角地区的差距有所拉大，但北京、天津、青岛、烟台等重点城市仍然地位稳固；福建泉州的成功入围使位居榜单第7位的厦门不再孤单，也让海西地区近5年来首次出现2座城市同时入围水平竞争力30强榜单。反观内陆城市，依赖单项指标的跳跃性增长是提升水平竞争力的主要推力，因此，无论是入围城市数量、所在榜单位置，还是在榜稳定性，均难以望东部沿海地区之项背。综合实力的巨大差距使内陆地区想要蚕食沿海强市在水平竞争力榜单中的份额十分困难：一方面，新登榜城市徘徊在榜单中后部，一旦落选大多一泻千里，如2011年入选的广西钦州2012年水平竞争力排名落至百位开外，甘肃嘉峪关的外贸指标占全国比重、人均进出口额等指标差强人意，加之变差优势的急速退步，水平竞争力排名由上年的第13位大幅退至2012年第91位；另一方面，内陆城市进出榜单的更替也主要是“内部消化”，中部地区、东北地区入围城市数量的增加挤占西部地区之前的入围名额。从地区分布看，中部地区表现抢眼，入围数量由2011年的2座增至5座；东北地区占据3席，除辽宁大连和本溪保持原有水准外，黑龙江牡丹江新晋入围；西部地区最为失意，西北入围城市较2011年减少1座、仅2座入围，西南交出白卷，2011年入围的3城全部跌出榜单。

（二）外贸总值占全国比重：一段时间内某城市外贸总值占同期全国外贸总额的比重，描述该城市对全国外贸的贡献程度。

1. *沿海城市独领风骚，泉州晋级、与厦门福州三足鼎立。*我国改革开放以来形成的外贸大格局使“外贸总值占全国比重”指标相对稳定，在2012年该指标前30位排名中，河南郑州、福建泉州和浙江金华分别取代浙江温州、浙江台州和湖北武汉，成为新贵。从地区分布看，经过30余年的积淀，东部沿海地区强大的外贸整体实力彰显无遗，利用得天独厚的港口条件，基础设施建设、资源配置、外资吸引、产业链延伸、人才储备等外贸相关领域齐头并进，积累了其他地区短期内难以赶超的优势。2012年该指标前30位榜单中东部沿海地区包揽26席，其中，长三角地区共有11座城市入选，但傲视群雄的风采有所减退，不仅入围城市数量较2011年减少了1个，上海还让出了保持5年全国外贸第一的地位。与此同时，深圳终于击败上海再次登顶，并领衔珠三角其他6城入围；环渤海地区再度入围5城，北京继续稳坐“探花”，并携手天津与青岛在前10强中抢得3席；福建泉州的晋级让海西地区在该指标榜单上实现突破，近5年来首次出现除厦门、福州外的第3座城市入选。明星城市领跑各大沿海发达经济区域外贸，展现出以大带小、以点带面的垄断格局。

2. *龙头企业生产线内迁，驱动内陆城市外贸列车前行。*2012年内陆地区在该指标前30位榜单中露面的机会寥寥无几，东北地区的独秀大连、西南经济重镇重庆与四川成都、中部地区承接产业转移重点城市河南郑州榜上有名。尽管内陆城市在与沿海城市的外贸比拼成绩上仍然乏善可陈，但外来重点企业迅速释放能量，带动内陆城市的整体外贸列车快速前行，如鸿富锦精密电子有限公司将 iPhone 手机生产线强势进驻郑州后，龙头企业大显身手，郑州外贸被迅速激活，仅此一家占据2012 年郑州进出口总额比重就达 78. 8%，对当年郑州外贸增长贡献度更是高达 138. 7%，直接拉动全市外贸总值由 2011 年的 160. 2 亿美元跃升至 2012 年的 358. 6 亿美元，推动郑州的该指标直升 15 个位次至第 21 位。

（三）企业平均进出口规模：一段时间内某城市进出口总额与同期进出口企业数量的比值，用以描述该地区企业进出口实力水平。

1. *资源垄断造就龙头企业，左右内陆城市外贸经济命脉。*2012 年，“企业平均进出口规模”排名前 30 强的地域分布呈现明显“西高东低”特点，其中 25 席被内陆中小规模外贸城市所包揽，中部地区延续了 2011 年 9 城入围的辉煌，再次成为最大赢家，西南地区由 2011 年的 4 座增至 2012 年的 7 座，西北及东北地区分别有 5 座、4 座入围。内陆城市由于身陷腹地、产业配套发展缓慢导致外资吸引力不足，合理利用资源禀赋打造优势特色产业成为其经贸发展的重要推手，个别城市龙头企业的生产经营状况甚至关系着当地的经济命脉。受此影响，企业平均进出口规模与总体进出口规模呈现反向的相关关系，在外贸总规模不占优的背景下，内陆地区依靠龙头企业或垄断行业调低了基数水平而挤入榜单，2012 年全国参评城市企业平均进出口规模总体平均值为 1 451. 2 万美元，而内陆地区超亿美元的城市就达 4 座，如有“镍都”之称的甘肃金昌有着得天独厚的自然资源，已探明镍储量居世界第 2 位，2012 年其外贸总规模在全部参评城市中名列第 96 位，凭借仅有的 4 家进出口企业，拉动金昌企业平均进出口规模达到 8. 6 亿美元，其中以有色冶金为发展核心的金川集团股份有限公司不仅是当地进出口的领军，也是地区经济的顶梁柱，为金昌勇夺企业平均进出口规模榜首立下汗马功劳。分别荣登榜眼和探花的贵州六盘水、甘肃嘉峪关也是依靠资源优势打造龙头冶金企业主导当地外贸进出口。但是，内陆中小城市在该项指标的统治地位，也恰恰揭示了这些城市外贸发展的短板，外贸发展不均衡、产业过于集中，一旦外部市场风吹草动，缺少风险释放窗口的中小城市外贸将面临“一损俱损”的困局，对资源型产业的过度依赖更是对环境污染、资源保护等造成多方压力。

2. *外贸企业万马奔腾导致东部沿海平均规模被显著拉低。*经过多年市场化竞争的洗礼，东部沿海地区外贸企业发展呈现千帆竞发、百舸争流的局面，除吸引外资企业进驻外，大量民营企业如雨后春笋般涌入外贸领域。由于孕育着为数众多的外贸企业，不可避免地摊低了原本庞大的进出口规模，东部沿海地区在该项指标表现出不同寻常的落后局面，仅有 5 席勉强挤入“企业平均进出口规模”30 强榜单，其中，环渤海地区入围 3 席，海西地区则继续保持零入选记录。恰恰是过多的企业数量拉低了平均规模，使得沿海开放地区虽在外贸总规模上优势无可比拟，但始终不能在企业平均进出口规模指标上有突出表现，被众多中小企业围绕的龙头企业在当地外贸中的主导作用也远不及内陆地区。以苏州为例，其在 2012 年外贸总值占全国比重指标排名第四，从外贸总规模来说当属稳坐第一集团，但其外贸企业数量超过 1. 7 万家，且中小型企业众多，近万家企业进出口规模不足百万美元，甚至有超过3 800家企业全年进出口值不足 10 万美元，导致企业平均进出口规模指标排名由上年的第 30 位落至 2012 年的第 34 位。虽然具备一定数量的进出口企业确实是体现外贸活力的一个方面，但外贸大市如今仍然普遍存在中小型企业混杂的局面，一些入门门槛较低的领域低价竞争，影响外贸秩序，增加摩擦风险，产生不良影响。在此方面，沿海城市相比内陆重点城市来说更加突出，如 2012 年南京和重庆的进出口值都在 500 亿美元水平，重庆企业平均进出口规模为 2 336 万美元，在企业平均进出口规模指标榜单排名 21 位，而南京有超过 3 900 家企业，较重庆多出 1 600余家，企业平均进出口值仅为 1 412 万美元，该指标榜单排名第 56 位。

（四）人均进出口额：一段时间内某城市进出口总额与同期该城市常住人口比值，用以描述该城市进出口水平。

1. “东高西低”格局再现，沿海城市上榜率与稳定性俱佳。人均进出口规模与外贸总值具有很高的关联性，2012年外贸规模排名前30位城市中有23座进入了“人均进出口额”前30榜单。因此，在榜单稳定性和地区分布上，“人均进出口额”指标表现与“外贸总值占全国比重”指标趋同。2012年“人均进出口额”前30位榜单中只有安徽铜陵、福建福州、广东江门跌落，被西藏拉萨、广西防城港和新疆博尔塔拉取代。与此同时，“东高西低”二元梯次分布再次出现，东部沿海地区25座城市入围“人均进出口额”前30位榜单，其中长三角地区逐渐形成互相辅助与协调发展的城市群，人才充分流动与经济发展已经步入良性循环轨道，10座城市的入围成绩彰显了颇高的“含金量”。珠三角是全球主要的生产加工基地之一，全国最大的劳动力引进地，该地区有7座城市合力挤入榜单。而作为我国政治、文化、教育中心，首都北京拥有大量央企和高素质人才，辅以“第三增长极”之称的天津，环渤海入围城市也达到7座，与珠三角并驾齐驱。此外，厦门成为海西地区唯一入选城市，2011年上榜的福州不幸落榜。

2. 较低的人口基数催生个别内陆城市有幸成为登榜奇兵。内陆上榜城市表现苍白，仅有5座城市入围“人均进出口额”前30名，除辽宁大连位居16外，其余全部在榜单第20~30位之间，从地区分布看，西北地区3座，东北地区1座，西南地区1座。内陆地区在外贸规模上无法比拟沿海外贸大市，入围动力主要来自城市化建设滞后导致的较低人口基数，如西北地区入围的甘肃金昌、新疆博尔塔拉、西藏拉萨总人口数均未超过50万，位列所有参评城市人口数量的倒数水平，但较低的人口数量反而保障了其在“人均进出口额”指标的发挥。相反，对于一些内陆重镇，城镇化进程的快速推动推高了人口基数、摊低了平均水平，如所有参评城市人口数量之最的重庆，虽然2012年进出口额增幅高达82.2%，进出口规模位列全国第16位，仍然难以冲抵庞大的人口基数，“人均进出口额”指标被动拉低，只能排名第72位。

（五）外贸依存度：一段时间内某城市进出口额与同期该城市生产总值的比值，用于描述当地经济发展对外贸的依赖和参与国际分工程度。

珠三角长三角并驾齐驱，中小城市易被绑定蕴藏风险。具有政策导向扶持和区位优势的东部沿海地区，经济外向型程度不断加深，“三驾马车”之一的外贸出口已成为地区经济发展的重要支柱。在2012年“外贸依存度”指标前30位榜单中，沿海地区席卷22席，其中深圳继续稳坐龙头宝座，与珠海、东莞霸占前三，加之佛山新晋入围，珠三角共8座城市入围，已可与长三角地区并驾齐驱。同样有8座城市入围的长三角地区由苏州与上海领衔，与珠三角地区形成缠斗之势。环渤海地区在山东烟台晋级后入围城市数量上升至5座，继续保持对前两个集团的追赶之势，海西地区则由于福州退出只有厦门独自上榜。内陆地区在外贸总值并不占优的情况下也有城市入围，其中西北地区3座，东北地区2座，西南地区2座，中部地区1座。观察这些内陆上榜城市发现，能登录榜单一方面是经济总量偏低造成的对比效应拉高了外贸依存度指标，如新疆博尔塔拉，其2012年151亿元的GDP水平列参评城市倒数第2位，西藏拉萨、甘肃金昌等上榜城市也只是GDP在200亿元水平附近。另一方面，龙头企业通过出口创汇在小城市经济发展中扮演着重要角色，使小城市在外贸依存度榜单排名靠前，如上文提到的甘肃金昌。事实上，小城市经济转型与抗风险能力较差，过高的外贸依存度使经济发展易被外部市场绑定，外贸大环境变动对其经济影响力度比沿海强市更强。值得关注的是，由于外部经济环境趋于恶化，部分外向型城市外贸增速出现大幅放缓甚至下降，“外贸依存度”指标被整体拉低，如2012年该指标前30位城市的平均值为107.3，而2011年则为121.2，即便剔除人民币升值因素，下降幅度仍超过9%，显示对外贸易在地区经济发展中的贡献度有所降低。

（六）变差优势：一段时间内某城市对外出口增速与同期全国出口增速之间的横向比较，用以衡量当地外贸出口的后续动力。

内陆中小城市掌握大局，郑州与重庆获罕见持续动力。在水平分项竞争力指标体系中，“变差优势”指标跳跃性最强，2012 年仅有 5 座城市能保住前 30 强的名次，榜单更迭率高达 83.3%。相比外贸起步较晚的中小城市，雄厚的外贸基础、逼近瓶颈的发展阶段，使东部沿海城市难以保持强大的增长动力，在“变差优势”指标的表现上并无相对优势。反倒是中小城市，较小的基数往往带来“鲤鱼跃龙门”式的爆发性增长，带来相对轻松的同比效应，2012 年“变差优势”与“外贸总值占全国比重”两项指标负相关性仍然显著，入围“变差优势”30 强的城市中，外贸规模能够排入全国 30 强的只有郑州与重庆，其余 28 座城市中外贸规模列 200 位之外的就有 12 座之多。高入围数量与高更迭率并存，表明缺乏产业基础的城市单独某年实现的高同比增速，大多属于闪现榜单的惊鸿一瞥，发展动力无法长期保持。而作为连续 2 年入围“变差优势”前 30 位仅有的 2 座大市，郑州与重庆外贸出口的主要推动力来自承接沿海地区产业的转移，其中新进驻的富士康旗下 6 家企业拉动郑州出口增长 111.6 个百分点，而重庆则是依靠达丰、仁宝等笔记本电脑代工企业和富士康等手机代工企业外贸业务的共同发展拉动。从地区分布看，2012 年“变差优势”指标前 30 位城市中，中部地区延续 2011 年辉煌，入围城市数量增加 1 座至 14 座，占据近半壁江山，山西长治以出口值同比增长 17.2 倍的抢眼表现一举登上状元宝座；西部地区入围 11 座城市，其中西南地区 6 座入围，西北地区则有 5 座入围；东部沿海地区则不尽如人意，整体名落孙山，仅有江苏淮安和福建三明 2 座城市入围。

（七）外贸平衡度：一段时间内某城市外贸进出口额平衡关系比值，用以衡量贸易平衡能力，贸易顺差、逆差过大都会对本土经济发展带来不利影响。

贸易先行城市形成的进口依赖与出口导向标签仍显眼。要素禀赋决定了参与国际分工的比较优势，各城市依此逐步确立各自外贸发展的“方向标”，因地制宜地形成一批或出口导向、或进口依赖的城市。虽然随着政府施政理念不断完善，以往单纯依靠创汇指标评比政绩、支撑经济的指导思想不断发生改变，但外贸先行地区出口重心的过度偏移，给当地行业招致的贸易摩擦愈加频繁，这些城市在外贸规模上成绩显赫，但鲜明的外贸特征导致其外贸平衡度难有起色，近年来的失衡隐忧一直存在。因此，在水平竞争力的描述体系中，外贸规模与平衡度指标的相关性较弱，2012 年仅有 5 座城市能同时入围“外贸总值占全国比重”和“外贸平衡度”指标前 30 位。由于进口依赖或出口导向倾向显著，外贸大市往往产生无法登陆榜单的遗憾，如北京市 2012 年进出口规模指标位列全国第 3，但肩负着全国能源、粮食、矿石等关乎国计民生大宗商品进口重任的诸多央企，使其进口值占同期外贸总值比重高达 85.4%，成为绝对的进口依赖型城市。而珠三角、长三角地区的一些外贸城市仍执著于出口拉动的发展策略，如浙江金华外贸规模排全国第 30 位，但纺织服装、塑料制品、家具、箱包等劳动密集型产品的大量出口使得出口值占当地外贸总值比重达到 93.7%，外贸平衡度指标大幅退居第 255 位。反倒是一些内陆中小外贸城市，“中庸”的外贸特征和相对较小的外贸规模基数使其进出口更易于趋向平衡，2012 年外贸平衡度前 30 位城市中有 23 座外贸总值不足百亿美元，有 11 座不足 10 亿美元，中小城市大量入围的同时，与之伴随的是该指标榜单表现的不稳定性，仅 16 座城市连续两年上榜，近半的上榜城市发生更替。从地区分布来看，中部地区成为最大赢家，有 7 座城市上榜，较 2011 年增加 3 座，山西太原登上榜首；西南地区有 5 座城市入围，且全部是进出口总值 3 亿美元以下的小型城市；西北地区入围 4 席，新晋入围的新疆博尔塔拉蒙古自治州进出口总值仅 24.6 亿美元，内蒙古鄂尔多斯更是仅有 4.2 亿美元；东部沿海地区上榜成绩平平，长三角只有上海市和江苏连云港入围，而福建泉州则成为海西地区唯一的入围城市；环渤海地区损失惨重，由2011年7座城市入围迅速下滑至2012年的3座，成为该指标排名榜单上最大的失意者；珠三角地区再次有5座城市入围，除广州和珠海外，入围的汕尾、湛江、清远进出口规模均不足50亿美元。

三、结构篇

表6　2012年中国城市外贸结构竞争力前30强排名

城市名称	全产品出口高度化		市场多元化				产品多元化				分项得分	分项排名	综合排名
			出口市场等价数目		出口市场离散度		出口产品等价数目		出口产品离散度				
	得分	排名	得分	排名	得分	排名	得分	排名	得分	排名			
辽宁省铁岭市	87.9	173	100.0	1	100.0	1	79.6	7	98.6	8	92.0	1	67
浙江省金华市	92.2	65	80.7	17	95.5	23	88.6	4	99.3	3	91.2	2	44
四川省巴中市	91.1	90	92.6	2	99.0	2	76.8	13	98.3	9	91.2	3	70
浙江省杭州市	91.9	73	71.6	136	91.0	150	100.0	1	100.0	1	90.5	4	15
浙江省宁波市	93.5	38	71.2	145	90.8	155	96.4	2	99.8	2	90.4	5	10
安徽省合肥市	92.1	69	77.9	28	94.5	38	84.5	5	98.9	5	89.7	6	39
江西省南昌市	93.2	45	80.0	20	95.3	24	75.7	16	97.8	16	88.8	7	49
安徽省淮南市	90.5	112	89.9	3	98.5	3	68.2	54	95.6	53	88.3	8	72
湖北省襄阳市	90.1	126	78.4	25	94.9	27	77.6	12	98.2	11	87.9	9	104
山东省青岛市	88.3	163	72.1	126	91.4	138	89.2	3	99.3	4	87.7	10	14
四川省达州市	90.4	113	75.2	67	93.7	67	79.2	8	98.6	7	87.6	11	61
安徽省安庆市	90.2	122	85.3	8	97.1	7	69.4	44	96.0	44	87.5	12	82
福建省龙岩市	91.2	88	76.2	54	93.8	65	76.6	14	98.0	14	87.4	13	58
山东省济南市	94.6	24	76.9	42	94.1	55	70.9	36	96.5	37	87.3	14	41
江西省吉安市	92.2	67	74.8	77	93.2	87	76.0	15	97.9	15	87.2	15	128
浙江省嘉兴市	92.1	68	69.8	169	89.6	181	83.4	6	98.9	6	87.1	16	28
江苏省镇江市	91.4	80	76.7	46	94.0	60	73.0	25	97.1	25	86.8	17	27
江苏省无锡市	95.4	18	73.4	99	92.2	111	71.3	33	96.6	34	86.7	18	12
福建省厦门市	93.3	43	73.8	89	92.5	105	73.4	21	97.2	24	86.7	19	5
浙江省绍兴市	90.5	109	83.2	11	96.3	11	67.8	61	95.2	63	86.7	20	53
河北省石家庄市	87.8	177	76.7	44	94.0	57	77.7	11	98.1	13	86.7	21	52
辽宁省沈阳市	94.4	27	77.1	39	94.3	50	68.2	57	95.4	58	86.6	22	25
江苏省徐州市	91.2	86	81.5	14	95.9	17	67.6	63	95.1	65	86.5	23	65
辽宁省辽阳市	90.4	114	78.8	23	95.6	20	69.8	41	96.3	40	86.3	24	83
广东省佛山市	95.5	17	74.7	79	93.0	92	68.4	52	95.5	54	86.3	25	17
福建省三明市	89.0	146	77.4	33	94.4	44	73.2	23	97.2	23	86.3	26	120
河北省沧州市	89.4	139	82.3	12	96.2	13	68.2	56	95.5	55	86.3	27	132

续表

城市名称	全产品出口高度化		市场多元化				产品多元化				分项得分	分项排名	综合排名
			出口市场等价数目		出口市场离散度		出口产品等价数目		出口产品离散度				
	得分	排名	得分	排名	得分	排名	得分	排名	得分	排名			
广东省广州市	94.4	28	70.9	150	90.5	159	73.9	18	97.3	20	86.2	28	11
江苏省常州市	94.4	30	72.8	116	91.9	125	71.1	35	96.6	36	86.1	29	16
甘肃省兰州市	91.2	87	75.0	71	93.3	85	72.4	28	97.0	28	86.1	30	73

表7 2012年与2011年各地区结构竞争力单项指标进入前30名的城市分布表

单位：座

地区名称（所含城市数量）	结构竞争力		全产品出口高度化		市场多元化				产品多元化			
					出口市场等价数目		出口市场离散度		出口产品等价数目		出口产品离散度	
	2012年	2011年	2012年	2011年	2012年	2011年	2012年	2011年	2012年	2011年	2012年	2011年
东南沿海地区（55座）	14	13	13	15	4	3	4	2	13	13	13	13
其中：长三角地区（25座）	9	9	4	8	4	2	4	2	7	6	7	6
珠三角地区（21座）	2	2	9	7	0	0	0	0	3	3	3	3
海峡西岸经济区（9座）	3	2	0	0	0	1	0	0	3	4	3	4
环渤海地区（30座）	4	5	3	3	9	9	9	8	3	5	3	5
东北地区（34座）	3	4	1	1	5	3	6	4	7	7	7	7
中部地区（81座）	6	6	5	6	10	10	9	9	4	3	4	3
西南地区（47座）	2	0	8	5	2	3	2	4	2	1	2	1
西北地区（44座）	1	2	0	0	0	2	0	3	1	1	1	1

（一）结构竞争力评价体系构建意义

“转方式调结构”是我国“十二五”规划的主线，城市外贸结构合理与否成为衡量一个城市外贸及经济发展质量的重要标志。城市外贸结构分项竞争力从高度化（产品技术含量高低）和多元化（产品和市场数量的多寡、分布是否均衡）两个方面进行评价。

1. 从规模分布看：外贸大市表现稳定，中小城市更替频繁。2012年中国城市外贸结构竞争力30强有11座城市发生更替，15座城市连续3年榜上有名，其中，辽宁铁岭凭借多元化指标稳定优异的表现，荣获结构榜单“四连冠”。其中，外贸大市表现稳定，出口值高于200亿美元的浙江宁波、浙江绍兴、浙江杭州、浙江金华、广东广州、广东佛山、福建厦门、山东青岛8座城市均连续3年入围榜单30强；中小城市稳定性较差，除辽宁铁岭外，2011年出口规模在20亿美元以下的5座城市全部掉出榜单。受限于整体规模，中小城市无论是企业数量还是商品种类都较为有限，环境变化、行业兴衰、龙头企业调整市场策略和产品方向均能导致榜单排名大幅波动，如2010年30强的四川巴中、四川达州，2011年均掉出百名开外，2012年又双双再次上榜；2011年第5名的陕西延安，2010年和2012年均在200名开外。

2. 从地区分布看：东南沿海席位近半，中部东北发挥稳定。东南沿海地区在中国城市外贸结构竞争力30强榜单上依旧表现抢眼，城市上榜数量较2011年增加1席共14席，其中，长三角地区有9座城市入围，江苏镇江、江苏常州取代江苏宿迁、浙江丽水上榜；海西地区除福建的厦门和龙岩外，三明时隔4年后再次入围30强；珠三角地区的广州和佛山连续两年上榜。中部和东北地区同属上榜席位不多但发挥稳定的资优生，中部继续占有6席且排名全部进入前15强，安徽合肥和江西南昌两座省会城市连续两年入围；东北3座入席，辽宁铁岭四连冠，辽宁沈阳连续6年进入榜单。环渤海地区以连续4年入围的山东青岛和河北沧州最为亮眼，河北石家庄进步最快、较2011年提升6个位次，山东济南取代山东潍坊上榜，而北京仅以0.1分的微弱差距屈居第31位，抱憾无缘榜单。四川巴中、四川达州的强势回归使西南地区2012年避免了上交白卷的窘境。西北地区仅甘肃兰州一颗独苗，虽然连续3年入围但排名持续下滑，从2010年的亚军掉落至2012年的第30位。

（二）全产品出口高度化指数

由当地产业特征决定，代表着某城市所有出口产品的技术含量，其变化意味着该城市输出产品在国际分工中的比较优势变化。

1. *出口技术含量两极分化，中高端城市走入上升通道。*2012年，纳入评比的291座城市“全产品出口高度化”平均值为62.2，比2011年提升1.6%；从产品档次看，以高附加值产品①为出口主流的城市有21座，比2011年增加1座，平均值为78.2，比2011年增加0.5；以低附加值产品为出口主流的城市数量逐年减少，2012年为30座，分别比2010年、2011年减少15座、10座，但“全产品出口高度化”指数平均值不升反降4.3，低至30.1；以中间档次产品为出口主流的城市有240座，占所有参评城市总量的82.5%，平均分值64.8，比2011年增加0.3。

2. *两大经济带角逐激烈，中档分值地区占据大部分版图。*2012年，“全产品出口高度化”指数榜单前30强结构稳定，仅有6座城市发生变动，并集中在出口分值最高的长三角和珠三角地区：长三角以地区平均高度化分值70.4的最高分继续领跑，但2011年排名前30强的浙江温州、江苏南京、江苏扬州、江苏泰州以2分左右的下滑幅度跌出前30强，导致长三角上榜城市数量较2011年减少50%，目前只有4座城市上榜；珠三角以70的地区平均高度化分值紧随其后，其中广东的汕尾、珠海和梅州以不到2分的进步挤入前30强，入围城市由2011年的7座增至9座，削弱了长期以来长三角在该指标榜单上的绝对优势。然而，平均城市分值介于60~65之间的地区，涵盖了我国大部分的地理版图：西南地区在2011年5席的基础上新增3座城市上榜，四川资阳得益于出口分值较高的铁道机车迅猛增势，指标排名提升46个位次进入前30强，广西百色连续2年排名在30~40位之间后如愿进入前30强；中部地区占据5席，较2011年减少1席，其中江西上饶受欧盟取消光伏发电补贴和美国征收反倾销的阻碍，光伏组件出口大幅下滑64.5%，排名下跌42位无缘榜单；环渤海和东北地区上榜城市保持不变；西北地区则以50.4排名垫底。此外，海西和西北城市连续2年零上榜、再次无缘前30强。

3. *经济发展规模与水平正相关，外贸大市高分闪耀榜单。*外贸大市是“全产品出口高度化”得分高分军团，2012年出口值超千亿美元的广东深圳、上海、江苏苏州得分分别为80.8、79.4和77.6；天津、广东东莞、广东佛山、广东惠州、广东中山、江苏无锡等传统外贸重镇，以及承接产业转移的中西部省会城市河南郑州、湖北武汉、四川成都和重庆也均超过75；其余8座高分值城市

① 指标值大于75，表明该城市整体出口产品中电子产品、机械设备以上加工程度商品出口比重较大，定义为“高附加值产品”；指标值低于75高于50，表明该城市整体出口产品加工程度最多达到传统劳动密集型商品的水平，定义为“低附加值产品”；指标值低于50，表明该城市主要出口经济作物和矿产资源等仅经过简单加工的初级产品，定义为“中间档次产品”。

多拥有具备左右当地整体出口技术含量影响力的大型制造业龙头企业，如安徽芜湖的奇瑞汽车、湖南株洲的中国南车、广东汕尾的信利半导体、四川绵阳的长虹彩电、广西柳州的柳工机械和五菱汽车、山西晋城的富士康。而低分值城市主要集中在内陆中小城市：除福建漳州、广东湛江、山东莱芜和山东菏泽外，其余26座为内陆城市且出口值均不足5亿美元，出口产品主要集中在当地经济作物和矿产资源上，加工程度较低导致指标分值始终处于低位；甘肃陇南、宁夏固原出口值均在千万美元以下，“全产品出口高度化”分值以6分的超低表现垫底，出口品种分别集中在苹果和苹果汁、保鲜蔬菜。

4. *产业升级的迫切需求下，部分中小内陆城市外贸脱贫。*无论是被动承接沿海地区逐渐加快的产业转移脚步，还是主动培育特色产业、提升高科技产品，内陆地区都在升级之路上探索前行，2012年共计11座内陆城市脱离低分值区域：云南昭通抓住东部地区产业转移的有利时机，主动出击，先后到广东、浙江、福建等地开展招商引资活动，成功引进广东南海玩具加工、浙江诸暨袜业等一批企业集群到昭通投资兴业，出口重心由2011年的资源性产品如猪鬃、猪毛转向服装、箱包和玩具等劳动密集型产品，促进该指标分值提升92.9%至60.2；宁夏吴忠强化闽宁对口扶贫产业转移衔接，积极推进与中东部发达地区、国内大企业集团联合办园，塑料制品和贱金属制品逐渐成为其主打产品，2011年最大的单一出口商品已梳动物细毛的比重从49.7%降至22.4%，促进指标分值提升42.1%至56.4；吉林白城抓住国家实施新一轮振兴东北老工业基地机遇，坚持引进增量、盘活存量、做大总量，对重点企业采取异地扩能改造等措施，自推进运送平整机械出口激增3.3倍使指标分值大幅增加21.5至42.6。

（三）多元化指标

多元化指标（包括市场和产品）由“等价数目”和“离散度”两个4级指标构成，其中，“等价数目”指某城市出口市场和产品数量，“离散度”指出口市场和产品分布形态，只有兼具“多而散”的特征，才能达到均衡合理的状态。

1. *市场多元化：环渤海出口市场最多，中部提升幅度最大。*从最低值广西崇左1个到最高值辽宁铁岭23.2个，2012年所有参评城市的“出口市场等价数目”跨度较大，每座城市平均值为8.2个，比2011年略增0.4个。从分区域看，环渤海平均每座城市以11.3个“出口市场等价数目”居各区域之首，较2011年增加0.8个；长三角10.2个紧随其后，较2011年增加0.8个；中部地区9.4个，比2011年增加0.9个，提升幅度最大；海西9.4个，东北地区8.3个，分别比2011年增加0.2个和0.6个；珠三角、西南和西北地区分别为6.7个、6.5个和5.3个，较2011年分别减少0.1个、0.1个和0.2个。受制于地理条件，内陆边境城市的外贸企业倾向与接壤国家进行货物贸易，加上经济落后、产业单一导致辐射范围狭窄，如广西崇左对越南出口比重高达97.6%，云南临沧对缅甸出口占总出口84.2%，内蒙古呼伦贝尔对俄罗斯出口占总出口79.5%，黑龙江牡丹江对俄罗斯出口占总出口61.7%，新疆喀什对吉尔吉斯斯坦出口占总出口50.9%，上述城市的“出口市场等价数目”均不超过3个。

2. *产品多元化：出产日趋丰富，长三角领衔、珠三角独降。*2012年，所有参评城市的“出口产品等价数目”平均值为34.1个，比2011年增加5.3个，且城市间差距拉大，最大值由2011年的227.2个升至2012年的232.6个，最小值由1.3个降至2012年的1.2个。从区域分布看，长三角实力雄厚，平均每座城市拥有同等出口规模的产品数量最多，以77.3个的优异成绩居首，较2011年增加11.6个，其中独具特色的民营小商品经济为浙江在多元化指标上赢得前排名次，勇夺五连冠的杭州出口商品多达3 472种，出口比重超过0.1%的商品220种，排名前10位的宁波、金华、嘉兴出口商品均超过2 600种。海西地区的“出口产品等价数目”在2011年基础上增加7.1个至

68.2个。相比之下，作为电子加工制造业基地，珠三角出口结构以电子、电器产品为主，平均每座城市同等出口规模的产品数量有35.1个，均低于环渤海和东北地区水平，较2011年减少1.4个，是“出口产品等价数目”唯一出现逆势下滑的地区。此外，与“出口市场等价数目”地位一致，西南和西北地区“出口产品等价数目”垫底，分别为20个和18.3个。

3. *与长三角产业水平的势均力敌，难掩珠三角结构失衡。*2012年，在平均出口规模、产品技术水平等领域，长三角与珠三角不相上下，城市的全产品高度化指标值的差距不足0.5。但在多元化指标表现以及区内发展均衡方面，长三角的相对优势明显，平均每座城市“出口产品等价数目”高出珠三角42.2个，差距较2011年继续拉大44.9%，“出口产品等价数目”超过100个的城市4座，仅2座城市低于25个，而珠三角“出口产品等价数目”最多的广州也不足100个，9座城市低于25个，长三角平均每座城市“出口市场等价数目”高出珠三角3.5个，差距较上年继续拉大34.6%，4座城市入围榜单，排名最低的浙江嘉兴也有7.6个，而珠三角14座城市排名低于嘉兴，陷于榜上无名的处境。此外，长三角城市出口规模有序扩散，结构上也更趋合理，长三角以“沪杭甬”和“苏锡常”两大经济圈为核心，周边的江苏南通、江苏常州、浙江嘉兴、浙江台州2012年出口值均超百亿美元，最不济的浙江衢州也有18.6亿美元。外贸大市在高度化指标上领军，外围城市则在多元化指标上大放异彩，江苏徐州、浙江衢州一南一北两座城市入围市场多元化榜单，浙江嘉兴、江苏镇江、江苏宿迁、江苏盐城跻身产品多元化前30强。而珠三角城市外贸发展贫富落差较大，小城市出口市场和产品也更为集中，结构失衡明显，珠三角出口超200亿美元的7座城市深圳、东莞、广州、佛山、惠州、中山和珠海全部坐落在珠江出海口边上，珠海之后的江门、汕头、揭阳出口值分别为130亿、61.6亿、38.1亿美元，中等规模出口城市断档明显，出口低于20亿美元的城市有7座，西侧的茂名、云浮和北侧的韶关出口值均不足10亿美元，东侧的梅州也仅出口12.7亿美元，7座小城市虽然高度化指标表现良好，但除阳江外，其余6座城市市场和产品多元化两项指标排名均在百名开外。

4. *企业市场策略变化对中小城市的影响牵一发而动全身。*由于中小城市出口基数小，市场需求和策略的微弱变化，会对多元化指标结果产生实质性的改变。2012年“市场多元化指标”榜单13座新晋城市中有9座出口值低于20亿美元，出局的13座城市有11座出口值低于20亿美元。如黑龙江七台河2011年出口值仅为2 347万美元，2012年雄鹰经贸有限公司异军突起，左右了全市94.8%的出口规模，该公司出口商品遍及87个国家，出口值超百万美元的市场达39个，使黑龙江七台河出口市场等价数目排名提升了118个位次，出口产品等价数目排名提升了131个位次；四川巴中宏润畜产品有限公司出口实现从无到有，2012年占该市出口比重41.6%，产品销往118个国家，出口市场由67个增至137个，出口市场等价数目排名提升168位跃居亚军，出口产品等价数目升至第13位；而陕西伊天果汁有限公司对日本出口苹果汁激增31倍，促使延安对日本出口比重增加15.8个百分点，产品和市场多元化指标分别从2011年的第2和20位滑落至第181和173位。

（四）高度化与多元化指标间的长、短腿发展格局亟待打破。

1. *一方面，外贸大市产业分工层次高，但市场分布集中局面难以改变。*目前为止，外贸先行城市的出口模式未完全摆脱为国外品牌作嫁衣的阶段，与此同时，受限于开拓新市场成本较高、海外营销经验不足等短板，这些城市又缺少享誉全球的本土品牌，仍主要面向消费能力强的美日欧等国家，导致市场集中度较高。2012年，出口值超200亿美元的25座城市“全产品出口高度化”指数平均值为74.5，入围高度化榜单前30强的有14座，但进入高度化榜单的城市无一登上市场多元化榜单。除央企云集的首都北京和小商品经济起家的浙江绍兴、浙江金华得以进入市场多元化榜单外，其余外贸大市排名均在50位开外，广东的中山、东莞、深圳、惠州排名更是在200位之后。

另一方面，相对封闭的内陆城市易产生对龙头企业的过度依赖。从深圳基地搬迁后，富士康搭建在河南郑州的Iphone手机、山西晋城的摄像机、四川成都的笔记本电脑生产线都对当地外贸和经济发挥了至关全局的作用，分别占所在城市出口比重的76.7%、41%和39.5%，高度化指标榜上有名，同时，由于产业结构过于集中，导致这些城市的“出口产品等价数目”仅分别为1.7个、4.4个和5.4个，离该指标第30名山东泰安的71.9个遥不可及。四川资阳中国南车的机车、河北保定英利能源的光伏组件、广西柳州的柳工机械和五菱汽车在带动所在城市进入高度化榜单的同时，这些城市的“出口产品等价数目”均不足15个。龙头企业的垄断使诸多城市高度化与多元化步伐不能同步迈进，一旦产品市场需求发生变化或者企业转型升级受挫，所在城市出口结构将更加不容乐观，难以在整体结构上具备与其他城市抗衡的竞争力。

2. *提升当地深加工水平，有利于中小城市高度化和多元化同时进步。*2012年多元化与高度化指标排名均在200开外的城市有36座，上述城市出口仍然停留在“只对传统市场出口经简单或初步加工的当地矿产资源和主要经济作物”的最初级阶段。广西来宾重晶石出口比重占52.9%，陕西榆林未锻压的镁占出口比重52.7%，云南保山未焙炒未浸除咖啡碱的咖啡出口比重为41.9%，3座城市“全产品出口高度化”得分均低于50，市场和产品等价数目均低于5个。镁是航空工业的主要原料，也用来制造照相和光学仪器；重晶石的下游产品碳酸钡是光学玻璃的重要原料，氯化钡是一种农用杀虫剂，硝酸钡用于焰火和玻璃工业中，高锰酸钡是一种绿色颜料；咖啡豆制成的袋装速溶咖啡是全球各地餐厅酒店的日常消耗品。如果将上述城市的出口商品进行深加工后再出口，不仅能提高产品附加值，还能降低对单一市场过于依赖的风险，促进城市外贸结构的均衡发展。

四、效益篇

表8　2012年中国城市外贸效益竞争力前30强排名

城市名称	一般贸易出口产品高度化		加工贸易增值率		净出口增长对本地生产总值增长的贡献率		出口收益率		贸易条件指数		分项得分	分项排名	综合排名
	得分	排名	分	排名	得分	排名	得分	排名	得分	排名			
广东省深圳市	96.6	6	62.3	194	72.1	240	100.0	1	79.6	185	80.9	1	1
湖南省株洲市	90.8	55	100.0	2	73.9	29	60.5	92	81.4	114	80.1	2	69
四川省南充市	92.1	34	100.0	1	72.5	155	60.1	174	76.1	256	78.9	3	111
山西省长治市	86.4	159	82.6	5	73.8	30	60.2	132	94.2	8	78.6	4	42
上海市	92.5	30	64.2	80	71.5	274	84.6	2	81.2	121	78.2	5	3
江苏省苏州市	93.3	19	62.7	161	74.7	15	75.9	3	82.2	96	77.1	6	2
江西省新余市	89.4	87	93.6	3	71.8	264	60.3	128	73.2	271	76.7	7	26
河北省承德市	85.0	185	87.3	4	72.3	208	60.0	240	81.5	112	76.5	8	197
西藏自治区拉萨市	87.6	136	60.0	262	93.0	2	60.9	58	84.9	56	76.0	9	93
贵州省安顺市	100.0	1	61.5	227	72.3	192	60.0	278	92.5	12	75.6	10	205
浙江省杭州市	91.0	52	64.5	68	72.9	77	69.0	6	83.4	75	75.6	11	15
辽宁省盘锦市	86.1	166	70.5	14	72.4	189	60.2	143	92.3	16	75.4	12	36
重庆市	89.2	95	72.9	13	74.6	16	66.8	10	75.1	262	75.4	13	19
河南省鹤壁市	91.4	48	66.5	29	72.6	127	60.0	229	91.9	18	75.4	14	159

续表

城市名称	一般贸易出口产品高度化		加工贸易增值率		净出口增长对本地生产总值增长的贡献率		出口收益率		贸易条件指数		分项得分	分项排名	综合排名
	得分	排名	分	排名	得分	排名	得分	排名	得分	排名			
浙江省宁波市	90.9	54	62.8	159	73.4	45	73.5	4	78.3	217	75.2	15	10
贵州省六盘水市	99.0	2	60.0	253	72.6	126	60.0	288	92.4	13	75.1	16	116
浙江省金华市	89.6	79	63.5	121	78.7	6	65.8	13	80.9	140	75.1	17	44
湖北省十堰市	93.7	18	67.5	17	72.5	145	60.1	190	85.9	38	75.0	18	167
广东省广州市	91.8	41	62.2	203	73.1	60	67.8	8	82.6	88	74.8	19	11
安徽省芜湖市	97.6	3	66.1	33	72.7	101	60.7	68	81.9	101	74.7	20	33
江西省萍乡市	88.2	115	63.4	126	73.3	48	60.3	116	94.2	7	74.7	21	110
河南省平顶山市	91.2	51	65.6	43	72.2	232	60.1	199	89.0	28	74.6	22	157
浙江省温州市	94.0	14	64.2	79	72.5	151	64.8	16	81.4	116	74.6	23	87
四川省达州市	89.5	80	60.0	255	72.3	197	60.0	247	98.7	2	74.5	24	61
河南省开封市	84.7	188	81.0	7	72.3	193	60.1	197	76.9	244	74.5	25	155
湖北省咸宁市	91.9	38	63.5	120	72.3	206	60.1	208	90.1	22	74.4	26	146
陕西省汉中市	85.4	177	74.1	10	72.4	184	60.0	263	82.7	85	74.3	27	262
四川省资阳市	95.2	9	74.4	9	72.5	134	60.1	198	73.6	270	74.3	28	210
广西壮族自治区桂林市	89.9	73	65.0	55	72.5	141	60.2	151	88.6	31	74.3	29	175
广东省佛山市	94.5	11	62.5	173	73.1	66	65.8	14	79.5	191	74.2	30	17

表 9　2012 年与 2011 年各地区效益竞争力单项指标前 30 名的城市分布表

单位：座

地区名称（所含城市数量）	效益竞争力		一般贸易出口产品高度化		加工贸易增值率		净出口对本地生产总值增长的贡献率		出口收益率		贸易条件指数	
	2012 年	2011 年	2012 年	2011 年	2012 年	2011 年	2012 年	2011 年	2012 年	2011 年	2012 年	2011 年
东南沿海地区（55 座）	9	17	12	18	2	1	10	13	21	20	0	0
其中：长三角地区（25 座）	6	11	5	8	2	1	5	6	13	13	0	0
珠三角地区（21 座）	3	4	7	10	0	0	4	5	5	5	0	0
海峡西岸经济区（9 座）	0	2	0	0	0	0	1	2	3	2	0	0
环渤海地区（30 座）	1	1	4	2	4	2	1	0	4	5	2	1
东北地区（34 座）	1	1	0	1	5	4	3	2	1	1	4	5
中部地区（81 座）	10	4	8	4	10	9	7	6	1	1	12	11
西南地区（47 座）	7	5	5	5	5	7	4	4	2	2	6	3
西北地区（44 座）	2	2	1	0	4	7	5	5	1	1	6	10

(一) 效益竞争力评价体系构建意义

随着传统粗放型的外贸发展模式逐渐遭遇瓶颈，转变对外贸易发展方式，不仅要关注外贸发展的规模和速度，更要关注外贸发展的质量和效益，这已经成为学界、业界的共识。

1. *上榜成绩不稳定的偏科生超过半数，榜单持续动荡。*2012 年效益竞争力 30 强榜单延续动荡态势，更新率由 2011 年的 46.7% 进一步扩大至 56.7%。除深圳、上海等发展相对均衡的外贸强市能够爆发持续竞争力外，一些依靠单项指标的高度影响力异军突起的城市，难以在效益榜单上站稳脚跟，陷入过山车般大起大落的境遇，如山西晋中、四川雅安、宁夏石嘴山、黑龙江佳木斯和河南济源等，其中，2011 年河南济源依靠"净出口对本地生产总值增长贡献率"指标的优势排名效益榜单第 23 位，但 2012 年该指标成绩大幅下降直接导致其在效益榜单中跌出百名之外，由此可见，所有指标的同步发展才能修炼出难以撼动的综合实力。而 2012 年依靠某个单项指标突然崛起入围榜单的城市也不在少数，如湖南株洲依靠"加工贸易增值率"单项指标的突出表现，急升 167 位并斩获效益榜单亚军殊荣，山西长治在"贸易条件指数"指标中优势明显，助推其跃居榜单第 4 位，这类城市亟待加强综合实力的修炼方能避免成为榜单的匆匆过客。

2. *规模是效益提升的底气，传统大市定力增加难以撼动。*外贸规模是外贸效益的重要来源。虽然 2012 年效益榜单 30 强稳定度有所下降，但仍有 13 座城市连续 2 年上榜，其中 5 座来自我国外贸规模前 10 位的城市，如深圳、上海这类外贸"航母级"城市实力强劲，连续多年稳居榜单前 10 位，苏州、广州和宁波等生力军也是榜单的常客，而浙江省的杭州和温州外贸规模虽游离 10 名之外，但连续 5 年榜上有名的优异成绩也足以令人刮目相看。此外，未能入围效益 30 强榜单的外贸规模 10 强城市，如北京、东莞、厦门等在效益榜单中排名也均在 50 位之前。

3. *东南沿海、中部和西部地区三足鼎立的局面逐渐形成。*随着转变外贸发展方式步伐的逐步加快，一些中西部城市外贸展现出前所未有的活力，在指标考核上反映出了明显的竞争优势，如在"净出口对本地生产总值增长的贡献率"和"一般贸易出口产品高度化"等指标考核中，中西部城市表现优异，并凭借压倒性优势逐渐取代了部分东南沿海城市入围，以往"东强西弱"的效益榜单格局正逐渐向东南沿海、中部和西部三地均衡方向发展。从近 5 年效益竞争力 30 强榜单区域分布情况看，东南沿海地区入围城市数量由 2008 年的 22 座减至 2012 年的 9 座，而同期中部和西部地区入围城市数量则分别由 2008 年的 2 座、3 座增至 2012 年的 10 座、9 座。

(二) 一般贸易出口产品高度化指数

一般贸易出口利用外部市场消费拉动内部经济发展，体现了一个国家或地区的基础产业水平、科技发展水平和劳动生产率水平等。

1. *中西部城市逆袭，榜单占有率首次超越东部沿海地区。*相较于两头在外的加工贸易，一般贸易受外部环境波动的影响相对较小，抵御市场风险能力较强。金融危机爆发使彰显本地技术实力的一般贸易强势崛起，2012 年我国一般贸易出口占同期外贸出口比重已接近 5 成，较 2008 年提升了 1.9 个百分点。其中，资源富庶的中西部城市在一般贸易领域取得长足进步，2012 年该地区一般贸易合计出口规模比 2008 年扩大了 74.6%，相当于东部沿海地区的 22.7%，5 年间比重提升了 2.7 个百分点，入围"一般贸易出口产品高度化"前 30 位城市数量由 2008 年的 8 座增至 2012 年的 14 座，而同期东南沿海地区入围城市数量由 18 座减少至 12 座，2012 年中西部地区入围城市数量首次超过东南沿海地区，成功逆袭。但也应当看到，中西部地区产业普遍单一、布局相对集中，这种竞争优势相对脆弱，一旦市场环境发生变化，将陷落于负面的处境，如 2010 年陕西商洛凭借太阳能电池项目的快速发展，在当年本项指标考核中一度夺魁，但由于市场竞争加剧，出口大幅增长势头没有得到延续，2011 年、2012 年该市一般贸易出口太阳能电池锐减，其在本项指标中的排名已连续2年位居百名之后。

2. *一般贸易大省疏于提升技术，浙江城市大幅落选榜单*。浙江省是一般贸易出口大省，2012年其一般贸易出口规模在我国各省市中高居第2位。然而，低成本扩张的市场开拓模式导致以传统劳动密集型商品为主导的本土产业结构很难在短期内发生改变，在全国一般贸易项下高新技术产品出口比重由2008年的8.4%提升至2012年9.6%时，浙江省该比重却不升反降、与全国同期水平的差距不断拉大，由2008年的4.9%下滑至2012年的4.7%。由于高新技术产品的出口表现欠佳，2012年“一般贸易出口产品高度化”指标30强榜单中浙江省仅存温州市一颗硕果，比2011年大幅减少4座，一般贸易大省要实现华丽转身困难重重。

（三）加工贸易增值率

随着增值空间狭窄、经济效益低下等问题日益突出，传统加工贸易发展模式逐渐难以适应形势发展需要。因此，延长产业链、提升增值空间、改善加工效益，对提升我国在国际分工中的地位尤为必要。

1. *受益于有序承接加工贸易转移，中西部增值优势明显*。自2007年以来我国先后三批共认定了44个中西部、东北城市作为加工贸易梯度转移重点承接地，让转型升级步伐又前进了一大步。近年来受益于政策扶持，这些地区加工贸易取得了超常规的发展，虽然在总量上仍无法比肩东南沿海地区，但发展速度不禁让人侧目：自2008年以来中西部地区加工贸易年均增长44.5%，增速远快于同期全国6.3%的平均水平，其在全国加工贸易比重也由2008年的2.9%迅速提升至2012年创纪录的9.8%。加工贸易的迅速成长，带领着一批中西部城市入围“加工贸易增值率”指标30强榜单，2011年多达23座，2012年仍保持19座的数量。如重庆市抓住全球电子科技创新的机遇，相继吸引了惠普、宏基、华硕、思科等品牌商以及富士康、广达、英业达、仁宝、纬创等代工商和大批零部件制造企业入驻，几年间已搭建出一片构成完整、运作成熟的笔电产业集群，在此带动下的全市加工贸易进出口年均增速高达1.9倍，凭此优势重庆已经连续2年入围本项指标榜单。而作为我国老牌加工贸易生产基地的东南沿海地区，多年累积的庞大进出口规模难掩低端的国际分工水平，出口产品技术含量低、同质化严重，致使议价能力低下、增值空间狭小，光鲜的外贸数据背后，并未带来与之相称的实际利益，2012年仅浙江舟山和浙江丽水2座城市入围“加工贸易增值率”指标30强榜单，延续贫困式增长的困局。

2. *榜单稳定性与联动性两块短板暴露指标计算的片面性*。必须指出的是，加工贸易增值率指标本身存在一定的局限性，部分城市开展的加工贸易业务主要是对自身物产资源进行简单加工后出口，对应进口是包装物、标签等低值辅料，由此计算的加工贸易增值率极易出现虚高情况，无法全面反映加工贸易实际增值水平。如2012年四川南充加工贸易项下主要进口“有机合成着色料”、出口“棉≥85%印花平纹布”，导致其加工贸易增值率拔高了41.2倍，居全国首位，但在效益和综合竞争力榜单中四川南充最终仅名列第111位。由于这种虚高的加工贸易增值率代表的竞争力概念不具备全面性，在与效益竞争力、综合竞争力之间联动关系中表现出较低的契合度，2012年入围加工贸易增值率前30位榜单的城市中，仅12座城市入选效益竞争力榜单30强，仅有3座城市最终挤进综合竞争力30强。同样，指标计算的片面性也直接影响最终榜单成绩的稳定，2012年该指标前30位更新率高达66.7%，延续动荡局面。

（四）净出口对本地生产总值增长的贡献率

净出口作为构成GDP的“三驾马车”之一，在促进经济发展中发挥着越来越重要的作用，是衡量外贸发展效益高低的重要标准。

1. *有限市场容量让中西部变身榜单主角、改变区域格局*。综合2008年以来的榜单区域分布变化情况，除2009年受国际金融危机强烈冲击数据表现较为异常外，其余年份基本呈现东南沿海地区和中西部地区的“此消彼长”，其中中西部地区入围“净出口对本地生产总值增长的贡献率”指标30强的城市数量由2008年的3座快速增至2012年的16座，超越东南沿海地区、占据榜单的半壁江山，而东南沿海地区则由2008年的22座减少至2012年的10座。以区域发展战略性转移为推手，中西部城市外贸马力不断增强，在2012年“净出口对国内生产总值增长”指标榜单上百舸争流，占有率高达53.3%。然而，高上榜率的优异成绩主要得益于内陆城市内贸市场容量的有限，榜单中中西部城市的平均生产总值仅相当于其余地区上榜城市平均水平的78.6%，较小的经济基数和外贸市场容量给指标结果蹿升空间的同时，也带来了稳定性欠佳的副作用，在新晋入围的23座城市中中西部占据47.8%的比重。2012年黑龙江七台河可谓一鸣惊人，随着2012年10月对俄国际货运线路开通，当年该市贸易顺差同比猛增9.8倍，在本项指标的排名大幅提升153位并一举夺魁，中西部地区的西藏拉萨、甘肃金昌、广西崇左、安徽合肥紧随其后。而同处黑龙江省的佳木斯市在2011年该指标考核中排名榜首，由于2012年外贸出口出现了超过70%的降幅，其贸易顺差大幅收窄77%，导致其在榜单中跌落至第290位的后排座次。

2. *大基数下难求高增速，部分外贸发达城市落选榜单。*度过前期高速起步时期的部分外贸先行城市，逐渐走入发展瓶颈期，如果缺乏雄厚的进出口规模做支撑，一旦后继乏力，便容易淡出榜单，成为昙花一现的匆匆过客。2012年，10座东南沿海城市入围“净出口对本地生产总值增长的贡献率”指标榜单前30位，其中长三角、珠三角和海西地区分别有5座、4座和1座，均比2011年减少1座，如2011年榜单中排名第6位的福建福州，由于2012年该市外贸出口下降12.4%，降幅高于同期进口水平6.6个百分点，净出口规模收窄，对国内生产总值增长的贡献体现为负拉动，坠落至榜单第279位的末排座次。又如浙江温州，2012年外贸进出口下滑导致其对当地经济的影响力弱化，该市在本项指标评比中的排名应声下滑，从2011年的第12位跌落至2012年的第151位。

（五）出口收益率

内资企业是我国对外贸易发展的内生力量源泉，由内资企业创造并掌控的出口收益能力①更能体现“国民概念”，是衡量我国技术改造、自主研发能力以及经营管理水平的重要标准。

*贸易模式决定收益能力，外贸大省广东浙江殊途不同归。*2012年“出口收益率”指标榜单排名前30位中多达28座城市连续2年入围，仅湖北武汉和山东潍坊淡出榜单，被安徽合肥和福建泉州取代。外贸规模是获得出口收入的基础，在持续入围的28座城市中多达21座城市来自东南沿海发达城市，而外贸起步较晚的中西部地区仍未发展到具备与之抗衡的实力，仅4座城市入围，其中重庆、四川成都和新疆乌鲁木齐连续2年入围。然而，出口规模并非出口收益能力的决定因素。随着出口导向型传统外贸模式走向终点，本地经济内生动力逐渐增强，内资企业参与国际分工的深度广度不断加深，加工贸易国内产业链不断延伸，均有利于贸易收益能力的提升。近年来安徽合肥先后出台了一系列政策措施扶持民营企业发展，受益于此，合肥民营企业发展进入了快车道，外贸活动异常活跃，2012年该市民营企业出口较2011年增长2.4倍，所占比重较2011年明显提升了28.5个百分点，本项指标排名由2011年的第35位升至第25位。与此同时，“两头在外”的外贸发展模式成为阻碍收益提升的桎梏，以加工贸易起家的广东省为例，该省21座列入考核的城市中多达18座城市出口收益排名低于出口规模排名，除了个别体量较大的明星城市仍然难掩光芒外，多达13座城市游离在“出口收益率”指标前30名榜单之外；而同是外贸发达地区的浙江省，由于本土经

① 出口收益指在出口额基础上，剔除其中加工贸易进口料件以及外商投资企业出口等因素，更直接体现内资企业的实际创收能力。

济特征显著，该省列入考核的11座城市出口收益排名全部高于出口规模排名，其中7座入围“出口收益率”指标前30名榜单，在入围榜单的东南沿海城市中占据33.3%的比重。

（六）贸易条件指数

指出口价格指数与进口价格指数之比，用于说明出口商品和进口商品的交换比率关系，是从价格方面衡量对外贸易经济效益的重要指标。

1. 东南沿海地区维持零入围记录，贸易不利地位亟待破解。在2012年“贸易条件指数”前30位榜单上，中西部城市继续保持2011年24座城市的上榜记录，而东南沿海地区入围数量自2011年归零后，2012年仍是零入围。由于生态资源相对匮乏，发展加工贸易生产基地、承接全球制造业转移，实现国内外两种资源的交换、两个市场的对接成为东南沿海城市必然的战略选择。由于长期处于国际产业链条的低端，原料供应和成品销售都听命于跨国公司的市场策略，大多仅赚取代工的手续费，出口产品议价能力脆弱，而进口商品普遍缺乏定价话语权，多数情况下还要承担外方不断提价的压力，导致该地区在贸易条件指数考核中长期处于劣势，综合竞争力前五的东南沿海外贸强市在该指标排名均落于百名之外，深圳、东莞等全球加工生产基地更被远远抛在180位之后。

2. 中西部城市排名错落起伏，凭资源优势难成竞争合力。由于发达经济体进一步释放流动性、金融化程度加深和短期供需失衡的搅动，2012年国际金融市场跌宕起伏，大宗商品价格在戏剧性波动中呈现下跌态势，铜、铁、锰、煤炭、棉花等资源性商品进口价格均应声而降。由于东南沿海城市进口品种相对丰富，个别商品价格波动难以对整体形成决定性影响；反观结构单一的中西部地区城市，一旦市场供需关系发生变动，对进出口价格以及由此计算而得的贸易条件指数将产生较大影响，24座入围“贸易条件指数”前30位的中西部城市中，多达20座是新晋成员，如甘肃平凉出口商品以苹果、杏仁等农产品为主，而仅进口锰矿砂一项商品，出口价格稳中有升的同时进口锰矿砂的价格快速下跌，使该市在该指标考核中最终胜出。然而，单纯凭借资源优势上榜的城市，在其余指标表现上往往乏善可陈，难以形成综合竞争力，入选“贸易条件指数”前30位的24座中西部城市中，21座最终落选效益30强榜单，更无一座城市能够最终入围综合竞争力榜单。如山西长治依靠“贸易条件指数”第8位的优异表现而位列效益榜单第4位，但由于综合实力的不济，在综合竞争力榜单中最终仅列第42位，四川达州、江西萍乡、贵州安顺、贵州六盘水等均属同种情况。

五、发展篇

表10　2012年中国城市外贸发展竞争力前30强排名

城市名称	外商投资设备人均进口额		人均实际利用外资额		进入外贸500强企业的进出口比重		特殊监管区进出口份额		分项得分	分项排名	综合排名
	得分	排名	得分	排名	得分	排名	得分	排名			
江苏省苏州市	100.0	1	88.0	5	75.1	23	76.3	9	84.3	1	2
广东省深圳市	75.6	4	95.9	2	77.5	20	73.3	14	80.1	2	1
河南省郑州市	60.4	75	65.2	40	89.8	6	100.0	1	77.1	3	18
广东省东莞市	80.2	3	94.2	3	70.1	40	62.0	44	75.7	4	4
上海市	72.1	5	76.5	9	73.2	28	78.2	5	74.9	5	3
辽宁省大连市	62.7	26	100.0	1	69.9	44	66.2	20	73.4	6	9
广东省珠海市	66.1	13	84.7	7	77.2	21	65.6	23	73.0	7	6
天津市	64.2	17	85.8	6	72.6	31	69.3	18	72.6	8	8

续表

城市名称	外商投资设备人均进口额		人均实际利用外资额		进入外贸500强企业的进出口比重		特殊监管区进出口份额		分项得分	分项排名	综合排名
	得分	排名	得分	排名	得分	排名	得分	排名			
四川省成都市	60.2	91	70.0	17	77.1	22	85.0	2	72.5	9	23
浙江省舟山市	60.1	122	61.8	98	84.4	11	83.7	3	71.6	10	13
北京市	63.1	23	69.8	20	87.3	8	61.9	45	69.9	11	7
福建省厦门市	70.6	7	77.4	8	66.8	56	64.7	27	69.7	12	5
广东省惠州市	71.5	6	68.0	28	79.0	17	60.2	94	69.4	13	20
江苏省无锡市	69.2	9	73.6	13	68.2	51	65.6	22	69.1	14	12
吉林省长春市	68.4	11	61.7	104	89.5	7	60.1	122	69.0	15	38
重庆市	60.3	82	65.4	38	73.0	30	78.4	4	68.9	16	19
黑龙江省大庆市	60.1	102	62.5	76	98.2	2	60.0	158	68.6	17	66
山东省烟台市	60.6	60	63.5	60	74.5	26	77.1	8	68.6	18	22
安徽省铜陵市	60.9	46	65.5	37	91.9	5	60.0	158	68.5	19	35
辽宁省本溪市	60.0	173	63.4	61	95.0	3	60.0	158	68.2	20	48
江苏省常州市	69.2	10	75.5	10	63.9	68	64.8	25	68.2	21	16
甘肃省金昌市	60.0	173	60.0	278	100.0	1	60.0	158	68.2	22	103
河南省济源市	92.6	2	63.8	54	60.0	74	60.0	158	67.9	23	96
江西省鹰潭市	60.7	53	62.0	94	92.5	4	60.0	158	67.6	24	46
安徽省马鞍山市	60.1	119	67.5	32	85.5	10	60.1	120	67.6	25	31
陕西省西安市	60.1	118	64.3	49	70.0	42	75.8	11	67.3	26	30
辽宁省鞍山市	60.5	65	65.4	39	85.8	9	60.2	92	67.2	27	40
辽宁省盘锦市	62.0	32	91.0	4	60.0	74	60.0	158	67.1	28	36
内蒙古自治区包头市	60.0	173	69.9	19	78.7	18	61.4	53	67.1	29	34
江西省新余市	60.0	173	68.7	23	81.5	14	60.1	113	67.0	30	26

表11　2012年与2011年各地区发展竞争力单项指标进入前30名的城市分布表

单位：座

地区名称（所含城市数量）	发展竞争力		外商投资设备人均进口额		人均实际利用外资额		进入外贸500强企业的进出口比重		特殊监管区进出口份额	
	2012年	2011年	2012年	2011年	2012年	2011年	2012年	2011年	2012年	2011年
东南沿海地区（55座）	10	10	19	22	18	18	7	4	13	11
其中：长三角地区（25座）	5	6	10	12	10	10	3	2	8	7

续表

地区名称（所含城市数量）	发展竞争力		外商投资设备人均进口额		人均实际利用外资额		进入外贸500强企业的进出口比重		特殊监管区进出口份额	
	2012年	2011年	2012年	2011年	2012年	2011年	2012年	2011年	2012年	2011年
珠三角地区（21座）	4	3	7	8	7	7	4	2	4	3
海峡西岸经济区（9座）	1	1	2	2	1	1	0	0	1	1
环渤海地区（30座）	3	3	4	3	3	2	4	4	3	4
东北地区（34座）	6	6	3	2	4	3	6	5	3	3
中部地区（81座）	6	5	3	2	2	3	8	11	6	6
西南地区（47座）	2	4	1	1	1	2	3	3	4	5
西北地区（44座）	3	2	0	0	2	2	2	3	1	1

（一）发展竞争力评价体系构建意义

是否充分有效利用外资、带动产业升级、提高产业集聚力、发挥外贸强市辐射力，是衡量城市外贸发展活力的有效途径。由“外商投资设备人均进口额”、“人均实际利用外资”、“进入外贸500强企业进出口比重”、“特殊监管区进出口份额”等4项三级指标构建。

*中西部城市快马加鞭迎头赶上，打破传统发展金三角。*纵观2012年发展30强榜单，各经济区板块整体阵容基本保持不变：中西部地区占据最多席位、11座城市入围，东南沿海10座城市入围、东北6座城市入围、环渤海3座城市入围。30强榜单上有6个席位易主，除长三角和珠三角此消彼长各1个席位外，其他5个席位均在中西部以及东北地区内部盘整：一类属于收复失地型，如广东惠州、陕西西安、江西新余和内蒙古包头均是重新问鼎发展30强；一类属于指标激进型，如河南济源因富士康产业园项目的引进，其发展竞争力由2011年的第129位攀至第23位；一类属于步步为营型，如辽宁盘锦近年来稳打稳扎，成功晋升为榜单新贵。落榜的城市中，湖北武汉、江苏镇江、辽宁营口名次小幅退后；前两年单凭特殊监管区进出口份额指标排名第一的优势挤入发展30强的广西北海因该指标排名下滑，在发展竞争力排名由2011年的第18位降至第61位；贵州六盘水和甘肃嘉峪关亦因当地龙头企业落榜全国外贸500强而迅速坠入发展竞争力的谷底。而仍在榜单的24座城市中，虽然地区格局稳定但内部城市座次暗起云涌，江苏苏州、广东深圳和上海所构建的发展“金三角”，长期统治冠亚季军宝座的局面终被打破，而2011年榜单新秀河南郑州以破竹之势直接撼动上海的季军位置，上海被迫退居第5位，重庆亦在2012年榜单上站稳脚跟，由2011年的第28位快速爬升至第16位。大浪淘沙金不换，纵观近几年发展竞争力榜单浮沉录，不难发现靠某项指标单打独斗终究只能如流星闪现，综合实力的均衡发展方能彰显城市的发展后劲。

（二）外商投资设备人均进口额与人均实际利用外资额

该两项指标用来衡量各城市投资环境的优劣及其对吸引外商投资转移的能力、折射当地对外开放程度和经济发展水平。

1. *产业转移加快北上步伐，西部资本产业转化亟待加强。*2012年，我国连续第20年成为吸收外资最多的发展中国家，全球第二大引资国。但由于世界经济复苏动力不足，主权债务危机反复冲击市场信心，投资活动应声降温，全球外国直接投资比2011年下降18%，其中亚洲下降9.5%。在外向型沿海地区生产投资行为快速放缓的背景下，尽管承接东部产业梯度转移的区域发展战略已成必然，但内陆地区实际进展效果并不突出。2012 年我国实际利用外资 1 117.2 亿美元，比 2011 年下降 3.7%，外商投资设备进口 134.3 亿美元，比 2011 年下降 23.1%。“外商投资设备人均进口额”和“人均实际利用外资额”两项指标前 30 榜单相对稳定，更新率分别为 16.7% 和 10%。从地区分布看，东南沿海地区依然是外商投资的主战场，把持了双双入围两项指标的 20 座城市中 7 成的席位，特别是江苏苏州、广东东莞、广东深圳、上海、福建厦门和江苏常州 6 市稳居两项指标前 10 位，但在“外商投资设备人均进口额”前 30 的榜单上，东南沿海地区继 2011 年减少 2 个席位后再折损 3 个席位，分别被环渤海、东北和中部地区收入囊中，环渤海地区在两项指标前 30 榜上均增加 1 席，除北京、天津持续入围两项指标榜单外，山东青岛在“人均实际利用外资额”排名提升使其事隔两年后重新跨入双科生的行列，山东日照则重新挤入“外商投资设备人均进口额”前 30 强。

2. 中部地区部分城市在两项指标榜单中均上演了变脸秀。在“外商投资设备人均进口额”指标上，湖北武汉和山西晋城抱憾退出，而河南济源和山西太原凭借富士康项目助推挺进榜单，排名分别由 2011 年的第 99 位、第 60 位提升至第 2 位、第 29 位，湖北鄂州则乘着葛店开发区升级为国家级经济技术开发区的东风，深化改革开放，积极扶持区内企业做大做强，争取美国财富 500 强波尔公司湖北项目追加投资并引进生产设备，力促鄂州的该指标排名实现提升位次过百的突飞猛进。而在“人均实际利用外资额”榜单上，中部城市纠结在门槛附近，江西新余持续入围，安徽铜陵和马鞍山退出门槛之外，湖北武汉前进 2 位挺进前 30 强。力较之下，东北老工业基地相对沉稳，在原有城市持续入围的基础上，辽宁沈阳、营口分别成为“外商投资设备人均进口额”、“人均实际利用外资额”前 30 榜单的新秀，辽宁沈阳因此与大连一起，成为两项指标的优质双科生。西部地区在两项指标发展的不同步问题依然突出：广西钦州仍是西部地区入围“外商投资设备人均进口额”榜单的独苗，其他落榜城市中表现最好的内蒙古呼和浩特指标排名在落在 50 位之外；随着海南海口退出“人均实际利用外资额”前 30 榜单，西部地区仅剩内蒙古鄂尔多斯、内蒙古包头、四川成都 3 座城市入围该项榜单。西部城市承接全球产业转移的表现依然低于预期，西南经济金融中心成都在“外商投资设备人均进口额”排名继续退后 47 位仅排在第 91 位，如何变资源优势为产业优势，催生经济内生性的增长动力仍是西部地区亟待破解的难题。

（三）进入外贸 500 强企业进出口比重

企业是城市外贸发展的主体，提升城市外贸发展竞争力的根本是提升外贸企业的国际竞争力，该指标反映龙头企业对当地外贸发展的集聚及带动能力。

1. 短期因素改变地区格局，内陆 6 城退出大企业势力范围。2012 年我国外贸 500 强企业（以下简称“大企业”）的进出口门槛持续提升，由 2011 年的 8.2 亿美元升至 2012 年的 9.1 亿美元，在 2011 年抬高 29.9% 的基础上继续增高 10.9%。因深圳拥有大企业数由 2011 年的 61 家激增至 96 家，导致 2012 年大企业在中国版图的分布范围缩小，驻点在 76 座城市，城市数目比 2011 年减少 8 座，受此影响，中部地区损兵折将最为严重，5 座城市所辖龙头企业退出 500 强。分布范围的收窄继而引发该指标榜单分布格局的变动，与东部沿海以及东北地区分别增加 3 个和 1 个席位相对应，中部地区锐减 3 席，西部地区减少 1 席，榜单更新率为 20%。贵州六盘水、甘肃嘉峪关、湖南娄底、河南安阳、山东莱芜以及河南新乡无一例外皆因当地龙头企业退至外贸 500 强之外导致排名一泻千里。个别中西部城市的落榜，为原本徘徊在外围的城市提供了上升空间，成为榜单上的新面孔。

2. 中小城市看齐外贸大市，特色产业发功、集聚效应初显。深圳、北京、上海和苏州四大外贸城市坐拥全国超过一半的大企业数量。由于改革起步早、开放程度深，尽管大企业数量均不及当地有外贸进出口实绩的企业总数的 0.5%，但其涉及进出口值占当地外贸进出口比重仍分别高达 50%、73.3%、38.8% 和 43.8%。其中，深圳继续晋级、跻身指标前 20 名的行列。同时，由于短期因素造成部分中小城市出局，其他三市拥有大企业数量虽呈现不同程度的减少，在该指标排名却分别前进2、5和6位，居第8、28和27位，其中上海继2011年落榜后再次挤入该指标前30位。而尽管受到深圳带来的短期因素影响，内陆中小城市依然是该指标前30榜单的主要成员：甘肃金昌继续稳居榜首；随着2011年排在第2位和第5位的贵州六盘水和甘肃嘉峪关的退出，黑龙江大庆、辽宁本溪、江西鹰潭依序而上、紧随其后；安徽铜陵大力培育铜基新材料、新能源等战略性新兴产业集群，除近年一直活跃的金隆铜业有限公司外，铜陵有色金属集团股份有限公司首次跻身全国外贸500强，带动铜陵在本指标排名由上年的第14位提升至第5位；富士康郑州项目于2010年投产后，巨无霸的威力迅速爆发，2012年仍处于产能井喷扩张期，撑起了郑州外贸的大半边天，尽管与2011年比，其旗下的富泰华精密电子（郑州）有限公司未能入围500强，但仅鸿富锦精密电子（郑州）有限公司1家便占据全市进出口总额的78.8%，大企业所占比重比2011年提升24.6个百分点，带动郑州在本指标排名由2011年的第19位升至2012年的第6位。此外，作为继广东深圳、东莞的加工制造基地后起之秀，惠州在接连建成液晶电视和手机生产基地的基础上，引入中国台湾鸿海投资新设计算机组装厂，光电、物联网终端及应用等产业也加快发展，成为国家云计算应用创新基地。成渝经济区核心——重庆也着力构建电子信息产业集群，并强化产业配套、物流配送等服务，同时长安福特项目亦扩大投产。2012年，广东惠州和重庆拥有大企业数量分别为8家和7家，均比2011年增加了3家，指标排名分别由2011年的第43、58位提至第17、30位。

（四）特殊监管区进出口份额

海关特殊监管区是我国改革开放和经济发展的产物，作为经济特区、沿海开放城市和经济技术开发区之后设立的第四类深化改革、扩大开放的先导区和试验台，在连接国内外两个市场、利用两种资源中发挥着越来越重要的桥梁和纽带作用。

*顺应产业政策战略转移，内陆重点承接城市包揽前三。*近年来，配合国家区域发展战略的推进，中国海关对特殊监管区域功能拓展和整合优化步伐加快，为内陆城市承接沿海产业转移和加工贸易升级提供了便捷优惠的通关环境和后续发展的空间。2012年，“特殊监管区进出口份额”指标前30名榜单分布均匀，东部沿海及内陆两大阵营基本呈对开格局，东南沿海及环渤海地区共占16个席位，东北及中西部地区共占14个席位。由于特殊监管区域为政策设定，榜单表现相对稳定，更新率仅为10%，2011年排名榜单末端的江苏淮安、山东济南、广西防城港被广东湛江、江苏常州、江苏南京取代。上海、山东烟台、江苏苏州、江苏连云港等较早设有特殊监管区域的城市得益于成熟的运作排在前10位，广东湛江大力发展海洋经济，石化、钢铁、水产等重点项目带动区域物流发展，目前正积极创建宝满港区保税物流中心以及东海岛保税港区，而中石化国际事业华南总部的落户以及霞山水产品批发市场和南方国际水产交易中心保税仓库的建成使湛江继2009年一度上榜后再次入围“特殊监管区进出口份额”前30名榜单，在该指标排名由2011年的第38位提升至2012年的第24位。随着富士康等外向型企业的迁移，中西部地区以此为基础争相设立综合保税区，因功能齐全、政策优惠，力促当地外向型经济快速发展。作为承接产业转移的重点基地，河南郑州新郑综合保税区、四川成都高新综合保税区和重庆西永综合保税区的封关运作，让郑州、成都和重庆获得更为强劲的推力，荣登该指标的冠军、亚军和季军宝座，郑州和重庆排名比2011年分别提升了25位和7位。向来在该指标表现较好的广西钦州在2011年掉至前10名之外，随着2012年位于广西钦州保税港区的中石油国际储备库投产运营，钦州海关特殊监管区域方式进出口持续激增，在该指标排名由2011年的第13位提升至第6位。自2009年9月东北地区第一家保税物流中心——营口港保税物流中心正式封关运行以来，货运量连年稳居全国保税物流中心首位，成为我国原油、煤、化肥、钢材、铝材等大宗货物的集散地，为腹地经济发展作出了积极贡献，辽宁营口因

此连续两年上榜，2012 年排至第 16 位，目前其扩容立项也成功获批，对进一步振兴东北老工业基地及促进辽宁沿海经济带建设具有重要意义。

六、潜力篇

表 12　2012 年中国城市外贸潜力竞争力前 30 强排名

城市名称	区位优势指数		万人外贸企业数量		人均货运总量		特殊经济区个数比重		内资企业对外贸增长的贡献率		分项得分	分项排名	综合排名
	得分	排名	得分	排名	得分	排名	得分	排名	得分	排名			
广东省深圳市	100.0	1	100.0	1	80.7	10	70.4	8	81.5	116	85.7	1	1
上海市	66.0	23	75.6	6	71.7	20	100.0	1	82.2	20	78.3	2	3
福建省厦门市	64.8	29	90.7	3	71.4	23	70.4	8	81.4	161	75.2	3	5
江苏省苏州市	69.2	12	78.2	4	63.9	144	82.6	2	83.2	11	75.0	4	2
广东省珠海市	77.5	3	76.9	5	71.5	21	66.0	16	81.0	215	74.4	5	6
广东省广州市	76.1	4	66.5	19	74.4	13	72.7	7	81.2	197	74.0	6	11
广东省东莞市	64.1	39	100.0	2	69.6	42	60.0	97	80.7	243	73.6	7	4
浙江省舟山市	69.2	12	62.1	36	100.0	1	60.0	97	81.4	171	73.2	8	13
浙江省宁波市	64.8	29	75.0	7	69.7	39	75.0	4	80.9	227	72.9	9	10
辽宁省大连市	74.7	6	66.9	17	70.4	32	70.4	8	81.6	64	72.6	10	9
天津市	71.3	8	65.2	21	67.4	62	75.0	4	81.3	189	71.8	11	8
广西壮族自治区防城港市	69.6	11	61.6	52	86.4	6	60.0	97	80.9	228	70.9	12	126
山东省青岛市	64.8	29	71.6	9	65.0	109	70.4	8	83.2	12	70.7	13	14
内蒙古自治区鄂尔多斯市	60.0	129	60.2	192	100.0	1	60.0	97	81.0	221	70.6	14	85
内蒙古自治区乌海市	60.0	129	60.1	249	98.7	3	60.0	97	81.5	90	70.5	15	237
广东省佛山市	70.4	10	67.8	14	71.3	24	61.9	44	81.7	39	70.4	16	17
甘肃省嘉峪关市	60.0	129	60.1	216	98.2	4	60.0	97	80.6	267	70.3	17	216
四川省攀枝花	60.0	129	60.1	211	83.7	8	60.0	97	94.5	4	70.3	18	142
重庆市	64.8	29	60.4	123	64.7	116	82.6	2	81.3	185	70.2	19	19
安徽省铜陵市	62.9	44	61.2	60	85.4	7	61.9	44	81.6	61	69.8	20	35
广东省中山市	62.9	44	70.6	10	73.8	15	61.9	44	80.9	226	69.7	21	24
内蒙古自治区包头市	60.4	122	60.4	127	89.8	5	61.9	44	80.9	231	69.7	22	34
北京市	62.9	44	66.5	20	63.0	187	75.0	4	81.6	65	69.4	23	7
山东省烟台市	74.7	6	63.6	28	64.6	121	64.0	26	81.7	42	69.3	24	22

续表

城市名称	区位优势指数		万人外贸企业数量		人均货运总量		特殊经济区个数比重		内资企业对外贸增长的贡献率		分项得分	分项排名	综合排名
	得分	排名	得分	排名	得分	排名	得分	排名	得分	排名			
山东省威海市	71.3	8	67.0	16	63.3	169	64.0	26	82.0	30	69.2	25	50
江苏省常州市	62.9	44	67.9	13	67.3	63	64.0	26	84.7	7	68.9	26	16
福建省福州市	68.0	16	63.0	30	63.9	143	70.4	8	80.7	248	68.9	27	45
江苏省扬州市	62.9	44	62.4	33	63.8	148	61.9	44	100.0	3	68.9	28	47
浙江省嘉兴市	62.9	44	68.9	11	68.4	52	61.9	44	83.2	10	68.7	29	28
江苏省无锡市	64.8	29	68.9	12	64.9	110	64.0	26	81.6	63	68.5	30	12

表 13　2012 年与 2011 年各地区潜力竞争力单项指标进入前 30 名的城市分布表

单位：座

地区名称（所含城市数量）	潜力竞争力		区位优势指数		特殊经济区个数比重		万人外贸企业数量		人均货运总量		内资企业对外贸增长的贡献率	
	2012年	2011年	2012年	2011年	2012年	2011年	2012年	2011年	2012年	2011年	2012年	2011年
东南沿海地区（55 座）	16	12	21	21	14	14	24	24	9	8	14	0
其中：长三角地区（25 座）	8	4	10	10	9	9	15	15	3	3	7	0
珠三角地区（21 座）	6	6	8	8	3	3	7	8	5	4	6	0
海峡西岸经济区（9 座）	2	2	3	3	2	2	2	1	1	1	1	0
环渤海地区（30 座）	5	5	5	5	8	8	5	5	1	3	3	4
东北地区（34 座）	1	1	5	5	4	4	1	1	4	2	3	4
中部地区（81 座）	1	5	1	1	9	9	0	0	6	7	6	7
西南地区（47 座）	3	3	5	5	5	5	0	0	2	2	3	6
西北地区（44 座）	4	4	1	1	3	3	0	0	8	8	1	9

注：因“区域优势指数”指标和“特殊经济区个数比重”指标存在并列排名，故累计结果超过 30 座。

（一）潜力竞争力指标体系构建意义

资源禀赋、地理位置、物流规模和产业集群等是经贸专线拥有持续输送能力的基础。这对厘清未来对外贸易进程中的优、劣势变化，确定城市外贸发展的后期轨迹，具有重要参考意义。

1. 排头兵阵容保持不变，舟山“蓝海经济”效应持续释放。2012 年各地区潜力竞争力 30 强榜单基本保持了 2011 年的格局，排名变化三位以内的城市多达 22 座，新上榜城市仅 5 座，更新率仅 16.7%。尖端阵容尽显强者恒强的王者本色，除苏州和珠海名次互换外，前 14 强分布跟 2011 年完全吻合，前 10 强榜单更是连续多年被深圳、上海、厦门、苏州、珠海、广州、东莞、宁波、大连等东部沿海城市“把持”，其中，深圳和上海以无可比拟的潜力优势继续稳坐冠、亚军宝座，苏州得益于“内资企业对外贸增长的贡献率”指标的大幅提升取代珠海成为第 4 名，而 2011 年新锐浙江舟山，其“蓝海经济”试验田的海洋资源和经济腹地优势持续释放，继续稳坐第 8 名。

2. 长三角上演王者归来，西部引擎启动、扩张区域版图。由于身处青黄不接的瓶颈期，长三角地区入围城市曾由2010年的10座缩减至2011年的4座，但作为我国最具活力和发展潜力的黄金地带之一，长三角工业基础雄厚、商品经济发达、水陆交通便捷、劳动力素质较高等“软硬兼备”的优势依然突出，在外商投资企业进出口规模明显萎缩的同时，内生经济勇挑重担，上海、苏州、常州、扬州、嘉兴、无锡在“内资企业对外贸增长的贡献率”指标中均有优秀表现，内生力量补位促使入围2012年潜力榜单城市数量增至8座，占有率达26.7%，居各地区之首，上海、苏州两大“火车头”带动和“3小时经济圈”路桥交通网络支撑为苏、浙两省外贸恢复发展提供底气，常州、扬州、嘉兴和无锡的亮相为长三角地区再添活力。与长三角的成功反转不同，珠三角、环渤海和海西地区显得异常淡定，进入潜力30强榜单的城市数量及排名次序均没有太大变化。受益于基础建设的长足发展，地广人稀的西北地区外贸潜力明显增强：内蒙古“金三角”鄂尔多斯、乌海和包头都榜上有名，分列第14、15和22位；甘肃嘉峪关在当地大企业的支撑下位列第17位；西南地区的重庆着力打造“内陆开放高地”并卓有成效，在2011年上升了21个位次的基础上继续提升6个位次至第19位；广西防城港凭借“中国—东盟自由贸易区”的地缘优势及政策支持，由正式全面启动年2010年的第15位提升至2012年的第12位。西部城市在潜力榜单版图开始扩张，中部地区的潜力榜单版图却迅速缩小，由2011年的5座城市减至2012年的1座，安徽的马鞍山和芜湖因撤并巢湖后人口基数大幅增加影响了“人均货运量”指标而无缘潜力榜单前30强，长三角内生经济的强势崛起将原本排名靠后的安徽马鞍山、安徽芜湖、安徽淮北和江西新余挤出潜力榜单前30强，只有安徽铜陵硕果仅存。

（二）区位优势指数

以城市拥有的国家一类开放口岸数量作为考量对象，衡量外贸地理位置的优劣势和口岸功能的完善程度。

1. *东部海港优势无与伦比，长期霸占榜单八成以上比重。*2012年，东部地区凭借港口便利的地理优势继续高奏凯歌，“区位优势指数”前30强城市榜单覆盖率达81.6%，以黑龙江的黑河、佳木斯为起点，途经环渤海地区的辽宁、天津、青岛，划过长三角和海峡西岸，直至南端珠江流域，东部江河入海口带动沿途31座外贸城市，勾勒出一条美丽的弧线：由于与俄罗斯、朝鲜、蒙古、韩国、日本等国毗邻或接壤，东北地区外贸通路相对发达，占据5个席位；环渤海地区上榜城市皆为具有通畅海运渠道的天津、山东烟台、威海、日照和青岛；长三角地区以10个席位的成绩独占鳌头，以上海为中心、江浙为两翼的长三角港口群迎来大型航运基础设施跨越式发展时期，2012年完成货物吞吐量32亿吨，规模以上港口货物吞吐量占同期全国规模以上港口货物吞吐总量的32.8%，港口集装箱吞吐量完成6 581万TEU（集装箱国际计量单位），占同期全国港口集装箱吞吐总量的37.2%，其中，上海港集装箱吞吐量蝉联世界第一，宁波—舟山港的货物吞吐量世界第一、集装箱吞吐量稳居世界第六；珠三角地区以占全国28.7%的海（河）运口岸的优势独占鳌头，榜单上深圳、珠海、广州、江门4座城市均位列前茅，其中，2012年深圳海港以2 294万TEU的集装箱吞吐量稳居世界第4位、全国第2位，全年经深圳口岸出入境车辆次数占据全国七成左右比重，日均4.3万辆次，16个海运、公路口岸齐头并进，使深圳以绝对优势一直稳居冠军宝座。

2. *西南领军内陆，远离海运河道的中部、西北先天不足。*在2012年区位优势指标排名前30位城市中，中西部城市仅占7席，其中5席被西南地区凭借沿海或者沿边优势占据，是内陆的领军地区。广西是我国西部地区唯一的沿海、沿江、沿边省区，北部湾经济区的核心，中国—东盟自由贸易区的前沿，截至2012年全省已拥有18个对外开放口岸，其中11个海（河）运和航空口岸，防城港和北海分别位列区位优势指标城市第11位和第16位，钦州、柳州、梧州和贵港4座城市也并列第44位；海南是我国第二大海岛，7个海运开放口岸的先天优势依然绽放着“海上明珠”的光芒，海口、三亚分别位列区位优势指标城市第16和29位。但我国中部和西北地区，一个缺少海运渠道，一个深处内陆腹地，区位优势指标分别只有湖北武汉、内蒙古呼伦贝尔榜上有名。

（三）特殊经济区个数比重

特殊经济区是继经济特区、沿海开放城市之后，我国在深化改革开放进程中设立的第三类先导区，其建设发展对吸引外资、加快贸易、带动区域经济发挥着重要作用。

1. *中部成为上榜数量唯一与沿海经济区齐平的内陆地区*。作为我国外向型特征最显著的地区，东南沿海、环渤海地区无疑是最适合特殊经济区成长壮大的摇篮，“窗口”、“示范”、“先导”效应发挥充分。2012年，在参与外贸竞争力评价的城市中共设有特殊经济区219个，其中东南沿海地区83个，环渤海33个，两者合计达全国半数以上。从区域分布看，东部沿海地区是前排阵营，不仅规模制胜、占据51.2％的席位，而且排名靠前，包揽前12名中的10个席位。其中，上海以16个特殊经济区的绝对优势继续稳坐首席；苏州紧随其后，以10个特殊经济区的数量位居次席；北京、天津和宁波凭借7个特殊经济区规模并列第4位。与此同时，产业转移政策乘着中部崛起战略的春风不断深入，中部地区特殊经济区的升级和设立明显提速，在郑州、武汉、合肥和南昌等省会城市的引领下，特殊经济区数量在2011年增加了18个的基础上再次增加4个，目前共有42个，该指标排名前30城市也相应增加3座，达到9座，成为唯一可与长三角地区并肩的内陆地区。西南地区也表现不俗，保持5席的地位，特殊经济区合计数量增至31个，其中，重庆以其独特的内地政策高地的优势排名连年提升，2012年其特殊经济区已达10个，与苏州并列第二。

（四）万人外贸企业数量

外贸企业是一个城市对外贸易发展的重要载体。企业数量越多、该市参与生产及对外贸易行为越有活力。

1. *榜单格局稳固，东部地区包揽前30，中西部颗粒无收*。入围“万人外贸企业数量”指标前30位的城市格局与2011年几乎如出一辙，名次发生变动的城市仅10座，且幅度均在2席以内，集中于东部经济发达地区。相比之下，中西部地区的政策配套和成长环境对外资吸引力仍然有限，尽管区域代表性大城市初具雏形，外贸企业数量明显增加，但由于适合企业生存发展的市场容量有限，难以比肩东部沿海极具辐射力的金融和商贸中心，2012年中西部地区外贸企业数量增加8.4%，占全国外贸企业总数的比重仅为10.9%，万人外贸企业数量指标的表现依旧黯然，前30名中颗粒无收。其中，中部地区排名居首的安徽合肥也落于50名开外，为第55位；西北地区排名居首的新疆乌鲁木齐，排名未变，为第32位；西南地区广西防城港居首，下降4位至第52位。

2. *长三角坐拥半壁江山，珠三角加工模式持续吸引企业*。凭借得天独厚的地理位置、深厚的工业基础和资本人才积累，长三角地区成为我国长期倾力打造的“经济高地”，是拥有外贸企业数量最多的经济带，2012年该地区外贸企业占全国逾四成的比重，多达13.1万家。随着2010年以来《长江三角洲地区区域规划》的有序实施，以上海为中心、苏浙为两翼的经济一体化进程持续加速，外贸企业数量增加6.7%的骄人成绩让长三角地区2012年继续以15席占据前30名榜单的半壁江山。珠三角地区尽管有临近港澳的地缘优势，但低廉丰富的劳动力资源却在逐步消失，2012年珠三角地区外贸企业数量仅增加了3.6%，但在“万人外贸企业数量”指标榜单上仍拥有7席，其中深圳大力发展总部经济，正在形成新的集聚效应与跨国公司投资的蜂拥效应，2012年外贸企业数量超过2.6万家，东莞是制造业实力雄厚、产业体系齐全的全球最大加工制造业基地之一，2012年外贸企业数量增幅不俗，达7.7%，以上两市占据该指标榜单的状元和榜眼之位。

（五）人均货运量

城间交通网络建设是否完善、运输是否通畅是衡量城市工业化水平和贸易输送潜能的重要标志。

1. *西北城市罕见登顶，中部受制于人口基数而踌躇不前。*在“西部大开发”、“西气东输”、“西电东送”、“北煤南运”等国家战略资源调度下，西部地区交通基础建设大幅提升，2011年交通固定资产投资增长17.4%，投资额首次超过东部地区。交通运输业配套设施的快速发展使商贸、物流、服务业等相关企业也趋之若鹜，货运水平随之飞跃式提升，继2010年增长19.7%之后，2011年又以14.8%的货运量增速位列各大区域货运量增速之首。与其他指标东部占绝对优势的局面不同，西北地区在该指标前30位榜单的版图最大，上榜城市达到8座，内蒙古鄂尔多斯、乌海及包头形成“金三角”而位居前列，加上甘肃嘉峪关，西北地区囊括了前5名中的4名。同时，中部地区的货运量颇具规模，12.2%的增速也无可挑剔，但由于部分城市人口基数较大，在该指标表现上稍显逊色，2011年由于撤并巢湖扩增了芜湖、马鞍山的人口基数导致芜湖遗憾落榜、马鞍山排名降至第22位，池州以排名上升13位的突出表现迅速补位，而有“煤铁之乡”美誉的山西阳泉因煤价走低，市场需求大幅缩水导致货运量增速急剧降至2.5%，指标排名直落7位出榜，导致整个中部减少1席占据6个席位。

2. *东北工业基地厚积薄发，东部沿海遭遇瓶颈难有突破。*早在2003年国家制定战略开辟老工业基地振兴之路起，东北地区特别是辽宁沿海地区经济发展及其物流潜力便开始被逐步挖掘，2011年人均货运量增速为14%，仅次于西部地区，成为该指标榜单表现较为进取的地区，入围4座，其中，辽宁盘锦以26.5%货运量增幅跃升12名居第17位，超过辽宁营口拔得东北地区头筹，而受益于鞍钢的物流和配套需求，新晋辽宁鞍山和辽阳分别以18%和26.1%的货运量增速提升8位和13位，居第29位和30位。而起步早的东部沿海地区经贸发展开始走入瓶颈，货运量比2011年增长9.1%，增速回落3.7个百分点，占同期我国货运总量的38.4%，比2011年回落1个百分点，加之城市化进程加快，人口扩充，发展潜力因其日益增加的基数导致继续保持高速增长的难度越来越大，令东部沿海地区在排名中难有突出表现。其中，作为我国两个以群岛设立的地级市之一，拥有首个以海洋经济为主题的国家级新区——舟山的表现却最为亮眼，2012年宁波—舟山港以7.44亿吨的货物吞吐量成功夺冠成为世界第一，而舟山也以24.8%的货运量增幅以及较小的人口基数夺得榜单头筹。

（六）内资企业对外贸增长的贡献

内资企业指国内资本投资创办的企业。本土企业在外贸领域的稳健成长，是我国对外贸易增加内生动力、降低市场风险的关键。

1. *榜单重新洗牌，东南沿海内生经济迅速补位、强势崛起。*“内资企业对外贸增长的贡献率”是2012年潜力竞争力单项指标中变化最为剧烈的一个。2011年该指标前30位榜单中仅有4座城市进入2012年的前30位，榜单更新率高达86.7%。尽管东南沿海的内资企业也在其地理、资金、政策、人才等优势中如沐春风，但其风头始终被先行发展、如日中天的外资企业所掩盖。近年来，在沿海人力土地成本上涨的被动需求和产业转型升级政策的主动驱动下，外资企业进出口出现明显萎缩，内资企业抓住契机迅速补位，纷纷崭露头角，2012年，长三角地区在外贸进出口仅增0.8%的背景下，内资企业保持了9%的平稳增速，其进出口所占比重也由2011年的38.9%上升至41.1%，珠三角和海西内资企业增速也分别高出总体增速5.8个百分点和1个百分点，所占比重也分别由2011年的39.8%和52.2%上升至42%和52.6%。东南沿海地区内资企业具备中西部地区难以与之匹敌的进出口规模，一旦发力，便可在角逐中轻松获胜，成为榜单主力，2012年其进出口规模相当于中西部地区的3.9倍。其中，长三角和珠三角分别有7座和6座城市进入“内资企业对外贸增长的贡献”指标前30名，长三角的扬州、常州、嘉兴、苏州、台州，珠三角的清远、汕头、潮州均强势进入前 15 名。

2. “外向”步伐加快扭转中部、西南地区内资独秀格局。随着富士康、仁宝、和硕等外资纷纷在郑州、重庆、成都等中西部地区投资建厂，加工业和劳动密集型产业向中西部转移进程加速，中部和西南地区外向型经济快速发展，原来内资一枝独秀的格局逐渐被打破。2012 年，中部地区和西南地区内资比重较2011 年分别减少了 5. 3 个百分点和 3. 1 个百分点，是全国各区域中内资企业占比出现下降的两个地区。该指标前 30 名榜单上，中部和西南入围城市也相应分别减少 1 座和 3 座，江西新余和河南济源、广西百色、广西贺州均因外资企业增加较快、内资贡献明显下降而落榜，河南漯河和贵州安顺也分别下降 13 位和 9 位至第 25 位和第 28 位，湖北咸宁、江西鹰潭、河南驻马店和江西上饶内资企业对外贸增长的贡献率则分别高达 433. 1%、265. 8%、240. 7% 和 213. 5%，成为中部地区新晋城市。

2012年中国行业外贸竞争力研究报告

表1　2012年中国国民经济行业国际竞争力评价表

国民经济行业	市场占有率	显示性指数	贸易竞争指数	出口增长率优势指数	出口比重	竞争力评价指数2012	竞争力评价指数2011
农、林、牧、渔业	**3.35**	**0.30**	**-0.69**	**-9.74**	**0.73**	**99.18**	**99.26**
农业	2.69	0.24	-0.75	-13.53	0.39	99.25	99.41
林业	1.64	0.15	-0.87	8.75	0.05	99.35	99.42
畜牧业	2.57	0.23	-0.72	1.62	0.05	99.29	99.38
渔业	6.42	0.58	0.17	10.17	0.07	100.26	100.18
农、林、牧、渔服务业	20.10	1.80	0.12	-23.67	0.16	101.90	102.03
采矿业	**0.89**	**0.08**	**-0.94**	**-1.86**	**0.57**	**99.34**	**99.33**
煤炭开采和洗选业	1.20	0.11	-0.90	-34.51	0.08	99.63	99.67
石油和天然气开采业	0.50	0.05	-0.97	17.51	0.21	99.52	99.45
黑色金属矿采选业	0.03	0.00	-1.00	21.81	0.00	99.34	99.29
有色金属矿采选业	1.02	0.09	-0.95	-21.85	0.04	99.32	99.34
非金属矿采选业	3.67	0.33	-0.43	8.73	0.25	99.75	99.76
制造业	**14.87**	**1.33**	**0.24**	**8.29**	**96.79**	**103.04**	**102.67**
农副食品加工业	5.93	0.53	-0.05	11.19	1.33	100.57	100.46
食品制造业	5.34	0.48	0.23	7.85	0.38	100.74	100.90
饮料制造业	2.72	0.24	0.04	8.96	0.19	100.13	100.19
烟草制品业	3.94	0.35	-0.09	12.51	0.05	99.76	99.79
纺织业	36.09	3.24	0.69	1.83	5.27	104.30	103.97
纺织服装、鞋、帽制造业	44.28	3.97	0.95	5.09	7.07	103.34	103.23
皮革、毛皮、羽毛（绒）及其制品业	38.84	3.49	0.80	7.00	3.47	104.05	104.10
木材加工及木、竹、藤、棕、草制品业	13.07	1.17	0.26	8.73	0.64	101.52	101.52
家具制造业	36.23	3.25	0.92	18.44	2.79	103.16	102.73
造纸及纸制品业	6.35	0.57	-0.13	17.55	0.58	100.69	100.35
印刷业、记录媒介的复制	10.84	0.97	0.50	11.53	0.27	101.61	101.46
文教体育用品制造业	36.35	3.26	0.90	6.60	1.97	104.36	104.06

续表

国民经济行业	市场占有率	显示性指数	贸易竞争指数	出口增长率优势指数	出口比重	竞争力评价指数 2012	竞争力评价指数 2011
石油、炼焦及核燃料加工业	2.31	0.21	-0.29	-20.83	1.18	99.86	99.58
化学原料及化学制品制造业	6.82	0.61	-0.34	-2.64	3.25	100.21	100.49
医药制造业	2.52	0.23	-0.05	1.01	0.62	100.02	100.15
化学纤维制造业	13.53	1.21	-0.10	-4.65	0.09	101.32	101.44
橡胶制品业	14.12	1.27	0.42	8.36	1.04	102.11	102.02
塑料制品业	17.14	1.54	0.45	24.83	2.19	102.64	102.29
非金属矿物制品业	17.45	1.57	0.40	13.16	2.27	102.34	102.14
黑色金属冶炼业及压延加工	11.01	0.99	0.36	5.34	2.32	101.81	101.71
有色金属冶炼业及压延加工	3.44	0.31	-0.46	-2.38	1.02	99.54	99.69
金属制品业	25.54	2.29	0.77	16.18	4.53	103.92	103.46
通用设备制造业	12.40	1.11	0.11	5.87	4.34	101.51	101.27
专用设备制造业	10.29	0.92	0.18	8.07	3.65	101.16	101.02
交通运输设备制造业	5.78	0.52	0.03	1.14	5.14	100.21	100.17
电气机械及器材制造业	22.94	2.06	0.50	7.91	8.90	102.74	102.90
通信设备、计算机及其他电子设备制造业	29.13	2.61	0.19	8.38	26.30	103.06	102.90
仪器仪表及文化、办公用机械制造业	16.82	1.51	-0.17	16.25	3.60	101.94	101.64
工艺品及其他产品制造业	29.21	2.62	0.91	16.72	2.33	103.15	102.84
废弃资源和废旧材料回收加工业	0.29	0.03	-0.98	10.68	0.02	98.43	98.17
电力、燃气及水的生产和供应业	**3.57**	**0.32**	**0.56**	**4.49**	**0.06**	**100.06**	**99.82**
电力、热力的生产和供应业	3.57	0.32	0.56	4.49	0.06	100.06	99.82
交通运输、仓储和邮政业	**-**	**-**	**-**	**-**	**-**	**-**	**-**
邮政业	-	-	-	-	-	-	-
水利、环境和公共设施管理业	**0.07**	**0.01**	**1.00**	**28.86**	**0.00**	**100.21**	**100.13**
环境管理业	0.07	0.01	1.00	28.86	0.00	100.21	100.13
文化、体育和娱乐业	**0.01**	**0.00**	**-0.86**	**107.62**	**0.00**	**99.05**	**99.05**
广播、电影、电视和音像业	0.22	0.02	-0.86	136.32	0.00	99.45	99.29
文化艺术业	-	-	-	-	-	-	-

数据来源：全球贸易信息系统（GTA）数据（该数据库包含了63个国家和地区的数据，约占全球贸易额的93%）、海关统计数据。

注：表中空缺数据由原始数据为0而无法计算指标造成。

一、总论

2012 年，世界经济低迷振荡，外部市场进一步恶化，全球贸易量仅增长 2.5%，中国外贸面临着严峻的挑战。而年终盘点，中国外贸保持了 6.2% 的增速，发出了掷地有声的“中国声音”，为全球贸易增长和经济复苏提供了强大的正能量。各行业作为对外贸易的载体也纷纷发出自己的声音，奏响了 2012 年中国对外贸易精彩纷呈的乐章。

（一）主旋律：整体竞争力大幅提升

2010 年和 2011 年中国外贸国际竞争力综合评价指数得分分别为 103.26 和 103.37。2012 年这一指标大幅提升，综合评价得分达到 104.24。其中，国际市场占有率得分保持 100，继续保持全球第一大出口国的地位；贸易竞争指数得分由 2011 年的 82.38 提高至 2012 年的 84.67；而由于出口增速的放缓，出口增长率优势指数得分由 2011 年的 77.86 下降至 2012 年的 74.83（图 1）。在国民经济行业的全部 45 个二级行业中，27 个行业的外贸竞争力不同程度得到提升，16 个行业的外贸竞争力出现下降，2 个行业的外贸竞争力维持不变，30 个行业的外贸竞争力超过世界平均水平，这一数量比 2011 年增加了 1 个。整体竞争力的提升成为 2012 年中国行业外贸竞争力的主旋律。

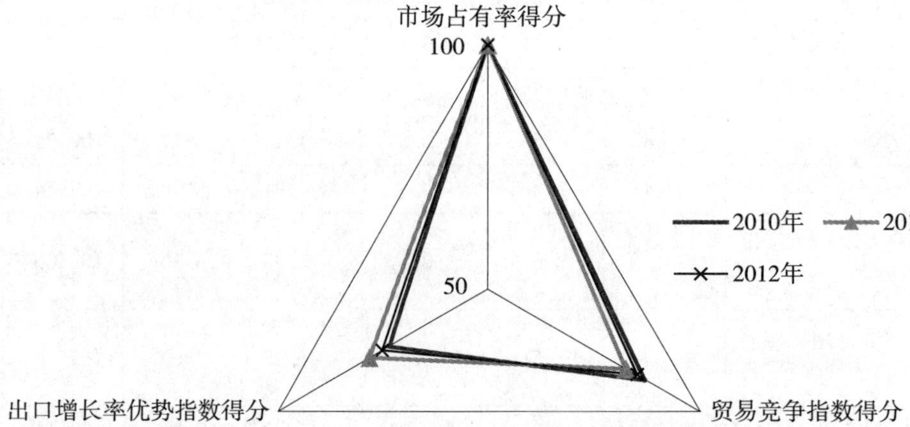

图 1　2010～2012 年中国国民经济行业国际竞争力比较

（二）最强音：制造业竞争力全面提升

2012 年制造业的整体外贸竞争力得分达到 103.04，明显超出 2011 年 102.67 的水平，“制造大国”的地位进一步巩固。在制造业的 30 个行业中，与 2011 年相比，2012 年我国有 21 个行业实现竞争力提升，9 个行业竞争力下滑，竞争力提升成为主流。其中，文教体育用品制造业，纺织业，皮革、毛皮、羽毛（绒）及其制品业的竞争力综合评价指数均超过 104 分，分别为 104.36 分、104.3 分和 104.05 分，成为 2012 年中国外贸最具竞争力的行业。金属制品业，纺织服装、鞋、帽制造业，家具制造业，工艺品及其他产品制造业和通信设备、计算机及其他电子设备制造业，这 5 个行业的竞争力综合评价指数得分也超过 103 分，在国际竞争中优势明显。制造业中还有 4 个行业的外贸竞争力低于世界平均水平，分别是石油、炼焦及核燃料加工业 99.86 分、烟草制品业 99.76 分、有色金属冶炼业及压延加工业 99.54 分，废弃资源和废旧材料回收加工业 98.43 分，但令人欣慰的是在这 4 个行业中，石油、炼焦及核燃料加工业，废弃资源和废旧材料回收加工业的竞争力综合评价指数得分都比 2011 年有不同程度的提高。制造业竞争力的全面提升不仅展现了“制造大国”的强盛实力，更彰显出我国制造业在危机中的顽强生命力，奏出了 2012 年外贸竞争中的最强音。

（三）快节奏：部分行业突飞猛进

在制造业中，涌现出一批竞争力快速提升的行业。其中，金属制品业和家具制造业在2012年竞争力提升最快，竞争力综合评价指数得分提升0.4分以上，有16个行业的竞争力综合评价指数得分提升0.1分以上。除制造业外，电力、燃气及水的生产和供应业的竞争力综合评价指数得分也由2011年的99.82快速上升至2012年的100.06，行业竞争力超过世界平均水平，实现了从无竞争力到有竞争力的华丽转身。水利、环境和公共设施管理业的竞争力综合评价指数得分也由2011年的100.13上升至2012年的100.21。

（四）慢半拍："短板"行业成发展掣肘

相对于制造业的快速发展，农、林、牧、渔业和采矿业在参与国际竞争的道路上可谓慢了半拍。由于部分自然资源禀赋不足和国内经济发展对资源需求的不断上涨，农、林、牧、渔业和采矿业是我国呈现净进口的两个行业。同时这两个行业也是我国参与国际竞争起步较晚的两个行业，在国际竞争中弱势明显，竞争力亟待进一步的提高。2012年这两个行业的外贸竞争力评价指数得分分别为99.18分和99.34分，与2011年的99.26和99.33相比，农、林、牧、渔业的得分进一步下滑，采矿业则略有提高，两个行业得分均低于世界平均水平，成为我国参与国际竞争的"短板"行业。农、林、牧、渔业中仅渔业和农、林、牧、渔服务业的竞争力高于世界平均水平，农业、林业和畜牧业的竞争力不仅低于世界平均水平且比2011年有所下降。采矿业的五个行业则全部低于世界平均水平。

二、5项指标从规模、效益和潜力的角度对行业的外贸竞争力进行剖析

（一）国际市场占有率

国际市场占有率从份额的角度反映了某行业出口的国际地位。其计算公式为：某国某行业出口/世界该行业总出口。该指标从某国的行业出口规模来衡量该国行业外贸竞争力的相对指标，用以描述该国行业出口竞争力情况。该指标值越大，表明该国该行业在全球越具竞争力。

2012年在属于制造业的30个行业中，仅有3个行业的国际市场占有率下降，其余27个行业的国际市场占有率均有不同程度的提升，制造业的整体国际市场占有率由2011年的13.8%提升至2012年的14.87%。其中纺织服装、鞋、帽制造业，皮革、毛皮、羽毛（绒）及其制品业，文教体育用品制造业，家具制造业和纺织业是2012年国际市场占有率最高的5个行业，其该项指标均超过30%，在国际竞争中占据绝对优势。尤其是纺织服装、鞋、帽制造业的国际市场占有率达到44.28%，远远高于其他行业，位居各行业之首。工艺品及其他产品制造业，通信设备、计算机及其他电子设备制造业，金属制品业和电气机械及器材制造业的该项指标也超过20%，在国际市场上占据一席之地。值得关注的是，石油、炼焦及核燃料加工业的国际市场占有率连续3年下降，2012年该项指标仅为2.31%，在国际市场上的竞争地位在不断弱化。国际市场占有率下降的还有农、林、牧、渔业和采矿业。农、林、牧、渔业的国际市场占有率由2011年的3.81%降至2012年的3.35%。2012年采矿业的国际市场占有率仅为0.89%，比2011年下降0.02个百分点，采矿业中5个行业的国际市场占有率也偏低。

（二）显示性指数

显示性指数指标综合反映了一国某行业在国际竞争中的地位，体现该行业与世界平均出口水平比较的相对优势。其计算公式为：一国某行业出口占世界该行业总出口比重/该国总出口占世界总出口比重。该指标值大于1，表示该商品在国家中的出口比重大于在世界的出口比重，则该国的此产品在国际市场上具有比较优势，具有一定的国际竞争力；该指标值小于1，则表示在国际市场上

不具有比较优势，国际竞争力相对较弱。

2012 年我国制造业的显示性指数为 1.33，竞争优势明显。其中纺织服装、鞋、帽制造业，皮革、毛皮、羽毛（绒）及其制品业，文教体育用品制造业，家具制造业和纺织业的显示性指数都超过 3，工艺品及其他产品制造业和通信设备、计算机及其他电子设备制造业的显示性指数也超过了 2.5，具有较强的比较优势。然而制造业中还有 14 个行业的显示性指数低于 1，尤其是废弃资源和废旧材料回收加工业，2012 年的显示性指数虽比 2011 年有所提高，但仍只有 0.03，在国际竞争中处于绝对劣势。2012 年，农、林、牧、渔业和采矿业的显示性指数仍然偏低，分别为 0.3 和 0.08。农、林、牧、渔业中，除农、林、牧、渔服务业外，其他行业的显示性指数均不足 1；农、林、牧、渔服务业的显示性指数虽为 1.8，但也比 2011 年的 2.26 有所下降。采矿业的显示性指数则是全面偏低，石油和天然气开采业、黑色金属矿采选业和有色金属矿采选业的该项指数均不足 0.1，资源困境使采矿业在参与国际竞争时举步维艰。

（三）贸易竞争指数

贸易竞争指数主要用于分析行业内部结构性国际竞争力，计算公式为：（出口 - 进口）/（出口 + 进口）。该指标反映了相对于全球市场上由其他国家所供应的一种产品而言，本国生产的同种产品是否处于竞争优势及其程度，是指一国某行业的净出口值与该国该行业进出口值合计的比值。该指标为 0，表示竞争优势接近平均水平；大于 0，表示竞争优势大；越接近 1 竞争力越强。

2012 年制造业整体贸易竞争指数为 0.24，高于世界平均水平，比 2011 年的 0.21 也有所提高。在制造业的 30 个行业中，20 个行业的贸易竞争指数为正值，高于世界平均水平；10 个行业的贸易竞争指数为负值，低于世界平均水平。其中，纺织服装、鞋、帽制造业的贸易竞争指数高达 0.95，在众多行业中遥遥领先；家具制造业、工艺品及其他产品制造业和文教体育用品制造业的贸易竞争指数也超过 0.9，竞争优势明显；医药制造业的贸易竞争指数由正转负，从 2011 年的 0.05 降低至 2012 年的 -0.05，竞争优势丧失；废弃资源和废旧材料回收加工业的贸易竞争指数为 -0.98，不仅远远低于世界平均水平，而且在制造业 30 个行业的贸易竞争指数中垫底。由于我国农、林、牧、渔业和采矿业需净进口，这两个行业的贸易竞争指数均为负值。

（四）出口增长率优势指数

出口增长率优势指标从发展的角度评价行业乃至国家的外贸竞争力，其计算公式为：一国某行业的出口增长率 - 该行业全球总体出口增长率、某国总体出口增长率 - 全球总体出口增长率。

2012 年我国制造业出口增长率高出世界平均水平 8.29 个百分点，领跑全球制造业，其有力的增长令世人瞩目。其中，塑料制品业的出口增长率优势指数高达 24.83，居制造业各行业之首；而出口增速高出世界平均增速超过 10 个百分点的行业在制造业中还有 10 个，在低迷的市场环境中增长后劲十足；石油、炼焦及核燃料加工业的出口增长率优势指数为 -20.83，远远落后于该行业其他国家的增长水平，也是制造业中出口增长率优势指数最低的一个行业。而农、林、牧、渔业和采矿业的出口增长率优势指数分别为 -9.74 和 -1.86，低于该行业世界出口整体增速，出口潜力不足。值得一提的是，在 2012 年，我国电力、燃气及水的生产和供应业，水利、环境和公共设施管理业，文化、体育和娱乐业的出口增长率优势指数均超过世界该行业的平均水平，尤其是在“文化强国”的战略下，我国的文化、体育和娱乐业开始走向世界，虽然其出口规模较小，但 2012 年的出口增长速度高出世界平均水平 107.62 个百分点，发展的潜力巨大。

（五）出口比重

出口比重指标从行业在国家出口中的地位来反映其竞争力，其计算公式为：一国某行业出口/该国总体出口。主要是直观表现某行业在该国市场上的出口份额大小，用以描述某行业在该国各行业间的出口竞争力状况。该指标值越大，表明该行业在其国内各出口行业中地位越高；指标值越小，表明该行业在其国内各出口行业中地位越低。

制造业是我国参与经济全球化的主要领域，2012 年我国制造业的出口比重高达 96.79%，比 2011 年上升 0.29 个百分点，在对外贸易中的主导地位进一步加强。其中，通信设备、计算机及其他电子设备制造业以 26.3% 的份额居首位，在我国外贸出口占据举足轻重的地位；电气机械及器材制造业的出口比重达到 8.9%，在制造业各行业中位居第二；纺织服装、鞋、帽制造业，纺织业和交通运输设备制造业的出口比重均超过 5%，但这三个行业占出口的比重均比 2011 年有所下降；化学纤维制造业，烟草制造业，废弃资源和废旧材料回收加工业的出口比重均不足 0.1%，对制造业的贡献较小。农、林、牧、渔业和采矿业的出口比重逐年降低，2012 年分别为 0.73% 和 0.57%，比 2011 年分别降低 0.12 和 0.1 个百分点，在外贸出口的份额被进一步挤压。

国际金融危机至今已踏入第 6 个年头，引发了人们对数量与质量、规模与效益的长久思考，行业的发展方式也悄然发生改变。行业的成长折射出中国外贸的变迁与进化，日益强大的中国在世界舞台上拥有了不容忽视的话语分贝，中国声音正在传递出积极参与国际竞争的强烈信号。未来，中国声音必将响彻世界，而那些进入深度调整期的行业表现如何，让我们侧耳倾听。

三、盘点部分行业外贸竞争力

（一）纺织服装、鞋、帽制造业——多重变奏曲

纺织服装、鞋、帽制造业是我国的传统优势行业，已经形成了较为完整的产业链和较为齐全的产业配套能力，一向以物美价廉畅销全球市场，出口竞争力全球领先，成为中国制造的典型代表之一。2012 年，我国有出口业绩的纺织服装、鞋、帽制造企业超过 4.5 万家，直接带动了全国数以百万计的就业人口。然而经济全球化对国际竞争力提出了更高的要求，我国纺织服装、鞋、帽制造业正面临着外部市场竞争更加激烈、自身成本持续上涨、贸易环境恶化等时代变奏，导致原本靠薄利多销的行业陷入进退两难的尴尬境地。2012 年，我国纺织服装、鞋、帽制造业出口1 448.1亿美元，比 2011 年增长 3.8%。这一出口增速比上年显著回落 15.2 个百分点，而且低于同期全国出口总体增速 4.2 个百分点，也低于制造业总体水平 4.5 个百分点。主旋律回响下的多重变奏演绎着中国纺织服装、鞋、帽制造业的现在与未来。

1. *综合竞争力：看起来很美*。2012 年，我国纺织服装、鞋、帽制造业国际竞争力综合得分为 103.34，比 2011 年提高 0.11，在全球排名第二，排名与上年持平。就具体指标的数据而言，2012 年，我国纺织服装、鞋、帽制造业的国际市场占有率为 44.28%，比 2011 年和 2010 年分别提高 1.94 和 3.06 个百分点，显示性指数为 3.97，比 2011 年和 2010 年分别提高 0.36 和 0.38，上述两个指标连续两年走高，表明在市场占有率和与世界平均出口水平比较的相对优势方面，我国纺织服装、鞋、帽制造业的竞争力依旧保持强势地位。在市场份额大幅领先、持续提升的同时，我国纺织服装、鞋、帽制造业的出口的相对优势却出现减弱迹象，2012 年我国纺织服装、鞋、帽制造业的出口增长率优势指数为 5.09，比 2011 年提高 1.94，比 2010 年下降 5.71，贸易竞争指数为 0.95，与 2011 年持平，比 2010 年下降 0.01，在高于世界平均水平和竞争优势的程度方面，我国纺织服装、鞋、帽制造业依然能够展示出较强的竞争实力，但是与 2010 年相比，这种竞争优势明显趋于弱化。由于出口增速放缓，2012 年纺织服装、鞋、帽制造业在国内各出口行业中所处的地位持续下降，出口比重为 7.07%，比 2011 年和 2010 年分别下降 0.28 和 0.36 个百分点。近 3 年来，纺织服装、鞋、帽制造业构成行业竞争力的五项指标，除国际市场占率和显示性指数连续提升之外，其他 3 项指标或是连续下降、或是动力不足，在国际竞争力综合指标增强的同时，具体分项指标表现疲软，出现

下滑趋势，纺织服装、鞋、帽制造业面临的隐忧日益凸显（图2）。

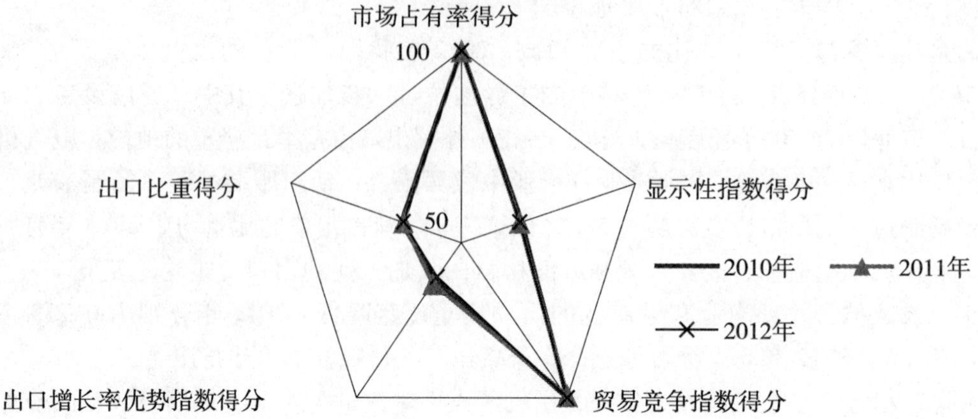

图2　2010～2012 年我国纺织服装、鞋、帽制造业国际竞争力总体得分比较

2. 变奏一：高端市场份额缩水。在评价外贸竞争力的五项指标中，我国纺织服装、鞋、帽制造业的国际市场占有率高达44.28%，延续了2009 年以来持续上升的势头，大幅领先其他国家与地区，位居世界第一。同样处在纺织服装、鞋、帽制造业中低端的土耳其和印度出口合计仅相当于我国出口的17.2%，我国纺织服装、鞋、帽制造业的出口规模优势相当明显。虽然我国纺织服装、鞋、帽制造业在国际市场上的份额拥有绝对优势，但是在欧美日市场上的份额却在减少。2012 年，欧盟、美国和日本分别以335.6 亿美元、272.7 亿美元和202 亿美元位居我国纺织服装、鞋、帽制造业出口的前三大市场，三者合计占纺织服装行业出口总值的56%，除对欧盟出口下降13.1%之外，对美国和日本的出口分别增长3%和1.2%。2012 年我国纺织服装、鞋、帽制造业对欧盟出口负增长、对美国和日本的出口增速低于总体出口增速，对欧、美、日三大市场的出口表现疲软，所占的市场份额也有所下滑。根据贸易地图的数据①显示：2012 年我国纺织服装、鞋、帽制造业在欧盟所占市场份额为28.32%，较2011 年下滑1.27 个百分点，较2010 年下滑2.58 个百分点；在美国所占市场份额为39.55%，较2011 年提升1.01 个百分点，较2010 年下滑0.56 个百分点；在日本所占份额为78.57%，较2011 年下滑2.78 个百分点，较2010 年下滑5.46 个百分点。在欧美日市场份额的缩水显示了中国纺织服装、鞋、帽制造业仍旧处于低水平发展中。

3. 变奏二：与零关税者竞技之殇。我国纺织服装、鞋、帽制造业在欧美日市场份额下滑的同时，孟加拉、越南、土耳其等国的纺织服装、鞋、帽制造业在欧美日与我国展开了激烈的竞争。在欧盟市场中，2012 年孟加拉、土耳其、越南所占份额分别为8.83%、7.90%、2.55%，分别较2011 年提升0.96、0.39 和0.25 个百分点，2012 年我国在欧盟丢失的份额基本上被孟加拉、土耳其、越南等国的市场份额所取代。在美国市场中，中国正面临着越南产品越来越强劲的竞争，越南纺织服装、鞋、帽制造业所占的份额加速提升，从2010 年的8.75%到2011 年的9.08%再到2012年的9.83%。在日本市场中，2012 年越南、印度尼西亚、孟加拉所占份额分别为6.84%、2.22%和1.34%，分别比2011 年提升0.84、0.79 和0.41 个百分点、比2010 年提升2.06、1.32 和0.79个百分点。究其原因主要在于土耳其、孟加拉和越南分别在不同的市场上享受零关税的优惠政策，降低了其产品成本，获得了更高的竞争力。长期以来，土耳其的纺织服装产品在欧盟享受零关税，

① http://www.trademap.org/Country_SelProduct_TS.aspx，Sources：ITC calculations based on UN COMTRADE statistics.

而且在地理位置上有着毗邻欧盟的天然优势。2011 年 1 月 1 日起，欧盟允许最不发达国家使用进口纺织原料加工成衣和其他纺织品，并在其向欧盟出口时享受零关税政策，作为最不发达国家，孟加拉全面享受对欧盟出口零关税的优惠，而且还在印度、中国、日本等市场享受纺织服装出口零关税的待遇，在生产衬衫、休闲裤和毛衫等基础类产品上，孟加拉国的纺织工艺优良，成本比我国低 30% 左右①，目前孟加拉正在积极争取在美国市场享受服装出口的零关税，一旦成功，对我国纺织服装产品将带来进一步的挑战。2010 年，越南加入了由美国主导的跨太平洋战略经济伙伴关系协定（TPP），按照 TPP 的规定，产于越南并输往美国的服装，其关税将降为零，TPP 给越南纺织服装、鞋、帽制造业带来巨大提振，再加上劳动力成本较低，2010 年以来越南纺织服装、鞋、帽制造业在美国市场份额持续提升，目前日本正在积极努力加入 TPP，如果达成协议，那么未来越南的纺织服装、鞋、帽制造业在日本市场的份额将进一步提高。近 3 年来，中国纺织服装、鞋、帽制造业在欧美日等市场的占有率呈现不同程度的下降，孟加拉、越南、土耳其等国正在充分利用税收优惠政策，逐步侵蚀中国原有的市场份额。孟加拉、越南、土耳其等国的产品不但成本相对较低，而且还能够在欧美日等发达市场上享受零关税特殊优惠。在我国纺织服装、鞋、帽制造业自身成本不断上涨的情况下，还需要与这样的竞争对手进行一场并不公平的同场竞技，我国纺织服装、鞋、帽产品在欧美日所占的市场份额日趋萎缩，已成为挥之不去的行业之殇。

4. 变奏三：竞争成本水涨船高。近年来，中国的劳动力、原材料和汇率等综合成本不断上涨，原有的薄利多销、以量取胜的运营模式越来越难以为继。随着国家更加关注改善民生，提高居民收入在国民收入分配中的比重，提高劳动报酬在初次分配中的比重，最低工资标准多次上涨，人力成本随之上升。目前，我国纺织行业用工成本比东南亚国家高 1 ~3 倍②，人口红利渐行渐远。作为纺织服装、鞋、帽制造业的后起之秀，斯里兰卡的纺织服装、鞋、帽制造业虽然规模较小、产业基础比较薄弱、配套能力较低，但凭借显著的成本优势，国际竞争力综合得分排名世界第一，在显示性指数、贸易竞争指数和出口比重等指标上都优于中国。其竞争力超越中国的一个重要原因就是用工成本明显低于中国。数据显示，2010 年以来，在我国两大制造业中心珠三角和长三角，劳动力成本上涨了 20% ~25%③。目前，斯里兰卡每月用工成本在 200 美元左右，而中国则上升至 500 美元左右。

此外，随着国际贸易环境更趋复杂，我国纺织行业遭受的各类贸易摩擦呈现不断上升趋势。根据欧盟非食品类消费品快速预警系统（RAPEX）发布的数据显示，2012 年欧盟共召回 565 项纺织服装产品，其中涉及中国大陆纺织服装产品 271 项，比 2011 年增加 60%。在召回的纺织服装产品中，中国大陆产品占比重为 48%，较 2011 年上升 4 个百分点④。与此同时，由新兴市场发起的贸易保护也在不断加强，如印度、巴西等国纷纷就我国出口的纺织服装产品提出反倾销调查。2012 年 7 月 4 日，在实施反倾销制裁两年之后，巴西政府决定进一步加强对进口中国鞋类的限制，对来自中国的鞋类半成品及配件征收 182% 的附加税。

① 《中国制造成本优势不再 迎后劳动力时代》，全球纺织网，2012 年 11 月 17 日。

② 《国内棉花价格表现平稳 国际棉价继续下跌》，搜棉网，2013 年 7 月 1 日。

③ 《中国劳动力成本 呈现明显上涨趋势》，深圳商报网，2013 年 1 月 21 日。

④ 《2012 年欧盟召回中国大陆纺织品服装激增》，全球纺织网，2013 年 1 月 25 日。

表2　2012年全球纺织服装鞋帽业主要出口国别（地区）贸易竞争力对比

排名	国家或地区	市场占有率（%）	显示性指数	贸易竞争指数	出口增长率优势指数	出口比重（%）	竞争力综合评价
1	斯里兰卡	0.96	19.03	0.96	-9.43	33.83	104.60
2	中国	44.28	3.97	0.95	5.09	7.07	103.34
3	摩洛哥	0.87	8.16	0.84	-2.96	14.51	102.16
4	约旦	0.32	7.44	0.63	6.07	13.22	101.80
5	土耳其	3.92	4.73	0.70	4.84	8.40	101.48
6	印度	3.68	2.28	0.95	-2.61	4.05	101.22
7	印度尼西亚	2.24	2.17	0.92	-3.42	3.86	101.12
8	保加利亚	0.47	3.26	0.60	-9.25	5.80	100.95
9	罗马尼亚	0.96	3.05	0.57	-7.70	5.43	100.91
10	肯尼亚	0.07	2.18	0.71	-0.55	3.87	100.84

在变奏背后，是持之以恒的调整主旋律。借助各种优惠协议的安排，中国纺织服装、鞋、帽制造业的外部竞争对手日益发展壮大，人民币持续升值等外部力量倒逼我国纺织服装、鞋、帽制造企业内部转型。在国内外经济环境日趋复杂、国际竞争日趋激烈的情况下，要想继续保持国际领先的竞争实力，我国纺织服装、鞋、帽制造业必须从产业链的低端环节向微笑曲线的高端环节拓展，从加工制造向研发设计、营销渠道和售后服务等环节寻找新的竞争力增长点，才能在转型升级之路上奏响和谐的乐章。

（二）交通运输设备制造业——优势渐弱音

中国的交通运输设备制造业虽起步较晚，但改革开放以来，特别是近十年来，国家大力发展交通运输设备制造业，交通运输设备制造业发展进一步加速，如今已成为我国一大支柱产业。与此同时，我国交通运输设备制造业越来越融入国际市场，2012年行业出口值达到1050.1亿美元，较2011年增长2%，占同期我国出口总值的5.1%；进口值达到997.7亿美元，较2011年增长8.1%，占同期我国进口总值的5.5%。随着国际市场融入程度加深，我国已经成为全球第三的交通运输设备出口国和全球第六的交通运输设备进口国。然而，由于国际经济复苏步履蹒跚，交通运输设备制造业市场持续低迷。随着竞争的白热化，竞争对手开始蚕食中国交通运输设备制造企业的市场份额，而中国交通运输设备制造业在竞争中暴露出的传统竞争优势弱化和核心竞争力缺失，正日渐削弱着原本就差强人意的国际竞争力，在国际竞争中的声音渐行渐弱。

1. 多项竞争力指标下降。2012年，我国交通运输设备制造业国际竞争力综合评价得分为100.21，略高于2011年的100.17，但低于2010年的100.29，在我国国民经济行业的45个二级行业中排在第25位，在全球贸易统计数据库（GTA）有出口实绩的70个国家和地区中排名第24位。其中，2012年我国交通运输设备制造业除市场占有率得分外，显示性指数得分、贸易竞争指数得分、出口增长率优势指数得分和出口比重得分均出现退步。2012年我国交通运输设备制造业市场占有率得分为71.96，与2010年的71.28和2012年的71.60相比，呈现逐年上升趋势；显示性指数得分和出口比重得分出现由升转降，分别从2010年的67.46和67.46升高到2011年的67.89和67.89后，2012年下降至66.75和66.75；贸易竞争指数得分为81.04，与2010年的81.78和2011年的

81.49 相比，连续出现小幅下滑；出口增长率优势指数在 5 项指标得分中降幅最为显著，2012 年得分为 61.17，而前 2 年分别为 78.91 和 70.34，凸显交通运输设备制造业的发展乏力（图 3）。

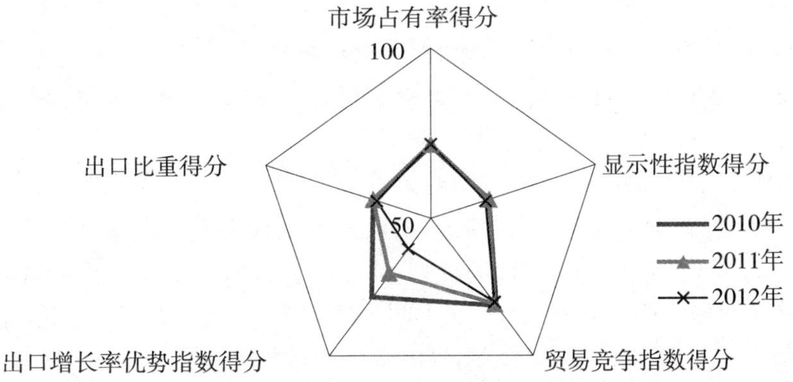

图 3　2010～2012 年我国交通运输设备制造业国际竞争力总体得分比较

2. 明升暗降的市场份额。在产销规模和出口规模持续扩大的背景下，我国交通运输设备制造业产品已经在国际市场上占有一席之地，市场占有率逐年上升。2012 年，我国汽车产销量双双超过 1 900万辆，刷新世界纪录，连续 4 年稳居世界第一①，出口量为 99 万辆，比 2011 年增加 20.1%，创历史新高；摩托车产销量分别为 2 363 万辆和 2 365.1 万辆，出口 1 101 万辆，虽然产销量和出口量均出现减少，但继续蝉联世界第一；船舶工业从衡量造船业的三大指标来看，造船完工量、新接订单量、手持订单量三大指标以载重吨计分别在 6 041 万吨（3 872 万 GT）、2 041 万吨（1 402 万 GT）和 1.1 亿吨，依然是造船第一大国。反观其他主要贸易国，在生产规模上与我国仍有一定差距。2012 年，美国、日本和德国汽车产量分别为 1 032.9 万辆、994.3 万辆，564.9 万辆，均远低于我国；印度及印度尼西亚摩托车产量分别为 1 300 万辆和 714 万辆，分别位列世界第二和第三，但两国产量之和仍低于我国；韩国和日本造船完工量分别为 3 119 万 GT 和 1 734 万 GT，同比分别减少 13% 和 10%。

然而在市场占有率提升的繁荣表象下，是质量和效益的衰微。我国交通运输设备制造业虽然出口规模较大，但贸易竞争力不强，产品质量偏低、附加值不高长期以来羁绊着我国交通运输设备制造业前行的脚步。2012 年，我国交通运输设备制造业贸易竞争指数仅为 0.03，而国际竞争力综合评价分别排名第 1 和第 3 位的日本和韩国，贸易竞争指数分别为 0.71 和 0.74，贸易竞争力远远超出我国。以摩托车出口为例，2012 年，我国摩托车出口 1 101 万辆，其中排量小于或等于 150ml 的摩托车 901.5 万辆，占出口总量的 81.9%；同期，日本出口摩托车 81.8 万辆，其中排量大于 250ml 的摩托车 35.6 万辆。凭借产品的高附加值，日本摩托车以相当于我国 7.4% 的摩托车出口量完成了相当于我国 56.7% 的摩托车出口值。船舶出口也面临相似的形势，我国船舶制造规模虽然登上了世界第一宝座，但在世界造船业的竞争中，技术的重要性更加凸显。目前，韩国造船业专注于高附加值船舶和海洋成套设备，日本船企则在大力发展绿色船舶设计制造，出口规模缩小的同时利润却反而出现上升。而我国仍然偏重于技术已经普及的普通商船，在绿色、高附加值船舶领域明显处于弱势。2012 年共有近 20 个国家订造了钻井平台和生产平台，投资金额高达 544.5 亿美元（不包括海洋工程辅助船），其中我国企业所接订单多为低端海工产品，尽管数量上占比达 15.6%，但订单金额仅占

---

① 《中国汽车出口首破百万辆仍难进全球十强》，腾讯汽车，2013 年 1 月 30 日。

5.5%①。

3. *日渐加剧的市场竞争*。在全球经济疲软的背景下，我国交通运输设备制造业传统的竞争优势弱化，高速前行的脚步逐渐放慢。2012年行业出口增长率优势指数已由2010年的19.03和2011年的5.84下滑至1.14，优势几乎丧失，而美国和日本该项指标分别由2011年的-0.42和-13.85提高到2012年的13.38和5.31。面对当前订单日益枯竭的市场，世界各国企业竞争趋于白热化。欧美日跨国车企加速开拓发展中国家市场，加大低端车的研发和销售力度。如2013年初，大众集团宣布将于2015年中期推出一个面向全球市场的廉价车品牌，丰田、菲亚特、标致、日产等也都有推出廉价车的计划②。跨国车企加速进入与我国出口汽车主攻方向重合的低端市场，对我国汽车出口构成严重威胁。2013年上半年，巴西市场轻型车销量同比增加4.6%，菲亚特、大众、通用和福特共同占据了巴西70%以上的市场份额③，而大部分中国车企在巴西的销量却急剧下滑，其中奇瑞销量同比减幅达72.5%④。同期，德国大众控股的主要生产货车和客车的子公司斯堪尼亚将2013年的销售目标转移到了智利及秘鲁，上述二者均为我国重要的汽车出口市场，分别占2013年前三季度我国汽车出口总量的9%和4.6%。此外，以日本为代表的传统工业出口强国加大了海外投资的力度，促进了新兴市场交通运输设备制造业的兴起。在亚洲，泰国是世界名牌汽车与摩托车的生产基地，亚洲、欧洲与美国的汽车或摩托车公司在泰国都设有生产基地，2012年泰国汽车生产量已超过275万辆，摩托车生产量达280万辆。在拉丁美洲，日本本田公司将在阿根廷增加投资1 340万美元，两家工厂全年产量预计为16万辆，本田公司承诺其国产化率将由目前的20%提高至30%⑤。在非洲，日本本田公司在肯尼亚投资开办摩托车制造厂，摩托车年产量为2.5万辆，制造厂建成后将成为本田公司在非洲的第三大子公司⑥。外部市场受冲击导致我国交通运输设备制造业出口出现下降，2013年前三季度我国交通运输设备制造业产品出口725.8亿美元，同比下降8.6%，较同期我国出口总体增速低16.7个百分点，占我国出口总值的比重由去年同期的5.3%下滑至4.5%。

4. *层出不穷的贸易壁垒*。各国贸易壁垒也对中国交通运输设备制造业的出口提出新的挑战。2012年9月17日，美国正式向WTO提起诉讼，指控我国于2009年至2011年间给予国内汽车及零件企业至少10亿美元的出口“补贴”⑦，2012年9月25日，欧盟执行委员会决定对中国并经印度尼西亚、马来西亚、斯里兰卡和突尼斯转运至欧盟市场的自行车启动反规避调查⑧。同时，作为我国的主要出口市场，新兴经济体的贸易壁垒也不断增多。巴西于2011年12月正式实行新的贸易政策，对国产化率不足65%的汽车的进口关税提高30个百分点，这对凭借价格优势出口的我国自主品牌汽车造成重大打击，2012年我国对巴西出口汽车大幅减少79.6%。俄罗斯于2012年9月1日对进口新车和二手车征收2万卢布至190万卢布不等的汽车报废回收税。印度政府已制定了其2013~2014年的预算，提高摩托车进口关税至75%⑨。阿根廷政府通过“25号法令”，正式公布拟

① 《全球海工装备市场：龙年量跌价增 蛇年总体看好》，中国船舶在线，2013年2月22日。
② 《合资车企放身段推廉价车抢市场 肩负冲量重任》，新华网，2013年6月4日。
③ 《2013年1~6月巴西轻型车销量统计（分车企）》，盖世汽车网，2013年7月17日。
④ 《奇瑞巴西销量急剧滑坡 全年销量目标下调三分之一》，盖世汽车网，2013年7月30日。
⑤ 中华人民共和国驻阿根廷共和国大使馆经济商务参赞处：《本田摩托车增加在阿根廷投资》。
⑥ 中华人民共和国商务部：《日本本田公司加入肯尼亚摩托车市场竞争》。
⑦ 《中美汽车零件争端内幕：美国欲提振国内就业》，盖世汽车网，2012年9月27日。
⑧ 《欧盟对中国自行车发起反规避调查》，和讯网，2012年10月7日。
⑨ 《印度提高进口关税摩托车至75%》，中国摩托车网，2013年3月4日。

提高进口关税的产品清单，对包括摩托车在内的100种产品征收35%的进口关税，该措施的有效期至2014年底①。越来越多的发展中国家开始设置贸易壁垒，实施产品准入批准制度，严重制约了我国交通运输设备制造业产品对新兴市场的开拓。

除了传统的贸易措施以外，技术性贸易壁垒（TBT）更是给了缺乏核心技术的中国致命一击。2012年，东南亚的摩托车消费大国泰国，提高了车辆尾气排放标准，阿根廷、欧盟等国家和地区也对摩托车尾气排放标准有着越来越高的要求②；2013年5月，巴西国家计量、标准化与工业质量局批准了若干类汽车零部件的新强制性技术要求，涵盖汽车方向盘、转向杆、拉杆和轴向杆等③；2015年后，欧盟油耗标准将开始由基于车重向基于脚印面积（四车轮之间的面积）过渡，届时我国汽车将无法满足欧盟的油耗标准。由于我国的技术标准与出口市场的标准存在差异，加之我国车企注重维持价格优势，而普遍忽视他国的技术标准与规范，致使召回事件频发。2012年，奇瑞、长城和吉利汽车因石棉问题先后发生召回事件，仅在澳大利亚就召回汽车2.5万辆④。因产品达不到标准，频发召回事件使国外消费者对我国交通运输设备产品质量产生“信任危机”，影响我国交通运输设备制造企业在海外市场的开拓步伐。

表3　2012年全球交通运输设备制造业主要出口国别（地区）贸易竞争力对比

排名	国家或地区	市场占有率（%）	显示性指数	贸易竞争指数	出口增长率优势指数	出口比重（%）	竞争力综合评价
1	日本	10.72	2.47	0.71	5.31	24.47	102.98
2	德国	16.26	2.12	0.37	-2.20	21.00	102.79
3	韩国	6.09	2.05	0.74	-11.81	20.28	102.17
4	斯洛伐克	1.10	2.49	0.32	12.00	24.64	101.94
5	法国	6.31	2.08	0.09	-1.10	20.64	101.76
6	美国	13.49	1.61	-0.08	13.38	15.91	101.72
7	墨西哥	4.06	2.01	0.28	11.54	19.95	101.66
8	西班牙	2.90	1.93	0.21	-16.88	19.14	101.42
9	捷克共和国	1.60	1.88	0.37	-3.61	18.63	101.39
…							
24	中国	5.78	0.52	0.03	1.14	5.14	100.21

国内生产成本不断提高，传统的价格优势逐渐丧失，国际市场竞争日益激化，国际贸易壁垒层出不穷，我国交通运输设备制造业面临着内外交困的局面。唯有突破现有格局，推动产业结构调整，加强技术创新，提高市场开拓能力，才能增强我国交通运输设备制造业的核心竞争力，解除国际贸易壁垒的钳制，在国际竞争中发出掷地有声的响亮声音。

（三）煤炭开采和洗选业——出口休止符

在我国国民经济各行业国际竞争力提升的主旋律中，煤炭开采和洗选业在国家严出宽进政策的

① 《阿根廷将提高百种产品关税 摩帮出口再添堵》，《重庆商报》，2013年3月7日。
② 《排放标准高 重庆摩托隐退巴西 日系美系车“横行”》，凤凰网，2013年1月31日。
③ 《巴西保护主义加剧 中国汽车零部件出口受阻》，盖世汽车网，2013年8月20日。
④ 《因使用石棉 奇瑞海外再召回约2万辆汽车》，盖世汽车网，2012年8月30日。

导向下，出口规模持续大幅萎缩，即将画下休止符。与此同时，煤炭进口节奏正不断加快，进口规模年年快速增长，迅速扩大了在国内的市场份额，尤其是在东南地区，电力企业成为进口用煤大户。然而对外贸易部分的“多进少出”却并没有使得国内产量减少，反倒出现了国内产能过剩，行业普遍面临经营困难的畸形困局。环顾当今世界，能源供应结构正在发生深刻变化，尤其是美国的页岩气革命，或将历史性地影响未来能源供应格局。为保证国内能源供应安全，保障行业健康持续发展，保护国内煤炭资源，我国煤炭开采和洗选业应该及早做出调整，奏出健康持续发展的和谐旋律。

1. 出口优势丧失殆尽。2012 年中国煤炭开采和洗选业出口总额为 15.4 亿美元，比 2011 年下降 42.3%；进口总额为 287.2 亿美元，比 2011 年增长 20.2%。国际竞争力综合评价得分为 99.63，比 2011 年的 99.67 下降 0.04，同国际平均水平的差距进一步扩大，在全球煤炭开采和洗选业中的排名从 2011 年的第 24 名下滑至第 25 名。具体来看，2012 年中国煤炭开采和洗选业国际竞争力的 5 个分项指标得分全部在最低分 60 分附近徘徊。其中，2006 年年底开始征收出口关税后，我国煤炭出口量快速下滑，在国际市场份额不断萎缩。2012 年我国煤炭产品的国际贸易市场份额从上年的 1.92% 降至 1.2%，较 2010 年的 2.11% 和 2009 年的 2.86% 更是大幅下跌。在与全球同行业的比较中，中国煤炭开采和洗选业主动缩减出口规模导致出口竞争力弱化，2012 年其出口增速与全球平均水平的差值从 2011 年的 -11.8 扩大至 2012 年的 -34.51。在同国内其他行业的比较中，出口规模的萎缩也直接导致煤炭开采和洗选业在国内国民经济各行业中的出口竞争力持续下降，2012 年煤炭开采和洗选业在国内出口总额中的比重从 2011 年的 0.14% 降至 0.08%，在国内各行业中的地位不断降低。出口规模不断萎缩的同时，出口质量亦不容乐观。2012 年我国煤炭出口价格同比下跌 7.6%，显示性指数下跌 0.05 至 0.11，且降幅较 2011 年加大，在国际市场上已基本丧失比较优势，相对劣势进一步加大。与此同时，我国煤炭进口量快速增长，净进口在煤炭进出口合计中的比重近年来持续快速扩大，从 2009 年的 64% 到 2010 年的 78%，再到 2011 年的 80%，至 2012 年，已经高达 90%，我国煤炭开采和洗选业贸易竞争指数已接近 -1，国际竞争优势几近丧失殆尽。

2. 角色的历史性转变。回顾以往，煤炭曾经在我国外贸出口的舞台上扮演过重要角色，煤炭出口规模曾在 1997 年占全国出口总值的 0.6%，为国家出口创汇立下过汗马功劳。随着经济的快速发展，对煤炭的需求持续快速增长，但是我国煤炭供应政策正越来越趋向于宽进严出，净进口规模迅速扩大，从 2011 年的 2.2 亿吨，到 2012 年的 2.9 亿吨，中国煤炭消费量占全球的比重持续上升。2012 年，印度尼西亚煤炭出口的 35.8%、澳大利亚的 18.1%、俄罗斯的 18.5%、南非的 22.6% 和加拿大的 22.3% 均被中国电厂和钢企消化掉，并且中国煤炭消费占全球比重仍在不断升高。2012 年，我国煤炭进口总额为 287.2 亿美元，是世界第二大煤炭进口国，与第一大进口国日本的差值从 2011 年的 71.1 亿美元缩小到 4.6 亿美元，进口增速达到 20.2%，是全球主要煤炭进口国家中增速最快的，预计 2013 年将超过日本成为全球最大煤炭进口国。从全球来看，印度、欧盟、日本的煤炭消费量亦呈增长态势，尤其是印度增长快速，2011 年印度煤炭进口额增幅高达 55.8%，2012 年增速虽有所回落，但也保持了 2 位数的增长。新兴经济体已经成为稳定的煤炭需求增长来源，中国和印度占到总增长量的近 90%。在 20 年前，新兴经济体只占全球煤炭消费的 42%，而这一比例现在已升至 56%。

环顾当前全球煤炭市场份额高、出口竞争力强劲的国家和地区，大多都是资源丰富而国内工业尚不发达，如澳大利亚、俄罗斯和印度尼西亚，而我国早已走过这一历史阶段，正向工业化中后期迈进，煤炭开采和洗选业转变角色已是不可逆转的趋势。

3. 能源利用弊病颇多。一般来说，各国能源消费结构与本国资源状况密切相关，俄罗斯由于天然气资源丰富，其天然气消费占一次能源消费比例高达 57%，巴西的水电消费占一次能源的比例达到39%。发达国家油气消费较高，除法国外，经济合作与发展组织成员国家石油天然气占一次能源消费的比例超过60%，核能依赖程度最高的法国，石油天然气占一次能源消费的51%，核能比例高达39%。正是由于我国能源储备具有显著“富煤、贫油、少气”的特点，能源消费中对煤炭高度依赖，近年来煤炭在我国一次能源消费中的占比虽不断下降，但是至2012年仍然高达68.5%。

和中国同样作为能源消耗大国的美国，随着水力压裂法和水平钻井技术取得突破，美国油气大幅增产，页岩气的产量已达到天然气总产量的45%，一改过去脆弱的能源体系，迎来能源安全新时期。页岩气产量充足、价格低廉，使得美国的天然气极具国际竞争优势，欧洲的天然气成本是美国的三倍、日本的天然气成本是美国的四倍，许多对油气有巨大需求的行业，如石油化工制品、化肥、食品和玻璃等行业都在美国新增了大量投资项目。由于廉价的天然气大幅挤压煤炭市场份额，美国国内煤炭消费遇冷，加之美国环保署出台了严格的碳排放措施，使得美国火电业缩减。2012年美国煤炭产量只有10.2亿吨，缩减6.8%，创1993年以来新低①。同时美国煤炭国际贸易进口和出口规模也在双双萎缩，2012年美国煤炭出口148.5亿美元，较2011年下降6.9%；进口11.2亿美元，较2011年下降28.9%。无可奈何之下美国煤炭生产商将目光投向亚太市场，2012年我国自美国进口煤炭931.8万吨，较2011年大幅增加84.5%。

表4　2012年全球煤炭开采和洗选业主要出口国别（地区）贸易竞争力对比

排名	国家或地区	市场占有率（%）	显示性指数	贸易竞争指数	出口增长率优势指数	出口比重（%）	竞争力综合评价
1	澳大利亚	33.17	23.80	1.00	-3.73	16.66	104.86
2	印度尼西亚	20.31	19.67	1.00	3.94	13.77	103.71
3	哥伦比亚	5.66	17.18	1.00	3.09	12.03	102.76
4	南非共和国	5.39	11.37	0.96	3.74	7.96	102.05
5	俄罗斯	10.06	5.25	0.96	22.01	3.68	101.56
6	美国	11.52	1.37	0.86	0.87	0.96	101.14
7	加拿大	5.14	2.08	0.73	-13.35	1.46	100.90
8	哈萨克斯坦	0.34	0.73	1.00	33.90	0.51	100.74
9	斯里兰卡	0.00	0.00	-1.00	113299907.79	0.00	100.66
…							
25	中国	1.20	0.11	-0.90	-34.51	0.08	99.63

4. *净进口增长与国内产能过剩的畸形困局*。我国煤炭净进口的快速扩张，并不意味着国内资源得到了保护，事实上，当前我国正处于国内煤炭产能过剩和进口依赖并存的畸形困局，正是这一困局造成了行业国际竞争力的低下。一方面我国煤炭储量主要分布在华北和西北地区，内蒙古、山西、新疆、陕西和贵州五省（区）保有探明资源储量占全国总量8成以上，而近年来我国煤炭实际需求增长与消费重地则集中在东部沿海经济较发达地区，煤炭从产地到消费地的运输瓶颈越发突出。特别是华南地区，从东南亚国家进口外煤比直接采购国产煤更加具有价格和运输优势，广东省便常年占据我国煤炭进口省市头把交椅，占我国进口总量比重保持在20%左右。另一方面，近十年

① 《2012年美国煤炭产量创新低》，中国投资咨询网，2012年11月15日。

来，大量资金投入到煤炭开采与洗选业，促使我国煤炭产能扶摇直上，2012 年是我国煤炭供需格局彻底转变的一年，产能持续释放而需求明显放缓，2013 年国内煤炭产能将达到 46.3 亿吨，大幅超过需求 41.2 亿吨，产能过剩或达 5 亿吨。过剩的国产煤加上低价进口煤的竞争，其直接后果便是国内煤价一跌再跌，库存居高不下，煤企面临全行业性的经营困难。

国际竞争没有休止符，我国煤炭需求增长和结构性供给矛盾将长期并存，积极参与国际煤炭贸易将在未来我国能源供给结构中起到越来越重要的作用。放眼长远，出口的休止似乎正孕育着一轮崭新的乐章。在贸易端做好“开源”，积极拓展进口来源地，同时严防低质煤大量涌入国内；在消费端做好“节流”，严格控制高耗能、高污染产能，加强节能减排工作力度，在调整国内产业结构的大框架下同步进行能源结构转型，彻底改变粗放型经济增长模式。此外，面对国内与国际两种资源、两个市场逐渐深度融合的趋势，对国内煤炭企业来说，增强竞争意识、提高竞争力是关键和基础。在企业间，深入推进煤企并购重组，培育和发展大型煤炭企业和集团，进一步提高煤炭生产集中度；在行业间，鼓励跨区域、跨所有制合作，鼓励煤、电、港、化、建等相关产业联合或一体化发展，以发挥大型煤企在保障国家煤炭供应中的骨干作用。多管齐下、齐头并进，采取积极措施促进我国煤炭开采和洗选业的健康持续发展和保障国内能源供给，同时也为子孙后代留下一片蓝天、一地绿草，方能奏出和谐美妙之音。

（四）农业——市场化序曲

作为传统的农业大国，农业在各个时代都是我国安天下稳民心的战略产业。随着经济的发展，农业已不仅是赖以充饥的产业，更为二、三产业发展提供有利的条件和广阔的空间。在中央“强农惠农富农”政策的有力推动下，2012 年我国粮食生产实现“九连增”，全年粮食产量 11 791 亿斤，比 2011 年增加 367 亿斤，连续 5 年稳定在 10 500 亿斤以上，不仅保证了国家的粮食安全，而且为促进国民经济平稳较快发展提供了重要支撑，为经济社会全局的发展做出了突出贡献。与此同时，随着农业国际合作不断加强，以及区域性自由贸易蓬勃发展，我国逐步成为世界上农产品市场最开放的国家之一。2012 年我国出口农业产品 83.5 亿美元，下降 8.6%，2013 年 1～9 月我国出口农业产品 65.3 亿美元，增长 8.1%，占同期我国外贸出口总值的 0.4%。2012 年我国进口农业产品 560.7 亿美元，增长 26.1%，2013 年 1～9 月进口 413.4 亿美元，下降 2.1%，占同期我国外贸进口总值的 2.9%。随着市场的不断开放，中国农业与世界农业的关联度发生重大变化。在世界贸易体系中，中国作为农产品生产大国和消费大国，既可能受到国际市场的不利冲击，同时也对国际市场有着巨大影响。古老的农业被赋予了新的涵义，农业国际化、市场化的序曲已经奏响。

1. 综合竞争力连年下滑。近 3 年我国农业的外贸竞争力呈现逐年下降的态势，2010 年和 2011 年，我国农业国际竞争力综合得分分别为 99.63 和 99.41，而 2012 年，我国农业国际竞争力综合得分为 99.25，较前两年继续下滑，在国民经济行业的全部 45 个二级行业中排名倒数第二，较 2011 年后退 4 位，在 GTA 有出口实绩的 70 个国家和地区中，排名仅为第 55 位，较 2011 年的第 48 位再度下滑，在国际竞争中处于中下游。

具体来看，2012 年我国农业外贸竞争力五项指标得分较 2010 年和 2011 年均有不同程度的下降。2012 年，我国农业各项外贸竞争力指标中，国际市场占有率是唯一一个排名进入全球 10 强的指标，显示性指数、贸易竞争指数、出口增长率优势指数和出口比重四项指标与竞争对手相比则处于下风。2012 年我国农业国际市场占有率为 2.69%，比 2010 年和 2011 年分别下降 0.89 个百分点和 0.5 个百分点。2012 年我国农业国际市场占有率排名全球第 10 位，比 2011 年后退 1 位，在 5 项指标中排名最靠前，但与美国 19.24% 的国际市场占有率相比还是望尘莫及。显示性指数、贸易竞争指数和出口比重与其他主要竞争对手均相距甚远。2012 年我国农业显示性指数仅为 0.24，低于

2010 年的 0.31 和 2011 年的 0.27，在全球的排名由第 48 位降至第 56 位。2012 年我国农业贸易竞争指数为 -0.75，该指数在 2010 年和 2011 年分别为 -0.62 和 -0.66，呈现出不断下滑态势，排名也跌至全球第 61 位。作为 2012 年全球农业的第一大进口国，当年农业出口占我国外贸出口比重仅为 0.39%，比 2010 年和 2011 年分别下降 0.12 个百分点和 0.08 个百分点。2010 年，我国农业出口增长率优势指数为 21.31，位居全球第 12 位，到 2012 年，我国农业出口增长率优势指数为 -13.53，全球排名 56 位，成为近三年来退步幅度最大的一项指标（图 4）。

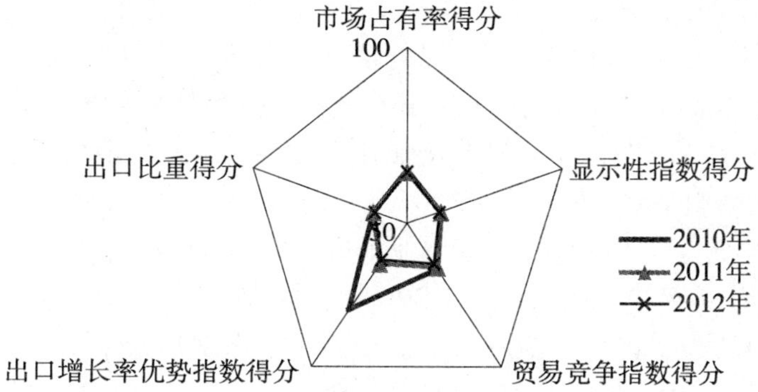

图 4　2010～2012 年我国农业国际竞争力总体得分比较

2. *产业化发展是软肋*。2012 年，我国农业的显示性指数进一步下滑至 0.24，显示出我国农业国际竞争相对优势较弱，无法在国际竞争中占据更有利的位置，农业出口规模难以扩大。2012 年我国农产品的国际市场占有率进一步萎缩到 2.69%，而该项指标的全球冠亚军美国和巴西实力超群，国际市场占有率分别达到了 19.24% 和 10.82%。美国农业已经是典型的现代化农业，作为全球最大的农产品出口国，美国 3 亿多人口中从事农业生产的人不到 1%①。一个家庭农场要耕种数千乃至上万亩地，农户几乎家家都有康拜因收割机、播种机、拖拉机等大型农用机械，拖拉机驾驶舱内有卫星导航系统，后面的拖斗里可以放入种子或肥料，自动播种、施肥。生物学、遗传学、化学的科技成果也被广泛地应用到农业生产中②。此外，美国还有一套以农村合作社为核心的供应链，产销一条龙，大幅提升了农产品流通效率，也增强了议价能力，因此，虽然美国农业产量巨大，但是销路顺畅，鲜有农民丰收之后找不到买家而造成农产品滞销的情况③。大豆是巴西农业出口的一大亮点，虽然生产历史并不长，但 3 次“技术性的革命”令巴西大豆生产突飞猛进，从而使巴西成为了世界的新粮仓④。现在巴西已是世界第二大大豆生产国和出口国，并且“坐二望一”。而目前我国有 2 亿多农户，农业生产经营主体小而分散、数量庞大，经营方式还相对落后，农业出口缺乏突出的亮点。虽然 2012 年我国农业科技进步贡献率已经达到 54.5%⑤，但与发达国家比还相差约 20 个百分点⑥。此外，国内农业信息体系建设比较落后，缺乏有效信息沟通渠道，容易造成部分农产品结构性、区域性、季节性过剩或短缺，不利于出口农产品价格稳定，影响农业的国际竞争相对优势。

3. *结构性竞争力偏低*。2012 年，阿根廷农业出口列全球第 7 位，进口列第 63 位，凭借着巨额

---

① 《走进美国农业：农民占人口不到 1%“门槛”高》，中国新闻网，2013 年 5 月 30 日。

② 唐山市农牧局：《美国现代农业状况》。

③ 《美国农业产销“一条龙”》，中国新闻网，2013 年 5 月 29 日。

④ 《大豆科研三次“技术革命”造就巴西大豆“出口大国”》，网易新闻，2013 年 3 月 2 日。

⑤ 中华人民共和国农业部：《农业部总经济师、新闻发言人毕美家介绍中国粮食“九连增”等情况并答记者问》。

⑥ 《夏粮十连丰存隐忧：农业科技贡献率比发达国家差 20%》，凤凰网，2013 年 7 月 16 日。

的贸易顺差，阿根廷农业贸易竞争指数达到0.96，蝉联全球冠军。依靠出口额增长1.16倍而进口额下降13.55%，哈萨克斯坦的农业贸易竞争指数由2011年的0.47回升至2012年的0.75，排名全球第7。相对这些农业净出口国，中国的农业只能瞠乎其后。我国农业出口面临日趋加剧的国际竞争，并且深受质量安全、贸易壁垒等问题的困扰，农产品贸易连年逆差，2012年我国农业贸易竞争指数下滑至-0.75。在我国人口大幅增加、耕地大量减少、各种自然灾害频繁发生、国际市场竞争压力日益加大的情况下，农业进口不断扩大，已经成为全球第一大农业进口国，其中，大豆、棉花、植物油等重要品种，国内需求呈刚性增长，对外依存度不断走高。2012年，我国进口大豆5838.3万吨，再创新高，同比增加11.2%，对外依存度高达80%以上①。粮食作为农业产品最主要的品种，进口量也逐年攀升，2012年小麦、玉米、稻谷和大米等谷物进口量大幅上升，净进口量达到1302.1万吨，同比增加2倍。粮食进口增加在满足国内多样化消费需求的同时，也凸显出我国农业的行业内部结构性竞争力不强。

4. *出口竞争力提升乏力*。2012年，我国农业出口比重在国民经济行业的全部45个二级行业中维持2011年的第25位，但是出口比重降为0.39%。我国农业出口竞争力不强，在出口增长率优势指数上也有所体现。2012年，虽然我国农业出口增速与全球平均水平的差值自2011年的-13.57小幅回升至-13.53，但我国农业出口增长率优势指数已位于全球中下游，与以268.01位于榜首的马耳他遥不可及，与俄罗斯、印度等大部分国家相比也都有差距，国际市场扩张程度不足。受国内化肥、农药、农膜、种子等农资价格和劳动力价格上涨，以及人民币加速升值等因素影响，我国农产品出口综合成本大幅上升，迫使企业不得不提高出口报价，我国农产品的价格优势逐渐减弱，部分国外客户流失。同时，农产品出口企业普遍反映“收款难”问题，延期付款、拖欠尾款甚至以产品质量为由强行扣除货款等现象在日本、韩国和东盟客户中较为普遍，企业出口动力不足。

一波未平，又起一波。我国农业发展尚未从科技服务、产业发展等方面追赶上美国、巴西等世界农业强国的脚步，农兽药残留超标、非法添加有毒有害物质、产地重金属污染等质量安全问题又广受诟病。环保部门的统计显示，目前我国受重金属污染的耕地面积已达2 000万公顷，占全国总耕地面积的1/6②，全国每年被重金属污染的粮食高达1 200万吨，造成的直接经济损失超过200亿元。随着一些质量安全问题的曝光，不仅影响了我国农产品在国际市场上的信誉度，也引发了国产农产品在国内市场的信任危机，为相关的进口农产品占领国内市场提供了机会。反观美国，农场使用的农药化肥都经过农业部和农业大学多年跟踪测试，不断改进安全性和有效性，并且在现代化大型农机帮助下，农药投放均匀而精准。美国农药化肥的使用说明上会明确列出最高单位用量、每次作业最小间隔期和收获前禁止施药期等规定，针对不同土质、不同农作物，有不同的化肥和农药可供选择，随着生物技术不断进步，农药和化肥喷洒量与次数也呈下降趋势。因此虽然绝大多数美国农场都使用农药和化肥，但多年来并未出现过土质下降、食物中毒或环境污染等恶劣事件③。

5. *贸易壁垒是外患*。2012年我国农产品出口继续遭受来自多个国家和地区的贸易壁垒，花生、蔬菜、水果等植物产品和加工制品都受到波及④。日本决定将2006年实施的肯定列表制度中的暂定标准变为永久标准，许多缺乏实验依据的农残检测标准都变成一律标准⑤。由于产自中国的橘子罐头大量进入欧盟市场，欧盟唯一一个橘子罐头生产国——西班牙要求欧盟立即恢复对此产品征收高

---

① 《中国粮食自给率下跌 大豆对外依存度高》，中国西藏新闻网，2013年3月12日。

② 《调查称中国现有2000万公顷耕地受重金属污染》，山东三农网，2013年5月26日。

③ 《美国农业生产农药精准投放 多年未发生食物中毒》，中国新闻网，2013年5月30日。

④ 《国际食品—国际农产品贸易壁垒出现新特征》，阿里巴巴咨讯网，2012年2月16日。

⑤ 《2012年中国农产品进口增速将达20%》，中商情报网，2012年10月16日。

关税，并且使其具有追溯既往的效力①。2012 年印尼政府出台加强检验检疫、执行国家标准、限定进口口岸等一系列果蔬进口限制政策②，还发布禁令，称为保护本地种植者利益，在2013 年 1 月至 6 月的印尼农产品收获旺季对 13 种果蔬产品禁止进口，其中包括卷心菜、辣椒、西兰花和马铃薯等主要蔬菜品种③。日益增多的贸易壁垒明显加大了我国农产品出口的难度，制约了我国农产品出口。

表 5　2012 年全球农业主要出口国别（地区）贸易竞争力对比

排名	国家或地区	市场占有率（%）	显示性指数	贸易竞争指数	出口增长率优势指数	出口比重（%）	竞争力综合评价
1	乌拉圭	0. 83	17. 51	0. 91	44. 86	28. 41	103. 52
2	洪都拉斯	0. 50	17. 98	0. 66	9. 01	29. 18	103. 17
3	巴西	10. 82	8. 21	0. 82	2. 73	13. 32	102. 37
4	阿根廷	4. 42	10. 36	0. 96	-9. 83	16. 81	102. 27
5	乌克兰	2. 95	7. 90	0. 80	69. 36	12. 82	101. 98
6	美国	19. 24	2. 29	0. 46	-7. 74	3. 72	101. 68
7	肯尼亚	0. 37	11. 22	0. 24	0. 95	18. 21	101. 57
8	印度	5. 23	3. 24	0. 85	31. 22	5. 25	101. 23
9	澳大利亚	4. 75	3. 41	0. 89	7. 17	5. 53	101. 13
10	拉脱维亚	0. 28	3. 58	0. 35	114. 31	5. 82	100. 92
…							
55	中国	2. 69	0. 24	-0. 75	-13. 53	0. 39	99. 25

虽然农业出口在我国外贸出口的占比不断下降，但农业的重要性不仅丝毫未减，反而比任何时候都更加突出。当今世界范围内，农业贸易自由化已是大势所趋，中国不可能独善其身，接踵而至的将是更为激烈的角逐。要改善我国农业薄弱的基础，改变我国农业竞争力不强的颓势，在日趋激烈的国际竞争中突围而出，必须立足于国内生产加快发展现代农业，提高农业综合生产能力，确保国家粮食安全和重要农产品有效供给，助推我国农业国际竞争力提升。

（五）通信设备、计算机及其他电子设备制造业——转型进行曲

通信设备、计算机及其他电子设备产品的研发、设计、制造、销售等整个产业链的分工是最全球化的行业。我国的通信设备、计算机及其他电子设备业同样是最深度融入全球产业链的行业，在中西部加快承接产业转移的推动下，2012 年，我国通信设备、计算机及其他电子设备制造业（以下简称电子及通信设备制造业）对外贸易持续快速增长，当年实现外贸出口5 390. 8亿美元，进口3 682. 8亿美元，外贸规模为国民经济各行业之冠。然而当前中国电子通信产品国际市场份额的迅速扩张仍然重复着过度依赖数量扩张的粗放型增长模式，处于“得势不得利”的尴尬局面。一场转型升级正在行业中如火如荼地进行。

1. 综合竞争力全球第一。主要得益于市场份额的扩张，2012 年我国电子及通信设备制造业的

---

① 中国食品土畜进出口商会：《西班牙要求欧盟紧急提高中国桔子罐头关税》。

② 中华人民共和国商务部：《印尼呼吁与相关国家签订果蔬检疫体系互认协议》。

③ 《印尼发布 13 种果蔬产品进口禁令》，食品伙伴网，2013 年 2 月 20 日。

国际竞争力总体得分103.06，较2011年的102.91有了显著提升，在全球同行业的竞争力排名中也追平我国香港地区，并列全球第一。在主要反映外贸规模、国际市场扩张程度，以及国际竞争相对优势的市场占有率、出口增长率优势指数和显示性指标3项指标上，得分有很大程度的提升。2012年我国电子及通信设备制造业在全球市场份额较2011年提升了2.19个百分点，2011年该指标较2010年亦上升了1.48个百分点，近年来中国产电子产品的全球市场份额出现了加速扩张的态势。在出口增长率优势指数上，我国电子及通信设备制造业出口增速与全球平均水平的差值自2011年的6.11大幅增至2012年的8.38，该指标较2010年的6.81和2009年的5.08增幅更加显著。市场份额的迅速扩张得益于行业国际竞争优势的增强，2012年我国电子通信产品出口在全国总出口的比重继续高于在全球的出口比重，且高出幅度较2011年的2.30迅速提升至2.61，相较于2010年的2.22和2009年的2.26更是显著增强。在国内，2012年电子及通信设备制造业在国内出口总值中的比重虽较2011年略有回升0.24个百分点至26.3%，但较2010年的28.27%和2009年的28.75%仍呈显著下滑态势，从长期来看，电子及通信设备制造业在外贸出口中的地位在不断降低。2012年电子通信产品净出口值在进出口合计中的比重从此前维持了3年的0.20跌至0.19，贸易竞争指数出现了近年来的首次下滑，国内采购比重下降，产品结构性竞争力减弱（图5）。

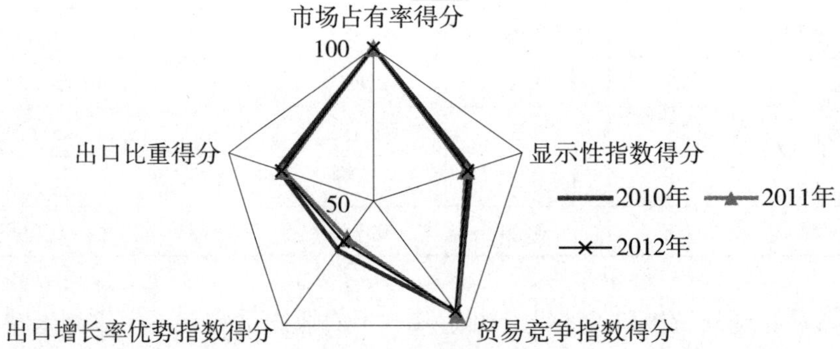

图5　2010～2012年我国通信设备、计算机及其他电子设备制造业国际竞争力总体得分比较

2. *份额迅速扩张*。我国是全球最大的电子通信产品制造基地，2012年电子通信产品占全球贸易量的29.13%，如果考虑到我国香港地区主要从事转口贸易，绝大部分电子及通信设备产品是自内地经由我国香港地区中转出口，若加上我国香港地区的市场份额，标志着“made in china”的通信电子产品已经占据超过4成的全球贸易份额，排名紧随其后的美国仅占7.64%，中国在组装制造环节已遥遥领先，难觅敌手。从20世纪70年代的美国、欧洲，到此后的日本，再到90年代的韩国、中国台湾地区，再到21世纪初期的大陆沿海地区，再到现在的内陆中西部地区，电子通信设备制造业对低成本的“逐水草而居”，迫使其制造环节从未停止过产业转移的脚步。从该行业国际市场占有率指标变化来看，目前的产业转移重心仍然集中在广阔的中国中西部腹地。2012年，内地和我国香港地区国际市场份额合计上升2.95个百分点，反观其他主要贸易国家和地区，不仅美国、德国和日本等发达国家国际市场份额全线下滑，新加坡、中国台湾地区和韩国等电子通信业发达地区的市场份额也出现了不同程度的萎缩，甚至印度尼西亚、马来西亚等正处于承接产业转移阶段的国家也出现了国际市场份额的下降。在GTA中有电子通信制造业贸易数据的70个国家和地区中，除中国和中国香港地区外，2012年国际市场份额有所上升的国家仅有泰国、菲律宾、奥地利、土耳其等极少数几个国家，且上升幅度仅有0.01～0.03个百分点，在全球市场份额普遍不超过1%。电子及通信设备制造行业对于产品更新换代的追求远甚于其他行业，在“更快、更新、更便宜”的路上，电子信息行业奔跑的速度越来越快，这对制造环节中的产品交货周期、成本控制、产业配套完善程度等提出了更高的要求，这正是“中国制造”的长项所在，短期内尚无国家和地区能在该领域对中国构成直接威胁。

3. *后来者虎视眈眈*。赢了市场份额却不一定赢得了利润。由于缺乏核心技术和品牌优势，大部分电子通信产品是以代工方式进出口，国内赚取的代工费极其微薄。2012 年电子及通信设备制造业 7 成以上的出口和 5 成以上的进口均是以加工贸易方式实现，对国内经济的拉动作用不大。在衡量行业内部结构性国际竞争力的贸易竞争指数这一指标上，不仅卢森堡、中国台湾地区和韩国的电子通信制造业的净出口占进出口合计的比重较中国高，作为行业后来者的菲律宾亦高于中国。缺乏核心技术和品牌优势的硬伤不仅使得我国的电子及通信设备制造业处于“得势不得利”的尴尬局面，同时，也深陷与行业后来者低价竞争的泥潭。随着土地供应趋紧、劳动力成本持续上涨、物流成本居高不下、人民币升值压力加大等问题日益显现，中国在制造环节的相对优势正在减弱。2012 年电子及通信设备制造业的显示性指数为 2. 61，较往年有了大幅提升，但全球排名仍处于第 7 位，就与世界平均出口水平比较的相对优势而言，不仅低于新加坡、中国香港和台湾地区等电子信息行业发展成熟地区，也低于马来西亚、菲律宾和马耳他等新兴地区。东南亚国家在中低端电子及通信设备制造业与中国存在着直接竞争关系，追赶中国的步伐加快。以菲律宾为例，2012 年菲律宾出口电子通信产品 155. 9 亿美元，在全球贸易中的市场份额从 2011 年的 0. 71% 增至 0. 84%，是除中国和中国香港地区外国际市场份额增幅最大的国家和地区。同时，菲律宾在显示性指数、贸易竞争指数、出口增长率优势指数和出口比重 4 项指标上均不同程度优于中国，无论是行业相对优势、行业内部结构性竞争力、行业外贸竞争力，还是行业在其国家出口中的地位均高于中国，其电子及通信设备制造业外贸增长速度快、质量高。虽然在市场份额上东南亚国家尚无法与中国相提并论，但我国电子及通信设备制造行业在国际分工中主要从事的是低技术含量的代工组装环节，可替代性强，而从长期来看，我国相关成本优势呈加速减弱态势，虎视眈眈的后来者将成为我国中西部地区在争夺全球电子信息行业产能转移浪潮中最直接的竞争对手。

4. *前辈盘踞高端*。要从与东南亚国家低利润竞争的泥潭中脱身，唯有在增强自主创新能力、掌握核心技术、提高产品附加值上下工夫，实现从被动模仿到主动研发的全面转变。从电子及通信制造产业发展较早国家和地区来看，2012 年，欧美日等发达国家的电子通信制造业国际市场份额全线下滑，同 2011 年相比，美国的市场份额从 7. 73% 降至 7. 64%、日本从 4. 70% 降至 4. 44%、德国从 3. 77% 降至 3. 43%。产业转移上一站的新加坡、韩国、中国台湾地区等地亦是如此，2012 年新加坡的国际市场份额从 6. 68% 降至 6. 53%、中国台湾地区从 5. 51% 降至 5. 22%、韩国从 5. 48% 降至 5. 11%。上述国家和地区的电子及通信设备制造行业在制造环节和绝大部分产品的中低端领域早已失去低价优势，国际竞争力得分普遍偏低，美国、德国和日本的得分均不超过 101，新加坡、韩国和中国台湾地区亦不超过 102。早已进入工业化后期的发达国家和地区，由于劳动力成本高昂，环境保护要求严苛，低附加值的产业制造环节业已大规模转移至发展中国家，留在国内的是研发、设计、营销等位于产业链微笑曲线两端的高附加值、高技术含量、高利润率的环节，其比较优势已经不在制造环节，而转向创造环节。虽然欧美国家“制造业回归”、“再工业化”等政策早已出台，但真正转移回欧美日韩等发达国家的产能是少数案例，回巢的产能大部分都是高端制造业，盘踞在微笑曲线两端的发达国家和地区，牢牢占据着产业链中价值和利润最高的部分。

表6　2012年全球通信设备、计算机及其他电子设备制造业主要出口国别（地区）贸易竞争力对比

排名	国家或地区	市场占有率（%）	显示性指数	贸易竞争指数	出口增长率优势指数	出口比重（%）	竞争力综合评价
1	中国	29.13	2.61	0.19	8.38	26.30	103.06
2	中国香港	11.50	4.29	-0.04	7.35	43.15	103.06
3	中国台湾	5.22	3.38	0.32	-5.08	33.98	102.46
4	新加坡	6.53	2.94	0.15	-2.10	29.57	102.05
5	菲律宾	0.84	2.98	0.28	19.09	29.98	102.04
6	马来西亚	3.50	2.83	0.16	-6.20	28.48	101.83
7	马耳他	0.06	2.66	0.15	-6.99	26.80	101.54
8	卢森堡	0.25	2.39	0.20	-3.71	24.09	101.45
9	韩国	5.11	1.72	0.29	-6.53	17.27	101.33
10	斯洛伐克	0.73	1.65	0.14	4.76	16.56	100.98

转型升级不仅是面临金融危机的被动选择，更是一个行业长远发展的战略节奏。电子及通信设备制造业是我国外贸规模最大的行业，相对于国内其他制造行业而言，电子及通信设备制造业要走的路可能更加崎岖和艰辛。然而当前国内一二线城市土地供应日益趋紧，无论“刘易斯拐点”已经到来还是即将到来，人口红利即将消耗殆尽，对我国电子及通信设备制造业转变增长方式、提高发展质量的要求已迫在眉睫。美国波士顿咨询集团（BCG）发布的报告称，中国工资和福利以每年15%～20%的速度增长，预计中国相对美国的成本优势将从2011年的55%下滑至2015年的39%①。中国电子及通信设备制造业应痛下决心，提早筹谋，不能长久地躺在低风险的代工温床上。如果说在国际比较中，还有市场环境、政府行为等借口和理由，那么和国内的其他制造行业相比，生存土壤相差不大，应该要有与其规模相称的竞争力。然而在国内国民经济各制造行业中，2012年电子及通信设备制造业的国际竞争力排名从上年的并列第6位跌至第8位，家具制造业、电气机械器材制造业和工艺品及其他产品制造业的行业国际竞争力得分均超过电子及通信设备制造业。电子及通信设备制造业必须选好路径，加大研发投入、掌握核心技术，向产业微笑曲线两端扩张，走高附加值、高技术含量、高利润率的康庄大路。

① 《美国制造业回流：三成企业思归 政府不够热情》，《东方早报》，2012年8月7日。

2013年中国产品的国际市场份额报告

——在欧美日市场份额提升

全球贸易信息系统显示，2013年，我国继续保持全球第一大出口国和第二大进口国地位，我国产品在欧盟、美国和日本的市场份额比2012年同期（下同）分别上升0.4个、0.7个和0.4个百分点，美国对我国市场依赖程度上升0.6个百分点，欧盟和日本对我国市场依赖程度与2012年持平。我国继续保持欧盟、美国和日本最大进口来源地、美国第三大出口市场地位，在欧盟和日本出口市场排名均下降1位，为欧盟的第三大出口市场、日本第二大出口市场。

一、我国产品在欧美日和金砖国家市场份额均上升，在美国市场份额创历史新高

2013年，我国产品在欧盟、美国、日本的市场份额分别为16.6%、19.4%和21.7%，比2012年分别上升0.4个、0.7个和0.4个百分点。其中在美国市场份额创历史新高，在欧盟市场份额低于2010年最高水平1.9个百分点，在日本市场份额低于2009年最高水平0.5个百分点。

同期，我产品在俄罗斯、南非、巴西和印度的市场份额分别为18%、15.9%、15.6%和11%，比2012年分别上升0.4个、1.5个和0.2个和0.3个百分点。

二、美国对国我市场依赖程度上升，我国在欧日出口市场地位均有所下降

2013年，美国对我国市场依赖程度为7.7%，比2012年上升0.6个百分点，创历史新高。同期，欧盟和日本对我国市场依赖程度分别为8.5%、18.1%，虽与2012年持平，但我国被瑞士（非欧盟成员）超越降为欧盟第三大出口市场，被美国取代降为日本第二大出口市场。

三、欧美日的出口表现均不如我国，日本进、出口均下降

2013年，欧盟、美国和日本进口分别下降3.3%、0.4%和6%，而我国进口增长7.3%。同期，欧盟和美国出口分别增长6.3%、2.1%，分别低于我国出口增速1.6个和5.8个百分点；日本出口下降10.5%。

四、我国劳动密集型产品在欧美日市场份额持续下滑，机械设备等产品在欧美日市场份额出现提升

2013年，我国劳动密集型产品（主要包括纺织品、服装、箱包、鞋类、玩具、家具、塑料制品7大类）在美国的市场份额下降0.6个百分点至47.4%，在欧盟和日本的市场份额均下滑1.4个百分点，分别为42.7%、62.8%。与此同时，越南、墨西哥、印度和孟加拉国同类产品在美国的市场份额分别提升0.6个、0.1个、0.1个和0.1个百分点；孟加拉国、土耳其、印度和巴基斯坦的同类产品在欧盟的市场份额分别提升0.5个、0.3个、0.2个和0.2个百分点；越南、印度尼西亚、孟加拉国的同类产品在日本的市场份额分别提升0.8个、0.2个和0.2个百分点。

同期，我国机械设备、电器及电子产品在美国和日本的市场份额均出现提升，分别为36.2%和50.3%，比2012年分别提升了1.2个和0.8个百分点，在欧盟的市场份额为38.5%，比2012年下

滑0.4个百分点；光学、照相、医疗等设备及零附件产品在欧盟和美国的市场份额分别为12.8%和13.4%，比2012年分别提升了0.4个和0.6个百分点，在日本的市场份额为19.4%，比2012年下滑0.9个百分点；有机化学品在欧美日市场份额也快速提升至14.1%、12.6%和19.5%，比2012年分别提升了1.2个、0.5个和1.8个百分点。

值得关注的是，我国船舶在欧盟市场份额大幅下滑，2013年仅为18.3%，比2012年下滑5.4个百分点，而2010年份额高达33.3%；在日本市场份额虽提升3.1个百分点至8.3%，但远低于2009年27.1%的水平；在美国份额为4.8%，与2012年持平，但低于2009年7.7%的水平。

附件1：

2011年至2013年我国产品在三大经济体的市场份额、三大经济体对我市场依赖程度增减幅度表

表1 2011~2013年我国产品在三大经济体所占份额月度情况表

月份	占欧盟份额		占美国份额		占日本份额	
	份额（%）	增减幅度（百分点）	份额（%）	增减幅度（百分点）	份额（%）	增减幅度（百分点）
2011年1月	17.8	-0.1	18.8	0.3	22.6	1.0
2月	17.1	-0.4	17.4	0.0	18.6	-2.1
3月	15.4	-1.7	14.8	-0.6	22.5	2.3
4月	15.5	-0.6	16.6	-0.3	21.0	-1.8
5月	16.2	-1.0	17.4	-1.3	20.5	-1.1
6月	16.7	-0.9	17.9	-1.6	21.3	-0.8
7月	16.8	-2.3	18.8	-1.5	21.3	-0.6
8月	18.5	-1.8	19.0	-1.6	21.2	-0.5
9月	18.1	-2.8	19.2	-1.8	21.7	-1.7
10月	17.9	-2.4	19.7	-0.9	22.6	-0.3
11月	17.2	-1.3	19.3	-1.1	22.6	-1.0
12月	16.3	-1.7	17.8	-0.7	21.7	-0.5
2012年1月	17.2	-0.6	18.8	0.0	22.2	-0.4
2月	16.2	-0.9	16.4	-1.0	16.9	-1.7
3月	12.9	-2.5	15.9	1.1	21.1	-1.4
4月	15.0	-0.5	17.4	0.8	20.9	-0.1
5月	16.4	0.2	17.6	0.2	20.7	0.2
6月	16.4	-0.3	18.7	0.8	20.8	-0.5
7月	17.4	0.6	19.7	0.9	21.6	0.3
8月	16.9	-1.6	19.1	0.1	20.8	-0.4
9月	16.4	1.7	20.4	1.2	21.7	0.0
10月	16.3	-1.6	20.3	0.6	23.8	1.2
11月	16.6	-0.6	20.3	1.0	23.7	1.1
12月	16.1	-0.2	19.7	1.9	20.8	-0.9
2013年1月	17.1	-0.1	20.1	1.3	22.1	-0.1
2月	16.4	0.2	19.3	2.9	18.5	1.6
3月	14.7	1.8	15.1	-0.8	20.3	-0.8
4月	14.6	-0.4	17.3	-0.1	21.7	0.8

续表

月份	占欧盟份额		占美国份额		占日本份额	
	份额（%）	增减幅度（百分点）	份额（%）	增减幅度（百分点）	份额（%）	增减幅度（百分点）
5月	16.2	-0.2	18.6	1.0	21.6	0.9
6月	15.6	-0.8	19.4	0.7	21.3	0.5
7月	16.7	-0.7	19.6	-0.1	21.3	-0.3
8月	17.6	0.7	20.3	1.2	21.1	0.3
9月	17.6	1.2	21.0	0.6	24.4	2.7
10月	17.3	1.0	20.3	0.0	23.0	-0.8
11月	17.2	0.6	21.3	1.0	23.4	-0.3
12月	17.4	1.3	20.6	0.9	21.6	0.8

表2 2011~2013年三大经济体产品对我国市场依赖程度月度情况表

月份	欧盟对我依赖程度		美国对我依赖程度		日本对我依赖程度	
	程度（%）	增减幅度（百分点）	程度（%）	增减幅度（百分点）	程度（%）	增减幅度（百分点）
2011年1月	8.4	0.0	7.3	-0.2	18.7	-0.1
2月	8.4	0.2	7.7	0.4	20.8	3.2
3月	9.0	0.6	7.3	0.6	20.6	1.2
4月	8.5	0.1	6.4	0.0	20.8	1.3
5月	8.7	0.1	6.3	-0.1	19.7	0.5
6月	8.7	0.5	6.3	0.0	19.3	0.5
7月	8.9	0.6	6.8	-0.3	19.8	0.5
8月	8.8	0.9	6.6	-0.1	20.0	-0.1
9月	8.4	0.3	6.6	0.0	18.6	0.1
10月	8.7	0.8	7.4	-0.6	19.5	-0.9
11月	8.8	0.4	8.0	-0.4	19.3	-0.7
12月	8.8	0.2	7.7	-0.9	19.1	-1.9
2012年1月	8.8	0.4	7.1	-0.2	16.4	-2.3
2月	9.0	0.6	7.1	-0.6	18.4	-2.4
3月	8.6	-0.4	7.0	-0.3	18.3	-2.3
4月	8.5	0.0	6.6	0.2	17.9	-2.9
5月	8.6	-0.1	6.8	0.5	18.4	-1.3
6月	8.9	0.2	6.4	0.1	18.3	-1.0
7月	8.7	-0.2	7.0	0.2	19.0	-0.8

续表

月份	欧盟对我依赖程度		美国对我依赖程度		日本对我依赖程度	
	程度（%）	增减幅度（百分点）	程度（%）	增减幅度（百分点）	程度（%）	增减幅度（百分点）
8月	8.2	-0.6	6.7	0.1	19.2	-0.8
9月	8.0	-0.4	6.8	0.2	17.8	-0.8
10月	8.1	-0.6	8.1	0.7	18.4	-1.1
11月	8.2	-0.6	8.1	0.1	17.2	-2.1
12月	8.3	-0.5	7.9	0.2	17.1	-2.0
2013年1月	8.3	-0.5	7.6	0.5	15.9	-0.5
2月	8.0	-1.0	7.5	0.4	15.9	-2.5
3月	8.0	-0.6	6.9	-0.1	17.7	-0.6
4月	8.3	-0.2	6.9	0.3	17.3	-0.6
5月	7.9	-0.7	6.6	-0.2	18.1	-0.3
6月	8.4	-0.5	6.8	0.4	17.8	-0.5
7月	8.7	0.0	6.8	-0.2	18.5	-0.5
8月	8.8	0.6	7.0	0.3	19.3	0.1
9月	8.6	0.6	7.5	0.7	17.8	0.0
10月	8.7	0.6	9.2	1.1	18.8	0.4
11月	9.0	0.8	9.6	1.5	19.4	2.2
12月	9.0	0.7	10.0	2.1	19.9	2.8

附件 2：

2012 年以来各主要经济体进、出口增速月度走势图

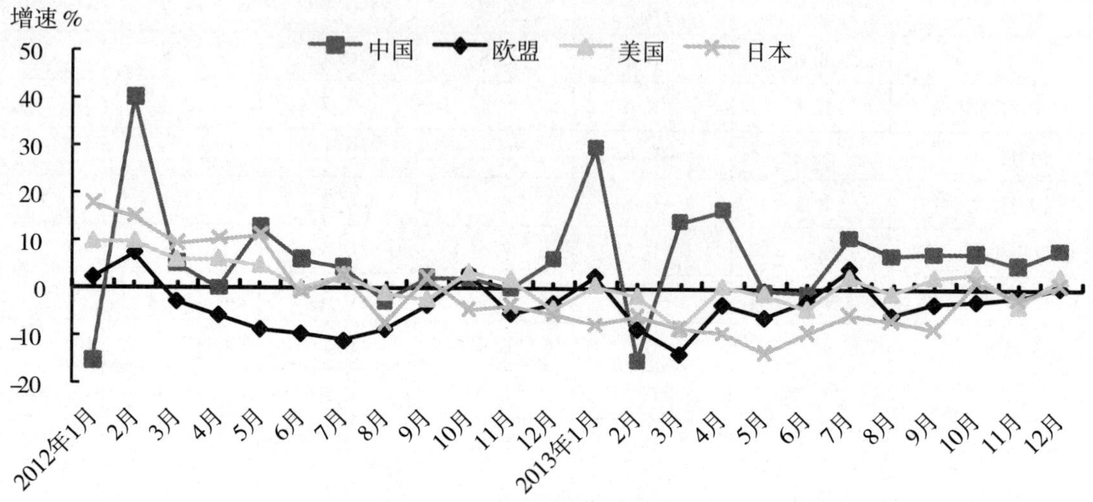

图 1　2012 ~ 2013 年各主要经济体进口增速月度走势图

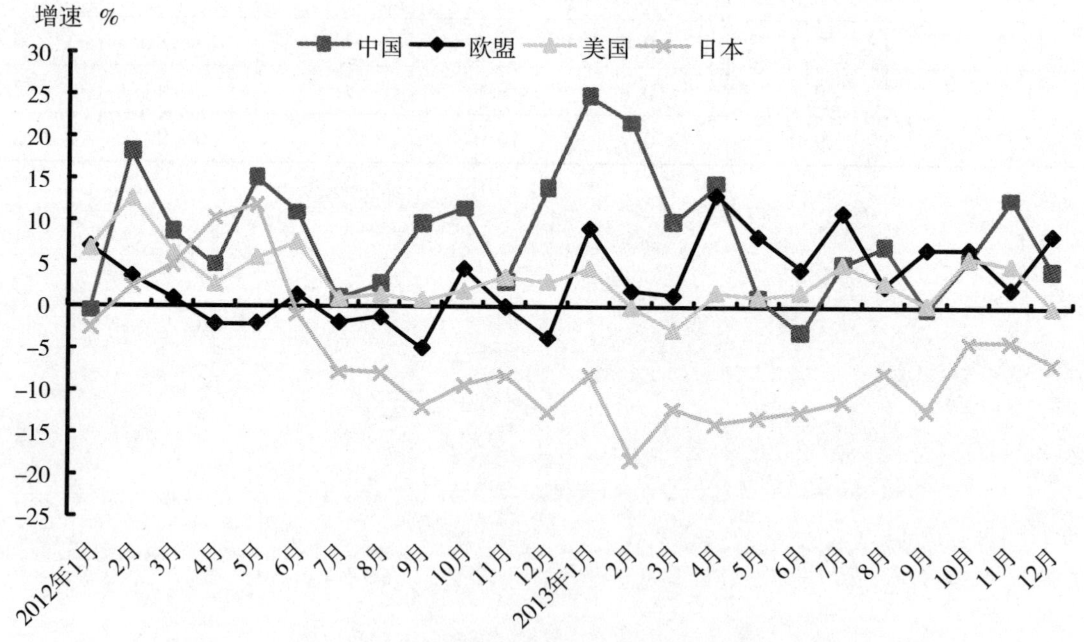

图 2　2012 ~ 2013 年各主要经济体出口增速月度走势图

附件 3：

2013 年我国主要产品在三大经济体所占份额及增减幅度表

产品	占欧盟份额		占美国份额		占日本份额	
	份额（%）	增减幅度（百分点）	份额（%）	增减幅度（百分点）	份额（%）	增减幅度（百分点）
玩具、游戏或运动用品及其零附件	80.1	-0.1	81.4	0.1	82.2	-2.1
皮革制品、旅行箱包、动物肠线制品	60.6	-2.0	67.3	-2.0	55.6	-3.0
家具、寝具等、灯具、活动房	63.2	0.1	50.6	0.0	60.9	-0.8
鞋类	49.0	-1.0	68.6	-3.2	65.1	-2.2
陶瓷产品	44.6	-6.8	41.0	-2.6	45.7	-1.7
纺织服装	39.9	-1.5	37.6	-0.5	75.8	-2.6
塑料制品	21.1	-0.4	29.2	0.3	34.3	1.1
机械设备、电器及电子产品	38.5	-0.4	36.2	1.2	50.3	0.8
钢铁及钢铁制品	21.0	0.2	17.6	1.2	34.6	-0.7

2013年中国出口经理人指数报告

2013年，海关总署坚持通过月度网络问卷调查①，跟踪1 800家左右出口企业的订单、信心、成本等情况，汇总生成月度“新增出口订单指数”、“出口经理人信心指数”、“出口企业综合成本指数”3个分项指标，以及“出口经理人指数”② 总指标，用于增强对外贸走势预判的科学性和精准性。

调查数据显示，2013年，出口经理人指数仍在50线下徘徊，但整体较2012年6～12月有所提升。

一、总指数一波三折，整体上扬

2013年第一季度，我国出口经理人指数逐月提升，在4月份达到年内最高点39.3后连续3个月回落，7月份滑至年内最低点35.7，此后震荡上行，12月回升至38.3，较年初提升0.8个百分点（图1）。

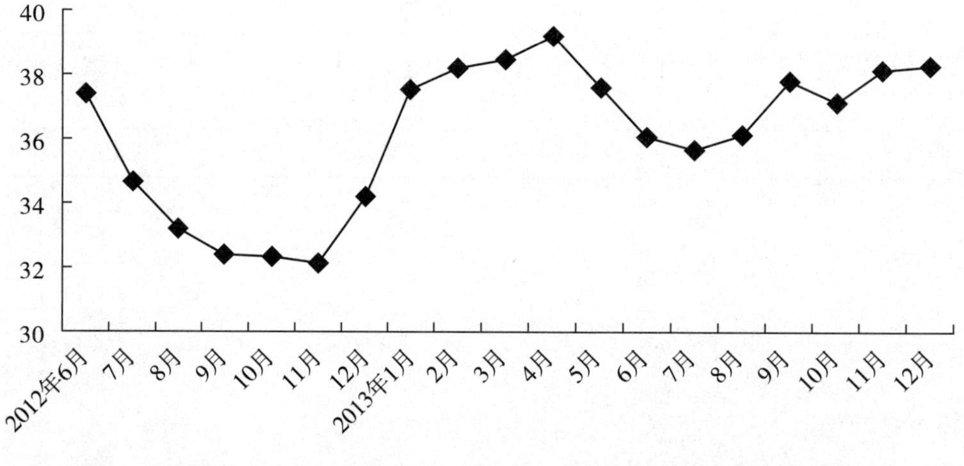

图1　2012年6月～2013年12月我国出口经理人指数月度走势图

二、大型企业各项指数相对较高，小型企业波动较小

大型企业（中国外贸出口200强）以占比不到1%的数量，提供占比1/3的外贸出口规模，其

---

① 此项工作自2012年6月起启动。

② 对2011年出口企业按以下出口值节点分成六层：出口200强、1亿美元、1000万美元、100万美元、10万美元及其他，每层内根据扩散指数原理计算样本指数，以新增出口订单指数为例，层内订单指数＝（订单金额“增加”的样本企业个数＋订单金额“不变”的样本企业个数/2）/样本企业总个数，总体新增出口订单指数则用各层出口值占总体出口值的权重对层内指数加权平均而得；出口经理人信心指数、出口企业综合成本指数计算同上。

根据上述三项指标对出口影响力的大小，按3：2：1权重合成，即出口经理人指数＝新增出口订单指数×$\frac{1}{2}$＋出口经理人信心指数×$\frac{1}{3}$＋出口企业综合成本指数×$\frac{1}{6}$。

出口表现对整体出口走势起到举足轻重的作用。从2012年6月至今，大型企业的出口经理人指数始终高于中、小型企业，在一定程度上保障了我国外贸出口的平稳发展。2013年12月，大型企业出口经理人指数为41.1，环比提升0.2，分别高于同期中、小型企业1.5、5。

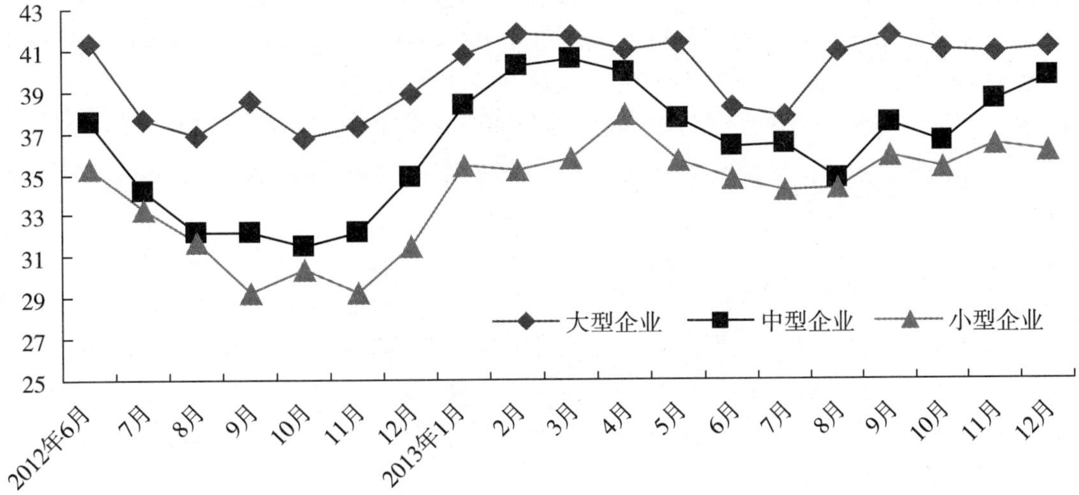

图2　2012年6月~2013年12月大中小型企业出口经理人指数月度走势图

我国外贸主体中，中、小型企业数量占绝大多数，但面对不景气的国际市场，化解人民币升值、原材料价格和用工成本攀升、资金短缺等问题的能力远不如大型企业，其出口经理人指数始终未能超过大型企业，尤其是小型企业的出口经理人指数，长期处于低位，波动幅度相对较小。2013年，小型企业的出口经理人指数于4月达到最高点37.9，7月滑至最低点34.2，年内波动3.7，而同期大、中型企业波动分别为4、4.2。

三、新增出口订单指数连续回升，仍以短期订单为主

新增出口订单指数是考量外贸出口企业当月新增的出口订单金额与上年同期相比是“增加”、“不变”还是“减少”，这直接反映企业下阶段出口规模。2013年中段，该指数持续下滑，8月份后明显反弹，12月回升至42.5，为连续两个月回升，表明外部市场需求确有改善（图3）。

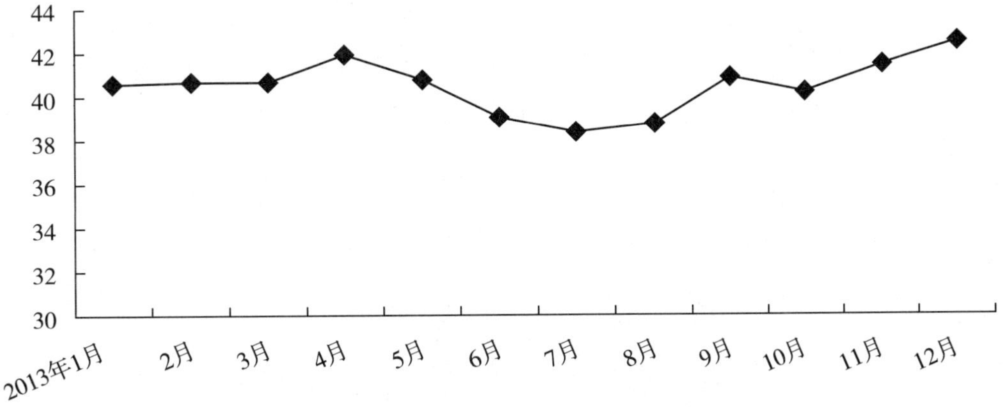

图3　2013年我国新增出口订单指数月度走势图

2013年第三季度，欧盟GDP环比增长0.2%，连续第二个季度增长；美国实际GDP按年率计算增长4.1%，高于前一季度的2.5%。受益于发达国家的经济上升态势，韩国、越南、菲律宾、

新加坡、墨西哥等新兴市场经济也逐步上升。经济大环境的改善带动全球贸易量同比增速自第二季度开始反弹，我国企业的出口订单情况也随之好转。12 月，我国新增出口订单指数升至年内最高点。

但需要注意的是，发达经济体的复苏尚不稳固，同时印度、印尼、泰国、巴西、俄罗斯、南非等新兴市场经济体受到诸如国内通货膨胀、政治不安定、资本外流及金融市场风险抬升等不同因素的冲击，经济增长相对乏力，我国企业面临的出口环境仍未得到根本性的改善。自 2012 年 6 月以来，问卷调查显示，新增中长期出口订单指数始终低于短期指数。同时，2013 年 11 月结束的第 114 届广交会官方数据显示，成交的出口订单中，3 个月以内的短单占 48.9%，3~6 个月的中单占 34.9%，6 个月以上的长单占 16.2%。

四、出口经理人信心指数趋于稳定

外贸出口企业直接面对国际市场，其经理人对未来出口形势的综合直观感受与判断，可定性分为“乐观”、“不变”或“不乐观”，乐观情绪高涨意味着未来一段时间出口形势向好，反之则趋向悲观。2013 年，我国出口经理人指数先扬后抑，年底趋于稳定，9~12 月该指数基本在 42 上下徘徊，12 月为 42.3，较上月下滑 0.7（图 4）。

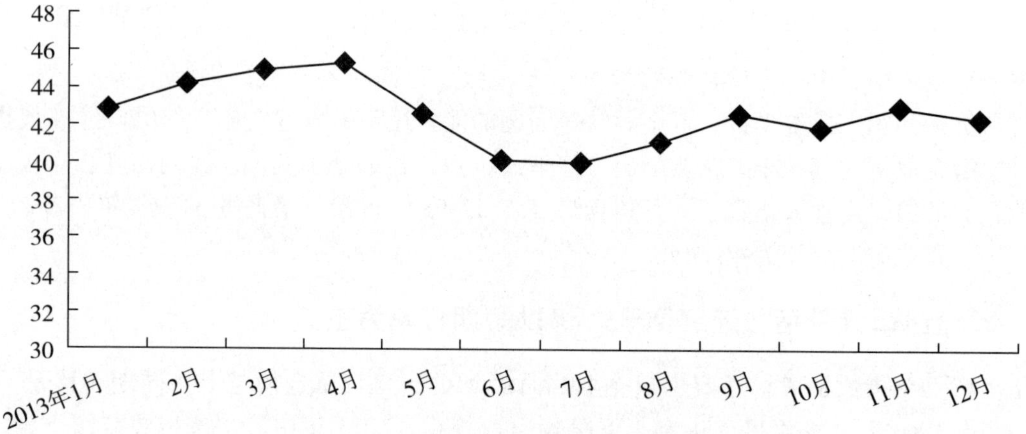

图 4　2013 年我国出口经理人信心指数月度走势图

2013 年年初，随着《国务院办公厅关于促进外贸稳定增长的若干意见》政策措施效果的释放，出口经理人信心指数延续 2012 年底的上扬势头，一路走高至 4 月份的 45.3，创问卷调查以来的最高值。但随着欧美第一季度宏观数据公布、人民币加速升值等，5 月的问卷调查中，有 36.7% 的企业反映“市场大环境不乐观，出口接单量不足”，35.9% 的企业反映“近期，人民币汇率升值太快”，致使当月出口经理人信心指数环比骤然下滑 2.8。此后，随着国际市场的逐步改善，上海自由贸易区的挂牌，党的“十八大”三中全会对构建开放型经济新体制全新部署的推出，出口经理人对未来出口的判断也趋向乐观和稳定。

五、出口企业综合成本指数稳中有降，企业成本稳中有升

2013 年，国内原材料、劳动力、汇率等各项成本继续上涨，企业综合成本压力高居不下，反映这一现状的“出口企业综合成本指数”始终维持低位（该指数的数值越低，表明企业认为综合成本越高；数值越高，则综合成本越低），基本在 18 左右徘徊，12 月为 17.6，较上月下滑 1，表明企业面对的成本压力略有加重（图 5）。

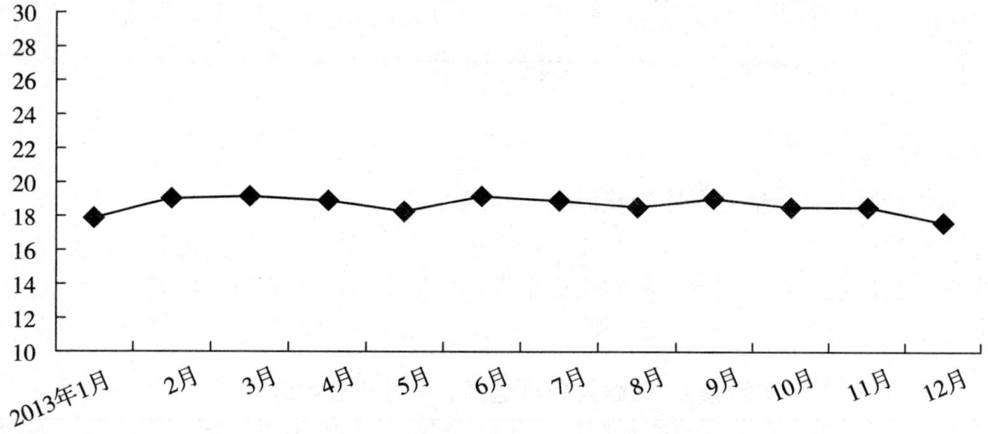

图5　2013 年我国出口企业综合成本指数月度走势图

从分项成本来看，近几年，随着各地最低工资标准的持续提高，劳动力成本成为出口企业成本的主要压力来源。2013 年，全国共有 26 个省份调整了最低工资标准，月最低工资标准平均增幅 18%，反映在问卷调查中，每月都有 70% 左右的企业反映劳动力成本上升。同时，人民币汇率仍是企业面临的最大成本变数，2013 年，人民币实际有效汇率升值 7.9%，较 2012 年的 2.2% 有明显上升；在接受我们问卷调查的 1 800 家左右企业中，累计 56.6% 的企业反映汇率成本上升，较 2012 年 6～12 月增加 3.4 个百分点。此外，每月有 50% 左右的企业面临原材料成本上升压力。

附件：

调查问卷

尊敬的企业代表：

您好！非常感谢您在百忙之中接受我们的问卷调查。

本问卷调查旨在了解贵企业出口中存在的新问题新情况，为进一步优化海关服务以及编制中国外贸出口先导指数提供参考和依据。我们保证本问卷数据由海关总署统一保管、严格保密，敬请您如实反映情况。

（本问卷1～3题为单项选择，4为开放性选答题）

问题	选项		
1. 贵企业新增出口订单金额与上年同期相比	○增加	○不变	○减少
其中，短期订单（3个月以内）	○增加	○不变	○减少
中长期订单（3个月以上）	○增加	○不变	○减少
2. 贵企业对未来2～3个月出口形势的信心	○乐观	○不变	○不乐观
另外，本月出口值与上月相比	○增加	○不变	○减少
3. 贵企业出口综合成本与上年同期相比	○下降	○持平	○上升
其中，劳动力成本	○下降	○持平	○上升
原材料成本	○下降	○持平	○上升
汇率成本	○下降	○持平	○上升
4. 贵企业目前出口中面临哪些问题？			

注：本问卷选项中“不变”、“持平”是指波动范围在－5%～5%之间。

附录

APPENDIX

表 1 对外贸易进出口总额
Total value of imports and exports

金额单位：亿美元
Unit：USD 100 million

年份 Year	进出口总额 Total	出口总额 Exports	进口总额 Imports
经济恢复时期 Eco－Recov. Period	50. 31	21. 32	28. 99
1950	11. 35	5. 52	5. 83
1951	19. 55	7. 57	11. 98
1952	19. 41	8. 23	11. 18
“一五” 时期 “1st Fyp” Period	142. 57	68. 22	74. 35
1953	23. 68	10. 22	13. 46
1954	24. 33	11. 46	12. 87
1955	31. 45	14. 12	17. 33
1956	32. 08	16. 45	15. 63
1957	31. 03	15. 97	15. 06
“二五” 时期 “2nd Fyp” Period	176. 60	90. 79	85. 81
1958	38. 71	19. 81	18. 90
1959	43. 81	22. 61	21. 20
1960	38. 09	18. 56	19. 53
1961	29. 36	14. 91	14. 45
1962	26. 63	14. 90	11. 73
经济调整时期 Eco－Adjust Period	106. 23	57. 93	48. 30
1963	29. 15	16. 49	12. 66
1964	34. 63	19. 16	15. 47
1965	42. 45	22. 28	20. 17
“三五” 时期 “3rd Fyp” Period	214. 32	110. 68	103. 64
1966	46. 14	23. 66	22. 48
1967	41. 55	21. 35	20. 20
1968	40. 48	21. 03	19. 45
1969	40. 29	22. 04	18. 25
1970	45. 86	22. 60	23. 26
“四五” 时期 “4th Fyp” Period	514. 37	261. 11	253. 26
1971	48. 41	26. 36	22. 05
1972	63. 01	34. 43	28. 58
1973	109. 76	58. 19	51. 57
1974	145. 68	69. 49	76. 19

续表

年份 Year	进出口总额 Total	出口总额 Exports	进口总额 Imports
1975	147. 51	72. 64	74. 87
“五五”时期“5th Fyp”Period	1 163. 48	560. 68	603. 80
1976	134. 33	68. 55	65. 78
1977	148. 04	75. 90	72. 14
1978	206. 38	97. 45	108. 93
1979	293. 33	136. 58	156. 75
1980	381. 40	181. 20	200. 20
“六五”时期“6th Fyp”Period	2 523. 95	1 200. 43	1 323. 52
1981	440. 22	220. 07	220. 15
1982	416. 06	223. 21	192. 85
1983	436. 16	222. 26	213. 90
1984	535. 49	261. 39	274. 10
1985	696. 02	273. 50	422. 52
“七五”时期“7th Fyp”Period	4 863. 97	2 325. 24	2 538. 73
1986	738. 46	309. 42	429. 04
1987	826. 53	394. 37	432. 16
1988	1 027. 84	475. 16	552. 68
1989	1 116. 78	525. 38	591. 40
1990	1 154. 36	620. 91	533. 45
“八五”时期“8th Fyp”Period	10 143. 47	5 183. 13	4 960. 34
1991	1 356. 34	718. 43	637. 91
1992	1 655. 25	849. 40	805. 85
1993	1 957. 03	917. 44	1 039. 59
1994	2 366. 21	1 210. 06	1 156. 15
1995	2 808. 64	1 487. 80	1 320. 84
“九五”时期“9th Fyp”Period	17 739. 19	9 616. 86	8 122. 33
1996	2 898. 81	1 510. 48	1 388. 33
1997	3 251. 62	1 827. 92	1 423. 70
1998	3 239. 49	1 837. 12	1 402. 37
1999	3 606. 30	1 949. 31	1 656. 99
2000	4 742. 97	2 492. 03	2 250. 94
“十五”时期“10th Fyp”Period	45 578. 65	23 852. 01	21 726. 65
2001	5 096. 51	2 660. 98	2 435. 53
2002	6 207. 66	3 255. 96	2 951. 70

续表

年份 Year	进出口总额 Total	出口总额 Exports	进口总额 Imports
2003	8 509. 88	4 382. 28	4 127. 60
2004	11 545. 54	5 933. 26	5 612. 29
2005	14 219. 06	7 619. 53	6 599. 53
“十一五”时期“11th Fyp”Period	116 814. 04	63 990. 97	52 823. 08
2006	17 604. 38	9 689. 78	7 914. 61
2007	21 761. 75	12 200. 60	9 561. 15
2008	25 632. 55	14 306. 93	11 325. 62
2009	22 075. 35	12 016. 12	10 059. 23
2010	29 740. 01	15 777. 54	13 962. 47
“十二五”时期“12th Fyp”Period			
2011	36 418. 64	18 983. 81	17 434. 84
2012	38 671. 19	20 487. 14	18 184. 05
2013	41 603. 31	22 100. 42	19 502. 89
2014			
2015			

表2 对外贸易进出口增长速度
Growth rate of imports and exports

(按美元计算，上年=100)

(Based on USD，proceeding year=100)

年份 Year	进出口总额 Total	出口总额 Exports	进口总额 Imports
经济恢复时期 Eco-Recov. Period			
1950			
1951	17.2	37.1	105.5
1952	-0.7	8.7	-6.7
"一五"时期"1st Fyp" Period	9.8	14.2	6.1
1953	22.0	24.2	20.4
1954	2.7	12.3	-4.4
1955	29.3	23.2	34.7
1956	2.0	16.5	-10.2
1957	-3.3	-3.1	-3.6
"二五"时期"2nd Fyp" Period	-3.0	-1.4	-4.9
1958	24.8	24.0	25.5
1959	13.2	14.1	12.2
1960	-13.1	-17.9	-7.9
1961	-22.9	-19.7	-26.0
1962	-19.3	0.0	-18.8
经济调整时期 Eco-Adjust Period	16.8	14.4	19.8
1963	9.5	10.7	7.9
1964	18.8	16.2	22.2
1965	22.6	16.3	30.4
"三五"时期"3rd Fyp" Period	1.6	0.3	2.9
1966	8.7	6.2	11.5
1967	-9.9	-9.8	-10.1
1968	-2.6	-1.5	-3.7
1969	-1.2	4.8	-6.2
1970	13.8	2.5	27.5
"四五"时期"4th Fyp" Period	26.3	26.3	26.3
1971	5.6	16.6	-5.2
1972	30.2	30.6	29.6
1973	74.2	69.0	80.4
1974	32.7	19.4	47.7

续表

年份 Year	进出口总额 Total	出口总额 Exports	进口总额 Imports
1975	1. 3	4. 5	-1. 7
“五五”时期“5th Fyp”Period	20. 9	20. 1	21. 7
1976	-8. 9	-5. 6	-12. 1
1977	10. 2	10. 7	9. 7
1978	39. 4	28. 4	51. 0
1979	42. 1	40. 2	43. 9
1980	30. 0	32. 7	27. 7
“六五”时期“6th Fyp”Period	12. 8	8. 6	16. 1
1981	15. 4	21. 5	10. 0
1982	-5. 5	1. 4	-12. 4
1983	4. 8	-0. 4	10. 9
1984	22. 8	17. 6	28. 1
1985	30. 0	4. 6	54. 1
“七五”时期“7th Fyp”Period	10. 6	17. 8	4. 8
1986	6. 1	13. 1	1. 5
1987	11. 9	27. 5	0. 7
1988	24. 4	20. 5	27. 9
1989	8. 7	10. 6	7. 0
1990	3. 4	18. 2	-9. 8
“八五”时期“8th Fyp”Period	19. 5	19. 1	19. 9
1991	17. 6	15. 8	19. 6
1992	22. 0	18. 1	26. 3
1993	18. 2	8. 0	29. 0
1994	20. 9	31. 9	11. 2
1995	18. 7	23. 0	14. 2
“九五”时期“9th Fyp”Period	11. 0	10. 9	11. 3
1996	3. 2	1. 5	5. 1
1997	12. 2	21. 0	2. 5
1998	-0. 4	0. 5	-1. 5
1999	11. 3	6. 1	18. 2
2000	31. 5	27. 8	35. 8
“十五”时期“10th Fyp”Period	24. 6	25. 0	24. 0
2001	7. 5	6. 8	8. 2
2002	21. 8	22. 4	21. 2

续表

年份 Year	进出口总额 Total	出口总额 Exports	进口总额 Imports
2003	37.1	34.6	39.8
2004	35.7	35.4	36.0
2005	23.2	28.4	17.6
“十一五”时期“11th Fyp”Period	15.9	15.7	16.2
2006	23.8	27.2	19.9
2007	23.5	25.7	20.8
2008	17.8	17.3	18.5
2009	-13.9	-16.0	-11.2
2010	34.7	31.3	38.7
“十二五”时期“12th Fyp”Period			
2011	22.5	20.3	24.9
2012	6.2	7.9	4.3
2013	7.6	7.9	7.3
2014			
2015			

表3 中国进出口在世界贸易中的比重和位次
Share and place of China's imports and exports in world total

金额单位：亿美元

Unit: USD 100 million

年份 Year	世界进出口总额 World total value of imports and exports	中国进出口总额 China's total value of imports and exports	中国进出口总额占世界进出口总额比重（%） Share of China's imports and exports in world total (%)	位次 Place
1950	1 134	11. 35	1. 00	
1951	1 688	19. 55	1. 16	
1952	1 677	19. 41	1. 16	
1953	1 668	23. 68	1. 42	
1954	1 744	24. 33	1. 40	
1955	1 735	31. 45	1. 81	
1956	2 125	32. 08	1. 51	
1957	2 317	31. 03	1. 34	
1958	2 223	38. 71	1. 74	
1959	2 369	43. 81	1. 85	
1960	2 325	38. 09	1. 64	
1961	2 428	29. 36	1. 21	
1962	2 562	26. 63	1. 04	
1963	2 789	29. 15	1. 05	
1964	3 132	34. 63	1. 11	
1965	3 386	42. 45	1. 25	
1966	3 729	46. 14	1. 24	
1967	3 913	41. 55	1. 06	
1968	4 372	40. 48	0. 93	
1969	4 999	40. 29	0. 81	
1970	6 435	45. 86	0. 71	
1971	7 548	48. 41	0. 64	
1972	8 496	63. 01	0. 74	
1973	11 729	109. 76	0. 94	
1974	17 025	145. 68	0. 86	
1975	17 791	147. 51	0. 83	
1976	20 031	134. 33	0. 67	
1977	22 861	148. 04	0. 65	
1978	26 445	206. 38	0. 78	
1979	33 259	293. 33	0. 88	

续表

年份 Year	世界进出口总额 World total value of imports and exports	中国进出口总额 China's total value of imports and exports	中国进出口总额占世界进出口总额比重（%） Share of China's imports and exports in world total（%）	位次 Place
1980	40 411	381. 40	0. 94	
1981	40 124	440. 22	1. 10	22
1982	37 798	416. 06	1. 10	20
1983	36 843	436. 16	1. 18	20
1984	38 893	535. 49	1. 38	16
1985	39 306	696. 02	1. 77	11
1986	43 260	738. 46	1. 71	12
1987	50 505	826. 53	1. 64	17
1988	57 372	1 027. 84	1. 79	15
1989	61 561	1 116. 78	1. 81	15
1990	69 816	1 154. 36	1. 65	16
1991	69 817	1 356. 34	1. 94	15
1992	74 843	1 655. 25	2. 21	11
1993	74 635	1 957. 03	2. 62	11
1994	85 704	2 366. 21	2. 76	11
1995	100 607	2 808. 64	2. 79	11
1996	105 184	2 898. 81	2. 76	11
1997	109 803	3 251. 62	2. 96	10
1998	108 209	3 239. 49	2. 99	11
1999	111 782	3 606. 30	3. 23	9
2000	130 300	4 742. 97	3. 64	7
2001	126 740	5 096. 51	4. 02	6
2002	132 380	6 207. 66	4. 69	5
2003	154 580	8 509. 88	5. 51	4
2004	187 930	11 545. 54	6. 14	3
2005	213 780	14 219. 06	6. 65	3
2006	245 930	17 604. 38	7. 16	3
2007	283 520	21 761. 75	7. 68	3
2008	327 310	25 632. 55	7. 83	3
2009	253 320	22 075. 35	8. 71	2
2010	307 860	29 740. 01	9. 66	2
2011	368 180	36 418. 64	9. 89	2
2012	370 020	38 671. 19	10. 45	2

表4　中国出口在世界出口中的比重和位次
Share and place of China's exports in world total exports

金额单位：亿美元
Unit: USD 100 million

年份 Year	世界 出口总额 World total value of exports	中国 出口总额 China's total value of exports	中国出口总额占 世界出口总额比重（%） Share of China's exports in world total（%）	位次 Place
1950	554	5. 52	1. 00	27
1951	820	7. 57	0. 92	27
1952	809	8. 23	1. 02	20
1953	829	10. 22	1. 23	17
1954	863	11. 46	1. 33	16
1955	843	14. 12	1. 67	15
1956	1 042	16. 45	1. 58	14
1957	1 123	15. 97	1. 42	15
1958	1 086	19. 81	1. 82	13
1959	1 159	22. 61	1. 95	12
1960	1 131	18. 56	1. 64	17
1961	1 183	14. 91	1. 26	19
1962	1 241	14. 90	1. 20	19
1963	1 354	16. 49	1. 22	19
1964	1 522	19. 16	1. 26	19
1965	1 643	22. 28	1. 36	18
1966	1 808	23. 66	1. 31	18
1967	1 898	21. 35	1. 12	19
1968	2 124	21. 03	0. 99	19
1969	2 434	22. 04	0. 91	21
1970	3 146	22. 60	0. 72	29
1971	3 884	26. 36	0. 68	25
1972	4 155	34. 43	0. 83	25
1973	5 730	58. 19	1. 02	21
1974	8 418	69. 49	0. 83	28
1975	8 746	72. 64	0. 83	28
1976	9 895	68. 55	0. 69	34
1977	11 255	75. 90	0. 67	30
1978	12 974	97. 45	0. 75	34
1979	16 391	136. 58	0. 83	32

续表

年份 Year	世界 出口总额 World total value of exports	中国 出口总额 China's total value of exports	中国出口总额占 世界出口总额比重（%） Share of China's exports in world total（%）	位次 Place
1980	19 936	181. 20	0. 91	26
1981	19 763	220. 07	1. 11	19
1982	18 576	223. 21	1. 20	17
1983	18 125	222. 26	1. 23	17
1984	19 093	261. 39	1. 37	18
1985	19 300	273. 50	1. 42	17
1986	21 281	309. 42	1. 45	16
1987	24 908	394. 37	1. 58	16
1988	28 253	475. 16	1. 68	16
1989	30 213	525. 38	1. 74	14
1990	34 250	620. 91	1. 81	15
1991	34 299	718. 43	2. 09	13
1992	36 856	849. 40	2. 30	11
1993	37 079	917. 44	2. 47	11
1994	42 282	1 210. 06	2. 86	11
1995	50 077	1 487. 80	2. 97	11
1996	52 082	1 510. 48	2. 90	11
1997	54 462	1 827. 92	3. 36	10
1998	53 706	1 837. 12	3. 42	9
1999	55 469	1 949. 31	3. 51	9
2000	63 680	2 492. 03	3. 91	7
2001	61 910	2 660. 98	4. 30	6
2002	64 950	3 255. 96	5. 01	4
2003	75 890	4 382. 28	5. 77	4
2004	92 220	5 933. 26	6. 43	3
2005	105 080	7 619. 53	7. 25	3
2006	121 300	9 689. 78	7. 99	3
2007	140 230	12 200. 60	8. 70	2
2008	161 600	14 306. 93	8. 85	2
2009	125 540	12 016. 12	9. 57	1
2010	152 830	15 777. 54	10. 32	1
2011	183 190	18 983. 81	10. 36	1
2012	184 010	20 487. 14	11. 13	1

表5 对外贸易出口商品构成（按《国际贸易标准分类》划分）

Structure of export connodities（classified according to SITC）

金额单位：亿美元

Unit：USD 100 million

项目 Item	1980		1981		1982	
	金额 Value	比重（%） Share（%）	金额 Value	比重（%） Share（%）	金额 Value	比重（%） Share（%）
出口总额 Exports Total	181. 20	100. 0	220. 10	100. 0	223. 20	100. 0
一、初级产品 Primary Products	91. 14	50. 3	102. 48	46. 6	100. 50	45. 0
1. 食品及活动物 Food and Live Animal for Food	29. 85	16. 5	29. 24	13. 3	29. 08	13. 1
2. 饮料及烟类 Beverages and Tobacco	0. 78	0. 5	0. 60	0. 3	0. 97	0. 4
3. 非食用原料（燃料除外） Non-Edible Raw Materials（fuels excl.）	17. 11	9. 4	19. 48	8. 9	16. 53	7. 4
4. 矿产燃料、润滑油及有关原料 Mineral Fuels，Lubricants and Related Materials	42. 80	23. 6	52. 23	23. 8	53. 14	23. 2
5. 动植物油、脂及蜡 Animal and Vegetable Oils，Fats and Wax	0. 60	0. 3	0. 88	0. 4	0. 78	0. 3
二、工业制成品 Manufactured Goods	90. 06	49. 7	117. 62	53. 4	122. 70	55. 0
1. 化学成品及有关产品 Chemicals and Related Products	11. 20	6. 2	13. 42	6. 1	11. 96	5. 3
2. 按原料分类的制成品 Products Classified by Materials	39. 99	22. 1	47. 06	51. 4	43. 02	19. 3
3. 机械及运输设备 Machinery and Transport Equipment	8. 43	4. 6	10. 87	4. 9	12. 63	5. 7
4. 杂项制品 Miscellaneous Products	28. 36	15. 7	37. 25	16. 9	37. 05	16. 6
5. 未分类商品 Products Not Otherwise Classified	2. 08	1. 1	9. 02	4. 1	18. 04	8. 1

续表

项目 Item	1983		1984		1985	
	金额 Value	比重（%） Share（%）	金额 Value	比重（%） Share（%）	金额 Value	比重（%） Share（%）
出口总额 Exports Total	222.30	100.0	261.40	100.0	273.50	100.0
一、初级产品 Primary Products	96.20	43.3	119.34	45.7	138.28	50.6
1. 食品及活动物 Food and Live Animal for Food	28.53	12.8	32.32	12.4	38.03	13.9
2. 饮料及烟类 Beverages and Tobacco	1.04	0.5	1.10	0.4	1.05	0.4
3. 非食用原料（燃料除外） Non-Edible Raw Materials（fuels excl.）	18.92	8.5	24.21	9.3	26.53	9.7
4. 矿产燃料、润滑油及有关原料 Mineral Fuels, Lubricants and Related Materials	46.66	21.0	60.27	23.1	71.32	26.1
5. 动植物油、脂及蜡 Animal and Vegetable Oils, Fats and Wax	1.05	0.5	1.44	0.5	1.35	0.5
二、工业制成品 Manufactured Goods	126.10	56.7	142.06	54.3	125.22	49.4
1. 化学成品及有关产品 Chemicals and Related Products	12.51	5.6	13.64	5.2	13.58	5.0
2. 按原料分类的制成品 Products Classified by Materials	43.65	19.6	50.53	19.3	44.93	16.4
3. 机械及运输设备 Machinery and Transport Equipment	12.21	5.5	14.93	5.7	7.72	2.8
4. 杂项制品 Miscellaneous Products	38.04	17.1	46.97	18.0	34.86	12.7
5. 未分类商品 Products Not Otherwise Classified	19.69	8.9	15.99	6.1	34.13	12.5

续表

项目 Item	1986		1987		1988	
	金额 Value	比重（%） Share（%）	金额 Value	比重（%） Share（%）	金额 Value	比重（%） Share（%）
出口总额 Exports Total	309.40	100.0	394.40	100.0	475.20	100.0
一、初级产品 Primary Products	112.72	36.4	132.31	33.5	144.06	30.3
1. 食品及活动物 Food and Live Animal for Food	44.48	14.4	47.81	12.1	58.90	12.4
2. 饮料及烟类 Beverages and Tobacco	1.19	0.4	1.75	0.4	2.35	0.5
3. 非食用原料（燃料除外） Non-Edible Raw Materials（fuels excl.）	29.08	9.4	36.50	9.3	42.57	9.0
4. 矿产燃料、润滑油及有关原料 Mineral Fuels，Lubricants and Related Materials	36.83	11.9	45.44	11.5	39.50	8.3
5. 动植物油、脂及蜡 Animal and Vegetable Oils，Fats and Wax	1.14	0.3	0.81	0.2	0.74	0.1
二、工业制成品 Manufactured Goods	196.68	63.6	262.09	66.5	331.14	69.7
1. 化学成品及有关产品 Chemicals and Related Products	17.33	0.6	22.35	5.7	28.97	9.1
2. 按原料分类的制成品 Products Classified by Materials	58.86	19.1	85.70	21.7	104.89	22.1
3. 机械及运输设备 Machinery and Transport Equipment	10.94	3.5	17.41	4.4	27.69	5.8
4. 杂项制品 Miscellaneous Products	49.48	16.0	62.73	15.9	82.68	17.4
5. 未分类商品 Products Not Otherwise Classified	60.07	19.4	73.90	18.8	86.91	18.3

续表

项目 Item	1989		1990		1991	
	金额 Value	比重（%） Share（%）	金额 Value	比重（%） Share（%）	金额 Value	比重（%） Share（%）
出口总额 Exports Total	525. 40	100. 0	620. 90	100. 0	719. 10	100. 0
一、初级产品 Primary Products	150. 78	28. 7	158. 86	25. 6	161. 45	22. 5
1. 食品及活动物 Food and Live Animal for Food	61. 45	11. 7	66. 09	10. 6	72. 26	10. 1
2. 饮料及烟类 Beverages and Tobacco	3. 14	0. 6	3. 42	0. 5	5. 29	0. 7
3. 非食用原料（燃料除外） Non-Edible Raw Materials（fuels excl.）	42. 12	8. 0	35. 37	0. 7	34. 86	4. 9
4. 矿产燃料、润滑油及有关原料 Mineral Fuels，Lubricants and Related Materials	43. 21	8. 2	52. 37	8. 4	47. 54	6. 6
5. 动植物油、脂及蜡 Animal and Vegetable Oils，Fats and Wax	0. 86	0. 2	1. 61	0. 4	1. 50	0. 2
二、工业制成品 Manufactured Goods	374. 62	71. 3	462. 04	74. 4	556. 98	77. 5
1. 化学成品及有关产品 Chemicals and Related Products	32. 01	6. 1	37. 30	6. 0	38. 18	5. 3
2. 按原料分类的制成品 Products Classified by Materials	108. 97	20. 7	125. 76	20. 3	144. 56	20. 1
3. 机械及运输设备 Machinery and Transport Equipment	38. 74	7. 4	55. 88	9. 0	71. 49	10. 0
4. 杂项制品 Miscellaneous Products	107. 55	20. 5	126. 86	20. 4	166. 20	23. 1
5. 未分类商品 Products Not Otherwise Classified	87. 35	16. 6	116. 24	18. 7	136. 55	19. 0

续表

项目 Item	1992		1993		1994	
	金额 Value	比重（%）Share（%）	金额 Value	比重（%）Share（%）	金额 Value	比重（%）Share（%）
出口总额 Exports Total	849. 40	100. 0	917. 40	100. 0	1 210. 10	100. 0
一、初级产品 Primary Products	170. 04	20. 0	166. 66	18. 2	197. 08	16. 3
1. 食品及活动物 Food and Live Animal for Food	23. 09	9. 8	23. 99	9. 2	100. 15	8. 3
2. 饮料及烟类 Beverages and Tobacco	7. 20	0. 8	9. 01	1. 0	10. 02	0. 8
3. 非食用原料（燃料除外）Non-Edible Raw Materials（fuels excl. ）	31. 43	3. 7	30. 52	3. 3	41. 27	3. 4
4. 矿产燃料、润滑油及有关原料 Mineral Fuels，Lubricants and Related Materials	46. 93	0. 5	41. 09	4. 5	40. 69	3. 4
5. 动植物油、脂及蜡 Animal and Vegetable Oils，Fats and Wax	1. 39	0. 2	2. 05	0. 2	4. 95	0. 4
二、工业制成品 Manufactured Goods	679. 36	80. 0	750. 94	81. 8	1 013. 32	83. 7
1. 化学成品及有关产品 Chemicals and Related Products	43. 48	5. 1	46. 23	5. 0	62. 36	5. 1
2. 按原料分类的制成品 Products Classified by Materials	161. 35	19. 0	163. 98	17. 9	232. 18	19. 2
3. 机械及运输设备 Machinery and Transport Equipment	132. 19	15. 6	152. 82	16. 7	219. 16	18. 1
4. 杂项制品 Miscellaneous Products	342. 34	40. 3	387. 91	42. 2	499. 50	41. 3
5. 未分类商品 Products Not Otherwise Classified	–	–	–	–	0. 12	–

续表

项目 Item	1995		1996		1997	
	金额 Value	比重（%） Share（%）	金额 Value	比重（%） Share（%）	金额 Value	比重（%） Share（%）
出口总额 Exports Total	1 487.80	100.0	1 510.50	100.0	1 827.90	100.0
一、初级产品 Primary Products	214.85	14.4	219.25	14.5	239.53	13.1
1. 食品及活动物 Food and Live Animal for Food	99.54	6.7	102.31	6.8	110.75	6.0
2. 饮料及烟类 Beverages and Tobacco	13.70	0.9	13.42	0.9	10.49	0.6
3. 非食用原料（燃料除外） Non-Edible Raw Materials（fuels excl.）	43.75	2.9	40.45	2.7	41.95	2.3
4. 矿产燃料、润滑油及有关原料 Mineral Fuels，Lubricants and Related Materials	53.32	3.6	59.31	3.9	69.87	3.8
5. 动植物油、脂及蜡 Animal and Vegetable Oils，Fats and Wax	4.54	0.3	3.76	0.3	6.47	0.4
二、工业制成品 Manufactured Goods	1 272.85	85.6	1 291.25	85.5	1 588.37	86.9
1. 化学成品及有关产品 Chemicals and Related Products	90.94	6.1	88.77	5.9	102.27	5.6
2. 按原料分类的制成品 Products Classified by Materials	322.40	21.7	285.10	18.9	344.32	18.9
3. 机械及运输设备 Machinery and Transport Equipment	314.07	21.1	353.12	23.4	437.09	23.9
4. 杂项制品 Miscellaneous Products	545.38	36.7	564.14	37.3	704.65	38.5
5. 未分类商品 Products Not Otherwise Classified	0.06	–	0.12	–	0.04	–

续表

项目 Item	1998		1999		2000	
	金额 Value	比重（%）Share（%）	金额 Value	比重（%）Share（%）	金额 Value	比重（%）Share（%）
出口总额 Exports Total	1 837. 10	100. 0	1 949. 30	100. 0	2 492. 10	100. 0
一、初级产品 Primary Products	205. 49	11. 2	199. 40	10. 2	254. 60	10. 2
1. 食品及活动物 Food and Live Animal for Food	106. 13	5. 8	104. 57	5. 3	122. 80	4. 9
2. 饮料及烟类 Beverages and Tobacco	9. 75	0. 5	7. 71	0. 4	7. 40	0. 3
3. 非食用原料（燃料除外） Non-Edible Raw Materials（fuels excl.）	35. 19	1. 9	39. 21	2. 0	44. 60	1. 8
4. 矿产燃料、润滑油及有关原料 Mineral Fuels，Lubricants and Related Materials	51. 35	2. 8	46. 59	2. 4	78. 50	3. 1
5. 动植物油、脂及蜡 Animal and Vegetable Oils，Fats and Wax	3. 07	0. 2	1. 32	0. 1	1. 20	0. 1
二、工业制成品 Manufactured Goods	1 631. 61	88. 8	1 749. 90	89. 8	2 237. 50	89. 8
1. 化学成品及有关产品 Chemicals and Related Products	103. 21	5. 1	103. 73	5. 3	121. 05	4. 9
2. 按原料分类的制成品 Products Classified by Materials	323. 80	17. 6	332. 62	17. 1	425. 50	17. 1
3. 机械及运输设备 Machinery and Transport Equipment	502. 30	27. 3	588. 36	30. 2	826. 00	33. 1
4. 杂项制品 Miscellaneous Products	702. 25	38. 2	725. 10	37. 2	862. 80	34. 6
5. 未分类商品 Products Not Otherwise Classified	0. 05	–	0. 09	–	2. 20	0. 1

续表

项目 Item	2001		2002		2003	
	金额 Value	比重（%） Share（%）	金额 Value	比重（%） Share（%）	金额 Value	比重（%） Share（%）
出口总额 Exports Total	2 661. 55	100. 0	3 255. 65	100. 0	4 383. 71	100. 0
一、初级产品 Primary Products	263. 53	9. 9	284. 80	8. 7	348. 10	7. 9
1. 食品及活动物 Food and Live Animal for Food	127. 79	4. 8	146. 23	4. 5	175. 33	4. 0
2. 饮料及烟类 Beverages and Tobacco	8. 74	0. 3	9. 84	0. 3	10. 19	0. 2
3. 非食用原料（燃料除外） Non-Edible Raw Materials（fuels excl.）	41. 73	1. 6	44. 04	1. 4	50. 33	1. 1
4. 矿产燃料、润滑油及有关原料 Mineral Fuels，Lubricants and Related Materials	84. 16	3. 2	83. 72	2. 6	111. 10	2. 5
5. 动植物油、脂及蜡 Animal and Vegetable Oils，Fats and Wax	1. 11	0. 0	0. 98	0. 0	1. 15	0. 0
二、工业制成品 Manufactured Goods	2 398. 02	90. 1	2 970. 85	91. 3	4 035. 60	92. 1
1. 化学成品及有关产品 Chemicals and Related Products	133. 54	5. 0	153. 29	4. 7	195. 86	4. 5
2. 按原料分类的制成品 Products Classified by Materials	438. 23	16. 5	529. 57	16. 3	690. 30	15. 7
3. 机械及运输设备 Machinery and Transport Equipment	949. 18	35. 7	1 269. 83	39	1 878. 88	42. 9
4. 杂项制品 Miscellaneous Products	871. 23	32. 7	1 011. 68	31. 1	1 261. 01	28. 8
5. 未分类商品 Products Not Otherwise Classified	5. 85	0. 2	6. 48	0. 2	9. 56	0. 2

续表

项目 Item	2004		2005		2006	
	金额 Value	比重（%）Share（%）	金额 Value	比重（%）Share（%）	金额 Value	比重（%）Share（%）
出口总额 Exports Total	5 933. 69	100. 0	7 619. 99	100. 0	9 689. 69	100. 0
一、初级产品 Primary Products	405. 50	6. 8	490. 39	6. 4	529. 25	5. 5
1. 食品及活动物 Food and Live Animal for Food	188. 70	3. 2	224. 81	3. 0	257. 22	2. 7
2. 饮料及烟类 Beverages and Tobacco	12. 14	0. 2	11. 83	0. 2	11. 93	0. 1
3. 非食用原料（燃料除外）Non-Edible Raw Materials（fuels excl.）	58. 43	1. 0	74. 85	1. 0	78. 62	0. 8
4. 矿产燃料、润滑油及有关原料 Mineral Fuels，Lubricants and Related Materials	144. 76	2. 4	176. 21	2. 3	177. 76	1. 8
5. 动植物油、脂及蜡 Animal and Vegetable Oils，Fats and Wax	1. 48	0. 0	2. 68	0. 0	3. 73	0. 0
二、工业制成品 Manufactured Goods	5 528. 18	93. 2	7 129. 60	93. 6	9 161. 47	94. 5
1. 化学成品及有关产品 Chemicals and Related Products	263. 68	4. 4	357. 72	4. 7	445. 31	4. 6
2. 按原料分类的制成品 Products Classified by Materials	1 006. 54	17. 0	1 291. 26	16. 9	1 748. 36	18. 0
3. 机械及运输设备 Machinery and Transport Equipment	2 682. 91	45. 2	3 522. 62	46. 2	4 563. 64	47. 1
4. 杂项制品 Miscellaneous Products	1 563. 93	26. 4	1 941. 91	25. 5	2 380. 29	24. 6
5. 未分类商品 Products Not Otherwise Classified	11. 12	0. 2	16. 09	0. 2	23. 88	0. 2

续表

项目 Item	2007		2008		2009	
	金额 Value	比重（%）Share（%）	金额 Value	比重（%）Share（%）	金额 Value	比重（%）Share（%）
出口总额 Exports Total	12 181. 21	100. 0	14 306. 93	100. 0	12 016. 12	100. 0
一、初级产品 Primary Products	615. 47	5. 1	779. 57	5. 4	631. 12	5. 3
1. 食品及活动物 Food and Live Animal for Food	307. 51	2. 5	327. 62	2. 3	326. 28	2. 7
2. 饮料及烟类 Beverages and Tobacco	13. 96	0. 1	15. 29	0. 1	16. 41	0. 1
3. 非食用原料（燃料除外）Non-Edible Raw Materials（fuels excl.）	91. 54	0. 8	113. 19	0. 8	81. 53	0. 7
4. 矿产燃料、润滑油及有关原料 Mineral Fuels，Lubricants and Related Materials	199. 44	1. 6	317. 73	2. 2	203. 74	1. 7
5. 动植物油、脂及蜡 Animal and Vegetable Oils，Fats and Wax	3. 03	0. 0	5. 74	0. 0	3. 16	0. 0
二、工业制成品 Manufactured Goods	11 564. 68	94. 9	13 527. 36	94. 6	11 385. 00	94. 7
1. 化学成品及有关产品 Chemicals and Related Products	603. 56	5. 0	793. 46	5. 5	620. 17	5. 2
2. 按原料分类的制成品 Products Classified by Materials	2 198. 93	18. 1	2 623. 91	18. 3	1 848. 16	15. 4
3. 机械及运输设备 Machinery and Transport Equipment	5 771. 89	47. 4	6 733. 29	47. 1	5 902. 74	49. 1
4. 杂项制品 Miscellaneous Products	2 968. 53	24. 4	3 359. 59	23. 5	2 997. 47	24. 9
5. 未分类商品 Products Not Otherwise Classified	21. 76	0. 2	17. 10	0. 1	16. 46	0. 1

续表

项目 Item	2010		2011		2012		2013	
	金额 Value	比重（%）Share（%）	金额 Value	比重（%）Share（%）	金额 Value	比重（%）Share（%）	金额 Value	比重（%）Share（%）
出口总额 Exports Total	15 778. 24	100. 0	18 983. 81	100. 0	20 489. 35	100. 0	22100. 42	100. 0
一、初级产品 Primary Products	817. 17	5. 2	1 003. 34	5. 3	1 005. 66	4. 9	1072. 83	4. 9
1. 食品及活动物 Food and Live Animal for Food	411. 53	2. 6	504. 93	2. 7	520. 76	2. 5	557. 29	2. 5
2. 饮料及烟类 Beverages and Tobacco	19. 06	0. 1	22. 76	0. 1	25. 90	0. 1	26. 08	0. 1
3. 非食用原料（燃料除外） Non-Edible Raw Materials (fuels excl.)	116. 02	0. 7	147. 66	0. 8	143. 41	0. 7	145. 70	0. 7
4. 矿产燃料、润滑油及有关原料 Mineral Fuels, Lubricants and Related Materials	267. 00	1. 7	322. 74	1. 7	310. 14	1. 5	337. 92	1. 5
5. 动植物油、脂及蜡 Animal and Vegetable Oils, Fats and Wax	3. 56	0. 0	5. 26	0. 0	5. 44	0. 0	5. 84	0. 03
二、工业制成品 Manufactured Goods	14 962. 16	94. 8	17 974. 48	94. 7	19 482. 69	95. 1	21 027. 59	95. 1
1. 化学成品及有关产品 Chemicals and Related Products	875. 87	5. 6	1 147. 88	6. 0	1 135. 72	5. 5	1 196. 59	5. 4
2. 按原料分类的制成品 Products Classified by Materials	2 491. 50	15. 8	3 195. 60	16. 8	3 331. 60	16. 3	3 606. 65	16. 3
3. 机械及运输设备 Machinery and Transport Equipment	7 803. 30	49. 5	9 017. 74	47. 5	9 644. 09	47. 1	10 392. 56	47. 0
4. 杂项制品 Miscellaneous Products	3 776. 80	23. 9	4 589. 82	24. 2	5 357. 05	26. 1	5 814. 48	26. 3
5. 未分类商品 Products Not Otherwise Classified	14. 68	0. 1	23. 43	0. 1	14. 21	0. 1	17. 29	0. 1

表6 对外贸易进口商品构成（按《国际贸易标准分类》划分）

Structure of import connodities（classified according to SITC）

金额单位：亿美元

Unit：USD 100 million

项目 Item	1980		1981		1982	
	金额 Value	比重（%） Share（%）	金额 Value	比重（%） Share（%）	金额 Value	比重（%） Share（%）
进口总额 Imports Total	200. 20	100. 0	200. 10	100. 0	192. 90	100. 0
一、初级产品 Primary Products	69. 60	34. 8	80. 44	36. 5	76. 34	39. 6
1. 食品及活动物 Food and Live Animal for Food	29. 27	14. 6	36. 22	16. 5	42. 01	21. 8
2. 饮料及烟类 Beverages and Tobacco	0. 36	0. 2	2. 13	0. 9	1. 30	0. 7
3. 非食用原料（燃料除外） Non-Edible Raw Materials（fuels excl.）	35. 54	17. 8	40. 27	18. 3	30. 12	15. 6
4. 矿产燃料、润滑油及有关原料 Mineral Fuels，Lubricants and Related Materials	2. 04	1. 0	0. 83	0. 3	1. 83	0. 9
5. 动植物油、脂及蜡 Animal and Vegetable Oils，Fats and Wax	2. 39	1. 2	0. 99	0. 5	1. 08	0. 6
二、工业制成品 Manufactured Goods	130. 60	65. 2	139. 66	63. 5	116. 56	60. 4
1. 化学成品及有关产品 Chemicals and Related Products	29. 10	14. 5	26. 06	11. 8	29. 36	15. 2
2. 按原料分类的制成品 Products Classified by Materials	41. 54	20. 7	40. 35	18. 3	39. 06	20. 3
3. 机械及运输设备 Machinery and Transport Equipment	51. 20	25. 6	58. 66	26. 7	32. 04	16. 6
4. 杂项制品 Miscellaneous Products	5. 42	2. 7	5. 56	2. 5	4. 86	2. 5
5. 未分类商品 Products Not Otherwise Classified	3. 34	1. 7	9. 03	4. 2	11. 24	5. 8

续表

项目 Item	1983		1984		1985	
	金额 Value	比重（%）Share（%）	金额 Value	比重（%）Share（%）	金额 Value	比重（%）Share（%）
进口总额 Imports Total	213.90	100.0	274.10	100.0	422.50	100.0
一、初级产品 Primary Products	58.08	27.2	52.08	19.0	52.89	12.5
1. 食品及活动物 Food and Live Animal for Food	31.22	14.6	23.31	8.5	15.53	3.7
2. 饮料及烟类 Beverages and Tobacco	0.46	0.2	1.16	0.4	2.06	0.5
3. 非食用原料（燃料除外）Non-Edible Raw Materials（fuels excl.）	24.59	11.5	25.42	9.3	32.36	7.7
4. 矿产燃料、润滑油及有关原料 Mineral Fuels, Lubricants and Related Materials	1.11	0.5	1.39	0.50	1.72	0.4
5. 动植物油、脂及蜡 Animal and Vegetable Oils, Fats and Wax	0.70	0.4	0.80	0.3	1.22	0.2
二、工业制成品 Manufactured Goods	155.82	72.8	222.02	81.0	369.61	87.5
1. 化学成品及有关产品 Chemicals and Related Products	31.83	14.9	42.37	15.5	44.69	10.6
2. 按原料分类的制成品 Products Classified by Materials	62.89	29.4	73.18	26.7	118.98	28.2
3. 机械及运输设备 Machinery and Transport Equipment	39.88	18.6	72.45	26.4	162.39	38.4
4. 杂项制品 Miscellaneous Products	7.82	3.7	11.82	4.3	19.02	4.5
5. 未分类商品 Products Not Otherwise Classified	13.40	6.2	22.20	8.1	24.53	5.8

续表

项目 Item	1986		1987		1988	
	金额 Value	比重（%） Share（%）	金额 Value	比重（%） Share（%）	金额 Value	比重（%） Share（%）
进口总额 Imports Total	429.00	100.0	432.10	100.0	552.70	100.0
一、初级产品 Primary Products	56.49	13.2	69.09	16.0	100.73	18.2
1. 食品及活动物 Food and Live Animal for Food	16.25	3.8	24.40	5.6	34.80	6.3
2. 饮料及烟类 Beverages and Tobacco	1.72	0.4	2.63	0.6	3.47	0.6
3. 非食用原料（燃料除外） Non-Edible Raw Materials（fuels excl.）	31.43	7.3	33.21	7.7	50.90	9.2
4. 矿产燃料、润滑油及有关原料 Mineral Fuels，Lubricants and Related Materials	5.04	1.2	5.36	1.2	7.87	1.4
5. 动植物油、脂及蜡 Animal and Vegetable Oils，Fats and Wax	2.05	0.5	3.49	0.9	3.69	0.7
二、工业制成品 Manufactured Goods	372.51	86.8	363.01	84.0	452.07	81.8
1. 化学成品及有关产品 Chemicals and Related Products	37.70	8.8	50.08	11.6	91.39	16.5
2. 按原料分类的制成品 Products Classified by Materials	111.91	26.1	97.30	22.5	104.10	18.8
3. 机械及运输设备 Machinery and Transport Equipment	167.80	39.1	146.07	33.8	166.97	30.2
4. 杂项制品 Miscellaneous Products	18.77	4.4	18.78	4.4	19.82	3.6
5. 未分类商品 Products Not Otherwise Classified	13.40	6.2	22.20	8.1	24.53	5.8

续表

项目 Item	1989		1990		1991	
	金额 Value	比重（%）Share（%）	金额 Value	比重（%）Share（%）	金额 Value	比重（%）Share（%）
进口总额 Imports Total	591. 40	100. 0	533. 50	100. 0	637. 90	100. 0
一、初级产品 Primary Products	117. 54	19. 9	98. 58	18. 5	108. 34	17. 0
1. 食品及活动物 Food and Live Animal for Food	41. 92	7. 1	33. 40	6. 3	27. 99	4. 4
2. 饮料及烟类 Beverages and Tobacco	2. 02	0. 3	1. 57	0. 3	2. 00	0. 3
3. 非食用原料（燃料除外） Non-Edible Raw Materials（fuels excl.）	48. 35	8. 2	41. 07	7. 7	50. 03	7. 8
4. 矿产燃料、润滑油及有关原料 Mineral Fuels，Lubricants and Related Materials	16. 50	2. 8	12. 72	2. 4	21. 13	3. 3
5. 动植物油、脂及蜡 Animal and Vegetable Oils，Fats and Wax	8. 75	1. 5	9. 82	1. 8	7. 19	1. 1
二、工业制成品 Manufactured Goods	473. 86	80. 1	434. 92	81. 5	529. 56	83. 0
1. 化学成品及有关产品 Chemicals and Related Products	75. 56	12. 8	66. 48	12. 5	92. 77	14. 5
2. 按原料分类的制成品 Products Classified by Materials	123. 35	20. 9	89. 06	16. 7	104. 93	16. 4
3. 机械及运输设备 Machinery and Transport Equipment	182. 07	30. 8	168. 45	31. 6	196. 01	30. 7
4. 杂项制品 Miscellaneous Products	20. 73	3. 5	21. 03	3. 9	24. 39	3. 8
5. 未分类商品 Products Not Otherwise Classified	36. 33	8. 4	50. 78	11. 7	69. 79	12. 7

续表

项目 Item	1992		1993		1994	
	金额 Value	比重（%） Share（%）	金额 Value	比重（%） Share（%）	金额 Value	比重（%） Share（%）
进口总额 Imports Total	805. 90	100. 0	1 039. 60	100. 0	1 156. 10	100. 0
一、初级产品 Primary Products	132. 60	16. 5	142. 20	13. 7	164. 80	14. 2
1. 食品及活动物 Food and Live Animal for Food	31. 50	3. 9	22. 10	2. 1	31. 31	2. 7
2. 饮料及烟类 Beverages and Tobacco	2. 40	0. 3	2. 50	0. 3	0. 68	0. 1
3. 非食用原料（燃料除外） Non-Edible Raw Materials（fuels excl.）	57. 75	7. 2	54. 40	5. 2	74. 37	6. 4
4. 矿产燃料、润滑油及有关原料 Mineral Fuels，Lubricants and Related Materials	35. 70	4. 4	58. 18	5. 6	40. 35	3. 5
5. 动植物油、脂及蜡 Animal and Vegetable Oils，Fats and Wax	5. 25	0. 7	5. 02	0. 5	18. 09	1. 5
二、工业制成品 Manufactured Goods	673. 30	83. 5	897. 30	86. 3	992. 10	85. 8
1. 化学成品及有关产品 Chemicals and Related Products	111. 57	13. 8	97. 04	9. 3	121. 30	10. 5
2. 按原料分类的制成品 Products Classified by Materials	192. 73	23. 9	285. 27	27. 5	280. 84	24. 3
3. 机械及运输设备 Machinery and Transport Equipment	313. 12	38. 9	450. 04	43. 3	514. 67	44. 5
4. 杂项制品 Miscellaneous Products	55. 88	6. 9	64. 95	6. 2	67. 68	5. 9
5. 未分类商品 Products Not Otherwise Classified	72. 15	12. 1	89. 90	16. 9	111. 46	17. 6

续表

项目 Item	1995		1996		1997	
	金额 Value	比重（%） Share（%）	金额 Value	比重（%） Share（%）	金额 Value	比重（%） Share（%）
进口总额 Imports Total	1 320. 80	100. 0	1 388. 30	100. 0	1 423. 70	100. 0
一、初级产品 Primary Products	244. 14	18. 5	254. 40	18. 3	286. 20	20. 1
1. 食品及活动物 Food and Live Animal for Food	61. 32	4. 6	56. 71	4. 1	43. 04	3. 0
2. 饮料及烟类 Beverages and Tobacco	3. 94	0. 3	4. 97	0. 4	3. 20	0. 2
3. 非食用原料（燃料除外） Non-Edible Raw Materials（fuels excl.）	101. 56	7. 7	106. 98	7. 7	126. 06	8. 4
4. 矿产燃料、润滑油及有关原料 Mineral Fuels，Lubricants and Related Materials	51. 27	3. 9	68. 77	4. 9	103. 06	7. 2
5. 动植物油、脂及蜡 Animal and Vegetable Oils，Fats and Wax	26. 05	2. 0	16. 97	1. 2	16. 84	1. 2
二、工业制成品 Manufactured Goods	1 076. 66	81. 5	1 133. 90	81. 7	1 137. 50	79. 9
1. 化学成品及有关产品 Chemicals and Related Products	172. 98	13. 1	181. 06	13. 0	192. 97	13. 6
2. 按原料分类的制成品 Products Classified by Materials	287. 72	21. 8	313. 91	22. 6	322. 20	22. 6
3. 机械及运输设备 Machinery and Transport Equipment	526. 42	39. 8	547. 63	39. 5	527. 74	37. 1
4. 杂项制品 Miscellaneous Products	22. 61	6. 3	84. 86	6. 1	85. 50	6. 0
5. 未分类商品 Products Not Otherwise Classified	–	–	–	–	7. 61	0. 6

续表

项目 Item	1998		1999		2000	
	金额 Value	比重（%） Share（%）	金额 Value	比重（%） Share（%）	金额 Value	比重（%） Share（%）
进口总额 Imports Total	1 402. 40	100. 0	1 657. 00	100. 0	2 251. 00	100. 0
一、初级产品 Primary Products	229. 48	16. 4	268. 46	16. 2	467. 40	20. 8
1. 食品及活动物 Food and Live Animal for Food	37. 88	2. 7	36. 19	2. 2	47. 60	2. 1
2. 饮料及烟类 Beverages and Tobacco	1. 78	0. 1	2. 08	0. 1	3. 60	0. 2
3. 非食用原料（燃料除外） Non-Edible Raw Materials（fuels excl. ）	107. 15	7. 7	127. 40	7. 7	200. 00	8. 9
4. 矿产燃料、润滑油及有关原料 Mineral Fuels，Lubricants and Related Materials	67. 76	4. 8	89. 12	5. 4	206. 40	9. 2
5. 动植物油、脂及蜡 Animal and Vegetable Oils，Fats and Wax	14. 91	1. 1	13. 67	0. 8	9. 80	0. 4
二、工业制成品 Manufactured Goods	1 172. 92	83. 6	1 388. 54	83. 8	1 783. 60	79. 2
1. 化学成品及有关产品 Chemicals and Related Products	201. 58	14. 4	240. 30	14. 5	302. 10	13. 4
2. 按原料分类的制成品 Products Classified by Materials	310. 75	22. 2	343. 18	20. 7	418. 10	18. 6
3. 机械及运输设备 Machinery and Transport Equipment	568. 49	40. 5	694. 73	41. 9	919. 30	40. 8
4. 杂项制品 Miscellaneous Products	84. 56	6. 0	97. 01	5. 9	127. 50	5. 7
5. 未分类商品 Products Not Otherwise Classified	6. 93	0. 5	6. 44	0. 5	9. 09	0. 6

续表

项目 Item	2001		2002		2003	
	金额 Value	比重（%）Share（%）	金额 Value	比重（%）Share（%）	金额 Value	比重（%）Share（%）
进口总额 Imports Total	2 436. 13	100. 0	2 952. 03	100. 0	4 128. 36	100. 0
一、初级产品 Primary Products	457. 74	18. 8	492. 72	16. 7	727. 83	17. 6
1. 食品及活动物 Food and Live Animal for Food	49. 76	2. 0	52. 37	1. 8	59. 59	1. 4
2. 饮料及烟类 Beverages and Tobacco	4. 12	0. 2	3. 87	0. 1	4. 91	0. 1
3. 非食用原料（燃料除外）Non-Edible Raw Materials（fuels excl.）	221. 28	9. 1	227. 37	7. 7	341. 19	8. 3
4. 矿产燃料、润滑油及有关原料 Mineral Fuels，Lubricants and Related Materials	174. 95	7. 2	192. 85	6. 5	292. 14	7. 1
5. 动植物油、脂及蜡 Animal and Vegetable Oils，Fats and Wax	7. 63	0. 3	16. 25	0. 6	30. 01	0. 7
二、工业制成品 Manufactured Goods	1 978. 40	81. 2	2 459. 31	83. 3	3 400. 53	82. 4
1. 化学成品及有关产品 Chemicals and Related Products	321. 06	13. 2	390. 40	13. 2	489. 80	11. 9
2. 按原料分类的制成品 Products Classified by Materials	419. 39	17. 2	484. 92	16. 4	639. 05	15. 5
3. 机械及运输设备 Machinery and Transport Equipment	1 070. 42	43. 9	1 370. 34	46. 4	1 928. 69	46. 7
4. 杂项制品 Miscellaneous Products	150. 76	6. 2	198. 01	6. 7	330. 17	8. 0
5. 未分类商品 Products Not Otherwise Classified	7. 54	0. 5	13. 32	0. 8	16. 50	0. 7

续表

项目 Item	2004		2005		2006	
	金额 Value	比重（%） Share（%）	金额 Value	比重（%） Share（%）	金额 Value	比重（%） Share（%）
进口总额 Imports Total	5 614. 23	100. 0	6 601. 18	100. 0	7 914. 61	100. 0
一、初级产品 Primary Products	1 173. 00	20. 9	1 477. 10	22. 4	1 871. 41	23. 6
1. 食品及活动物 Food and Live Animal for Food	91. 56	1. 6	93. 88	1. 4	99. 97	1. 3
2. 饮料及烟类 Beverages and Tobacco	5. 48	0. 1	7. 82	0. 1	10. 41	0. 1
3. 非食用原料（燃料除外） Non-Edible Raw Materials（fuels excl.）	553. 78	9. 9	702. 12	10. 6	831. 64	10. 5
4. 矿产燃料、润滑油及有关原料 Mineral Fuels，Lubricants and Related Materials	480. 03	8. 6	639. 57	9. 7	890. 02	11. 2
5. 动植物油、脂及蜡 Animal and Vegetable Oils，Fats and Wax	42. 14	0. 8	33. 70	0. 5	39. 38	0. 5
二、工业制成品 Manufactured Goods	4 441. 23	79. 1	5 124. 09	77. 6	6 044. 72	76. 4
1. 化学成品及有关产品 Chemicals and Related Products	657. 44	11. 7	777. 42	11. 8	870. 79	11. 0
2. 按原料分类的制成品 Products Classified by Materials	740. 72	13. 2	811. 59	12. 3	869. 60	11. 0
3. 机械及运输设备 Machinery and Transport Equipment	2 526. 24	45. 0	2 906. 28	44. 0	3 571. 07	45. 1
4. 杂项制品 Miscellaneous Products	501. 55	8. 9	608. 72	9. 2	712. 95	9. 0
5. 未分类商品 Products Not Otherwise Classified	16. 77	0. 7	15. 64	0. 5	12. 82	0. 3

续表

项目 Item	2007		2008		2009	
	金额 Value	比重（%） Share（%）	金额 Value	比重（%） Share（%）	金额 Value	比重（%） Share（%）
进口总额 Imports Total	9 559. 50	100. 0	11 325. 67	100. 0	10 059. 23	100. 0
一、初级产品 Primary Products	2 429. 77	25. 4	3 623. 95	32. 0	2 898. 05	28. 8
1. 食品及活动物 Food and Live Animal for Food	114. 97	1. 2	140. 51	1. 2	148. 27	1. 5
2. 饮料及烟类 Beverages and Tobacco	14. 01	0. 1	19. 20	0. 2	19. 54	0. 2
3. 非食用原料（燃料除外） Non-Edible Raw Materials（fuels excl.）	1 179. 09	12. 3	1 666. 95	14. 7	1 413. 47	14. 1
4. 矿产燃料、润滑油及有关原料 Mineral Fuels，Lubricants and Related Materials	1 048. 26	11. 0	1 692. 42	14. 9	1 240. 38	12. 3
5. 动植物油、脂及蜡 Animal and Vegetable Oils，Fats and Wax	73. 44	0. 8	104. 86	0. 9	76. 39	0. 8
二、工业制成品 Manufactured Goods	7 128. 41	74. 6	7 701. 71	68. 0	7 161. 22	71. 2
1. 化学成品及有关产品 Chemicals and Related Products	1 074. 99	11. 2	1 191. 88	10. 5	1 120. 90	11. 1
2. 按原料分类的制成品 Products Classified by Materials	1 028. 66	10. 8	1 071. 58	9. 5	1 077. 42	10. 7
3. 机械及运输设备 Machinery and Transport Equipment	4 125. 08	43. 2	4 417. 65	39. 0	4 077. 97	40. 5
4. 杂项制品 Miscellaneous Products	875. 04	9. 2	976. 41	8. 6	851. 86	8. 5
5. 未分类商品 Products Not Otherwise Classified	15. 29	0. 3	20. 08	0. 3	20. 30	0. 3

续表

项目 Item	2010		2011		2012		2013	
	金额 Value	比重（%）Share（%）	金额 Value	比重（%）Share（%）	金额 Value	比重（%）Share（%）	金额 Value	比重（%）Share（%）
进口总额 Imports Total	13 950. 99	100. 0	17 434. 84	100. 0	18 178. 26	100. 0	19 502. 89	100. 0
一、初级产品 Primary Products	4 325. 56	31. 0	6 042. 69	34. 7	6 347. 03	34. 9	6 576. 01	33. 7
1. 食品及活动物 Food and Live Animal for Food	215. 66	1. 5	287. 74	1. 7	352. 61	1. 9	416. 99	2. 1
2. 饮料及烟类 Beverages and Tobacco	24. 29	0. 2	36. 85	0. 2	44. 03	0. 2	45. 10	0. 2
3. 非食用原料（燃料除外）Non-Edible Raw Materials (fuels excl.)	2 111. 18	15. 1	2 849. 23	16. 3	2 695. 61	14. 8	2 861. 43	14. 7
4. 矿产燃料、润滑油及有关原料 Mineral Fuels, Lubricants and Related Materials	1 887. 04	13. 5	2 757. 76	15. 8	3 129. 51	17. 2	3 149. 06	16. 1
5. 动植物油、脂及蜡 Animal and Vegetable Oils, Fats and Wax	87. 40	0. 6	111. 12	0. 6	125. 27	0. 7	103. 43	0. 5
二、工业制成品 Manufactured Goods	9 622. 72	69. 0	11 392. 15	65. 3	11 833. 65	65. 1	12 926. 87	66. 3
1. 化学成品及有关产品 Chemicals and Related Products	1 496. 36	10. 7	1 811. 06	10. 4	1 792. 84	9. 9	1 902. 98	9. 8
2. 按原料分类的制成品 Products Classified by Materials	1 311. 13	9. 4	1 503. 04	8. 6	1 459. 21	8. 0	1 482. 92	7. 6
3. 机械及运输设备 Machinery and Transport Equipment	5 495. 61	39. 4	6 305. 70	36. 2	6 528. 34	35. 9	7 103. 50	36. 4
4. 杂项制品 Miscellaneous Products	1 135. 26	8. 1	1 277. 22	7. 3	1 365. 53	7. 5	1 390. 11	7. 1
5. 未分类商品 Products Not Otherwise Classified	184. 37	1. 3	495. 1	2. 8	687. 73	3. 8	1 047. 36	5. 4

表7 对外贸易出口（分贸易方式）
Exports by forms of foreign trade

金额单位：亿美元
Unit：USD 100 million

年份 Year	合计 Total	一般贸易 General trade	加工贸易 Processing trade	其他贸易 Others
1981	220. 10	208. 00	11. 31	0. 79
1982	223. 20	222. 45	0. 53	0. 22
1983	222. 30	201. 60	19. 44	1. 23
1984	261. 40	231. 62	29. 29	0. 49
1985	273. 50	237. 30	33. 16	3. 04
1986	309. 40	250. 95	56. 20	2. 25
1987	394. 40	296. 43	89. 94	8. 03
1988	475. 20	326. 22	140. 60	8. 38
1989	525. 40	315. 52	197. 85	12. 03
1990	620. 90	354. 60	254. 20	12. 10
1991	719. 10	381. 20	324. 30	13. 60
1992	849. 40	436. 80	396. 20	16. 40
1993	917. 40	432. 00	442. 50	43. 00
1994	1 210. 10	615. 60	569. 80	24. 70
1995	1 487. 80	713. 70	737. 00	37. 10
1996	1 510. 50	628. 40	843. 30	38. 80
1997	1 827. 90	779. 74	996. 02	52. 14
1998	1 837. 10	742. 22	1 044. 71	50. 17
1999	1 949. 30	791. 13	1 108. 70	49. 47
2000	2 492. 10	1 051. 90	1 376. 60	63. 60
2001	2 661. 55	1 119. 16	1 474. 54	67. 84
2002	3 255. 65	1 362. 04	1 799. 37	94. 24
2003	4 383. 71	1 820. 34	2 418. 49	144. 88
2004	5 933. 69	2 436. 35	3 279. 88	217. 45
2005	7 619. 99	3 150. 91	4 164. 81	304. 27
2006	9 689. 69	4 163. 21	5 103. 79	422. 69
2007	12 181. 21	5 385. 76	6 176. 56	618. 89
2008	14 306. 93	6 628. 62	6 751. 14	927. 17
2009	12 016. 12	5 298. 12	5 868. 62	849. 38
2010	15 777. 54	7 207. 33	7 403. 34	1 166. 87
2011	18 983. 81	9 171. 24	8 354. 16	1 458. 41
2012	20 487. 14	9 880. 07	8 627. 79	1 979. 28
2013	22 100. 42	10 875. 53	8 608. 16	2 616. 72

表 8　对外贸易进口（分贸易方式）

Imports by forms of foreign trade

金额单位：亿美元

Unit：USD 100 million

年份 Year	合计 Total	一般贸易 General trade	加工贸易 Processing trade	其他贸易 Others
1981	220. 10	203. 66	15. 04	1. 40
1982	192. 90	188. 85	2. 76	1. 38
1983	213. 90	187. 68	22. 72	3. 50
1984	274. 10	238. 49	31. 47	4. 14
1985	422. 50	372. 72	42. 74	7. 04
1986	429. 00	352. 07	67. 03	9. 90
1987	432. 10	287. 72	101. 91	42. 47
1988	552. 70	352. 04	151. 05	49. 61
1989	591. 40	356. 14	171. 64	63. 62
1990	533. 50	262. 00	187. 60	83. 90
1991	637. 90	295. 40	250. 30	92. 20
1992	805. 90	336. 20	315. 40	154. 30
1993	1 039. 60	380. 50	363. 70	295. 40
1994	1 156. 10	355. 20	475. 70	325. 20
1995	1 320. 80	433. 70	583. 70	303. 40
1996	1 388. 30	393. 60	622. 70	372. 00
1997	1 423. 70	390. 30	702. 06	331. 34
1998	1 402. 40	436. 35	685. 72	280. 33
1999	1 657. 00	670. 41	735. 87	250. 72
2000	2 251. 00	1 000. 80	925. 60	324. 60
2001	2 436. 13	1 134. 70	939. 83	361. 60
2002	2 952. 03	1 291. 22	1 222. 16	438. 65
2003	4 128. 36	1 877. 00	1 629. 35	622. 01
2004	5 614. 23	2 482. 27	2 217. 41	914. 55
2005	6 601. 18	2 797. 19	2 740. 26	1 063. 74
2006	7 914. 61	3 331. 81	3 214. 97	1 367. 83
2007	9 559. 50	4 286. 48	3 683. 93	1 589. 08
2008	11 325. 67	5 720. 93	3 783. 88	1 820. 86
2009	10 059. 23	5 344. 73	3 222. 91	1 491. 59
2010	13 962. 47	7 679. 78	4 174. 29	2 108. 40
2011	17 434. 84	10 074. 64	4 697. 96	2 662. 24
2012	18 184. 05	10 218. 19	4 811. 69	3 154. 17
2013	19 502. 89	11 097. 18	4 969. 90	3 435. 80

表9 对外贸易出口（分企业性质）
Exports by type of enterprises

金额单位：亿美元

Unit：USD 100 million

年份 Year	合计 Total	国有企业 State – Onned enterprises	外商投资企业 Foreign – invested enterprises	其他企业 Others
1981	220. 10	219. 55	0. 32	0. 23
1982	223. 20	222. 45	0. 53	0. 22
1983	222. 30	218. 45	0. 90	2. 95
1984	261. 40	259. 47	1. 80	0. 13
1985	273. 50	270. 37	2. 96	0. 17
1986	309. 40	292. 64	5. 90	10. 86
1987	394. 40	380. 01	12. 20	2. 19
1988	475. 20	449. 04	24. 61	1. 55
1989	525. 40	475. 06	49. 19	1. 15
1990	620. 90	541. 40	78. 13	1. 37
1991	719. 10	597. 00	120. 50	1. 60
1992	849. 40	674. 50	173. 50	1. 40
1993	917. 40	652. 60	252. 19	12. 61
1994	1 210. 10	847. 60	347. 09	15. 41
1995	1 487. 80	992. 60	468. 91	26. 29
1996	1 510. 50	860. 60	615. 06	34. 84
1997	1 827. 90	1026. 89	749. 40	51. 61
1998	1 837. 10	967. 85	809. 47	59. 79
1999	1 949. 30	984. 86	886. 34	78. 10
2000	2 492. 10	1 164. 50	1 191. 43	136. 17
2001	2 661. 55	1 132. 34	1 332. 18	197. 03
2002	3 255. 65	1 228. 58	1 699. 85	327. 22
2003	4 383. 71	1 380. 33	2 403. 06	600. 32
2004	5 933. 69	1 535. 94	3 385. 92	1 011. 83
2005	7 619. 99	1 688. 13	4 441. 83	1 490. 03
2006	9 689. 69	1 913. 32	5 637. 79	2 138. 58
2007	12 181. 21	2 256. 55	6 957. 49	2 967. 17
2008	14 306. 93	2 574. 79	7 904. 93	3 827. 21
2009	12 016. 12	1 909. 97	6 720. 74	3 385. 40
2010	15 777. 54	2 343. 60	8 623. 06	4 810. 88
2011	18 983. 81	2 672. 22	9 953. 30	6 358. 29
2012	20 487. 14	2 562. 83	10 227. 48	7 696. 83
2013	22 100. 42	2 489. 86	10 442. 73	9 167. 84

表10　对外贸易进口（分企业性质）
Imports by type of enterprises

金额单位：亿美元

Unit：USD 100 million

年份 Year	合计 Total	国有企业 State - Onned enterprises	外商投资企业 Foreign - invested enterprises	其他企业 Others
1981	220. 10	218. 32	1. 01	0. 77
1982	192. 90	188. 89	2. 76	1. 25
1983	213. 90	207. 73	3. 90	2. 27
1984	274. 10	262. 24	9. 00	2. 86
1985	422. 50	399. 33	20. 64	2. 53
1986	429. 00	402. 56	24. 20	2. 24
1987	432. 10	391. 02	34. 30	6. 78
1988	552. 70	485. 48	58. 80	8. 42
1989	591. 40	495. 34	90. 00	6. 06
1990	533. 50	404. 68	123. 00	5. 82
1991	637. 90	462. 10	169. 10	6. 70
1992	805. 90	526. 10	240. 90	38. 90
1993	1 039. 60	597. 10	386. 41	56. 09
1994	1 156. 10	602. 90	501. 10	52. 10
1995	1 320. 80	653. 92	629. 43	37. 45
1996	1 388. 30	591. 63	755. 99	40. 68
1997	1 423. 70	609. 74	777. 27	36. 69
1998	1 402. 40	599. 30	767. 59	35. 51
1999	1 657. 00	741. 81	858. 72	56. 47
2000	2 251. 00	989. 20	1 171. 47	90. 33
2001	2 436. 13	1 035. 49	1 258. 43	142. 21
2002	2 952. 03	1 144. 88	1 602. 54	204. 61
2003	4 128. 36	1 424. 79	2 318. 64	384. 93
2004	5 614. 22	1 764. 53	3 243. 36	606. 33
2005	6 601. 18	1 972. 03	3 874. 56	754. 59
2006	7 914. 61	2 252. 17	4 724. 90	937. 54
2007	9 559. 50	2 702. 56	5 600. 85	1 256. 10
2008	11 325. 67	3 537. 71	6 194. 28	1 593. 66
2009	10 059. 23	2 885. 55	5 454. 05	1 719. 67
2010	13 962. 47	3 875. 53	7 380. 00	2 706. 94
2011	17 434. 84	4 934. 03	8 648. 26	3 852. 55
2012	18 184. 05	4 954. 23	8 712. 49	4 517. 33
2013	19 502. 89	4 989. 86	8 748. 20	5 764. 82

表 11 对外贸易依存度
Dependent ratios of foreign trade

单位:%
Unit:%

年份 Year	外贸依存度 Dependent ratios of foreign trade	出口依存度 Dependent ratios of exports	进口依存度 Dependent ratios of imports
1985	22. 7	8. 9	13. 8
1986	24. 8	10. 4	14. 4
1987	25. 5	12. 2	13. 3
1988	25. 4	11. 7	13. 7
1989	24. 7	11. 6	13. 1
1990	29. 6	15. 9	13. 7
1991	33. 2	17. 6	15. 6
1992	33. 9	17. 4	16. 5
1993	31. 9	14. 9	17. 0
1994	42. 3	21. 6	20. 7
1995	38. 6	20. 5	18. 1
1996	33. 9	17. 6	16. 3
1997	34. 1	19. 2	14. 9
1998	31. 8	18. 0	13. 8
1999	33. 3	18. 0	15. 3
2000	39. 6	20. 8	18. 8
2001	38. 5	20. 1	18. 4
2002	42. 7	22. 4	20. 3
2003	51. 9	26. 7	25. 2
2004	59. 8	30. 7	29. 1
2005	63. 6	34. 1	29. 5
2006	67. 0	36. 9	30. 1
2007	66. 2	37. 1	29. 1
2008	57. 1	31. 8	25. 3
2009	44. 2	24. 1	20. 1
2010	50. 3	26. 7	23. 6
2011	50. 1	26. 1	24. 0
2012	47. 0	24. 9	22. 1
2013	45. 4	24. 1	21. 3

表 12　对外贸易进出口主要国家（地区）
Imports and exports of major countries（areas）

金额单位：亿美元
Unit：USD100 million

年份 Year	进出口额 Total			亚洲 Asia			中国香港 Hong Kong		
	合计 Total	出口 Exports	进口 Imports	合计 Total	出口 Exports	进口 Imports	合计 Total	出口 Exports	进口 Imports
1950	11. 35	5. 52	5. 83	3. 48	1. 85	1. 63	1. 51	1. 43	0. 08
1951	19. 55	7. 57	11. 98	8. 07	2. 51	5. 56	6. 12	1. 82	4. 30
1952	19. 41	8. 23	11. 18	4. 88	2. 32	2. 56	2. 98	1. 63	1. 35
1953	23. 68	10. 22	13. 46	4. 77	2. 77	2. 00	2. 77	1. 63	1. 14
1954	24. 33	11. 46	12. 87	4. 79	2. 90	1. 89	2. 14	1. 26	0. 88
1955	31. 45	14. 12	17. 33	5. 58	3. 94	1. 64	1. 90	1. 55	0. 35
1956	32. 08	16. 45	15. 63	7. 43	4. 90	2. 53	2. 00	1. 72	0. 28
1957	31. 03	15. 97	15. 06	7. 06	4. 61	2. 45	2. 00	1. 75	0. 25
1958	38. 71	19. 81	18. 90	8. 25	5. 50	2. 75	2. 32	2. 07	0. 25
1959	43. 81	22. 61	21. 20	7. 61	5. 19	2. 42	2. 05	1. 85	0. 20
1960	38. 09	18. 56	19. 53	7. 43	5. 06	2. 37	2. 09	1. 92	0. 17
1961	29. 36	14. 91	14. 45	7. 60	5. 33	2. 27	1. 93	1. 81	0. 12
1962	26. 63	14. 90	11. 73	8. 04	5. 66	2. 38	2. 27	2. 17	0. 10
1963	29. 15	16. 49	12. 66	10. 02	7. 22	2. 80	2. 98	2. 90	0. 08
1964	34. 63	19. 16	15. 47	14. 05	9. 50	4. 55	4. 07	3. 91	0. 16
1965	42. 45	22. 28	20. 17	17. 60	11. 72	5. 88	4. 64	4. 46	0. 18
1966	46. 14	23. 66	22. 48	20. 12	13. 76	6. 36	5. 78	5. 62	0. 16
1967	41. 55	21. 35	20. 20	18. 34	12. 78	5. 56	4. 90	4. 78	0. 12
1968	40. 48	21. 03	19. 45	17. 82	12. 51	5. 31	5. 22	5. 11	0. 11
1969	40. 29	22. 04	18. 25	19. 02	12. 79	6. 23	5. 64	5. 51	0. 13
1970	45. 86	22. 60	23. 26	21. 44	13. 22	8. 22	5. 93	5. 79	0. 14
1971	48. 41	26. 36	22. 05	24. 24	15. 79	8. 45	6. 42	6. 30	0. 12
1972	63. 01	34. 43	28. 58	30. 16	20. 39	9. 77	8. 71	8. 51	0. 20
1973	109. 76	58. 19	51. 57	53. 10	36. 07	17. 03	16. 42	15. 05	1. 37
1974	145. 68	69. 49	76. 19	69. 56	42. 42	27. 14	16. 38	15. 29	1. 09
1975	147. 51	72. 64	74. 87	77. 36	46. 64	30. 72	16. 84	16. 49	0. 35
1976	134. 33	68. 55	65. 78	69. 39	43. 72	25. 67	17. 66	17. 37	0. 29
1977	148. 04	75. 90	72. 14	76. 76	47. 31	29. 45	20. 49	19. 13	1. 36
1978	206. 38	97. 45	108. 93	101. 44	59. 96	41. 48	26. 07	25. 32	0. 75
1979	293. 33	136. 58	156. 75	137. 63	84. 63	53. 00	35. 42	33. 28	2. 14

续表

年份 Year	进出口额 Total			亚洲 Asia			中国香港 Hong Kong		
	合计 Total	出口 Exports	进口 Imports	合计 Total	出口 Exports	进口 Imports	合计 Total	出口 Exports	进口 Imports
1980	381. 40	181. 20	200. 20	188. 99	114. 78	74. 21	49. 23	43. 53	5. 70
1981	440. 20	220. 10	220. 10	237. 41	146. 62	90. 79	66. 52	53. 84	12. 68
1982	416. 10	223. 20	192. 90	220. 50	149. 43	71. 07	66. 26	52. 87	13. 39
1983	436. 20	222. 30	213. 90	237. 28	150. 28	87. 00	75. 54	58. 33	17. 21
1984	535. 50	261. 40	274. 10	309. 71	178. 23	131. 48	98. 64	69. 12	29. 52
1985	696. 00	273. 50	422. 50	414. 21	188. 43	225. 78	120. 01	72. 04	47. 97
1986	738. 40	309. 40	429. 00	406. 48	196. 18	210. 30	153. 95	97. 85	56. 10
1987	826. 50	394. 40	432. 10	479. 81	264. 08	215. 73	222. 15	137. 78	84. 37
1988	1 027. 90	475. 20	552. 70	602. 84	326. 08	276. 76	302. 42	182. 69	119. 73
1989	1 116. 80	525. 40	591. 40	678. 35	371. 44	306. 91	344. 58	219. 16	125. 42
1990	1 154. 40	620. 90	533. 50	735. 47	445. 41	290. 06	409. 11	266. 50	142. 61
1991	1 357. 00	719. 10	637. 90	909. 06	533. 12	375. 94	496. 00	321. 37	174. 63
1992	1 655. 30	849. 40	805. 90	1 101. 62	611. 25	490. 37	580. 50	375. 12	205. 38
1993	1 957. 00	917. 40	1 039. 60	1 152. 11	526. 35	625. 76	325. 37	220. 64	104. 73
1994	2 366. 20	1 210. 10	1 156. 10	1 422. 15	734. 47	687. 68	418. 03	323. 61	94. 42
1995	2 808. 60	1 487. 80	1 320. 80	1 700. 56	920. 02	780. 54	445. 74	659. 83	85. 91
1996	2 898. 80	1 510. 50	1 388. 30	1 746. 90	912. 50	834. 40	407. 30	329. 10	78. 20
1997	3 251. 60	1 827. 90	1 423. 70	1 973. 20	1 089. 20	884. 00	507. 70	437. 80	69. 90
1998	3 239. 50	1 837. 10	1 402. 40	1 852. 40	981. 80	870. 50	454. 10	387. 50	66. 60
1999	3 606. 30	1 949. 30	1 657. 00	2 042. 70	1 025. 80	1 016. 90	437. 80	368. 90	68. 90
2000	4 743. 10	2 492. 10	2 251. 00	2 736. 60	1 323. 10	1 413. 40	539. 50	445. 20	94. 30
2001	5 097. 68	2 661. 55	2 436. 13	2 881. 39	1 409. 57	1 471. 82	559. 70	465. 47	94. 23
2002	6 207. 68	3 255. 65	2 952. 03	3 606. 25	1 703. 15	1 903. 09	692. 06	584. 65	107. 41
2003	8 512. 07	4 383. 71	4 128. 36	4 955. 40	2 226. 06	2 729. 34	874. 08	762. 89	111. 19
2004	1 1547. 92	5 933. 69	5 614. 23	6 650. 27	2 955. 00	3 695. 27	1 126. 78	1 008. 78	118. 00
2005	14 221. 18	7 619. 99	6 601. 19	8 079. 71	3 664. 31	4 415. 40	1 367. 08	1 244. 81	122. 27
2006	17 604. 30	9 689. 69	7 914. 61	9 811. 27	4 557. 60	5 253. 67	1 660. 89	1 553. 09	107. 80
2007	21 740. 71	12 181. 21	9 559. 50	11 881. 16	5 681. 89	6 199. 27	1 972. 40	1 844. 36	128. 04
2008	25 632. 60	14 306. 93	11 325. 67	13 659. 52	6 632. 95	7 026. 57	2 036. 66	1 907. 43	129. 23
2009	22 075. 35	12 016. 12	10 059. 23	11 720. 49	5 685. 97	6 034. 52	1 749. 45	1 662. 33	87. 12
2010	29 727. 61	15 779. 32	13 948. 29	15 666. 75	7 320. 66	8 346. 09	2 305. 75	2 183. 17	122. 58
2011	36 420. 59	18 986. 00	17 434. 59	19 030. 29	8 991. 42	10 038. 88	2 835. 24	2 680. 25	154. 99
2012	38 667. 60	20 489. 35	18 178. 26	20 449. 30	10 069. 63	10 379. 67	3 414. 87	3 235. 27	179. 60
2013	41 603. 31	22 100. 42	19 502. 89	22 248. 76	11 347. 06	10 901. 70	4 010. 07	3 847. 92	162. 15

续表

年份 Year	中国澳门 Macao			中国台湾 Taiwan Prov.			日本 Japan		
	合计 Total	出口 Exports	进口 Imports	合计 Total	出口 Exports	进口 Imports	合计 Total	出口 Exports	进口 Imports
1950	0. 12	0. 12	–	–	–	–	0. 47	0. 21	0. 26
1951	0. 12	0. 12	–	–	–	–	0. 13	0. 01	0. 12
1952	0. 01	0. 01	–	–	–	–	0. 04	0. 03	0. 01
1953	0. 12	0. 05	0. 07	–	–	–	0. 10	0. 07	0. 03
1954	0. 04	0. 04	–	–	–	–	0. 35	0. 20	0. 15
1955	–	–	–	–	–	–	0. 83	0. 58	0. 25
1956	–	–	–	–	–	–	1. 29	0. 65	0. 64
1957	–	–	–	–	–	–	1. 15	0. 60	0. 55
1958	0. 07	0. 07	–	–	–	–	0. 81	0. 33	0. 48
1959	0. 06	0. 06	–	–	–	–	–	–	–
1960	0. 07	0. 07	–	–	–	–	–	–	–
1961	0. 08	0. 08	–	–	–	–	0. 36	0. 22	0. 14
1962	0. 11	0. 11	–	–	–	–	0. 74	0. 32	0. 42
1963	0. 11	0. 11	–	–	–	–	1. 29	0. 65	0. 64
1964	0. 13	0. 13	–	–	–	–	3. 02	1. 41	1. 21
1965	0. 16	0. 16	–	–	–	–	4. 54	1. 92	2. 62
1966	0. 19	0. 19	–	–	–	–	6. 03	2. 69	3. 34
1967	0. 19	0. 19	–	–	–	–	5. 38	2. 34	3. 04
1968	0. 21	0. 21	–	–	–	–	5. 40	2. 05	3. 35
1969	0. 23	0. 23	–	–	–	–	5. 83	2. 01	3. 82
1970	0. 25	0. 25	–	–	–	–	8. 07	2. 24	5. 83
1971	0. 29	0. 29	–	–	–	–	8. 75	2. 81	5. 94
1972	0. 41	0. 41	–	–	–	–	10. 39	4. 12	6. 27
1973	0. 74	0. 74	–	–	–	–	19. 48	8. 41	11. 07
1974	0. 74	0. 74	–	–	–	–	31. 25	11. 42	19. 83
1975	0. 71	0. 71	–	–	–	–	37. 95	14. 03	23. 92
1976	0. 80	0. 80	–	–	–	–	30. 40	12. 23	18. 17
1977	0. 99	0. 99	–	–	–	–	34. 65	13. 57	21. 08
1978	1. 35	1. 35	–	–	–	–	48. 24	17. 19	31. 05
1979	2. 20	2. 20	–	0. 77	0. 56	0. 21	67. 08	27. 64	39. 44
1980	2. 51	2. 51	–	3. 11	0. 76	2. 35	92. 01	40. 32	51. 69
1981	3. 03	2. 94	0. 09	4. 59	0. 75	3. 84	111. 53	48. 68	62. 85
1982	2. 76	2. 65	0. 11	2. 78	0. 84	1. 94	88. 94	49. 10	39. 84

续表

年份 Year	中国澳门 Macao			中国台湾 Taiwan Prov.			日本 Japan		
	合计 Total	出口 Exports	进口 Imports	合计 Total	出口 Exports	进口 Imports	合计 Total	出口 Exports	进口 Imports
1983	2. 86	2. 70	0. 16	2. 48	0. 97	1. 58	100. 74	45. 44	55. 30
1984	3. 55	3. 20	0. 35	5. 53	1. 28	4. 25	139. 22	54. 18	85. 04
1985	3. 03	2. 49	0. 54	8. 54	0. 10	8. 43	211. 45	61. 10	150. 35
1986	3. 96	3. 16	0. 80	6. 13	0. 05	6. 08	172. 18	47. 80	124. 38
1987	5. 36	4. 27	1. 09	5. 58	0. 09	5. 48	164. 72	63. 98	100. 74
1988	5. 89	4. 42	1. 47	12. 78	0. 27	12. 51	189. 79	79. 22	110. 57
1989	6. 15	4. 69	1. 46	19. 41	0. 93	18. 48	188. 97	83. 62	105. 35
1990	6. 67	5. 06	1. 61	25. 67	3. 20	22. 47	165. 87	89. 99	75. 88
1991	6. 97	5. 26	1. 71	42. 08	5. 95	36. 13	202. 83	102. 52	100. 31
1992	6. 94	5. 29	1. 65	64. 59	6. 93	57. 66	253. 80	116. 99	136. 81
1993	6. 78	5. 24	1. 54	142. 98	14. 58	128. 41	390. 32	157. 79	232. 53
1994	7. 98	6. 66	1. 32	162. 26	22. 42	139. 84	479. 06	215. 79	263. 27
1995	9. 22	7. 93	1. 29	178. 82	30. 98	147. 84	574. 72	284. 67	290. 05
1996	6. 90	5. 70	1. 20	189. 82	28. 02	161. 80	600. 60	308. 80	291. 80
1997	7. 60	6. 40	1. 20	198. 39	33. 98	164. 41	608. 10	318. 20	289. 90
1998	8. 70	7. 50	1. 20	205. 00	38. 69	166. 31	579. 00	296. 90	282. 10
1999	7. 40	6. 40	1. 00	234. 77	39. 50	195. 27	661. 70	324. 00	337. 70
2000	8. 00	7. 10	0. 90	304. 82	50. 27	254. 55	831. 70	416. 50	415. 20
2001	8. 62	7. 43	1. 19	323. 38	50. 00	273. 39	877. 54	449. 57	427. 97
2002	10. 18	8. 76	1. 42	446. 47	65. 86	380. 61	1 019. 05	484. 37	534. 68
2003	14. 67	12. 81	1. 86	583. 64	90. 04	493. 60	1 335. 73	594. 22	814. 51
2004	18. 28	16. 12	2. 16	783. 04	135. 44	647. 59	1 678. 86	735. 14	943. 72
2005	18. 70	16. 05	2. 65	912. 30	165. 50	746. 80	1 844. 44	839. 92	1 004. 52
2006	24. 42	21. 85	2. 57	1 078. 32	207. 33	870. 99	2 072. 95	916. 23	1 156. 73
2007	29. 21	26. 41	2. 80	1 244. 87	234. 60	1 010. 27	2 359. 84	1 020. 41	1 339. 43
2008	29. 08	26. 02	3. 06	1 292. 17	258. 78	1 033. 40	2 667. 85	1 161. 34	1 506. 51
2009	20. 98	18. 52	2. 46	1 062. 28	205. 05	857. 23	2 288. 48	979. 11	1 309. 38
2010	22. 64	21. 41	1. 24	1 453. 70	296. 77	1 156. 94	2 977. 68	1 210. 61	1 767. 07
2011	25. 18	23. 56	1. 62	1 600. 32	351. 12	1 249. 20	3 428. 89	1 482. 98	1 945. 91
2012	29. 86	27. 07	2. 79	1 689. 63	367. 79	1 321. 84	3 294. 51	1 516. 43	1 778. 09
2013	35. 66	31. 79	3. 87	1 972. 81	406. 44	1 566. 37	3 125. 53	1 502. 75	1 622. 78

续表

年份 Year	新加坡 Singapore			马来西亚 Malaysia			印度尼西亚 Indonesia		
	合计 Total	出口 Exports	进口 Imports	合计 Total	出口 Exports	进口 Imports	合计 Total	出口 Exports	进口 Imports
1950	–	–	–	0. 63	0. 02	0. 61	0. 04	–	0. 04
1951	–	–	–	0. 37	0. 04	0. 33	–	–	–
1952	–	–	–	0. 04	0. 04	–	–	–	–
1953	–	–	–	0. 06	0. 05	0. 01	–	–	–
1954	–	–	–	0. 13	0. 07	0. 06	0. 07	0. 03	0. 04
1955	–	–	–	0. 20	0. 16	0. 04	0. 22	0. 09	0. 13
1956	–	–	–	0. 34	0. 24	0. 10	0. 55	0. 29	0. 26
1957	–	–	–	0. 60	0. 29	0. 31	0. 49	0. 21	0. 28
1958	0. 71	0. 28	0. 43	0. 18	0. 14	0. 04	0. 91	0. 52	0. 39
1959	0. 70	0. 28	0. 42	0. 07	0. 06	0. 01	1. 29	0. 69	0. 60
1960	0. 51	0. 26	0. 25	0. 08	0. 07	0. 01	0. 74	0. 34	0. 40
1961	0. 34	0. 30	0. 04	0. 09	0. 08	0. 01	0. 83	0. 47	0. 36
1962	0. 39	0. 39	–	0. 05	0. 05	–	0. 69	0. 29	0. 40
1963	0. 57	0. 51	0. 06	0. 13	0. 13	–	0. 91	0. 49	0. 42
1964	0. 52	0. 52	–	0. 19	0. 19	–	1. 09	0. 47	0. 62
1965	0. 66	0. 62	0. 04	0. 22	0. 22	–	1. 09	0. 65	0. 44
1966	1. 16	0. 75	0. 41	0. 23	0. 23	–	0. 16	–	0. 16
1967	1. 44	1. 06	0. 38	0. 28	0. 28	–	–	–	–
1968	1. 60	1. 13	0. 47	0. 31	0. 30	0. 01	–	–	–
1969	1. 96	1. 05	0. 91	0. 33	0. 32	0. 01	–	–	–
1970	1. 46	1. 01	0. 45	0. 33	0. 33	–	–	–	–
1971	1. 46	1. 12	0. 34	0. 28	0. 27	0. 01	–	–	–
1972	1. 66	1. 18	0. 48	0. 45	0. 41	0. 04	–	–	–
1973	3. 32	1. 96	1. 36	1. 26	1. 25	0. 01	–	–	–
1974	3. 42	2. 01	1. 41	1. 59	1. 55	0. 04	–	–	–
1975	2. 73	2. 38	0. 35	1. 60	1. 09	0. 51	–	–	–
1976	2. 54	1. 99	0. 55	1. 36	0. 87	0. 49	–	–	–
1977	2. 78	2. 02	0. 76	1. 99	0. 94	1. 05	–	–	–
1978	2. 94	2. 48	0. 46	2. 74	1. 63	1. 11	–	–	–
1979	4. 01	2. 96	1. 05	3. 60	1. 71	1. 89	–	–	–
1980	6. 11	4. 21	1. 90	4. 24	1. 84	2. 40	0. 35	0. 21	0. 14
1981	7. 93	6. 77	1. 16	3. 18	1. 96	1. 22	1. 19	0. 55	0. 64
1982	7. 51	6. 45	1. 06	3. 45	1. 85	1. 60	2. 00	0. 47	1. 53

续表

年份 Year	新加坡 Singapore			马来西亚 Malaysia			印度尼西亚 Indonesia		
	合计 Total	出口 Exports	进口 Imports	合计 Total	出口 Exports	进口 Imports	合计 Total	出口 Exports	进口 Imports
1983	6. 84	5. 70	1. 14	4. 03	1. 87	2. 16	1. 99	0. 49	1. 50
1984	14. 47	12. 87	1. 60	4. 12	2. 06	2. 06	3. 04	0. 74	2. 30
1985	23. 22	20. 80	2. 42	3. 88	1. 88	2. 00	4. 57	1. 25	3. 32
1986	17. 59	12. 06	5. 53	3. 83	2. 03	1. 80	4. 66	1. 42	3. 24
1987	19. 45	13. 27	6. 18	5. 56	2. 54	3. 02	7. 79	1. 88	5. 91
1988	25. 03	14. 85	10. 18	8. 77	3. 08	5. 69	9. 18	2. 36	6. 82
1989	31. 92	16. 93	14. 99	10. 44	3. 52	6. 92	8. 05	2. 23	5. 82
1990	28. 33	19. 75	8. 58	11. 76	3. 41	8. 35	11. 82	3. 79	8. 03
1991	30. 77	20. 14	10. 63	13. 32	5. 28	8. 04	18. 84	4. 81	14. 03
1992	32. 67	20. 31	12. 36	14. 75	6. 45	8. 30	20. 25	4. 71	15. 54
1993	48. 91	22. 45	26. 46	17. 88	7. 04	10. 84	21. 43	6. 92	14. 51
1994	50. 50	25. 58	24. 92	27. 40	11. 18	16. 22	26. 41	10. 52	15. 89
1995	68. 99	35. 01	33. 98	33. 52	12. 81	20. 71	34. 90	14. 38	20. 52
1996	73. 50	37. 50	36. 00	36. 10	13. 70	22. 40	37. 10	14. 30	22. 80
1997	87. 80	43. 50	44. 30	44. 20	19. 20	25. 00	45. 10	18. 40	26. 70
1998	81. 54	39. 34	42. 20	42. 70	16. 00	26. 70	36. 30	11. 70	24. 60
1999	85. 60	45. 00	40. 60	52. 80	16. 70	36. 10	48. 30	17. 80	30. 50
2000	108. 20	57. 60	50. 60	80. 50	25. 70	54. 80	74. 60	30. 60	44. 00
2001	109. 34	57. 92	51. 42	94. 25	32. 20	62. 05	67. 25	28. 37	38. 88
2002	140. 18	69. 66	70. 52	142. 71	49. 75	92. 96	79. 28	34. 27	45. 01
2003	193. 52	88. 69	104. 83	201. 28	61. 41	139. 87	102. 29	44. 81	57. 48
2004	266. 84	126. 87	139. 97	262. 61	80. 87	181. 74	134. 81	62. 57	72. 24
2005	331. 49	166. 33	165. 16	307. 03	106. 07	200. 96	167. 89	83. 51	84. 38
2006	408. 58	231. 85	176. 73	371. 10	135. 37	235. 72	190. 89	94. 83	96. 06
2007	473. 18	297. 94	175. 24	463. 96	176. 99	286. 97	250. 69	126. 74	123. 95
2008	524. 36	323. 00	201. 35	534. 69	213. 75	320. 94	315. 21	171. 92	143. 30
2009	478. 63	300. 66	177. 97	519. 63	196. 32	323. 31	283. 84	147. 21	136. 64
2010	570. 58	323. 48	247. 10	742. 15	238. 06	504. 10	427. 50	219. 73	207. 77
2011	634. 82	355. 70	279. 12	900. 35	278. 90	621. 45	605. 22	292. 22	313. 00
2012	692. 76	407. 52	285. 24	948. 13	365. 18	582. 95	662. 19	342. 89	319. 30
2013	759. 14	458. 64	300. 50	1 060. 75	459. 33	601. 43	683. 55	369. 32	314. 22

续表

年份 Year	泰国 Thailand			菲律宾 Philippines			越南 Viet Nam		
	合计 Total	出口 Exports	进口 Imports	合计 Total	出口 Exports	进口 Imports	合计 Total	出口 Exports	进口 Imports
1950	0. 05	–	0. 05	–	–	–	–	–	–
1951	–	–	–	–	–	–	0. 01	0. 01	–
1952	–	–	–	–	–	–	0. 01	0. 01	–
1953	0. 01	0. 01	–	–	–	–	0. 03	0. 02	0. 01
1954	0. 01	0. 01	–	–	–	–	0. 17	0. 15	0. 02
1955	0. 01	0. 01	–	–	–	–	0. 46	0. 43	0. 03
1956	0. 04	0. 03	0. 01	–	–	–	0. 48	0. 40	0. 08
1957	0. 07	0. 04	0. 03	–	–	–	0. 70	0. 63	0. 07
1958	0. 10	0. 07	0. 03	–	–	–	0. 56	0. 41	0. 15
1959	–	–	–	–	–	–	0. 61	0. 44	0. 17
1960	–	–	–	–	–	–	0. 83	0. 64	0. 19
1961	–	–	–	–	–	–	0. 77	0. 60	0. 17
1962	–	–	–	–	–	–	0. 59	0. 44	0. 15
1963	–	–	–	–	–	–	0. 56	0. 41	0. 15
1964	–	–	–	–	–	–	0. 75	0. 55	0. 20
1965	–	–	–	–	–	–	1. 50	1. 25	0. 25
1966	–	–	–	–	–	–	1. 51	1. 40	0. 11
1967	–	–	–	–	–	–	1. 35	1. 30	0. 05
1968	–	–	–	–	–	–	1. 58	1. 53	0. 05
1969	–	–	–	–	–	–	1. 53	1. 50	0. 03
1970	–	–	–	–	–	–	1. 35	1. 29	0. 06
1971	–	–	–	0. 02	0. 02	–	2. 31	2. 24	0. 07
1972	–	–	–	0. 05	0. 04	0. 01	2. 13	2. 10	0. 03
1973	–	–	–	0. 53	0. 46	0. 07	2. 64	2. 58	0. 06
1974	0. 03	0. 03	–	0. 49	0. 32	0. 17	3. 04	2. 96	0. 08
1975	0. 25	0. 11	0. 14	0. 65	0. 44	0. 21	2. 42	2. 26	0. 16
1976	1. 06	0. 48	0. 58	0. 80	0. 37	0. 43	1. 41	1. 15	0. 26
1977	0. 62	0. 43	0. 19	0. 94	0. 61	0. 33	0. 79	0. 52	0. 27
1978	1. 44	0. 70	0. 74	1. 43	0. 86	0. 57	0. 57	0. 16	0. 41
1979	2. 95	2. 12	0. 83	1. 82	1. 35	0. 47	–	–	–
1980	4. 52	3. 12	1. 40	3. 28	2. 58	0. 70	–	–	–
1981	3. 90	2. 34	1. 56	3. 76	2. 59	1. 17	–	–	–
1982	5. 21	1. 69	3. 52	3. 80	2. 40	1. 40	0. 01	–	0. 01

续表

年份 Year	泰国 Thailand			菲律宾 Philippines			越南 Viet Nam		
	合计 Total	出口 Exports	进口 Imports	合计 Total	出口 Exports	进口 Imports	合计 Total	出口 Exports	进口 Imports
1983	3. 32	1. 96	1. 36	1. 89	1. 44	0. 45	–	–	–
1984	4. 50	2. 66	1. 84	3. 31	2. 45	0. 86	–	–	–
1985	3. 78	1. 17	2. 61	4. 14	3. 16	0. 98	–	–	–
1986	4. 45	1. 59	2. 86	2. 92	1. 56	1. 36	–	–	–
1987	7. 10	3. 05	4. 05	3. 86	2. 46	1. 40	–	–	–
1988	11. 42	5. 10	6. 32	4. 05	2. 70	1. 35	0. 01	–	0. 01
1989	12. 56	5. 00	7. 56	3. 40	2. 57	0. 83	0. 08	0. 02	0. 06
1990	11. 93	8. 23	3. 70	2. 95	2. 10	0. 85	0. 07	0. 04	0. 03
1991	12. 69	8. 48	4. 21	3. 84	2. 54	1. 30	0. 32	0. 21	0. 11
1992	13. 19	8. 95	4. 24	3. 65	2. 10	1. 55	1. 79	1. 06	0. 73
1993	13. 51	7. 50	6. 01	4. 94	2. 81	2. 13	3. 99	2. 76	1. 23
1994	20. 24	11. 59	8. 65	7. 48	4. 76	2. 72	5. 33	3. 42	1. 91
1995	33. 63	17. 52	16. 11	13. 06	10. 30	2. 76	10. 52	7. 20	3. 32
1996	31. 50	12. 60	18. 90	13. 90	10. 10	3. 80	11. 50	8. 40	3. 10
1997	35. 10	15. 05	20. 10	16. 70	13. 40	3. 30	14. 40	10. 80	3. 60
1998	35. 60	11. 50	24. 10	20. 10	15. 00	5. 10	12. 50	10. 30	2. 20
1999	42. 20	14. 40	27. 80	22. 90	13. 80	9. 10	13. 20	9. 60	3. 60
2000	66. 20	22. 40	43. 80	31. 40	14. 60	16. 80	24. 70	15. 40	9. 30
2001	70. 50	23. 37	47. 13	35. 65	16. 20	19. 45	28. 15	18. 04	10. 11
2002	85. 60	29. 58	56. 02	52. 59	20. 42	32. 17	32. 64	21. 49	11. 15
2003	126. 55	38. 28	88. 27	94. 00	30. 94	63. 06	46. 34	31. 78	14. 56
2004	173. 43	58. 01	115. 42	133. 28	42. 69	90. 59	67. 43	42. 61	24. 82
2005	218. 12	78. 20	139. 92	175. 58	46. 88	128. 70	81. 96	56. 44	25. 52
2006	277. 26	97. 64	179. 62	234. 13	57. 38	176. 75	99. 49	74. 63	24. 86
2007	346. 38	119. 73	226. 65	306. 16	74. 98	231. 18	151. 18	118. 91	32. 26
2008	412. 53	156. 05	256. 47	285. 80	90. 78	195. 02	194. 64	151. 22	43. 43
2009	382. 04	133. 07	248. 97	205. 31	85. 85	119. 47	210. 48	163. 01	47. 47
2010	529. 47	197. 47	332. 00	277. 46	115. 41	162. 05	300. 94	231. 14	69. 80
2011	647. 37	256. 97	390. 40	322. 54	142. 54	180. 00	402. 07	290. 92	111. 16
2012	697. 45	312. 00	385. 45	363. 70	167. 32	196. 38	504. 40	342. 10	162. 29
2013	712. 61	327. 38	385. 23	380. 66	198. 35	182. 30	654. 82	485. 93	168. 90

续表

年份 Year	缅甸 Myanmar			韩国 Korea Rep.			印度 India		
	合计 Total	出口 Exports	进口 Imports	合计 Total	出口 Exports	进口 Imports	合计 Total	出口 Exports	进口 Imports
1950	0. 03	0. 01	0. 02	–	–	–	0. 29	–	0. 29
1951	0. 09	0. 02	0. 07	–	–	–	0. 72	0. 30	0. 42
1952	0. 01	–	0. 01	–	–	–	0. 35	0. 24	0. 11
1953	0. 04	0. 01	0. 03	–	–	–	0. 01	–	0. 01
1954	0. 01	–	0. 01	–	–	–	0. 05	0. 02	0. 03
1955	0. 28	0. 11	0. 17	–	–	–	0. 20	0. 06	0. 14
1956	0. 40	0. 22	0. 18	–	–	–	0. 26	0. 17	0. 09
1957	0. 20	0. 11	0. 09	–	–	–	0. 14	0. 06	0. 08
1958	0. 15	0. 12	0. 03	–	–	–	0. 15	0. 08	0. 07
1959	0. 11	0. 11	–	–	–	–	0. 22	0. 06	0. 16
1960	0. 25	0. 18	0. 07	–	–	–	0. 14	0. 04	0. 10
1961	0. 61	0. 21	0. 40	–	–	–	0. 03	0. 02	0. 01
1962	0. 46	0. 26	0. 20	–	–	–	0. 02	0. 01	0. 01
1963	0. 39	0. 25	0. 14	–	–	–	–	–	–
1964	0. 47	0. 29	0. 18	–	–	–	–	–	–
1965	0. 42	0. 26	0. 16	–	–	–	–	–	–
1966	0. 24	0. 08	0. 16	–	–	–	–	–	–
1967	0. 21	0. 13	0. 08	–	–	–	–	–	–
1968	0. 01	0. 01	–	–	–	–	–	–	–
1969	–	–	–	–	–	–	–	–	–
1970	0. 04	0. 04	–	–	–	–	–	–	–
1971	0. 18	0. 09	0. 09	–	–	–	–	–	–
1972	0. 25	0. 11	0. 14	–	–	–	–	–	–
1973	0. 23	0. 17	0. 06	–	–	–	–	–	–
1974	0. 55	0. 17	0. 38	–	–	–	–	–	–
1975	0. 31	0. 14	0. 17	–	–	–	–	–	–
1976	0. 27	0. 07	0. 20	–	–	–	–	–	–
1977	0. 29	0. 09	0. 20	–	–	–	0. 02	0. 01	0. 01
1978	0. 42	0. 13	0. 29	–	–	–	0. 24	0. 04	0. 20
1979	0. 31	0. 13	0. 18	–	–	–	0. 75	0. 18	0. 57
1980	0. 51	0. 17	0. 34	–	–	–	1. 03	0. 38	0. 65
1981	0. 53	0. 36	0. 17	–	–	–	1. 69	0. 83	0. 86
1982	0. 47	0. 32	0. 15	–	–	–	1. 78	1. 03	0. 75

续表

年份 Year	缅甸 Myanmar			韩国 Korea Rep.			印度 India		
	合计 Total	出口 Exports	进口 Imports	合计 Total	出口 Exports	进口 Imports	合计 Total	出口 Exports	进口 Imports
1983	0. 48	0. 32	0. 16	–	–	–	0. 74	0. 59	0. 15
1984	0. 48	0. 32	0. 16	–	–	–	0. 64	0. 38	0. 26
1985	0. 82	0. 36	0. 46	0. 18	0. 00	0. 18	1. 24	0. 85	0. 39
1986	0. 96	0. 38	0. 58	0. 07	0. 00	0. 07	1. 28	0. 89	0. 39
1987	1. 64	0. 69	0. 95	0. 12	0. 03	0. 09	1. 18	0. 88	0. 30
1988	2. 71	1. 34	1. 37	2. 85	0. 88	1. 97	2. 46	1. 48	0. 98
1989	3. 14	1. 88	1. 26	8. 96	4. 72	4. 24	2. 71	1. 69	1. 02
1990	3. 28	2. 23	1. 05	19. 43	12. 60	6. 83	2. 64	1. 67	0. 97
1991	3. 92	2. 86	1. 06	32. 45	21. 79	10. 66	2. 64	1. 44	1. 20
1992	3. 90	2. 59	1. 31	50. 60	24. 37	26. 23	3. 39	1. 58	1. 81
1993	4. 90	3. 25	1. 65	82. 20	28. 60	53. 60	6. 76	2. 59	4. 17
1994	5. 12	3. 69	1. 43	117. 21	44. 02	73. 19	8. 95	5. 73	3. 22
1995	7. 68	6. 18	1. 50	169. 81	66. 88	102. 93	11. 63	7. 65	3. 98
1996	6. 60	5. 20	1. 40	199. 90	75. 10	124. 80	14. 10	6. 90	7. 20
1997	6. 43	5. 70	0. 73	240. 50	91. 20	149. 30	18. 30	9. 33	8. 97
1998	5. 80	5. 18	0. 62	212. 70	62. 70	150. 00	19. 23	10. 17	9. 06
1999	5. 10	4. 10	1. 00	250. 40	78. 10	172. 30	19. 90	11. 60	8. 30
2000	6. 20	5. 00	1. 20	345. 00	112. 90	232. 10	29. 10	15. 60	13. 50
2001	6. 31	4. 97	1. 34	359. 10	125. 21	233. 89	35. 96	18. 96	17. 00
2002	8. 62	7. 25	1. 37	440. 71	154. 97	285. 74	49. 46	26. 72	22. 74
2003	10. 77	9. 08	1. 69	632. 31	200. 96	431. 35	75. 95	34. 44	42. 51
2004	11. 45	9. 38	2. 07	900. 68	278. 18	622. 50	136. 04	59. 27	76. 77
2005	12. 09	9. 35	2. 74	1 119. 31	351. 09	768. 22	187. 03	89. 35	97. 68
2006	14. 60	12. 07	2. 53	1 342. 46	445. 22	897. 24	248. 59	145. 81	102. 77
2007	20. 78	17. 00	3. 78	1 598. 76	561. 25	1 037. 52	386. 29	240. 11	146. 17
2008	26. 26	19. 78	6. 48	1 861. 13	739. 51	1 121. 62	517. 80	315. 00	202. 81
2009	29. 07	22. 61	6. 46	1 562. 32	536. 80	1 025. 52	433. 81	296. 67	137. 14
2010	44. 44	34. 80	9. 64	2 071. 71	687. 71	1 383. 99	617. 60	409. 19	208. 41
2011	65. 00	48. 22	16. 78	2 456. 33	829. 24	1 627. 09	739. 18	505. 43	233. 75
2012	69. 72	56. 73	12. 98	2 563. 29	876. 81	1 686. 48	664. 72	476. 73	187. 99
2013	101. 50	73. 40	28. 10	2 742. 48	911. 76	1 830. 73	654. 71	484. 43	170. 28

续表

年份 Year	沙特阿拉伯 Saudi Arabia			阿联酋 United Arab Emirates			伊朗 Iran		
	合计 Total	出口 Exports	进口 Imports	合计 Total	出口 Exports	进口 Imports	合计 Total	出口 Exports	进口 Imports
1950	–	–	–	–	–	–	–	–	–
1951	–	–	–	–	–	–	–	–	–
1952	–	–	–	–	–	–	–	–	–
1953	–	–	–	–	–	–	–	–	–
1954	–	–	–	–	–	–	–	–	–
1955	–	–	–	–	–	–	–	–	–
1956	–	–	–	–	–	–	–	–	–
1957	–	–	–	–	–	–	–	–	–
1958	–	–	–	–	–	–	–	–	–
1959	–	–	–	–	–	–	0. 01	0. 01	–
1960	0. 01	0. 01	–	–	–	–	0. 01	0. 01	–
1961	–	–	–	–	–	–	–	–	–
1962	–	–	–	–	–	–	0. 02	0. 02	–
1963	0. 01	0. 01	–	–	–	–	0. 03	0. 03	–
1964	0. 03	0. 03	–	0. 01	0. 01	–	0. 05	0. 05	–
1965	0. 04	0. 04	–	0. 01	0. 01	–	0. 10	0. 08	0. 02
1966	0. 08	0. 08	–	0. 01	0. 01	–	0. 11	0. 10	0. 01
1967	0. 09	0. 09	–	0. 02	0. 02	–	0. 07	0. 04	0. 03
1968	0. 04	0. 04	–	0. 03	0. 03	–	0. 03	0. 02	0. 01
1969	0. 01	0. 01	–	0. 04	0. 04	–	0. 03	0. 02	0. 01
1970	0. 01	0. 01	–	0. 04	0. 04	–	0. 07	0. 02	0. 05
1971	0. 02	0. 02	–	0. 05	0. 05	–	0. 06	0. 03	0. 03
1972	0. 01	0. 01	–	0. 09	0. 09	–	0. 35	0. 14	0. 21
1973	0. 02	0. 02	–	0. 20	0. 20	–	0. 62	0. 22	0. 40
1974	0. 03	0. 03	–	0. 35	0. 35	–	0. 51	0. 47	0. 04
1975	0. 04	0. 04	–	0. 43	0. 43	–	0. 86	0. 53	0. 33
1976	0. 07	0. 07	–	0. 49	0. 49	–	0. 93	0. 53	0. 40
1977	0. 15	0. 15	–	0. 47	0. 47	–	1. 01	0. 53	0. 48
1978	0. 37	0. 37	–	0. 59	0. 59	–	1. 18	0. 65	0. 53
1979	0. 76	0. 68	0. 08	0. 81	0. 81	–	0. 68	0. 37	0. 31
1980	1. 51	1. 36	0. 15	0. 92	0. 92	–	1. 80	1. 21	0. 59
1981	2. 38	2. 25	0. 13	1. 04	1. 04	–	1. 67	1. 65	0. 02
1982	1. 96	1. 86	0. 10	0. 81	0. 81	–	1. 30	0. 43	0. 87

续表

年份 Year	沙特阿拉伯 Saudi Arabia			阿联酋 United Arab Emirates			伊朗 Iran		
	合计 Total	出口 Exports	进口 Imports	合计 Total	出口 Exports	进口 Imports	合计 Total	出口 Exports	进口 Imports
1983	1. 69	1. 50	0. 19	0. 69	0. 69	–	2. 69	2. 69	–
1984	1. 70	1. 40	0. 30	0. 80	0. 66	0. 14	1. 62	1. 62	–
1985	1. 57	1. 34	0. 23	0. 87	0. 64	0. 23	1. 64	0. 84	0. 80
1986	1. 85	1. 33	0. 52	1. 00	0. 90	0. 10	0. 50	0. 50	–
1987	3. 54	2. 47	1. 07	1. 52	1. 23	0. 29	0. 94	0. 94	–
1988	4. 25	2. 30	1. 95	2. 55	1. 84	0. 71	2. 40	2. 23	0. 17
1989	3. 19	2. 49	0. 70	3. 04	2. 44	0. 60	1. 79	1. 32	0. 47
1990	4. 18	3. 37	0. 81	3. 10	2. 72	0. 38	3. 62	3. 18	0. 44
1991	5. 25	3. 87	1. 38	4. 77	4. 08	0. 69	3. 14	2. 93	0. 21
1992	5. 71	4. 44	1. 27	6. 08	5. 42	0. 66	4. 37	3. 36	1. 01
1993	6. 97	5. 78	1. 19	8. 17	7. 11	1. 06	7. 13	4. 03	3. 10
1994	8. 74	6. 25	2. 49	9. 02	8. 65	0. 37	4. 47	2. 66	1. 81
1995	12. 85	7. 34	5. 51	12. 21	11. 01	1. 20	5. 05	2. 78	2. 27
1996	15. 80	7. 50	8. 30	11. 40	10. 70	0. 70	7. 80	3. 90	3. 90
1997	16. 80	8. 54	8. 26	13. 84	13. 00	0. 84	10. 32	4. 96	5. 36
1998	17. 00	8. 96	8. 04	14. 53	12. 91	1. 62	12. 15	6. 57	5. 58
1999	18. 60	9. 50	9. 10	16. 30	14. 40	1. 90	13. 50	6. 70	6. 80
2000	31. 00	11. 40	19. 60	24. 90	20. 80	4. 10	24. 90	7. 10	17. 80
2001	40. 75	13. 54	27. 21	28. 25	23. 77	4. 48	33. 13	8. 89	24. 24
2002	51. 07	16. 72	34. 35	38. 95	34. 50	4. 45	37. 42	13. 96	23. 46
2003	73. 42	21. 47	51. 95	58. 11	50. 37	7. 74	56. 23	23. 15	33. 08
2004	103. 00	27. 76	75. 24	81. 46	68. 42	13. 04	70. 46	25. 55	44. 91
2005	160. 70	38. 25	122. 25	107. 76	87. 30	20. 46	100. 84	32. 97	67. 87
2006	201. 40	50. 56	150. 85	142. 02	114. 05	27. 97	144. 47	44. 89	99. 58
2007	253. 67	78. 07	175. 60	200. 36	170. 24	30. 12	205. 90	72. 84	133. 06
2008	417. 87	107. 74	310. 13	281. 55	235. 50	46. 05	276. 43	80. 43	195. 99
2009	325. 98	89. 78	236. 20	212. 28	186. 32	25. 95	212. 05	79. 19	132. 87
2010	431. 80	103. 67	328. 14	256. 90	212. 37	44. 54	293. 82	110. 96	182. 86
2011	643. 24	148. 51	494. 74	351. 07	268. 15	82. 92	451. 07	147. 62	303. 45
2012	732. 78	184. 53	548. 25	404. 19	295. 68	108. 51	364. 67	116. 03	248. 64
2013	722. 04	187. 42	534. 61	462. 30	334. 09	128. 21	395. 42	141. 48	253. 94

续表

年份 Year	巴基斯坦 Pakistan			孟加拉国 Bangladesh			土耳其 Turkey		
	合计 Total	出口 Exports	进口 Imports	合计 Total	出口 Exports	进口 Imports	合计 Total	出口 Exports	进口 Imports
1950	0.16	–	0.16	–	–	–	–	–	–
1951	0.23	–	0.23	–	–	–	–	–	–
1952	0.81	0.01	0.80	–	–	–	–	–	–
1953	0.08	0.01	0.07	–	–	–	–	–	–
1954	0.22	0.01	0.21	–	–	–	–	–	–
1955	0.31	–	0.31	–	–	–	–	–	–
1956	0.23	0.09	0.14	–	–	–	–	–	–
1957	0.13	0.03	0.10	–	–	–	–	–	–
1958	0.26	0.09	0.17	–	–	–	–	–	–
1959	0.08	0.07	0.01	–	–	–	–	–	–
1960	0.17	0.02	0.15	–	–	–	–	–	–
1961	0.12	0.03	0.09	–	–	–	0.01	–	0.01
1962	0.05	0.03	0.02	–	–	–	–	–	–
1963	0.17	0.05	0.12	–	–	–	–	–	–
1964	0.60	0.13	0.47	–	–	–	–	–	–
1965	0.60	0.16	0.44	–	–	–	0.07	–	0.07
1966	0.68	0.36	0.32	–	–	–	0.02	–	0.02
1967	0.82	0.50	0.32	–	–	–	0.02	–	0.02
1968	0.40	0.16	0.24	–	–	–	0.01	–	0.01
1969	0.42	0.21	0.21	–	–	–	0.01	–	0.01
1970	0.70	0.29	0.41	–	–	–	0.02	0.01	0.01
1971	0.60	0.29	0.31	–	–	–	0.05	–	0.05
1972	0.40	0.22	0.18	–	–	–	0.17	0.01	0.16
1973	0.65	0.48	0.17	–	–	–	0.50	0.08	0.42
1974	0.68	0.59	0.09	–	–	–	0.43	0.15	0.28
1975	0.86	0.71	0.15	0.03	0.03	–	0.16	0.15	0.01
1976	0.77	0.60	0.17	0.15	0.10	0.05	0.09	0.02	0.07
1977	0.72	0.64	0.08	0.31	0.16	0.15	0.07	0.01	0.06
1978	1.32	0.89	0.43	0.65	0.39	0.26	0.20	–	0.20
1979	1.52	1.22	0.30	0.76	0.55	0.21	0.11	–	0.11
1980	3.15	1.40	1.75	1.05	0.68	0.37	0.07	0.01	0.06
1981	5.48	2.16	3.32	3.24	1.06	2.18	0.46	0.01	0.45
1982	3.51	2.06	1.45	1.19	0.90	0.29	0.44	0.02	0.42

续表

年份 Year	巴基斯坦 Pakistan			孟加拉国 Bangladesh			土耳其 Turkey		
	合计 Total	出口 Exports	进口 Imports	合计 Total	出口 Exports	进口 Imports	合计 Total	出口 Exports	进口 Imports
1983	3. 85	2. 25	1. 60	0. 90	0. 66	0. 24	0. 30	0. 04	0. 26
1984	3. 23	2. 72	0. 51	1. 20	1. 11	0. 09	0. 44	0. 03	0. 41
1985	2. 46	1. 87	0. 59	0. 88	0. 77	0. 11	1. 11	0. 71	0. 40
1986	2. 32	2. 07	0. 25	1. 33	1. 04	0. 29	1. 93	0. 74	1. 19
1987	3. 38	3. 00	0. 38	0. 98	0. 81	0. 17	2. 08	0. 88	1. 20
1988	3. 85	3. 30	0. 55	1. 29	0. 99	0. 30	2. 89	0. 90	1. 99
1989	5. 92	3. 68	2. 24	2. 27	1. 92	0. 35	2. 56	0. 57	1. 99
1990	5. 85	4. 95	0. 90	1. 71	1. 53	0. 18	0. 90	0. 49	0. 41
1991	6. 87	5. 98	0. 89	2. 13	2. 04	0. 09	1. 04	0. 55	0. 49
1992	6. 43	5. 51	0. 92	2. 21	2. 15	0. 06	1. 77	0. 69	1. 08
1993	8. 48	7. 52	0. 96	2. 12	2. 03	0. 09	6. 63	1. 65	4. 98
1994	7. 68	6. 06	1. 62	3. 87	3. 70	0. 17	6. 49	1. 85	4. 64
1995	10. 12	7. 89	2. 23	6. 78	6. 33	0. 45	5. 76	4. 32	1. 44
1996	9. 60	6. 20	3. 40	6. 90	6. 60	0. 30	5. 00	4. 10	0. 90
1997	10. 68	6. 89	3. 79	7. 50	6. 96	0. 54	6. 22	5. 57	0. 65
1998	9. 13	5. 24	3. 89	6. 87	6. 61	0. 26	7. 02	6. 59	0. 43
1999	9. 70	5. 80	3. 90	7. 10	7. 00	0. 10	6. 80	6. 40	0. 40
2000	11. 60	6. 70	4. 90	9. 20	9. 00	0. 20	12. 00	10. 80	1. 20
2001	13. 97	8. 15	5. 82	9. 72	9. 55	0. 17	9. 05	6. 74	2. 31
2002	18. 00	12. 42	5. 58	10. 98	10. 66	0. 32	13. 78	10. 89	2. 89
2003	24. 30	18. 55	5. 75	13. 68	13. 35	0. 33	25. 98	20. 65	5. 33
2004	30. 61	24. 66	5. 95	19. 63	19. 06	0. 57	34. 13	28. 22	5. 91
2005	42. 61	34. 28	8. 33	24. 81	24. 03	0. 78	48. 74	42. 52	6. 22
2006	52. 47	42. 39	10. 07	31. 89	30. 90	0. 99	80. 69	73. 03	7. 66
2007	68. 93	57. 89	11. 04	34. 59	33. 45	1. 14	117. 68	104. 76	12. 92
2008	69. 81	59. 75	10. 06	46. 80	45. 48	1. 32	125. 68	105. 93	19. 75
2009	67. 75	55. 15	12. 60	45. 82	44. 41	1. 41	100. 79	83. 34	17. 45
2010	86. 67	69. 38	17. 29	70. 59	67. 91	2. 68	151. 00	119. 43	31. 57
2011	105. 64	84. 40	21. 24	82. 60	78. 11	4. 49	187. 41	156. 15	31. 25
2012	124. 17	92. 76	31. 40	84. 51	79. 71	4. 80	190. 95	155. 86	35. 09
2013	142. 19	110. 19	32. 00	103. 08	97. 06	6. 02	222. 12	177. 53	44. 59

续表

年份 Year	也门共和国 Arab Republic of Yemen			以色列 Israel			阿曼 Oman		
	合计 Total	出口 Exports	进口 Imports	合计 Total	出口 Exports	进口 Imports	合计 Total	出口 Exports	进口 Imports
1950	–	–	–	–	–	–	–	–	–
1951	–	–	–	–	–	–	–	–	–
1952	–	–	–	–	–	–	–	–	–
1953	–	–	–	–	–	–	–	–	–
1954	–	–	–	–	–	–	–	–	–
1955	–	–	–	–	–	–	–	–	–
1956	–	–	–	–	–	–	–	–	–
1957	–	–	–	–	–	–	–	–	–
1958	–	–	–	–	–	–	–	–	–
1959	–	–	–	–	–	–	–	–	–
1960	–	–	–	–	–	–	–	–	–
1961	–	–	–	–	–	–	–	–	–
1962	–	–	–	–	–	–	–	–	–
1963	–	–	–	–	–	–	–	–	–
1964	–	–	–	–	–	–	–	–	–
1965	–	–	–	–	–	–	–	–	–
1966	–	–	–	–	–	–	0. 01	0. 01	–
1967	0. 03	0. 03	–	–	–	–	0. 01	0. 01	–
1968	0. 03	0. 03	–	–	–	–	0. 03	0. 03	–
1969	0. 06	0. 06	–	–	–	–	0. 02	0. 02	–
1970	0. 05	0. 05	–	–	–	–	0. 03	0. 03	–
1971	0. 12	0. 10	0. 02	–	–	–	0. 02	0. 02	–
1972	0. 23	0. 18	0. 05	–	–	–	0. 03	0. 03	–
1973	0. 42	0. 35	0. 07	–	–	–	0. 04	0. 04	–
1974	0. 47	0. 43	0. 04	–	–	–	0. 05	0. 05	–
1975	0. 45	0. 41	0. 04	–	–	–	0. 06	0. 06	–
1976	0. 59	0. 52	0. 07	–	–	–	0. 06	0. 06	–
1977	0. 63	0. 56	0. 07	–	–	–	0. 05	0. 05	–
1978	0. 70	0. 65	0. 05	–	–	–	0. 07	0. 07	–
1979	0. 90	0. 87	0. 03	–	–	–	0. 10	0. 10	–
1980	1. 02	1. 02	–	–	–	–	0. 13	0. 13	–
1981	4. 39	4. 33	0. 06	–	–	–	0. 15	0. 15	–
1982	3. 32	3. 30	0. 02	–	–	–	0. 11	0. 11	–

续表

年份 Year	也门共和国 Arab Republic of Yemen			以色列 Israel			阿曼 Oman		
	合计 Total	出口 Exports	进口 Imports	合计 Total	出口 Exports	进口 Imports	合计 Total	出口 Exports	进口 Imports
1983	1. 33	1. 33	–	–	–	–	0. 10	0. 10	–
1984	1. 00	1. 00	–	–	–	–	0. 14	0. 12	0. 02
1985	0. 67	0. 67	–	–	–	–	0. 09	0. 09	–
1986	0. 46	0. 46	–	–	–	–	0. 10	0. 10	–
1987	0. 42	0. 42	–	–	–	–	0. 08	0. 08	–
1988	0. 65	0. 65	–	–	–	–	0. 74	0. 07	0. 67
1989	0. 62	0. 61	0. 01	–	–	–	1. 51	0. 07	1. 44
1990	0. 74	0. 72	0. 02	–	–	–	1. 33	0. 08	1. 25
1991	0. 71	0. 71	–	–	–	–	4. 10	0. 10	4. 00
1992	1. 48	0. 74	0. 74	0. 51	0. 12	0. 39	4. 55	0. 08	4. 47
1993	3. 67	1. 12	2. 55	1. 52	0. 76	0. 76	5. 72	0. 11	5. 61
1994	2. 34	0. 85	1. 49	2. 49	1. 42	1. 07	4. 31	0. 18	4. 13
1995	4. 52	1. 08	3. 44	3. 06	1. 86	1. 20	4. 97	0. 15	4. 82
1996	6. 80	1. 10	5. 70	2. 90	1. 89	1. 01	8. 20	0. 10	8. 10
1997	7. 51	1. 00	6. 51	3. 56	2. 56	1. 00	13. 62	0. 17	13. 45
1998	6. 30	1. 07	5. 23	5. 24	3. 53	1. 71	7. 45	0. 39	7. 06
1999	6. 80	1. 30	5. 50	6. 80	4. 90	1. 90	6. 60	0. 30	6. 30
2000	9. 10	1. 80	7. 30	10. 50	7. 20	3. 30	33. 20	0. 60	32. 60
2001	6. 61	2. 10	4. 51	13. 16	8. 33	4. 83	16. 76	0. 67	16. 09
2002	7. 31	3. 05	4. 26	14. 18	9. 00	5. 18	15. 07	0. 60	14. 47
2003	19. 00	3. 54	15. 46	18. 31	11. 41	6. 90	20. 68	0. 82	19. 86
2004	19. 16	4. 58	14. 58	24. 85	15. 42	9. 43	43. 89	1. 11	42. 78
2005	32. 15	5. 47	26. 68	30. 27	19. 54	10. 73	43. 30	1. 91	41. 39
2006	30. 35	8. 02	22. 33	38. 76	25. 61	13. 14	64. 69	3. 40	61. 29
2007	27. 08	9. 63	17. 45	53. 10	36. 56	16. 54	72. 70	5. 48	67. 23
2008	43. 71	11. 62	32. 09	60. 22	42. 29	17. 93	124. 16	7. 92	116. 24
2009	24. 06	11. 68	12. 38	51. 77	36. 53	15. 24	61. 57	7. 47	54. 10
2010	40. 03	12. 24	27. 79	76. 45	50. 38	26. 07	107. 17	9. 44	97. 72
2011	42. 40	11. 04	31. 36	97. 79	67. 42	30. 38	158. 75	9. 98	148. 77
2012	55. 56	19. 55	36. 01	99. 10	69. 89	29. 21	187. 85	18. 12	169. 74
2013	52. 00	21. 39	30. 61	108. 27	76. 45	31. 83	229. 21	19. 00	210. 20

续表

年份 Year	哈萨克斯坦 Kazakhstan			非洲 Africa			南非 S. Africa		
	合计 Total	出口 Exports	进口 Imports	合计 Total	出口 Exports	进口 Imports	合计 Total	出口 Exports	进口 Imports
1950	–	–	–	0. 12	0. 09	0. 03	–	–	–
1951	–	–	–	0. 07	0. 06	0. 01	–	–	–
1952	–	–	–	0. 10	0. 01	0. 09	–	–	–
1953	–	–	–	0. 12	0. 02	0. 10	–	–	–
1954	–	–	–	0. 18	0. 07	0. 11	–	–	–
1955	–	–	–	0. 35	0. 07	0. 28	–	–	–
1956	–	–	–	0. 49	0. 20	0. 29	–	–	–
1957	–	–	–	0. 61	0. 29	0. 32	–	–	–
1958	–	–	–	0. 85	0. 38	0. 47	–	–	–
1959	–	–	–	0. 91	0. 32	0. 59	–	–	–
1960	–	–	–	1. 11	0. 34	0. 77	–	–	–
1961	–	–	–	0. 74	0. 37	0. 37	–	–	–
1962	–	–	–	0. 76	0. 38	0. 38	–	–	–
1963	–	–	–	1. 27	0. 49	0. 78	–	–	–
1964	–	–	–	1. 40	0. 69	0. 71	–	–	–
1965	–	–	–	2. 46	1. 24	1. 22	–	–	–
1966	–	–	–	2. 18	1. 17	1. 01	–	–	–
1967	–	–	–	1. 88	1. 13	0. 75	–	–	–
1968	–	–	–	1. 87	1. 03	0. 84	–	–	–
1969	–	–	–	1. 82	1. 10	0. 72	–	–	–
1970	–	–	–	1. 77	1. 12	0. 65	–	–	–
1971	–	–	–	2. 64	1. 45	1. 19	–	–	–
1972	–	–	–	3. 65	1. 90	1. 75	–	–	–
1973	–	–	–	6. 02	3. 82	2. 20	–	–	–
1974	–	–	–	7. 70	4. 83	2. 87	–	–	–
1975	–	–	–	6. 71	4. 47	2. 24	–	–	–
1976	–	–	–	5. 58	3. 65	1. 93	–	–	–
1977	–	–	–	7. 28	4. 46	2. 82	–	–	–
1978	–	–	–	7. 65	4. 73	2. 92	–	–	–
1979	–	–	–	8. 17	4. 93	3. 24	–	–	–
1980	–	–	–	11. 31	7. 47	3. 84	–	–	–
1981	–	–	–	13. 81	10. 19	3. 62	–	–	–
1982	–	–	–	15. 56	11. 99	3. 57	–	–	–

续表

年份 Year	哈萨克斯坦 Kazakhstan			非洲 Africa			南非 S. Africa		
	合计 Total	出口 Exports	进口 Imports	合计 Total	出口 Exports	进口 Imports	合计 Total	出口 Exports	进口 Imports
1983	–	–	–	12. 04	7. 89	4. 15	–	–	–
1984	–	–	–	12. 34	8. 18	4. 16	–	–	–
1985	–	–	–	8. 81	5. 60	3. 21	–	–	–
1986	–	–	–	10. 09	7. 53	2. 56	–	–	–
1987	–	–	–	16. 21	14. 45	1. 76	–	–	–
1988	–	–	–	21. 73	18. 84	2. 89	–	–	–
1989	–	–	–	11. 64	7. 39	4. 25	–	–	–
1990	–	–	–	16. 65	12. 97	3. 68	–	–	–
1991	–	–	–	14. 26	10. 00	4. 26	–	–	–
1992	3. 69	2. 28	1. 41	18. 06	13. 02	5. 04	–	–	–
1993	4. 35	1. 72	2. 63	25. 30	15. 27	10. 03	6. 58	2. 46	4. 12
1994	3. 04	1. 07	1. 97	26. 43	17. 49	8. 94	8. 98	3. 61	5. 37
1995	3. 91	0. 75	3. 16	39. 21	24. 94	14. 27	13. 21	6. 33	6. 88
1996	4. 60	0. 95	3. 65	40. 30	25. 70	14. 60	13. 50	6. 80	6. 70
1997	5. 28	0. 95	4. 33	56. 70	32. 10	24. 60	15. 70	7. 80	7. 90
1998	6. 36	2. 05	4. 31	55. 40	40. 60	14. 80	15. 60	8. 70	6. 90
1999	11. 40	4. 90	6. 50	64. 80	41. 10	23. 70	17. 20	8. 60	8. 60
2000	15. 60	6. 00	9. 60	106. 00	50. 40	55. 60	20. 50	10. 10	10. 40
2001	12. 88	3. 28	9. 60	108. 00	60. 07	47. 93	22. 22	10. 49	11. 73
2002	19. 55	6. 00	13. 55	123. 89	69. 62	54. 27	25. 80	13. 11	12. 69
2003	32. 86	15. 65	17. 21	185. 45	101. 84	83. 61	38. 71	20. 30	18. 41
2004	44. 98	22. 12	22. 86	294. 62	138. 16	156. 46	59. 12	29. 52	29. 60
2005	68. 10	39. 01	29. 09	397. 47	186. 84	210. 63	72. 71	38. 26	34. 44
2006	83. 58	47. 50	36. 07	554. 60	266. 88	287. 72	98. 53	57. 68	40. 85
2007	138. 78	74. 46	64. 32	736. 57	372. 98	363. 59	140. 46	74. 28	66. 18
2008	175. 50	98. 19	77. 31	1 068. 42	508. 40	560. 02	178. 24	85. 93	92. 31
2009	140. 04	77. 48	62. 56	910. 66	477. 36	433. 30	160. 59	73. 66	86. 93
2010	204. 10	93. 21	110. 89	1 269. 11	599. 58	669. 52	256. 48	108. 03	148. 46
2011	249. 52	95. 66	153. 86	1 663. 19	730. 99	932. 21	454. 28	133. 63	320. 65
2012	256. 77	110. 02	146. 75	1 984. 90	853. 19	1 131. 71	599. 46	153. 27	446. 19
2013	285. 94	125. 46	160. 48	2 102. 39	928. 09	1 174. 29	651. 50	168. 31	483. 19

续表

年份 Year	埃及 Egypt			尼日利亚 Nigeria			欧洲 Europe		
	合计 Total	出口 Exports	进口 Imports	合计 Total	出口 Exports	进口 Imports	合计 Total	出口 Exports	进口 Imports
1950	0.03	0.01	0.02	–	–	–	5.22	2.56	2.66
1951	0.01	0.01	–	–	–	–	11.21	4.98	6.23
1952	0.09	–	0.09	–	–	–	14.42	5.88	8.54
1953	0.10	0.01	0.09	–	–	–	28.76	7.43	21.33
1954	0.11	0.01	0.10	–	–	–	19.29	8.46	10.83
1955	0.27	0.02	0.25	–	–	–	25.33	10.06	15.27
1956	0.38	0.13	0.25	–	–	–	23.97	11.30	12.67
1957	0.49	0.19	0.30	–	–	–	23.03	11.02	12.01
1958	0.56	0.21	0.35	0.01	0.01	–	29.12	13.84	15.28
1959	0.58	0.21	0.37	0.01	0.01	–	34.72	17.01	17.71
1960	0.60	0.16	0.44	0.01	–	0.01	28.73	12.97	15.76
1961	0.27	0.14	0.13	0.03	0.01	0.02	25.06	8.06	17.00
1962	0.33	0.17	0.16	0.01	0.01	–	22.76	7.93	14.83
1963	0.34	0.16	0.18	0.03	0.02	0.01	12.36	7.70	4.66
1964	0.29	0.12	0.17	0.05	0.04	0.01	12.11	7.58	4.53
1965	0.77	0.36	0.41	0.07	0.06	0.01	15.08	7.76	7.32
1966	0.63	0.29	0.34	0.06	0.05	0.01	16.92	7.33	9.59
1967	0.52	0.26	0.26	0.08	0.06	0.02	15.74	6.12	9.62
1968	0.32	0.12	0.20	0.04	0.04	–	15.92	6.29	9.63
1969	0.26	0.15	0.11	0.02	0.02	–	15.20	6.71	8.49
1970	0.33	0.15	0.18	0.04	0.03	0.01	17.91	6.94	10.97
1971	0.42	0.21	0.21	0.05	0.05	–	16.91	7.72	9.19
1972	0.59	0.26	0.33	0.11	0.09	0.02	21.83	10.02	11.81
1973	0.69	0.43	0.26	0.20	0.15	0.05	36.54	14.85	21.69
1974	0.88	0.38	0.50	0.27	0.21	0.06	45.21	17.30	27.91
1975	1.12	0.59	0.53	0.52	0.50	0.02	43.40	17.35	26.05
1976	1.10	0.58	0.52	0.28	0.22	0.06	44.72	16.76	27.96
1977	0.92	0.55	0.37	0.45	0.33	0.12	43.83	19.25	24.58
1978	1.17	0.54	0.63	0.40	0.40	–	63.60	25.97	37.63
1979	1.26	0.69	0.57	0.33	0.25	0.08	89.44	34.40	55.04
1980	3.12	2.15	0.97	0.57	0.52	0.05	90.44	40.53	49.91
1981	3.08	1.77	1.31	0.71	0.69	0.02	79.40	36.81	42.59
1982	3.05	2.41	0.64	0.44	0.40	0.04	71.52	32.74	38.78

续表

年份 Year	埃及 Egypt			尼日利亚 Nigeria			欧洲 Europe		
	合计 Total	出口 Exports	进口 Imports	合计 Total	出口 Exports	进口 Imports	合计 Total	出口 Exports	进口 Imports
1983	2. 74	2. 06	0. 68	0. 25	0. 17	0. 08	90. 92	37. 20	53. 72
1984	2. 29	1. 76	0. 53	0. 18	0. 14	0. 04	99. 36	39. 35	60. 01
1985	1. 05	0. 99	0. 06	0. 07	0. 04	0. 03	142. 63	45. 09	97. 54
1986	1. 30	1. 30	–	0. 06	0. 06	–	194. 60	69. 16	125. 44
1987	1. 35	1. 25	0. 10	0. 25	0. 22	0. 03	190. 70	72. 68	118. 02
1988	1. 75	1. 66	0. 09	0. 37	0. 29	0. 08	218. 39	83. 49	134. 90
1989	0. 76	0. 70	0. 06	0. 35	0. 23	0. 12	135. 09	87. 57	47. 52
1990	0. 91	0. 85	0. 06	0. 41	0. 34	0. 07	221. 42	93. 00	128. 42
1991	1. 30	1. 26	0. 04	0. 55	0. 49	0. 06	221. 04	94. 00	127. 04
1992	1. 76	1. 75	0. 01	0. 97	0. 91	0. 06	274. 60	113. 64	160. 96
1993	2. 24	2. 00	0. 24	1. 21	1. 21	–	404. 14	164. 28	239. 86
1994	2. 95	2. 80	0. 15	0. 91	0. 90	0. 01	437. 88	187. 71	250. 17
1995	4. 53	4. 40	0. 13	2. 13	1. 53	0. 60	507. 96	229. 88	278. 08
1996	4. 07	4. 04	0. 03	1. 78	1. 71	0. 07	515. 20	238. 70	276. 50
1997	5. 20	4. 60	0. 60	3. 27	3. 16	0. 11	547. 10	289. 60	257. 50
1998	6. 00	5. 70	0. 30	3. 84	3. 57	0. 27	597. 40	334. 30	263. 10
1999	7. 50	7. 20	0. 30	5. 80	4. 00	1. 80	681. 30	354. 70	326. 60
2000	9. 10	8. 10	1. 00	8. 60	5. 50	3. 10	862. 70	454. 80	407. 90
2001	9. 53	8. 73	0. 80	11. 44	9. 17	2. 27	976. 41	492. 39	484. 02
2002	9. 45	8. 53	0. 92	11. 68	10. 47	1. 21	1 126. 52	592. 26	534. 26
2003	10. 90	9. 37	1. 53	18. 59	17. 87	0. 72	1 580. 17	882. 73	697. 44
2004	15. 77	13. 89	1. 88	21. 83	17. 20	4. 63	2 114. 43	1 224. 02	890. 41
2005	21. 45	19. 34	2. 11	28. 30	23. 03	5. 27	2 620. 84	1 656. 37	964. 47
2006	31. 92	29. 76	2. 17	31. 30	28. 52	2. 78	3 302. 22	2 153. 70	1 148. 52
2007	46. 73	44. 33	2. 40	43. 33	37. 96	5. 37	4 275. 14	2 878. 48	1 396. 66
2008	62. 39	58. 11	4. 28	72. 66	67. 57	5. 09	5 109. 87	3 428. 90	1 680. 96
2009	58. 60	51. 07	7. 53	63. 72	54. 76	8. 97	4 269. 01	2 647. 34	1 621. 67
2010	69. 60	60. 42	9. 18	77. 67	66. 96	10. 70	5 730. 98	3 552. 04	2 178. 94
2011	88. 02	72. 83	15. 18	107. 88	92. 07	15. 81	7 008. 08	4 136. 16	2 871. 93
2012	95. 45	82. 24	13. 21	105. 65	92. 97	12. 68	6 830. 60	3 964. 24	2 866. 36
2013	102. 13	83. 62	18. 51	135. 88	120. 44	15. 44	7 299. 89	4 057. 98	3 241. 91

续表

年份 Year	德国 Germany			英国 United Kingdom			法国 France		
	合计 Total	出口 Exports	进口 Imports	合计 Total	出口 Exports	进口 Imports	合计 Total	出口 Exports	进口 Imports
1950	0. 22	0. 11	0. 11	0. 74	0. 33	0. 41	0. 06	0. 02	0. 04
1951	0. 76	0. 57	0. 19	0. 35	0. 15	0. 20	0. 04	–	0. 04
1952	1. 14	0. 44	0. 70	0. 26	0. 12	0. 14	0. 02	0. 01	0. 01
1953	1. 43	0. 68	0. 75	0. 97	0. 30	0. 67	0. 24	0. 06	0. 18
1954	2. 01	0. 83	1. 18	0. 70	0. 24	0. 46	0. 15	0. 05	0. 10
1955	2. 06	1. 01	1. 05	1. 05	0. 40	0. 65	0. 24	0. 10	0. 14
1956	2. 28	1. 02	1. 26	1. 12	0. 49	0. 63	0. 38	0. 18	0. 20
1957	2. 49	1. 02	1. 47	1. 02	0. 44	0. 58	0. 37	0. 11	0. 26
1958	3. 48	1. 40	2. 08	2. 04	0. 76	1. 28	0. 34	0. 15	0. 19
1959	3. 88	1. 51	2. 37	1. 97	0. 91	1. 06	0. 44	0. 18	0. 26
1960	3. 02	1. 13	1. 89	1. 86	0. 82	1. 04	0. 59	0. 18	0. 41
1961	1. 42	0. 45	0. 97	1. 04	0. 58	0. 46	0. 49	0. 15	0. 34
1962	1. 15	0. 51	0. 64	0. 92	0. 60	0. 32	0. 70	0. 16	0. 54
1963	0. 82	0. 58	0. 24	1. 16	0. 73	0. 43	0. 93	0. 19	0. 74
1964	0. 99	0. 61	0. 38	1. 71	1. 01	0. 70	1. 02	0. 37	0. 65
1965	1. 78	0. 84	0. 94	2. 59	1. 36	1. 23	1. 21	0. 49	0. 72
1966	2. 53	0. 98	1. 55	3. 43	1. 39	2. 04	1. 79	0. 60	1. 19
1967	3. 39	0. 96	2. 43	3. 49	1. 30	2. 19	1. 45	0. 57	0. 88
1968	3. 39	0. 94	2. 45	2. 95	1. 19	1. 76	1. 82	0. 67	1. 15
1969	3. 17	1. 12	2. 05	4. 03	1. 20	2. 83	1. 29	0. 72	0. 57
1970	3. 47	1. 13	2. 34	4. 89	1. 04	3. 85	1. 73	0. 63	1. 10
1971	3. 09	1. 08	2. 01	2. 90	1. 24	1. 66	1. 77	0. 64	1. 13
1972	3. 80	1. 36	2. 44	3. 20	1. 34	1. 86	2. 18	0. 86	1. 32
1973	6. 30	1. 20	5. 10	6. 32	2. 08	4. 24	6. 48	1. 67	4. 81
1974	8. 51	2. 81	5. 70	7. 26	2. 82	4. 44	9. 14	1. 80	7. 34
1975	10. 42	3. 25	7. 17	4. 86	2. 42	2. 44	5. 04	1. 48	3. 56
1976	11. 20	3. 10	8. 10	4. 37	2. 67	1. 70	6. 06	1. 29	4. 77
1977	10. 43	3. 82	6. 61	5. 30	2. 51	2. 79	4. 21	1. 42	2. 79
1978	16. 74	4. 91	11. 83	6. 66	3. 70	2. 96	4. 25	1. 78	2. 47
1979	25. 94	6. 57	19. 37	9. 80	4. 79	5. 01	6. 40	2. 34	4. 06
1980	24. 73	8. 80	15. 93	11. 04	5. 64	5. 40	6. 56	3. 41	3. 15
1981	22. 20	8. 54	13. 66	6. 60	4. 22	2. 38	6. 97	2. 93	4. 04
1982	17. 74	7. 89	9. 85	5. 78	3. 14	2. 64	5. 24	2. 86	2. 38

续表

年份 Year	德国 Germany			英国 United Kingdom			法国 France		
	合计 Total	出口 Exports	进口 Imports	合计 Total	出口 Exports	进口 Imports	合计 Total	出口 Exports	进口 Imports
1983	20. 80	8. 64	12. 16	11. 68	6. 05	5. 63	8. 72	2. 32	6. 40
1984	21. 42	8. 11	13. 31	8. 82	3. 49	5. 53	6. 22	2. 44	3. 78
1985	31. 41	7. 34	24. 07	81. 00	3. 54	77. 46	9. 37	2. 24	7. 13
1986	45. 60	10. 04	35. 56	24. 44	14. 33	10. 11	10. 53	3. 21	7. 32
1987	43. 55	12. 24	31. 31	14. 32	5. 32	9. 00	13. 36	4. 36	9. 00
1988	49. 18	14. 84	34. 34	15. 57	6. 59	8. 98	15. 02	5. 15	9. 87
1989	49. 88	16. 09	33. 79	17. 19	6. 35	10. 84	19. 47	5. 27	14. 20
1990	45. 41	18. 57	26. 84	20. 27	6. 43	13. 84	23. 08	6. 45	16. 63
1991	54. 05	23. 56	30. 49	16. 69	7. 27	9. 42	23. 05	7. 33	15. 72
1992	64. 71	24. 48	40. 23	19. 36	9. 22	10. 14	22. 60	7. 64	14. 96
1993	100. 08	39. 68	60. 40	35. 92	19. 28	16. 64	29. 36	12. 91	16. 45
1994	118. 98	47. 61	71. 37	41. 84	24. 14	17. 70	33. 63	14. 24	19. 39
1995	137. 09	56. 71	80. 38	47. 70	27. 98	19. 72	44. 90	18. 42	26. 48
1996	131. 70	58. 40	73. 30	50. 80	32. 00	18. 80	41. 50	19. 10	22. 40
1997	126. 70	64. 90	61. 80	57. 90	38. 10	19. 80	55. 70	23. 30	32. 40
1998	143. 50	73. 50	70. 00	65. 80	46. 30	19. 50	60. 30	28. 20	32. 10
1999	161. 10	77. 70	83. 40	78. 70	48. 80	29. 90	67. 10	29. 20	37. 90
2000	196. 90	92. 80	104. 10	99. 00	63. 10	35. 90	76. 60	37. 10	39. 50
2001	235. 26	97. 54	137. 72	103. 07	67. 80	35. 27	77. 90	36. 85	41. 05
2002	278. 00	113. 72	164. 28	113. 96	80. 60	33. 36	83. 26	40. 72	42. 54
2003	418. 76	175. 36	243. 40	143. 94	108. 24	35. 70	133. 91	72. 94	60. 97
2004	541. 24	237. 56	303. 68	197. 29	149. 68	47. 61	175. 85	99. 22	76. 63
2005	632. 52	325. 28	307. 24	245. 03	189. 77	55. 26	206. 49	116. 40	90. 09
2006	781. 94	403. 15	378. 79	306. 70	241. 63	65. 06	251. 90	139. 11	112. 79
2007	940. 98	487. 14	453. 83	394. 32	316. 56	77. 76	336. 68	203. 27	133. 41
2008	1 150. 09	591. 74	558. 35	456. 24	360. 69	95. 55	389. 44	233. 04	156. 40
2009	1 056. 84	499. 20	557. 64	391. 55	312. 77	78. 77	344. 80	214. 60	130. 20
2010	1 423. 89	680. 47	743. 42	500. 75	387. 71	113. 04	447. 98	276. 54	171. 44
2011	1 691. 51	764. 35	927. 16	586. 85	441. 25	145. 60	520. 76	299. 97	220. 80
2012	1 611. 30	692. 18	919. 12	631. 05	462. 99	168. 06	510. 22	269. 00	241. 22
2013	1 615. 62	673. 58	942. 04	700. 40	509. 49	190. 91	498. 32	267. 19	231. 13

续表

年份 Year	荷兰 Netherlands			意大利 Italy			瑞典 Sweden		
	合计 Total	出口 Exports	进口 Imports	合计 Total	出口 Exports	进口 Imports	合计 Total	出口 Exports	进口 Imports
1950	0. 22	0. 20	0. 02	0. 10	0. 09	0. 01	0. 03	0. 01	0. 02
1951	0. 05	0. 04	0. 01	0. 03	0. 03	–	0. 02	0. 01	0. 01
1952	0. 02	0. 02	–	0. 03	0. 02	0. 01	–	–	–
1953	0. 10	0. 04	0. 06	0. 10	0. 05	0. 05	0. 02	–	0. 02
1954	0. 04	0. 02	0. 02	0. 08	0. 03	0. 05	0. 01	–	0. 01
1955	0. 17	0. 04	0. 13	0. 10	0. 04	0. 06	0. 03	0. 01	0. 02
1956	0. 16	0. 04	0. 12	0. 19	0. 10	0. 09	0. 07	0. 02	0. 05
1957	0. 09	0. 04	0. 05	0. 15	0. 05	0. 10	0. 32	0. 01	0. 31
1958	0. 22	0. 08	0. 14	0. 39	0. 08	0. 31	0. 28	0. 03	0. 25
1959	0. 17	0. 06	0. 11	0. 45	0. 06	0. 39	0. 20	0. 04	0. 16
1960	0. 19	0. 06	0. 13	0. 45	0. 08	0. 37	0. 16	0. 03	0. 13
1961	0. 10	0. 05	0. 05	0. 41	0. 06	0. 35	0. 12	0. 02	0. 10
1962	0. 14	0. 12	0. 02	0. 33	0. 09	0. 24	0. 09	0. 03	0. 06
1963	0. 37	0. 22	0. 15	0. 40	0. 15	0. 25	0. 12	0. 07	0. 05
1964	0. 37	0. 29	0. 08	0. 34	0. 17	0. 17	0. 24	0. 10	0. 14
1965	0. 55	0. 30	0. 25	0. 86	0. 26	0. 60	0. 23	0. 10	0. 13
1966	0. 43	0. 27	0. 16	1. 06	0. 37	0. 69	0. 41	0. 11	0. 30
1967	0. 35	0. 21	0. 14	1. 14	0. 37	0. 77	0. 72	0. 14	0. 58
1968	0. 64	0. 24	0. 40	1. 11	0. 29	0. 82	0. 43	0. 15	0. 28
1969	0. 59	0. 25	0. 34	1. 10	0. 44	0. 66	0. 32	0. 16	0. 16
1970	0. 49	0. 27	0. 22	1. 02	0. 47	0. 55	0. 36	0. 13	0. 23
1971	0. 49	0. 39	0. 10	1. 05	0. 51	0. 54	0. 43	0. 14	0. 29
1972	0. 68	0. 56	0. 12	1. 63	0. 84	0. 79	0. 58	0. 16	0. 42
1973	1. 04	0. 55	0. 49	1. 93	1. 15	0. 78	0. 91	0. 29	0. 62
1974	1. 57	0. 74	0. 83	2. 05	0. 91	1. 14	0. 96	0. 35	0. 61
1975	2. 46	0. 58	1. 88	2. 49	1. 01	1. 48	0. 92	0. 36	0. 56
1976	1. 43	0. 59	0. 84	2. 87	1. 20	1. 67	0. 71	0. 46	0. 25
1977	1. 06	0. 67	0. 39	2. 07	1. 12	0. 95	0. 86	0. 48	0. 38
1978	2. 18	0. 92	1. 26	3. 56	1. 65	1. 91	1. 21	0. 47	0. 74
1979	3. 37	1. 37	2. 00	6. 12	3. 03	3. 09	1. 88	0. 75	1. 13
1980	3. 54	1. 97	1. 57	6. 00	3. 51	2. 49	1. 85	0. 86	0. 99
1981	5. 86	4. 66	1. 20	6. 15	2. 64	3. 51	1. 84	0. 77	1. 07
1982	3. 88	2. 99	0. 89	5. 63	2. 40	3. 23	1. 37	0. 64	0. 73

续表

年份 Year	荷兰 Netherlands			意大利 Italy			瑞典 Sweden		
	合计 Total	出口 Exports	进口 Imports	合计 Total	出口 Exports	进口 Imports	合计 Total	出口 Exports	进口 Imports
1983	4. 39	3. 28	1. 11	5. 44	2. 34	3. 10	1. 99	0. 54	1. 45
1984	5. 08	3. 33	1. 75	7. 84	3. 20	4. 64	2. 33	0. 64	1. 69
1985	5. 99	3. 26	2. 73	12. 03	2. 93	9. 10	3. 27	0. 61	2. 66
1986	7. 44	4. 64	2. 80	15. 01	3. 63	11. 38	3. 73	0. 75	2. 98
1987	8. 39	6. 08	2. 31	17. 94	5. 56	12. 38	3. 92	0. 98	2. 94
1988	11. 16	7. 49	3. 67	22. 95	7. 46	15. 49	4. 20	1. 20	3. 00
1989	12. 09	7. 59	4. 50	25. 50	7. 15	18. 35	4. 23	1. 39	2. 84
1990	13. 07	9. 08	3. 99	19. 05	8. 35	10. 70	4. 07	1. 41	2. 66
1991	14. 92	10. 63	4. 29	23. 90	9. 32	14. 58	5. 13	1. 73	3. 40
1992	17. 08	12. 00	5. 08	28. 43	10. 95	17. 48	6. 91	1. 15	5. 76
1993	23. 23	16. 09	7. 14	40. 42	13. 05	27. 37	9. 93	3. 22	6. 71
1994	29. 75	22. 67	7. 08	46. 59	15. 91	30. 68	13. 27	5. 00	8. 27
1995	40. 50	32. 32	8. 18	51. 82	20. 67	31. 15	13. 96	3. 96	10. 00
1996	44. 60	35. 40	9. 20	50. 80	18. 40	32. 40	17. 70	3. 90	13. 80
1997	54. 80	44. 10	10. 70	46. 90	22. 40	24. 50	18. 20	5. 30	12. 90
1998	60. 00	51. 60	8. 40	48. 50	25. 80	22. 70	26. 70	6. 30	20. 40
1999	64. 20	54. 10	10. 10	56. 20	29. 30	26. 90	27. 60	6. 10	21. 50
2000	79. 20	66. 90	12. 30	68. 80	38. 00	30. 80	35. 00	8. 30	26. 70
2001	87. 39	72. 82	14. 57	77. 82	39. 93	37. 89	31. 05	9. 32	21. 73
2002	106. 80	91. 08	15. 72	91. 48	48. 28	43. 20	27. 01	9. 10	17. 91
2003	154. 39	135. 05	19. 34	117. 33	66. 53	50. 80	41. 69	14. 53	27. 16
2004	214. 88	185. 19	29. 69	156. 76	92. 25	64. 51	51. 99	18. 60	33. 39
2005	288. 03	258. 77	29. 26	186. 17	116. 91	69. 26	56. 99	25. 77	31. 22
2006	345. 11	308. 61	36. 50	245. 72	159. 72	86. 00	67. 26	32. 78	34. 49
2007	463. 42	414. 18	49. 25	313. 80	211. 70	102. 11	86. 91	45. 49	41. 42
2008	512. 11	459. 10	53. 01	382. 56	266. 08	116. 47	101. 54	51. 15	50. 40
2009	418. 04	366. 82	51. 22	312. 64	202. 44	110. 20	96. 10	41. 56	54. 54
2010	561. 83	497. 06	64. 77	451. 51	311. 41	140. 11	116. 11	57. 10	59. 02
2011	681. 53	595. 00	86. 53	512. 84	336. 98	175. 86	137. 02	65. 67	71. 35
2012	676. 09	589. 04	87. 05	417. 25	256. 57	160. 68	133. 36	64. 16	69. 19
2013	701. 47	603. 17	98. 31	433. 34	257. 56	175. 78	137. 83	67. 99	69. 84

续表

年份 Year	比利时 Belgium			西班牙 Spain			芬兰 Finland		
	合计 Total	出口 Exports	进口 Imports	合计 Total	出口 Exports	进口 Imports	合计 Total	出口 Exports	进口 Imports
1950	0.12	0.05	0.07	–	–	–	0.01	–	0.01
1951	0.21	–	0.21	–	–	–	–	–	–
1952	0.09	–	0.09	–	–	–	0.03	–	0.03
1953	0.25	0.01	0.24	–	–	–	0.26	0.09	0.17
1954	0.05	–	0.05	–	–	–	0.16	0.12	0.04
1955	0.10	0.01	0.09	–	–	–	0.17	0.06	0.11
1956	0.18	0.02	0.16	–	–	–	0.19	0.10	0.09
1957	0.33	0.01	0.32	–	–	–	0.20	0.10	0.10
1958	0.56	0.02	0.54	–	–	–	0.16	0.08	0.08
1959	0.48	0.03	0.45	–	–	–	0.30	0.12	0.18
1960	0.62	0.04	0.58	–	–	–	0.13	0.07	0.06
1961	0.16	0.01	0.15	–	–	–	0.12	0.04	0.08
1962	0.11	0.01	0.10	–	–	–	0.09	0.04	0.05
1963	0.17	0.03	0.14	–	–	–	0.13	0.07	0.06
1964	0.13	0.05	0.08	–	–	–	0.14	0.06	0.08
1965	0.23	0.06	0.17	–	–	–	0.17	0.07	0.10
1966	0.27	0.08	0.19	–	–	–	0.19	0.08	0.11
1967	0.34	0.07	0.27	–	–	–	0.20	0.08	0.12
1968	0.27	0.07	0.20	–	–	–	0.27	0.13	0.14
1969	0.19	0.06	0.13	–	–	–	0.14	0.09	0.05
1970	0.37	0.05	0.32	–	–	–	0.23	0.10	0.13
1971	0.22	0.07	0.15	–	–	–	0.21	0.11	0.10
1972	0.30	0.10	0.20	0.03	0.03	–	0.37	0.15	0.22
1973	0.44	0.21	0.23	0.12	0.11	0.01	0.33	0.21	0.12
1974	0.67	0.32	0.35	0.20	0.12	0.08	0.49	0.28	0.21
1975	0.62	0.25	0.37	0.42	0.22	0.20	0.37	0.21	0.16
1976	0.60	0.31	0.29	0.40	0.20	0.20	0.45	0.11	0.34
1977	0.65	0.28	0.37	0.37	0.19	0.18	0.39	0.14	0.25
1978	1.17	0.37	0.80	0.72	0.22	0.50	0.52	0.20	0.32
1979	1.73	0.66	1.07	1.48	0.56	0.92	0.80	0.30	0.50
1980	1.56	0.90	0.66	1.20	0.50	0.70	0.95	0.26	0.69
1981	2.51	1.17	1.34	1.28	0.52	0.76	1.06	0.26	0.80
1982	3.13	1.43	1.70	1.47	0.54	0.93	0.73	0.30	0.43

续表

年份 Year	比利时 Belgium			西班牙 Spain			芬兰 Finland		
	合计 Total	出口 Exports	进口 Imports	合计 Total	出口 Exports	进口 Imports	合计 Total	出口 Exports	进口 Imports
1983	3. 62	1. 37	2. 25	2. 00	0. 43	1. 57	0. 82	0. 27	0. 55
1984	3. 64	1. 42	2. 22	2. 90	0. 71	2. 19	1. 20	0. 21	0. 99
1985	4. 35	1. 61	2. 74	6. 05	0. 54	5. 51	1. 50	0. 23	1. 27
1986	5. 51	2. 11	3. 40	4. 50	0. 62	3. 88	1. 46	0. 33	1. 13
1987	5. 29	2. 52	2. 77	4. 39	1. 03	3. 36	2. 24	0. 59	1. 65
1988	6. 16	2. 50	3. 66	4. 25	1. 15	3. 10	2. 14	0. 74	1. 40
1989	6. 25	2. 50	3. 75	4. 98	1. 58	3. 40	1. 87	0. 68	1. 19
1990	6. 58	3. 27	3. 31	5. 07	1. 87	3. 20	2. 30	0. 71	1. 59
1991	8. 32	4. 17	4. 15	6. 10	2. 37	3. 73	2. 73	0. 77	1. 96
1992	9. 98	5. 39	4. 59	6. 84	3. 29	3. 55	3. 45	0. 93	2. 52
1993	13. 92	6. 06	7. 86	10. 07	5. 34	4. 73	4. 26	1. 04	3. 22
1994	18. 54	8. 13	10. 41	16. 50	7. 49	9. 01	6. 03	1. 56	4. 47
1995	21. 30	10. 33	10. 97	18. 91	9. 85	9. 06	7. 98	1. 76	6. 22
1996	20. 70	10. 40	10. 30	14. 90	9. 70	5. 20	7. 50	2. 00	5. 50
1997	22. 80	13. 60	9. 20	18. 00	12. 40	5. 60	9. 60	2. 70	6. 90
1998	25. 20	16. 40	8. 80	20. 00	15. 20	4. 80	15. 80	3. 20	12. 60
1999	27. 90	18. 20	9. 70	23. 40	17. 90	5. 50	22. 00	3. 60	18. 40
2000	36. 90	23. 00	13. 90	27. 50	21. 30	6. 20	31. 90	8. 40	23. 50
2001	42. 51	25. 30	17. 21	29. 76	22. 62	7. 14	32. 86	9. 10	23. 76
2002	48. 98	28. 76	20. 22	34. 79	25. 79	9. 00	26. 67	11. 54	15. 13
2003	67. 02	39. 34	27. 68	52. 52	38. 91	13. 61	34. 62	16. 74	17. 88
2004	93. 80	58. 60	35. 20	72. 23	54. 77	17. 46	55. 16	24. 95	30. 21
2005	117. 45	77. 40	40. 05	105. 24	84. 39	20. 85	62. 54	36. 26	26. 28
2006	142. 10	99. 06	43. 04	144. 92	114. 89	30. 03	80. 84	49. 58	31. 26
2007	176. 53	126. 79	49. 73	209. 58	165. 28	44. 30	103. 59	65. 64	37. 94
2008	201. 97	148. 58	53. 38	261. 66	207. 42	54. 24	108. 61	73. 31	35. 30
2009	167. 22	108. 73	58. 49	183. 64	140. 72	42. 92	77. 98	45. 26	32. 72
2010	221. 41	143. 04	78. 37	244. 06	181. 75	62. 31	95. 32	55. 00	40. 32
2011	291. 12	189. 74	101. 38	272. 78	197. 22	75. 56	681. 53	595. 00	86. 53
2012	263. 41	163. 77	99. 64	245. 69	182. 38	63. 31	112. 76	74. 41	38. 34
2013	254. 31	155. 64	98. 67	249. 25	189. 42	59. 84	97. 41	58. 32	39. 09

续表

年份 Year	丹麦 Denmark			奥地利 Austria			俄罗斯联邦 Russia		
	合计 Total	出口 Exports	进口 Imports	合计 Total	出口 Exports	进口 Imports	合计 Total	出口 Exports	进口 Imports
1950	0. 03	0. 03	–	–	–	–	3. 38	1. 53	1. 85
1951	0. 04	0. 04	–	–	–	–	8. 08	3. 11	4. 97
1952	–	–	–	–	–	–	10. 64	4. 12	6. 52
1953	0. 06	0. 02	0. 04	0. 01	–	0. 01	12. 59	4. 81	7. 78
1954	0. 01	–	0. 01	0. 02	–	0. 02	12. 92	5. 87	7. 05
1955	0. 02	0. 01	0. 01	0. 01	–	0. 01	17. 90	6. 70	11. 20
1956	0. 06	0. 03	0. 03	0. 07	–	0. 07	15. 24	7. 62	7. 62
1957	0. 05	0. 01	0. 04	0. 11	–	0. 11	13. 65	7. 47	6. 18
1958	0. 11	0. 06	0. 05	0. 17	0. 01	0. 16	15. 40	9. 00	6. 40
1959	0. 15	0. 08	0. 07	0. 19	0. 01	0. 18	20. 97	11. 18	9. 79
1960	0. 11	0. 07	0. 04	0. 13	0. 01	0. 12	16. 64	8. 19	8. 45
1961	0. 11	0. 07	0. 04	0. 05	–	0. 05	8. 28	5. 36	2. 92
1962	0. 07	0. 04	0. 03	0. 01	–	0. 01	7. 02	4. 91	2. 11
1963	0. 05	0. 04	0. 01	0. 01	0. 01	–	6. 01	4. 07	1. 94
1964	0. 10	0. 09	0. 01	0. 02	0. 01	0. 01	4. 45	3. 12	1. 33
1965	0. 11	0. 08	0. 03	0. 06	0. 03	0. 03	4. 08	2. 22	1. 86
1966	0. 13	0. 10	0. 03	0. 11	0. 06	0. 05	3. 05	1. 40	1. 65
1967	0. 15	0. 09	0. 06	0. 26	0. 06	0. 20	1. 11	0. 55	0. 56
1968	0. 11	0. 08	0. 03	0. 19	0. 06	0. 13	0. 92	0. 33	0. 59
1969	0. 08	0. 06	0. 02	0. 17	0. 08	0. 09	0. 54	0. 27	0. 27
1970	0. 11	0. 07	0. 04	0. 23	0. 12	0. 11	0. 47	0. 23	0. 24
1971	0. 13	0. 10	0. 03	0. 18	0. 09	0. 09	1. 49	0. 81	0. 68
1972	0. 19	0. 12	0. 07	0. 15	0. 03	0. 12	2. 50	1. 33	1. 17
1973	0. 24	0. 19	0. 05	0. 28	0. 08	0. 20	2. 61	1. 33	1. 28
1974	0. 42	0. 21	0. 21	0. 23	0. 12	0. 11	3. 00	1. 55	1. 45
1975	0. 34	0. 14	0. 20	0. 27	0. 07	0. 20	2. 97	1. 51	1. 46
1976	0. 27	0. 17	0. 10	0. 24	0. 09	0. 15	4. 14	1. 68	2. 46
1977	0. 22	0. 18	0. 04	0. 34	0. 08	0. 26	3. 29	1. 76	1. 53
1978	0. 44	0. 20	0. 24	0. 78	0. 09	0. 69	4. 37	2. 30	2. 07
1979	0. 57	0. 35	0. 22	1. 10	0. 10	1. 00	4. 92	2. 42	2. 50
1980	0. 93	0. 41	0. 52	1. 06	0. 15	0. 91	4. 92	2. 28	2. 64
1981	0. 94	0. 39	0. 55	0. 73	0. 18	0. 55	2. 24	1. 16	1. 08
1982	0. 83	0. 38	0. 45	0. 58	0. 09	0. 49	2. 76	1. 39	1. 37

续表

年份 Year	丹麦 Denmark			奥地利 Austria			俄罗斯联邦 Russia		
	合计 Total	出口 Exports	进口 Imports	合计 Total	出口 Exports	进口 Imports	合计 Total	出口 Exports	进口 Imports
1983	1. 91	0. 41	1. 50	0. 80	0. 14	0. 66	6. 74	3. 28	3. 46
1984	1. 51	0. 56	0. 95	1. 66	0. 18	1. 48	11. 83	6. 15	5. 68
1985	1. 78	0. 72	1. 06	1. 74	0. 17	1. 57	18. 81	9. 68	9. 13
1986	2. 38	0. 91	1. 47	3. 13	0. 16	2. 97	26. 38	12. 08	14. 30
1987	2. 90	1. 11	1. 79	2. 95	0. 29	2. 66	23. 03	11. 72	11. 31
1988	2. 55	1. 13	1. 42	2. 73	0. 36	2. 37	29. 01	14. 95	14. 06
1989	2. 38	1. 01	1. 37	2. 81	0. 28	2. 53	36. 77	17. 60	19. 17
1990	2. 63	1. 27	1. 36	3. 34	0. 46	2. 88	38. 91	21. 33	17. 58
1991	2. 50	1. 52	0. 98	4. 19	0. 60	3. 59	39. 04	18. 23	20. 81
1992	2. 91	1. 52	1. 39	3. 91	0. 70	3. 21	58. 62	23. 36	35. 26
1993	4. 24	1. 99	2. 25	4. 33	1. 17	3. 16	76. 79	26. 92	49. 87
1994	5. 37	2. 60	2. 77	5. 16	1. 51	3. 65	50. 77	15. 81	34. 96
1995	6. 27	3. 09	3. 18	7. 33	1. 70	5. 63	54. 64	16. 65	37. 99
1996	6. 10	2. 90	3. 20	4. 69	1. 68	3. 01	68. 50	16. 90	51. 60
1997	7. 20	3. 70	3. 50	4. 55	2. 00	2. 55	61. 20	20. 30	40. 90
1998	7. 80	4. 60	3. 20	4. 83	2. 11	2. 72	54. 80	18. 40	36. 40
1999	10. 20	6. 20	4. 00	6. 90	2. 50	4. 40	57. 20	15. 00	42. 20
2000	13. 30	7. 80	5. 50	7. 80	3. 10	4. 70	80. 00	22. 30	57. 70
2001	15. 24	8. 98	6. 26	10. 16	3. 54	6. 62	106. 70	27. 11	79. 59
2002	15. 54	9. 17	6. 37	13. 74	4. 81	8. 93	119. 28	35. 21	84. 07
2003	24. 58	14. 94	9. 64	17. 79	6. 74	11. 05	157. 61	60. 35	97. 26
2004	31. 52	19. 46	12. 06	22. 92	7. 81	15. 11	212. 32	91. 02	121. 30
2005	39. 85	27. 89	11. 96	24. 92	8. 83	16. 09	291. 03	132. 12	158. 91
2006	49. 55	36. 46	13. 09	31. 06	10. 49	20. 57	333. 87	158. 32	175. 54
2007	64. 13	45. 90	18. 23	40. 04	15. 52	24. 52	481. 55	284. 66	196. 89
2008	81. 66	55. 69	25. 97	48. 85	17. 71	31. 13	568. 31	330. 05	238. 25
2009	65. 17	42. 26	22. 91	48. 34	14. 28	34. 06	387. 97	175. 14	212. 83
2010	78. 31	51. 85	26. 46	60. 88	18. 54	42. 33	554. 49	296. 13	258. 36
2011	92. 61	64. 47	28. 13	69. 87	22. 26	47. 62	792. 49	389. 04	403. 45
2012	94. 45	65. 42	29. 03	67. 60	20. 40	47. 20	881. 58	440. 58	441. 01
2013	90. 88	57. 12	33. 76	70. 68	20. 38	50. 30	892. 13	495. 95	396. 18

续表

年份 Year	瑞士 Switzerland			波兰 Poland			挪威 Norway		
	合计 Total	出口 Exports	进口 Imports	合计 Total	出口 Exports	进口 Imports	合计 Total	出口 Exports	进口 Imports
1950	0. 06	0. 02	0. 04	0. 07	0. 04	0. 03	0. 04	0. 01	0. 03
1951	0. 10	0. 02	0. 08	0. 50	0. 29	0. 21	–	–	–
1952	0. 13	0. 07	0. 06	0. 48	0. 26	0. 22	0. 01	0. 01	–
1953	0. 32	0. 13	0. 19	0. 54	0. 29	0. 25	–	–	–
1954	0. 20	0. 06	0. 14	0. 67	0. 28	0. 39	–	–	–
1955	0. 26	0. 13	0. 13	0. 70	0. 41	0. 29	–	–	–
1956	0. 39	0. 14	0. 25	0. 74	0. 32	0. 42	0. 01	–	0. 01
1957	0. 41	0. 07	0. 34	0. 83	0. 36	0. 47	0. 02	–	0. 02
1958	0. 31	0. 13	0. 18	0. 99	0. 42	0. 57	0. 04	0. 02	0. 02
1959	0. 44	0. 24	0. 20	1. 03	0. 56	0. 47	0. 09	0. 01	0. 08
1960	0. 47	0. 27	0. 20	0. 89	0. 42	0. 47	0. 04	0. 01	0. 03
1961	0. 35	0. 23	0. 12	0. 45	0. 18	0. 27	0. 04	–	0. 04
1962	0. 24	0. 16	0. 08	0. 43	0. 28	0. 15	–	–	–
1963	0. 23	0. 19	0. 04	0. 27	0. 21	0. 06	0. 04	0. 01	0. 03
1964	0. 42	0. 29	0. 13	0. 42	0. 26	0. 16	0. 06	0. 01	0. 05
1965	0. 64	0. 42	0. 22	0. 40	0. 25	0. 15	0. 06	0. 02	0. 04
1966	0. 75	0. 49	0. 26	0. 49	0. 20	0. 29	0. 09	0. 02	0. 07
1967	0. 70	0. 42	0. 28	0. 44	0. 22	0. 22	0. 08	0. 02	0. 06
1968	0. 75	0. 44	0. 31	0. 59	0. 31	0. 28	0. 12	0. 03	0. 09
1969	0. 66	0. 44	0. 22	0. 37	0. 22	0. 15	0. 09	0. 03	0. 06
1970	0. 69	0. 45	0. 24	0. 47	0. 26	0. 21	0. 16	0. 03	0. 13
1971	0. 51	0. 30	0. 21	0. 52	0. 23	0. 29	0. 08	0. 03	0. 05
1972	0. 89	0. 53	0. 36	0. 55	0. 30	0. 25	0. 22	0. 03	0. 19
1973	2. 39	1. 21	1. 18	0. 62	0. 34	0. 28	0. 13	0. 05	0. 08
1974	2. 18	1. 11	1. 07	0. 93	0. 49	0. 44	0. 29	0. 05	0. 24
1975	2. 18	1. 12	1. 06	1. 13	0. 45	0. 68	0. 18	0. 05	0. 13
1976	1. 87	0. 94	0. 93	1. 21	0. 41	0. 80	0. 26	0. 05	0. 21
1977	2. 56	0. 85	1. 71	1. 42	0. 62	0. 80	0. 36	0. 06	0. 30
1978	4. 02	1. 03	2. 99	1. 71	1. 05	0. 66	0. 86	0. 07	0. 79
1979	3. 77	1. 69	2. 08	3. 10	1. 43	1. 67	0. 35	0. 10	0. 25
1980	4. 40	2. 05	2. 35	3. 30	1. 41	1. 89	0. 42	0. 15	0. 27
1981	3. 02	1. 21	1. 81	1. 51	0. 85	0. 66	0. 45	0. 20	0. 25
1982	2. 84	1. 12	1. 72	2. 61	1. 93	0. 68	0. 61	0. 21	0. 40

续表

年份 Year	瑞士 Switzerland			波兰 Poland			挪威 Norway		
	合计 Total	出口 Exports	进口 Imports	合计 Total	出口 Exports	进口 Imports	合计 Total	出口 Exports	进口 Imports
1983	3. 11	0. 82	2. 29	2. 65	1. 65	1. 00	0. 66	0. 18	0. 48
1984	2. 92	1. 10	1. 82	2. 79	1. 29	1. 50	1. 06	0. 19	0. 87
1985	4. 20	1. 50	2. 70	4. 90	2. 56	2. 34	1. 34	0. 20	1. 14
1986	7. 06	1. 80	5. 26	9. 81	4. 41	5. 40	1. 29	0. 29	1. 00
1987	6. 93	1. 89	5. 04	8. 62	4. 03	4. 59	2. 27	1. 24	1. 03
1988	6. 93	2. 02	4. 91	7. 04	3. 71	3. 33	1. 96	0. 52	1. 44
1989	7. 05	1. 79	5. 26	7. 48	3. 83	3. 65	2. 49	0. 46	2. 03
1990	5. 71	1. 60	4. 11	3. 22	0. 74	2. 48	2. 27	0. 47	1. 80
1991	6. 08	1. 69	4. 39	1. 44	0. 56	0. 88	3. 31	0. 89	2. 42
1992	6. 83	1. 60	5. 23	2. 09	1. 19	0. 90	3. 08	1. 43	1. 65
1993	12. 81	2. 79	10. 02	4. 72	2. 48	2. 24	2. 53	1. 21	1. 32
1994	13. 43	3. 57	9. 86	3. 99	2. 94	1. 05	3. 07	1. 57	1. 50
1995	13. 51	4. 13	9. 38	5. 56	4. 72	0. 84	4. 48	2. 23	2. 25
1996	13. 90	4. 60	9. 30	6. 20	5. 70	0. 50	5. 50	3. 40	2. 10
1997	14. 85	6. 13	8. 72	7. 05	6. 73	0. 32	9. 47	5. 68	3. 79
1998	14. 30	6. 34	7. 96	8. 15	7. 59	0. 56	6. 35	3. 30	3. 05
1999	16. 90	6. 80	10. 10	8. 60	7. 00	1. 60	8. 30	3. 50	4. 80
2000	22. 10	7. 50	14. 60	9. 60	8. 60	1. 00	11. 00	4. 90	6. 10
2001	23. 82	6. 52	17. 30	12. 42	10. 16	2. 26	9. 82	4. 11	5. 71
2002	26. 75	6. 38	20. 37	13. 84	11. 65	2. 19	14. 50	5. 27	9. 23
2003	35. 23	8. 40	26. 83	19. 79	16. 20	3. 59	17. 65	8. 99	8. 66
2004	51. 27	15. 06	36. 21	23. 31	18. 44	4. 87	24. 26	10. 28	13. 98
2005	58. 27	19. 47	38. 80	31. 53	25. 95	5. 58	24. 66	13. 22	11. 44
2006	67. 64	25. 09	42. 54	46. 73	40. 06	6. 67	29. 51	17. 01	12. 50
2007	94. 44	36. 00	58. 44	76. 65	65. 53	11. 12	38. 15	22. 00	16. 15
2008	112. 53	39. 04	73. 48	104. 29	90. 37	13. 93	46. 98	25. 60	21. 38
2009	95. 57	26. 58	68. 98	90. 67	75. 62	15. 05	57. 35	26. 75	30. 59
2010	200. 70	30. 31	170. 39	111. 35	94. 39	16. 96	60. 67	28. 37	32. 30
2011	309. 12	37. 00	272. 11	129. 89	109. 41	20. 49	74. 07	37. 86	36. 21
2012	263. 07	34. 92	228. 15	143. 84	123. 87	19. 97	60. 88	30. 20	30. 68
2013	595. 29	35. 12	560. 17	148. 12	125. 76	22. 37	62. 11	27. 39	34. 73

续表

年份 Year	匈牙利 Hungary			拉丁美洲 Latin America			巴西 Brazil		
	合计 Total	出口 Exports	进口 Imports	合计 Total	出口 Exports	进口 Imports	合计 Total	出口 Exports	进口 Imports
1950	0. 03	0. 03	–	0. 02	–	0. 02	–	–	–
1951	0. 28	0. 22	0. 06	0. 09	–	0. 09	0. 03	–	0. 03
1952	0. 52	0. 27	0. 25	–	–	–	–	–	–
1953	0. 62	0. 30	0. 32	–	–	–	–	–	–
1954	0. 62	0. 30	0. 32	0. 02	–	0. 02	–	–	–
1955	0. 61	0. 29	0. 32	0. 07	–	0. 07	0. 05	–	0. 05
1956	0. 68	0. 30	0. 38	0. 03	–	0. 03	0. 01	–	0. 01
1957	0. 52	0. 26	0. 26	0. 05	–	0. 05	–	–	–
1958	0. 84	0. 33	0. 51	0. 03	–	0. 03	–	–	–
1959	0. 82	0. 41	0. 41	0. 07	–	0. 07	–	–	–
1960	0. 67	0. 29	0. 38	0. 31	0. 10	0. 21	0. 01	–	0. 01
1961	0. 40	0. 12	0. 28	2. 30	1. 08	1. 22	–	–	–
1962	0. 29	0. 14	0. 15	2. 30	0. 82	1. 48	–	–	–
1963	0. 21	0. 17	0. 04	1. 72	0. 91	0. 81	0. 01	0. 01	–
1964	0. 15	0. 13	0. 02	3. 26	1. 08	2. 18	0. 01	–	0. 01
1965	0. 21	0. 13	0. 08	3. 43	1. 15	2. 28	–	–	–
1966	0. 32	0. 12	0. 20	3. 00	0. 91	2. 09	0. 02	–	0. 02
1967	0. 17	0. 07	0. 10	1. 52	0. 81	0. 71	–	–	–
1968	0. 18	0. 08	0. 10	1. 36	0. 64	0. 72	–	–	–
1969	0. 19	0. 11	0. 08	1. 30	0. 78	0. 52	–	–	–
1970	0. 21	0. 12	0. 09	1. 46	0. 75	0. 71	–	–	–
1971	0. 30	0. 14	0. 16	1. 72	0. 71	1. 01	–	–	–
1972	0. 40	0. 17	0. 23	2. 73	0. 95	1. 78	–	–	–
1973	0. 42	0. 22	0. 20	4. 57	1. 31	3. 26	0. 28	–	0. 28
1974	0. 38	0. 21	0. 17	6. 61	1. 69	4. 92	0. 17	0. 01	0. 16
1975	0. 76	0. 35	0. 41	4. 76	1. 20	3. 56	0. 68	–	0. 68
1976	0. 67	0. 25	0. 42	3. 12	0. 86	2. 26	0. 12	–	0. 12
1977	0. 68	0. 35	0. 33	4. 82	0. 90	3. 92	0. 19	–	0. 19
1978	1. 06	0. 57	0. 49	7. 36	1. 33	6. 03	0. 82	0. 08	0. 74
1979	1. 42	0. 62	0. 80	12. 61	2. 80	9. 81	2. 15	0. 93	1. 22
1980	1. 34	0. 50	0. 84	13. 31	4. 88	8. 43	3. 10	2. 47	0. 63
1981	0. 85	0. 41	0. 44	15. 50	6. 30	9. 20	4. 72	3. 51	1. 21
1982	0. 77	0. 27	0. 50	15. 41	6. 60	8. 81	5. 20	3. 86	1. 34

续表

年份 Year	匈牙利 Hungary			拉丁美洲 Latin America			巴西 Brazil		
	合计 Total	出口 Exports	进口 Imports	合计 Total	出口 Exports	进口 Imports	合计 Total	出口 Exports	进口 Imports
1983	0. 66	0. 28	0. 38	20. 33	5. 33	15. 00	6. 36	3. 63	2. 73
1984	1. 04	0. 40	0. 64	16. 54	5. 76	10. 78	8. 39	4. 00	4. 39
1985	1. 86	0. 79	1. 07	25. 69	6. 22	19. 47	14. 11	4. 28	9. 83
1986	3. 33	1. 35	1. 98	20. 87	4. 55	16. 32	9. 64	2. 55	7. 09
1987	3. 32	1. 93	1. 39	17. 33	4. 92	12. 41	6. 95	2. 43	4. 52
1988	3. 70	1. 36	2. 34	25. 76	3. 88	21. 88	8. 70	0. 72	7. 98
1989	2. 27	0. 84	1. 43	29. 69	5. 51	24. 18	10. 24	0. 84	9. 40
1990	1. 44	0. 24	1. 20	22. 91	7. 81	15. 10	6. 29	1. 06	5. 23
1991	0. 55	0. 20	0. 35	23. 58	7. 95	15. 63	4. 14	0. 68	3. 46
1992	0. 64	0. 45	0. 19	29. 76	10. 76	19. 00	5. 84	0. 65	5. 19
1993	2. 27	1. 65	0. 62	37. 07	17. 76	19. 31	10. 55	1. 92	8. 63
1994	4. 09	3. 90	0. 19	47. 02	24. 55	22. 47	14. 21	3. 62	10. 59
1995	3. 56	3. 25	0. 31	61. 14	31. 47	29. 67	19. 90	7. 59	12. 31
1996	2. 59	2. 19	0. 40	67. 30	31. 20	36. 10	22. 50	7. 70	14. 80
1997	3. 22	2. 96	0. 26	83. 80	46. 10	37. 70	25. 30	10. 40	14. 90
1998	4. 10	3. 97	0. 13	83. 10	53. 20	29. 90	22. 20	10. 90	11. 30
1999	6. 20	5. 50	0. 70	82. 60	52. 70	29. 90	18. 40	8. 70	9. 70
2000	10. 00	9. 00	1. 00	126. 00	71. 90	54. 10	28. 50	12. 20	16. 30
2001	11. 61	10. 31	1. 30	149. 39	82. 37	67. 02	36. 98	13. 51	23. 47
2002	16. 17	14. 48	1. 69	178. 26	94. 90	83. 36	44. 69	14. 66	30. 03
2003	25. 88	22. 86	3. 22	268. 06	118. 79	149. 27	79. 89	21. 45	58. 44
2004	31. 27	26. 52	4. 75	400. 27	182. 42	217. 85	123. 59	36. 75	86. 84
2005	28. 59	24. 94	3. 65	504. 57	236. 82	267. 75	148. 17	48. 27	99. 90
2006	39. 87	32. 87	6. 99	702. 03	360. 28	341. 75	202. 90	73. 80	129. 10
2007	62. 25	50. 15	12. 10	1 026. 50	515. 39	511. 11	297. 14	113. 72	183. 42
2008	74. 77	60. 95	13. 82	1 433. 87	714. 77	719. 09	484. 97	187. 50	297. 47
2009	68. 10	53. 44	14. 66	1 215. 40	570. 96	644. 44	424. 00	141. 19	282. 81
2010	87. 16	65. 19	21. 98	1 830. 67	918. 21	912. 47	625. 50	244. 63	380. 87
2011	92. 59	68. 07	24. 52	2 414. 85	1 217. 31	1 197. 54	842. 02	318. 43	523. 59
2012	80. 61	57. 38	23. 23	2 612. 43	1 352. 17	1 260. 26	857. 16	334. 15	523. 01
2013	84. 08	56. 93	27. 15	2 615. 71	1 342. 71	1 273. 00	902. 79	361. 92	540. 86

续表

年份 Year	智利 Chile			阿根廷 Argentina			巴拿马 Panama		
	合计 Total	出口 Exports	进口 Imports	合计 Total	出口 Exports	进口 Imports	合计 Total	出口 Exports	进口 Imports
1950	–	–	–	0.02	–	0.02	–	–	–
1951	–	–	–	0.01	–	0.01	–	–	–
1952	–	–	–	–	–	–	–	–	–
1953	–	–	–	–	–	–	–	–	–
1954	–	–	–	0.02	–	0.02	–	–	–
1955	–	–	–	0.03	–	0.03	–	–	–
1956	–	–	–	0.01	–	0.01	–	–	–
1957	–	–	–	–	–	–	–	–	–
1958	–	–	–	–	–	–	–	–	–
1959	0.01	–	0.01	–	–	–	–	–	–
1960	–	–	–	0.01	–	0.01	–	–	–
1961	–	–	–	0.05	–	0.05	–	–	–
1962	–	–	–	0.40	–	0.40	–	–	–
1963	–	–	–	0.01	–	0.01	–	–	–
1964	0.01	–	0.01	0.92	–	0.92	–	–	–
1965	0.14	–	0.14	0.99	–	0.99	–	–	–
1966	0.18	–	0.18	1.08	–	1.08	–	–	–
1967	0.04	–	0.04	0.07	–	0.07	–	–	–
1968	0.02	0.01	0.01	–	–	–	–	–	–
1969	–	–	–	0.01	0.01	–	–	–	–
1970	0.01	–	0.01	0.01	0.01	–	0.01	0.01	–
1971	0.15	0.02	0.13	–	–	–	0.01	–	0.01
1972	0.76	0.13	0.63	–	–	–	0.02	0.01	0.01
1973	1.15	0.13	1.02	0.04	–	0.04	0.01	0.01	–
1974	1.11	0.01	1.10	0.91	–	0.91	0.02	0.01	0.01
1975	0.33	0.03	0.30	0.42	–	0.42	0.04	0.02	0.02
1976	0.33	0.01	0.32	0.01	–	0.01	0.04	0.04	–
1977	0.18	0.03	0.15	1.18	0.01	1.17	0.04	0.04	–
1978	0.45	0.06	0.39	0.92	0.02	0.90	0.10	0.08	0.02
1979	0.97	0.11	0.86	2.87	0.16	2.71	0.14	0.12	0.02
1980	1.41	0.20	1.21	1.90	0.30	1.60	0.17	0.16	0.01
1981	1.02	0.39	0.63	1.43	0.25	1.18	0.33	0.26	0.07
1982	0.92	0.13	0.79	1.59	0.06	1.53	0.58	0.57	0.01

续表

年份 Year	智利 Chile			阿根廷 Argentina			巴拿马 Panama		
	合计 Total	出口 Exports	进口 Imports	合计 Total	出口 Exports	进口 Imports	合计 Total	出口 Exports	进口 Imports
1983	1. 84	0. 09	1. 75	6. 57	0. 04	6. 53	0. 21	0. 18	0. 03
1984	2. 18	0. 12	2. 06	0. 98	0. 04	0. 94	0. 10	0. 10	–
1985	1. 95	0. 09	1. 86	3. 36	0. 03	3. 33	0. 10	0. 08	0. 02
1986	1. 96	0. 14	1. 82	3. 58	0. 10	3. 48	0. 14	0. 13	0. 01
1987	1. 37	0. 25	1. 12	3. 42	0. 10	3. 32	0. 24	0. 24	–
1988	1. 55	0. 35	1. 20	4. 20	0. 06	4. 14	0. 32	0. 31	0. 01
1989	2. 40	0. 61	1. 79	5. 76	0. 09	5. 67	0. 39	0. 39	–
1990	1. 01	0. 67	0. 34	3. 30	0. 12	3. 18	0. 95	0. 95	–
1991	2. 01	0. 94	1. 07	3. 57	0. 52	3. 05	0. 88	0. 87	0. 01
1992	5. 38	1. 28	4. 10	3. 24	1. 24	2. 00	1. 35	1. 32	0. 03
1993	4. 86	2. 04	2. 82	4. 68	2. 48	2. 20	3. 60	3. 50	0. 10
1994	4. 68	2. 85	1. 83	5. 60	2. 91	2. 69	5. 73	5. 69	0. 04
1995	6. 40	4. 10	2. 30	6. 44	2. 74	3. 70	6. 03	5. 95	0. 08
1996	9. 20	4. 60	4. 60	8. 50	3. 40	5. 10	4. 90	4. 88	0. 02
1997	9. 80	5. 60	4. 20	11. 90	4. 70	7. 20	10. 12	10. 10	0. 02
1998	10. 40	6. 20	4. 20	12. 70	5. 50	7. 20	10. 49	10. 48	0. 01
1999	12. 70	6. 10	6. 60	10. 90	5. 00	5. 90	10. 40	10. 40	–
2000	21. 20	7. 80	13. 40	15. 40	6. 10	9. 30	12. 90	12. 90	–
2001	21. 18	8. 15	13. 03	18. 55	5. 74	12. 81	12. 42	12. 40	0. 02
2002	25. 65	9. 98	15. 67	14. 25	1. 85	12. 40	12. 77	12. 73	0. 04
2003	35. 28	12. 84	22. 44	31. 76	4. 47	27. 29	15. 09	14. 80	0. 29
2004	53. 65	16. 89	36. 76	41. 07	8. 52	32. 55	22. 02	21. 87	0. 15
2005	71. 34	21. 50	49. 84	51. 25	13. 25	38. 00	31. 73	31. 51	0. 22
2006	88. 45	31. 09	57. 36	57. 04	20. 04	37. 00	38. 81	38. 67	0. 14
2007	146. 96	44. 16	102. 81	99. 01	35. 66	63. 35	55. 88	55. 80	0. 08
2008	175. 30	61. 50	113. 80	143. 96	50. 38	93. 58	78. 96	78. 47	0. 50
2009	177. 19	49. 28	127. 91	77. 89	34. 83	43. 06	65. 51	65. 22	0. 29
2010	258. 30	80. 26	178. 03	129. 18	61. 16	68. 02	119. 97	119. 71	0. 25
2011	314. 56	108. 17	206. 39	147. 95	85. 04	62. 91	145. 98	145. 55	0. 43
2012	332. 38	126. 01	206. 37	144. 25	78. 70	65. 55	153. 59	153. 06	0. 53
2013	338. 06	131. 13	206. 93	148. 39	87. 50	60. 89	110. 37	109. 93	0. 44

续表

年份 Year	墨西哥 Mexico			北美洲 North America			美国 United States		
	合计 Total	出口 Exports	进口 Imports	合计 Total	出口 Exports	进口 Imports	合计 Total	出口 Exports	进口 Imports
1950	–	–	–	2. 44	0. 99	1. 45	2. 38	0. 95	1. 43
1951	–	–	–	0. 08	–	0. 08	0. 08	–	0. 08
1952	–	–	–	0. 01	0. 01	–	–	–	–
1953	–	–	–	0. 01	0. 01	–	–	–	–
1954	–	–	–	0. 01	0. 01	–	–	–	–
1955	–	–	–	0. 03	0. 02	0. 01	–	–	–
1956	–	–	–	0. 05	0. 03	0. 02	–	–	–
1957	–	–	–	0. 06	0. 03	0. 03	–	–	–
1958	–	–	–	0. 11	0. 04	0. 07	–	–	–
1959	–	–	–	0. 06	0. 04	0. 02	–	–	–
1960	–	–	–	0. 18	0. 04	0. 14	–	–	–
1961	–	–	–	1. 70	0. 02	1. 68	–	–	–
1962	–	–	–	1. 60	0. 03	1. 57	–	–	–
1963	–	–	–	1. 16	0. 05	1. 11	–	–	–
1964	0. 34	–	0. 34	1. 72	0. 10	1. 62	–	–	–
1965	0. 10	–	0. 10	1. 42	0. 16	1. 26	–	–	–
1966	–	–	–	2. 53	0. 23	2. 30	–	–	–
1967	–	–	–	1. 24	0. 22	1. 02	–	–	–
1968	–	–	–	1. 91	0. 23	1. 68	–	–	–
1969	–	–	–	1. 29	0. 25	1. 04	–	–	–
1970	–	–	–	1. 56	0. 20	1. 36	–	–	–
1971	0. 02	–	0. 02	2. 23	0. 25	1. 98	–	–	–
1972	0. 13	0. 01	0. 12	3. 66	0. 62	3. 04	0. 13	0. 10	0. 03
1973	0. 39	0. 12	0. 27	7. 07	1. 09	5. 98	2. 61	0. 40	2. 21
1974	0. 56	0. 33	0. 23	11. 21	1. 81	9. 40	4. 76	1. 03	3. 73
1975	0. 35	0. 02	0. 33	10. 13	2. 10	8. 03	4. 71	1. 29	3. 42
1976	0. 13	0. 02	0. 11	6. 61	2. 45	4. 16	3. 17	1. 56	1. 61
1977	0. 52	0. 01	0. 51	8. 35	2. 60	5. 75	2. 95	1. 80	1. 15
1978	1. 09	0. 06	1. 03	16. 61	3. 66	12. 95	9. 92	2. 71	7. 21
1979	1. 12	0. 09	1. 03	32. 19	7. 40	24. 79	24. 52	5. 95	18. 57
1980	1. 03	0. 23	0. 80	57. 67	11. 20	46. 47	48. 13	9. 83	38. 30
1981	1. 77	0. 36	1. 41	76. 89	17. 29	59. 60	63. 06	15. 42	47. 64
1982	0. 69	0. 14	0. 55	76. 17	19. 73	56. 44	61. 73	17. 99	43. 74

续表

年份 Year	墨西哥 Mexico			北美洲 North America			美国 United States		
	合计 Total	出口 Exports	进口 Imports	合计 Total	出口 Exports	进口 Imports	合计 Total	出口 Exports	进口 Imports
1983	0. 44	0. 06	0. 38	62. 99	19. 32	43. 67	44. 93	17. 23	27. 70
1984	0. 84	0. 10	0. 74	78. 66	27. 02	51. 64	64. 70	24. 33	40. 37
1985	0. 97	0. 22	0. 75	88. 23	25. 74	62. 49	74. 30	23. 40	50. 90
1986	1. 09	0. 10	0. 99	86. 65	29. 38	57. 27	73. 49	26. 32	47. 17
1987	0. 83	0. 09	0. 74	96. 75	34. 46	62. 29	78. 68	30. 37	48. 31
1988	1. 77	0. 14	1. 63	122. 58	37. 71	84. 87	100. 11	33. 80	66. 31
1989	1. 92	0. 43	1. 49	137. 44	48. 03	89. 41	122. 54	43. 91	78. 63
1990	2. 11	1. 11	1. 00	136. 77	56. 10	80. 67	117. 68	51. 80	65. 88
1991	2. 35	0. 86	1. 49	164. 04	67. 49	96. 55	142. 02	61. 94	80. 08
1992	2. 72	1. 58	1. 14	200. 74	92. 47	108. 27	169. 92	85. 94	83. 99
1993	2. 81	1. 56	1. 25	302. 34	181. 63	120. 71	272. 34	169. 64	102. 69
1994	2. 95	2. 01	0. 94	386. 02	228. 60	157. 42	348. 29	214. 61	133. 68
1995	3. 89	1. 95	1. 94	450. 47	262. 47	188. 00	408. 32	247. 13	161. 18
1996	5. 20	2. 20	3. 00	470. 30	283. 00	187. 30	428. 38	266. 83	161. 55
1997	6. 00	4. 10	1. 90	529. 10	346. 00	183. 10	490. 16	327. 15	163. 01
1998	8. 40	6. 90	1. 50	593. 00	401. 00	192. 00	548. 31	379. 48	168. 83
1999	9. 50	7. 90	1. 60	662. 00	443. 80	218. 20	614. 25	419. 47	194. 78
2000	18. 20	13. 40	4. 80	814. 00	552. 80	261. 20	742. 21	519. 90	222. 31
2001	25. 51	17. 90	7. 61	878. 82	576. 41	302. 41	804. 79	542. 80	262. 00
2002	39. 79	28. 64	11. 15	1 051. 44	742. 75	308. 69	971. 83	699. 46	272. 38
2003	49. 44	32. 67	16. 77	1 363. 97	981. 39	382. 58	1 263. 33	924. 67	338. 66
2004	71. 13	49. 73	21. 40	1 852. 90	1 332. 37	520. 53	1 695. 99	1 249. 42	446. 57
2005	77. 64	55. 38	22. 26	2 309. 44	1 746. 77	562. 67	2 115. 13	1 628. 91	486. 22
2006	114. 31	88. 24	26. 07	2 860. 36	2 191. 14	669. 22	2 626. 59	2 034. 48	592. 11
2007	149. 69	117. 06	32. 63	3 325. 53	2 521. 45	804. 08	3 020. 97	2 327. 06	693. 91
2008	175. 59	138. 51	37. 08	3 683. 88	2 741. 79	942. 08	3 337. 38	2 522. 97	814. 40
2009	161. 81	122. 99	38. 82	3 280. 81	2 385. 68	895. 14	2 982. 59	2 208. 16	774. 43
2010	246. 90	178. 73	68. 17	4 228. 40	3 058. 61	1 169. 79	3 853. 41	2 833. 04	1 020. 38
2011	333. 59	239. 78	93. 81	4 944. 99	3 501. 16	1 443. 83	4 466. 47	3 244. 93	1 221. 54
2012	366. 76	275. 18	91. 58	5 363. 20	3 801. 30	1 561. 90	4 846. 83	3 517. 96	1 328. 86
2013	392. 17	289. 68	102. 49	5 757. 04	3 978. 38	1 778. 66	5 210. 02	3 684. 27	1 525. 75

续表

年份 Year	加拿大 Canada			大洋洲 Oceanic and Pzcific Islands			澳大利亚 Australia		
	合计 Total	出口 Exports	进口 Imports	合计 Total	出口 Exports	进口 Imports	合计 Total	出口 Exports	进口 Imports
1950	0.07	0.04	0.03	0.04	0.01	0.03	0.04	0.01	0.03
1951	0.01	0.01	–	0.03	0.01	0.02	0.03	0.01	0.02
1952	0.01	0.01	–	0.01	–	0.01	0.01	–	0.01
1953	0.01	0.01	–	0.03	0.01	0.02	0.03	0.01	0.02
1954	0.01	0.01	–	0.04	0.01	0.03	0.04	0.01	0.03
1955	0.03	0.02	0.01	0.08	0.02	0.06	0.07	0.01	0.06
1956	0.05	0.03	0.02	0.12	0.02	0.10	0.11	0.02	0.09
1957	0.06	0.03	0.03	0.22	0.03	0.19	0.22	0.03	0.19
1958	0.11	0.04	0.07	0.36	0.05	0.31	0.36	0.05	0.31
1959	0.06	0.04	0.02	0.44	0.06	0.38	0.36	0.05	0.31
1960	0.18	0.04	0.14	0.34	0.06	0.28	0.27	0.05	0.22
1961	1.70	0.02	1.68	1.95	0.04	1.91	1.92	0.04	1.88
1962	1.60	0.03	1.57	1.16	0.07	1.09	1.13	0.07	1.06
1963	1.16	0.05	1.11	2.63	0.12	2.51	2.56	0.10	2.46
1964	1.72	0.10	1.62	2.08	0.20	1.88	2.02	0.18	1.84
1965	1.42	0.16	1.26	2.46	0.24	2.22	2.36	0.21	2.15
1966	2.53	0.23	2.30	1.39	0.26	1.13	1.26	0.22	1.04
1967	1.24	0.22	1.02	2.83	0.29	2.54	2.67	0.24	2.43
1968	1.91	0.23	1.68	1.59	0.31	1.28	1.47	0.26	1.21
1969	1.29	0.25	1.04	1.62	0.37	1.25	1.51	0.30	1.21
1970	1.56	0.20	1.36	1.72	0.37	1.35	1.62	0.32	1.30
1971	2.23	0.25	1.98	0.67	0.43	0.24	0.58	0.36	0.22
1972	3.53	0.52	3.01	0.98	0.55	0.43	0.86	0.47	0.39
1973	4.47	0.70	3.77	2.39	0.97	1.42	2.17	0.82	1.35
1974	6.45	0.78	5.67	5.38	1.43	3.95	4.75	1.12	3.63
1975	5.42	0.82	4.60	5.13	0.86	4.27	4.73	0.70	4.03
1976	3.45	0.89	2.56	4.84	1.05	3.79	4.31	0.89	3.42
1977	5.41	0.80	4.61	6.87	1.25	5.62	6.19	1.01	5.18
1978	6.69	0.95	5.74	9.36	1.43	7.93	8.33	1.18	7.15
1979	7.67	1.45	6.22	12.85	1.98	10.87	11.41	1.56	9.85
1980	9.54	1.37	8.17	15.13	2.65	12.48	12.86	2.23	10.63
1981	13.82	1.86	11.96	12.18	2.83	9.35	9.91	2.40	7.51
1982	14.45	1.74	12.71	13.62	2.72	10.90	11.58	2.27	9.31

续表

年份 Year	加拿大 Canada			大洋洲 Oceanic and Pzcific Islands			澳大利亚 Australia		
	合计 Total	出口 Exports	进口 Imports	合计 Total	出口 Exports	进口 Imports	合计 Total	出口 Exports	进口 Imports
1983	18.06	2.09	15.97	10.31	2.20	8.11	7.99	1.82	6.17
1984	13.97	2.70	11.27	14.00	2.77	11.23	11.80	2.30	9.50
1985	13.93	2.34	11.59	15.52	2.33	13.19	13.21	1.87	11.34
1986	13.17	3.07	10.10	19.02	2.51	16.51	16.13	2.10	14.03
1987	18.07	4.09	13.98	19.39	3.60	15.79	16.20	2.98	13.22
1988	22.46	3.90	18.56	19.64	4.26	15.38	14.69	3.61	11.08
1989	14.90	4.11	10.79	22.85	4.91	17.94	18.95	4.23	14.72
1990	19.08	4.30	14.78	20.17	5.32	14.85	18.09	4.55	13.54
1991	22.01	5.55	16.46	23.89	5.46	18.43	21.10	5.54	15.56
1992	25.80	6.53	19.27	28.54	7.95	20.59	23.32	6.61	16.71
1993	25.73	11.98	13.75	35.93	12.32	23.61	30.10	10.61	19.49
1994	32.46	13.97	18.49	46.39	17.24	29.15	39.40	14.88	24.52
1995	42.14	15.33	26.81	49.24	19.02	30.22	42.11	16.26	25.85
1996	41.90	16.20	25.70	59.00	19.60	39.40	51.10	16.70	34.40
1997	39.10	19.10	20.00	60.70	24.00	36.70	53.00	20.50	32.50
1998	43.60	21.30	22.30	58.00	26.60	31.40	50.30	23.40	26.90
1999	47.70	24.30	23.40	73.00	31.10	41.90	63.10	27.00	36.10
2000	69.10	31.60	37.50	97.90	39.10	58.80	84.50	34.30	50.20
2001	73.74	33.46	40.28	103.67	40.74	62.93	89.96	35.70	54.26
2002	79.32	43.05	36.27	121.23	52.90	68.33	104.36	45.86	58.50
2003	100.08	56.33	43.75	158.90	72.89	86.01	135.63	62.63	73.00
2004	155.16	81.62	73.64	235.04	101.70	133.34	203.91	88.38	115.53
2005	191.65	116.54	75.11	308.94	128.87	180.07	272.48	110.62	161.86
2006	231.79	155.17	76.62	373.33	160.09	213.24	329.48	136.25	193.23
2007	303.35	193.56	109.79	495.15	211.01	284.14	438.30	179.90	258.40
2008	345.21	217.89	127.32	660.24	258.63	401.61	596.57	222.38	374.19
2009	297.01	176.75	120.26	675.44	249.32	426.12	600.84	206.46	394.39
2010	371.04	222.17	148.87	987.81	330.22	657.59	880.92	272.26	608.66
2011	474.49	252.68	221.81	1 298.74	408.95	889.79	1 166.33	339.10	827.23
2012	513.72	281.26	232.46	1 364.87	448.80	916.07	1 223.01	377.40	845.61
2013	544.38	292.19	252.19	1 531.81	446.20	1 085.61	1 363.77	375.60	988.18

续表

年份 Year	新西兰 New Zealand		
	合计 Total	出口 Exports	进口 Imports
1950	–	–	–
1951	–	–	–
1952	–	–	–
1953	–	–	–
1954	–	–	–
1955	–	–	–
1956	–	–	–
1957	–	–	–
1958	–	–	–
1959	0. 07	–	0. 07
1960	0. 07	0. 01	0. 06
1961	0. 04	–	0. 04
1962	0. 03	–	0. 03
1963	0. 07	0. 01	0. 06
1964	0. 06	0. 01	0. 05
1965	0. 09	0. 02	0. 07
1966	0. 12	0. 03	0. 09
1967	0. 14	0. 03	0. 11
1968	0. 10	0. 03	0. 07
1969	0. 09	0. 04	0. 05
1970	0. 08	0. 04	0. 04
1971	0. 06	0. 05	0. 01
1972	0. 09	0. 06	0. 03
1973	0. 19	0. 11	0. 08
1974	0. 54	0. 22	0. 32
1975	0. 30	0. 09	0. 21
1976	0. 42	0. 11	0. 31
1977	0. 56	0. 17	0. 39
1978	0. 81	0. 16	0. 65
1979	1. 15	0. 30	0. 85
1980	1. 87	0. 30	1. 57
1981	2. 04	0. 29	1. 75
1982	1. 63	0. 32	1. 31
1983	1. 72	0. 25	1. 47

续表

年份 Year	新西兰 New Zealand		
	合计 Total	出口 Exports	进口 Imports
1984	1. 82	0. 32	1. 50
1985	1. 94	0. 32	1. 62
1986	2. 43	0. 28	2. 15
1987	2. 60	0. 44	2. 16
1988	4. 46	0. 39	4. 07
1989	3. 44	0. 40	3. 04
1990	1. 76	0. 50	1. 26
1991	2. 35	0. 66	1. 69
1992	3. 66	0. 87	2. 79
1993	3. 96	1. 31	2. 65
1994	5. 04	1. 88	3. 16
1995	5. 78	2. 32	3. 46
1996	6. 30	2. 30	4. 00
1997	6. 30	2. 80	3. 50
1998	6. 80	2. 80	4. 00
1999	8. 20	3. 40	4. 80
2000	10. 50	5. 20	5. 30
2001	11. 72	4. 35	7. 37
2002	13. 99	5. 96	8. 03
2003	18. 26	8. 02	10. 24
2004	24. 91	10. 77	14. 13
2005	26. 80	13. 53	13. 27
2006	29. 34	16. 20	13. 14
2007	36. 98	21. 60	15. 38
2008	43. 96	25. 05	18. 92
2009	45. 62	20. 85	24. 77
2010	65. 24	27. 65	37. 60
2011	87. 24	37. 37	49. 87
2012	96. 75	38. 65	58. 09
2013	123. 85	41. 32	82. 53

表13 各省份出口总额
Total export value of provinces and municipalities

金额单位：亿美元
Unit：USD 100 million

年份 Year / 地区 Region	1988年	1989年	1990年	1991年	1992年
北京 Beijing	9. 77	10. 22	11. 21	13. 08	15. 25
天津 Tianjin	17. 09	16. 92	17. 78	17. 49	18. 40
河北 Hebei	17. 05	18. 00	19. 01	20. 19	19. 48
山西 Shanxi	2. 18	2. 44	2. 63	3. 22	3. 72
内蒙古自治区 Inner Mongolia	2. 95	3. 35	2. 92	3. 98	5. 67
辽宁 Liaoning	40. 00	43. 16	52. 49	56. 25	58. 41
大连 Dalian	4. 48	5. 68	7. 12	10. 61	13. 70
吉林 Jilin	5. 63	7. 57	7. 91	10. 03	11. 52
黑龙江 Heilongjiang	10. 04	11. 05	10. 69	13. 31	19. 03
上海 Shanghai	48. 80	50. 15	54. 83	60. 93	64. 86
江苏 Jiangsu	24. 16	25. 36	29. 43	34. 24	40. 02
浙江 Zhejiang	14. 97	18. 72	21. 89	29. 06	35. 73
宁波 Ningbo	1. 07	1. 65	2. 60	4. 32	6. 41
安徽 Anhui	4. 83	5. 24	5. 70	5. 97	6. 70
福建 Fujian	14. 14	18. 28	24. 49	31. 47	43. 87
厦门 Xiamen	5. 16	7. 05	9. 20	12. 71	18. 77
江西 Jiangxi	4. 34	4. 70	5. 36	5. 08	6. 48
山东 Shandong	29. 11	30. 26	34. 16	37. 51	40. 26
青岛 Qingdao	2. 09	2. 84	3. 68	4. 82	6. 46
河南 Henan	7. 10	7. 56	7. 86	8. 66	8. 16
湖北 Hubei	9. 78	9. 63	9. 45	11. 30	11. 58
湖南 Hunan	6. 29	6. 76	8. 00	9. 36	11. 37
广东 Guangdong	147. 74	180. 62	221. 26	269. 44	333. 37
深圳 Shenzhen	36. 64	44. 96	52. 16	57. 88	65. 95
广西壮族自治区 Guangxi	5. 53	6. 33	8. 06	7. 73	8. 84
海南 Hainan	2. 62	3. 27	5. 37	6. 25	8. 98
四川 Sichuan	4. 73	3. 27	6. 61	7. 89	8. 14
重庆 Chongqing	2. 22	2. 91	3. 27	3. 92	4. 09
贵州 Guizhou	1. 12	1. 28	1. 41	1. 67	2. 07
云南 Yunnan	3. 72	4. 54	4. 53	4. 78	6. 13
西藏自治区 Tibet	0. 11	0. 16	0. 24	0. 39	0. 94
陕西 Shanxi	2. 68	3. 29	4. 07	5. 28	6. 23
甘肃 Gansu	1. 39	1. 41	1. 56	2. 12	2. 65
青海 Qinghai	0. 62	0. 60	0. 71	0. 67	0. 85
宁夏回族自治区 Ningxia	0. 54	0. 41	0. 65	0. 51	0. 65
新疆维吾尔自治区 Xinjiang	2. 95	3. 45	3. 04	3. 39	4. 33

续表

地区 Region \ 年份 Year	1993 年	1994 年	1995 年	1996 年	1997 年
北京 Beijing	11. 41	83. 44	102. 50	81. 31	96. 01
天津 Tianjin	20. 57	26. 93	40. 64	46. 52	52. 48
河北 Hebei	16. 79	23. 03	28. 66	30. 83	32. 38
山西 Shanxi	4. 07	6. 54	11. 43	9. 36	11. 28
内蒙古自治区 Inner Mongolia	4. 85	4. 74	5. 00	5. 22	6. 55
辽宁 Liaoning	51. 69	60. 46	82. 30	86. 25	91. 59
大连 Dalian	42. 86	47. 73	58. 93	61. 34	64. 03
吉林 Jilin	12. 05	13. 66	10. 97	9. 72	9. 32
黑龙江 Heilongjiang	16. 87	12. 43	11. 66	10. 81	13. 08
上海 Shanghai	65. 66	91. 57	129. 64	130. 28	150. 69
江苏 Jiangsu	46. 51	66. 85	97. 89	116. 00	140. 95
浙江 Zhejiang	43. 23	60. 85	76. 93	80. 41	100. 87
宁波 Ningbo	9. 81	15. 36	20. 06	19. 28	24. 41
安徽 Anhui	7. 85	10. 46	13. 93	13. 14	15. 48
福建 Fujian	51. 59	64. 30	79. 08	83. 83	102. 65
厦门 Xiamen	23. 80	31. 23	35. 48	36. 71	45. 52
江西 Jiangxi	6. 14	8. 05	10. 42	8. 51	11. 14
山东 Shandong	42. 01	58. 65	81. 60	91. 82	108. 76
青岛 Qingdao	9. 57	40. 94	49. 30	44. 76	48. 21
河南 Henan	7. 51	10. 24	13. 58	12. 40	12. 80
湖北 Hubei	12. 27	17. 16	19. 80	15. 26	19. 21
湖南 Hunan	11. 38	15. 43	14. 70	13. 54	14. 48
广东 Guangdong	373. 97	502. 02	565. 73	593. 41	745. 41
深圳 Shenzhen	141. 58	183. 56	205. 41	212. 07	256. 20
广西壮族自治区 Guangxi	8. 93	12. 90	17. 02	12. 69	22. 79
海南 Hainan	9. 20	9. 53	9. 23	6. 59	7. 99
四川 Sichuan	7. 48	10. 97	22. 70	11. 82	12. 75
重庆 Chongqing	4. 08	7. 07	8. 27	5. 75	7. 54
贵州 Guizhou	2. 01	3. 04	4. 43	3. 56	4. 44
云南 Yunnan	7. 97	9. 65	12. 58	10. 44	11. 36
西藏自治区 Tibet	1. 04	0. 45	0. 09	0. 21	0. 37
陕西 Shanxi	7. 35	9. 58	12. 70	10. 86	12. 28
甘肃 Gansu	2. 19	3. 47	3. 60	2. 73	3. 59
青海 Qinghai	0. 76	1. 26	1. 30	1. 14	1. 17
宁夏回族自治区 Ningxia	0. 63	1. 09	1. 68	1. 55	1. 86
新疆维吾尔自治区 Xinjiang	3. 75	4. 54	5. 92	4. 72	5. 70

续表

年份 Year / 地区 Region	1998 年	1999 年	2000 年	2001 年	2002 年
北京 Beijing	105. 13	99. 04	119. 68	117. 87	126. 15
天津 Tianjin	54. 99	63. 31	86. 26	94. 92	115. 73
河北 Hebei	31. 16	31. 19	37. 10	39. 56	45. 95
山西 Shanxi	8. 93	8. 40	12. 37	14. 68	16. 62
内蒙古自治区 Inner Mongolia	5. 26	5. 35	9. 70	6. 27	8. 07
辽宁 Liaoning	80. 54	82. 00	108. 57	110. 08	123. 65
大连 Dalian	57. 37	57. 16	73. 00	74. 16	83. 79
吉林 Jilin	7. 48	10. 19	12. 57	14. 62	17. 68
黑龙江 Heilongjiang	9. 09	9. 58	14. 51	16. 12	19. 87
上海 Shanghai	159. 47	188. 00	253. 52	276. 24	320. 46
江苏 Jiangsu	156. 20	183. 06	257. 67	288. 74	384. 71
浙江 Zhejiang	108. 63	128. 71	194. 43	229. 76	294. 16
宁波 Ningbo	29. 64	34. 77	51. 68	62. 44	81. 56
安徽 Anhui	15. 12	16. 76	21. 72	22. 82	24. 53
福建 Fujian	99. 58	103. 52	129. 06	139. 26	173. 72
厦门 Xiamen	42. 89	44. 36	58. 79	65. 04	87. 93
江西 Jiangxi	10. 17	9. 06	11. 97	10. 39	10. 52
山东 Shandong	104. 44	115. 76	155. 29	181. 20	211. 09
青岛 Qingdao	48. 02	52. 67	68. 48	77. 25	85. 87
河南 Henan	11. 87	11. 27	14. 96	17. 05	21. 19
湖北 Hubei	17. 08	15. 12	19. 36	17. 97	20. 98
湖南 Hunan	12. 83	12. 82	16. 53	17. 53	17. 95
广东 Guangdong	756. 18	776. 87	919. 17	954. 26	1 184. 65
深圳 Shenzhen	263. 98	282. 11	345. 64	374. 77	465. 43
广西壮族自治区 Guangxi	18. 04	12. 47	14. 89	12. 35	15. 07
海南 Hainan	7. 65	7. 47	8. 03	7. 98	8. 19
四川 Sichuan	11. 71	11. 39	13. 94	15. 83	27. 11
重庆 Chongqing	5. 14	4. 90	9. 96	11. 03	10. 91
贵州 Guizhou	3. 88	3. 58	4. 21	4. 22	4. 42
云南 Yunnan	11. 22	10. 35	11. 75	7. 80	14. 30
西藏自治区 Tibet	0. 48	0. 86	1. 13	0. 82	0. 81
陕西 Shanxi	11. 76	11. 51	13. 10	11. 08	13. 77
甘肃 Gansu	3. 45	3. 17	4. 15	4. 76	5. 49
青海 Qinghai	1. 04	0. 87	1. 12	1. 49	1. 51
宁夏回族自治区 Ningxia	2. 10	2. 48	3. 27	3. 52	3. 28
新疆维吾尔自治区 Xinjiang	7. 48	10. 27	12. 04	6. 68	13. 08

续表

年份 Year / 地区 Region	2003 年	2004 年	2005 年	2006 年	2007 年
北京 Beijing	168.52	205.69	308.66	379.54	490.43
天津 Tianjin	143.65	208.52	273.81	335.24	388.74
河北 Hebei	59.28	93.39	109.24	128.34	169.99
山西 Shanxi	22.66	40.34	35.28	41.40	65.40
内蒙古自治区 Inner Mongolia	11.56	13.54	17.74	21.41	29.54
辽宁 Liaoning	146.31	189.14	234.38	283.19	353.30
大连 Dalian	93.73	106.52	138.16	174.62	216.29
吉林 Jilin	21.62	17.15	24.66	29.97	38.57
黑龙江 Heilongjiang	28.74	36.81	60.69	84.36	123.28
上海 Shanghai	484.58	735.05	907.18	1 135.89	1 438.47
江苏 Jiangsu	591.19	874.94	1 229.67	1 604.10	2 036.19
浙江 Zhejiang	416.02	581.39	768.02	1 008.91	1 283.13
宁波 Ningbo	120.61	166.48	222.17	287.69	382.51
安徽 Anhui	30.64	39.37	51.89	68.38	88.14
福建 Fujian	211.40	293.95	348.42	412.62	499.38
厦门 Xiamen	105.53	139.40	172.66	205.07	255.53
江西 Jiangxi	15.05	19.95	24.39	37.53	54.68
山东 Shandong	265.59	358.45	461.23	585.98	751.26
青岛 Qingdao	123.89	157.66	193.65	234.42	282.57
河南 Henan	29.80	41.75	50.88	66.34	83.77
湖北 Hubei	26.56	33.82	44.29	62.61	82.01
湖南 Hunan	21.46	31.06	37.47	50.92	65.17
广东 Guangdong	1 529.44	1 915.71	2 381.59	3 019.46	3 696.29
深圳 Shenzhen	629.75	778.43	1 015.22	1 359.59	1 688.20
广西壮族自治区 Guangxi	19.70	23.86	28.77	35.93	51.12
海南 Hainan	8.69	10.93	10.23	13.76	13.68
四川 Sichuan	32.13	39.80	47.02	66.24	86.05
重庆 Chongqing	15.85	20.91	25.21	33.51	45.07
贵州 Guizhou	5.88	8.67	8.59	10.38	14.65
云南 Yunnan	16.77	22.39	26.42	33.91	47.68
西藏自治区 Tibet	1.22	1.30	1.65	2.22	3.26
陕西 Shanxi	17.35	23.97	30.77	36.30	46.75
甘肃 Gansu	8.77	9.96	10.91	15.10	16.58
青海 Qinghai	2.74	4.55	3.23	5.34	3.86
宁夏回族自治区 Ningxia	5.12	6.46	6.87	9.43	10.86
新疆维吾尔自治区 Xinjiang	25.42	30.46	50.39	71.39	115.03

续表

年份 Year 地区 Region	2008 年	2009 年	2010 年	2011 年	2012 年	2013 年
北京 Beijing	575.00	483.79	554.36	589.98	596.50	632.46
天津 Tianjin	421.03	298.93	374.85	444.82	483.13	490.25
河北 Hebei	240.04	156.89	225.56	285.70	296.04	309.63
山西 Shanxi	92.53	28.37	47.03	54.25	70.17	79.96
内蒙古自治区 Inner Mongolia	35.92	23.15	33.34	46.87	39.71	40.95
辽宁 Liaoning	420.70	334.15	430.99	510.42	579.50	645.41
大连 Dalian	249.40	216.78	264.21	297.71	324.64	374.37
吉林 Jilin	47.72	31.25	44.76	49.98	59.83	67.57
黑龙江 Heilongjiang	168.06	100.82	162.81	176.73	144.36	162.32
上海 Shanghai	1 691.45	1 417.96	1 807.14	2 096.74	2 067.44	2 041.97
江苏 Jiangsu	2 380.29	1 991.99	2 705.39	3 125.90	3 285.43	3 288.57
浙江 Zhejiang	1 542.96	1 330.13	1 804.65	2 163.49	2 245.51	2 488.04
宁波 Ningbo	463.27	386.50	519.65	608.25	614.39	657.10
安徽 Anhui	113.64	88.86	124.13	170.83	267.52	282.56
福建 Fujian	569.92	533.19	714.93	928.38	978.33	1 065.04
厦门 Xiamen	293.99	276.58	353.24	426.45	454.00	523.54
江西 Jiangxi	77.27	73.68	134.16	218.76	251.11	281.70
山东 Shandong	931.95	794.91	1 042.26	1 257.13	1 287.27	1 345.10
青岛 Qingdao	327.06	272.56	338.75	405.74	407.89	419.60
河南 Henan	107.19	73.45	105.29	192.40	296.78	359.92
湖北 Hubei	117.09	99.79	144.42	195.35	194.01	228.38
湖南 Hunan	84.13	54.92	79.56	99.04	126.00	148.21
广东 Guangdong	4 056.64	3 589.55	4 531.91	5 319.27	5 740.52	6 364.04
深圳 Shenzhen	1 811.81	1 619.78	2 041.80	2 455.18	2 713.62	3 057.18
广西壮族自治区 Guangxi	73.47	83.75	96.03	124.58	154.68	186.95
海南 Hainan	15.87	13.09	23.20	25.42	31.43	37.06
四川 Sichuan	131.32	141.69	188.41	290.27	384.70	419.52
重庆 Chongqing	57.22	42.80	74.89	198.32	385.69	467.97
贵州 Guizhou	19.01	13.57	19.20	29.85	49.52	68.86
云南 Yunnan	49.84	45.13	76.06	94.72	100.18	159.59
西藏自治区 Tibet	7.08	3.75	7.71	11.83	33.55	32.69
陕西 Shaanxi	53.81	39.88	62.08	70.35	86.53	102.24
甘肃 Gansu	16.01	7.36	16.38	21.59	35.74	46.79
青海 Qinghai	4.19	2.52	4.66	6.62	7.29	8.47
宁夏回族自治区 Ningxia	12.58	7.43	11.70	15.99	16.41	25.52
新疆维吾尔自治区 Xinjiang	192.99	109.35	129.69	168.26	193.47	222.70

表 14　中国出口主要商品
Major export commodities of China

年份 Year	谷物（万吨） Cereals and Cereals Flour (1 0000 tons)			黄大豆（万吨） Soybean (1 0000 tons)	食用植物油（万吨） Edible Vegetable Oil (1 0000 tons)	冻猪肉（万吨） Pork (1 0000 tons)
	合计 Total	其中：大米 Rice	玉米 Maize			
1950	29. 0	5. 0	–	91. 0	–	0. 8
1951	94. 0	13. 0	–	101. 0	–	0. 6
1952	61. 0	33. 0	1. 0	86. 0	–	2. 9
1953	82. 0	56. 0	7. 0	92. 0	16. 5	7. 1
1954	73. 0	54. 0	–	91. 0	9. 0	13. 8
1955	103. 0	70. 0	–	106. 0	11. 3	13. 5
1956	141. 0	108. 0	2. 0	112. 0	12. 4	12. 2
1957	85. 0	53. 0	2. 0	114. 0	10. 2	5. 4
1958	152. 0	140. 0	1. 0	122. 0	13. 0	11. 8
1959	231. 0	177. 0	14. 0	173. 0	15. 7	11. 0
1960	149. 0	107. 0	10. 0	111. 0	8. 5	7. 4
1961	91. 0	43. 0	–	41. 0	1. 0	0. 9
1962	74. 0	46. 0	–	26. 0	1. 1	0. 3
1963	102. 0	68. 0	10. 0	41. 0	1. 1	1. 5
1964	116. 0	76. 0	15. 0	59. 0	1. 6	6. 2
1965	166. 0	98. 0	33. 0	65. 0	9. 7	14. 3
1966	208. 0	149. 0	17. 0	65. 0	11. 7	15. 0
1967	220. 0	158. 0	15. 0	67. 0	8. 2	8. 9
1968	180. 0	130. 0	25. 0	69. 0	8. 3	9. 2
1969	151. 0	118. 0	24. 0	59. 0	5. 0	6. 1
1970	155. 0	128. 0	16. 0	47. 0	3. 7	8. 1
1971	189. 0	129. 0	35. 0	59. 0	3. 4	11. 8
1972	235. 0	143. 0	31. 0	41. 0	5. 3	14. 0
1973	339. 0	263. 0	11. 0	40. 0	4. 7	12. 1
1974	317. 0	206. 0	21. 0	47. 0	5. 6	5. 3
1975	234. 0	163. 0	25. 0	40. 0	5. 0	6. 1
1976	148. 0	88. 0	22. 0	20. 0	3. 6	3. 8
1977	147. 0	103. 0	7. 0	13. 0	1. 2	2. 6
1978	172. 0	144. 0	3. 0	11. 0	2. 7	4. 3
1979	128. 0	105. 0	4. 0	36. 0	3. 5	4. 5
1980	145. 0	112. 0	8. 0	11. 0	3. 5	6. 4
1981	84. 0	58. 0	14. 0	14. 0	6. 3	7. 1

续表

年份 Year	谷物（万吨）Cereals and Cereals Flour (1 0000 tons)			黄大豆（万吨）Soybean (1 0000 tons)	食用植物油（万吨）Edible Vegetable Oil (1 0000 tons)	冻猪肉（万吨）Pork (1 0000 tons)
	合计 Total	其中：大米 Rice	玉米 Maize			
1982	63. 0	47. 0	7. 0	15. 0	10. 2	10. 1
1983	75. 0	58. 0	6. 0	35. 0	15. 6	9. 8
1984	229. 0	116. 0	95. 0	84. 0	13. 7	10. 0
1985	804. 0	101. 0	634. 0	114. 0	16. 2	11. 1
1986	751. 0	95. 0	564. 0	137. 0	18. 9	10. 5
1987	568. 0	102. 0	392. 0	171. 0	5. 6	10. 0
1988	570. 0	70. 0	392. 0	148. 0	2. 6	6. 4
1989	484. 0	32. 0	350. 0	125. 0	6. 2	8. 8
1990	413. 0	33. 0	340. 0	94. 0	14. 0	12. 4
1991	895. 0	69. 0	778. 0	111. 0	10. 0	11. 7
1992	1 202. 0	95. 0	1 031. 0	66. 0	6. 8	5. 0
1993	1 327. 0	143. 0	1 110. 0	37. 0	13. 6	6. 0
1994	1 104. 0	152. 0	874. 0	83. 0	27. 0	10. 0
1995	64. 0	5. 0	11. 0	38. 0	51. 7	15. 4
1996	124. 0	26. 0	16. 0	19. 0	47. 4	12. 9
1997	833. 0	94. 0	661. 0	19. 0	82. 3	10. 3
1998	889. 0	375. 0	469. 0	17. 0	30. 9	10. 5
1999	738. 0	270. 0	431. 0	20. 0	9. 7	5. 4
2000	1 378. 0	295. 0	1 047. 0	21. 0	11. 2	5. 3
2001	876. 0	186. 0	600. 0	25. 0	13. 4	10. 0
2002	1 482. 0	199. 0	1 167. 0	28. 0	9. 7	16. 0
2003	2 194. 0	262. 0	1 639. 0	27. 0	6. 0	21. 0
2004	473. 0	91. 0	232. 0	33. 0	6. 5	29. 0
2005	1 014. 0	69. 0	864. 0	40. 0	22. 5	25. 0
2006	605. 2	123. 7	309. 9	37. 9	39. 9	26. 9
2007	986. 8	131. 0	492. 1	45. 6	16. 6	13. 4
2008	181. 0	97. 0	27. 0	47. 0	24. 8	8. 2
2009	132. 0	78. 6	13. 0	35. 0	11. 4	8. 7
2010	120. 0	62. 2	12. 7	16. 0	9. 2	11. 0
2011	116. 4	51. 6	13. 6	20. 8	12. 2	8. 1
2012	96. 0	27. 9	25. 7	32. 0	10. 0	6. 6
2013	95. 0	47. 8	7. 8	21. 0	11. 5	7. 3

续表

年份 Year	冻鸡（万吨） Frozen Chiken (1 0000 tons)	水产品（万吨） Aquatic Products (1 0000 tons)	茶叶（万吨） Tea（1 0000 tons）	松香（万吨） Resin and Resin Acids (1 0000 tons)	鞭炮烟花（亿美元） Fireworks and Firecrackers (USD 100 million)
1950	–	1. 0	1. 9	0. 3	–
1951	–	1. 7	2. 7	0. 8	–
1952	–	2. 3	2. 9	1. 4	–
1953	0. 1	2. 4	2. 2	1. 6	–
1954	0. 1	2. 5	2. 6	1. 5	–
1955	0. 1	3. 9	3. 1	1. 6	–
1956	0. 4	4. 5	4. 1	6. 7	–
1957	0. 1	5. 8	4. 1	6. 1	–
1958	0. 3	8. 9	5. 7	8. 4	–
1959	0. 1	8. 6	5. 1	3. 1	–
1960	0. 1	9. 5	4. 3	1. 6	0. 0
1961	–	4. 2	3. 5	1. 1	0. 0
1962	–	4. 6	3. 0	1. 4	0. 0
1963	–	5. 9	3. 1	1. 7	0. 0
1964	–	9. 3	3. 2	2. 8	0. 0
1965	–	12. 0	3. 8	6. 2	0. 0
1966	–	14. 5	3. 5	6. 9	0. 0
1967	–	11. 2	3. 3	6. 1	0. 0
1968	–	10. 8	3. 7	8. 4	0. 0
1969	–	9. 0	3. 5	12. 0	0. 0
1970	–	9. 3	4. 1	11. 7	0. 0
1971	1. 3	9. 2	5. 3	12. 3	0. 1
1972	2. 0	9. 6	4. 8	11. 6	0. 0
1973	2. 5	10. 2	5. 0	17. 1	0. 1
1974	2. 1	10. 7	6. 4	19. 0	0. 1
1975	3. 1	10. 1	6. 1	11. 2	0. 2
1976	2. 9	9. 3	6. 1	16. 1	0. 2
1977	2. 1	8. 8	8. 2	12. 7	0. 3
1978	3. 1	9. 2	8. 7	14. 2	0. 3
1979	3. 9	9. 8	10. 7	18. 4	0. 4
1980	3. 9	10. 6	10. 8	13. 7	0. 6
1981	3. 6	11. 5	9. 0	11. 6	0. 6
1982	3. 9	11. 2	10. 6	10. 0	0. 6

续表

年份 Year	冻鸡（万吨） Frozen Chiken (1 0000 tons)	水产品（万吨） Aquatic Products (1 0000 tons)	茶叶（万吨） Tea (1 0000 tons)	松香（万吨） Resin and Resin Acids (1 0000 tons)	鞭炮烟花（亿美元） Fireworks and Firecrackers (USD 100 million)
1983	3. 5	10. 7	12. 5	19. 1	0. 6
1984	2. 7	12. 6	14. 5	14. 5	0. 8
1985	1. 3	11. 4	13. 7	15. 7	1. 0
1986	2. 8	16. 8	17. 2	16. 4	1. 0
1987	1. 7	21. 8	17. 4	20. 5	1. 1
1988	2. 6	26. 4	19. 8	21. 6	1. 1
1989	3. 2	29. 4	19. 8	19. 3	1. 3
1990	3. 8	35. 8	19. 6	18. 9	1. 3
1991	4. 5	36. 0	18. 5	22. 8	1. 4
1992	0. 1	44. 0	17. 6	26. 2	1. 4
1993	9. 5	46. 0	20. 1	22. 7	1. 3
1994	16. 4	57. 0	18. 0	29. 0	1. 4
1995	1. 0	62. 9	16. 7	22. 0	1. 7
1996	29. 9	122. 3	17. 0	17. 6	2. 0
1997	29. 6	71. 9	20. 3	20. 5	2. 0
1998	27. 4	79. 5	21. 7	25. 4	2. 2
1999	30. 2	109. 1	20. 0	26. 1	3. 1
2000	35. 7	119. 6	22. 8	28. 1	2. 5
2001	35. 1	154. 0	25. 0	30. 2	2. 5
2002	28. 2	163. 0	25. 2	35. 6	2. 8
2003	22. 7	158. 0	26. 0	30. 1	3. 2
2004	7. 3	177. 0	28. 0	34. 3	3. 5
2005	9. 0	176. 0	28. 7	34. 7	4. 0
2006	5. 3	193. 6	28. 7	36. 7	4. 6
2007	7. 6	182. 7	29. 0	32. 9	4. 9
2008	7. 3	175. 0	29. 7	27. 7	4. 9
2009	7. 1	209. 0	30. 3	19. 4	5. 6
2010	10. 4	243. 0	30. 3	25. 0	5. 5
2011	10. 9	288. 3	32. 3	23. 1	6. 6
2012	9. 0	368. 4	31. 3	16. 8	7. 2
2013	10. 0	384. 0	32. 6	13. 3	7. 7

续表

年份 Year	肠衣（亿美元） Casings (USD 100 million)	鹅鸭绒毛 （万吨） Goose and Duck Velvet (1 0000 tons)	棉花（万吨） Cotton (1 0000 tons)	羊绒（万吨） Cashmere (1 0000 tons)	服装（亿美元） Garments (USD 100 million)
1950	1. 2	0. 4	–	0. 2	–
1951	1. 4	0. 2	0. 6	0. 1	–
1952	1. 7	0. 2	0. 6	0. 1	–
1953	2. 3	0. 4	1. 7	0. 2	0. 0
1954	2. 6	0. 7	1. 5	0. 2	0. 0
1955	2. 9	0. 4	1. 8	0. 3	0. 0
1956	3. 0	0. 2	2. 0	0. 2	0. 0
1957	3. 3	0. 4	3. 4	0. 2	0. 1
1958	4. 4	0. 7	2. 8	0. 2	1. 0
1959	2. 9	0. 5	12. 0	0. 2	0. 9
1960	1. 6	0. 3	8. 1	0. 1	0. 9
1961	0. 7	0. 2	4. 2	0. 2	1. 0
1962	0. 7	0. 4	2. 7	0. 2	1. 1
1963	1. 5	0. 5	2. 2	0. 2	0. 9
1964	3. 5	0. 7	2. 9	0. 2	0. 7
1965	4. 8	0. 7	3. 5	0. 2	0. 4
1966	4. 3	0. 6	3. 0	0. 1	0. 4
1967	4. 1	0. 5	3. 2	0. 2	0. 4
1968	5. 3	0. 5	3. 9	0. 1	0. 4
1969	5. 3	0. 5	4. 0	0. 3	0. 4
1970	5. 5	0. 5	5. 3	0. 1	0. 4
1971	0. 3	0. 6	5. 1	0. 1	0. 6
1972	0. 3	0. 6	5. 6	0. 2	0. 9
1973	0. 4	0. 9	5. 2	0. 3	1. 5
1974	0. 4	0. 7	5. 7	0. 1	1. 8
1975	0. 5	0. 9	10. 6	0. 0	1. 5
1976	0. 5	1. 1	8. 8	0. 2	1. 9
1977	0. 6	0. 7	4. 1	0. 3	2. 6
1978	0. 6	0. 5	3. 4	0. 2	3. 1
1979	0. 6	0. 7	3. 7	0. 2	4. 8
1980	0. 7	1. 1	1. 0	0. 2	6. 7
1981	0. 6	0. 8	0. 1	0. 2	18. 2

续表

年份 Year	肠衣（亿美元） Casings (USD 100 million)	鹅鸭绒毛（万吨） Goose and Duck Velvet (1 0000 tons)	棉花（万吨） Cotton (1 0000 tons)	羊绒（万吨） Cashmere (1 0000 tons)	服装（亿美元） Garments (USD 100 million)
1982	0. 6	0. 5	3. 5	0. 2	19. 1
1983	0. 7	0. 7	5. 8	0. 1	20. 6
1984	0. 6	0. 7	18. 9	0. 2	26. 5
1985	0. 6	0. 8	34. 7	0. 2	20. 5
1986	0. 8	1. 0	55. 8	0. 2	29. 1
1987	0. 9	2. 0	75. 5	0. 3	37. 5
1988	1. 2	1. 4	46. 8	0. 3	78. 7
1989	1. 1	2. 2	27. 3	0. 2	72. 2
1990	1. 1	2. 2	16. 7	0. 1	87. 2
1991	1. 0	2. 7	20. 0	0. 2	90. 0
1992	1. 6	1. 7	14. 5	0. 3	166. 9
1993	1. 7	1. 9	15. 0	0. 4	184. 3
1994	1. 9	2. 4	10. 8	0. 5	237. 2
1995	2. 8	2. 3	2. 2	0. 2	240. 1
1996	3. 4	2. 1	0. 5	0. 3	249. 8
1997	3. 7	2. 1	0. 2	0. 2	317. 5
1998	3. 4	3. 0	4. 5	0. 2	300. 6
1999	3. 3	3. 2	23. 8	0. 5	300. 6
2000	3. 2	3. 7	29. 3	0. 3	360. 2
2001	2. 8	3. 6	5. 2	0. 2	365. 6
2002	2. 9	4. 2	15. 0	0. 4	411. 9
2003	4. 0	3. 7	11. 2	0. 5	519. 2
2004	5. 0	3. 8	0. 9	0. 4	616. 2
2005	5. 1	3. 6	0. 5	0. 4	738. 8
2006	5. 4	3. 1	1. 3	0. 3	951. 9
2007	5. 7	3. 1	2. 1	0. 3	1 150. 6
2008	8. 4	3. 0	1. 6	0. 2	1 197. 9
2009	7. 9	2. 7	0. 8	0. 2	1 070. 5
2010	8. 3	3. 2	0. 6	0. 3	1 294. 8
2011	11. 0	3. 3	2. 6	0. 2	1 532. 1
2012	11. 0	3. 6	1. 8	0. 2	1 591. 4
2013	9. 6	3. 9	0. 7	0. 3	1 770. 5

续表

年份 Year	地毯（亿美元） Carpets (USD 100 million)	鞋类（亿美元） Shoes (USD 100 million)	帽类（亿美元） Headgear (USD 100 million)	玩具（亿美元） Toys (USD 100 million)
1950	–	–	–	–
1951	–	–	–	–
1952	–	–	–	–
1953	0. 0	–	–	–
1954	0. 0	–	–	–
1955	0. 0	–	–	–
1956	0. 0	–	–	–
1957	0. 0	0. 1	0. 0	–
1958	0. 0	0. 6	0. 0	0. 0
1959	0. 1	0. 6	0. 1	0. 0
1960	0. 1	0. 7	0. 1	0. 0
1961	0. 1	0. 3	0. 0	0. 0
1962	0. 1	0. 7	0. 1	0. 0
1963	0. 1	0. 3	0. 0	0. 0
1964	0. 0	0. 3	0. 0	0. 0
1965	0. 1	0. 1	0. 1	0. 1
1966	0. 1	0. 1	–	0. 1
1967	0. 1	0. 1	–	0. 1
1968	0. 1	0. 1	–	0. 1
1969	0. 1	0. 1	–	0. 1
1970	0. 1	0. 1	–	0. 1
1971	0. 1	0. 2	–	0. 1
1972	0. 1	0. 2	–	0. 1
1973	0. 2	0. 4	–	0. 1
1974	0. 3	0. 5	0. 1	0. 2
1975	0. 4	0. 6	0. 2	0. 2
1976	0. 4	0. 7	0. 2	0. 2
1977	0. 6	0. 7	0. 1	0. 2
1978	0. 9	0. 9	0. 2	0. 3
1979	1. 3	1. 6	0. 1	0. 4
1980	1. 5	1. 8	0. 2	0. 4
1981	2. 0	2. 3	0. 4	0. 9

续表

年份 Year	地毯（亿美元） Carpets （USD 100 million）	鞋类（亿美元） Shoes （USD 100 million）	帽类（亿美元） Headgear （USD 100 million）	玩具（亿美元） Toys （USD 100 million）
1982	1.7	2.3	0.4	1.1
1983	1.9	2.2	0.4	1.0
1984	1.6	2.5	0.5	2.3
1985	2.0	2.6	0.6	0.8
1986	2.3	3.3	0.5	1.5
1987	2.9	4.9	0.8	3.1
1988	3.9	8.1	1.0	11.4
1989	4.3	12.8	1.3	14.3
1990	3.9	26.9	1.2	16.5
1991	4.3	28.7	1.4	20.1
1992	5.2	42.4	2.1	23.7
1993	5.2	52.8	2.4	26.3
1994	6.2	60.4	3.0	30.6
1995	5.5	66.6	3.5	34.3
1996	4.2	71.0	3.9	39.3
1997	4.6	85.4	4.2	50.4
1998	4.4	83.9	4.6	51.4
1999	4.2	86.7	4.8	51.1
2000	4.7	98.5	5.9	55.8
2001	4.9	101.0	5.9	51.7
2002	5.6	110.9	7.2	55.8
2003	6.4	129.6	9.1	59.8
2004	7.7	152.0	11.4	63.8
2005	9.3	190.5	14.0	65.6
2006	10.7	218.1	17.1	70.5
2007	13.2	253.1	19.2	84.9
2008	16.1	296.6	22.9	86.3
2009	14.9	280.2	21.6	77.8
2010	19.6	356.3	27.2	100.8
2011	23.2	417.2	33.8	108.3
2012	24.0	468.1	36.0	114.5
2013	25.1	507.6	40.7	123.8

续表

年份 Year	纸张（万吨） Paper and Paperboard in Rolls (1 0000 tons)	家具类（亿美元） Furniture (USD 100 million)	钢材（万吨） Rolled Steel (1 0000 tons)	生铁（万吨） Pig Iron and Splegeleise (1 0000 tons)	锡（万吨） Tin (1 0000 tons)
1950	1.0	–	–	12.6	0.5
1951	0.3	–	0.1	33.3	0.7
1952	0.1	–	–	18.0	0.8
1953	0.0	–	0.1	12.8	1.7
1954	1.4	–	0.6	25.3	1.7
1955	4.7	–	6.1	64.2	2.0
1956	5.5	–	19.9	59.2	1.8
1957	4.7	–	9.6	19.8	2.6
1958	7.2	–	19.7	18.9	2.8
1959	7.6	–	10.4	15.6	3.0
1960	7.8	–	8.5	24.1	2.6
1961	9.4	–	18.7	21.9	2.1
1962	8.3	–	32.5	18.1	2.0
1963	10.4	–	36.3	35.9	1.7
1964	10.8	0.0	40.0	123.3	1.2
1965	13.1	0.0	47.2	51.8	1.0
1966	15.2	0.0	48.8	57.2	0.7
1967	13.7	0.0	30.7	20.6	0.6
1968	10.7	0.0	30.2	5.2	0.5
1969	9.8	0.0	24.8	2.1	0.6
1970	10.3	0.1	21.5	1.1	0.8
1971	11.5	0.1	31.8	1.5	1.1
1972	12.4	0.1	51.3	2.8	1.2
1973	16.9	0.1	56.3	2.7	1.2
1974	11.9	0.2	45.1	2.7	1.1
1975	10.5	0.2	41.0	2.4	1.5
1976	13.2	0.2	33.9	1.4	0.8
1977	10.4	0.2	22.2	0.9	0.6
1978	13.4	0.3	33.2	3.1	0.6
1979	16.1	0.3	36.8	3.7	0.5
1980	17.4	0.4	40.0	27.2	0.4
1981	22.0	0.5	98.3	115.0	0.6

续表

年份 Year	纸张（万吨） Paper and Paperboard in Rolls (1 0000 tons)	家具类（亿美元） Furniture (USD 100 million)	钢材（万吨） Rolled Steel (1 0000 tons)	生铁（万吨） Pig Iron and Splegeleise (1 0000 tons)	锡（万吨） Tin (1 0000 tons)
1982	17.8	0.6	102.4	128.0	0.3
1983	26.7	1.2	65.6	9.7	0.4
1984	21.3	1.3	34.5	0.6	0.3
1985	18.6	0.9	25.8	0.4	0.7
1986	26.3	1.1	33.6	0.3	1.0
1987	32.1	1.0	37.9	82.7	2.2
1988	26.0	1.3	80.8	233.0	1.1
1989	22.0	1.5	88.0	53.0	1.0
1990	24.8	1.7	199.0	38.0	1.0
1991	23.3	2.4	260.0	62.0	1.6
1992	18.0	4.9	212.0	62.0	3.0
1993	17.0	6.0	112.0	34.0	4.1
1994	24.0	8.4	174.0	154.0	4.4
1995	49.1	11.1	592.8	543.0	4.3
1996	17.1	13.0	421.7	363.0	3.6
1997	21.5	18.2	461.9	555.0	4.1
1998	24.1	21.9	356.6	244.0	5.4
1999	20.3	27.1	370.0	164.0	6.5
2000	63.7	35.7	620.6	336.0	7.8
2001	68.0	39.6	474.0	68.0	5.7
2002	74.0	53.6	545.0	40.0	4.3
2003	114.0	73.0	696.0	71.0	4.1
2004	101.0	101.7	1 423.0	129.0	3.9
2005	167.0	135.0	2 052.0	223.0	2.7
2006	304.5	171.3	4 298.0	86.7	2.2
2007	421.6	221.5	6 264.7	69.3	2.4
2008	361.0	269.1	5 923.0	25.0	0.1
2009	362.0	253.3	2 460.0	24.0	0.1
2010	380.0	329.9	4 256.0	71.0	0.1
2011	450.3	379.3	4 887.9	87.2	0.1
2012	471.2	488.2	5 573.2	30.2	0.2
2013	565.0	518.3	6 234.0	26.0	0.3

续表

年份 Year	水泥（万吨）Cement（1 0000 tons）	焦炭（万吨）Coke and Semi – coke（1 0000 tons）	原油（万吨）Crude Oil（1 0000 tons）	成品油（万吨）Petroleum Products Refined（1 0000 tons）	各种染料（万吨）Dystuff（1 0000 tons）	轮胎（万条）Rubber Tyres（1 0000 items）
1950	9. 2	0. 3	–	–	–	–
1951	20. 4	0. 1	–	–	–	–
1952	21. 1	0. 4	–	–	–	–
1953	32. 9	0. 4	–	–	–	–
1954	32. 8	3. 6	–	–	–	–
1955	40. 8	0. 0	–	–	–	–
1956	91. 5	11. 3	–	–	0. 0	–
1957	154. 5	15. 6	–	–	0. 0	2. 4
1958	125. 2	3. 5	–	–	0. 0	22. 6
1959	80. 8	5. 3	–	–	0. 0	24. 1
1960	88. 6	4. 6	–	–	0. 0	18. 1
1961	98. 5	3. 8	–	0. 1	0. 0	18. 1
1962	124. 9	5. 4	6. 3	2. 7	0. 0	21. 7
1963	112. 1	8. 8	7. 5	0. 7	0. 0	21. 6
1964	99. 8	12. 4	9. 2	3. 5	0. 4	17. 8
1965	102. 2	12. 4	19. 6	10. 2	0. 5	22. 4
1966	92. 9	11. 2	19. 9	19. 7	0. 4	20. 4
1967	81. 4	7. 2	16. 1	13. 8	0. 3	24. 2
1968	51. 5	6. 7	13. 1	10. 6	0. 4	18. 2
1969	56. 2	6. 1	10. 7	14. 2	0. 3	18. 2
1970	42. 8	26. 8	19. 2	19. 3	0. 3	13. 1
1971	53. 6	39. 0	26. 3	37. 4	–	17. 4
1972	68. 8	35. 6	63. 6	89. 0	–	20. 6
1973	92. 6	45. 0	183. 4	116. 2	–	20. 0
1974	70. 0	45. 7	506. 9	147. 8	0. 7	31. 0
1975	74. 2	42. 8	987. 8	210. 1	0. 5	33. 8
1976	59. 0	24. 5	849. 6	194. 6	0. 7	30. 0
1977	49. 0	20. 3	910. 7	196. 5	0. 9	27. 0
1978	85. 0	29. 8	1 131. 3	217. 4	0. 5	28. 9
1979	84. 1	29. 8	1 343. 2	303. 4	1. 0	41. 5
1980	95. 7	27. 1	1 330. 9	420. 3	1. 2	54. 3
1981	81. 7	26. 3	1 387. 4	467. 5	0. 3	45. 2

续表

年份 Year	水泥（万吨） Cement (1 0000 tons)	焦炭（万吨） Coke and Semi – coke (1 0000 tons)	原油（万吨） Crude Oil (1 0000 tons)	成品油（万吨） Petroleum Products Refined (1 0000 tons)	各种染料 (万吨) Dystuff (1 0000 tons)	轮胎（万条） Rubber Tyres (1 0000 items)
1982	70. 0	46. 8	1 468. 3	490. 6	1. 0	39. 0
1983	38. 0	33. 2	1 482. 6	490. 5	1. 2	40. 1
1984	17. 4	34. 9	2 201. 3	570. 1	1. 2	28. 7
1985	14. 2	36. 9	3 003. 4	621. 1	1. 1	30. 7
1986	19. 2	46. 0	2 849. 8	545. 6	2. 1	51. 0
1987	16. 8	61. 0	2 723. 0	494. 0	2. 8	102. 0
1988	15. 2	103. 0	2 605. 0	479. 0	2. 8	124. 0
1989	43. 7	166. 0	2 439. 0	474. 0	4. 0	120. 0
1990	683. 0	130. 0	2 398. 0	526. 0	4. 6	166. 0
1991	1 074. 0	108. 0	2 260. 0	481. 0	5. 0	201. 0
1992	645. 0	135. 0	2 151. 0	539. 0	5. 9	920. 0
1993	245. 0	261. 0	1 943. 0	372. 0	5. 9	1 270. 0
1994	452. 0	404. 0	1 849. 0	379. 0	7. 6	2 059. 0
1995	819. 0	886. 0	1 845. 0	415. 0	9. 2	5 503. 0
1996	1 179. 7	779. 0	2 033. 0	417. 0	9. 5	5 744. 0
1997	1 168. 5	1 058. 0	1 983. 0	559. 0	12. 7	7 497. 0
1998	820. 0	1 146. 0	1 560. 0	436. 0	13. 2	7 397. 0
1999	635. 7	997. 0	717. 0	645. 0	15. 6	8 467. 0
2000	605. 9	1 520. 0	1 031. 0	827. 0	18. 0	10 906. 0
2001	621. 0	1 387. 0	755. 0	922. 0	17. 7	11 073. 0
2002	518. 0	1 357. 0	721. 0	1 068. 0	20. 3	13 391. 0
2003	533. 0	1 472. 0	813. 0	1 382. 0	19. 9	15 779. 0
2004	704. 0	1 501. 0	549. 0	1 146. 0	22. 7	19 969. 0
2005	2 216. 0	1 276. 0	807. 0	1 401. 0	23. 1	22 522. 0
2006	3 613. 0	1 446. 7	642. 0	1 235. 0	25. 2	26 618. 7
2007	3 300. 9	1 529. 9	389. 0	1 551. 0	28. 4	32 578. 3
2008	2 604. 0	1 213. 0	416. 0	1 703. 0	23. 6	31 227. 0
2009	1 561. 0	54. 0	507. 0	2 504. 0	23. 8	30 214. 0
2010	1 616. 0	335. 0	303. 0	2 688. 0	27. 3	36 962. 0
2011	1 061. 0	329. 7	251. 4	2 570. 0	24. 4	39 731. 1
2012	1 199. 7	102. 0	243. 2	2 427. 2	27. 0	41 350. 4
2013	1 454. 0	467. 0	162. 0	2 851. 0	29. 0	44 013. 0

表 15 中国进口主要商品
Major import commodities of China

年份 Year	谷物（万吨） Cereals and Cereals Flour（10000 tons）			黄大豆（万吨） Soybean（1 0000 tons）	食用植物油（万吨） Edible Vegetable Oil（1 0000 tons）	豆粕（万吨） Bean Dregs（1 0000 tons）
	合计 Total	其中：小麦 Wheat	大麦 Barley			
1950	7.0	–	–	–	0.3	–
1951	–	–	–	–	0.1	–
1952	–	–	–	–	0.1	–
1953	1.0	1.0	–	–	1.0	–
1954	3.0	3.0	–	–	3.3	–
1955	18.0	2.0	–	–	1.9	–
1956	15.0	2.0	–	–	1.1	–
1957	17.0	5.0	–	–	2.4	–
1958	22.0	15.0	–	–	1.7	–
1959	–	–	–	–	1.4	–
1960	7.0	4.0	–	–	0.7	–
1961	581.0	388.0	117.0	–	1.6	–
1962	492.0	354.0	36.0	–	2.1	–
1963	595.0	559.0	3.0	–	3.1	–
1964	651.0	537.0	54.0	–	4.0	–
1965	636.0	607.0	2.0	–	4.7	–
1966	644.0	621.0	–	–	1.5	–
1967	468.0	439.0	–	–	2.7	–
1968	460.0	445.0	–	–	1.1	–
1969	379.0	374.0	–	–	1.8	–
1970	536.0	530.0	–	–	1.7	–
1971	317.0	302.0	–	–	4.3	–
1972	476.0	433.0	–	–	4.4	–
1973	800.0	630.0	–	13.0	4.0	–
1974	741.0	538.0	–	71.0	3.9	–
1975	370.0	349.0	–	4.0	5.9	–
1976	234.0	202.0	–	3.0	3.4	–
1977	701.0	688.0	–	33.0	5.8	–
1978	863.0	767.0	–	19.0	5.9	–
1979	1 176.0	871.0	11.0	58.0	7.0	–
1980	1 391.0	1 097.0	2.0	53.0	21.7	–

续表

年份 Year	谷物（万吨） Cereals and Cereals Flour（10000 tons）			黄大豆 (万吨) Soybean (1 0000 tons)	食用植物油 (万吨) Edible Vegetable Oil (1 0000 tons)	豆粕（万吨） Bean Dregs (1 0000 tons)
	合计 Total	其中：小麦 Wheat	大麦 Barley			
1981	1 387.0	1 305.0	5.0	57.0	7.5	0.1
1982	1 572.0	1 380.0	8.0	36.0	5.7	1.0
1983	1 349.0	1 111.0	7.0	–	3.5	0.6
1984	1 037.0	987.0	5.0	–	1.4	–
1985	596.0	541.0	3.0	–	67.6	1.5
1986	740.0	611.0	20.0	29.0	45.6	2.5
1987	1 597.0	1 320.0	–	31.0	51.0	0.5
1988	1 519.0	1 455.0	8.0	15.0	21.0	0.1
1989	1 654.0	1 488.0	25.0	–	106.0	2.6
1990	1 369.0	1 253.0	6.0	–	112.0	0.1
1991	1 343.0	1 237.0	75.0	–	61.0	0.1
1992	1 162.0	1 058.0	83.0	12.0	42.0	3.7
1993	732.0	642.0	77.0	10.0	24.0	5.5
1994	904.0	718.0	132.0	5.0	163.0	0.1
1995	2 040.0	1 159.0	127.0	29.0	353.0	0.1
1996	1 083.0	825.0	131.0	111.0	264.0	188.0
1997	417.0	186.0	187.0	288.0	275.0	347.0
1998	388.0	149.0	152.0	319.0	206.0	373.0
1999	339.0	45.0	227.0	432.0	208.0	57.0
2000	315.0	88.0	197.0	1 042.0	179.0	51.0
2001	344.0	69.0	237.0	1 394.0	165.0	5.4
2002	285.0	60.0	191.0	1 132.0	319.0	0.1
2003	208.0	43.0	136.0	2 074.0	541.0	0.2
2004	975.0	723.0	171.0	2 023.0	676.0	5.5
2005	627.0	351.0	218.0	2 659.0	621.0	20.3
2006	358.2	61.3	213.1	2 823.7	669.5	67.4
2007	155.5	10.1	91.3	3 081.7	838.3	10.5
2008	154.0	4.3	107.6	3 744.0	816.0	22.0
2009	315.0	90.4	173.8	4 255.0	816.0	13.3
2010	571.0	123.1	236.7	5 480.0	687.0	18.8
2011	544.6	125.8	177.6	5 249.6	656.7	22.4
2012	1 398.1	370.1	252.8	5 838.3	845.1	4.5
2013	1 458.0	553.5	233.5	6 338.0	810.0	1.7

续表

年份 Year	原木 （万立方米） Logs (1 0000 cu. m)	锯木 （万立方米） Wood Sawm (1 0000 cu. m)	胶合板 （万立方米） Plywood (1 0000 cu. m)	棉花（万吨） Cotton (1 0000 tons)	羊毛（万吨） Wool (1 0000 tons)	纸浆（万吨） Paper Pulp (1 0000 tons)
1950	1.0	–	–	13.4	0.1	1.6
1951	0.9	–	–	6.1	0.1	1.6
1952	1.2	–	–	7.7	0.2	3.8
1953	2.2	–	–	2.0	0.6	5.1
1954	1.9	–	–	5.4	0.5	0.3
1955	2.7	–	–	9.2	0.9	0.3
1956	2.7	–	–	4.8	1.2	0.8
1957	2.8	–	–	4.8	1.4	1.2
1958	5.4	–	–	7.9	2.1	2.0
1959	11.8	–	–	4.5	2.8	1.2
1960	11.2	–	–	9.4	2.1	4.3
1961	20.3	–	–	5.3	2.2	6.5
1962	29.6	–	0.1	3.7	1.4	4.7
1963	54.4	–	0.2	11.4	1.9	5.3
1964	56.0	–	0.4	16.5	1.3	8.9
1965	156.8	1.7	0.9	19.9	0.9	8.1
1966	154.0	0.1	–	12.0	0.8	9.2
1967	12.0	–	–	10.8	1.1	16.8
1968	11.1	–	0.2	7.6	0.8	13.5
1969	5.4	–	0.3	8.0	0.7	6.7
1970	8.1	–	–	8.1	0.5	4.7
1971	7.2	–	–	12.1	0.4	12.8
1972	22.5	–	10.6	19.6	0.9	18.3
1973	65.3	–	0.6	47.7	7.1	22.2
1974	92.5	–	0.4	37.3	1.2	9.6
1975	28.1	–	–	17.7	0.4	13.3
1976	73.8	–	–	18.8	0.7	17.2
1977	53.9	–	0.3	18.1	1.0	21.6
1978	53.5	–	0.2	51.0	1.0	22.1
1979	57.4	–	0.2	54.9	1.7	23.9
1980	180.4	0.8	–	89.8	3.7	42.0
1981	194.0	1.4	25.9	80.1	5.9	68.2
1982	474.8	1.0	51.3	47.3	8.7	56.4

续表

年份 Year	原木 (万立方米) Logs (1 0000 cu. m)	锯木 (万立方米) Wood Sawm (1 0000 cu. m)	胶合板 (万立方米) Plywood (1 0000 cu. m)	棉花(万吨) Cotton (1 0000 tons)	羊毛(万吨) Wool (1 0000 tons)	纸浆(万吨) Paper Pulp (1 0000 tons)
1983	627. 0	19. 0	30. 4	23. 0	8. 8	73. 1
1984	851. 3	7. 0	57. 3	39. 8	5. 6	79. 9
1985	983. 0	26. 0	82. 3	–	11. 3	69. 6
1986	728. 0	33. 0	62. 2	–	15. 2	73. 7
1987	609. 0	11. 3	140. 5	0. 6	15. 3	68. 3
1988	932. 0	–	135. 1	3. 5	18. 7	79. 5
1989	597. 0	–	107. 2	51. 9	10. 4	47. 6
1990	415. 0	67. 4	136. 9	42. 0	3. 3	34. 0
1991	397. 0	34. 7	146. 2	37. 0	10. 6	67. 0
1992	467. 0	92. 5	243. 1	28. 0	20. 9	60. 0
1993	346. 0	120. 8	232. 3	1. 0	23. 8	52. 0
1994	333. 0	93. 5	247. 7	50. 0	31. 9	81. 0
1995	258. 0	85. 0	208. 2	76. 1	28. 1	82. 4
1996	319. 0	93. 0	177. 7	68. 4	22. 6	146. 8
1997	447. 0	132. 0	148. 9	78. 3	20. 7	154. 2
1998	482. 0	168. 0	169. 1	20. 9	16. 9	219. 9
1999	1 014. 0	272. 0	104. 2	5. 2	19. 9	309. 8
2000	1 361. 0	358. 0	100. 2	5. 2	30. 1	334. 5
2001	1 686. 0	401. 6	65. 0	6. 0	30. 9	490. 0
2002	2 433. 0	539. 6	64. 0	18. 0	23. 7	526. 0
2003	2 546. 0	551. 2	80. 0	87. 0	19. 4	603. 0
2004	2 631. 0	600. 7	80. 0	191. 0	24. 7	732. 0
2005	2 937. 0	597. 0	59. 0	257. 0	27. 0	759. 0
2006	3 215. 2	606. 7	41. 3	364. 2	30. 0	795. 8
2007	3 713. 3	650. 3	30. 4	245. 9	31. 1	847. 1
2008	2 957. 0	709. 0	29. 0	211. 0	28. 5	952. 0
2009	2 806. 0	988. 0	18. 0	153. 0	30. 8	1 368. 0
2010	3 435. 0	1 476. 0	21. 0	284. 0	31. 8	1 137. 0
2011	4 232. 1	2 155. 4	18. 8	336. 4	32. 2	1 444. 6
2012	3 789. 3	2 063. 1	17. 9	513. 5	31. 0	1 646. 4
2013	4 516. 0	2 402. 0	15. 0	415. 0	35. 0	1 685. 0

续表

年份 Year	钢材（万吨） Rolled Steel (1 0000 tons)	废钢（万吨） Steel Scraps (1 0000 tons)	铁矿砂 （万吨） Iron Ore (1 0000 tons)	铜矿砂 （万吨） Copper Ores (1 0000 tons)	铜材（万吨） Rolled Copper (1 0000 tons)	氧化铝 （万吨） Aluminium Oxide (1 0000 tons)
1950	41. 0	–	–	–	–	–
1951	63. 0	–	–	–	–	–
1952	46. 0	–	–	–	–	–
1953	104. 0	–	–	–	1. 0	–
1954	82. 0	–	–	–	0. 6	–
1955	83. 0	–	–	–	1. 2	–
1956	72. 0	1. 2	–	–	3. 2	–
1957	70. 0	2. 1	23. 0	–	1. 7	–
1958	164. 0	0. 8	41. 0	–	0. 2	–
1959	84. 0	0. 4	45. 0	–	0. 2	–
1960	87. 0	0. 1	62. 0	–	0. 2	–
1961	27. 0	0. 3	65. 0	0. 2	0. 1	–
1962	23. 0	0. 2	70. 0	0. 3	0. 1	–
1963	25. 0	–	94. 0	0. 4	0. 1	–
1964	41. 0	–	84. 0	0. 4	0. 1	–
1965	76. 0	0. 2	103. 0	0. 4	0. 1	–
1966	141. 0	1. 8	93. 0	0. 4	–	–
1967	174. 0	37. 3	77. 0	0. 5	–	–
1968	202. 0	21. 0	57. 0	0. 2	–	–
1969	193. 0	29. 4	37. 0	0. 6	0. 3	–
1970	267. 0	25. 2	68. 0	–	–	–
1971	234. 0	47. 3	78. 0	–	–	–
1972	236. 0	57. 2	95. 0	–	0. 1	3. 3
1973	409. 0	74. 6	83. 0	0. 2	0. 2	1. 9
1974	374. 0	33. 3	290. 0	0. 3	0. 1	4. 3
1975	401. 0	32. 0	274. 0	3. 8	–	3. 3
1976	493. 0	7. 5	236. 0	5. 3	0. 2	–
1977	526. 0	1. 2	257. 0	7. 7	–	–
1978	864. 0	0. 4	802. 0	2. 0	–	–
1979	847. 0	0. 6	716. 0	4. 0	–	–
1980	501. 0	0. 5	725. 0	8. 5	–	–

续表

年份 Year	钢材（万吨）Rolled Steel（1 0000 tons）	废钢（万吨）Steel Scraps（1 0000 tons）	铁矿砂（万吨）Iron Ore（1 0000 tons）	铜矿砂（万吨）Copper Ores（1 0000 tons）	铜材（万吨）Rolled Copper（1 0000 tons）	氧化铝（万吨）Aluminium Oxide（1 0000 tons）
1981	357. 0	–	342. 0	6. 3	0. 4	–
1982	385. 0	–	371. 0	10. 2	2. 6	3. 1
1983	946. 0	0. 2	392. 0	10. 2	1. 3	5. 9
1984	1 297. 0	14. 2	596. 0	14. 4	2. 7	6. 5
1985	2 004. 0	62. 8	1 006. 0	28. 3	3. 8	14. 4
1986	2 015. 0	70. 4	1 372. 0	28. 7	6. 3	28. 6
1987	1 241. 0	36. 0	1 090. 0	20. 0	4. 0	32. 2
1988	912. 0	15. 0	1 054. 0	17. 0	2. 5	16. 0
1989	948. 0	12. 0	1 259. 0	18. 0	3. 9	29. 8
1990	419. 0	18. 0	1 434. 0	24. 0	3. 8	58. 0
1991	356. 0	24. 0	1 855. 0	31. 0	5. 2	69. 0
1992	719. 0	87. 0	2 522. 0	34. 0	15. 9	80. 0
1993	3 016. 0	298. 0	3 305. 0	24. 0	20. 8	97. 0
1994	2 283. 0	212. 0	3 734. 0	25. 0	28. 3	191. 0
1995	1 397. 0	133. 0	4 115. 0	48. 0	35. 0	119. 2
1996	1 599. 0	128. 0	4 387. 0	82. 0	42. 3	115. 5
1997	1 323. 0	183. 0	5 511. 0	94. 0	48. 5	109. 4
1998	1 242. 0	202. 0	5 177. 0	118. 0	54. 7	157. 5
1999	1 486. 0	334. 0	5 527. 0	125. 0	63. 2	162. 3
2000	1 596. 0	510. 0	6 997. 0	181. 0	74. 0	188. 2
2001	1 722. 0	979. 0	9 231. 0	226. 0	74. 1	335. 0
2002	2 449. 0	785. 0	11 150. 0	207. 0	91. 8	457. 0
2003	3 717. 0	929. 0	14 813. 0	267. 0	105. 6	561. 0
2004	2 930. 0	1 023. 0	20 809. 0	288. 0	119. 5	587. 0
2005	2 582. 0	1 014. 0	27 526. 0	406. 0	111. 9	702. 0
2006	1 850. 4	538. 3	32 628. 9	361. 2	109. 2	691. 1
2007	1 687. 1	339. 4	38 278. 2	452. 5	105. 4	512. 4
2008	1 543. 0	359. 0	44 356. 0	519. 0	93. 5	459. 0
2009	1 763. 0	1 369. 0	62 778. 0	613. 0	82. 4	514. 0
2010	1 643. 0	585. 0	61 863. 0	647. 0	91. 1	431. 0
2011	1 558. 0	676. 6	68 574. 7	638. 2	78. 1	189. 3
2012	1 365. 9	497. 4	74 341. 1	782. 7	66. 9	501. 9
2013	1 408. 0	446. 0	81 941. 0	1 007. 0	65. 0	383. 0

续表

年份 Year	铝材（万吨） Rolled Aluminium (1 0000 tons)	原油（万吨） Crude Oil (1 0000 tons)	成品油（万吨） Petroleum Products Refined (1 0000 tons)	液化石油气（万吨） Liquefied Petroleum (1 0000 tons)	乙二醇（万吨） Ethylene Glycol (1 0000 tons)	对苯二甲酸（万吨） Telephthalic Acid (1 0000 tons)
1950	–	4.0	29.0	–	–	–
1951	–	6.0	44.0	–	–	–
1952	–	10.0	33.0	–	–	–
1953	0.4	11.0	75.0	–	–	–
1954	–	15.0	81.0	–	–	–
1955	0.1	38.0	129.0	–	–	–
1956	0.2	40.0	156.0	–	–	–
1957	–	38.0	151.0	–	–	–
1958	0.2	66.0	201.0	–	–	–
1959	0.2	65.0	268.0	–	–	–
1960	0.2	59.0	267.0	–	–	–
1961	0.1	6.0	309.0	–	–	–
1962	0.1	10.0	183.0	–	–	–
1963	–	12.0	156.0	–	–	–
1964	–	12.0	66.0	–	–	–
1965	–	13.0	12.0	–	–	–
1966	–	17.0	13.0	–	–	–
1967	–	6.0	5.0	–	–	–
1968	–	9.0	21.0	–	–	–
1969	0.2	20.0	20.0	–	–	–
1970	–	47.0	6.0	–	–	–
1971	–	7.0	21.0	–	–	–
1972	–	17.0	6.0	–	–	–
1973	0.1	18.0	5.0	–	–	–
1974	0.1	90.0	1.0	–	0.2	–
1975	–	176.0	1.0	–	0.9	–
1976	0.2	80.0	–	–	0.7	–
1977	–	48.0	1.0	–	0.7	–
1978	–	69.0	–	–	–	–
1979	–	26.0	–	–	0.1	–
1980	–	37.0	–	–	–	0.6

续表

年份 Year	铝材（万吨）Rolled Aluminium (1 0000 tons)	原油（万吨）Crude Oil (1 0000 tons)	成品油（万吨）Petroleum Products Refined (1 0000 tons)	液化石油气（万吨）Liquefied Petroleum (1 0000 tons)	乙二醇（万吨）Ethylene Glycol (1 0000 tons)	对苯二甲酸（万吨）Telephthalic Acid (1 0000 tons)
1981	2.2	–	3.0	–	–	–
1982	1.4	30.0	5.0	–	0.3	–
1983	0.9	–	8.0	–	0.2	–
1984	1.5	–	10.0	–	5.7	–
1985	13.0	–	7.0	–	7.6	–
1986	4.4	46.0	197.0	–	15.8	–
1987	5.6	–	198.0	–	12.6	–
1988	5.6	85.0	307.0	–	8.7	24.8
1989	7.1	326.0	534.0	–	10.5	31.9
1990	4.4	292.0	316.0	–	7.9	32.6
1991	6.5	597.0	461.0	–	17.1	34.3
1992	11.4	1 136.0	768.0	–	11.4	27.3
1993	12.5	1 567.0	1 729.0	–	12.8	25.6
1994	17.7	1 235.0	1 289.0	–	12.9	23.9
1995	22.8	1 709.0	1 439.0	233.0	20.5	40.1
1996	26.8	2 262.0	1 583.0	357.0	23.1	44.8
1997	31.2	3 547.0	2 379.0	359.0	19.9	47.9
1998	34.1	2 732.0	2 174.0	478.0	30.8	72.9
1999	42.7	3 661.0	2 082.0	554.0	56.7	154.2
2000	45.7	7 027.0	1 805.0	482.0	105.0	250.6
2001	40.4	6 026.0	2 145.0	489.0	159.7	311.7
2002	47.6	6 941.0	2 034.0	626.0	214.6	429.7
2003	53.1	9 112.0	2 824.0	638.0	251.9	454.2
2004	61.1	12 272.0	3 788.0	641.0	340.2	572.5
2005	64.8	12 682.0	3 143.0	617.0	400.0	649.7
2006	68.6	14 517.5	3 636.9	605.7	406.4	700.4
2007	69.0	16 316.0	3 378.5	697.8	480.0	698.8
2008	61.9	17 888.0	3 885.0	594.0	521.6	594.2
2009	58.1	20 379.0	3 696.0	969.0	582.8	625.7
2010	59.1	23 931.0	3 688.0	1 263.0	664.0	664.2
2011	57.7	25 377.9	4 059.9	1 570.3	726.9	652.6
2012	53.1	27 097.6	3 981.7	1 826.1	793.7	536.5
2013	48.2	28 195.0	3 959.0	2 252.0	823.8	274.3

续表

年份 Year	苯乙烯（万吨） Styrene (1 0000 tons)	己内酰胺（万吨） Caprolactam (1 0000 tons)	甲苯（万吨） Toluene (1 0000 tons)	化肥（万吨） Chemical Fertilizers (1 0000 tons)		合成有机染料（亿美元） Synthetic Organic Dyestuffs (USD 100 million)
				合计 Total	其中：氯化钾 Potassium Chloride	
1950	–	–	–	–	–	0. 2
1951	–	–	–	–	–	0. 4
1952	–	–	–	–	–	0. 3
1953	–	–	–	36. 0	–	0. 1
1954	–	–	–	65. 0	–	0. 3
1955	–	–	–	80. 0	–	0. 4
1956	–	–	–	133. 0	–	0. 1
1957	–	–	–	70. 0	–	0. 1
1958	–	–	–	187. 0	–	0. 1
1959	–	–	–	140. 0	–	0. 2
1960	–	–	–	121. 0	–	0. 1
1961	–	–	–	60. 0	–	0. 1
1962	–	0. 0	–	108. 0	–	0. 1
1963	–	0. 0	–	200. 0	–	0. 1
1964	–	0. 1	0. 3	140. 0	–	0. 1
1965	–	0. 0	0. 1	199. 0	–	0. 2
1966	–	0. 0	–	250. 0	–	0. 1
1967	–	0. 1	–	400. 0	–	0. 1
1968	–	0. 3	–	399. 0	–	0. 2
1969	–	0. 7	1. 1	391. 0	–	0. 2
1970	–	0. 8	–	435. 0	–	0. 2
1971	–	1. 2	–	416. 0	–	0. 2
1972	–	1. 3	–	423. 0	1. 0	0. 2
1973	–	1. 0	–	398. 0	4. 0	0. 4
1974	–	1. 3	–	330. 0	21. 0	0. 4
1975	–	2. 3	–	300. 0	15. 0	0. 4
1976	–	2. 6	–	273. 0	2. 0	0. 9
1977	–	2. 3	–	380. 0	9. 0	0. 7
1978	–	2. 7	–	398. 0	10. 0	1. 0
1979	–	1. 5	–	467. 0	35. 0	1. 1
1980	–	3. 8	–	567. 0	43. 0	1. 0
1981	0. 2	3. 2	1. 0	555. 0	82. 0	0. 8

续表

年份 Year	苯乙烯（万吨）Styrene（1 0000 tons）	己内酰胺（万吨）Caprolactam（1 0000 tons）	甲苯（万吨）Toluene（1 0000 tons）	化肥（万吨）Chemical Fertilizers（1 0000 tons）		合成有机染料（亿美元）Synthetic Organic Dyestuffs（USD 100 million）
				合计 Total	其中：氯化钾 Potassium Chloride	
1982	0. 5	1. 7	0. 0	606. 0	70. 0	0. 9
1983	0. 3	2. 0	0. 2	800. 0	84. 0	0. 3
1984	0. 1	3. 3	1. 2	923. 0	90. 0	0. 5
1985	0. 7	4. 6	0. 4	761. 0	39. 0	0. 8
1986	1. 1	5. 0	1. 1	510. 0	51. 0	0. 6
1987	0. 3	4. 9	2. 9	1 090. 0	167. 0	0. 8
1988	0. 6	9. 8	5. 0	1 471. 0	199. 0	1. 2
1989	0. 2	4. 1	1. 4	1 393. 0	112. 0	0. 8
1990	0. 0	6. 5	1. 6	1 626. 0	207. 0	0. 7
1991	3. 6	12. 2	7. 1	1 818. 0	243. 0	1. 0
1992	7. 9	12. 8	14. 2	1 859. 0	244. 0	1. 4
1993	16. 7	9. 5	17. 0	1 021. 0	173. 0	1. 3
1994	25. 8	11. 5	25. 0	1 266. 0	285. 0	1. 2
1995	30. 6	12. 4	41. 4	1 991. 0	386. 0	1. 2
1996	39. 1	15. 5	37. 4	1 857. 0	344. 0	1. 3
1997	44. 0	13. 9	40. 2	1 649. 0	463. 0	1. 5
1998	58. 3	17. 6	36. 9	1 387. 0	512. 0	1. 5
1999	102. 7	22. 1	49. 5	1 335. 0	520. 0	1. 7
2000	115. 8	24. 5	57. 3	1 189. 0	599. 0	2. 0
2001	160. 8	30. 6	72. 9	1 092. 0	517. 0	2. 2
2002	179. 9	32. 1	86. 3	1 682. 0	665. 0	2. 6
2003	266. 1	37. 7	98. 1	1 213. 0	623. 0	2. 9
2004	289. 5	45. 0	81. 8	1 240. 0	718. 0	3. 2
2005	281. 3	49. 3	80. 6	1 397. 0	883. 0	3. 6
2006	234. 3	44. 5	56. 7	1 114. 2	705. 3	4. 0
2007	309. 8	47. 2	44. 5	1 167. 4	941. 3	4. 4
2008	281. 1	45. 0	27. 4	619. 0	514. 0	4. 8
2009	364. 4	60. 1	79. 1	404. 0	198. 0	3. 7
2010	368. 6	63. 1	82. 9	708. 0	524. 0	4. 3
2011	360. 8	63. 3	65. 5	787. 3	640. 1	4. 2
2012	333. 7	70. 7	66. 0	839. 3	634. 2	3. 7
2013	367. 5	45. 3	81. 2	789. 0	603. 0	3. 5

续表

年份 Year	农药（万吨） Pesticides （1 0000 tons）	天然橡胶 （万吨） Natural Rubber （1 0000 tons）	合成橡胶 （万吨） Synthetic Rubber （1 0000 tons）	医疗器械 （亿美元） Medical Instruments and Appliances （USD 100 million）
1950	0. 1	6. 4	–	–
1951	0. 2	7. 0	–	–
1952	0. 5	2. 5	0. 1	–
1953	0. 1	7. 5	–	0. 0
1954	0. 1	6. 7	0. 1	0. 0
1955	0. 3	5. 0	0. 1	0. 0
1956	2. 0	11. 7	–	0. 0
1957	2. 4	12. 6	–	0. 0
1958	1. 5	16. 8	0. 2	0. 1
1959	1. 7	17. 9	0. 7	0. 1
1960	2. 3	10. 7	2. 4	0. 0
1961	1. 2	8. 8	1. 3	0. 0
1962	0. 7	10. 0	0. 1	–
1963	0. 5	11. 4	–	0. 0
1964	1. 0	14. 8	0. 1	0. 0
1965	3. 6	13. 6	0. 1	0. 1
1966	6. 5	18. 3	0. 7	0. 1
1967	7. 0	15. 8	1. 2	0. 0
1968	7. 2	20. 6	1. 2	0. 0
1969	6. 5	28. 6	1. 0	0. 0
1970	4. 7	17. 8	2. 1	0. 0
1971	5. 4	17. 9	2. 7	0. 0
1972	4. 7	20. 4	1. 7	0. 0
1973	3. 2	25. 8	1. 0	0. 1
1974	2. 9	21. 8	1. 3	0. 1
1975	2. 9	24. 9	1. 5	0. 1
1976	4. 5	19. 0	1. 0	0. 2
1977	7. 2	25. 7	1. 1	0. 2
1978	8. 2	22. 7	1. 2	0. 3
1979	8. 2	24. 6	1. 7	0. 5
1980	5. 0	26. 3	1. 8	0. 6
1981	1. 7	15. 1	2. 7	327. 0
1982	1. 6	15. 4	3. 6	0. 4

续表

年份 Year	农药（万吨） Pesticides (1 0000 tons)	天然橡胶 （万吨） Natural Rubber (1 0000 tons)	合成橡胶 （万吨） Synthetic Rubber (1 0000 tons)	医疗器械 （亿美元） Medical Instruments and Appliances (USD 100 million)
1983	6. 1	24. 0	1. 6	1. 3
1984	5. 9	21. 8	4. 1	2. 1
1985	1. 6	16. 7	8. 3	2. 4
1986	0. 8	22. 3	9. 1	2. 7
1987	1. 0	35. 0	4. 7	1. 4
1988	3. 4	36. 2	4. 1	1. 2
1989	3. 7	38. 1	4. 0	1. 9
1990	2. 9	34. 0	4. 5	2. 1
1991	3. 2	31. 0	8. 4	2. 7
1992	3. 9	27. 0	14. 8	3. 4
1993	2. 4	27. 0	16. 9	3. 3
1994	3. 2	34. 0	25. 1	3. 1
1995	3. 5	32. 0	31. 1	3. 0
1996	3. 2	55. 0	36. 8	3. 9
1997	4. 9	43. 0	45. 3	3. 3
1998	4. 4	43. 0	51. 4	4. 0
1999	4. 8	43. 0	65. 2	6. 7
2000	4. 1	85. 0	71. 1	9. 1
2001	3. 4	98. 0	75. 3	13. 5
2002	2. 7	96. 0	91. 5	12. 1
2003	2. 8	120. 0	100. 6	16. 5
2004	2. 8	128. 0	109. 5	19. 5
2005	3. 7	141. 0	109. 0	22. 2
2006	4. 3	161. 2	129. 9	20. 7
2007	4. 1	164. 8	141. 4	24. 3
2008	4. 4	168. 0	120. 2	28. 8
2009	4. 4	171. 0	147. 2	35. 9
2010	5. 1	186. 0	156. 5	46. 4
2011	5. 3	210. 1	144. 5	59. 7
2012	6. 9	217. 7	143. 9	70. 9
2013	7. 7	247. 0	152. 7	78. 9

续表

年份 Year	飞机（架） Aircraft (unit)	汽车零件 (亿美元) Parts of Motor Vehicles (USD 100 million)	显像管（万只） Cathode-ray TV Picture Tube (1 0000 sets)	集成电路（亿美元） Integrated Circuits (USD 100 million)	电线电缆 (万吨) Insulated Wire or Cable (1 0000 tons)
1950	–	–	–	–	–
1951	5. 0	–	–	–	–
1952	5. 0	–	–	–	–
1953	–	0. 1	–	–	–
1954	–	0. 1	–	–	–
1955	7. 0	0. 1	–	–	–
1956	2. 0	0. 1	–	–	–
1957	–	0. 1	–	–	–
1958	–	0. 2	–	–	–
1959	–	0. 2	–	–	–
1960	–	0. 2	–	–	–
1961	–	0. 1	–	–	0. 0
1962	–	0. 1	–	–	–
1963	4. 0	0. 1	–	–	–
1964	2. 0	0. 1	–	–	–
1965	3. 0	0. 1	–	–	–
1966	7. 0	0. 2	–	–	–
1967	5. 0	0. 1	–	–	–
1968	15. 0	0. 2	–	–	–
1969	2. 0	0. 2	–	–	–
1970	7. 0	–	–	–	–
1971	11. 0	0. 4	–	–	0. 2
1972	21. 0	0. 3	–	–	0. 9
1973	28. 0	0. 3	–	–	0. 6
1974	53. 0	0. 4	–	–	0. 7
1975	30. 0	0. 6	–	–	0. 8
1976	38. 0	0. 5	–	–	1. 2
1977	18. 0	0. 5	9. 0	–	0. 5
1978	13. 0	0. 7	68. 0	–	0. 7
1979	14. 0	0. 9	71. 0	–	0. 2
1980	28. 0	0. 6	108. 0	–	0. 7
1981	4. 0	0. 4	471. 0	–	0. 0
1982	16. 0	0. 8	193. 0	0. 3	–

续表

年份 Year	飞机（架） Aircraft (unit)	汽车零件 （亿美元） Parts of Motor Vehicles (USD 100 million)	显像管（万只） Cathode-ray TV Picture Tube (10000 sets)	集成电路（亿美元） Integrated Circuits (USD 100 million)	电线电缆 （万吨） Insulated Wire or Cable (10000 tons)
1983	10.0	1.7	185.0	0.4	0.1
1984	34.0	2.1	518.0	1.7	0.2
1985	78.0	2.9	750.0	2.8	0.6
1986	52.0	2.7	245.0	1.6	0.8
1987	18.0	2.6	462.0	2.5	–
1988	31.0	3.4	1 104.0	1.1	1.2
1989	30.0	3.5	1 087.0	3.1	1.8
1990	24.0	4.4	779.0	2.1	1.9
1991	33.0	5.8	658.0	2.9	2.1
1992	72.0	8.7	813.0	8.6	11.8
1993	129.0	9.7	683.0	11.2	17.6
1994	121.0	6.9	879.0	15.4	19.6
1995	31.0	8.6	1 085.0	23.7	20.9
1996	77.0	10.8	753.0	27.2	20.8
1997	73.0	9.3	581.0	36.4	23.2
1998	81.0	9.4	596.0	47.8	24.7
1999	63.0	12.5	949.0	79.2	28.2
2000	85.0	21.1	954.0	138.0	31.9
2001	233.0	25.3	805.0	165.9	28.3
2002	170.0	30.0	1 349.0	256.5	31.7
2003	167.0	62.6	2 415.0	411.1	31.3
2004	146.0	73.3	2 636.0	608.0	35.5
2005	214.0	67.3	2 102.0	815.5	35.4
2006	295.0	90.3	2 184.8	1 063.2	36.1
2007	314.0	106.5	920.9	1 277.3	35.5
2008	308.0	110.9	628.0	1 292.6	33.8
2009	323.0	128.2	326.0	1 199.0	28.2
2010	344.0	186.4	390.0	1 569.9	32.2
2011	421.0	220.9	265.1	1 702.1	31.7
2012	523.0	229.7	118.0	1 920.9	29.4
2013	743	253.7	41.0	2313.4	29.2

续表

年份 Year	金属加工机床（万台） Machine Tools （1 0000 tons）	橡胶及塑料加工机械 （亿美元） Rubber Plastic Processing Machinery （USD 100 million）	计算机（亿美元） Computers （USD 100 million）
1950	0. 3	–	–
1951	0. 3	–	–
1952	0. 4	–	–
1953	0. 5	–	–
1954	0. 5	–	–
1955	0. 1	–	–
1956	0. 1	–	–
1957	0. 2	–	–
1958	0. 6	–	–
1959	0. 3	–	–
1960	0. 2	–	–
1961	0. 1	–	–
1962	0. 0	–	–
1963	0. 1	–	–
1964	0. 1	–	–
1965	0. 3	–	–
1966	0. 5	–	–
1967	0. 4	–	–
1968	0. 3	–	–
1969	0. 4	–	–
1970	0. 5	–	–
1971	0. 5	–	–
1972	0. 5	–	–
1973	0. 3	0. 0	–
1974	0. 5	0. 1	–
1975	0. 4	0. 0	–
1976	0. 3	–	–
1977	0. 3	–	–
1978	0. 2	–	–
1979	0. 3	0. 0	–
1980	0. 2	0. 0	–
1981	0. 4	0. 3	0. 2
1982	0. 4	0. 3	0. 0

续表

年份 Year	金属加工机床（万台） Machine Tools (1 0000 tons)	橡胶及塑料加工机械 （亿美元） Rubber Plastic Processing Machinery (USD 100 million)	计算机（亿美元） Computers (USD 100 million)
1983	0.6	0.9	0.2
1984	1.3	1.4	0.4
1985	1.6	3.5	0.6
1986	1.6	4.7	0.1
1987	2.6	3.8	0.0
1988	4.5	4.6	0.1
1989	4.2	5.4	0.0
1990	4.2	5.2	0.8
1991	6.0	5.7	0.0
1992	10.7	9.6	0.0
1993	13.0	15.8	0.3
1994	18.8	15.1	0.3
1995	13.4	13.5	10.5
1996	12.5	19.3	9.7
1997	10.5	13.0	11.4
1998	7.9	9.3	18.1
1999	8.9	10.4	32.5
2000	10.5	13.2	45.2
2001	10.1	15.5	49.8
2002	12.4	20.5	67.3
2003	12.6	25.5	114.2
2004	12.8	31.9	144.7
2005	11.7	24.6	180.2
2006	10.8	24.5	199.2
2007	10.7	25.6	223.9
2008	8.9	28.6	254.0
2009	6.7	20.2	237.7
2010	11.4	30.4	292.8
2011	11.4	37.0	316.6
2012	11.0	34.7	369.3
2013	7.6	33.7	308.3

表 16 世界商品贸易额及增长速度

Value of world trade in goods and rate of increase

年份 Year	贸易额（亿美元） Trade value（USD 100 million）			增减（%） Percentage change（%）		
	总额 Total	出口 Exports	进口 Imports	总额 Total	出口 Exports	进口 Imports
1950	1 134. 00	554. 00	580. 00	–	–	–
1955	1 735. 00	843. 00	892. 00	53. 0	52. 2	53. 8
1960	2 325. 00	1 131. 00	1 194. 00	34. 0	34. 2	33. 9
1961	2 428. 00	1 183. 00	1 245. 00	4. 4	4. 6	4. 3
1962	2 562. 00	1 241. 00	1 321. 00	5. 5	4. 9	6. 1
1963	2 789. 00	1 354. 00	1 435. 00	8. 9	9. 1	8. 6
1964	3 132. 00	1 522. 00	1 610. 00	12. 3	12. 4	12. 2
1965	3 386. 00	1 643. 00	1 743. 00	8. 1	8. 0	8. 3
1966	3 729. 00	1 808. 00	1 921. 00	10. 1	10. 0	10. 2
1967	3 913. 00	1 898. 00	2 015. 00	4. 9	5. 0	4. 9
1968	4 372. 00	2 124. 00	2 248. 00	11. 7	11. 9	11. 6
1969	4 999. 00	2 434. 00	2 565. 00	14. 3	14. 6	14. 1
1970	6 435. 02	3 145. 81	3 289. 21	28. 7	29. 2	28. 2
1971	7 547. 74	3 883. 90	3 663. 84	17. 3	23. 5	11. 4
1972	8 495. 55	4 155. 34	4 340. 21	12. 6	7. 0	18. 5
1973	11 729. 02	5 729. 67	5 999. 35	38. 1	37. 9	38. 2
1974	17 024. 73	8 417. 57	8 607. 16	45. 2	46. 9	43. 5
1975	17 791. 11	8 745. 99	9 045. 12	4. 5	3. 9	5. 1
1976	20 030. 68	9 894. 95	10 135. 73	12. 6	13. 1	12. 1
1977	22 860. 62	11 255. 42	11 605. 20	14. 1	13. 7	14. 5
1978	26 445. 17	12 973. 87	13 471. 30	15. 7	15. 3	16. 1
1979	33 258. 57	16 390. 50	16 868. 07	25. 8	26. 3	25. 2
1980	40 410. 50	19 936. 25	20 474. 25	21. 5	21. 6	21. 4
1981	40 123. 99	19 763. 11	20 360. 88	-0. 7	-0. 9	-0. 6
1982	37 797. 81	18 575. 50	19 222. 31	-5. 8	-6. 0	-5. 6
1983	36 843. 36	18 124. 94	18 718. 42	-2. 5	-2. 4	-2. 6
1984	38 892. 84	19 093. 15	19 799. 69	5. 6	5. 4	5. 8

续表

年份 Year	贸易额（亿美元） Trade value（USD 100 million）			增减（%） Percentage change（%）		
	总额 Total	出口 Exports	进口 Imports	总额 Total	出口 Exports	进口 Imports
1985	39 305. 55	19 300. 05	20 005. 50	1. 1	1. 1	1. 0
1986	43 259. 98	21 280. 93	21 979. 05	10. 1	10. 3	9. 9
1987	50 504. 69	24 908. 05	25 596. 64	16. 7	17. 0	16. 5
1988	57 372. 17	28 253. 38	29 118. 79	13. 6	13. 4	13. 8
1989	61 560. 70	30 213. 46	31 347. 24	7. 3	6. 9	7. 7
1990	69 815. 52	34 250. 43	35 565. 09	13. 4	13. 4	13. 5
1991	69 816. 51	34 299. 09	35 517. 42	–	0. 1	–0. 1
1992	74 842. 57	36 856. 45	37 986. 12	7. 2	7. 5	7. 0
1993	74 635. 48	37 079. 21	37 556. 27	–0. 3	0. 6	–1. 1
1994	85 704. 32	42 282. 18	42 792. 14	14. 0	14. 0	13. 9
1995	100 606. 93	50 077. 17	50 529. 76	18. 3	18. 4	18. 1
1996	105 184. 18	52 082. 00	53 102. 18	4. 5	4. 0	5. 1
1997	109 803. 16	54 462. 38	55 340. 78	4. 4	4. 6	4. 2
1998	108 209. 45	53 705. 66	54 503. 79	–1. 5	–1. 4	–1. 5
1999	111 782. 45	55 469. 16	56 313. 29	3. 3	3. 3	3. 3
2000	130 300. 00	63 680. 00	66 620. 00	16. 6	14. 8	18. 3
2001	126 740. 00	61 910. 00	64 830. 00	–2. 7	–2. 8	–2. 7
2002	132 340. 00	64 920. 00	67 420. 00	4. 4	4. 9	4. 0
2003	154 530. 00	75 860. 00	78 670. 00	16. 8	16. 9	16. 7
2004	187 860. 00	92 180. 00	95 680. 00	21. 6	21. 5	21. 6
2005	213 550. 00	104 950. 00	108 600. 00	13. 7	13. 9	13. 5
2006	245 640. 00	121 200. 00	124 440. 00	15. 0	15. 5	14. 6
2007	283 230. 00	140 120. 00	143 110. 00	15. 3	15. 6	15. 0
2008	326 810. 00	161 400. 00	165 410. 00	15. 4	15. 2	15. 6
2009	252 780. 00	125 420. 00	127 360. 00	–22. 7	–22. 3	–23. 0
2010	307 380. 00	152 740. 00	154 640. 00	21. 6	21. 8	21. 4
2011	366 930. 00	182 550. 00	184 380. 00	19. 4	19. 5	19. 2
2012	370 020. 0	184 010. 0	186 010. 0	0. 5	0. 4	0. 6

表17 世界部分国家（地区）商品贸易额

Value of trade in goods by selected countries（areas）

金额单位：亿美元

Unit：USD 100 million

年份 Year / 国别（地区）Country（area）	2002 年			2003 年		
	总额 Total	出口 Exports	进口 Imports	总额 Total	出口 Exports	进口 Imports
世界总额 World total	132 380. 00	64 950. 00	67 430. 00	154 580. 00	75 890. 00	78 690. 00
美国 United States	18 933. 33	6 931. 03	12 002. 30	20 278. 21	7 247. 71	13 030. 50
中国 China	6 207. 66	3 255. 96	2 951. 70	8 509. 88	4 382. 28	4 127. 60
德国 Germany	11 061. 13	6 158. 31	4 902. 83	13 561. 72	7 515. 60	6 046. 12
日本 Japan	7 539. 20	4 167. 26	3 371. 94	8 547. 47	4 718. 17	3 829. 30
荷兰 Netherland	4 633. 23	2 440. 59	2 192. 65	5 607. 17	2 960. 12	2 647. 04
法国 France	6 609. 82	3 317. 19	3 292. 62	7 908. 80	3 920. 39	3 988. 40
英国 United kingdom	6 442. 70	2 801. 95	3 640. 75	7 050. 29	3 056. 27	3 994. 01
韩国 Korea Rep.	3 145. 97	1 624. 71	1 521. 26	3 726. 44	1 938. 17	1 788. 27
中国香港 HongKong China	4 098. 97	2 019. 28	2 079. 69	4 619. 57	2 287. 08	2 332. 49
意大利 Italy	5 014. 42	2 544. 27	2 470. 15	5 968. 52	2 993. 33	2 975. 19
加拿大 Canada	4 798. 93	2 523. 94	2 274. 99	5 177. 60	2 727. 39	2 450. 21
比利时 Belgium	4 144. 39	2 161. 27	1 983. 11	4 905. 62	2 556. 17	2 349. 45
俄罗斯 Russia	1 682. 67	1 073. 01	609. 66	2 119. 99	1 359. 29	760. 70
新加坡 Singapore	2 416. 18	1 251. 77	1 164. 41	2 961. 20	1 599. 02	1 362. 18
印度 India	1 057. 67	492. 50	565. 17	1 315. 21	589. 63	725. 58
墨西哥 Mexico	3 337. 69	1 606. 82	1 730. 87	3 404. 35	1 653. 96	1 750. 39
西班牙 Spain	2 907. 92	1 256. 87	1 651. 05	3 647. 49	1 561. 47	2 086. 02
阿拉伯联合酋长国 United Arab Emirates	948. 15	521. 63	426. 52	1 192. 09	671. 35	520. 74
中国台湾 Taiwan prov.	2 484. 11	1 350. 80	1 133. 31	2 784. 28	1 502. 98	1 281. 30
沙特阿拉伯 Saudi Arabia	1 047. 47	724. 53	322. 93	1 349. 50	932. 45	417. 04
澳大利亚 Australia	1 377. 23	650. 33	726. 90	1 594. 61	703. 77	890. 84
泰国 Thailand	1 327. 53	681. 08	646. 45	1 561. 48	803. 24	758. 24
巴西 Brazil	1 101. 61	604. 39	497. 23	1 240. 84	732. 03	508. 81
马来西亚 Malaysia	1 739. 27	940. 58	798. 69	1 880. 05	1 047. 05	833. 00
瑞士 Switzerland	1 788. 88	916. 99	871. 89	2 050. 61	1 048. 22	1 002. 39
土耳其 Turkey	876. 13	360. 59	515. 54	1 165. 93	472. 53	693. 40
波兰 Poland	964. 32	411. 33	552. 99	1 220. 34	537. 62	682. 72
印度尼西亚 Indonesia	975. 06	591. 66	383. 40	1 063. 04	641. 08	421. 96
奥地利 Austria	1 569. 72	786. 73	782. 99	1 966. 78	971. 46	995. 32
瑞典 Sweden	1 484. 54	814. 99	669. 55	1 856. 45	1 021. 04	835. 40
捷克 Czech	791. 48	384. 92	406. 56	1 004. 29	487. 02	517. 28
挪威 Norway	945. 35	596. 62	348. 73	1 083. 76	683. 21	400. 55

续表

年份 Year / 国别（地区）Country (area)	2002 年			2003 年		
	总额 Total	出口 Exports	进口 Imports	总额 Total	出口 Exports	进口 Imports
越南 Viet Nam	364. 52	167. 06	197. 46	454. 05	201. 49	252. 56
南非 S. Africa	589. 90	297. 23	292. 67	762. 30	364. 82	397. 48
匈牙利 Hungary	722. 72	345. 17	377. 55	909. 02	430. 94	478. 08
丹麦 Denmark	1 078. 15	574. 95	503. 20	1 239. 41	665. 12	574. 29
爱尔兰 Ireland	1 406. 64	882. 65	523. 99	1 466. 41	927. 55	538. 86
卡塔尔 Qatar	150. 30	109. 78	40. 52	182. 79	133. 82	48. 97
尼日利亚 Nigeria	255. 22	179. 75	75. 47	348. 84	240. 31	108. 53
伊朗 Iran	450. 57	244. 40	206. 17	585. 48	337. 50	247. 98
斯洛伐克 Slovak Republic	309. 69	144. 05	165. 64	443. 60	218. 37	225. 23
智利 Chile	352. 71	181. 80	170. 91	409. 86	216. 64	193. 22
委内瑞拉 Venezuela	397. 44	267. 81	129. 63	364. 86	272. 30	92. 56
乌克兰 Ukraine	349. 34	179. 57	169. 77	460. 87	230. 67	230. 20
伊拉克 Iraq	220. 36	122. 19	98. 17	196. 45	97. 11	99. 34
阿根廷 Argentina	346. 40	256. 50	89. 90	434. 00	295. 66	138. 34
芬兰 Finland	793. 63	451. 45	342. 18	956. 84	531. 71	425. 13
科威特 Kuwait	243. 70	153. 69	90. 01	316. 65	206. 78	109. 87
以色列 Israel	648. 64	293. 47	355. 17	680. 87	317. 84	363. 03
哈萨克斯坦 Kazakhstan	162. 54	96. 70	65. 84	213. 35	129. 27	84. 09
葡萄牙 Portugal	660. 64	259. 08	401. 56	789. 57	317. 57	472. 00
罗马尼亚 Romania	317. 30	138. 77	178. 54	416. 45	176. 62	239. 83
哥伦比亚 Colombia	246. 22	119. 11	127. 11	269. 68	130. 80	138. 89
阿尔及利亚 Algeria	307. 68	187. 99	119. 69	355. 43	231. 63	123. 80
菲律宾 Philippines	763. 00	352. 08	410. 92	788. 07	362. 31	425. 76
希腊 Greece	419. 84	104. 14	315. 70	582. 34	133. 82	448. 52
埃及 Egypt	183. 16	55. 46	127. 70	203. 58	74. 08	129. 50
安哥拉 Angola	120. 88	83. 28	37. 60	149. 88	95. 08	54. 80
白俄罗斯 Belarus	171. 13	80. 21	90. 92	215. 04	99. 46	115. 58
秘鲁 Peru	152. 07	77. 14	74. 93	175. 05	90. 91	84. 14
利比亚 Libya	141. 99	98. 03	43. 96	189. 77	146. 47	43. 30
阿曼 Oman	174. 68	111. 72	62. 96	184. 70	116. 69	68. 01
新西兰 New Zealand	294. 30	143. 83	150. 47	350. 86	165. 27	185. 59
巴基斯坦 Pakistan	211. 46	99. 13	112. 33	249. 68	119. 30	130. 38
摩洛哥 Morocco	197. 13	78. 49	118. 64	230. 29	87. 78	142. 50
斯洛文尼亚 Slovenia	213. 10	103. 66	109. 44	266. 10	127. 66	138. 45
立陶宛 Lithuania	131. 84	54. 75	77. 09	169. 65	71. 62	98. 03
保加利亚 Bulgaria	136. 87	57. 33	79. 54	184. 15	75. 43	108. 71
孟加拉国 Bangladesh	147. 41	61. 49	85. 92	174. 24	69. 90	104. 34

续表

国别（地区）Country (area) \ 年份 Year	2004 年			2005 年		
	总额 Total	出口 Exports	进口 Imports	总额 Total	出口 Exports	进口 Imports
世界总额 World total	187 930.00	92 220.00	95 710.00	213 780.00	105 080.00	108 700.00
美国 United States	23 405.55	8 148.75	15 256.80	26 337.88	9 010.82	17 327.06
中国 China	11 545.55	5 933.26	5 612.29	14 219.06	7 619.53	6 599.53
德国 Germany	16 256.29	9 098.87	7 157.42	17 479.87	9 709.15	7 770.73
日本 Japan	10 202.17	5 656.75	4 545.42	11 108.07	5 949.41	5 158.66
荷兰 Netherland	6 770.86	3 574.17	3 196.69	7 701.95	4 063.72	3 638.22
法国 France	9 230.50	4 521.06	4 709.45	9 675.52	4 634.28	5 041.24
英国 United kingdom	8 181.26	3 474.94	4 706.33	9 101.33	3 908.60	5 192.73
韩国 Korea Rep.	4 783.08	2 538.45	2 244.63	5 456.57	2 844.19	2 612.38
中国香港 HongKong China	5 384.36	2 655.43	2 728.93	5 922.79	2 921.19	3 001.60
意大利 Italy	7 090.83	3 537.82	3 553.01	7 579.25	3 731.35	3 847.90
加拿大 Canada	5 966.93	3 167.62	2 799.31	6 828.86	3 604.75	3 224.11
比利时 Belgium	5 924.87	3 068.66	2 856.21	6 531.00	3 344.00	3 187.00
俄罗斯 Russia	2 805.89	1 832.07	973.82	3 692.32	2 437.98	1254.34
新加坡 Singapore	3 722.36	1 986.37	1 735.99	4 296.96	2 296.49	2 000.47
印度 India	1 764.24	766.49	997.75	2 424.86	996.16	1 428.70
墨西哥 Mexico	3 902.40	1 879.80	2 022.60	4 424.47	2 142.07	2 282.40
西班牙 Spain	4 409.54	1 826.23	2 583.31	4 814.30	1 926.44	2 887.86
阿拉伯联合酋长国 United Arab Emirates	1 630.79	909.97	720.82	2 019.41	1 172.87	846.54
中国台湾 Taiwan prov.	3 516.82	1 824.32	1 692.50	3 810.46	1 984.32	1 826.14
沙特阿拉伯 Saudi Arabia	1 733.73	1 259.97	473.76	2 401.70	1 807.11	594.59
澳大利亚 Australia	1 959.49	865.65	1 093.84	2 313.78	1 060.97	1 252.81
泰国 Thailand	1 906.58	962.48	944.10	2 291.14	1 109.36	1 181.78
巴西 Brazil	1 631.11	966.78	664.33	1 961.57	1 185.29	776.28
马来西亚 Malaysia	2 317.94	1 265.11	1 052.83	2 556.05	1 409.80	1 146.25
瑞士 Switzerland	2 386.43	1 228.44	1 157.99	2 575.03	1 309.30	1 265.74
土耳其 Turkey	1 607.07	631.67	975.40	1 902.50	734.76	1 167.74
波兰 Poland	1 647.43	750.47	896.96	1 910.76	894.37	1 016.39
印度尼西亚 Indonesia	1 256.43	707.67	548.77	1 627.21	869.96	757.25
奥地利 Austria	2 382.81	1 183.76	1 199.05	2 525.09	1 251.82	1 273.27
瑞典 Sweden	2 237.00	1 232.67	1 004.33	2 426.59	1 309.62	1 116.97
捷克 Czech	1 389.54	689.86	699.67	1 546.22	781.10	765.12
挪威 Norway	1 310.61	825.27	485.34	1 592.47	1 037.59	554.88
越南 Viet Nam	584.54	264.85	319.69	692.03	324.42	367.61

续表

年份 Year / 国别(地区) Country (area)	2004 年			2005 年		
	总额 Total	出口 Exports	进口 Imports	总额 Total	出口 Exports	进口 Imports
南非 S. Africa	996. 12	461. 46	534. 66	1 139. 30	516. 26	623. 04
匈牙利 Hungary	1 161. 05	555. 67	605. 38	1 294. 89	629. 36	665. 52
丹麦 Denmark	1 452. 36	770. 79	681. 57	1 607. 02	851. 21	755. 81
爱尔兰 Ireland	1 666. 02	1 047. 88	618. 14	1 782. 23	1 096. 58	685. 65
卡塔尔 Qatar	246. 89	186. 84	60. 05	358. 23	257. 62	100. 61
尼日利亚 Nigeria	527. 95	386. 31	141. 64	712. 21	504. 67	207. 54
伊朗 Iran	736. 73	416. 97	319. 76	962. 93	562. 52	400. 41
斯洛伐克 Slovak Republic	576. 06	277. 45	298. 62	665. 39	318. 89	346. 49
智利 Chile	573. 14	325. 20	247. 94	740. 02	412. 67	327. 35
委内瑞拉 Venezuela	563. 47	396. 68	166. 79	797. 43	557. 16	240. 27
乌克兰 Ukraine	616. 63	326. 66	289. 97	703. 65	342. 28	361. 36
伊拉克 Iraq	391. 12	178. 10	213. 02	472. 29	236. 97	235. 32
阿根廷 Argentina	570. 21	345. 76	224. 45	690. 40	403. 51	286. 89
芬兰 Finland	1 129. 63	615. 20	514. 43	1 242. 63	654. 98	587. 66
科威特 Kuwait	412. 30	285. 99	126. 31	606. 70	448. 69	158. 01
以色列 Israel	814. 82	386. 18	428. 64	899. 12	427. 70	471. 42
哈萨克斯坦 Kazakhstan	328. 74	200. 93	127. 81	452. 02	278. 49	173. 53
葡萄牙 Portugal	907. 35	357. 87	549. 48	1 026. 59	387. 38	639. 21
罗马尼亚 Romania	562. 44	235. 53	326. 91	682. 06	276. 88	405. 18
哥伦比亚 Colombia	329. 69	162. 24	167. 46	423. 94	211. 90	212. 04
阿尔及利亚 Algeria	494. 73	313. 04	181. 69	663. 59	460. 02	203. 57
菲律宾 Philippines	857. 83	396. 81	461. 02	907. 42	412. 55	494. 87
希腊 Greece	680. 67	153. 08	527. 60	717. 14	172. 78	544. 36
埃及 Egypt	256. 11	96. 61	159. 50	353. 61	129. 12	224. 49
安哥拉 Angola	193. 07	134. 75	58. 32	324. 62	241. 09	83. 53
白俄罗斯 Belarus	302. 65	137. 74	164. 91	326. 87	159. 79	167. 08
秘鲁 Peru	229. 10	128. 09	101. 01	298. 70	173. 68	125. 02
利比亚 Libya	267. 36	204. 10	63. 26	374. 37	313. 58	60. 79
阿曼 Oman	221. 37	133. 42	87. 96	276. 63	186. 92	89. 71
新西兰 New Zealand	435. 39	203. 44	231. 95	479. 49	217. 30	262. 19
巴基斯坦 Pakistan	313. 28	133. 79	179. 49	414. 08	160. 51	253. 57
摩洛哥 Morocco	277. 47	99. 25	178. 22	319. 80	111. 90	207. 90
斯洛文尼亚 Slovenia	341. 20	163. 61	177. 59	395. 84	192. 48	203. 37
立陶宛 Lithuania	216. 89	93. 02	123. 87	273. 55	118. 07	155. 48
保加利亚 Bulgaria	243. 86	99. 32	144. 53	299. 02	117. 39	181. 63
孟加拉国 Bangladesh	203. 41	83. 05	120. 36	231. 86	92. 97	138. 89

续表

国别（地区）Country（area） \ 年份 Year	2006年			2007年		
	总额 Total	出口 Exports	进口 Imports	总额 Total	出口 Exports	进口 Imports
世界总额 World total	245 930.00	121 300.00	124 630.00	283 520.00	140 230.00	143 290.00
美国 United States	29 440.44	10 259.67	19 180.77	31 686.02	11 481.99	20 204.03
中国 China	17 604.39	9 689.78	7 914.61	21 765.72	12 204.56	9 561.16
德国 Germany	20 147.91	11 081.07	9 066.84	23 761.97	13 212.14	10 549.83
日本 Japan	12 257.89	6 467.25	5 790.64	13 365.70	7 143.27	6 222.43
荷兰 Netherland	8 804.62	4 636.30	4 168.33	10 433.71	5 507.55	4 926.16
法国 France	10 377.87	4 958.68	5 419.19	11 904.73	5 596.12	6 308.61
英国 United kingdom	10 635.78	4 509.07	6 126.71	10 800.93	4 418.31	6 382.63
韩国 Korea Rep.	6 348.48	3 254.65	3 093.83	7 283.35	3 714.89	3 568.46
中国香港 HongKong China	6 584.23	3 226.69	3 357.54	7 195.18	3 493.86	3 701.33
意大利 Italy	8 594.30	4 168.75	4 425.55	10 115.44	4 998.82	5 116.62
加拿大 Canada	7 471.77	3 881.78	3 590.00	8 108.82	4 206.93	3 901.88
比利时 Belgium	7 183.80	3 667.45	3 516.35	8 425.10	4 309.52	4 115.58
俄罗斯 Russia	4 678.32	3 035.51	1 642.81	5 778.89	3 544.03	2 234.86
新加坡 Singapore	5 105.17	2 718.07	2 387.10	5 624.63	2 993.08	2 631.55
印度 India	3 002.18	1 218.08	1 784.10	3 795.29	1 501.59	2 293.70
墨西哥 Mexico	5 134.37	2 499.61	2 634.76	5 620.67	2 718.21	2 902.46
西班牙 Spain	5 424.13	2 137.17	3 286.96	6 425.99	2 532.97	3 893.01
阿拉伯联合酋长国 United Arab Emirates	2 456.45	1 455.88	1 000.57	3 111.30	1 786.30	1 325.00
中国台湾 Taiwan prov.	4 267.15	2 240.17	2 026.98	4 659.29	2 466.77	2 192.52
沙特阿拉伯 Saudi Arabia	2 811.05	2 113.06	698.00	3 235.43	2 333.29	902.14
澳大利亚 Australia	2 626.90	1 234.37	1 392.53	3 066.94	1 413.58	1 653.36
泰国 Thailand	2 584.95	1 297.22	1 287.73	2 938.33	1 538.67	1 399.66
巴西 Brazil	2 336.45	1 378.07	958.38	2 872.94	1 606.49	1 266.45
马来西亚 Malaysia	2 918.28	1 606.76	1 311.53	3 231.94	1 762.11	1 469.82
瑞士 Switzerland	2 892.56	1 478.56	1 414.00	3 332.58	1 720.78	1 611.80
土耳其 Turkey	2 251.11	855.35	1 395.76	2 773.35	1 072.72	1 700.63
波兰 Poland	2 377.70	1 107.80	1 269.89	3 058.56	1 401.47	1 657.10
印度尼西亚 Indonesia	1 841.77	1 035.27	806.50	2 111.14	1 180.13	931.01
奥地利 Austria	2 739.63	1 367.51	1 372.12	3 266.58	1 636.20	1 630.37
瑞典 Sweden	2 753.40	1 477.93	1 275.47	3 220.43	1 688.17	1 532.26
捷克 Czech	1 881.19	949.29	931.91	2 406.68	1 224.98	1 181.69
挪威 Norway	1 864.69	1 222.08	642.61	2 166.52	1 363.54	802.97
越南 Viet Nam	848.41	398.26	450.15	1 112.43	485.61	626.82

续表

年份 Year / 国别（地区） Country（area）	2006 年			2007 年		
	总额 Total	出口 Exports	进口 Imports	总额 Total	出口 Exports	进口 Imports
南非 S. Africa	1 368. 90	581. 75	787. 15	1 582. 34	697. 84	884. 50
匈牙利 Hungary	1 535. 18	752. 55	782. 62	1 909. 65	954. 00	955. 65
丹麦 Denmark	1 780. 65	925. 58	855. 07	2 011. 98	1 031. 71	980. 27
爱尔兰 Ireland	1 818. 43	1 087. 26	731. 18	2 053. 65	1 215. 44	838. 22
卡塔尔 Qatar	504. 91	340. 51	164. 40	654. 49	420. 20	234. 29
尼日利亚 Nigeria	852. 49	587. 26	265. 23	1 014. 36	666. 06	348. 30
伊朗 Iran	1 177. 84	770. 12	407. 72	1 336. 75	887. 33	449. 42
斯洛伐克 Slovak Republic	868. 47	418. 62	449. 86	1 191. 32	585. 16	606. 16
智利 Chile	970. 86	586. 80	384. 06	1 151. 35	679. 72	471. 64
委内瑞拉 Venezuela	991. 94	655. 78	336. 16	1 160. 77	699. 80	460. 97
乌克兰 Ukraine	834. 07	383. 68	450. 39	1 099. 14	492. 96	606. 18
伊拉克 Iraq	502. 53	293. 61	208. 92	627. 84	412. 68	215. 16
阿根廷 Argentina	806. 98	465. 46	341. 52	1 004. 85	557. 79	447. 06
芬兰 Finland	1 465. 81	772. 06	693. 75	1 717. 29	900. 25	817. 04
科威特 Kuwait	732. 59	560. 16	172. 43	840. 54	626. 91	213. 63
以色列 Israel	971. 23	467. 89	503. 34	1131. 30	540. 91	590. 39
哈萨克斯坦 Kazakhstan	619. 27	382. 50	236. 77	805. 11	477. 55	327. 56
葡萄牙 Portugal	1 154. 34	447. 50	706. 84	1 346. 11	524. 82	821. 29
罗马尼亚 Romania	836. 18	324. 58	511. 60	1 108. 02	404. 88	703. 14
哥伦比亚 Colombia	505. 53	243. 91	261. 62	628. 88	299. 91	328. 97
阿尔及利亚 Algeria	760. 69	546. 13	214. 56	877. 94	601. 63	276. 31
菲律宾 Philippines	1 014. 88	474. 10	540. 78	1 084. 61	504. 66	579. 96
希腊 Greece	843. 68	207. 49	636. 19	1 021. 10	235. 78	785. 32
埃及 Egypt	440. 28	167. 28	273. 00	563. 24	192. 24	371. 00
安哥拉 Angola	406. 40	318. 62	87. 78	580. 57	443. 96	136. 61
白俄罗斯 Belarus	420. 85	197. 34	223. 51	529. 68	242. 75	286. 93
秘鲁 Peru	391. 42	238. 30	153. 12	484. 62	280. 94	203. 68
利比亚 Libya	463. 01	402. 60	60. 41	537. 03	469. 70	67. 33
阿曼 Oman	326. 24	215. 85	110. 39	407. 17	246. 92	160. 25
新西兰 New Zealand	488. 33	224. 09	264. 24	578. 25	269. 43	308. 82
巴基斯坦 Pakistan	467. 55	169. 30	298. 25	504. 28	178. 38	325. 90
摩洛哥 Morocco	367. 24	127. 44	239. 80	473. 50	153. 40	320. 10
斯洛文尼亚 Slovenia	473. 71	232. 30	241. 41	616. 61	301. 02	315. 59
立陶宛 Lithuania	335. 15	141. 42	193. 73	415. 56	171. 44	244. 12
保加利亚 Bulgaria	383. 34	150. 64	232. 70	484. 80	185. 18	299. 61
孟加拉国 Bangladesh	278. 36	118. 02	160. 34	310. 49	124. 53	185. 96

续表

国别（地区）Country（area） \ 年份 Year	2008 年			2009 年		
	总额 Total	出口 Exports	进口 Imports	总额 Total	出口 Exports	进口 Imports
世界总额 World total	327 310. 00	161 600. 00	165 710. 00	253 320. 00	125 540. 00	127 780. 00
美国 United States	34 569. 29	12 874. 42	21 694. 87	26 613. 39	10 560. 43	16 052. 96
中国 China	25 632. 60	14 306. 93	11 325. 67	22 075. 35	12 016. 12	10 059. 23
德国 Germany	26 312. 38	14 461. 71	11 850. 67	20 463. 88	11 200. 41	9 263. 47
日本 Japan	15 439. 46	7 814. 12	7 625. 34	11 326. 99	5 807. 19	5 519. 81
荷兰 Netherland	12 188. 55	6 379. 18	5 809. 37	9 410. 44	4 978. 91	4 431. 53
法国 France	13 330. 35	6 162. 40	7 167. 95	10 456. 54	4 847. 81	5 608. 73
英国 United kingdom	11 299. 50	4 721. 68	6 577. 83	8 739. 71	3 548. 93	5 190. 78
韩国 Korea Rep.	8 572. 82	4 220. 07	4 352. 75	6 866. 18	3 635. 34	3 230. 85
中国香港 HongKong China	7 632. 04	3 702. 42	3 929. 62	6 816. 63	3 294. 22	3 522. 41
意大利 Italy	11 046. 68	5 427. 48	5 619. 19	8 220. 14	4 069. 09	4 151. 05
加拿大 Canada	8 754. 82	4 564. 71	4 190. 11	6 460. 01	3 160. 94	3 299. 07
比利时 Belgium	9 381. 48	4 718. 40	4 663. 07	7 234. 89	3 701. 25	3 533. 64
俄罗斯 Russia	7 634. 67	4 716. 06	2 918. 61	4 951. 91	3 033. 88	1 918. 03
新加坡 Singapore	6 579. 56	3 381. 76	3 197. 80	5 156. 17	2 698. 32	2 457. 85
印度 India	5 158. 60	1 948. 28	3 210. 32	4 221. 11	1 649. 09	2 572. 02
墨西哥 Mexico	6 095. 69	2 912. 65	3 183. 04	4 712. 27	2 297. 12	2 415. 15
西班牙 Spain	7 022. 96	2 814. 93	4 208. 03	5 205. 56	2 273. 38	2 932. 18
阿拉伯联合酋长国 United Arab Emirates	4 162. 13	2 392. 13	1 770. 00	3 420. 00	1 920. 00	1 500. 00
中国台湾 Taiwan prov.	4 960. 77	2 556. 29	2 404. 48	3 780. 45	2 036. 75	1 743. 71
沙特阿拉伯 Saudi Arabia	4 285. 96	3 134. 62	1 151. 34	2 878. 66	1 923. 14	955. 52
澳大利亚 Australia	3 875. 30	1 872. 57	2 002. 73	3 198. 02	1 543. 31	1 654. 71
泰国 Thailand	3 570. 02	1 777. 78	1 792. 25	2 861. 31	1 524. 22	1 337. 09
巴西 Brazil	3 803. 19	1 979. 42	1 823. 77	2 866. 72	1 529. 95	1 336. 77
马来西亚 Malaysia	3 564. 11	1 995. 16	1 568. 96	2 812. 65	1 574. 33	1 238. 32
瑞士 Switzerland	3 843. 33	2 007. 59	1 835. 74	3 278. 52	1 724. 74	1 553. 78
土耳其 Turkey	3 339. 91	1 320. 27	2 019. 64	2 430. 71	1 021. 43	1 409. 28
波兰 Poland	3 792. 62	1 704. 58	2 088. 04	2 859. 62	1 365. 03	1 494. 59
印度尼西亚 Indonesia	2 671. 45	1 396. 06	1 275. 39	2 134. 32	1 196. 46	937. 86
奥地利 Austria	3 655. 82	1 812. 89	1 842. 93	2 800. 52	1 369. 89	1 430. 63
瑞典 Sweden	3 518. 30	1 833. 27	1 685. 03	2 506. 57	1 307. 81	1 198. 76
捷克 Czech	2 888. 37	1 467. 99	1 420. 38	2 180. 04	1 129. 56	1 050. 48
挪威 Norway	2 620. 58	1 717. 64	902. 93	1 857. 48	1 167. 78	689. 70
越南 Viet Nam	1 433. 99	626. 85	807. 14	1 270. 45	570. 96	699. 49

续表

年份 Year / 国别（地区） Country（area）	2008 年			2009 年		
	总额 Total	出口 Exports	进口 Imports	总额 Total	出口 Exports	进口 Imports
南非 S. Africa	1 824. 22	807. 82	1 016. 40	1 357. 30	616. 77	740. 54
匈牙利 Hungary	2 174. 44	1 085. 04	1 089. 40	1 607. 69	830. 08	777. 61
丹麦 Denmark	2 262. 85	1 169. 23	1 093. 62	1 771. 17	939. 84	831. 33
爱尔兰 Ireland	2 096. 84	1 257. 19	839. 65	1 786. 32	1 159. 28	627. 04
卡塔尔 Qatar	952. 07	673. 07	279. 00	729. 29	480. 07	249. 22
尼日利亚 Nigeria	1 362. 24	862. 74	499. 51	906. 48	567. 42	339. 06
伊朗 Iran	1 710. 69	1 136. 68	574. 01	1 295. 98	788. 30	507. 68
斯洛伐克 Slovak Republic	1 450. 54	711. 42	739. 12	1 117. 31	560. 82	556. 50
智利 Chile	1 272. 98	645. 10	627. 87	982. 68	554. 63	428. 06
委内瑞拉 Venezuela	1 454. 71	950. 21	504. 50	991. 43	576. 03	415. 40
乌克兰 Ukraine	1 524. 90	669. 54	855. 35	852. 69	397. 82	454. 87
伊拉克 Iraq	942. 73	612. 73	330. 00	803. 66	419. 29	384. 37
阿根廷 Argentina	1274. 80	700. 18	574. 62	944. 58	556. 72	387. 86
芬兰 Finland	1 882. 37	964. 55	917. 81	1 237. 44	628. 54	608. 89
科威特 Kuwait	1 122. 97	874. 57	248. 40	739. 00	540. 08	198. 92
以色列 Israel	1 289. 93	613. 37	676. 56	972. 13	479. 35	492. 78
哈萨克斯坦 Kazakhstan	1 090. 61	711. 72	378. 89	716. 04	431. 96	284. 09
葡萄牙 Portugal	1 515. 53	571. 37	944. 16	1 158. 73	442. 11	716. 63
罗马尼亚 Romania	1 335. 88	495. 35	840. 53	948. 91	405. 67	543. 24
哥伦比亚 Colombia	772. 95	376. 26	396. 69	657. 51	328. 53	328. 98
阿尔及利亚 Algeria	1 187. 77	792. 98	394. 79	844. 68	451. 74	392. 94
菲律宾 Philippines	1 094. 97	490. 78	604. 20	843. 14	384. 36	458. 78
希腊 Greece	1 189. 61	263. 82	925. 80	899. 17	204. 69	694. 48
埃及 Egypt	746. 05	262. 24	483. 82	680. 07	230. 62	449. 46
安哥拉 Angola	848. 96	639. 14	209. 82	634. 88	408. 28	226. 60
白俄罗斯 Belarus	719. 52	325. 71	393. 81	498. 73	213. 04	285. 69
秘鲁 Peru	609. 71	310. 19	299. 53	487. 75	269. 62	218. 14
利比亚 Libya	712. 50	621. 00	91. 50	498. 10	369. 51	128. 59
阿曼 Oman	608. 56	377. 19	231. 37	455. 88	276. 52	179. 36
新西兰 New Zealand	649. 49	305. 80	343. 69	505. 06	249. 33	255. 74
巴基斯坦 Pakistan	626. 52	203. 23	423. 29	491. 91	175. 23	316. 68
摩洛哥 Morocco	627. 11	203. 45	423. 66	469. 35	140. 54	328. 81
斯洛文尼亚 Slovenia	711. 62	341. 28	370. 34	526. 84	261. 77	265. 07
立陶宛 Lithuania	547. 45	236. 46	310. 99	347. 58	164. 54	183. 04
保加利亚 Bulgaria	592. 70	223. 62	369. 08	398. 57	163. 18	235. 39
孟加拉国 Bangladesh	392. 30	153. 70	238. 60	369. 16	150. 83	218. 33

续表

国别（地区）Country（area） \ 年份 Year	2010 年			2011 年		
	总额 Total	出口 Exports	进口 Imports	总额 Total	出口 Exports	进口 Imports
世界总额 World total	307 860. 00	152 830. 00	155 030. 00	368 180. 00	183 190. 00	184 990. 00
美国 United States	32 476. 79	12 784. 95	19 691. 84	37 461. 84	14 802. 90	22 658. 94
中国 China	29 740. 01	15 777. 54	13 962. 47	36 418. 65	18 983. 81	17 434. 84
德国 Germany	23 137. 38	12 589. 24	10 548. 14	27 288. 54	14 739. 85	12 548. 69
日本 Japan	14 638. 99	7 698. 39	6 940. 59	16 785. 64	8 231. 84	8 553. 81
荷兰 Netherland	10 906. 60	5 742. 51	5 164. 09	12 661. 36	6 671. 01	5 990. 35
法国 France	11 348. 37	5 237. 67	6 110. 70	13 165. 01	5 964. 73	7 200. 29
英国 United kingdom	10 070. 54	4 159. 59	5 910. 95	11 762. 32	5 025. 40	6 736. 91
韩国 Korea Rep.	8 915. 96	4 663. 84	4 252. 12	10 796. 27	5 552. 14	5 244. 13
中国香港 HongKong China	8 420. 61	4 006. 92	4 413. 69	9 664. 28	4 555. 73	5 108. 55
意大利 Italy	9 343. 50	4 473. 01	4 870. 49	10 820. 46	5 232. 58	5 587. 87
加拿大 Canada	7 901. 71	3 874. 81	4 026. 90	9 155. 41	4 521. 31	4 634. 10
比利时 Belgium	7 989. 04	4 077. 00	3 912. 04	9 427. 35	4 761. 10	4 666. 25
俄罗斯 Russia	6 492. 64	4 006. 30	2 486. 34	8 458. 42	5 220. 11	3 238. 31
新加坡 Singapore	6 626. 58	3 518. 67	3 107. 91	7 752. 73	4 095. 03	3 657. 70
印度 India	5 765. 84	2 263. 50	3 502. 34	7 673. 68	3 029. 05	4 644. 63
墨西哥 Mexico	6 085. 10	2 983. 05	3 102. 05	7 106. 37	3 495. 69	3 610. 68
西班牙 Spain	5 814. 33	2 544. 18	3 270. 16	6 831. 57	3 065. 51	3 766. 06
阿拉伯联合酋长国 United Arab Emirates	3 790. 00	2 140. 00	1 650. 00	5 050. 00	3 020. 00	2 030. 00
中国台湾 Taiwan prov.	5 258. 37	2 746. 01	2 512. 36	5 896. 95	3 082. 57	2 814. 38
沙特阿拉伯 Saudi Arabia	3 580. 06	2 511. 43	1 068. 63	4 963. 22	3 647. 36	1 315. 86
澳大利亚 Australia	4 142. 73	2 126. 34	2 016. 39	5 140. 88	2 703. 87	2 437. 01
泰国 Thailand	3 762. 27	1 933. 06	1 829. 21	4 513. 62	2225. 76	2 287. 87
巴西 Brazil	3 934. 52	2 019. 15	1 915. 37	4 929. 86	2 560. 40	2 369. 46
马来西亚 Malaysia	3 632. 34	1 986. 12	1 646. 22	4 155. 59	2 280. 86	1 874. 73
瑞士 Switzerland	3 718. 90	1 956. 09	1 762. 81	4 430. 39	2 348. 19	2 082. 20
土耳其 Turkey	2 994. 28	1 138. 83	1 855. 44	3 757. 49	1 349. 07	2 408. 42
波兰 Poland	3 377. 73	1 597. 24	1 780. 49	3 992. 94	1 886. 97	2 105. 97
印度尼西亚 Indonesia	2 933. 98	1 580. 75	1 353. 24	3 769. 89	2 007. 88	1 762. 01
奥地利 Austria	3 115. 69	1 525. 60	1 590. 09	3 688. 45	1 774. 28	1 914. 18
瑞典 Sweden	3 074. 95	1 585. 49	1 489. 46	3 639. 89	1 869. 63	1 770. 26
捷克 Czech	2 596. 34	1 329. 82	1 266. 52	3 150. 64	1 629. 39	1 521. 25
挪威 Norway	2 079. 95	1 306. 69	773. 26	2 510. 93	1 603. 05	907. 87
越南 Viet Nam	1 570. 75	722. 37	848. 39	2 036. 56	969. 06	1 067. 50

续表

国别（地区） Country (area) \ 年份 Year	2010 年			2011 年		
	总额 Total	出口 Exports	进口 Imports	总额 Total	出口 Exports	进口 Imports
南非 S. Africa	1 751. 18	808. 92	942. 26	2 196. 53	980. 47	1 216. 06
匈牙利 Hungary	1 836. 60	954. 83	881. 78	2 147. 51	1 123. 12	1 024. 40
丹麦 Denmark	1 794. 92	964. 40	830. 52	2 075. 27	1 118. 64	956. 63
爱尔兰 Ireland	1 767. 73	1 164. 97	602. 76	1 923. 46	1 257. 40	666. 06
卡塔尔 Qatar	980. 40	748. 00	232. 40	1 441. 86	1 142. 99	298. 88
尼日利亚 Nigeria	1 282. 35	840. 00	442. 35	1 705. 00	1 145. 00	560. 00
伊朗 Iran	1 667. 20	1 013. 16	654. 04	1 937. 60	1 320. 00	617. 60
斯洛伐克 Slovak Republic	1 296. 90	646. 64	650. 26	1 596. 73	798. 30	798. 42
智利 Chile	1 303. 96	711. 09	592. 88	1 566. 85	814. 55	752. 30
委内瑞拉 Venezuela	1 047. 45	657. 45	390. 00	1 403. 11	928. 11	475. 00
乌克兰 Ukraine	1 123. 89	514. 78	609. 11	1 510. 54	684. 60	825. 94
伊拉克 Iraq	963. 98	524. 83	439. 15	1 323. 00	833. 00	490. 00
阿根廷 Argentina	1 246. 35	681. 33	565. 02	1 578. 88	839. 50	739. 38
芬兰 Finland	1 383. 21	695. 18	688. 03	1 634. 07	791. 42	842. 64
科威特 Kuwait	926. 53	699. 78	226. 75	1 275. 73	1 021. 68	254. 05
以色列 Israel	1 196. 22	584. 13	612. 09	1 436. 26	677. 96	758. 30
哈萨克斯坦 Kazakhstan	910. 78	599. 71	311. 07	1 246. 59	876. 03	370. 56
葡萄牙 Portugal	1 271. 55	494. 06	777. 49	1421. 41	596. 75	824. 66
罗马尼亚 Romania	1 116. 88	495. 79	621. 09	1 394. 87	630. 12	764. 75
哥伦比亚 Colombia	805. 02	398. 20	406. 83	1 120. 95	574. 20	546. 75
阿尔及利亚 Algeria	975. 26	570. 53	404. 73	1 207. 36	734. 89	472. 47
菲律宾 Philippines	1 099. 64	514. 96	584. 68	1 119. 98	483. 05	636. 93
希腊 Greece	855. 06	217. 13	637. 93	1 012. 94	338. 99	673. 94
埃及 Egypt	793. 61	264. 38	529. 23	938. 15	315. 70	622. 45
安哥拉 Angola	672. 62	505. 95	166. 67	875. 39	673. 10	202. 29
白俄罗斯 Belarus	601. 68	252. 84	348. 84	871. 90	414. 19	457. 71
秘鲁 Peru	655. 95	355. 65	300. 30	840. 16	462. 69	377. 47
利比亚 Libya	663. 47	486. 73	176. 74	269. 96	189. 96	80. 00
阿曼 Oman	565. 74	366. 01	199. 73	711. 11	470. 92	240. 19
新西兰 New Zealand	620. 13	313. 96	306. 17	747. 73	376. 69	371. 05
巴基斯坦 Pakistan	592. 16	214. 10	378. 07	693. 94	253. 83	440. 12
摩洛哥 Morocco	531. 52	177. 71	353. 82	659. 26	216. 54	442. 72
斯洛文尼亚 Slovenia	592. 94	292. 00	300. 94	702. 83	347. 56	355. 27
立陶宛 Lithuania	441. 51	207. 48	234. 03	598. 23	280. 50	317. 73
保加利亚 Bulgaria	461. 43	206. 30	255. 13	607. 90	282. 08	325. 82
孟加拉国 Bangladesh	470. 16	191. 94	278. 21	606. 53	244. 39	362. 14

续表

年份 Year / 国别（地区） Country（area）	2012 年		
	总额 Total	出口 Exports	进口 Imports
世界总额 World total	370 020. 00	184 010. 00	186 010. 00
美国 United States	38 812. 46	15 457. 09	23 355. 37
中国 China	38 671. 19	20 487. 14	18 184. 05
德国 Germany	25 743. 18	14 070. 82	11 672. 36
日本 Japan	16 844. 11	7 985. 68	8 858. 43
荷兰 Netherland	12 468. 98	6 557. 00	5 911. 98
法国 France	12 427. 15	5 689. 20	6 737. 94
英国 United kingdom	11 644. 02	4 744. 76	6 899. 27
韩国 Korea Rep.	10 674. 54	5 478. 70	5 195. 85
中国香港 HongKong China	10 463. 94	4 929. 08	5 534. 87
意大利 Italy	9 873. 49	5 007. 19	4 866. 30
加拿大 Canada	9 297. 14	4 547. 94	4 749. 20
比利时 Belgium	8 837. 75	4 465. 29	4 372. 46
俄罗斯 Russia	8 647. 01	5 292. 55	3 354. 46
新加坡 Singapore	7 881. 16	4 083. 93	3 797. 23
印度 India	7 838. 26	2 941. 58	4 896. 68
墨西哥 Mexico	7 513. 04	3 708. 27	3 804. 77
西班牙 Spain	6 287. 28	2 939. 39	3 347. 90
阿拉伯联合酋长国 United Arab Emirates	5 800. 00	3 500. 00	2 300. 00
中国台湾 Taiwan prov.	5 716. 54	3 011. 81	2 704. 73
沙特阿拉伯 Saudi Arabia	5 439. 62	3 883. 70	1 555. 93
澳大利亚 Australia	5 176. 22	2 566. 80	2 609. 42
泰国 Thailand	4 771. 09	2 295. 19	2 475. 90
巴西 Brazil	4 759. 52	2 425. 80	2 333. 72
马来西亚 Malaysia	4 240. 03	2 273. 88	1 966. 15
瑞士 Switzerland	4 237. 36	2 259. 49	1 977. 87
土耳其 Turkey	3 890. 14	1 524. 69	2 365. 45
波兰 Poland	3 794. 41	1 834. 21	1 960. 21
印度尼西亚 Indonesia	3 788. 80	1 884. 96	1 903. 83
奥地利 Austria	3 448. 54	1 664. 39	1 784. 16
瑞典 Sweden	3 349. 52	1 724. 24	1 625. 28
捷克 Czech	2 973. 06	1 565. 69	1 407. 36
挪威 Norway	2 483. 42	1 610. 26	873. 16
越南 Viet Nam	2 283. 10	1 145. 29	1 137. 80

续表

年份 Year / 国别（地区） Country（area）	2012 年		
	总额 Total	出口 Exports	进口 Imports
南非 S. Africa	2 115. 01	872. 56	1 242. 45
匈牙利 Hungary	1 992. 43	1 039. 27	953. 16
丹麦 Denmark	1 975. 65	1 055. 94	919. 71
爱尔兰 Ireland	1 799. 95	1 172. 27	627. 68
卡塔尔 Qatar	1 671. 68	1 329. 68	342. 00
尼日利亚 Nigeria	1 670. 00	1 160. 00	510. 00
伊朗 Iran	1 610. 92	1 040. 00	570. 92
斯洛伐克 Slovak Republic	1 597. 03	814. 97	782. 06
智利 Chile	1 577. 45	782. 77	794. 68
委内瑞拉 Venezuela	1 577. 40	973. 40	604. 00
乌克兰 Ukraine	1 531. 69	685. 30	846. 39
伊拉克 Iraq	1 514. 00	944. 00	570. 00
阿根廷 Argentina	1 494. 35	809. 27	685. 08
芬兰 Finland	1 492. 52	730. 12	762. 40
科威特 Kuwait	1 444. 26	1 185. 46	258. 80
以色列 Israel	1 385. 33	631. 41	753. 92
哈萨克斯坦 Kazakhstan	1 368. 25	922. 86	445. 39
葡萄牙 Portugal	1 305. 44	583. 28	722. 16
罗马尼亚 Romania	1 280. 07	578. 24	701. 83
哥伦比亚 Colombia	1 193. 85	602. 74	591. 11
阿尔及利亚 Algeria	1 193. 56	718. 66	474. 90
菲律宾 Philippines	1 173. 45	519. 95	653. 50
希腊 Greece	986. 42	354. 79	631. 64
埃及 Egypt	986. 39	293. 85	692. 54
安哥拉 Angola	980. 00	740. 00	240. 00
白俄罗斯 Belarus	923. 96	459. 91	464. 04
秘鲁 Peru	881. 84	456. 39	425. 45
利比亚 Libya	852. 16	622. 16	230. 00
阿曼 Oman	807. 38	521. 38	286. 00
新西兰 New Zealand	755. 59	373. 05	382. 54
巴基斯坦 Pakistan	687. 24	245. 67	441. 57
摩洛哥 Morocco	661. 92	214. 17	447. 76
斯洛文尼亚 Slovenia	641. 81	321. 73	320. 09
立陶宛 Lithuania	618. 56	296. 40	322. 16
保加利亚 Bulgaria	594. 58	267. 15	327. 42
孟加拉国 Bangladesh	592. 44	251. 13	341. 31

表 18 世界部分国家（地区）出口额占世界出口额比重和位次

Share and place of exports of selected countries（areas）in the world total

金额单位：10 亿美元

Unit：USD billion

年份 Year / 国别（地区）Country（area）	2002 年			2003 年		
	出口额 Exports	比重（%）Share（%）	位次 Place	出口额 Exports	比重（%）Share（%）	位次 Place
中国 China	3 256	5. 01	5	4 382	5. 77	4
美国 United States	6 931	10. 67	1	7 248	9. 55	2
德国 Germany	6 158	9. 48	2	7 516	9. 90	1
日本 Japan	4 167	6. 42	3	4 718	6. 22	3
荷兰 Netherland	2 441	3. 76	9	2 960	3. 90	8
法国 France	3 317	5. 11	4	3 920	5. 17	5
韩国 Korea Rep.	1625	2. 50	12	1 938	2. 55	12
俄罗斯 Russia	1 073	1. 65	17	1 359	1. 79	17
意大利 Italy	2 544	3. 92	7	2 993	3. 94	7
中国香港 HongKong China	2 019	3. 11	11	2 287	3. 01	11
英国 United kingdom	2 802	4. 31	6	3 056	4. 03	6
加拿大 Canada	2 524	3. 89	8	2 727	3. 59	9
比利时 Belgium	2 161	3. 33	10	2 556	3. 37	10
新加坡 Singapore	1 252	1. 93	16	1 599	2. 11	14
沙特阿拉伯 Saudi Arabia	725	1. 12	23	932	1. 23	22
墨西哥 Mexico	1 607	2. 47	13	1 654	2. 18	13
阿拉伯联合酋长国 United Arab Emirates	522	0. 80	30	671	0. 88	28
中国台湾 Taiwan prov.	1 351	2. 08	14	1 503	1. 98	16
印度 India	493	0. 76	31	590	0. 78	31
西班牙 Spain	1 257	1. 94	15	1 561	2. 06	15
澳大利亚 Australia	650	1. 00	25	704	0. 93	26
巴西 Brazil	604	0. 93	26	732	0. 96	25
泰国 Thailand	681	1. 05	24	803	1. 06	24
马来西亚 Malaysia	941	1. 45	18	1 047	1. 38	19
瑞士 Switzerland	917	1. 41	19	1 048	1. 38	18
印度尼西亚 Indonesia	592	0. 91	28	641	0. 84	30
波兰 Poland	411	0. 63	33	538	0. 71	32
瑞典 Sweden	815	1. 25	21	1021	1. 35	20
奥地利 Austria	787	1. 21	22	971	1. 28	21
挪威 Norway	597	0. 92	27	683	0. 90	27
捷克 Czech	385	0. 59	34	487	0. 64	34
土耳其 Turkey	361	0. 56	35	473	0. 62	35
卡塔尔 Qatar	110	0. 17	56	134	0. 18	54

续表

年份 Year / 国别（地区） Country（area）	2002 年			2003 年		
	出口额 Exports	比重（%） Share（%）	位次 Place	出口额 Exports	比重（%） Share（%）	位次 Place
科威特 Kuwait	154	0.24	49	207	0.27	49
爱尔兰 Ireland	883	1.36	20	928	1.22	23
尼日利亚 Nigeria	180	0.28	46	240	0.32	44
越南 Viet Nam	167	0.26	48	201	0.27	50
丹麦 Denmark	575	0.89	29	665	0.88	29
伊朗 Iran	244	0.38	43	338	0.44	39
匈牙利 Hungary	345	0.53	37	431	0.57	36
委内瑞拉 Venezuela	268	0.41	40	272	0.36	43
伊拉克 Iraq	122	0.19	53	97	0.13	63
哈萨克斯坦 Kazakhstan	97	0.15	62	129	0.17	58
南非 S. Africa	297	0.46	38	365	0.48	37
斯洛伐克 Slovak Republic	144	0.22	50	218	0.29	47
阿根廷 Argentina	257	0.39	42	296	0.39	42
智利 Chile	182	0.28	45	217	0.29	48
安哥拉 Angola	83	0.13	63	95	0.13	64
芬兰 Finland	451	0.70	32	532	0.70	33
阿尔及利亚 Algeria	188	0.29	44	232	0.31	45
乌克兰 Ukraine	180	0.28	47	231	0.30	46
以色列 Israel	293	0.45	39	318	0.42	40
利比亚 Libya	98	0.15	61	146	0.19	53
哥伦比亚 Colombia	119	0.18	54	131	0.17	57
葡萄牙 Portugal	259	0.40	41	318	0.42	41
罗马尼亚 Romania	139	0.21	52	177	0.23	51
阿曼 Oman	112	0.17	55	117	0.15	61
菲律宾 Philippines	352	0.54	36	362	0.48	38
白俄罗斯 Belarus	80	0.12	64	99	0.13	62
秘鲁 Peru	77	0.12	66	91	0.12	65
新西兰 New Zealand	144	0.22	51	165	0.22	52
希腊 Greece	104	0.16	57	134	0.18	55
阿塞拜疆 Azerbaijan	22	0.03	98	26	0.03	95
斯洛文尼亚 Slovenia	104	0.16	58	128	0.17	59
立陶宛 Lithuania	55	0.08	73	72	0.09	70
埃及 Egypt	55	0.09	72	74	0.10	69
保加利亚 Bulgaria	57	0.09	71	75	0.10	68
孟加拉国 Bangladesh	61	0.09	69	70	0.09	71
巴基斯坦 Pakistan	99	0.15	60	119	0.16	60
厄瓜多尔 Ecuador	50	0.08	77	62	0.08	73
摩洛哥 Morocco	78	0.12	65	88	0.12	66

续表

国别（地区）Country（area） / 年份 Year	2004 年 出口额 Exports	2004 年 比重（%）Share（%）	2004 年 位次 Place	2005 年 出口额 Exports	2005 年 比重（%）Share（%）	2005 年 位次 Place
中国 China	5 933	6. 43	3	7 620	7. 25	3
美国 United States	8 149	8. 84	2	9 011	8. 58	2
德国 Germany	9 099	9. 87	1	9 709	9. 24	1
日本 Japan	5 657	6. 13	4	5 949	5. 66	4
荷兰 Netherland	3 574	3. 88	6	4 064	3. 87	6
法国 France	4 521	4. 90	5	4 634	4. 41	5
韩国 Korea Rep.	2 538	2. 75	12	2 844	2. 71	12
俄罗斯 Russia	1 832	1. 99	15	2 438	2. 32	13
意大利 Italy	3 538	3. 84	7	3 731	3. 55	8
中国香港 HongKong China	2 655	2. 88	11	2 921	2. 78	11
英国 United kingdom	3 475	3. 77	8	3 909	3. 72	7
加拿大 Canada	3 168	3. 43	9	3 605	3. 43	9
比利时 Belgium	3 069	3. 33	10	3 344	3. 18	10
新加坡 Singapore	1 986	2. 15	13	2 296	2. 19	14
沙特阿拉伯 Saudi Arabia	1 260	1. 37	19	1 807	1. 72	18
墨西哥 Mexico	1 880	2. 04	14	2 142	2. 04	15
阿拉伯联合酋长国 United Arab Emirates	910	0. 99	26	1 173	1. 12	24
中国台湾 Taiwan prov.	1 824	1. 98	17	1 984	1. 89	16
印度 India	766	0. 83	30	996	0. 95	29
西班牙 Spain	1 826	1. 98	16	1 926	1. 83	17
澳大利亚 Australia	866	0. 94	27	1 061	1. 01	27
巴西 Brazil	967	1. 05	24	1 185	1. 13	23
泰国 Thailand	962	1. 04	25	1 109	1. 06	25
马来西亚 Malaysia	1 265	1. 37	18	1 410	1. 34	19
瑞士 Switzerland	1 228	1. 33	21	1 309	1. 25	21
印度尼西亚 Indonesia	708	0. 77	32	870	0. 83	31
波兰 Poland	750	0. 81	31	894	0. 85	30
瑞典 Sweden	1 233	1. 34	20	1 310	1. 25	20
奥地利 Austria	1 184	1. 28	22	1 252	1. 19	22
挪威 Norway	825	0. 89	28	1 038	0. 99	28
捷克 Czech	690	0. 75	33	781	0. 74	33
土耳其 Turkey	632	0. 68	34	735	0. 70	34
卡塔尔 Qatar	187	0. 20	55	258	0. 25	54
科威特 Kuwait	286	0. 31	48	449	0. 43	42
爱尔兰 Ireland	1 048	1. 14	23	1 097	1. 04	26

续表

年份 Year / 国别（地区） Country（area）	2004 年			2005 年		
	出口额 Exports	比重（%） Share（%）	位次 Place	出口额 Exports	比重（%） Share（%）	位次 Place
尼日利亚 Nigeria	386	0.42	41	505	0.48	40
越南 Viet Nam	265	0.29	50	324	0.31	49
丹麦 Denmark	771	0.84	29	851	0.81	32
伊朗 Iran	417	0.45	38	563	0.54	37
匈牙利 Hungary	556	0.60	36	629	0.60	36
委内瑞拉 Venezuela	397	0.43	40	557	0.53	38
伊拉克 Iraq	178	0.19	56	237	0.23	56
哈萨克斯坦 Kazakhstan	201	0.22	54	278	0.27	52
南非 S. Africa	461	0.50	37	516	0.49	39
斯洛伐克 Slovak Republic	277	0.30	49	319	0.30	50
阿根廷 Argentina	346	0.37	44	404	0.38	46
智利 Chile	325	0.35	46	413	0.39	44
安哥拉 Angola	135	0.15	62	241	0.23	55
芬兰 Finland	615	0.67	35	655	0.62	35
阿尔及利亚 Algeria	313	0.34	47	460	0.44	41
乌克兰 Ukraine	327	0.35	45	342	0.33	48
以色列 Israel	386	0.42	42	428	0.41	43
利比亚 Libya	204	0.22	52	314	0.30	51
哥伦比亚 Colombia	162	0.18	59	212	0.20	58
葡萄牙 Portugal	358	0.39	43	387	0.37	47
罗马尼亚 Romania	236	0.26	51	277	0.26	53
阿曼 Oman	133	0.14	64	187	0.18	61
菲律宾 Philippines	397	0.43	39	413	0.39	45
白俄罗斯 Belarus	138	0.15	61	160	0.15	65
秘鲁 Peru	128	0.14	65	174	0.17	62
新西兰 New Zealand	203	0.22	53	217	0.21	57
希腊 Greece	153	0.17	60	173	0.16	63
阿塞拜疆 Azerbaijan	36	0.04	93	76	0.07	79
斯洛文尼亚 Slovenia	164	0.18	57	192	0.18	59
立陶宛 Lithuania	93	0.10	70	118	0.11	67
埃及 Egypt	97	0.10	69	129	0.12	66
保加利亚 Bulgaria	99	0.11	66	117	0.11	68
孟加拉国 Bangladesh	83	0.09	71	93	0.09	74
巴基斯坦 Pakistan	134	0.15	63	161	0.15	64
厄瓜多尔 Ecuador	78	0.08	73	101	0.10	72
摩洛哥 Morocco	99	0.11	67	112	0.11	69

续表

年份 Year / 国别（地区）Country（area）	2006 年			2007 年		
	出口额 Exports	比重（%）Share（%）	位次 Place	出口额 Exports	比重（%）Share（%）	位次 Place
中国 China	9 690	7. 99	3	12 205	8. 70	2
美国 United States	10 260	8. 46	2	11 482	8. 19	3
德国 Germany	11 081	9. 14	1	13 212	9. 42	1
日本 Japan	6467	5. 33	4	7 143	5. 09	4
荷兰 Netherland	4 636	3. 82	6	5 508	3. 93	6
法国 France	4 959	4. 09	5	5 596	3. 99	5
韩国 Korea Rep.	3 255	2. 68	11	3 715	2. 65	11
俄罗斯 Russia	3 036	2. 50	13	3 544	2. 53	12
意大利 Italy	4 169	3. 44	8	4 999	3. 56	7
中国香港 HongKong China	3 227	2. 66	12	3 494	2. 49	13
英国 United kingdom	4 509	3. 72	7	4 418	3. 15	8
加拿大 Canada	3 882	3. 20	9	4 207	3. 00	10
比利时 Belgium	3 667	3. 02	10	4 310	3. 07	9
新加坡 Singapore	2 718	2. 24	14	2 993	2. 13	14
沙特阿拉伯 Saudi Arabia	2 113	1. 74	18	2 333	1. 66	18
墨西哥 Mexico	2 500	2. 06	15	2 718	1. 94	15
阿拉伯联合酋长国 United Arab Emirates	1 456	1. 20	22	1 786	1. 27	19
中国台湾 Taiwan prov.	2 240	1. 85	16	2 467	1. 76	17
印度 India	1 218	1. 00	28	1 502	1. 07	26
西班牙 Spain	2 137	1. 76	17	2 533	1. 81	16
澳大利亚 Australia	1 234	1. 02	26	1 414	1. 01	27
巴西 Brazil	1 378	1. 14	23	1 606	1. 15	24
泰国 Thailand	1 297	1. 07	25	1 539	1. 10	25
马来西亚 Malaysia	1 607	1. 32	19	1 762	1. 26	20
瑞士 Switzerland	1 479	1. 22	20	1 721	1. 23	21
印度尼西亚 Indonesia	1 035	0. 85	31	1 180	0. 84	32
波兰 Poland	1 108	0. 91	29	1 401	1. 00	28
瑞典 Sweden	1 478	1. 22	21	1 688	1. 20	22
奥地利 Austria	1 368	1. 13	24	1 636	1. 17	23
挪威 Norway	1 222	1. 01	27	1 364	0. 97	29
捷克 Czech	949	0. 78	32	1 225	0. 87	30
土耳其 Turkey	855	0. 71	34	1 073	0. 76	33
卡塔尔 Qatar	341	0. 28	53	420	0. 30	54
科威特 Kuwait	560	0. 46	42	627	0. 45	42
爱尔兰 Ireland	1 087	0. 90	30	1 215	0. 87	31

续表

年份 Year / 国别（地区） Country（area）	2006 年			2007 年		
	出口额 Exports	比重（%） Share（%）	位次 Place	出口额 Exports	比重（%） Share（%）	位次 Place
尼日利亚 Nigeria	587	0. 48	39	666	0. 47	41
越南 Viet Nam	398	0. 33	50	486	0. 35	50
丹麦 Denmark	926	0. 76	33	1 032	0. 74	34
伊朗 Iran	770	0. 63	36	887	0. 63	37
匈牙利 Hungary	753	0. 62	37	954	0. 68	35
委内瑞拉 Venezuela	656	0. 54	38	700	0. 50	38
伊拉克 Iraq	294	0. 24	56	413	0. 29	55
哈萨克斯坦 Kazakhstan	383	0. 32	52	478	0. 34	51
南非 S. Africa	582	0. 48	41	698	0. 50	39
斯洛伐克 Slovak Republic	419	0. 35	48	585	0. 42	44
阿根廷 Argentina	465	0. 38	46	558	0. 40	45
智利 Chile	587	0. 48	40	680	0. 48	40
安哥拉 Angola	319	0. 26	55	444	0. 32	53
芬兰 Finland	772	0. 64	35	900	0. 64	36
阿尔及利亚 Algeria	546	0. 45	43	602	0. 43	43
乌克兰 Ukraine	384	0. 32	51	493	0. 35	49
以色列 Israel	468	0. 39	45	541	0. 39	46
利比亚 Libya	403	0. 33	49	470	0. 33	52
哥伦比亚 Colombia	244	0. 20	57	300	0. 21	58
葡萄牙 Portugal	448	0. 37	47	525	0. 37	47
罗马尼亚 Romania	325	0. 27	54	405	0. 29	56
阿曼 Oman	216	0. 18	62	247	0. 18	61
菲律宾 Philippines	474	0. 39	44	505	0. 36	48
白俄罗斯 Belarus	197	0. 16	64	243	0. 17	62
秘鲁 Peru	238	0. 20	58	281	0. 20	59
新西兰 New Zealand	224	0. 18	61	269	0. 19	60
希腊 Greece	207	0. 17	63	236	0. 17	63
阿塞拜疆 Azerbaijan	130	0. 11	70	213	0. 15	65
斯洛文尼亚 Slovenia	232	0. 19	59	301	0. 21	57
立陶宛 Lithuania	141	0. 12	69	171	0. 12	69
埃及 Egypt	167	0. 14	66	192	0. 14	66
保加利亚 Bulgaria	151	0. 12	67	185	0. 13	67
孟加拉国 Bangladesh	118	0. 10	74	125	0. 09	75
巴基斯坦 Pakistan	169	0. 14	65	178	0. 13	68
厄瓜多尔 Ecuador	127	0. 10	72	143	0. 10	72
摩洛哥 Morocco	127	0. 11	71	153	0. 11	70

续表

国别（地区）Country（area） \ 年份 Year	2008 年			2009 年		
	出口额 Exports	比重（%）Share（%）	位次 Place	出口额 Exports	比重（%）Share（%）	位次 Place
中国 China	14 307	8. 85	2	12 016	9. 57	1
美国 United States	12 874	7. 97	3	10 560	8. 41	3
德国 Germany	14 462	8. 95	1	11 200	8. 92	2
日本 Japan	7 814	4. 84	4	5 807	4. 63	4
荷兰 Netherland	6 379	3. 95	5	4 979	3. 97	5
法国 France	6 162	3. 81	6	4 848	3. 86	6
韩国 Korea Rep.	4 220	2. 61	12	3 635	2. 90	9
俄罗斯 Russia	4 716	2. 92	10	3 034	2. 42	13
意大利 Italy	5 427	3. 36	7	4 069	3. 24	7
中国香港 HongKong China	3 702	2. 29	13	3 294	2. 62	11
英国 United kingdom	4 722	2. 92	8	3 549	2. 83	10
加拿大 Canada	4 565	2. 82	11	3 161	2. 52	12
比利时 Belgium	4 718	2. 92	9	3 701	2. 95	8
新加坡 Singapore	3 382	2. 09	14	2 698	2. 15	14
沙特阿拉伯 Saudi Arabia	3 135	1. 94	15	1 923	1. 53	18
墨西哥 Mexico	2 913	1. 80	16	2 297	1. 83	15
阿拉伯联合酋长国 United Arab Emirates	2 392	1. 48	19	1 920	1. 53	19
中国台湾 Taiwan prov.	2 556	1. 58	18	2 037	1. 62	17
印度 India	1 948	1. 21	23	1 649	1. 31	21
西班牙 Spain	2 815	1. 74	17	2 273	1. 81	16
澳大利亚 Australia	1 873	1. 16	24	1 543	1. 23	23
巴西 Brazil	1 979	1. 22	22	1 530	1. 22	24
泰国 Thailand	1 778	1. 10	27	1 524	1. 21	25
马来西亚 Malaysia	1 995	1. 23	21	1 574	1. 25	22
瑞士 Switzerland	2 008	1. 24	20	1 725	1. 37	20
印度尼西亚 Indonesia	1 396	0. 86	31	1 196	0. 95	29
波兰 Poland	1 705	1. 05	29	1 365	1. 09	27
瑞典 Sweden	1 833	1. 13	25	1 308	1. 04	28
奥地利 Austria	1 813	1. 12	26	1 370	1. 09	26
挪威 Norway	1 718	1. 06	28	1 168	0. 93	30
捷克 Czech	1 468	0. 91	30	1 130	0. 90	32
土耳其 Turkey	1 320	0. 82	32	1 021	0. 81	33
卡塔尔 Qatar	673	0. 42	46	480	0. 38	46
科威特 Kuwait	875	0. 54	39	540	0. 43	45
爱尔兰 Ireland	1 257	0. 78	33	1 159	0. 92	31

续表

国别（地区）Country（area） \ 年份 Year	2008 年			2009 年		
	出口额 Exports	比重（%）Share（%）	位次 Place	出口额 Exports	比重（%）Share（%）	位次 Place
尼日利亚 Nigeria	863	0. 53	40	567	0. 45	41
越南 Viet Nam	627	0. 39	50	571	0. 45	40
丹麦 Denmark	1 169	0. 72	34	940	0. 75	34
伊朗 Iran	1 137	0. 70	35	788	0. 63	36
匈牙利 Hungary	1 085	0. 67	36	830	0. 66	35
委内瑞拉 Venezuela	950	0. 59	38	576	0. 46	39
伊拉克 Iraq	613	0. 38	53	419	0. 33	51
哈萨克斯坦 Kazakhstan	712	0. 44	43	432	0. 34	50
南非 S. Africa	808	0. 50	41	617	0. 49	38
斯洛伐克 Slovak Republic	711	0. 44	44	561	0. 45	42
阿根廷 Argentina	700	0. 43	45	557	0. 44	43
智利 Chile	645	0. 40	48	555	0. 44	44
安哥拉 Angola	639	0. 40	49	408	0. 33	52
芬兰 Finland	965	0. 60	37	629	0. 50	37
阿尔及利亚 Algeria	793	0. 49	42	452	0. 36	48
乌克兰 Ukraine	670	0. 41	47	398	0. 32	54
以色列 Israel	613	0. 38	52	479	0. 38	47
利比亚 Libya	621	0. 38	51	370	0. 29	56
哥伦比亚 Colombia	376	0. 23	58	329	0. 26	57
葡萄牙 Portugal	571	0. 35	54	442	0. 35	49
罗马尼亚 Romania	495	0. 31	55	406	0. 32	53
阿曼 Oman	377	0. 23	57	277	0. 22	58
菲律宾 Philippines	491	0. 30	56	384	0. 31	55
白俄罗斯 Belarus	326	0. 20	60	213	0. 17	64
秘鲁 Peru	310	0. 19	61	270	0. 21	59
新西兰 New Zealand	306	0. 19	63	249	0. 20	61
希腊 Greece	264	0. 16	64	205	0. 16	66
阿塞拜疆 Azerbaijan	306	0. 19	62	211	0. 17	65
斯洛文尼亚 Slovenia	341	0. 21	59	262	0. 21	60
立陶宛 Lithuania	236	0. 15	67	165	0. 13	68
埃及 Egypt	262	0. 16	65	231	0. 18	62
保加利亚 Bulgaria	224	0. 14	68	163	0. 13	69
孟加拉国 Bangladesh	154	0. 10	76	151	0. 12	70
巴基斯坦 Pakistan	203	0. 13	70	175	0. 14	67
厄瓜多尔 Ecuador	188	0. 12	72	139	0. 11	73
摩洛哥 Morocco	203	0. 13	69	141	0. 11	72

续表

国别（地区）Country（area） \ 年份 Year	2010 年			2011 年		
	出口额 Exports	比重（%）Share（%）	位次 Place	出口额 Exports	比重（%）Share（%）	位次 Place
中国 China	15 778	10. 32	1	18 984	10. 36	1
美国 United States	12 785	8. 37	2	14 803	8. 08	2
德国 Germany	12 589	8. 24	3	14 740	8. 05	3
日本 Japan	7 698	5. 04	4	8 232	4. 49	4
荷兰 Netherland	5 743	3. 76	5	6 671	3. 64	5
法国 France	5 238	3. 43	6	5 965	3. 26	6
韩国 Korea Rep.	4 664	3. 05	7	5 552	3. 03	7
俄罗斯 Russia	4 006	2. 62	12	5 220	2. 85	9
意大利 Italy	4 473	2. 93	8	5 233	2. 86	8
中国香港 HongKong China	4 007	2. 62	11	4 556	2. 49	12
英国 United kingdom	4 160	2. 72	9	5 025	2. 74	10
加拿大 Canada	3 875	2. 54	13	4 521	2. 47	13
比利时 Belgium	4 077	2. 67	10	4 761	2. 60	11
新加坡 Singapore	3 519	2. 30	14	4 095	2. 24	14
沙特阿拉伯 Saudi Arabia	2 511	1. 64	18	3 647	1. 99	15
墨西哥 Mexico	2 983	1. 95	15	3 496	1. 91	16
阿拉伯联合酋长国 United Arab Emirates	2 140	1. 40	20	3 020	1. 65	20
中国台湾 Taiwan prov.	2 746	1. 80	16	3 083	1. 68	17
印度 India	2 264	1. 48	19	3 029	1. 65	19
西班牙 Spain	2 544	1. 66	17	3 066	1. 67	18
澳大利亚 Australia	2 126	1. 39	21	2 704	1. 48	21
巴西 Brazil	2 019	1. 32	22	2 560	1. 40	22
泰国 Thailand	1 933	1. 26	25	2 226	1. 21	25
马来西亚 Malaysia	1 986	1. 30	23	2 281	1. 25	24
瑞士 Switzerland	1 956	1. 28	24	2 348	1. 28	23
印度尼西亚 Indonesia	1 581	1. 03	28	2 008	1. 10	26
波兰 Poland	1 597	1. 05	26	1 887	1. 03	27
瑞典 Sweden	1 585	1. 04	27	1 870	1. 02	28
奥地利 Austria	1 526	1. 00	29	1 774	0. 97	29
挪威 Norway	1 307	0. 85	31	1 603	0. 88	31
捷克 Czech	1 330	0. 87	30	1 629	0. 89	30
土耳其 Turkey	1 139	0. 75	33	1 349	0. 74	32
卡塔尔 Qatar	748	0. 49	39	1 143	0. 62	36
科威特 Kuwait	700	0. 46	42	1 022	0. 56	39
爱尔兰 Ireland	1 165	0. 76	32	1 257	0. 69	34

续表

国别（地区）Country（area） \ 年份 Year	2010 年			2011 年		
	出口额 Exports	比重（%）Share（%）	位次 Place	出口额 Exports	比重（%）Share（%）	位次 Place
尼日利亚 Nigeria	840	0.55	37	1 145	0.63	35
越南 Viet Nam	722	0.47	40	969	0.53	41
丹麦 Denmark	964	0.63	35	1 119	0.61	38
伊朗 Iran	1 013	0.66	34	1 320	0.72	33
匈牙利 Hungary	955	0.62	36	1 123	0.61	37
委内瑞拉 Venezuela	657	0.43	45	928	0.51	42
伊拉克 Iraq	525	0.34	50	833	0.45	45
哈萨克斯坦 Kazakhstan	600	0.39	47	876	0.48	43
南非 S. Africa	809	0.53	38	980	0.54	40
斯洛伐克 Slovak Republic	647	0.42	46	798	0.44	47
阿根廷 Argentina	681	0.45	44	840	0.46	44
智利 Chile	711	0.47	41	815	0.44	46
安哥拉 Angola	506	0.33	53	673	0.37	52
芬兰 Finland	695	0.45	43	791	0.43	48
阿尔及利亚 Algeria	571	0.37	49	735	0.40	49
乌克兰 Ukraine	515	0.34	52	685	0.37	50
以色列 Israel	584	0.38	48	678	0.37	51
利比亚 Libya	487	0.32	56	190	0.10	73
哥伦比亚 Colombia	398	0.26	57	574	0.31	55
葡萄牙 Portugal	494	0.32	55	597	0.33	54
罗马尼亚 Romania	496	0.32	54	630	0.34	53
阿曼 Oman	366	0.24	58	471	0.26	57
菲律宾 Philippines	515	0.34	51	483	0.26	56
白俄罗斯 Belarus	253	0.17	64	414	0.23	59
秘鲁 Peru	356	0.23	59	463	0.25	58
新西兰 New Zealand	314	0.21	60	377	0.21	60
希腊 Greece	217	0.14	65	339	0.19	63
阿塞拜疆 Azerbaijan	265	0.17	62	345	0.19	62
斯洛文尼亚 Slovenia	292	0.19	61	348	0.19	61
立陶宛 Lithuania	207	0.14	67	280	0.15	66
埃及 Egypt	264	0.17	63	316	0.17	64
保加利亚 Bulgaria	206	0.13	68	282	0.15	65
孟加拉国 Bangladesh	192	0.13	70	244	0.13	68
巴基斯坦 Pakistan	214	0.14	66	254	0.14	67
厄瓜多尔 Ecuador	175	0.11	72	223	0.12	69
摩洛哥 Morocco	178	0.12	71	217	0.12	71

续表

国别（地区）Country（area） \ 年份 Year	2012 年		
	出口额 Exports	比重（%）Share（%）	位次 Place
中国 China	20 487	11. 13	1
美国 United States	15 457	8. 40	2
德国 Germany	14 071	7. 65	3
日本 Japan	7 986	4. 34	4
荷兰 Netherland	6 557	3. 56	5
法国 France	5 689	3. 09	6
韩国 Korea Rep.	5 479	2. 98	7
俄罗斯 Russia	5 293	2. 88	8
意大利 Italy	5 007	2. 72	9
中国香港 HongKong China	4 929	2. 68	10
英国 United kingdom	4 745	2. 58	11
加拿大 Canada	4 548	2. 47	12
比利时 Belgium	4 465	2. 43	13
新加坡 Singapore	4 084	2. 22	14
沙特阿拉伯 Saudi Arabia	3 884	2. 11	15
墨西哥 Mexico	3 708	2. 02	16
阿拉伯联合酋长国 United Arab Emirates	3 500	1. 90	17
中国台湾 Taiwan prov.	3 012	1. 64	18
印度 India	2 942	1. 60	19
西班牙 Spain	2 939	1. 60	20
澳大利亚 Australia	2 567	1. 39	21
巴西 Brazil	2 426	1. 32	22
泰国 Thailand	2 295	1. 25	23
马来西亚 Malaysia	2 274	1. 24	24
瑞士 Switzerland	2 259	1. 23	25
印度尼西亚 Indonesia	1 885	1. 02	26
波兰 Poland	1 834	1. 00	27
瑞典 Sweden	1 724	0. 94	28
奥地利 Austria	1 664	0. 90	29
挪威 Norway	1 610	0. 88	30
捷克 Czech	1 566	0. 85	31
土耳其 Turkey	1 525	0. 83	32
卡塔尔 Qatar	1 330	0. 72	33
科威特 Kuwait	1 185	0. 64	34
爱尔兰 Ireland	1 172	0. 64	35

续表

年份 Year / 国别（地区） Country（area）	2012 年		
	出口额 Exports	比重（%） Share（%）	位次 Place
尼日利亚 Nigeria	1 160	0. 63	36
越南 Viet Nam	1 145	0. 62	37
丹麦 Denmark	1 056	0. 57	38
伊朗 Iran	1 040	0. 57	39
匈牙利 Hungary	1 039	0. 56	40
委内瑞拉 Venezuela	973	0. 53	41
伊拉克 Iraq	944	0. 51	42
哈萨克斯坦 Kazakhstan	923	0. 50	43
南非 S. Africa	873	0. 47	44
斯洛伐克 Slovak Republic	815	0. 44	45
阿根廷 Argentina	809	0. 44	46
智利 Chile	783	0. 43	47
安哥拉 Angola	740	0. 40	48
芬兰 Finland	730	0. 40	49
阿尔及利亚 Algeria	719	0. 39	50
乌克兰 Ukraine	685	0. 37	51
以色列 Israel	631	0. 34	52
利比亚 Libya	622	0. 34	53
哥伦比亚 Colombia	603	0. 33	54
葡萄牙 Portugal	583	0. 32	55
罗马尼亚 Romania	578	0. 31	56
阿曼 Oman	521	0. 28	57
菲律宾 Philippines	520	0. 28	58
白俄罗斯 Belarus	460	0. 25	59
秘鲁 Peru	456	0. 25	60
新西兰 New Zealand	373	0. 20	61
希腊 Greece	355	0. 19	62
阿塞拜疆 Azerbaijan	326	0. 18	63
斯洛文尼亚 Slovenia	322	0. 17	64
立陶宛 Lithuania	296	0. 16	65
埃及 Egypt	294	0. 16	66
保加利亚 Bulgaria	267	0. 15	67
孟加拉国 Bangladesh	251	0. 14	68
巴基斯坦 Pakistan	246	0. 13	69
厄瓜多尔 Ecuador	238	0. 13	70
摩洛哥 Morocco	214	0. 12	71